Bernward von Hildesheim
und das Zeitalter der Ottonen

Bernward

PHVZ

Herausgegeben von Michael Brandt und Arne Eggebrecht
Wissenschaftliche Beratung Hans Jakob Schuffels

Dom- und Diözesanmuseum Hildesheim
Roemer- und Pelizaeus-Museum

Bernward von Hildesheim und das Zeitalter der Ottonen

Katalog der Ausstellung
Hildesheim 1993

Band 2

Bernward Verlag · Hildesheim
Verlag Philipp von Zabern · Mainz am Rhein

In der Ausstellung nicht gezeigte Objekte sind mit einem Stern vor der Katalognummer versehen.

Die Deutsche Bibliothek – CIP-Einheitsaufnahme

Bernward von Hildesheim und das Zeitalter der Ottonen : Katalog der Ausstellung Hildesheim 1993 / Dom- und Diözesanmuseum Hildesheim ; Roemer- und Pelizaeus-Museum. Hrsg. von Michael Brandt und Arne Eggebrecht. – Hildesheim : Bernward-Verl.; Mainz am Rhein : von Zabern.
ISBN 3-87065-736-7 (Bernward-Verl., Museumsausg.) ISBN 3-8053-1567-8 (von Zabern)
NE: Brandt, Michael [Hrsg.]; Dom- und Diözesanmuseum ‹Hildesheim›
Bd. 2 (1993)

Printed in Germany – Printed on fade resistant and archival quality paper (PH 7 neutral)

Inhalt

VIII–19

I

VITA BERNWARDI EPISCOPI

Bernwards wichtigste Lebensdaten

um 960	Geboren aus sächsischem Hochadel
um 965	Aufnahme in die Hildesheimer Domschule unter dem Scholaster Thangmar
seit 977	Am Hof Kaiser Ottos II. und der Theophanu Verfasser und Schreiber von Herrscherurkunden
980–983	Im Gefolge Kaiser Ottos II. in Italien
987/988–993	Erzieher König Ottos III.
15. Jan. 993	Weihe zum Bischof von Hildesheim; Ausbau der Domburg
1000–1001	Ausbruch des Streites um das Reichsstift Gandersheim; Reise nach Rom zu Kaiser Otto III. und Papst Silvester II.
Januar 1001	Römisches Konzil; Kämpfe um Tivoli und Rom
Frühjahr 1001	Im kaiserlichen Auftrag in Pavia, Vercelli, Saint-Maurice d'Agaune
1003	König Heinrich II. in Hildesheim
1006/1007	Neuweihe des Gandersheimer Münsters und Beilegung des Streites
1007	Teilnahme am königlichen Kriegszug in Flandern; Reise nach Saint-Denis, Tours und Paris; Zusammenkunft mit König Robert von Frankreich
1010	Grundsteinlegung der Klosterkirche Sankt Michael; nach 1013 kostbare Ausstattung (u. a. Bronzesäule)
1015	Bronzetüren des Domes; Weihe der Krypta von Sankt Michael
1. Nov. 1019	Diözesansynode in Hildesheim – Bernward über die Gründung und Dotation von Sankt Michael
um 1020	Ringelheimer Kruzifix
29. Sept. 1022	Weihe der Klosterkirche Sankt Michael
20. Nov. 1022	Tod in Sankt Michael und Begräbnis in der Krypta
1192/1193	Heiligsprechung in Rom durch Papst Coelestin III.
16. Aug. 1194	Feierliche Erhebung der Gebeine des hl. Bernward in Hildesheim

H. G./H. J. S.

Bernward, Bischof von Hildesheim (993–1022), gehört zu den bedeutendsten Gestalten der deutschen Geschichte um die Jahrtausendwende. Das Zeitalter der Ottonen hat er als Bischof, Politiker und Förderer der Kunst wie nur wenige mitgeprägt. Seine Heimat Sachsen und vor allem sein Bischofssitz Hildesheim wurden für wenige Jahrzehnte zu einem Mittelpunkt europäischer Geschichte und Kultur.

Am Anfang dieser Ausstellung steht eine Handschrift der Vita Bernwardi episcopi, der „Lebensbeschreibung des Bischofs Bernward". Sie wurde für die Heiligsprechung Bernwards 1192 angefertigt. Die Vita Bernwardi erzählt vom Leben des Bischofs und von den Wundern an seinem Grabe – es ist die wichtigste Quelle zur Geschichte Bernwards, und sie verknüpft die beiden Jubiläen, die Anlaß dieser Ausstellung sind: 1000 Jahre Bischof von Hildesheim, 800 Jahre Heiligsprechung Bernwards.

Die Vita Bernwardi und die darin enthaltene außergewöhnliche Gründungsurkunde des Hildesheimer Michaelsklosters von 1019 liefern auch die Leitbegriffe, die den neun Großabteilungen vorangestellt sind. In gewisser Weise bestimmt Bernwards eigener Erfahrungshorizont die Themen dieser Ausstellung: die Kaiser, die Päpste, die Metropoliten und Bischöfe, die Reisen Bernwards durch Europa, seine Heimat Sachsen, das Bistum Hildesheim, die Gründung des Klosters St. Michael, schließlich die Heiligsprechung.

Bernward ließ noch zu Lebzeiten am Michaelskloster eine Steintafel anbringen, die alle „Landsleute" aufforderte, in seiner Klostergründung Gott zu verehren und Bischof Bernwards zu gedenken. Das Kloster existiert seit zweihundert Jahren nicht mehr, das Interesse an der Persönlichkeit Bernwards aber ist ungebrochen. Zusammen mit der Vita Bernwardi fordert durch diese Tafel Bernward heute die Besucher zum Rundgang durch die Ausstellung „Bernward von Hildesheim und das Zeitalter der Ottonen" auf.

E. B.

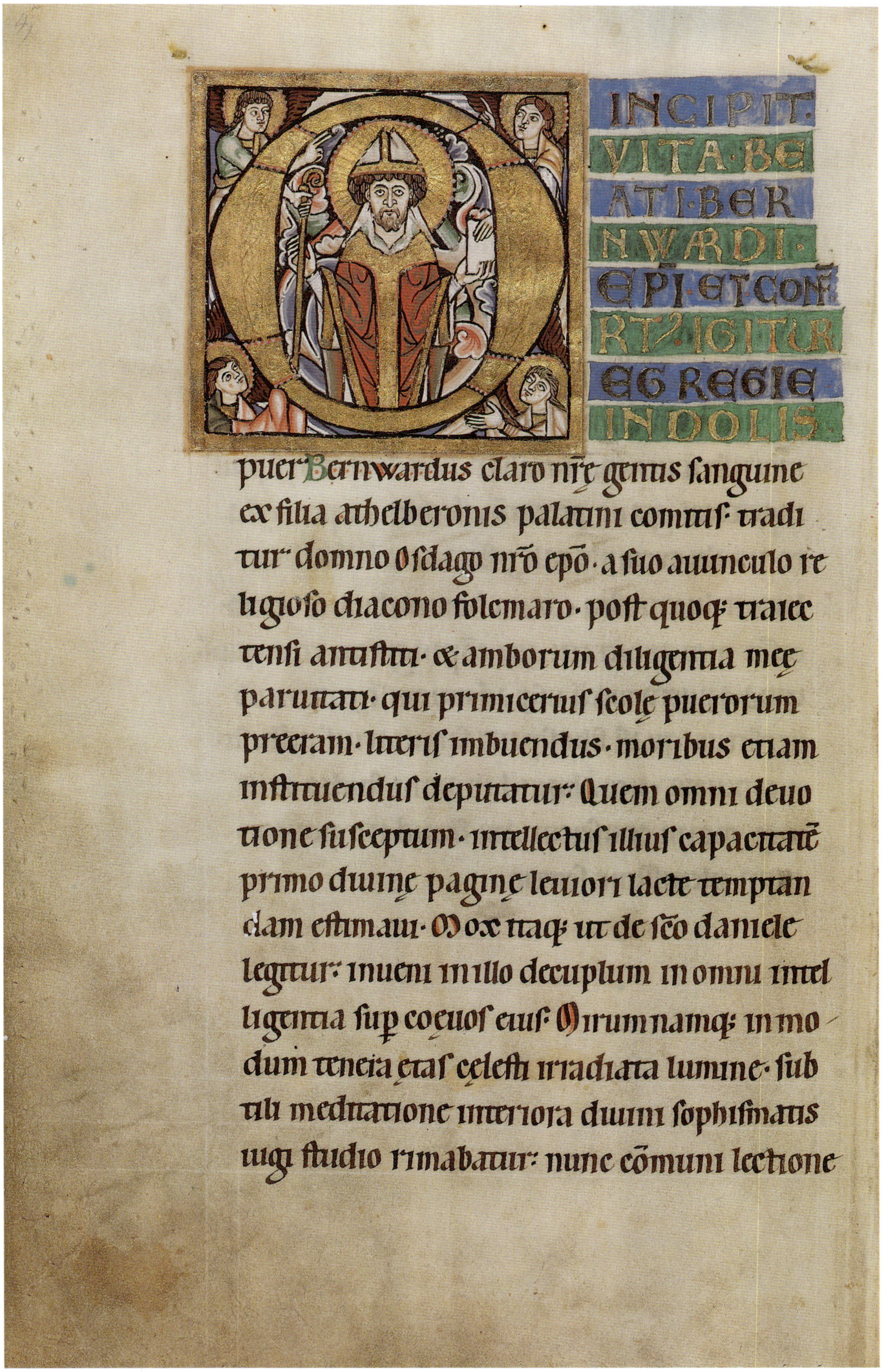
INCIPIT VITA BEATI BERNWARDI EPI ET CONF
RT9 IGITUR EGREGIE INDOLIS
puer Bernwardus claro nrę gentis sanguine
ex filia athelberonis palatini comitis. tradi
tur domno Osdago nro epo. a suo auunculo re
ligioso diacono folcmaro. post quoq; traiec
tensi antistiti. & amborum diligentia meę
paruitati. qui primicerius scolę puerorum
preeram. literis imbuendus. moribus etiam
instituendus deputatur. Quem omni deuo
tione susceptum. intellectus illius capacitatē
primo diuinę paginę leuiori lacte temptan
dam estimaui. Mox itaq; ut de sco daniele
legitur. inueni in illo decuplum in omni intel
ligentia sup coęuos eius. Mirum namq; in mo
dum tenera ętas cęlesti irradiata lumine. sub
tili meditatione interiora diuini sophismatis
iugi studio rimabatur. nunc cōmuni lectione

I–1
S. 4

I–1 Die älteste Handschrift der Vita Bernwardi

Hildesheim, im Benediktinerkloster Sankt Michael nach 1186, wahrscheinlich im Jahr 1192, aber vor Mitte 1193 geschrieben; Nachträge aus dem Spätmittelalter und dem 17. Jahrhundert

32,2 x 21,0 cm, 132 Seiten. – Pergament.

Das Bild, das eine nunmehr tausendjährige Überlieferung von Bischof Bernward von Hildesheim (geboren um 960, 993–1022) gezeichnet hat, ist im wesentlichen durch die *Vita Bernwardi* bestimmt, die lateinische Beschreibung seines Lebens und seiner Taten, denen sich die Wunder anschließen, die nach dem Tod in dem von ihm gegründeten Benediktinerkloster Sankt Michael aufgezeichnet worden sind. Aus diesem Kloster, dessen Krypta sein Grab birgt, stammt die ausgestellte Handschrift. Dort wurde sie bis zur Säkularisation im Kirchenschatz aufbewahrt. Sorgfältig durch Bild und Schrift ausgestattet, ist sie die älteste vollständig erhaltene Handschrift der *Vita* und ein überaus wertvoller Zeuge der Textüberlieferung.

Auf der ausgestellten Seite 4 beginnt das erste Kapitel mit einer gemalten Initiale. In das *O(rtus)* (Geboren) ist das Bild des Bischofs eingepaßt. Gekleidet in Pontifikalgewänder trägt er eine Mitra, hält den Bischofsstab in der Rechten und ein Buch in seiner Linken. Das breite goldene O ist punziert und eingepaßt in einen annähernd quadratischen, ebenfalls goldenen Rahmen, in dessen Zwickeln Brustbilder von vier Engeln mit goldenen Nimben und kostbaren verschiedenfarbigen Gewändern angeordnet sind. Die beiden oberen, die mit ihrer Rechten segnen, assistieren dem Bischof, indem sie mit der Linken hinter dem Buchstaben durchgreifen und Stab und Buch halten. Bernward selbst ist von einem Strahlennimbus hinterfangen und frontal gegeben. Die rote, mit Gold besetzte Kasel hebt sich von den blauen, grünen, hellroten und weiß gehöhten Ranken des Hintergrundes ab. Das schmale, streng symmetrische Gesicht mit hochgezogenen Nasenflügeln wird gerahmt von einem hellbraunen Bart und sorgfältig stilisierten dunkelbraunen Locken. Daneben steht das *Incipit* der *Vita Bernwardi* in goldenen Kapitalisbuchstaben auf wechselnd blauen und grünen Balken. Bernwards Name unter dem Bild in der ersten Zeile der Minuskelschrift wird durch rote Punktierung und ein grünes B ausgezeichnet.

Nach dem Prolog, in dem sich der Domherr Thangmar als Autor zu erkennen gibt, der die *Vita* noch zu Lebzeiten Bernwards begonnen habe, werden dessen Herkunft, Aufenthalt in der Domschule, Jugend, Priesterweihe, die Tätigkeit als Erzieher König Ottos III., die Übernahme des Bischofsamtes und die nachfolgende energische Tätigkeit auf den verschiedensten Gebieten seiner geistlichen und weltlichen Amtspflichten höchst anschaulich geschildert. Danach tritt der Konflikt mit dem Mainzer Erzbischof um das Stift Gandersheim in den Vordergrund. Dessen unverhältnismäßig breite Darstellung greift in die Reichs- und Kirchengeschichte aus und läßt dabei die Wirkungsmöglichkeiten erkennen, die einem Bischof der Ottonenzeit seine besondere Stellung in dem Gefüge von Königtum, Kirche und weltlichem und geistlichem Adel einräumt. Nachrichten über die Kirchweihen der von Bernward gegründeten Michaelskirche und die in vollem Umfang inserierte große Synodalansprache in Urkundenform vom 1. November 1019 leiten über zu dem abschließend geschilderten Tod und den Nachrichten über das Begräbnis und die Grabanlage.

An der Entstehung des Codex haben fünf Schreiber mitgewirkt, die sich die Arbeit so geteilt haben, daß jeder von ihnen einen Hauptteil des Inhalts übernommen hat: A auf den Seiten 2 bis 80 die *Vita*; B auf den Seiten 81 bis 91 die Wunder, dabei hat er den größeren Teil der Seite 91 sowie die Seiten 92 bis 96 in Erwartung weiterer Texte freigelassen; von B stammen auch die *Revelatio S. Michahelis* in acht Lektionen (Seite 97–102 Mitte) und die auf Seite 103 (mit einer sorgfältig gezeichneten I-Initiale ohne Anschluß an den folgenden Text) beginnenden und bis Seite 118 reichenden Festtagsperikopen; nur die letzte Zeile Seite 110 stammt aus dem 17. Jahrhundert.

Die beiden auf B folgenden Hände C und D haben alte Urkunden aus dem Klosterarchiv kopiert: C von Seite 119 bis Seite 128 Mitte das (im Original auf Papyrus geschriebene) Privileg Papst Benedikts VIII. (Kat. Nr. VIII–1), zwei Urkunden Kaiser Heinrichs II. (MGH DH II 479 und + 260) und eine vorgeblich aus Bernwards Zeit stammende, aber gefälschte Privaturkunde (UBHH 1, Nr. 63 S. 59); D, unmittelbar anschließend, die Weihenotiz der Klosterkirche von 1186 und das Verzeichnis der Reliquien im Hauptaltar und in drei weiteren Altären des östlichen Teils der Klosterkirche bis Seite 130 Zeile 4 (UBHH 1, Nr. 441 S. 429–431; vgl. Kat. Nr. IX–15). Die von E auf den Seiten 131 und 132 kopierten, den Kult am Bernwardgrab betreffenden Dokumente (UBHH 1,

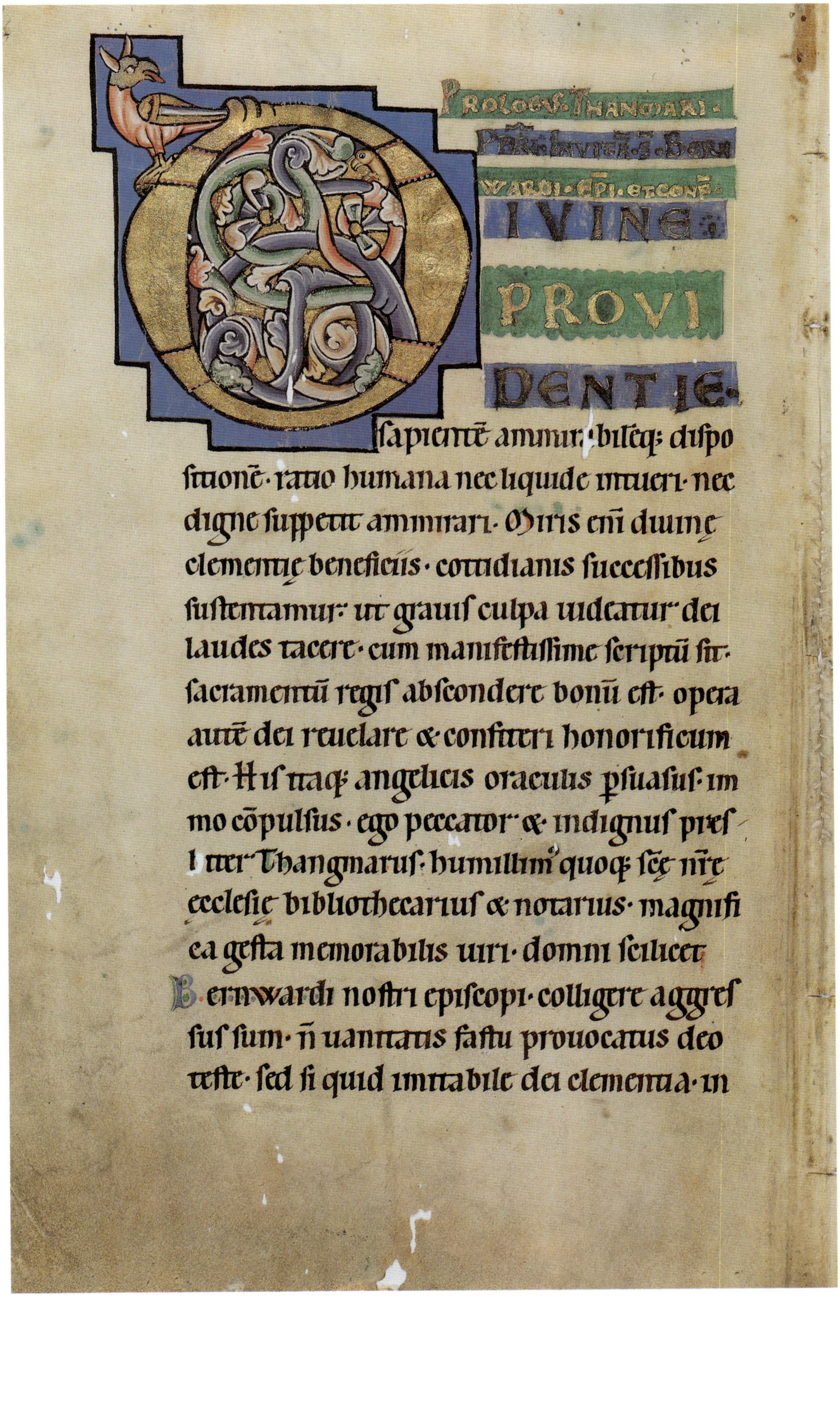

PROLOGUS THANGMARI PR̄RI IN VITA S. BERNWARDI EP̄I ET CONF.

DIVINE PROVIDENTIE sapientiā ammirabileq; dispositionē ratio humana nec liquide intueri nec digne sufficit ammirari. Miris enī diuinę clementię beneficiis cottidianis successibus sustentamur: ut grauis culpa uideatur dei laudes tacere, cum manifestissime scriptū sit: sacramentū regis abscondere bonū est, opera autē dei reuelare et confiteri honorificum est. His itaq; angelicis oraculis p̄suasus, immo cōpulsus, ego peccator et indignus presbiter Thangmarus, humillimus quoq; scę nr̄ę ecclesię bibliothecarius et notarius, magnifica gesta memorabilis uiri, domni scilicet Bernwardi nostri episcopi, colligere aggressus sum, n̄ uanitatis fastu prouocatus, deo teste, sed si quid imitabile dei clementia in

I–1
S. 2

Nr. 268, 266, 265 aus dem Jahr 1150) sind nicht chronologisch in die Reihe der vorhergehenden Stücke eingeordnet. Das mag damit zusammenhängen, daß E, dessen Schrift hier nicht weiter verfolgt werden kann, sichtlich nicht aus dem Klosterskriptorium stammt. Der Eintrag ist aber zeitgenössisch und nicht erst im 13. Jahrhundert ergänzt.

Den auf Seite 130 freigelassenen Raum nehmen die jüngeren, bis in die Neuzeit reichenden Nachträge ein, die hier außer Betracht bleiben können. Die insgesamt gut erhaltene Handschrift ist in einen mit rotem Leder bezogenen Buchkasten (37,3 x 25,8 cm) gebettet, dessen Vorderseite, in der Mitte vertieft, anscheinend mit Metallarbeit beschlagen oder in der Vertiefung vielleicht auch mit figürlichem Schmuck ausgestattet war.

Die Frage nach der Entstehung und der Datierung des Codex wirft verschiedene schwierige Probleme auf. Dazu können in diesem Zusammenhang nur einige vorläufige Hinweise das Wesentliche hervorheben. Geschrieben wurde er im Michaelskloster. Denn zum einen ist B eine derjenigen Haupthände, die auch das dort entstandene und im Jahr 1159 dem Kloster von dem Priestermönch Retman/Ratmann geschenkte Sakramentar geschrieben haben (Hildesheim, Domschatz 37; dieser bisher längst nicht hinreichend untersuchte Codex ist zwar im Spätmittelalter reskribiert worden, doch hat man nicht darauf geachtet, daß bisweilen die ursprüngliche Schrift der beteiligten Schreiber, ggf. unter fluoreszierendem Licht, noch zu erkennen und zu unterscheiden ist; vgl. im übrigen Kat. Nr. IX-9); zum anderen hat D in dem von Bernward dem Michaelskloster geschenkten Evangeliar (Domschatz 18; Kat. Nr. VIII-30) die päpstliche Kanonisationsurkunde von 1193 nachgetragen (Kat. Nr. IX-18; vgl. dazu den Beitrag über die Erhebung Bernwards zum Heiligen mit Abb. 214).

Maßgebend für die bisherige Datierung in das dritte Viertel des 12. Jahrhunderts war die enge Verbindung der gemalten Initialen (außer der oben beschriebenen noch eine D-Initiale auf Seite 2 am Beginn des Prologs) der *Vita Bernwardi* mit einer durch ein ganzseitiges Titelbild und zahlreiche farbige, teils historisierte Initialen auf Goldgrund reich ausgestattete Handschrift glossierter Paulusbriefe (Berlin, Staatsbibliothek, Ms. theol. lat. fol. 192). A. Cohen-Mushlin, die beide Codices demselben Buchmaler zuweist, läßt die Vitenhandschrift dementsprechend in den von A und B geschriebenen Teilen samt den Initialen um 1150 entstanden sein und datiert C und D in die 80er Jahre des 12. Jahrhunderts. So sehr der Charakter der Schriften dies zunächst plausibel erscheinen läßt, verhält es sich dennoch anders.

Dies ist an einem kleinen Mißgeschick abzulesen, das bei der sonst sorgfältigen und ziemlich gleichmäßigen Anlage des Codex unterlaufen ist. Denn die Mönche, die sich den Inhalt, wie oben gezeigt, nach Sachgruppen aufgeteilt und dafür auch jeweils eine bestimmte Anzahl von Pergamentlagen zur Verfügung hatten, haben die Arbeit gleichzeitig begonnen. Das führte dazu, daß B, am Ende der siebten Lage angekommen, absehen konnte, daß der auf Seite 118 verbleibende Schriftraum nicht mehr ausreichen würde; inzwischen hatte aber C, wie er feststellen mußte, Seite 119 bereits geschrieben. B blieb nichts anderes übrig, als sein restliches Pensum auf weniger als die Hälfte des sonst von seiner Schrift beanspruchten Raumes zusammenzudrängen. Aus diesem an sich geringfügigen Versehen ist zu folgern: Die Hände A bis D haben gleichzeitig gearbeitet, und zwar frühestens nach 1186, nach dem Datum des von D geschriebenen Textes. Die Tatsache, daß B, obwohl bereits in den fünfziger Jahren des 12. Jahrhunderts nachzuweisen, immer noch am Werke ist, ruft nur die an sich bekannte und simple, aber oft vernachlässigte Einsicht in Erinnerung, daß ein Schreiber, besonders ein Kalligraph, seine Schrift über Jahrzehnte hinweg ziemlich unverändert bewahren kann. Nicht anders mag es sich mit dem Buchmaler verhalten.

Die Entstehung des Codex kann aber noch genauer datiert werden: die von C kopierten Urkunden haben dem großen Privileg Papst Coelestins III. für das Michaelskloster vom 27. Januar 1193 (UBHH 1, Nr. 492 S. 467–470) als Vorlage gedient, das der Abt von Sankt Michael in Rom bei Gelegenheit der Heiligsprechung Bernwards erwirken konnte. Die Vermutung, daß die Urkunden überhaupt nur zu diesem Zweck kopiert worden sind, wird fast zur Gewißheit, wenn man bemerkt, daß B damals für das Sankt Michael eng verbundene Kloster Clus bei Gandersheim Urkunden geschrieben hat, die gefälscht waren und die ebenfalls einem Papstprivileg zur Grundlage dienten, das bei gleicher Gelegenheit in Rom ausgestellt und zweifellos von dem Abt des Michaelsklosters mitgebracht wurde. Zu den Fälschungen zählt auch eine Urkunde Kaiser Lothars III. (MGH DLo III 59; vgl. RI 4,1, bearb. von W. Petke, Nr. +388).

Für die *Vita Bernwardi* hat diese Beobachtung

eine sehr wichtige Konsequenz: wenn sie gleichzeitig mit den Urkunden vor der Romreise des Abtes abgeschrieben wurde, dann muß dies gleichsam unter den Augen jenes erfahrenen Kurienkardinals geschehen sein, der damals als Gast des Michaelsklosters die Mönche zu dem Versuch ermunterte, Bernward heiligsprechen zu lassen, und die Form, in die der Text damals gebracht wurde, dürfte nicht unberührt davon gewesen sein, was der Kardinal für aussichtsreich hielt, dem Prüfungsverfahren in Rom standzuhalten. Eine solch glückliche Konstellation dürfte nicht häufig anzutreffen sein. Im einzelnen kann dies hier nicht weiter verfolgt werden. Die damals redigierte Textfassung hat sich nicht nur in den folgenden Jahrhunderten und bis heute beachtlicher Beliebtheit erfreuen können, sie läßt umgekehrt auch die Unterschiede zu einer zugrundeliegenden älteren Fassung der *Vita Bernwardi* deutlich werden. Dadurch tritt zugleich der Anteil hervor, den Bernwards Lehrer und Zeitgenosse Thangmar ursprünglich an der *Vita* gehabt hat und den eine recht voreilige Kritik in jüngster Zeit gänzlich hat leugnen wollen.

Literatur in Auswahl: Vita Bernwardi. – Chroust, Ser. II, Lieferung XX, Taf. 10 (= Taf. 440 des Gesamtwerkes) und Lieferung XXI, Taf. 5 (= Taf. 445 des Gesamtwerkes) mit vorzüglichen Abbildungen der Hände A bis D und mit der älteren Literatur. – Cohen-Mushlin 1983, Fig. 154–161 und S. 204 mit Anm. 82 und älterer Literatur. – Abbildungen und Beschreibungen der Berliner Paulusbriefe in den folgenden beiden Katalogbeiträgen: Kat. Berlin 1975, Nr. 50 S. 71 und Abb. S. 109 (Gerard Achten). – Kat. Stuttgart 1977, Nr. 759 S. 589 f. (Renate Kroos). – Goetting 1984, S. 167 f. – Görich/Kortüm 1990 ohne Kenntnis der handschriftlichen Überlieferung. – RI 4,1, bearbeitet von Wolfgang Petke (im Druck), Nr. +388.

Hannover, Niedersächsisches Hauptstaatsarchiv, Ms. F 5 (aufgeschlagen Seite 4)

H. J. S.

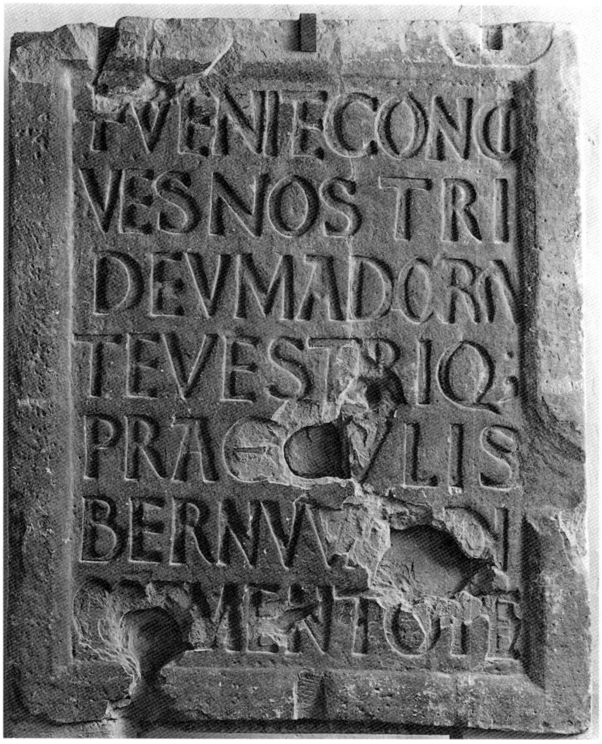

I–2

I–2 Gedenkstein Bischof Bernwards

Hildesheim, wahrscheinlich vor 1022

107,5 x 89 cm. – Roter Sandstein mit eingehauener Inschrift.

Der Stein zeigt in einem gerahmten, vertieften Innenfeld eine in sieben Zeilen ohne Wortzwischenräume mit rechteckiger Kerbe eingehauene Inschrift: *+ venite concives nostri devm adorate vestriq(ve) prae[sv]lis Bernv[vard]i [me]mentote* (Kommt, unsere Mitbürger, betet zu Gott und gedenkt eures Bischofs Bernward). Die sprachliche Form der Inschrift legt die Vermutung nahe, daß die Inschrift von Bernward selbst verfaßt worden ist; die Anrede in der 2. Person Plural *vestri* sowie die Imperative *adorate* und *mementote* schließen nur den „Sprecher“ vom Gebetsgedenken aus. Ein späterer Verfasser hätte sich selbst wohl kaum aus der Gebetsgemeinschaft ausgenommen. Als Adressaten der Bitte werden die *concives nostri* genannt. *Concives* meint hier, angelehnt an den biblischen Wortgebrauch von *cives*, „Landsleute, Mitbewohner“ in ganz allgemeiner Abgrenzung zu „Fremden“ oder „Gästen“. Bernward wendet sich mit dieser Inschrift an seine Mitgläubigen – Geistliche und Laien – in Hildesheim mit der Bitte um Gebetsgedenken nach seinem Tode. Die vom Text nahegelegte Datierung auf die Zeit vor 1022 läßt sich auch mit dem paläographischen Befund vereinbaren. Die Inschrift, eine Kapitalis, die der Capitalis quadrata der Buchschrift nahesteht, weist drei unziale Formen von E, M und A auf. Unziale Buchstaben sind in der Monumentalschrift bereits für den Anfang des 11. Jahrhunderts belegt, im vorliegenden Fall können sie aber auch, konzediert man die gröbere Ausführung einer Steininschrift, mit zeitgenössischen Auszeichnungsschriften des Hildesheimer Skriptoriums in Verbindung gebracht werden, wie der Vergleich mit einzelnen Zier-Textseiten des Guntbald-Evangeliars (Kat. Nr. VIII-26, fol. 23r, 89r u. a.) zeigt. Der ursprüngliche Standort des Steins ist nicht exakt zu bestimmen, vermutlich war er in der Nähe der Grablege aufgestellt. Bis zur Zerstörung der Michaeliskirche im Zweiten Weltkrieg war er an der Außenseite des Westchors angebracht, heute ist er in die Süd-Wand des östlichen Querhauses eingelassen.

Berges/Rieckenberg 1983, S. 101–103, 179.

Hildesheim, Ev.-luth. Kirchengemeinde St. Michaelis

C. W.

II

SENIORES MEI

Die Kaiser

Das Leben Bernwards von Hildesheim ist untrennbar mit dem Herrscherhaus der Ottonen verbunden. Die Anfänge dieser Familie, die nach ihrem Stammvater Liudolf auch als Liudolfinger, nach dem von ihr bevorzugten männlichen Vornamen aber häufiger als Ottonen bezeichnet werden, liegen in Sachsen. Im zerfallenden Karolingerreich stiegen sie in der zweiten Hälfte des 9. Jahrhunderts zu den führenden politischen Repräsentanten des sächsischen Stammes auf und hatten das Herzogsamt inne. Zu Beginn des 10. Jahrhunderts war die Familie so mächtig und das politische Gewicht des Stammes so bedeutend geworden, daß Herzog Heinrich 919 von Sachsen und Franken zum König gewählt wurde.

Mit der Wahl zu Fritzlar beginnt das Zeitalter der Ottonen – für ein Jahrhundert sollte diese Familie, die seit Otto I. 962 auch noch die römische Kaiserwürde erlangte, die deutsche und europäische Geschichte prägen; denn mit der Würde des römischen (und christlichen) Kaisertums gerieten zugleich Italien und das an Rom gebundene Papsttum wie auch die anderen, teilweise noch gar nicht christianisierten Randstaaten Deutschlands in den Horizont ottonischer Politik. Jeder Herrscher setzte hier seine eigenen Akzente: Otto der Große (936–973), der 955 die Ungarngefahr engültig abwendete, mit seiner Ost- und Italienpolitik, Otto II. (973–983) durch sein Ehebündnis mit Byzanz (Theophanu), Otto III. (983–1002) mit dem Programm der „Erneuerung des Römischen Reiches", schließlich Heinrich II. (1002–1024) mit der neuerlichen Hinwendung zum Osten, ohne freilich die Italienpolitik ganz zu vernachlässigen, und seinen in die Zukunft weisenden Bemühungen um die Kirchenreform.

Bis auf Heinrich I. († 936) hat Bernward alle ottonischen Herrscher persönlich gekannt, sie bezeichnete er ehrfürchtig als „meine Herren und Kaiser" (*seniores mei imperatores*). Authentische Bildnisse sind von ihnen nicht erhalten. Die lange Reihe von Siegelabdrücken, durch die die Herrscherpersönlichkeiten in dieser Abteilung vor allem vertreten sind, repräsentieren das Herrschertum an sich. Die Siegel sind mehr als nur Beglaubigungsmittel der Urkunden, sie sind zugleich Herrschaftszeichen, was sich vor allem an den in ottonischer Zeit aufkommenden Thronsiegeln ablesen läßt, die den Herrscher in vollem Ornat zeigen. Daneben diente auch die Kirchenkunst der Repräsentation des Herrschers, der sich auf Elfenbeinen und in Handschriften darstellen ließ, die er an Bistümer und andere geistliche Institutionen schenkte. Zwei Stiftungen ragen heraus: die Gründung des Erzbistums Magdeburg 967/68 durch Otto den Großen (er fand im dortigen Dom auch sein Grab), wodurch die politische Erfassung und Christianisierung der Slaven im mittel- und ostdeutschen Raum eingeleitet wurde, und die Gründung des Bistums Bamberg 1007 durch Heinrich II., eine Stiftung, die dem Herrscher, der wie kein anderer die Reichskirche, vor allem die Bischöfe, für seine Politik einzusetzen verstand, schließlich sogar den Ruf der Heiligkeit einbrachte. Beide Stiftungen sind durch herausragende Kunstwerke und Urkunden in der Ausstellung vertreten.

Im Zeitalter der Ottonen wurde aus dem Ostteil des ehemaligen Karolingerreiches ein deutsches Reich, dem mit Frankreich, Italien und Burgund ebenso junge Staatsgebilde gegenüberstanden. Die Politik der Ottonen bewegte sich aber keineswegs in dem Zeitalter noch völlig fremden Dimensionen des Nationalstaates, sondern war den Idealen des christlichen Herrscheramtes ebenso wie den alltäglichen Forderungen praktischer Politik zur Herrschaftssicherung nach innen und außen verpflichtet. Dabei blieb der Ausgangspunkt der ständig im Reich umherreisenden Herrscher Sachsen, wo sie über umfangreiches Reichs- und Familiengut verfügten. Sachsen wurde auf diese Weise im 10. Jahrhundert zu einem Mittelpunkt europäischer Kultur. Erst Otto III. versuchte in idealistischer Überhöhung der Kaiseridee den Schwerpunkt seiner Herrschaft nach Rom zu verlagern – und scheiterte. Mit dem jungen Kaiser starb zugleich das in direkter Linie auf Otto den Großen zurückgehende Herrscherhaus aus. Allerdings existierte noch die auf dessen Bruder zurückgehende bayerische Nebenlinie: 1002 wurde der in Regensburg residierende bayerische Herzog Heinrich (IV.) zum König gewählt. Es verwundert daher nicht, daß bedeutende Zeugnisse des Herrschers aus dieser Herzogs- und Königsstadt, einer der wenigen Metropolen des Reiches, stammen. Erst mit König Heinrich II., zu dem Bischof Bernward anfangs ein gespanntes Verhältnis hatte, da er bei der Königswahl einen Gegenkandidaten unterstützt hatte, starb das Herrscherhaus der Ottonen 1024 endgültig aus.

E. B.

II-1 König Otto I.

Deutschland (?), 936

Durchmesser 5,2 cm. – Hellbraunes Wachs in Wachswanne mit Abdruck des Zackenrandes der Fassung.

Umschrift: + *OTTO D(e)I GR(ati)A REX*

II-1

Das Siegel zeigt den König als Dreiviertelfigur, den Oberkörper fast frontal, den Kopf nach (heraldisch) links ins Profil gewendet. Im Haar erkennt man einen einfachen Kronreif. Das kurze Haupthaar liegt als dichte Masse dem Hinterkopf auf. Das Gesicht wird von dem großen Auge unter plastisch hervortretendem Jochbogen beherrscht. Die Nase ist spitz, das offenbar bartlose Kinn ebenfalls, aber auffallend schwach ausgeprägt, so daß es auf vielen Wachsabdrücken kaum zu erkennen ist. Der im Umriß fast rechteckige Oberkörper ist von den schwingenden Kurven des reich gegliederten Mantels bedeckt, der durch eine Fibel auf der rechten Schulter geschlossen wird. Der linke Arm, im Ellenbogen abgewinkelt, wird weit zurückgestoßen und hält schräg über die Schulter eine dünne Lanze, an der oben ein kleines Fahnentuch befestigt ist. Die andere, nicht sichtbare Hand trägt vor dem Leib einen gebuckelten Schild mit reichen Beschlägen.

Der Siegelstempel Ottos des Großen, der in seiner gesamten Königszeit (936–961) in Gebrauch blieb, bestand wie die seiner Vorgänger aus einer Steinplatte, die zunächst in einen metallenen Zackenrand gefaßt war, der sich bei den Wachssiegeln auch deutlich abgedrückt hat. Später à jour gefaßt, wurde er, nachdem die Platte im Herbst 956 der Länge nach gesprungen war, wieder durch einen gezackten Metallrand zusammengehalten. Als Werk der Steinschneidekunst steht das Siegel als eine der spätesten Arbeiten in der Tradition des in spätkarolingischer Zeit zu höchster Blüte entwickelten Bergkristallschnitts. Ob der Stempel Ottos I. aus Bergkristall, einem Edelstein oder sonstigem Stein geschnitten war, läßt sich aus den allein erhaltenen Wachsabdrücken nicht ablesen. Wer in der ersten Hälfte des 10. Jahrhunderts in Deutschland eine solche Arbeit ausführen konnte oder woher ein solcher Künstler gekommen sein kann, wissen wir nicht. Über Steinschneidekunst in frühottonischer Zeit ist im Gegensatz zu karolingischer sonst nichts bekannt.

Das Siegel König Ottos ist dem seines Vaters Heinrich I., einem höchst bemerkenswerten Werk der Steinschneidekunst der Jahre 920/22, verpflichtet und steht in der Tradition der bis auf König Ludwig IV., das Kind (900–911), zurückgehenden deutschen Königssiegel. Hatten Karl der Große und die älteren Karolinger durchweg antike Gemmen mit bloßen Kopfdarstellungen als eigenes Bildsiegel adaptiert, später auch karolingische Nachschnitte solch antiker Gemmen verwandt, so entstanden ab 900 Königssiegel in stärker mittelalterlicher Form. Sie zeigen den Herrscher in halber oder Dreiviertel-Figur mit den mittelalterlichen Insignien von Kronreif, Lanze und Schild, wobei die scharfe Profilwendung des Kopfes als Erbe der antiken Gemmen beibehalten wird. Für das Verständnis des Königtums ist vor allem wichtig, daß die Herrscher der ersten Hälfte des 10. Jahrhunderts mit Lanze und Schild primär als Krieger dargestellt wurden.

Posse, 1, Taf. 7,1. – Posse, 5, S. 11–12, Nr. 1. – Hiebaum 1931, S. 26 Nr. 37. – Schramm 1983, S. 187 Nr. 81. – MGH DO I, Nr. 2 (diese Urkunde).

Marburg, Hessisches Staatsarchiv Marburg, Urkunde R I a Fulda, Stiftsarchiv 936 Oktober 14

R. Ka.

II–2

II–2 Kaiser Otto I., sogenanntes 3. Kaisersiegel

Deutschland (?), um 965

Durchmesser 6,5 cm. – Dunkelbraunes Wachs in Wachswanne.

Umschrift: + *OTTO IMP(erator) AVG(ustus)*

Gegenüber dem Königssiegel zeigt das kaiserliche eine entschiedene Abwandlung, der für die Zukunft der deutschen Königs- und Kaisersiegel größte Bedeutung zukommen sollte. Der Herrscher wird nicht mehr als Krieger mit Schild und Lanze, sondern ausschließlich im Schmuck der königlich-kaiserlichen Insignien – mit Krone, Kreuzszepter und Reichsapfel – dargestellt. Sein Bild erscheint nicht mehr im Profil, sondern frontal.

Nach zwei künstlerisch wenig bedeutenden Vorläufern mit kleiner, frontaler Kaiserbüste, die in den Jahren 962–965 in Gebrauch waren, ließ Otto der Große um 965 einen wesentlich größeren und anspruchsvolleren Stempel anfertigen, der mit kleinen Varianten in drei Exemplaren in seiner gesamten Kaiserzeit und teilweise sogar unter Otto II. Verwendung finden sollte.

Die Kaiserbüste füllt das Siegelrund aus, die Umschrift legt sich nur oben um das Haupt. Kopf und Schultern, Hand und Globus treten plastisch hervor. Gegen den unteren Rand nimmt das Volumen des Oberkörpers ab, um schließlich ganz im zweifach gerahmten punzierten dünnen Siegelrand zu verschwinden. Die um Schulter und Oberkörper kurvig geführten Mantelfalten unterstreichen die Form des Brustbildes und dienen zugleich der Steigerung der monumentalen Erscheinung. Über der Büste, auf deren rechter Schulter der Knoten des Mantels und eine Fibel sichtbar werden, erhebt sich das Haupt, nach unten durch den Bart zugespitzt, nach oben von einer Plattenkrone mit Perlenaufsätzen gerahmt. Es ist die aus zwei perlenbesetzten, schräg gegeneinandergestellten Rechtecken bestehende Krone, die wir auch aus den späteren ottonischen Kaiserbildern der Handschriften kennen. Seitlich werden die Arme steil und V-förmig erhoben, halten ein hohes Stabszepter und den Globus, auf dem sich ein Kreuz erhebt.

Zu Recht hat Wilhelm Messerer darauf hingewiesen, daß mit diesem Siegel Ottos des Großen aus dem Jahre 965 zum ersten Mal jenes Würde, Hoheit und Majestät ausstrahlende frontale Herrscherbildnis geschaffen wurde, das in der Reichenauer Buchmalerei um die Jahrtausendwende die Erscheinung des ottonischen Kaisers prägen sollte. Es hat auch die folgenden deutschen Herrschersiegel bestimmt, bis Otto III. durch die Einführung der stehenden Ganzfigur (Kat. Nr. II–7) und schließlich des thronenden Herrschers (Kat. Nr. *II–8) die Steigerung weiter vorantrieb. Ohne Zweifel muß die Einführung dieses neuen Bildtyps gegenüber dem ins Profil gewandten Kriegersiegel als ein politisch bewußter Akt, parallel der Aufnahme des römischen Kaisertitels, verstanden werden. Wieweit dabei byzantinische Münzen eine Rolle als Vorbild gespielt haben, ist nicht leicht zu entscheiden. Immerhin erscheint auf vielen von ihnen frontal die kaiserliche Büste mit Krone, hochgehaltenem Globus und Kreuzszepter. Doch bleiben die Münzen in Anspruch, Größe und meist auch in der künstlerischen Form weit hinter dem ottonischen Siegel zurück. Wachssiegel waren in Byzanz nicht üblich. Die kaiserlichen Bleibullen waren meist noch bescheidener als die Goldmünzen. Kaiserliche Goldbullen, wie sie dem Rang der Urkundenempfänger entsprechend gestaffelt im byzantinischen Reich vor allem für offizielle Auslandsschreiben verwandt wurden, haben sich aus ottonischen und älteren Zeiten nicht erhalten, wie wir denn auch die gelegentlich erwähnten Goldbullen der ottonischen Kaiser nicht kennen. Die ältesten bekanntgewordenen byzantinischen stammen erst aus der Zeit nach der Mitte des 11. Jahrhunderts. Sie unterscheiden sich in ihrem bildlichen Aussehen nicht von den zeitgenössischen Bleibullen. Doch wird man nicht ausschließen können, daß mit einer offiziellen Urkunde oder einem diplomatischen Brief aufwendigere byzantinische Goldbullen in den Westen gelangt sein könnten und die neue Form der ottonischen Kaisersiegel angeregt haben. Jedenfalls bleibt die künstlerische Ausformung im einzelnen das Werk des westlichen Siegelschneiders, der um 965 das Kaiserbild – jetzt in eine Metallplatte und nicht mehr in einen Bergkristall oder Edelstein – geschnitten hat.

Die frühe Entstehung – lange vor den übrigen uns bekannten ottonischen Kunstwerken – und der hohe, dem politischen Anspruch des Auftraggebers entsprechende künstlerische Rang verleihen dem Kaisersiegel von 965 auch in der Geschichte der Kunst eine herausragende Position.

Posse, 1, Taf. 7,5. – Posse, 5, S. 12 Nr. 4. – Messerer 1959/2, S. 41–43. – Schramm 1983, S. 187 Nr. 82, 83. – MGH DO I, Nr. 331 (diese Urkunde).

Magdeburg, Landeshauptarchiv Sachsen-Anhalt, Rep. U 1, Tit. I. Nr. 23: 966 August 24

R. KA.

II–3 König Otto II.

Deutschland (?), vor 963

Durchmesser 4,8 cm (einschließlich der Zackenfassung). – Dunkelbraunes Wachs in dickem, braunem Wachswulst mit Abdruck des Zackenrandes der Fassung und der Handhabe.

Umschrift: + *OTTO · D(e)I · GR(ati)A · REX*

Am 24. Juli 961 benutzte der junge, am 26. Mai in Aachen gekrönte König – offenbar in Ermangelung eines eigenen Siegels – noch den Stempel des Vaters. Bald darauf – vielleicht in Zusammenhang mit der römischen Kaiserkrönung des Vaters am 2. Februar 962, jedenfalls vor 963 – muß auch ein eigener Siegelstempel für ihn angefertigt worden sein, der während der ganzen Königszeit bis zu seiner Kaiserkrönung Weihnachten 967 Verwendung fand. Es handelt sich wie bei Heinrich I. und dem Königssiegel des Vaters um ein in Stein geschnittenes Bildnis, das letzte in der Geschichte der früh- und hochmittelalterlichen

II–3

Herrschersiegel. 40 Metallzacken fassen die Platte ein, die offenbar am oberen Rand auch einen Haltegriff hatte – gewiß ebenfalls aus Metall.

Das Brustbild des jungen Königs ist auffallend klein, verzichtet auf die Arme und damit auf Szepter und Globus; die Büste ist ganz dem unteren Rand der Siegelfläche zugeordnet; der bedeutungsmäßige Abstand zum Siegel des kaiserlichen Vaters war wohl beabsichtigt. Die Büste mit den scharf, wenn auch in Höhen und Tiefen vorzüglich differenzierten, zur Schulter gezogenen Mantelfalten ist von auffallender Prägnanz, an der Unterkante des runden Siegelfeldes plastisch präzise zusammengefaßt. Sie unterscheidet sich so auch künstlerisch stark von der nach unten breit auslaufenden Büste des Vaters. Die Details des Gesichtes, wie die Oberlider über den breiten kugelförmigen Augen, die außen die Jochbögen übergreifen und innen in ein höchst differenziertes Spiel zur Wölbung der Augen zwischen Nasenwurzel und Jochbögen eintreten, verraten ein ähnliches künstlerisches Kalkül wie die Komposition der Gesamtfläche – aus Büste und Umschrift – oder die gesuchte Gegenüberstellung von Kreuz und X an Anfang und Ende der Umschrift. Kein Zweifel, daß der Steinschneider, dem der Siegelstempel verdankt wird, ein anderer Künstler als der Goldschmied des Kaisersiegels Ottos der Großen war. Bei unserer verschwindend geringen Kenntnis der Goldschmiede- und Steinschneidekunst in ottonischer Zeit ist eine Aussage über die lokale Zuordnung der so unterschiedlichen, wenn auch in beiden Fällen bedeutenden Meister gänzlich unmöglich.

Posse, 1, Taf. 8,2. – Posse, 5, S. 13 Nr. 1. – Hiebaum 1931, S. 28 Nr. 41. – Schramm 1983, S. 193 Nr. 87. – MGH DO II, Nr. 6 (diese Urkunde).

Hannover, Niedersächsisches Hauptstaatsarchiv, Cal. Or. 100 Hilwartshausen, Nr. 1: 963 Juli 20

R. KA.

II–4 Kaiser Otto II., 1. Kaisersiegel

Deutschland, 967/968

Durchmesser ca. 4,5 cm. – Dunkelbraunes Wachs mit Wachswulst.

Umschrift: *OTTO IMP(erator) AVG(ustus)*

Offenbar unmittelbar nach der römischen Kaiserkrönung Ottos II. am Weihnachtstage 967 entstanden, hat der in Metall gegrabene Stempel zu Lebzeiten des Vaters († 973) Verwendung gefunden. Es war bekanntlich der einzige Zeitraum der deutschen Geschichte, in der es zwei legitime Kaiser – Vater und Sohn – gegeben hat.

Das Siegel ist deutlich kleiner als das des Vaters, zeigt aber den Herrscher mit Globus und Szepter. Eindrucksvoll ist die Plastizität. Die gesamte Siegelfläche ist konvex, die Binnenformen zwischen den einzelnen, wie einschnürend eingegrabenen Faltenlinien des Mantels wölben sich stark hervor: die linke Schulter, die Muskeln am rechten Oberarm, auch der erhobene Globus, dessen Vorderfläche ein Kreuz ziert. Zwar erkennt man die den Apfel haltenden Finger, für den tragenden Arm ist aber zwischen den sich aufwölbenden Rundformen von Schultern und Reichsapfel kein Platz geblieben. Die Büste ist auch unten vorzüglich in das Rund der Siegelfläche eingefügt, wobei der querliegende rechte Unterarm der Komposition nutzbar gemacht ist, was gewiß nicht ohne direkte künstlerische Auseinandersetzung mit dem väterlichen Siegel geschehen ist. Wir können sie als selbstverständlich voraussetzen; sie ist aber auch in der Anordnung am unteren Teil des Siegels ablesbar. Das außerordentlich dünne und lange, in einer zierlichen Blüte endende Szepter wird schräg über die Schulter gehalten, dies der auffallendste Unterschied zum väterlichen Kaisersiegel.

II–4

Posse, 1, Taf. 8,3. – Posse, 5, S. 13 Nr. 2. – Schramm 1983, S. 193 Nr. 88. – MGH DO II, Nr. 18 (diese Urkunde).

Magdeburg, Landeshauptarchiv Sachsen-Anhalt, Rep. U 1, Tit. I. Nr. 28: 968 Oktober 3

R. KA.

II–5 Kaiser Otto II., sogenanntes 4. Kaisersiegel

Deutschland, 974

Durchmesser 6,5 cm. – Dunkelbraunes Wachs mit besonders dikkem Wachsrand.

Umschrift: + *OTTO IMP(erator) AVG(ustus)*

Das Siegel ist seit Mai 974 an Urkunden belegt und auch im folgenden Jahr verwandt worden. Es unterscheidet sich nur in wenigen, künstlerisch völlig unbedeutenden Details vom Typar des Kaisersiegels Ottos des Großen (Kat. Nr. II–2), das der Sohn nach dem Tode des Vaters während seiner gesamten Allein-Regierungszeit (973-983) als reguläres Kaisersiegel weiterbenutzte. Der Stempel des ausgestellten Siegels ist aber wegen kleiner Unterschiede wie der Ausdehnung der Abkürzungsstriche über den Buch-

II-5

II-6

staben in der Umschrift etc. von dem übernommenen zu unterscheiden. Warum sich die Notwendigkeit ergab, ein zweites Typar anfertigen zu lassen, können wir – wie meistens in solchen Fällen – nicht erkennen.

Die Qualität des Abdrucks und der singulär gute Erhaltungszustand des Wachssiegels lassen besser als jedes Exemplar sonst die außerordentliche Schönheit deutlich werden, mag die Oberfläche durch Reinigen auch geringfügig verschliffen sein. Gewiß ist der Stempel von 974 eine Replik des älteren von 965 (Kat. Nr. II-4). Ob noch derselbe Goldschmied fast zehn Jahre später die Kopie angefertigt hat, wissen wir nicht. Doch hat der Stempelschneider es jedenfalls verstanden, den künstlerischen Rang der älteren Komposition und die präzise Ausformung im einzelnen kongenial zu wiederholen – ein Vorgang, der bei der notwendig werdenden Duplizierung von Siegelstempeln nicht ohne Parallele im Mittelalter geblieben ist, mag eine solche Vorstellung unserem Bild von der Schaffung eines Kunstwerks auch wenig entsprechen.

Posse, 1, Taf. 8,6. – Posse, 5, S. 14 Nr. 5. – Schramm 1983, S. 192 Nr. 89. – Beck/Unger 1979, S. 26–27 mit guter Abb. – MGH DO II, Nr. 78 (diese Urkunde).

Magdeburg, Landeshauptarchiv Sachsen-Anhalt, Rep. U 9, Tit. AIa, Nr. 16: 974 Mai 13

R. Ka.

II-6 König Otto III., sogenanntes 2. Königssiegel

Deutschland, 985

Durchmesser ca. 6,5 cm. – Dunkelbraunes Wachs mit Wachsrand.

Umschrift: *OTTO D(e)I GRATIA REX*

Nachdem Otto III. am Weihnachtstag 983 in Aachen zum König gekrönt und der Vater bereits kurz zuvor in Rom verstorben war, benötigte die vormundschaftliche Regierung der Kaiserin Theophanu offenbar sehr bald ein Siegel des jungen Königs, da die Urkunden in seinem Namen ausgestellt wurden. Nachdem 984 ein provisorischer Stempel Verwendung gefunden hatte, begegnet das ausgestellte Siegel ab 985 und in den folgenden Jahren bis zur Kaiserkrönung im Jahre 996. Obwohl der König bei der Entstehung allenfalls 4 Jahre alt war, ist er mit Spitz- und Schnurrbart dargestellt, wie auch bei anderen Abdrücken deutlich zu sehen ist. Die zeitgenössischen Bildvorstellungen orientierten sich eben nicht am tatsächlichen Aussehen, sondern an der hierarchischen Stellung des Dargestellten.

Das Siegel ist offensichtlich eine Kopie des ältesten Kaisersiegels Ottos II. mit geschultertem Szepter (Kat. Nr. II-4). Der vorzüglich scharfe Abdruck gibt die künstlerische Eigenart und die Details des Stempels deutlich wieder. Ein Stempelrand ist nicht erkennbar. Unter den großen Buchstaben der Umschrift ist die Büste des Königs fladenhaft flach. Der Globus gewinnt keine plastische Form. Über sich stark verselbständigenden Gewanddetails – am Halsansatz und bei der in die Fläche geklappten Rundfibel auf der Schulter – erhebt sich das große, nach unten spitz zulaufende Gesicht mit übergroßen Augen. Auch die Details der Krone mit den astartigen Perlengestecken an den Seiten zeigen ähnliche Desintegration. Das dünne, quer vor der Brust gehaltene Szepter, das sich im unteren Teil kaum von den Faltenfurchen des Gewandes unterscheidet, endet oben nicht wie beim väterlichen Siegel in einer Blüte, sondern, was nur an diesem Exemplar zu erkennen ist, in einem kleinen Kreuz mit Kugelenden und einer Kugel in der Mitte. Kreuzszepter kannten die westlichen Herrschersiegel bisher nicht, sie waren aber als Insignien der byzantinischen Kaiser gebräuchlich, so daß man hier den Einfluß der griechischen Mutter des jungen Königs vermuten darf.

Die geringe Plastizität steht in auffallendem Gegensatz zu den großen, eindrucksvollen, kantigen und in der Einzelausgestaltung ungemein differenziert geformten Buchstaben der Umschrift. Üblicherweise werden die Buchstaben im Gegensatz zum Siegelbild nicht durch Guß und Eingravieren hergestellt, sondern durch Einschlagen mit Punzen. Es erscheint deshalb nicht undenkbar, daß die Punzen auf einen anderen Goldschmied als die künstlerisch weit hinter ihnen zurückbleibende Büste des Königs zurückgehen.

Posse, 1, Taf. 9,4. – Posse, 5, S. 14–15 Nr. 2. – Schramm 1983, S. 199 Nr. 97. – MGH DO II, Nr. 59 (diese Urkunde).

Hannover, Niedersächsisches Hauptstaatsarchiv, Cal. Or. 100 Hilwartshausen, Nr. 7: 990 Januar 20

R. Ka.

II–7 Kaiser Otto III., 2. Kaisersiegel

Mittelrhein, April 997

Durchmesser 7,5 cm. – Hellbraunes, leicht fleckiges Wachs mit Wachsrand; Abdruck der Handhabe im Rand neuerdings mit Wachs ausgefüllt.

Umschrift: + *OTTO D(e)I GRATIA ROMANORVM IMP(erator) AVG(ustus)*

Nach der Kaiserkrönung am 21. Mai 996 ließ Otto III. sich auf seinem neuen Siegel – dem ersten der Kaiserzeit – in ganzer Figur, und zwar stehend darstellen. Es war das erste Mal in der Geschichte der mittelalterlichen Siegel, daß an die Stelle der Brustbilder eine ganzfigurige Darstellung trat, verbunden mit einer erheblichen Vergrößerung der bisherigen Siegelmaße. Zum erstenmal tritt auch der Titel *Romanorum imperator augustus* auf; die Betonung des römischen Charakters des Kaisertitels war in dieser Form bisher nicht üblich. Die Anregung dürfte die traditionelle byzantinische Kaisertitulatur *Autokrator Romaion* geliefert haben, die freilich auf den Bullen nicht erscheint. Auch stehende Darstellungen gab es auf byzantinischen Kaiserbullen zur Zeit Ottos III. nicht. Sie kommen nur in der Frühzeit, bis zum 7. Jahrhundert, und gelegentlich seit der Mitte des 11. Jahrhunderts vor. Ansonsten beschränkte man sich auf die Wiedergabe des Kaiserbildes in Büstenform. Die relativ flache und steife Figur dieses ersten Siegels Ottos III. von 996 zeigte den Kaiser mit Krone, über dem linken Arm zurückgeworfenem Mantel und bis in die Höhe der Schulter hochgehaltenem kreuzgeschmücktem Globus. In der linken Hand hält er ein Stabszepter, das an der Spitze ein ligiertes Christusmonogramm zeigte. Dieses noch niemals beobachtete Detail ist gewiß in Anlehnung an das byzantinische Labarum in der Hand der östlichen Kaiser zu verstehen, das gelegentlich auch mit dem Christusmonogramm geschmückt war. Der Stempel, von dem nur wenige Abdrücke erhalten sind – der beste befindet sich in München (Bayerisches Hauptstaatsarchiv, KS 176, an einer Urkunde vom 15. November 996) –, war nur von Mai 996 bis zum 9. April 997 in Benutzung. Mit der relativ steifen Figur des stehenden Kaisers ist das Typar dieses ersten Standsiegels vielleicht in Italien entstanden, da es sofort nach der Kaiserkrönung in Rom im Mai 996 verfügbar war.

Bereits am 18. April 997 erscheint ein neues Siegel:

im selben Bildtyp, mit derselben Umschrift, aber in künstlerisch wesentlich besserer Durchgestaltung. Das ausgestellte Heidelberger Exemplar an einer für St. Stephan in Mainz bestimmten Urkunde ist vorzüglich abgedruckt und ungewöhnlich gut erhalten, wenn auch durch Reinigung in letzter Zeit an der Oberfläche verschliffen. Sonst haben sich nur zwei wesentlich schlechtere Abdrücke in Münster und Düsseldorf erhalten, nachdem 1945 die vier Exemplare des Magdeburger Archivs verlorengegangen sind. Der Siegelstempel ist, soweit wir wissen, am 1. Okt. 997 zum letzten Mal, also insgesamt nur sechs Monate lang, verwandt worden. Da der kaiserliche Hof sich von September 996 bis Ende 997 in Deutschland aufhielt und sämtliche in Betracht kommende Urkunden hier ausgestellt wurden, dürfte auch der bedeutende neue Siegelstempel hier und nicht etwa in Italien gearbeitet worden sein.

Der Kaiser steht als kräftige, untersetzte Gestalt frontal auf einem von Erdschollen gebildeten, kleinen, mit Gräsern bewachsenen Hügel. Mit der erhobenen Rechten umfaßt er von rückwärts die lange, parallel zum Körper stehende Lanze kurz unter der oberen Spitze. Die Linke hält in symmetrischer Entsprechung den großen Globus, der hier offenbar nicht mit einem Kreuz geschmückt ist. Die kräftigen Beine, der Bauch, die Brustmuskeln, die gerundete rechte Schulter wölben sich plastisch auf und zeichnen sich unter einem dem Körper flach aufliegenden und zwischen den Beinen zum Grund zurücksinkenden Untergewand ab. Allenfalls die Füße sind von jener kraftlosen Unsicherheit, die häufig bei ottonischen Standfiguren zu beobachten ist und die auch die Figur auf dem älteren Standsiegel prägt. Über den kräftigen, den Oberkörper fast zu einem Rechteck umbildenden Schultern liegt der Mantel, ohne Fibel auf der rechten Seite geschlossen. Ein dreieckiger Zipfel legt sich mit ebenfalls dreieckig eingetieften Falten schildförmig vor die linke Seite des Oberkörpers, ohne die durch das Untergewand sichtbar werdenden Wölbungen des Leibes aufzunehmen. Die flache Schichtung solcher Gewandstücke begegnet als charakteristisches Formprinzip allenthalben bei ottonischer Großplastik. Der über die linke Armbeuge und die rechte Schulter zurückgeschlagene Mantel sinkt flächig, kantig in den Grund zurück und hinterfängt folienartig die in ihrer körperlichen Präsenz und Plastizität ganz ungewöhnlich real erfaßte Gestalt des Herrschers.

Der Aufbau einer Figur aus übereinandergelegten Schichten und partiellen polster-plastischen Vorwölbungen ist als charakteristisches Gestaltungsprinzip ottonischer Kunst, vor allem der Werke aus dem Umkreis des in Trier tätigen, aber weit darüber hinaus wirkenden Meisters des Registrum Gregorii von Carl Nordenfalk eindrucksvoll und suggestiv beschrieben worden (vgl. Kat. Nr. IV–30). Verschiedentlich hat man als stilistische Parallele auf den stehenden Christus des goldenen Antependiums Heinrichs II. aus dem Dom zu Basel verwiesen (Paris, Musée National du Moyen Age – Thermes de Cluny). Mögen dabei auch primär der allgemeine Typ einer stehenden Figur und eine durch nachträgliches Ausbeulen verstärkte Plastizität größere Ähnlichkeit vorspiegeln, als sie tatsächlich zu konstatieren ist, so wird immerhin eine gewisse Verbindung zu der zentralen ottonischen Goldschmiedewerkstatt deutlich, die unter Otto III. und noch unter Heinrich II. tätig war. Sie muß dem Hof nahegestanden haben, wie erhaltene Werke dokumentieren. Ihre eindeutige Lokalisierung ist bisher nicht gelungen; der konkreteste Vorschlag der Literatur bezieht sich auf Fulda; zu denken wäre auch an Mainz. Unzweifelhaft ist jedenfalls, daß sie von dem großen Erbe der lotharingisch-mittelrheinischen Kunst vom Ende des 10. Jahrhunderts zehrte, womit dann auch die Bezüge zur Kunst des Gregor-Meisters und zu einigen seinem Umkreis zugeschriebenen Werken verständlich würden.

II–7

Posse, 1, Taf. 9,6. – Posse, 5, S. 15 Nr. 4. – Messerer 1959/2, S. 37,

45. – Buddensieg 1957, S. 149. – Schramm 1983, S. 198–199 Nr. 99. – MGH DO II, Nr. 249 (diese Urkunde).

Heidelberg, Universitätsbibliothek, Heid. Urkunde 328: 997 Juli 15

R. Ka.

*II–8

*II–8 Kaiser Otto III., 3. Kaisersiegel

Deutschland (Aachen?), Oktober 997

Durchmesser 7,5 cm. – Braunes Wachs, Wachsrand teilweise abgebrochen.

Umschrift: + *OTTO D(e)I GRACIA ROMANORV(m) IMP(erator) AVG(ustus)*

War das zweite Kaisersiegel (Kat. Nr. II–7) mit dem stehenden Herrscher an den uns erhaltenen Urkunden zum letzten Mal am 29. September 997 (MGH DO III, Nr. 254) verwandt worden, so begegnet am 26. Oktober desselben Jahres bereits ein neues (Urkunde ausgestellt in Aachen; Stadtbibliothek Trier; MGH DO III, Nr. 261). Am 5. Januar 998 wurde dieser Stempel in Pavia bei einem Diplom für Sant'Ambrogio in Mailand (Archivio di Stato, Mailand) und am 6. Februar 998 noch einmal in Ravenna bei einer Besiegelung für Abt Odilo von Peterlingen in der Schweiz (MGH DO III, Nr. 265, 273) benutzt. Von April desselben Jahres ab treten an die Stelle der Wachssiegel endgültig Bleibullen, so daß das Thronsiegel kaum länger als ein halbes Jahr zum Besiegeln der kaiserlichen Urkunden gedient hat. Die Wachsabdrücke in Trier und Mailand sind nur als beschädigte Fragmente überkommen; alle anderen Urkunden aus diesen Monaten haben ihre Siegel verloren. Nur das hier vorgestellte ist einigermaßen vollständig, wenn in den Details auch nicht besonders gut abgedrückt und in der Oberfläche berieben.

Auf einem breiten Thron ohne Lehne, auf dem sich seitlich die Kissenenden wie Kugeln aufwölben, sitzt der Kaiser mit erhobenen Armen. Die Rechte faßt ein kurzes Stabszepter, das oben in einer kleinen schwachen Blüte endet und unten auf das Kissen gestützt wird. Die Linke hält den mit einem Kreuz auf der Vorderseite geschmückten Globus fast bis in Kopfhöhe; die stützende Hand ist deutlich erkennbar. Der Kaiser mit kurzem Bart – damals etwa 17 Jahre alt – trägt die Plattenkrone, die seit Otto dem Großen üblich geworden war. Wie auf späteren Siegeln deutscher Herrscher verbinden sich die Kronenaufsätze mit dem Kreuz der Umschrift so eng, daß es fast wie die Bekrönung des Diadems wirkt. Der Mantel, wie üblich auf der rechten Schulter in einem Knoten, jetzt aber ohne Fibel, geschlossen, liegt vor der Brust in einem spitzwinkligen Dreieck. Die Binnenfalten wiederholen nicht parallel die Außenkonturen, sondern folgen in bewegt variierender Abwandlung. Das Gewand über Knien und Unterschenkeln muß mit seitlich parallel herabfallenden Enden und mäandrierenden Säumen reich gegliedert und fein differenziert gewesen sein. Die Beine stehen nicht starr und gleichmäßig nebeneinander; das linke Knie und die linke Ferse sind merklich angehoben. So zeigt sich das erste mittelalterliche Thronsiegel freier und weniger schematisch als die ihm folgenden Heinrichs II. (Kat. Nr. II–10 und II–11) und seiner salischen Nachfolger.

Freilich gelingt es nur schwer, die stilgeschichtliche Stellung des Siegels und die künstlerische Qualität der Ausführung im Rahmen der uns bekannten ottonischen Kunst näher zu fixieren. Die Bildfigur des thronenden Herrschers und die Komposition des im Rund des Siegels aufrecht auf einem Thron sitzenden Kaisers, der mit annähernd symmetrisch hoch erhobenen Armen Szepter und Globus hält, sollte sich jedoch als folgenreiche Neuschöpfung erweisen. Nicht nur die deutschen Könige und Kaiser haben sich fortan bis weit über die Grenzen des

Mittelalters hinaus auf ihren Siegeln in dieser Form darstellen lassen. Auch die übrigen europäischen Könige folgten bald, so daß der Siegeltyp sich als spezifische Form königlicher Selbstdarstellung durchsetzte, während die Fürsten unterhalb dieser Ebene, vor allem die Herzöge, sich, von verschwindend seltenen späten Ausnahmen abgesehen, mit Reitersiegeln begnügten. Nur die deutschen Bischöfe okkupierten seit dem 12. Jahrhundert das königliche Siegelbild und ließen sich ebenfalls thronend abbilden; in den übrigen Ländern erscheinen sie in der Regel stehend auf ihren Siegeln.

Liegen die Wirkungen der Bildschöpfung also offen zutage, so sind die konkreten Quellen des durch Otto III. eingeführten Siegeltyps nicht so leicht zu bestimmen, mag die im raschen Wandel der kaiserlichen Siegelbilder sich offenbarende generelle Tendenz der Jahre 992–998 zur Steigerung der Erscheinung der kaiserlichen Majestät auch deutlich werden – eine Entwicklung, die in den gleichzeitigen Bildern der ottonischen Malerei, vor allem den Kaiserbildern der Reichenauer Handschriften, eine Parallele findet. Dort wurden die Könige und Kaiser in einer lange zurückreichenden Tradition fast immer thronend, umgeben von ihrem Hofstaat, dargestellt.

Man hat auch auf die Bullen und Münzen der byzantinischen Kaiser als mögliche Vorbilder verwiesen. Sie zeigen jedoch den Kaiser in der Regel nur in Büstenform, überaus selten stehend in Ganzfigur – die letzten Beispiele entstammen im Grunde dem 7. Jahrhundert. Standsiegel setzen erst wieder mit Isaak I. Komnenos (1057–59) ein und werden dann häufiger. Noch seltener sind Siegelbilder thronender Herrscher, etwa bei Basileios I. (867–886) oder Leon VI. (866–912) und Konstantin VII. Porphyrogennetos (920–959). Gerade aus der Zeit der ottonischen Herrscher, etwa bei Basileios II. (976–1025), gibt es keine entsprechenden Darstellungen. Auf der Vorderseite der Bullen und Münzen findet sich zwar regelmäßig die Gestalt des thronenden Christus, dem die Kaiserbüste auf der Rückseite antwortet. Die These von Werner Goez, Otto III. habe auf seinem kurze Zeit geführten Thronsiegel ebendieses byzantinische Christusbild adaptiert, dürfte in Anbetracht der bis in karolingische Zeit zurückreichenden Tradition westlicher gemalter Bilder des thronenden Herrschers jedoch wenig überzeugen. Annäherungen an das Bild des thronenden Christus begegnen zwar in ottonischer Zeit, etwa im Aachener Otto-Evangeliar (Kat. Nr. II-36); das Siegel ist davon aber völlig frei. Es ist ein reines Herrscherbild, bei dem die vorgewiesenen Insignien kaiserlicher Macht im Vordergrund stehen. Das Motiv des Thrones, war es auf westlichen und byzantinischen Siegeln für den Herrscher auch neu, brauchte nicht aus dem Christusbild übernommen zu werden, das im übrigen ganz anders organisiert war. Im Gegensatz zur westlichen Kunst hat die östliche Christus niemals mit Königsinsignien dargestellt. Mag der Übergang zum Thronbild auch Ausdruck stetiger Steigerung kaiserlicher und königlicher Würde gewesen sein, so wurde es von den Zeitgenossen und Nachfahren offenbar als angemessene Form der Herrscher-Repräsentation betrachtet, wie nicht zuletzt die schnelle und nachhaltige Rezeption durch die Könige in ganz Europa eindrucksvoll bekundet. Da verwandte byzantinische Throndarstellungen auf kaiserlichen Münzen viele Jahrhunderte zurücklagen, haben wir es offenbar mit einer genuinen Erfindung des ottonischen Hofes zu tun, die die traditionelle Bildprägung der Malerei auf das kleine, aber offizielle Bild des Kaisers im Siegel übertrug. Da der Hof sich seit September 996 bis Dezember 997 in Deutschland und lange Zeit in Aachen aufhielt, dürfte auch der Siegelstempel hier und nicht etwa in Italien geschaffen worden sein.

Posse, 1, Taf. 10,1. – Posse, 5, S. 15 Nr. 5. – Schramm 1983, S. 199, Nr. 100. – Goez 1987, S. 211–221. – MGH DO III, Nr. 273 (diese Urkunde).

Lausanne, Archives cantonales vaudoises, C I b4: 998 Februar 6

R. Ka.

II-9 Kaiser Otto III., 1. Kaiserbulle

Rom (?), 998

Durchmesser 4 cm. – Blei mit dickem Bleirand.

Umschrift auf der Vorderseite: *OTTO IMPERATOR AVGVSTVS*
Rückseite: *RENOVATIO IMPERII ROMANORVM*

Seit dem 2. Mai 998 treten bei den Urkunden Ottos III. an die Stelle der bisherigen Wachssiegel Bleibullen; auch Prägungen in Gold werden gelegentlich erwähnt, sind aber wie bei Otto I. und II. nicht erhal-

II–9 Vorderseite

II–9 Rückseite

ten. Von 998 bis 1000 wurden drei sich nur in Details unterscheidende Prägestempel verwandt, die wohl sämtlich in Italien entstanden sind, wo der Kaiser sich zu dieser Zeit fast ausschließlich aufhielt. In den letzten beiden Jahren seiner Herrschaft verwandte Otto III. eine kleinere Bulle mit primitivem Profilkopf und einer Rückseite, die sich auf Schrifttext beschränkte. Es handelt sich offenbar um eine Nachahmung des Denars Karls des Großen.

War es bei den Stand- und Thronsiegeln Ottos III. in höchstem Maße zweifelhaft, ob sie direkt oder indirekt auf byzantinische Siegelbilder zurückgehen, so ist die Entscheidung der kaiserlichen Kanzlei für die alleinige Verwendung von Metallsiegeln ohne Zweifel auf einen solchen Einfluß zurückzuführen. Die byzantinischen Kaiser benutzten ausschließlich Blei- und in besonderen Fällen auch Goldbullen; Wachssiegel begegnen in Nachahmung westlicher Bräuche erst in der Endphase des Reiches und selbst dann nur vereinzelt. Auch die Vorgänger Ottos III. hatten gelegentlich mit Blei oder wohl häufiger in Gold gesiegelt, wie denn auch die Päpste zu allen Zeiten Bleisiegel führten. Doch unterscheiden sich ihre Bullen in Größe, Bild und Umschrift erheblich von denen Ottos III.

Die geprägte Bulle zeigt auf der Vorderseite in Nachahmung einer antiken Gemme den scharf geschnittenen, leicht erhobenen Profilkopf des Kaisers über einer kurzen Büste, über die der Mantel in wenigen großzügigen Falten gerafft und auf der Schulter mit einer Fibel geschlossen ist. Der mit Steinen besetzte Kronreif nimmt in seiner Schwingung die Rundung des Schädels auf; dicke Haarbüschel treten unter ihm hervor. An vier Stellen ist er mit Lilien besteckt, die wir uns aus einem Knauf und drei länglichen Edelsteinen bestehend zu denken haben. Solche Edelsteingestecke finden wir auch an der aus ottonischer Zeit stammenden, heute in Wien verwahrten Reichskrone. Die vierte, auf der abgewandten Seite des Kopfes befindliche Lilie ist der größeren Deutlichkeit halber auf die Höhe des Schädels gesetzt. Mit der Rundung des Kopfes und diesem Kronzierat ragt das Haupt in den Schriftrand hinein. Er ist bei der Kaiserbulle Ottos III. zum ersten Mal, wie das bei späteren Siegeln üblich werden wird, durch einen Perlrand vom Bildfeld abgegrenzt. Im Nacken flattern in freischwingender Bewegung dünne Bänder, wie sie zum antiken Diadem gehören.

Trotz deutlicher Orientierung des Künstlers an einem antiken Profilbildnis verrät die Gesichtsbildung die Schwierigkeiten eines mittelalterlichen Meisters, ein menschliches Antlitz als plastisches Kontinuum mit einbeschriebenen Details zu bilden. Die wesentlichen Einzelheiten werden scharf betont und wirken wie mit dem Meißel herausgehauen: die aus der Stirn herauswachsende gebogene Linie der Nase, das große Auge zwischen den Lidern, der kleine durch Punkt und Strich angegebene, leicht offenstehende Mund, die tropfenförmigen kurzen Bartzotteln. Im übrigen weicht das Gesicht im Profil zurück, bleibt hier auch in der plastischen Durchbildung substanzlos. So eindrucksvoll das mächtige, stark gewölbte Oberhaupt mit Krone, Haaren, Nase, Augen und auch noch die Backenknochen Form gewonnen haben, die fast karikaturhaft wirkende Profillinie konnte mit der Wölbung des Gesichtes nicht verbunden werden. Schon der Steinschneider des Königssiegels Ottos I. hatte offensichtlich ähnliche Probleme, wenn er sich auf die dichte Haarmasse im Nacken, Stirn, Auge und Nase beschränkte (Kat. Nr. II-1).

Die Rückseite zeigt das Bild der waffentragenden Roma und erinnert damit an die karolingischen und frühottonischen Herrschersiegel, die mit Schild und Lanze in dieser Form den König als Krieger charakterisierten. Ohne Zweifel ist wegen der langen Haare und der über der Stirn aufgetürmten Locke aber eine weibliche Figur gemeint. Die programmatische Umschrift, die die Erneuerung des Römischen Reiches verkündet, ordnet sich in die Nachfolge der freilich nur schlecht überlieferten Bulle Karls des Großen ein und steht, vermittelt durch solch karolingische Vorbilder, letztlich in der Tradition der politischen Devisen auf Münzen der römischen Kaiserzeit. Da die späten Karolinger auf ihren Bullen nur noch die Erneuerung des Frankenreiches proklamiert hatten, greift die Devise Ottos III. mit der Betonung des römischen Charakters des Reiches offensichtlich unmittelbar die Tradition Karls des Großen auf.

Posse, 1, Taf. 10, 2–7. – Posse, 5, S. 15–16, Nr. 6–8. – Schramm 1968, S. 13–15. – Schramm 1983, S. 199–200, Nr. 101. – Goez 1987, S. 213, 215. – MGH DO III, Nr. 285 (diese Urkunde).

München, Bayerisches Hauptstaatsarchiv, KS 179 (Hochstift Passau 23): 999 Januar 3 (lose Bleibulle)

R. Ka.

II-10 König Heinrich II., 2. Königssiegel

Bayern (?), 1002

Durchmesser 7,3 cm. – Braunes Wachs mit Wachsrand, Figur im Gesicht nicht ganz scharf abgedrückt; größere Ausbrüche bei der Umschrift und im Wachsrand neutral ergänzt.

Umschrift: + *HEINRICHVS D(e)I GRATIA REX*

II-10

Nachdem Heinrich II. in den ersten vier Wochen nach seiner Krönung am 7. Juli 1002 in Mainz einen offenbar provisorischen Stempel mit frontaler Dreiviertelfigur benutzt hatte, greift er kurz darauf auf den Typ des von Otto III. im Jahre 997 geprägten Thronsiegels zurück. Der Stempel blieb während der gesamten Königszeit, also von 1002–1013, in Benutzung. Die Darstellung des Vorgängers wird in allen wesentlichen Punkten übernommen. Der König sitzt aufrecht auf einem arkadengeschmückten lehnenlosen Thron. Rechts und links wölben sich die Enden des Thronkissens. Die Arme sind neben dem Körper erhoben, vielleicht etwas schematischer. Die Rechte hält ein kurzes Szepter, das jetzt oben in einer zweifach gestaffelten, fast wie ein Doppelkreuz wirkenden Blüte und unten in einem Knauf endet. Die Linke, die sich stärker schräg vom Körper entfernt, trägt einen kugelförmigen Globus, in den, nach dem Zeugnis auch der besten Abdrücke zu urteilen, offenbar kein Kreuz eingeschrieben war. Der Kronreif ist mit drei Perlgestecken geziert. Die Anordnung des Mantels folgt der auf dem Siegel Ottos III., nur ist die Faltengebung der fortschreitenden Stilentwicklung entsprechend starrer; die eingegrabenen Schichtenfalten auf dem Manteldreieck vor der Brust wirken härter und gleichförmiger, wie denn gegenüber der freieren Bewegung auf dem älteren Siegel jetzt auch Knie und Unterschenkel gleichmäßiger V-förmig gegeneinandergesetzt werden.

Das Faltenrelief ist nicht sehr hoch, so daß bei den meisten Abdrücken der Eindruck schematischer Starre und geringer Aufgliederung unangemessen verstärkt erscheint. Bessere Abdrücke zeigen eine zarte Schichtung des den Körper bedeckenden und zwischen stark plastisch aufgewölbten Knien zum Thron hin zurücksinkenden Gewandes. Ähnliches gilt bei dem von ottonischen Skulpturen bekannten charakteristisch konzentrisch eingetieften Faltensystem auf der Brust. Unter den zahlreichen anläßlich der Gründung und Ausstattung des Bistums Bamberg 1007 und 1012 errichteten Urkunden, unter denen sich eine große Zahl vorzüglich erhaltener Siegel befindet, ragt das Exemplar im Bayerischen Hauptstaatsarchiv München (KS 273 [Bamberg Hochstift 65]) vom 1. November 1011 oder 1012 durch die Qualität des Abdrucks und die vorzügliche Erhaltung der Oberfläche heraus, läßt die bisher nie gewürdigte künstlerische Eigenart deutlicher als andere Abdrücke erkennen.

Aus historischen Gründen wird man die Entstehung des Stempels in der bayerischen Heimat des Königs oder doch in seinem süddeutschen Herrschaftsbereich für wahrscheinlich halten dürfen.

Posse, 1, Taf. 11,2. – Posse, 5, S. 16–17, Nr. 2. – Schramm 1983, S. 210, Nr. 115. – MGH DH II, Nr. 52 (diese Urkunde).

Karlsruhe, Generallandesarchiv, Urkunde A 74: 1003 Juni 11

R. Ka.

II–11 Kaiser Heinrich II.

Deutschland, Juni 1014

Durchmesser 7,8 cm. – Braunes Wachs.

Umschrift: *HEINRICHVS D(e)I GRA(ti)A ROMANORV(m) IMP(erator) AVG(ustus)*

Gegenüber dem Königssiegel hat die Figur Kaiser Heinrichs II. auf seinem seit der Krönung am 14. Februar 1014 in Rom und seitdem während der gesamten Kaiserzeit verwendeten Siegel an plastischer Substanz und differenzierter Durchgestaltung von Körper und Gewand zugenommen. Das Gesicht hat auch im unteren Teil Volumen gewonnen, der Kronreif umgreift in glaubwürdiger Rundung den Schädel und steht nicht wie eine flache

II–11

edelsteinbesetzte Fläche über dem Kopf. Die Krongestecke, offenbar aus nur einem Edelstein bestehend, wirken wie kleine Voluten. Das oben auf dem Schädel sichtbare meint wohl die hintere Verzierung der Krone und nicht den Schmuck eines Querbügels. Unter dem schmalen Kronreif dringen an der Stirn und über den Schläfen Haarlocken hervor. Die Differenzierung des Gewandes ist weiter vorangetrieben, besonders ablesbar im Bereich der Brust, wo oben unter dem Hals der Mantel in weichen Umschlägen sich unschematisch der Rundung anpaßt und unten unterhalb des Armes eine lang sich hinziehende Faltenbahn bis in den Schoß geführt wird. Die Füße sind freilich in starrer V-Form gegeneinandergestellt, wobei das rechte Knie fast unmerklich angehoben ist. Bei plastischer Vorwölbung der Knie und Schienbeine sind der glatt darüberliegende Stoff und die dünnen Falten des seitlich herabfallenden und zwischen den Knien einsinkenden Gewandes flach geschichtet, gewinnen aber mit ihren lang ausgezogenen Zipfeln eine eigene, den Umriß der Siegelfigur reich und interessant begleitende Form. Bei höherer Plastizität wirken alle Details feiner und zierlicher, besser durchgestaltet als beim Königssiegel. Auch das Szepter ist dünn und endet oben in einer zierlichen abstrakten Blüte. Die Finger, die sich um Szepter und Globus legen, sind deutlich markiert.

Das Kaisersiegel, das bisher im wesentlichen nur durch eine völlig unzureichende und verfälschende

Abbildung nach einem alle Binnenformen nivellierenden Abguß bei Posse bekannt war, erweist sich in gut abgedrückten und erhaltenen Exemplaren als bedeutendes Werk der Goldschmiedekunst aus dem zweiten Jahrzehnt des 11. Jahrhunderts, das detailliertere kunsthistorische Untersuchung verdiente. Eines der besten Exemplare befindet sich an der Urkunde des Bayerischen Hauptstaatsarchives KS 300 (Hochstift Bamberg, Nr. 87) von 1019 Mai 12.

Wie in der Königszeit führte Heinrich II. auch als Kaiser Bleibullen – im Gegensatz zu Otto III. jedoch nur vereinzelt neben den Wachssiegeln. Aus der Kaiserzeit sind auch Goldprägungen überliefert. Ein einziges, freilich durch Beschädigung bis zur Unkenntlichkeit entstelltes Exemplar hat sich an einer Urkunde für Kloster Göß im Steiermärkischen Landesarchiv in Graz erhalten.

Posse, 1, Taf. 11,3. – Posse, 5, S. 17, Nr. 3. – Schramm 1983, S. 210, Nr. 116. – MGH DH II, Nr. 445 (diese Urkunde).

Stade, Niedersächsisches Staatsarchiv, Urkunde Domstift Verden Nr. 13: 1021 August 7

R. Ka.

II-12 Kaiser Otto I. urkundet über die Errichtung des Erzbistums Magdeburg

(Ravenna, 968 Oktober)

45 x 56 cm. – Pergament-Original mit durchgedrücktem Wachssiegel.

Die Urkunde ist inhaltlich ein Mandat, dementsprechend auch mit Adresse und Grußformel ausgestattet. Andere Elemente, die normalerweise in einem Mandat nicht anzutreffen sind, rücken sie in die Nähe eines Diploms: Dazu zählt die Verwendung von diplomatischer Minuskel für den Text, von Elongata für die ganze erste Zeile und ebenso für die gleichfalls nur Diplomen eignende Signumzeile mit Monogramm, sodann in der textlichen Formulierung die Aufnahme einer Arenga und insbesondere einer Korroboratio, die sich durch den auch für Diplome einmaligen Einbau der Bestimmung auszeichnet, daß die Urkunde auf ewig bei der Magdeburger Kirche verbleiben solle *(cartam vel noticiam hanc in aecclesia Magadaburgensi perpetualiter permansuram . . . iussimus)*. Die Adressaten werden sehr allgemein angesprochen *(Omnibus fidelibus nostris, episcopis scilicet et comitibus cęterisque comprovincialibus nostris)*, durch die Verwendung des eher kirchenrechtlichen Begriffes *comprovinciales* soll aber offensichtlich auf den Raum der künftigen Kirchenprovinz abgestellt sein.

Das Mandat bildet den vorläufigen Schlußstrich in den langjährigen Bemühungen Ottos I. um die Errichtung des Erzbistums Magdeburg, für die vorher beträchtliche Widerstände zu überwinden waren, namentlich des Mainzer Erzbischofs, der auf seine Suffragane Brandenburg und Havelberg zu verzichten hatte, und des Mainzer Suffragans Halberstadt, der Teile seines Diözesansprengels zugunsten der neuen Diözesen Magdeburg und Merseburg abtreten sollte. Auf einer Ravennater Synode war durch das von Otto I. durch Signumzeile mitunterfertigte Privileg Johannes' XIII. von 967 April 20 (Papsturkunden Nr. 177; RI 2,5, Nr. 418) die Errichtung des Erzbistums, die Zuschlagung von Brandenburg und Havelberg und die Neuerrichtung der Bistümer Merseburg, Zeitz und Meißen verfügt worden, aber immer noch auf den Widerstand des Halberstädters gestoßen. Erst als im Februar bzw. März 968 Erzbischof Wilhelm von Mainz und Bischof Bernhard von Halberstadt gestorben waren, sah Otto die Zeit reif (im Mandat: *oportunum nunc temporis ad hoc peragendum tempus)*, er berief für den Oktober 968 eine Synode nach Ravenna, an der der Papst nicht teilnahm und zu der er die regulär gewählten Nachfolger, Erzbischof Hatto von Mainz und Bischof Hildeward von Halberstadt, bestellte, die beide auch hier erst ihre Investitur erhielten (Hildeward erhielt erst am 21. Dezember von Hatto die Bischofsweihe), um sie an die Synodalbeschlüsse zu binden (das Mandat spricht davon, daß diese mit deren *consilium* zustande kamen). Unser Mandat liest sich nun wie die „Durchführungsverordnung" zu dieser Synode, deren Protokoll *(noticia;* Urkundenbuch Magdeburg 1, S. 83 Nr. 61; RI 2,5, Nr. +446) von Ottos zweitem italienischem Kanzler Ambrosius (seit 970 Bischof von Bergamo) verfaßt wurde. Das Mandat vertritt nun ganz den kaiserlichen Standpunkt, der sich von dem Johannes' XIII., wie er durch die erwähnte Urkunde von 967 sowie das Privileg über die Palliumverleihung an Adalbert von 968 Oktober 18 und ein weiteres Privileg desselben Monats (ohne Tagesangabe) über die Organisation der Kirchenprovinz (Papsturkunden Nr. 190 und 192; RI 2,5, Nr. 450 und 452) zum Ausdruck

II–12

kommt, fundamental unterscheidet: Der Papst spricht die Errichtung des Erzbistums sich kraft päpstlicher Autorität zu, er bestellt Adalbert zum Erzbischof aufgrund von Postulation durch Klerus und Volk von Magdeburg, er bestimmt Brandenburg und Havelberg als Suffragane Magdeburgs und zugleich deren Bischöfe als Konsekratoren Adalberts. Adalbert soll den neuen Bistümern Merseburg, Zeitz und Meißen ihre Sprengel zuweisen und ihre Bischöfe weihen, die zugleich zu Mitkonsekratoren der künftigen Erzbischöfe bestellt werden. Im Mandat liest sich dies alles ganz anders: Otto hat den Slavenmissionar Adalbert zum Erzbischof gewählt *(archiepiscopum et metropolitanum . . . fieri decrevimus pariter et elegimus)*, von den Adressaten erwartet er *(desideramus)* lediglich eine formale Bestätigung seiner getroffenen Wahl *(hec nostra electio)* durch Akklamation und Handzeichen *(et vocum acclamatione et manuum elevatione electus suę sedi inthronizetur)*, so daß in der Korroboratio schlicht von gemeinsamer Wahl *(nostra vestraque post deum electio)* gesprochen wird; über diesen formalen Wahlakt soll ein Protokoll angefertigt werden, und diese *electio* sollen die früheren Mainzer Suffragane Dudo (von Havelberg) und Dodelin (von Brandenburg) zum Zeichen der Unterwerfung unterschreiben *(et fidem subiectionemque illi promittant)*. Hinsichtlich der drei neuen Bistümer bestimmt er, daß der bewährte Slavenmissionar Boso (Mönch aus St. Emmeram) die Wahl zwischen Merseburg und Zeitz haben sollte, den zweiten Stuhl sollte gemäß kaiserlichem Vorschlag *(secundum convenientiam nostram)* der Erzbischof bestimmen (das bedeutet: über die Besetzung Meißens hatte der Kaiser schon selbst entschieden;

als die drei neuen Suffragane Weihnachten von Adalbert ihre Weihe erhielten, entschied sich Boso für das im Altsiedelland gelegene Merseburg, Meißen fiel an Burchard, Zeitz an Hugo). Drei kaiserliche Markgrafen sollen auf einer an Weihnachten stattfindenden Synode dafür sorgen, daß die drei neu zu ordinierenden Bischöfe mit auskömmlichen Sprengeln *(ne . . . pauperes et villanis similes ęstimentur)* ausgestattet werden. Otto I. sieht sich also in allen Punkten in Konkurrenz zum Papst als alleiniger Herr des Verfahrens.

Faksimile: Kaiserurkunden in Abbildungen, Lieferung 3, Taf. 29. – Druck: MGH DO I 366. – Regest: RI 2,1, Nr. 484. – Vgl. Quiter 1969. – Claude 1972, S. 63–95.

Magdeburg, Landeshauptarchiv Sachsen-Anhalt, Rep. U 1 Tit. I, Nr. 31

M. T.

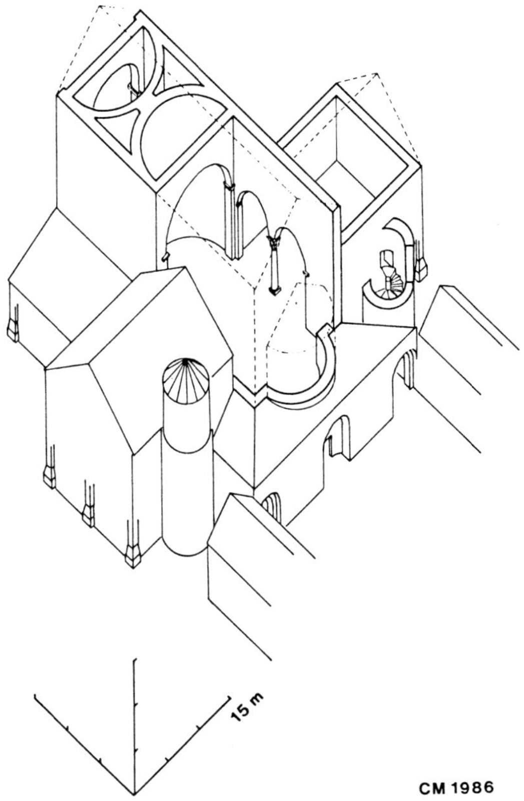

Palast Ottos des Großen in Magdeburg, Rekonstruktionsversuch mit Blick in das Obergeschoß. C. Meckseper

Der Palast Ottos des Großen in Magdeburg

Kaiser Otto I., der Große, wollte Magdeburg zu einer Art fester Residenz erheben. Die Stadt sollte den Rang einer *Roma nova* erhalten. Otto folgte damit dem Vorbild Karls des Großen, der in Aachen eine *Roma secunda* hatte gründen wollen. Magdeburg auszubauen lag für Otto in mehrfacher Hinsicht nahe: Der Ort, der schon in karolingischer Zeit ein wichtiger Platz für den Handel zwischen den christianisierten Sachsen und den heidnischen Slawen östlich der Elbe gewesen war, mußte als günstiger Ausgangspunkt für die Ausdehnung seiner Herrschaft nach Osten und für die Mission in diesem Gebiet angesehen werden. Zudem hatte Otto schon vor seiner Thronbesteigung als Vierundzwanzigjähriger mit seiner ersten Gemahlin, der angelsächsischen Königstochter Edith, zumeist in Magdeburg gelebt. Er hatte ihr diese Stadt als Morgengabe übereignet. Edith war 946 gestorben und in Magdeburg, im späteren Dom, bestattet worden. Daß Otto neben der geliebten Frau zur letzten Ruhe gebettet zu werden wünschte, ist authentisch überliefert.

Um das „zweite Rom" in Magdeburg zu verwirklichen, gründete Otto hier 937 ein Benediktinerkloster und weihte es dem heiligen Mauritius. Die Klosterkirche wurde seit 955 in eine Kathedrale umgebaut, und 968 konnte der Kaiser ihre Erhebung zur Hauptkirche eines Erzbistums durchsetzen. Die Kapitulare des Erzstifts sollten sämtlich Kardinalspriester sein – eine unerhörte Auszeichnung, die möglicherweise auf eine künftige Ranggleichheit mit Rom abzielte.

Zur kirchlichen Repräsentation gehörte die weltliche. Otto ließ nördlich des Doms, in gleicher Achse mit ihm, einen Palast errichten, der hinsichtlich Größe und Gestalt damals gewiß einzigartig war. Es lag nahe, nach Vorbildern dafür in Byzanz zu suchen. Aber abgesehen davon, daß dort kein Palast aus dieser Zeit erhalten ist, scheint es auch abwegig, dort etwas Ähnliches zu erwarten, da byzantinische Paläste ganz anders organisiert waren. Ottos Palast dürfte eher als Zwischenglied zwischen karolingischen Kaiserpfalzen und hochmittelalterlichen fürstlichen Burganlagen zu verstehen sein.

Wie sah Ottos Magdeburger Palast aus? Grabungen auf dem Domplatz von 1959 bis 1968, geleitet von

Ernst Nickel, haben vor allem die Baugruben des westlichen Teils des Palastes, Fundamentstücke und auch einige Reste des aufgehenden Mauerwerks zutage gefördert.

Wer sich dem Palast von Westen her näherte, sah sich einer großen Halbrundnische gegenüber. Man wird sie sich ähnlich wie die Eingangsnische vor der Aachener Pfalzkapelle vorzustellen haben: hoch und mit einer Halbkuppel geschlossen. Auf dem Grund dieser Nische muß sich das Hauptportal des Palastes befunden haben. Wenn man es durchschritt, betrat man eine zweite, ähnliche apsidenartige Nische, deren Rücken sich an den der Portalnische lehnte. Es folgte ein großer Quersaal, auf zehn Mittelstützen in 2 x 11 Jochen gewölbt. An der Ostseite dieses Saals gab es unweit der südlichen und der nördlichen Ecke je eine Tür zu einer breiten Wendeltreppe. Zwischen diesen Türen schloß eine weitere Apsis, etwas kleiner als die westliche, den Saal ab. Über dem Untergeschoß, das wohl wie später im Barock als „Hofstube" für die Wachen und das Gesinde gedient haben mag, lag gewiß der Hauptraum des „offiziellen" Teils des Palastes, der Empfangssaal, die „Aula". In deren westlicher Nische dürfen wir uns den Kaiserthron vorstellen. Der Besucher mußte eine der Wendeltreppen hinaufsteigen und dann noch ein gutes Stück Weges gehen, um vor das Angesicht des Kaisers zu kommen. Dieser konnte vermutlich, ohne Treppen steigen zu müssen, aus dem östlich gelegenen, nicht ausgegrabenen Wohnteil des Palastes zu seinem Sitz gelangen. Er dürfte dabei an einem Hof vorbeigegangen sein, der sich in der Achse des Saals, östlich von ihm erstreckte und wohl beiderseits von zweigeschossigen Arkadengängen begleitet war. Hof wie Gänge schlossen im Westen mit apsidenartigen Nischen, wobei sich die des Hofes mit dem Rücken an die am Ostende des Saales anlehnte.

Diese Beschreibung vermag vielleicht eine schwache Ahnung von der Großartigkeit und der Durchdachtheit der Anlage zu vermitteln. Nicht erwähnt wurden bisher die Lisenen, die das ganze Bauwerk außen gliederten. Sie waren oben gewiß mit Rundbögen zusammengeschlossen – ein herrscherliches Motiv, das wohl dem Thronsaal Konstantins des Großen in Trier, der sogenannten „Basilika", entlehnt und auch von Karl dem Großen an seiner „Aula" in Aachen verwendet worden war. Auch im Kirchenbau traten diese steilen Bögen als Hoheitszeichen auf, beispielsweise an San Simpliciano in Mailand im 4. Jahrhundert und wieder im 10. Jahrhundert an St. Pantaleon zu Köln. Die aneinandergelehnten Apsiden gehen auf Vorbilder im spätrömischen Palastbau zurück.

Die Symmetrie des Palastes, der sich auch die Treppentürme unterordnen, die hohe Eingangsnische und die Monumentalität der gesamten Anlage, das alles verleiht ihr einen gleichsam sakralen Charakter. Man fühlt sich an das *palatium sacrum* der Antike erinnert. – Wichtig ist die Verlegung der „Aula" ins Obergeschoß. Auch aus Sicherheitsgründen? Ottos Palast stellt sich damit in Gegensatz zu karolingischen Pfalzbauten, entspricht aber andererseits der Gewohnheit des hohen Mittelalters. Zu beachten ist auch die Anordnung des Throns in der Mittelachse der Langseite des Saals, nicht in der Mittelachse der Schmalseite, wie es z. B. bei der Konstantinsaula in Trier der Fall war. Otto nahm damit möglicherweise eine heimisch-sächsische Tradition auf und bereitete zugleich die mittelalterliche vor, wie sie z. B. an der Goslarer Kaiserpfalz vor Augen geführt wird.

Kommen wir noch einmal auf den hypothetischen Wohnteil des Palastes in der Nähe des Steilufers der Elbe zurück. Von dem zu vermutenden, von Gängen gesäumten Hof konnten nur die Ansätze der drei Apsiden sowie vielleicht der Rest eines Hofpflasters ergraben werden. Weiter östlich liegen die Straße, die nicht aufgegraben werden konnte, und das ehemalige erzbischöfliche Palais. Da der Erzbischof als Stadtherr der Nachfolger des Kaisers war, wäre es durchaus denkbar, daß der erzbischöfliche Palast auf dem Platz des kaiserlichen erbaut wurde und daß die Gangolph-Kapelle auf diesem Areal Nachfolgerin einer kaiserlichen Hauskapelle war.

Der Palast Ottos muß relativ rasch untergegangen sein. Möglicherweise befand sich schon im 12. Jahrhundert die berühmte Magdeburger Gießhütte auf dem Gelände des Kaiserpalastes. Metallfunde legen diese Vermutung nahe. Daß uns die lebendige Anschauung dieses großartigen Bauwerks des mächtigen Kaisers nicht mehr vergönnt ist, bedeutet einen schmerzlichen Verlust für die deutsche Architekturgeschichte.

Lehmann 1981. – Meckseper 1986.

E. L.

Magdeburg. Lageplan mit Einzeichnung des ottonischen Doms und Pfalzgebäudes. Nach Nickel 1973 ▷

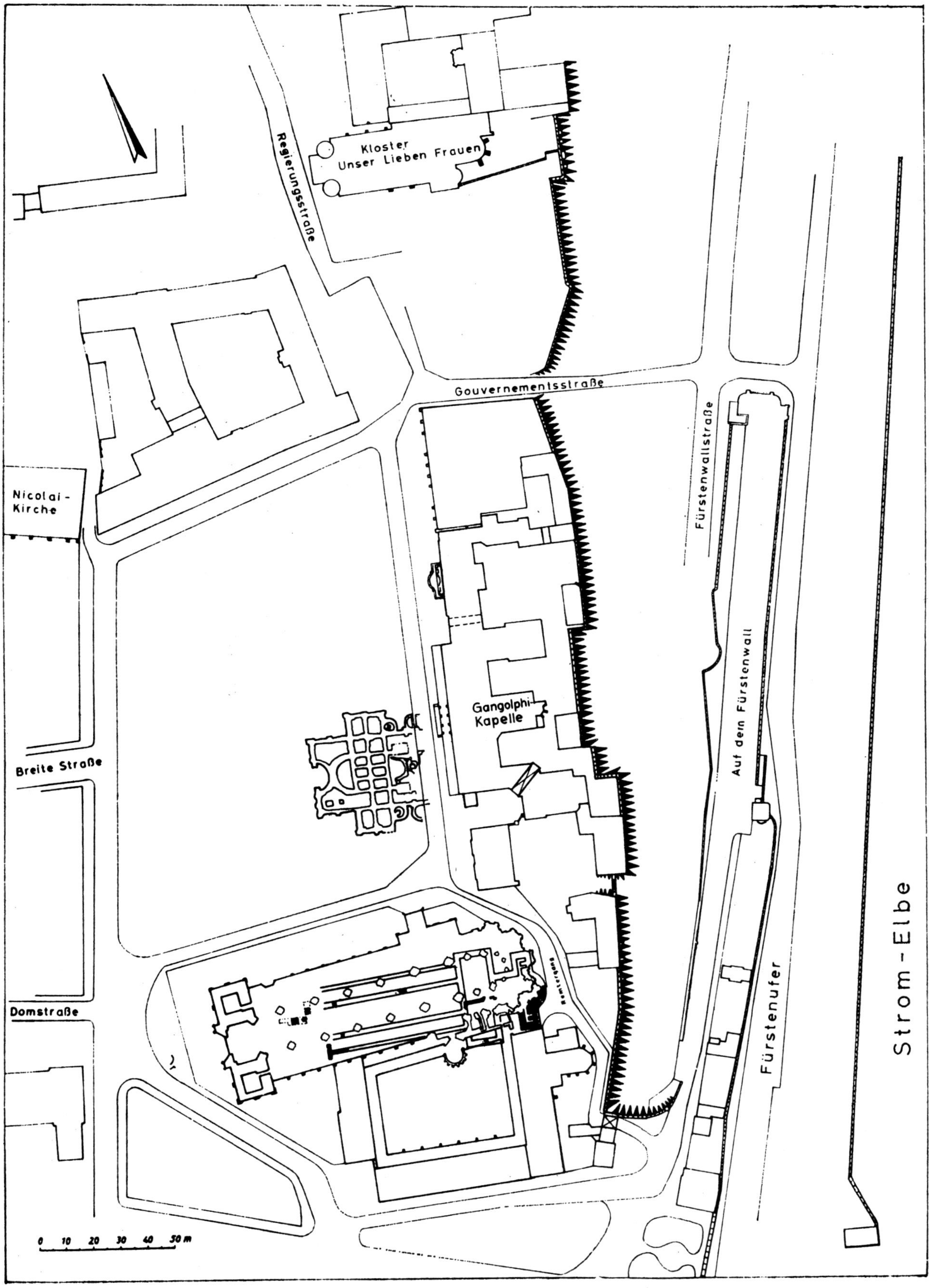
Kloster
Unser Lieben Frauen
Regierungsstraße
Gouvernementsstraße
Fürstenwallstraße
Nicolai-
Kirche
Breite Straße
Domstraße
Gangolphi-
Kapelle
Auf dem Fürstenwall
Fürstenufer
Strom-Elbe
0 10 20 30 40 50 m

Der Dom Ottos des Großen in Magdeburg

Magdeburg war schon zur Zeit Karls des Großen ein bedeutender Grenz- und Handelsplatz. Ins helle Licht der Geschichte führte den Ort aber erst König Otto I., der seit 936 regierte, 962 erster deutscher Kaiser wurde und 973 verstarb. König Otto stiftete am 21. September 937 in Magdeburg ein Benediktiner-Kloster zu Ehren des heiligen Mauritius. Zwei Erzbischöfe und acht Bischöfe waren bei der feierlichen Beurkundung zugegen.

Der junge König zeigte sich Magdeburg schon seit Jahren in besonderer Weise verbunden, und die auf sein Geheiß erbaute Klosterkirche war gewiß von Anfang an dazu bestimmt, dereinst sein Grab aufzunehmen. Als seine junge, geliebte Gemahlin Edith, eine englische Königstochter, 946 verstarb, ließ er sie in seiner neuen Klosterkirche zur letzten Ruhe betten. Das Bauwerk war damals vermutlich noch nicht vollendet und ist wahrscheinlich auch in den Jahren nach dem Tode der Königin nicht fertiggestellt worden; denn neue politische Gegebenheiten und Absichten veranlaßten den König, dessen Stellung im Reiche sich mehr und mehr gefestigt hatte, Magdeburg nicht nur als Grablege, sondern auch für eine Sonderrolle an der damaligen Ostgrenze des Reiches vorzubereiten: Die Stadt sollte u. a. Regierungssitz eines Erzbischofs werden. Vor der Verwirklichung dieses Planes waren mannigfache Schwierigkeiten aus dem Wege zu räumen. Die Umwandlung der neuen Klosterkirche in eine Kathedrale, der Umbau der Kirche eines Abtes in die Kirche eines Metropoliten, dürfte dabei nicht einmal das größte Problem gewesen sein, das gelöst werden mußte. Aber der König ließ einen Dom ins Werk setzen, dessen Maße und Pracht alles bis dahin Gesehene weit überragten: In Magdeburg wurde seit Ottos des Großen siegreicher Heimkehr aus der Ungarnschlacht im Spätherbst 955 die größte deutsche Kirche des hohen Mittelalters errichtet.

II-14m Ausschnitt

Bis zum Einzug des Erzbischofs und seines Domkapitels in die neue Kirche am 18. Oktober 968 vergingen noch dreizehn Jahre. Insbesondere waren Verhandlungen mit dem Papst in Rom und vor allem mit dem Erzbischof von Mainz und mit dem Halberstädter Bischof zu führen, deren Macht, Sprengel und Zukunftsaussichten zugunsten Magdeburgs beträchtlich verkürzt werden mußten und wurden. Daß der erste Magdeburger Dom schon im Jahre 968 in allen Teilen fertiggestellt war, muß jedoch bezweifelt werden; denn auch bei Aufbietung aller zur Verfügung stehenden Kräfte wird im Verlaufe von dreizehn Jahren ein von den Zeitgenossen wie ein Wunder bestauntes Bauwerk dieser Größe an der Ostgrenze des Reiches nicht aufgeführt worden sein können. In der Lebensbeschreibung des Magdeburger Erzbischofs Norbert (1126–34), des Gründers des Prämonstratenserordens und späteren Heiligen, wird diese naheliegende Annahme bestätigt; dort steht in aller Deutlichkeit, Kaiser Otto habe „den Bau seiner Domkirche begonnen, aber nicht vollendet, weil sein Tod dazwischenkam“.

Kaiser Otto der Große starb am 7. März 973 in Memleben. „Seine mit Spezereien bereitete Leiche aber“, schreibt Bischof Thietmar von Merseburg († 1018), „überführte man nach Magdeburg, wo sie unter großen Ehren in tiefer Trauer empfangen und in einen marmornen Sarkophag gelegt wurde“. Obwohl der Dom Kaiser Ottos des Großen 1207 durch einen Brand beschädigt und bald danach beseitigt wurde, um Platz für einen modernen Neubau zu schaffen, obwohl das kaiserliche Bauwerk also seit nahezu 800 Jahren nicht mehr existiert, hat man das Kaisergrab stets in Ehren gehalten.

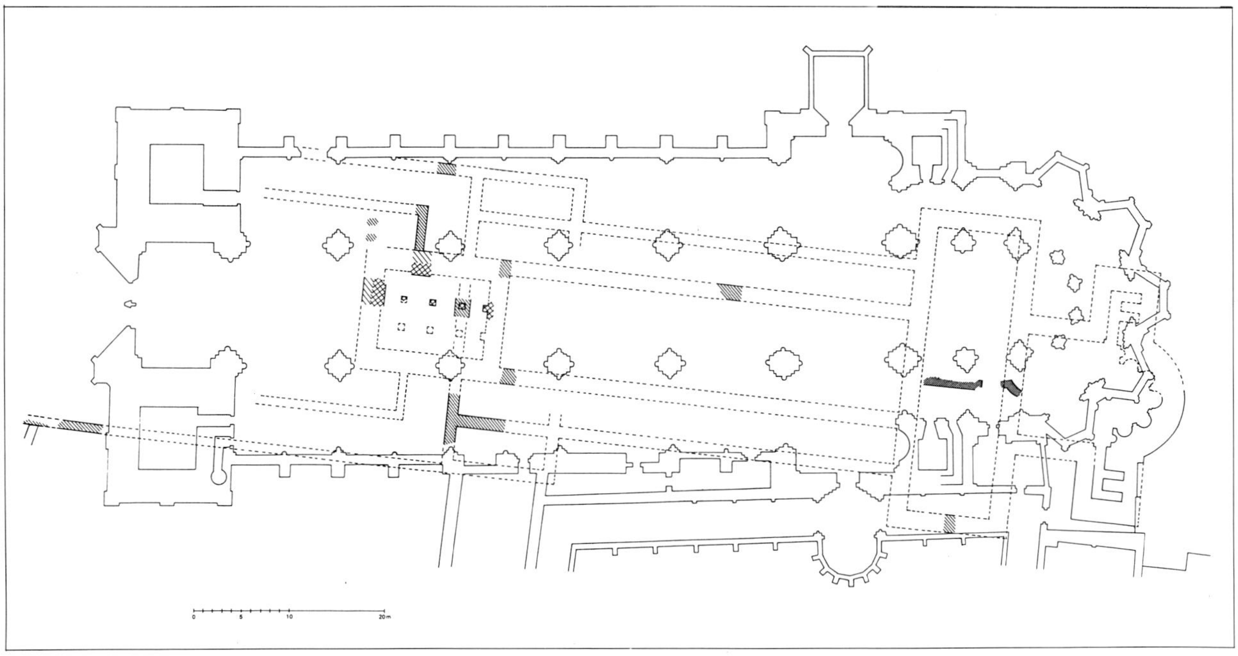

Magdeburg, Dom. Grundriß

Die schlichte Grabkiste aus Stuck ist mit einer großen Marmorplatte bedeckt, die vermutlich aus Ravenna importiert wurde. Abgesehen von der einfachen Felderung des Sarkophags findet sich keinerlei Schmuck oder gar Ornament. Aber vielleicht umzog die Marmorplatte ein breiter Streifen aus Goldblech mit einer mehr oder weniger feierlichen Inschrift.

Der Grundriß des Kaiserdoms kann vorläufig nur durch die Zusammenschau bekanntgewordener Einzelheiten – zumeist Zufallsfunde, aber ergänzt durch gezielte archäologische Untersuchungen – teilweise rekonstruiert werden. Dabei hat man zu berücksichtigen, daß an der gleichen Stelle schon die 937 von Otto dem Großen gestiftete Klosterkirche gestanden haben muß. Vorläufig bleibt also bei allen Fundamentfunden die Frage offen, ob auf diesen Grundmauern die Wände des Doms oder der Klosterkirche errichtet waren. Vielleicht dienten sie sogar erst für das aufgehende Mauerwerk der Klosterkirche als Unterbau und dann für das des ottonischen Doms. Trotz großer Bemühungen der Forschung wird auf diesem Felde noch viel getan werden müssen.

Der ottonische Dom war kreuzförmig. Sein östliches Querhaus wird mehrfach erwähnt. Vielleicht öffneten sich die Querhausarme in Nebenapsiden. Diese Annahme begünstigen sowohl die historische Überlieferung als auch die Wiederaufnahme dieser Disposition im Neubau des 13. Jahrhunderts. Das Langhaus war basilikal. Seine Arkaden ruhten auf kostbaren Säulen, die der Kaiser aus Italien, wohl aus Ravenna hatte herantransportieren lassen. Einige der mächtigen monolithen Säulenschäfte blieben erhalten. Sie wurden im 13. Jahrhundert in den neuen Domchor eingefügt – nicht nur weil sie aus Marmor, Porphyr und Granit bestehen, also aus wertvollem Gestein, sondern vor allem deshalb, weil man mit ihnen den kaiserlichen Gründungsbau gleichsam in den Neubau hinübernehmen konnte; sie repräsentieren, wie schon im ottonischen Dom, die Magdeburger Kaiser-Tradition und -Würde. Die Kapitelle und Basen dieser Säulen sind nicht erhalten, weil sie in dem spätromanisch-gotischen Neubau nicht unterzubringen waren. Eine Vorstellung davon, wie sie ausgesehen haben, vermitteln jedoch die in dem hochgotischen zweischiffigen Remter als Säulenbasen verwendeten byzantinischen Kapitelle. Auch sie hatte Otto der Große – zusammen mit den nur teilweise erhaltenen zugehörigen Schäften und jenen Langhaussäulen – aus Oberitalien nach Magdeburg schaffen lassen.

Der Westbau des ersten Magdeburger Doms war bis 1960 völlig unbekannt. Dann aber förderte eine gezielte archäologische Ausgrabung zutage, daß

Magdeburg, Dom. Grab Ottos des Großen

westlich an das Mittelschiff ein kleinerer, vermutlich eingetiefter dreischiffiger Raum angrenzte, der als Westkrypta oder als unterer Raum eines Westwerks anzusehen ist. Aber sogar hier muß noch vieles offenbleiben; denn vorläufig kann niemand sagen, aus welcher Zeit dieser Anbau an das Langhaus oder an ein westliches Querhaus des ottonischen Doms – oder der ottonischen Klosterkirche? – stammt. Zwar entspricht die Achsrichtung der Fundamente der Achsrichtung des ottonischen Doms, die von der des erhaltenen spätromanisch-gotischen auffällig stark abweicht, aber zu dem ottonischen Dom passen weder die Mauerstärken der Fundamente noch die Raumbreite der kleinen Anlage. Diese war also entweder älter als der ottonische Dom und gehörte zur Klosterkirche – wogegen freilich ein darunter in noch größerer Tiefe angetroffenes älteres, vorläufig zusammenhangloses Fundament spricht –, oder sie war jünger und entstand erst im 11. oder 12. Jahrhundert.

Westlich dieses westlichen Anbaus des Doms wird mit guten Gründen ein großes Atrium rekonstruiert. Der gesamte ottonische Dombezirk übertraf demnach sogar die Länge des Nachfolgebaus, des nach dem Kölner größten deutschen Doms.

Die südlich neben dem ottonischen Dom gelegene ottonische Klausur hatte nachweislich „nur“ etwa die gleiche Ausdehung wie die erhaltene des 13./14. Jahrhunderts, deren Kreuzgang-Südflügel bekanntlich noch für den ottonischen Dom erbaut, aber um 1160 erneuert wurde.

Der Dom Ottos des Großen hatte wie die Klosterkirche, die er ablöste, eine Ostkrypta, und als im Jahre 1926 bedeutende Reste einer Ostkrypta des frühromanischen Magdeburger Doms freigelegt wurden, war der Jubel groß. Glaubte man doch, nun endlich wenigstens über Teile des Ostbaus des ottonischen Doms endgültige Klarheit zu gewinnen. Die Freude über den Fund war aber nicht von Dauer; denn es handelte sich zwar tatsächlich um die Fundamente einer Ostkrypta des Kaiserdomes, aber die freigelegten Grundmauern und Wandteile stammen nicht aus dem 10. Jahrhundert. Die letzte Gestaltung dieser Krypta, „größer und passender an den Dom angefügt“, veranlaßte nachweislich Erzbischof Hunfried (1023–51), der sie im Jahre 1049 auch selbst weihte.

Magdeburg, Dom. Choransicht mit antiken Säulen-Spolien ▷

Magdeburg, Dom. Krypta

II-13

Der südliche ausgegrabene Teil dieser nicht mehr ottonischen, sondern schon frühromanischen Krypta wurde nach der Freilegung zugänglich gemacht. Die Fundamente sind 3 m dick, und der zu rekonstruierende Raum hatte im Lichten einen Durchmesser von 11 m. Die vielgliedrige Anlage war vermutlich dreischiffig und wies in der Apsiswand fünf im Grundriß hufeisenförmige Muldennischen auf. An der Stelle, wo der offenbar querrechteckige Raum in die – nicht eingezogene – Apsis übergeht, war im Süden und gewiß auch im Norden je ein quadratischer Flankenturm angefügt, eine Gesamtdisposition, die der des frühromanischen Merseburger Doms – dort freilich mit runden Türmen – sehr ähnlich ist.

Die zarten und kleinteiligen Profile der Basen unter den Wandpfeilern der nunmehr so genannten Hunfried-Krypta des ottonischen Magdeburger Doms sind mit den etwas älteren, aber durchaus vergleichbaren Profilen der Merseburger Domkrypta stilistisch eng verwandt, so daß sich auch von daher die Datierung in das zweite Viertel des 11. Jahrhunderts bestätigen läßt.

Der schöne Schmuckfußboden könnte sogar noch älter sein. Er stammt vielleicht aus der im Jahre 1008 geweihten Krypta des Erzbischofs Tagino (1004–12), die durch Erzbischof Hunfried, wie die literarischen Quellen berichten und indirekt erschließen lassen, offenbar nur erweitert wurde. Die Tatsache, daß die Anordnung des Fußbodenmusters nicht der Disposition der begrenzenden Krypta-Architektur folgt, macht jedenfalls die Annahme, der Schmuckfußboden sei älter als das umgebende Mauerwerk der Krypta, sehr wahrscheinlich.

Bei einer Datierung der Krypta-Reste in das 11. Jahrhundert entfällt die seit 1926 allgemein anerkannte Forschungshypothese, Kaiser Otto der Große und seine Gemahlin Edith seien nebeneinander in dem nördlichen der beiden Chor-Flankentürme des ottonischen Doms bestattet worden; denn diesen Turm hat es im 10. Jahrhundert noch gar nicht gegeben! Kaiser Otto der Große war vermutlich von Anfang an im Chor seines Domes bestattet worden, und zwar mittig zwischen dem Chorgestühl, in dem die hohe Geistlichkeit außer den anderen geistlichen Offizien, die zu verrichten waren, täglich auch für des Kaisers und seiner Gemahlin Seelenheil, für das Seelenheil des Stifters dieser großen Kirche und des Erzbistums Magdeburg zu beten hatte. Das Grab der Königin Edith ist nachweislich mehrfach verlegt worden. Vielleicht hat sie ihr Grab zu keiner Zeit neben ihrem Gemahl gefunden.

E. S. (Hal)

II-13 Römisches Kapitell

Stadtrömisch (?), 1. Hälfte 2. Jahrhundert

H 51,5 cm, unterer Durchmesser 39 cm. – Marmor.

Römisch-korinthisches Normalkapitell. Zwei Blattkränze aus je acht Akanthusblättern umfassen den Korb. Zwischen den Blättern der oberen Reihe die Caules mit Caulisknopf, hinter deren Hüllkelch die eingerollten Helices aufsteigen. Die Eckvoluten abgebrochen. Zwischen den Helices der aus zweiblättrigem Hüllkelch aufsteigende, schräg gekerbte Stengel der Abakusblüte. Im Zentrum der Kapitelloberseite die Öffnung (9 x 7,3–8,5 cm, 4,4 cm tief) und der Gußkanal für einen einst in Blei eingegossenen Dübel. Nächstverwandte Kapitelle z. B. in der Villa Hadriana bei Tivoli.

Das Kapitell wurde 1926 bei einer Grabung südlich des Magdeburger Domchors zwischen dessen seinerzeit aufgedecktem Vorgängerbau und der Nordmauer des heutigen Klausurbereichs aufgefunden. Es dürfte in Zusammenhang mit einer Nachricht zum Domneubau 955 ff. Kaiser Ottos I. in der Chronik (2,17) Thietmars von Merseburg (975–1018) stehen: *Preciosum quoque marmor cum auro gemmisque cesar precipit ad Magdaburc adduci. In omnibus columnarum capitibus sanctorum reliquias diligenter inclusi iussit* (Auch kostbaren Marmor, ebenso Gold und Edelsteine ließ der Caesar nach Magdeburg hinführen. In alle Kapitelle der Säulen befahl er sorgsam Heiligenreliquien einzuschließen). In die Dübelöffnungen des Kapitells könnten daher bei seiner Wiederverwendung im ottonischen Bau des Doms Reliquien eingebracht worden sein, wie dies in Hildesheim für die bernwardinischen Kapitelle in St. Michael aufgrund der Inschriften auf deren Kämpferblöcken zu vermuten und für eines der von Bischof Adelog (1171–1190) neu eingebauten Kapitelle sowie für mehrere Kapitelle in St. Godehard gesichert ist. Der ottonische Vorgängerbau des Magdeburger Doms enthielt, wohl unter direktem Bezug auf die Spolienverbringung nach Aachen unter Karl dem Großen, zahlreiche antike Spolien, die im Domneubau 1208 ff. und in der Sepultur am Domkreuzgang wiederverwendet wurden. Das hier behandelte Kapitell ist eng verwandt mit dem römischen Kapitell der ehemaligen Kollegiatsstiftskirche St. Patrokli in Soest (965 ff.). Die Verwendung antiker Spolien auf altsächsischem Boden (u. a. auch in der ehemaligen Damenstiftskirche Essen, im Magdeburger Liebfrauenkloster und in Lüneburg) ist für die ottonische Zeit im ostfränkischen Reich einzigartig.

Magdeburger Dom 1989. – Keller 1975. – Koch 1926. – Thietmar (dt.), S. 52.

Magdeburg, Magdeburger Museen, Kulturhistorisches Museum

C. M.

II-14 Die Gruppe der Magdeburger Elfenbeinplatten

Mailand, zwischen 962 und 973 (967?)

Heute sind 16 Platten als erhalten bekannt. Zu diesen sind noch zwei aus der Abbildung eines Reliquienkastens im Halle'schen Heiltumbuch von 1526/27 (Aschaffenburg, Hofbibliothek, Ms. 14) zu zählen.

Die einzelnen Platten haben annähernd dieselben Maße, soweit sie nicht später umgearbeitet wurden, nämlich 12,4–12,8 cm hoch, 11,6–11,9 cm breit. Alle besitzen einen breiten glatten Rahmen; die figuralen Darstellungen heben sich, ganz wenige Platten ausgenommen, von einer durchbrochen gearbeiteten Trägerfläche ab, die Schachbrett- bzw. Kreuzmuster oder auch Rankenornamente zeigt. Die Platten waren mit vergoldeten Kupferplatten hinterlegt, wie nicht zuletzt Spuren der Oxydation auf der Rückseite einzelner Platten erweisen. Diese Technik ist öfters zu finden, so z. B. auch bei Kat. Nr. V-11. Die breiten ungeschmückten Rahmenleisten waren ursprünglich mit darübergelegten vergoldeten (oder goldenen) Leisten verkleidet, die wohl auch mit Steinen besetzt waren.

Die Serie war ursprünglich noch wesentlich größer; man muß mit mindestens 40, möglicherweise sogar über 50 Platten rechnen.

Das geht daraus hervor, daß von der Jugendgeschichte Jesu mehrere ursprünglich sicher vorhandene Szenen fehlen, wie die Verkündigung an Maria, die Geburt Christi, die Epiphanie etc. Ebenso fehlen aus der Passion und vom österlichen Geschehen beginnend mit der Auferstehung wesentliche Szenen. An die heilsgeschichtliche Abfolge schließen mehrere Darstellungen an, die einen zentralen Bereich der Plattenfolge gebildet haben müssen: die Traditio legis und die Maiestas mit der Stifter-Darstellung.

Das bedeutet aber auch, daß hier ein christologischer Bildzyklus gezeigt war, für den auf dem Gebiet der Kleinplastik dieser Epoche nichts Vergleichbares erhalten geblieben ist. Auch in der Buchmalerei sind in ottonischer Zeit derart umfangreiche Bildzyklen nur selten zu finden. Zur Erklärung muß man wohl mit der in Italien, in diesem konkreten Falle in Mai-

Zu II-14 Reliquienschrein, ehemals im Halleschen Heiltum. Aschaffenburg, Hofbibliothek, Ms. 14, fol. 355v land, immer gegebenen Möglichkeit des Zurückgreifens auf ältere, vor allem frühchristliche Vorbilder rechnen, wofür die Basilewsky-Situla (Kat. Nr. II-30) ein sehr bezeichnendes Beispiel liefert. Wieweit dabei auch theologische und politische Postulate bedeutungsvoll sind, wäre noch zu klären.

Die Darstellung eines ottonischen Kaisers als Stifter – man kann mit Sicherheit Otto I. in ihm sehen – läßt auf einen unmittelbaren Zusammenhang mit einer kaiserlichen Kirchengründung schließen. Soweit die Herkunft einzelner Elfenbeinplatten der Serie verfolgbar ist, weist alles darauf hin, daß dieses Elfenbeinwerk aus Magdeburg stammt, also aus der wichtigsten und repräsentativsten Kirchengründung Ottos des Großen. Möglicherweise käme die Erhebung Magdeburgs zum Erzbistum (967) als konkreter Anlaß der Stiftung in Frage. Jedenfalls kann man aufgrund der Darstellung des Kaisers die Entstehungszeit des Elfenbeinwerkes zwischen 962 und 973 (Kaiserkrönung resp. Tod Ottos I.) einengen.

Adolph Goldschmidt rekonstruierte die Plattenfolge als Altarantependium; es wäre aber ebenso auch an eine Amboverkleidung, eine Cathedra oder ähnliches zu denken. Schon Mitte des 11. Jahrhunderts muß aber dieser kostbare Gegenstand zerstört worden sein, da wahrscheinlich damals bereits mehrere Elfenbeinplatten der Serie zum Schmuck der Deckel des „Codex Wittekindeus“ verwendet wurden.

Hinsichtlich der Lokalisierung schwankte Adolph Goldschmidt zwischen Mailand und der Reichenau – diese letztere allerdings nur hypothetisch wegen der möglichen Herkunft zweier stilistisch verwandter Elfenbeinarbeiten aus Einsiedeln und St. Gallen. Man kann aber mit Sicherheit eine lombardische (Mailänder) Werkstätte für diese Elfenbeinserie annehmen. Nicht zuletzt, wenn auch nicht ausschließlich, sichern die stilistischen Zusammenhänge mit den beiden Situlen (Mailand, Domschatz, Kat. Nr. II-29; London, Victoria & Albert Museum, Kat. Nr. II-30), mit der Elfenbeintafel eines Kaisers Otto (Mailand, Castello Sforzesco, Kat. Nr. II-25) und schließlich mit den Stuckreliefs des Ciboriums in Sant' Ambrogio in Mailand die Lokalisierung der Werkstätte nach Mailand. Möglicherweise aber hat diese die Elfenbeinreliefs in Magdeburg selbst gearbeitet, wohin Otto I. offenbar nicht nur lombardische Bauleute verpflichtete, sondern auch Künstler für andere ihm wichtige Vorhaben holte.

Es ist zum ersten – und wohl auch zum letzten – Mal, daß alle greifbaren Elfenbeinplatten dieser Gruppe zusammen in einer Ausstellung gezeigt werden können.

Goldschmidt, 2 und 3. – de Francovich 1942/1944, S. 113 f. – Fillitz 1958, S. 7 ff. – Little 1977. – Little 1986, S. 441 ff. – Little 1988, S. 82 ff. – Peroni 1989, S. 82 ff.

a Einband des Codex Wittekindeus

H. 40 cm, B. 30 cm. Vier Elfenbeinplatten: Traditio legis: 12,7 x 11,7 cm. Auferweckung des Lazarus: 12,3 x 11,8 cm. Christus wirkt Wunder: 12,7 x 11,8 cm. 12jähriger Jesus im Tempel: 12,7 x 11,7 cm.

Der Codex selbst ist eine Fuldaer Handschrift um 975. Der heutige Einband ist wohl 1818 anläßlich einer Neubindung der Handschrift entstanden; die Elfenbeine dürften aber schon zu dem von Erzbischof Engilhardus von Magdeburg (1052–1063) geschaffenen Einband des Evangeliars gehört haben, wie aus älteren Beschreibungen hervorgeht. Offensichtlich war schon damals das kostbare Kirchengerät Ottos des Großen nicht mehr in seinem ursprünglichen Zustand erhalten, so daß die Elfenbeinplatten, aus ihrem ursprünglichen Zusammenhang gerissen, verschiedenartig und verschiedenenorts neue Verwendung fanden.

Goldschmidt, 2, Nr. 4, 10, 14, 15.

Berlin, Staatsbibliothek zu Berlin – Preußischer Kulturbesitz, Ms. theol. lat. fol. 1

b Die Heimsuchung Mariae

10,7 x 10,5 cm. – Der Rand allseits abgeschnitten.

Berliner 1921, S. 38. – Goldschmidt, 3, Nr. 303.

München, Bayerisches Nationalmuseum, Inv. Nr. 17/418

c Die Auferweckung des Jünglings von Naim

12,6 x 11,8 cm.

Goldschmidt, 2, Nr. 6.

London, The British Museum, Inv. Nr. 1856,6-23,25

II–14 a

II–14 b
II–14 c

II–14 d
II–14 e

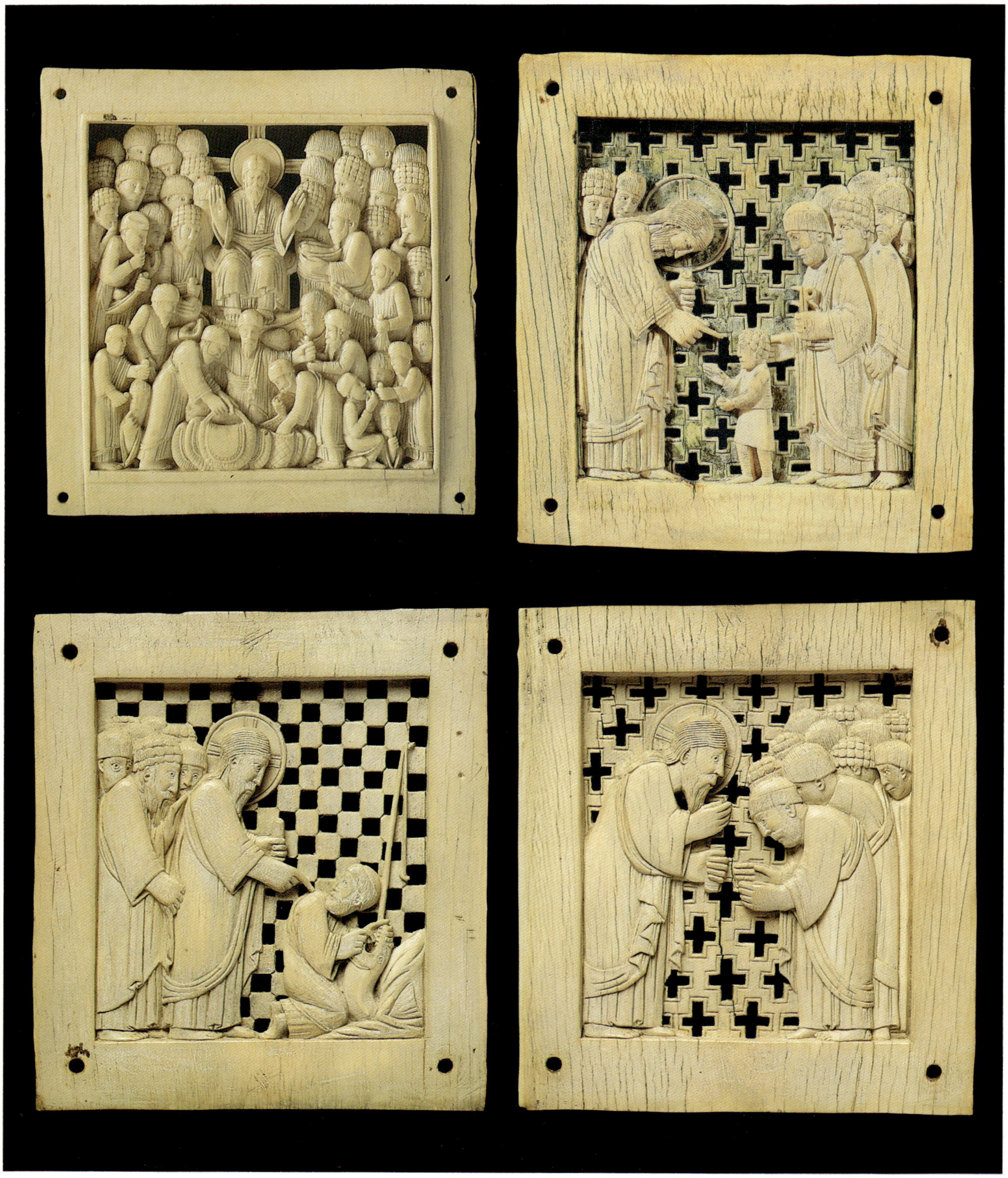

II–14 f

II–14 g

II–14 h

II–14 i

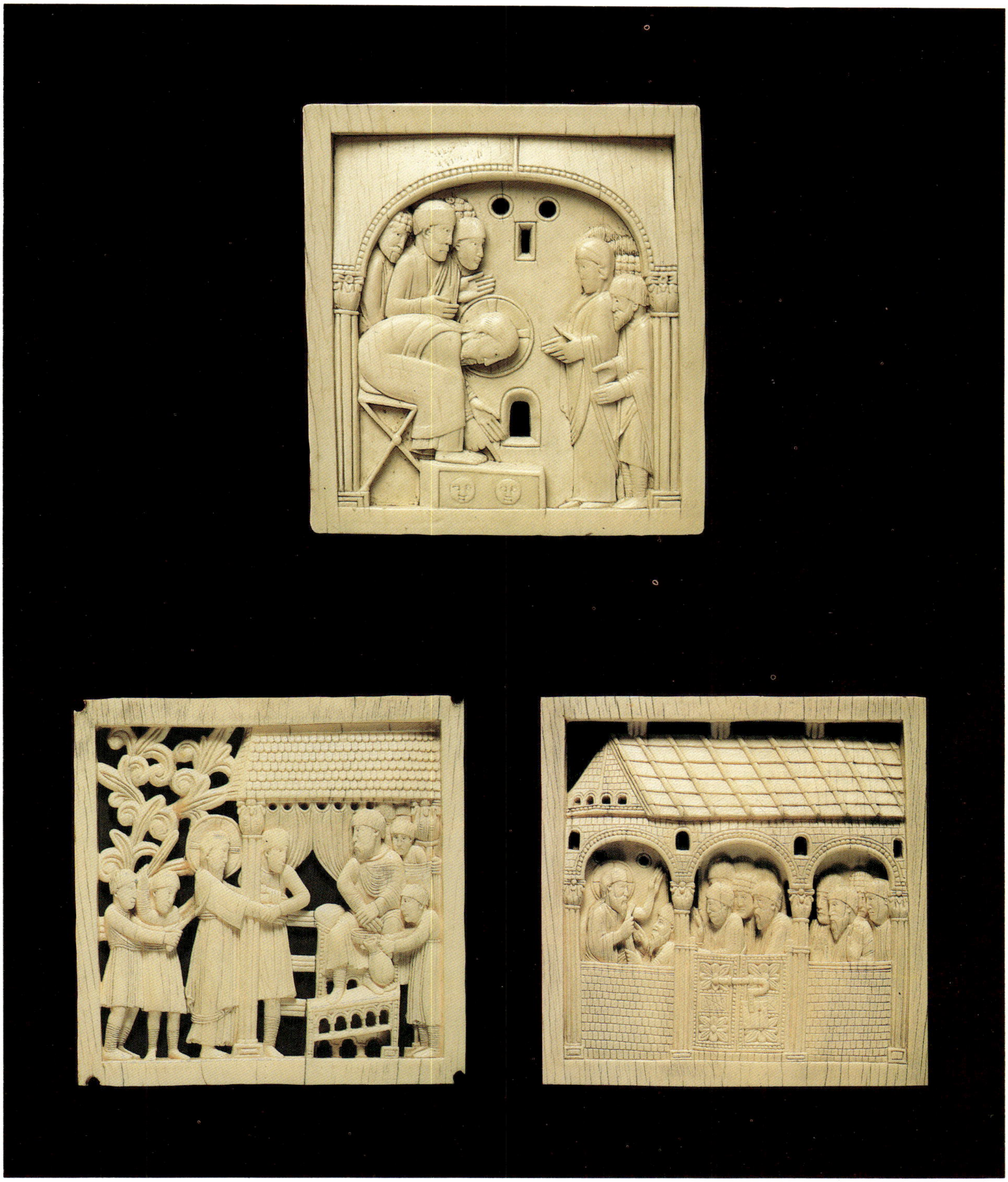

II–14 j

II–14 k

II–14 l

d Christus und die Kananäerin

8,5 x 9,1 cm. – Der Rand allseits stark gekürzt.

Die Szene ist vermutlich die in Mt 15,21–28 und Mk 7,24–30 geschilderte. Die in die geöffnete Schriftrolle eingeritzte Inschrift *DOMINVS LEIEM* (sic) *DAT* (Der Herr gibt das Gesetz) ist vermutlich später hinzugefügt.

Goldschmidt, 2, Nr. 7.

Compiègne, Musée Vivenel, Inv. Nr. V 383

e Die Heilung des Besessenen

12,8 x 11,8 cm.

Der Kopf des aus dem Besessenen ausfahrenden Dämons fehlt, ist abgebrochen.

Goldschmidt, 2, Nr. 5.

Darmstadt, Hessisches Landesmuseum, Inv. Nr. Kg 52:101

f Die wunderbare Brotvermehrung

12,2 x 11,9 cm.

Die schmale Leiste, die das Bildfeld gegenüber dem breiten Rahmen abschließt, ist wohl später eingeschnitten; die rechte Rahmenleiste eine moderne Zufügung (wohl aus der Zeit, als die Platte vor 1908 in Privatsammlungen war).

Goldschmidt, 2, Nr. 9.

Paris, Musée du Louvre, Inv. Nr. OA 6310

g Petrus holt den Zinsgroschen aus dem Rachen des Fisches

12,8 x 11,8 cm.

Goldschmidt, 2, Nr. 11.

Liverpool, National Museums and Galleries on Merseyside, Liverpool Museum, Inv. Nr. M 8062

h Jesus segnet die Kinder (Mt 19,13 ff.)

12,4 x 11,6 cm.

Goldschmidt, 2, Nr. 12.

Paris, Musée du Louvre, Inv. Nr. OA 11372

i Aussendung der Apostel

12,8 x 11,7 cm.

Die Szene läßt sich nicht genau identifizieren, entspricht aber am ehesten dem Sendeauftrag in Mt 28,17 ff.

Goldschmidt, 2, Nr. 8.

Liverpool, National Museums and Galleries on Merseyside, Liverpool Museum, Inv. Nr. M 8061

j Jesus und die Ehebrecherin

10,8 x 10,2 cm. – Der Rahmen allseits gekürzt.

Goldschmidt, 3, Nr. 13.

Liverpool, National Museums and Galleries on Merseyside, Liverpool Museum, Inv. Nr. M 8017

k Geißelung und Verurteilung Jesu

10,7 x 10,8 cm. - Der Rahmen allseits gekürzt.

Goldschmidt, 3, Nr. 302.

München, Bayerisches Nationalmuseum, Inv. Nr. 17/420

l Der ungläubige Thomas

10,8 x 10,8 cm. – Der Rahmen allseits gekürzt.

Goldschmidt, 3, Nr. 301.

München, Bayerisches Nationalmuseum, Inv. Nr. 17/419

II–14 m

m Maiestas Domini

11,1 x 9,9 cm. – Der Rahmen allseits gekürzt.

Die Darstellung des über der Sphaira thronenden, die Füße auf den Regenbogen setzenden Christus ist mit der Stifterdarstellung verbunden. In ihm, der das Kirchenmodell Christus darbietet und der vor allem durch die Krone mit dem einfachen Hochbügel gekennzeichnet ist, ist wohl Otto I. zu erkennen; die Stiftung ist demnach Magdeburg, wobei der Anlaß für die Schaffung dieser Darstellung möglicherweise die Erhebung zur Metropolitankirche 967 gewesen sein könnte. In dem den Kaiser präsentierenden Heiligen sieht man allgemein den hl. Mauritius, den Patron der Magdeburger Domkirche; der hinter ihm stehende Engel ist wohl als hl. Michael zu deuten; von den rechts stehenden Heiligen ist nur Petrus identifizierbar.

Nicht nur die Darstellung der Maiestas, sondern mehr noch der politische Charakter der Stifterszene weisen dieser Platte den zentralen Platz in der Serie zu; darüber hinaus muß dem Kirchengerät auch eine besondere Stelle in der Domkirche zugedacht gewesen sein.

Goldschmidt, 2, Nr. 16.

New York, The Metropolitan Museum of Art, Gift of George Blumenthal 1941 (Acc. No. 41.100.157)

H. F.

II–15 fol. 23v

II–15 Sakramentar und Totenbuch

St. Gallen, um 960-990, mit späteren Einträgen

25,5 x 17,5 cm, 296 Blätter (beziffert 1–290, außerdem 48bis, 91bis, 128bis, 165bis, 208bis, 253bis; zwischen fol. 25 und 26 ein Blatt ausgeschnitten). – Pergament mit Deckfarbenmalerei und einer Federzeichnung.

Die Handschrift beginnt mit Kalendar und Totenbuch (fol. 1r–17v). Es folgen Benediktionen (fol. 18r–22r) und der Sakramentartext (fol. 24v–290v). Der Buchschmuck besteht aus zwei Zierseiten (fol. 24v/25r), einer ganzseitigen *U(ere) D(ignum)*-Initialligatur (fol. 25v) und zahlreichen Goldinitialen, unter ihnen viele mit blauem, grünem oder silbernem Grund und/oder Ranken. Von den drei ganzseitigen Darstellungen gehört nur eine, nämlich die gerahmte Miniatur des heiligen Papstes Gregor (fol. 24r), zum ursprünglichen Bestand. Die Federzeichnung eines Soldaten (11. Jahrhundert) auf einer ursprünglich leeren Seite (fol. 23v) ist ohne Bezug zum Text der Handschrift. Das Gewand dieses Soldaten wurde blau, sein Schild rot, seine Lanze blau und rot koloriert. Das Bild eines Heiligen, wohl ebenfalls des heiligen Gregor, unter einer Arkade wurde höchstwahrscheinlich aus einer anderen Handschrift ausgeschnitten und auf ein vorgebundenes Papierblatt geklebt. Durch zahlreiche Eintragungen im Kalendar-Nekrolog ist die Handschrift mit dem 937 von Kaiser Otto I. gegründeten Mauritiusstift in Magdeburg verbunden; verzeichnet ist unter anderem der Todestag der Gemahlin Ottos I., Edith.

Die Handschrift wurde in St. Gallen, vermutlich für Regensburg, angefertigt, gelangte aber offenbar zu Beginn des 11. Jahrhunderts nach St. Mauritius in Magdeburg, vielleicht durch Tagino (in St. Emmeram zum Priester geweiht, 1002 Propst der Alten Kapelle in Regensburg, 1004–12 Erzbischof von Magdeburg), dann aber, wohl noch im 11. Jahrhundert, in das Kloster Stavelot, wo sie bis zum 18. Jahrhundert blieb. Während der Französischen Revolution nach Paris verschleppt, wurde sie 1815 der Bibliothèque de Bourgogne (später Bibliothèque Royale) in Brüssel gegeben. Dafür, daß die Handschrift für Regensburg hergestellt wurde, sprechen die Benediktion zum Fest des hl. Rupert (fol. 21r), die *Benedictiones sancti Hemmerami* (fol. 237r) und der Bericht über die Regensburger Synode von 932 (fol. 246v/247r).

van den Gheyn 1901, S. 221–222. – Gaspar/Lyna 1937, S. 30–33. – Hoffmann 1986/1, S. 376–378.

Brüssel, Bibliothèque Royale Albert Ier, Ms. 1814–1816

U. K.

II–16 Triptychon Deesis und Heilige; Lebensbaumkreuz

Konstantinopel, Mitte des 10. Jahrhunderts

26,7 x 16,5 cm (Mitteltafel), 25,2 x 9 bzw. 8,1 cm (Flügel). – Elfenbein, geschnitzt und vergoldet; zahlreiche Ausbesserungen.

Triptychen sind dreiflüglige Tragikonen. In Byzanz dienten sie wie alle miniaturhaften Ikonen gleich welchen Materials der privaten Andacht im Hause oder auf Reisen. Im Abendland, wo die byzantinische Bilderverehrung unbekannt war, sind sie zumeist zerlegt und einzeln als Buchdeckelschmuck oder zur Verzierung von Reliquiaren verwendet worden. Von den drei vollständig erhaltenen Elfenbeintriptychen der „Romanos-Gruppe" (Triptychon im Palazzo Venezia, Rom; „Harbaville-Triptychon" im Louvre, Paris) ist das im Vatikan aufbewahrte das größte und zugleich das am reichsten verzierte. Alle drei Stücke weisen in wesentlichen Details übereinstimmende Darstellungen auf und sind in die Zeit der Alleinherrschaft Konstantins VII. Porphyrogennetos (945–959) zu datieren. Das vatikanische Triptychon hat nach erheblichen Beschädigungen zahlreiche Ergänzungen erfahren; neu sind die groben Scharniere anstelle der ausgebrochenen Stangenscharniere, die obere Randpartie, Teile der Rückseite und des rechten Flügels. Auch saß der obere Abschluß des Rahmens ursprünglich höher und war mit einer vorgeblendeten Leiste geschmückt. Da alle drei Tafeln auf Vorder- und Rückseiten mit Reliefs verziert sind, weist das Triptychon geöffnet und geschlossen jeweils unterschiedliche Ansichten auf. Im geöffneten Zustand entfaltet sich die ganze Pracht des auf drei Zonen verteilten figurenreichen Bildprogramms. Im Zentrum der oberen Reihe ist eine Deesis („Fürbitte") dargestellt. In der Mitte sitzt Christus auf einem prächtigen, mit Perlen, Gemmen und einem Kissen geschmückten Thron, dessen gedrechselte Pfosten und Beine vegetabile Ornamentformen aufweisen. Seine Füße ruhen auf einem durchbrochen gearbeiteten Schemel (Suppedaneum). Die Rechte ragt segnend aus der Mantelschlinge hervor, die Linke ruht auf einem Kodex mit Schließen und reich verziertem Einband. Vom Thron halb verdeckt erscheinen zwei Erzengel (Köpfe ergänzt, Nimben fehlen) mit anbetend erhobener Hand. Zu seiten des Thrones stehen auf kleinen Podesten links Johannes der Vorläufer (der Täufer) und rechts die Jungfrau Maria. Beide wenden sich Christus zu und haben ihre Hände fürbittend vorgestreckt. Bei der Reparatur des oberen Abschlusses sind die Nimben aller drei Figuren beschnitten, die Namensbeischriften hingegen nicht wieder ergänzt worden. In der unteren Reihe der Mitteltafel, auf den Innen- und Außenseiten der Flügel sowie in den Medaillons der Zwischenzone sind vier Typen von Heiligen dargestellt, erkennbar an ihrer jeweiligen Tracht und den beigeschriebenen Namen. Teils sind es Apostel und Evangelisten in den üblichen Philosophengewändern, gelegentlich hervorgehoben durch einen Evangelienkodex; teils sind es heilige Bischöfe und Kirchenväter, ausgezeichnet durch den geistlichen Ornat und die bischöflichen Insignien, Omophorion (Pallium) und Evangelienbuch. Daneben begegnen zahlreiche Kriegerheilige mit Tunika, Laschenpanzer, Mantel (Chlamys), Schwert, Lanze und ovalem Schild; ferner heilige Märtyrer, bekleidet mit dem höfischen „Dienstkostüm", ein Kreuz vor der Brust haltend. Alle Heiligen sind zumeist durch das obligatorische Kürzel – ein Omikron mit eingeschriebenem Alpha für O A(γιος) – oder durch den vollen Titulus ὁ ἅγιος (der heilige) und ihren Namen bezeichnet. Die Kriegerheiligen zu seiten der Deesis (von links nach rechts) sind: Theodoros Tiron, Eustathios(?), Theodoros Stratilates und Georgios. Die zwei Leisten der Zwischenzone schließen sieben durch Knotenschlingen verknüpfte Medaillons ein, wobei alle rahmenden Elemente mit einem Zickzackmuster belegt sind; sie enthalten (von links nach rechts) Brustbilder des Merkourios, Stephanos, Philippos, Loukas, Matthaios, Markos, Thomas, Panteleimon und Menas.

II-16 Innenseite

In der unteren Zone folgen auf der Mitteltafel Iakobos, Ioannes Theologos, Petros, Paulos und Andreas; auf den Flügeln links Prokopios und Arethas, rechts Demetrios und Eustratios.

Die geschlossene Vorderseite zeigt die gleiche Unterteilung in drei Zonen. Oben die vier hl. Bischöfe Basileios, Gregorios Theologos, Ioannes Chrysostomos und Klemens von Ankyra; in den Medaillons die Heiligen Phokas, Blasios, Kosmas und Damianos; unten Gregorios Thaumatourgos, Severinos, Agathonikos und Nikolaos. Auf dem gleichzeitigen Triptychon im Palazzo Venezia wird die Deesis (mit stehendem Christus) durch eine Beischrift erläutert: „Wie ratlos sind Hand und Schnitzmesser bei der Darstellung Christi. Der lehrende und den Geist bringende Christus redet mit seiner Mutter und dem Vorläufer, und seine Jünger sendet er aus und spricht: »Bewahrt Konstantin vor jeglichen Übeln. Ich aber werde allen Ruhm unter ihm ausbreiten.«" Die Fürbitte der Gottesmutter und der übrigen Heiligen gilt also in erster Linie Kaiser Konstantin VII. Porphyrogennetos. Dieser Befund deckt sich mit den Inschriften auf drei Elfenbeinikonen (Dresden, Wien, Venedig), wo jeweils zwei Apostel Fürbitte für Konstantin einlegen oder die Besitzer der Tafeln dazu auffordern (vgl. Essay Effenberger mit Abb. 40). Dies dürfte, obwohl eine vergleichbare Inschrift fehlt, auch der Sinn der Darstellungen auf dem vatikanischen Triptychon sein, zumal hier, von kleinen Abweichungen abgesehen, dieselben Figuren dargestellt sind wie auf den erwähnten Tripty-

II-16 Rückseite ▷

chen in Rom und Paris, weshalb allen drei Stücken ein verbindlicher Heiligenkatalog zugrunde gelegen haben muß.

Die ornamentale Komposition der Rückseite ist einzigartig unter den erhaltenen byzantinischen Elfenbeinreliefs und erweist das Triptychon ein weiteres Mal als ein Werk, das nur im engsten Umkreis des Kaisers entstanden sein kann. Dieselbe Verzierungsweise im „Laubsägestil" begegnet in gleichzeitigen Werken der byzantinischen Buchmalerei, die mit dem kunstsinnigen und gelehrten Kaiser Konstantin VII. Porphyrogennetos unmittelbar in Verbindung gebracht werden können. Im Zentrum erscheint ein mit gefaßten Edelsteinen geschmücktes Kreuz, mit Rosetten auf dem Schnittpunkt und an den Enden der Kreuzarme, eingebettet in eine symmetrisch geordnete, mit Blüten und verschiedenartigen Blättern gefüllte, von Fabelwesen und Vögeln „bevölkerte" Rankenkomposition. Das Kreuz, das stets mit Christus identisch ist und an seiner Statt stehen konnte, erweist diesen als *arbor vitae*, als „Baum des Lebens".

Aus einer Privatsammlung in Todi; unter Benedikt XIV. (1740–1758) für den Vatikan erworben.

Goldschmidt/Weitzmann, 2, S. 34 Nr. 32a/b, Taf. 11 und 12; ^{2}1979, Vorwort, ohne Seitenzahl. – Kalavrezou-Maxeiner 1977, S. 321 Anm. 78. – Kat. Mailand 1990, S. 180–181 Nr. 70, Abb. (Clementina Rizzardi, mit Bibliographie).

Città del Vaticano, Biblioteca Apostolica Vaticana, Museo Sacro, Inv. Nr. 2441

A. E.

II–17 Zwei Tafeln vom Gebetbuch Heinrichs II. Christus und Maria

Konstantinopel, Ende des 10. Jahrhunderts

Jeweils 27,9 x 11,3 cm. – Elfenbein, geschnitzt, Reste von Bemalung und Vergoldung.

Die schmalen, oben abgerundeten und von einem schlichten Rahmen eingefaßten Tafeln sowie die beiden zugehörigen Stücke schmücken Vorder- und Rückseite der Buchdeckel einer zweibändigen Handschrift, die lange Zeit als Graduale („Gebetbuch") Kaiser Heinrichs II. (1002–1024) und seiner Gemahlin Kunigunde galt. Das Relief auf dem vorderen Einband der ausgestellten Handschrift zeigt die schlanke Gestalt Christi frontal auf einem Podest stehend, bekleidet mit Tunika, Mantel und Sandalen. Ein perlengesäumter Kreuznimbus, flankiert von den Namenskürzeln I͠C X͠C für Ἰ[ησοῦ]C X[ριστό]C (Jesus Christus), umgibt sein bärtiges Haupt. Im angewinkelten linken Arm hält er einen Kodex, dessen Einband nach byzantinischer Art mit „Edelsteinen" und einem Kreuz geschmückt ist. Die Rechte ist segnend vor der Brust erhoben. Auf dem Relief der Rückseite ist die Jungfrau Maria dargestellt, hier durch die Inschriftenkürzel für MH [τη]P Θ[εο]Y (Mutter Gottes) bezeichnet. Sie hat ebenfalls einen perlengesäumten Nimbus und trägt ein lang herabfallendes Ärmelgewand, eine Haube, ein über Kopf, Schultern, Arme und Rücken gelegtes Manteltuch (Maphorion), dessen Säume mit Quasten verziert sind, sowie kaiserliche Schuhe. Auch sie steht erhöht auf einem rechteckigen, von Perlenreihen gesäumten Podest und wendet sich mit fürbittend erhobenen und leicht vorgestreckten Händen zu Christus hin.

Die Tafeln auf dem nicht ausgestellten zweiten Band der Handschrift zeigen Petrus (Rückseite) und Paulus (Vorderseite), durch Beischriften O A[ΓΙΟC] ΠΕΤΡΟ[C] und O A[ΓΙΟC] ΠΑΥΛΟC (der heilige Petros, der heilige Paulos) gekennzeichnet. Beide haben perlengesäumte Nimben und sind in die üblichen Philosophengewänder gehüllt. Sie stehen auf „ebener Erde" und sind ein wenig zur Seite gewendet – Paulus nach rechts und Petrus nach links –, da auch sie ursprünglich auf Christus, die Mittelfigur der Komposition, bezogen waren. Petrus hält in der Linken einen Kreuzstab und erhebt die Rechte im Sprechgestus; Paulus präsentiert mit beiden Händen ein Buch.

Kurt Weitzmann erkannte schon vor längerer Zeit, daß die vier Bamberger Tafeln sowie ein nach Maßen und Stil wohl zugehöriges Fragment mit dem Erzengel Gabriel (Dumbarton Oaks Collection) in richtiger Anordnung eine Deesis ergeben, mit der obligaten Dreiergruppe Christus, Maria und Johannes dem Vorläufer (verloren) im Zentrum der Komposition (vgl. Kat. Nr. II–16) und erweitert um die Erzengel Michael (verloren) und Gabriel sowie die Apostelfürsten Paulus und Petrus. Unter Hinzunahme zweier weiterer Reliefs in der St. Petersburger Eremitage mit Simeon und der Darstellung im Tempel rekonstruierte er einen von zahlreichen Elfenbeintafeln bekrönten Ikonostasisbalken. Künstle-

II–17

risch gehören alle vier Reliefs wie das vatikanische Triptychon (vgl. Kat. Nr. II-16), das eine Deesis mit thronendem Christus zeigt, der „Romanos-Gruppe" an und erweisen sich schon dadurch als Werke jener Konstantinopler Werkstatt, die wohl ausschließlich für Repräsentationszwecke tätig war.

Beide Tafelpaare waren zwischenzeitlich zu Diptychen montiert, bevor sie als Deckelschmuck des zweibändigen Gebetbuches wiederverwendet worden sind. Dieses entstand im ersten Viertel des 11. Jahrhunderts im Benediktinerkloster Seeon am Chiemsee. Da die Handschriften genau dem Umriß der Reliefs folgen, befanden sich die vier Tafeln bereits in Seeon oder Bamberg, als die Bücher in Auftrag gegeben wurden (zur möglichen Herkunft aus ottonischem Besitz vgl. Essay Effenberger).

Goldschmidt/Weitzmann, 2, S. 44–45, Nr. 65 a/b und 66 a/b, Taf. 25–26; [2]1979, Vorwort, ohne Seitenzahl. - Weitzmann 1967. - Weitzmann 1972, S. 101–105. - Weitzmann 1980. - Schramm/Mütherich 1962, S. 159 Nr. 118; [2]1982, S. 485.

Bamberg, Staatsbibliothek Bamberg, Msc. Lit. 8

A. E.

II-18 Mitteltafel eines Triptychons Gottesmutter Hodegitria

Konstantinopel, zweite Hälfte des 10. Jahrhunderts

25,6 x 13,6 cm. - Elfenbein, geschnitzt.

Die Reliefikone bildete ursprünglich, wie die seitlichen Einlassungen für die Stangenscharniere erkennen lassen, die Mitteltafel eines Triptychons mit bogenförmigem oberem Abschluß und umlaufender, nach innen schräg abgetiefter Rahmenleiste. Unter den byzantinischen Elfenbeinreliefs begegnen mehrere Stücke von beträchtlicher Größe, auf denen allein die Gottesmutter im Typus der Hodegitria („Wegführerin") dargestellt ist; daneben gibt es eine überaus große Zahl von Elfenbeinikonen mit der Halbfigur der Gottesmutter (vgl. Kat. Nr. VI-86). Der Bildtypus geht auf ein wundertätiges Gnadenbild im Konstantinopler Kloster „der Wegführer" zurück, das wiederum mit der Madonna des Evangelisten Lukas in Verbindung gebracht wurde und das – neben dem Mandylion, dem „nicht von Hand gemachten" Bildnis Christi, das Konstantin VII. Porphyrogennetos 944 von Edessa nach Konstantinopel überführt hatte – als das eigentliche Palladium des byzantinischen Reiches galt (1453 bei der Einnahme der Stadt zerstört). Auf den fehlenden Flügeln waren vermutlich Heilige wiedergegeben, die sich Maria anbetend zuwandten. Die Gottesmutter steht frontal auf einem Podest mit durchbrochen gearbeiteten Arkaden. Zu beiden Seiten sind die Inschriftenkürzel für MH[τη]P Θ[εο]Y (Mutter Gottes) in den Reliefgrund eingetieft. Ein großer Nimbus mit Perlenrand umgibt ihr Haupt. Sie trägt die üblichen Gewänder: den langärmeligen Chiton, der bis auf die mit kaiserlichen Schuhen bekleideten Füße herabreicht, die Haube oder Palla, die das Haar gänzlich verhüllt, sowie das über Kopf, Schultern und Oberkörper gelegte Manteltuch (Maphorion), das zugleich die Unterarme bedeckt und tief in den Rücken herabfällt, wobei der in Zickzackfalten gelegte und mit kleinen Quasten verzierte Saum ihren Körperkontur begleitet. Im linken Arm hält sie Christus Emanuel, dem die Zuwendung und leichte Neigung ihres Hauptes und die verehrende Geste ihrer rechten Hand gelten. Christus sitzt ein wenig seitlich; seine Gestalt mutet wie die eines kleinen Erwachsenen an. Er ist mit Tunika und Mantel bekleidet und trägt Sandalen an den Füßen. Ein von Perlreihen gesäumter Kreuznimbus umgibt sein kindliches Haupt. Die Rechte ragt im Segensgestus aus dem Mantelbausch hervor, in der Linken hält er eine Schriftrolle. Künstlerisch vereint dieses Werk all jene Merkmale, die für den virtuosen Stil der „Romanos-Gruppe" typisch sind. Die strenge Frontalität, die der Gestalt etwas von der Monumentalität einer Statue verleiht, wird durch den „klassischen Kontrapost" – die Unterscheidung von Standbein und Spielbein und die leichte Wendung von Kopf und Oberkörper – gemildert. Trotz der Flachheit der Figur, trotz der Schematik der straff gespannten und wohlgeordneten Faltenzüge wird in der Art und Weise, wie sich das linke Bein durch das Gewand hindurch abzeichnet, noch ein gewisses Maß an lebendiger Körperlichkeit spürbar. Eine verwandte byzantinische Elfenbeinikone dürfte in Hildesheim zur Zeit Bernwards existiert und die Darstellung der Gottesmutter auf dem Rückdeckel des „Kostbaren Evangeliars" (vgl. Kat. Nr. VIII-30) angeregt haben.

Geschenk des Erzbischofs von Utrecht, Mgr. A. I. Schaepman; wohl aus Rotterdam. Damit dürfte eine Herkunft aus ottonischem Besitz recht wahrschein-

II–18

lich sein, zumal die Niederlande zum „Einzugsgebiet“ der Kaiserin Theophanu gehörten.

Goldschmidt/Weitzmann, 2, S. 39 Nr. 46, Taf. 20; [2]1979, Vorwort, ohne Seitenzahl. – Kat. Athen 1964, S. 167–168 Nr. 63, Abb.; S. 545 (Bibliographie). – Kat. Köln 1985, 3, S. 16–17 Nr. G 11, Abb. (Henri L. M. Defoer, mit Bibliographie). – Stamm-Saurma 1988, S. 109. – Brandt 1993, S. 57, Abb. 1.

Utrecht, Rijksmuseum Het Catharijneconvent, Inv. Nr. ABM b.i. 751

A. E.

*II–19 Seidegewebe mit Löwen

Byzanz, um 976–1025

160 x 121 cm. – Rotes Seidengewebe mit gelber Musterung und blauen Details (Samit in Köper 1/2 S. Kette: 1:2, Z-Drehung, rot. Schuß: ohne erkennbare Drehung, I rot, II gelb, III [nur streifenweise] blau). Farben verblaßt.

Stoffe mit monumentalen Tierdarstellungen gehören zu den eindrucksvollsten Zeugnissen der fast legendär prachtvollen byzantinischen Seidenweberei. Zwar wissen wir nur von einer Seide, die sicher – inschriftlich bezeugt – in den kaiserlichen Hofwerkstätten entstanden ist: es handelt sich um das vielfarbige, mit reich aufgezäumten Elefanten in Kreismedaillons von gut 65 cm Durchmesser geschmückte Gewebe aus dem Aachener Karlsschrein (Grimme 1972, S. 46 Nr. 30, Taf. 32). Inschriften, die sich in allgemeinerer Form auf den oder die jeweils herrschenden Kaiser beziehen, tragen dagegen mehrere Stoffe von der Art des hier gezeigten, der aus dem Heribertschrein in Köln-Deutz stammt. +ΕΠΙ ΒΑCΙΛΕΙΟΥ ΚΑΙ ΚωΝCΤΑΝΤΗΝΟΥ / ΤωΝ ΦΙΛΟΧΡΙCΤωΝ ΔΕCΠΟΤωΝ (Unter Basileios und Konstantinos, den Christus liebenden Herrschern) lautet seine Inschrift; die gemeinsamen Regierungszeiten der beiden Kaiser Basileios II. und Konstantinos VIII., zwischen 976 und 1025, stecken also den zeitlichen Rahmen für die Entstehung der Seide ab. Sie stammt demnach aus der Zeit des Erzbischofs Heribert von Köln (999–1021), dessen Gebeine sie – vermutlich seit deren Erhebung 1147 – umhüllte.

Das Muster zeigt auf rotem Grund monumentale, etwa 79 cm lange, schreitende Löwen. Sie sind einander paarweise gegenübergestellt und wiederholen sich in Reihen übereinander. Die gelben Tierleiber zeigen eine rote Binnenmusterung, die – gemessen am natürlichen Gesamteindruck der Löwen – stark ornamentalisiert ist. Die Augen sind als einziges Detail in markantem Blau betont. Hinter dem Rükken der Tiere und hinter jeder ihrer Pranken wachsen kleine Blattstauden, zum Teil mit Früchten behängt. Gegenüber den anderen beiden erhaltenen Löwenstoffen – der eine aus dem Annoschrein in Siegburg, St. Servatius, nach den in der Inschrift genannten Herrschern zwischen 921 und 931 entstanden, der andere aus einem „Dom am Niederrhein“ (heute in Berlin, Kunstgewerbemuseum, und Düsseldorf, Kunstmuseum) und zeitlich gleich anzusetzen wie die Heribert-Seide – ist auf der Heribert-Seide die Zeichnung fortschrittlicher und stärker von islamischen Gestaltungsprinzipien geprägt. Der nicht mehr frontal, sondern in Dreiviertelansicht gezeigte Kopf und die nicht mehr palmettenförmige, zudem leicht schräggestellte Schwanzquaste tragen dazu bei, daß nicht mehr so sehr der Eindruck eines furchteinflößenden, zeichenhaften Tieres als das Abbild eines Löwen vermittelt wird.

Zwei weitere Löwenstoffe sind nur noch aus schriftlicher Überlieferung bekannt: einer, in Crépy-en-Valois, St-Arnoul, scheint ebenfalls aus der Regierungszeit Basileios' II. und Konstantinos' VIII. gestammt zu haben (seine Tiere werden als „léopards“ beschrieben); der andere, in Auxerre, dürfte der älteste in der Reihe gewesen und unter Leo VI. (882–912) entstanden sein. Interessant ist die Feststellung, daß keine dieser Seiden als Gewand, sondern alle als ganze Stoffbahnen (wenn auch nicht unbedingt in voller Webbreite) überliefert sind; drei davon dienten als Reliquienhülle in einem Schrein. Man mag sich fragen, ob dies einen praktischen Grund hatte (vielleicht die Tatsache, daß die Löwenstoffe alle mit der Musterrichtung quer zur Kette, sozusagen „liegend“ gewebt worden sind) oder vielleicht in einer ganz besonderen Wertschätzung der wahrhaft imperialen Darstellung begründet lag.

1920 dem Schrein mit den Gebeinen des hl. Heribert, Erzbischof von Köln (999–1021), entnommen.

Clemen 1934, S. 236–237, Abb. 159. – Kat. Köln 1985, S. 326 Nr. E 94, Abb. S. 239 (Leonie von Wilckens). – von Wilckens 1991, S. 51, 52, 54. – Zur ganzen Gruppe der Löwenstoffe: von Falke 1913/1, 2, S. 13–14 (noch ohne Kenntnis der Heribert-Seide). – Muthesius 1984. – Zum Löwenstoff aus einem „Dom am Niederrhein“ zuletzt: von Wilckens 1992, S. 32–33 Nr. 41.

Köln-Deutz, Kath. Pfarrgemeinde St. Heribert

R. S.

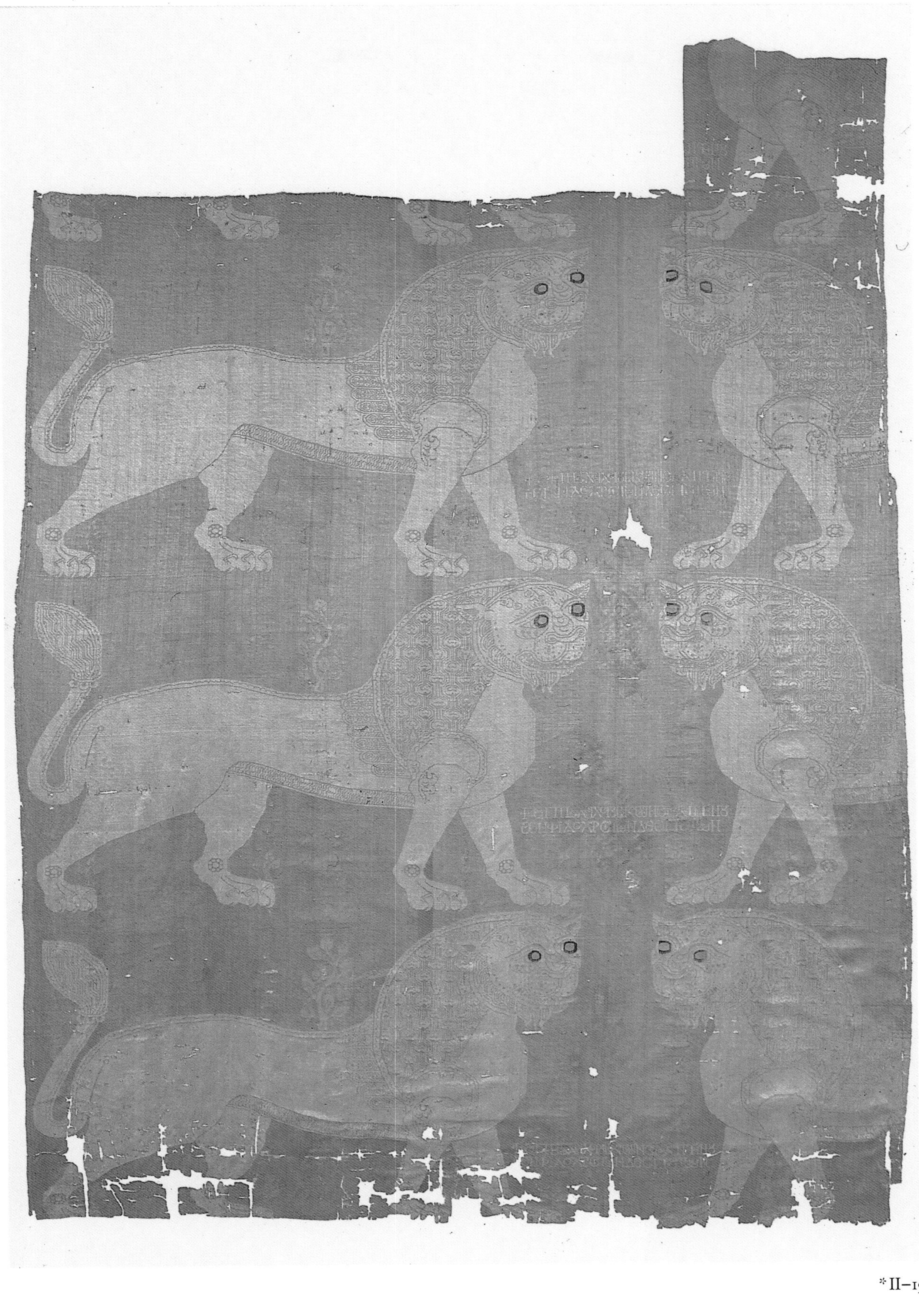

*II–19

II–20 Seidengewebe mit Adlern

Byzanz, um 1000

160 x 121 cm. – Blaues Seidengewebe mit gelber Musterung und dunkelblauen Details (Samit in Köper 1/2 S. Kette: 1:2, Z-Drehung, dunkelgelb; 12 Binde- und 24 Hauptkettfäden/cm. Schuß: ohne erkennbare Drehung, I blau, II gelb, III dunkelblau (nur streifenweise); 40 Passées/cm).

Neben Löwenstoffen (Kat. Nr. *II–19) zählen die Seiden mit monumentalen Adlerdarstellungen zu den berühmtesten Produkten der byzantinischen Seidenwebereien. Im Gegensatz zu ersteren trägt keiner der bekannten Adlerstoffe eine Inschrift, dennoch ist es ein Gewand aus einem solchen Gewebe (mit Doppeladlern), das im Liber pontificalis explizit als *de panno imperiale* bezeichnet wird. Kaiserlich war dabei sicher auch die Farbe, nämlich Rot, das als eine der verschiedenen Nuancen von Purpur (die von hellrot über dunkelrot, violett bis blau reichen) betrachtet werden muß. Aufgrund ihrer prestigeträchtigen Darstellungen und imperialen Symbolik dürften Löwen- und Adlerstoffe unter das zeitweilig streng gehandhabte Seidenmonopol (Exportverbot) Konstantinopels gefallen sein. Die heute im Westen erhaltenen Stücke haben den Weg hierher wahrscheinlich auf „diplomatischem" Weg gefunden, als kostbare Geschenke im Rahmen einer der zahlreichen ausgetauschten Gesandtschaften (vgl. den Beitrag von Arne Effenberger).

Der hier gezeigte Adlerstoff stammt aus dem Schrein des hl. Germanus, Bischof von Auxerre (418–448), in der dortigen Kathedrale St-Eusèbe. Die Seide setzt sich heute aus vielen Einzelstücken zusammen (ein weiteres Fragment mit Adlerkopf befindet sich in Florenz, Museo Nazionale del Bargello, Inv. Nr. 625F); eindeutige Spuren einer Verarbeitung, beispielsweise zu einem Gewand, sind nicht nachzuweisen. Die gelbe Musterung auf blauem Grund besteht aus großen, rund 70 cm hohen, mit ausgebreiteten Schwingen frontal stehenden Adlern auf geperlten Podesten. Den Kopf nach rechts gewandt, halten sie ein ringförmiges Kleinod im Schnabel; dieses, das Auge und die Krallen sind als einzige in Dunkelblau hervorgehoben. Die einzelnen Körperteile und Gefiederarten des Vogels sind durch jeweils andere, kleinteilige Binnenmuster unterschieden und manchmal durch Perlbänder voneinander abgesetzt. Die Adler sind in regelmäßiger Reihung neben- und übereinander angeordnet, zwischen ihnen stehen große, scheibenförmige Rosetten.

Eine Glockenkasel aus einem gleichartigen, allerdings in Weinrot (Grund) und Dunkelgrün (mit gelben Details) gehaltenen Stoff wird im Domschatz von Brixen aufbewahrt und mit dem dortigen Bischof Albuin (975–1006) in Verbindung gebracht. Nur in Details der Ausarbeitung unterscheiden sich die beiden Adlerstoffe; was zeichnerische Qualität und technische Ausführung anbelangt, sind sie ähnlich hochstehend. Reste eines vierfarbigen Gewebes mit ebenso großformatigen, ungerahmt vor der Fläche stehenden und durch Rosetten voneinander abgesetzten Vögeln wurden in Bamberg gefunden (Textile Grabfunde 1987, S. 136–137 Nr. M 10) – möglicherweise ein Muster mit monumentalen Pfauen?

Auch für Auxerre wird von einem Adlerstoff berichtet, und zwar hat Bischof Hugo von Châlon (999–1039) seiner Kathedrale eine *casula purpurea grandes aquilas coloris coccinei intextas* (eine purpurne Kasel mit großen eingewebten Adlern von roter Farbe; PL 138, Sp. 277D) gestiftet. Anläßlich der Öffnung des Reliquienaltares in der Abtei Saint-Germain, der Grabkirche des Germanus, im Jahre 1277 berichten die *Gesta pontificum Autissiodorensium*, daß ein „Knöchelchen" des heiligen Bischofs *cum parte serici palli similis illi pallio sudarii quod habetur in thesauro* (mit einem Teil eines Seidenstoffes, ähnlich jenem Schweißtuch, das im Schatz verwahrt wird) gefunden wurde (Kat. Auxerre 1990, S. 161–162 [Christian Sapin]). Es mag sein, ist aber wohl nicht mehr sicher nachzuweisen, daß mit dem einen oder anderen der genannten Stoffe auf das heute noch erhaltene Germanus-Sudarium Bezug genommen wird.

Aus dem Schrein des hl. Germanus, Bischof von Auxerre (418–448), in der Kathedrale St-Eusèbe in Auxerre.

von Falke 1913/1, 2, S. 18. – Kat. Paris 1965, S. 431 Nr. 810 (mit älterer Literatur). – Kat. Auxerre 1990, S. 175–176 Nr. 104, Farbabb. vor S. 125 (Marielle Martiniani-Reber). – Kat. Paris 1992, S. 377 Nr. 285 (Marielle Martiniani-Reber). – Zum Fragment in Florenz: Peri 1992 S. 82, Abb. 1. – Zur Kasel in Brixen: Müller-Christensen 1955, S. 17 Nr. 17, Abb. 7–8 und Frontispiz.

Auxerre, Musée d'Art et d'Histoire (Leihgabe der Kathedrale Saint-Eusèbe)

R. S.

II–20

II–21

II–21 Seidengewebe mit reitendem Kaiser

Byzanz, um 1000

22,5 x 68 cm. – Purpurrotes Seidengewebe mit dunkelgrüner Musterung (Samit in Köper 1/2 S. Kette: 1:2, Z-Drehung, rot; 17–19 Binde- und 34–38 Hauptkettfäden/cm. Schuß: ohne erkennbare Drehung, I purpurrot, II dunkelgrün; 51–56 Passées/cm).

Das Seidenfragment wurde 1974 aus der Sepultur des Bamberger Domkapitels geborgen; bei der systematischen Nachuntersuchung 1982 kamen weitere kleinere, hier nicht ausgestellte Reste desselben Gewebes zutage. Dargestellt ist, gerahmt von Kreismedaillons von rund 80 cm Durchmesser, die Gestalt des reitenden Kaisers. Er trägt die von einem Gemmenkreuz überragte, edelsteingeschmückte Krone; sein Gewand ist auf der Brust, über den Schultern und am Handgelenk mit Borten besetzt, hinter seinem Rükken weht der auf der Schulter geschlossene Mantel. Sein Haupt wird von einem Nimbus hinterfangen. Das Pferd ist mit kostbarem Zaumzeug geschmückt. Die erhobene Rechte – das Gewebe ist auf der Vorderseite stark abgegriffen und wird deshalb von der Rückseite gezeigt und abgebildet – ist nicht etwa eine Geste des Grußes, sondern Ausdruck der herrscherlichen Macht. Die mit Perlband konturierten Medaillonrahmen zeigen Kreisranken mit zwei verschiedenen Palmettmotiven im Wechsel. Aufgelegte Scheiben verbinden die Medaillons in vertikaler und sicher auch horizontaler Richtung; die Zwickel scheinen mit vegetabilen Formen gefüllt zu sein.

Auf einem der 1982 aufgefundenen Fragmente sind die Vorderhufe des – offenbar galoppierenden – Pferdes erhalten; darunter läßt sich ein Löwenkopf erahnen. Damit schließt die Darstellung an den Typus des „siegreichen Kaisers“ an, wie er beispielsweise in der koptischen Textilkunst häufig erscheint und wie er auch vorkommt auf einem ebenfalls fragmentarischen, in zwei Rotnuancen gehaltenen Seidengewebe im Kestner-Museum Hannover. Stilistisch sind die beiden Gewebe aber nicht zu vergleichen. Der Bamberger Kaiserstoff ist von einer monumentalen Stilisierung und technischen Qualität, die ihn unter die herausragenden Werke der byzantinischen Seidenwebkunst einreiht. Die eindrucksvolle, schlichte Zweifarbigkeit läßt an die ähnlich großformatigen Adler- oder Löwenstoffe denken (Kat. Nr. *II-19 und II-20), auch die eher ungewöhnliche Musterung der Kreisbänder findet eine Parallele in einem Gewebe mit Adlerdarstellung (Stuttgart, Württembergische Landesbibliothek, Seide vom Einband des Kölner ottonischen Evangeliars Cod. bibl. 4° 2).

Kaiserdarstellungen auf Seidenstoffen haben sich mehrere erhalten. Dominierend ist dabei, ausgehend von persischen Vorbildern, die herrscherliche Jagd (vgl. Kat. Nr. II-22), aber auch der Wagenlenker kommt vor, oder das reine Brustbild des Kaisers in rahmenden Medaillons (so – ebenfalls in Dunkelrot und Grün – in Sens, oder Ton in Ton auf der Kasel aus dem Grab des hl. Ulrich von Augsburg [† 973]). Es ist anzunehmen, daß derartige Seidenstoffe zu den kostbarsten Geschenken gehörten, die im Rahmen der byzantinisch-westlichen diplomatischen Kontakte ausgetauscht worden sind. Ähnlich wie Elfenbeine mit Kaiserbildern dürften sie sowohl für den Schenkenden wie den Beschenkten von besonderer inhaltlicher Bedeutung gewesen sein (vgl. Essay

Effenberger). Es liegt nahe anzunehmen, daß das purpurne Seidengewebe mit reitendem Kaiser über Heinrich II. nach Bamberg gelangt ist. Mit der Zeit alt geworden und verbraucht, mag man es schließlich als Grabtuch oder -gewand für ein verstorbenes Mitglied des Domkapitels verwendet haben.

von Wilckens 1975, S. 140–142. – Ergänzende Fragmente: Textile Grabfunde 1987, S. 208–209 Nr. M 126. – Zum Seidenstoff in Hannover: von Falke 1913/1, 1, S. 110, Abb. 167. – Grönwoldt 1964, S. 23, 131, Nr. 7. – Zur Kaiserikonographie: Grabar 1936. – Shepherd 1971.

Bamberg, Diözesanmuseum Bamberg, Grabfunde GNM 1

R. S.

II-22 Zwei Fragmente eines Seidengewebes mit reitendem Kaiser

Byzanz (?), 9. Jahrhundert

a: 16,7 x 15,6 cm. b: 10 x 10 cm. – Blaugrundiges Seidengewebe mit Musterung in Gelb, Grün, Rot und Hellgrün (Samit in Köper 1/2 Z. Kette: 1:1, Z-Drehung, beige; 21–22 Binde- und 21–22 Hauptkettfäden/cm. Schuß: ohne erkennbare Drehung, I dunkelblau, II dunkelgrün, III gelb, IV dunkelrot (broschiert), V hellgrün (broschiert); 34–38 Passées/cm).

Wie die Seide Kat. Nr. II–21 zeigt auch der nur in zwei kleinen, zudem nicht einmal aneinanderpassenden Fragmenten erhaltene Stoff das Bild des reitenden Kaisers. Auch hier hatte der Musterrapport ein-

II–22 a

II–22 b

drucksvolle Ausmaße; jedoch enthielten die Kreismedaillons – von rund 70 cm Durchmesser – das Kaiserbild zweimal, an einer vertikalen Mittelachse gespiegelt.

Trotz der eckigen Stilisierung ist der byzantinische Basileios an seinem edelsteinbesetzten Gewand, an der Gemmenkrone mit hochaufragendem Kreuz und auf die Schultern fallenden Pendilien leicht erkennbar. Sein Pferd ist kostbar aufgezäumt. In der erhobenen Linken führt der Kaiser den Speer – die Spitze ist vor seinem Leib gerade noch sichtbar. Das Muster des Seidenstoffes läßt sich einordnen in die Reihe von Darstellungen des kaiserlichen Jägers, ein letztlich aus der persischen Ikonographie übernommenes, herrscherliches Repräsentationsbild. Berühmtestes Beispiel dieser Gattung, bei dem sich, wie hier, die beiden Reiter einander zuwenden, ist die Seide, die angeblich als Geschenk Pippins des Kurzen 761 nach Mozac (Puy-de-Dôme) gelangt ist (Lyon, Musée Historique des Tissus, Inv. Nr. 904.III.3 [27.386]). Mit ihr verbindet sich das Gandersheimer Stück auch durch die eigenartige Farbwahl des kaiserlichen Antlitzes: sowohl das Hellblau (in Mozac) als auch das Hellgrün (in Gandersheim) fallen aus dem Rahmen des üblichen Kanons. Detailformen beispielsweise des Medaillonrahmens, von dem sich auf dem größeren Fragment der innere, auf dem kleineren der äußere Rand und ein Teil des Hauptmusters erhalten haben, rücken den Gandersheimer Stoff aber auch in die Nähe der sogenannten „blaugrundigen“ Gruppe, zu der verschiedene Reitermuster, besonders berühmt dasjenige der Seide aus St. Kunibert in Köln (Erzbischöfliches Diözesanmuseum, Inv. Nr. P 1053–9), gehören.

Rapportmaße und Darstellung gaben dem Seidenstoff wahrhaft herrscherliches Gepräge. Ursprünglich mag es sich um eine ganze Stoffbahn, vielleicht einen Vorhang, gehandelt haben. Zeitlich paßt er in die Gründungszeit des Gandersheimer Stiftes, doch kann man ihn sich ebensogut als eines der reichen Geschenke Ottos des Großen an das liudolfingische Hausstift vorstellen.

Zuschnitt und Verfaltung des größeren Fragmentes lassen seine spätere Verwendung als Hülle um eine Reliquienpartikel noch erkennen; zu gleichem Zweck diente auch das kleinere Fragment. Genauso wie Reliquienhüllen oft mit der „guten“ Gewebeseite nach innen – dem Heiligtum zugekehrt – verwendet worden sind, scheint man bisweilen die Musterabschnitte gezielt ausgesucht zu haben. Der Gandersheimer Kaiserstoff zeugt davon ebenso wie beispielsweise eine winzige Reliquienhülle mit Vögelchen in Riggisberg (Abegg-Stiftung, Inv. Nr. 1827).

a: gefunden 1894 unter den Reliquien der Stiftskirche; b: gefunden 1901 im Kästchen aus Walknochen Kat. Nr. VI–62, das 1815 aus Gandersheim nach Braunschweig gelangt war.

Brackebusch 1901, S. 55 – von Falke 1913/1, 2, S. 5, Abb. 221. – Zur Seide aus Mozac: Martiniani-Reber 1986, S. 109–111 Nr. 96. – Zur Gruppe der „blaugrundigen Seiden“: von Wilckens 1991, S. 41.

a: Gandersheim, Ev.-luth. Stiftskirchengemeinde – b: Braunschweig, Herzog Anton Ulrich-Museum, Inv. Nr. MA 271 a

R. S.

II–23 Heiratsurkunde der Theophanu

Fulda (?), ca. 972

144,5 x 39,5 cm. – Rotulus, bestehend aus drei aneinandergeklebten Pergamentstücken, bemalt und beschriftet.

Der Urkundentext wurde von einem Schreiber, der aus dem Skriptorium des Klosters Fulda kam, mit Goldtinte auf einen reichgemusterten Grund aufgetragen. Diesen bildet vor allem eine Serie von 14 ganzen und zwei halben, großen, purpurroten Kreisen; die übrigbleibenden, indigoblauen Zwickelräume sind mit ebenfalls purpurrotem, vegetabilem Ornament gefüllt (die Purpurfarbe ist nicht aus dem Saft der Purpurschnecke hergestellt, sondern aus Mennig und einer Krapplacklasur). In jedem Kreis ist ein Tierpaar, vielleicht ein Tierkampf, dargestellt: entweder ein Greif, der eine Hindin, oder ein Löwe, der ein Reh schlägt. An den Rändern läuft ein in zwei goldene Leisten gefaßter Zierrahmen entlang; rechts, links und unten besteht er aus einem Akanthusband, auf dem oberen Randstreifen befinden sich sieben kleine Medaillons mit Brustbildern (in der Mitte Christus, daneben Maria und Johannes sowie vier Apostel oder Propheten), dazwischen gegenständige Tierpaare (Vögel und Vierbeiner) mit Vasen und Pflanzen auf goldenem Grund.

Urkunden, die mit Goldtinte auf purpurfarbenen Grund geschrieben worden sind, hat es sowohl in Byzanz als auch im Abendland schon vorher gegeben, aber keines der erhaltenen Stücke hat auch nur im entferntesten eine so prunkvolle Ausschmükkung erhalten wie die Theophanu-Urkunde. Daher ist es schwierig, ihre Vorbilder zu benennen und sie einzuordnen. Die Tiermedaillons gehen letztlich auf byzantinische oder orientalische Luxusstoffe zurück, doch hat man neuerdings auch ein karolingisches Elfenbein (St. Gallen, Cod. 60) zum Vergleich herangezogen. Für die Reihe der Büstenmedaillons am oberen Rand kann man gleichfalls auf zahlreiche Beispiele an spätantiken und byzantinischen Kunstwerken verweisen. Zu den Tierpaaren dazwischen finden sich die nächsten Verwandten in der karolingischen Schule von Tours und (davon abgeleitet) im Trier-Echternacher Kunstkreis. In dem letzteren taucht wenig später der sog. Meister des Registrum Gregorii (vgl. Kat. Nr. IV–30) auf, und diesem ist der ganze Schmuck der Urkunde zuzuschreiben.

Theophanu, eine Nichte des oströmischen Kaisers Johannes Tzimiskes, heiratete am 14. April 972 den deutschen Thronfolger Kaiser Otto II. (vgl. Kat. Nr. II–24). Dieser schenkte ihr zur Hochzeit eine Morgengabe *(dos),* und von ihr handelt die ausgestellte Urkunde (die also strenggenommen eine Dotalurkunde, ein *libellus dotis* ist). Der Text besteht zur Hälfte aus Allgemeinplätzen über die christliche Ehe. Als Morgengabe werden dann im einzelnen genannt: Istrien, Walcheren, die Abtei Nivelles (im heutigen Belgien), dazu die enorme Zahl von 14 000 Hufen, schließlich die fünf Königshöfe Boppard, Tiel, Herford, Tilleda und Nordhausen. Umstritten ist, ob die ausgestellte Urkunde das rechtlich rele-

II–23

II–23 Obere Randleiste

vante Original oder nur eine (etwas spätere) Prunkabschrift ist.

Sie ist jedenfalls ein bedeutendes Denkmal der deutsch-byzantinischen Beziehungen in der ottonischen Zeit und zugleich ein großartiges Kunstwerk. Wohl schon im 10. Jahrhundert kam sie in das Damenstift Gandersheim, die liudolfingische Familiengründung (vgl. Kat. Nr. VI–59 bis VI–66), in der damals auch Sophia, die Tochter der Theophanu und spätere Äbtissin, erzogen wurde. Die Urkunde blieb dort nicht unbeachtet, vielmehr haben Corveyer und Hildesheimer Buchmaler zu ihr Zugang gefunden und die ornamentalen Grundmuster in ihren Handschriften nachgeahmt (siehe z. B. Hildesheim Domschatz 18 und 19; vgl. Kat. Nr. VIII–25 und VIII–30).

MGH DO II, Nr. 21, S. 28–30. – Goetting/Kühn 1968. – Hoffmann 1986/1, 1, S. 103–116, 176 f. – von Euw/Schreiner 1991.

Wolfenbüttel, Niedersächsisches Staatsarchiv, 6 Urk. 11

H. H.

II–24 Christus segnet Kaiser Otto II. und Kaiserin Theophanu

Italien (?), 972 oder 982–983

18,6 x 10,8 cm. – Elfenbein, geschnitzt, Reste von Bemalung.

Ein geschwungener Baldachin auf zarten Spiralsäulen, mit durchbrochenem Blattwerk und palmettenförmigen Eckakroteren, bildet den architektonischen Rahmen der dargestellten Dreiergruppe. Im Zentrum erscheint Christus zwischen aufgezogenen Vorhängen, durch die Namenskürzel IC XC für Ἰ[ησοῦ]C X[ριστό]C (Jesus Christus) bezeichnet. Er steht auf einem hohen, im unteren Teil durchbrochen gearbeiteten Podest; Fußstellung und Faltenspiel heben den Gegensatz von Standbein und Spielbein deutlich hervor. Die strenge Frontalität der schlanken Gestalt wird gemildert durch die leichte Neigung des zur rechten Schulter gewendeten und von einem großen Kreuznimbus eingerahmten Hauptes. Christus ist mit Tunika, Mantel (Pallium)

II–23 Ausschnitt

II–24

und Sandalen bekleidet; seine Hände ruhen segnend auf den Bügelkronen eines kleiner gebildeten Herrscherpaares. Der bärtige Kaiser zu seiner Rechten ist durch die lateinische, aus Majuskeln und Minuskeln gemischte und stark verkürzte Inschrift *OTTO IMP(erator) P(o)man(orum) A(u)G(ustus)* + (Otto, Kaiser der Römer, Augustus) bezeichnet, wobei Augustus (der Erhabene) regulärer Titel schon der römischen Kaiser war. Er trägt eine vom byzantinischen Kaiserornat abweichende Tracht: eine langärmelige, gegürtete und mit Schmuckbesätzen versehene Tunika und einen reich gemusterten, auf der rechten Schulter gespangten Mantel, der die linke Hand verhüllt. Seine Rechte ist in einer Gebärde ehrfürchtigen Innehaltens vor der Brust angewinkelt. Otto II. steht auf einem Podest, vor dem ein bärtiger Mann in tiefster Unterwerfung (Proskynese) verharrt, dessen gesäumter Mantel mit Sternen übersät ist. Zur Linken Christi steht auf einem ebenfalls separaten und sorgfältig ausgearbeiteten Podium die Kaiserin Theophanu, über ihr ist eine aus griechischen und lateinischen Buchstaben gemischte Beischrift angebracht: ΘΕΟΦΑΝω *IMP(eratrix) A(u)G(usta)* (Theophanu, Kaiserin, Augusta). Sie ist nach Art einer byzantinischen Kaiserin gekleidet: mit einer langärmeligen Tunika, einem weiteren Ärmelgewand, einem prächtigen Loros, bestickten Schuhen und einem Juwelenkragen. Die Arme hat sie vor Brust und Körper angewinkelt. Die senkrecht angebrachte und stark verkürzte Inschrift zwischen Christus und Kaiser Otto las Franz Dölger: K[ύρι]ε βοήθ(ε)ι τ[ὸν] σ[ὸν] δοῦλ[ον] Ἰω[άννην] [μον]αχ[ὸν] ἀμέν (Herr, behüte deinen Diener Johannes den Mönch Amen). Sie bezieht sich wohl auf den in Proskynese Liegenden, in dem einige Forscher Ioannes Philagathos erkennen möchten, der ein Vertrauter der Kaiserin Theophanu war. 980 wurde er Ottos Kanzler für Italien, 988 Erzbischof von Piacenza. Eine Zeitlang unterrichtete er Otto (III.) im Griechischen, bevor Bernward von Hildesheim die Unterweisung des Knaben übernahm. Wegen dieser engen Verbindungen zum Kaiserhaus ist vermutet worden, daß Ioannes Philagathos der Stifter des Elfenbeinreliefs war (zu seinem späteren Schicksal s. Kat. Nr. *III–19). Wir wissen jedoch, daß Otto II. 979 dem Erzbischof Adalbert von Magdeburg ein Buch geschenkt hatte, auf dessen Einband das goldene Bildnis des Kaiserpaares leuchtete (Thietmar von Merseburg, Chronik III, 1). Daher könnte die Elfenbeintafel, als offizielles Geschenk Kaiser Ottos und der Theophanu, für eine hochgestellte Persönlichkeit bestimmt gewesen sein. Ob das Relief, das an den vier Ecken Löcher aufweist, ursprünglich mit dem Buchdeckel einer Handschrift verbunden war, ist ungewiß. Die Tafel wird aufgrund der Inschriften um 982–983 datiert: Seit März 982 gebrauchte die kaiserliche Hofkanzlei für Otto II. den Titel *imperator Romanorum*; bereits am 7. Dezember 983 verstarb Otto II. in Rom. Es ist jedoch möglich, daß die Tafel im Jahre 972, anläßlich der Hochzeit von Otto und Theophanu, geschaffen und erst ein Jahrzehnt später mit den linkischen Inschriften versehen wurde. Die Darstellung setzt byzantinische Vorbilder wie die Romanos-Eudokia-Tafel der Zeit um 945 voraus (vgl. Essay Effenberger mit Abb. 32), von der wir annehmen dürfen, daß sie schon bald nach ihrer Anfertigung in den Westen verbracht worden war.

Das Relief wurde von Adolph Goldschmidt und Kurt Weitzmann der „Nikephoros-Gruppe“ zugewiesen. Das unausgewogene Größenverhältnis der Figuren, die steife und klobige Bildung des Kaiserpaares, die nach westlichem Brauch abgewandelte Tracht Ottos II. und die seltsame Art, wie die Basen der Baldachinsäulen über den äußeren Podesten enden, legen jedoch eine Entstehung im byzantinischen Kontaktbereich Italiens nahe. Wenn man bedenkt, daß am Hofe Ottos Personen wirkten, die des Griechischen mächtig waren, dann verwundert die merkwürdige Mischung von griechischen und lateinischen Formeln und Buchstaben in den Inschriften. Möglich ist, daß ein byzantinischer „Wanderkünstler" im Umkreis des ottonischen Kaiserhofes tätig war. Die gleiche in Proskynese verharrende Figur begegnet auf einem Elfenbeinrelief in München mit Darstellung der Gottesmutter Hodegitria, das von derselben provinziellen Schnitzerhand stammen könnte.

Von Alexandre du Sommerard vor 1842 erworben, Herkunft unbekannt; 1843 durch den französischen Staat erworben; die Jahreszahl 936 ist spätere Zutat.

Goldschmidt/Weitzmann, 2, S. 50–51, Nr. 85, Taf. 34; [2]1979, Vorwort, ohne Seitenzahl. – Dölger 1957, S. 58–59. – Demus 1970, S. 82, 84, 247, Abb. 80. – Wentzel 1972/2, S. 75, Abb. 1. – Schramm/Mütherich 1962, S. 144 Nr. 73, Taf. 287; [2]1981, S. 482. – Schramm 1983, S. 75, 193–194, Nr. 91, Abb. 91. – Caillet 1985, S. 141–143 Nr. 64, Abb. (Bibliographie S. 143). – Gussone 1991, S. 172, Abb. 4. – Kat. Paris 1992, S. 247–249 Nr. 160, Abb. (Danielle Gaborit-Chopin, mit Bibliographie).

Paris, Musée national du Moyen Age – Thermes de Cluny, Inv. Nr. Cl. 392

A. E.

II–25 Maiestas Domini mit kaiserlicher Familie

Mailand, zwischen 962 und 983 (wahrscheinlich 983)

14 x 10 cm. – Elfenbein.

Dargestellt ist der thronende Christus, flankiert von zwei Engeln mit velierten, das heißt mit einem Tuch verhüllten Händen; ihm zur Seite Maria und der heilige Mauritius, die das zu Füßen Christi kniende Kaiserpaar präsentieren. Während der links kniende Kaiser den rechten Fuß Christi in den Händen hält und küßt, hält die Kaiserin ihren schon gekrönten kleinen Sohn in den Händen, der sich anschickt, seinem Vater folgend, ebenfalls Christus den Fußkuß zu leisten. Das Kaiserpaar kniet auf einem Sockel mit der monumentalen Inschrift *Otto imperator.*

Die Platte stammt aus derselben Werkstätte, wenn nicht sogar von derselben Hand, wie die Situla, die Abt Gotfredus von Sant' Ambrogio in Mailand für den Einzug Ottos II. 980 in Mailand hatte anfertigen lassen (Kat. Nr. II–29).

So klar zunächst die Darstellung zu sein scheint, sie birgt noch heute viele ungeklärte Fragen: zunächst welcher Kaiser Otto dargestellt ist, womit die Frage der Datierung verbunden ist. Ist es Kaiser Otto I., der 962 zum Kaiser gekrönt wurde, dann läßt sich die Datierung am ehesten zwischen 962 und 973 (Tod Ottos I.) einengen. Freilich ist die Darstellung des Sohnes Otto II. nur schwer mit dessen tatsächlichem Alter zu verbinden; er war 962 schon 6 Jahre alt und wäre dann kaum als Kind in den Armen der Mutter dargestellt worden; schon 961 war er zum Mitkönig gewählt und noch im gleichen Jahr in Aachen gekrönt worden. Das Argument, daß Otto II. erst 967 zum Mitkaiser gekrönt wurde, kann nicht angewandt werden, da die Kronen ganz allgemeine Formen haben und keine Unterscheidung zwischen kaiserlicher und königlicher Krone zulassen, sofern das in ottonischer Zeit überhaupt möglich ist.

Andererseits kämen Otto II. und seine Gemahlin Theophanu in Frage, die ihren kleinen Sohn Otto III. Christus präsentieren. Das würde den kurzen Zeitraum des Jahres 983 zwischen der Wahl des dreijährigen Kaisersohnes zum Mitkönig von der Reichsversammlung in Verona zu Pfingsten (27. Mai) und dem Tod Ottos II. (7. Dezember) in Rom ergeben, also noch vor der Krönung Ottos III. am Weihnachtstag 983 in Aachen und unter der Voraussetzung, daß das Elfenbein den noch lebenden Otto II. darstellt.

Gegen diese Datierung könnte einzig die Barttracht des Kaisers angeführt werden, die eher der Ottos I. entspricht. Otto II. trug einen kurzen Bakkenbart; die Darstellungen der beiden Herrscher auf dem Ciborium in Sant' Ambrogio in Mailand zeigen diese Unterschiede deutlich. Allerdings hat Otto II. auf seinem 4. Kaisersiegel (Kat. Nr. II–5), das er 974–75 verwendete, das seines Vaters aus dessen letzten Lebensjahren (972–73) wiederholt und damit auch im Siegelbild dessen Barttracht übernommen.

Dennoch bleibt einiges sonderbar: Es mag dahingestellt bleiben, ob das Motiv der velierten Hände der Engel tatsächlich einfach von byzantinischen

II–25

Vorbildern übernommen wurde, ohne ihnen einen Sinn zu geben (Adolph Goldschmidt). Normalerweise bezieht sich das Motiv – in Byzanz genauso wie im Abendland – darauf, daß die Engel die Seelen von Sterbenden zu übernehmen bereit sind. Völlig singulär ist die Präsentation des königlichen (oder kaiserlichen?) Kindes durch seine Mutter. Normalerweise findet man bei Darstellungen von Kaiser und Kaiserin und dem kindlichen Mitkaiser diesen gleich gekleidet, nur größenmäßig unterschieden zwischen seinen Eltern stehend; es muß also der auffallenden Aktion der Kaiserin in der Darstellung besondere Bedeutung zukommen. Schließlich ist der Sockel mit der auffallend großen Inschrift *Otto imperator* bei einer Maiestasdarstellung ohne Parallele.

Wenn man die schwierige politische Situation des Jahres 983 bedenkt, dann wären diese Sonderbarkeiten vor allem im Sinne hoher politischer Aktualität zu erklären. Als Bestellerin der Platte in Mailand käme dabei primär die Kaiserin Theophanu in Frage, die nach den Tagen von Verona sich in Pavia aufhielt – Otto II. begab sich nach dem Reichstag in Verona nach Süditalien, und der kindliche Otto III. wurde von Erzbischof Willigis von Mainz nach Deutschland gebracht.

Der zweifellos hohe politische Anspruch dieser Darstellung schließt aber die auf Ernst Alfred Stükkelberg zurückgehende, immer wieder geäußerte Ansicht, die Platte sei vom Kaiserpaar für das Kloster Einsiedeln bestimmt gewesen, aus. Das übereinstimmende Patrozinium (Maria und Mauritius) und die Tatsache der Förderung des Klosters durch Otto I. und Otto II. genügen dafür nicht, noch weniger das Argument, daß der Mailänder Abt im 18. Jahrhundert das Elfenbein im Alpenkloster leichter als anderswo hätte erwerben können. Möglicherweise hat die Elfenbeinplatte Mailand selbst niemals verlassen, wo sie wahrscheinlich vom gleichen Schnitzer wie die Situla des Abtes Gotfredus (Kat. Nr. II–29) geschaffen wurde und wo es auch ein Kloster mit gleichem Patrozinium gab, das vom ottonischen Kaiserhaus mehrfach gefördert wurde. Die Platte ist am ehesten als Schmuck eines Buchdeckels denkbar.

Goldschmidt, 2, Nr. 2. – Peroni 1974, S. 90 ff. – Little 1988, S. 84 ff.

Mailand, Civiche Raccolte D'Arte Applicata, Castello Sforzesco, Inv. Nr. A.15

H. F.

II–26 Teile eines Kaiserinnenornates – Maniakon und Loros

Westdeutsch (Mainz?), letztes Drittel 10. Jahrhundert (um 980)

Halsschmuck: L. 64,5 cm; Brustschmuck: L. 34 cm, B. 11,5 cm. – Gold, mit Gemmen, Perlen und Edelsteinen besetzt. An beiden Stücken z. T. schwere Verletzungen bzw. Verluste von Steinen und Perlen durch Brand am Kriegsende.

Der Halsschmuck (Maniakon) besteht aus der langen Goldkette, die in regelmäßigen Abständen alternierend vier runde Zellenschmelzplättchen und vier Edelsteine trägt. Von ihren Fassungen zweigen nach beiden Seiten wieder Goldkettchen ab, an deren Enden Steine befestigt sind. In der Mitte vorne hängt eine schildförmige Platte mit einem Sardonyx-Kameo (darstellend die Victoria, frühaugusteisch), ursprünglich von einem Perlenkranz umgeben; von der Platte hängen wieder drei Kettchen mit Steinbehang – der größte Teil davon Intaglien, die mit wenigen Ausnahmen mit dem Schnitt nach unten montiert sind – herab (für die Angaben betreffend den Kameenschmuck habe ich Frau Dr. Antje Krug, Deutsches Archäologisches Institut, Berlin, zu danken).

Der Brustschmuck (Loros) besteht aus einer Halskette, von der ein Gehänge von horizontalen und vertikalen Kettchen ausgeht (sechs horizontale Reihen mit jeweils fünf Edelsteinen und vier Perlen alternierend). An den Fassungen der Edelsteine hängen wieder die Kettchen, welche zu der nächsten Reihe führen; an den Fassungen der Perlen hängen freie Gehänge mit jeweils einem Edelstein; gleichartige gehen auch von den äußersten Edelsteinen der Reihe seitlich aus, so daß sich jeweils sechs solcher Gehänge ergeben. Die abschließende unterste (sechste) Reihe trägt eine Lunula (ein mondsichelförmiges Schmuckstück) mit einem großen Cabochon als Zentrum, umgeben von einer (heute verlorenen) Perlenkette, von kleineren Edelsteinen, von Perlen und Filigrankegeln.

Der Schmuck (insgesamt 27 Einzelstücke) wurde 1880 in Mainz beim Kanalbau gefunden. Die große Adlerfibel (Kat. Nr. IV–24) wurde vom Altertumsmuseum, Mainz, erworben; alle übrigen Teile kamen 1912 als Geschenk an Kaiser Wilhelm II. nach Berlin, der sie dem Kunstgewerbemuseum übergab. Im Krieg stark beschädigt, kam der Schatz in die Sowjetunion, die ihn 1958 der DDR zurückgab, wo er nach einer Restaurierung im Kunstgewerbemuseum Schloß Köpenick ausgestellt wurde. 1904 fand man nahe der ersten Fundstelle noch ein Ohrgehänge (Kat. Nr. IV–26) zusammen mit einer Goldmünze des byzantinischen Basileus Romanos III. Argyros (1028 bis 1034), die das Mainzer Altertumsmuseum erwarb. Der Schatz wurde vermutlich im späten 11. Jahrhundert vergraben.

Der in Mainz gefundene Schatz besteht, wie schon Otto von Falke festgestellt hat, aus mehreren voneinander unabhängigen Teilen, die datierungs- und werkstattmäßig nichts miteinander zu tun haben. Es erweist das jedoch nur, daß der ältere offizielle Hofschmuck offenbar noch länger im Gebrauch war und wohl auch zusammen mit jüngeren Schmuckstükken getragen wurde.

Beide Teile, der große Halskragen (Maniakon) und der Brustschmuck (Loros), entsprechen dem Typus nach Teilen des offiziellen Ornates der byzantinischen Kaiserin, den man aus zahlreichen Abbildungen kennt. Nicht zuletzt kann man die beiden Schmuckstücke auch auf der Elfenbeinplatte erkennen, die die Krönung von Kaiser Otto II. und seiner Gemahlin Theophanu durch Christus darstellt (Kat. Nr. II–24). Wahrscheinlich muß man sich zu den Goldschmiedearbeiten eine entsprechende kostbare Stoffunterlage ergänzt denken, auf der diese Geschmeide befestigt waren.

Vor allem einzelne Details der Lunula, des mondförmigen Schmuckstückes am unteren Ende des Loros, lassen sich mit gleichartigen auf der Reichskrone (Wien, Weltliche Schatzkammer) vergleichen. Das hat schon Otto von Falke bei der Erstpublikation des Schatzes zu der Annahme geführt, der Schmuck stamme aus derselben Werkstatt wie diese. Da von Falke die Reichskrone als die Krone Kaiser Konrads II. ansah, bezog er den Schmuck auf dessen Gemahlin, die Kaiserin Gisela. Als „Gisela-Schmuck" ist er auch vielfach bekannt. Neuerdings hat Mechthild Schulze-Dörrlamm den Schmuck wesentlich später datiert, nämlich in das 2. Drittel des 11. Jahrhunderts, und hat als seine erste Trägerin daher Kaiserin Agnes, die Gemahlin Kaiser Heinrichs III., genannt. Diese Datierung ist aber ebenso wie die der Reichskrone in salische Zeit durch die Genannte nicht akzeptabel. Man kann und muß vielmehr die acht Platten der Reichskrone vor 1000, genauerhin wohl vor 980 datieren. Wahrscheinlich sind die beiden hier besprochenen Schmuckstücke etwas jünger als die Platten der Krone. Eine Datierung um oder bald nach 980 ist wahrscheinlich. Damit aber können diese beiden großen Schmuckstücke auch in die Nähe der Kaiserin Theophanu gerückt werden, womit sich die Übernahme byzantinischer Formen sehr gut begründen läßt.

von Falke 1913/2. – Steingräber 1956, S. 22 ff. – Schramm/Mütherich 1962, S. 168 f., Nr. 144. – Lasko 1972, S. 87. – Schulze-Dörrlamm 1991/2. – Westermann-Angerhausen 1991, S. 193 ff.

Berlin, Staatliche Museen zu Berlin – Preußischer Kulturbesitz, Kunstgewerbemuseum, Inv. Nr. 61,44 und 61,45

H. F.

II–27 Krone Kaiser Ottos II. (Farbfoto)

Deutsch, zwischen 961–983 (Aquarell von 1520)

Pergament, Aquarell.

Die Krone war aus acht einen Reif bildenden Platten zusammengesetzt; die vier Hauptplatten liefen oben in größere Scheiben aus, auf die in kunstvoller Weise Palmetten aufgesetzt waren; die obere Bekrönung dieser Platten bildeten Dreiblattformen aus gemugelten Edelsteinen. Diese Aufsätze stimmen mit denen einer Krone überein, die König Hugo von Italien († 948) für das Mauritius-Kopfreliquiar in Vienne stiftete. Letztlich läßt sich auch die Plattenform der vier Aufsätze mit dieser Krone verbinden, das heißt, es war höchstwahrscheinlich ein älterer, wohl italienischer Kronentypus, von dem diese Krone Ottos II. abzuleiten ist. Der Typus wird unter Otto III. von einem anderen – karolingischen – abgelöst, der in der kleinen Essener Krone (Kat. Nr. * II–32) erhalten ist.

Die Krone befand sich im frühen 16. Jahrhundert im Schatz des Kollegiatstiftes St. Mauritius und Maria Magdalena, der 1520 von Kardinal Albrecht von Brandenburg in den späteren Dom von Halle verlegt wurde. Der Verlust dieser Krone ist aufgrund der quellenmäßigen Nachrichten zwischen 1532 und 1540 anzunehmen. In mehreren älteren Heiltumbüchern ist sie aber abgebildet, vor allem besonders genau in dem Codex von 1526/27, den der Kardinal anfertigen ließ.

II–26 Loros ▷

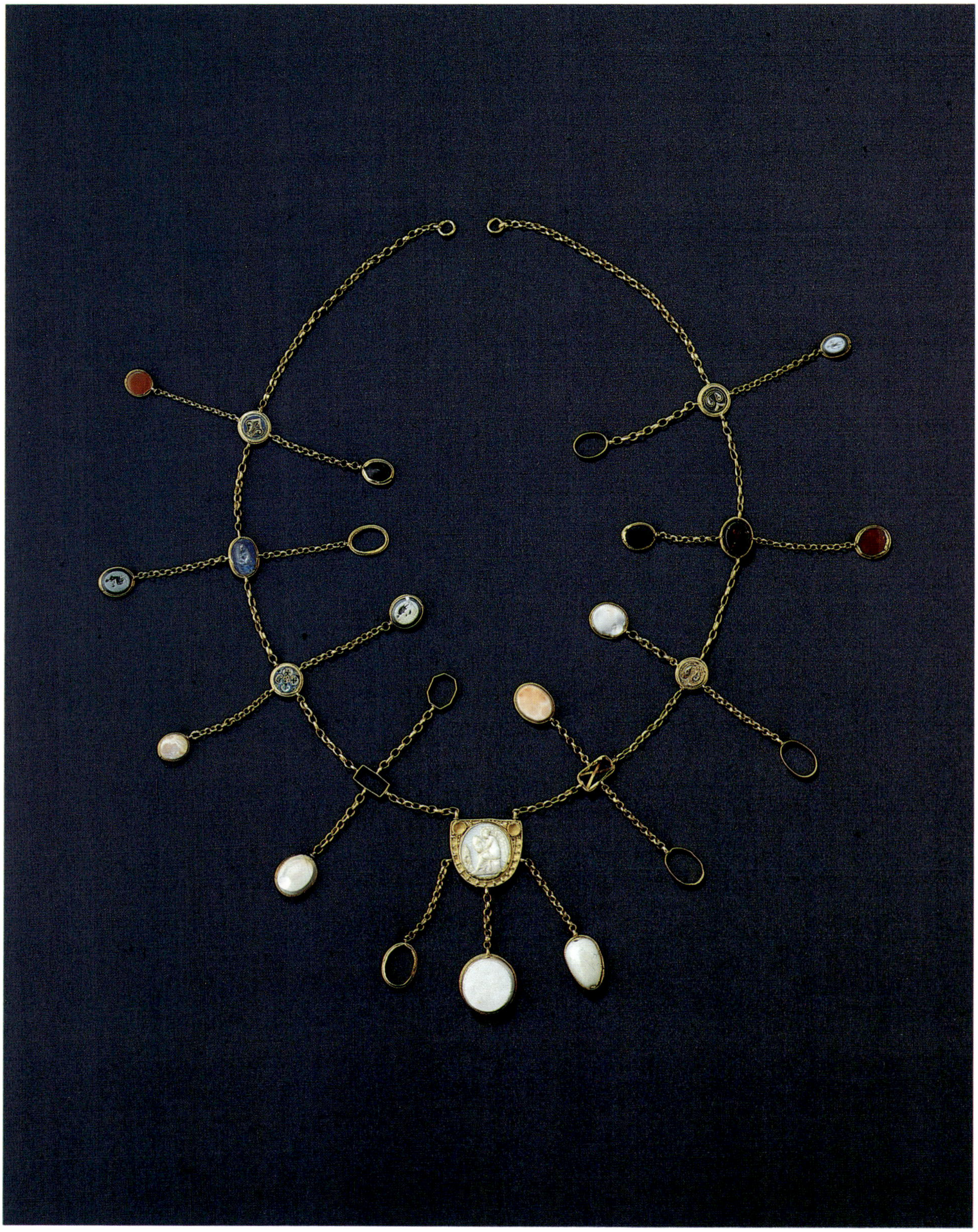

II–26 Maniakon

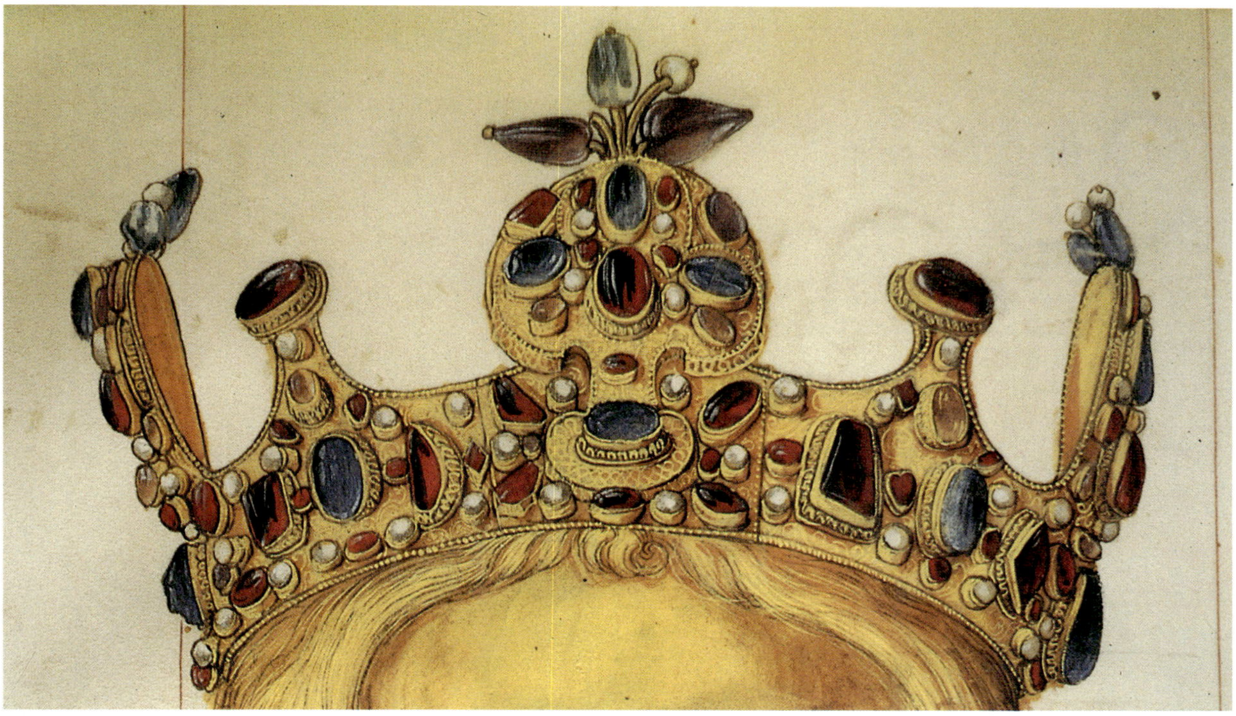

II–27

Im Heiltumbuch von 1520 ist sie folgendermaßen beschrieben: „Ein schoen grohs silbern ubergult brustbild, doran ein gulden halhsband mit steynen und perlen geziret. Obin mit eyner gulden kronen von steynen und perlin Keiser Otten des andern." Das in der Beschreibung genannte Büstenreliquiar stammt aus dem Kloster Berge bei Magdeburg, das von Otto I. und Otto II. mit zahlreichen Schenkungen bedacht wurde. Die Nachricht, die Krone stamme von Kaiser Otto II., erhält auch von daher eine Unterstützung.

Halm/Berliner 1931, S. 41, Nr. 140, Taf. 74a. – Rademacher 1934, S. 79 ff. – Schramm/Mütherich 1962, S. 71. – Lasko 1972, S. 94.

Aschaffenburg, Hofbibliothek, Ms. 14, fol. 173v

H. F.

II–28 Gürtel des herrscherlichen Ornates (Farbfoto)

Letztes Drittel 10. Jahrhundert (Kupferstich von 1790)

Kupferstich, koloriert.

Der Gürtel, der zu den Reichskleinodien gehörte, ist seit deren Flüchtung aus Nürnberg vor der französischen Armee verloren (1796). Bekannt ist er durch die sehr genaue Wiedergabe auf dem Stich Johann Adam Delsenbachs und durch die dazugehörige Beschreibung von Christian Gottlieb von Murr (beides erschienen in Nürnberg 1790). Die Inschrift nennt einen König Otto und einen stiftenden Grafen Sicco von Luxemburg. Wahrscheinlich handelt es

II–28

sich dabei um den Grafen, der als Gesandter Kaiser Ottos II. nach der Ermordung von Papst Benedikt VI. durch Papst Bonifaz VII. in Rom im Sinne des Kaisers Ordnung stiftete und der auch bei der Wahl von Papst Benedikt VII. anwesend war (974). Wenngleich als Stifter des Gürtels auch der gleichnamige Vater Graf Siccos möglich wäre († 998?) und letztlich auch Otto III. als Adressat der Stiftung, spricht doch manches dafür, den Gürtel mit dieser wichtigen Mission in Verbindung zu bringen.

Der Gürtel war aus roter, mit Gold bestickter Seide gefertigt. Die Beschläge an den Enden stellten nach der Schilderung Ch. G. von Murrs Löwenköpfe mit Perlen im Maul dar. Das Auffälligste an diesem Gürtel waren die an roten und blauen Seidenschnüren hängenden goldenen Glöckchen. Sowohl die Farben Rot und Blau wie auch die Glöckchen *(tintinabula)* erinnern an das hohepriesterliche Gewand Aarons (Ex 28,8 und 33) und weisen so auf den hohenpriesterlichen Charakter des ottonischen Kaisertums hin.

Schramm/Mütherich 1962, S. 142 f., Nr. 70. – Johann Adam Delsenbach, Wahre Abbildung der sämtlichen Reichskleinodien ..., Nürnberg 1790, Taf. III.

H. F.

II–29

II–29 Situla (Weihwasserkessel)

Mailand, 979

H. 18,5 cm, oberer Durchmesser 12,4 cm. – Elfenbein.

Die Wandung der Situla ist in fünf Arkaden gegliedert, in denen Maria mit dem Kinde, flankiert von zwei Engeln, und die vier Evangelisten dargestellt sind. In den Arkadenbogen die Inschriften:

\+ *VIRGO FOVET NATV(m) GENITRICE(m) NVTRIT ET IPSE.*

ORA GERENS HOMINIS MATHEVS TERRESTRIA NARRAT

ORE BOVIS LVCAS DIVINV(m) DOGMA REMVGIT

CHRISTI DICTA FREMIT MARCVS SVB FRONTE LEONIS

CELSA PETENS AQ(ui)LE VVLTVM GERIT ASTRA IOH(anne)S

Auf den Büchern der Evangelisten finden sich eingraviert der Anfang des entsprechenden Evangeliums bzw. ähnliche, inhaltlich entsprechende Texte.

Nach unten schließt ein perspektivisch gestalteter Mäanderfries ab, nach oben eine Palmettenleiste, über ihr ein Inschriftband mit folgendem Text: + *VATES AMBROSI GOTFREDVS DAT TIBI S(an)C(t)E – VAS VENIENTE SACRA(m) SPARGENDV(m) CESARE LY(m)PHA(m)* (Der Bischof des Ambrosius, Gotfredus, gibt dir, heiliger Kaiser, das Gefäß, das beim Einzug zum Besprengen mit heiligem Wasser dient).

Bischof Gotfredus wurde 974/975 Bischof von Mailand, starb aber 979 wenige Wochen vor dem Besuch Kaiser Ottos II. in Mailand, für den die Situla vorbereitet war. Man darf wohl annehmen, daß die Fertigstellung der Situla möglichst nahe an den zu erwartenden kaiserlichen Besuch zu rücken ist. Die Situla gehört mit der Elfenbeinplatte im Castello Sforzesco, Mailand (Kat. Nr. II–25) und mit der Basilewsky-Situla (Kat. Nr. II–30) werkstattmäßig eng zusammen.

Der Bügel der Situla ist das Werk des Mailänder Goldschmiedes Giovanni Battista Scorzini; er ersetzte, wie L. Malvezzi berichtet, den originalen Henkel, der durch Korrosion weitgehend zerstört war, wohl kurz vor 1840 durch den neueren, noch heute erhaltenen (Malvezzi 1840, S. 17 f.).

Der Brauch, für besondere Feierlichkeiten im Rahmen des imperialen Zeremoniells kostbare Weihwasserbehälter anfertigen zu lassen, die dann offenbar in das Eigentum der Kirche, in der die Zeremonie stattfand, übergingen, läßt sich nicht näher definieren. Es ist aber auffallend, daß aus ottonischer Zeit nicht weniger als drei derartige Situlen aus Elfenbein erhalten blieben (vgl. Kat. Nr. II–30 und II–31), dann aber keine weiteren vergleichbaren von ähnlichem künstlerischem Anspruch bekannt sind.

Goldschmidt, 2, Nr. 1. – Peroni 1981 (dort in Anm. 1 ausführlich die gesamte ältere Lit.). – Little 1988, S. 82 ff.

Mailand, Domschatz

H. F.

II–30 Situla (Weihwasserkessel)

Mailand, 967–83

H. 17,8 cm, oberer Durchmesser 12,2 cm. – Elfenbein.

Die Situla zeigt in zwei Reihen die wichtigsten Szenen der Passion und der Auferstehung Christi von der Fußwaschung bis zum ungläubigen Thomas. Die Trennungsringe sind mit Inschriften gefüllt; die beiden oberen folgen dem Carmen paschale des Sedulius Scotus, die unterste lautet:

AVXIT EZECHIE TER Q(u)INOS Q(u)I PATER ANNOS + OTONI AVGVSTO PLVRIMA LVSTRA LEGAT. CERNVVS ARTE CVPIT MEMORARI CESAR ALIPTES K

(Möge der Vater, der das Leben des Ezechias um dreimal fünf Jahre verlängerte, dem Kaiser Otto sehr viele Lustren [= Zeitabschnitte von fünf Jahren] verleihen. Möge der Kaiser, des Kunstwerks bewußt, des „Aliptes" eingedenk sein.) Die Übersetzung von „Aliptes" kann auf den Salbenden bei der Krönung bezogen werden, ebenso wäre auch eine Übersetzung als „Schnitzer" möglich. Sosehr mancher Autor dieser letzteren Bedeutung zuneigt und in dem nicht klärbaren K eine Abkürzung des Namens des Schnitzers sieht, muß dem doch entgegengestellt werden, daß es sich hier um ein in der offiziellen Liturgie verwendetes Gerät handelt, wo sich wohl der handelnde Erzbischof – wie bei der zweiten Situla aus Mailand (der des Gotfredus) –, kaum aber der Künstler in Erinnerung bringen kann. Die dafür vorauszusetzende direkte Beziehung Kaiser - Künstler ist nur schwer denkbar.

Die Inschrift läßt keinen Zweifel darüber, daß die Situla für einen höchst offiziellen Anlaß geschaffen wurde: Die Prophezeiung an den König Ezechias, daß Gott ihm noch fünfzehn Lebensjahre schenken wolle (Is 38,5), ist ebenso auf einer der Platten der Reichskrone (Wien, Weltliche Schatzkammer) zu finden; man möchte daher am ehesten als Anlaß an eine Krönung denken oder den offiziellen und mit Zeremonien verbundenen Besuch des Kaisers in Mailand, wie den Ottos II. im Jahre 980. Gegen die Annahme, die Situla sei für die Zeremonien anläßlich dieses Aufenthaltes Kaiser Ottos II. bestimmt gewesen, spricht vor allem, daß dafür offensichtlich die Situla des Erzbischofs Gotfredus bestimmt war. Als solche kämen in dem Zeitraum der Datierbarkeit der Situla die Kaiserkrönung Ottos II. 967 oder die Aachener Königskrönung Ottos III. (Weihnachtstag 983) in Frage; die Kaiserkrönung Ottos III. 996 scheint dafür zu spät zu sein. Allerdings wäre Otto III. 983 wohl als *rex*, König, nicht aber als *augustus*, Kaiser, zu bezeichnen. Vielleicht muß man aber das *Otto imperator* der Elfenbeinplatte (Kat. Nr. II–25) doch auch in einer Beziehung mit dem *Otto augustus* der Situla sehen und darin Postulate im Sinne politischer Intentionen sehen. Dennoch sollte man zunächst an einen Kaiser denken; dabei käme nur Otto II. zwischen 967 und 983 in Frage.

Der größere Teil der szenischen Darstellungen hat das karolingische Elfenbeindiptychon zum Vorbild, das aus dem Besitz von Sant' Ambrogio in Mailand später in den Mailänder Domschatz kam. Die Darstellungen dieses Diptychons setzen ihrerseits frühchristliche Vorbilder voraus (vgl. Volbach 1976, S. 136, Nr. 232).

Stilistisch gehört die Situla mit der Situla des Erzbischofs Gotfredus (Kat. Nr. II–29) und der Elfenbeintafel „Otto Imperator" (Kat. Nr. II–25) zu einer nach Mailand zu lokalisierenden Gruppe. Freilich wären Datierungen über einen gewissen Zeitraum verteilt möglich.

Ehemals Sammlung Basilewsky (nach der die Situla im allgemeinen benannt wird); dann im Besitz von Zar Alexander III., schließlich in der Eremitage

II–30

St. Petersburg (Leningrad), von wo die Situla über den Kunsthandel 1933 vom Londoner Museum erworben wurde. Die Provenienz ist bis 1856 nach Aachen zurückverfolgbar.

Goldschmidt, 2, Nr. 3. – Beckwith 1963. – Lasko 1972, S. 93. – Little 1988.

London, Victoria & Albert Museum, Inv. Nr. A 18–1933

H. F.

II–31 Elfenbein-Situla

Lotharingien, um 1000 oder kurz danach

H. 17,7 cm; Durchmesser oben 12,5, unten 9,5 cm. – Elfenbein. Drei mit Steinen besetzte Metallbänder, der Henkel und der silberne Einsatz vor 1867 hinzugefügt; wahrscheinlich damals auch der über den oberen Rand hinausragende Teil der beiden bärtigen Masken abgesägt.

Der kleine achteckige Elfenbeineimer zeigt oben zwischen Säulen, um deren Schäfte herabhängende Vorhänge geschlungen sind, den heiligen Petrus thronend mit segnend erhobener Hand zwischen den ebenfalls sitzenden Gestalten von Kaiser und Papst. In den übrigen Interkolumnien schließen sich – stehend – zwei durch das Pallium bezeichnete Erzbischöfe, zwei Bischöfe und ein Abt an. Unter ihnen stehen in geöffneten Toren Krieger mit Helmen, langem Kettenhemd, Lanze und Schild. Die niedrigen Architekturen darüber suggerieren mit wechselnden Gebäuden das Bild einer Stadt. Den oberen Abschluß bildet ein Rankenfries mit darin verwobenen kleinen Tieren und einem nackten Mann, unterbrochen von zwei großen bärtigen Gesichtern, die ursprünglich noch größer gewesen sein dürften, so daß an ihnen ehemals die Henkel befestigt werden konnten (vgl. Kat. Nr. II–30: Londoner Situla). Anstelle der heutigen edelsteinbesetzten Zierstreifen dürften sich Inschriften, wahrscheinlich auf Metalleisten, befunden haben, die die Darstellungen und den Anlaß für die Stiftung der Situla erläutert haben werden. In diesem Streifen sind unter dem heiligen Petrus die Buchstaben *SCS* (für *Sanctus*), daneben drei einzelne senkrechte Striche und unter dem thronenden Herrscher das Wort *OTTO* in das Elfenbein eingeritzt – alles in sehr unregelmäßigen Formen und offensichtlich nur als Probe für die noch anzubringende Inschrift zu verstehen.

Der thronende Herrscher mit der Bügelkrone, die seit ottonischer Zeit für die mittelalterlichen Kaiser üblich werden sollte, hoch erhobenem Reichsapfel und Szepter ist durchweg als Otto III. (983–1002), gelegentlich – bei entsprechend anzunehmender späterer Entstehungszeit – auch als Heinrich II. (1002–1024) gedeutet worden. Der Papst zur Rechten Petri wäre dann Sylvester II. (999– 1003) oder einer seiner Nachfolger aus der Regierungszeit Heinrichs II. Das Bildprogramm mit der geistlichen Hierarchie, an deren Spitze Kaiser und Papst sich um den heiligen Petrus gruppieren, da sie als Häupter der Christenheit das Römische Reich und die Römische Kirche regieren, wobei das Zentrum dieses Herrschaftssystems – Rom – durch den heiligen Petrus verkörpert wird, würde sowohl der politischen Gedankenwelt Ottos III. wie Heinrichs II. entsprechen, auch wenn deren Reichspolitik und der dabei der Rom-Idee eingeräumte Rang sich im einzelnen nicht unwesentlich unterschieden haben. Die Architektur im mittleren Streifen und die kriegerischen Wächter in den acht Toren weisen wohl ebenfalls auf die Ewige Stadt. Für die gleichwertige Zuordnung der Träger der obersten geistlichen und weltlichen Gewalt zum heiligen Petrus gab es jedenfalls in Rom seit karolingischer Zeit eine gewisse Bildtradition; zu erinnern ist nur an das Mosaik im Triklinium Leos III. am Lateran.

Die Gestalt des Herrschers auf der Situla bietet, will man nicht den durch die ehemaligen und jetzigen Metallbänder verdeckten Namen Otto als verbindlich ansehen, keine Möglichkeit näherer Identifizierung. Auch der jugendliche Otto III. wurde – entgegen mancher Behauptung in der Literatur – gelegentlich bärtig dargestellt, so auf seinem Siegel, das spätestens im Jahre 985 für den damals erst vierjährigen König geschaffen wurde (Kat. Nr. II–6). Die Bildvorstellung der Zeit orientierte sich nicht am wirklichen Aussehen der abgebildeten Personen, sondern an ihrem ideellen und hierarchischen Rang. Besondere Übereinstimmungen mit speziellen Siegelbildern Heinrichs II. lassen sich nicht erkennen. Der Reichsapfel in der rechten Hand, das Szepter in der linken sind zwar ungewöhnlich, begegnen aber auch bei Heinrich II. nur ein einziges Mal auf einem offensichtlich nur provisorischen Siegelstempel, der nur im Juni 1002, also unmittelbar nach der Krönung, Verwendung gefunden hat. In beiden Fällen handelt es sich wohl um eine zufällige Abweichung von dem traditionellen Bild des ottonischen Herr-

II–31

schers, der sonst mit der Rechten das Szepter und mit der Linken den Globus hält.

Auch stilgeschichtlich ist eine Entscheidung zwischen der kurzen Regierungszeit Ottos III. und der Frühzeit Heinrichs II. nicht möglich. Näher verwandte Werke sind nicht überliefert. Die mächtigen, fast kubischen Gestalten mit den schweren Köpfen, vor allem des heiligen Petrus und des stehenden Abtes, setzen Konventionen der Figurenbildung der jüngeren Metzer Schule des ausgehenden 9. Jahrhunderts voraus, die in Elfenbeinreliefs des späten 10. Jahrhunderts wie der Platte in Cambridge (Kat. Nr. IV–39) sich noch als prägend erwiesen haben, ohne daß freilich bei der Situla deren zu äußerster Stilisierung getriebene Formstrenge intendiert wäre. Man vergleiche für eine solche lockere Formengebung im Rahmen der lotharingischen Elfenbeinkunst ottonischer Zeit aber die seitlich stehenden Sänger auf der genannten, noch vor der Jahrtausendwende entstandenen Tafel in Cambridge mit ihrer etwas freieren Gewandbildung. Wenn in der Literatur auf Ähnlichkeiten der beiden bärtigen Gesichter am oberen Rand der Situla mit den Gesichtstypen des sog. „deutschen Meisters des 10. Jahrhunderts" (vgl. Kat. Nr. IV–35) hingewiesen worden ist, so sind dabei gattungsspezifische Traditionen in der künstlerischen Wiedergabe solch rauher und wohl nur als halbmenschlich zu betrachtender Naturwesen zu Unrecht als stilgeschichtliche Phänomene interpretiert worden. Betrachtet man die Köpfe genauer, so lassen sich wirkliche Übereinstimmungen in der Formung der Gesichter oder ihrer Details zwischen diesen Masken und etwa dem Kopf des heiligen Paulus (Kat. Nr. IV–36) ohnehin nicht konstatieren.

Goldschmidt, 2, Nr. 22. – Buchkremer 1937, S. 107–108 mit Abb. 108 (Inschriften auf dem Elfenbein und ohne die Hinzufügungen des 19. Jahrhunderts). – Ladner, 1, S. 123, bes. Anm. 1. – Schnitzler 1957/1, Kat. Nr. 37. – Schramm/Mütherich 1962, Kat. Nr. 105. – Fillitz 1969, Kat. Nr. 107. – Grimme 1972, Kat. Nr. 26. – Gaborit-Chopin 1978, S. 196 und Kat. Nr. 94. – Schramm 1983, Kat. Nr. 113. – Surmann 1990, S. 170.

Aachen, Domschatz, Inv. Grimme Nr. 26

R. Ka.

*II–32 Krone

Westdeutsch (Köln?), spätes 10. und spätes 11. Jahrhundert (?)

H. 7,4–7,9 cm, Durchmesser 12,5 cm. – Gold, Goldfiligran, Golddraht, Edelsteine, Gemmen, Perlen, vergoldeter Silberring, Kupferring und Kupferplatten.

Die Krone gehört zum Typus der Reifenkrone mit Lilienpalmetten. Schnitte im Goldblech (jeweils links vom großen Stein zwischen den Lilien) zeigen, daß die Krone einmal verkleinert wurde (laut Schnitzler um ca. 2–3 cm, nach Schramm/Mütherich um ca. 3,6 cm). Die dichte Füllung des Reifs mit Edelsteinen und Perlen läßt noch die uralte Gliederung der „hieratischen Borte" erkennen, nämlich die großen zentralen Edelsteine, welche jeweils von zwei übereinandergesetzten Perlen flankiert werden. Dieses Motiv wird hier im Rhythmus durch die Hinzufügung von jeweils zwei übereinandergesetzten Edelsteinen geringfügig verändert. Die großen Edelsteine sind bzw. waren von Perlbändern gerahmt; ebenso folgen Perlbänder den Konturen der Krone. Während die kleinen Edelsteine und die einzelnen Perlen durch Falzstreifen gefaßt werden, sind die größeren Steine durch Schlingen aus Golddraht gehalten, die größten Hauptsteine durch Filigranpalmetten, in welche kleine Granulationskugeln eingesetzt sind. Der Goldgrund ist mit Palmetten aus gekoppeltem Filigrandraht und glattem Golddraht geschmückt; dazwischen und darüber sind noch „Spinnen" aus gekoppeltem Golddraht mit Granulationskügelchen gesetzt.

Die Krone ist in einem schlechten Erhaltungszustand: zahlreiche Brüche und Knicke sind durch Lötung und z. T. durch Hinterlegung mit Kupferplättchen repariert, zuletzt 1950; auf diese Reparatur gehen die Kupferverstärkungen zurück (Goldschmied Albert Classen, Essen).

Im allgemeinen wird die kleine Krone, Hermann Schnitzler folgend, um 980 datiert, wobei er gewisse Stilbeziehungen zum 1. Essener Mathildenkreuz (Kat. Nr. *VI–53) postuliert. Dieses lokalisiert er nach Köln, die kleine Krone allgemeiner nach Westdeutschland. Mit Ausnahme von M. Schulze-Dörrlamm, welche die Krone in das mittlere 11. Jahrhundert datiert, folgt die Forschung der Frühdatierung. Mit ihr ergibt sich auch die Möglichkeit, die kleine Krone als Kinderkrone Ottos III. anzusehen, der,

*II–32

kaum drei Jahre alt, 983 in Aachen zum König gekrönt wurde.

Sosehr nun der Typus der Krone, also Kronenreif mit vier Lilienpalmetten, im späten 10. Jahrhundert gerade für Otto III. nachzuweisen ist, gibt es neben Gemeinsamkeiten auch nicht zu übersehende Unterschiede. Was die Gemeinsamkeiten betrifft, so lassen sich die Fassungen der Steine und Perlen, die gekoppelten Filigran- mit glatten Golddrähten und schließlich die „Spinnen" in Essen nachweisen, wohl nicht bei dem immer wieder genannten „älteren Mathilden-Kreuz" (Kat. Nr. *VI–53), jedoch bei dem etwas jüngeren „Vortragekreuz mit den großen Zellenschmelzplatten" (ebenfalls Essener Münsterschatz). Auch die Perlschnüre, welche die größeren Steinfassungen umkränzen, sind dort zu finden. Nicht bekannt in ottonischer Zeit sind dagegen die Fassungen der vier großen Hauptsteine der Krone: die Palmetten aus Goldfiligran mit dem zentralen Granulationskügelchen und vor allem der große Saphir-Cabochon, der die Spitze einer dreieckigen Pyramide bildet. Für diese Steinfassungen lassen sich auf dem für den Gegenkönig Rudolf von Rheinfelden (gefallen 1080) begonnenen, aber erst um die Mitte des 12. Jahrhunderts vollendeten „Adelheid-Kreuz" (Stift St. Paul im Lavanttal, Kärnten – ehemals St. Blasien im Schwarzwald) vergleichbare Details – Pyramidenstumpf und Palmetten – nachweisen. Darauf hat schon Georg Humann aufmerksam gemacht, doch fand seine Beobachtung anscheinend keine weitere Beachtung. Auch der charakteristische gekoppelte Filigran- und Golddraht kommt dort wieder vor. Behält man die Datierung in das späte 10. Jahrhundert bei, dann müßte man damit auch Umarbeitungen bzw. Ergänzungen (im späten 11. Jahrhundert?) in Erwägung ziehen. Damit wäre wieder am ehesten die Verkleinerung der Krone zu verbinden.

Auch die Spinnen, die nicht mit den Filigranornamenten korrespondieren, sondern in sie und über sie gestellt sind - wofür mir keine Parallele bekannt ist –, weisen auf eine doch recht eingreifende Überarbeitung hin.

Humann 1904, S. 265 (besonders Anm. 4). – Schnitzler 1957/1, S. 31 f., Nr. 40. – Schramm/Mütherich 1962, S. 147, Nr. 81. –

Lasko 1972, S. 94 f. - Schulze-Dörrlamm 1991/1, S. 70 f. - Kat. Köln 1985, 1, A 6, S. 60 (Ulrike Bergmann). - Kat. Köln 1972, D 1, S. 189 f. (Anton von Euw). - Zum Adelheid-Kreuz: Fillitz 1983/1. - Fillitz/Pippal 1987, S. 392 ff.

Essen, Domschatzkammer

H. F.

*II–33 Kopie der Heiligen Lanze

Deutsch, wohl 1000

L. 50 cm. - Eisen, Eisendraht.

Die Lanze ist eine Kopie der Heiligen Lanze im Schatz der Reichskleinodien (Wien, Weltliche Schatzkammer). Alle wesentlichen Kennzeichen sind wiedergegeben - freilich in den Proportionen variierend: die Flügel am Ansatzstück zum Schaft, die Drahtbindungen, die beim Original notwendig sind, um das in die offene Mitte des Lanzenblattes eingefügte ornamentale Eisenstück festzuhalten, das immer wieder mit der Tradition eines der Nägel vom Kreuz Christi in Verbindung gebracht wurde, und schließlich die Manschette, die beim Original ebenfalls notwendig ist, um die gebrochenen Teile der Lanze zusammenzuhalten (diese innerste der drei Manschetten des Originals ist auf diesem durch die beiden jüngeren, von den Kaisern Heinrich IV. und Karl IV. gestifteten, überdeckt); bei der Krakauer Kopie sind freilich alle diese Teile aus einem Stück.

Auf diese Lanze ist die Nachricht im *Chronicon Polonorum I* Kap. 6 (MGH SS 9, S. 429) zu beziehen: *et pro vexillo triumphali clavum ei de cruce Domini cum lancea s. Mauricii dono dedit pro quibus illi Bolezlavus s. Adalberti brachium redonavit* (und für eine Triumphfahne schenkte er ihm einen Nagel vom Kreuze des Herrn mit der Lanze des hl. Mauritius; als Gegengeschenk dafür gab ihm Boleslaw den Arm des hl. Adalbert). Natürlich hat Otto III. bei seinem Besuch am Grabe des hl. Adalbert in Gnesen 999/1000 dem Polenkönig Boleslaw Chrobry nicht die kostbare Reichsreliquie/Waffe der Heiligen Lanze selbst gegeben, die damals als Lanze des hl. Mauritius verehrt wurde und die nach wie vor zum Reichsschatz gehörte; es kann sich nur um die Kopie gehandelt haben, auf die nach mittelalterlichen Vorstellungen auch alle „Kräfte“ des Originals „übertragen“ wurden, durch die Wiederholung der Form

*II–33

und möglicherweise durch Berührung im Sinne einer Kontaktreliquie.

Mit dem Austausch von Reliquien ist wohl keine völlige Erklärung für die Herstellung einer Kopie der gerade auch von Otto III. hochverehrten Heiligen Lanze gegeben, wenngleich zweifellos für den Kaiser die Armreliquie des Heiligen, zu dessen Grab in Gnesen er pilgerte, etwas besonders Wertvolles war. Neben der religiösen Schenkung ist hier auch eine wichtige politische Bedeutung gegeben. Der Hinweis auf das *vexillum triumphale* des Polenkönigs weist deutlich auf den Insignien-Charakter der Lanze hin. Sie gehört zum Pakt, den Otto mit Boleslaw schloß, den er als „Bruder und Mitarbeiter des Imperiums" und als „Freund und Bundesgenossen des römischen Volkes" bezeichnete.

Schramm, S. 502 f. – Schramm/Mütherich 1962, S. 152, Nr. 98. – Beumann 1987/1, S. 150.

Krakau, Domschatz

H. F.

II–34

II–34 Sog. Adalbert-Kelch aus Tremessen (Trzemeszno)

Byzanz, 10. Jahrhundert; Polen, 4. Viertel 12. Jahrhundert, kurz vor 1797 und 1960

H. 15,4 cm; Durchmesser: Kuppa 8,8 cm, Fuß 11,8 cm; Gewicht 490,1 g. – Achat; Gold, graviert.

Der Kelch setzt sich aus vier, zu verschiedenen Zeitpunkten entstandenen Teilen zusammen. Es sind dies 1. die Achatkuppa; 2. der Fuß und der Nodus; 3. der Korbunterfang, der die Kuppa in ihrem unteren Teil umfaßt; 4. die Fassung der Kuppa, die aus der inneren Wandung, dem Kupparand und vier Plättchen, die den Korbunterfang mit dem Rand verbinden, besteht. Die Kuppa, aus braun-rotem, von milchfarbenen und bräunlich-milchigen, teilweise opalisierenden Schichten durchzogenem Achat, hat die Form eines Zylinders (7,2 cm hoch), der unten bogenförmig in eine profilierte Basis mit kleinerem Durchmesser übergeht. Das Achatgefäß ist an mehreren Stellen geplatzt. Aufgrund seiner Form ist dieser Becher mit frühen mittelbyzantinischen Halbedelsteinarbeiten zu verbinden, die genauere Entstehungszeit ist aber schwer zu bestimmen. Der älteste Teil der goldenen Fassung, der aus dem Fuß und dem Nodus besteht, ist im Raum von Gnesen-Tremessen im letzten Viertel des 12. Jahrhunderts entstanden. Die gravierten Motive, die den Nodus umziehen (ein junger Mann vor einem Kranich, ein Raubvogel und ein Löwe in einer Ranke mit Palmetten), gehen auf die Vorbilder in der Bordüre der Gnesener Bronzetür (um 1180) zurück und stehen stilistisch den für die Chorherrenstifte Tremessen und Czerwińsk im letzten Viertel des 12. Jahrhunderts ausgeführten Goldschmiedearbeiten nahe. Der Korbunterfang der Kuppa ist in heutiger Gestalt eine 1960 von Goldschmied Stanisław Malarecki (Warschau) angefertigte Nachahmung des ursprünglichen Teiles, der vermutlich 1507 unter dem Abt Andrzej Drążyński in der Werkstatt des Posener Goldschmieds Piotr Gelhor entstanden war. Die Fassung der Kuppa stammt aus der Zeit kurz vor 1797.

Laut einer im 17. Jahrhundert in Tremessen niedergeschriebenen Überlieferung soll der Kelch 1008 mit anderen, einst dem hl. Adalbert gehörenden Gegenständen dem Kloster aus Gnesen überwiesen worden sein. Die Verbindung des Gefäßes mit der Person dieses Bischofs von Prag, des Prußen-Missio-

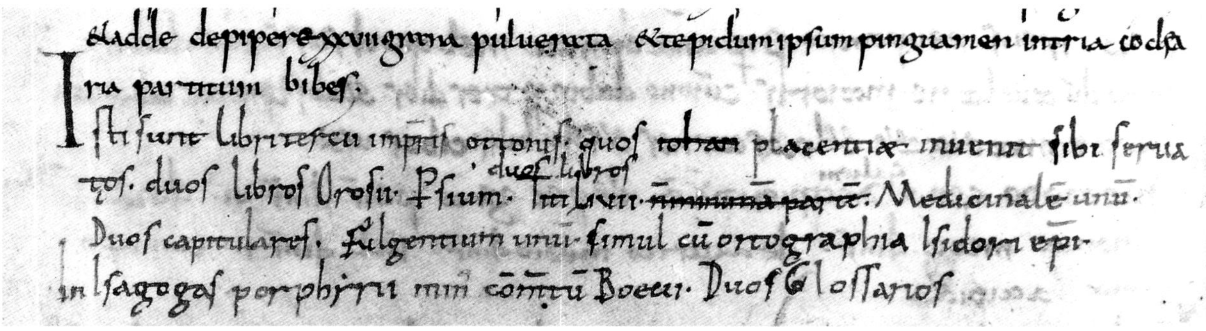

II–35 fol. 42v

nars und Märtyrers, wird tatsächlich schon durch den romanischen Dekor des Nodus bezeugt, übernimmt dieser doch die Themen der Bordüre der Gnesener Bronzetür, wo sie einen gelehrten Kommentar zur *vita* des Heiligen bilden. Hier begleiten sie in ähnlicher Weise einen mit dem Gedenken an den Märtyrer verbundenen Gegenstand (die purpurne Tönung des Achats!). Der prächtige Achatbecher ist dagegen schwer mit der Biographie des zu Mystik und Askese neigenden Missionars in Einklang zu bringen. Sein Auftreten im Umkreis des Kultes des hl. Adalbert ist eher auf die zu Ostern des Jahres 1000 unternommene Pilgerfahrt Ottos III. zum Grab seines Freundes zurückzuführen. Die kirchlichen Zeremonien und politischen Feiern in Gnesen waren von einem Austausch von Reliquien, Geschenken und Insignien (z. B. der Nachbildung der Heiligen Lanze, Kat. Nr. *II–33) begleitet (Gallus Anonymus, I, 6). Das Achatgefäß könnte zu den zahlreichen Schätzen byzantinischen Ursprungs gehört haben, die sich im Besitz des kaiserlichen Hofes befanden und später oft an Kirchen übergeben wurden. So soll auch Otto III. noch kurz vor seinem Tode im Jahre 1002 Bernward von Hildesheim eine kostbare Onyxschale geschenkt haben.

Bis 1941 oder 1942 in der ehemaligen Chorherren-Stiftskirche Tremessen. Seit 1958 im Schatz der Kathedrale von Gnesen (Gniezno).

Skubiszewski 1978 (mit Literatur). – Skubiszewski 1980, bes. S. 42, 43, 71–74. – Bryzek 1992, bes. S. 365.

Gniezno, Muzeum Archidiecezji Gnieźnieńskiej, Inv. Nr. I/44

P. S.

II–35 Teilverzeichnis der Bücher Kaiser Ottos III.

Italien, (nach Anfang 998, aber wohl) erstes Viertel des 11. Jahrhunderts

32,0 x 22,5 cm, 75 Blätter. – Pergament.

In dem alten, an der Wende vom 8. zum 9. Jahrhundert in Lorsch entstandenen medizinischen Kompendium ist auf fol. 42v ein Bücherverzeichnis eingetragen, das wegen der Erwähnung Kaiser Ottos III. von jeher die Aufmerksamkeit auf sich gezogen hat. „Dies sind die Bücher des dritten Kaisers Otto, die er für sich in Piacenza aufbewahrt fand ...“ (*Isti sunt libri tercii imperatoris Ottonis ...*), so wird es eingeleitet. Dabei ist vor dem Wort *Placentiae* der Name *iohan* gestrichen – der Schreiber hat bei dem Gedanken an Johannes innegehalten und geschickt die ursprünglich beabsichtigte Konstruktion des Nebensatzes geändert, indem er statt Johannes den Kaiser zum Subjekt machte.

Der Grund dafür ist bekannt. Johannes Philagathos, Grieche aus Kalabrien, Vertrauter der Kaiserin Theophanu und ihres Sohnes Otto III., seit 988 Metropolit in Piacenza, das eigens für ihn zum Erzbistum erhoben worden war, hatte im Februar 997 den Thron des vertriebenen Papstes Gregor V. usurpiert. Sogleich exkommuniziert und des erzbischöflichen Amtes entsetzt, war Johannes nach der Eroberung Roms von Papst und Kaiser furchtbar bestraft worden (vgl. Kat. Nr. VII–20). Von Ende 997 bis Herbst 1001 hat Otto III. mehrfach Gelegenheit gehabt, in Piacenza die Handschriften, die das Verzeichnis nennt, aufzufinden. Was er mit ihnen angefangen hat, wird freilich nicht gesagt. Es ist möglich, daß er sie fortan mit sich geführt hat, bewiesen ist das beim gegenwärtigen Stand unserer Kenntnis aber durch nichts – jedenfalls auch nicht durch das

HOC AUGUSTE LIBRO
TIBI COR DS INDUAT OTTO
QUEM DE LIUTHARIO TE
SUSCEPISSE MEMENTO

II–36 fol. 15v

II–36 fol. 16r

vorliegende Verzeichnis, das als Katalog einer kaiserlichen Handbibliothek, gleichsam mit Nachweis der Provenienz höchst unliebsamen Angedenkens, schwerlich zu verstehen ist.

In einigen Fällen hat es das Schicksal gut mit den Büchern gemeint: daß das aufgeführte „Medizinbuch" (*«librum» medicinalem unum*) der vorliegende Band selbst ist, leidet nicht den geringsten Zweifel (statt dessen, wie neuerdings geschehen, die Bamberger Handschrift Med. 2 als hier gemeint ins Spiel zu bringen, um sie für die Bibliothek Ottos III. reklamieren zu können, und das nur, weil sie [etwa saec. IX/X] in Italien geschrieben wurde und ausgefallene Texte enthält, ist völlig willkürlich). Auch die beiden in dem Verzeichnis genannten Livius-Bände sind kostbarer Besitz der Bamberger Bibliothek (Msc. Class. 34 und 35a); dazu gehört vielleicht auch ein Orosius-Fragment des Bamberger Staatsarchivs. Sie sind möglicherweise noch im frühen 11. Jahrhundert in die Bibliothek des Bamberger Domes gekommen. Ob weitere in diesem Verzeichnis aufgeführte Bände, darunter Werke des Persius oder Boethius, in Bamberg oder anderwärts noch aufgespürt werden können, wäre der Mühe des Suchens und eines überzeugenden Nachweises wert.

Ein Anhaltspunkt, den Weg der Bücher von Piacenza nach Bamberg diesseits luftiger Hypothesen zu verfolgen, ist die Schrift des vorliegenden Verzeichnisses. Sie ist ein Autograph des berühmten Leo, des Helfers und Vertrauten Kaiser Ottos III. und nachmaligen Bischofs von Vercelli († 1026; vgl. den Beitrag von Dormeier). Seine nach Zweck und Schriftraum, besonders in Marginalien überaus variable Hand wirkt hier relativ breit und eher weich ausgeprägt, was neben spitzigen Einträgen auch in Bamberg, Msc. Class. 54, und in Codices der Kapitelsbibliothek in Vercelli anzutreffen ist. Duktus und Einzelheiten wie die bisweilen aufgesetzte Oberlänge des -s- verbinden sie mit den ersten Zeilen des Gedichtes in Bamberg, Can. Msc. 1 (Kat. Nr. IV-62), das erste -g- in *Isagogas* ohne den schließenden, sichtlich angestückten unteren Bogen ist dasselbe wie in *augusto* (Bamberg, Msc. Can. 1, Zeile 4), aber dort wie in anderen Handschriften nur eine der vielen Varianten Leos, diesen Buchstaben zu schreiben. Typisch sind auch die immer wieder anzutreffenden, meist rechts geneigten r-Formen des Verzeichnisses, deren Schulterstriche bald gewellt, bald rund gebogen, bald in verschiedener Höhe flach vom Schaft weg ausgezogen erscheinen. Die bizarre Zutat des kleinen Abstrichs nach links beim L (wie hier bei *Livii*) ist, worauf Giuseppe Ferraris (Vercelli) hingewiesen hat, in den nicht wenigen Fällen, in denen Leo Randbemerkungen mit seinem Namen versieht, ein willkommenes Erkennungszeichen.

Das würde die souveräne Manier verständlich werden lassen, in der der Schreiber das Verzeichnis formuliert und korrigiert hat. Aber wozu war es bestimmt? Eine Sendung von Büchern zu begleiten vielleicht und den Empfänger über den Inhalt und die Herkunft ins Bild zu setzen, könnte man erwägen – einen Empfänger, der dann freilich nicht Otto III. gewesen wäre.

Viel wichtiger als der belanglose Versuch, mit jeder älteren bzw. jeder älteren italienischen Handschrift in Bamberg die Bibliothek Ottos III. zu füllen, wäre es, die Aufmerksamkeit darauf zu lenken, daß Heinrich II. offenbar erfolgreich bemüht war, die wertvollen und ausgefallenen, aber auch nützlichen und für die Liturgie notwendigen und kostbaren Handschriften aus alten Bibliotheken und vielen verschiedenen Skriptorien Deutschlands, Italiens oder Frankreichs zu erhalten, mit denen er den von ihm gestifteten Bamberger Dom ausgestattet hat. Auf einen der möglichen, aber keineswegs den einzigen Weg führt das Verzeichnis der Bücher Kaiser Ottos III.

Schramm/Mütherich 1962, Nr. 88 S. 150; ²1981, S. 483 mit Literatur. – Bischoff 1974, S. 23. – Mütherich 1986/1. – Kat. Bamberg 1990, Nr. 10 S. 38 f. (Bernhard Schemmel) mit Abbildung und Literatur.

Bamberg, Staatsbibliothek, Msc. Med. 1 (alt L III 8, aufgeschlagen fol. 42v)

H. Do./H. J. S.

II-36 Liuthar-Evangeliar

Reichenau, um 990

29,8 x 21,5 cm, 256 Blätter. – Deckfarbenmalerei auf Pergament.

Die Handschrift enthält die Evangelientexte mit Vorreden. Vorangestellt ist eine vollständige Reihe von zwölf Kanontafeln, jeweils paarweise auf einer Verso- und einer Rectoseite einander gegenüberliegend (fol. 3v/4r, 5v/6r, 7v/8r, 9v/10r, 11v/12r, 13v/14r). Es folgt das doppelseitige Dedikationsbild (fol. 15v/16r) mit dem Mönch Liuthar, nach dem die Handschrift ihren Namen trägt. Jedem Evangelium ist ein Evangelistenbild vorangestellt (fol. 21v, 80v, 122v, 190v), dem eine ganzseitige Initialseite gegenüberliegt. Ein Zyklus von 21 ganzseitigen Bildern mit Szenen aus dem Leben Jesu, die jeweils bei der entsprechenden Stelle des Evangelientextes plaziert sind, wurde auf die vier Evangelien verteilt. Die Bilder sind von reich geschmückten Arkaden gerahmt. Dieser Zyklus steht, im Zusammenhang der Reichenauer ottonischen Malerschule, am Beginn der Bildzyklen mit ganzseitigen Bildszenen aus dem Leben Jesu. Er ist dem des Kölner Sakramentars von St. Gereon (zwischen 984 und 996, Kat. Nr. IV–56) etwa zeitgleich, doch sind dessen acht ganzseitige narrative Bilder wesentlich kleiner.

Die beiden Bildseiten der Dedikation (fol. 15v/16r) sind von einer spannungsvollen Verschiedenheit. Der linken Seite mit nur einer Figur, dem Mönch Liuthar, steht vielfigurig die rechte gegenüber. Dem unbemalt gelassenen Grund der Seite links kontrastiert rechts ein von einer rötlichen Purpurimitation eingefaßter Goldgrund, der oben halbbogig abschließt. Der Mönch, der sich dem Herrscher zuwendet, bleibt von diesem und von den anderen Figuren, die ihn umgeben, unbeachtet. Unter dem Herrscher stützt eine Personifikation der Erde, *Terra*, seinen Thron. Stehend huldigen ihm zwei gekrönte Würdenträger, wohl Herzöge. Im unteren Teil des Bildes stehen links zwei Waffenträger, rechts zwei Bischöfe. Die Inschrift begleitet den Vorgang der Übergabe des Buches mit einem Wunsch: *HOC AUGUSTE LIBRO: TIBI COR D(EU)S INDUAT OTTO / QUEM DE LIUTHARIO. TE SUSCEPISSE MEMENTO:* (Gott möge dir, erhabener Otto, das Herz mit diesem Buch bekleiden, das von Liuthar empfangen zu haben du eingedenk sein mögest). Die vier Wesen Mensch, Löwe, Stier und Adler bekleiden, einem im Neuen Testament mehrfach belegten Gebrauch des Wortes *induere* (bekleiden) entsprechend, mit dem als Buchrolle dargestellten Evangeliar das Herz des Herrschers (vor allem Eph 6,14 f., aber auch Lk 24,49; Röm 13,12–14; 1 Kor 15,53 f.; Gal 3,27; Eph 4,24, 6,11; Kol 3,9 f., 12; 1 Thess 5,8). Sie bekleiden es mit demselben Evangeliar, das Liuthar auf der gegenüberliegenden Seite als Codex in Händen hält und das er dem Herrscher mit den Worten der Inschrift empfiehlt. Augustus Otto empfängt die Krone von Gott; seine Herrschaft, sein Imperium, ist von göttlicher Kraft und Macht. Er ist auf der Erde und über ihr erhöht, erhöht auch über die Herzöge, und er ragt von der Erde bis in den Himmel hinein, nicht aber über den Himmel hinaus, wie dies E. H. Kantorowicz annahm. Die völlige Angleichung dieses Herrscherbildes an das einer Maiestas Domini wurde bewußt vermieden, unter anderem dadurch, daß die vier Wesen die mittlere Mandorla nicht zentralsymmetrisch umgeben (K. Hoffmann).

Die Möglichkeit, den hier dargestellten *Augustus Otto* mit Otto I. zu identifizieren (Vöge 1891), wird aus stilistischen Gründen nicht mehr diskutiert, da das Liuthar-Evangeliar eindeutig später ist als die Reichenauer Ruodprehtgruppe (um 980). Aus demselben Grund ist auch die Identifikation mit Otto II. (Schramm 1922/1923, 1923) problematisch, so daß sich die mit Otto III. durchgesetzt hat. Da die Bezeichnung *augustus* im 10. Jahrhundert gelegentlich auch für den König benutzt wurde, besteht kein Zwang, das Liuthar-Evangeliar erst nach der Kaiserkrönung Ottos III. (996) anzusetzen (Mütherich 1966). Es ist die erste Handschrift der nach dem in der Inschrift bezeugten Mönch sogenannten Liuthargruppe, deren Werke zu den glänzendsten Relikten aus dem frühen Mittelalter gehören.

Die Handschrift, im Mittelalter im Besitz des Kapitels des Aachener Münsters und wohl bereits von Anfang an für den Gebrauch in der Aachener Pfalzkapelle bestimmt, erscheint in der 1. Hälfte des 19. Jahrhunderts im Privatbesitz des Aachener Kanonikus Martin Joseph von Orsbach. Sie wurde 1846 aus dessen Nachlaß für das Stiftskapitel zurückerworben.

Vöge 1891, S. 7–98. – Schramm 1922/1923. – Schramm 1923. – Kantorowicz 1957, S. 61–78. – Messerer 1959/1. – Mütherich 1966. – Hoffmann 1968. – Schramm/Mütherich 1962, S. 154, Nr. 103, 2. Aufl. 1981, S. 484. – Kat. Köln 1991, S. 134–138, Nr. 36 (Anton von Euw).

Aachen, Domschatz, Inv. Grimme Nr. 25

U. K.

II–37 Evangeliar mit Kaiserbildern

Trier, 980–982

24 x 19,3 cm, 205 Blätter. – Deckfarbenmalerei auf Pergament.

Die Handschrift ist nur unvollständig erhalten. An ihrem Anfang und jeweils am Beginn der Evangelien wurden Blätter herausgeschnitten. Diese enthielten unter anderem Bilder der Evangelisten, möglicherweise eine Maiestas Domini, vielleicht sogar ein Kaiserbild. Erhalten geblieben ist der Text der Evangelien und der Vorreden, ferner, an Buchschmuck, eine vollständige Reihe von zwölf Kanontafeln (fol. 10r–15v), die Incipitseiten am Anfang des Markus- und des Johannesevangeliums (fol. 64v, 153v), die Initialseiten am Beginn des Hieronymusbriefes an Papst Damasus (fol. 1v) und am Beginn der Evangelien (fol. 16r, 65r, 98r, 154r) sowie die ungerahmten Incipitseiten am Beginn des Hieronymusbriefes (fol. 1r) und der Argumenta zum Markus-, Lukas- und Johannesevangelium (fol. 61v, 93v, 150v). Die Incipitseite vor dem Johannesevangelium hat in den Ecken des Rahmens Quadrate mit den vier Evangelisten, die ihr gegenüberliegende Initialseite zeigt im Zentrum der *IN*-Ligatur ein Quadrat mit dem *Agnus Dei,* umgeben von Quadraten mit den vier Wesen, kreuzförmig im Rahmen verteilt. Goldinitialen mit Ranken stehen am Beginn der Vorreden und Argumenta. Von den verlorengegangenen Evangelistenbildern vermag das spätottonische Kölner Evangeliar in Stuttgart, Württembergische Landesbibliothek, Cod. bibl. fol. 21 (um 1060), in dem jene von Manchester 98 kopiert wurden, eine Vorstellung zu vermitteln. Das vorliegende Evangeliar muß bald nach seiner Entstehung nach Köln gelangt sein, wo es die ottonische Kölner Malerschule seit deren Anfängen, also seit den Everger-Handschriften der Kölner Dombibliothek (Cod. 53 und 143) und seit dem Evangeliar aus St. Gereon (Kat. Nr. II-38), bestimmte.

Der Buchschmuck ist das Werk eines der bedeutendsten Meister der frühmittelalterlichen Buchmalerei, des nach dem Einzelblatt mit dem heiligen Gregor in der Stadtbibliothek Trier so genannten Gregormeisters, der die Malerschulen von Köln, Echternach, Mainz und Lorsch, aber auch die der Reichenau nachhaltig beeinflußte. Über die Abgrenzung seines Œuvre und seine stilistische Entwicklung gehen die Anschauungen der Forscher auseinander. Intensiv diskutiert wird vor allem das Verhältnis, in dem die beiden Evangeliare des Gregormeisters, das vorliegende in Manchester und das Evangeliar der Sainte Chapelle in Paris, Bibliothèque Nationale, Ms. lat. 8851 zueinander stehen. Beide Evangeliare haben Textzierseiten, deren Rahmen mit inschriftlich bezeichneten Medaillons ottonischer Herrscher besetzt sind. Im Evangeliar in Manchester ist dies die Initial-, in dem der Sainte Chapelle die Incipitseite des Matthäusevangeliums. Orientiert man sich an der gut erforschten und gesicherten Stilentwicklung der Reichenau, so steht das Evangeliar Manchester 98 etwa auf der Stilstufe des Sakramentars in Florenz, Biblioteca Nazionale, Banco Rari 231 (um 980) und des Hornbacher Sakramentars in Solothurn, Zentralbibliothek, U 1 (um 983), das Evangeliar der Sainte Chapelle aber, das von manchen Forschern zeitlich noch vor das Evangeliar in Manchester gerückt wird, etwa auf der des Perikopenbuchs Heinrichs II. in München, Bayerische Staatsbibliothek, Clm 4452 (um 1007). In den späteren Handschriften sind nämlich die Formelemente der Initialseiten stärker voneinander isoliert als in den früheren, wodurch die Initialen deutlicher konturiert und besser lesbar werden. Bestätigt wird die Datierung des Evangeliars Manchester 98 in die frühen achtziger Jahre des 10. Jahrhunderts durch die engen Entsprechungen seiner Initialseiten, und zwar besonders jener auf fol. 1v und 16r, mit denen des Sakramentars in Chantilly, Musée Condé, ms. 40/1447, das von der Forschung zu Recht der Frühstufe des Gregormeisters zugeordnet wird. Mit den kreuzförmig angebrachten Herrschermedaillons und ihren Inschriften ist diese Datierung ohne weiteres vereinbar, wenn man, was ohnedies naheliegend ist, die beiden horizontal plazierten Medaillons auf den regierenden Herrscher, die beiden vertikal plazierten hingegen auf seinen Vorgänger bezieht, im Falle von Manchester 98 also auf Otto II. und Otto I., im Fall des Evangeliars der Sainte Chapelle aber auf Heinrich II. und Otto III. In Manchester 98 tragen die somit auf Otto II. bezogenen Medaillons auf den seitlichen Rahmenleisten fast gleichlautende Inschriften, nämlich: *CHRI(STI)ANE RELIGIONIS ET ROMANE R(EI) P(UBLICE) OTTO IMP(ERATOR).* Diese Inschrift wird im Medaillon auf dem linken Rahmen durch ein *AUG(USTUS)* ergänzt. Dieser Titel entspricht nicht dem Titel *Romanorum imperator augustus,* den Otto III. nach seiner Kaiserkrönung bewußt und ohne einschränkende Zusätze geführt hat, er paßt hingegen gut zu der auf die Interessen Ost-Roms Rücksicht nehmenden Titulatur Ottos II. und fügt sich am besten in die Zeit vor dem April 982, als Otto II. in Italien weilte und als nördlich der Alpen noch nicht bekannt war, daß er sich nun doch entschlossen hatte, den Titel *Romanorum imperator augustus* anzunehmen. P. E. Schramm hingegen äußerte die Meinung: *„Res*

II-37 fol. 16r ▷

B E R
G
E
N E
R ATIO NIS

publica Romana ist ein Ausdruck, der im Zusammenhang mit Ottos III. *Renovatio imperii Romanorum* wieder an Bedeutung gewann." Doch vermochte Schramm nicht den Begriff *Res publica Romana* für die Zeit der Herrschaft Ottos III. nachzuweisen.

Die Handschrift wurde von dem Kanonikus Johannes Laer dem Düsseldorfer Jesuitenkolleg geschenkt, das sie den Bollandisten nach Brüssel weitergab. Diese verkauften sie 1855 nach England. 1901 von Mrs. Rylands in Manchester erworben.

James 1921, S. 176–179. – Gernsheim 1934, S. 24–25. – Nordenfalk 1972. – Schramm/Mütherich 1962, S. 149–150, 2. Aufl. 1981, S. 483, Nr. 87. – Schramm 1983, S. 207–208, Nr. 111. – Mütherich 1986/2. – Kahsnitz 1991.

Manchester, John Rylands University Library of Manchester, Rylands Latin Ms. 98

U. K.

II–38 Evangeliar aus St. Gereon in Köln

Köln, zwischen 984 und 994

32,8 x 24,2 cm, 223 Blätter. – Pergament mit Deckfarbenmalerei.

Der Codex enthält die vier Evangelien mit Vorreden. Der Buchschmuck besteht aus einer ganzseitigen Maiestas Domini (fol. 12v), Kanontafeln (fol. 14r-19v) und, zu Beginn jedes Evangeliums, aus einer Folge von fünf gerahmten Schmuckseiten: einer Zierseite, die möglicherweise für eine Inschrift vorgesehen war, einem Evangelistenbild, einer Incipit- und einer Initialseite sowie einer weiteren Textzierseite (fol. 20v–22v, 72v–74v, 109v–111v, 160r–161v). Vor dem Johannesevangelium wurde von dieser fünfteiligen Folge die erste Zierseite weggeschnitten. Von besonderem historischem Interesse sind die vier Medaillons, die den Rahmen des Anfangs des Matthäusevangeliums (fol. 22r) zieren. Sie sind jeweils in der Mitte der vier Rahmenleisten plaziert und zeigen oben den *Agnus Dei* mit Lorbeerkranz und lanzendurchbohrter Seite, unten und seitlich links und rechts je ein Brustbild. Einer von P. Bloch und H. Schnitzler geäußerten, von diesen aber wieder fallengelassenen Vermutung folgend, hat R. Kahsnitz die ältere Frau, deren Haupt von einem Schleier bedeckt ist, als Adelheid (gest. 999), die zweite Gemahlin Ottos I., die jüngere Frau mit dem blauen, goldverzierten Mantel aber, die nach oben blickt, als Theophanu (gest. 991), die Gemahlin Ottos II., identifiziert und den Jüngling auf der rechten Rahmenleiste als Otto III. (gest. 1002). Die Handschrift muß also in der Zeit entstanden sein, in der Theophanu für ihren Sohn und Adelheid für ihren Enkel Otto III., der beim Tode seines Vaters erst dreieinhalb Jahre alt gewesen war, die Regentschaft führten (seit 984). Diese Zeit war mit dem Erlangen der Mündigkeit Ottos III. zu Ende (994). Die Handschrift steht damit am Beginn der hochbedeutenden Reihe der Kölner ottonischen Evangeliare.

Sie kam durch die Säkularisation aus dem Schatz von St. Gereon über die Sammlung Ferdinand Franz Wallrafs in das Historische Archiv der Stadt Köln.

Bloch/Schnitzler, 1, S. 25-31. – Kahsnitz 1991. – Laudage 1991. – Kat. Köln 1991, S. 30-34, Nr. 2 (Anton von Euw).

Köln, Historisches Archiv der Stadt Köln, Cod. W 312

U. K.

II–39 Protokoll der Frankfurter Synode über die Gründung des Bistums Bamberg

Frankfurt, 1007 November 1

49 x 57 cm. – Pergament-Original.

Die von einem Notar der Reichskanzlei verfaßte und von einem anderen Kanzleinotar mundierte Urkunde, das einzige im Original erhaltene Protokoll einer Reichssynode des 11. Jahrhunderts (aber vgl. Kat. Nr. VII–29), beginnt protokollgemäß mit dem Datum und der Feststellung, daß in Frankfurt eine Synode in kirchlichen Angelegenheiten stattfand *(pro statu et augmento sanctae matris ecclesiae ... magna synodus habita est et celebrata;* gegen Ende des Textes ist von *generale concilium* die Rede). Es folgt dann aber nicht eine Protokollierung der Synodalverhandlungen, sondern zunächst, mit der eigenartigen Eröffnung *Nam idem rex Heinricus ... disposuit,* narrativ die Erklärung, daß Heinrich II. sich zur Beseitigung des slavischen Heidentums *(ut paganis-*

II–38 fol. 22r

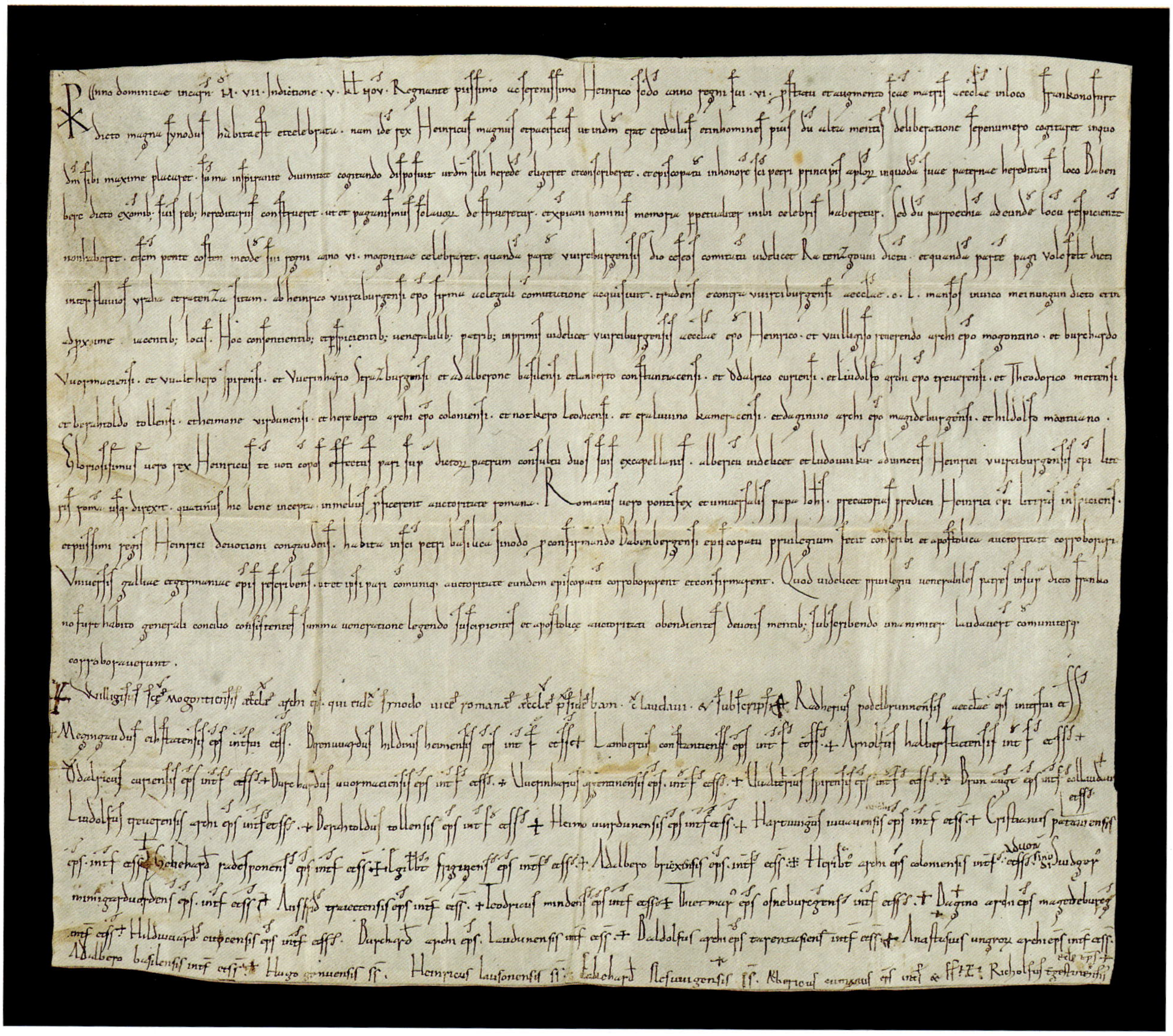

II–39

mus Sclauorum destrueretur) entschlossen hatte, auf seinem Erbgut ein dem hl. Petrus geweihtes Bistum zu errichten, woran eine Darstellung der bisherigen Maßnahmen anschließt: Da die beabsichtigte Gründung eines Sprengels *(parroechia)* ermangelte, hatte er gelegentlich der Feier des Pfingstfestes (25. Mai) in Mainz mit Zustimmung der dort anwesenden Erzbischöfe und Bischöfe *(consentientibus et perspicientibus venerabilibus patribus,* folgen 17 Namen, eröffnet mit Bischof Heinrich von Würzburg) mit dem Würzburger Bischof gegen Abtretung eines Teils seiner Diözese einen Tausch vorgenommen; dadurch zur Verwirklichung seines „Gelübdes" instand gesetzt *(tunc voti compos effectus),* ordnete der König zwei seiner Kapläne, die eine Urkunde Bischof Heinrichs mit sich führten, nach Rom ab, um die päpstliche Bestätigung zu erlangen *(quatenus hic bene incepta in melius proficerent auctoritate Romana);* auf einer römischen Synode (Ende Juni) erteilte Papst Johannes (XVIII.) nach Kenntnisnahme der Urkunde Bischof Heinrichs ein Bestätigungsprivileg *(pro confirmando Babenbergensi episcopatu privilegium fecit conscribi;* nur durch den Codex Udalrici überliefert; Druck bei von Guttenberg 1931) und erließ an alle Bischöfe Galliens und Germaniens ein schriftliches Mandat *(rescribens)* mit der Aufforderung, ihrerseits das Bistum anzuerkennen *(ut et ipsi … eundem episcopatum corroborarent et confirmarent).* Dem päpstlichen Befehl kamen – dies der einzige aktuelle Inhalt des Protokolls – die Frankfurter Synodalen nach Verlesung des Privilegs nach, indem sie (das Protokoll) unterschrieben *(subscribendo unanimiter lauda-*

*II-40 fol. 193v

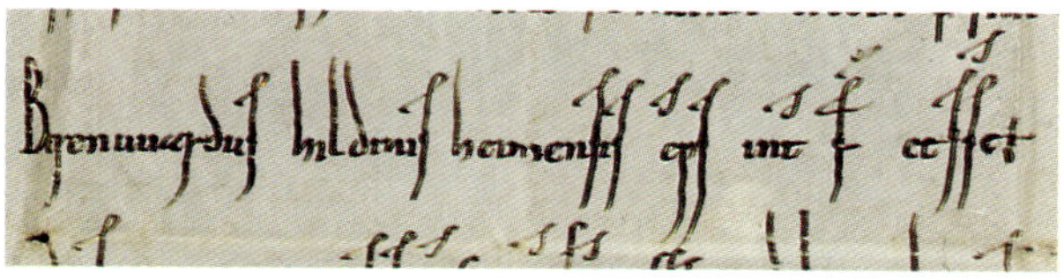

II–39 Unterschrift Bischof Bernwards

verunt communiterque corroboraverunt). Die insgesamt 35 Unterschriften, im wesentlichen nach Kirchenprovinzen geordnet, indem auf die Unterschrift eines Erzbischofs jeweils diejenigen seiner Suffragane folgen, werden eröffnet durch Erzbischof Willigis von Mainz, dessen Unterschrift durch einen erzbischöflichen Kleriker geleistet wurde; die übrigen Unterschriften – mit Ausnahme der beiden letzten (Alberich von Como und Richolf von Triest), die vermutlich eigenhändig sind – schrieb der Kanzleinotar, von der Hand des in der Subskription Genannten stammt hingegen jeweils nur das Kreuz; diese Kreuze sind anfänglich vor den Namen gesetzt, Bernward von Hildesheim und mit wenigen Ausnahmen alle Hernachfolgenden setzen ihr Kreuz hinter das abschließende *subscripsi.* – Es fehlt die Unterschrift Bischof Heinrichs von Würzburg, der sich in seinen Erwartungen betrogen sah, da ihm nach dem zeitgenössischen Bericht Thietmars von Merseburg vom König in einem nicht eingehaltenen Geheimvertrag *(clam)* für seine Zustimmung die Erzbischofswürde und die Unterstellung Bambergs als Suffragan zugesichert worden war.

Faksimile: Kist 1962, Tafel nach S. 176. – Kat. München 1979, S. 29. – Druck: MGH DH II 143. – Regest: von Guttenberg 1963, S. 20 f. Nr. 34. – RI 2,4, Nr. 1646. – Vgl. von Guttenberg 1937, S. 29-32. – Ferner: von Guttenberg 1963, Nr. 25–33. – Hoffmann 1986/1, S. 246.

München, Bayerisches Hauptstaatsarchiv, Bamberger Urk. 21 (ab 1993 Bamberg, Staatsarchiv)

M. T.

*II–40 Evangeliar Heinrichs II. aus Montecassino

Regensburg, vor 1024

27,8 x 22,5 cm, 256 Blätter. – Pergament mit Deckfarben und Gold.

Das Evangeliar enthält den Text der vier Evangelien und der Vorreden sowie eine vollständige zwölfseitige Reihe von Kanontafeln (fol. 9r–14v), an Buchschmuck außerdem, vor den drei ersten Evangelien, Bilder der Evangelisten (fol. 15v, 82v, 126v) und, vor dem Johannesevangelium, ein Herrscherbild (fol. 193v, an dieser Stelle nachträglich eingeklebt, doch ursprünglich zur Handschrift gehörig) sowie Initialzierseiten (fol. 16r, 83r, 127r, 194r). Ausgeschnitten und auf das Pergament geklebt sind auch das Evangelistenbild und die Zierseite des Matthäusevangeliums. Auf der Seite, die auf die Initialseite folgt, wird der Evangelientext in goldenen Kapitalen fortgesetzt.

Das Herrscherbild zeigt Heinrich, thronend, auf den die Taube des Heiligen Geistes herabschwebt. An exponierter Stelle, in der Inschrift auf dem Medaillonrahmen der Geisttaube, wird dieser Heinrich als König bezeichnet: *SPIRITUS ALME DEUS REGEM BENEDICITO CLEMENS* (Gott, segenspendender Geist, segne gnädig den König). Das Wort *REGEM* (den König) steht genau auf der Mittelachse des Bildes. Im Rahmen seines eigenen Medaillons aber wird Heinrich *Caesar et Augustus* genannt: *+IMPERII SOLIO FVLGET HEINRICVS AVITO: CAESAR ET AVGVSTUS TRABEALI MVNERE DIGNVS:* (Auf dem angestammten Thron der Herrschaft strahlt Heinrich, Caesar und Augustus, der Auszeichnung durch die Trabea würdig.) Wie hier mit *solio avito* (auf dem angestammten Thron) wird bereits in der Inschrift beim Krönungsbild im Sakramentar Heinrichs II. (Kat. Nr. II–43) mit der Wendung *proavorum stirpe polosus* (durch den Stamm seiner Ahnen hochberühmt) dessen Herkunft aus dem sächsischen Herrscherhaus (König Heinrich I. war sein Urgroßvater) betont. Aus diesem Grund wird der dargestellte Herrscher zu Recht mit Kaiser Heinrich II. identifiziert. Da, wie unter anderem die Chronik Thietmars von Merseburg (VII, 54, dort in bezug auf Heinrich II.) zeigt, ein Herrscher auch nach seiner Kaiserkrönung noch *Rex* (König) genannt werden kann, muß die Datierung des Evangeliars aus Montecassino nicht auf die Königszeit Heinrichs II. (1002–14) eingeschränkt werden. Umgekehrt können aber auch die Begriffe *Caesar* und *Augustus* zwanglos dem König gegeben werden, so daß die Inschrift im Rahmen des Heinrichsmedaillons nicht zu einer Einschränkung der Datierung auf die Zeit nach der Kaiserkrönung Heinrichs II. (1014) zwingt. Aus stilistischen Gründen ist die Herstellung dieses Evangeliars eher gegen Ende der Zeit Heinrichs II. (gest. 1024) anzunehmen.

& iustum est aequum & salutare.
Nos tibi sep & ubiq; gras agere. Dne sce pat
omps aeterne ds. p xpm dnm nrm. P que maies
tate tua laudant angeli. Adorant dominati
ones. tremunt potestates. Caeli caelorum
uirtutes. ac beata seraphim. socia exulta
tione ccelebrant. Cu quib; & nras uoces. ut
admitti iubeas deprecam. suppl cfess dic. SCS.

II–41 fol. 13v

Zu seiten des Königs finden sich Medaillons mit Personifikationen von *Sapientia* (Weisheit) und *Prudentia* (Klugheit), in den Ecken des Rahmens von *Iustitia* (Gerechtigkeit), *Pietas* (Frömmigkeit), *Lex* (Gesetz) und *Ius* (Recht). Der untere Medaillonrahmen enthält die Inschrift: *CAESARIS AD NVTVM DAMPNANT LEX IVS(QVE) TYRANNVM* (Gesetz und Recht verdammen auf Befehl des Caesar den Tyrannen). Im Bild kniet der Tyrann, sein Henker hat die Hand am Schwertgriff. Beide blicken nach oben. Sie erwarten den Wink des Königs: Verdammung oder Gnade. Diese Szene vergegenwärtigt, wie die ganze Miniatur, die Aufgaben des Herrschers und seine Tugenden; der Versuch, sie auf ein bestimmtes Ereignis, etwa die im Jahre 1022 erfolgte Bestrafung Pandulfs IV. von Capua, zu beziehen (H. Bloch), ist fragwürdig.

Die Ornamentik der ottonischen Regensburger Malerschule war von großem Einfluß auf die Hildesheimer Handschriftenproduktion unter Bernward.

Die Handschrift wurde, vielleicht im Zusammenhang mit dem Besuch Heinrichs II. in Montecassino (Juni 1022), dem Kloster geschenkt. Sie weist Randglossen in beneventanischer Schrift des 11. Jahrhunderts auf. 1126/27 zum letzten Mal in Montecassino erwähnt, gelangte sie 1748 mit der Biblioteca Ottoboni in die Vaticana.

Bloch 1946, bes. S. 177–188. – Hoffmann 1986/1, S. 300–301. – Kat. Regensburg 1987, Nr. 18, Taf. 13–14, 97–98, S. 34 (Ulrich Kuder).

Città del Vaticano, Biblioteca Apostolica Vaticana, Cod. Ottob. lat. 74

U. K.

II–41 Sakramentar des heiligen Wolfgang

Regensburg, zwischen 993 und 994

34 x 27 cm, 340 Blätter. – Pergament mit Gold- und Silberinitialen.

Der Sakramentarteil, dem ein Kalendar (fol. 4r–9v) vorangestellt ist, beginnt mit fünf gerahmten Zierseiten (fol. 12v–14v), nämlich einer *Incipit*-Seite (fol. 12v), dem *Per omnia saecula saeculorum* (fol. 13r), der Initialligatur *UD* der Präfation *Uere dignum* (fol. 13v), gegenüberliegend ein mehrfach gerahmtes, goldenes Christusmonogramm (fol. 14r), und der *TE*-Initialligatur des *Te igitur* zu Beginn des *Canon missae* (fol. 14v). Die Rahmen sind teilweise mit Mäanderbändern, Palmetten- und Rosettenmustern gefüllt. Sie umschließen purpurfarbenen Grund. Die Initialligaturen bestehen aus goldenem Flecht- und Rankenwerk mit silbernen Blatt-Endigungen. Die durch das Sakramentar des heiligen Wolfgang repräsentierte frühottonische Regensburger Ornamentik wurde für die Hildesheimer Handschriftenproduktion unter Bernward von grundlegender Bedeutung.

Da im *Exultet* (fol. 330r) ein König Otto – gemeint ist Otto III. – und Bischof Wolfgang genannt sind, muß die Handschrift zur Zeit des Episkopats des heiligen Wolfgang von Regensburg (972–994) entstanden sein. Der heilige Ulrich von Augsburg, 993 kanonisiert, steht aber bereits von der anlegenden Hand im Kalendar zum 4. 7. (fol. 7r), so daß es möglich ist, die Datierung der Handschrift auf die Jahre 993–994 einzugrenzen. Da die Ordination des Bischofs Otbert von Verona (nachgewiesen für die Jahre 992–1008) zum 25. 10. nachgetragen ist (fol. 8v), muß das Sakramentar bereits um die Jahrtausendwende nach Verona gekommen sein (H. Hoffmann). Eine Messe zum Tag des heiligen Zeno (12. 4.) wurde auf fol. 10, das mit fol. 3 ein Doppelblatt bildet, und fol. 11 nachträglich eingeschoben.

Ebner 1894. – Ebner 1896, S. 288–290. – Hoffmann 1986/1, S. 301–302. – Kat. Regensburg 1987, Nr. 15, Taf. 4, 93, S. 32 (Ulrich Kuder).

Verona, Biblioteca Capitolare, Cod. LXXXVII

U. K.

II–42 Sakramentar mit Messe für Silvester II.

Regensburg, Ende 10. Jahrhundert

34 x 28 cm, 307 Blätter. – Pergament mit ornamentalem Buchschmuck in Silber und Gold auf Purpurimitation.

Vorgebunden ist ein Doppelblatt mit vier Kanontafeln (fol. 1r–2v; wohl Oberitalien, 6. Jahrhundert). Es folgt ein liturgischer Kalender (fol. 3r–8v). Der Sakramentartext beginnt mit einer Incipitseite, ungerahmt, mit goldenen Majuskeln und großer *I*-Initiale

II-42 fol. 12v

in Gold mit silbernen Ranken (fol. 11v). Der Buchschmuck der folgenden Zierseiten besteht aus gerahmten Purpurfeldern mit Goldmajuskeln (fol. 11r–13v), darunter der Präfationsbeginn mit einer *U(ere) D(ignum)*-Initialligatur (fol. 12v) und der Beginn des Canon missae mit einer *T(e) I(gitur)*-Initialligatur (fol. 13v). O. Heiming kam aufgrund textlicher Übereinstimmung und paläographischer Verwandtschaft zu dem Schluß, daß die Handschrift wohl nicht für, „aber doch in Regensburg geschrieben" wurde. Da der liturgische Kalender seinem Inhalt nach aus Fulda stammt, dürfte die Handschrift für Fulda oder von Regensburger Schreibern in Fulda hergestellt worden sein. Verschiedene Nachtragshände bezeugen jedoch, daß sie schon sehr früh nach Italien gelangt sein muß. Ein italienischer Schreiber hat auf fol. 307r eine *Missa pro papa* eingetragen, in der ein Papst Silvester genannt wird. Wahrscheinlich ist Silvester II. (999–1003) gemeint. Die Ornamentik läßt sich teilweise auf frühottonische Reichenauer Formen (Sakramentar in Florenz, Biblioteca Nazionale, Banco Rari 231; um 980) zurückführen. Der Aufbau der Zierseiten stimmt im großen und ganzen mit denen der Regensburger Sakramentare in Verona (Cod. 87, Kat. Nr. II–41) und München (Clm 4456, Kat. Nr. II–43) überein, zeigt aber auch, worauf schon A. Ebner hinwies, Gemeinsamkeiten mit dem Fuldaer Sakramentar der Biblioteca Apostolica Vaticana, Cod. Vat. lat. 3548 (um 1020).

Ebner 1896, S. 212-215. – Heiming 1924. – Hoffmann 1986/1, S. 299–300.

Città del Vaticano, Biblioteca Apostolica Vaticana, Cod. Vat. lat. 3806

U. K.

II–43 Zierseiten vom Sakramentar Heinrichs II.

Regensburg, zwischen 1002 und 1014

Die Handschrift: 29,7 x 24 cm, 358 Blätter. – Pergament mit Deckfarben, Gold und Silber.

Die Handschrift wird eingeleitet durch ein Prunkkalendar in Goldschrift (fol. 5r–10v), gefolgt von zwei Bildern König Heinrichs II. (fol. 11r/11v) und einem Autorenbild Papst Gregors des Großen (fol. 12r). Die Präfation (fol. 14r/v) und der *Canon missae* (fol. 16r–21v) sind durch eine Folge von Zierseiten mit Goldschrift hervorgehoben. Außerdem gehen dem *Canon missae* zwei Bildseiten voran: das Bild eines gekreuzigten Christus, umgeben von den vier Wesen in den Bildecken, zu seinen Seiten Maria und Johannes, *Sol* und *Luna* (fol. 15r), und, auf der Rückseite, das Bild der Frauen am Grabe (fol. 15v). Da Heinrich II. in den Inschriften seiner beiden Bilder als *rex* (König) tituliert wird, muß die Handschrift nach seiner Königskrönung (Mainz, 7. 6. 1002), dürfte aber vor seiner Krönung zum Kaiser (Rom, 14. 2. 1014) entstanden sein. Daß sie eher zu Beginn dieses Zeitraums hergestellt wurde, ergibt sich aus dem ersten der Heinrichsbilder, das die besonderen Umstände seiner Krönung zum König reflektiert und das unmittelbar unter dem Eindruck des Ereignisses konzipiert worden sein dürfte. Denn Heinrich II. wird in diesem Bild von den beiden heiligen Bischöfen Ulrich von Augsburg und Emmeram von Regensburg zur Krönung durch Christus geleitet – ein Bild, in dem die Unterstützung ihren Ausdruck findet, die Heinrich bei seiner Königskandidatur und -erhebung durch Bischof Siegfried von Augsburg (1001–1006) und durch alle bayerischen Bischöfe, unter ihnen auch Gebhard I. von Regensburg (995–1023), zuteil wurde.

Der Codex ist zur Zeit auseinandergenommen. Bei den beiden in der Ausstellung gezeigten Doppelblättern handelt es sich jeweils um die mittleren Doppelblätter der betreffenden Lagen. Die ausgestellten Seiten liegen auch im gebundenen Codex einander gegenüber. Fol. 16v/17r bilden die Fortsetzung des mit einer prächtigen *TE (igitur)*-Initialzierseite (fol. 16r) beginnenden *Canon missae*. Die Goldschrift wird von breiten Rahmen mit Akanthusblattwerk umgeben. Fol. 137v/138r enthalten auf fol. 138r den Beginn der Oration zur Messe am Ostersonntag *(Missa in die s[an]cto paschae)* mit einer großen *D*-Rankeninitiale in Gold und Silber. Der rechteckige, in verschiedenen Rottönen gemusterte Außengrund dieser Initiale, der verschiedene Buchstaben (*M, S, d*) überschneidet, dürfte nachträglich von anderer Hand hinzugefügt worden sein.

Unter den ottonischen Regensburger Prachthandschriften ist das Sakramentar Heinrichs II. besonders stark am Codex aureus von St. Emmeram (Clm 14000; Hofschule Karls des Kahlen, 870), der im St. Emmeramer Skriptorium zur Verfügung stand, orientiert. Für das zweite Bild König Heinrichs II. (fol. 11v) und für verschiedene Zierseiten wurde der

II–43 fol. 138r

Codex aureus unmittelbar als Vorlage benutzt. Ihrerseits war die Regensburger ottonische Buchmalerei von großem Einfluß auf die von Bischof Bernward ins Leben gerufene Hildesheimer Buchkunst.

Ursprünglich wohl für den Regensburger Dom geschaffen, kam die Handschrift nach der Gründung des Bistums Bamberg als Stiftung Heinrichs II. in den Bamberger Dom und von dort im Zuge der Säkularisation 1803 nach München.

Swarzenski 1901, S. 63–87, Taf. IV–XI. – Kat. Regensburg 1987, S. 32–33 Nr. 16, Taf. 5–8, 94–95 (Ulrich Kuder). – Kuder 1993.

München, Bayerische Staatsbibliothek, Clm 4456, fol. 16v/17r und 137v/138r

U. K.

II–44 Einband des Sakramentars Kaiser Heinrichs II.

Regensburg, frühes 11. Jahrhundert (vor 1014); Neubindung in Bamberg zwischen 1743 und 1799

29,8 x 24,1 cm. – Gold, Silber, teilweise nielliert, Elfenbein, Seidenstoff, Samt.

Der Einband in seiner heutigen Form ist das Ergebniseiner großen Reparatur des Bamberger Domschatzes im 18. Jahrhundert. 1743 wird der Vorderdeckel im Inventar des Domschatzes noch als mit vielen kleinen Steinen besetzt beschrieben, vielleicht ähnlich dem des Evangeliars Kaiser Ottos III. (München, Bayerische Staatsbibliothek, Clm 4453). 1799 erscheint der Deckel in seiner heutigen Form. Offenbar wurde der Schmuck des (schadhaften?) Einbandes zur Ergänzung anderer Goldschmiedearbeiten des Domschatzes verwendet. Erhalten blieb vom originalen Vorderdeckel nur die zentrale Elfenbeinplatte. Original sind noch der Rückdeckel und die Schließen.

Die Elfenbeinplatte, darstellend die Kreuzigung Christi, die Auferstehung der Gerechten nach seinem Tode (Mt 27,52) und die Frauen am Grabe, hat ein exaktes Gegenstück, darstellend die Himmelfahrt Christi (Wien, Kunsthistorisches Museum, Kunstkammer); beide Elfenbeinplatten (20,5 bzw. 20,6 x 14,7 cm) sind lothringischer (wohl Metzer) Herkunft aus der Zeit um 980/90. Man muß annehmen, daß die Platte mit der Kreuzigung Christi schon zur ursprünglichen Ausstattung des Einbandes des Sakramentars Heinrichs II. gehörte, das in Regens-

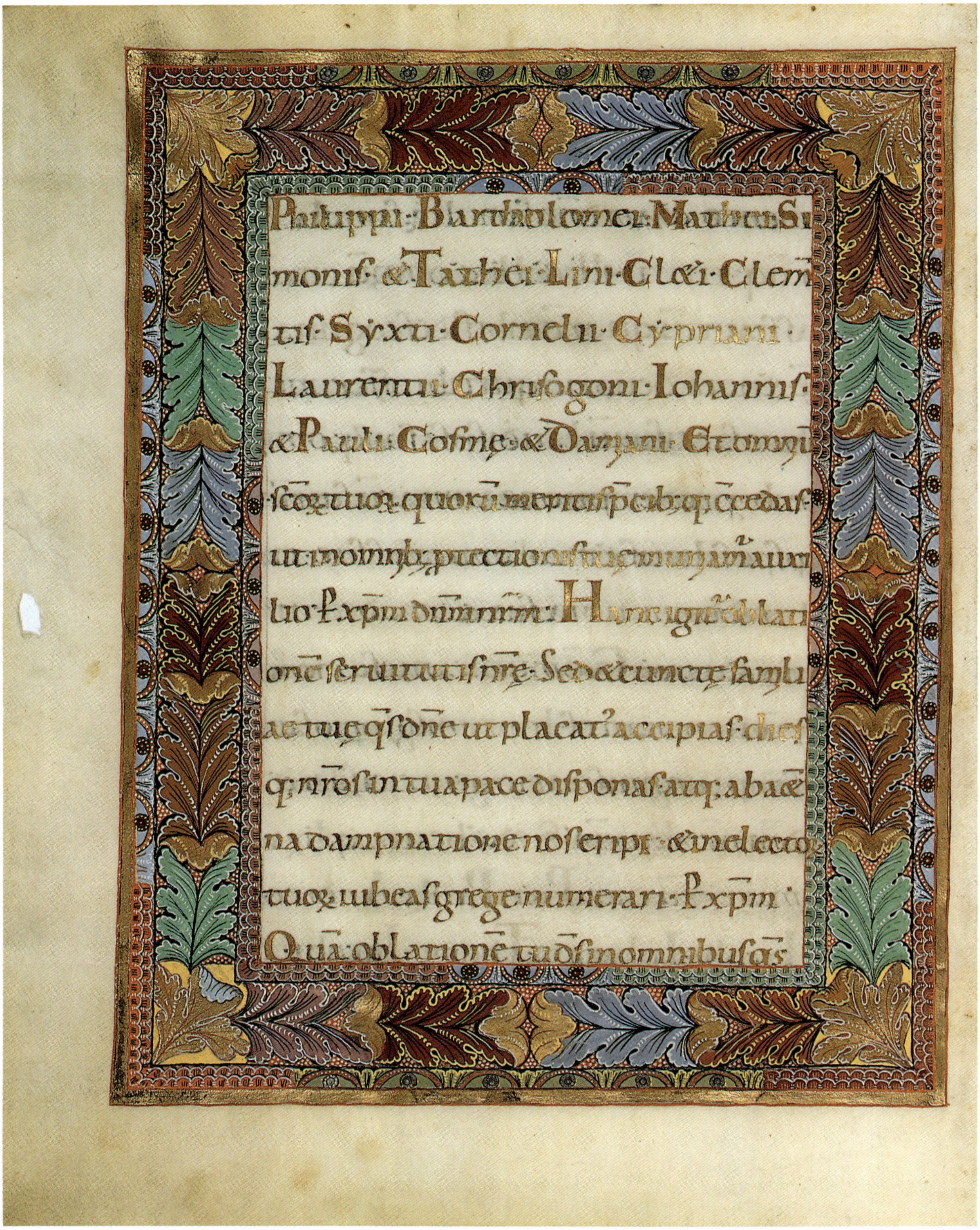
Philippi · Bartholomei · Mathei · Si
monis · & Tathei · Lini · Cleti · Clem
tis · Syxti · Cornelii · Cypriani ·
Laurentii · Chrysogoni · Iohannis ·
& Pauli · Cosme · & Damiani · Et omniu
scoꝝ tuoꝝ quorū meritis precibusq; ccedas
ut in omnib; protectionis tuę muniamur auxi
lio · p xpm dnm nrm · Hanc igitur oblati
onē seruitutis nrę · Sed & cunctę famili
ae tuę qs dne ut placatus accipias · dies
q; nros in tua pace disponas atq; ab aeter
na dampnatione nos eripi · & in electoꝝ
tuoꝝ iubeas grege numerari · p xpm
Quā oblationē tu ds in omnibus qs

II-43 fol. 17v

II–43 fol. 16r

II–44 Rückdeckel

burg zwischen 1002 und 1014 geschaffen wurde (Kat. Nr. II–43).

Auf dem Rückdeckel ist der hl. Gregor dargestellt, der durch die Taube des Hl. Geistes seine Inspiration erhält. Diese Silber-Niello-Arbeit in der Technik des *opus interrasile* (durchbrochen gearbeitet, so daß die figuralen Darstellungen dem Kontur folgend ausgeschnitten sind) wird im allgemeinen der Gruppe des Watterbacher Tragaltars (vgl. Kat. Nr. II–45) zugeordnet. Abgesehen von der vergleichbaren Technik bestehen aber keine Gemeinsamkeiten mit dieser Gruppe. Die Platte mit dem hl. Gregor ist jedoch Miniaturen des Sakramentars selbst zu vergleichen und ist so auch ein vorzügliches Zeugnis für die Leistungsfähigkeit Regensburgs – Kloster St. Emmeram – zur Zeit Heinrichs II.

Der Seidenstoff, der für den Einband verwendet wurde und von dem noch Reste auf dem Buchrükken und auf der Innenseite der Deckel erhalten sind, ist wohl zeitgleich mit den originalen Teilen des Einbandes. Der Buchrücken wurde bei späteren Restaurierungen zweimal mit roten Samten überzogen.

Goldschmidt, 1, Nr. 130 und 131. – Steenbock 1965, S. 149–151 Nr. 60 (dort die ältere Literatur). – Nordenfalk 1975, S. 45 ff. – Fillitz 1983/2, S. 59 ff. – Kat. Regensburg 1987, S. 32–33 Nr. 16 (Ulrich Kuder). – Surmann 1990, S. 226–268. – von Wilckens 1990, S. 435–436.

München, Bayerische Staatsbibliothek, Clm 4456 (Einband)

H. F.

II–44 Schließe

II–44 Vorderdeckel

II–45 Sakramentar-Einband

Bamberg oder Fulda, 1. Drittel 11. Jahrhundert (um 1020/30?)

22,5 x 17 cm. Elfenbein: 12,3 x 10,3 cm. – Silber, teilweise vergoldet, Elfenbein.

Die Elfenbeinplatte stellt Maria mit dem Kinde im Typus der Hodegetria dar. Sie wird von einer Rahmenleiste aus vergoldetem Silber umschlossen, die in den vier Ecken vier Tondi mit Personifikationen von Tugenden zeigt, dazwischen Ranken mit kletternden Männchen und in die Ranken bzw. deren Früchte beißenden Tieren.

An der Herkunft der Handschrift aus einem Fuldaer Skriptorium kann kaum gezweifelt werden. Sie wird in der Zeit von Abt Erkanbald (reg. 997–1011) datiert. Eine Bamberger Entstehung wird manchmal erwogen, da die in Goldschrift eingetragene *Dedicatio S. Michahelis* auf das Bamberger Kloster Michelsberg bezogen wurde. Das aber setzte wieder die Hypothese voraus, daß das Kloster Michelsberg in Bamberg „unter Beteiligung der Fuldaer Mönche gegründet worden sei ... aber das ist nur eine Spekulation, wenigstens solange die Anfänge des Michelsberger Skriptoriums nicht geklärt worden sind" (Hoffmann 1986/1, S. 140). Selbst unter diesen Voraussetzungen müßte man die Miniaturen dieses Codex als Werke von Fuldaer Malern ansehen.

Die Zuschreibung des Codex bedeutet aber noch nicht eine solche des Einbandes. Die in Tremolierstich gearbeiteten Tondi mit Tugendgestalten und die Ranken gehören zu einer Gruppe von Silbergravierungen, die nach dem aus Watterbach (Franken) stammenden Tragaltar (München, Bayerisches Nationalmuseum) benannt wird – dieser selbst ist wahrscheinlich das jüngste Werk der Gruppe. Für diese wurden verschiedene Lokalisierungen erwogen: Bamberg selbst, Regensburg und Reichenau; schließlich haben Hermann Schnitzler und Tilman Buddensieg sie nach Fulda lokalisiert, gerade sich vor allem auf die Fuldaer Buchmalerei stützend. Die Gravierungen des Bamberger Sakramentars zeigen den Miniaturen gegenüber aber einen anderen und in gewisser Hinsicht fortschrittlicheren Stil; in Fulda selbst läßt sich dieser erst später, nämlich in dem Fragment eines Sakramentars (Biblioteca Apostolica Vaticana, Cod. Vat. lat. 3548) um 1020 nachweisen. Laut Hartmut Hoffmann hängen die Initialen dieses Codex jedoch mit Regensburg zusammen, wohin auch Merkmale der Silberarbeiten der Watterbacher Gruppe weisen. Auch Leonie von Wilckens stellt die Frage, ob die Bindetechnik dieses Codex als ein Charakteristikum Bambergs anzusehen sei, falls sie „nicht etwa von Regensburg übernommen" worden wäre. Es wäre demnach eine Lokalisierung des Einbandes nach Bamberg oder aber auch nach Regensburg zu erwägen.

Es wäre aber auch zu fragen, ob der heutige Vorderdeckel in dieser Form tatsächlich der originale ist. Immerhin würde man bei einem mit einem kostbaren byzantinischen Elfenbein geschmückten auch eine Gold-Rahmung erwarten; eine Rahmenleiste aus teilweise vergoldetem Silber spricht normalerweise für einen Rückdeckel. Demnach muß mit einer späteren Veränderung gerechnet werden.

Spätestens seit der Mitte des 11. Jahrhunderts ist der Codex als Besitz des Bamberger Domstiftes gesichert.

Bassermann-Jordan/Schmid 1914, S. 22 Nr. 32. – Goldschmidt/Weitzmann, 2, S. 64 Nr. 139. – Buddensieg 1957, S. 159. – Steenbock 1965, S. 151 Nr. 62 (dort auch ausführliche Literaturangaben). – Lasko 1972, S. 129. – Hoffmann 1986/1, S. 139f. – von Wilckens 1990, S. 436–437.

Bamberg, Staatsbibliothek Bamberg, Msc. Lit. 1

H. F.

II–46 Reliquienkreuz Kaiser Heinrichs II.

Deutsch, um 1020. Ergänzungen aus dem 14. und 15. sowie aus dem frühen 20. Jahrhundert

51 x 46 cm. – Gold, Goldfiligran, vergoldetes Silber, Stein- und Perlenbesatz bzw. Silberperlen, sieben Gemmen und eine Phalera, Holzkern.

Das Kreuz stammt aus dem Basler Münsterschatz, wo es einer spätmittelalterlichen Tradition zufolge als Geschenk Kaiser Heinrichs II. anläßlich der Domweihe 1019 verehrt wurde. Diese Tradition hängt mit der Gewinnung von Reliquien des 1347 heiliggesprochenen Kaisers aus Bamberg zusammen. In der Folge wurde das Kreuz mehrfach restauriert, wahrscheinlich um es wieder im liturgischen Sinne funktionsfähig zu machen. Der Großteil der im Kreuz verwahrten Reliquien geht auf die Erwerbungen des 14. Jahrhunderts zurück; ihre Fassungen gehören vornehmlich der Reparatur im 15. Jahrhundert (um 1470/80) an.

Die *Crux gemmata,* das mit Edelsteinen und Perlen besetzte Kreuz, hat fast gleich lange Arme – nur der untere Schaftteil ist etwas länger; am Schnittpunkt der Kreuzbalken eine rechteckige Erweiterung, die mit einem Chalzedon-Cameo, darstellend einen bacchantischen Kinderkopf, geschmückt ist, umgeben von vier Silberperlen in Breitfassungen; der Cameo gehört zu der großen Gruppe der römischen Phalerae, das sind Auszeichnungen für römische Offiziere, meistens in der Form von Mänaden- oder Bacchusköpfen. Alle vier Kreuzarme haben kreisrunde Erweiterungen, in die unter Bergkristallcabochons Reliquien eingesetzt sind. Die Felder selbst sind heute mit Gold- respektive mit vergoldeten Silberplatten verkleidet; auf der Rückseite ein Cruxifixus aus vergoldetem Silber, in drei der Medaillons Evangelistensymbole – es fehlt aus Platzmangel der Engel des Matthäus.

Original, das heißt aus dem 1. Viertel des 11. Jahrhunderts stammend, sind nur die mittlere viereckige Platte und ein Teil der Rahmenleisten. Aus dem 3. Viertel des 14. Jahrhunderts stammt der Cruxifixus

II–45 Vorderdeckel

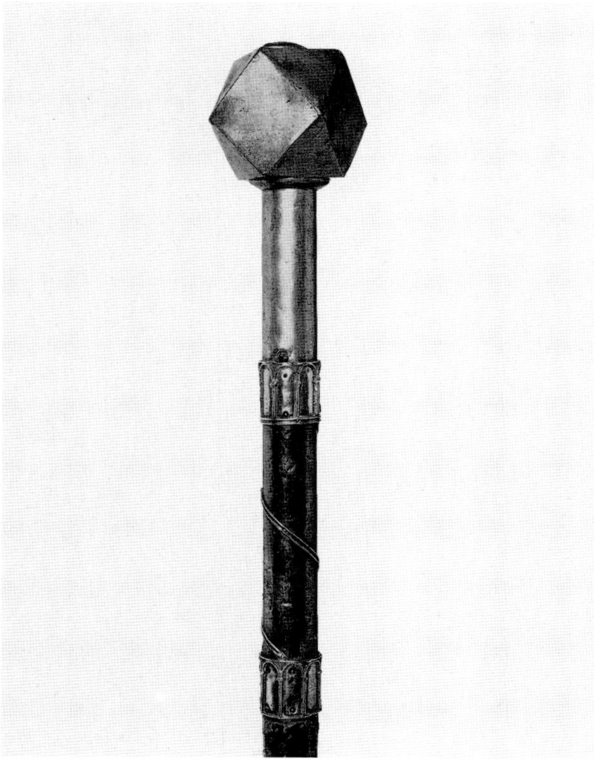

Zu II-46 Vortragestab

auf der Rückseite samt der Platte, auf die er montiert ist. Das Rahmenprofil und die Füllungen der Felder mit dem Rautenmuster sind wahrscheinlich den Ergänzungen des 15. Jahrhunderts zuzuzählen, gleichzeitig mit den drei Evangelistensymbolen und mit den Eckfeldern. Diese Ergänzungen hängen am ehesten mit der Anfertigung des Sonntagskreuzes (Basel, St. Clara) zusammen, das als Kopie des Heinrich-Kreuzes vor 1477 angefertigt wurde (vgl. Fritz 1982, S. 284 Nr. 710). Eine letzte Ergänzung muß Anfang des 20. Jahrhunderts erfolgt sein. Auf sie geht vor allem der Schmuck der Scheibe des unteren Schaftteiles samt der Fassung der Kreuzpartikel zurück; darüber hinaus wurden damals auch Filigrandrähte ergänzt sowie Steinfassungen, vor allem die an den Enden der Kreuzbalken.

Die originalen Goldschmiedeteile haben in den Breitfassungen der mittleren Rechteckplatte eine Eigenheit, die mit dem Kreuzreliquiar/Tragaltar Kaiser Heinrichs II. (München, Schatzkammer der Residenz) vergleichbar ist. Möglicherweise kann man darin einen Hinweis auf die Lokalisierung des Kreuzes sehen, der sich sonst gerade angesichts seines Erhaltungszustandes nur schwer finden ließe.

Die Form des Kreuzes ist wohl von den Gemmenkreuzen abzuleiten, etwa dem Typus in der Hildesheimer Miniatur der Bernward-Bibel (Kat. Nr. VIII-29, fol. 1r). In genauer Entsprechung des Typus ist das jüngere Reliquienkreuz in Köln, St. Severin, zu vergleichen, das leider ebenfalls in stark fragmentiertem Zustand überliefert ist (2. Hälfte 11. Jahrhundert; Kat. Köln 1985, 2, S. 254f. Nr. E 42 [Anton von Euw]).

Bei der Teilung des Münsterschatzes 1834 fiel das Kreuz dem Kanton Basel-Land zu. 1836 wurde es bei der Versteigerung dieses Schatzteiles für Prinz Carl von Preußen erworben, der es in der Kapelle des Klosterhofes von Schloß Glienicke, Berlin, aufstellen ließ. Über Prinz Friedrich Leopold kam es schließlich in das Kunstgewerbemuseum Berlin.

Buckhardt 1933, Nr. 2. – Kat. Basel 1956, S. 13f. – Buddensieg 1957, S. 178. – Reinhardt 1972. – Kat. Berlin 1985, S. 22 Nr. 4 (Dietrich Kötzsche). – Arenhövel 1985.

Berlin, Staatliche Museen zu Berlin – Preußischer Kulturbesitz, Kunstgewerbemuseum, Inv. Nr 17,79

H. F.

II-46 ▷

III

SUMMI PONTIFICES

Rom und die Päpste

Seit der Ottonenzeit ist die Geschichte des deutschen Reiches eng mit der Italiens, Roms und des Papsttums verbunden. Oberitalien fehlte in der ersten Hälfte des 10. Jahrhunderts eine einende politische Macht. Dies rief Otto den Großen, den König der führenden Großmacht jenseits der Alpen, auf den Plan: 951 erlangte er mit der langobardischen Königskrone das Regnum Italiae, Reichsitalien. Nach Rom kam er erst 962, als ihn ein Hilferuf des Papstes erreichte. Johannes XII., von italienischen Großen und stadtrömischen Familien bedrängt, verband mit seinem Hilfeersuchen das Angebot der Kaiserkrone. Indem sich Otto der Große am 2. Februar 962 vom Papst zum Kaiser krönen ließ, wurde das Kaisertum Karls des Großen erneuert und blieb nun jahrhundertelang mit dem deutschen Königtum verbunden. Das ottonische Reich war dadurch auch ideell zur europäischen Führungsmacht aufgestiegen, doch blieb der Anspruch auf die Kaiserkrone fortan belastet durch häufige Italienzüge.

Auf Rom, ausgezeichnet durch die Apostelgräber in St. Peter und Sitz des Papsttums, zielte die ottonische Italienpolitik in erster Linie. Schon Otto der Große war anläßlich seiner Kaiserkrönung vertraglich ein enges Bündnis mit dem Papsttum eingegangen. Aus der Pflicht, den Papst zu schützen, leiteten die Ottonen aber auch das Recht ab, in Rom Herrschaft auszuüben. Ferner machten sie ihren Einfluß bei der Besetzung der Kathedra Petri geltend. Johannes XII. bekam dies als erster zu spüren: der Kaiser ließ den seines Amtes Unwürdigen absetzen. Allein bis zur Jahrtausendwende erlebte Rom dreizehn Päpste und drei Papstschismen. Die Ottonen waren nicht ständig vor Ort präsent, und so blieb das Papsttum ein Spielball lokaler Mächte; die Kaiserpolitik konnte hierauf oft nur reagieren, dann allerdings mit größter Brutalität, was Otto III. 997 bewies. Der jugendliche Ottone, ein Zögling Bischof Bernwards, versuchte in konsequenter Verwirklichung seines Programms der „Erneuerung des Römischen Reiches" die Hauptstadt nach Rom zu verlegen. Erstmals wurde mit Gregor V. ein Deutscher zum Nachfolger des heiligen Petrus erhoben. Einmütig mit dem Papst, auch dies gehörte zum Programm, wollte dieser Herrscher die Welt regieren. Ein beeindrukkendes Zeugnis hierfür ist die im Original erhaltene Papyrusurkunde Gregors V. für das katalanische Bistum Vic – sie wurde von Otto III. eigenhändig unterzeichnet. Gemeinsam mit dem hochgelehrten Papst Silvester II. berief Otto in der noch erhaltenen Kirche S. Sebastiano in Pallara (nahe seiner Residenz auf dem Palatin gelegen) im Januar 1001 eine Synode ein, die den Gandersheimer Streit entscheiden sollte. Bernward von Hildesheim war zu diesem Zweck eigens nach Rom gereist. Nur wenige Wochen später brach die Politik Ottos III. in einem Aufstand der Römer zusammen. Bernward war Zeuge dieser Ereignisse; mit der Heiligen Lanze in der Hand soll er in vorderster Linie gekämpft haben. Noch wenige Monate vorher, am Vorabend des Festes Mariä Himmelfahrt (15. August), hatten die Römer in der alljährlichen feierlichen Prozession gesungen: „Alle Menschen mögen sich darüber freuen, daß Otto III. als König herrscht, über seine Kaiserherrschaft mögen sich alle Menschen freuen." Nun war der Plan, Rom in Eintracht mit dem Papst zur Hauptstadt des Imperiums zu machen, endgültig gescheitert. Ein Bezugspunkt der Kaiserpolitik freilich blieben Rom und das Papsttum auch in den folgenden Jahrhunderten.

Das Rom der Jahrtausendwende wurde noch immer von der spätantiken Mauer geschützt, obschon die Bevölkerung erheblich zurückgegangen war. Das Stadtbild prägten Ödflächen und antike Ruinen. Einige Päpste ließen Kirchen neu errichten oder restaurieren, etwa St. Peter oder ihre Bischofskirche S. Giovanni im Lateran, doch ist von diesen Baumaßnahmen kaum etwas erhalten. Manches antike Monument wie die Engelsburg oder die Traianssäule wird die vielen Besucher, auch Bernward, fasziniert haben. Trotz der Parteikämpfe und der vielfach unerfreulichen Gestalten auf dem Papstthron besaß Rom als Hort der Apostelgräber große Anziehungskraft. Dies galt auch für den Papst als Institution, der von der westlichen Kirche als Oberhaupt anerkannt wurde und dessen Verwaltung kontinuierlich funktionierte. Zwischen der zeitlosen Würde des Amtes und der nur zu oft anzutreffenden Unwürdigkeit zeitlicher Amtsinhaber wußte man sehr wohl zu trennen. Vorstellungen von päpstlicher Unfehlbarkeit und römischem Zentralismus waren der Zeit noch ganz fremd. Für die Kirche war der Papst im fernen Rom eine mehr geahnte als bekannte Größe. Hierin sollte sich erst in der zweiten Hälfte des 11. Jahrhunderts eine grundstürzende Wende vollziehen, die von der ottonischen Rompolitik unbeabsichtigt vorbereitet wurde.

E. B.

III-1 Papst Gregor V. urkundet für den Bischof von Vich

Rom, 998 Mai (9)

251 x 74 cm. – Papyrus-Original mit anhängender Bleibulle, deren Avers einen Stern mit der Umschrift + *GREGORII* und der Revers ein Punktkreuz mit der Umschrift *PAPAE* trägt.

Aufgrund einer Klage, die der am 9. Mai 998 in Rom bei St. Peter in Anwesenheit Kaiser Ottos III. tagenden Synode *(inter quos etiam adfuit domnus gloriosissimus et serenissimus Otto tertius imperator augustus ...; reclamante ante apostolicam et imperialem nostram presentiam)* vorgebracht wurde, entscheidet Gregor V. das Schisma des (katalanischen) Bistums Vich *(episcopium Ausonense),* indem er den von dem unzuständigen Erzbischof Oddo (von Auch) eingesetzten und zuvor schon exkommunizierten Kontrahenten Wadald aufgrund des Urteils der Synodalen und des Kaisers *(iudicantibus episcopis ..., consentiente et iudicante domno Ottone imperatore augusto)* absetzt und degradiert und aufgrund gleichen Urteils *(domno imperatore iubente et episcopis ... iudicantibus)* den von dem zuständigen Erzbischof von Narbonne geweihten Bischof Arnulf bestätigt und investiert, und bestätigt gemeinsam mit Otto *(una cum precepto domni augusti)* die Besitzungen des Bistums.

Der herausgehobenen Mitwirkung Ottos III. entspricht seine zweizeilige eigenhändige Unterschrift: *Ego Otto d(e)i gr(ati)a Roman(orum) / imp(erator) aug(ustus) subs(cripsi)* (eingeleitet nicht mit einem Labarum, sondern mit einem geraden Kreuz, dem ein Andreaskreuz aufgelegt ist, wodurch das Zeichen einem Stern ähnelt). Der Kaiser ahmt die mit Kreuz und Labarum eingeleitete, ebenfalls zweizeilige eigenhändige Papstunterschrift *BENE / VALETE,* die hier die herkömmliche Stellung rechts unter dem Kontext hat, auch in der Positionierung nach, da der Abstand zwischen beiden genau untereinander stehenden Unterschriften ungefähr dem Abstand der Papstunterschrift zur den Text abschließenden Skriptumzeile entspricht; die übrigen linksbündig eingetragenen, ebenfalls jeweils eigenhändigen Unterschriften sind vermutlich erst nach diesen beiden Unterschriften erfolgt; jedenfalls ist die abschließende Datierung erst nach Ottos Unterschrift eingetragen, da sie mit dem auseinandergerissenen *ter/tio* der Unterlänge des ersten *s* von *subs.* ausweichen mußte. Die Urkunde für Vich ist die einzige im Original erhaltene Papsturkunde, die zusätzlich eine kaiserliche Unterschrift aufweist. Bekannt sind außerdem noch 5 weitere derartige Stücke, die allerdings nur kopial überliefert sind. Eines dieser Privilegien ist wiederum von Otto III. mitunterschrieben, das während der zeitgleich mit seiner Kaiserkrönung (996 Mai 21) abgehaltenen römischen Synode am 24. Mai 996 auf Betreiben Ottos *(praefato domno imperatore Ottone succurrente)* zugunsten des jüngst gegründeten und ihm unterstellten *(regię domni Ottonis tercii modo imperatoris potestati ... traditum)* Stiftes Vilich (rechtsrheinisch bei Bonn-Beuel) ausgestellte Privileg (Papsturkunden Nr. 326; RI 2,5, Nr. 754); Ottos Unterschrift ist aufgrund der Formulierung *(Otto tercius dei gratia imperator augustus sign(avi)* = sicher verschrieben für *subscripsi)* als eigenhändig anzusehen. Vier weitere Privilegien tragen, jeweils zwischen Papstunterschrift und den Unterschriften der Synodalen, die Unterfertigung Ottos I., jedoch nicht in Gestalt einer eigenhändigen Unterschrift, sondern wie in den Herrscherdiplomen in Form der (vom Notar geschriebenen) Signumzeile mit Monogramm: zwei anläßlich einer Ravennater Synode ausgestellte Privilegien von 967 April 20 und 25 (Papsturkunden Nr. 177 und 179; RI 2,5, Nr. 418 und 420; ersteres betr. die Errichtung des Erzbistums Magdeburg, s. Kat. Nr. II-12); die beiden anderen von zwei römischen Synoden, eines von 968 Januar 2 und eines von 969 Mai 26 (Papsturkunden Nr. 186 und 197; RI 2,5, Nr. 437 und 459); dasjenige von 968 weist zusätzlich die Signumzeile für den kurz zuvor, am 25. Dezember 967, zum Mitkaiser gekrönten Otto II. auf: *Signum domni Ottonis magni imperatoris augusti. Signum domni Ottonis minoris imperatoris augusti.*

Eines zeigt sich klar, die Mitunterfertigung einer Papsturkunde war ein kaiserliches Prärogativ (s. besonders 968 und 996). Gemeinsam ist allen sechs Stücken auch die Verbindung mit einer Synode; da jedoch längst nicht alle während einer Synode ausgestellten Papsturkunden eine kaiserliche Mitunterfertigung tragen, sind die Entscheidungskriterien ganz unsicher: In dem Falle Vilich (996) liegt der Grund dafür auf der Hand; in den anderen Fällen könnte man anführen, daß wenigstens im weitesten Sinne Angelegenheiten von Kirchenprovinzen bzw. Metropoliten berührt waren. Völlig offen bleibt jedoch angesichts des geringen Vergleichsmaterials, ob die Initiative im Rahmen einer universalen Kaiseridee vom Kaiser ausging oder ob es sich nicht eher um eine von der Kurie ausgehende lediglich ehrende Hervorhebung handelte.

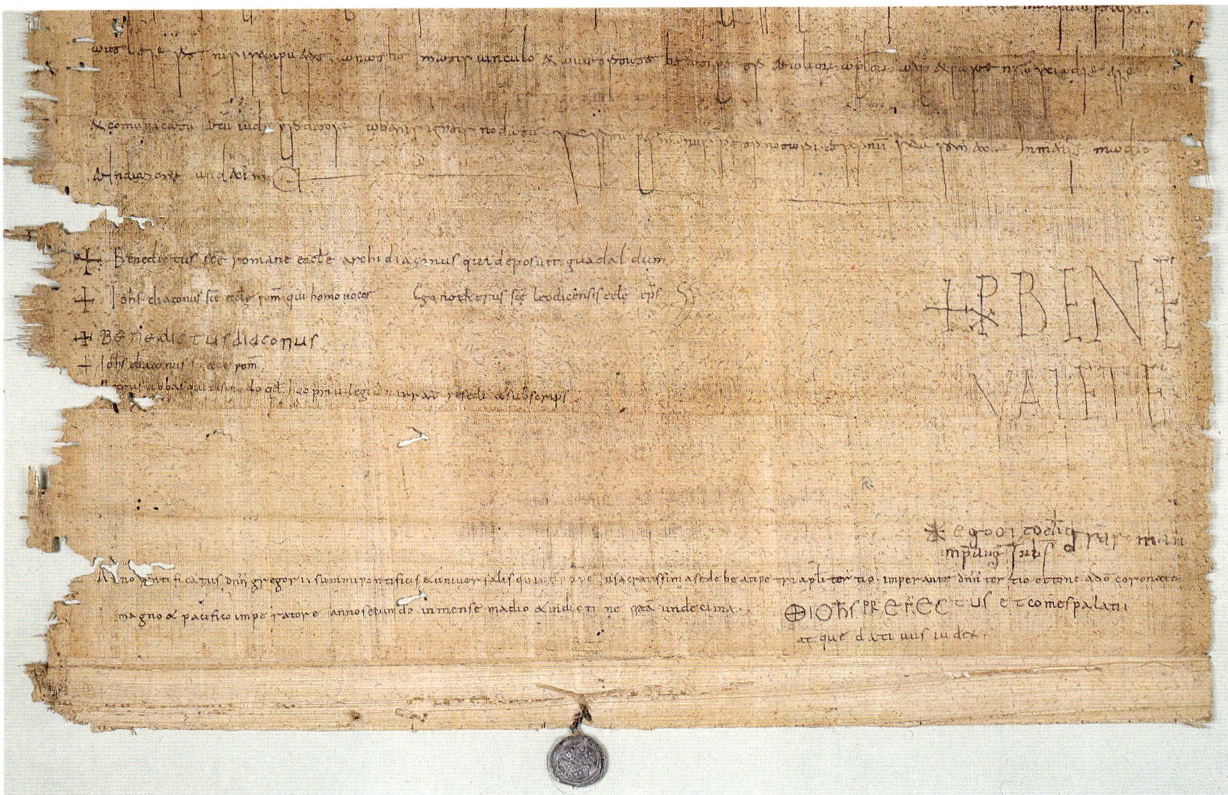

III–1 Ausschnitt mit Unterschrift Ottos III.

Die Urkunde für Vich ist nun in zweierlei Hinsicht ein Sonderfall, weshalb sich zu weit gehende Folgerungen verbieten: Der Empfänger gehörte nicht zum Imperium (deshalb erscheint die in der Literatur aufgrund der Erwähnung eines kaiserlichen *preceptum* (s. o.) geäußerte Vermutung abwegig, Vich habe zusätzlich ein Kaiserdiplom erhalten); in der Betonung der kaiserlichen Mitwirkung geht sie weit über die anderen Beispiele hinaus (so ist auch gesagt, daß der die Sache Arnulfs vertretende Graf Ermengaud I. von Urgel zu Füßen des Kaisers Platz nahm: *Et residente illic ad pedes prephati augusti Ermengaudo comite).* Eine hinter der Gerichtsentscheidung stehende gedachte Doppelautorität bringt nochmals die der Datierung folgende, mit einem Radkreuz eingeleitete und nur teilweise eigenhändige Unterschrift des vorsitzenden Richters zum Ausdruck: *Ioh(anne)s prefectus et comes palatii atque dativus iudex;* als römischer Stadtpräfekt war Johannes päpstlicher und kaiserlicher Funktionsträger, als *comes palatii* allein dem Kaiser zugeordnet.

Vollfaksimile: Diplomata Papyracea Nr. 10a–e. – Druck: Papsturkunden, S. 697 ff. Nr. 357. – Urkundenbuch Vich, S. 531–534 Nr. 624. – Regest: JL 3888 – RI 2,3, Nr. 1279c. – RI 2,5, Nr. 835 (mit Literatur). – Vgl. Beumann 1963, S. 456 – Schlögl 1978, S. 83–85. – Gros 1987.

Vich, Arxiu Capitolar, Cal. 37

M. T.

*III–2 Grabschrift Papst Gregors V.

Rom, nach Februar 999

80 x 238 cm. – Marmor.

Die lateinische Grabschrift, in verhältnismäßig leicht lesbarer, aber ohne Worttrennung in den Stein gehauener Kapitalis, lautet in deutscher Prosaübersetzung:

„Der, den die Erde hier birgt, ein Mann mit schönen Augen und schönem Antlitz, war der fünfte Papst mit dem Namen Gregor. Zuvor aber hieß er Bruno, und er entstammte dem Königsgeschlecht der Franken; er war ein Sohn Ottos (von Kärnten), und seine Mutter hieß Judith. Der Sprache nach war

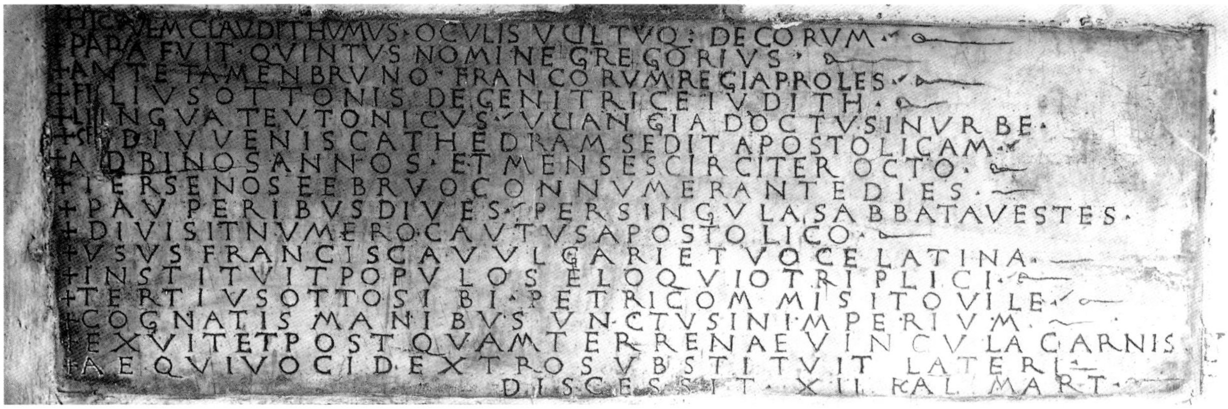

*III-2

er Deutscher, ausgebildet in der Stadt Worms. Aber schon als junger Mann kam er auf den Apostolischen Stuhl und hatte ihn an die zwei Jahre und etwa acht Monate inne, bis zum 18. Februar. Als reich Begüterter verteilte er jeden Samstag Kleider an die Armen, wobei er sorgfältig die Zahl der Apostel berücksichtigte (d. h. jeweils 12 Arme bedachte). Er beherrschte die fränkische (deutsche), die italienische und die lateinische Sprache und unterwies das Volk in allen drei Sprachen. Otto der Dritte, selber zuvor durch die Hände dieses seines Verwandten zum Kaiser gesalbt, übertrug ihm das Hirtenamt Petri. Nachdem Gregor die Fesseln des irdischen Fleisches abgelegt hatte, ließ Otto ihn hier zur Rechten eines gleichnamigen (Papstes, d. h. Gregors I.) beisetzen. Er verschied am 12. Tag vor den Kalenden des März."

Das Epitaph, in den für diese Gattung traditionellen elegischen Distichen verfaßt, beschreibt in bemerkenswert sachlichem Ton, ohne Panegyrik und vor allem ohne jede Bekundung von Trauer, wichtige Lebensdaten und persönliche Eigenschaften des ersten deutschen Papstes, verschweigt jedoch die dramatischen politischen Ereignisse seines Pontifikats. In Worms ausgebildet, hatte Brun(o) eine Zeitlang als Kapellan am Hof gedient, bevor er im Alter von 24 Jahren von seinem Cousin Otto III., den er seinerseits (am 21. Mai 996) zum Kaiser gekrönt hatte, zum Papst Gregor V. ernannt wurde. Bereits im Oktober 996 wurde Gregor auf Betreiben des römischen Senators Crescentius aus Rom verdrängt, im Mai des Jahres 997 für abgesetzt erklärt und durch den Gegenpapst Johannes Philagathos, einen ehemals von Otto II. geförderten Günstling der Kaiserin Theophanu und Lehrer des jungen Otto III., ersetzt. Unter dem Schutz des Kaisers Otto III. nahm Gregor im Februar 998 wieder Besitz von Rom und rächte sich grausam an seinen Gegnern. Nachfolger Gregors, der im Februar des folgenden Jahres (das Datum ist nicht einheitlich überliefert) eines möglicherweise gewaltsamen Todes starb, wurde Gerbert als Silvester II.

Ausgabe: MGH Poetae V, S. 337 f.
Zimmermann 1985. – Papsturkunden, Band 2. – Piazzoni 1989/1990.

Città del Vaticano, Basilica di S. Pietro, Grotten

F. R.

III-3 Pfau vom Pinienbrunnen der alten Peterskirche zu Rom

Rom, 1. Jahrhundert n. Chr.

106 cm. – Bronze, gegossen, ziseliert und vergoldet.

Die älteste, wenn auch nicht in allen Details getreue Wiedergabe des berühmten Pinienbrunnens („Cantharus") im Atrium der alten Peterskirche stammt von dem Florentiner Architekten Simone del Pollaiuolo, genannt Il Cronaca (1457–1508), der sich von 1475 bis 1485 in Rom aufhielt (Florenz, Uffizien, Santarelli 157). Nimmt man die um 1540 entstandene, in wesentlichen Details viel genauere Zeichnung von Francisco de Holanda (Madrid, El Escorial, Album 28-I-20, fol. 26v; um 1538–1541) hinzu, so sind fast alle Elemente wiederzufinden, die bereits Benedikt von St. Peter in seinen *Mirabilia urbis Romae* (verfaßt um 1140–1143) erwähnt und die spätere Autoren wie Tiberio Alfarano († 1596) und Giacomo Grimaldi (ca. 1560–1623) beschrieben haben. Danach bestand

Zu III-3 Pignabrunnen im Atrium von St. Peter. Zeichnung von Francisco de Holanda, um 1538–1541

der Cantharus aus einem von acht Porphyrsäulen getragenen Tabernakel, das im unteren Teil ringsum von Marmorschranken mit Greifen- und Kandelaberreliefs verschlossen war. Einige der Säulenschäfte waren mit Büsten römischer Kaiser skulptiert; die mittlere linke zeigte wohl das Bildnis Trajans. Über dem Gebälk, das in der Mitte ein von Greifen flankiertes und von vier Tauben umgebenes Kreuz aufwies, wölbte sich der „eherne Himmel“ – zwei einander kreuzförmig durchdringende Tonnen, denen an allen vier Seiten Bronzebögen mit durchbrochen gearbeiteten und aus Schuppenmustern gebildeten Gittern vorgeblendet waren. Auf dem Scheitel eines jeden Bogens war ein Kranz mit Christusmonogramm angebracht. Vor dem Bogen der Vorderseite saßen, einander zugewandt, zwei bronzene und vergoldete Pfauen, deren Hälse sich überschnitten. Vergoldete Delphine vor Blattakroteren an den vier Ecken dienten als Wasserspeier. Unter dem Tabernakel stand der riesige bronzene Pinienzapfen (Höhe mit ergänzter Spitze heute 356 cm, Durchmesse 175 cm), dessen Inneres mit einer Wasserleitung verbunden war. Aus den im oberen Drittel durchlöcherten Schuppen sprudelte Wasser hervor und rieselte in das Brunnenbecken herab. Daß Bernward bei seinen Rombesuchen 980–981 und 1001 den Cantharus in diesem Zustand gesehen hat, ist recht wahrscheinlich, obgleich bis heute nicht geklärt werden konnte, wann die Pigna mit dem achtsäuligen Tabernakel verbunden worden war. Paulinus von Nola sah 396 im „Paradies“, dem Atrium der Peterskirche, nur einen Viersäulenbrunnen, den später Papst Symmachus (498–514) mit Marmor und Mosaiken prächtig ausschmücken ließ. Nach dem *Liber Pontificalis* hat Papst Stephanus II. (752–757) das Tabernakel wiederhergestellt und mit acht Porphyrsäulen ausgestattet. Obwohl die Pigna in keiner einzigen Schriftquelle erwähnt wird, darf angenommen werden, daß sie spätestens zu dieser Zeit in das Ensemble eingefügt worden war. Wie lange Wasser von ihren Schuppen herabfloß, ist ebenfalls ungewiß, da die Aqua Sabbatina, die den Cantharus mit Wasser versorgte, erst unter Papst Hadrian I. (772–795) wiederhergestellt wurde. In seiner vollendeten Gestalt versinnbildlichte der Cantharus den „Brunnen des Lebens“.

Den gravierten Inschriften zufolge hat ein gewisser C. Cincius Salvius den Pinienzapfen gegossen. Die Herkunft der Pigna ist unbekannt. Am wahrscheinlichsten erwies sich die von Christian Huelsen begründete Annahme, wonach sie zu einer von Kaiser Domitian (81–96) im Marsfeld erbauten Brunnenanlage gehörte. Die beiden Pfauen stammen vom Mausoleum des Kaisers Hadrian, der Engelsburg (vgl. Kat. Nr. *III-19). Alle übrigen Teile des Cantharus wie die Schrankenplatten, für die es in der

III–3

Zeit Stephanus' II. keine Parallelen gibt, dürften ebenfalls Spolien von Bauten der römischen Kaiserzeit sein; ihr Verbleib ist unbekannt. Unter Papst Paul V. sind Pinienzapfen und Pfauen zusammen mit einem Figuralkapitell aus den Thermen des Severus Alexander 1607 im Cortile della Pigna des Vatikan aufgestellt worden (die dort heute stehenden Pfauen sind 1987 angefertigte Kopien).

Zeichnung von Francisco de Holanda: Tormo 1940, S. 120–122, fol. 26v (Faksimile). – Cantharus: Cerrati 1914, S. 108–110. – Grimaldi, S. 164, Abb. 63; 186–187, 192, Abb. 81 (Greifenrelief). – Huelsen 1903, S. 40–47. – Huelsen 1904, S. 87–116. – d'Onofrio 1972, S. 143, Abb. 117–118 (Zeichnungen von Cronaca und de Holanda). – Corpus Basilicarum, 5, S. 166–170 (Text- und Bildquellen), 264–271. – Liverani 1986. – di Stefano Manzella 1986. – Arbeiter 1987, S. 191, 211, Abb. 127 (Cronaca), 128 (de Holanda). – Census, s. v. Francisco de Holanda (Brendan Francis Cassidy und Michael Eichberg). – Pigna und Pfauen: Helbig 1963, S. 375–378, Nr. 478, 479 (Erika Simon). – Melucco Vaccaro 1986. – Liverani 1992, S. 110, Abb. 17 (Pfauen).

Città del Vaticano, Monumenti, Musei e Gallerie Pontificie, Inv. Nr. 5120

A. E.

III–4 Pinienzapfen

Aachen (?), um 1000

H. 91 cm, B. 59,5 cm. – Bronze, in einem Stück gegossen, wenig überarbeitet. Spitze modern ergänzt.

Wie die Pigna des Cantharus im „Paradies" von Alt-St. Peter (vgl. Kat. Nr. III–3) stammt auch der Aachener Pinienzapfen von einem Brunnen, der jedoch ein gänzlich anderes Aussehen hatte.

Deutlich sind an den Spitzen der kräftig ausgebildeten Schuppen – es sind insgesamt 129 in neun Reihen – die Löcher zu erkennen, aus denen wie an der römischen Pigna das Wasser hervorquoll. Der Pinienzapfen erhebt sich über einem quadratischen Sockel, mit dem zusammen er in einem Stück gegossen worden ist. Der Übergang vom Sockel zur Pigna wird durch jeweils drei palmettenartige Schuppen an jeder Seite vermittelt. Die im unteren Teil umlaufende und deutlich vorkragende Leiste spricht dafür, daß der Sockel mit dem Pinienzapfen in ein Kapitell eingelassen war und eine Säule bekrönte, die inmitten eines Brunnenbeckens gestanden haben wird. Darstellungen solcher Brunnen mit Pinienzapfen als Wasserspeier begegnen in der spätantiken und byzantinischen Reliefskulptur und Buchmalerei häufig in der symbolischen Bedeutung des „Lebensbrunnens". Auf den vier Ecken des Sockels waren wie auf der Plinthe der Hildesheimer Bernwardsäule (vgl. Kat. Nr. VIII-17) die Personifikationen der vier Paradiesflüsse angebracht, die in recht grotesker Weise auf umgestürzten Gefäßen hockten, aus deren Rundungen offenbar ebenfalls Wasser hervorquoll. Infolge der Sprödigkeit der verwendeten Bronze sind die Körper der Figürchen jedoch größtenteils weggebrochen.

Ausgebrochen sind an zwei gegenüberliegenden Seiten auch die Stirnflächen des Sockels, weshalb die zweizeilige, mit dem Meißel eingeschlagene Inschrift in Kapitalis nicht mehr vollständig gelesen werden kann. Erhalten blieben nur der erste und der zweite, in leoninischen Hexametern verfaßte Vers: + *DANT ORBI LATICES / QUAEQ(VE) INC[RE]M[E]NTA GERENTES* + (Gewässer schenken dem Erdkreis, was immer sie zum Wachstum bringen) und: + *FERTILIS EVFRATES VE/LOX VT MISSILE TYGRIS* + (der fruchtbare Euphrat, schnell wie ein Pfeil der Tigris). An der einen ausgebrochenen Seite erkennt man am Schluß der oberen Zeile noch den Buchstaben *S* mit dem Rest eines *I* davor und darunter ein *N;* die gelehrte Ergänzung des dritten Verses + *PHISON AVRIFERIS / GEHON SED MITIOR VNDIS* + (der goldhaltige Phison, der Gehon aber mit sanfterer Strömung) kann zumindest für die untere Zeile nicht richtig sein, obgleich die beiden Flußnamen gemäß Genesis 2,11–13 erwähnt waren. Die fehlende Inschriftzeile der ausgebrochenen vierten Seite steht glücklicherweise in einer Aachener Chronik von 1620: + *AVCTORI GRATES CANIT VDALRICH PIVS ABBAS* + (Dank singt dem Schöpfer Udalrich der fromme Abt). Der im letzten Vers genannte Abt Udalrich (Ulrich) scheint unbekannt zu sein; weder wissen wir, ob er den Pinienzapfen aus eigenem Antrieb oder in fremdem Auftrag gestiftet hat, noch ist überliefert, daß der Brunnenaufsatz ursprünglich für Aachen bestimmt war. Pinienbrunnen waren offenbar in der Antike und im Mittelalter – sowohl in Byzanz als auch im Abendland – weit verbreitet.

Über die Datierung des Aachener Pinienzapfens und die Bestimmung seiner künstlerischen Herkunft herrschten in der Forschung lange Zeit unterschiedliche Ansichten vor. Der Pinienzapfen galt entweder als römische oder karolingische Arbeit, der Sockel und die Stifterinschrift hingegen als ottonische Zutaten. Hans Drescher (siehe unten) konnte jedoch aufgrund technischer Beobachtungen einleuchtende Gründe beibringen, die eine Datierung des gesamten Brunnenaufsatzes in die spätere, ottonische Zeit nahelegen. Auch der Duktus der Inschrift wird heute mehrheitlich um 1000 datiert. Damit entfiele zwar die bisherige Interpretation, wonach Karl der Große durch die Nachahmung des römischen Pinienbrunnens von Alt-St. Peter seiner Residenz ein weiteres Symbol hinzugefügt habe, das geeignet schien, die Bedeutung Aachens als *Roma secunda,* als „zweites Rom", hervorzuheben, doch könnten ähnliche Beweggründe auch einen der sächsischen Kaiser veranlaßt haben, in Aachen einen „Cantharus" zu errichten. Als Ort für die Aufstellung kommt wohl nur der „Paradies" genannte Vorhof des Aachener Münsters in Betracht.

A. E.

Für Rudolf Wesenberg ist der 3:2 Fuß (Höhe : Breite) messende Aachener Pinienzapfen ein Beleg dafür, daß der Bronze-Großguß in den alten westlichen Kunstzentren noch zu ottonischer Zeit geübt wurde. Er sieht ihn durch die Paradiesflußfiguren an den Ecken des Sockels mit der Hildesheimer Säule verbunden. Auch ältere Autoren, so Karl Faymonville, nehmen die gleiche Zeit der Entstehung für beide Gußwerke an. Heinz Cüppers äußert dagegen ernste Zweifel an der Datierung des Pinienzapfens ins 11. Jahrhundert und sieht wegen feiner Risse und Fugen im Bereich der Figuren diese als spätere Zutaten an. Er vermutet ferner, daß die Inschrift später bei einer Reparatur oder Neuaufstellung des Zapfens angebracht worden sei.

Der Zapfen, der quadratische, 155 mm hohe Sockel und die Figuren sind aber aus einem Guß. Das ist besonders gut innen zu erkennen. Lediglich einige „Schülpen" oder „Kaltschweißen", also Stellen, wo das Metall übereinanderfloß bzw. sich nicht richtig miteinander verband, sind im Bereich einer Figur zu sehen. Die Figuren sind auch keine Fehlgüsse, sondern sie sind später beschädigt worden. Da der Zapfen aus harter Bronze gegossen ist, war es leicht, die Figuren abzuschlagen. Die Sprödigkeit des Materials bezeugen auch die beiden ausgebrochenen Seiten des Sockels. Sonst ist der Zapfen gut erhalten. Vier Schuppen an der Spitze sind aber vermutlich im vori-

III-4

gen Jahrhundert ergänzt worden. Der Zapfen befindet sich nicht im Rohzustand, wie auch angenommen wird, ist aber – vermutlich wegen der harten Bronze – auffallend wenig überarbeitet. So lassen sich noch zahllose Abgüsse von Formrissen an der Außen- und Innenseite erkennen. Die Seitenflächen mit der Inschrift hat man grob überschliffen, aber doch ausreichend geglättet und dann zwischen vorgerissenen Linien die einzelnen Buchstaben eingeschlagen, genauso wie es auch bei der Mainzer und der Hildesheimer Tür geschah.

Zuletzt äußerte sich Christian Beutler auch zur Gußtechnik des Zapfens. Er sieht diesen als karolingerzeitliche Nachahmung der Pigna von Alt-St. Peter in Rom an. Doch ist der Aachener Zapfen keine verkleinerte Kopie der aus sechs für sich gegossenen Teilen bestehenden, 3,56 m hohen Pigna (Angelucci 1986). Diese hat ganz andere Proportionen, gleicht einem natürlichen Pinienzapfen und besitzt nicht die strenge Form der Aachener Brunnenbekrönung.

Die feinen, nur um 2,8–3,5 mm großen Löcher an den Spitzen der einzelnen Schuppen sind schon im Guß durch Einsetzen von Stiften ausgespart worden. Diese dürften gleichzeitig als Kernhalter gedient haben. Teilweise dicke Verkrustungen im Innern zeigen, daß der Zapfen über längere Zeit benutzt worden sein muß. Außerdem hat er mehrere größere Frostrisse, die ihn zur weiteren Verwendung unbrauchbar machten. Im Innern wurden, wohl auch durch Frostschäden bedingt, Veränderungen des ursprünglichen Wasseranschlusses vorgenommen. Obwohl der Guß, wie an der Oberfläche erkennbar, kein besonders guter war, so zeigt doch ein Blick ins Innere, daß die Form von einem Meister gebaut worden ist. Die Oberfläche der einzelnen Schuppen wurde vermutlich, wie bei Holz- oder Steinmetzarbeiten, aus dem Lehm geschnitten. Im nächsten Arbeitsgang wurde dann alles etwa fingerdick mit einer Wachs- oder Talgschicht bedeckt, bis das Modell die gewünschte und im Gußstück bewahrte Form hatte. Wahrscheinlich lag der Einguß in die Form nicht oben, wie bei Glocken, sondern am unteren Rand, denn nur so konnte das Auslaufen der Form gewährleistet werden.

Gegossen ist der Pinienzapfen wie die Hildesheimer Säule aus einer zinkfreien Legierung, die im wesentlichen aus 81,21% Kupfer, 13,76% Zinn und 4,6% Blei besteht. Das Kupfer stammt sehr wahrscheinlich aus dem Rammelsberg bei Goslar.

H. Dr.

Strzygowski 1903, bes. S. 203–206, Abb. 13. – Faymonville 1916, S. 134–136, Abb. 91–92. – Wesenberg 1955/1, S. 152. – Cüppers 1960/1961. – Kat. Aachen 1965, S. 27 Nr. 3. – Falkenstein 1966, S. 111–112. – Grimme 1972, S. 7 Nr. 2, Taf. 2. – Beutler 1982, S. 83–91. – Giersiepen 1992, S. 12–13 Nr. 13(t) (Bibliographie). – Zur römischen Pigna: Angelucci 1986.

Aachen, Hohe Domkirche

III–5 Rom, Alt-St. Peter, Fassade (Zeichnung im Codex Farfensis)

Farfa (?), 4. Viertel 11. Jahrhundert

32,7 x 20,5 cm, 137 Blätter. – Pergament mit Federzeichnung.

Die mittelalterliche Zeichnung illustriert die Lebensbeschreibung Gregors des Großen von Johannes Diaconus. Sie zeigt das Begräbnis des Papstes († 604) im Portikus der Peterskirche und im Hintergrund über dem Portikus-Dach die Fassade von Alt-St. Peter, wie sie sich im 11. Jahrhundert darstellte, allerdings mit Abkürzungen und Kontraktionen. Man erkennt eine monumentale Bildkomposition, die die Verehrung des apokalyptischen Lammes durch die vier Wesen (Evangelistensymbole) und die 24 Ältesten darstellt, die ihre Schalen darbringen; die Ältesten sind in 6 Vierergruppen auf die Flächen zu seiten der drei dargestellten Fassadenfenster und die Seitenschiffansätze verteilt. Dies entspricht nicht der aus späteren Bildquellen rekonstruierbaren Anordnung. Die Mittelschiff-Fassade besaß zwei Reihen von je drei Fenstern übereinander, und zwei Vierergruppen von Ältesten standen nicht an den Seitenschiff-Fronten, sondern auf den Flächen neben der unteren Fensterreihe, wo sie noch unmittelbar vor dem Abriß im 17. Jahrhundert zu sehen waren.

Die Darstellung gibt das Fassadenmosaik wieder, das ein Konsul Marinianus und seine Frau Anastasia auf Bitten Papst Leos I. (440–61) gestiftet hatten, wie eine in Abschrift überlieferte Inschrift bezeugte. Es gehörte also zu der von Leo I. unternommenen Renovierungskampagne in St. Peter (vgl. Kat. Nr. *III–6) und entspricht – abgesehen vom Gottes-

III–5 fol. 122r ▷

Anno dñice incarnationis sexcentesimo .v. beat⁹ gregorius.
post quã sedẽ Romane & aplice eccle tredecĩ annos.
menses vi (sex). & dies x (decē). gloriosissime rexit defunct⁹ est.
atq; ad etnã regni celestis sedẽ trãslatus est.

lamm, das eventuell eine ursprüngliche Christusbüste im Clipeus ersetzt haben könnte – dem Triumphbogen-Mosaik von St. Paul vor den Mauern aus der gleichen Zeit. Unter Gregor IV. (827–44) wurde es repariert, wie der Liber Pontificalis berichtet. Gregor IX. (1227–41) erneuerte Fassade und Mosaik weitgehend und veränderte das Bildprogramm, indem er das Lamm durch den thronenden Christus und die oberen Ältestengruppen durch die vier Evangelisten ersetzte.

Bernward konnte das Fassadenmosaik noch in dem Zustand sehen, den der Codex Farfensis wiedergibt.

Garrison 1955/1956, S. 123–124, Abb. 135. – Waetzoldt 1964, Nr. 884, Abb. 473. – Corpus Basilicarum, 5, S. 168, 173, 176, 222, 256, Abb. 199, 211, 212. – Gandolfo 1989, bes. S. 132. – Quarrie 1990, S. 36 Nr. 23, Abb. S. 38.

Eton, Eton College Library, Ms. 124 (Johannis Diaconi Vitae S. Gregorii libri IV), fol. 122r

U. N.

*III–6 Rom, Alt-St. Peter, rechte (= nördliche) Langhauswand (Aquarell im sogenannten Album von St. Peter)

Rom, bald nach 1605 (Domenico Tasselli?)

42 x 56 cm. – Papier mit aquarellierter Federzeichnung.

Das Aquarell gehört zu einer Serie von Aufnahmen der 1605 noch aufrecht stehenden Teile von Alt-St. Peter, deren Abbruch beschlossen worden war. Es stellt die vom Eingang aus ersten elf Joche (bis zum „muro divisorio") der rechten Mittelschiffwand der alten Basilika und ihren Bildschmuck dar, die restlichen zwölf Joche waren schon vorher und ohne Dokumentation abgebrochen worden. Die Säulen trugen einen Architrav mit Fries, in dem sich Medaillons mit Papstbildnissen befanden, darüber in zwei Registern Szenen aus dem Alten Testament (Genesis

III–6 fol. 13r

und Exodus), deren stuckiertes architektonisches Rahmensystem auf die Jocheinteilung bezogen war. Zwischen den großen Fenstern mit gotischem Maßwerk über jedem zweiten Joch standen Heilige.

Die Bestandteile der malerischen Ausstattung entstammten verschiedenen Zeiten: Die Überschrift des Aquarells *Picturae antiquissimae et iam vetustate quasi obliteratae, iussu Formosi primi Pont. Max. factae in muro maioris navis versus palatium Apostolicum* (Die sehr alten und durch Alter fast unlesbaren Malereien, geschaffen auf Anordnung des Papstes Formosus I., auf der Mauer des Hauptschiffs zum Papstpalast hin) schreibt diesem Papst des ausgehenden 9. Jahrhunderts die Malereien zu. Doch renovierte er wohl nur eine ältere, schon im späteren 4. Jahrhundert (Kessler) oder von Papst Leo I. (440–61) initiierte Ausstattung, wie der Liber Pontificalis nahelegt und die Übereinstimmung der Wandgliederung wie auch der Einzelikonographie des alttestamentarischen Zyklus mit St. Paul vor den Mauern Roms wahrscheinlich macht, das Leo I. ausschmükken ließ (vgl. Kat. Nr. III-13). Dieser spätantike Zyklus, der eine ungeheure Wirkung auf die Kunst Zentral- und Süditaliens hatte, umfaßte auf jeder Mittelschiffseite 46 Szenen, wobei dem Alten Testament rechts sicher von Anfang an das Leben Jesu links gegenüberstand. Die Medaillons im Sockelstreifen des unteren Bildregisters enthielten eine zum ursprünglichen Bestand gehörende Serie von Papstbildnissen. Die zweite Serie im Fries über der Kolonnade, etwas größer im Format, war unter Papst Nikolaus III. (1277–80) zugefügt worden. Er ließ auch die Fenster verändern und die großen Heiligengestalten dazwischen durch Cavallini erneuern – ein Engel oben links auf dem Aquarell wurde Giotto zugeschrieben.

Diese späteren Erneuerungen scheinen den Gesamtcharakter des Hochwandschmucks nicht wesentlich verändert zu haben, so daß das Aquarell wenigstens eine allgemeine Vorstellung von dem gibt, was Bernward in St. Peter gesehen haben wird.

Waetzoldt 1964, Nr. 931, Abb. 484. – Corpus Basilicarum, 5, S. 170, 173, 248–249. – Kessler 1989, Abb. 1.

Città del Vaticano, Biblioteca Apostolica Vaticana, A 64 ter (= Album), fol. 13r

U. N.

III–7 Fragmente einer Schrankenplatte: Palmen unter Arkaden

Rom, zweites Viertel des 8. Jahrhunderts

114,5 x 66 cm. – Marmor, Relief.

Das Fragment bildete einstmals das Mittelstück einer ca. 1,95 m langen Schrankenplatte; zwei in den Grotten von St. Peter zu Rom aufbewahrte Bruchstücke konnte Eugenio Russo als wohl zugehörig bestimmen, obwohl die drei Fragmente nicht mehr Bruch an Bruch zusammenpassen. Die vollständige Schrankenplatte wies vier Arkaden auf, die ringsum von einem profilierten Rahmen eingefaßt waren. Die Arkaden bestehen aus Säulen mit spiralförmig kannelierten Schäften, einfachen Würfelbasen und Kapitellen mit dreifach übereinandergelegten Blattwedeln, deren obere zusammengewachsen sind und eine Art Kämpfer bilden. Die Rundbögen sind mit einer Wellenlinie und wechselseitig eingefügten Punkten verziert. Unter den Arkaden stehen Lebensbäume: stilisierte Palmen mit symmetrisch angeordneten, weintraubenförmigen Fruchtständen und spiralförmigen Ranken, die rechts und links von den Stämmen abzweigen. Die Plattenfragmente stammen von einer monumentalen Schrankenanlage, die das Presbyterium der alten Petrusbasilika abschloß. Dem Liber Pontificalis zufolge ließ zunächst Gregor der Große (590–604) das konstantinische Ziborium, das die Memoria des hl. Petrus umgab, durch eine neue Anlage ersetzen: Der Fuß-

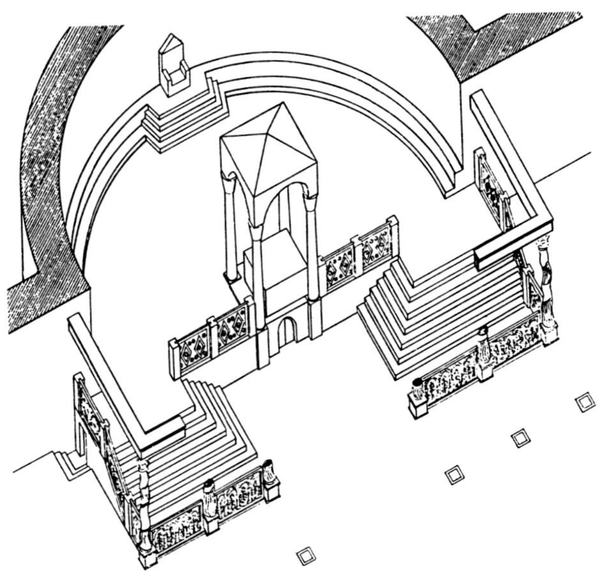

Zu III–7 Rekonstruktion der Schrankenanlage. Nach Marcos 1957, Abb. 18

III–7

boden der Apsis wurde erhöht; darunter verlief ein halbkreisförmiger Gang, die Ringkrypta, die den Pilgern den Zugang zur Apostelmemoria gewährte. Darüber errichtete der Papst einen Altar, um über dem Leib des hl. Petrus die Messe feiern zu können. Die sechs vom konstantinischen Ziborium übernommenen Spiralsäulen wurden an der Front des Presbyteriums auf Podesten aufgestellt, die Zwischenräume mit Schrankenplatten verschlossen. Von diesem Zustand sind etliche Plattenfragmente erhalten, die einen deutlich älteren Stil als unser Bruchstück aufweisen. Nach dem Liber Pontificalis wurde die Anlage unter Gregor III. (731-741) um weitere sechs Spiralsäulen bereichert, die der byzantinische Exarch Eutychios von Ravenna dem Papst geschenkt hatte. Diese Säulen standen in einer zweiten Reihe vor der älteren Presbyteriumsschranke - drei zur Linken und drei zur Rechten - und wurden von einem Gebälk überspannt, das mit silbergetriebenen Reliefs Christi und der Apostel auf der einen sowie der Gottesmutter und heiliger Jungfrauen auf der anderen Seite verziert war. Über das wirkliche Aussehen der Anlage konnte bis heute keine ausreichende Klarheit erlangt werden, doch scheinen die Zwischenräume der hinteren Säulenreihe mit jenen Schrankenplatten verschlossen gewesen zu sein, zu denen unser Fragment gehörte. Beim Abriß der alten und beim Bau der neuen Peterskirche sind untere Teile der Presbyteriumsanlage überdeckt worden und dadurch erhalten geblieben; von einer der Schranken Gregors III. hat sich ein Negativabdruck in einer jüngeren Putzschicht erhalten, wodurch der ursprüngliche Standort bestimmt werden konnte. Die monumentale Ausgestaltung des Presbyteriums von Alt-St. Peter ist seit Gregor III. nicht mehr verändert worden, denn der Liber Pontificalis erwähnt nur die Erneuerung des Altars durch Papst Callixtus II. (1119–1124). Somit darf angenommen werden, daß Bernward von Hildesheim bei seinen Romaufenthalten 980–981 und Anfang 1001 die Schrankenanlage Gregors III. in ihrem ursprünglichen Zustand gesehen haben wird. Ein Grundrißplan der alten Peterskirche von Tiberio Alfarano († 1596) aus dem Jahre 1571 (Stich von 1589–1590) gibt noch die Standspuren der Zwölf-Säulen-Anlage des Presbyteriums an, obwohl die vordere Säulenreihe bereits um 1507 abgebrochen und zwei der Spiralsäulen in das Oratorium Johannes' VII. versetzt worden waren (vgl. Kat. Nr. III-8).

1910 von Ludwig Pollak in Rom erworben, Fundstelle unbekannt.

Cerrati 1914, S. 32, 53–57, 106–107, 183, Taf. 2 (Grundriß von Alt-St. Peter von 1571). – Volbach 1930, S. 8. – Kautzsch 1930, S. 54. – Russo 1985, S. 26–28, Abb. 17. – Effenberger/Severin 1992, S. 205, Nr. 117. – Schrankenanlage von Alt-St. Peter: Apollonj Ghetti 1951, S. 182–186. – Ward Perkins 1952, S. 21–33. – Marcos 1957, S. 145–165.

Berlin, Staatliche Museen zu Berlin - Preußischer Kulturbesitz, Museum für Spätantike und Byzantinische Kunst, Inv. Nr. 6588

A. E.

III-8 Fragment einer Pilasterverkleidung aus dem Oratorium Johannes' VII.

Rom, 3. Jahrhundert

208 x 37 cm. - Marmor, Relief.

Während seines kurzen Pontifikats errichtete Johannes VII. (705–707), der von griechischer Abstammung und ein bedeutender Förderer der Künste war, im nördlichsten Seitenschiff der alten Peterskirche, und zwar an der Innenseite der Ostfassade, das Oratorium *Sanctae Dei Genetricis Mariae,* die Kapelle der hl. Gottesmutter Maria. Teilansichten der Kapelle und ihres Mosaikschmucks sind in dem berühmten „Album" aus der Zeit um 1605–1611 (Archiv von St. Peter, Blatt 18 und 31) und in mehreren von Giacomo Grimaldi (ca. 1560–1623) angefertigten Zeichnungen (Cod. Barberini lat. 2733, fol. 94v–95r; Florenz, Biblioteca Nazionale, MS II–III–173, fol. 99) erhalten. Sie überliefern den Zustand der Anlage kurz vor dem Abbruch von 1609. Obwohl Grimaldi eine Beschreibung der Kapelle und ihrer Mosaiken gegeben hat, ist es bis heute nicht gelungen, eine genaue Rekonstruktion der Anlage und ihrer späteren Veränderungen zu gewinnen. Nach den erwähnten Bild- und Textzeugnissen war der Wand ein Pseudo-Ziborium vorgesetzt, das einen Altar überwölbte und zugleich die Porta Sancta einrahmte. Es bestand zuletzt aus zwei von Weinlaub umrankten Spiralsäulen, die einen Bogen trugen. Die Säulen gehörten zu jener Serie, die Gregor III. vom ravennatischen Exarchen Eutychios erhalten und der Schrankenanlage Gregors des Großen hinzugefügt hatte (vgl. Kat. Nr. III-7); wohl erst gegen 1507, nach Abbruch der vorderen Presbyteriumsschranke, sind

III-8

zwei der Säulen in das Oratorium Johannes' VII. versetzt worden. Vor dem Altar der Gottesmutter befand sich im Fußboden das Grab des Papstes; Fragmente der lateinisch und griechisch abgefaßten Grabinschrift sind erhalten bzw. überliefert (vgl. Kat. Nr. III-10). Die Lünette des Ziboriums enthielt ein Mosaikbild der Gottesmutter, flankiert von den Apostelfürsten Petrus und Paulus. Die aufgehenden Wandflächen über dem Ziborium und an den Seiten waren mit reichem Mosaikschmuck ausgestattet. Soweit nicht bereits zerstört, wurden die Mosaiken beim endgültigen Abriß von Alt-St. Peter geborgen, sie sind heute über mehrere Museen verteilt. Über dem Bogen des Ziboriums befanden sich eine monumentale Darstellung der Gottesmutter Orans in der Tracht einer byzantinischen Kaiserin (heute in Florenz, San Marco) und links davon die kleiner gebildete Gestalt des Stifterpapstes (heute in den Vatikanischen Grotten), umgeben von sieben Feldern mit vierzehn Szenen aus dem Leben Jesu (zum Fragment in Orte vgl. Kat. Nr. III-9). Das Mittelbild wurde von zwei Säulen aus schwarzem Marmor flankiert, die einen Vorhang hielten und Kerzen trugen. Beide Säulen werden ursprünglich den Bogen des Ziboriums getragen haben. Die Mosaiken an der linken Wand stellten das Wirken des Apostelfürsten Petrus in Jerusalem, Rom und Antiochia, die apokryphe Geschichte von Simon Magus sowie das Martyrium der Apostel Petrus und Paulus in Rom dar.

Zu beiden Seiten des Ziboriums und an der nördlichen Kirchenwand waren, den Zeichnungen Grimaldis zufolge, sechs mit Ranken verzierte Pilaster aufgestellt. Fünf davon sind 1609 ebenfalls geborgen worden und befinden sich heute am Ausgang der Vatikanischen Grotten. Sie entstammten einem Bau der severischen Zeit (3. Jahrhundert), waren also in der Kapelle als Spolien wiederverwendet worden. Ein sechster Pilaster ist, um das Ensemble zu vervollständigen, unter Johannes VII. nach dem Vorbild der kaiserzeitlichen Pilasterverkleidungen neu angefertigt worden. Die fünf römischen Pilasterverkleidungen, zu denen das in der Ausstellung gezeigte Fragment gehört, weisen in den schmalen Spiegeln aufsteigende, aus wechselseitig eingerollten Akanthusblattwedeln bestehende Ranken auf, die von jagenden und spielenden Putten, Tiervorderleibern (Eber, Löwin, Hirschkuh) und allerlei Vögeln „bewohnt" sind. Im Zentrum der mittleren und sehr viel breiteren Platte erscheint die Göttin Tellus, die den Reichtum der lebenspendenden Erde verkörpert. Der unter Johannes VII. gefertigte sechste Pilaster bietet ein schönes Beispiel für die bewußte Umsetzung und zeitgemäße Anverwandlung der antiken Vorbilder. In der Kapelle Johannes' VII. wurde Bernward am 21. Dezember 1192 heiliggesprochen (vgl. Essay Schuffels, Heiligsprechung).

Kapelle/Mosaiken: Cerrati 1914, S. 106–107. – Grimaldi, S. 105–106, 117–121, Abb. 38 (fol. 89r) und 39 (fol. 90v–91r); 124–125, Abb. 41 (fol. 93r); 126–127, Abb. 42 (fol. 94v–95r); 156–157, Abb. 59 (fol. 120v–121r); 257–259. – Waetzoldt 1964, S. 68–69, 71 Nr. 894, 904 und 941, Abb. 477 und 489. – Nordhagen 1965, S. 121–166. – Wilpert/Schuhmacher 1976, S. 67–72, 332–334 (Kapelle und Mosaiken). – Pilaster: Toynbee/Ward Perkins 1950, S. 20–21, 23, Taf. 18 und 19,3. – Nordhagen 1969, S. 113–119. – Sinn 1991, S. 61–62.

Città del Vaticano, Fabbrica di San Pietro

A. E.

III-9 Maria aus der Geburtsszene im Mosaikzyklus des Oratoriums Papst Johannes' VII.

Rom, 705–706

58 x 48 cm. – Mosaik.

Dieses Fragment gehörte zu einem bis zum Anfang des 17. Jahrhunderts in Alt-St. Peter befindlichen Mosaikzyklus mit Darstellungen aus dem Leben Christi. Er schmückte die Rückwand eines Oratoriums, das im Winkel zwischen dem rechten äußeren Seitenschiff und der Eingangswand eingebaut war. In diesem Oratorium ließ sich der Papst sein Grab errichten (Kat. Nr. III-10). Für die architektonische Gliederung des der Muttergottes geweihten Oratoriums wurden auch antike Pilaster (Kat. Nr. III-8) und Säulen verwendet. Das zentrale Bild der musivischen Ausstattung war die Darstellung der Maria mit dem Papst als Stifter, umgeben wurde sie von sieben Bildern aus dem Leben Christi. Diese umfaßten in je ein bis zwei Szenen Begebenheiten von der Verkündigung bis hin zum Abstieg Christi in die Vorhölle. Die Erzählung begann mit den ersten drei Bildern auf einem oberen Register und ging weiter mit je einem Bild auf einem zweiten und dritten Register links und rechts des Hauptbildes. Erhalten sind noch weitere Fragmente aus derselben und aus anderen Szenen des Zyklus. Aus der Geburtsszene stammen noch zwei Fragmente: das Bad des Christkindes (Città del Vaticano, Fabbrica di San Pietro) und die Figur

III-9

Zu III-9 Kapelle Johannes' VII. in der Zeichnung von Giacomo Grimaldi, kurz vor 1609. Città del Vaticano, Biblioteca Apostolica Vaticana, Cod. Barb. lat. 2733, fol. 95r

Josephs (Moskau, Pushkin-Museum). Das – sehr restaurierte – Porträt des Papstes befindet sich ebenso wie der Christus aus dem Einzug in Jerusalem in den Grotten der Peterskirche; die stehende Maria kann man heute auf einem Altar in der Kirche San Marco in Florenz sehen; ein Teil der Anbetung der Magier befindet sich in der Sakristei der römischen Kirche Santa Maria in Cosmedin; ein (fast völlig ergänztes) Fragment der Kreuzigung wird in einem Raum des „Studio Vaticano del Mosaico" aufbewahrt. An dem hier ausgestellten Fragment ist die hohe Qualität des ursprünglichen Werkes noch ablesbar: an der leichten Drehung des Kopfes und der Büste, an der überzeugenden Haltung der überkreuzten Arme, an den feinbewegten Falten und der nuancierten, vor allem in Blautönen gehaltenen Farbskala. Daß die von Papst Johannes VII. (dem Sohn eines hohen byzantinischen Beamten) beauftragten Mosaizisten aus Konstantinopel kamen (Nordhagen), bleibt hypothetisch. Sicherlich war Rom am Anfang des 8. Jahrhunderts eine Stadt, die über erstklassige Künstler verfügte, nicht nur Mosaizisten, sondern auch Maler, wie die vom selben Papst in Auftrag gegebenen Fresken von Santa Maria Antiqua beweisen. Obwohl das Oratorium sowohl wegen der Schönheit seiner antiken Spolien als auch wegen seiner Mosaikwand (die eine Art Vorstufe der späteren byzantinischen und mittelalterlichen Vita-Ikonen der Heiligen vertritt) eine hohe ästhetische Wirkung ausgestrahlt haben muß, mag ein frommer Besucher (wie Bernward) mehr durch den Inhalt der Bilder beeindruckt worden sein: so die zentrale Figur der gekrönten Mutter Christi *(Maria Regina)*, optisches und ideologisches Zentrum der ganzen zyklischen Erzählung. Eine wichtige Rolle wird dabei auch die Tatsache gespielt haben, daß das Oratorium die Grabstätte Johannes' VII. war. Es ist eine bemerkenswerte Fügung der Geschichte, daß Bernward am 21. Dezember 1192 in ebendieser Kapelle heiliggesprochen wurde.

Das Mosaik wurde 1609 von der Eingangswand abgenommen. Sehr wahrscheinlich kam dieses Fragment zwischen 1609 und 1621 durch Ippolito Fabiani, Bischof von Orte, in dieses Städtchen, wo es in einem erst augustinianischen, dann benediktinischen Nonnenkloster aufbewahrt wurde. Seit 1906 in der Kathedrale, dann im Museo Diocesano.

Nordhagen 1965. – Sansterre 1982. – Tronzo 1987. – Kat. Rom 1989, S. 169–177 (Maria Andaloro).

Orte, Museo Diocesano

V. P.

III–10 Grabinschrift Johannes' VII. († 18. Oktober 707)

Zwei Teile, je 105 x 54,5 x 8 cm. – Marmor, Relief.

Eine jüngere Fassung des Liber Pontificalis berichtet, daß sich der griechische Papst Johannes VII. in der von ihm errichteten Kapelle (vgl. Kat. Nr. III–8 und III–9) – und zwar im Fußboden vor dem Altar der Gottesmutter Maria – sein Grab bereitet habe. Beim Abbruch des Oratoriums (1609) fand man sowohl den Steinsarg als auch die Reste eines Steinblocks mit der in lateinischer und griechischer Sprache abgefaßten Grabinschrift: + *IOHANNIS S[E]RVI S[AN]C-[T]AE MARIÆ* und [ΙΩΑΝΝΟΥ ΤΟΥ ΔΟΥΛΟΥ] ΤΗΣ ΘΕΟΤΟΚΟΥ ([Grab] des Johannes, des Dieners der Gottesmutter). Während die lateinische Inschrift erhalten ist, existiert von der griechischen nur eine Wiedergabe und Beschreibung bei Giacomo Grimaldi (ca. 1560–1623), dem Chronisten des endgültigen Abbruchs der alten Peterskirche (fol. 222v). Auffällig ist die technische Ausführung der Inschrift: die Vorderflächen der Buchstaben liegen mit den sie

III–10

III–11 mit dem zugehörigen Emailkreuz

oben und unten rahmenden Leisten in einer Ebene. Hingegen wurde der Reliefgrund so weit eingetieft, daß die einzelnen Buchstaben wie erhaben ausgearbeitete Lettern wirken. Eine gleichartige Inschrift ließ Johannes VII. in der von ihm ausgeschmückten Kirche Santa Maria Antiqua anbringen. Inschriften dieser Art sind sonst nur aus dem byzantinischen Bereich bekannt. In welchem Zustand Bernward das Grab des Papstes gesehen hat und ob die Grabinschriften damals noch sichtbar waren, ist unbekannt. Auffällig ist jedoch die Tatsache, daß sich auch Bernward in der westlichen Unterkirche von St. Michael zu Füßen eines Marienaltars bestatten ließ, worin durchaus eine Anknüpfung an das Oratorium des kunstsinnigen Papstes Johannes VII. erblickt werden darf.

Grimaldi, S. 106, Abb. 36 (fol. 73r = lateinische Inschrift); 259, Abb. 133 (fol. 222v = griechische Inschrift). - Gray 1948, S. 46, 47, 49 Nr. 3. – Nordhagen 1969, S. 118, Taf. 6a.

Città del Vaticano, Fabbrica di San Pietro

A. E.

III–11 Silberkasten, Behältnis für ein Reliquienkreuz

Rom, 817–24

30 x 20 x 6 cm. - Silber, getrieben, graviert und teilvergoldet.

Das Reliquiar stammt aus dem Schatz der päpstlichen Kapelle Sancta Sanctorum beim Lateran. Es enthielt ein emailliertes goldenes Reliquienkreuz mit einer Stifterinschrift Papst Paschalis' I. (817-24). Das Silberbehältnis ist mit einem nach vorn aufziehbaren Schiebedeckel verschlossen. Silberne Ringe an Deckel und Kasten dienten zur Sicherung des Inhalts durch versiegelte Schnüre. Deckel und Seitenflächen zeigen flache getriebene und gravierte Reliefs: Auf dem Deckel thront Christus zwischen Petrus und Paulus und zwei Engeln in Medaillons. Sein lehnenloser Thron ist mit einem Kissen versehen; unter dem großen Fußschemel entspringen zu seiten einer Blume die vier Paradiesflüsse. Auf der vorderen Kastenseite steht das Lamm Gottes zwischen den Evangelistensymbolen. Auf den drei übrigen

Kastenseiten reihen sich sechs Szenen der Kindheitsgeschichte Jesu aneinander: rechts Verkündigung, Heimsuchung und Geburt, hinten ein Hirt und die drei Magier mit dem Stern, links Anbetung der Magier und Darbringung im Tempel. Abgekürzte Architekturversatzstücke setzen die Szenen voneinander ab. Das Deckelbild ist von einem getriebenen Perlband eingefaßt; die senkrechten Kastenkanten sind mit seilartig gedrehten Stäben besetzt, die möglicherweise gedrehte Säulen vorstellen sollen.

Das Relief ist flach, wie breitgedrückt, ohne genauere Modellierung; Konturen und Binnenzeichnung sind linear durch grob gravierte Ritzzeichnung angegeben. Der flächig-lineare Stil entspricht den von Paschalis I. gestifteten Mosaiken z. B. in Santa Prassede in Rom. Eine hellfarbige Vergoldung bedeckt Figuren und Gegenstände des Silberkastens. Sowohl diese Technik als auch die Form mit Schiebedeckel sind von frühbyzantinischen Reliquienbehältern bekannt, wie man sie auch in Rom besaß.

Die Ikonographie der einzelnen Darstellungen enthält – wenigstens im Kindheitszyklus – ebenfalls etliche byzantinische Elemente, doch scheinen diese durch die römische Monumentalkunst vermittelt zu sein. Das Deckelbild mit den ungewöhnlicherweise unter dem Thron Christi entspringenden Paradiesflüssen scheint den damaligen Zustand des Apsismosaiks von Alt-St. Peter zu spiegeln, für das noch vor dem Abriß 1592 diese Bildelemente bezeugt sind. Das Lamm zwischen den Evangelistensymbolen entspricht der oberen Partie des Fassadenmosaiks der Peterskirche (vgl. Kat. Nr. III–5). Die Bilder der Kindheit Jesu könnten zum Teil neutestamentarische Szenen auf der linken (= südlichen) Hochschiffwand von Alt-St. Peter reflektieren, die uns nicht in Kopien überliefert sind (vgl. Kat. Nr. * III–6), aber aus anderen Bildzeugnissen erschlossen werden können.

Ob Bernward in Rom dieses Reliquiar aus dem streng unter dem Altar der Papstkapelle verborgenen Schatz zu Gesicht bekam, wissen wir nicht. Die monumentalen Vorbilder hat er sicher gesehen.

Grisar 1908, S. 81–83. – Elbern 1976. – Kat. New York 1982, Nr. 38.

Città del Vaticano, Biblioteca Apostolica Vaticana, Museo Sacro, Inv. Nr. 1888

U. N.

III–12 Reliquiar für das Haupt des heiligen Sebastian

Rom?, 6./7. und 9. Jahrhundert

H 18,5 cm. Durchmesser: Schale 22,5 cm, Deckel 20,5 cm. – Silber mit Feuervergoldung und Niello.

Das Reliquienbehältnis besteht aus einer ausladenden Schale auf kleinem Fuß, die von einem hoch gewölbten Deckel verschlossen wird, dessen Knauf größtenteils weggebrochen ist. Schale und Deckel umzieht außen eine Folge von teils vergoldeten Akanthusblättern, während sie innen durch Nielloornamente geschmückt sind. Hinzu kommen rahmende Streifen mit Feuervergoldung. Die Konturen der Blattrippen und größtenteils der Blätter sind eingeritzt, die Blattlappen flach gemuldet. Auf dem Deckel ist jeder zweite durch eine Nielloflächeausgefüllt. Die Nielloverzierungen im Innern bestehen aus Ornamenten, die konzentrisch um ein Mittelmotiv angeordnet sind. Im Deckel wird es aus zwei verschränkten Dreiecken gebildet, in der Schale aus einem Monogramm. Den Gefäßfuß umzieht ein Wulst, auf dem eine Inschrift in Niello eingelassen ist: + *ad decore(m) capitis beati Sebastiani Greg(orius) IIII epis(copus) opt(ulit)* – Zur Zierde des Hauptes des seligen Sebastian hat Bischof Gregor IV. [dies] dargebracht.

Von dem in der Inschrift genannten Papst Gregor IV. (827–844) wissen wir aus dem Liber Pontificalis, daß er die Überreste des heiligen Sebastian aus der Katakombe, in der er bestattet lag, in die Kapelle für Papst Gregor den Großen an Alt-St. Peter überführen ließ. Bei dieser Gelegenheit muß der Kopf abgesondert und in dem kostbaren Reliquiar gefaßt worden sein. Aus der gleichen Quelle wissen wir, daß Papst Leo IV. (847–855) das Haupt des Sebastian zusammen mit zahlreichen anderen Reliquien unter dem Hochaltar der Kirche Santi Quattro Coronati in Rom beisetzen ließ. Die unterirdische Reliquienkammer Leos, östlich des heutigen Hochaltars, war vom Scheitel einer Ringkrypta aus zugänglich. In der Kammer standen vier große „Urnen" oder Kästen, drei aus Stein, einer aus Bronze, in zwei Lagen übereinander. Das Sebastiansreliquiar befand sich zusammen mit zahlreichen unbeschrifteten Reliquien im Bronzekasten in der unteren Lage. Im Jahre 1624 wurde dieser Behälter erstmals seit der Beisetzung wieder freigelegt, das Sebastiansreliquiar entnommen und anschließend in einer Wandnische über

III–12

einem eigens dafür errichteten Altar aufgestellt. Eine zeitgenössische Beschreibung der Auffindung berichtet, daß der obere Teil des Schädels des Sebastian noch erhalten und in Stoff gehüllt, der untere zerfallen sei. Nach einer erneuten Rekognition der Reliquie im Jahre 1756 wurde das Silbergefäß mit einer roten Seidenschnur und dem Siegel des Kardinals Francesco Borghese versiegelt. Aus dieser Zeit mögen die Siegelreste um die vier rechteckigen Aussparungen auf dem Deckelrand und die vier kleinen, nachträglich angebrachten Löcher dazwischen und auf dem Rand der Schale herrühren.

Der Akanthusdekor an der Außenseite findet seine engste Parallele auf einer Silberplatte mit grasendem Pferd in der Eremitage in St. Petersburg (Inv. Nr. w 280), welche durch Stempel auf dem Boden in die Zeit Justinians datiert wird. Die Rippen der Blätter sind jeweils fest zwischen die beiden begrenzenden Rahmenstreifen gespannt, die Blattlappen sind plastisch gestaltet. Doch zeigt das Sebastiansreliquiar Umbildungen: Die auf Lücke gesetzten Blätter eines zweiten Blattkranzes sind als langstielige Palmetten mißverstanden, die Spitzen der Blätter verbreitern sich unnatürlicherweise zum Rand hin. Für das Nielloornament im Innern bietet ein Teller mit der Büste eines Heiligen aus dem 1. Zypernschatz im British Museum in London die größten Übereinstimmungen, der durch Silberstempel in die Jahre 641–651 datiert wird. Da nahe Vergleiche der Ornamentik mit karolingischen Goldschmiedearbeiten fehlen, handelt es sich bei dem Sebastiansreliquiar offenbar um ein Gefäß des 6., wahrscheinlicher 7. Jahrhunderts, welches im 9. Jahrhundert durch Papst Gregor IV. zum Reliquiar gemacht und mit seiner Stifterinschrift versehen wurde. Das Monogramm in der Schale, das wohl den ursprünglichen Besitzer des Sil-

III-12 Monogramm in der Schale

III-12 Nielloornament im Deckel

bergefäßes bezeichnet, wurde verschiedentlich mit Papst Leo III. (795–816) in Verbindung gebracht oder als Anatole, Adeodatus oder Pantaleon gelesen, doch konnte bisher keine dieser Lösungen befriedigen.

Das Sebastiansreliquiar ruhte in der Zeit Bernwards unsichtbar unter dem Hochaltar von Santi Quattro Coronati. So kann der Hildesheimer Bischof es in Rom zwar nicht gesehen haben, wohl aber andere kostbare Behältnisse dieser Art, sind uns doch allein im Liber Pontificalis zahlreiche Stiftungen von Goldschmiedearbeiten an Kirchen überliefert. Die Farbigkeit – Silber, Gold, Nielloschwarz – und die vielfältige Oberflächengestaltung – glatte Flächen, Ritzlinien, Flachrelief – solcher Gefäße konnten ihm als Anregungen für seine eigenen Aufträge dienen.

Memmolo 1757. – Lucatelli 1757. – Liebaert 1913. – Muñoz 1913. – von Matt 1969 (Georg Daltrop). – Kat. New York 1982, S. 98 Nr. 36 (Margaret E. Frazer).

Città del Vaticano, Biblioteca Apostolica Vaticana, Museo Sacro, Inv. Nr. 864

G. M.

III-13 Inneres von S. Paolo fuori le mura

Stich: Giovanni Battista Piranesi, Rom 1748 oder 1749
Nachzeichnung eines Freskos der rechten (südlichen) Langhauswand: Rom, vor 1639

a: 41,4 x 61,1 cm. – Radierung.
b: 35 x 27 cm. – Papier mit aquarellierter Federzeichnung.

An der Stelle einer kleinen Kirche, die in konstantinischer Zeit über dem verehrten Grab des Apostels Paulus an der Straße nach Ostia errichtet worden war, stifteten die Kaiser Valentinian II. und Theodosius I. die fünfschiffige Basilika St. Paul vor den Mauern. In ihren Ausmaßen und in der Pracht der Ausstattung sollte sie bald alle Kirchen Roms und der gesamten christlichen Welt übertreffen. Gegen 386 wurde mit dem Bau begonnen; die Fertigstellung fällt in die Zeit des Kaisers Honorius (395–423), wie eine Inschrift im Mosaik des Triumphbogens rühmend hervorhebt. Durch Brand oder Erdbeben 442 schwer beschädigt, wurde die Basilika unter Kaiserin Galla Placidia († 450) und Papst Leo I. (440–461) wiederhergestellt, wobei auch die Mosaiken am Triumphbogen erneuert worden sind. Am 15. Juli 1823 brannte die Kirche fast völlig nieder, doch haben verschiedene Kopien den Zustand des Kircheninnern vor und nach dem Brande festgehalten. Unter diesen nimmt die eigenwillige Wiedergabe von Piranesi einen besonderen Platz ein, da sie die grandiose Raumwirkung des zum Triumphbogen hin gerichteten Mittelschiffs hervorhebt und wichtige architektonische Details überliefert: so die von 80 weißen Mar-

III–13 Stich von Giovanni Battista Piranesi

morsäulen getragenen Arkaden der aufgehenden Wände des Mittelschiffs und der inneren Seitenschiffe, die teilweise von kaiserzeitlichen Bauten genommenen Kapitelle, die offene Balkendecke und die Anordnung der Fensterreihen. Die Wände des Langhauses waren mit Freskenzyklen ausgeschmückt, die in zwei übereinander angebrachten Reihen alt- und neutestamentliche Szenen enthielten; ihr Bildbestand ist in Aquarellkopien von 1634 überliefert (vgl. unten). Der Blick zur Apsis wird durch den gewaltigen, von Säulen flankierten Triumphbogen aufgefangen, dessen Stirnwand mit einem Mosaik geschmückt ist. Ein Kupferstich von Giovanni Ciampini (1690, Taf. 68) überliefert noch das Bildprogramm, obgleich schon damals größere Teile der Komposition zerstört waren. Im Scheitel des Bogens, vor einem Wolkenhimmel, befindet sich ein Medaillon mit der Büste des langhaarigen, bärtigen Christus, der die Rechte segnend vor die Brust hält und mit der Linken einen Kreuzstab schultert. Von seinem Nimbus gehen neun Strahlen aus. Zu beiden Seiten des Clipeus erscheinen die Halbfiguren zweier anbetender Engel; in der oberen Zone sind die geflügelten Evangelistensymbole aufgereiht. Darunter, in zwei Reihen zu je sechs Gestalten, nähern sich die 24 Ältesten, die Christus mit verhüllten Händen ihre Kränze darbringen. In den unteren Zwickeln sind die Apostelfürsten Paulus links und Petrus rechts dargestellt, die ihre Rechte anbetend zu Christus erheben. Am oberen Abschluß, an der Trennlinie der Zwickel und am Bogenrand sind die einzelnen Inschriften angebracht.

Während seines zweiten Romaufenthalts, im Januar 1001, besuchte Bernward auch die Kirche St. Paul vor den Mauern, um dort zu beten. In Gegenwart des kaiserlichen Kustos entnahm er dem Sarkophag des hl. Timotheus einen ganzen Arm des Märtyrers (Vita Bernwardi, Kap. 26). Er sah dort nicht nur das Mosaik am Triumphbogen, sondern auch noch das alte, erst um 1220 ersetzte Apsismosaik, wohingegen sich ihm die Hochwandfresken wohl nur in wenig verändertem Zustand dargeboten haben.

A. E.

III-13 Aquarell

Das Aquarell mit dem Bildfeld der Ermordung Abels und der Szene „Gott fordert von Kain Rechenschaft" gehört zu einer für Kardinal Francesco Barberini im 17. Jahrhundert hergestellten Kopien-Serie, in der sämtliche Malereien der Pauls-Basilika aufgenommen wurden. Weitere Auskunft über das Aussehen der 1823 abgebrannten und mit großenteils veränderter Austattung wiederaufgebauten Kirche geben Stiche des 18. Jahrhunderts von Piranesi, Rossini u. a. Das Mittelschiff war danach dem von Alt-St. Peter sehr ähnlich gestaltet – mit Ausnahme der Arkaden über den Säulen statt eines Architravs. Wie in St. Peter folgten übereinander unten die Serien der Papstporträts, dann in je zwei Registern die Bilderzyklen aus dem Alten Testament (Genesis und Exodus) rechts und aus dem Neuen Testament (Apostelgeschichte, Leben des hl. Paulus) links; oben zwischen den Fenstern stehende Propheten und Heilige. Die Ermordung Abels war im 10. Bildfeld des oberen Registers, vom Triumphbogen aus gezählt, dargestellt.

Die Ausschmückung der Paulus-Basilika wurde wahrscheinlich von Papst Leo I. (440–461) nach einem Blitzeinschlag veranlaßt, wie der Liber Pontificalis und die Inschrift am Triumphbogen nahelegen. Die Malereien im Mittelschiff entsprachen nicht nur in der Gesamtorganisation und Thematik, sondern auch in der Einzelikonographie der alttestamentarischen Szenen genau denen in Alt-St. Peter, die vermutlich etwa gleichzeitig entstanden (vgl. Kat. Nr. *III-6). In den 70er bis 80er Jahren des 13. Jahrhunderts wurden die Malereien durch Cavallini erneuert, doch scheint die spätantike Ikonographie weitgehend beibehalten worden zu sein. Die vollständige Serie der Kopien von St. Paul ermöglicht daher eine Rekonstruktion der Szenen, die in St. Peter dargestellt waren, aber nicht zu den in Kopie überlieferten gehörten. Das gilt auch für die Ermordung Abels.

Die großartigen römischen Genesis-Zyklen haben nur wenige Spuren in Bernwards eigenen künstlerischen Stiftungen hinterlassen. So weicht auch die Ermordung Abels auf der Bronzetür des Doms von Hildesheim in Komposition und Bewegungsablauf von dem römischen Beispiel ab.

U. N.

Kirche, Mosaik, Malereien: Ihm 1960, S. 135–137 (Bibliographie). – Waetzoldt 1961. – Waetzoldt 1964, S. 17, 56–57, Nr. 599, Abb. 337. – Jakubetz 1976. – Wilpert/Schuhmacher 1976, S. 87–88. – Corpus Basilicarum 5, S. 93–164, Abb. 82–83, 91, 130, 131, 140–144. – Hoth 1981. – Kessler 1989, Abb. 4, 9. – Radierung von Piranesi: Hind 1922, S. 39–40 Nr. 6–7, Taf. 6.

a: Hannover, Niedersächsisches Landesmuseum, Landesgalerie, Inv. Nr. Gr. 9087 (Giovanni Battista Piranesi [1720–1778], Le Vedute di Roma) – b: Città del Vaticano, Biblioteca Apostolica Vaticana, Barb. lat. 4406, fol. 32r

*III-14 Petruskopf

Rom, 440–450

74,5 x 54 cm. – Mosaik.

Dieser monumentale Kopf zeigt uns in einer leicht nach rechts gedrehten Frontalität einen Mann mit kurzem weißem Haar und Bart. Die Haare bilden über der Stirn einen Wulst. Es handelt sich um den ikonographischen Typus des hl. Petrus, wie er seit dem 5. Jahrhundert geläufig wurde. Aus seinen Maßen (die Höhe zwischen dem oberen Rand des Haarwulstes und dem unteren des kurzen Bartes beträgt 50 cm) kann man eine dazugehörende menschliche Gestalt von ca. 3,50 m rekonstruieren. Mit größter Wahrscheinlichkeit gehörte dieser Kopf zu der Figur des hl. Petrus im rechten Zwickel des Triumphbogens von St. Paul vor den Mauern (Andaloro). Der Kopf wäre deshalb ein kostbares Zeugnis der inschriftlich dokumentiert von Galla Placidia († 450) während des Pontifikats Papst Leos I. (440–461) in Auftrag gegebenen musivischen Ausstattung der Kirche. Nach dem Brand des Jahres 1823 wurde das ganze Mosaik neugemacht; heute gilt es als eine in vielen Details vereinfachte, sogar fehlerhafte Kopie

*III-14

der ursprünglichen Fassung. Dargestellt ist auf dem Bogen das eschatologische Thema der Erscheinung Christi zwischen den Evangelistensymbolen und den 24 Ältesten, in den Zwickeln die Figuren des hl. Petrus (rechts) und des hl. Paulus (links). Durch ihre Anwesenheit tragen die Apostel dazu bei, die irdische Welt der in der Kirche versammelten Gläubigen mit der himmlischen Theophanie zu verbinden. Der Blick des Petrus ist nicht zur Gottesvision gerichtet, sondern hinausgewendet, er strahlt eine hohe Würde aus. Alte oder neuere Restaurierungen betreffen vornehmlich nur den blauen Hintergrund. Die hervorragende Rolle der Basilika des Apostels Paulus, Ziel jedes Rompilgers, braucht hier nicht betont zu werden. Ihre Wirkung als *Exemplum* (zusammen mit dem von Alt-St. Peter) im Bereich der architektonischen und bildlichen Überlieferung beweist es. Eine besondere Rolle spielte sie für die Benediktiner, da der Basilika spätestens seit 983 ein *coenobium sancti Pauli* angeschlossen war. Um die Mitte des 10. Jahrhunderts wurde das Kloster von Odo von Cluny „reformiert", daher galt St. Paul als die römische Hauptkirche des Benediktinerordens.

Als Aufbewahrungsort dieses Fragmentes wird 1840 zum ersten Mal die Basilika von St. Peter erwähnt. Die Mosaiken des Triumphbogens von St. Paul waren zwischen Dezember 1826 und Januar 1827 abgenommen worden (Andaloro).

Zur Basilika St. Paul: Corpus Basilicarum, 5, S. 93 ff. – Zu den Quellen des 10. Jahrhunderts: Caraffa 1981, S. 71–72 (Stefano Baiocchi). – Kat. Rom 1989, S. 111–118 und Farbtafel S. 65 (Maria Andaloro; mit vollständiger Bibliographie). – Pace 1991/2.

Città del Vaticano, Fabbrica di San Pietro, Deposito Lambertini

V. P.

III-15 Rom, Santa Maria in Pallara (= San Sebastiano al Palatino = San Sebastianello), Malerei in der Apsis

4. Viertel des 10. Jahrhunderts; Einsatzbild nach 1061 (Aquarellnachzeichnung: vor 1916)

Apsis-Maße etwa 420 x 230 cm (Aquarellnachzeichnung: 50 x 40 cm). – Malerei al fresco und al secco.

Die kleine Apsis der ehemaligen Klosterkirche ist in mehrere Bildzonen eingeteilt. Oben in der Kalotte erscheint vor tiefblauem Grund Christus in Purpurgewändern mit erhobener Rechter (Epiphanie-Gestus), die Buchrolle des Evangeliums in der Linken, zwischen den Heiligen (von links nach rechts) Laurentius, Sebastian, Zoticus und Stephanus in einer Paradieslandschaft mit Palmen; auf dem linken Baum sitzt der nimbierte Vogel Phönix, der Christus als die aufgehende Sonne begrüßt. Im Zenit hält die Hand Gottes den Siegeskranz über Christus. Die beiden Heiligen neben ihm sind als Offizier bzw. hoher Würdenträger in kurze Tunika und reich ornamentierte Chlamys gekleidet und halten Kranzkronen in den ehrfurchtsvoll vom Mantel verhüllten Händen. Die beiden Diakone außen tragen die liturgische Dalmatik, Laurentius darüber den Mantel, und halten das ihnen zur Verkündigung anvertraute Evangelienbuch in Händen; Laurentius schultert außerdem einen Kreuzstab, und zu seinen Füßen liegt das Instrument seines Martyriums, der Feuerrost.

Unterhalb dieses Hauptbildes befindet sich der Lämmerfries: Vor goldgelbem Grund schreiten 12 Lämmer aus zwei Gebäuden, den Abbreviaturen der Städte Jerusalem und Bethlehem, auf das nimbierte Gotteslamm in der Mitte zu, das auf dem Paradieshügel mit den vier Paradiesflüssen steht.

Ein Inschriftband trennt den Fries von der Bildzone darunter, wo, wieder vor tiefblauem Grund, sieben Heilige stehen: in der Mitte Maria als *Regina* gekrönt und die Hände in Orantenhaltung erhoben, seitlich zwei Erzengel im Loros, dem byzantinischen Kaiserkostüm, Standarten und Sphairen in Händen, und vier weibliche Heilige, unter ihnen Lucia und Agnes inschriftlich identifiziert, in byzantinisierender Hoftracht und mit Kronen in Händen.

Ein Mäanderband trennt diese Bildzone von der dekorativen Malerei im unteren Bereich der Apsis, die einen kostbaren Stoffbehang imitiert. Im 11. Jahrhundert, vermutlich nach 1061, als Papst Alexander II. das Kloster an Montecassino gab, wurde dort ein Bild mit den Halbfiguren des heiligen Benedikt zwischen Sebastian und Zoticus eingefügt, das laut Unterschrift ein Priester-Mönch Benedikt stiftete.

Der innere Rand der Apsis ist mit bunt geschuppten, gemalten Säulen und antikisierenden Blüten-

Zu III-15 Stifterbild. Città del Vaticano, Biblioteca Apostolica Vaticana, Cod. Vat. lat. 9071, p. 243 oben

Zu III-15 Linke Seite der Triumphbogenwand

und Fruchtfestons mit Christus-Monogramm im Zenit geschmückt.

Die Apsis gehört zu einer kleinen einschiffigen Kirche, die ursprünglich völlig ausgemalt war, deren Malereien aber, von der Apsis und Resten auf der Apsis-Stirnwand abgesehen, bei der Barockisierung der Kirche zerstört wurden und nur in Aquarellen des 17. Jahrhunderts in der Handschrift Vat. lat. 9071 der Biblioteca Apostolica Vaticana überliefert sind.

Im Kirchenschiff befanden sich demnach Bildzyklen der Kindheit und Passion Jesu sowie der Heiligen Sebastian und Zoticus. Auf der Apsis-Stirnwand sah man oben die apokalyptischen Ältesten dem Lamm ihre Kronen darbringend und darunter die ungewöhnliche Darstellung von zwölf Propheten, die die Apostel auf ihren Schultern tragen, ferner (in Höhe des Heiligenfrieses in der Apsis) vier weitere weibliche Heilige sowie Sebastian und Zoticus, die den

SEBASTIANVS
S ZOTICVS
TORIS GENITRIX SPLENDIDA MATER
TRIS MEDICVS QVOQVE
ET SEBASTIANO
CAPIAT VESTRIS

III–15

Stifter, *Dom(inus) Petrus* mit dem Kirchenmodell, und seine Frau einführen.

Dieser Stifter, der sich in der Apsis-Inschrift als *illustris medicus Petrus* bezeichnet und an die Kirchenpatrone Maria, Sebastian und Zoticus wendet, ist in der 2. Hälfte des 10. Jahrhunderts mehrfach in Quellen erwähnt und als Gründer des Klosters auf dem Palatin bezeugt. Die Gründung gehört in den Umkreis der zu dieser Zeit in Rom gerade von vermögenden Laien geförderten Reformbewegung, die sich besonders auf die Erneuerung des benediktinischen Mönchtums im Geiste Clunys bezog. Das Bildprogramm der Apsis lehnt sich in wesentlichen Zügen, besonders im Hauptbild und dem Lämmerfries, an maßgebliche frühchristliche Apsisprogramme Roms wie die von SS. Cosma e Damiano und S. Andrea Catabarbara an; allerdings fehlen die in Rom sonst immer dargestellten Apostelfürsten. Auch die *Maria Regina* als Bild der Kirche, die Reihen von Märtyrer-Heiligen und die anbetenden Ältesten stehen in der römischen Bildtradition, deren normative Kraft hier im Sinne der angestrebten geistigen Erneuerung nach dem Vorbild der frühen Kirche aufgerufen wird. Der Stil der Malereien setzt sich jedoch deutlich von allem Römischen ab und scheint vielmehr von der ottonischen Kunst der Lombardei und des Alpengebiets (Einsiedeln) beeinflußt zu sein, was die Frage nach den Beziehungen des Stifters zur Führungsschicht des ottonischen Reichs aufwirft.

Die Bedeutung der Klosterkirche auf dem Palatin für diese Kreise ergibt sich aus der Tatsache, daß nach dem Bericht Thangmars in der Vita Bernwards von Hildesheim im Jahre 1001 hier die Synode tagte, auf der, in Anwesenheit Papst Silvesters II. und Kaiser Ottos III., im Gandersheimer Streit zwischen Bernward und Erzbischof Willigis gegen letzteren entschieden wurde (vgl. Essay Goetting). Bernward hat die Kirche mit ihrer damals relativ neuen Ausstattung also mit Sicherheit gesehen.

Vita Bernwardi, S. 768. – Hamilton 1962, bes. S. 57–58. – Gigli 1975. – Bertelli 1982, bes. S. 292–294. – Matthiae 1987, S. 202–204, 289. – Matthiae 1988, S. 251.

Rom, Pontificio Istituto di Archeologia Cristiana (Vorlage für Wilpert 1916, 4, Taf. 224)

U. N.

III–16 Pontificale

Hildesheim, 3. Viertel des 11. Jahrhunderts

31 x 22 cm, 154 Blätter. – Pergament.

In dem Pontificale, einem Buch mit den Vorschriften und Formeln für die liturgischen Amtshandlungen eines Bischofs, steht am Schluß auf fol. 153r–154r ein Gedicht zu Mariä Himmelfahrt, das mit den Worten *Sancta Maria, quid est?* (= „Heilige Maria, was gibt es?“) beginnt. Der Anlaß dazu war die Prozession mit der Christusikone, die in Rom in der Nacht vor Mariä Himmelfahrt vom Lateran nach Sta. Maria Maggiore getragen wurde (vgl. Essay Wolf). Das Lied besteht aus vier Teilen: zuerst schildert der Dichter das nächtliche Rom im Glanz der Fackeln und der Lichterkränze, dann redet er die Roma an und erinnert an ihre glorreiche, christliche Vergangenheit, darauf antwortet die Roma mit einem Sündenbekenntnis, und zum Schluß bittet der Dichter Maria um Beistand. Die Schlußverse lauten (59 ff.):

Sancta dei genitrix, Romanam respice plebem
Ottonique faue, sancta dei genitrix.
Tercius Otto tuę nexus [richtig: *nixus*] *solamine palme*
Presto sit uenie tercius Otto tue.
Hic tibi, si quid habet, deuoto pectore prestat,
Spargere non dubitat hic tibi, si quid habet.
Gaudeat omnis homo, quia regnat tercius Otto
Illius imperio gaudeat omnis homo.

(= Heilige Mutter Gottes, sieh auf das römische Volk, sei Otto gewogen, heilige Mutter Gottes. Otto III., sich stützend auf den Trost deiner Hand, sei deiner Nachsicht nahe. Dieser wird, wenn er etwas besitzt, es dir mit frommem Herzen darbringen, er wird nicht zögern, es vor dir auszubreiten, wenn er etwas besitzt. Alle Menschen mögen sich darüber freuen, daß Otto III. als König herrscht, über seine Kaiserherrschaft mögen sich alle Menschen freuen). Das Gedicht ist in serpentinischen Distichen abgefaßt, in denen die erste Hälfte des Hexameters gleich der zweiten Hälfte des Pentameters ist; in der deutschen Übersetzung läßt sich diese kunstvolle Form allenfalls andeuten. Entstanden ist das Carmen in der Zeit Kaiser Ottos III. (996–1002), genauer vielleicht im Jahr 1000: ein Zeugnis der damaligen Rom- und Reichsideologie, der sog. Renovatio imperii.

Das Gedicht ist in sechs mittelalterlichen Handschriften überliefert. Die vorliegende Bamberger stammt zwar aus der Bamberger Dombibliothek, ist

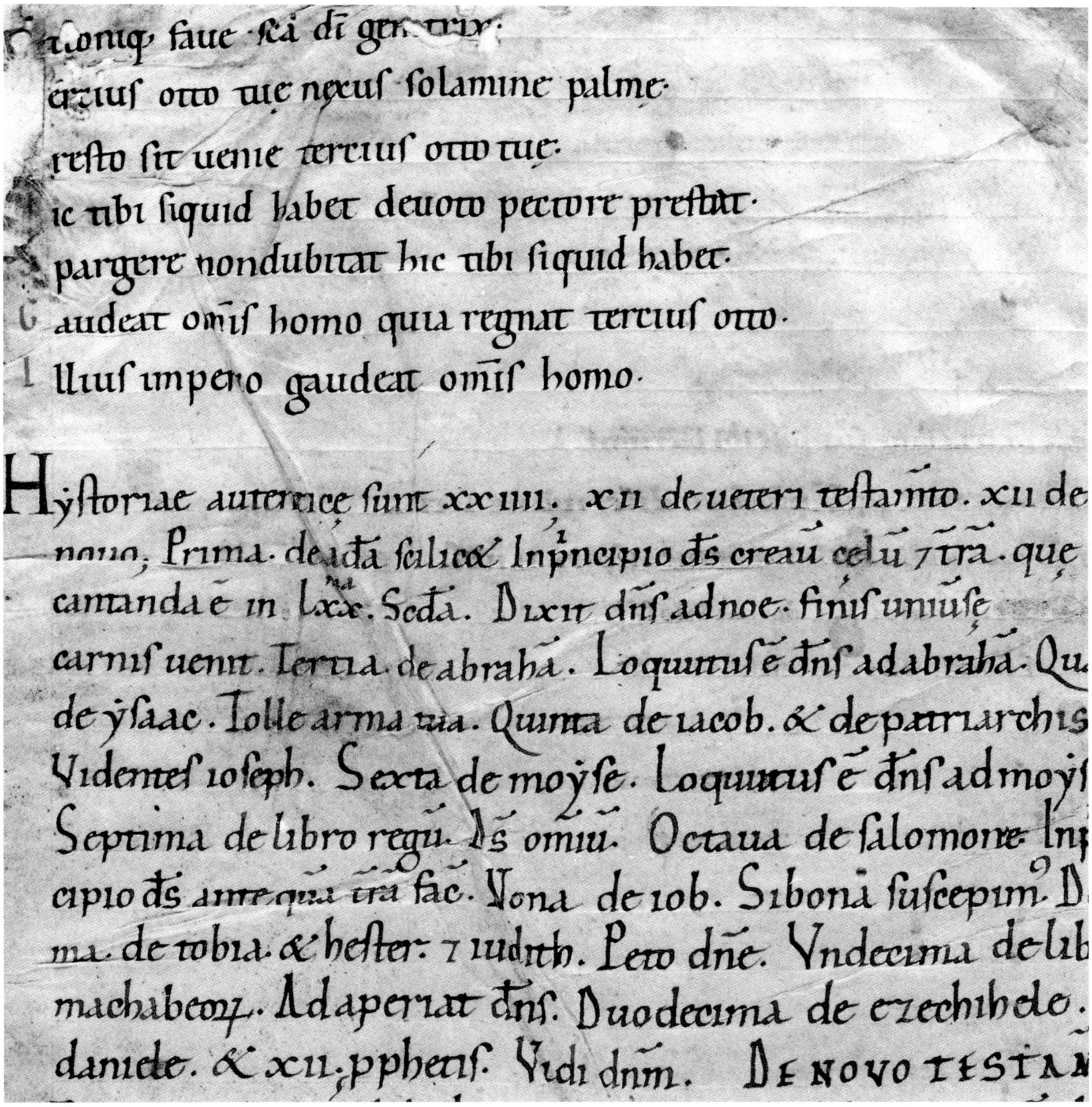

III–16 fol. 154r

aber nicht dort entstanden. Paläographisch bildet sie mit drei anderen Bamberger Codices (Lit. 133, Patr. 158–159) eine Gruppe, zu der außerdem Fragmente in der Universitätsbibliothek Düsseldorf (K 8: 058, K 18: Z 7/2), im Propsteiarchiv Essen-Werden (alte Nummern 28 und 893) und in der Universitätsbibliothek Münster (Fragm. IV 4) gehören: sie alle sind in Hildesheim im 3. Viertel des 11. Jahrhunderts geschrieben worden. Das ergibt sich vor allem daraus, daß die Hand, die in Lit. 54 auf fol. 154r einen Nachtrag geliefert hat und die auch an Patr. 158 und 159 beteiligt war, in einem weiteren Hildesheimer Codex, nämlich im Vat. Pal. lat. 296 (fol. 1r–23r), nachzuweisen ist. Da das Gedicht *Sancta Maria, quid est?* mit seinen zeitgeschichtlichen Bezügen nach dem Tod Ottos III. nicht mehr aktuell war, ist es wahrscheinlich, daß Bernward es 1001 aus Rom nach Hildesheim mitgebracht hat. Insofern kann diese Hildesheimer Überlieferung in dem Bamberger Codex als Zeichen von Bernwards Mariendevotion und seiner Anhänglichkeit an den jungen Kaiser gewertet werden.

Leitschuh/Fischer, 1,1, S. 199 f. – Schneider 1925, S. 150–152. – Schramm 1929, S. 150–152. – Andrieu, 1, S. 63–73. – MGH Poetae 5, S. 465–468, Nr. 3. – Wolf 1990, S. 44 f.

Bamberg, Staatsbibliothek Bamberg, Msc. Lit. 54

H. H.

III–17 Madonna della Clemenza (Farbfoto)

Rom, 705–707 (?)

164 x 116 cm (mit Rahmen). – Leinwand auf Zypressenholz, Enkaustik.

Das Bild – vor kurzem in die Kirche in Trastevere zurückgekehrt, wo es sich seit über tausend Jahren befunden hatte – ist in seiner heutigen Erscheinung das Ergebnis einer Restaurierung der fünfziger Jahre unter der Leitung von Cesare Brandi. Die monumentale Tafel im originalen Rahmen mit hymnischem Marienlob zeigt Maria zwischen zwei Engeln auf einem Gemmenthron mit Kissen. Sie trägt das purpurne Prachtgewand und den reichen Ornat einer byzantinischen Kaiserin, mit der Rechten präsentiert sie einen ursprünglich wohl applizierten Kreuzstab. Christus auf ihrem Schoß hält in der Linken einen Rotulus, die Rechte dürfte im Segensgestus zu dem knienden Stifterpapst in Pallium und Kasel gewendet sein, von dem nur mehr ein Teil der linken Gesichtshälfte zu erkennen ist. Er blickt in merkwürdiger Torsion aus dem Bild heraus, seine Hand umfaßt den Pantoffel Mariens. Da er sich nicht inschriftlich ausweist, bleiben nur stilgeschichtliche und ikonographische Argumente zur Datierung, für die Vorschläge vom 5. bis zum 9. Jahrhundert vorliegen. Am meisten Zustimmung hat Bertellis Identifizierung des Papstes mit Johannes VII. (705–707) gefunden.

Dem spezifisch römischen Thema der kaiserlichen Maria begegnen wir zum ersten Mal im 6. Jahrhundert in einem Fresko in S. Maria Antiqua. Wie bei dem Bild in Trastevere wird hier die thronende Maria von Engelswachen flankiert, ein Darstellungsschema, das aus dem Kaiserkult stammt und im Westen vor allem auf Diptychen und anderen Werken der Kleinkunst überliefert ist. Bei der Madonna della Clemenza wird dieses Schema subtil bereichert durch die Einbringung unterschiedlicher Stilkonventionen. So erscheinen die Engel (wenngleich auch untereinander verschieden) in der Tradition eines „hellenistischen" Stils ätherisch vor hellblauem Grund. Maria selbst, mit überlängtem Körper in hieratischer Frontalität und doch von zart modelliertem Inkarnat, ist als Thronende zugleich *thronus sapientiae* (Thron der Weisheit), Christus scheint mit seinem belebten kindlichen Gesicht in die Zeitlichkeit hereingenommen. Durch den zum Betrachter gewendeten Papst werden die Zeitebenen des Bildes komplettiert und der ekklesiologische Unterton der Throngestalt konkretisiert.

Bilder der Maria Regina konnten in den Kontroversen mit Byzanz und später die Eigenständigkeit Roms und seiner Kirche signalisieren, insofern sich ihr Bischof in unmittelbarer Unterstellung unter eine himmlische Herrscherin präsentierte. Die Madonna della Clemenza ist die klassische Formulierung des Themas in der Ewigen Stadt geworden, was durch ihren Kultbildcharakter noch gesteigert wird.

Amato 1988. – Wolf 1990. – Belting 1990. Vgl. auch den Essay Wolf.

Rom, S. Maria in Trastevere

G. W.

*III–18 Säule des Kaisers Trajan

Rom, 113 nach Chr.

Die 38 Meter hohe Marmorsäule bildete einst das geistige Zentrum des von Apollodorus von Damaskus 107–113 nach Chr. errichteten Forums des Kaisers Trajan. Sie stand in einem von Säulen umgebenen Hof, der von den Flügelbauten der griechischen und der lateinischen Bibliothek flankiert wurde; durch diesen Hof gelangte man, von der Basilica Ulpia kommend, zu dem von Kaiser Hadrian erbauten Tempel des vergöttlichten Trajan. In dem mit Waffenreliefs und einer Inschrift geschmückten Sockel der Säule war einstmals die goldene Urne mit der Asche des Kaisers beigesetzt; auf der Spitze stand seine vergoldete Bronzestatue. Den aus 28 Trommeln zusammengesetzten Schaft bedeckt ein spiralförmig angebrachtes Reliefband, das auf einer Länge

III-17

*III-18

von ca. 200 m mit über 2500 Figuren die beiden Dakerkriege Trajans (101–102 und 105–106 nach Chr.) schildert. Eine Wendeltreppe im Innern gestattet es, die Plattform zu ersteigen. Jahrzehnte später, zwischen 176 und 193, ließen Senat und Volk von Rom beim Marsfeld ein ganz ähnliches Säulenmonument zu Ehren der Markomannensiege des Kaisers Marcus Aurelius errichten, das ebenfalls mit einem spiralförmig angebrachten Reliefband verziert ist und mit einer Statue des Kaisers bekrönt war.

Als sich Bernward zuerst 980–981, dann aber für mehrere Wochen Anfang 1001 in Rom aufhielt, hatte er mannigfache Gelegenheit, die antiken Monumente zu besichtigen. Zu dieser Zeit waren die gewaltigen Bauten der Kaiserforen und die Tempelanlagen im Marsfeld schon weitgehend verfallen; lediglich die beiden Säulen ragten – ohne die ehernen Kaiserstatuen – einsam aus den sie umgebenden Trümmerfeldern empor. Bei der Trajanssäule befand sich eine kleine Kirche des hl. Nikolaus *sub columpnam Traianam*, die zum Sprengel von SS. Apostoli gehörte – jener Kirche, in der im April 972, am Donnerstag nach Ostern, die Verlobung von Otto II. und Theophanu stattgefunden hatte. Die Markussäule war schon 955–956 durch die Päpste Agapitus II. und Johannes XII. dem Kloster S. Silvestro in Capite zu eigen gegeben worden. Wir dürfen annehmen, daß sich Bernward bei seinen Rundgängen durch die römischen Ruinen der vielfach ungenauen, aus älteren Regionenverzeichnissen und Stadtbeschreibungen kompilierten und mit allerlei Legenden ausgeschmückten Itinerare bediente, wie sie seit dem 7. Jahrhundert von Pilgern und Romreisenden benutzt wurden, um die Gräber der Märtyrer oder die antiken Sehenswürdigkeiten aufzufinden. Obwohl Thangmar, der seinen Bischof auf der zweiten Italienreise begleitet hat, nichts von den Romwanderungen berichtet, ist die Säule aus St. Michael – obgleich aus Bronze gegossen – doch ein beredtes Zeugnis für den tiefen Eindruck, den Bernward von den beiden römischen Triumphalsäulen empfangen haben mußte. Die Bernwardsäule (Kat. Nr. VIII-17) ist somit eines der frühen Zeugnisse für die in ottonischer Zeit wiedererwachende Antikenrezeption, wobei die Unterschiede zu den römischen Säulenmonumenten ebenso gravierend sind wie die Gemeinsamkeiten, die vor allem in der Übernahme des sich spiralförmig emporwindenden und mit erzählenden Darstellungen geschmückten Reliefbandes erkennbar werden. Die „Leserichtung" verläuft an den römischen Säulen von links unten nach

*III-19

rechts oben, wohingegen das Spiralband der Bernwardsäule im Uhrzeigersinn emporsteigt und eine umgekehrte Leserichtung aufweist. Ob sich die Bernwardsäule wie die römischen Vorbilder ursprünglich über einem Podest erhob, ist ungewiß. Sie trug über dem (erneuerten) Kapitell, das ebenfalls antiken Vorbildern folgt, ein Bronzekreuz und knüpfte hierin an spätantike christliche Säulenmonumente an. Mit der Nachahmung der römischen Säulenmonumente ist die Idee, die diesen innewohnte, nämlich Leben und Taten der vergöttlichten Kaiser in erzählender Weise zu verherrlichen, auf Leben und Taten Christi übertragen worden. Der Sinn der römischen Säulen erfährt so eine beziehungsreiche Verwandlung: die Bernwardsäule stand ursprünglich in der östlichen Vierung von St. Michael hinter dem Kreuzaltar; sie erhob sich dort wie ein Siegesmonument und verkündete den Triumph Christi.

Gregorovius/2, 1, S. 710. – Haftmann 1939/2, S. 71–77. – Nash, 1, S. 283–286, Abb. 334–337 (Trajanssäule); S. 450–456 (Trajansforum); S. 276–279, Abb. 327–330 (Markussäule).

A. E.

*III-19 Die Engelsburg und die Engelsbrücke in Rom

Im Jahre 135 n. Chr. ließ Kaiser Hadrian (117–138) am westlichen Tiberknie den *pons Aelius* – die spätere Engelsbrücke – und auf dem gegenüberliegenden Ufer ein riesiges Mausoleum für sich und seine Nachkommen errichten, das Antoninus Pius 139 vollendete. Vorbild war das im Marsfeld gelegene Mausoleum des Kaisers Augustus. Über einem quadratischen Sockel von jeweils 89 m Seitenlänge und 15 m Höhe erhebt sich ein etwa 21 m hoher Rundbau mit dem gewaltigen Durchmesser von 64 m. Den oberen Abschluß bildete wohl ein umlaufender, mit Statuen geschmückter Säulenkranz. Darüber erhob sich vielleicht ein von Pinien bewachsener Erdkegel, auf dessen Spitze das eherne Viergespann des Sonnengottes oder eine Statue Hadrians stand. Der gewaltige Quaderbau war mit kostbaren Marmorplatten verkleidet. Im Innern steigt eine spiralförmig gewundene und überwölbte Rampe zur kaiserlichen Grabkammer und zur Plattform empor. In der Grabkammer stand einstmals der Porphyrsarkophag Kaiser Hadrians, den Papst Innocenz II. († 1143) entfernen ließ und zu seiner eigenen Bestattung wählte. Von der Brücke führte ein von vier Travertinpfeilern gesäumter Weg zum Eingang des Mausoleums. Auf den Pfeilern sollen eherne und vergoldete Pfauen gesessen haben, von denen zwei erhalten sind; sie wurden wohl unter Papst Stephanus II. (752–757) auf dem Tabernakel des berühmten Pinienbrunnens („Cantharus") im Atrium von Alt-St. Peter wiederaufgestellt (vgl. Kat. Nr. III-3) und befinden sich heute in den Vatikanischen Museen. Unter Kaiser Honorius (395–423) wurde das Mausoleum zu einem gewaltigen Brückenkopf ausgebaut. Seither diente es als Festung und hat zahlreiche bauliche Veränderungen erfahren. Beim Ansturm der Ostgoten 537 ließ der byzantinische Befehlshaber die Statuen zerschlagen und auf die Angreifer niederschmettern. Während einer Bittprozession anläßlich der Pest des Jahres 590 soll der Erzengel Michael, über der Festung schwebend, Papst Gregor dem Großen erschienen sein und das baldige Ende der Seuche verkündet haben, indem er sein Schwert in die Scheide zurückstieß. Wohl bald danach wurde dem Erzengel auf der Höhe des Mausoleums eine Kapelle errichtet, worauf sich allmählich der bis heute gebräuchliche Name „Engelsburg" (Castel Sant'Angelo) einbürgerte. Im Februar 997 hatte der römische Patrizier Johannes Crescentius den einstigen Lehrer Ottos III., Ioannes Philagathos (vgl. Kat. Nr. II–24), zum Gegenpapst (Johannes XVI.) gemacht und sich selbst zum Herrn der Stadt Rom erhoben. Kaiser Otto III. zog daraufhin nach Italien, feierte das Osterfest 998 in Rom und belagerte Crescentius in der Engelsburg. Am 29. April ließ er ihn dort gefangennehmen und enthaupten. Ioannes Philagathos wurde grausam verstümmelt und auf das schimpflichste seiner angemaßten Papstwürde entkleidet.

Bernwards Rombesuche 980–981 und 1001 lagen vor und nach diesen politischen Ereignissen. Über den Anblick, den die Engelsburg zu jener Zeit bot, besitzen wir nur spärliche Nachrichten. So schrieb Liudprand von Cremona (Antapodosis III, 45): „Am Eingang in die Stadt Rom steht ein Festungswerk, ein Bau von wunderbarer Ausführung und wunderbarer Stärke, vor dessen Tor eine prächtige Brücke über den Tiber errichtet ist ... Das Kastell selber aber, um vom übrigen zu schweigen, ist von einer solchen Höhe, daß die Kirche, die dem Erzengel Michael, dem Fürsten der himmlischen Heerscharen, zu Ehren oben auf der Krönung erbaut ist, den Namen »Kirche des heiligen Engels in der Himmelshöhe« (*sancti Angeli ecclesia usque ad caelos*) trägt."

Cecchelli 1947. – Cecchelli 1951. – Nash, 2, S. 44–48. – d'Onofrio 1978.

A. E.

III–20 Rom-Karte des Fra Paolino da Venezia

Frühes 14. Jahrhundert

46 x 31 cm. – Pergament mit farbig getönter Federzeichnung.

Zwischen 1312 und 1320 schrieb der Franziskanermönch Paolino da Venezia, der 1344 als Bischof von Pozzuoli (bei Neapel) starb, eine umfangreiche Weltgeschichte, die er anschließend noch zweimal umgestaltete und erweiterte. Den beiden Umarbeitungen fügte er eine Rom-Karte hinzu: den ältesten mittelalterlichen Plan der „Ewigen Stadt", welcher sich erhalten hat. Ausgestellt ist die Rom-Karte der dritten Version (Cod. Vat. lat. 1960, fol. 270v); die nur wenige Jahre frühere, nahezu identische der zweiten Version befindet sich in Venedig (Bibl. Marciana, Cod. Zan. lat. 399, fol. 98r).

Das Blatt ist kein Stadtplan im modernen Sinn, sondern gibt Rom in Aufsicht wieder, wobei bezüglich der eingezeichneten Gebäude die Blickrichtung wechselt. Das Stadtbild ist nicht wie auf unseren Karten nach Norden ausgerichtet, sondern nach Osten (oben) bzw. Westen (unten). In merkwürdiger Weise verbinden sich reale kartographische Information und fiktive Aus- und Umgestaltung, wie sie literarisch in den unterschiedlichen Fassungen der „Mirabilia Romae" und der „Graphia aureae urbis Romae" vorlagen. Schon die Oval-Gestalt des Planes besitzt wirklichkeitswidrigen Charakter; der Mauer-Verlauf wird im unteren und im linken Teil des Planes falsch wiedergegeben; die Benennung der Stadttore ist teilweise unrichtig. Aber zahlreiche Angaben sind durchaus zutreffend; ein hohes Maß an Autopsie muß dem Zeichner des ursprünglichen Planes zugebilligt werden, denn die Rom-Karte geht auf eine verlorene ältere des frühen 13. Jahrhunderts zurück, die jedoch bis auf geringe Ausnahmen (Torre delle Milizie) noch das Stadtbild der Zeit Bernwards widerspiegeln dürfte.

Farblich ausgetuscht und dadurch besser sichtbar gemacht sind die sieben klassischen Hügel – wobei Viminal und Quirinal als Doppelhügel gezeichnet sind und der zu sehr nach rechts versetzte Palatin in der venezianischen Handschrift deutlicher hervortritt als in der römischen; unmittelbar über dem Besitzstempel hätte der darauf befindliche Gebäudekomplex des *Palacium maius* (Kaiserpalast) eingefärbt werden müssen – sowie der ins Stadtbild einbezogene Pincio (oben links) und der Gianicolo (unterhalb des durch blaue Farbgebung gekennzeichneten Flusses). Die Tiber-Insel ist deutlich auszumachen. Von der Stelle, wo der Fluß im Norden (links) in das Befestigungsoval eintritt, bis zur Höhe des Gianicolo bestand in Wirklichkeit nur zwischen Engelsburg

III–20 fol. 270v ▷

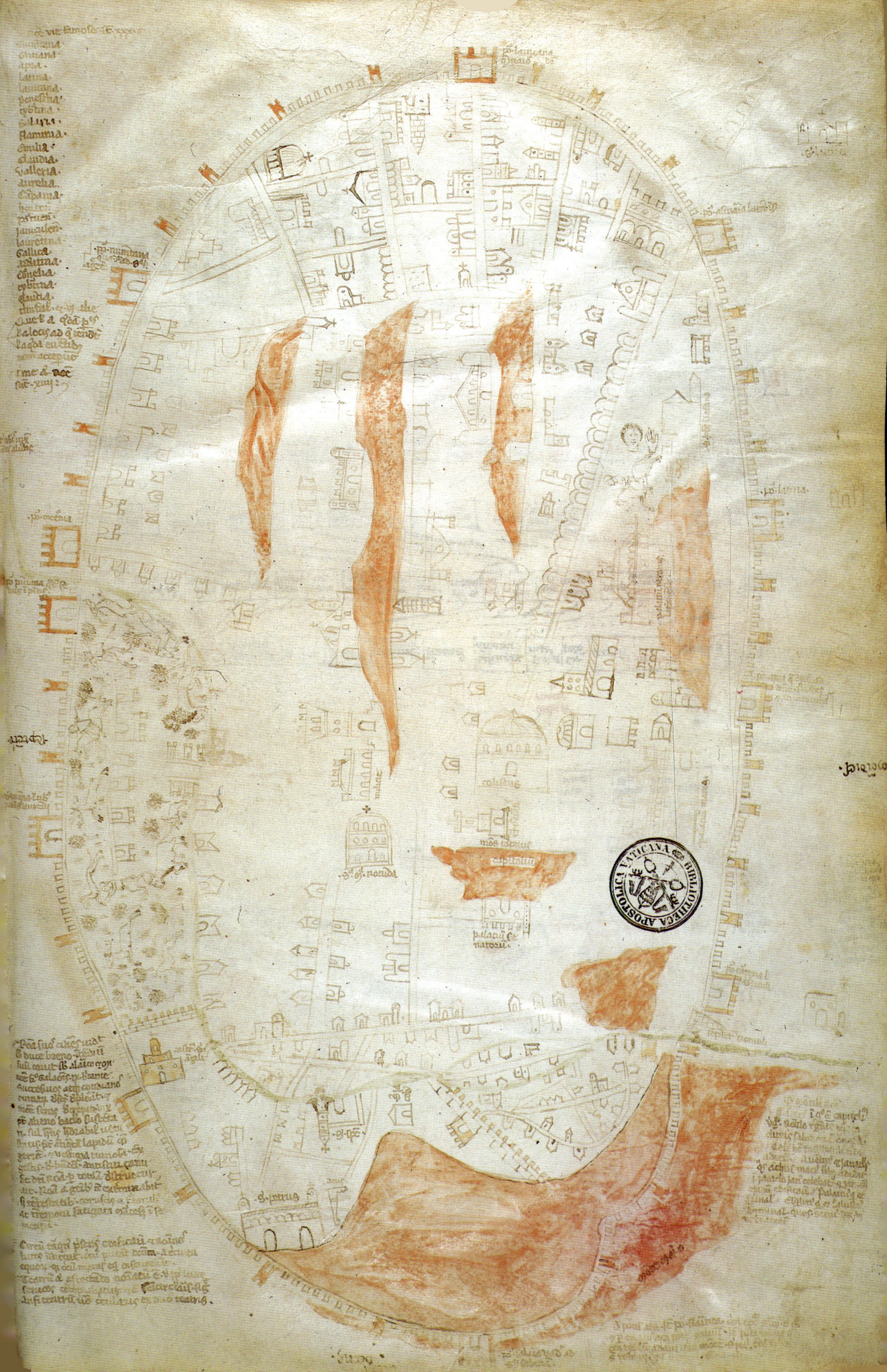
Capitoliu
S. petrus
BIBLIOTHECA APOSTOLICA VATICANA

und Sankt Peter eine Befestigung um den Vatikan-Distrikt (sog. Leo-Stadt); deren südliche Begrenzungsmauer fehlt auf der Karte. Die antik-mittelalterliche Stadtbefestigung verlief hier auf der anderen Tiberseite. Doch mag auf dem Areal des heutigen Stadtteils Prati (*Prata Neronis*) zwischen dem Fluß und einer äußeren Landwehr durchaus ein Tiergarten bestanden haben, über den jedoch nichts Näheres überliefert ist. Die Abschnittsmauer zwischen Gianicolo und Tiber nördlich von Trastevere ist richtig eingezeichnet, das Tor allerdings nicht benannt; es handelt sich um die *Porta Septimiana*. Eine Reihe wichtiger Gebäude wird durch Namensangabe kenntlich gemacht, so *Sancta Maria Rotunda* (Pantheon), *Palacium Senatoris* (Kapitolspalast), *Palacium Neronis Lateranense* (der fälschlich auf den nahegelegenen Celio versetzte Lateranspalast), über dem sich San Giovanni in Laterano befindet, die dem 12. Jahrhundert zugehörige Torre delle *Milicie*. Bei der wie eine Arkade anmutenden Bogenfolge von der Blattmitte nach rechts oben handelt es sich um die Aqua Claudia, eine antike Wasserleitung. Die äußeren Beischriften listen teilweise in Anlehnung an die älteren Texte der „Mirabilia" und der „Graphia aureae urbis" Straßen, Gebäude und Kirchen auf. Freilich erweist sich der Realitätsgrad des Planes in der venezianischen Handschrift im ganzen wie im Detail als größer als der des (ausgestellten) römischen Codex.

Rossi 1879. – Simonsfeld 1893. – Holtzmann 1926. – Degenhart/Schmitt 1973. – Krautheimer 1980. Zuletzt zum Thema, aber ohne Beziehung zum Plan des Paolino da Venezia: Schieffer 1992. Vgl. auch den Essay von Werner Goez.

Città del Vaticano, Biblioteca Apostolica Vaticana, Cod. Vat. lat. 1960, fol. 270v

W. G.

IV

MAGISTRI ET CONFRATRES

Metropoliten und Bischöfe

„Die Bischöfe . . . waren weise und gebildet, mühten sich ständig zum Vorteil ihrer Untergebenen und halfen . . . im Reichsdienst, ohne dabei das Priesteramt zu vernachlässigen", lobte der Biograph Bischof Meinwerks von Paderborn noch im 12. Jahrhundert die ottonischen Reichsbischöfe. Sie betrachteten einander als Mitbrüder (*confratres*), wie es Bischof Bernward in der Gründungsurkunde des Michaelsklosters 1019 ausdrückte – mit ihnen hatte er 1011 seinen kirchlichen Vorgesetzten (*magister*) Erkanbald von Mainz zum Erzbischof geweiht. Das Bistum Hildesheim gehörte zum größten Metropolitanverband im Reich, dem Erzbistum Mainz. Insgesamt gab es im Reichsgebiet um 1000 (das über die heutigen sprachlichen wie nationalen Grenzen hinausreichte) sechs Metropoliten mit 33 ihnen unterstellten Bischöfen. Innerhalb der kirchlichen Hierarchie genossen die Erzbischöfe zwar einen Ehrenvorrang, hatten praktisch aber keine Eingriffsmöglichkeiten in die Bistümer ihrer Suffragane. Der Gandersheimer Streit Bernwards mit Erzbischof Willigis zeigt die unabhängige Stellung der Bischöfe gegenüber ihren Metropoliten mit aller Deutlichkeit.

Die Bistümer waren die tragenden Elemente der kirchlichen Organisation. Ebenso wichtig war ihre politische Funktion für die Königsherrschaft. Diese Rolle der Bischöfe war nicht neu; doch erst die Ottonen bezogen die Bistümer konsequent in ihre Herrschaftsordnung ein. Die historische Forschung brachte dies auf die griffige Formel des „ottonischen Reichskirchensystems". Die Herrscher übten auf die Besetzung der Bischofsstühle großen Einfluß aus und ernannten bevorzugt Mitglieder der königlichen Hofkapelle, die selbstverständlich durchweg adeliger Herkunft waren und eine hervorragende Ausbildung in den Domschulen genossen hatten. Die Bistümer trugen zur Versorgung des im Reich umherreisenden Herrschers bei, und die Bischöfe folgten ihm mit Truppen auf Italienzüge und in andere kriegerische Unternehmungen. Der Reichsepiskopat stützte das Königtum, da alle Herrschaft ihren Ursprung in Gott hatte, auch ideell durch Rat und Gebet. Auf einer Synode in Dortmund verbanden sich König Heinrich II. und seine Frau mit zahlreichen Bischöfen, unter ihnen auch Bernward, zu einer Gebetsverbrüderung. Für ihre Dienste wurden sie reichlich mit Grundbesitz und weltlichen Herrschaftsrechten (Grafschafts-, Forstbannschenkungen, u. a.) ausgestattet; denn die Bischöfe der Ottonenzeit waren nicht nur kirchliche Oberhirten ihrer Diözese, sondern übten zugleich Herrschaft aus. Die Reichskirche war aber – dies muß einschränkend bemerkt werden – nicht vom Herrscher beliebig dirigierbar: es gab königsferne und königsnahe, wirtschaftlich starke und schwache Bistümer, und die Bischöfe ließen keineswegs immer eigene Interessen hinter denen des Reiches zurücktreten, galt es doch auch, auf die regionalen Machtverhältnisse, etwa übermächtige Adelsfamilien, Rücksicht zu nehmen.

Die Bischofsstädte waren Zentren der Herrschaft, Wirtschaft und Kultur. Neben der Bischofsresidenz und dem Domkapitel gab es weitere Stifte und Klöster, oft Stätten der Gelehrsamkeit und künstlerischen Produktion. Hier flossen die Einkünfte der Grundherrschaften zusammen, und hier konzentrierten sich Handel und Gewerbe. Die linksrheinischen Metropolen, u. a. Mainz, Köln und Trier, konnten dabei an römische Grundlagen anknüpfen. Andere, etwa die Bischofsstädte Sachsens, erlebten erst im 10. Jahrhundert einen Entwicklungsschub, ohne je die Bedeutung der spätantiken Bischofssitze zu erlangen. Aus der großen Zahl von Bischofsstädten und der noch größeren bedeutender Bischöfe der Zeit Bernwards kann in dieser Abteilung nur eine Auswahl präsentiert werden: Mainz unter Erzbischof Willigis, ein Zentrum von Handel und Gewerbe, Sitz einer nicht nur wirtschaftlich bedeutenden Judengemeinde und einer angesehenen Domschule; Trier, das unter Erzbischof Egbert ein herausragendes Kunstzentrum war; Metz, im Herzen Lothringens gelegen, das seit der Antike ein Zentrum der Metallkunst war, und Lüttich unter Bischof Notker, eine Stadt, aus der ebenfalls bedeutende ottonische Kunstwerke überliefert sind. Dies gilt auch für Köln unter Erzbischof Heribert – aus der dortigen Abtei St. Pantaleon holte Bischof Bernward den ersten Abt des Hildesheimer Michaelsklosters. Die gelehrten Bischöfe repräsentieren Burchard von Worms, der die erste große Sammlung des Kirchenrechts anlegte, und Thietmar von Merseburg, der bedeutendste Geschichtsschreiber der ausgehenden Ottonenzeit. Die Bistümer Reichsitaliens waren ebenfalls in das ottonische Reichskirchensystem einbezogen; hier war Bernwards Freund Leo von Vercelli eine Stütze kaiserlicher Politik unter Otto III. und Heinrich II.

E. B.

Mainz im 9. und 10. Jahrhundert

„*Maganga* ist eine sehr große Stadt, von der ein Teil bewohnt und der Rest besät ist." So charakterisiert der jüdisch-spanische Reisende Ibrahim ibn Ya'qub aus Tortosa die Stadt Mainz gegen 960, also dem vermutlichen Geburtsjahr Bernwards. Zu dieser Zeit zählte Mainz, ehemalige Hauptstadt der römischen Provinz Germania Superior und ältester Metropolitansitz Deutschlands, zu den bedeutendsten Städten des Reiches. Doch Ibrahims Formulierung offenbart, daß der größte Teil der ehemaligen ummauerten römischen Stadt noch im 10. Jahrhundert unbesiedelt war und nur landwirtschaftlich genutzt wurde. Lediglich zum Rheinufer hin gab es einen kleinen, etwa halbkreisförmigen Siedlungskern mit Kirchen und einigen Repräsentativbauten. Er lehnte sich innen an die Stadtmauer an und war von geringer wirtschaftlicher Bedeutung.

Aus der Vita Bernwardi ist zu schließen, daß Bernward mehrmals in Mainz weilte. Mit dem gleichen neugierigen Interesse, mit dem der junge Mann schon im Gefolge des Hofes Ottos II. und der Theophanu die Städte und Kunstwerke Italiens kennengelernt hatte, wird er die Stadt am Zusammenfluß von Main und Rhein betreten und erforscht haben, „die die Alten *Mogontiacum* nannten" (Vita Columbani, Kap. 27) und die jetzt unter seinem Förderer und späteren Widerstreiter Erzbischof Willigis beträchtlich an Bedeutung zugenommen hatte.

Willigis war neben seiner außerordentlich einflußreichen politischen und geistlichen Stellung im Reich auch unumstrittenes Oberhaupt der Stadt selbst, für deren wirtschaftliches und kulturelles Gedeihen er sorgte, da dies wesentlich zu seiner politischen Unabhängigkeit beitrug. Der Erzbischof war Grundherr, Herr der Mauern und Tore, Bauherr von Kirchen, Klöstern und weltlichen Bauten, Inhaber von Markt, Zoll, Münze, gewiß auch von Gewerbebetrieben, war also auch Unternehmer, und er verwaltete die gräfliche Gerichtsbarkeit dieser Stadt.

Über die Topographie und das Aussehen des frühmittelalterlichen Mainz und sein städtisches Leben wissen wir nur wenig; die Schriftquellen verraten nur bedingt etwas darüber. Auch die archäologischen Quellen sind mehr als spärlich; neben den bedeutenden Schatzfunden höfischer Schmuckkunst (vgl. Kat. Nr. II-26 und IV-24 bis IV-26) geben erst die zahlreichen Lesefunde der Jahre 1981–82 aus der ‚Römerschiffsfundstelle' in der heutigen Löhrstraße einen gewissen Einblick in städtische Strukturen und in das ‚Alltagsleben'. Hier am Rheinufer, vor der ehemaligen römischen Stadtmauer, befand sich nach Ausweis karolingischer Schriftquellen und der angesprochenen Lesefunde ein wirtschaftlich bedeutendes und wohl lebhaft besuchtes Hafen- und Gewerbegebiet, das sich seit dem ausgehenden 6. Jahrhundet herausgebildet hatte. Es war in zahlreiche langschmale, zum Fluß hinabführende Grundstücke unterteilt, die im Besitz privater und kirchlicher Grundherren waren. Am Ufer befanden sich die Anlegestellen, wo die niedriggehenden Boote anlaufen und ihre Ladungen löschen konnten. Mitten durch die Grundstücke, parallel zur Stadtmauer, verlief die *via communis*, eine öffentliche Straße, die beidseits mit Lagerhäusern für die Waren, kleineren Gewerbetrieben sowie zugehörigen Verkaufsbuden bestanden war. Hier wird der rege Betrieb geherrscht haben, den Ibrahim schildert, und hier – vielleicht bei St. Gereon – ist auch das Viertel friesischer Kaufleute zu vermuten, das 886 abbrannte: *optima pars Mogontiae civitatis, ubi Frisiones habitabant, ... conflagravit incendio.*

Nach historischen Nachrichten und archäologischen Grabungen 1965–67 wurde in spätkarolingischer Zeit die rheinseitige Römermauer geschleift und durch eine neue Mauer 25 m weiter zum Fluß hin ersetzt, und zwar vermutlich von Erzbischof Hatto I. (891–913), „der dasselbe *Magontia* von seinem alten Platz fortgerückt und näher am Rhein aufgebaut" habe. Dies könnte unter anderem auch eine Folge des Brandes von 886 in der Friesensiedlung gewesen sein. Vielleicht bot der Brand den Anlaß, diesen „besten Teil der Stadt" und damit die zahlreichen Handels- und Gewerbebetriebe mit in die Stadtummauerung einzubeziehen. Allerdings wurden dadurch gleichzeitig die langen Grundstücke – wohl hinter den Laden- und Lagerbauten – durchschnitten, so daß der einfache Transport von den Anlegestellen zu den Warenlagern und Läden unterbunden war; er mußte jetzt durch Stadttore geführt werden. Dies wirkte sich vor allem auf die Zölle auf angelandete Waren und ihre Vermarktung wie auch auf andere Abgaben der durchreisenden Kaufleute aus, das heißt, der Erzbischof gewann beträchtliche zusätzliche Einnahmen.

Dieser Bereich lag also zu Bernwards Zeiten bereits *intra muros*. Die Lesefunde aus einem Teil dieses Viertels (Kat. Nr. IV-10 bis IV-22) zeigen, daß hier unter anderem auch kleine metallverarbeitende Handwerksbetriebe tätig waren, die einfachen Blei-

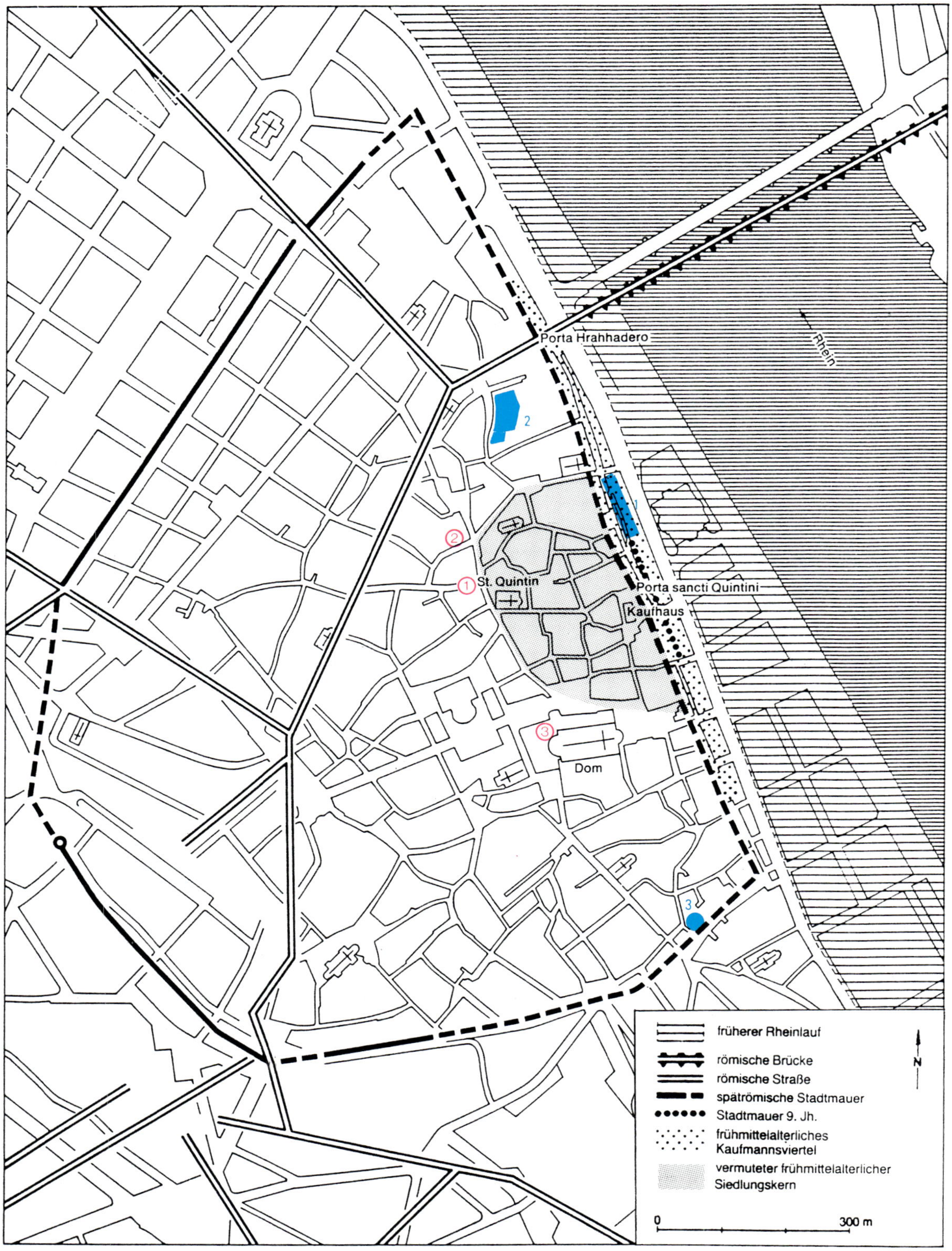

Mainz. Stadtplan mit vermutetem frühmittelalterlichem Siedlungskern und Kaufmannsviertel.
■ Fundstellen: 1 Löhrstraße („Hilton 2"); 2 Mitternacht („DRK"); 3 Holzstraße 19 („Kolpinghaus")
○ Spätottonisch-frühsalische Schatzfunde: 1 „Schatz der Kaiserinnen" von 1880; 2 Schatzfund von 1904; 3 Schatzfund von 1896

und Zinnschmuck nach dem Vorbild des erzbischöflichen Hofes mit seinen vielfältigen internationalen Kontakten produzierten und vor Ort verkauften. In der Glockengießerwerkstatt unweit der *Porta Hrahhadero*, die nach den Lesefunden aus der Baustelle ‚Mitternacht' im 11. Jahrhundert eine ganze Anzahl (mindestens 18) von Glocken fertigte, darunter sicher auch einige für Mainzer Kirchen selbst, wurden Glocken gegossen, wie sie in den skandinavischen (Haithabu/Schleswig) und slawischen (Starigard/Oldenburg) Missionsgebieten zum Einsatz kamen. Diese Werkstatt für ausschließlich kirchlichen Bedarf wird kaum ohne Billigung und Förderung des Mainzer Erzbischofs gearbeitet haben.

Das Bestreben Erzbischof Willigis' nach größerem wirtschaftlichem und politischem Einfluß zeigt auch die Erlangung des Münzprivilegs mit Bildnisrecht von Heinrich II., das Willigis allerdings durch Konzessionen an das Münzgewicht erkaufte (vgl. Kat. Nr. IV-23). Wollte er damit keinen Verlust machen, mußte er sehen, so viele seiner Prägungen wie möglich in Gebiete mit Gewichtsgeldwirtschaft zu verschaffen, das heißt, sich möglichst selbst im außerimperialen Fernhandel (wohl im Ostseebereich) unternehmerisch zu engagieren.

Spätestens seit der Jahrtausendwende ist eine Ausweitung des engeren frühmittelalterlichen Siedlungskerns von Mainz zu erschließen. Nicht nur die Glokkengießerwerkstatt, sondern auch die bedeutenden Schatzfunde mit Pretiosen des ‚kaiserlichen' Ornats (Kat. Nr. II-26, IV-24 bis IV-25) liegen außerhalb des vermuteten karolingischen Zentrums, also wohl in einem damaligen ‚Neubaugebiet'. Aber auch von der südlichen Stadtmauer in der heutigen Holzstraße und aus Mainz-Kastel am jenseitigen Rheinufer gibt es schon karolingerzeitliche Funde, so daß man nicht von einem ganz einheitlichen Siedlungsgebiet im Frühmittelalter ausgehen kann. Bernward indes lernte diese Stadt als eine expansive, wirtschaftlich agile und künstlerisch innovative Metropole internationalen Charakters kennen, in der der Erzbischof als Stadtherr eine entscheidende Rolle spielte.

Auf dem vorliegenden Plan sind nur die urkundlich erwähnten Tore und Kirchen aufgeführt, darunter gesondert die von Bernwards Zeitgenossen Erzbischof Willigis errichteten Kirchen, sowie die in dieser Ausstellung behandelten Fundstellen. Neben dem Fundplatz ‚Löhrstraße' (Hilton 2) ist hier das Grundstück ‚Mitternacht' (DRK-Neubau) zu erwähnen, wo im 11. Jahrhundert eine Glockengießerei tätig war. Darüber hinaus sind die drei spätottonisch-frühsalischen Schatzfunde markiert.

Entwurf: Egon Wamers, nach Vorgaben von Ellmers, Esser, Falck. Zur Topographie des Uferbereichs des frühmittelalterlichen Mainz: Ellmers 1984. – Esser 1969, S. 132–140. – Falck 1972. – Wamers 1993. – Zur Glockengießerwerkstatt: Drescher 1992.

E. W.

IV-1 Willigiskasel

Byzanz oder Vorderer Orient und Deutschland, um 1000

H. 165 cm; Saumumfang 520 cm. – Gelbes Seidengewebe (Samit in Köper 1/2 S mit sog. geritztem Muster. Kette: 1:2, Z-Drehung, gelb; 16–17 Binde-, 32–34 Hauptkettfäden/cm. Schuß I und II: ohne erkennbare Drehung, gelb; 48 Passées/cm). Brettchenborte aus Seide (rot, weiß, blau) und Goldfaden.

Zwei heute noch erhaltene hochmittelalterliche Meßgewänder sind mit dem Namen des Erzbischofs Willigis, der ganze 36 Jahre lang (975–1011) den Mainzer Metropolitanstuhl innehatte, verbunden. Aus sehr ähnlichen, gelb gemusterten Seidenstoffen

IV-1 Musterdetail

genäht, stammen sie beide aus von Willigis gegründeten Mainzer Stiften: dasjenige im Bayerischen Nationalmuseum (Inv. Nr. 11/170) kommt aus St. Victor und gelangte über die Schloßkirche in Aschaffenburg nach München, dasjenige im Bischöflichen Dom- und Diözesanmuseum in Mainz, das hier gezeigt werden kann, wurde bis 1962 in St. Stephan verwahrt.

Beide Gewänder sind in der frühmittelalterlichen „Glockenform" geschnitten, als Halbkreis, der in der vorderen Mitte mit einer Naht geschlossen wird. Die Rückseite des Gewandes ist die Schauseite, dort steht das Muster senkrecht. Bei beiden Willigiskaseln handelt es sich um ein fließendes Dessin aus gegenläufig aufsteigenden Wellenbändern – ein verbreitetes Schema, für das sich der Begriff „Spitzovalmuster" eingebürgert hat. Während bei dem Gewand in München, wie bei den weitaus meisten solchen Geweben, die Füllungen der Spitzovale reihenweise wechseln, hebt sich die Kasel aus St. Stephan durch ihre durchweg gleichen Füllungen ab (ein Kranz von wulstigen Blättern umgibt einen gepunkteten Kreisrahmen, dieser wiederum eine Palmette mit eingerollten Blättern). Auch die erheblich größere Ausführung des Musters (Rapportmaße H. 55–62 cm, B. 30–36 cm gegenüber der ansonsten geläufigen Musterhöhe von etwa 25–35 cm) zeichnet die ausgestellte Kasel aus. Geschmückt ist sie im Nacken mit einem Stück Goldborte (21,5 x 3,6 cm).

Derart einfarbig gemusterte Seidengewebe, deren Zeichnung so gewebt ist, daß sie fast wie eingraviert wirkt, werden anschaulich als sogenannte „geritzte" Seiden bezeichnet. In großer Zahl sind sie in europäischen Kirchenschätzen erhalten geblieben, manchmal als Reliquienhüllen, oft aber auch als ganze Gewänder und häufig mit dem Namen herausragender Kirchenfürsten verknüpft. Zwei Seidenkaseln (und eine dritte, leinene) in Augsburg beispielsweise sollen vom heiligen Bischof Ulrich (reg. 923–973) getragen worden sein, der Klosterschatz von Niederalteich verwahrt eine Kasel des hl. Godehard (Abt von Niederalteich 996–1022), dem späteren Nachfolger Bernwards auf dem Hildesheimer Bischofsstuhl († 1038). Besondere Bedeutung für die Textilforschung haben – ihrer sicheren Datierung wegen – die Gewänder aus dem Grab des Papstes Clemens II. († 1047) in Bamberg: Kasel und Tunika des reichen Ornates tragen eine sogenannte „geritzte" Musterung.

Ihre Erhaltung verdanken die Gewänder meist der Tatsache, daß sie zu Sekundärreliquien wurden, viele der prominenten Reichsbischöfe der Ottonenzeit wurden zumindest lokal als Heilige verehrt. Wenn auch die Zuschreibungen in der Regel kaum nachprüfbar und oft von legendären Zügen – besonders beliebt die angebliche „unversehrte" Auffindung bei der Erhebung des Heiligen – geprägt sind, kann die Textilforschung in vielen Fällen und so auch bei der Mainzer Willigiskasel zumindest die Datierung bestätigen. Innerhalb der verschiedenen, sogenannt „geritzten" Spitzovalmuster gehören beide Willigiskaseln zu der älteren Gruppe (als Vertreter der jüngeren sei die sogenannte Bernhardkasel in Xanten genannt). Einen zeitlichen Anhaltspunkt für erstere bieten vor allem die Beinlinge Kaiser Konrads II. († 1039), des Nachfolgers Heinrichs II., aus dessen Grab in Speyer. Aber auch von diesen hebt sich die Mainzer Willigiskasel durch ihre immer gleichen Spitzoval-Füllungen ab. Vergleichbar scheinen darin nur die sogenannte ältere Kasel des hl. Wolfgang († 994) im Domschatz von Regensburg, deren dunkelblaue Seide ein Muster aus Sechsecken mit immer gleicher Binnenzeichnung aufweist, und vermutlich auch der weiße Grundstoff des goldgestickten Kunigunden-Chormantels in Bamberg. Einer Datierung der Willigiskasel um 1000 steht von daher nichts im Wege. Es ist ohne weiteres denkbar, daß die Kasel zu der Erstausstattung des um 990/992 von Willigis gegründeten und später zu seiner Grablege bestimmten Kanonikerstiftes St. Stephan gehört hat. Die bis ins Spätmittelalter zurückreichende Tradition, daß das Gewand in seinem Grab gefunden worden sei, ist aufgrund des Erhaltungszustandes des Gewandes aber nicht haltbar.

von Falke 1913/1, 2, S. 9, Abb. 231. – Müller-Christensen 1960, S. 57–60, Abb. 71. – Strate/Völker 1975. – Jung 1990. – Kat. Speyer 1992, S. 330–331, Abb. S. 319 (Mechthild Schulze-Dörrlamm). – Zu der Willigiskasel in München: Durian-Ress 1986, S. 17–19 Nr. 1. – Zu den Beinlingen Konrads II.: Müller-Christensen 1972, S. 933–935, Abb. 1445, 1452, 1453.

Mainz, Bischöfliches Dom- und Diözesanmuseum, Inv. Nr. T 005

R. S.

IV–1

*IV–2

*IV–2 Siegel Erzbischof Erkanbalds von Mainz

Fulda, 12. Jahrhundert

Durchmesser ca. 5 cm. – Braunes Wachs mit Wachsrand, oben Abdruck der Handhabe.

Umschrift: *ERKANBALDVS ARCHIE(pisco)P(u)S*

Erkanbald, ein Verwandter Bischof Bernwards von Hildesheim, war von 997 bis 1011 Abt von Fulda. Nach seiner Ernennung zum Erzbischof von Mainz durch König Heinrich II. ließ er sich am 1. April 1011 durch Bernward zum Bischof weihen; er starb 1021. Das Siegel, das ihn als kleine Profilfigur mit erhobenem Hirtenstab in der Linken und einem Evangelienbuch in der rechten Hand zeigt, gilt, wie die zugehörige Urkunde, als Fälschung des 12. Jahrhunderts. Der Stempelschneider hat offenbar versucht, seiner Arbeit ein höheres Alter zu verleihen. Profilsiegel, auf Kopf und kurze Büste beschränkt, finden sich als Erbe der antiken und karolingischen Gemmensiegel noch lange im 10. Jahrhundert, wie auch die Könige bis zum Königssiegel Ottos des Großen (Kat. Nr. I–1) sich in dieser Form auf ihren Siegeln darstellen ließen. Später wurden frontale Brustbilder üblich. Von Erkanbalds Vorgänger auf dem Mainzer Erzstuhl, Willigis (975–1011), ist von einer Urkunde des Jahres 1006 ein Siegel mit kleiner frontaler Büste und einem Hirtenstab in der rechten Hand – zwar nicht mehr im Original, aber doch in einem verläßlichen Abguß – überliefert. Auch die Erzbischöfe von Trier und Köln ließen sich in der zweiten Hälfte des 10. Jahrhunderts, soweit wir ihre Siegel kennen, in ähnlicher Weise darstellen.

Von Erkanbald ist ein Originalsiegel aus seinen Pontifikatsjahren nicht erhalten und auch nicht durch Abbildungen oder durch Beschreibung bekannt, so daß wir nicht wissen, ob der Fälscher des 12. Jahrhunderts sich an einem echten Siegel orientiert hat. Urkunden sind im 12. Jahrhundert in großer Anzahl gefälscht worden, so daß viele der angeblichen Bischofsurkunden ältester Zeit erst auf diese Zeit zurückgehen. Dabei mußte in der Regel, konnte man nicht ein echtes Siegel von einer unwichtig gewordenen Urkunde übertragen, auch ein Siegel, und das heißt praktisch ein Siegelstempel, in betrügerischer Absicht hergestellt werden.

Das 1877 in der Gegend von Emden auf freiem Feld gefundene Schiefer-Typar mit dem en face-Brustbild eines Bischofs, das früher Erzbischof Adaldag von Bremen (937–988) zugeschrieben wurde und neuerdings mit freilich wenig überzeugenden Gründen mit Erkanbald in Verbindung gebracht worden ist (zuletzt Kat. Speyer 1992, S. 338, Nr. 6 [Alfred Löhr]), dürfte am ehesten ein solcher im Mittelalter zu Fälschungszwecken hergestellter Ersatzstempel sein. Dazu würde auch passen, daß sich auf der ursprünglich zugehörigen, heute verlorenen Rückseite ein zweites Bischofssiegel – offenbar als Alternative oder für weitere neu anzufertigende Bischofsurkunden – befand. Welchem Bischof es untergeschoben werden sollte, bedürfte noch weiterer Untersuchung.

Posse 1914, S. 42, Nr. 5 und Taf. 1, Nr. 5. – Urkundenbuch Mainz, Nr. 251.

Marburg, Hessisches Staatsarchiv, Urkunde für Fulda: 1011 Juni 14

R. Ka.

IV–3 Ring des Erzbischofs Aribo von Mainz († 1031)

Mainz, zwischen 1021 und 1031

Durchmesser 2,6 cm. – Gold, Niello, Saphir.

Der Ring besteht aus einer glatten Schiene mit einem ovalen Ringkopf. Dieser trägt einen gemugelten Saphir, der von einer glatten, oben gezackten Kastenfassung gehalten wird. Der Rand des Ringkopfes zeigt die Inschrift *Aribo archiep(iscopus)* (Erzbischof Aribo). Beim Ring Aribos handelt es sich um den einzigen hochmittelalterlichen Bischofsring, bei dem der Name nicht in die Ringschiene, sondern in den Ringkopf eingetragen ist. Hierin schließt er an byzantinische Vorbilder an, die allerdings als Siegelringe dienten; diese Funktion dürfte der Ring Aribos indes nicht besessen haben.

Als Aribo im Jahre 1021, nach dem Tod des Mainzer Erzbischofs Erkanbald, zu dessen Nachfolger gewählt wurde, weihte ihn Bischof Bernward von Hildesheim zum Priester. Aribos Versuch, Gandersheim neuerlich zu beanspruchen – zum Jahreswechsel 1006/7 war der Gandersheimer Streit nach jahrelangem Ringen endlich beigelegt worden, wobei Erzbischof Willigis von Mainz, Aribos Vorvorgänger, auf Gandersheim zugunsten von Hildesheim verzichtet hatte –, wies Bernward erfolgreich zurück.

Der Ring wurde Erzbischof Aribo ins Grab mitgegeben, 1927 wurde er diesem entnommen.

Strempel 1928, S. 83, Abb. 114a, b. – Arens 1958, S. 8, Taf. I. – Arens 1965/1966, S. 119 f. – Kat. Mainz 1975, Nr. 30, Abb 32 (Alexander von Knorre). – Schulze-Dörrlamm 1991/1, Taf. S. 106, Nr. 29, et passim. – Kat. Speyer 1992, S. 335, Nr. 1, Abb. S. 337 (Mechthild Schulze-Dörrlamm).

Mainz, Bischöfliches Dom- und Diözesanmuseum, Inv. Nr. S 062

M. P.

IV-3

IV-4 Evangeliar

Mainz, Anfang 11. Jahrhundert (vor 1011)

29,0 x 26,0 cm, 171 Blätter. – Deckfarben auf Pergament.

Die Handschrift enthält die vier Evangelien, jedes Evangelium, außer Matthäus, mit Argumentum und Breviarium. Sie war ursprünglich wahrscheinlich ungeschmückt und enthielt den Text der Evangelien bis Jo 18,37, der dann von verschiedenen Schreibern vollendet wurde. Der Buchschmuck (Kanontafeln, Miniaturen und Zierseiten) wurde auf eigenen Lagen hinzugefügt. Dabei wurden bereits vorhandene Textblätter durch neue ersetzt. Bereits die erste Lage, ein Quaternio, verdankt sich dieser Erneuerung und Vervollständigung: die zwölfteilige Folge von Kanontafeln (fol. 1r-6v), die Incipitseite (fol. 7r), das Matthäusbild mit dem ersten Wort des Evangeliums: *LIBER*, das der Evangelist auf die von seinem Symbol, dem Engel, gehaltene Rolle schreibt (fol. 7v) und die Fortsetzung des Evangelientextes mit der dem Evangelistenbild gegenüberliegenden Zierseite (fol. 8r). Hinzugefügt ist auch die Zierseite mit dem Beginn des Markusevangeliums (fol. 47r), das Markusbild (fol. 47v) und die gegenüberliegende Zierseite mit der Fortsetzung des Markustextes (fol. 48r). Vor dem Lukas- und vor dem Johannesevangelium wurde die Handschrift ihres nachträglich zugefügten Buchschmucks wesentlich später wieder beraubt: ausgeschnitten wurden das Lukas- und das Johannesbild sowie der Beginn dieser beiden Evangelien; erhalten ist nur jeweils die Zierseite mit der Fortsetzung des Evangelientextes (fol. 79r, 125r). Von der verlorenen Incipitzierseite zum Lukasevangelium zeugt ein Abklatsch auf fol. 78v. Die Handschrift gehört zu einer Gruppe von unter Erzbischof Willigis von Mainz (975-1011) hergestellten Bilderhandschriften, und zwar steht sie eher am Ende dieser Reihe, die mit dem Gebetbuch Ottos III. (Pommersfelden, Schloßbibliothek, Cod. 347 [2940]) beginnt.

Das Evangeliar war vom 12. Jahrhundert mindestens bis zum Jahre 1656 im Besitz der Kathedrale von Laon. 1811 wurde sie von Pater H. Huntjens, einem Angehörigen des Dominikanerklosters in Nij-

IV-4 fol. 7v

megen, erworben und gelangte von dort vor etwa 15 Jahren in die Koninklijke Bibliotheek, Den Haag.

van der Gouw 1957. – Hoffmann 1986/1, S. 239. – Otto 1986. – Lauer 1987.

Den Haag, Koninklijke Bibliotheek, Cod. 135 F 10

U. K.

IV–5 Niedersächsisches Evangeliar des Mainzer Domschatzes

Niedersachsen, 1. Viertel des 11. Jahrhunderts

21 x 16,5 cm, 230 Blätter. – Pergament mit Deckfarben.

Die Handschrift enthält die vier Evangelien mit Vorreden, eine zwölfseitige vollständige Folge von Kanontafeln (fol. 9r–14v), ein *Capitulare evangeliorum,* in Gold und Silber gerahmte Bilder der vier Evangelisten (fol. 16v, 75v, 113r, 171v) und kleine rote und grüne Initialen. Die Kanontafeln bestehen aus vierteiligen Arkadenreihen ohne figürlichen Schmuck.

Außer dem des Markus, das unmittelbar an das Ende des Markus-*Breviarium* anschließt und nur die Hälfte der Seite einnimmt, sind die Evangelistenbilder ganzseitig. Alle vier Evangelisten thronen vor purpurfarben gemusterten Hintergründen, die jedoch nicht bis zum oberen himmlischen, in zwei Streifen blau und grün markierten Teil der Miniatur hinaufreichen. Sie schreiben den Anfang ihres Evangeliums auf Buchrollen, Matthäus: *LIBER GENERATIONIS,* Markus: *ECCE MITTO ANGELU(M) MEU(M),* Lukas: *FVIT IN DIEBVS HERODIS REGIS,* Johannes: *IN PRINCIPIO ERAT VERBVM.* Jeweils in der rechten oberen Ecke der Evangelistenbilder ist ein Viertelkreissegment mit dem betreffenden Evangelistensymbol. Jedes der vier Wesen trägt drei Flügelpaare, die von Augen übersät sind (Ez 10,12; Apk 4,8); sie halten einen Codex und wenden sich von oben herab dem Evangelisten zu. Verschiedene ikonographische Besonderheiten, nämlich die Symbole in Kreissegmenten, ihre von Augen übersäten Flügel, die mit dem Evangeliumsbeginn beschriebenen Buchrollen in den Händen der Evangelisten, weisen auch die beiden Evangelistenbilder auf, die in dem Mainzer Evangeliar in Den Haag (Kat. Nr. IV-4) erhalten geblieben sind. Da auch das *Capitulare evangeliorum* von dem des Evangeliars in Den Haag abhängig ist – sogar die falschen Kapitelangaben der Lesungen wurden kopiert und danach korrigiert –, kann angenommen werden, daß das in Den Haag befindliche Mainzer Evangeliar bei der Herstellung des Evangeliars des Mainzer Domschatzes Kautzsch Nr. 1 als Vorlage benutzt wurde. Dabei schufen die niedersächsischen Maler keine sklavische Kopie, sondern ein Werk, das, etwa mit der Haltung und Gewandbildung der Evangelisten und mit der Musterung der Hintergründe, im Sinne der von den Malern mitgebrachten Werkstatt-Traditionen der Vorlage gegenüber Eigenständigkeit beweist. Bemerkenswert ist die Ähnlichkeit der Evangelisten mit denen des Evangeliars aus dem Bremer Domschatz (Kat. Nr. VI–72). Das Abhängigkeitsverhältnis des Evangeliars des Mainzer Domschatzes Kautzsch Nr. 1 von dem Mainzer Evangeliar in Den Haag wurde gelegentlich in umgekehrter Richtung gesehen (Lauer 1975).

IV–5 fol. 16v

Daß das Evangeliar ursprünglich für den Dom oder für St. Stephan zu Mainz hergestellt wurde, ist nicht unwahrscheinlich.

Kautzsch/Neeb 1919, S. 366 Nr. 1 (Rudolf Kautzsch). – Usener 1957, S. 61–62 Anm. 9. – Storm 1966, S. 84–87. – Buddensieg 1967, S. 112 Anm. 38. – Lauer 1975, S. 58–63, 68 Nr. 8. – Kat. Mainz 1975, S. 284 Nr. 23, Abb. 28, 28a, b. – Bauer 1977, 1, S. XVII–XX Nr. 30–31; 2. S. 321 Anm. 468.– Hoffmann 1986/1, S. 243.

Mainz, Bischöfliches Dom- und Diözesanmuseum, Inv. Kautzsch Nr. 1 (= Nr. 974)

U. K.

IV–6 Kreuzgravur

Mainz, Anfang 11. Jahrhundert

16,6 x 11,5 cm. – Silber, teilvergoldet, graviert.

Auf der Vorderseite des kleinen Silberblechkreuzes ist eine Darstellung des Kruzifixus eingraviert. Ebenfalls eingraviert ist das Kreuz selbst mit außerordentlich breiten Kreuzbalken und der Titulus über dem Haupt Christi: *IHS/XRS.* Christus ist am Kreuz aufrecht stehend als Lebender mit ausgestreckten Armen dargestellt. Unterhalb des Suppedaneums wird ein Spornansatz sichtbar, der darauf hinweist, daß es sich bei der Vorlage für unser Werk um ein Steckkreuz handelt, wie es häufig etwa in der Fuldaer und Kölner ottonischen Buchmalerei, aber auch bei der Kreuzgravur auf der Rückseite des ottonischen Lotharkreuzes im Aachener Domschatz vorkommt. Lendenschurz, Nimbus und innere Kreuzbalken sind vergoldet.

Im Typus folgt der Kruzifixus byzantinischen Vorlagen der zweiten Hälfte des 10. Jahrhunderts (Elfenbeinarbeiten der sogenannten „malerischen Gruppe"). Byzantinischer Einfluß ist auch für die Buchmalerei in Mainz unter Bischof Willigis (975–1011) nachgewiesen worden. Stilistisch unmittelbar verwandt ist die Gravur den Illustrationen eines um 1000 entstandenen Mainzer Sakramentars, das heute im Mainzer Domschatz aufbewahrt wird (Kautzsch Nr. 4). Die Gemeinsamkeiten sind so eng, daß eine Entstehung des Kreuzes im unmittelbaren Umkreis der sogenannten Willigisschule, die ihren Sitz im Mainzer Albanskloster hatte, angenommen werden muß. Die früher vermutete Stilverwandtschaft mit der Kruzifixdarstellung auf der Rückseite des Stirnkreuzes der Wiener Reichskrone besteht jedoch nicht. Ebensowenig lassen sich Gemeinsamkeiten mit der großen Gruppe der Fuldaer ottonischen Goldschmiedekunst um das Basler Antependium

IV–6

(Paris, Musée National du Moyen Age, Thermes de Cluny) und die Aachener Pala d'oro feststellen. Bis heute geäußerte Vermutungen, daß sowohl die Fuldaer Gruppe als auch die Reichskrone möglicherweise in Mainz entstanden sind, lassen sich also im Vergleich mit dem kleinen Kruzifixus als einer mit großer Wahrscheinlichkeit in Mainz entstandenen Goldschmiedearbeit nicht nachvollziehen. Leider konnten bis heute keine weiteren Goldschmiedearbeiten im Umkreis unseres Kreuzes nach Mainz lokalisiert werden, sieht man von dem Rückdeckel eines ebenfalls in die Willigisschule gehörenden Evangeliars aus St. Mauritius in Mainz (Mainz, Stadtbibliothek, Cod. II,3) mit der ebenfalls gravierten Darstellung des hl. Mauritius ab. Die mangelhafte künstlerische Qualität dieses Werkes unterscheidet es jedoch erheblich von dem Kruzifixus, und so muß dieser Buchdeckel als Zeugnis für eine Mainzer ottonische Goldschmiedeschule außer acht gelassen werden.

Zur ursprünglichen Funktion des Kreuzes läßt sich kaum etwas sagen. Bis 1975 war es in offensichtlicher Zweitverwendung auf dem mit braunem Samt bezogenen Deckel (18. Jahrhundert) einer der ottonischen Hildesheimer Buchmalerei nahestehenden

Evangelienhandschrift im Mainzer Domschatz (Kat. Nr. IV–5) aufgenagelt. Ob es ursprünglich die Mitte eines verlorenen Prachteinbandes dieses Evangeliars oder vielleicht eher des oben genannten stilverwandten Mainzer Sakramentars (Kautzsch Nr. 4) schmückte, muß offenbleiben. Kruzifixdarstellungen im Zentrum mittelalterlicher Prachteinbände kommen häufig vor, ebenso die Technik der Gravur.

Swarzenski 1954, Nr. 72, Abb. 72. – Otto 1975, S. 63–66. – Lauer 1987, S. 185–187. – Hürkey 1983, S. 114 und Kat. Nr. 329a.

Mainz, Bischöfliches Dom- und Diözesanmuseum, Inv. Nr. S 1974

R. L.

IV-7 Mainzer Elfenbeinmadonna

Lotharingien oder Mittelrhein, um 1000

22 x 10 cm; 5,5 cm tief (einschließlich der Platte), offenbar aus einem Elfenbeinblock geschnitten. Die oberen Ecken und wohl auch ein überstehender Falz der Grundplatte abgesägt. Die Gruppe an den am stärksten vorstehenden Teilen – Füße, Knie, Gesicht des Jesusknaben und Nase der Mutter – stark bestoßen.

Unter einem von umwickelten Säulen getragenen Rundbogen mit seitlich um die Säulen geschlungenem Vorhang sitzt die Gottesmutter auf verziertem Thron mit Kissen völlig frontal, das Kind ebenso frontal, nur leicht aus der Achse gerückt, vor sich im Schoß haltend. Sie stützt es in der Höhe des Leibes mit der linken Hand und hat ihre Rechte flach geöffnet vor der Brust erhoben. Das Jesuskind legt seine Linke auf das Handgelenk der Mutter und hält die Rechte, die weder einen Segensgestus vollführt noch offenbar ursprünglich ein Attribut trug, vor den Leib. Maria trägt eine bodenlange Tunika, unter der edelsteinbesetzte Schuhe hervorkommen, ein dalmatikartiges und darüber ein etwas kürzeres Gewand, das wie die Dalmatik einen gestickten Mittelstreifen und verzierte weite Ärmel aufweist. Um das Haupt ist ein Schleier gelegt, der, über Schultern und Rücken geschlagen, auf der linken Seite herabfällt. Nur das Kind ist durch einen großen scheibenartigen Kreuznimbus ausgezeichnet. Der Thron Marias ist in zwei Etagen durch eingetiefte Fenster oder Nischen architektonisch reich verziert, wie wir das von Evangelistenthronen der Hofschule Karls des Großen, in dieser Form aber aus ottonischer Zeit nicht kennen. Die geböschte Sockellage, vor der das zweiteilige Suppedaneum liegt, ist mit Blättern belegt. Oberhalb des mit einer Perlschnur geschmückten und schwach profilierten Baldachinbogens ist der Rest eines Zinnenkranzes erkennbar.

Die Gruppe ist ungewöhnlich plastisch, fast wie eine Vollfigur gebildet. Maria berührt nur in der Mitte des Rückens und am Gesäß die Grundfläche. Arme und Schultern sind vollrund ausgearbeitet. Es ist die einzig erhaltene in dieser Art wie eine Freiskulptur behandelte Elfenbeinarbeit aus dem frühen Mittelalter. Im Rahmen der wenigen bekannten ottonischen Madonnenfiguren entspricht der Bildtyp der thronenden Figur mit dem frontal im Schoß gehaltenen Jesuskind am ehesten der Goldenen Bernwardinischen Madonna in Hildesheim (Kat. Nr. VII-32); nur die Armhaltung wird dort anders gewesen sein, die Kleidung weicht geringfügig ab.

Die stilgeschichtlichen Voraussetzungen der einzigartigen Figur dürften in der Entwicklung der lothringischen Elfenbeinskulptur am Ende des 10. Jahrhunderts zu suchen sein. Hier war die Tendenz zur Formverfestigung, zur kompakten, oft kubischen Plastizität vorbereitet. Überaus charakteristisch, wie die Gewandung der Gottesmutter und des Kindes durch das Lineament ihrer Säume zwar deutlich bezeichnet wird, aber mit dem Körper darunter zu einer geschlossenen Substanz verwachsen ist, ja als Mittel der Vereinheitlichung der Körperglieder eingesetzt wird. Der mächtigen Form des Hauptes, der Schultern und Knie steht, betrachtet man die Figur in der Seitenansicht, eine relativ flache, in Schichten aufgebaute Plastizität gegenüber. Hier werden offenbar Erfahrungen verarbeitet, die auch im Werk des in Trier arbeitenden und an Reichenauer Handschriften beteiligten Buchmalers, des Meisters des Registrum Gregorii, konstituierend wirkten. Carl Nordenfalk hat die Elfenbeinplastik sogar dem Maler als eigenhändiges Werk zuschreiben wollen. Doch wissen wir über Grenzen und künstlerischen Spielraum, der selbst den größten Künstlern der ottonischen Zeit zur Verfügung stand, zu wenig. Von allen erhaltenen Elfenbeinarbeiten dieser Zeit steht die Figur der thronenden Gottesmutter ohne Zweifel dem Werk des Gregor-Meisters am nächsten. Seine Wirkung auf die Malerei in Trier, darüber hinaus in Echternach, aber in der hier interessierenden stilgeschichtlichen Ausprägung sehr deutlich auch am Mittelrhein, war außerordentlich. Das zeigt die Udalricus-Gruppe, die im mittelrheinischen Kloster Lorsch lokalisiert wird, so daß die Elfenbeinmadonna auch außerhalb des engeren lothringischen Raumes am Mittelrhein entstanden sein kann.

Über die Provenienz des Stückes, das im Besitz des Mainzer Museums zum erstenmal durch Goldschmidts Elfenbeinkorpus aus dem Jahre 1914 bezeugt ist, ist ebensowenig bekannt wie über seine ursprüngliche Zweckbestimmung. Für einen Buchdeckel ist die Figur zu plastisch und auch zu schwer. Eine Verwendung als selbständige Skulptur ist bei der völlig glatten und absolut ungeschmückten Rückseite auszuschließen. Am ehesten dürfen wir sie uns im Zusammenhang einer größeren Goldschmiedearbeit - einem Altarantependium, vielleicht auch einem Altaraufsatz oder einem der frühen Reliquienschreine eingefügt - vorstellen. Nur wissen wir über das Aussehen solcher Gegenstände aus ottonischer Zeit beinahe nichts, da fast keines dieser Werke erhalten geblieben ist.

Goldschmidt, 2, Nr. 40. - Kat. Darmstadt 1927, Nr. 399. - Kat. Bern 1949, Nr. 171 (Albert Boeckler). - Kat. München 1950, Nr. 141 (Albert Boeckler). - Nordenfalk 1950, S. 75-76. - Wesenberg 1955/1, S. 59- 60. - Schnitzler 1957/1, Kat. Nr. 9. - Jahrtausend, Nr. 332 (Victor H. Elbern). - Fillitz 1962, S. 22. - Fillitz 1969, Kat. Nr. 105b. - Wesenberg 1970, S. 35-38. - Grodecki/Mütherich 1973, S. 306/07, 424 (Jean Taralon). - Gaborit-Chopin 1978, S. 87, Kat. Nr. 77. - Surmann 1990, S. 176-177.

Mainz, Landesmuseum Mainz, Inv. Nr. 0.1517

R. Ka.

Reisebericht des Ibrahim ibn Ya'qub at Turtusi aus Tortosa über Mainz

965/966 verfaßt; Originalbericht nicht erhalten, überliefert u. a. vom persischen Kosmographen Zakariya' ibn Muhammad al-Qazwini (um 1203-1283)

Nach den jüngsten Untersuchungen Peter Engels' trat Ibrahim aus Tortosa, ein Araber jüdischer Herkunft von nicht unbedeutender Stellung am Kalifenhof in Cordoba, 960 oder Anfang 961 eine längere Reise durch Europa an. Seine Route führte ihn durch das christliche Spanien, Frankreich (Rouen), vielleicht über Utrecht nach Schleswig, von dort südöstlich nach Mecklenburg oder Schwerin, der Burg des Obodritenfürsten Nakon, sodann nach Magdeburg. Hier traf er im Sommer 961 mit König Otto I. zusammen. Über Calbe, Nienburg und Wurzen gelangte er nach Prag, wo er sich einige Zeit aufhielt, um dann über Paderborn, Soest, Fulda und Mainz durch Deutschland weiterzureisen. Ende 961 wird er Deutschland Richtung Rom verlassen haben, wo er im Februar 962 erneut mit dem soeben gekrönten Kaiser Otto zusammenkam.

Ibrahim zeigt sich als wacher, vielseitig interessierter Beobachter, der vor allem wirtschaftlichen Fragen gegenüber aufgeschlossen ist. Über alle bedeutenderen Stationen legte er lebendige Berichte ab, die keinen Vergleich in kontinentalen Quellen haben. Auch seine Schilderung von Mainz weist diese Unmittelbarkeit eines Augenzeugenberichts auf, die für uns auch deshalb so spannend ist, weil sie aus den ersten Lebensjahren Bernwards stammt. Nicht viel anders wird Bernward bei seinen späteren Aufenthalten die Stadt Mainz erlebt haben.

Der Bericht:
„*Maganga* (Mainz) ist eine sehr große Stadt, von der ein Teil bewohnt und der Rest besät ist. Es liegt im Lande der Franken an einem Flusse, der *Rin* genannt wird, und ist reich an Weizen, Gerste, Roggen, Weinbergen und Obst. Dort gibt es *Dirhame* aus der Samarqander Münze vom Jahre 301 und 302 (nach Hedschra, d. h. 913/14 oder 914/15) mit dem Namen des Münzherren und dem Datum der Prägung; At-Turtusi sagt: Ich halte sie für Münzen des Samaniden *Nasr Ibn Ahmad*. Seltsam ist auch, daß es dort Gewürze gibt, die nur im fernsten Morgenlande vorkommen, während sie (die Stadt Mainz) im fernsten Abendlande liegt, zum Beispiel Pfeffer, Ingwer, Gewürznelken, Spikanarde, Costus (Weißer Zimt) und Galanga; sie werden aus Indien importiert, wo sie in Menge vorkommen."

Zuletzt mit ausführlicher Diskussion der älteren Lit.: Engels 1991/2, S. 413-422.

E. W.

IV-8 Priester Gerhard, kirchenrechtliches Gutachten für den Erzbischof Friedrich von Mainz, Juli/September 937

Abschrift Mainz, etwa um 1000

28 x 21 cm. - Pergament.

IV-7

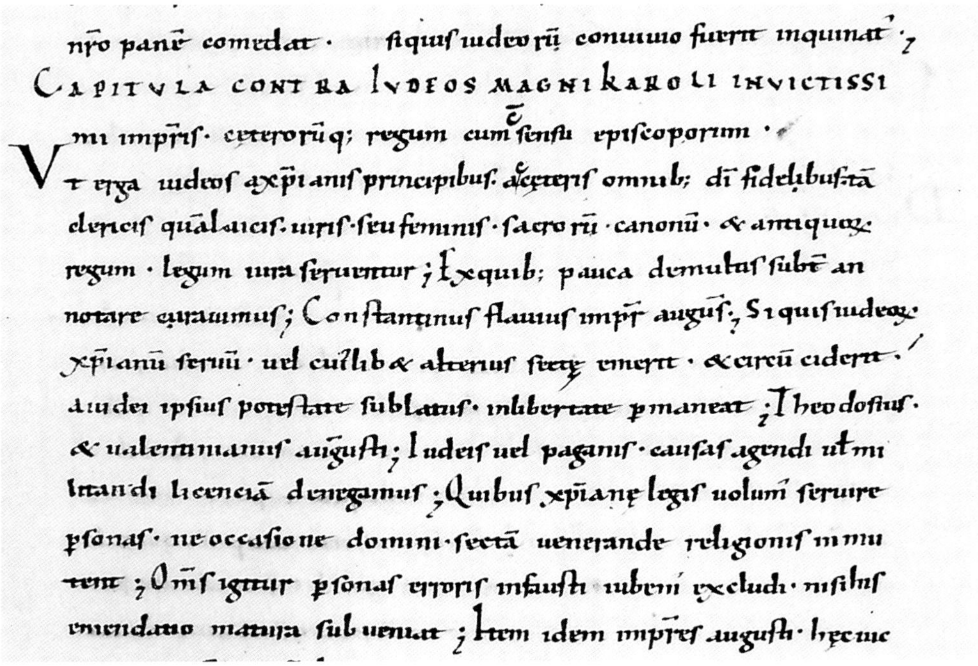

IV–8 fol. 165r

Sammelhandschrift kirchenrechtlicher Texte, zum Gebrauch im Mainzer Erzstift um 1000 zusammengestellt und vermutlich beim Prozeß um Gandersheim verwendet.

Im Gutachten des Priesters Gerhard (fol. 161r–169v) nimmt die Beantwortung der Anfrage nach der Zulässigkeit einer zwangsweisen Bekehrung der Juden den größten Raum ein (fol. 161r–165v). Gerhard verneint die Frage mit Zitaten von Texten anerkannter Autoritäten, die ebenso die Duldung der Juden in der christlichen Umwelt wie die ihnen vom Recht auferlegten Beschränkungen begründen. Nachdem er mit einem längeren Exzerpt einer lateinischen Übersetzung des Pseudo-Dionysius Areopagita, *Ad Demophilum*, den Erzbischof auf die verzeihende Gnade Gottes hingewiesen und ihn ermahnt hat, „die Unwissenden nicht zu quälen, sondern zu belehren“ (fol. 161r–162r), fügt er eine Sammlung von Rechtstexten über die Behandlung der Juden an. Diese entnahm er Briefen Gregors des Großen (aus dessen von Johannes Diaconus um 872/82 verfaßter Vita) und den Akten des Konzils von Meaux/Paris, can. 73, die fälschlich Karl dem Großen zugeschrieben wurden (fol. 165r, z. 7).

Der hier aufgeschlagene Ausschnitt enthält folgende Texte:

1.) fol. 164v, z. 1: Gregor I., Registrum Epistolarum VIII, 21: Ein Samaritaner darf keinen christlichen Sklaven besitzen und diesen auch dann nicht zurückfordern, wenn er selbst nachträglich das Christentum annimmt.

2.) z. 9: Gregor I., Registrum Epistolarum VI, 30: Verbot der Beschneidung heidnischer Sklaven, vgl. Cod. Just. I, 9, 16; II, 10, 1.

3.) z. 20: Gregor I., Registrum Epistolarum XI, 213 und 215: Der Papst tadelt Frankenkönige, weil sie Juden den Besitz christlicher Sklaven gestatten.

4.) z. 25: Gregor I., Registrum Epistolarum IX, 104: Christliche Sklaven dürfen von Juden noch 40 Tage lang an Christen verkauft werden, nach diesem Termin werden sie ohne Entschädigung befreit.

5.) fol. 165r, z. 4: Konzil von Yenne (517), can. 15: Laien dürfen nicht an Mahlzeiten von Juden teilnehmen.

Aus den (angeblichen) Kapitularien Karls des Großen gegen die Juden:

6.) z. 12: Interpretatio (Kommentar) zu Codex Theodosianus XVI, 9,1 (= Cod. Just. I, 10,1): Juden ist verboten, christliche oder heidnische Sklaven zu kaufen und zu beschneiden.

7.) z. 14: Constitutio Sirmond., c. 6: Juden ist verboten, als Verteidiger vor Gericht aufzutreten oder ein Staatsamt zu bekleiden.

8.) z. 19: III. Novelle Theodosius II., 2 f. mit Interpretatio: Juden dürfen keine Ämter bekleiden, da sie sonst Christen oder gar Priestern Unrecht tun können. Sie dürfen auch nicht Gefängniswärter sein.

Gerhard rezipiert hier sowohl indirekt über die Rechtsbescheide Gregors des Großen wie auch direkt durch Exzerpte und Kommentare des spätantiken Kaiserrechts vorwiegend Judenbestimmungen des römischen Rechts. In den Judensatzungen des *Decretum* Burchards von Worms um 1008/12, die über das *Decretum* Gratians von 1140 die offizielle Haltung der mittelalterlichen Kirche beeinflußten, tritt der unmittelbare Einfluß des römischen Rechts zurück. Dessen repressive Bestimmungen setzten sich erst im Spätmittelalter wieder stärker durch. Auffällig ist der starke Anteil von Vorschriften über Sklaven von Juden. Sie sollen verhindern, daß Juden über christliche Sklaven verfügen oder heidnische Sklaven zum Judentum bekehren, andererseits deren Bekehrung zum christlichen Glauben sichern.

Lotter 1975.

Wolfenbüttel, Herzog August Bibliothek, Cod. Guelf. 83.21 Aug. 2°

F. L.

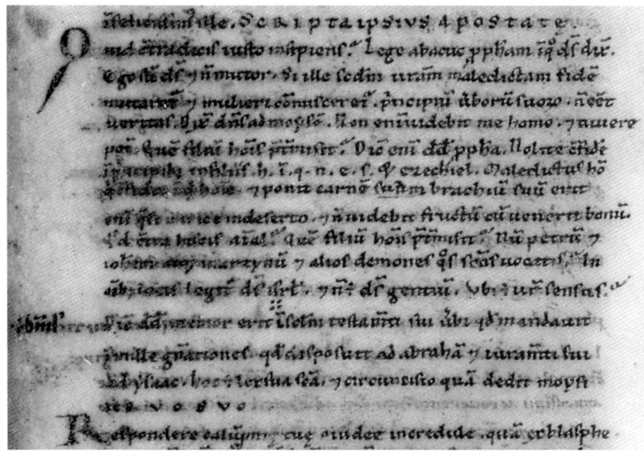

IV–9 fol. 5r, Thesen des Apostaten

IV–9 Eine jüdisch-christliche Kontroverse um 1021/25 *(Alpertus Mettensis, De diversitate temporum ad Burchardum Wormatiensem episcopum libri II)*

Bistum Utrecht, Ende 11. Jahrhundert

27 x 19 cm, 6 Blätter. – Pergament. Pappeinband des 19. Jahrhunderts.

Diese wohl bedeutendste kulturgeschichtliche Quelle des frühen Hochmittelalters, geschrieben im Gebiet der Diözese Utrecht, spiegelt den geistigen Umschwung und eine um die Jahrtausendwende neu erwachte Wißbegierde wider. Der hier gezeigte Abschnitt beginnt Buch II, c. 17: *dux Godefridus et Bernhardus* . . . und endet c. 24 mitten in dem antijüdischen Traktat Heinrichs mit der Zeile *ut vel sic credat vel sic confusus recedat. Quod carnem Christus de virgine* . . .

Zum Inhalt der aufgeschlagenen Seiten (col. = Kolumne):

c. 17, fol. 4v, col. 1, z. 1–14: Die Herzöge Goffried (II.) von Niederlothringen und Bernhard von Sachsen verweigern dem Grafen Balderich die Sühneleistung für die Ermordung des Grafen Wichemann.
c. 18, fol. 4v, col. 1, z. 14–33: Die Ermordung des Ritters Gebhard.
c. 19, fol. 4v, col. 1, z. 33–40: Über Mond- und Sonnenfinsternis und das Erscheinen eines Kometen.
c. 20, fol. 4v, col. 1, z. 40 – col. 2, z. 6: Über die Besetzung des Merwede-Waldes durch die Friesen und die Tieler (Kaufleute).
c. 21, fol. 4v, col. 2, z. 6 – fol. 5r, col. 1, z. 28: Über den Krieg gegen die Friesen.
c. 22, fol. 5r, col. 1, z. 29–35: Über den Geistlichen (Wecelin), der Jude wurde.
c. 23, fol. 5r, col. 1, z. 35–50: Die Thesen des Apostaten.
c. 24, fol. 5r, col. 1, z. 50 – col. 2, z. 70: Die Widerlegung dieser Thesen durch Heinrich (1. Teil).

c. 20 stellt eine der frühesten Quellen über die Rechtsgewohnheiten der Kaufleute, die Wurzel des Stadtrechts, dar. Alpert stellt mit Abscheu fest, daß sie von denen aller anderen Menschen (d. h. dem jeweiligen Stammesrecht) abweichen, und will nicht glauben, daß dieses Recht, wie die Tieler sagen, vom Kaiser verbrieft sei. Im Gegensatz zum allgemeinen Landrecht sind die Kaufleute vom Beweismittel des Gottesurteils befreit und reinigen sich bei Schuldklagen durch den Eid, was, wie Alpert behauptet, zu groteskem Mißbrauch führt. Die Kaufleute haben auch eine gemeinsame Kasse, aus der sie zu bestimmten Zeiten Festgelage mit gewissen Ritualen bestreiten. Die zusammengelegte Geldsumme dient auch zu gemeinsamen Handelsunternehmungen, wobei der Gewinn anteilmäßig aufgeteilt wird.

Die c. 23 gegen das Christentum vorgebrachten Thesen des Apostaten (Wecelin) lauten: Gott verwandelt sich nicht (fälschlich Habakuk, tatsächlich Mal 3,6), der Mensch kann Gott nicht sehen (Ex 23,20), auf den Söhnen der Menschen ruhe kein Heil (Ps 145[146],2 f.), verflucht ist der Mensch, der auf den Menschen vertraut (Jer 17,5 f.), der Herr gedenkt ewig seines Bundes, den er mit Abraham geschlossen hat (Ps 104[105],8 f.).

In c.24 widerlegt Heinrich die „Verleumdungen, die der ungläubige Jude mit gotteslästerlichem Mund gegen Christus und seine Heiligen ausgestoßen hat“. Gestützt auf Zitate aus dem Alten Testament, prangert er zunächst seine Hartherzigkeit, Gefühllosigkeit, Sündhaftigkeit, Gottlosigkeit, Bosheit, verbrecherische Anmaßung und Verlogenheit an, beschuldigt ihn, taub und blind zu sein *(Set quid surdo narro fabulam? Aut quid ceco appono lumen?)*, und beginnt fol. 5r, col. 2, z. 27 *(Redeamus ad sequentia . . .)* mit der Widerlegung der 1. These, die er mit Zitaten aus dem Neuen und Alten Testament untermauert: Da Du blind bist, siehst Du das Licht nicht, das nur die wahrnehmen, die reinen Herzens sind (Mt 5,8); wenn Ihr nicht glaubt, werdet Ihr es nicht verstehen (Is 7,8); Gott hat lange zuvor durch den Propheten Ezechiel geweissagt, daß einige von Euch in dem Glauben geläutert werden, mit dem Gottes Sohn als Menschensohn verkündet wird (Joel 2,28); Ihr werdet von allen Euren Beschmutzungen gesäubert werden; Ich werde das steinerne Herz aus Eurem Körper entfernen und Euch ein Herz aus Fleisch geben (Ez 36,25 f.; 11,18); andere aber werden verblendet im Irrtum des Unglaubens verharren (Is 6,10). Wir bitten für Euch gegen Euren Willen, aber weil der Jude weder die Vernunft noch die Verkündung annimmt, wenn Gott nicht den Schleier fortnimmt, wollen wir ihm mit den Augen der Propheten zu Hilfe kommen, damit er dadurch entweder glaubt oder sich beschämt zurückzieht . . .

Edition: Alpertus Mettensis.
Ennen 1972. – Abulafia 1981. – Vgl. auch den Essay Lotter.

Hannover, Niedersächsische Landesbibliothek, Ms. XII 712a

F. L.

IV–10 Drei Barrenfragmente

Frühmittelalterlich

a: 1,55 x 1,66 x 0,54 cm; Gewicht 8,3 g. – Messing, gegossen; rundlich, zum Teil beschnitten (Endstück).
b: 1,77 x 1,54 x 0,67 cm; Gewicht 8,2 g. – Bronze, gegossen; seitliche Gußgrate, an den Enden abgeschnitten und -gebrochen; rechteckiger Querschnitt (Eingußstück aus zweiteiliger Form).
c: 4,04 x 1,34 x 0,51 cm; Gewicht 24,5 g. – Blei, gegossen; an den Schmalseiten schräg abgemeißelt; „Unterseite" unregelmäßig glatt: offensichtlich Guß in offener Form.

Unter den Lesefunden aus der Baustelle „Hilton 2" in der Löhrstraße fanden sich auch zahlreiche Objekte, die metallverarbeitende Werkstätten des 7.

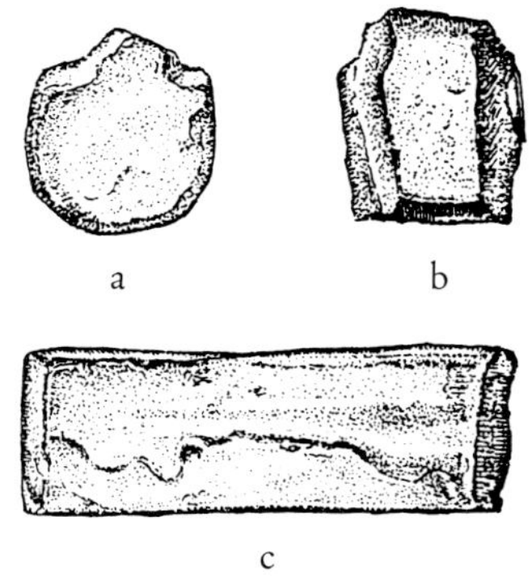

IV–10 a–c

bis 10. Jahrhunderts vor Ort belegen. Darunter sind diese drei Fragmente zu zählen, die die Verarbeitung von Blei, Bronze und Messing zeigen. Sie stellen Reste von Metallmaterial dar, das für weitere Guß- oder Treibarbeiten verwendet wurde. Es handelt sich um typischen Werkstattabfall. Eine engere zeitliche Eingrenzung ist nicht möglich.

Mainz (Löhrstraße).

Wamers 1993, Nr. 265–267.

Darmstadt, Privatbesitz

E. W.

IV–11 Goldprobierstein

8.–9. Jahrhundert

4,05 x 3,0 x 1,45 cm; Gewicht 27,7 g. – Schwarzer Tonschiefer, geschliffen und durchbohrt.

Der Stein ist etwa trapezförmig und verjüngt sich zur Öse hin, die durchbohrt ist.

Probiersteine aus Kiesel- oder Tonschiefer dienen seit der Antike zur Überprüfung des Feingehaltes von Gold durch bloßen Abstrich, kommen aber archäologisch in nennenswertem Umfang erst seit der Merowingerzeit vor. Die meisten der etwa 25 Exemplare allein aus dem nördlichen Rheinland stammen aus Gräbern, sind aber auch in städtischen Bereichen wie Trier oder Dorestad gut vertreten; oft werden sie als Probiersteine nicht erkannt. Ihr Vorkommen in merowingerzeitlichen Goldschmiedegräbern zeigt ihre Bedeutung für den frühmittelalterlichen Feinschmied; sie werden aber ebenso für Monetare, Händler und alle, die mit Edelmetallen zu tun hatten, von Nutzen gewesen sein, wie auch Probiersteine aus Winchester zeigen. Die Funktionsfähigkeit des Mainzer Steins wurde mit zwei verschiedenen Goldlegierungen überprüft; alte Goldspuren fanden sich nicht an ihm. Am besten stimmt er mit den trapezförmigen, gleichfalls oben gelochten Probiersteinen von Dorestad überein, die wohl in

IV–11

karolingische Zeit gehören. Die Durchbohrung belegt eine Aufhängung und Trageweise am Körper, also eine leichte Verfügbarkeit und damit häufige Benutzung. Für den Fundplatz Löhrstraße ist damit die Anwesenheit von Leuten, die mit Gold umgingen, vermutlich sogar Goldschmieden selbst, nachgewiesen.

Mainz (Löhrstraße).

Wamers 1993, Nr. 286 mit weiterer Lit. zu Goldprobiersteinen.

Wiesbaden, Privatbesitz

E. W.

IV–12 Zwei Punzkissen

9. bis Anfang 11. Jahrhundert

a: Durchmesser 6,24 cm; Stärke 0,13 cm; Gewicht 20,5 g. – Bleiblech, Punzspuren.
b: Durchmesser 4,17 cm; Stärke 0,31 cm; Gewicht 29,4 g. – Bleiblech, Punzspuren.

a: Rundlich, unregelmäßige Außenkanten, zum Teil ausgerissen; antik einmal gefaltet, modern wieder auseinandergebogen. Oberseite dicht mit Abdrükken von „Leiterbändern“ verschiedener Größe bedeckt, die wohl von Musterrädchen stammen. Unterseite bis auf zwei oder drei Stellen weitgehend unbenutzt.

b: Rundlich, stark oxydiert. Auf einer Seite Einschläge von mindestens sieben kreisförmigen Punzen mit äußerem Durchmesser von 1,82 cm, die offensichtlich nacheinander erfolgten, wobei die Scheibe nach jedem Schlag ein Stück weitergedreht wurde. Die andere Seite läßt kein klares Muster erkennen, höchstens Abdrücke der Unterlage. Die

a b

IV–12 a–b

untief eingeschlagenen Buchstaben *APRIL* sind rezent und somit wohl ein moderner „Aprilscherz“.

Wichtiges Hilfsmittel für den Feinschmied des frühen Mittelalters waren kleine Bleiplatten, die vermutlich als Unterlagen für Punzarbeiten benutzt wurden. Im Gegensatz zu harten Metall- oder Steinunterlagen oder auch zu federnden Leder- oder sonstigen Kissen gibt das Blei den Punzschlägen nach und erlaubt den sauberen Eindruck des Musters. In diesen Punzkissen haben sich dann die Abdrücke der Punzen oder Formgeräte erhalten.

Die Rädchenmuster von a kehren vielfach auf runden und rechteckigen Blei/Zinn-Scheibenfibeln des 9. und 10. Jahrhunderts aus der Löhrstraße wieder (vgl. Kat. Nr. IV–15, IV–16 und IV–20), das Stück stammt also wohl aus diesem Zeitrahmen. Die deutlich dickere Bleischeibe b trägt echte Punzeinschläge, und zwar in einer regelmäßigen Anordnung, wie sie von vielen ottonischen Scheibenfibeln mit Knotenmustern bekannt ist, so auf Fibel Nr. 1 vom Schatzfund Klein-Roscharden I (vgl. Kat. Nr. VI–40), hier allerdings nur aus vier Ringen und graviert.

Punzkissen aus Blei sind aus mehreren Fundstellen des 8.–10. Jahrhunderts Nordeuropas bekannt, so aus dem wikingerzeitlichen Werkzeugkasten von Mästermyr auf Gotland, wo der funktionale Zusammenhang solcher Bleche mit dem metallverarbeitenden Handwerk gesichert ist. Die Verwendung von Bleiblechen als Punzunterlage ist wahrscheinlich eine technologische Erscheinung überwiegend dieses Zeitraums. Aus der Löhrstraße kommen mindestens

zwei solcher Punzkissen; weitere Stücke sind heute verschollen. Sie belegen Punzarbeiten in Bronze-, Silber- oder Goldblech an diesem Platz.
Mainz (Löhrstraße).

Wamers 1993, Nr. 287–288, mit weiterer Lit.

a: Mainz, Privatbesitz – b: Wiesbaden, Privatbesitz

E. W.

IV–13 Lötmaterial

Frühmittelalterlich

3,1 x 2,79 x 0,83 cm; Gewicht 38,6 g. – Blei.

Rundliche Scheibe, Unterseite flach, Oberseite mit erhöhtem Mittelfeld, in das mehrere Einschläge oder Striche mit einem Werkzeug eingebracht sind. Starke Korrosionspatina.

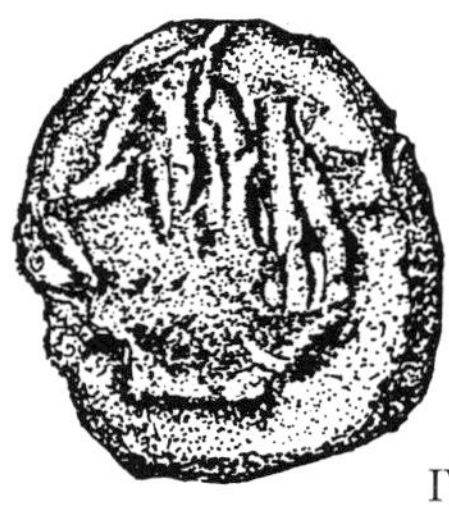

IV–13

Hans Drescher hält das Objekt für ein Materialstück, von dem kleine Mengen Lötmaterial entnommen wurden, wie die Streifspuren nahelegen. Sie könnten von einem Löteisen stammen, wie es aus dem wikingerzeitlichen Werkzeugkasten von Mästermyr bekannt ist.
Mainz (Löhrstraße).

Wamers 1993, Nr. 268; mündlicher Hinweis Hans Drescher, Hamburg-Harburg.

Wiesbaden, Privatbesitz

E. W.

IV–14 Halbfabrikat einer Fibel

Karolingisch, 9. Jahrhundert

Durchmesser 1,97 cm; Stärke 0,13 cm. – Zinn, gegossen.

Rund, mit vier trapezförmig angebrachten Außenrundeln, schwach gewölbt; Gußgrate am Rand und auf der Unterseite; Reste des nur flüchtig abgeschnittenen Eingußtrichters an einem der vier Außenrundel. Unterseite glatt; quer verlaufender Grat (Gußnaht?); kleine Zapfen an zwei Rundeln, die wahrscheinlich zur Nadelanbringung vorgesehen, aber zu schwach geraten waren. Die Verzierung der Oberseite besteht aus einem äußeren und einem inneren, nur partiellen Perlkranz sowie einem sechsarmigen

IV–14

Strichstern mit Zentralbuckel und je einem kleinen Buckel in den Zwickeln.

Es handelt sich um den Rohguß, vermutlich den Fehlguß einer kleinen Scheibenfibel aus Zinn, wie sie in großer Zahl aus der Fundstelle Löhrstraße in Mainz, aber auch aus anderen stadtartigen Siedlungen Mittel- und Westeuropas bekanntgeworden sind. Ihrem Typ nach dürfte sie in das volle 9. Jahrhundert gehören. Neben zahlreichen anderen Fundstücken belegt dieses Objekt die Produktion von preiswertem Modeschmuck in der Ufersiedlung von Mainz im 9. Jahrhundert, der wohl auch in den Straßenläden vor Ort verkauft wurde.
Mainz (Löhrstraße).

Wamers 1993, Nr. 298.

Mainz, Privatbesitz

E. W.

IV–15 Vier unverzierte Buckelfibeln

Ottonisch, Ende 10. bis Anfang 11. Jahrhundert

a: Durchmesser 4,15 cm; H. (ohne Nadelhalterung) 0,56 cm. b: Durchmesser 2,42 cm. c: Durchmesser 3,19 cm. d: Durchmesser 2,78 cm. – Zinn, Blei/Zinn, gegossen.

Runde Fibeln mit glattem, unverziertem Mittelbuckel, Randverzierung und Nadelhalterung (mit

Resten des Eingußkanals) mitgegossen; die Nadeln sind nicht mehr erhalten. a–c besitzen einen äußeren und einen inneren Perlkreis, die ein Fischgrätmuster (a) beziehungsweise ein schlichtes Leiterband einfassen; d hat auf dem Rand lediglich ein Leiterband, zusätzlich noch vier randständige Kreisnoppen. Der Buckel von a ist kräftig gewölbt.

Buckelfibeln gehen auf Scheibenfibeln mit zentral gefaßtem Cabochon zurück. Die schlichten Zinn-,

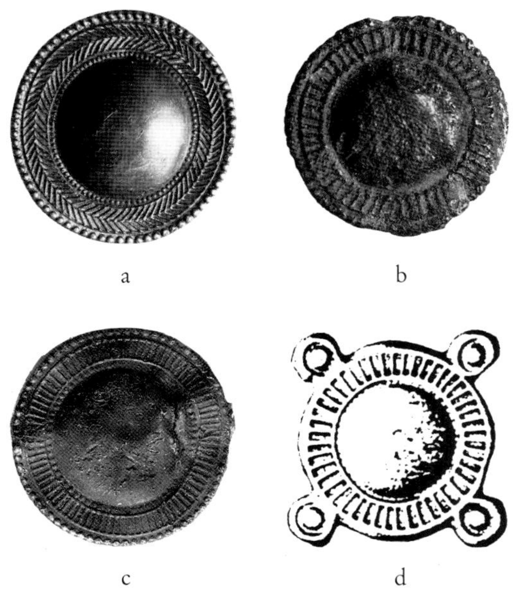

IV–15 a–d

Blei- und Bronzeexemplare aus Mainz und von anderen Fundorten stellen wohlfeile Imitationen aufwendiger Edelmetallexemplare, zum Teil mit echten Steinen, dar, wie sie etwa aus den Schatzfunden von Klein-Roscharden (vgl. Kat. Nr. VI–40) oder Sievern bekannt sind. Durch diese münzführenden Horte sind sie in die Jahrzehnte um 1000 datiert, also in die Lebenszeit Bernwards. Ihr häufiges Vorkommen im Fundmaterial aus der Mainzer Löhrstraße legt nahe, daß sie hier auch gegossen und verkauft wurden. Im Mainzer Fundmaterial ist seit der Karolingerzeit eine intensive Imitation höfischer Schmuckformen zu beobachten; offensichtlich verfolgte man hier die erzbischöfliche Hofhaltung sehr genau und imitierte sie in breiten Kreisen. Da die kleinen Gewerbebetriebe im Uferbereich wahrscheinlich noch wie zur Karolingerzeit privatwirtschaftlich betrieben wurden, ist mit einer direkten unternehmerischen Einflußnahme des Erzbischofs an diesem Platz nicht zu rechnen.

Mainz (Löhrstraße).

Wamers 1986, S. 44 ff., Nr. 12, Abb. 58. – Wamers 1993, Nr. 181–183, 185.

a: Mainz, Landesmuseum Mainz, Inv. Nr. 83/2,5 – b: Nieder-Olm, Privatbesitz – c und d: Rüsselsheim, Privatbesitz

E. W.

IV–16 Vier verzierte Buckelfibeln

Ottonisch, Ende 10. bis Anfang 11. Jahrhundert

a: Durchmesser 3,65–3,74 cm; H. (ohne Nadelhalterung) 0,54 cm. – Blei/Zinn, gegossen.
b: Durchmesser 2,69 cm. – Blei gegossen.
c: Durchmesser 2,5 cm. – Blei/Zinn, gegossen.
d: Durchmesser 4,1 cm; H. (inklusive Nadelhalterung) 1 cm. – Blei/Zinn, gegossen.

a: Mitgegossene Nadelhalterung, Nadel fehlt; Gußkanalreste. Umlaufend feines Perlband, dann ein schräggestelltes Leiterband. Der Buckel mit vier unregelmäßigen, wohl mit der Hand gezogenen Leiterbändern in halbrunder Form bedeckt, die ein gleicharmiges Kreuz mit verbreiterten Armen frei lassen. Die Halbkreiselemente je mit einem Mittelgrat geteilt. Im Zentrum ein kleiner zentraler Noppen.
b: Nadelhalterung mitgegossen, Nadel fehlt; mitgegossenes Leiterband auf dem unterseitigen Rand. Auf der Oberseite Leiter- und Schrägband auf dem Rand; auf dem Buckel gleicharmiges Kreuz mit sich verjüngenden Armen aus doppeltem Leiterband und Mittelgrat; flach-rundliche Zwickel. Zentrale Kreisfigur aus Leiterband, Mittelbuckel und Stern; ferner unterlegtes dünnliniges „Rippenkreuz".
c: Mitgegossene Nadelhalterung, Nadel fehlt. Auf dem Rand doppeltes Leiterband mit zum Teil schräggestellten Sprossen, auf dem Buckel radiales Leiterband- und Strichmuster.
d: Beschädigt und eingedrückt. Mitgegossene Nadelhalterung. Glatter Rand, Kreisbuckelverzierung in drei Zonen.

Die zwei Buckelfibeln a und b haben dieselbe Morphologie wie die Fibeln Kat. Nr. IV–15 mit unverziertem Buckel, nur daß ihr Buckel jetzt verziert ist, und zwar ebenfalls im Guß. Während ihre

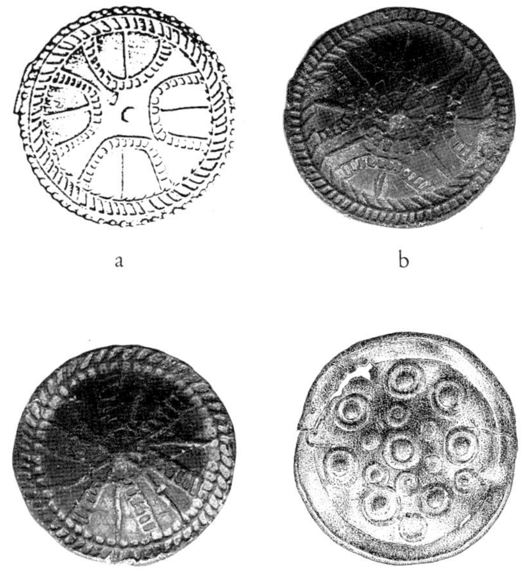

a b c d

IV-16 a–d

Ränder Perl- und Leiterbänder tragen, sind die Buckel mit gleicharmigen Kreuzen bedeckt; sie stehen damit in der Tradition der flachen karolingischen Scheibenfibeln. Als Variante ist Fibel c mit einem Radialmuster anzusehen, während d mit den Kreisnoppen sicherlich eine Buckelfibel mit Filigran- und Granulationsdekor imitiert. Wie bei den Fibeln mit glattem Buckel ist die formale und wohl auch zeitliche Nähe der einfachen Blei-/Zinngüsse zu den Edelmetallexemplaren aus Klein-Roscharden evident; gleichermaßen belegen die nur mangelhaft entfernten Eingußtrichter, daß man sich bei diesem preiswerten Alltagsschmuck nicht allzu große Mühe machte.

Mainz (Löhrstraße).

Wamers 1986, S. 43 Nr. 8, Abb. 54 (d). – Wamers 1993, Nr. 189–191, 194.

a–c: Rüsselsheim, Privatbesitz – d: Mainz, Privatbesitz

E. W.

IV–17 Zwei Plateau-Buckelfibeln

Ottonisch, Ende 10. bis Anfang 11. Jahrhundert

a: Durchmesser 3,39–3,48 cm; ursprüngliche H. (ohne Nadelhalterung) ca. 5,0 cm. – Blei/Zinn, gegossen, leicht verbogen.
b: Durchmesser 6,86 cm; H. 0,89 cm; Gewicht 29,2 g. – Zinn, gegossen und graviert.

a: Mitgegossene Nadelhalterung, Gußkanalreste. Krempenförmiger Rand und plateauförmig abgesetzter und aufgewölbter Mittelteil. Außen feiner Perlrand, schmales Leiterband und Band mit Kreuzschraffur. Zentrales Ziermotiv: zwei ineinander geschriebene Rauten, davon die innere aus Leiterband, welches über die äußere Raute mit vier Ankermotiven weiterläuft, und die äußere mit je einem Malteserkreuz auf den Ecken.
b: Plateau verdrückt. Mitgegossene Nadelhalterung, Gußkanalrest. Unterseite: Beiderseits der Rast und an einer Seite mitgegossene Riefen; kleiner zentraler Noppen; auf dem Rand drei Perlbänder zwischen Stegen, unterbrochen von sieben quergestellten Vierer-Gruppen. Oberseite: Der Rand ebenfalls mit drei Perlbändern zwischen Stegen, aber ohne Strichgruppen. Das leicht gewölbte Plateau zeigt in flüchtiger Punzverzierung in einem Kreis einen Vierfüßler im Profil mit rückwärts gewandtem Kopf und einem Bogen über dem Rücken, vermutlich dem zurückge-

a b

IV–17 a–b

bogenen Schwanz. Zwischenräume sind mit Zickzackbändern gefüllt.

Von den rundlich gewölbten Buckelfibeln unterscheiden sich die „Plateau-Buckelfibeln“ durch ein vom Fibelrand-Niveau gerade abgesetztes, leicht gewölbtes Plateau, im Grunde eine Kombination aus Fibeln mit erhöhtem ebenem Plateau und solchen mit rundlichen Buckeln, also eines Cabochons in hoher Kastenfassung. Hochwertige Edelmetallexemplare sind in den auf 1000 und 1005/10 münzdatierten Schatzfunden von Klein-Roscharden vertreten. Diese Stücke demonstrieren auch deutlich die Herkunft der breiten gegossenen Perlränder der Mainzer Fibeln von angelöteten Filigrandrähten. Während Fibel a mit einem Ankerkreuz mit doppeltem Quadrat als christlich-kosmologischem Signet verziert ist, weist die schlichte Gravierung von b einen rückwärts gewandten Vierfüßler mit hochge-

Angelötete Nadelhalterung heute weitgehend abgebogenem Schwanz im Clipeus auf, vermutlich ein *agnus dei* oder ein *cervus* als Taufsymbol. Wie schon die Kreuzsymbole der Buckelfibeln stellen diese Motive einen rein christlichen, geradezu bekenntnishaften Dekor dar. Besonders interessant ist, daß auf der Rückseite der gelötete Filigrandrahtrand einer Edelmetallfibel wiedergegeben wird, der wohl mit sieben Riffelblechen verstärkt worden war. Sogar die aus Riffelblechstreifen aufgelötete Nadelhalterung, die von den Gold- und Silberfibeln der Zeit bekannt sind, wurde getreu nachgegossen. Dies zeigt, wie sehr man bestrebt war, die kostbaren, am Hofe getragenen Fibeln in preiswerten Ausgaben detailgetreu zu imitieren. Gußfrisch und poliert wirkten die Zinnfibeln wie aus Silber. Diese Stücke verraten die intime Kenntnis der Modeschmuck-Gießer über den adlig-kirchlichen Ornat und gleichzeitig das Bestreben breiterer Bevölkerungsschichten, diese Lebensführung nachzuahmen.

Mainz (Löhrstraße).

Wamers 1993, Nr. 195–196.

Rüsselsheim, Privatbesitz E. W.

IV–18 Emailfibel mit Adlerdarstellung

Um 1000 bis Anfang 11. Jahrhundert

Durchmesser 4,5 cm. – Bronze, gegossen; Grubenschmelz.

Runde, durchbrochen gegossene Fibel aus einem äußeren Kranz, der durch vier rautenfömige, in Kreuzform arrangierte, leicht erhöhte Kästen mit emaillierten gegenständigen Dreiecken gegliedert ist. In den niedrigeren Zwischenfeldern befinden sich Vierfüßler im Profil, eine stilisierte doppelköpfige Schlange sowie der großäugige Profilkopf des Adlers, der in frontaler Stellung das durchbrochene Innenfeld der Fibel beherrscht. Während sein Leib und die Fänge graviert sind, sind Schwingen und Stoß grubenschmelzverziert. Die Emailfarben sind heute rot und grün.

Dieser nicht näher lokalisierbare Altfund aus Mainz ist im Gegensatz zu einer größeren Anzahl verschiedenartiger Grubenschmelzfibeln spätottonischer Zeit mit zentraler Adlerdarstellung durchbrochen gearbeitet wie die kostbaren goldenen und cloisonnierten Adlerfibeln aus dem sogenannten „Schatz der Kaiserinnen“ und somit als eine schlichte Ausführung von ihnen anzusehen. Für alle charakteristisch sind der markante dreieckige Stoß, der unten auf dem Clipeus liegt, und der Kopf, der den Clipeus, welcher beim schlichten Grubenschmelzexemplar ganz geschlossen ist, oben durchstößt. Dabei handelt es sich beim Clipeus weniger um ein stilisiertes Pfauenrad, das aus den Schwanzfedern

IV–18

herauswüchse, und damit um eine Adler-Pfau-Darstellung, wie vermutet wurde, sondern um die Wiedergabe eines Siegerkranzes, in dem der – bei den Goldfibeln bekrönte – Adler steht, der bei dieser Fibel zusätzlich noch durch das emaillierte Kreuzeszeichen bestimmt wird. Somit sind die goldenen Adlerfibeln als Zeichen christlicher Herrschaft ausgewiesen, das in Mainz und anderswo von breiteren Bevölkerungsschichten rezipiert wurde.

Mainz (Löhrstraße).

Schulze-Dörrlamm 1991/2, S. 51 ff., Abb. 35. – Kat. Speyer 1992, S. 127, Nr. 32, mit Farbtafel S. 117 (Mechthild Schulze-Dörrlamm).

Mainz, Landesmuseum Mainz, Inv. Nr. 5850

E. W.

IV–19 Adlerfibel

Ende 10. bis Anfang 11. Jahrhundert

Durchmesser 5,5 cm. – Bronze- oder Messingblech; Tremolierstichverzierung.

Flach gewölbte Scheibenfibel, leichte Druckspuren.

brochen. Den Rand ziert ein Winkelband, das runde Zierfeld zeigt einen aufgerichteten Adler, den Kopf nach links gewendet mit herausgestreckter Zunge, die Schwingen gespreizt und spitz bis in den Randmäander hineinragend; das mit kleinen senkrechten Strichen gezeichnete Brustgefieder wird oben und unten durch je zwei waagerechte Linien begrenzt; am Hals trägt der Adler ein Medaillon. Die auswärts gerichteten Fänge bestehen aus je zwei weitgehend parallel geführten, abgeknickten Strichen, der Stoß aus einzelnen spitz zulaufenden Federn.

Unschwer ist diese Fibel als einfache Blechvariante der aufwendigen Mainzer Adlerfibeln aus steinbe-

IV–19

setztem Gold zu erkennen, wie sie z. B. aus dem sogenannten „Schatz der Kaiserinnen" bekannt sind (Kat. Nr. IV–24). Sie ist somit wie die gegossenen Zinnfibeln Zeugnis der in Mainz vollzogenen Adaption höfischer Schmuckformen im „bürgerlichen" Milieu.

Mainz (Löhrstraße).

Wamers 1993, Nr. 217.

Nieder-Olm, Privatbesitz

E. W.

IV–20 Drei Rechteck-Plateaufibeln

Ottonisch, zweite Hälfte 10. Jahrhundert

a: 4,35 x 3,71 cm. – Zinn, gegossen.
b: 2,37 x 1,96 cm. – Blei, gegossen.
c: 2,50 x 2,08 cm. – Blei, gegossen.

a: Mitgegossene Nadelhalterung. Auf der Schauseite plateauartiges inneres Rechteck mit umlaufender Randleiste, darin fünf Kreisaugen mit plastischen Noppen. Der Rand aus zwei umlaufenden Leiterbändern zwischen Leisten.

b: Hohe Nadelhalterung mitgegossen; Gußlappenreste. Zentrale rechteckige Fassung mit unregelmäßig hoher Wandung. Mit Ausnahme einer leicht schwefelgelben Färbung keine Spuren in der Fassung für eine Einlage. Randzone mit doppeltem Leiterband, in den Ecken vier Rundel mit zentralem Knopf, „oben" eine rechteckige, schlecht gegossene Öse.

c: Oberseite stark verwittert; mitgegossene Nadelhalterung; Reste der oxydierten Eisennadel. Rechteckige Grundfläche mit umlaufendem Leiterband; hohe, nur zum Teil erhaltene Kastenfassung mit Resten einer porösen, weißlichen Einlage aus „. . .

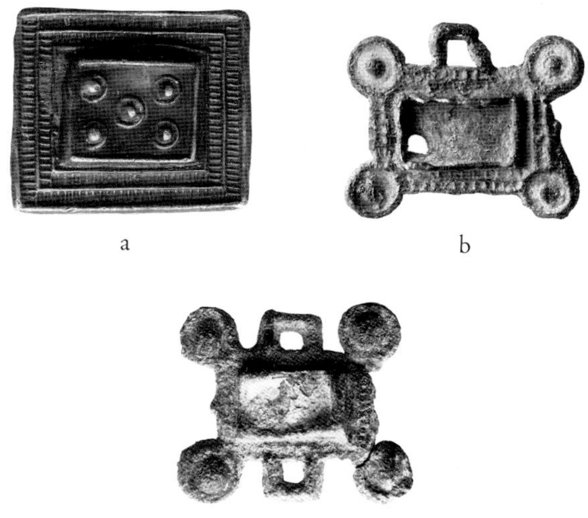

a b

c

IV–20 a–c

Quarz und Kalk, also Materialien, aus denen ein Kitt für die Befestigung von Granaten hergestellt wurde. Denkbar ist, daß noch ein organisches Bindemittel verwendet wurde, das sich im Laufe der Zeit zersetzt hat" (Analyse durch Prof. Dr. J. Riederer vom Rathgen-Forschungslabor in Berlin 1990). An den Ecken der Fibel Rundel aus flachem Buckel mit Perlkranz, an den Längsseiten je eine rechteckige Öse. Sehr fragil.

Rechteckfibeln werden seit spätmerowingischer Zeit von fränkischen Frauen getragen. Seit dem 10. Jahrhundert sind sie von ebenso dreidimensionaler Morphologie wie die runden Fibeln. Kostbare Edelmetallexemplare der Hofkultur kennt man nur in ganz seltenen Ausnahmefällen; diese drei Mainzer Imitat-Stücke verraten uns aber deren Aussehen: a imitiert eine Silberfibel, deren Rand mit aufgelöteten schmalen, gewellten Silberblechstreifen bedeckt war, und auf das zentrale Plateau waren fünf Filigrankringel mit zentraler Granalie gelötet. Die kleineren

Bleifibeln b und c gehen auf ebenfalls mit Wellenbandblech und Filigranrundel verzierte Edelmetallformen zurück, die eine zentrale rechteckige Kastenfassung für eine Steineinlage besaßen, worauf die Kittreste in Fibel c hinweisen. Die Öse, ein neuer Zusatz im 10. Jahrhundert, diente wohl zur zusätzlichen Sicherung an der Kleidung. Die sehr nachlässige Ausführung von b zeigt, daß – wenn es sich nicht doch um einen Fehlguß handelt – mit einem großen Serienausstoß dieses billigen Alltagsschmucks in Mainz zu rechnen ist.

Nach den Erkenntnissen der Gräberarchäologie der Karolinger- und Ottonenzeit wurden Fibeln nur von Frauen getragen – auch die Rechteckfibeln stammen ausschließlich aus Frauengräbern. Dagegen steht das Zeugnis zeitgenössischer Wiedergaben von Männern mit verschiedenartigen Fibeln. Es handelt sich aber durchweg um Darstellungen von Personen aus dem Bereich des höfischen Lebens; für die Rechteckfibeln wären hier die Porträts Ottos III. und Heinrichs II. oder etwa Herodes auf der Hildesheimer Bernwardsäule zu nennen. So muß zunächst offenbleiben, ob die schlichten Mainzer Rechteckfibeln nach dem Vorbild höfischer Männertracht, etwa des Erzbischofs, gestaltet wurden und ob sie für männliche oder weibliche Abnehmer gedacht waren.

Mainz (Löhrstraße).

Wamers 1993, Nr. 223–225.

a: Rüsselsheim, Privatbesitz – b: Nieder-Olm, Privatbesitz – c: Wiesbaden, Privatbesitz

E. W.

IV–21 Zwei Emailfibeln

Ottonisch, Mitte bis zweite Hälfte 10. Jahrhundert

a: Durchmesser 3,18 cm; Stärke (ohne Nadelhalterung) 0,19 cm.
b: Durchmesser 3,01 cm; Stärke (ohne Nadelhalterung) 0,22 cm.
– Bronze/Messing, gegossen, rötlicher Grubenschmelz.

Zwei runde Scheibenfibeln, eine mit abgestoßenem Rand. Mitgegossene Nadelhalterung. Abgesetzter schmaler Kragenrand; leicht erhöhtes Plateau-Zierfeld. Mitgegossen: Vierbeiner im Profil nach rechts schreitend, hochgebogener Schwanz mit Palmettenquaste, spitzes Ohr.

a b

IV–21 a–b

Nach ihrer Morphologie mit flachem Plateau und abgesetztem Rand gehören diese Fibeln in das 10. Jahrhundert; sie stehen in der Tradition der flachen Emailscheibenfibeln des 9. Jahrhunderts. Bei dem Vierbeiner mit Palmettenquaste handelt es sich um einen Löwen; eine enge Parallele bildet der durchbrochen gegossene goldene Löwe der Scheibenfibel aus Preslav in Bulgarien, der wohl als byzantinisches Vorbild der schlichten ottonischen Emailfibeln gelten kann. Die Übernahme byzantinischer Vorbilder wird vielleicht in Mainz direkt geschehen sein.

Mainz (Löhrstraße).

Wamers 1993, Nr. 166–167. – Zu der Fibel von Preslav siehe Schulze-Dörrlamm 1991/2, S. 58, Abb. 39.

Bodenheim, Privatbesitz

E. W.

IV–22 Vier Lunulafibeln

10. Jahrhundert

a: 3,74 x 2,46 cm. – Zinn, gegossen.
b: 2,58 x 1,91 cm. – Bronze, gegossen, Grubenschmelz.
c: 2,47 x 1,72 cm. – Bronze, gegossen, Grubenschmelz.
d: 3,85 cm; Stärke (ohne Nadelhalterung) 0,33 cm. – Messing, gegossen, Zellenschmelz.

a: Glatte Unterseite; mitgegossene Nadelhalterung. Rundliche Enden mit kreisförmigem Steg und drei aufsitzenden Noppen, ein vierter zentral im Kreis. Mediale Rippe, Leiterbanddekor. An einer Längsseite eine mitgegossene halbrunde Öse.
b–c: Mitgegossene Nadelhalterungen. Email als schwärzliche Einlage in flachen Gruben. Geometrisch-vegetabile Muster.
d: Mitgegossene Nadelhalterung mit kleiner Mes-

singnadel. Massive Endrundel. Partiell erhaltenes Cloisonné-Stegwerk: zwei Voluten mit eingerollten Enden. Blaues Email, Voluten mit weißem und schwarzem Email.

Halbmondförmige Lunulafibeln sind eine seltene Erscheinung der späten Karolinger- und der Ottonenzeit, davon als einzige sicher karolingerzeitlich das filigranverzierte Paar aus dem gegen 890 münzdatierten Schatzfund von Féchain bei Douai. Die

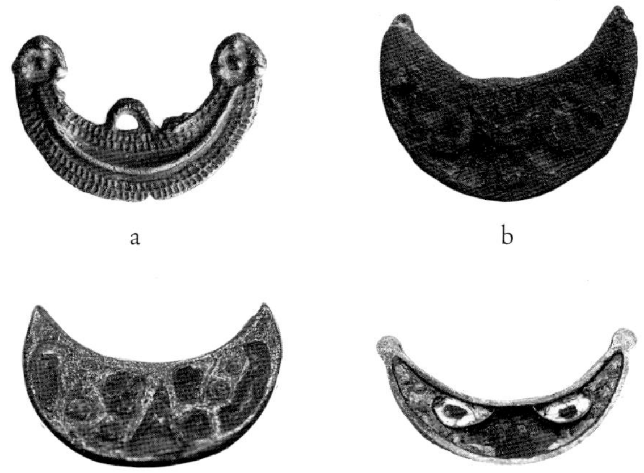

a b c d

IV-22 a–d

anderen sind vorwiegend am unteren Main mit Schwerpunkt in Mainz verbreitet.

Die hier ausgestellten Emailfibeln b und c entsprechen völlig den Schmuckschilden der Lunulaohrgehänge des karantanischen Köttlacher Horizontes II (nach J. Giesler), der in die Zeit von etwa 950–1050 zu datieren ist. Das Volutenmuster der Mainzer Fibel d findet sich auf den Lunulen der Scheibenfibeln von Nylasker auf Bornholm wieder, sicher eine deutsche Arbeit des späten 10. oder frühen 11. Jahrhunderts.

Lunulen sind im westlichen Schmuckrepertoire der Nachmerowingerzeit zunächst fremd. Die Köttlacher Ohrgehänge und damit auch die Mainzer Fibeln b und c dürften auf byzantinische Formen zurückgehen, wo die Lunulen eine alte Tradition und weite Verbreitung haben. Auch das berühmte Pektoralgehänge (*Lorum*) aus dem Mainzer „Schatz der Kaiserinnen", dessen Lunula einen morphologisch „alten" Eindruck macht und keinesfalls jünger als das 10. Jahrhundert ist, wird als byzantinisch angesehen und auf die engen dynastischen Beziehungen zwischen den Ottonen und Byzanz zurückgeführt. Es liegt nahe, daß Mainz – und nicht zuletzt in den Werkstätten am Rheinufer – im 10. Jahrhundert ein Zentrum der Rezeption des Lunula-Brustschmucks war, der am byzantinisch affizierten Hof *en vogue* war.

Mainz (Löhrstraße).

Wamers 1993, Nr. 228, 230–232, mit ausführlicher Diskussion.

a: Mainz, Landesmuseum Mainz, Inv. Nr. 83/2,9 – b: Wiesbaden, Privatbesitz – c: Mainz, Privatbesitz – d: Nieder-Olm, Privatbesitz

E. W.

IV–23 Mainzer Pfennig mit dem Bildnis des Erzbischofs Willigis

Mainz, Ende 10. Jahrhundert

Durchmesser 2,0 cm, Gewicht 1,5 g. – Silber.

Vorderseite: Barhäuptige Büste eines Geistlichen (Willigis) *en face*, in der Umschrift Ortsname (Mainz).
Rückseite: Kreuz, in den Winkeln je eine kleinere und eine größere Kugel, in der Umschrift Herrschername (Otto III. bzw. Heinrich II.)

Bildnisse geistlicher Herren tauchen im deutschen Reich erstmals gegen Ende des 10. Jahrhunderts auf Münzen auf: in Halberstadt (Arnulf, 996–1023), Hildesheim (Bernward, 993–1022), Mainz (Willigis, 975–1011) und Metz (Adalbert II., 984–1005). Zuvor gab es zwar schon, im Zuge der ottonischen Reichskirchenpolitik, eine Reihe von Münzrechtsverleihungen an Geistliche, gelegentlich auch die Nennung von Bischofsnamen in der Münzumschrift, doch wurde dadurch das königliche Bildnisrecht nicht angetastet.

Daß ausgerechnet Willigis von Mainz als einziger Erzbischof das Bildnisrecht erlangte, verwundert angesichts der herausragenden Stellung des Erzkanzlers und Ratgebers des Königs bzw. der Regentinnen nicht. Interessant sind jedoch die währungspolitischen Zusammenhänge. Die erzbischöfliche Prägung in Mainz erfolgte parallel zu einer umfangreichen königlichen Münztätigkeit an gleicher Stelle. Während jedoch die königlichen Pfennige seit etwa 990 immer leichter wurden (das Gewicht sank von ursprünglich 1,5 g auf 1,1 g um das Jahr 1002), hielten

IV–23 Vorder- und Rückseite

die seit 1000/1002 geschlagenen geistlichen Pfennige das alte hohe Gewicht von 1,5 g bei.

Im Reich entwickelten sich in jenen Jahren mehrere Regionen mit unterschiedlichen Pfennigggewichten. Der mittelrheinischen Währungslandschaft mit den großen Münzstätten Mainz, Worms und Speyer stand beispielsweise das Gebiet des schwereren Kölner Pfennigs gegenüber. Es ist denkbar, daß die Mainzer Pfennige mit dem Bildnis eines Geistlichen quasi als Export- oder Handelswährung für den nördlich angrenzenden Raum der Kölner Währung hergestellt wurden. Möglich ist aber auch, daß Willigis das Bildnisrecht nur erlangte, indem er zusicherte, seine Münzen schwerer als die an gleicher Stelle hergestellten königlichen Pfennige auszubringen.

Kluge. – Stoess 1993.

Berlin, Staatliche Museen zu Berlin – Preußischer Kulturbesitz, Münzkabinett

C. S.

IV–24 Die große Adlerfibel

Westdeutsch (Mainz?), spätes 10. oder eher 1. Drittel 11. Jahrhundert

H. 9,7 cm, B. 9,3 cm. – Goldplatte mit goldenem Wellenband und Goldfiligran, Zellenschmelz, Saphire.

Dargestellt ist ein frontaler Adler mit geöffneten Flügeln, seitwärts gestemmten Fängen und gespreiztem Schwanz; der Kopf ist ins Profil gedreht. Als Bekrönung des Kopfes dienen drei Saphire, die denn auch zu einer Definition des Vogels als Pfau (Peter Lasko) bzw. als eine Mischform Adler-Pfau (Mechthild Schulze-Dörrlamm) führten. Der Adler wird von einem Ring gerahmt, in dem zwischen Bändern Ornamente aus Blüten gebildet sind, von deren Stengeln sich links und rechts regelmäßig eingerollte Blätter lösen. Die einzelnen Teile wurden zunächst auf die Goldplatte fixiert, dann wurde diese den Umrissen folgend ausgesägt. Der Vogel ist gegenüber allen anderen Teilen der Fibel höher gesetzt – ausgenommen die Beine und Fänge, wobei die Leiste unterhalb des Schwanzes mit Filigranarkaden geschmückt ist. Die Blüten, Kopf und Schwanz des Vogels füllen Zellenschmelze.

Die Fibel gehört zu dem Fund des Mainzer Kaiserinnenschmuckes (vgl. Kat. Nr. II–26), im Gegensatz zu den übrigen Stücken wurde sie aber vom Mainzer Landesmuseum erworben. In dem in Berlin verwahrten Schatz befindet sich noch eine zweite, etwas kleinere Adlerfibel (H. 7 cm, B. 7,3 cm), offensichtlich aus derselben Werkstatt. 1953 veröffentlichte Hanns Swarzenski eine dritte Adlerfibel, über deren Herkunft und gegenwärtigen Aufbewahrungsort nichts zu erfahren ist. Wahrscheinlich handelt es sich bei ihr aber tatsächlich um eine moderne Fälschung, wie Mechthild Schulze-Dörrlamm vermutet. Allerdings wird sie in der Literatur mehrfach mit den „großen Adlerfibeln“ verwechselt; so schon bei Swarzenski (1954, S. 41, zu Taf. 25, Nr. 56) und auch im Katalog „Le Trésor de Saint-Denis“ (Kat. Paris 1991, S. 61).

Wie bei keiner zweiten Goldschmiedearbeit des Hochmittelalters gehen die Meinungen vor allem hinsichtlich der Datierung weit auseinander: Während Peter Lasko sie als ein Erzeugnis des 9. Jahrhunderts ansieht, datiert sie Mechthild Schulze-Dörrlamm in das 2. Viertel des 11. Jahrhunderts, um die beiden extremsten Thesen hier einander gegenüberzustellen. Im allgemeinen wird die Adlerfibel und ebenso ihr kleineres Gegenstück in Berlin mit dem älteren Teil des Kaiserinnenschmuckes verbunden und damit in das späte 10. Jahrhundert datiert.

Die Adlerfibel hat kein unmittelbares Vorbild, weder im Abendland noch in Byzanz. Die Adlerfibeln der Völkerwanderungszeit sind um einige Jahrhunderte älter und unterscheiden sich typenmäßig stark. Man muß daher von der Voraussetzung ausgehen, daß es sich bei dieser Fibel um eine Neuschöpfung handelt. Das Vorbild für den Typus des Vogels ist in Byzanz zu suchen. Auf kostbaren, sicherlich für den imperialen und für den höchsten kirchlichen Bedarf geschaffenen Stoffen vom 10.

IV-24

Jahrhundert an ist der Adler in der charakteristischen Form zu sehen wie auf der Fibel: das gilt hinsichtlich der Haltung, aber auch für Details wie das Schuppenmuster auf dem Körper des Tieres, das Querband zwischen Hals und Körperansatz und das Querband auf den Flügeln, wodurch die unterschiedliche Musterung der beiden Teile der Flügel eine Trennung findet. Auch die Medaillonform und die Musterung der „Borte" mit Blumenmotiven läßt sich von byzantinischen Stoffen ableiten. Außerdem wurde noch ein zweites Vorbild aufgegriffen: die mit drei Saphiren geschmückte Bekrönung des Kopfes findet man bei Schmuckstücken der Völkerwanderungszeit (so in der Dumbarton Oaks Collection; vgl. Ross 1965, S. 115, Nr. 164). Eine derartige Neuschöpfung ist letztlich nur von höchsten repräsentativen Ansprüchen her erklärbar. Im Motiv verwandte, in Material und Ausführung aber wesentlich einfachere Fibeln wie die des Mainzer Landesmuseums (Kat. Nr. IV–18) können nur als Folge, nicht aber als Voraussetzung von Objekten wie der Mainzer Adlerfibel gesehen werden.

von Falke 1913/2, S. 12 ff. – Steingräber 1956, S. 23 f. – Schramm/Mütherich 1962, S. 169, Nr. 144. – Lasko 1972, S. 57 f. – Schulze-Dörrlamm 1991/1, S. 51 ff. – Westermann-Angerhausen 1991, S. 193 ff.

Mainz, Landesmuseum Mainz, Inv. Nr. O.1793

H. F.

IV–25 Ein Paar Tasseln (Sternfibeln)

Westdeutsch (Mainz?), spätes 10. Jahrhundert (um 980?)

Durchmesser 7,3 cm. – Gold, Goldfiligran, Edelsteine, Perlen.

Die beiden Schmuckstücke sind so komponiert, daß an den mittleren Saphir kreuzförmig Edelsteine angesetzt sind; den äußeren Abschluß bilden jeweils drei Perlen. Diagonal folgen auf einzelne große Perlen trapezförmige Felder, die mit Filigranornamenten geschmückt sind; den Abschluß bilden kleinere Saphire. Den Rand der Tasseln schmücken Filigranarkaden. Als Steinfassungen sind Krallenfassungen, Filigranpalmetten und Falzränder zu finden. Die Perlen zeigen die vom Loros des Kaiserinnenschmuckes (Kat. Nr. II–26) und von der Reichskrone bekannten Fassungen mit dem durch die durchbohrte Perle geführten Stift. Schließlich treten noch die Filigrankegel als Schmuckformen auf.

Die beiden Tasseln wurden 1896 in einer alten Schuttgrube am Westchor des Mainzer Domes gefunden. Eine unmittelbare Zusammengehörigkeit mit dem 16 Jahre zuvor ebenfalls in Mainz gefundenen Schmuck einer Kaiserin (Kat. Nr. II–26) ist, so verlockend der Gedanke schiene, nicht gegeben. Wohl aber muß man eine stilistische Nähe, wahrscheinlich sogar eine Werkstattverbindung annehmen: Alle technischen Eigenheiten stimmen mit

IV–25

dem Loros des Kaiserinnenschmuckes überein. Auch der allgemeine Eindruck der dicht gereihten Edelsteine und Perlen läßt sich vergleichen, während es schon wenig später zu einer Auflockerung und zu einem rhythmischen Wechselspiel zwischen Edelstein/Perle und dem durch Filigranornamente belebten Goldgrund kommt.

Die beiden Tasseln bilden zweifellos ein Paar. Die einzige auffällige Variation ist die Fassung des mittleren Edelsteines: Krallenfassung – Filigranpalmette, zwei Fassungen, die auch für den Bereich Reichskrone – Kaiserinnenschmuck charakteristisch sind.

von Falke 1913/2, S. 27 ff. – Steingräber 1956, S. 17 ff. – Kat. Mainz 1975, S. 277, Nr. 2 (Alexander von Knorre). – Westermann-Angerhausen 1983/1984, S. 35 f. – Schulze-Dörrlamm 1991/1, S. 46 ff. – Schulze-Dörrlamm 1991/2, S. 64 f.

Darmstadt, Hessisches Landesmuseum, Inv. Nr. Kg 33:24 und 33:25

H. F.

IV–26 Ohrgehänge

Westdeutsch (Mainz?), letztes Viertel 10. Jahrhundert (um 980?)

B. 3,7 cm. - Gold, Edelsteine, Perlen.

IV–26

Der Ohrring wurde 1904 in Mainz nahe der Stelle, wo 1880 der große Kaiserinnenschmuck zutage gekommen war, bei Bauarbeiten zusammen mit einer Goldmünze des byzantinischen Kaisers Romanos III. Argyros (1028–34) gefunden. Das lunulaförmige Gehänge ist mit Edelsteinen und Perlen besetzt und trägt reich variierten Goldschmuck: Wellenband, Filigrankegel, mit Granulation besetzte Goldkugeln etc. In der Form läßt sich das Ohrgehänge den Ohrgehängen der ersten Gruppe des Mainzer Kaiserinnenschmuckes zuzählen (von Falke 1913/2, S. 16, Nr. 5 und Taf. 4); auch Details, wie die schlingenförmigen Steinfassungen, sind dort wiederzufinden. Die Innenseite des Ohrgehänges stimmt fast genau mit denen der beiden Berliner Stücke überein. Man darf daraus wohl schließen, daß das in Berlin erhaltene Paar Ohrgehänge und das Mainzer Einzelstück zur gleichen Gruppe des Kaiserinnenschmukkes gehörten. Diese beiden wiederum sind mit dem Hals- und dem Brustschmuck der Kaiserin (Kat. Nr. II–26) zu vergleichen. Die Datierung von Mechthild Schulze-Dörrlamm (Mitte 11. Jahrhundert) ist abzulehnen.

Aus der Tatsache, daß mit dem Ohrgehänge eine Goldmünze des Basileus Romanos III. Argyros (1028–1034) gefunden wurde, ergibt sich wohl ein Annäherungsdatum, wann der Schmuck vergraben wurde.

von Falke 1913/2, S. 26 f., Nr. 23. – Schulze-Dörrlamm 1991/2, S. 25 f.

Mainz, Landesmuseum Mainz, Inv. Nr. O.356

H. F.

IV–27 Augustinus-Handschrift des Erzbischofs Willigis von Mainz

Mainz, zwischen 975 und 1011

45,5 x 36 cm, 231 Blätter. – Pergament.

„Dieser Band enthält die zweiundzwanzig Bücher, die zuerst der Kirchenlehrer Augustinus, von göttlichem Geist erfüllt, verfaßt hat. Sie ließ der nach Macht und Ehre nicht genug zu preisende Erzbischof (wörtlich gar: höchste Bischof) Willigis abschreiben, und sorgsam korrigierte er selbst den Band mit sei-

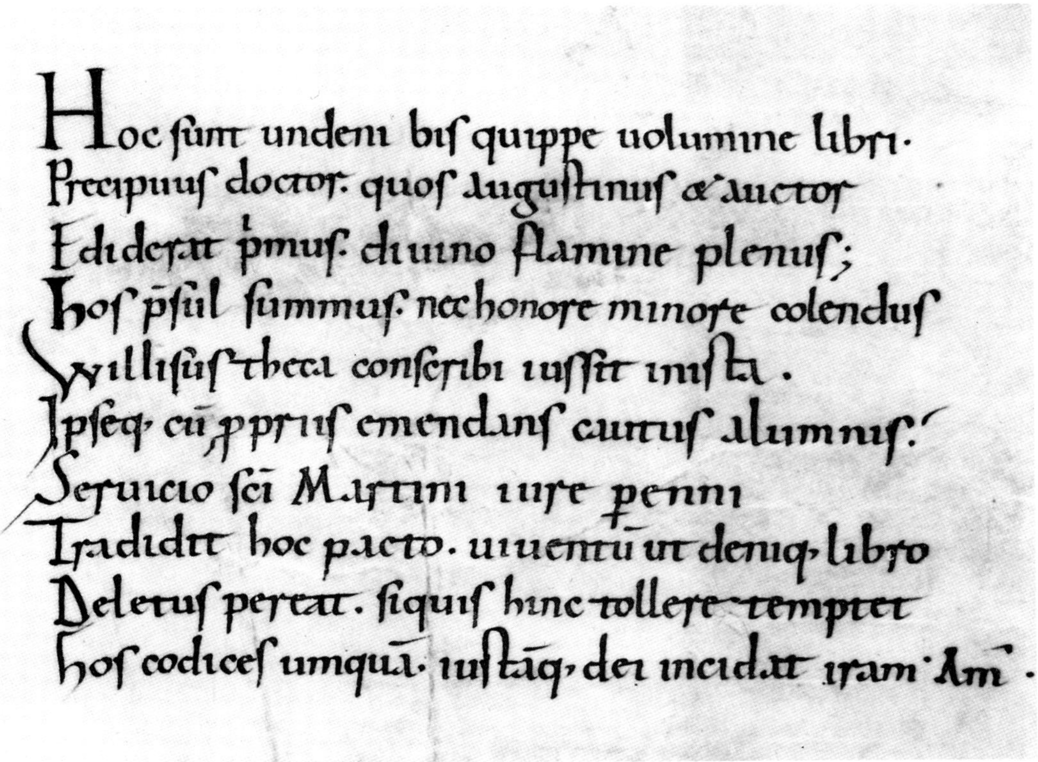
Hoc sunt undeni bis quippe uolumine libri.
Precipuus doctor: quos Augustinus et auctor
Ediderat primus: diuino flamine plenus;
Hos psul summus: nec honore minore colendus
Willisus theca conscribi iussit in ista.
Ipseq; cu ppriis emendans cautus alumnis.
Seruicio sci Martini iure perenni
Tradidit hoc pacto. uiuentu ut deniq; libro
Deletus pereat. siquis hinc tollere temptet
Hos codices umqua. iustaq; dei incidat iram. Am.

IV–27
fol. 16v

nen Zöglingen. Dann schenkte er ihn dem Martinsdom in Mainz auf ewig: Gottes gerechter Zorn treffe, und, getilgt aus dem ‚Buch des Lebens', soll zuschanden werden, der wagt, dieses Werk zu rauben. Amen."
(Hoc sunt undeni bis quippe volumine libri, / Precipuus doctor quos Augustinus et auctor / Ediderat primus divino flamine plenus. / Hos praesul summus nec honore minore colendus / Willisus theca conscribi iussit in ista / Ipseque cum propriis emendans cautus alumnis; / Servicio sancti Martini iure perenni / Tradidit hoc pacto, viventum ut denique libro / Deletus pereat, si quis hinc tollere temptet / Hos codices umquam, iustamque dei incidat iram. Amen.)

Diese Verse in Hexametern (auf fol. 16v in der rechten Spalte) geben eine bemerkenswert genaue Auskunft über den Codex, der hauptsächlich von dem umfangreichen Werk „Über den Gottesstaat" (*De civitate Dei*) des auch im hohen Mittelalter einflußreichen abendländischen Kirchenvaters Augustinus ausgefüllt wird. Denn er ist – wie H. Hoffmanns eingehende paläographische Untersuchungen bestätigen – tatsächlich in Mainz und in der für Mainz typischen Minuskel geschrieben und am Hof des Erzbischofs Willigis (975–1011) offenbar gründlich gelesen und korrigiert worden. Auch wenn es nicht möglich erscheint, sein Autograph nachzuweisen, so geschah dies unter Willigis' Leitung im Kreis von dessen Zöglingen. Zu solchen Alumnen dürften Burchard, der nachmalige Bischof von Worms (vgl. Kat. Nr. IV–59 und Beitrag Pokorny), Eberhard, der erste Bischof von Bamberg, und zeitweilig auch Bernward selbst gehört haben. Die Lektüre, die sich u. a. in resümierenden Annotationen am Rand der Handschrift mit unverkennbarem Interesse an antiker Geschichte und Literatur niedergeschlagen hat, wirft ein bezeichnendes Licht auf die Bildung und die intellektuellen Fähigkeiten, die ihn zum mächtigsten Kirchenfürsten seiner Zeit aufsteigen ließen. Daß das *summus praesul* der Verse mehr als eine Floskel ist, zeigt sein Verhalten in dem mit Bernward ausgetragenen Streit um Gandersheim, in dem er es wagen konnte, die gegen ihn von einem Legaten im Auftrag des Papstes verhängte Suspension vom Amt nicht zu beachten (vgl. den Beitrag Goetting über den Gandersheimer Streit). Seine überragenden geistigen Fähigkeiten ließen ihn in seinem Bistum Ungewöhnliches im Ausbau des Territoriums, der bischöflichen Hoheitsrechte, des Handels und des Verkehrs, der Militärorganisation, der Gründung von Kirchen, der Förderung der Klöster und der „Stadtherrschaft" in Mainz leisten: Nur als eine einträchtige Ansammlung von Menschen könne eine „Stadt" existieren *(Civitas est conchors (!) hominum multitudo)*, ließ er aus Augustinus notieren. Und wenn die neueren paläographischen Forschungen gezeigt haben, daß Mainz über ein oder mehrere bedeutende Skriptorien verfügte, die sich nicht zuletzt durch eine „weit gestreut(e) ... Auswahl der Klassiker" (Hoffmann) auszeichneten, dann hatte Willigis gewiß einen nicht geringen Anteil daran.

So konnte ihm ein Zeitgenosse im Tod nachrühmen: „Obwohl er durch seine Macht im Reich berühmt war, so genoß er doch noch mehr Ansehen aufgrund seiner Geistesgaben" *(Quamvis gloriosus videretur potentia regni, gloriosior tamen potentia videbatur ingenii*; so bei Goez 1990 S. 31 und Anm. 76). An Willigis' oben angedeutete Leistungen wird anzuknüpfen sein, wenn man nach den Voraussetzungen der Kunstwerke fragt, die mit dem ottonischen Mainz in Verbindung gebracht werden.

Druck in: MGH Poetae 5, S. 390 f. – Fleckenstein 1956. – Hoffmann 1986/1, S. 237 f. mit Literatur und Hinweisen, S. 226 ff. und S. 271 ff. zur Bedeutung des Mainzer Skriptoriums. – Goez 1990. – Schaller 1991, S. 432 ff.

Gotha, Forschungs- und Landesbibliothek Gotha, Cod. Memb. I 58 (aufgeschlagen fol. 16v)

H. J. S.

IV–28 Schaffhauser Pontifikale

Mittel-/südostdeutsch, Mitte 11. Jahrhundert

21,5–22 x 16,5 cm, 180 Blätter. – Pergament mit ganzseitigen Federzeichnungen.

Die Handschrift enthält die Texte der vom Bischof vorzunehmenden Weihehandlungen. Die Formulare folgen dem sog. Mainzer Pontifikale, das um 960 im Mainzer Kloster St. Alban zusammengestellt wurde. Neben einigen wenigen Initialen enthält der Codex drei ganzseitige Federzeichnungen vor Pergamentgrund: Ein Herrscherdedikationsbild am Anfang des Buches (fol. 2v), ein Krönungsbild (fol. 29r) und ein Herrscherthronbild (fol. 29v) vor dem Text des sog. Mainzer Königskrönungsordo.

Die Handschrift ist nicht, wie früher angenommen, im Allerheiligenkloster in Schaffhausen entstanden, obwohl sie wahrscheinlich schon zu Ende des 11. Jahrhunderts in dessen Bibliothek gelangte. Die Erwähnung des hl. Nonnosus in der Litanei, dessen Reliquien Mitte des 11. Jahrhunderts in den Freisinger Dom übertragen wurden, deutet auf Entstehung im südostdeutschen Raum. Allerdings zeigen die Miniaturen altertümliche Züge, die eine Entstehung der Bildvorlagen in der zweiten Hälfte des 10. Jahrhunderts wahrscheinlich machen.

Die Dedikationsszene (fol. 2v) zeigt eine von einem Dreiecksgiebel zusammengefaßte Doppelarkade, in deren linkem Bogen der Herrscher nach rechts gewandt thront, während der das Buch dedizierende, stehende Abt die rechte Arkade füllt. Herrscherdedikationsbilder kommen in der früh- und hochmittelalterlichen Buchmalerei selten vor. Eines der wenigen, dem Schaffhauser Pontifikale vergleichbaren Beispiele findet sich im Gebetbuch für König Otto III. in Pommersfelden (Schloßbibliothek, Cod. 347), das zwischen 983 und 991 im Mainzer Kloster St. Alban entstanden ist. Beiden Dedikationsszenen liegt ein gemeinsames Vorbild zugrunde, das in Pommersfelden durch das Zusammendrängen der Szene in eine Arkade verunklärt, im Schaffhauser Pontifikale dagegen besser erhalten ist. Diese Vorlage läßt sich rekonstruieren. Im Schaffhauser Pontifikale ist auch der Text des sog. Mainzer Krönungsordo enthalten, der um 960 in St. Alban in Mainz formuliert wurde. Einige Formeln dieses Ordo finden sich auch im Text des in demselben Kloster ein Vierteljahrhundert danach entstandenen Pommersfeldener Gebetbuches. Die textlichen und bildlichen Übereinstimmungen beider Dedikationsbilder lassen den Schluß zu, daß das „Urexemplar" des Krönungsordo eine in Mainz aus älteren, zumeist karolingischen Vorbildern kompilierte Illustrationsfolge enthielt.

Diese Vermutung bestätigt sich bei den anderen Illustrationen des Pontifikale. Dem Mainzer Ordo direkt vorangestellt sind ein Krönungsbild (fol. 29r) und ein Herrscherthronbild (fol. 29v). Ein vergleichbares Königsbild (stehender König, flankiert von zwei Erzbischöfen) ist z. B. im Seeoner Pontifikale Heinrichs II. (Bamberg, Staatsbibliothek, Lit. 53) enthalten. Zwar ist hier nicht, wie in Schaffhausen, der eigentliche Krönungsakt wiedergegeben, doch kann an der engen Verwandtschaft beider Darstellungen und deshalb an einem gemeinsamen Vorbild kaum gezweifelt werden. Diese ebenfalls an karolingischen Vorlagen wie dem Metzer Sakramentar Karls des Kahlen (Paris, Bibliothèque Nationale, Ms. lat. 1141, um 870) orientierte Bildquelle hat auch im

IV–28 fol. 29r

Gebetbuch Ottos III. Spuren hinterlassen. Im Fürbittebild dieser Handschrift ist Otto III. als Orant zwischen den Aposteln Petrus und Paulus im gleichen Bildschema wie die genannten Krönungsbilder wiedergegeben. Wiederum überliefert das Schaffhauser Pontifikale also die Ordoillustration einer Herrscherkrönung besser als das Pommersfeldener Gebetbuch.

Auch für das Herrscherthronbild im Schaffhauser Pontifikale läßt sich ein Vorbild im Mainzer Krönungsordo wahrscheinlich machen. Ein vergleichbares Thronbild findet sich in einer Handschrift in der Forschungs- und Landesbibliothek in Gotha (Cod. I, 84), die Anfang des 11. Jahrhunderts ebenfalls in Mainz entstanden ist und vermutlich, wie das Schaffhauser Pontifikale, ein im Krönungsordo enthaltenes Thronbild widerspiegelt.

In den drei Bildern des Schaffhauser Pontifikale ist eine Bildfolge zum Mainzer Krönungsordo am reinsten überliefert, die wohl um 960 im Kloster St. Alban zu Mainz entstanden ist und die entscheidenden Einfluß auf zahlreiche Herrscherbilder des ausgehenden 10. und 11. Jahrhunderts hatte. In keinem anderen Ereignis kommt die Funktion von geistlicher und weltlicher Herrschaft deutlicher zum Ausdruck als im Krönungsritus. Deshalb sind die Schaffhauser Ordoillustrationen, trotz bescheidener künstlerischer Qualität, zentrale Zeugnisse der „Herrschertheologie" des 10. und 11. Jahrhunderts.

Bruckner 1952, S. 26, 32, 116. – Kat. Augsburg 1973, S. 175–176, Nr. 172 (Florentine Mütherich). – Schramm 1983, S. 237, Nr. 165, Abb. 165. – Lauer 1987, S. 71, 81, 89–92. – Gamper/Knoch/Stähli 1994 (Marlis Stähli danke ich für die freundliche Überlassung ihres Katalogtextes).

Schaffhausen, Stadtbibliothek Schaffhausen, Ministerialbibliothek, Min. 94

R. L.

Trier: von der antiken zur mittelalterlichen Stadt

Die Karwoche des Jahres 882 war für Trier schicksalhaft: am Gründonnerstag überfielen die Normannen die Stadt und legten sie bis zum Ostermontag in Schutt und Asche. In der Forschung gilt dieses Datum als das endgültige Ende der antiken Stadt, aber auch als der Anfang des mittelalterlichen Trier.

Dank der günstigen Lage am Schnittpunkt alter Verkehrswege hatte die um 17 v. Chr. gegründete *Augusta Treverorum* einen rasanten Aufstieg erlebt, der sie zur Hauptstadt der römischen Provinz *Belgica* werden ließ. Nach dem Muster italienischer Städte war auch Trier in regelmäßige Häuserviertel gegliedert und besaß schon im 2. Jahrhundert neben zahlreichen Tempeln auch die einer römischen Stadt eigenen Großbauten: eine Forumsanlage, Thermen, Theater und ein großes Amphitheater am Hang des Petrisberges. Gegen Ende des 2. Jahrhunderts wurden eine Stadterweiterung und der Bau einer 6,4 km langen Stadtmauer mit großen Torburgen (so z. B. der Porta Nigra als Nordtor) notwendig. Bei dem nunmehr ca. 285 ha großen Stadtareal hatte man nicht nur neue Wohnquartiere erschlossen, sondern auch noch „Bauerwartungsland" innerhalb des ummauerten Bereiches vorgesehen.

Die Zerstörungen der Stadt durch die Franken- und Alemanneneinfälle der Jahre 275/76 bedeuteten jedoch einen Bruch in der Entwicklung. Erst die Neuordnung des Reiches unter Kaiser Diokletian brachte für Trier, das ab 293 eine der kaiserlichen Residenzen war, einen neuen Aufstieg. Constantius Chlorus und vor allem sein Sohn, Kaiser Constantin I., begannen mit einem imperialen Bauprogramm, zu dem unter anderem die Errichtung der Kaiserthermen und der Palastaula („Basilika") gehörte.

Die Förderung des Christentums durch Constantin I. ließ auch in Trier die christliche Gemeinde erblühen, die schon seit der Mitte des 3. Jahrhunderts einen Bischof hatte. Mit dem Bau der großen frühchristlichen Kirchenanlage im Bereich des heutigen Domes und der Liebfrauenkirche schuf die Gemeinde sich mit Unterstützung des Kaisers ein Zentrum, das für die spätere Stadtentwicklung von entscheidender Bedeutung werden sollte. Aber auch auf den im Süden und Norden vor den Toren der antiken Stadt gelegenen Gräberfeldern bildeten sich im Laufe des 4. Jahrhunderts christliche Bereiche heraus, die durch Grab- und Memorialbauten gekennzeichnet waren. Vor allem die Gräber der Bischöfe wurden zu besonders verehrungswürdigen Stätten: die Grabkirche für die Gründerbischöfe Eucharius und Valerius ist auf dem südlichen Gräberfeld schon in der Mitte des 5. Jahrhunderts sicher nachweisbar; hier entsteht später das Kloster St. Eucharius/St. Matthias. Im Norden der Stadt wurden die Bischöfe Agritius und Maximin in einer großen Grabkirche bestattet, die später zur Abteikirche St. Maximin wurde. In ihrer Nachbarschaft entstand ein wenig weiter nördlich gegen Ende des 4. Jahrhunderts eine Marienkirche, in deren Krypta der in der Verbannung in Phrygien verstorbene und nach Trier zurückgeführte Bischof Paulinus († 358) beigesetzt wurde. Schließlich soll der römische Konsul Tetradius nahe am römischen Hafen unter dem Einfluß des hl. Martin in seinem Haus eine dem hl. Kreuz geweihte Kirche eingerichtet haben, aus der später das Kloster St. Martin hervorging.

Der Niedergang der antiken Stadt begann, als 395

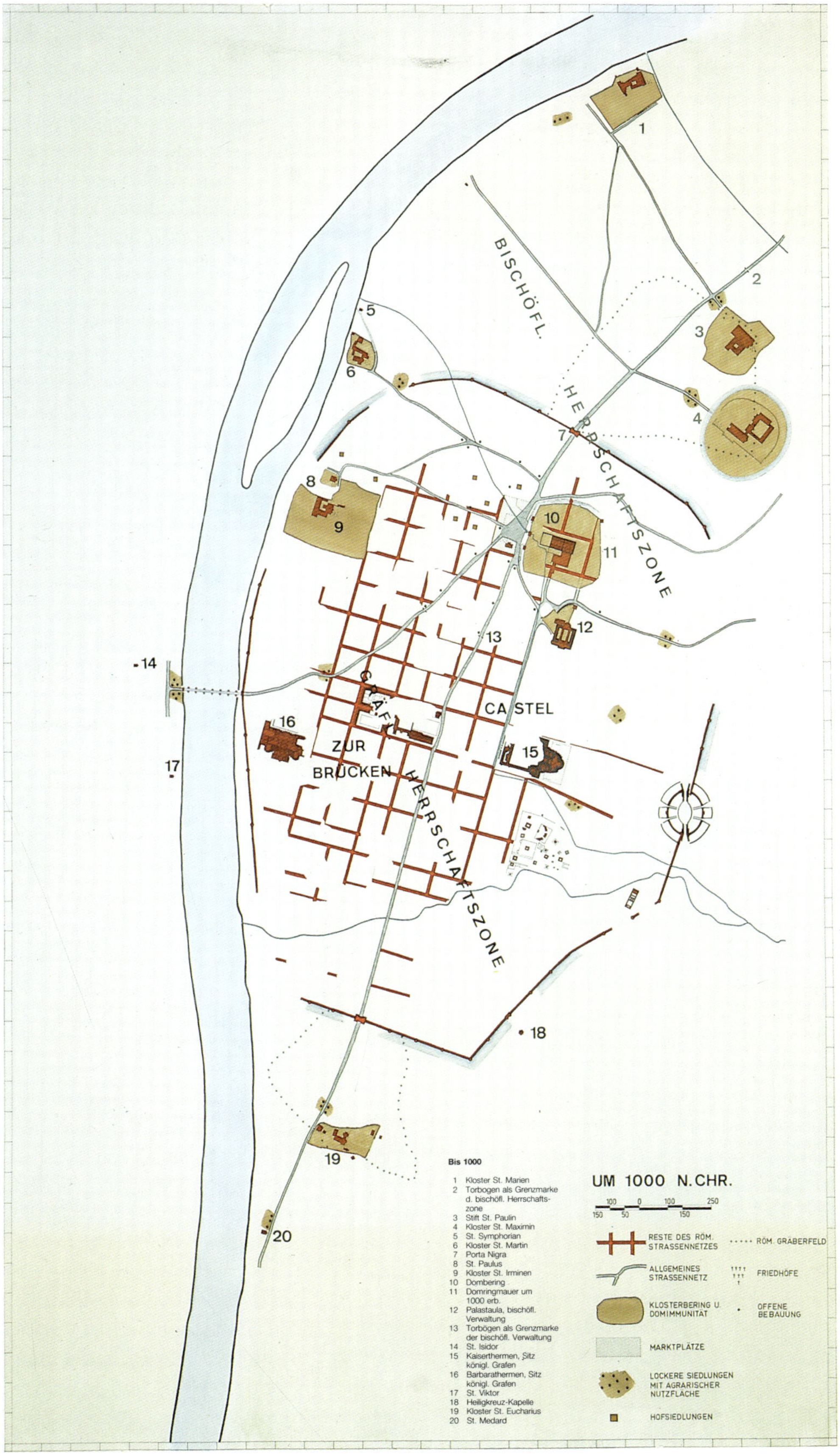

Stadt Trier um 1000

die Präfektur nach Arles und der Kaiserhof nach Mailand verlegt wurden. Die Verminderung der Truppenstärke an der Rheingrenze führte schließlich zum Durchbruch germanischer Völkerstämme. Zwischen 406 und 432/33 wurde Trier viermal erobert und verwüstet. Obwohl dies eine beträchtliche Reduzierung der Bewohner zur Folge hatte, verblieb dennoch ein großer Teil der romanischen Bevölkerung in der Stadt. Um 475/480 fiel Trier endgültig in fränkische Hand und gehörte schon bald zum Reich König Chlodwigs.

Nach dem Zusammenbruch der staatlichen Verwaltung wurde die trierische Kirche, deren Bischofsliste selbst in diesen unruhigen Zeiten keine größere Lücke aufweist, zur wichtigsten Stütze der geschichtlichen Kontinuität der Stadt. Früher nahm die Forschung an, daß sich die Besiedlung in dem großen römischen Stadtareal nunmehr in einzelne Siedlungskerne aufgelöst hätte, die man mit den erst in späteren Quellen überlieferten Flurnamen Böheim, Musil, Castil und Bergentheim identifizierte. Neuerdings geht man jedoch davon aus, daß noch in fränkischer und merowingischer Zeit das gesamte ehemalige Stadtareal, wenn auch stark reduziert, besiedelt war. Dies schließt aber nicht aus, daß sich vor allem um die Kirchen besondere Siedlungskonzentrationen bildeten.

Auch die vor den Stadtmauern liegenden Gräberfelder wurden weiter benutzt, und die Grabinschriften zeigen noch bis in das 7. Jahrhundert antike Formelemente. Zur Pflege der Heiligengräber entstehen an den alten Grabkirchen (St. Eucharius, St. Maximin und St. Paulinus) im Laufe der Zeit klösterliche Einrichtungen. In der ummauerten Stadt bildeten sich neben dem bischöflichen auch die Machtbereiche des Königs und seiner adligen Vasallen heraus. Die antiken Großbauten gehörten meist zum Fiskalgut: in der constantinischen Palastaula („Basilika") befand sich das *palatium* des fränkischen Königs mit der Palastkirche St. Laurentius; der Graf des Triergaues residierte wahrscheinlich in den Kaiserthermen. Diesem Bereich wird die Kirche St. Gervasius und Protasius zugeordnet. In den Gemäuern der Barbarathermen sitzen zur Kontrolle des alten Marktes und der Römerbrücke die Grafen de Ponte. Ihre „Hofkirche" war dem Salvator geweiht.

Das hohe Ansehen des Bischofs Niketius (526/27–nach 561) und seiner Nachfolger bei den merowingischen Königen stärkte die Stellung des Trierer Bischofs und verschaffte ihm weltliche Hoheitsrechte, so daß sich im Laufe des 7. und 8. Jahrhunderts der bischöfliche Herrschaftsbezirk vergrößerte und bald die ganze Stadt umfaßte. Trier gehörte schließlich zu jenen sogenannten Bischofsstaaten, die die besondere Kritik des Bonifatius erregten, bis letztendlich Karl der Große die weltliche Macht des Trierer Bischofs wieder beschnitt und die königliche Grafschaft in Trier neu einrichtete. Als Ersatz gewährte er der Trierer Kirche im Jahre 772 ein umfangreiches Immunitätsprivileg und räumte ihr die Würde eines Erzbistums ein.

Was die Entwicklung der kirchlichen Organisation angeht, so waren im Laufe des 7. Jahrhunderts neue Kirchen und Klosterbauten, teils als Stiftungen der Könige und des Adels, hinzugekommen: in den zum königlichen Fiskalgut gehörenden ehemaligen römischen Speicherhallen (Horrea) wurde das Nonnenkloster St. Maria ad Horrea (später St. Irminen genannt) eingerichtet: vor den Mauern entstand etwas moselabwärts das Kloster St. Maria ad ripam (später St. Maria ad Martyres bezeichnet). Auch im Süden der Stadt wurden neue Kirchen erbaut, von denen nur die Hl.-Kreuz-Kirche und St. Medard erwähnt werden sollen. Bemerkenswert ist, daß für die im Bereich der Klöster lebende Bevölkerung jeweils eigene Kirchen entstanden, aus denen sich das spätere Pfarrsystem entwickelte. Wohl aus eigener Anschauung konnte Alkuin am Ende des 8. Jahrhunderts von Trier sagen: „... Ringsum ganz umsäumt von heiligen Kirchen *(sacris circumdata cellis)*, wo die andächtigen Scharen der gläubigen Welt Tag und Nacht wachen zum Lobe und Preise des Herrn." Damit charakterisierte er treffend die von einem Kirchenkranz umgebene Stadt der Merowingerzeit.

Die Katastrophe des Normannenüberfalls von 882 muß verheerend gewesen sein. Regino von Prüm schreibt: *Omne territorium urbis circumquaque usque ad solum demoliti sunt.* Da die alte römische Stadtmauer keinen Schutz mehr bot, begann man, neue Schutzmauern zu errichten. Nachweisbar sind solche Anlagen um die Abteien St. Maximin und St. Eucharius/St. Matthias sowie um den Bereich des Klosters St. Irminen. Um den Dombezirk ließ Erzbischof Ludolf (994–1008) um das Jahr 1000 eine Steinmauer („Helenenmauer") errichten; sie ersetzt vielleicht schon eine ältere Befestigungsanlage. Der leicht birnenförmige Umriß der etwa 10 ha großen Domburg zeichnet sich noch heute im Straßenbild Triers ab. Dabei ist die Befestigung der Domburg nicht nur aus dem allgemeinen Sicherungsbedürfnis zu verstehen, sondern unterstreicht auch die seit dem 10. Jahrhundert feststellbaren Bemühungen der Erzbischöfe um eine Erneuerung der *Vita communis* der Domkleriker. Zum Mauerbau des Ludolf vermerken die *Gesta Treverorum* ausdrücklich, der Bischof habe die Domkirche und die Wohnungen der Kleriker mit Mauern umgeben und sie bewußt von den Wohnungen des Volkes getrennt, damit die Kleriker ihren geistlichen Pflichten ungestört nachkommen können *(hic muris ecclesiam s. Petri ac fratrum habitacula circumcinxit, et ut ea, que infra sunt, usui canonicorum cedant . . . , quatenus quomodo religione, ita et mansione a plebe sequestrentur)*.

Die Erneuerung der teilweise zerstörten Kirchenbauten ging nur langsam voran. Das ganze 10. Jahrhundert galt vornehmlich dem Wiederaufbau der Kirchen und Klöster. Unter dem Erzbischof Ruotbert (951–956) wurde die Südkirche der bischöflichen Doppelkirche wiederhergestellt, während die Nordkirche (Dom) erst unter Erzbischof Egbert (977–993) in Angriff genommen wurde, ohne daß die Arbeiten vollendet werden konnten. Auch in St. Eucharius/St. Matthias, an der Abteikirche St. Maria ad martyres und an der Paulinuskirche wurden von Egbert Erneuerungsarbeiten begonnen. Schon vorher war nach ersten Wiederherstellungsarbeiten in St. Maximin unter Abt Ogo 934 mit dem Bau einer neuen dreischiffigen Klosterkirche begonnen worden, deren Chor 942 geweiht wurde; 959 war der gesamte Bau, der in den letzten Jahren ergraben wurde und ein hervorragendes Zeugnis ottonischer Baukunst darstellt, vollendet.

Gegenüber dem Wiederaufbau nach den Zerstörungen des 5. Jahrhunderts, wo man am alten römischen Stadtterrain festhielt, ist nunmehr ein wesentlicher Unterschied zur fränkisch/merowingischen Stadt spürbar. So wurde für die Stadtentwicklung bedeutsam, daß Erzbischof Heinrich I. den in der Nähe der Moselbrücke gelegenen alten Markt *(vetus forum)* im Jahre 958 vor den Immunitätsbereich des Domes verlegen ließ und somit ein neues Stadtzentrum bildete. Schon König Ludwig das Kind hatte im Jahre 902 dem Trierer Erzbischof Radbod Münz- und Zollrecht verliehen und somit die Grundlage zur Entwicklung einer neuen weltlichen Macht des Trierer Erzbischofs gelegt. Die Münzprägung erfolgte zwar bis zur Regierung Heinrichs II. noch im Namen des Kaisers, doch sind die ersten selbständigen Prägungen der Erzbischöfe bereits im 11. Jahrhundert unter Erzbischof Poppo nachweisbar.

Die Verlegung des Marktes und die Errichtung des Marktkreuzes 958 bezeichnen den Beginn der eigentlichen mittelalterlichen Stadt. Das antike Straßennetz ist weitgehend aufgegeben. Der alte Cardo (Längsachse) führt von der Porta Nigra im Verlauf der heutigen Simeonstraße bis vor die Domburg, um sich dort in die Fleischstraße zur Brücke hin und in die Brotstraße in Richtung Südtor zu gabeln. Noch heute bewahrt der Hauptmarkt seine dreieckige Form. Für die sich um den neuen Markt bildende Bürgersiedlung wurde schon im 10. Jahrhundert an der Südseite des Platzes die Marktkirche St. Gangolph errichtet.

Die ganze südliche Hälfte der antiken Stadt wurde aufgegeben, auch die östlichen Regionen unterhalb des Petrisberges wurden ausgespart, so daß die mittelalterliche Stadt mit einem Flächeninhalt von ca. 125 ha weniger als die Hälfte des antiken Stadtterrains erreichte. Selbst nach dieser Flächenreduzierung verblieben im Innern der mittelalterlichen Stadt, die erst im Laufe des 12. Jahrhunderts eine neue Stadtbefestigung erhielt, große Freiflächen, die als Gärten und Weinberge genutzt wurden. Selbst in der Mitte des 19. Jahrhunderts waren die Freiflächen noch größtenteils erhalten. Die mittelalterlichen Häuser entwickeln sich allmählich entlang der Straßen. Mittelalterliche Wohnungen aus Stein sind in Trier erst für das 11. Jahrhundert nachweisbar. Es ist die Zeit, in der Erzbischof Poppo (1016–1047) den „Quadratbau" des Domes wiederherstellen und die großartige Westfassade der Bischofskirche beginnen läßt. Zuvor hatte er die Porta Nigra in eine Kirche umwandeln lassen und das Simeonstift eingerichtet. Damit war im Wesentlichen die weitere Entwicklung der mittelalterlichen Stadt vorgezeichnet.

Rudolph/Kentenich 1915. – Herzog 1964, zu Trier vgl. S. 125–146. – Anton 1987. – Schindler 1973. – Flink 1970. – Kat. Trier 1984. – Zur Domfreiheit zuletzt: Weber 1991.

W. W.

IV–29 Egbert-Psalter

Reichenau, um 980

23,9 x 18,7 cm, 233 Blätter. – Deckfarben mit Gold und Silber auf Pergament.

Der ursprüngliche Beginn der Handschrift zeigt zwei Dedikationen auf je zwei einander gegenüberliegenden Seiten: der Mönch Ruodpreht übergibt das Buch dem Erzbischof Egbert von Trier (fol. 16v/17r),

IV–29 fol. 16v

IV-29 fol. 17r

dieser reicht es dem heiligen Petrus (fol. 18v/19r). Die Beischrift zur ersten Dedikation benennt die Personen: *DONUM FERT RUODPREHT / Q(UO)D PRESUL SUSCIPIT EGBREHT* (Ruodpreht bringt das Geschenk, das Bischof Egbert entgegennimmt), die zur zweiten Dedikation verdeutlicht die Erwartung, die sich mit der Stiftung einer solchen Prachthandschrift verbindet: *QUI TIBI DAT MUNUS / DELE SIBI PETRE REATUS* (Tilge, Petrus, die Schuld dessen, der dir die Gabe gibt). Beide Geber der Handschrift eilen herbei, beide Empfänger thronen. Während sich jedoch Egbert frontal auf seinem Kastenthron aufrichtet, ohne Ruodpreht anzusehen, neigt sich der heilige Petrus dem Erzbischof zu. Egberts Haupt ist durch einen in Oberitalien und auf der Reichenau im frühen Mittelalter auch sonst belegten trapezförmigen „Nimbus der Lebenden" ausgezeichnet. Die Rahmen der Bilder der ersten Dedikation sind mit Ranken besetzt, die aus den Mäulern von Masken, Vierbeinern und Drachen hervorkommen. Mit solcherart Wesen, ergänzt durch Vögel, ist, in Goldzeichnung, der purpurfarbene Grund vieler Bilder dieser Handschrift besetzt. Zu Beginn der Psalmen 1, 21, 31 und vor jedem weiteren 10. Psalm bis Psalm 141 stehen je eine Bild- und eine Initialzierseite. Diese Bildseiten zeigen König David als Autor des Psalters (fol. 20v) und vierzehn Vorgänger Egberts: die Trierer Bischöfe und Erzbischöfe Eucharius, Valerius, Maternus, Agricius, Maximinus, Paulinus, Nizetius, Marus, Felix, Modualdus, Liutwinus, Legontius, Magnericus und Abrunculus. Die Erzbischöfe und Bischöfe stehen in Gebetshaltung mit nach oben geöffneten Händen, die Arme entweder ausgebreitet oder vor der Brust zusammengeführt. Sie sind sämtlich nimbiert und werden in der Beischrift als *S(AN)C(TU)S* (heilig) bezeichnet. In Kiew wurden gegen Ende des 11. Jahrhunderts nachträglich der Kalender (fol. 1–4), eine Lage mit Gebeten und Bildern (fol. 5–14) und das Bild einer thronenden Muttergottes (fol. 41r) hinzugefügt.

Erzbischof Egbert (977–993) dürfte den Psalter schon bald nach seinem Amtsantritt in Auftrag gegeben haben. Die beiden Bilder seiner Person (fol. 17r, 18v) sind die ältesten erhaltenen Egbertbilder, eindeutig älter als das im Codex Egberti der Trierer Stadtbibliothek, der eher in die letzten Jahre seiner Amtszeit zu datieren ist. Nach dem im ersten Dedikationsbild dieses Psalters dargestellten, durch andere Quellen nicht eindeutig identifizierten Mönch Ruodpreht ist die Reichenauer Ruodprehtgruppe benannt, zu der außerdem das Evangelistar in Paris, Bibliothèque Nationale, Ms. lat. 10514, das über die Abtei Poussay nach Paris gelangte, das Sakramentar in Florenz, Biblioteca Nazionale, Banco Rari 231, das Sakramentar der Benediktinerabtei St. Paul im Lavanttal, Cod. 20/1, und ein bilderloses Evangelistar in London, British Library, Add. MS 20692, gehören.

Die Dedikationsbilder bezeugen, daß der Psalter ursprünglich von seinem Stifter, Erzbischof Egbert von Trier, für den Dom St. Peter zu Trier bestimmt war. Doch muß er schon bald in die Hände eines Angehörigen des sächsischen Herrscherhauses gekommen sein. Er taucht im Besitz von Ehrenfried-Ezzo, dem Gemahl Mathildes, der jüngsten Tochter Ottos II. und der Theophanu, auf und kam über Ezzos Tochter Richeza an seine Enkelin Gertruda (gest. 1108), die Gemahlin des Großfürsten Izjaslav von Kiew. Über deren Enkelin gelangte die Handschrift an Herzog Boleslaw III. Krzywousty von Polen und dessen Gemahlin Salomea von Berg, dann über deren Tochter Gertruda an das Kloster Zwiefalten, in das diese 1140 eingetreten war. Aus dem Besitz der Grafen von Andechs, entweder über ihre Mutter Gertrud oder ihre Tante Hedwig, die beide dem Hause Andechs angehörten, kam der Psalter an die heilige Elisabeth von Thüringen, die ihn 1229 dem Dom von Cividale schenkte.

Haseloff/Sauerland 1901. – Kat. Marburg 1981, S. 336–338, Nr. 12, Farbtaf. 1 (Katharina Bierbrauer). – Hoffmann 1986/1, S. 315.

Cividale del Friuli, Museo Archeologico Nazionale, Inv. Nr. 4545

U. K.

IV-30 Strahov-Evangeliar

Trier, um 860 und um 980-985

26,7 x 16,9 cm, 218 Blätter. – Pergament mit Deckfarben.

Das um 860 hergestellte, in Unzialis geschriebene Evangeliar wurde in Trier vom Gregormeister (vgl. Kat. Nr. II-23 und II-37) restauriert und dabei mit Bildern der vier Evangelisten (fol. 8v, 66v, 104v, 173v) versehen. Diese Evangelistenbilder sind aus der frühen Phase dieses Meisters, der auch die Miniaturen aus einem Registrum Gregorii in Trier und Chantilly angehören, und entstammen somit der Amtszeit

IV-30 fol. 66v

Erzbischof Egberts von Trier (977–993). Sie stehen alle auf purpurn bemalten Seiten und haben denselben Aufbau: über dem Evangelisten verläuft eine horizontale Leiste mit einer Inschrift, über der jeweils das Evangelistensymbol erscheint. In Auseinandersetzung mit touronischen Vorlagen hat hier der Gregormeister einen Typus des Evangelistenbildes geschaffen, der sich von denen, die er im Evangeliar in Manchester, John Rylands Library, Cod. 98 (Kat. Nr. II–37) angebracht hatte, den ältesten, die von seiner Hand erhalten sind, grundlegend unterscheidet. Im Manchester-Evangeliar waren die Evangelisten noch ohne Symbole und Beischriften gewesen. Im Strahov-Evangeliar trägt die horizontale Leiste bei Matthäus die Inschrift: *HOC EUANGELIUM QUOD PONITUR ORDINE PRIMUM* (Dies ist das Evangelium, das in der Reihe an erster Stelle steht), bei Markus: *MARCUM TERRIBILIS DESIGNAT FORMA LEONIS* (Den Markus bezeichnet die Gestalt eines furchterregenden Löwen), bei Lukas: *LUCAS AETHERII SPECIEM TENET ORE IUUENCI* (Lukas hat das Aussehen eines himmlischen Stiers) und bei Johannes: *EST AQUILA ALTA PETENS NARRANS DIUINA IOHANNES* (Johannes ist ein Adler, der in die Höhe strebt und himmlische Dinge berichtet). In die Buchrolle des Markus und in den aufgeschlagenen Codex des Johannes sind die Evangelienanfänge in Kurzschrift eingetragen. Diese Kurzschrift ist eine Spezialität des Gregormeisters, die sich auch auf seinem Gregorbild in der Stadtbibliothek Trier findet.

Daß bei den Evangelistenbildern des Strahov-Evangeliars der Gregormeister selbst am Werk war, kann in der Ausstellung durch den Vergleich des Markusbildes mit dem auf dem Einzelblatt aus St. Peter (Kat. Nr. IV–31), einer Werkstattarbeit, verdeutlicht werden. Nur im Strahov-Evangeliar, nicht auf dem Einzelblatt, wird der Löwe dem Begriff *terribilis* (schrecklich, furchterregend), der in den Beischriften beider Blätter erscheint, wirklich gerecht. Er erhebt sich kraftvoll, nicht nur sein Schweif, auch die Haarbüschel seiner Mähne züngeln nach oben. Seine Augen blitzen, sein Maul ist geöffnet. Der Löwenkopf auf dem Einzelblatt von St. Peter hingegen wirkt zahm, sein Blick treuherzig, seine Flügel steif. Ähnliches gilt für den Evangelisten. Im Strahov-Evangeliar füllt er mit seiner Bewegung die Bildfläche und, obwohl auf dieser nicht nur das Pult mit der Schriftrolle, sondern, im Unterschied zum Markusbild auf dem Einzelblatt, auch noch das mit dem Tintenfaß untergebracht ist, hat kein Bildgegenstand zu wenig Platz. Der Markus von St. Peter hingegen sitzt beengt. Zwischen dem horizontalen Schriftbalken und dem unteren Rand kann er nur Platz finden, indem er seinen Rücken krümmt. Wie konzentriert und voll innerer Kraft Evangelisten mit gebogenem Rücken dasitzen können, zeigen demgegenüber der Matthäus und der Lukas des Strahov-Evangeliars. Kastenthron, Fußschemel und Schreibpult des Einzelblatt-Markus lasten schwer auf dem unteren Rand. Der Gregormeister hatte an entsprechender Stelle einen Streifen des Bildgrundes frei gelassen und so der Komposition etwas Schwebendes verliehen. Der Bildgrund des Strahov-Markus hat jene atmosphärische Qualität und zarte Farbigkeit, die die Miniaturen des Gregormeisters auszeichnen. Daß die Buchrolle nicht über die Mitte des Pultes, sondern über dessen linke Kante gelegt ist, ergibt nur bei dem Markus des Strahov-Evangeliars, wo der Evangelist die Rolle zu sich heranzieht, nicht aber bei dem des Einzelblattes einen Sinn. Die Handschrift stammt aus dem Kloster St. Martin in Trier.

Goldschmidt 1928, 2, S. 34, Taf. 13. – Nordenfalk 1939. – Nordenfalk 1950. – Nordenfalk 1972. – Kat. Köln 1972, S. 185, Nr. C 11 (Joachim M. Plotzek). – Hoffmann 1986/1, S. 486.

Prag, Kloster Strahov, Ms. DF III 3

U. K.

IV–31 Einzelblatt aus St. Peter

Trier, Ende 10. Jahrhundert

23,8 x 17,3 cm, 1 Blatt. – Pergament mit Deckfarbenmalerei.

Zwischen dem Evangelisten Markus und seinem Symbol verläuft eine Leiste mit der Goldinschrift: *FORMAM TERRIBILIS MARCUS TENET ECCE LEONIS* (Siehe, Markus hat die Gestalt eines furchterregenden Löwen). Oben links steht: *Ecce vicit Leo de tribu iuda radix dauid* (Siehe, gesiegt hat der Löwe vom Stamm Juda, vom Geschlecht Davids). Das Blatt war ursprünglich in das Evangeliar der Universitätsbibliothek Augsburg (olim Öttingen-Wallerstein) 1,2 lat. 4° 2 (Echternach, 1. Hälfte 8. Jahrhundert) eingeheftet. Das Bild des Evangelisten Markus lag dort gegenüber fol. 55r (pag. 68). Dieses Evangeliar zeigt an verschiedenen Stellen Goldverzierungen vom Ende des 10. Jahrhunderts. Deutlich haben sich die damals neu aufgetragenen goldenen Konturlinien

IV–31

der *IN*-Initiale vom Beginn des Markusevangeliums und die zugehörigen Goldpünktchen auf dem Einzelblatt spiegelbildlich abgedrückt und in das Pergament eingefressen. Auch die Paginierung stimmt überein: die Seite mit dem Markusbild trägt die Ziffer *67*, der Markusbeginn des Evangeliars die Ziffer *68*. Typus und Stil dieses Markusbildes weisen es als eine Arbeit aus, die dem Werk des Gregormeisters, der mit oder durch Erzbischof Egbert (977–993) nach Trier gekommen war, sehr nahe steht. Auch im Fall des Evangeliars aus Kloster Strahov (Kat. Nr. IV–30) hat der Gregormeister einen älteren Codex nachträglich mit Evangelistenbildern ausgestattet. Doch erreicht die Komposition auf dem Einzelblatt aus St. Peter nicht die Qualität der anderen Evangelistenbilder des Gregormeisters, etwa die des Strahov-Evangeliars, so daß wir bei dem Einzelblatt-Markus mit einer Arbeit seiner Werkstatt zu rechnen haben.

Das Einzelblatt war mit anderen, dem Echternacher Evangeliar der Universitätsbibliothek Augsburg (olim Öttingen-Wallerstein) entnommenen Blättern nach der Mitte des 19. Jahrhunderts zur Handschrift 25 der Bibliothek des Priesterseminars zu St. Peter im Schwarzwald zusammengebunden worden. Ein beiliegendes, von dem Bruchsaler Stiftskanoniker Johann Adam Gärtler (1731–1818), dem auch die oben erwähnte Paginierung verdankt wird, geschriebenes Notizblatt gibt Inhalt und Herkunft dieser Blätter an. Gärtler hat seine Bibliothek dem Bruchsaler Priesterseminar vermacht, ehe es nach St. Peter verlegt wurde. Die Verbindung nach Trier ergibt sich dadurch, daß Gärtler dem Fürstbischof Wilderich von Walderdorf, einem ehemaligen Trierer Dompropst, unterstellt war.

Siegel 1928. – Nordenfalk 1950, S. 62. – Nitschke 1966, S. 12, 57–58, Nr. 6. – Mütherich 1986/2, S. 361.

St. Peter im Schwarzwald, Erzbischöfliches Priesterseminar

U. K.

IV–32 Stola

Deutschland, 10. Jahrhundert

298 x 5 cm. – Naturfarbenes Seidenband in Brettchenweberei, gemustert in Einlege- und Soumaktechnik. Randborten rot; Musterschüsse in Rosa, Weinrot, Blau, Hellblau, Blaugrün und Weiß sowie Goldfaden (Goldlahn um Seidenseele).

Die Trierer Stola gehört zu den ganz seltenen aus dem Frühmittelalter erhaltenen vollständigen Exemplaren. Schon damals war das Ornatstück in erster Linie Amtsinsignie des Priesters und Bischofs; es wurde, um den Hals gelegt, mit gerade herabhängenden Enden getragen, die Musterung ist daraufhin ausgelegt. Die Halbfiguren der zwölf Apostel stehen sich – wenn die Stola richtig gelegt wird – paarweise gegenüber, immer zwei und zwei in gleichfarbigem Gewand und einander mit leichter Kopfdrehung zugewandt. Wohl nicht zufällig auf Taillenhöhe, wo die Stola durch das Zingulum gehalten wird, ist die bunte Musterung unterbrochen durch eine – offenbar nur teilweise verstandene – Ton in Ton ausgeführte Schriftpartie. Dadurch werden gleichzeitig die vier Hauptapostel, wie alle anderen namentlich gekennzeichnet, abgesetzt. An sie schließen sich in der Nackenpartie die Bilder der vier Evangelistensymbole und, im Zentrum der Stola, das Lamm Gottes an.

IV-32

Das durchdachte Programm und die sehr sorgfältige technische Ausführung stehen in einem merkwürdigen Gegensatz zu der etwas ungelenken und bei den Symboltieren und dem Engel geradezu unbeholfen anmutenden Figurendarstellung. Dadurch und durch die Tatsache, daß keine unmittelbaren Vergleichsstücke bekannt sind, wird auch die zeitliche und örtliche Einordnung erschwert. Einzig für die Ton in Ton gehaltenen Partien finden sich weit verstreut Parallelen, zum einen in einem Zingulum in Augsburg (Diözesanmuseum, Inv. Nr. DM III 2), zum anderen in einem solchen aus einem Klerikergrab im Speyrer Dom (Speyer, Diözesanmuseum, Inv. Nr. D 571). Die Tatsache, daß die kleinen Randmuster vieler anderer mittelalterlicher Bandgewebe in der gleichen Technik eingelegt sind, wie sie sich hier findet, hilft ebenfalls nicht weiter.

Allenfalls für den ehemaligen Bestimmungsort der Stola scheint sich ein Ansatzpunkt zu bieten. In der Apostelreihe erscheint anstelle Jakobus' des Jüngeren der erst als Ersatz für Judas berufene Matthias – und unmittelbar unter ihm liest man eine Inschrift: *PIVS PASTOR S(anctus) EP(iscopus) / MEMENTO MEI* (Frommer Hirt, heiliger Bischof, gedenke meiner). Man ist versucht, daraus auf die Trierer Abtei St. Matthias zu schließen, die allerdings ursprünglich dem ersten Trierer Bischof, Eucharius, geweiht war. Seit wann sich die Stola in der Pfarrkirche St. Maria Himmelfahrt in Neumagen befindet, ist unbekannt.

von Wilckens 1988. – Kat. Trier 1988, S. 24–25 (Leonie von Wilckens). – von Wilckens 1991, S. 97, Abb. 100 S. 95. – Allgemein zur Stola: Braun 1907, S. 562–620. – Zu den Vergleichsbeispielen: Müller-Christensen 1972, S. 1016, Abb. 1594, 1595. – Kat. Augsburg 1973, S. 196–197 Nr. 204–206, Abb. 193 (Sigrid Müller-Christensen).

Trier, Bischöfliches Dom- und Diözesanmuseum, Inv. Nr. T 250 dep. (Leihgabe der Kath. Kirchengemeinde Maria Himmelfahrt, Neumagen)

R. S.

IV–33 „Rosettenkasten" mit Schiebedeckel Adam-und-Eva-Szenen, Kain und Abel

Konstantinopel, zweite Hälfte des 10. Jahrhunderts

46 x 19 cm, H. 12,5 cm. – Holzkern mit Elfenbeinreliefs, teilweise vergoldet.

Unter den byzantinischen „Rosettenkästen" begegnen zwei Grundtypen: solche mit vierseitig angeschrägtem Klappdeckel, der einem Pyramidenstumpf gleicht, und solche mit flachem Schiebedeckel. Sämtliche ornamentalen und figürlichen Reliefs sind mit Elfenbeinstiften auf einem Holzträger, dem eigentlichen Kasten, befestigt. Das Schmucksystem besteht aus Leisten, die an den Rändern umlaufen und zugleich die Reliefdarstellungen einrahmen. Die Leisten sind mit Rosettenstreifen und Hörnerranken verziert, wobei die Rosetten innerhalb eines fortlaufenden Schlingenbandes das charakteristische Merkmal der Dekoration bilden. In der Regel wechseln zwei Arten von Rosetten, doch ist der Rhythmus gelegentlich gestört, zumal die Schlingenbänder an den Ecken und an den Stößen nicht ineinander überleiten. Am Darmstädter Kasten ist das Schmucksystem des Deckels und der linken Nebenseite reicher ausgebildet als an den übrigen drei Seiten. Außer der Hörnerranke kommen am Außenrand und unterhalb des Spiegels ein Flechtband sowie eine den Spiegel einfassende Palmettenreihe vor; Flechtband und Palmettenstab begegnen auch an der linken Nebenseite, nach welcher sich der Deckel herausziehen läßt. Der Darmstädter Kasten gehört zu einer Gruppe besonders langer Rosettenkästen, die sich auch durch die gleiche Thematik enger zusammenschließen lassen (Cleveland, St. Petersburg), weshalb es möglich ist, die beiden fehlenden Reliefs des Deckels zu bestimmen. Dargestellt sind Ereignisse aus dem Buch Genesis von der Erschaffung Adams bis zu Kains Brudermord. In sämtlichen Bildern sind dem ersten Menschenpaar jeweils die Namen ΑΔΑΜ (Adam) und ΕΥΑ (Eva) beigeschrieben.

Schiebedeckel: 1. Fehlt (Erschaffung Adams, auf dem Kasten in Cleveland); 2. Erschaffung Evas. Adam liegt schlafend am Boden, hinter ihm richtet sich Eva auf und hebt ihre Hände anbetend zur Gotteshand im Himmelssegment empor; Beischrift ΑΔΑΜ ΥΠΝΟϹΑϹ ΕΥΑ ΕΞΙΛΘΕΝ ΕΚ ΤΙϹ ΤΙϹ ΠΛΕΒΡΑ Α(υ)ΤΟΝ (Adam schlafend, Eva kommt aus seinem Brustkorb hervor); 3. Abel, vor Kain fliehend, Beischrift ΤΟΝ ΑΒΕΛ (. . . den Abel); 4. Fehlt (Kain, einen Stein auf Abel schleudernd, auf dem Kasten in Cleveland; entsprechend lautet dort die Beischrift ΚΑΗ ΦΟΝΕΥΗ, [Kain tötet . . .]); der fehlende Rosettenstreifen ist jetzt an der Vorderseite zwischen dem trauernden Menschenpaar angebracht. – Im Unterschied zum Deckel lassen sich die Szenen der Kastenwände in der Reihenfolge des biblischen Geschehens von links nach rechts ablesen, beginnend an der Rückseite:

IV-33

1. Versuchung. Das nackte Menschenpaar am Baum, von dem Eva, rechts, zwei Äpfel pflückt; 2. und 3. Sündenfall. Links ein Baum mit der sich daran emporwindenden Schlange, rechts Eva am Baum, Adam die Früchte hinreichend; Adam vor dem Baum, die Rechte vorgestreckt; 4. und 5. Anrufung. Gott in der Gestalt Christi spricht zu Adam, Beischrift IC XC für Ἰ[ησοῦ]C X[ριστό]C (Jesus Christus); Adam, sich vor Gott verbergend, Beischrift ΑΔΑΜ ΠΟΥ Ε (Adam, wo bist du?). – Linke Schmalseite: 1. und 2. Vertreibung aus dem Paradies. Der Erzengel Michael; das ausgewiesene Menschenpaar, Beischrift ΑΔΑΜ ΕΞΕΒΛΙΤΙ (Adam ausgestoßen). Vorderseite: 1. und 2. Das trauernde Menschenpaar. Eva, nackt, sitzt auf einem Felsvorsprung; Adam, ebenfalls nackt, auf einem Fels sitzend; 3. Adam, mit einem Schurz bekleidet, bearbeitet den Acker mit einer Hacke; 4. Adam, mit kurzer Tunika und Stiefeln bekleidet, erntet mit einer Sichel die Ähren; 5. Adam, in gleicher Kleidung, trägt die Ernte heim. – Rechte Nebenseite: In der Mitte oben die Stelle, wo das Schloß saß; darunter sitzt auf einem Klappschemel ein bekleideter Jüngling mit langem Lockenhaar, der mit beiden Händen einen Geldsack umfaßt, Beischrift Ο ΠΛΟΥΤΟC (der Reichtum); links sitzt die bekleidete Eva auf einem Holzstoß und betätigt den Blasebalg; rechts sitzt Adam, Hammer und Zange in den Händen haltend, auf einem Schemel vor dem Amboß und schmiedet ein Werkstück. Wie der Vergleich mit anderen Adam-und-Eva-Darstellungen auf Elfenbeinkästen zeigt, sind die meisten Szenen, die eigentlich eine inhaltliche und kompositorische Einheit bilden, willkürlich zerschnitten und auf zwei Reliefs verteilt worden, getrennt jeweils durch einen Rosettenstab. Die unterschiedliche Breite der einzelnen Reliefs führte gelegentlich zur Einfügung eines weiteren senkrechten Rosettenstabs. Da die Bildfelder in der Regel höher als breit sind, war es notwendig, die Szenen mit der Erschaffung des ersten Menschenpaares um 90° zu drehen. Adolph Goldschmidt und Kurt Weitzmann erkannten eine deutliche stilistische Verwandtschaft zwischen den Kastenreliefs und den Figuren der Deesis auf dem „Kostbaren Evangeliar“ des hl. Bernward (vgl. Kat. Nr. VIII-30), was eine Datierung des Darmstädter Rosettenkastens in die zweite Hälfte des 10. Jahrhunderts nahelegt.

Aus dem Schatz von St. Maximin in Trier; während der Revolutionskriege von einem französischen Offizier nach Mainz gebracht; 1852 aus Privatbesitz erworben.

Schäfer 1872, S. 33. – Goldschmidt/Weitzmann, 1, S. 50 Nr. 69, Taf. 50; 2, Einlegeblatt mit Berichtigung zu Bd. 1 (Korrektur der Datierung). – Kat. Athen 1964, S. 157 Nr. 43. – Wentzel 1971, S. 22–25, Abb. 10–12. – Wentzel 1972/2, S. 55. – Schüßler 1988, S. 158, Abb. 9 (Detail).

Darmstadt, Hessisches Landesmuseum, Inv. Nr. Kg 54:219

A. E.

*IV-34

*IV-34 Maiestas Domini

Mailand, um 970/80

12,8 x 12,0 cm. – Elfenbein.

Dargestellt ist der thronende Christus in der Mandorla, umgeben von den vier Evangelistensymbolen. Ein breiter Arkadenrahmen, nach außen durch eine Punktleiste begrenzt, umzieht die Szene.

Das Relief ist in einem Rahmen aus dem 3. Viertel des 17. Jahrhunderts (Trier?) mit Maleremail-

Medaillons (möglicherweise aus der Trierer Werkstätte des Peter Boy) eingefügt; die Handschrift wird mit Trierer Codices des 10. Jahrhunderts verglichen. Sie stammt aus der Trierer Erzbischöflichen Kapelle; wann und wie sie von dort in den großherzoglich luxemburgischen Besitz kam, ist noch ungeklärt. Das Elfenbein, bis dahin in der Literatur unbekannt, wurde 1988 von Franz Ronig bei einer Besichtigung von Kunstschätzen im Großherzoglichen Palais entdeckt.

Die Elfenbeinplatte stammt zweifellos aus derselben Werkstätte wie die Magdeburger Gruppe, gehört aber – trotz der identischen Dimensionen – nicht zu derselben Serie, ebensowenig wie eine Platte mit der Kreuzigung Christi, die sich früher in der Sammlung des Lemberger Metropoliten befand (Goldschmidt, 2, Nr. 17). Die vorliegende Majestas-Platte steht der Platte mit dem stehenden Christus, umgeben von den Büsten der zwölf Apostel (The Cleveland Museum of Art; Goldschmidt, 2, Nr. 18), am nächsten. Ihre ursprüngliche Zweckbestimmung ist nicht mehr feststellbar.

Ronig 1991.

Luxemburg, Großherzoglicher Palast

H. F.

IV–35 Diptychon mit Christus-Thomas und Moses

Trier, um 990, sog. deutscher Meister des 10. Jahrhunderts

24 x 10 cm (je Flügel). – Elfenbein. Die Tafeln waren durch Metallscharniere verbunden, was die vorhandenen Einschnitte im Rahmen heute noch erkennen lassen; Spuren der Schließen auf der gegenüberliegenden Seite.

Moses empfängt von der Hand Gottes die Gesetzestafeln, und Thomas legt auf dem anderen Flügel seine Hand in die Seitenwunde des Herrn, um sich so davon zu überzeugen, daß der Auferstandene wirklich der am Kreuz gestorbene Jesus ist. In engem Architekturrahmen – links in einer tiefen, oben halbrund geschlossenen Nische, rechts unter einem gezahnten Giebel zwischen gedrehten hohlen Säulen – recken sich die Figuren nach oben, um von dort eine Botschaft zu erhalten. Die selten dargestellten Themen sind aufeinander bezogen. Paulus spricht im 2. Korintherbrief (3,3–8) bei der Gegenüberstellung des Alten und Neuen Testaments von den Tafeln mit den durch den Finger Gottes auf Stein geschriebenen Buchstaben, die Moses gegeben wurden, und dem Gegensatz zwischen diesen Tafeln aus Stein und den Tafeln des Fleisches, die vom Geist des lebendigen Gottes zeugen. Sie stammen vom Herzen des Heilands. In der späteren mittelalterlichen Theologie findet sich, wenn auch selten, die Gegenüberstellung von Moses und Thomas: Wie dem jüdischen Volk die Offenbarung durch die Gesetzestafeln gegeben wurde, so wurde in Thomas der neuen Kirche die Offenbarung von der Auferstehung des Herrn im Fleische kundgetan.

Die beiden Tafeln gehören zum Werk eines der eigenwilligsten Künstler des frühen Mittelalters, der seit Wilhelm Vöges berühmt gewordener Charakterisierung von 1899 unter dem Namen des „deutschen Schnitzers des 10. Jahrhunderts“ in die Kunstgeschichte eingegangen ist. Neben der Platte mit dem heiligen Paulus (Kat. Nr. IV–36) und einer Maiestas Domini in Berlin stammt ein Elfenbeinrelief mit der Kreuzigung Christi von seiner Hand, das die Mitte eines edelstein- und perlengeschmückten goldenen Buchdeckels in Nürnberg bildet. Der Buchdeckel ist im Auftrag der Kaiserin Theophanu und ihres minderjährigen Sohnes Otto III. in den Jahren 985–991 in Trier, und zwar in den für Erzbischof Egbert tätigen Werkstätten, für die Abtei Echternach geschaffen worden.

Zu der vielberedeten Rauheit, ja Derbheit in der Auffassung der dargestellten Ereignisse wie der Bildung der Körperglieder, die diesen Meister kennzeichnet, kommt hier die singuläre Zudringlichkeit, mit der Thomas die Gewänder von der Brust des Herrn zur Seite reißt, um die Wunde zu untersuchen. Der körperlichen Eindringlichkeit, die durch die räumliche Enge noch gesteigert wird, entspricht ein offensichtliches Interesse des Schnitzers an komplizierten, sich drehenden Rückenfiguren und den sich dabei im menschlichen Körper ergebenden Verschiebungen. Trotz der großen Hände und Füße sind seine Gestalten im Grunde schlank und zierlich gebildet. Das starke Leben des Körpers, aber auch der Gewandung, ist dabei von einer Leichtigkeit, die das Elfenbeinrelief eindeutig als ein Werk der frühen ottonischen Kunst charakterisiert. Nach der Jahrtausendwende finden sich solche gelenkigen Figuren nicht mehr. Versuche einiger Autoren, die Werke des deutschen Meisters in die Mitte des 11. Jahrhunderts oder wenigstens in das 2. Jahrzehnt – nach der Aachener Elfenbeinsitula (Kat. Nr. II-31) zu datieren, stehen nicht nur in eklatantem Widerspruch zum historisch gesicherten Datum des Buchdeckels in Nürnberg, sondern übersehen auch wesentliche stilgeschichtliche Eigenarten der Figurenbildung im Nürnberger Kreuzigungsrelief und beim Christus-Thomas-Diptychon, für die es in der Zeit des Gerokreuzes im Kölner Dom, nicht aber im 11. Jahrhundert Parallelen gibt.

Die Tafeln, ohne Zweifel in Trier entstanden, befanden sich im frühen 19. Jahrhundert in einer Koblenzer Sammlung und stammen angeblich aus Kues an der Mosel.

Schneider 1888, Sp. 15–26. – Vöge 1899, S. 119–123. – Goldschmidt, 2, Nr. 24. – Swarzenski 1964, Nr. 47– 49. – Schnitzler 1957/1, Nr. 10. – Fillitz 1969, S. 164, Nr. 104b. – Kat. Köln 1972, Nr. C 8 (Anton von Euw). – Grodecki/Mütherich 1973, S. 304 (Jean Taralon). – Gaborit-Chopin 1978, S. 98–99 und Kat. Nr. 95. – Kahsnitz 1982, S. 191–195, 197 (ausführlich zu Problemen der Datierung). – Kat. Speyer 1992, S. 355–356 (Konrad Weidemann).

Berlin, Staatliche Museen zu Berlin – Preußischer Kulturbesitz, Skulpturensammlung, Inv. Nr. 8505, 8506

IV-36 Heiliger Paulus

Trier, um 990, sog. deutscher Meister des 10. Jahrhunderts

21 x 10,3 cm; Platte 1,95 cm dick. – Elfenbein.

IV-36

Aus einer ungewöhnlich dicken Elfenbeinplatte geschnitzt, steht der Apostel Paulus unter einer von Säulen getragenen Arkade und hält in der Hand ein Schriftband mit einem Zitat aus dem 1. Korintherbrief (15,10): *Gratia D (e)i sum id quod su (m)* (Dank Gottes Hilfe bin ich das, was ich bin). Die Gesichtsbildung mit dem mächtigen kahlen Schädel, den fleischigen Stirnfalten, Tränensäcken und welken Wangen, den typisch übereinandergelegten Bartschichten und dem intensiven Blick sowie die großen schweren Hände und Füße bestätigen die Zuschreibung an den Meister des Moses-Thomas-Diptychons (Kat. Nr. IV-35) und der übrigen oben genannten Werke, wenn auch die Figurenbildung vergleichsweise einfach und weniger differenziert erscheint. Als am engsten verwandt erweist sich die Platte mit der Maiestas Domini in Berlin. Die Art, wie die Gewandfalten über dem Unterkörper mehr geritzt als in plastischem Auf und Nieder gestaltet sind, zeigt, wie stark auch diese Gestalt dem 10. Jahrhundert verhaftet ist.

Sosehr die künstlerische Kraft und eigenwillige Individualität des Meisters die Quellen und Anregungen, von denen er ausgegangen ist, für uns verdeckt, so scheint gerade das Paulusrelief einen Hinweis auf die Voraussetzungen seiner Kunst zu liefern. Eine spätantike Elfenbeinplatte des 6. Jahrhunderts mit einem ebenfalls stehenden Apostel Paulus, der aus dem Besitz der bei Trier gelegenen Abtei Mettlach stammt, in deren Gebäude sie im 19. Jahrhundert gefunden wurde (Kat. Nr. IV-37), zeigt verwandte Modellierung mit auffallend plumpen Proportionen, einen ähnlich dicken Kopf und schwere Gewänder, vor allem die fleischigen Hände und großen Füße. In unmittelbarem Vergleich wird freilich auch deutlich, wie sehr der ottonische Schnitzer die Einzelformen, besonders im Gesicht, differenzierter durcharbeitet, weiter individualisiert, die Details besser in die Gesamtform integriert. Ohne Zweifel ist er der größere Künstler. Doch hat er offenbar in einem solchen Werk der spätantiken Kunst Möglichkeiten gesehen, deren mächtige Körperlichkeit der von ihm angestrebten Ausdrucksintensität nutzbar zu machen.

Vöge 1899, S. 119. - Goldschmidt, 2, Nr. 25. - Jantzen 1947, S. 140-141. - Grodecki/Mütherich 1973, S. 304-306 (Jean Taralon). - Gaborit-Chopin 1978, S. 98-99. - Kahsnitz 1982, S. 191, 195-196, 199. - Caillet 1985, Kat. Nr. 63. - Skubiszewski 1988, S. 385.

Paris, Musée national du Moyen Age - Thermes de Cluny, Inv. Nr. Cl. 1505

R. Ka.

IV-37 Heiliger Paulus

Gallien (?), 6. Jahrhundert

22,9 x 10,7 cm. - Elfenbein mit umlaufendem seitlichem Falz, der zahlreiche Nagelspuren aufweist.

Unter seitlich gerafften Vorhängen steht die mächtige Figur des Apostels mit einem Buch im linken Arm und redend oder segnend vor der Brust gehaltener rechter Hand. Er ist auch als heiliger Petrus gedeutet worden; eindeutige Attribute oder Kennzeichen fehlen. Der schwere Kopf mit auffallend hoher kahler Stirn, seitlich in Höhe der großen Augen mit gebohrten Pupillen etwas unintegriert angesetzten Ohren, breiter Nase, kleinem Mund mit stark aufgewölbten Lippen und rundem Bart, dessen einzelne Locken nicht besonders sorgfältig ausgearbeitet sind, sitzt dem breiten Leib fast ohne Hals auf. Der untersetzte Körper ist ganz flach gebildet, aber durch lange eingekerbte Gewandlinien, auf dem linken Oberschenkel auch durch übereinandergestaffelte girlandenförmige Rundbögen, die eigentlich die Plastizität des Beines bezeichnen sollten, mehr belebt als gegliedert.

IV-37

Zwar bilden sich über dem linken zur Seite ausgestellten Fuß Zerrfalten, das Knie ist aber nicht herausgearbeitet, wie denn die Gewandfigur trotz geringer Erinnerungen an antikische Standmotive nicht strukturell von der Funktion der Körperglieder und ihres Gewichtes her konzipiert ist. Der Fuß des Standbeins ist zur Seite gedreht, die Zehen mit der Sandalensohle jedoch ohne Verkürzung in die Höhe geklappt. Kopf, Füße und Hände sind auffallend groß. Die Formgebung ist nicht fein, verzichtet in

Komposition und schnitzerischer Ausführung auf alles Kleinteilige, Subtile und Geglättete, strebt mit wenigen großen, auch groben Motiven nach intensiver Steigerung des Ausdrucks.

Das Relief wurde einige Jahre vor 1887 im Gebäude der säkularisierten Abtei Mettlach bei Trier gefunden und dürfte zum mittelalterlichen Besitz dieses Klosters gehört haben. Von zwei nächstverwandten Platten mit stehenden Aposteln wird eine noch heute im Schatz von Notre-Dame in Tongern, die andere jetzt im Museum in Brüssel verwahrt. Zwei weitere, heute in Cambridge, stammen aus der Abtei St. Maximin in Trier. Man hat all diese Platten auf einen frühchristlichen Bischofsthron nach Art der in Ravenna erhaltenen Maximinianskathedra zurückführen wollen, die dem Dom oder einer der übrigen römischen Kirchen in Trier gehört haben müßte. Doch ist die stilistische Verwandtschaft der Platten nicht so eng, daß man sie als Erzeugnis einer Werkstatt ansehen kann. Daß sie – und entsprechend weitere Arbeiten derselben Art – sich schon im 6. Jahrhundert in Trier befunden haben und vielleicht auch dort entstanden sind, ist nicht unmöglich. Denkbar wäre auch ein Import aus den östlichen Mittelmeergebieten des Reiches; doch dürften die Stücke jedenfalls in vormittelalterlicher Zeit nach Trier gelangt sein. Im frühen und hohen Mittelalter wird man einige wie anderenorts als kostbare überkommene Gegenstände in neue Zusammenhänge eingeordnet, andere aber als hochwillkommenes Rohmaterial für neu anzufertigende Elfenbeinreliefs verwandt haben. In jedem Fall fielen sie so buchstäblich den mittelalterlichen Elfenbeinschnitzern in die Hände. Werke nach Art des Mettlacher Paulus müssen dem sogenannten deutschen Schnitzer des 10. Jahrhunderts bekanntgeworden sein, wie die künstlerische Auseinandersetzung mit ihnen vor allem in seinem Paulusrelief, aber darüber hinaus generell in seiner Formensprache erkennen läßt (vgl. Kat. Nr. IV-35 und IV-36).

Schneider 1887, S. 242–248 (Fundgeschichte). – Baum 1929, S. 377. – Volbach 1952, S. 45, 52. – Kat. Los Angeles 1970, Nr. 15 (Vera K. Ostoia). – Volbach 1976, Nr. 155. – Kat. New York 1977, Nr. 487 (Nancy Patterson Ševčenko). – Gaborit-Chopin 1978, S. 38 und bei Kat. Nr. 29. – Sanderson 1979, S. 334. – Kahsnitz 1982, S. 195–196, 199. – Caillet 1986, S. 7.

New York, The Metropolitan Museum of Art, Gift of George Blumenthal, 1941, Inv. Nr. 41.100.156

R. Ka.

IV-38 Elfenbeinplatte mit schreibendem Papst Gregor

Lotharingien, Ende 10. Jahrhundert

20,5 x 12,8 cm. – Elfenbein. Kleiner Ausbruch in der Vorhangstange über dem Kopf des Heiligen.

Unter einer reichen, wie eine Stadtmauer gebildeten Architekturbekrönung mit seitlichen Treppentürmen, hinter einer Stange, deren Vorhänge zur Seite gerafft und um die seitlichen Säulen geschlungen sind, sitzt auf einem Thron, der aus einem korinthischen Kapitell gebildet zu sein scheint, der heilige Papst Gregor tief gebeugt bei der Arbeit und schreibt in ein mit der linken Hand gehaltenes Buch, das auf reichverziertem Pult liegt, die Anfangsworte der Präfation, *Vere dignum*. Der Heilige Geist hat sich in Gestalt einer Taube auf seiner Schulter niedergelassen und flüstert ihm ins Ohr, so unmittelbar die göttliche Inspiration bei der Abfassung des Sakramentars durch den Kirchenvater verbildlichend. Papst Gregor (590–604) galt im Mittelalter als Verfasser der römischen Meßtexte. Unter einer Bodenleiste sitzen drei kleine Schreiber, der linke der Figur des Kirchenvaters nachgebildet, bei ihrer Schreibarbeit: Sie vervielfältigen die Texte des Heiligen. Der mittlere hält für sich und seinen Nachbarn ein großes Tintenhorn bereit. Dicke Blätter von besonderer Schönheit, mit außerordentlicher Präzision geschnitzt und gebohrt, dem Elfenbein in Cambridge (vgl. Kat. Nr. IV-39) sehr ähnlich, füllen die Randleisten der ungewöhnlich starken Elfenbeinplatte. In einer Präzision des Figuralen wie der gegenständlichen Elemente, die an frühbyzantinische Elfenbeinarbeiten wie die Platten mit den Kaiserinnen in Florenz und Wien aus der Zeit um 500 gemahnen, gibt der Elfenbeinschnitzer den heiligen Gregor und die meisten Details bildparallel als geschlossene, kompakte, fast kubische Formen. Zwar hat das Relief eine große Tiefenausdehnung, doch gibt es keine kontinuierliche Entwicklung in die Tiefe des Raumes. Die körperliche Plastizität wird aus einzelnen, sich flach vorwölbenden Schichten aufgebaut, die eindrucksvolle Stadtarchitektur umschließt keinen Raum von gewisser Ausdehnung, sondern wird zu zwei parallel verlaufenden Mauerzügen zusammengedrückt. So detailreich diese Architektur, die Vorhänge, das Pult, der Thronsitz und die Rahmenblätter geformt sind, so stört dies doch nicht den Eindruck großformig vereinfachter Geschlossenheit und hoher Monumentalität.

Der Elfenbeinschnitzer – gewiß einer der größten seines Faches in der mittelalterlichen Kunst –, von dessen Hand auch zwei zusammengehörende Platten in Cambridge und Frankfurt stammen (Kat. Nr. IV–39), hat die Elemente seiner Komposition einem hohen Maß von Stilisierung und bis zum Äußersten getriebener Formstrenge unterworfen. Im Hinblick auf die Ausscheidung aller karolingisch-spätantiken Räumlichkeit, aller älteren malerischen Elemente, wegen der Verbindung flächenhafter Ordnung, ausgewogener Gleichgewichtigkeit mit groß gesehenen, eindrucksvoll verfestigten Gestalten hat man sein Werk oft in Zusammenhang mit dem bedeutendsten ottonischen Maler, dem in Reichenauer Handschriften und in Trier tätigen Meister des Registrum Gregorii gebracht, ja dessen Gregordarstellung als unmittelbare Voraussetzung der Elfenbeinplatte ansehen wollen. Doch scheint der Elfenbeinschnitzer ihm stilgeschichtlich und zeitlich eher vorausgegangen zu sein. Wissen wir auch wenig über die künstlerisch individuelle Entwicklung selbst der größten Meister der Epoche, so dürfte am engen künstlerischen Zusammenhang wie an der zeitlichen Parallelität dieser beiden Meister kein Zweifel bestehen. Die von Carl Nordenfalk vorgeschlagene und von verschiedenen Autoren übernommene Datierung in spätkarolingische Zeit übersieht gerade die konstituierenden Gestaltungstendenzen dieser und der zugehörigen Reliefplatten.

Die Tafel, die sich bis 1928 im Stift Heiligenkreuz bei Wien befand, dürfte als Geschenk des kaiserlichen Hofes dorthin gelangt sein, wie verschiedene Eintragungen in habsburgischen Inventaren des 17. Jahrhunderts nahelegen. Über ihre mittelalterliche Herkunft ist nichts überliefert. Doch dürfte das Relief mit dem heiligen Gregor als Verfasser des Sakramentars ursprünglich eine entsprechende liturgische Handschrift geschmückt haben.

Goldschmidt, I, Nr. 122. – Fillitz 1962, S. 7–22. – Kat. Köln 1972, Nr. C 4 (Anton von Euw). – Nordenfalk 1975, S. 46, 56. – Sanderson 1982, S. 58–61. – Fillitz/Pippal 1987, Kat. Nr. 6. – Surmann 1990, S. 108–144. – Caillet 1990, S. 318. – Trnek 1991, S. 11–45.

Wien, Kunsthistorisches Museum Wien, Kunstkammer, Inv. Nr. KK 8399

R. KA.

IV–39 Elfenbeintafel mit Introitus

Lotharingien, Ende 10. Jahrhundert

33,3 x 11,6 cm. – Elfenbein.

Die Tafel stellt einen Erzbischof beim Beginn der Messe dar, umgeben von sieben Sängern in kaselartiger Cappa und fünf Diakonen in gestickten Dalmatiken. Auf dem hohen, reichgeschnitzten Pult lesen wir im aufgeschlagenen Buch, das der Erzbischof mit der linken Hand anhebt, die Anfangsworte von Psalm 24,1–3: *Ad te levavi animam meam*... Es handelt sich um das Eingangsgebet der Messe zum ersten Adventssonntag, also zum Beginn des Kirchenjahres, und dementsprechend auch des Antiphonarium missae, also des offiziellen Gesangbuchs der Kirche. Der Erzbischof, in den Gewändern der Messe, mit einem Pallium, dem Zeichen seiner erzbischöflichen Würde über den Schultern und auf der Brust, gibt mit der erhobenen rechten Hand offenbar das Zeichen zum Beginn des Meßgesanges. Sein Haupt ist von einer großen Muschelnische hinterfangen. Seine Gestalt ist als zentrales Mittelmotiv gegenüber allen anderen ins Riesenhafte gesteigert. Die singenden Kleriker werden als kleine Randfiguren um seine Füße gruppiert, die Diakone, die im Gottesdienst hinter ihm stehen, gleichsam in eine zweite Raumschicht hinter der Muschelnische verdrängt, wobei die hinterfangende Architekturform wiederholt wird – ähnlich wie auch die Stadtmauern oben und unten die Szene nicht mehr räumlich umgeben, sondern nur noch als Teil eines mehrfach gestaffelten Rahmens der steilen Bildfläche und der zentralen Hauptfigur verstanden werden können. Die Illusion eines räumlichen Kontinuums, in dem sich die Personen befänden, ist zugunsten einer abstrakten, ausschließlich an der Bedeutung der Figuren orientierten Ordnung der Bildfläche aufgegeben. Der Festigkeit der Komposition, die eine der wesentlichen Voraussetzungen der erreichten Monumentalität ist, entspricht die Härte, mit der organische Körper umschrieben werden, ebenso wie der einzigartigen Präzision in der Wiedergabe von Details der Architektur, der Möbel, der Gewandung und der abstrakten Blattformen der Rahmenleiste etc. Der Elfenbeinschnitzer, von dessen Hand auch die Wiener Platte mit Papst Gregor stammen dürfte (Kat. Nr. IV–38), hat alles Unwägbare – alle Raumeffekte und alle malerischen Werte der älteren Kunst – in seinem rigorosen Abstraktionswillen ausgeschieden, wie es – in unter-

IV–38

IV-39

schiedlichem Maße und selten mit solcher Formstrenge – nur in der ottonischen Kunst begegnet. Carl Nordenfalks Hinweis auf den erstaunlichen Modellrealismus, für den er in der abstrakten und symmetrisch geordneten Formenwelt der sogenannten franko-sächsischen Buchmalerei aus spätkarolingischer Zeit Parallelen zu sehen glaubte, hat unseren Blick für die spezifischen Qualitäten der Elfenbeinwerke in künstlerischer und technischer Hinsicht geschärft. Doch stehen gerade sie in denkbar größtem Gegensatz zu aller karolingischen Bildgestaltung. Nachdem Hans Jantzen 1947 zum erstenmal und bald darauf auch Albert Boeckler ihren dezidiert ottonischen Charakter erkannt hatten, hat Hermann Fillitz diese liturgische Darstellung und die Wiener Gregor-Platte 1962 überzeugend in die Tradition der lothringischen Elfenbeinkunst einordnen können. Freilich bleiben die Verbindungen zur sogenannten jüngeren Metzer Schule auf Details beschränkt. Gemeinsamkeiten mit der ottonischen Gruppe um das Adalbero-Elfenbein (Kat. Nr. IV-40) gibt es praktisch nicht, so daß wir es offensichtlich mit einer anderen Werkstatt zu tun haben, die ihren Sitz auch nicht notwendig in Metz gehabt haben muß.

Zu der Tafel, die im 19. Jahrhundert in der Gegend von Schaffhausen entdeckt worden sein soll, gibt es ein in Größe, Bildprogramm und Stil genau entsprechendes Gegenstück mit dem zelebrierenden Erzbischof am Altar zu Beginn des Kanon, also dem Höhepunkt und Zentrum der Messe (heute im Liebieghaus in Frankfurt am Main). Die Reliefs dürften ursprünglich Vorder- und Rückdeckel einer liturgischen Handschrift, eines Sakramentars oder Antiphonars, geschmückt haben, müssen aber schon im Mittelalter getrennt worden sein. Die Frankfurter Platte ziert spätestens seit 1450 und noch heute ein mittelrheinisches Lektionar, das zur Frankfurter Krönung König Wenzels von Böhmen 1376 geschrieben worden ist.

Goldschmidt, 1, Nr. 120. – Jantzen 1947, S. 141–142. – Boeckler 1948/1949, S. 149–152. – Patino 1958, S. 73–107. – Fillitz 1962, S. 10–14, 21. – Gaborit-Chopin 1978, S. 86–87. – Sanderson 1982, S. 59–61. – Fillitz 1983/2, S. 64–65. – Kat. Köln 1985, Nr. C 1 (Anton von Euw). – Fillitz/Pippal 1987, bei Kat. Nr. 6. – Surmann 1990, S. 12–108. – Caillet 1990, S. 318. – Trnek 1991, S. 14–45.

Cambridge, Fitzwilliam Museum, Inv. Nr. M 12-1904

R. Ka.

IV-40 Adalbero-Elfenbein

Metz, um 1000 (984–1005)

15,2 x 9,2 cm. – Elfenbein.

In Auseinandersetzungen mit älteren Metzer Kreuzigungsdarstellungen aus spätkarolingischer Zeit (vgl. Kat. Nr. VI–64) hat mehr als hundert Jahre später ein Elfenbeinschnitzer am selben Ort abermals den Tod Christi in einer figurenreichen Komposition als das zentrale Ereignis der Geschichte geschildert, das Altes und Neues Testament, Juden- und Christentum voneinander scheidet, mit der Erlösungstat des Herrn die Sakramente der Kirche begründet und in kosmisch weltumspannenden Dimensionen die am Kreuze beginnende Herrschaft Jesu verbildlicht. Die Gestalt des Herrn und sein Kreuz überragen ähnlich groß alle übrigen Bildfiguren. Zwischen den trauernden Maria und Johannes fängt die Kirche in einem kostbaren Henkelgefäß das aus der Seite Christi strömende Blut und Wasser auf, woraus nach der Lehre der Väter die Sakramente der Kirche hervorgingen: das Blut der Eucharistie und das Wasser der Taufe. Auf der anderen Seite des Kreuzes entfernt sich die Synagoge, die die Zeichen des Heiles nicht zu erfassen vermochte. Die Personifikationen von Sonne und Mond – jetzt nicht auf dem oberen Kreuzbalken (vgl. Kat. Nr. VI–64), sondern rechts und links in den äußeren Ecken der Komposition – und von Erde und Meer am unteren Rand der Tafel bekunden die Weltherrschaft Christi. Aus den Grabbauten unter Maria und Johannes erheben sich die Toten und wenden sich anbetend dem Kreuz zu, wie auch die Engel über den Wolkenbänken den Herrn verehren. Longinus, der römische Soldat mit der Lanze, und Stephaton mit dem Essigschwamm sind wie auf den karolingischen Werken in einer unteren Ebene angeordnet.

Gänzlich neu ist die weinlaubumrankte Säule, auf der sich das Kreuz erhebt. Zu Füßen des Herrn ist der Sündenfall dargestellt, so menschliche Urschuld und göttliche Erlösungstat sinnfällig miteinander verknüpfend. Die nackten Stammeltern hocken unter dem Baum des Paradieses. Eva greift kniend nach dem Apfel im Maul der Schlange über ihr, während Adam mit aufgestütztem Haupt vornüberge-

Zu IV–39 Elfenbeintafel mit Darstellung des Sanctus. Frankfurt, Liebieghaus neigt neben ihr sitzt. Am Fuß der Säule sehen wir in einer quadratischen Öffnung die Büste Bischof Adalberos: *ADALBERO CRVCIS XPI SERVVS*; ohne Zweifel der Auftraggeber der Elfenbeintafel, der sich hier als Knecht des Kreuzes Christi bezeichnet. Er wird allgemein mit Adalbero II., Bischof von Metz in den Jahren 984–1005, identifiziert. Ob die einzigartige Darstellung des Kreuzes auf einer Säule, deren Weinlaub ohne Zweifel wie das Gefäß in der Hand der Ekklesia auf die heilbringende Funktion der Eucharistie verweisen, und die Verknüpfung mit dem Bild des Bischofs sich auf die kleine Elfenbeinplatte beschränken oder eine dahinterstehende monumentale Anlage in der Metzer Kathedrale oder einer anderen Kirche der Stadt spiegeln, muß offenbleiben. Wir wissen aus ottonischer Zeit von Kreuzen, die auf Säulen in Kirchen – etwa hinter dem Altar oder an anderer Stelle – aufgestellt waren. Das bekannteste Beispiel bildet die große Bronzesäule Bischof Bernwards in St. Michael in Hildesheim, deren Wandung mit einem umfangreichen christologischen Zyklus geschmückt ist, auf deren Kapitell ursprünglich ebenfalls ein Kreuz stand (Kat. Nr. VIII-17). Ein Kreuz auf einer Säule hinter dem Altar ist in ottonischer Zeit auch in Essen bezeugt (Kat. Nr. VI-57). Für Metz ist freilich nichts überliefert. Das Bild des Bischofs könnte auf eine Grabstätte am Fuß einer solchen Kreuzanlage hinweisen – die Bestattung unter einem monumentalen Kreuz ist etwa im Kölner Dom überliefert – und wäre dann als Übernahme des traditionellen Bildgedankens zu verstehen, daß sich das Grab Adams als des ersten mit Sünde beladenen Menschen unter dem Kreuz des Herrn befand und das darauf herabfließende Blut seine Erlösung verdeutlicht. Folgt die Elfenbeintafel ikonographisch in weiten Teilen spätkarolingischen Metzer Werken, so stellt die Verknüpfung von Kreuz, Säule, Sündenfall und Bischofsbild jedenfalls eine gedankliche Erweiterung des traditionellen Bildschemas dar, die auf Bischof Adalbero zurückgehen muß.

Nur auf einem karolingischen Buchdeckel aus Metz (Paris, Bibliothèque Nationale, Ms. lat. 9383) finden sich am oberen Rand auch die vier Evangelisten mit ihren Symbolen als die Zeugen abgebildet, die das Heilswirken Christi der Nachwelt überliefert haben. In sehr ungewöhnlicher Weise sind sie hier – oberhalb von Okeanos und Gaia – zwar in Menschengestalt, aber mit Tierköpfen dargestellt, ähnlich wie der Prophet Ezechiel (1,5-8) im Alten Testament die Vier Lebenden Wesen vor dem Thron des Allerhöchsten beschrieben hatte, die später generell mit den Evangelistensymbolen identifiziert wurden. Doch hat die Kunst in der Regel die Evangelisten in Menschengestalt und ihre Symbole in der Form von Tieren abgebildet. Die seltene Verbindung von Mensch- und Tierform blieb lange auf Randgebiete der christlichen Welt beschränkt, vor allem das koptische Ägypten oder jene Bereiche insularer, bretonisch-normannischer und nordspanischer Kunst des frühen Mittelalters, die durch eine extrem ungegenständliche, abstrakt-ornamentale Kunstsprache bestimmt waren. In der Sphäre natürlicher menschlicher Figurenbildung, wie sie seit der karolingischen Wiederbelebung antiker Formen die christliche Kunst im Abendland prägte, tauchen Evangelisten mit den Köpfen ihrer Symbole zum erstenmal beim Adalbero-Elfenbein auf, um dann im 12. Jahrhundert eine gewisse, wenn auch beschränkte Verbreitung zu finden. Die spezifischen Gründe für diese Bildwahl sind nicht bekannt.

Sosehr die Tafel älterer Metzer Kunst verpflichtet ist, unterscheidet sich die Bildung der Figuren durch größere Agilität, reichere Ponderation und Geschmeidigkeit von den karolingischen Vorbildern, deutlich ablesbar bei den bewegten Figuren von Maria und Ekklesia, der viel antikischer wirkenden Personifikation der Erde, der in ihrer Räumlichkeit meisterhaft geschnitzten winzigen Gruppe der Stammeltern unter dem Kreuz und der grundlegend anderen Auffassung in der Gestaltung des Leibes des am Kreuze hängenden Herrn: Christus schwebt nicht wie auf den karolingischen Elfenbeinplatten unbewegt vor dem Kreuz, sondern ist tot zusammengebrochen. Das Haupt ist zwischen die Schultern gesunken und fällt zur Seite der Ekklesia herab. Die langen Unterschenkel und Knie biegen nach rechts, die Hüfte nach links aus. In dem fein modellierten Leib wird die Dramatik des Hängens und Zusammensinkens thematisiert. Es sind dies formale wie inhaltliche Errungenschaften der großen ottonischen Kruzifixdarstellungen. Mit Verwunderung hat man, seit Erwin Panofsky 1924 zum erstenmal darauf hingewiesen hat, stets die große Nähe der Christusfigur zum silbernen Bernward-Kreuz (Kat. Nr. VIII-31) wahrgenommen. Mag durch das Vortreten des Kopfes der Eindruck des Expressiven dort noch gesteigert sein, so reichen die Übereinstimmungen von der zarten Modellierung des Körpers, von der Biegung der Gestalt bis zu Details des singulär geknüpften Lendentuches, so daß wir davon ausgehen dürfen, Werke nach Art des Adalbero-Reliefs,

IV-40

das sich bis zum vorigen Jahrhundert im Schatz der Kathedrale von Metz erhalten hatte, dürften Hildesheimer Künstlern zur Zeit Bernwards bekanntgeworden sein.

Goldschmidt, 1, Nr. 78 (mit älterer Lit.). – Panofsky 1924, S. 73. – Wesenberg 1955/1, S. 30–32, 52–53. – Fillitz 1962, S. 17. – Nilgen 1967, S. 71–72, 190–191. – Kat. Köln 1972, Nr. C 6 (Anton von Euw). – Fillitz 1975, S. 41–42, bes. Anm. 6. – Gaborit-Chopin 1978, Kat. Nr. 79. – Raddatz 1981, S. 334–337. – Caillet 1990, S. 315–318. – Ribbert 1992, S. 315–320.

Metz, La Cour d'Or, Musées de Metz, Inv. Nr. 3550

R. KA.

IV–41 Elfenbein mit Kreuzigung und nährender Maria

Metz (?), Anfang 11. Jahrhundert

16,7 x 10,3 cm. – Elfenbein, eingelassen in den mit violettem Samt bezogenen Buchdeckel eines Echternacher Evangeliars des 3. Viertels des 11. Jahrhunderts. Der Goldschmiederahmen des Einbandes offenbar schon lange verloren.

Das in vielerlei Hinsicht aus dem Rahmen der karolingischen und ottonischen Elfenbeinkunst herausfallende Relief zeigt unter gebrochenen Giebeln zwischen kannelierten Pilastern die auffallend weit vorspringenden, plastisch gebildeten Figuren der Kreuzigung Christi im oberen Feld und darunter vor einer Vorhang-Girlande die große Gestalt der nährenden Gottesmutter mit dem gewickelten Kind auf dem Schoß. Daneben hockt der heilige Joseph auf einer Mauer, während von der anderen Seite eine Hebamme heranschreitet. Man hat die Tafel lange Zeit für eine neuzeitliche Fälschung gehalten. Doch sprechen die historischen Umstände dagegen. Die Handschrift befand sich im 18. Jahrhundert in der Kollegiatkirche Saint-Saveur in Metz, wo man sie für ein Geschenk Bischof Adalberos II. hielt, wie eine Eintragung der Zeit bekundet, und gelangte nach der Säkularisation bereits 1802 in den Besitz der Bibliothèque Nationale in Paris. Sie zeigt keinerlei Spuren, daß der Deckel mit dem heute ganz abgescheuerten violetten Samtbezug, der spätestens dem 18. Jahrhundert entstammen dürfte, danach noch irgendwie verändert worden wäre.

Die Christusfigur ist eine vergröberte Kopie nach der Adalbero-Tafel, wobei die Schürzung des Lendentuches seitenverkehrt wurde (Kat. Nr. IV–40). Die mit ausgestreckten Händen redende Gottesmutter begegnet auf karolingischen Metzer Arbeiten, der die Hand trauernd an die Wange legende Johannes auf der Tafel mit den Passionsszenen (Kat. Nr. IV–42). Stephaton und Longinus gehören wie die verehrenden Engel zum traditionellen Bildgut karolingischer Metzer Kreuzigungsdarstellungen. Sonne und Mond werden hier nicht als Büsten in einer Rundscheibe, sondern in ihrem Pferde- und Ochsengespann dargestellt, wie sich dies auch bei dem Metzer Kästchen in Braunschweig belegen läßt (Kat. Nr. VI–63). Kannelierte Pfeiler zeigen die Grabbauten der Adalbero-Tafel, von der auch die großen Blattkapitelle und in vergröberter Form das Akanthuswerk des Rahmens übernommen sein dürften.

Ohne Parallele in der zeitgenössischen christlichen Kunst ist die untere Darstellung. Maria mit dem Jesuskind an der Brust hat die koptische Kunst Ägyptens im ersten Jahrtausend gelegentlich abgebildet, wobei alte ägyptische Bildvorstellungen des Horusknaben an der Brust der Göttin Isis aufgenommen wurden. Der stadtbyzantinischen Kunst ist das Thema vollkommen fremd; provinzielle Ausformungen beschränken sich auf genrehafte Zusammenhänge im Rahmen der Flucht nach Ägypten etc. Im Westen begegnet die Darstellung vor dem 13. Jahrhundert überaus selten; einzelne Beispiele sind aus dem 12. Jahrhundert bekannt. Seit der heidnischen Antike gab es vor allem in bukolischen Zusammenhängen jedoch das Bild der nährenden Mutter mit einem Säugling an der Brust, im provinzialrömischen Bereich, wie Funde im Rheinland zeigen, auch entsprechende Muttergottheiten mit gewickelten und geschnürten Kindern auf dem Schoß. Dieses Thema führte im Mittelalter ein gewisses Nachleben bei der Personifikation der Erde, deren nährende Fruchtbarkeit durch zwei an ihrer Brust liegende Kinder verdeutlicht werden konnte, oder im Bild der Eva, wenn es galt, die Mühen der Mutterschaft nach der Vertreibung aus dem Paradies zu verdeutlichen. So erscheint Eva mit ihrem Kind auf der Bronzetür Bischof Bernwards in Hildesheim in dieser Form – in auffallender Parallelisierung zur thronenden Gottesmutter. Möglicherweise sind ottonische Madonnenskulpturen mit quer über dem Schoß gehaltenem Kind – wie die Goldene Madonna des Essener Münsterschatzes – solchen historischen Bildtypen verpflichtet. Das Motiv des Nährens ist bei

IV-41

ihnen jedoch stets ausgeschieden. Die hockende kleine Figur Josephs und die Hebamme auf dem Elfenbeinrelief müssen aus einer figurenreichen Darstellung der Geburt Christi übernommen sein, also einem Zusammenhang, in dem auch das Motiv der Maria lactans in späterer Zeit eine gewisse Verbreitung finden sollte.

Weber 1913, S. 46. – Goldschmidt, 1, Nr. 79 und 2, S. 7. – Wesenberg 1955/1, S. 106–107, bes. Anm. 233. – Ronig 1964, S. 162–163. – Nilgen 1967, S. 191. – Bloch 1969, S. 66, 67. – Wesenberg 1972, S. 17–18. – Caillet 1990, S. 316. – Surmann 1990, S. 242–243. – Ribbert 1992, S. 320–322.

Paris, Bibliothèque Nationale, Ms. lat. 10438

R. Ka.

IV–42 Elfenbein mit Passionsszenen

Metz, um 1000

15,4 x 11,3 cm. – Elfenbein.

In fünf Streifen sind von unten nach oben in dichter Folge Szenen der Passion Christi bis zur Himmelfahrt dargestellt: Verrat durch Judas, Gefangennahme, Heilung des abgeschlagenen Ohres des Malchus, Verrat Petri mit dem krähenden Hahn im Hintergrund, Verhör durch Pilatus, Geißelung; eine figurenreiche Kreuzigung nimmt das mittlere Bildfeld ein. Es folgen Kreuzabnahme, Grablegung, die Frauen am Grabe Christi und im oberen Bildstreifen die Himmelfahrt. Man hat, vor allem für die der Kreuzigung vorausgehenden Szenen, auf spätantike Passionszyklen als Vorbilder hingewiesen. Doch dürfte die unmittelbare Quelle des ottonischen Bildschnitzers in einem Elfenbeinbuchdeckel der sog. älteren Metzer Schule aus der Zeit Bischof Drogos von Metz (823–855) zu suchen sein, der aus der Kathedrale von Metz nach Paris gelangt ist (Paris, Bibliothèque Nationale, Ms. lat. 9388). Ihm folgen die Szenen bis zur Gestaltung des gemauerten Architekturgrundes. Aus anderen Quellen hinzugefügt sind die Malchus-Szene und die in ihrem Bewegungsreichtum eindrucksvolle Geißelung mit den heftig ausholenden Schergen und dem an die Säule gebundenen, in Rückenansicht mit lang herabfließenden Haaren wiedergegebenen Herrn – in ihrer lebendigen Räumlichkeit gewiß auch eine karolingische Bilderfindung. Bei der Kreuzigung ist Christus wie auf dem Adalbero-Elfenbein gebildet. Je zwei Schergen zerschlagen die Gebeine der beiden hier zusätzlich erscheinenden Schächer. Die Kreuzigung folgt sonst Metzer Tradition, nur Ekklesia und Synagoge fehlen. In den Szenen von Kreuzabnahme und Grablegung, die im ersten Jahrtausend erst spät und relativ selten Gegenstand bildlicher Darstellung geworden waren, haben Elemente der neuesten byzantinischen Kunst Eingang gefunden: Bei der Kreuzabnahme greift die am linken Bildrand zusammengekauert sitzende Maria vorsichtig nach der leblos herabhängenden Hand ihres Sohnes, bei der Grabtragung küßt sie ein letztes Mal sein Antlitz. Es ist die älteste erhaltene Darstellung dieser Art, die in der östlichen Kunst sich jedoch bald als sehr beliebt erweisen sollte. Wir haben es mit der Verbildlichung menschlicher Emotionen der heiligen Gestalten zu tun, wie sie im 9. und weitgehend auch im 10. Jahrhundert noch nicht denkbar war und erst als Folge des breiten Prozesses der Erschließung heftiger Gefühlsäußerungen durch die byzantinische Kunst im Laufe des fortgeschrittenen 10. Jahrhunderts in die christliche, zunächst überwiegend in die östliche Kunst Eingang finden sollte. Das Bild der Himmelfahrt mit einem vor der Mandorla stehenden Christus, die von Engeln getragen wird, die zugleich den Jüngern das Ereignis erläutern, verbindet westliche Traditionen mit östlichen Bildgedanken, die auch anderenorts in der ottonischen Kunst beobachtet werden können.

Das fein geschnitzte reiche Blattwerk des Rahmens greift motivisch auf ein Elfenbein vom Buchdeckel des Psalters Karls des Kahlen zurück, der wahrscheinlich als Geschenk des Kaisers damals im Schatz der Metzer Kathedrale lag, zeigt aber in der präzisen Begrenzung des Laubwerks gegen den Bildraum hin seine spätere, anderen Stiltendenzen verpflichtete Entstehungszeit. Ähnlich wie beim Adalbero-Elfenbein (Kat. Nr. IV–40) sehen wir den ottonischen Bildschnitzer hier sein Werk in intensiver Auseinandersetzung mit der großen karolingischen Tradition der Metzer Kunst schaffen. Im Gegensatz zum Adalbero-Meister waren für ihn jedoch Werke der älteren Metzer Schule aus der Zeit Drogos wichtiger, die auch seinen Figurenstil nachhaltig geprägt haben, so daß sich Vergleichbarkeiten mit der in erster Linie der jüngeren Metzer Schule verpflichteten Adalbero-Tafel auf kleine Details wie das Kreuz-

IV-42

muster der Mandorla und den Typ des gekreuzigten Christus beschränken.

Goldschmidt, 1, Nr. 80. – Millet 1916, S. 491. – Weitzmann 1961, S. 482–483. – Gaborit-Chopin 1978, bei Kat. Nr. 79. – Caillet 1990, S. 316–318. – Ribbert 1992, S. 271–320.

Paris, Musée du Louvre, Inv. Nr. OA 6000

R. Ka.

IV–43 Rahmen

Trier, Werkstätte des Erzbischofs Egbert (977–993)

12 x 10,3 cm. – Gold, Goldfiligran, Zellenschmelz, Stein- und Perlenbesatz. Durch Beschädigung am Ende des 2. Weltkrieges ist der Rahmen verzogen, eine Leiste und ein Saphir fehlen.

Die Frage der Zweckbestimmung des auffallend kleinen Rahmens läßt sich nicht eindeutig beantworten; Tragaltar, Buchdeckel und Reliquiar werden dafür genannt. Am ehesten könnte man an eine Fassung eines kleinen Reliquiares (vgl. das typengleiche Essener Nagelreliquiar, Kat. Nr. VI–55) oder an die Oberseite eines kleinen Reise-Tragaltars denken.

Der Rahmen zeigt die charakteristischen Merkmale der Werkstätte, die in Trier für den Erzbischof Egbert (reg. 977–993) tätig gewesen war. Vor allem

IV–43

IV-43 Zustand vor 1945

die Kombination der Stein- und Perlenfassungen mit den an sie angesetzten herzförmigen Almandinen und die Ornamentformen der Emails sind dafür kennzeichnend. Sie lassen sich insbesondere mit dem Andreas-Tragaltar (Trier, Domschatz) und dem goldenen Buchdeckel Kaiser Ottos III. und der Kaiserin Theophanu (Nürnberg, Germanisches Nationalmuseum) vergleichen.

von Falke/Frauberger 1904, S. 6, 123. – Westermann-Angerhausen 1973, S. 42 ff. – Westermann/Angerhausen 1990, S. 9.

Berlin, Staatliche Museen zu Berlin – Preußischer Kulturbesitz, Kunstgewerbemuseum, Inv. Nr. 1967,24

H. F.

IV-44 Sog. Kelch des Bischofs Gauzelin von Toul († 962) und Patene

Lothringen, Mitte 10. Jahrhundert

H. 13,2 cm. Durchmesser der Cuppa 11 cm, Durchmesser der Patene: 15 cm. – Gold, Edelsteine, Perlen, Cloisonné-Email, Filigran.

Beim sog. Gauzelin-Kelch handelt es sich hinsichtlich des Typus um einen Spendekelch, einen sogenannten *calix ministerialis,* der gemeinsam mit der Patene für die Kommunion der Gläubigen unter beiden Gestalten bestimmt war. Der Kelch wurde vom fungierenden Geistlichen gehalten, während die Gläubigen den zum Blut Christi gewandelten Wein mittels einer Fistula (Saugröhrchen) empfingen. Aufgrund der Gebrauchsart kann der *calix ministerialis* einen plastisch gestalteten, z. B. wie beim Gauzelin-Kelch einen mit Edelsteinen etc. besetzten Lippenrand aufweisen. Der Spendekelch stand bis ins Hohe Mittelalter primär in Byzanz in Gebrauch (dort meist ohne Henkel), einige Exemplare haben sich aber auch im Westen erhalten; der Gauzelin-Kelch ist innerhalb der frühen westlichen Exemplare der am reichsten geschmückte. In seiner Proportionierung mit der großen Cuppa schließt er an karolingische Kelche an.

Von einem horizontalen Standring steigt der konische Fuß auf, der einen Nodus in Form einer flachgedrückten, unten durch eine Perlschnur und oben durch ein geflochtenes Band eingefaßten Kugel trägt. Auf ihr ruht die große Kuppa. Vom Lippenrand nehmen zwei S-förmige Henkel ihren Ausgang, die bis etwa zur halben Cuppahöhe hinunterreichen. Der Standring, der Lippenrand und die Henkel sind durch Goldbänder belegt, die mit Edelsteinen, Perlen, Emailplaques und Filigran besetzt sind. Der Kelchfuß ist durch vergleichbar strukturierte Bänder, die hier senkrecht verlaufen und durch schmale, wellenförmige Goldstreifen eingefaßt sind, in vier Abschnitte gegliedert. Das Zentrum der Cuppavorder- und -rückseite ist durch je eine Schmuckplatte mit einem großen, durch ein Wellenband und (ursprünglich) vier Perlen gerahmten Edelstein betont.

Die zugehörige Patene besitzt einen breiten Rand und einen fünfpaßförmig eingetieften Boden. Die flache Fahne ist nach außen hin durch einen tordierten Draht, zur Mitte hin durch eine Perlschnur eingefaßt und mit Edelsteinen, Perlen, Emails und Filigran besetzt. Einzelne Steine betonen die Zwickel zwischen den Rundungen des Fünfpasses.

Vergleichbare Fassungen und das locker geführte Filigran finden sich auf dem Buchdeckel Bischof Gauzelins (Nancy, Domschatz), was die Annahme nahelegt, daß alle drei Stücke aus derselben Werkstatt stammen. Der doppelt gedrehte Filigrandraht (auf dem Standring und oberhalb des Nodus des Gauzelin-Kelchs) sowie die gewellten Goldstreifen (Senkrechtstreifen des Fußes, Schmuckplatten der Cuppa des Gauzelin-Kelchs) weisen auf karolingische Arbeiten zurück; die Wellenbänder begegnen z. B. auf dem Volvinus-Altar (865?; Mailand,

IV-44

IV-44

S. Ambrogio). Dort finden sich auch motivisch vergleichbare Cloisonné-Emails. Jene des Gauzelin-Kelches und der zugehörigen Patene bilden ein Verbindungsglied zwischen dem Mailänder Altar und späteren Arbeiten wie dem Deckel des Codex Aureus von Echternach (983/91; Nürnberg, Germanisches Nationalmuseum).

Der kunsthistorische Befund konvergiert mit der Überlieferung, wonach Bischof Gauzelin von Toul (922-962) den Kelch und die zugehörige Patene der von ihm gegründeten Benediktinerinnenabtei Bouxières-aux-Dames gestiftet habe; Bischof Gauzelin wurde dort auch beigesetzt. Bis ins ausgehende 18. Jahrhundert wurden der Kelch mitsamt der Patene, weiter das Gauzelin-Evangeliar, der Ring und der Pontifikalkamm des Bischofs sowie seine sterblichen Überreste in Bouxières-aux-Dames verwahrt; in der Französischen Revolution weggeschafft, gelangten die Objekte und Reliquien über Luxemburg 1803 nach Nancy, wo sie im Schatz der Kathedrale hinterlegt wurden.

Digot 1846, S. 507 ff., Abb. S. 510, nach S. 512. - Digot 1851, S. 3. - Calmet, 1, Sp. 894. - Auguin 1882, S. 266 ff., Taf. XI. - Rohault de Fleury, 4, Taf. 298. - Pfister 1902, S. 54 f. - DACL 12, Sp. 611 ff., Fig. 8639. - Molinier 1902, S. 105 f. mit Abb. - Kat. London 1932, Nr. 1031, 1034. - Marot 1934, S. 49 ff. - Braun 1932, S. 59, Taf. 5. - Kat. Paris 1937, S. 2, Nr. 1181. - Swarzenski 1954, Fig. 53-54. - Réau, 3, S. 559. - Elbern 1963, S. 72, Nr. 22, S. 34, Abb. 36, Abb. 120. - Kat. Paris 1965, Nr. 832, Taf. 17. - Lasko 1972, S. 85, S. 98, S. 286, Anm. 16, Abb. 78. - Elbern 1979, S. 308, Abb. 3.

Nancy, Domschatz

M. P.

IV-45 Servatius-Schlüssel

Aachen, Werkstätte der Bronzegitter der Pfalzkapelle, Anfang 9. Jahrhundert

29 cm. - Silber, gegossen, mit Resten von Vergoldung.

Der Servatius-Schlüssel muß aus stilistischen Gründen in die Anfangsjahre des 9. Jahrhunderts datiert werden. Zusammen mit den anderen hier gezeigten Gußwerken vermittelt er einen Eindruck vom hohen Standard der Metallkunst, den man in den westlichen Reichsteilen schon in karolingischer Zeit erreicht hatte. Die scharf geschnittenen Akanthusblätter und -ranken, die den Handgriff bilden, stehen den entsprechenden Motiven auf einer kleinen Gruppe von Kunstwerken sehr nahe, die aus derselben Werkstätte stammen, vielleicht gar ein und demselben Künstler zugeschrieben werden können. Zu dieser Gruppe gehören in erster Linie der aus Elfenbein geschnitzte sogenannte Lebuinuskelch (Utrecht, Rijksmuseum Het Catharijneconvent, Inv. Nr. ABM bi 787), ein in Häljarp (Schweden) ausgegrabener silbergegossener Zierbeschlag (Lund, Lunds Universitets Museum, Inv. Nr. 15038) und schließlich zwei der acht bronzegegossenen Gitter der Aachener Pfalzkapelle (Nrn. IV und VIII). Die Metallwerkstätte, aus der diese Dinge kommen, wird „Werkstätte der Bronzegitter der Aachener Pfalzkapelle" genannt, weil diese die am besten dokumentierten Werke der Gruppe sind und sich nach wie vor an ihrem angestammten Ort befinden. Funde von Gußformfragmenten lassen es heute außer Zweifel stehen, daß sich diese Werkstätte in Aachen befunden hat; die historischen Zusammenhänge datieren ihre hauptsächliche Aktivität zudem in die Jahre zwischen 795 und 805.

Der Servatius-Schlüssel wurde von diesen Metallgießern, die sowohl in größerem Maßstab in Bronze als auch in kleinerem in Edelmetall arbeiteten, bestimmt nicht als wirklicher Schlüssel hergestellt, sondern als ein symbolisches Objekt. Zwar entspricht er in seinen wesentlichen Zügen karolingischen Schlüsseln des 7. bis 9. Jahrhunderts, doch übertrifft der Servatius-Schlüssel diese in fast jeder Hinsicht: mit einem Gewicht von rund einem Kilogramm, einer Länge von 29 cm und einer Ausführung in – ehemals vergoldetem – Silber ist der Servatius-Schlüssel weitaus das größte, schwerste und kostbarste bekannte Exemplar; der Werkstoff Silber ist dabei so weich, daß der tatsächliche Gebrauch in einem riesig großen Schloß ausgeschlossen werden muß. Darüber hinaus verweist die symbolische Bedeutung der Verzierungen darauf, daß wir es mit einem außerordentlichen Gegenstand zu tun haben. Im Bart des Schlüssels ist das fünffache Kreuz angebracht, das für Christus als Salvator Mundi steht: die fünf Kreuze bedeuten die Wunden Christi, nämlich die Seitenwunde und die Nagelwunden in Händen und Füßen. Diese Symbolik läßt sich zudem auf das Paradies hin auslegen, was wiederum anknüpft an die Ranken des Handgriffes, die den Lebensbaum und damit auch den Stammbaum Christi symbolisieren: die zweimal sechs eingerollten Akanthusranken stehen für die Stämme Israels, die Vorfahren Christi. Das verwendete Material – Silber und Gold –, das in den alten Inventaren „himmlisch" oder auch „Electrum" genannt wird, unterstreicht diese Symbolik noch: Hrabanus Maurus beispielsweise schrieb: „Electrum ist Christus", mit der Erläuterung: „Jesus Christus, der Gott ist und Mensch, so wie Electrum gemischt ist aus Gold und Silber".

Erst seit der zweiten Hälfte des 11. Jahrhunderts wurde der Schlüssel im Schatz des Kanonikerstiftes St. Servatius mit dem heiligen Servatius, Bischof von Maastricht, in Zusammenhang gebracht. Dieser

IV-45

wurde im 4. Jahrhundert (384?) in Maastricht bestattet, an der Stelle, wo seither eine ihm geweihte und im Laufe der Zeit intensiv von Pilgern besuchte Kirche steht.

Vermutlich war der Servatius-Schlüssel ursprünglich als *Clavis David*, als David-Schlüssel, hergestellt worden und als solcher als Würdezeichen für Kaiser Karl den Großen, den *novus David* (neuen David), gedacht. Als sowohl weltlicher als auch kirchlicher Herrscher erhielt Karl der Große diesen Ehrentitel, und er wurde als Nachfolger des alttestamentlichen Priesterkönigs David angesehen. Die Initiative für eine derartige Typologie mag man vielleicht bei Einhard suchen, dem Intimus am Aachener Hof, Berater Karls des Großen und *abbas*, Abt von St. Servatius in Maastricht. Einhard schenkte seiner Servatiuskirche später den sogenannten Einhardsbogen, einen prestigeträchtigen Kreuzfuß, der gleichzeitig Reliquienbehältnis war und die Form eines antiken Triumphbogens hatte (verloren; Nachzeichnung des 17. Jahrhundert in Paris, Bibliothèque Nationale Ms. fr. 10440, fol. 45).

In der Servatiuslegende wurde der Schlüssel zu einem der Himmelsschlüssel, die Servatius während einer Vision in Rom aus den Händen des Apostels Petrus empfangen haben soll. Für die Bedeutung des Heiligen war dies von sehr großer Wichtigkeit, erhielt er doch damit die Macht über den Zugang zum Himmel übertragen. Im Investiturstreit sollte sich vor allem dieser Aspekt weiterentwickeln; für die deutschen Kaiser war es immer von besonderem Interesse, innerhalb der Reichsgrenzen einen Heiligen zu haben, der diesbezüglich unmittelbar an die Seite von Petrus gestellt werden konnte.

Bock/Willemsen 1873, S. 53–74. – Almgren 1955, S. 12, 19, 26, 28, 102 Nr. R 43. – Koldeweij 1985, S. 61–132 (mit älterer Literatur).

Maastricht, Stichting Schatkamer Sint Servaas

A. M. K.

IV–46 Rauchfaß

„Lothringen", um 800

H. 10,6 cm; Durchmesser 6,8 cm; Kettenlänge ca. 29 cm. – Bronze, durchbrochen gegossen.

Eiförmiges, zweischaliges Rauchfaß auf kleinem Standring mit drei untergegossenen Füßchen. Am Rand von Unter- und Oberschale springen je drei runde Ösen mit nasenartiger Rippe für Befestigung und Führung der Trageketten aus dem Gefäßkörper, die in einen knospenförmigen Kettenhalter eingehängt sind. Je ein horizontaler Doppelwulst untergliedert Unter- und Oberschale in Friese, die mit Akanthuspalmetten bedeckt sind. Das breite, volutenartig gefächerte Blattwerk ist flach und kerbschnittartig ausgeführt, in der Mitte gebündelt, hat knollenartige Spitzen und ist auf der Oberschale durchbrochen.

Dieses Rauchfaß ist eines der ganz wenigen karolingischen Thymiateria; die eiförmige Morphologie ist in zeitgenössischen Bildzeugnissen und von seltenen halbschaligen Exemplaren des späten 8. und 9. Jahrhunderts überliefert. Das flache, breit gefächerte und kerbschnittartige Akanthusblattwerk findet sich im Umkreis der Hofschule Karls des Großen, etwa am Elfenbeindeckel im Aachener Domschatz, am „Lebuinuskelch" von Deventer und bei den Bronzegittern der Aachener Pfalzkapelle wieder, die zudem die doppelten Trennwülste kennen. Auch das getriebene Blattwerk der Goldkanne von Saint-Maurice d'Agaune von „um 800" ist direkt vergleichbar. Offensichtlich entwickelt sich diese frühe Akanthusornamentik kontinuierlich weiter zum plastischeren und reicheren Dekor aus dem Umkreis der „Metzer Schule" in Lothringen, etwa im „Drogo-Sakramentar" oder der „Vivians-Bibel", bei den Metallarbeiten etwa der Pyxis „aus Spanien" in London, British Museum (Kat. Nr. IV–48), oder der Riemenbeschläge von Nørre Vedby oder Kolín. Das Räuchergefäß aus dem Schnütgen-Museum in Köln ist in einem komplizierten Verfahren gegossen, über das das schlichte Material Bronze hinwegtäuschen mag. Seine Herstellung ist nur in einer künstlerisch und technisch erfahrenen Werkstatt denkbar, vielleicht sogar in der Aachener Bronzegießerei Karls des Großen oder in ihrem Umkreis.

Angeblich aus „Mönchen-Gladbach".

Wamers 1983, S. 29–56. – Zu vergleichbaren Räuchergefäßen: frdl. Hinweis Hiltrud Westermann-Angerhausen, Köln.

Köln, Schnütgen-Museum, Inv. Nr. H 46

E. W.

IV-46

IV-47 Riemendurchzug

Lothringen, zweites Drittel des 9. Jahrhunderts

3,03 x 2,33 x 0,85 cm (ohne Bügel). – Gold, gegossen, Goldfiligran, Bügel angelötet.

Der Riemendurchzug besteht aus einer im Grundriß fünfeckigen, reich profilierten Platte und einem untergelöteten Rechteckbügel aus kräftigem, gerilltem Goldblech. Die in tiefem, durchbrochenem Relief plastisch gegossene Zierplatte zeigt eine durch zwei aufgelötete goldene Perldrähte zu drei Palmetten gebündelte Akanthusranke. In ihr stehen spiegelsymmetrisch zwei Löwen mit zurückgewandten Köpfen, weit herausgestreckter Zunge und um die Flanke herumgeschlagenem Schweif mit vegetabiler Quaste. Schräg über den Oberkörper der Raubkatzen verläuft jeweils ein aufgelöteter Perldraht, so daß der Eindruck eines das Gesamtbestiarium umschlingenden Flechtknotens entsteht. Die Ausführung ist detailgenau und naturnah, der Guß von vorzüglicher Feinheit.

Die Akanthusdarstellung entspricht der in den Handschriften der jüngeren Metzer Schule von nach 850. Löwenpaare in derselben oder ähnlicher Haltung, teils mit, teils ohne „Fesselung“, sind auf einigen goldenen und silbervergoldeten Riemenbeschlägen wie auch auf weiteren Kunstdenkmälern der Karolingerzeit vertreten. Der Löwe mit umgeschla-

IV-47

genem Schweif und vorgestreckter Zunge inmitten paradiesischer Vegetation verkörpert den souveränen, dem christlichen Heil verpflichteten Herrscher. Der Riemengleiter war Teil einer kostbaren goldenen Sporengarnitur, die zu den ganz seltenen goldenen Ausstattungsteilen des bewaffneten und berittenen karolingischen Hochadels und zu den Bestandteilen des königlichen Herrscherornats gehörte. Vermutlich ist das apokryphe „Seeheimer Schmuckstück" Teil der 1800 in der Grabkapelle Ludwigs des Deutschen (840–876) in Kloster Lorsch im reich dekorierten antiken Sandsteinsarkophag angetroffenen, später verlorenen Bestattung des Kaisers, der neben anderem auch goldene Sporen getragen haben soll. Sein Dekor läßt aber weniger an Austrasien als vielmehr an Lothringen als Herkunftsgebiet denken, wo offensichtlich feinster Goldguß beherrscht wurde.

Angeblich aus Seeheim, Kr. Darmstadt-Dieburg.

Degen 1962, S. 117–122. – Werner 1969, S. 497–506. – Kat. Frankfurt 1984, Nr. 228 (Egon Wamers).

Darmstadt, Hessisches Landesmuseum, Inv. Nr. Kg 54:259

E. W.

IV–48

IV–48 Pyxis

Lothringen, Mitte 9. Jahrhundert

H. (ohne Deckel) 8,5 cm; Durchmesser 12,0 cm; Deckeldurchmesser 10,5 cm. – Silber, getrieben, gegossen, abgedreht, feuervergoldet, Nielloeinlagen.

Bauchiges Gefäß mit flachem Standboden, leicht geschweifter Wandung und verdicktem Rand; der Deckel ist flach kuppelförmig mit herausgetriebenem Stufenrand, ein getrennt gegossener Griff in Form eines plastischen Vierpaßblattes mit kräftigem Rundkopfniet und Unterlegrosette aufgenietet. Die Außenwandung von Becher und Deckel bedeckt eine reiche Akanthusornamentik in flachem Relief, deren Zeichnung durch Nielloeinlagen betont ist. Sie besteht aus vier einander gegenüberstehenden Vierpaßblättern mit jeweils einem gleicharmigen Kreuz, auf dessen Mitte eine sechsblättrige Rosette sitzt. Von den vier Blattspitzen des Vierpasses gehen jeweils volutenförmige Akanthusranken aus, die Trauben tragen, an welchen sich Vögel laben. Die Ranken, die in offenem Schwung den gesamten Gefäßkörper überziehen, sind durch ringförmige Bündelungen zu einem zusammenhängenden Geflecht verbunden. In den rautenförmigen Zwickeln zwischen ihnen sitzen kreuzförmige Akanthuspalmetten. Gleichartig und nur wenig reduziert ist das Muster auf dem Deckel. Auf ihm sind aber die zentralen Vierpaßblätter nicht von einem Kreuz, sondern nur von einer sechsblättrigen Rosette bedeckt.

Das Bildprogramm dieser liturgischen Pyxis zur Aufbewahrung des geweihten Brotes beschreibt die kosmologisch-allumfassende, das Paradies verheißende Erlösungsbotschaft des Kreuzes. Stilistisch ist die Akanthusornamentik der Pyxis eng verwandt mit der des Drogo-Sakramentars von 850/855 und der des Elfenbeinkamms in Brüssel, letztere ebenfalls mit langhalsigen Vögeln mit zurückgewandtem Kopf. Das kostbare Material, die sorgfältige, künstlerisch und handwerklich anspruchsvolle Ausführung dieses eucharistischen Gefäßes sowie die stilistische Nähe zu Werken der Hofschule legen eine zentrale Produktion im Wirkungskreis der künstlerischen Zentren Reims und Metz nahe.

Angeblich aus Spanien.

Dalton 1909, S. 357, Taf. 47. – Wamers 1991, S. 134 f., Abb. 26.

London, The British Museum, Inv. Nr. MLA AF 3041

E. W.

IV-49 Vorderseite

IV-49 Rückseite

IV-49 Riemenende

„Lothringen“, Mitte 9. Jahrhundert

L. 12,8 cm. – Silber, gegossen, vergoldet, Nielloeinlagen; fragmentarisch, restauriert. In der Wikingerzeit sekundär zur Fibel umgearbeitet (Bohrlöcher, Lötspuren).

Lange, schwere, U-förmige Riemenzunge mit 6 Perlkranznieten. Randleiste; reliefartig gegossene symmetrische Akanthuspflanze aus dreieckigen Stammsegmenten mit üppigen Palmetten und Ranken; erhabene Strichpartien nielliert. In die Rückseite ist eine elegant geschwungene Wellenranke graviert und nielliert sowie umlaufend folgende fragmentarische Umschrift, gemischt aus Kapitalen, Unzialen und Minuskeln: *EGO IN D(?)I NO(?)MINE + ERMADV(?) (.) ME FECIT* (Ich im Namen des Herrn + Ermadus hat mich gemacht).

Die Ornamentik dieser im Flachrelief gegossenen Riemenzunge eines kostbaren karolingischen Wehrgehänges hat genaue Entsprechungen in Handschriften der „Schule von Tours“, etwa im Lothar-Evangeliar (Paris, Bibliothèque Nationale, Ms. lat. 266, fol. 26a) oder im Evangeliar in Laon (Bibliothèque Municipale, Ms. 63, fol. 26b); das Stück dürfte also etwa aus der Mitte des 9. Jahrhunderts stammen. In einer älteren Untersuchung sah Bernhard Bischoff die Inschrift als „um 800 oder etwas später“ und den Namen Ermad(h)us ohne h als womöglich auf romanischem Gebiet entstanden an (Arbman 1937, S. 161, Anm. 1). Klaus Düwel (Göttingen) weist unter Berufung auf Günter Neumann (Würzburg) darauf hin, daß die Formel *ego in dei nomine* „Ich gehöre zu Gott“ bedeute, da *nomen* auch die spezielle Bedeutung von „Familie usw.“ habe. Somit bestehe diese Inschrift aus zwei Sätzen, von denen der erste mit der *ego*-Formel sich auf den Besitzer/Träger, also wohl auf einen Kleriker, beziehe, der zweite mit dem *me* dagegen auf den Hersteller. Da es sich bei diesem klerikal-adlig-militärischen Ausrüstungsteil nicht um eine Stiftung handeln kann, dürfte Ermadus nicht der Auftraggeber, sondern ein lothringischer Silbergießer gewesen sein.

Notmark (Alsen), Sønderjyllands amt, Dänemark.

Arbman 1937, S. 151 f., 158 ff., Taf. 50.2. – Fraenkel-Schoorl 1978, S. 352 ff. Abb. 5 a, b. – Wamers 1981, Abb. 8.1 – Klaus Düwel, briefl. Mitt. vom 24. März 1993.

Kopenhagen, Nationalmuseet, Inv. Nr. 14201

E. W.

IV–50 Siegel Bischof Notkers von Lüttich

Lüttich, wohl 972 (vor 980)

Durchmesser 4,9 cm. – Hellbraunes Wachs mit Wachsrand; deutlicher Abdruck der Zackenfassung des aus einer Steinplatte bestehenden Typars, oben Abdruck der Handhabe.

Umschrift ohne Abgrenzung zum Bildfeld: *NOTKERVS E(pisco)P(u)S*

Das Siegel des Lütticher Bischofs Notker (972–1008) gehört zu den ältesten erhaltenen Bischofssiegeln, deren Echtheit unbestritten ist. Es zeigt den auch für die Geschichte der Kunst im Maasgebiet bedeutenden Bischof als frontale Halbfigur, ohne Mitra und Krummstab, aber mit einem Evangelienbuch, das er mit beiden Händen vor der Brust hält. Er trägt ein geistliches Gewand mit langen Ärmeln, das durch senkrechte Faltenstreifen gegliedert ist.

Der deutlich abgedrückte Zackenrand stammt von der Metallfassung der Siegelplatte, die selbst aus einem anderen Material, offenbar aus Bergkristall oder einem anderen Stein, bestanden haben muß. Solche glyptisch hergestellten Siegel stehen in einer langen, bis in die Antike zurückreichenden Tradition. Hatten die karolingischen Herrscher in der Frühzeit noch antike Gemmen zum Siegeln verwandt, so waren sie spätestens seit Ludwig dem Kind (900–911) dazu übergegangen, ihre eigenen Bildnisse in zeitgenössischer Form in Bergkristall oder Edelstein schneiden zu lassen. Eines der spätesten Werke aus dieser Blütezeit des karolingischen Bergkristallschnitts stellt das als Originaltypar erhaltene Siegel Erzbischof Radpods von Trier (883–915) dar (Hamburg, Museum für Kunst und Gewerbe; vgl. Mütherich 1959). Wie in dieser Zeit noch allgemein üblich,

IV–50

zeigt es nur den Kopf des Erzbischofs im Profil über einer kleinen, fast nur aus der Angabe der Schultern bestehenden Büste ohne Arme. Für die Verbreitung des Siegelbildes en face waren die Kaisersiegel Ottos des Großen von besonderer Bedeutung. Die kleine frontale Büste, allenfalls mit Andeutung der Arme, begegnet auf seinem ersten, relativ primitiven Kaisersiegel von 962. Ihm entsprechen die ältesten bekannten rheinischen Erzbischofssiegel, das 959 belegte Heinrichs I. von Trier und das Brunos I. von Köln, des Bruders Ottos des Großen, das an einer Urkunde vom 25. Dezember 962 erhalten ist (vgl. Diederich 1991). Einen entschiedenen Fortschritt brachte das sog. dritte Kaisersiegel Ottos I. von 965 mit der großen, bis zum unteren Siegelrand reichenden frontalen Büste mit erhobenen Armen (Kat. Nr. II–2). Der Körperausschnitt reicht fast bis zur Hüfte, die Umschrift legt sich nur oben um Kopf und Schultern. Ähnlich wie Bischof Hildeward von Halberstadt (Kat. Nr. VI–78) muß ungefähr in denselben Jahren auch Bischof Notker diesen Siegeltyp aufgegriffen haben. Er ließ sein Bild jedoch nicht wie Otto der Große und Hildeward in eine Metallplatte, sondern altem Brauch nach als Gemme in eine Bergkristallscheibe oder eine andere Steinplatte schneiden. Daß es in ottonischer Zeit noch Steinschneidekünstler gab, die ein solches Siegel herzustellen vermochten, beweisen nicht zuletzt das Königssiegel Ottos des Großen von 936 (Kat. Nr. II–1) und das älteste Kaisersiegel Ottos II., das er zu Lebzeiten seines Vaters, also in den Jahren 967/8–973 führte (Kat.

Nr. II–4). Die meisten Bergkristallsiegel, die wir aus dem frühen und hohen Mittelalter kennen, sind freilich kleiner als das Notkers, der offenbar auch in der Größe mit dem neuen Kaisersiegel Ottos des Großen von 965 wetteifern wollte.

Hiebaum 1931, Nr. 68. – Poncelet 1938, Nr. 1. – Kittel 1970, S. 120. – Kat. Köln 1972, S. 50, Nr. II 13 (Jacques Stiennon). – Kat. Lüttich 1982, Nr. Ia 1 (Joseph Deckers). – Bautier 1984/1989, S. 61.

Gent, Rijksarchief, St-Baafs: 980 Juni 19

R. KA.

IV–51 Notker-Elfenbein

Lüttich, 990–1000

19 x 11 cm. – Elfenbein; stellenweise, besonders bei der Figur des Stifters, aber auch auf dem Leib Christi stark abgerieben. Ausbrüche bei der Nase des Herrn und beim Kopf des Adlers. Für die Ausstellung aus dem Buchdeckel des Notker-Evangeliars, einer Handschrift der 1. Hälfte des 10. Jahrhunderts, gelöst. Der Holzdeckel (30 x 24 cm) ist im übrigen mit maasländischen Emails der Jahre um 1180 und vergoldeten sphärischen Kupferleisten des 17. Jahrhunderts verziert.

Von Evangelistensymbolen auf Wolkenbänken umgeben, thront Christus vor einer Mandorla auf einer das Weltall andeutenden Sphaira, die Füße auf den Globus der Erde setzend, mit segnend hoch erhobener Hand, während er mit der linken Hand das Evangelienbuch auf sein linkes Knie stützt. Darunter ist die Dedikation des Evangelienbuches durch Notker dargestellt, der von 972 bis 1008 Bischof von Lüttich war; der Thron weist auf sein bischöfliches Amt. Mit dem Buch in der Hand kniet Notker vor einem kleinen Kirchengebäude, in dem ein Altar sichtbar wird – wohl eine abgekürzte Darstellung des von Notker 990 gegründeten Kollegiatstiftes Saint-Jean in Lüttich, zu dessen Besitz die Handschrift mit ihrem Buchdeckel bis 1715 gehörte.

Die auf dem schmucklosen Rand eingegrabene Inschrift nimmt auf die Gründung der Kirche und die Schenkung des Buches Bezug:

EN EGO NOTKERVS PECCATI PONDERE PRESSVS –
AD TE FLECTV GENV QUI TERRES OMNIA NVTV.

(Sieh her, ich, Notker, vom Gewicht der Sünde bedrückt, knie hier vor Dir nieder, der Du das All mit einem Wink erzittern läßt.)

IV–51

Notkers „Sünde“, auf die hier angespielt wird, kennen wir aus der Chronik des Gilles d'Orval von 1250. Kaiser Otto I. hatte ihn bei der Entsendung nach Lüttich mit der Wiederherstellung der öffentlichen Ordnung und des allgemeinen Friedens betraut. Um die sonst uneinnehmbare Festung Chèvremont zu erobern, griff er zu einer bedenklichen List. Als der Herr der Festung ihn um die Taufe seines Kindes bat, erschien er mit einer Zahl Krieger, die unter geistlicher Gewandung Waffen verborgen hatten. Sobald sie in der Festung waren, versuchten sie, die Häuser und die dort befindlichen drei Kirchen niederzureißen. Die Johanneskirche konnte Notker jedoch nach dem Bericht des 13. Jahrhunderts erst zerstören, nachdem er dem Heiligen die Errichtung einer neuen Kirche in Lüttich gelobt hatte. Man hat darauf hingewiesen, daß die Buchdedikation vor einem Altar, die wohl stellvertretend für

Stiftung und Erbauung der neuen Kirche zu verstehen ist, eine gewisse Parallele im Stifterbild des Bernward-Evangeliars findet, auf dem der Hildesheimer Bischof sein Evangelienbuch auf dem Altar der von ihm erbauten und geweihten Kirche niederlegt (vgl. Kat. Nr. VIII–30). Üblicherweise überreichen Stifter ihre Gaben unmittelbar dem Heiligen oder Christus.

Das Relief steht am Anfang einer bedeutenden Elfenbeinproduktion in Lüttich, die sich bis zur Mitte des 11. Jahrhunderts hingezogen hat. Die Christusfigur, die nicht ohne Zusammenhang mit der kölnischen Tafel „Christus krönt Viktor und Gereon" (Kat. Nr. IV–55) gesehen werden kann, hat zwei Nachfolgewerke mit der Figur des thronenden Herrn im Kreis der Evangelistensymbole gefunden, die heute in Oxford (Bodleian Library, ms. Douce 292) und in Rouen verwahrt werden. Vor allem bei dem ersten sind Oberkörper und Gewandung des Herrn sowie die Evangelistensymbole in nahezu identischer Form wiedergegeben, so daß an annähernd zeitgleicher Entstehung kein Zweifel bestehen kann. Bei der Gestalt des Heilands in Rouen zeigt die Schärfung der Formen eine spätere Entstehung zu Beginn des 11. Jahrhunderts an.

Wenn vor allem die belgische Forschung unter Hinweis auf die Geschichte des Stiftes Saint-Jean und wegen des Nimbus des knienden Notker eine Datierung des Elfenbeinreliefs in die Frühzeit des 12. Jahrhunderts vertreten hat, wird dabei die stilgeschichtliche Entwicklung sowohl um die Jahrtausendwende wie in der Zeit nach 1100 verkannt. Gewiß konnte Notker, der auch später niemals offiziell als Heiliger verehrt wurde, sich zu Lebzeiten nicht mit einem runden Heiligenschein abbilden lassen. Der flache Nimbus hinter seinem Kopf kann jedoch leicht in späterer Zeit aus dem Elfenbein herausgeschnitten worden sein – etwa als man in Saint-Jean im 17. Jahrhundert die Heiligsprechung Notkers betrieb –, wie es denn auch sonst Spuren nachträglicher Überarbeitung an dem Relief gibt. Der Unterkörper sitzender Figuren wird bei ottonischen und auch bei den genannten Lütticher Elfenbeinen durch den vom rechten Unterschenkel zum linken Knie gezogenen Mantel weitgehend verdeckt. Die Beine werden nicht als zwei getrennte Körperglieder, sondern als einheitlich geschlossene Gesamtform verstanden. Die von dem bedeutenden Schnitzer der Johannesfigur des Elfenbeinreliefs in Halberstadt (Kat. Nr. VI–83) gefundene Lösung weitgehender Aufschluchtung des Unterkörpers und eines von den Beinen deutlich geschiedenen, darüber gelegten Strangs der Mantelfalten stellt das Äußerste an plastischer Erfassung der menschlichen Gestalt dar, das der ottonischen Kunst möglich gewesen sein dürfte. Die Herausmodellierung der knollenförmigen Knie und der Waden Christi im Notker-Elfenbein wie die dort und bei den Beinen des knienden Notker sich übereinander schichtenden Falten müssen auf spätere Überarbeitung zurückgehen. Zum ursprünglichen ottonischen Bestand dürfte noch die große vom rechten Oberschenkel in den Schoß fließende Faltenbahn gehören, nicht jedoch der kantige Abschluß des Gewandstücks vor dem linken Knie.

Als Datum der Veränderung bieten sich aus praktischen und stilgeschichtlichen Gründen nicht das frühe 12. Jahrhundert, sondern die Jahre um 1170/80 an, als man in Saint-Jean den Buchdeckel durch Hinzufügung der Emails mit den großartigen Figuren der Paradiesflüsse und der Tugenden bereicherte. In diese Zeit weisen die Parallelschichten der Gewandung. Freilich hat man auch in der 1. Hälfte des 17. Jahrhunderts am Buchdeckel gearbeitet. Ob die umlaufende Inschrift, die die legendarische Ausschmückung der Vita des Bischofs voraussetzt, ebenfalls von einer dieser Veränderungen oder noch aus der Entstehungszeit des Elfenbeinreliefs stammt, bedürfte meines Erachtens erneuter paläographischer Untersuchung.

Goldschmidt, 2, Nr. 46. – Nordenfalk 1950, S. 74. – Lejeune 1953, S. 71/73. – Philippe 1956, S. 34–76 (mit guten Detail-Abbildungen). – Collon-Gevaert/Lejeune/Stiennon 1962, S. 178–183 (Jean Lejeune). – Nilgen 1967, S. 186–190. – Collon-Gevaert 1967, S. 27–32. – Kat. Köln 1972, Nr. F 9 und G 19 (Anton von Euw und Dietrich Kötzsche). – Fillitz 1972, S. 330. Lasko 1972, S. 163–165. – Grodecki 1973, S. 307. – Gaborit-Chopin 1978, S. 87 und bei Kat. Nr. 78. – Stiennon 1982, S. 35–37. – Colman/Lhoist-Colman 1984, S. 151–159.

Lüttich, Musées d'Archéologie et d'Arts décoratifs de Liège, Musée Curtius, Inv. Nr. 12/1

R. Ka.

Köln unter seinen ottonischen Reichsbischöfen

Unter Bruno I. (925-965), seit 953 Metropolit der Erzdiözese Köln und Herzog von Lothringen, entwickeln sich nicht allein die nördlichen Lande am Rhein zu einer Kernlandschaft des römisch-deutschen Imperiums, sondern unter ihm als Stadtherrn über Gerichts-, Markt-, Münzrecht und Zoll beginnt Köln auch, zu einem der Vororte im Reich aufzusteigen.

Wieweit sich die Stadt von den Normannenverheerungen im Winter 881/882 inzwischen erholt hatte, bleibt ungewiß. In der 866 erstmals genannten, noch ruinösen *ecclesia s. Pantaleonis* empfängt 955 der Erzbischof Pallium und Pantaleonreliquien. Reliquien *de proprio corpore* des ostkirchlichen Megalomartyr von Papst Agapet II. erbeten zu haben kündigt Brunos Absicht schon bei seinem Amtsantritt an, bei der Pantaleonskirche ein Kloster zu gründen, nach seinem Wunsch eine Benediktinerabtei der Gorzer Reform. Damit ist der Auftakt zu einer umfangreichen Bautätigkeit und Stadterneuerung in Köln gegeben. Dank des Pantaleoner Mönch Ruotgers Lebensbeschreibung sind wir über Person und Taten Brunos, der seinem Bruder, Kaiser Otto I., als Kanzler und Erzkaplan dient, gut unterrichtet. Ein Idealtyp geistlich-weltlichen Zusammenwirkens, war er der erste der Reichsbischöfe.

Könnten ihn die korrespondierende Lage von St. Pantaleon und der spätantiken Gründung St. Gereon vor den Südwest- und Nordecken der römischen Stadtmauer veranlaßt haben, an ebendieser Stelle sein Lieblingskloster, vielleicht in einem gewissen Wettstreit, ins Leben zu rufen? Wie übrigens der erste Kölner Erzbischof Hildebald in der Gereonskirche beigesetzt worden ist, so läßt sich Bruno in seiner episkopal eigenen Abteikirche bestatten.

Auch hat es den Anschein, als ob der Erzbischof das Kollegiatstift (seit um 986/88 Kloster) (Groß-)St. Martin womöglich deswegen gerade in der Rheinvorstadt stiftet, um aus einem denkbaren Zweierbezug eine Dreierkonstellation – St. Gereon, St. Pantaleon, St. Martin – entstehen zu lassen, in der die drei Monasterien eine trinitarische Figuration bilden. Ist es so, dann ordnet er, wohl auch überlegt, dem obersten einheimischen und dem orientalischen Märtyrer den vornehmsten fränkischen (den ersten „unblutigen") Märtyrer zu. Gewiß ungewollt, doch merkwürdig genug, verkörpert jede der drei Kirchen einen ihr eigenen Bautyp: Zentralbau, Saal und dreischiffige Basilika. Wir werden uns der Vorstellung, daß hier Stadtlandschaft zur Szene der Begegnung von bedeutenden Heiligen unterschiedlicher Herkunft und ihren „Wohnungen" wird, kaum entziehen können.

Die schwersten Schäden, die der Normannenüberfall der Stadt zugefügt hat, dürften, als Bruno die Stadtherrschaft antritt, behoben gewesen sein.

Auch ist die Besiedlung des rheinseitigen Vorgeländes, der Insel und des römischen Hafens, seit der Entstehung eines *vicus mercantorum* in karolingischer Zeit weiter fortgeschritten. In der *fossa civitatis* (dem Filzengraben) von 948 werden wir gleichwohl eher eine Hafenzufahrt zu sehen haben als einen Ansatz zur Befestigung der Rheinvorstadt mit einer palisadenverstärkten Wall- und Grabenanlage. Sie ist erst dem Stadtherrn Bruno zuzuschreiben. Den großen Marktplatz des neuen Rheinviertels durchquert die mittlere Torstraße zur ehemaligen römischen Rheinbrücke, sie teilt ihn mit der neuen Münze in zwei Plätze: Altermarkt und Heumarkt. Dieser ersten mittelalterlichen Stadterweiterung verleiht der Erzbischof mit dem Martinsstift die geistliche Mitte.

Zwar war längst Kölns gesamte Infrastruktur – Frischwasserleitung und Kanalisation sowie Bäder, Bühnen- und Amphitheater, Tempel – zusammengebrochen, obwohl doch die Stadt fränkische Nebenresidenz war. Die Stadtmauer mit ihren Toren und Türmen hatte man jedoch zum Schutz der *Colnaburg* (wie die Stadt bezeichnenderweise damals auch hieß) gegen Normannen und Ungarn wiederhergestellt. Die Siedlungszellen, Kristallisationspunkte ungleichen Alters und unterschiedlicher Anziehungskraft, in die das geschlossene Stadtgefüge zerfallen war, wachsen mehr und mehr zusammen – so das Domstift mit Palatium und das *palatium imperiale* (die einstige *regia)* mit Synagoge und Judenviertel, die Laurenzpfarrkirche mit dem Quartier der erzbischöflichen Ministerialen, die Damenmonasterien Maria im Kapitol und Cäcilien mit der Pfarrkirche St. Peter oder auch die Parochialkirchen Kolumba und Alban. Die nordsüdliche Transversale (Hohe Straße) bleibt weiterhin bestimmend, das rechtwinklige Straßennetz dagegen hatte sich in unregelmäßige Fahrwege, aus Trampelpfaden um Ruinen entstanden, aufgelöst. In allem schafft Bruno auch dadurch Ordnung, daß er die Stadt samt ihren Suburbien aus dem Gillgau herauslöst und sie in, den Pfarreien angeglichene, bürgerliche „Sondergemeinden" gliedert. Handel und Gewerbe belebend, fügt er der Ostermesse eine Messe an Petri Kettenfeier (1. August) hinzu.

Gänzlich aus dem Rahmen des Stadtbildes fällt der Vorgänger des Zuges Gereonstraße bis Marzellenstraße mit seiner einmaligen Breite von 60 Fuß. Er verbindet Petrusdom und St. Gereon, die ranghöchsten Kollegiatstifte, deren Kirchen gleichermaßen merowingische Fürstengräber bewahren. Auf dieser

Straße trägt der Erzbischof nach altem Brauch, begleitet von allen Kollegien, zuweilen auch hohen Fürsten, den Stab des heiligen Petrus *ad aureos sanctos,* zu Kölns vornehmsten Märtyrern Gereon und seinen thebäischen Legionären. Auf halbem Rückweg zum Dom, wo die Prozession mit einer Messe endet, verkündet er bei der 927 ersterwähnten Marienkirche *(Beata Maria virgo ad indulgentias)* die erteilten Ablässe. Den Petrusstab (Kat. Nr. IV–52) hat Bruno aus Metz als ranghöchste Reliquie unter zahlreichen anderen Reliquien erworben. Dem frommen Reformer und Stadterneuerer Bruno werden wir den Ursprung der Wallfahrt und ihrer Straße wohl zutrauen. Vergleichbar führt in Augsburg, ebenfalls außerhalb der Römerstadt, eine breite Pilgerstraße vom Mariendom zur Grabeskirche der römischen Märtyrerin Afra.

Neben der Bautätigkeit an Pantaleon und Martin gilt Brunos Fürsorge dem Petrusdom, den er nach dem römischen ja gleichfalls gewesteten Vorbild zur Fünfschiffigkeit erweitert. Er versetzt Kanoniker von der Kapitolskirche nach St. Matthaeus in fossa zur Errichtung des Stiftes St. Andreas, während er dort die Stiftsdamen vom lothringischen Remiremont zur Benediktinerregel verpflichtet. Alle Kölner Konvente, dazu die in Bonn und Xanten sowie seine Gründung in Soest bedenkt er testamentarisch mit reichen Geschenken, einige mit großzügigen Geldspenden. – Einen ganz besonderen Höhepunkt im Leben, kurz vor dem Tod des überragenden *archiepiscopus* und *archidux* (Ruotger), stellt der Hoftag in seiner Stadt zum Pfingstfest 965 dar, an dem sich die Ottonenfamilie und alle Großen des Reiches zusammenfinden.

Über das Verhältnis der nachfolgenden vier Metropoliten Folkmar (965–969), Gero (969–976), Warin (976–985) und Everger (985–999) zu Köln und ihren Beitrag zur Stadtentwicklung sprechen sich die Quellen nicht aus. Wir erfahren einzig die Weihe vom Neubau der Pantaleonskirche 980 durch Warin und können das Bauende ihres St. Albinus gewidmeten Westwerks, in dem die Kaiserin Theophanu († 991) beigesetzt wird, aufs Jahr 996 festmachen.

Erst die Tatkraft Erzbischofs Heriberts (999–1021), Kanzler und Freund Ottos III., kommt auch seiner Stadt nachweislich zugute. Im Jahre 1003 gründet er im Castellum Divitia, in dessen Kirche Willibert 870 zum Erzbischof gewählt wurde, eine dritte Benediktinerabtei. Der Zentralbau ihrer (ursprünglichen) Marienkirche, zu dem Heribert *peritiores architectos ab externis finibus* bestellt und die er 1020 selbst weiht, nimmt sich im Geist der ottonischen Renovatio imperii Romanorum nächst der Gereonskirche Karls des Großen Aachener Pfalzkapelle zum Vorbild, angeregt wohl auch von San Vitale in Ravenna.

Eine wichtige Etappe im Verlauf der Stadtentwicklung bedeutet das von Heribert noch geplante, von Pilgrim (1021–1036), seinem Nachfolger in allen Ämtern, eingerichtete Kollegiatstift St. Aposteln und die mit ihm wohl gleichzeitige Anlage des *novus mercatus,* eines weiteren ungewöhnlich großen Handelsplatzes. Aufschlußreich ist das anfängliche Patrozinium der zunächst gewesteten Kirche, des heiligen Paulus nämlich als Hauptpatron und der Maria im sekundären Ostchor. Das verweist auf eine Beziehung zur Bischofskirche mit Petrus im westlichen Hochchor und Maria wiederum im östlichen Gegenchor und drückt deutlich eine sakraltopographische Konstellation aus: je ein Apostelfürst mit der Gottesmutter.

Schriftquellen bezeugen in Fulda, Bamberg und Paderborn – zutreffend auch für Utrecht – ein ikonographisches Kirchenkreuz, das vier städtebaulich zu freier Kreuzesform geordnete Kirchen bilden. Es ist das Heilszeichen des Erlösers, das, im Kirchenkreuz gegenwärtig, Schutz und Gnade der Stadt und ihren Einwohnern verbürgt. Auch in Köln ist ein derartiges Kirchenkreuz zu erkennen. Durch Dom und Maria im Kapitol sowie durch Martin oder dann das transrhenanische Heribert und durch Aposteln gewinnt es an Gestalt, wobei dem Dom das Haupt des Kreuzes zukommt. Unwillkürlich umfassen die Monasterien – Severin, Pantaleon, Gereon, Ursula und Kunibert – die Stadt in einem lockeren Halbkreis. Wenn sie danach im Verein mit St. Heribert und Aposteln einen geschlossenen Kirchenkranz formen, wird das ebenfalls einer nachträglich unterlegten Sinndeutung zu danken sein. Nach solcherart mittelalterlichem Verständnis, das später dem Bewußtsein wieder entschwindet, spiegelt sich die Heilsordnung des himmlischen Jerusalem in der irdisch-ikonologischen Stadtstruktur. Doch begreift noch der Kölner Historiograph Aegidius Gelenius (1645) im Grundriß der Stadt die Form der wachsenden Mondsichel als Symbol des Muttergottes.

Diederich 1985. – Mühlberg 1989. – Müller 1991. – Verscharen 1991.

F. M.

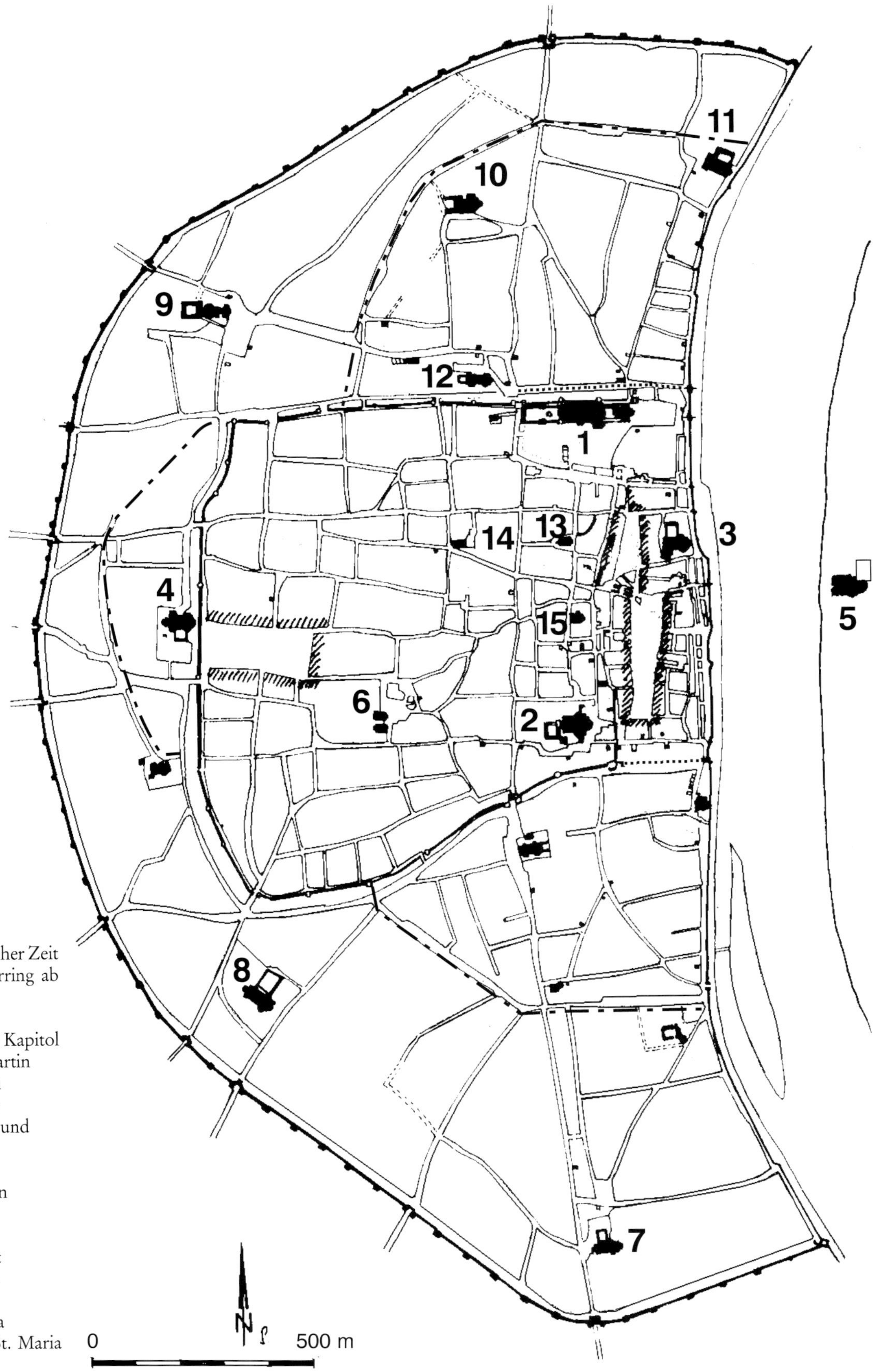

Köln in ottonischer Zeit mit dem Mauerring ab 1180:
1 Dom
2 St. Maria im Kapitol
3 Groß St. Martin
4 St. Aposteln
5 St. Heribert
6 St. Cäcilien und St. Peter
7 St. Severin
8 St. Pantaleon
9 St. Gereon
10 St. Ursula
11 St. Kunibert
12 St. Andreas
13 St. Laurenz
14 St. Kolumba
15 St. Alban, St. Maria Ablaß

IV-52

IV-52 „Stab des hl. Petrus"

Rom oder Gallien, spätantik (Teil des Stabes und Knauf), und Köln, 10.–16. Jahrhundert (Fassung)

132 cm (Elfenbeinknauf 9,4 cm). – Eichenholz, Elfenbein, Silber, vergoldet und teilweise graviert.

Der „Petrusstab" hat eine lange und von mancherlei Legenden umrankte Geschichte, worin sich nicht zuletzt die Rivalität zwischen den Erzbistümern Trier und Köln widerspiegelt. Nach der wohl in Trier entstandenen Stablegende habe Petrus seine Schüler Eucharius, Valerius und Maternus an den Rhein gesandt, um dort das Christentum zu verkünden. Maternus starb unterwegs, seine Gefährten kehrten nach Rom zurück. Auf Geheiß des Apostels, der ihnen seinen Stab anvertraute, machten sie sich erneut auf den Weg nach Gallien. Maternus wurde von Eucharius mit dem Stab des hl. Petrus wieder zum Leben erweckt (tatsächlich ist ein Bischof namens Maternus für Köln historisch verbürgt, jedoch erst um 313/314). Später sei der Petrusstab vor den Normannen nach Metz in Sicherheit gebracht worden. Der Bruder Ottos I., Erzbischof Brun (953–965), der mit großem Eifer Reliquien sammelte, habe – so sein Biograph Ruotger (Vita Brunonis, Kap. 31) – den Stab und die Kette des hl. Petrus nach Köln geholt, „den Stab aus Metz und die Kette aus Rom". Wahrscheinlich hatte Brun den Stab 953 von Bischof Adalbero von Metz erhalten. Erzbischof Warin mußte jedoch 980 in die Teilung der wertvollen Reliquie einwilligen; der Elfenbeinknauf und der untere Teil des Stabes blieben in Köln, den oberen Teil erhielt Erzbischof Egbert von Trier (977–993) zurück.

Dieser ließ das Holz ergänzen und in einer Hülle aus Goldblech einschließen sowie mit einer kostbaren, von Gemmen, Edelsteinen, Perlen und Zellenemails gezierten Krönung versehen. Am Schaft verläuft ein silberner Streifen mit Nielloinschrift, welche die Stablegende und die jüngere Geschichte des Stabes – nämlich die 980 erfolgte Rückgabe – berichtet. Der Elfenbeinknauf des Kölner Petrusstabes, der aus zwei gedrehten Kugeln und einem doppelt profilierten Zwischenglied besteht, könnte von einem spätantiken, in Rom oder Gallien gefertigten Szepter stammen. Auf Consulardiptychen (vgl. Kat. Nr. VI-79 und VI-80) begegnet in der Hand des dargestellten Jahresconsuls häufig ein Szepter mit knaufartiger Krönung, auf der Kaiserbildnisse oder andere Herrschaftszeichen angebracht sind.

Clemen 1937, S. 325–327 Nr. 1, Abb. 256, 262. – Achter 1964, S. 973, 975, 977–991, Abb. 3 (Kölner Petrusstab); Taf. 334–335 (Trierer Petrusstab, seit 1835 im Limburger Domschatz). – Schulten 1985, S. 64–65. – Kat. Köln 1985, 2, S. 227–228 Nr. E 21 (Rolf Lauer, mit Bibliographie). – Bodsch 1991, S. 116, Abb. 2.

Köln, Hohe Domkirche, Schatzkammer, Inv. Nr. Clemen 1

A. E.

IV-53 „Krug von der Hochzeit zu Kana"

Alexandria oder Rom (?), 1. Jahrhundert n. Chr.

H. 41 cm, Durchmesser 25 cm. – Alabaster.

Wie bei der Quedlinburger Kana-Vase (vgl. Kat. Nr. VI-49) sind auch an diesem Krug Merkmale verschiedener antiker Gefäßtypen vermischt. Die gestreckte Form des Vasenkörpers erinnert an eine Amphora, die Anordnung der drei Henkel leitet sich hingegen von der Hydria her. Die Herkunft des Kruges ist unbekannt. 1370 überließ ihn der Kölner Rat auf Widerruf der Kirche St. Ursula zur Nutzung. Damit ist nicht einmal sicher, daß der Krug in ottonischer Zeit nach Köln gelangt sei und von Anfang an als „Kana-Vase" gegolten habe, wie eine späte Überlieferung zum Quedlinburger Gefäß (Kat. Nr. VI-49) nahelegen möchte. In einer römisch geprägten Stadt wie Köln könnte ein solch kostbarer Alabasterkrug bereits in der Kaiserzeit existiert haben.

Ennen/Eckertz, 4, S. 602–603 Nr. 501. – Kelleter 1900, S. 351 Anm. 1. – de Mély 1903, S. 160, Abb. 11. – Clemen 1934, S. 91 Nr. 20. – Wentzel 1972/1, S. 10, Abb. 11.

Köln, Kath. Pfarrgemeinde St. Ursula

A. E.

IV-53

IV-54 Steinskulpturen aus St. Pantaleon

Köln, Ende 10. Jahrhundert

Insgesamt 12 Fragmente aus Kalkstein, aus 18 Bruchstücken zusammengesetzt. Drei Köpfe: H. 42, 36, 38 cm. Fragment einer Gewandfigur mit Hand auf der Brust: H. 44 cm, B. 43 cm. Bruchstück mit zwei Füßen auf schräger Platte: H. 29 cm, B. 78 cm. Bruchstück mit rundem Gefäß: H. 33 cm, B. 31 cm. Unterkörper einer Gewandfigur mit Füßen: H. 102 cm, B. 53 cm. Drei größere Fragmente von Engelsflügeln, einer mit erhobener Hand: H. 64, 64 und 47 cm.

Die zu unbekannter Zeit, jedenfalls vor 1929, im Gelände von St. Pantaleon in Köln gefundenen Steinfragmente, deren ottonischer Stilcharakter von Rudolf Wesenberg erkannt wurde, stammen von drei weit überlebensgroßen Skulpturen, die eine Höhe von 2,60 bis 3 m erreicht haben müssen, und zwei deutlich kleineren, ungefähr lebensgroßen Engelfiguren. Sie lassen sich mit Hilfe einer Zeichnung des Westwerks von St. Pantaleon von der Hand des niederländischen Architekten Joost Vinckeboons (Finkenbaum) aus den Jahren um 1660 näher identifizieren, wenn auch das Westwerk damals gegenüber dem ottonischen Bestand bereits verändert war. In den Zwickeln oberhalb der weitgehend zugemauerten, ursprünglich aber offenen gro-

IV–54

der Hand gehalten haben. Eine überzeugende Rekonstruktion unter Einfügung der erhaltenen Fragmente hat 1977 Matthias Untermann vorgelegt.

Die Köpfe sind weitgehend vollrund gearbeitet, die Körper verlieren nach unten zu an plastischer Substanz, werden zunehmend mit dem Grund einer flachen Nische verbunden. Die Füße, vor allem der großen Figuren, ruhen auf stark abfallenden Standflächen. Die erhaltenen Gewandteile lassen die künstlerische Herkunft der Bildhauerarbeit von provinzialrömischen Skulpturen überdeutlich erkennen, wie sie in ottonischer Zeit in Köln vielleicht

IV–54

ßen Nische im Untergeschoß waren neben den Eckpilastern, seitlich nach innen versetzt, zwei kleinere stehende Figuren, offenbar die beiden Engel, angebracht. Im Obergeschoß darüber befanden sich, ebenfalls zur Mitte hin, zwei deutlich größere Nischenfiguren und in einem Medaillon unterhalb eines barocken Rundfensters ein eingemauerter Kopf. Offenbar war dies ein Rest der mittleren Figur, der dann der größte der erhaltenen bärtigen Köpfe zuzuordnen ist. In ihm dürfen wir Christus erkennen, der stehend oder sitzend die Mitte einnahm und seitlich von zwei stehenden Heiligen begleitet war. Sie sind überzeugend mit dem Hauptpatron der Kirche, dem griechischen Arztheiligen Pantaleon, und dem heiligen Albinus identifiziert worden. Die Reliquien dieses sonst nicht bekannten römischen Märtyrers hatte die Kaiserin Theophanu, die Witwe Kaiser Ottos II. und besondere Gönnerin der Kölner Benediktinerabtei, im Jahre 984 dem Kloster geschenkt. Das runde Gefäß mit Fuß unter den Fragmenten mag der heilige Pantaleon ursprünglich als Attribut und Hinweis auf seinen ärztlichen Stand in

IV-54

IV-54

noch sichtbar waren. Provinzialrömische Grabfiguren, die aus verschiedensten Orten des Rheinlandes bekanntgeworden sind, haben auch bei der Ausbildung flacher Nischenfiguren mit ihrer Mittelstellung zwischen Vollplastik und Relief Pate gestanden. Darüber hinaus drängt sich die Vermutung auf, daß auch das Gesamtsystem - der Schmuck einer triumphbogenartigen Architektur mit Großplastiken - durch entsprechende antike Gebäude oder Fassaden angeregt worden ist. Daß die Engel gerade an der Stelle sich befinden, wo man bei römischen Bauten geflügelte Viktorien zu erwarten hat, dürfte kein Zufall sein. In Köln mag es auch am Ende des ersten Jahrtausends noch manch aufrecht stehenden Bau aus der glanzvollen Epoche der Stadt in der spätrömischen Kaiserzeit gegeben haben.

In der Geschichte der mittelalterlichen Skulptur gehören die Fragmente aus St. Pantaleon zu den frühesten Beispielen aus Stein gehauener Großplastik. Zwei stehende Heilige zur Seite eines thronenden Christus zeigen im 11. Jahrhundert auch die Reliefplastiken an der Fassade von St. Emmeram in Regensburg von etwa 1060 und am Immunitätstor in Xanten aus dem letzten Viertel des 11. Jahrhunderts.

Die Datierung der Kölner Skulpturen hängt eng mit der Baugeschichte der Kirche zusammen. Für das ottonische Westwerk, das offenbar an die Stelle einer noch nicht fertiggestellten Anlage Erzbischof Brunos trat, gelten die Jahre 984 und 1002 als gesicherte Eckdaten. Die Erneuerung der Kirche im Westen und allenthalben vorgenommene Erweiterungen wurden offensichtlich durch die Reliquienschenkung der Kaiserin Theophanu 984 ausgelöst. Im Jahre 1002, als Otto III. bei der Überführung seiner Leiche nach Aachen hier aufgebahrt wurde, muß der Bau vollendet gewesen sein. Vielfach wird auch ein früheres Enddatum angenommen, vor allem das Jahr 996.

Für die bernwardinische Kunst sind vor allem die Köpfe aus Pantaleon von Interesse, am meisten der größte von ihnen, den wir als Christushaupt ansprechen dürfen: die große Haarkalotte mit geriefelten

Zu IV-54 Zeichnung der Fassade von St. Pantaleon von Joost Vinckeboons, um 1660. Köln, Stadtmuseum

Haarsträhnen, das ganz flach in die Kugelform des Schädels eingebettete Gesicht, aus dem durch fast senkrecht verlaufende flache Bartsträhnen und den fallenden Schnurrbart noch einmal ein zentraler Teil des Antlitzes ausgegrenzt wird. Aus der Stirn geht ohne Absatz zwischen den halbkreisförmigen Jochbögen die gebogene Nase hervor. Die zwischen den Lidern fast kugelförmig gerundeten Augen haben gebohrte Pupillen und sind in die Ecken zwischen Nasenwurzel und Jochbogen eingefügt. Auffallend ähnliche Gesichtsbildung begegnet auf den Hildesheimer Bronzetüren, etwa bei Gottvater in der Szene der Zuführung Evas an Adam, beim Verhör der Stammeltern etc. Nicht ohne Interesse ist in diesem Zusammenhang, daß Bischof Bernward für sein neu gegründetes Kloster St. Michael aus St. Pantaleon in Köln den gelehrten Propst Goderamnus berief; Goderamnus sollte 1022 auch der erste Abt von St. Michael werden. Kann man u. E. daraus auch nicht ein sicheres Abschlußdatum für die Arbeiten an Pantaleon ableiten, so mögen doch die Herkunft des Propstes und der Mönche auch für die Zukunft dauernde Verbindungen zwischen Hildesheim und Pantaleon begründet haben. Formengut der kölnischen Großskulptur, möglicherweise auch kölnische Künstler können so jedenfalls leicht nach Hildesheim vermittelt worden sein.

Wesenberg 1955/2, S. 1–28. – Wesenberg 1972, S. 21–23, 96–97, Nr. 5–8. – Kubach/Verbeeck 1976, 1, S. 587. – Untermann 1977, S. 279–290.

Köln, Kath. Kirchengemeinde St. Pantaleon

R. Ka.

IV-55 Christus krönt Gereon und Victor

Köln, um 1000

17,7 x 9,8 cm. – Elfenbein, eingelassen in einen Buchdeckel, der jedoch seines Edelsteinschmuckes beraubt ist (32 x 22,5 cm). – Auf der Rückseite der Elfenbeinplatte abgearbeitetes frühbyzantinisches Relief des 6. Jahrhunderts mit thronendem Christus zwischen Petrus und Paulus.

Der thronende Herr hat seine Hände auf die Häupter der seitlich stehenden heiligen Märtyrer Gereon und Victor gelegt. Gemeint ist die Krönung mit der Krone des Ewigen Lebens als Preis des erlittenen Martyriums, wobei die Kronen bei den römischen Soldatenheiligen Helmform angenommen haben. Ihre Namen sind in den Nimbus hinter ihrem Haupt eingraviert. Die Kultzentren dieser Heiligen, die als Soldaten der thebäischen Legion in Germanien ihr Martyrium erlitten hatten, lagen im Mittelalter an verschiedenen Orten am Rhein, vor allem im Bereich zwischen Mainz und Xanten. Gereon war Patron der bis in römische Zeit zurückreichenden Kirche des nach dem Dom vornehmsten Kölner Stiftes, für das eine große Anzahl noch heute bekannter ottonischer Kunstwerke geschaffen worden ist. Das Elfenbein wird bereits in einem Inventar von 1370 als Besitz des Gereon-Stiftes genannt. Die Heiligen sind durch Palmzweige in ihren Händen als Märtyrer bezeichnet. Eine große Zahl weiterer Glaubenszeugen, von denen einige ebenfalls Palmen in den Händen tragen, füllt in drei Reihen den unteren Teil des Reliefs.

Christus thront auf dem Erdkreis, Engel breiten hinter ihm eine sternengefüllte Mandorla aus. Der Herr hat seine Füße auf den Globus gesetzt, der auf einer hohen Säule ruht. Diese ungewöhnliche Darstellung hat Wolfgang Christian Schneider als Aufnahme einer antiker Bildformulierung deuten können: Das Bild der auf dem Globus schwebenden römischen Siegesgöttin, wie es auf einer Säule in der Curia am Forum aufgestellt war, hatte sich in der Kaiserzeit aufs engste mit der Siegesallegorik der Herrscher verbunden und war wesentlicher Bestandteil der antiken Triumphalkunst geworden. Die Erscheinung des sieghaft triumphierenden römischen Kaisers wurde in Spätantike und Mittelalter zur wichtigsten Quelle für die Darstellung des Weltherrschers Christus. Die Säule, die sonst im Mittelalter nicht rezipiert worden ist (vgl. aber das Adalbero-Elfenbein, Kat. Nr. IV-40), entstammt demselben Bilderkreis wie die uns geläufigen, aus der Darstellung der römischen Kaiser übernommenen kosmischen Herrschaftsattribute Christi: die sternengefüllte Mandorla, die Sphaira des Weltalls, auf der der Herr Platz genommen hat, und der Erdglobus, auf den er seine Füße setzt. Bei der Auszeichnung der Märtyrer kam diesem Bilderkreis besondere Bedeutung zu, hatte doch schon die Literatur der Spätantike das Martyrium der Heiligen unter dem Begriff des Sieges gefeiert, den Christus, der sieghafte Herrscher schlechthin, durch Siegeskranz und Siegespalme belohne.

Die Komposition des Elfenbeinschnitzers vereinigt neben solchen direkten Antiken-Aufnahmen das traditionelle Bild der Maiestas Domini in Verbindung mit dem in der byzantinischen wie in der ottonischen Kunst geläufigen Bildschema der Krönung von Herrschern oder von Heiligen durch Christus und fügt aus dem seit karolingischer Zeit bekannten Hierarchienbild die Chöre der Heiligen hinzu. Die formenreiche, fein gestufte und geschichtete Gewandbildung bei der Gestalt des Thronenden, das sorgfältig modellierte Antlitz des Herrn mit den eingeschnittenen Augen und das weich bewegte, über das Haupt in Wellen gelegte Haar zeigen eindrucksvoll die Qualitäten des Subtilen, die dem Schnitzer dieses Hauptwerkes der Kölner ottonischen Elfenbeinkunst zur Verfügung standen.

IV-55 Rückseite

IV-55 Vorderseite ▷

Goldschmidt, 2, Nr. 47. – Volbach 1952, Kat. Nr. 136. – Schnitzler 1957/1, Kat. Nr. 23. – Steenbock 1965, Kat. Nr. 45. – Kat. Köln 1972, Nr. E 10 (Anton von Euw). – Gaborit-Chopin 1978, Kat. Nr. 80. – Kat. Köln 1985, 2, Nr. E 32 (Jörg-Holger Baumgarten). – Schneider 1991, S. 227–249.

Köln, Schnütgen-Museum, Inv. Nr. B 98

R. Ka.

IV-56 Sakramentar aus Sankt Gereon

Köln, zwischen 984 und 996

26,8 x 18,4 cm, 190 Blätter. – Pergament mit Deckfarbenmalerei.

Die Handschrift enthält zehn ganzseitige Miniaturen, zahlreiche Initial- und Textzierseiten und Goldrankeninitialen. Die Präfation ist durch Bilder der Verkündigung an Maria (fol. 12r) und der Geburt Christi (fol. 13r) ausgezeichnet, der *Canon missae* durch eine Maiestas Domini (fol. 15v), der Beginn des *Proprium de tempore* durch ein Autorenbild des heiligen Gregor mit seinem Schreiber, dem Diakon Paulus (fol. 21r), die Oration zur Ostersonntagsmesse durch Bilder der Kreuzigung (fol. 59r), der Grabeswächter vor Pilatus (fol. 59v) und der Frauen am Grabe (fol. 60r), die Oration zum Fest der Himmelfahrt Christi durch ein Himmelfahrtsbild (fol. 72r) und die zum Pfingstsonntag durch ein auf zwei gegenüberliegende Seiten verteiltes Pfingstbild: die Versammlung der Völkerschaften (fol. 76v) und die Ausgießung des Heiligen Geistes (fol. 77r). Vor den Bildern der Verkündigung, der Geburt Christi, des heiligen Gregor, der Kreuzigung und der Himmelfahrt steht jeweils eine Zierseite mit einem Text, der sie deutet. Im Rahmen der Initialzierseite der Pfingstoration (fol. 77v) befinden sich, kreuzweise verteilt, Brustbilder der vier Kardinaltugenden in Medaillons. Dem Sakramentar ist ein Kalender vorangestellt (fol. 4r–9v). Die Formulierung in dem Gebet auf fol. 56v: *una cum ... regi nostro OTTONE* kann aus stilistischen Gründen nur auf Otto III. bezogen werden, so daß die Datierung der Handschrift in die Zeit vor der Kaiserkrönung Ottos III. (996) und nach dem Bekanntwerden der Nachricht vom Tod Ottos II. (gest. 7. 12. 983 in Rom) gesichert ist. Zu dieser Zeit hatten Warin (976–985) und Everger (985–999) den Kölner Erzstuhl inne. Die Initialen und Zierseiten des Sakramentars aus St. Gereon sind von denen des Evangeliars des Gregormeisters in Manchester, Rylands Library, Ms. 98 (980–982; Kat. Nr. II-37) abhängig.

Aus verschiedenen Eintragungen im Kalender (unter anderem *Dedicatio GEREONIS aecclesiae* zum 28. 7.) und im Text geht hervor, daß das Sakramentar für die ehemalige Stiftskirche St. Gereon in Köln bestimmt war. Wahrscheinlich gelangte es im Dreißigjährigen Krieg als Kriegsbeute nach Schweden. Jedenfalls erscheint es in der 2. Hälfte des 17. Jahrhunderts, durch einen Eintrag auf der Innenseite des Vorderdeckels bezeugt, im Besitz von Maria Skytte, der Witwe des schwedischen Generals Graf Gustav Adam Baner, und des schwedischen Antiquars Joannes Gustavus Sparwenfeld, der es König Ludwig XIV. von Frankreich schenkte.

Nordenfalk 1953, S. 43–44. – Bloch/Schnitzler, 1, S. 37–44.

Paris, Bibliothèque Nationale, Ms. lat. 817

U. K.

IV-57 Arenberg-Evangeliar

England, wahrscheinlich Canterbury, Christ Church, um 990–1000

30 x 18,5 cm, 67 Blätter. – Pergament mit farbigen Zeichnungen, Aquarell- und Deckfarbenmalerei unter Verwendung von Gold.

Das Evangeliar enthält den Text der vier Evangelien und der Vorreden sowie, auf fol. 10r–13v, eine vollständige achtseitige Folge von Kanontafeln. Vor den einzelnen Evangelien steht jeweils das Bild des Evangelisten mit seinem Symbol (fol. 17v, 57v, 83v, 126v), gegenüber eine Initialzierseite mit dem Evangeliumsbeginn (fol. 18r, 58r, 84r, 127r). Den Kanontafeln ist das Bild des Gekreuzigten mit Maria und Johannes, zwei huldigenden Engeln und einer Hand Gottes vorangestellt (fol. 9v). Eine Besonderheit stellen die Zeichnungen über den Arkaden der Kanontafeln dar: Engel (fol. 10r–10v); die Gottesmutter Maria, stehend, in der Rechten einen Palmzweig, auf dem linken Arm den Christusknaben, auf beiden Seiten je ein huldigender Engel (fol. 11r); Christus auf dem Himmelsbogen, im Gespräch mit der Gottesmutter, auf deren Haupt die Geisttaube sitzt, zu seiner Linken das Lamm Gottes, zu beiden Seiten der Gruppe je ein huldigender Engel (fol. 11v); Christus, zu seinen Seiten die heiligen Petrus und Paulus (fol. 12r); Christus mit einem Lamm Gottes im Clipeus, zu seinen Seiten zwei Heilige (fol. 12v); Christus, von Cherubim begleitet (fol. 13r); Christus als Sieger über Löwe und Drache [nach Psalm 90 (91),13], in dessen Rachen er seinen Speer stößt, zu den Seiten zwei huldigende Engel (fol. 13v). Die höchst qualitätvollen Zeichnungen sind von denen des Utrechtpsalters beeinflußt, der nach Canterbury gelangt war und dort dreimal kopiert wurde. Die Entstehung des Arenberg-Evangeliars in Canterbury ist daher wahr-

IV–56 fol. 59v

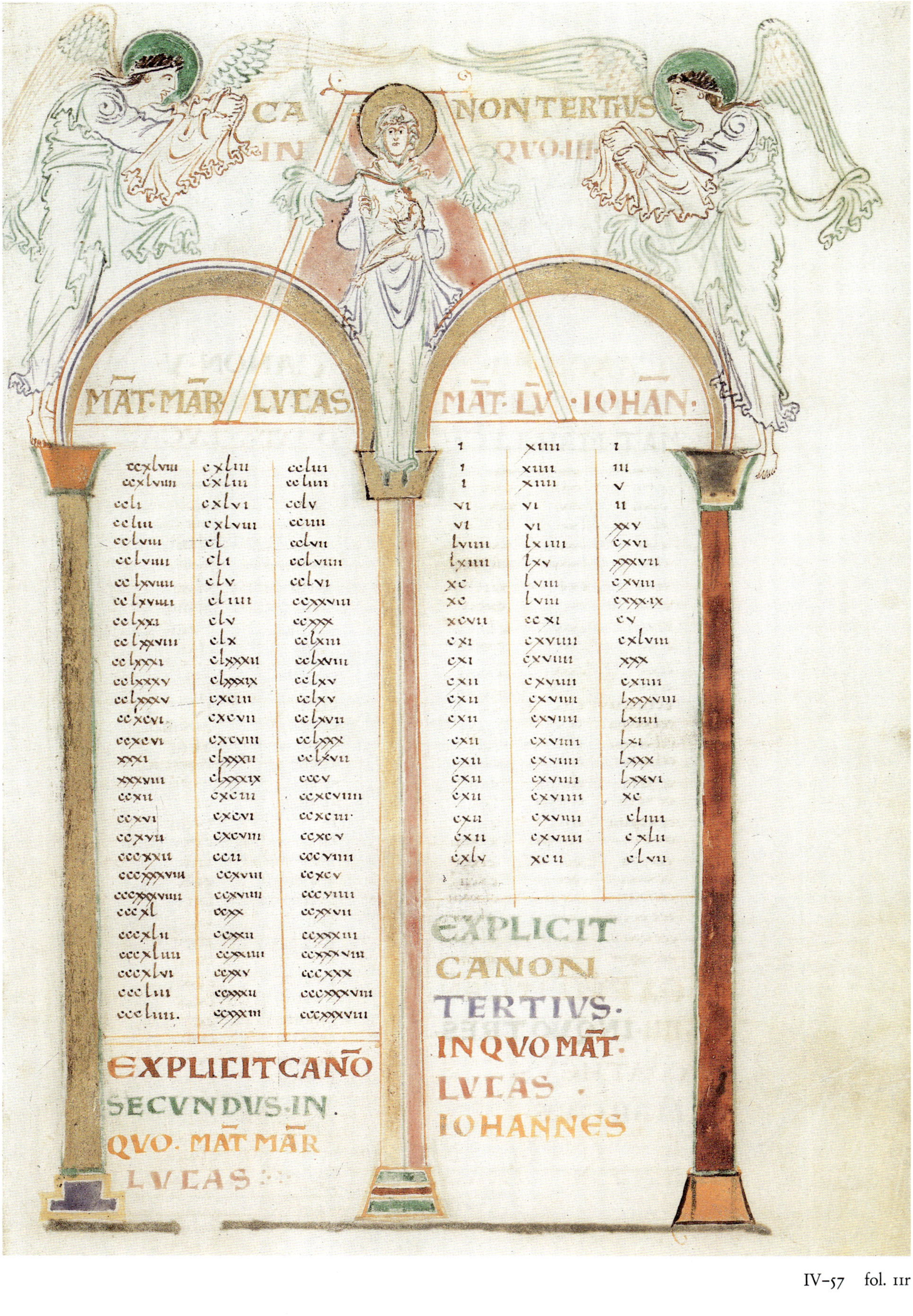
CA NON TERTIVS
IN QVO III
MĀT·MĀR LVCAS
MĀT·LV·IOHĀN·
EXPLICITCANŌ
SECVNDVS·IN.
QVO. MĀT MĀR
LVCAS
EXPLICIT
CANON
TERTIVS.
INQVO MĀT.
LVCAS .
IOHANNES

IV–57 fol. 11r

scheinlich und der von Jane E. Rosenthal vertretenen Lokalisierung nach Glastonbury vorzuziehen. Das Kostbare Evangeliar des heiligen Bernward (Kat. Nr. VIII-30) weist verschiedene ikonographische Parallelen zu den Zeichnungen dieser Handschrift auf, so das Bild der Muttergottes zwischen zwei Engeln (fol. 17r) und das Christi mit dem Lamm Gottes im Clipeus (fol. 174r), das in der ottonischen Buchmalerei im Umkreis Hildesheims auch in dem Evangeliar Kat. Nr. VII-35 in Berlin, fol. 113v, erscheint.

Die Handschrift kam, nachweislich verschiedener Eintragungen, besonders auf fol. 14r, im frühen 12. Jahrhundert nach St. Severin in Köln und wurde dort von dem Kölner Kanonikus Franz Pick (1750–1819) erworben. Im Jahre 1802 wechselte das Evangeliar in den Besitz des Herzogs von Arenberg nach Brüssel, 1954 in den der Pierpont Morgan Library.

Rosenthal 1974. - Temple 1976, Nr. 56, S. 74–75. - Kat. Köln 1991, Nr. 45, Abb. 120, S. 156–157 (Anton von Euw).

New York, The Pierpont Morgan Library, M. 869

U. K.

IV-58 Sogenannter Stab des heiligen Heribert

Angelsächsisch, 10. Jahrhundert und um 1020

H. 135 cm. T-Krümme H. 5,7 cm, B. 13,8 cm. - Walroßzahn, Silberbeschläge, Stab aus Holz. Walroßbein stark abgerieben, Stab in moderner Zeit erneuert.

IV-58

Auf dem T-förmigen Griff des Stabes ist auf der einen Seite Christus am Kreuz zwischen Maria und Johannes dargestellt; seitlich erscheinen die Büsten von Sonne und Mond, über dem Haupt des Gekreuzigten die Hand Gottes. Auf der gegenüberliegenden Seite halten zwei kniende Engel auf ihrem Rücken mit über den Kopf gehaltenen Händen und zwei weitere oben von den Seiten herbeifliegende Engel die Mandorla des mit Buch und Segensgestus thronenden Herrn. Aus einem Ring von Akanthusblättern wächst an den seitlichen Enden der Krücke über drahtartig verflochtenen weiteren Blättern jeweils ein stilisierter Löwenkopf heraus. Auch am Schaftende ist zwischen den beiden knienden Engeln ein solches Akanthusblatt eingefügt. Die silberne, nach unten in Zipfeln endende Manschette, die Stab und Krümme verbindet, zeigt als Gravierung die beiden im frühen Mittelalter oft nebeneinander dargestellten Bilder des Osterereignisses, auf der einen Seite unter dem Kreuz die Frauen, die am Ostermorgen das Grab Christi besuchen und leer finden, auf der anderen Seite den Abstieg Christi zur Unterwelt, wo er zwischen Tod und Auferstehung die Gerechten des Alten Bundes, hier personifiziert durch Adam und Eva, aus dem Höllenschlund befreit. Wie in der englischen Kunst üblich, beugt sich der von einer schrägen Mandorla hinterfangene Christus weit herab und faßt die tief unter ihm erscheinenden Stammeltern an den Händen, um sie aus der Hölle herauszuziehen. Der Höllenrachen selbst ist – offenbar aus Platzgründen – in der kleinen gravierten Szene nicht dargestellt; Adam und Eva sind bekleidet. Auf dem Rande der Silbermanschette ist eine Inschrift eingraviert: *RELIQVIE. SCE. MARIE. ET. SCI. CHRISTOFORIE.* Die Krümme oder der Stab bargen also ursprünglich in einer Aushöhlung Reliquien der Muttergottes und des heiligen Christophorus.

Entziehen sich die Walroßschnitzereien wegen ihrer starken Abnutzung weitgehend einer präzisen stilgeschichtlichen Einordnung, lassen sie im wesentlichen nur durch die Art des drahtartigen Flechtwerks und der charakteristischen Akanthusblätter ihren Zusammenhang mit der englischen Ornamentik des 10. Jahrhunderts, und zwar der sog. Schule von Winchester, erkennen, so zeigen die besser erhaltenen Gravierungen in ihrer kantigen Formgebung bereits eine entwickeltere Stufe, wie sie für die Zeit um 1020 typisch ist. Schnitzerei und Gravierung müssen nicht gleichzeitig entstanden sein, doch müssen Krümme und Silbermanschette noch in England zusammengefügt worden sein.

Die Kölner Lokaltradition hat den Stab stets mit dem heiligen Heribert verbunden (991–1021). Sollte er noch selbst den englischen Stab an das von ihm gegründete Kloster in Deutz geschenkt haben, kämen dafür allenfalls seine letzten Lebensjahre in Betracht.

Die T-förmige Krücke begegnet im Gegensatz zu der uns geläufigen Krümme (vgl. die silberne Erkanbaldkrümme, Kat. Nr. VII-30) vom 10.–13. Jahrhundert gelegentlich bei Abtsstäben, ohne daß sie als eine spezielle Form der Abtsinsignie im Gegensatz zum Bischofsstab angesehen werden könnte. Mehrere aus Elfenbein oder Walroß reich geschnitzte Krücken dieser Art sind vor allem aus England erhalten. Der Stab ist eines der seltenen erhaltenen Zeugnisse englischer Kunst, die offenbar bereits im 11. Jahrhundert auf den Kontinent gelangt sind.

Goldschmidt, 4, Nr. 10. – Beckwith 1972, S. 52 und Kat. Nr. 30. – Kat. London 1984, Nr. 179 (Peter Lasko). – Wilson 1984, S. 190. – Kat. Köln 1985, 2, Nr. E 93 (Martin Seidler).

Köln-Deutz, Kath. Pfarrgemeinde St. Heribert

R. KA.

IV-59 Burchard von Worms, Decretum

Worms, 1012–1022

a: 34 x 26 cm, 330 Blätter. – Pergament.
b: 33,3 x 25,5 cm, 315 Blätter. – Pergament.

Zwischen 1012 und 1022 schuf Bischof Burchard von Worms eine Sammlung des damals geltenden Kirchenrechts; er nannte sie *Decretum*. Sie enthält nicht etwa die zu seiner Zeit von den Synoden erlassenen Gesetze (von diesen wissen wir ziemlich wenig, sie dürften auch nicht sehr zahlreich oder umfangreich gewesen sein), Burchard trug vielmehr das ältere, z. T. sehr alte Recht der Kirche zusammen, das vor allem aus Synodalbeschlüssen, Papstbriefen und Sätzen der Kirchenväter, daneben auch aus einschlägigen weltlichen Gesetzen bestand. Dieses Material stammte ganz überwiegend aus dem 4.–9. Jahrhundert. Die jüngsten Canones, die Burchard aufnahm,

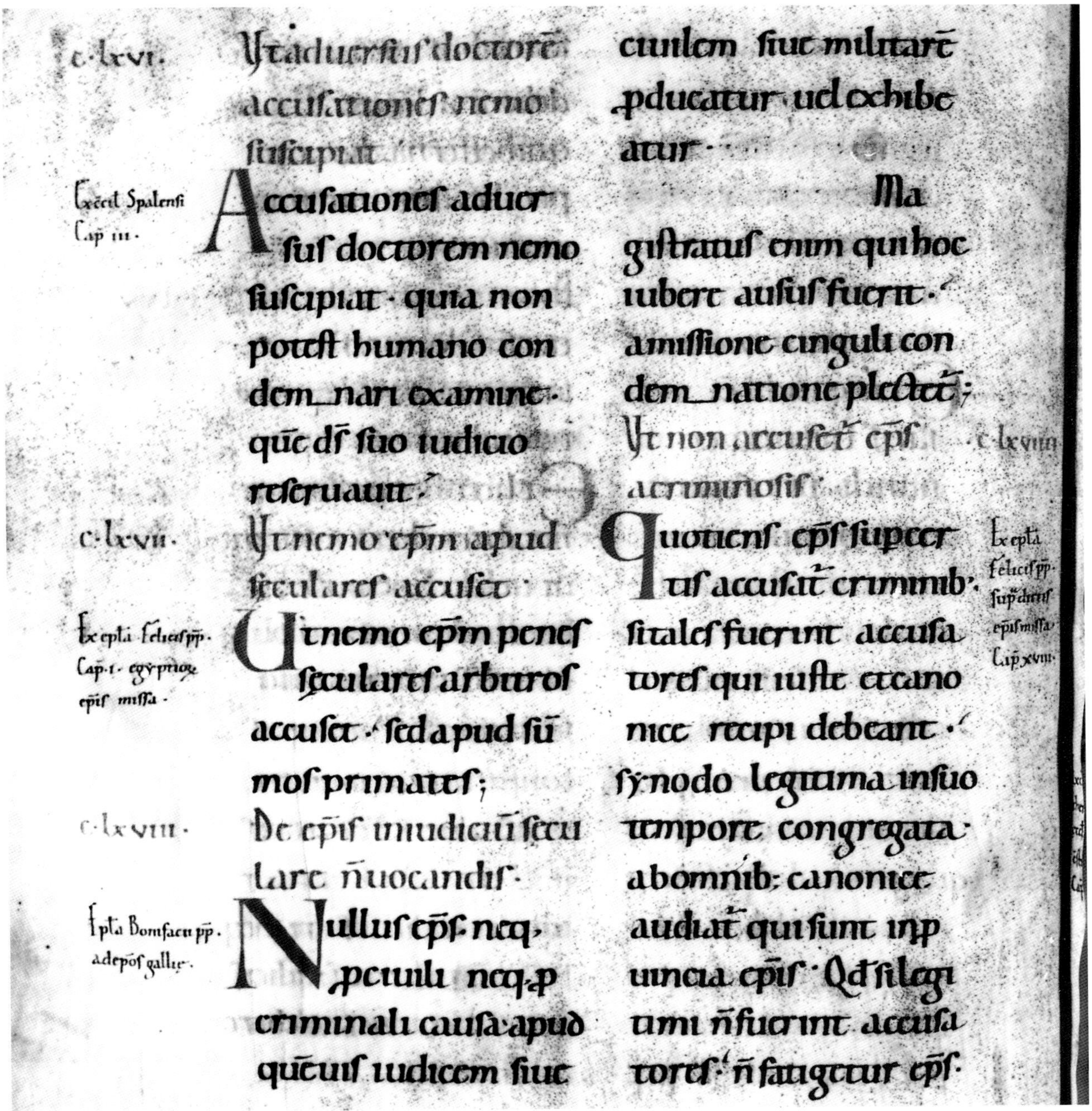

IV–59 a Vat. lat. 585, fol. 81v

waren auf der Erfurter Synode von 932 erlassen worden, sie waren somit, als das Dekret entstand, bereits 80 Jahre alt. Von diesem Werk, das im 11. Jahrhundert weite Verbreitung fand, sind noch vier Exemplare erhalten, die zu Burchards Zeit in Worms geschrieben worden sind. Die beiden ältesten davon, das vatikanische und das Frankfurter, werden in der Ausstellung gezeigt (von dem vatikanischen, das aus zwei Bänden besteht, allerdings nur der erste). Sie sind deshalb besonders interessant, weil sie noch nicht die Fassung „letzter Hand“ enthalten, sondern ältere Textstufen darstellen, die einen Einblick in Burchards Arbeitsweise gestatten. Auf den aufgeschlagenen Seiten des Frankfurter Codex (fol. 33v–34r) sind drei Kapitel durchgestrichen; im Vaticanus ist an der entsprechenden Stelle (zwischen fol. 81 und 82) ein Blatt herausgeschnitten worden, auf dem großenteils die gleichen drei Kapitel gestanden hatten, so daß davon nur noch ein Falz übrig ist, auf dem Reste der Randinskriptionen (d. h. der Herkunftsangaben zu den Kapiteln) zu erkennen sind. Von den drei getilgten Kapiteln sind zwei an eine andere Stelle des Dekrets (XVI 30 und 31) verlagert worden, das dritte wurde offenbar für überflüssig erachtet und fiel weg. Im übrigen hatte ein Teil des letzten eliminierten Kapitels im Vaticanus auf fol. 82r gestanden: er wurde ausradiert und derjenige Text des verlorenen Blatts, der erhalten bleiben sollte (Schluß von I 169 und I 170), dort auf der Rasur eingetragen. Wenn man bei der Textbereinigung im Vaticanus anders als im Frankfurter Codex verfuhr, so ist das wohl daraus zu erklären, daß der Vaticanus viel aufwendiger angelegt war und gewissermaßen als Reinschrift trotz des Eingriffs in den Text schön bleiben sollte.

Auf fol. 81v des Vaticanus sind in Kapitel I 168 etwa anderthalb Zeilen radiert. In der ursprünglichen Fassung hatte I 168 gelautet: „Kein Bischof soll wegen einer zivilrechtlichen oder einer strafrechtlichen Angelegenheit irgendeinem Zivil- oder Militärrichter vorgeführt oder vor ihn gestellt werden, außer auf kaiserlichen Befehl. Der Beamte, der das zu befehlen wagt, soll mit dem Verlust des (Amts-) Gürtels bestraft werden." Radiert wurden die Worte „außer auf kaiserlichen Befehl" *(nisi imperialis iussio praecesserit).* In Burchards Vorlage hatte also gestanden, daß auf Befehl des Kaisers ein Bischof vor einen weltlichen Richter gestellt werden konnte. Burchard selbst hat dagegen durch die Rasur dem Kaiser diese Befugnis abgesprochen. Kapitel I 168 stammt aus dem spätantiken Kaiserrecht (Julian, Epitome novellarum Iustiniani 115 c. 10); aber da Burchard dieses als Rechtsquelle nicht schätzte, verschleierte er den wahren Ursprung, indem er dafür die Inskription *Epistola Bonifacii papę ad episcopos Gallie* erfand (= „Brief des Papstes Bonifacius an die Bischöfe Galliens"). Für modernes Empfinden wäre das alles eine Fälschung. Burchard hat dagegen den Canon in seiner von ihm redigierten Form der Substanz nach vermutlich für altes Kirchenrecht gehalten und ihm daher nur eine bessere (nämlich rein kirchliche) Autorität verschafft, als es seiner Meinung nach das Kaiserrecht war. Er hat aus diesem Grund die Inskriptionen auch sonst des öfteren abgeändert. In dem Frankfurter Codex (fol. 33v) lautete I 168 wie im Vaticanus, doch ist der Text hier bereits glatt, ohne Rasur. Das zeigt an, daß der Frankfurter Codex eine jüngere Textstufe als der Vaticanus darstellt.

Burchards Dekret war eine bedeutende Leistung, die in ihrer Zeit wenige Konkurrenten hatte (vgl. Essay Pokorny); es verbreitete sich schnell und kam schon in den 20er Jahren des 11. Jahrhunderts nach Hildesheim. Im Gandersheimer Streit hat man sich hier anscheinend darauf gestützt (vgl. Kat. Nr. VII-27).

Pelster 1946. – Powitz/Buck 1974, S. 104 f. – Hoffmann/Pokorny 1991.

a: Città del Vaticano, Biblioteca Apostolica Vaticana, Pal. lat. 585 – b: Frankfurt am Main, Stadt- und Universitätsbibliothek, Ms. Barth. 50

H. H.

IV-60 Einband des Codex Eusebianus

Norditalien, 2. Hälfte 10. Jahrhundert (?)

26 x 16 bzw. 16,3 cm. – Eichenholz, Silberblech, getrieben, punziert (stark beschädigt), Vergoldung, Paste (Füllstoff), Siegellack, Leder, Pergament.

Der Einband schützte bis 1910 ein Evangeliar, das laut Inschrift auf dem Rückdeckel des Bucheinbandes vom hl. Eusebius († 371, erster [?] Bischof von Vercelli) geschrieben wurde. Von der Textredaktion – es handelt sich um ein vorhieronymäisches Evangeliar – kommt tatsächlich die 2. Hälfte des 4. Jahrhunderts als Entstehungszeit der Handschrift in Frage; auch paläographische Gründe machen diesen zeitlichen Ansatz wahrscheinlich. Somit erscheint es möglich, daß der Codex tatsächlich unter Eusebius in Vercelli entstanden ist, wenngleich der Bischof eher als Auftraggeber denn als Schreiber fungiert haben wird. 1575 wurde ein Blatt des Codex entfernt und als Reliquie an die Kirche des hl. Eusebius in Salus (Diözese Lausanne) geschenkt (das Blatt heute verloren). Seit der Restaurierung der Handschrift im Vatikan 1910 werden die Doppelblätter (insgesamt 634 Seiten) lose in Mappen, diese in zwei Holzkisten aufbewahrt.

Der nunmehr leere Einband besteht aus zwei Eichenholzbrettern, die mit getriebenen und teilweise feuervergoldeten Silberblechen verkleidet sind; das Silberblech bedeckt auch die durch die Brettstärke gebildeten Ansichtsflächen und ist darüber hinaus jeweils an drei Seiten ein Stück auf die Rückseite geführt. Der Rand von Vorder- und Rückdeckel ist jeweils durch eine Perlschnur betont. Der

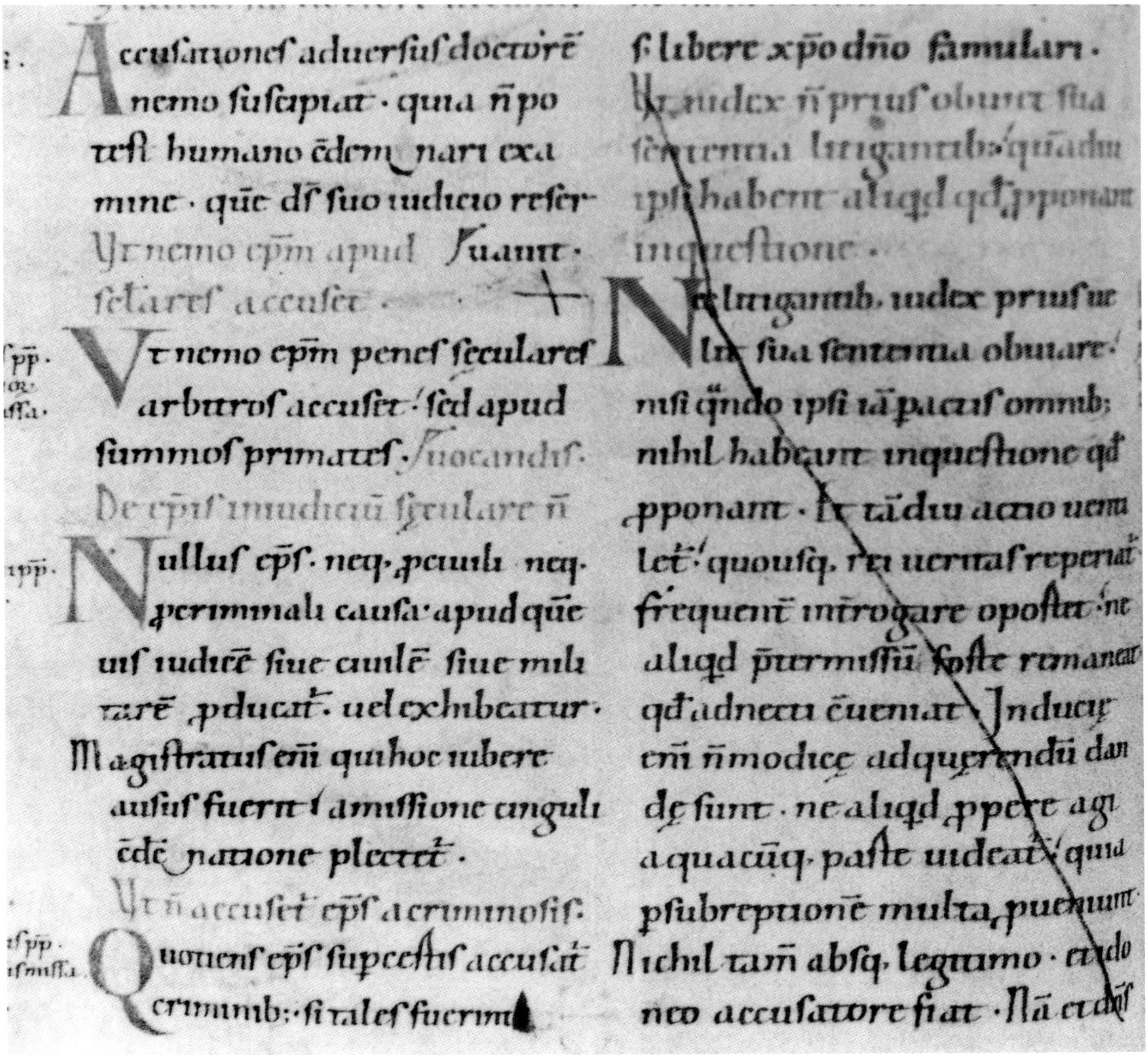

IV–59 b Ms. Barth. 50, fol. 33v

Vorderdeckel zeigt die Maiestas Domini: Der Herr thront, umschlossen von einer fischgrätartig strukturierten und von zwei astragalähnlichen Schnüren begrenzten Mandorla, frontal auf einer aus zwei hieratischen Borten bestehenden Sphaira. Die Linke Christi (mit Buch?) ist verloren, die Rechte hat er zum Segen erhoben, ein großer Kreuznimbus hinterfängt das Haupt des Herrn. Die freien Zwickel des Deckels füllen die vier je einen Codex haltenden Evangelistensymbole.

Der Rückdeckel zeigt in einem zentralen hochrechteckigen und von einer Perlschnur eingefaßten Feld den hl. Bischof Eusebius. Er ist durch eine senkrecht verlaufende, geteilte Inschrift bezeichnet: *Euseb(ius) ep(iscopu)s* (Bischof Eusebius). Der nimbierte Heilige steht streng frontal und trägt bischöfliche Gewandung (Alba, clavibesetzte Tunicella, Kasel, Pallium, Pontifikalschuhe). Mit seiner velierten Linken hält er einen Codex, seine Rechte hebt er im Segensgestus.

Ober- und unterhalb des Mittelfeldes verläuft eine jeweils dreizeilige, die volle Deckelbreite einnehmende Inschrift, bestehend aus zwei Elegischen Dystichen: *praesvl hic Evsebivs scripsit solvitq(ue) vetvstas: rex Berengarivs sed reparavit idem [arge]ntvm postqvam fvlvo [depro]mpsit et avro:*

eccl(esi)ae [praes]vl optvlit ipse tu[ae]. Dieser Bischof Eusebius schrieb (dieses Buch), und das Alter nagte daran. Aber König Berengar ließ es wiederherstellen. Nachdem er es in Silber und rotgelbem Gold hatte hervorbringen lassen, brachte er es deiner Kirche, o Bischof, dar.

Statt *argentum* müßte eigentlich *argento* stehen; solche Fehlschreibungen sind in der Entstehungszeit des Deckels häufig. Die beiden Senkrechtstreifen, die das Mittelfeld flankieren, werden durch Ranken, die sich zu Medaillons einrollen und Palmetten umschließen, gefüllt; von den Ranken zweigen dünnere Ranken ab, die in jedem zweiten Zwickel aus Kreissegmenten zusammengesetzte Dreipaßschlingen ausbilden. Vergoldet sind auf der Vorderseite die Haare, das Gewand und der Nimbus Christi, die Mandorla und Sphaira, die Evangelistensymbole (nicht das Inkarnat des Engels) sowie der Perlrand; auf der Rückseite die Haare, das Gewand, der Codex und der Nimbus Eusebius', die Ranken und die horizontal verlaufende Schrift sowie beide Perlrahmen.

Eine Reihe von Momenten gibt dem Bucheinband byzantinischen Charakter: die über die volle Objektbreite sich ausdehnende Inschrift, die Palmettenranken sowie die Haltung des Heiligen auf dem Rückdeckel. Andererseits ist die Komposition der Dekkelvorderseite mit den Evangelistensymbolen in den Zwickeln von westlichen Vorlagen abhängig. Die Flechtknoten in den Rankenzwickeln der Rückseite zeigen die Verwurzelung des Objekts in der lokalen langobardischen Tradition. (Eine ähnliche Mischung von byzantinischen und lokalen Elementen findet sich u. a. in den Miniaturen des Cod. CXLVIII der Kapitelbibliothek von Vercelli, fol. 7v, 8r, 9v; Vercelli?, 10. Jahrhundert.)

Der Buchrücken bestand ursprünglich aus Leder, Reste davon liegen unterhalb der beiden Silberstreifen, die jene durch die Brettstärke gebildeten Flächen bedecken, welche an den Rücken angrenzen; er wurde später durch drei lederunterfütterte Stoffstreifen (Brokatborte, 18. Jahrhundert) verstärkt oder ersetzt, diese (1910?) durch rechteckige Silberbeschläge fixiert; Stoff und Beschläge wurden anläßlich der jüngsten Restaurierung des Einbandes (Angélique Laurent di Mantova, 1993; unter Aufsicht der Sopraintendenza per i beni artistici e storici del Piemonte, Turin) entfernt. Aufgrund der starken Beschädigungen der Metallhülle und des fast völligen Fehlens des die Deckelinnenseiten abdeckenden Pergaments sind die in die Holzbrettchen versenkten Heftfäden gut sichtbar, mit denen der Buchblock ursprünglich in die Buchdeckel eingespannt war. Der Einband besaß ursprünglich zwei Lederschließen, die am Vorderdeckel montiert waren und deren Beschläge in den Rückdeckel eingriffen; davon sind nur die querrechteckigen respektive runden Ausnehmungen in der Silberverkleidung der durch die Dekkelstärke gebildeten Fläche sowie Reste des Leders erhalten. Bei der jüngsten Restaurierung wurden später hinzugekommene Fixierungsnägel soweit wie möglich entfernt, die Metallteile gereinigt, verquetschte Teile in Randlagen ausgebeult und mit Balsaholz unterfüttert. Der Siegellack, von dem sich auf der Christusseite Spuren erhalten haben, mag ursprünglich zur Fixierung der unter den erhabenen Teilen liegenden Füllmasse gedient haben.

Die Inschrift auf dem Rückdeckel des Eusebius-Buchdeckels läßt offen, ob mit dem Stifter Berengar I. (888–915) oder Berengar II. (950–961) gemeint ist. Eine Entscheidung, welcher der beiden Könige den Einband gestiftet hat, ist aufgrund mangelnder Vergleichsmöglichkeiten schwierig; die kunstgeschichtliche Forschung tendiert zur späteren Möglichkeit. Es ist gut denkbar, daß Bischof Bernward von Hildesheim den Codex Eusebianus gesehen hat, als er bei seiner Rückreise aus Rom im Februar 1001 über Einladung Bischof Leos von Vercelli in der piemontesischen Stadt Station machte und dabei von Bischof Leo feierlich aufgenommen und reich beschenkt wurde (Vita Bernwardi, Kap. 27, S. 771).

Beccaria 1910. – Bruzza 1879, S. 352. – Venturi, 3, S. 390 f. – Gasquet 1914, S. 4. – von Falke 1907, S. 249. – Pastré 1909, S. 15 ff. – Pastré 1910, S. 255. – Toesca 1927, S. 427 f. – Marangoni 1931, Abb. S. 41. – Metz 1932, S. 246. – Brizio 1935/1, S. 94, Abb. S. 95. – Brizio 1935/2, S. 48. – CLA 4, Nr. 467 mit Abb. – Gabrielli 1952, S. 306. – Mallè 1962, S. 67 f. – Levine 1958, S. 11–19. – Steenbock 1965, Nr. 28, Abb. 42 f. – Astrua/Romano 1978/1979, S. 101.

Vercelli, Biblioteca Capitolare

M. P.

IV-61 Fabelgedicht Leos von Vercelli (*Metrum Leonis*)

Italien, Ende 10./Anfang 11. Jahrhundert

34 x 27 cm, 1 Blatt. – Pergament.

Das separat präsentierte Pergamentstück ist das vorletzte, derzeit nur noch lose eingelegte und stark

IV-60

beschädigte Blatt einer Handschrift mit dem Kommentar des Mönchs Haimo von Auxerre zum Propheten Isaias. Nebeneinander in acht Spalten ist dort ein Gedicht eingetragen, das Bischof Leo von Vercelli nicht nur selbst verfaßt, sondern nach jüngsten paläographischen Erkenntnissen auch selbst geschrieben hat. Vielleicht hat er die ungefähr 450 adonischen Verse dem Ugo, also wahrscheinlich dem befreundeten Markgrafen Hugo von Tuscien († 21. Dezember 1001), gewidmet (vgl. Spalte 6, Vers 18 f.: „Hier schreib, Leo; hier lache, Ugo" [*Hic Leo, scribe; Hic, Ugo, ride*]). Zu Beginn und am Schluß beklagt der Autor sein widriges Geschick, etwa den Verlust all der Geschenke, die ihm Otto [III.] gab (I 3 f.: *Omnia perdo, que dedit Otto; Omnia perdo, que dedit orbis*), oder sein trauriges Los als Flüchtling. Wie diese persönlichen Anspielungen chronologisch miteinander zu vereinbaren sind, ist bislang nicht geklärt. Nur schwer erschließt sich auch der vielleicht humorvolle oder satirisch-allegorische Inhalt der Tierfabeln selbst: Die Fabel vom Esel in der Löwenhaut ist mit der zentralen Erzählung von der Untreue des Wolfs verknüpft. Dieser übernimmt auf Vorschlag des Fuchses die Bürgschaft für den Esel, dem die Tiere wegen seines Löwenfells nicht abnehmen wollen, daß er nur ein Esel sei. Es kommt, was kommen muß: Der hinterhältige Wolf frißt den Esel auf. Daraufhin hält der Löwe mit seinen Getreuen Gericht über den Wolf, verurteilt ihn und veranstaltet nach dessen Tod ein großes Festmahl der Tiere. Die Moral der Geschichte: Nur Gott allein kann man trauen. Einzelne Bezeichnungen und Wendungen verweisen auf historische Ereignisse und Personen. So dürfte sich etwa das dreimal genannte *sparo* auf eine Burg des Markgrafen und (seit 1002) Gegenkönigs Arduin von Ivrea beziehen, der in den Jahren

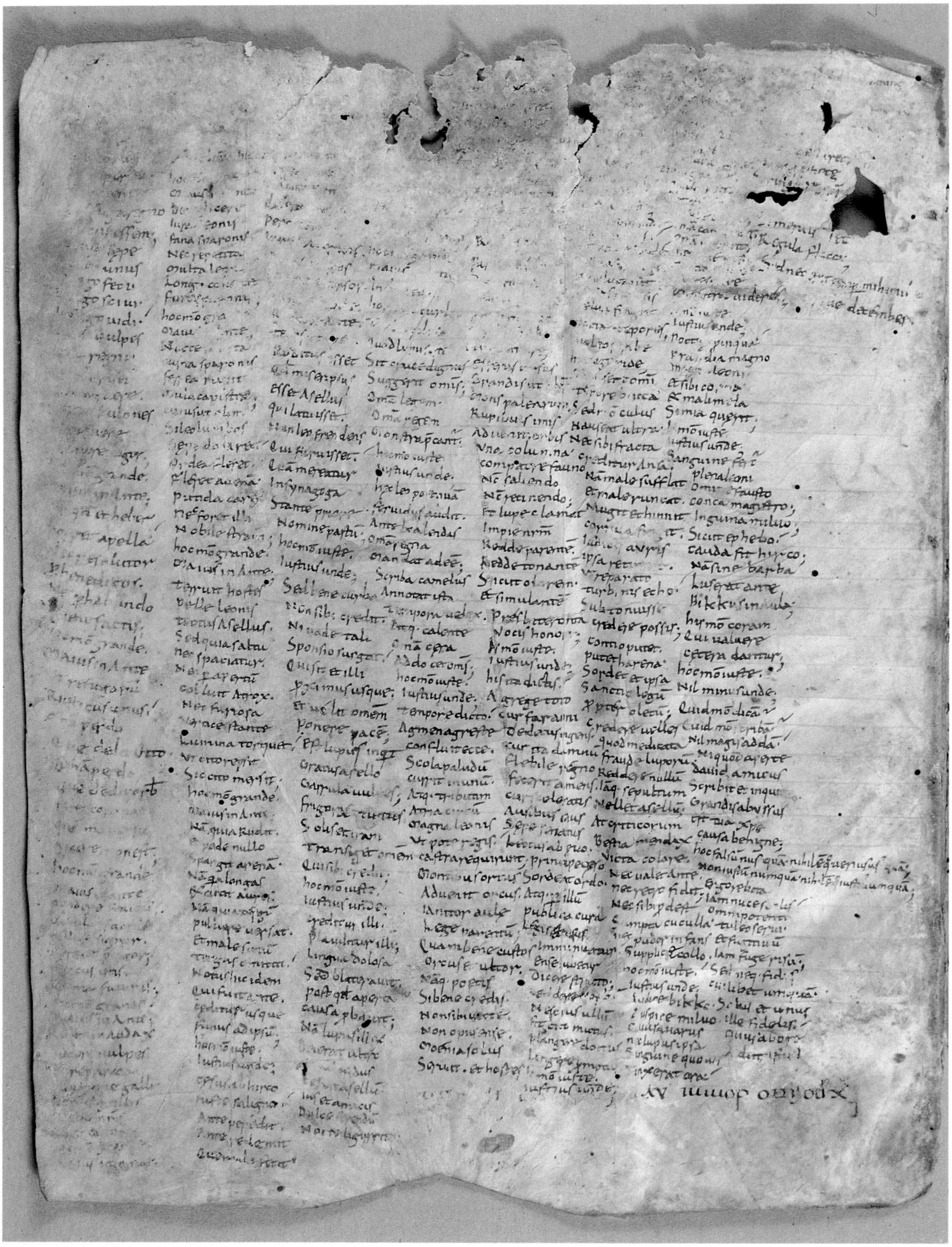

vor und nach 1000 in heftige Kämpfe mit den Bischöfen von Vercelli verwickelt war.

Zu den Eigentümlichkeiten der Handschrift Leos vgl. Kat. Nr. II-35.

MGH Poetae, 5, S. 483–489 (Edition und Literatur). – Bloch 1897, S. 82 f., S. 122–133. – Kaczynski/Westra 1988, S. 105–141, bes. S. 118 f., 121.

Vercelli, Biblioteca Capitolare, Cod. LXXXII, fol. 189v

H. Do./H. J. S.

IV-62 Kanonistische Sammelhandschrift: Lobgedicht Leos von Vercelli auf Gregor V. und Otto III.

Italien, 10. Jahrhundert bzw. 998 März – 999 Februar (vermutlich 998 März/April)

25 x 16 cm, 115 Blätter. – Pergament.

Der kanonistische Sammelcodex des frühen 10. Jahrhunderts in beneventanischer Schrift enthält verschiedene Abhandlungen, die den Prozeß und die Gültigkeit der Weihen des Papstes Formosus (891–896) betreffen – der Papst war nach seinem Tod als Leiche vor Gericht gezerrt und verurteilt worden. Vom Ende des 10. Jahrhunderts stammen einige Nachträge, darunter ein Huldigungsgedicht auf Papst Gregor V. und Kaiser Otto III. (aufgeschlagen fol. 13v), das nur in dieser Handschrift überliefert ist. Die mit Neumen versehenen Verse hat Bischof Leo von Vercelli verfaßt und, wie sich nunmehr nach einem Vergleich mit Autographen Leos in Vercelli ergibt, eigenhändig in den Codex eingetragen. Der Bischof, der auch die Texte der Handschrift nachweislich benutzt hat, dürfte den Codex Kaiser Heinrich II. überantwortet haben, der sie dem Domkapitel des neugegründeten Bistums Bamberg schenkte. In den zwölf Strophen und in dem Refrain feiert Leo die starke gemeinsame Herrschaft Gregors V. und Ottos III., die Wiederherstellung eines universalen Rom sowie die Ausdehnung der eng miteinander verbundenen weltlichen und geistlichen Herrschaft. Das Triumphlied, das bald nach der Rückkehr des Papstes und des Kaisers nach Rom und der harten Bestrafung ihrer Widersacher im März oder April 998 entstanden sein dürfte, ist also mehr als ein Gelegenheitsgedicht, das während einer Siegesfeier vor Papst und Kaiser und ihrem Gefolge rezitiert wurde (vgl. Kat. Nr. VII-20). Dieses „Dokument von größter Bedeutung“ formuliert vielmehr ein wohlüberlegtes politisches Programm, die „Renovatio imperii Romanorum“, die „Erneuerung des Römischen Reichs und der Römischen Kirche von Rom aus zu Ehren des hl. Petrus und zum Ruhm des Reiches, bewirkt durch die wechselseitige Unterstützung von Papst und Kaiser“ (Schramm). Doch der Vorrang unter den beiden „Himmelslichtern“ *(luminaria)* gebührt dem Kaiser: „Unterm mächtgen Schutz des Kaisers läutert nun der Papst die Welt.“

MGH Poetae, 5, S. 477–480 (Druck). – Bloch 1987, S. 82 f., S. 109–115. – Chroust, Ser. I, Bd. 3, Lieferung 23, Taf. 2,3. – Schramm 1929, 1, S. 119–127; 2, S. 62–64. – Schramm/Mütherich 1962, S. 150 f. Nr. 91 (mit Faksimile und Literatur). – Mayr-Harting 1991, 1, S. 49–53 (mit unrichtigen Voraussetzungen und problematischen Deutungen). – Ferrari 1991, S. 108, 110. – Görich 1993, S. 198f., dessen mit Klischees befrachtete Ausführungen das Gedicht völlig verfehlen. – Vgl. auch den Essay von Heinrich Dormeier (mit Übersetzung in Auszügen).

Bamberg, Staatsbibliothek, Msc. Can. 1 (aufgeschlagen fol. 13v)

H. Do./H. J. S.

IV-63 Merseburger Totenbuch und Sakramentar

St. Gallen, Anfang 11. Jahrhundert

22,5 x 20,0 cm, 221 Blätter. – Pergament mit Buchschmuck in Gold und Silber.

Die Handschrift enthält zu Beginn einen Kalender mit Nekrolog (fol. 1r–8r). Der Buchschmuck besteht aus verschiedenen Goldinitialen mit Flechtwerk und Blattmotiven, darunter die *T(e igitur)*-Initiale des *Canon missae* (fol. 38r). Bischof Thietmar von Merseburg (1009–1018) hat in ihr verschiedene Eintragungen vorgenommen, so seine Ordination am 24. 4. (fol. 1v), den Geburtstags Heinrichs II. am 5. 5. (fol. 2r) und, links und rechts der *T*-Initiale des *Canon missae,* die Bitte: *Sacerdos dei reminiscere Thietmari c(on)fr(atr)is tui peccatoris et indigni* (Priester des Herrn, gedenke Thietmars, deines sün-

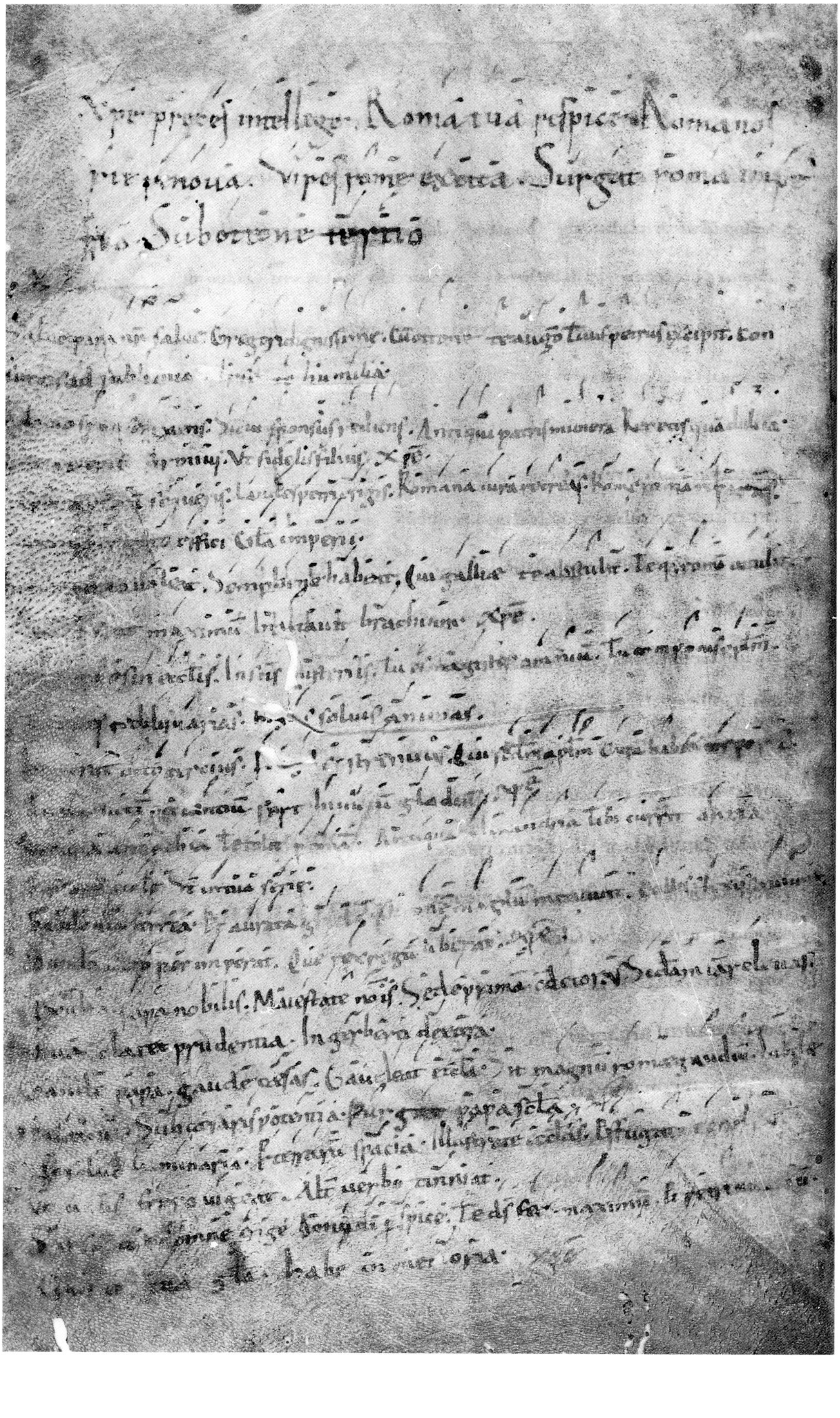

IV–62 fol. 13v

digen und unwürdigen Mitbruders). Durch Schrift und Buchschmuck ist die Entstehung dieser Handschrift, abgesehen von verschiedenen Zusätzen, in St. Gallen erwiesen. Der Buchschmuck ist dem des Sakramentars St. Gallen, Stiftsbibliothek Cod. 342, ähnlich, doch etwas einfacher. Er dürfte dessen Vorstufe darstellen.

Die Handschrift gelangte sehr bald in den Merseburger Dom, wahrscheinlich wurde sie für diesen hergestellt.

Rothe 1966, S. 240, Taf. 19. – Hoffmann 1986/1, S. 386.

Merseburg, Domstiftsbibliothek, Cod. 129

U. K.

IV-64 Die Chronik Thietmars von Merseburg

Merseburg, 1012–1014

23,3 x 19,5 cm. – Photographie der 1945 vernichteten Dresdener Handschrift (einst 207 Blätter, Pergament).

Thietmar, der Bischof von Merseburg, ist der bedeutendste Geschichtsschreiber der ausgehenden sächsischen Kaiserzeit. Er entstammte einem hochadeligen sächsischen Grafengeschlecht, dessen Besitz sich um Walbeck an der Aller (nicht zu verwechseln mit dem gleichnamigen Königshof am Ostrand des Harzes) konzentrierte. Seine Mutter, Kunigunde, entstammte dem Stader Grafenhaus. Wenn solch vornehme Eltern ihre Kinder der Kirche übergaben, war diesen eine große Karriere vorherbestimmt. Auch Thietmars Brüder wurden Bischöfe, Siegfried in Münster (1022–1032) und Bruno in Verden (1034–1049).

Nach eigener Angabe ist Thietmar am 25. Juli 975 geboren und 990 in die Magdeburger Domschule aufgenommen worden. Großes Glück hatte er 994. Die Familie forderte ein persönliches Opfer; er sollte sich für seine gefangenen Stader Oheime den Dänen als Geisel stellen. Doch auf dem Weg in die Gefangenschaft kam die Nachricht von der Freilassung bzw. Flucht seiner Verwandten. Bald nach 997 wurde er Propst des Familienstifts Walbeck, eine Würde, die er durch Abfindungszahlungen an Verwandte erwerben mußte und deren geistliche Verpflichtungen er nicht sehr ernst nahm, denn Magdeburg, in dessen Domkapitel er um 1000 aufgenommen wurde, stand im Mittelpunkt seines Interesses, vor allem seit er die Gunst des 1004 gewählten Erzbischofs Tagino († 1012) gewonnen hatte. Im Gefolge seines Erzbischofs begleitete er den König, und in Gegenwart des Königs wurde er 1004 zum Priester geweiht – äußeres Zeichen, daß er für höhere Würden vorgesehen war. 1009 jedoch mußte Tagino all seinen Einfluß aufbieten, um dem zögernden König die Ernennung Thietmars zum Bischof von Merseburg abzuringen.

Obwohl die Chronik dieses Bischofs unschätzbar ist in ihrem Quellenwert für die Zeit um die Jahrhundertwende, so darf sie nicht nur als eine Sammlung höchst wichtiger Nachrichten gelesen werden, sondern sie muß aus der Vielschichtigkeit ihrer Interessen begriffen werden. Thietmar ist ein Chronist, der vernehmlich und erstaunlich oft „ich" sagt. Das dient aber nicht dem Selbstruhm. Nur andeutungsweise, allenfalls beiläufig erzählt, werden die Schwierigkeiten sichtbar, mit denen er als Bischof eines kleinen und armen Bistums zu kämpfen hatte, ein Bistum, das 968 gegründet, bereits 981 aufgehoben und erst 1004 ziemlich behelfsmäßig restituiert worden war und dem trotz seiner Armut große politische Aufgaben aus der Grenzlage zum unbefriedeten Slawenland erwuchsen. Wenn Thietmar in seiner Chronik „ich" sagt, dann zumeist im Sinne der eigenen Gebrechlichkeit. Klein und unansehnlich sei er, entstellt zudem durch einen Nasenbeinbruch und eine eiternde Fistel am Kinn. Selbstanklagen: „Manchen Versuchungen, denen ich hätte Widerstand leisten müssen, bin ich freiwillig erlegen"; „denen ich nutzen sollte, habe ich leider mehr geschadet, und meine Missetat hielt ich wie einen köstlichen heimlichen Schatz ständig verborgen." Diese häufigen Selbstanklagen dienen nicht etwa dazu, die *humilitas*, die Demut des Bischofs zu unterstreichen, sondern sie haben einen ganz konkreten Zweck: Für einen Bischof, der so gesündigt hat, müssen besonders eifrig Seelenmessen gelesen werden. Und als Leser seiner Chronik nimmt Thietmar zunächst die Merseburger Dombrüder und seine Nachfolger im Bischofsamt an. Ihm geht es nicht nur um einen Geschichtsbericht, sondern auch um die eigene „Memoria", um das Totengedenken.

Durch ein seltenes Glück der Überlieferungsgeschichte ist Thietmars Handexemplar seiner Chronik bis in dieses Jahrhundert erhalten geblieben. Zwar ging die Handschrift 1945 in Dresden durch Brand und anschließenden Wasserschaden zugrunde; Robert Holtzmann konnte sie jedoch noch

IV–63 fol. 38r

vorher für seine kritische Ausgabe der Chronik verwenden, und schon 1905 hatte Ludwig Schmidt ein ausgezeichnetes Faksimile der Handschrift herausgegeben, das nunmehr anstelle der (bis auf wenige, schlecht erhaltene Blätter) vernichteten Originalhandschrift benutzt werden muß. Dabei handelte es sich nicht um ein eigentliches Autograph. Der vornehme Bischof diktierte einem Schreiber und gab Konzepte zum Abschreiben, wie Seh- und Hörfehler des Textes erkennen lassen. Dann hat der Bischof sein Exemplar noch eigenhändig durchkorrigiert und immer wieder mit Zusätzen versehen. Diese Zusätze belegen, daß sich die Intentionen des Chronisten im Laufe der Arbeit erweiterten. Was zunächst nur der eigenen Memoria und der Unterrichtung seines Nachfolgers diente, jenes Lesers, den er häufig mit Du anredete, wuchs unter der Hand zu einer Zeitchronik. Gerade die Abschweifungen, für die er sich entschuldigt, lassen das Werk zu einem Spiegel der Zeitumstände werden. Denn vor allem aus mündlichen Nachrichten bezog Thietmar sein Wissen. Erstaunlich ist dabei die Weite seines Blicks, die zugleich auch ein Zeugnis für die Weite der Kommunikation in dieser Welt ist. Er weiß um die Besetzung des Mailänder Bischofsstuhles ebenso wie über die Bedeutung Kiews Bescheid, er erfährt, daß die

Angelsachsen 30 Raubschiffe der Wikinger vernichtet haben, usw.

An schriftlichen Vorlagen hatte Thietmar nur Urkunden und vor allem Totenbücher zur Verfügung, eine Handschrift der Quedlinburger Annalen arbeitete er erst nachträglich ein. Den Mangel an schriftlichen Quellen hat er schmerzlich empfunden: „Manches fehlt, denn die Quellen flossen recht spärlich", heißt es im Prolog. Aber gerade der Mangel an schriftlichen Quellen zwang den Autor, einen lebendigen Geschichtsbericht zu verfassen, verhinderte das, worauf er wohl stolzer gewesen wäre, ein gelehrtes Kompendium.

Thietmar starb am 1. Dezember 1018. Mit eigener Hand hatte er im Merseburger Totenbuch (Kat. Nr. IV–63) seinen letzten Wunsch eingetragen, dessen der Priester beim Lesen der Messe eingedenk sein sollte: „Priester Gottes, gedenke Deines sündigen und unwürdigen Bruders Thietmar."

Dem Totengedächtnis gilt auch der (als Photographie aus dem Faksimile der Originalhandschrift gezeigte) Bericht Thietmars über die Dortmunder Gebetsverbrüderung von 1005, für die der Chronist der einzige Gewährsmann ist (die Schilderung beginnt fol. 105v, Z. 17 mit den Worten *Posita est etiam in loco, qui Throtmanni dicitur*).

Auf dieser großen Synode zu Dortmund, von Thietmar als *magna sinodus* bezeichnet, verbanden sich das Königspaar Heinrich und Kunigunde mit zahlreichen Erzbischöfen und Bischöfen sowie mit Herzog Bernhard I. von Sachsen am 7. Juli 1005 zu einem Bund, der jedem Mitglied große liturgische Verpflichtungen auferlegte. Die Bischöfe hatten für einen Verstorbenen aus diesem Bunde an dessen „Dreißigstem", dem dreißigsten Tag nach dem Todestag, drei Messen zu zelebrieren und zehn Psalter durch ihre Geistlichkeit beten zu lassen sowie 300 Arme zu versorgen. Der König und die Königin sollten jeweils am „Dreißigsten" 1500 Arme speisen und mit Pfennigen versorgen. Der Herzog sollte 500 Arme unterstützen. Dazu kamen noch Vereinbarungen über das Einhalten verschärfter Fasten an den Vorabenden der Apostelfeste und in der eigentlichen Fastenzeit.

Die Dortmunder Vereinbarung ist ein Beispiel dafür, wie untrennbar Politik und Frömmigkeit, Herrschaft und Kirche in jener Zeit sind. Heinrich II. befand sich auf dem Rückweg von einem Feldzug gegen Friesland, als er das auf seinem Reiseweg gelegene Dortmund zum Versammlungsort der Synode bestimmte. Und es ging ihm auch um Politik, nämlich darum, die sächsischen Bischöfe und den sächsischen Herzog zur Teilnahme an einem geplanten Kriegszug gegen Polen zu bewegen. Frömmigkeit: Das Dortmunder Bündnis ist typisches Beispiel einer frühmittelalterlichen Verbrüderung; es geht um das gemeinsame Einstehen für das Seelenheil des Mitbruders. Dafür müssen Messen gelesen, dafür müssen Arme gespeist und versorgt werden. Die individuelle Verpflichtung zur Caritas wird verstärkt durch das genossenschaftliche Element, das wechselseitige Einstehen füreinander mit Gebet und caritativer Leistung.

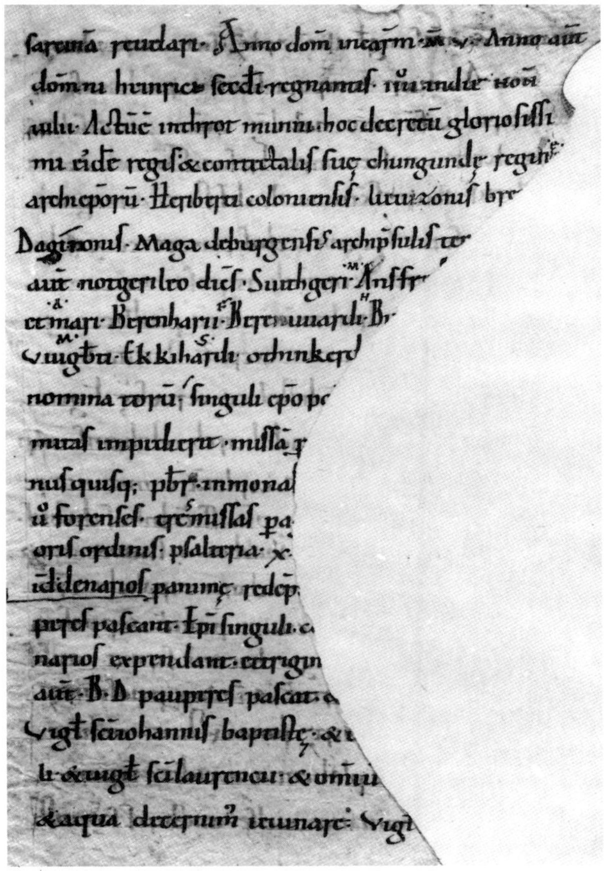

IV–64 fol. 106r Zustand vor 1945

Die Dortmunder Verbrüderung muß auch vor dem Hintergrund der großen Hungersnot verstanden werden, die in den Jahren 1005 und 1006 besonders den deutschen Norden heimsuchte. Die erheblichen caritativen Maßnahmen, zu denen sich die Mitglieder dieses Bundes verpflichten, dürfen dabei nicht als eine „sozialpolitische" Maßnahme im heutigen Sinne zur Linderung der Not verstanden werden; sie sind vielmehr gedacht als eine Besänftigung von Gottes Zorn, da Hungersnöte als Strafe Gottes verstanden wurden.

In der Tradition frühmittelalterlicher Verbrüderungen ist das Dortmunder Bündnis, so viele hergebrachte Elemente es auch aufweist, durch etwas Neues gekennzeichnet. Auf die Leistung des Gebetes der Mönche hatten frühere Verbrüderungen nie verzichtet, jetzt aber sind es nur Bischöfe, im Dienst des Reiches ergraute ebenso wie junge, die Heinrich II. gerade erst eingesetzt hatte, die mit dem Königspaar und dem sächsischen Herzog diesen Bund eingehen. Die Episkopalisierung der Reichskirche zeichnet sich ab.

Ausgaben: Thietmar; der Bericht über die Dortmunder Gebetsverbrüderung S. 294–298. – Danach mit Übersetzung: Thietmar (dt.), hier S. 261–263. – Faksimile: Schmidt 1905.
Lippelt 1973. – Goez 1983, S. 70–86. – Weinrich 1988. – Guth 1988. – Zu den Vorgängen in Dortmund: Wollasch 1980.

Dresden, Sächsische Landesbibliothek, ehemals Msc. Dresd. R 147 (Photographie von fol. 105v und 106r)

E. S. (Gö)

IV–65 Das „Lob der Reichsbischöfe" in der Lebensbeschreibung Bischof Meinwerks von Paderborn

Paderborn, ca. 1155–1165 (mit wenig jüngeren Nachträgen)

14 x 18 cm, 95 (92) Blätter (Vita Meinwerci fol. 1r–73v, Vita Mainulfi fol. 74r–95v); fol. 57, 61 und 62 fehlten bereits im 17. Jahrhundert. – Pergament; Ledereinband auf Holz (1509).

Meinwerk, 1009–1036 Bischof von Paderborn, gehört zu den bedeutendsten Vertretern des ottonisch-frühsalischen Reichsepiskopats. Um 975 geboren und als Immedinger möglicherweise auch mit Bernward von Hildesheim verwandt, in den Domschulen von Halberstadt und Hildesheim ausgebildet und von Otto III. in die Hofkapelle berufen, verlieh ihm Heinrich II. 1009 die relativ arme Paderborner Bischofskirche, deren Besitz das Verwaltungstalent Meinwerks erheblich mehrte. Paderborn wurde unter Heinrich II., von dem der Bischof zahlreiche Gunsterweise zu erwirken wußte, zu einem bevorzugten königlichen Aufenthaltsort.

Meinwerk hat erst kurz nach der Mitte des 12. Jahrhunderts in dem von ihm gegründeten Benediktinerkloster Abdinghof (Paderborn) einen Biographen gefunden. Der Verfasser – höchstwahrscheinlich Abt Konrad (1142–1173) – konnte sich auf eine reiche Urkundenüberlieferung und die noch lebendige Erinnerung an den Gründer, die freilich schon Züge des Anekdotischen angenommen hatte, stützen. Von dessen Persönlichkeit zeichnet der Verfasser ein differenziertes und anschauliches Bild, das auch Schattenseiten nicht übergeht, besonders aber Meinwerks Treue im Reichsdienst und die Verdienste für das Bistum, als dessen zweiten Gründer man ihn bezeichnen könnte, rühmt.

Von der Beurteilung der Persönlichkeit Meinwerks schreitet der Biograph im Kap. 92 zur Gesamtbewertung des Reichsepiskopats, einem „Lob der Reichsbischöfe" (es beginnt auf dem aufgeschlagenen fol. 56v in Zeile 8 mit den Worten *Tali similique studio ...*): „Die Bischöfe jener Zeit waren mit Weisheit und Bildung bedacht, mühten sich ständig zum Vorteil der ihnen Untergebenen und halfen in heiliger und rechter Weise im Reichsdienst, ohne dabei in den Anforderungen des Priesteramtes nachzulassen." Unterstrichen wird dies durch eine lange Aufzählung bedeutender Bischöfe, darunter Heribert von Köln, Willigis von Mainz, Unwan von Bremen, Bernward und Godehard von Hildesheim und Burchard von Worms (dessen Verdienst um die Sammlung des Kirchenrechts hervorgehoben wird, vgl. Kat. Nr. IV–59), die als „ehrwürdige Vertreter des Bischofsamtes und unvergleichliche Heilige" bezeichnet werden. Es folgt noch ein Lob auf ihre vorbildliche geistliche Amtsführung, das der Autor mit den Worten: „So waren die Zeitgenossen Bischof Meinwerks" (*Tales erant episcopi Meinwerci contemporales*) beschließt. Der Text dieser Handschrift bricht freilich schon wenige Zeilen vorher mitten im Satz ab, weil fol. 57 verlorengegangen ist, doch ist das restliche Kapitel (einige allgemeine Bemerkungen über Meinwerks Verhältnis zu den Bischöfen und deren vorbildliche geistliche Lebensform) in jüngeren Abschriften überliefert.

Zwischen mehreren Kapiteln über das Verhältnis Meinwerks zu Heinrich II. und dem Bericht über den Tod des Kaisers 1024 eingeordnet, soll das „Lob der Reichsbischöfe" nicht zuletzt das damalige enge Zusammenwirken von *regnum* und *sacerdotium*

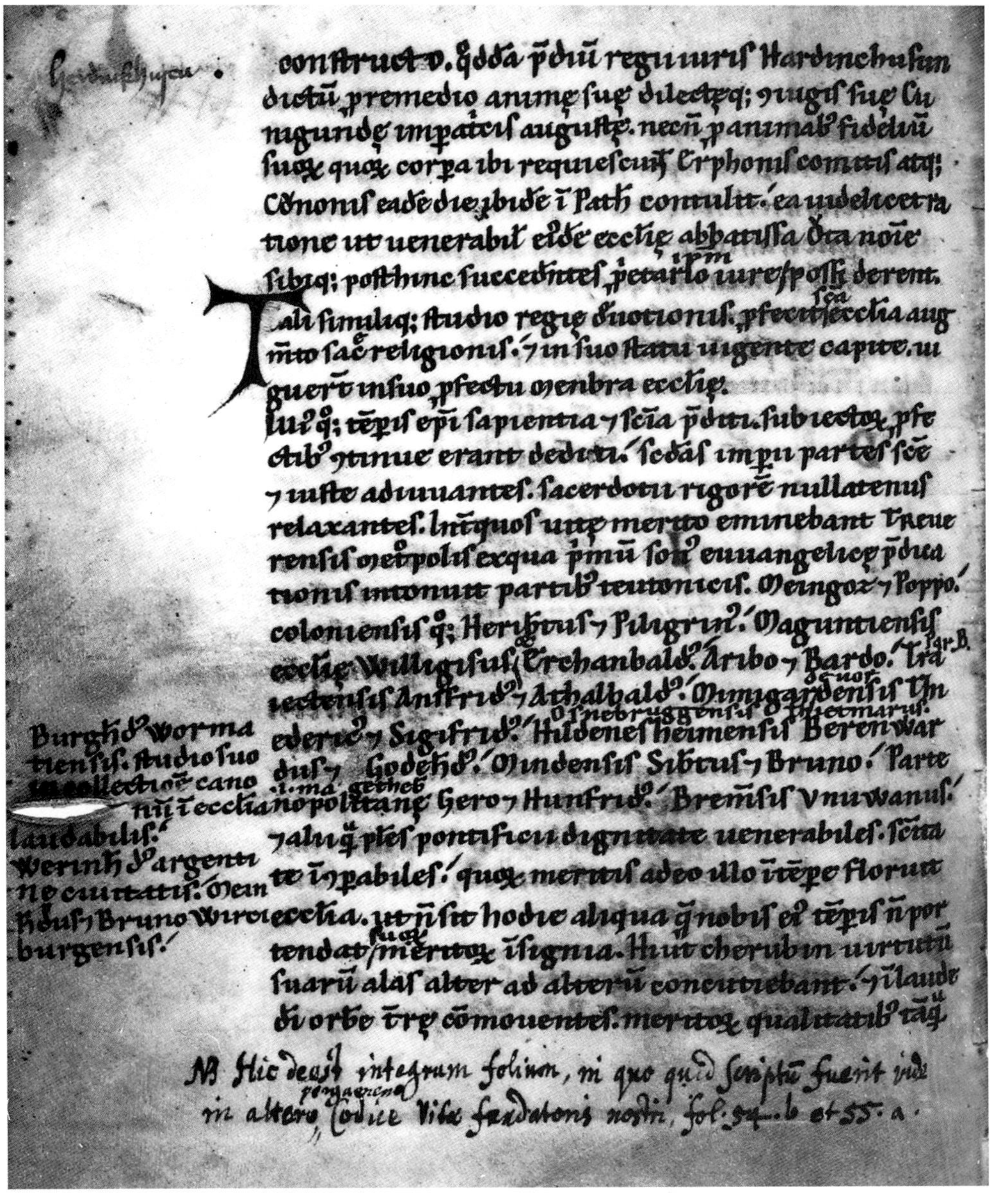

IV-65 fol. 56v

zusammenfassend würdigen, indem gezeigt wird, daß dem großen Herrscher nicht minder bedeutende Bischöfe zur Seite standen.

Bei näherer Betrachtung der aufgeschlagenen Seite fallen zahlreiche Korrekturen und Ergänzungen auf: Es handelt sich um das Autograph, das eigenhändige Exemplar des Verfassers, der seinen Text bei der ersten Niederschrift wie auch bei späterer Durchsicht mehrfach verbesserte; so kann man dem Autor noch heute bei der Arbeit über die Schulter schauen. Noch wichtiger ist aber: kein hochmittelalterlicher Geschichtsschreiber hat dem Reichsepiskopat zur Zeit Bernwards und Meinwerks ein schöneres (und treffenderes) literarisches Denkmal gesetzt.

Edition: Vita Meinwerci, hier S. 110 f.
Kat. Paderborn 1986. – Bannasch 1972. – Bannasch 1977. – Bünz (in Vorber.). – Fleckenstein 1985. – Honselmann 1964. – Honselmann 1950. – Schieffer 1989. – Vgl. auch den Essay von Ernst Schubert über den Reichsepiskopat.

Kassel, Gesamthochschul-Bibliothek Kassel – Landesbibliothek und Murhardsche Bibliothek der Stadt Kassel, 4° Ms. hist. 12

E. B.

V

TERRENA VAGATIO

Bernwards Reisewege in Europa

Kaum hatte Bernward den Bau des Michaelsklosters begonnen, da ließ ihn – so stellt er es in der Gründungsurkunde 1019 dar – der Herr erkranken, damit er nicht durch „Umherschweifen in der Welt" (*occasio terrenae vagationis*) von der weiteren Förderung der Klostergründung abgehalten würde. Bernward war ein weitgereister Mann, und die Erfahrung, aber auch die Mühsal der Reisen spiegeln sich in dieser Selbstaussage wider. Wer etwas lernen und Karriere machen wollte, mußte auch im 10. Jahrhundert mobil sein. Aus Sachsen stammend und in der Hildesheimer Domschule ausgebildet, weitete sich schon bald der geistige und geographische Horizont des jungen Bernward: sein Onkel Folcmar war Bischof im holländischen Utrecht, sein Großvater Athelbero sächsischer Pfalzgraf. Beim Großvater sammelte er Erfahrungen in der Verwaltung ausgedehnter Besitzungen, was für den späteren Bischof von Nutzen war. Der Onkel bot ihm ein kirchliches Amt in seinem Bistum an, doch lehnte Bernward ab. Mit Recht, denn Folcmar hatte den Neffen schon am Hof Kaiser Ottos II. und der Byzantinerin Theophanu eingeführt. Hier bot sich Bernward ein größeres Wirkungsfeld. Spätestens 977 gelang es ihm, in den kleinen Kreis der königlichen Notare aufgenommen zu werden, die alle Regierungsgeschäfte, soweit sie in einer noch weitgehend schriftlosen Zeit der Aufzeichnung bedurften, zu beurkunden hatten. Nun befand sich Bernward immer wieder längere Zeit in der ständigen Umgebung des rastlos alle Reichsteile von Sachsen bis Italien, von Bayern bis Burgund bereisenden Herrschers. Noch im hohen Alter blickte der Bischof stolz auf seine Tätigkeit als „gelehrter Hofschreiber" zurück. Der Herrscher regierte das ausgedehnte Reich ohne Hauptstadt aus dem Sattel, und die Notare befanden sich in seinem Gefolge. So lernte Bernward schon 980/81 Oberitalien und Rom kennen, und selbst nach Süditalien kam er, versuchte hier doch Otto II. (erfolglos) seine Herrschaft zur Geltung zu bringen. Ein Jahrzehnt diente Bernward in der Reichskanzlei unter Otto II. und seinem minderjährigen Sohn Otto III., zu dessen Erzieher er schließlich berufen wurde.

Erst als Bischof kam Bernward ein weiteres Mal nach Italien, diesmal nicht als Begleiter des Kaisers, sondern um ihn in Rom aufzusuchen. Sein ehemaliger Zögling Otto III. versuchte hier, eine dauerhafte Herrschaft zu errichten, um Rom zur Hauptstadt des Reiches zu machen. Fast vier Monate lang, von November 1000 bis Februar 1001, hielt sich Bernward in Rom auf, um den offen ausgebrochenen Streit um das Stift Gandersheim vom Kaiser und von Papst Silvester II. entscheiden zu lassen. Dabei mußte er schließlich auch den Zusammenbruch der römischen Erneuerungsidee miterleben. Die aufständischen Römer vertrieben Otto III. Bernward begleitete den Kaiser bis Pavia, um von dort in das norditalienische Vercelli weiterzureisen, wo Bischof Leo den Amtsbruder und Freund „wie einen Papst" empfing. Dann überquerte er die Alpen und wurde im Kloster St-Maurice d'Agaune von König Rudolf von Burgund empfangen. Im April 1001 traf Bernward wieder in Hildesheim ein.

Die letzte große Reise führte Bernward nach Frankreich. Als Reichsbischof mußte er im Sommer 1007 mit dem Hildesheimer Aufgebot den Feldzug Kaiser Heinrichs II. gegen den Grafen von Flandern unterstützen. Anschließend reiste er, wohl im Auftrag des Herrschers, nach Frankreich, traf mit König Robert II. zusammen und pilgerte schließlich nach St-Denis und Tours. Dort lag der hl. Martin begraben, einer der meistverehrten Heiligen des Mittelalters. Bernward erhielt einige Reliquien, mit denen er nach Hildesheim zurückkehrte. Diese Reliquien, den damaligen Menschen ein kostbarer Besitz, übergab er seiner Klostergründung St. Michael und ließ hier eigens eine St. Martinskapelle erbauen.

Dies verdeutlicht den Einfluß der Reisen auf Bernwards Denken und Wirken im Bistum Hildesheim. Sein Biograph Thangmar berichtet: „Als einmal dem König überseeische, aus Irland stammende Vasen als ganz besondere Rarität zum Geschenk gemacht wurden, versäumte er nicht, das, was er an ihnen ungewöhnlich und besonders wertvoll fand, für sich auszuwerten. Denn er hatte, wenn er an den Hof oder auf längere Reisen ging, stets talentierte und überdurchschnittlich begabte Diener in seiner Begleitung, die alles, was ihnen im Bereich irgendeiner Kunst an Wertvollem auffiel, genau studieren mußten." Bernward kannte die Kunstzentren und kirchlichen Schatzkammern im Reich, die großen Wallfahrtsorte Europas und die Überfülle antiker Monumente in Rom. Die Anregungen, die er in diesen Begegnungen empfing, flossen in Hildesheim zusammen.

E. B.

GENEALOGIE

*V-1 Totenannalen des Klosters Fulda

Fulda, 9./10. und 11. Jahrhundert

25 x ca. 16,5 cm, 2 Papier-, 36 Pergamentblätter. – Pergament.

Die sog. Totenannalen des Klosters Fulda sind eine singuläre und für dieses Kloster typische Art der Memorialüberlieferung, eine Aufzeichnung in annalistischer Form, in der Verstorbene nach ihrem Todesjahr (zum Teil mit Hinzufügung der Sterbetage) verzeichnet wurden. Es handelt sich dabei vor allem um Mönche und Bischöfe, Grafen und andere Laien, die mit dem Kloster in Beziehung standen und nach ihrem Tod deshalb in der *memoria* der Klostergemeinschaft festgehalten wurden. Beginnend mit dem Jahr 779, dem Todesjahr des Abtes Sturmi, wurden die Aufzeichnungen mit mehreren Exemplaren bis 1065 geführt. In der vorliegenden Handschrift wurden in späterer Zeit zwei dieser Exemplare zusammengebunden: eine ältere Anlage von 875 (fol. 6–29) mit Namen seit 779, die dann weitergeführt wurde, aber nur bis zu den Einträgen von 980 erhalten ist, und eine jüngere aus dem Jahr 1023 (fol. 30–38), die von 971 an Namen enthält und dann ohne Unterbrechung bis 1065 fortgesetzt wurde. Der Band mit den beiden Exemplaren wurde Papst Benedikt XIV. geschenkt, vermutlich aus Anlaß der Erhebung der Fürstabtei Fulda zum exemten Bistum im Jahr 1752.

In dem Exemplar von 1023 findet sich als ein hier singulärer Eintrag der des Grafen Bern zum Jahr 982. Bei ihm handelt es sich vermutlich um den sächsischen Grafen Adalbero/Bern, der nach dem Zeugnis der Vita Bernwards dessen Großvater war. Auch Bernwards Onkel, Bischof Folcmar/Poppo von Utrecht (gest. 11. Dez. 990), findet sich in den Totenannalen: einmal (in derselben Anlage) zu 991 mit dem Namen *Folcmar*, ein weiteres Mal in einem anderen Exemplar zum Jahr 990 mit dem Namen *Bobbo*.

Schmid 1978, 1, S. 343, 2.1, S. 103 (zu b 26) und S. 388 (G 39). Zu Folcmar vgl. 1, S. 346, und 2.1, S. 333 (B 79). – Zur Überlieferung: Oexle 1978/1, S. 136 ff., und Oexle 1978/2, S. 447 ff.

Città del Vaticano, Biblioteca Apostolica Vaticana, Cod. Ottob. lat. 2531

O. G. O.

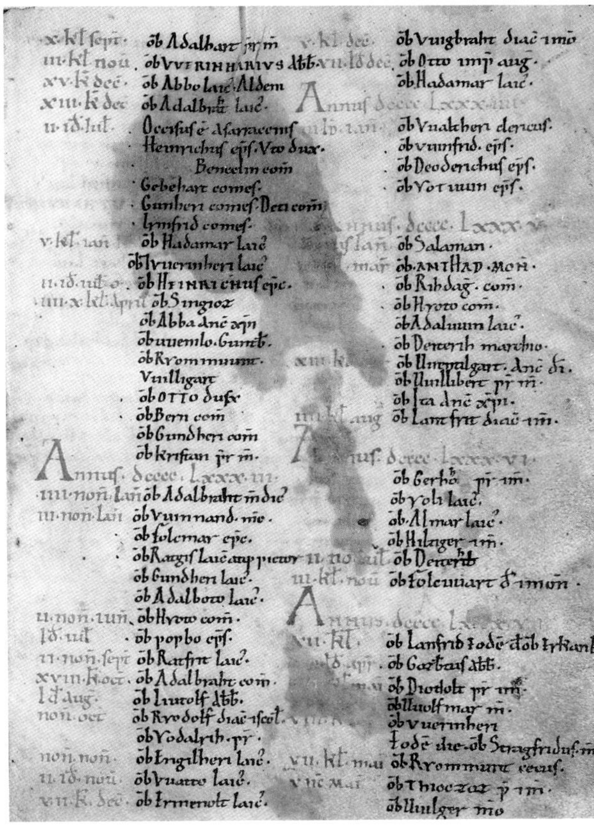

*V-1

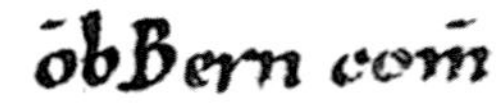

V-1 Todesnachricht des Grafen Adalbero/Bern

„Aulicus scriba doctus" – Bernward in der Königskanzlei

Wenige Jahre vor seinem Tod, im Jahr 1019, hat Bischof Bernward, als er vor dem ganzen Hildesheimer Domkapitel und dem Adel seiner Diözese auf sein Leben zurückblickte, sich selbst voller Stolz nicht nur als einstigen Lehrer Kaiser Ottos III., sondern auch als *aulicus scriba doctus,* als „gelehrten Hofschreiber", bezeichnet (UBHH 1, Nr. 62 S. 56 Zeile 20). Eine biblische Wendung (Mt 13,52) zitierend, rechnete Bernward sich also zu dem in ottonischer Zeit kleinen Kreis derer, die die Urkunden der Herrscher verfaßt und geschrieben haben. Freilich – in jedem dieser aufwendig gestalteten Diplome der Könige und Kaiser erscheint zwar mehrfach deren Name, einmal auch der des Kanzlers und Erzkanzlers zur Beglaubigung der Urkunde, aber die

Verfasser und Schreiber, die auch *notarius* (Notar, wohlverstanden nicht im heutigen Sinne des Wortes) hießen, bleiben in aller Regel anonym (vgl. dazu im einzelnen den Beitrag von H. Goetting über das Erscheinungsbild einer ottonischen Kaiserurkunde). Eigentlich namenlos also sind die Notare nur indirekt an ihrer individuellen Schrift und – wegen der vielen vorgeprägten Formeln nur unter gewissen Schwierigkeiten – auch am Stil ihrer Sprache zu erkennen und zu unterscheiden. Anhand der ihnen jeweils zuzuweisenden Urkunden lassen sich dann ihre Tätigkeit und ihr Aufenthalt am Hof einigermaßen bestimmen. Aber obwohl für die ottonischen Diplome diese kritische Arbeit von der Forschung schon seit langem geleistet worden ist, konnte Bernward bisher mit keinem der Notare identifiziert werden.

Unberücksichtigt blieb dabei ein Zeugnis über Bernwards Frühzeit, das lange als rätselhaft beiseite geschoben wurde, obwohl es besser beglaubigt eigentlich nicht hätte gedacht werden können. Kaiser Otto III. selbst hatte im Januar 1001 in einer Urkunde für Bischof Bernward, der ihn in Rom aufgesucht hatte, dessen Verdienste in überschwenglicher und in ottonischen Kaiserurkunden unerhörter Weise gelobt und dabei aus der frischen Erinnerung des Zwanzigjährigen an seinen um eine Generation älteren Lehrer und Freund schöpfend präzis dessen Werdegang beschrieben: „Ein Zögling unserer Eltern, der erste Gefährte unserer Wiege, der stets treue Zeuge unserer alten und bis jetzt nicht endenden Mühsal, der unserer Kindheit und Jugend so liebenswerte Lehrer in Grammatik und Sprachkunst . . ." (*Tum etiam parentum nostrorum alumnus nostrarumque cunabularum primus sotius nostrique antiqui et adhuc non cessantis laboris testis semper fidelis nec non nostrę puericiae ac iuventutis tam affabilis multimode literationis informator . . .;* MGH DO III 390 S. 821).

Bernward muß also bereits zu Lebzeiten Kaiser Ottos II. († 983) an den Hof gekommen, den 980 geborenen späteren Otto III. noch in der Wiege begleitet und dessen Schicksal als Kind in den Thronwirren der Jahre 983 und 984 miterlebt haben, ehe er schließlich, wie bekannt, dessen Lehrer wurde.

Bezieht man diese Stationen ein, dann decken sich Bernwards Lebensdaten verblüffend genau mit der Laufbahn eines der – wie gesagt wenigen – Notare aus der Zeit Ottos II. und Ottos III. Die Forschung kennt ihn bisher nur unter einer Sigle, mit der sie sich angesichts der zwangsläufigen Anonymität behilft. Für gewöhnlich benennt man die Notare nach dem jeweils amtierenden Kanzler fortlaufend mit Buchstaben, also, um einen der wichtigsten Kanzler der Ottonen zu nennen, Hildibald A, B, C usw. Der Name H(ildibald)A ist nun an einen Notar vergeben worden, der im Jahr 977 seine erste Urkunde für Kaiser Otto II. verfaßt hat (MGH DO II 164), im Wechsel mit manchmal halbjährlichen Unterbrechungen in den folgenden drei Jahren tätig gewesen ist, ehe er im Herbst 980 das Kaiserpaar und dessen eben geborenen Sohn nach Italien begleitet hat. Unter der für ihren unmündigen Sohn regierenden Kaiserin Theophanu ist dieser Notar ziemlich genau bis zu dem Termin nachzuweisen, zu dem Bernward Lehrer des königlichen Knaben geworden ist (987/988). Nach Ansicht der Forschung ist HA im Jahr 992 ein letztes Mal an der Urkundenausfertigung beteiligt gewesen – und das wenige Wochen, bevor Bernward zum Bischof von Hildesheim erhoben worden ist.

Dieses vorläufige Bild, zu dem aber auch die hier nicht zu behandelnden Einzelheiten stimmen, mögen zwei zusätzliche Hinweise verdeutlichen: Bis zur Mitte des Jahres 976, also gut ein Jahr vor dem erstmaligen Auftreten des Notars HA, amtierte als kaiserlicher Kanzler, in dessen Zuständigkeit das Urkundengeschäft fiel, Bernwards Onkel Folcmar. Von ihm berichtet die *Vita Bernwardi,* er habe als Hildesheimer Domherr den kleinen Jungen der dortigen Domschule zur Ausbildung übergeben. Es liegt nahe, daß wiederum Folcmar, noch bevor er den Hof verließ und vom Kaiser zum Bischof von Utrecht erhoben wurde, den jungen Bernward am Hof einführte und als Notar ausbilden ließ.

Wenn die *Vita Bernwardi* über die Tätigkeit in der Kanzlei nichts berichtet, dann mag das verschiedene, hier nicht zu erörternde Gründe haben, darunter aber vielleicht auch den in der Lebensbeschreibung des in seiner Karriere Bernward ähnlichen Erzbischofs Heribert von Köln genannten, die nicht ohne eine gewisse Koketterie bemerkt, eigentlich gehöre eine Nachricht über diese Hofdienste nicht in die Vita eines Heiligen . . .

Nach der Identifizierung Bernwards mit dem Notar H(ildibald)A der Hofkanzlei, wie sie die in den Quellen überlieferten biographischen Daten ergeben, ist noch ein rascher Blick auf dessen Schrift zu werfen: Jeden Zweifel ausschließende Autographen Bernwards sind bisher nicht bekanntgeworden. In dem Frankfurter Synodalprotokoll von 1007 (Kat. Nr. II-39) hat der Urkundenschreiber gleich

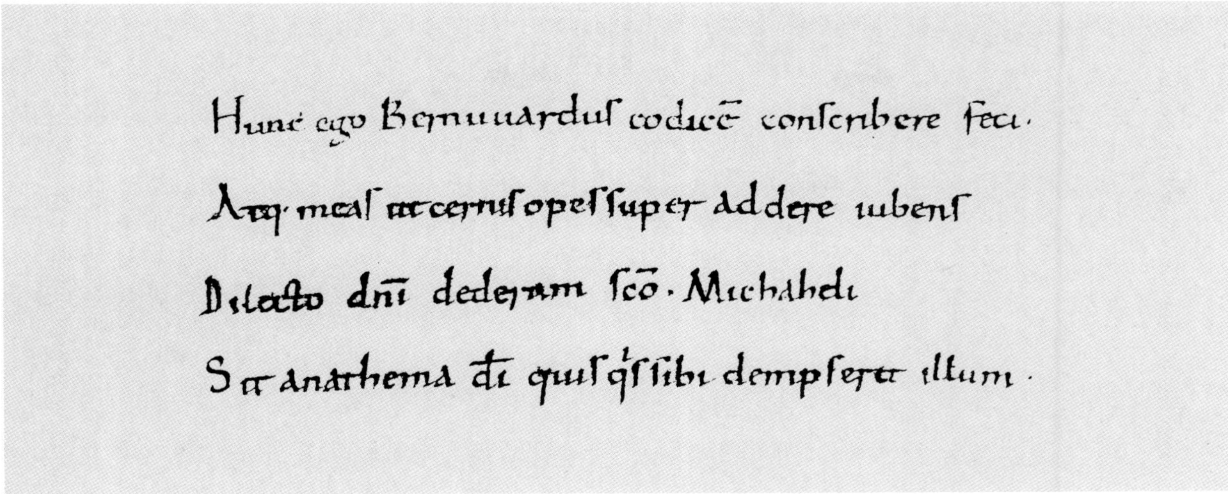

VIII–30 fol. 231v. Eigenhändige Widmungsverse Bischof Bernwards

auch Bernwards Unterschrift besorgt, so daß dieser nur das Kreuz, mit dem er aus der Reihe tanzt, aber leider keinen Buchstaben dazugesetzt hat. Ähnlich dürfte es sich mit der Unterschrift in der verlorenen Vorurkunde des DH II 255 verhalten haben (vgl. Kat. Nr. VII–29). In den eigenen Bischofsurkunden war einmal ein Kreuz angekündigt (UBHH 1, Nr. 49), ein anderes Mal eine Unterschrift vorhanden (UBHH 1, Nr. 62); ob sie autograph waren, könnten nur die Originale erweisen, die aber verloren sind.

Bernward als Schreiber der großen Bibel auszugeben (Hildesheim, Domschatz 61, Kat. Nr. VIII–29), wie spätestens im 17. Jahrhundert geschehen, hatte wohl dieselben Gründe der Pietät, wie sie bei dem Bernwardpsalter maßgebend waren (Kat. Nr. VIII–28), nämlich sie zur Kontaktrelique des Heiligen zu erheben. Die wohltätigen Folgen für die Erhaltung der beiden Handschriften ermöglichen heute festzustellen, daß kein Iota in diesen Bänden von ihm geschrieben worden ist.

Die spätmittelalterliche Überlieferung (in Dombibliothek Hildesheim, Cod. 123b, fol. 6r) möchte ihm eine eigene Abschrift von Gregors des Großen Ezechielkommentar zuweisen. Solange diese Handschrift aber nicht auftaucht, und die Wahrscheinlichkeit ist auch künftig eher gering, wird sich – angesichts der nicht unerheblichen Zahl von (Kunst-) Werken, die man dem heiligen Bischof später in Serie angehängt hat – mit dieser Nachricht nichts anfangen lassen, ganz abgesehen von der textkritischen Prüfung des Überlieferungszusammenhangs.

Mustert man die erhaltenen Kaiserurkunden des letzten Viertels des 10. Jahrhunderts (und ein solcher Überblick ist derzeit nur in der, soweit erreichbar, fast vollständigen Photosammlung des Marburger Lichtbildarchivs älterer deutscher Urkunden möglich), dann kommt unter den darin anzutreffenden Schreiberhänden für den Vergleich lediglich eine einzige in Betracht. Sie fällt zunächst dadurch aus dem Rahmen, daß sie sich der üblichen Urkundenschrift nur zögerlich anbequemt (den Unterschied zu einer gleichzeitigen diplomatischen Minuskel zeigt die Falttafel zu dem Beitrag von Goetting) und eher eine wenig veränderte zierliche Buchminuskel bevorzugt, die bisweilen etwas rundlicher, bisweilen etwas steif ausfällt und dazwischen, manchmal innerhalb weniger Zeilen, hin und her schwankt. Zu ihren Eigenheiten gehören breite st- und ct-Ligaturen, bei der die Bindung an das -c- meistens nicht oder nur in einem zusätzlichen Ansatz erreicht wird, aber auch der deutliche pointierte Ansatz des -c-; am leichtesten zu erkennen (und unter vergleichbaren Schriften der Notare in der Königskanzlei sonst nicht geläufig) ist die in den Urkunden und in den Widmungsversen (s. u. und vgl. Abb.) durchgängige Tendenz, das kleine -a-, selbst wenn es mitten im Wort vorkommt, auffällig höher als die benachbarten Buchstaben des „Mittelbandes" zu ziehen.

Die Schrift ist die des Kanzleinotars H(ildibald)A. Vergleicht man nun das um ein Vielfaches größere Format und die eher raumgreifende Schrift einer Kaiserurkunde mit den kleinen und unauffälligen Widmungen in den Domschatzhandschriften und bedenkt die Zeitspanne von 28 Lebensjahren zwischen dem letzten original erhaltenen Diplom des HA (Kat. Nr. V–4, aus dem Jahr 987) und dem Wid-

Pergamentcedula aus dem Ringelheimer Kruzifix (Kat. Nr. VII-31) mit eigenhändigem Vermerk Bernwards

mungsvers in der Handschrift Domschatz 18 (wohl 1015 geschrieben; Kat. Nr. VIII-30), dann wird an der Identität des Kanzleinotars mit dem Hildesheimer Bischof auch hinsichtlich der Schrift der Widmungsverse kaum ein Zweifel bleiben; sie dürfen als gut beglaubigte Autographen Bischof Bernwards gelten.

Auch der Vermerk *B(ernwardus) + ep(iscopus)* auf der kleinen Cedula, die den im Ringelheimer Kruzifix (Kat. Nr. VII-31) geborgenen Reliquien beigegeben war, wäre damit als autograph gesichert (vgl. S. 104 Abb. 25 und den erläuternden Text S. 105 f., in: Kat. Hildesheim 1989).

Nun ist H(ildibald)A, den wir mit Bernward identifizieren dürfen, durchaus nicht der einzige ottonische Notar, der aus der Anonymität herausgetreten ist. Man hat z. B. die Erzbischöfe Heribert von Köln und Adalbert von Magdeburg und den Bischof Adelbold von Utrecht als Notare namhaft gemacht. Ohne die Stichhaltigkeit der Beweise im einzelnen zu prüfen und in der Erwartung, daß eine gründliche neuerliche Untersuchung der Ottonendiplome manche Überraschung zutage fördern könnte, ist aber doch auffällig, daß es sich bei den bekannt gewordenen Notaren stets um Personen von höchstem Rang gehandelt hat. Desto mehr befremdet, wenn in den Einleitungen zu den Editionen der Kaiserurkunden und in den an sich höchst verdienstvollen älteren diplomatischen Untersuchungen die Notare ständig pauschal als „das niedere Personal" (MGH DO II Einleitung S. 1) und „das untergeordnete Personal" (MGH DO III Einleitung S. 385 b) bezeichnet werden, obwohl ihnen fast im gleichen Atemzug die Hauptsorge für die Beurkundung zugewiesen wird (a. a. O. S. 385 a).

In der Tat muß den wenigen Personen, die die anerkannt hochwichtigen Urkunden auszufertigen hatten, ein besonderer Rang zugekommen sein. Zu diesem Ergebnis wird man in jedem Fall geführt, gleich ob die Herrscher selbst gut ausgebildet und des Lateinischen kundig waren, wie man das z. B. bei Otto II., Otto III. und Heinrich II. voraussetzen und nachweisen kann, oder ob sie sich mehr auf die Fähigkeiten ihrer Helfer verlassen mußten, die Urkunden richtig zu formulieren, denen sie dann Rechtskraft verliehen. Da mag die Rangordnung einer übermächtigen k. u. k. oder k. k. Bürokratie, der sich die im Wien des ausgehenden 19. Jahrhunderts arbeitenden Forscher nicht ganz zu entziehen vermochten, abgefärbt haben auf ihren Begriff der „Kanzlei" in der Ottonenzeit. Bernward jedenfalls, der sich seiner Tätigkeit als Hofnotar sichtlich rühmt, scheint das ein wenig anders gesehen zu haben.

Nicht zu verschweigen allerdings, daß auch ein älterer Autor, der von der Identifizierung des Notars HA mit Bernward noch nichts wissen konnte, zu dem Urteil kam, daß dieser sich auszeichne durch „Freiheit der Sprache und Reichtum der Gedanken" und „einen höher stehenden, geistig bedeutenden Mann" vermuten lasse (Erben).

Für uns ergeben sich jeweils für die Dauer von Bernwards Aufenthalt am Hof durch das recht gut bezeugte Itinerar des Herrschers sehr erwünschte Aufschlüsse über sein Leben, die Reisen und seinen Erfahrungshorizont in der vorbischöflichen Zeit. Ohne die Probleme und Folgerungen, die sich aus den vorgenannten Beobachtungen ergeben, verfolgen zu können, werden drei von Bernward verfaßte und geschriebene Urkunden vorgestellt.

Kehr 1890. – Erben 1892. – Stengel 1910, S. 188 ff. und passim. – Fichtenau 1992. – Für die in liebenswürdiger und hilfreicher Weise eingeräumte Möglichkeit, die Sammlungen des Marburger Lichtbildarchivs einsehen zu können, bin ich den Herren Professor Dr. Peter Rück und Dr. Heinrich Meyer zu Ermgassen zu großem Dank verbunden.

H. J. S.

V-2 Diplom Kaiser Ottos II. für Himmo (MGH DO II 170)

Sömmeringen, 978 März 8

42,5 x 50,5 cm. – Pergament.

Nachdem Bernward als Hofnotar H(ildibald)A am 20. September 977 im Feldlager vor Passau sein erstes erhaltenes Diplom, eine Schenkung für das Kloster Michaelbeuern, verfaßt und geschrieben hatte, mußte er am 8. März 978 im Elbegebiet eine

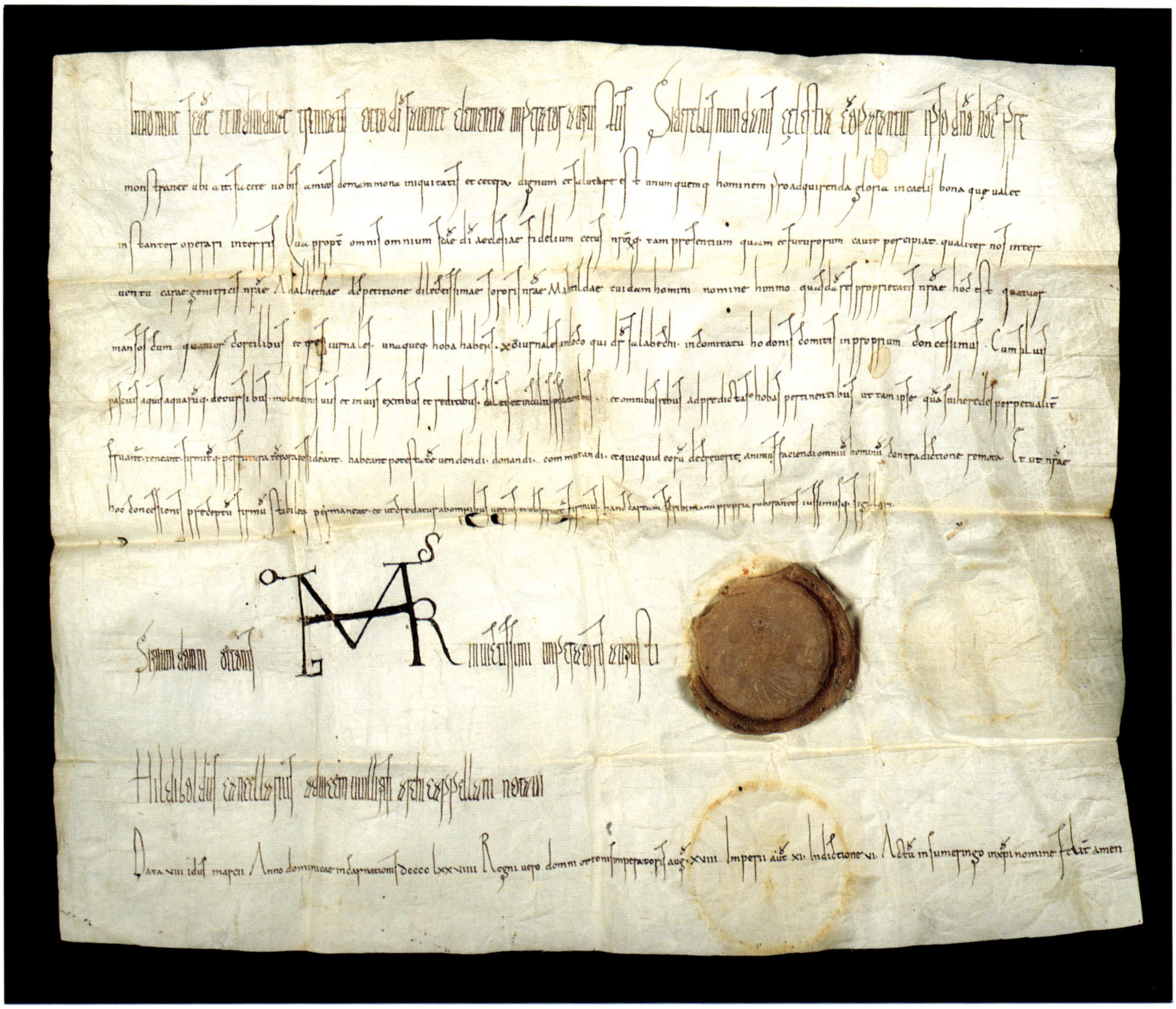

V–2

größere Übertragung von Königsgut in Salbke an Himmo, vermutlich einen Vasallen des Stifts Quedlinburg, da die Äbtissin Mathilde, des Kaisers Schwester, für ihn bat und die Kaiserinwitwe Adelheid intervenierte, beurkunden. Wie schon in seinem ersten Diplom eröffnete HA den Kontext der Urkunde mit einer bemerkenswerten, um das Christuswort Lukas 16,9 kreisenden Arenga: „Wenn mit irdischen Gütern himmlische erworben werden (können), wie Christus selbst das lehrt, wenn er sagt: «Macht Euch Freunde mit dem ungerechten Mammon und so weiter», dann ist es würdig und recht, daß ein jeder Mensch nach seinem Vermögen ständig Güter auf Erden schafft und bereitstellt, um im Himmel ewige Herrlichkeit zu erwerben.“ (Zeile 1–3: *Si de rebus mundanis cęlestia comparantur, ipso domino hoc premonstrante, ubi ait: facite vobis amicos de mammona iniquitatis et cetera, dignum et salutare est unumquemque hominem pro adquirenda gloria in caelis bona quę valet instanter operari in terris.)*

Der Gedanke, daß gute Taten des Herrschers auf Erden im Vertrauen auf himmlische Belohnung erfolgen, ist an sich nicht ungewöhnlich und in den Arengen der Urkunden als Formel tausendfach belegt. Ungewöhnlich und weder in den ottonischen Diplomen noch sonst im Hochmittelalter nachgewiesen sind die ausführliche Stilisierung und der einleitende Hinweis auf den Kauf. Seine eigenwilligen Ausführungen hat der junge Notar später nicht mehr wiederholt oder wiederholen dürfen, aber es liegt nahe, daran zu erinnern, daß der zentrale Gedanke des *mercari celestia* in der Synodalansprache des alten Bischofs Bernward vom November 1019 an entscheidender Stelle wieder auftaucht (vgl. den Beitrag von Schuffels über Bernward) und dabei betont wird, er selbst habe solchen Vorstellungen schon seit seiner Jugend nachgehangen.

Während das Chrismon auffallenderweise fehlt, enthält die Publicatio den von HA auch im MGH DO III 32 (Kat. Nr. V-4) verwendeten Begriff *cętus omnium fidelium*. HA erweiterte ferner wie schon im Diplom 164 die Schenkung um die Zusage dauernden Besitzes und die Feststellung der freien Verfügbarkeit über diesen und schloß den Kontext ebenfalls mit der ausführlichen Corroboratio (Vollziehung und Besiegelung, *ut credatur ab omnibus verius . . .*). Auch hier endet die Rekognition des Kanzlers mit dem für HA besonders charakteristischen und von ihm stets verwendeten Begriff *notavi* (anstatt *recognovi*).

Druck in: MGH DO II 170, S. 193 f. – RI 2,2, Nr. 761 S. 334. – Hausmann/Gawlik 1987, Nr. 2460 S. 418 und passim. – Fuhrmann 1991 mit Literatur. – Zum Aufbau der Urkunde vgl. den Beitrag von Goetting über das Erscheinungsbild einer ottonischen Kaiserurkunde.

Magdeburg, Landeshauptarchiv Sachsen-Anhalt, Rep. U 9, Tit. AIa, Nr. 17: 978 März 8

H. G./H. J. S.

V-3 Diplom Kaiser Ottos II. für Kloster Einsiedeln (MGH DO II 181)

Erstein, 979 Januar 15

48 x 49 cm. – Pergament.

Kaiser Otto II. bestätigt auf Intervention des Herzogs Otto von Schwaben nochmals dem Kloster Einsiedeln unter seinem Abt Gregor den in dessen Grafschaft gelegenen und schon von seinem Vater Otto dem Großen verliehenen kaiserlichen Besitz zu Quatrauedes (Grabs) in Rätien, und zwar die Kirche mit dem Zehnten, dem Herrenland und allem Zubehör.

HA schrieb die Urkunde während des Aufenthalts des Hofes in der Pfalz Erstein bei Straßburg nach der Vorlage des MGH DO I 108, erweiterte jedoch die Pertinenzformel durch Hinzufügungen und die Verdeutlichung der Übertragung der schon von Otto dem Großen verliehenen, zuvor an den Kaiser zu leistenden Dienste und Zinse.

Am gleichen Tage verfaßte und schrieb HA, was von Theodor Sickel in der MGH-Edition nicht erkannt wurde, noch ein zweites Diplom, mit dem ein umfangreicher Landtausch des Einsiedler Abtes Gregor vom Kaiser bestätigt wurde.

Druck in: MGH DO II 181 S. 205 f. – RI 2,2 Nr. 773 f. S. 341. – Sickel 1877. – Ringholz 1904, S. 44 ff. – Salzgeber 1986 mit Literatur. – Zum Aufbau der Urkunde vgl. den Beitrag von Goetting über das Erscheinungsbild einer ottonischen Kaiserurkunde.

Einsiedeln, Stiftsarchiv, A. AI 8: 979 Januar 15

H. G.

V-4 Urkunde König Ottos III. für das Stift Vilich (MGH DO III 32)

Andernach, 987 Januar 18

51 x 51 cm. – Pergament.

Otto III. gewährt dem Stift, das der Adlige Megingoz und dessen Gemahlin Gerberga als Memorienstiftung auf ihrem Eigengut Vilich (gegenüber Bonn auf der rechten Rheinseite) mit Zustimmung Kaiser Ottos II. gegründet haben und das sie ihm übereignen, die „Freiheit" zu gleichem Recht und nach derselben stiftischen Ordnung wie der der (Reichs-) Stifte Quedlinburg, Gandersheim und Essen *(ad legem et ad regularem ordinem cęterorum monasteriorum in nostro regno degentium, scilicet Quidilingeburg, Ganderesheim, Asnithe, libertatem dedimus*, Zeile 7–8). Außerdem verleiht er dem Stift Vilich weitgehende Immunität und den Kanonissen unter der Verpflichtung, vorrangig die Verwandtschaft der Stifterfamilie zu berücksichtigen, das Recht der freien Wahl der Äbtissin und des Vogtes.

Der König folgt dem Rat seiner Mutter, der Kaiserin Theophanu, und seiner Fürsten, unter denen mit Namen hervorgehoben werden: die Erzbischöfe Willigis von Mainz und Gisilher von Magdeburg, der Kanzler und Bischof von Worms, Hildibald, die Bischöfe Notker von Lüttich und Adalbero von Verdun, der Herzog von Bayern, Heinrich der Zänker,

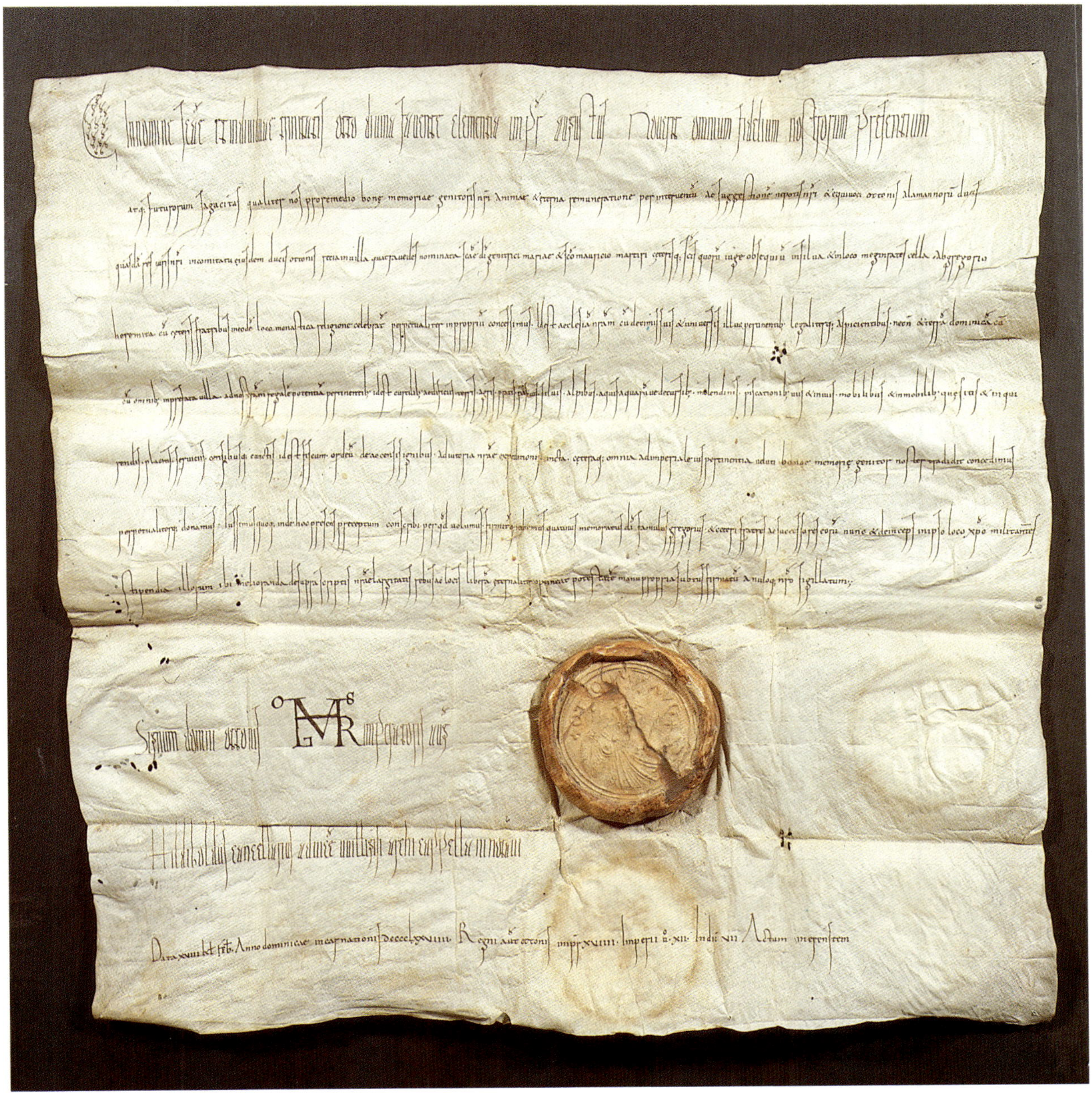

V-3

die Herzöge Konrad von Schwaben und Dietrich von Oberlothringen (Zeile 6–8). Diese Fürsten, von denen Erzbischof Willigis und Bischof Hildibald von Worms zu den ständigen und einflußreichsten Beratern und Helfern der Kaiserin gehörten, die für ihren die Urkunde ausstellenden, aber noch unmündigen Sohn regierte, haben in Andernach, dem Ort der Ausfertigung, anscheinend an einem Hoftag teilgenommen, auf dem auch die Kaiserin Adelheid, die Witwe Kaiser Ottos des Großen, anwesend und vielleicht auch in dieser Sache tätig war, obwohl sie nicht ausdrücklich genannt wird.

Ihre Interventionen und die Gleichstellung mit den großen liudolfingischen Gründungen Gandersheim und Quedlinburg verdeutlichen die Bedeutung der Privilegierung ebenso wie der Umstand, daß im Mai 996 auf Veranlassung Kaiser Ottos III. die erste zuverlässig datierte Urkunde des von ihm erhobenen Papstes, Gregors V., dem Stift Vilich galt (vgl. Kat. Nr. VII-20). Diese Urkunde, läge sie nicht nur in einer, paläographisch gesehen, etwa gleichzeitigen Kopie einer wohl westdeutschen Hand auf Pergament vor (Düsseldorf, Hauptstaatsarchiv, Urk. Stift Vilich Nr.3), sondern im verlorenen Original, würde wahrscheinlich – so wie die in dieser Ausstellung gezeigte Papyrusurkunde Papst Gregors V. aus Vich (Kat. Nr. III-1) – gar die Unterschrift Ottos III. als Autograph zeigen.

Um so auffälliger ist, daß der Verfasser der Urkunde, als den man den Notar H(ildibald)A erkannt hat und in dem wir Bernward sehen dürfen, in ungewöhnlich zugespitzter Weise die Rechtswirklichkeit der „Freiheiten" des Stifts, näherhin die Immunität, beschreiben kann. Sie stellt das Stift von der „Behelligung jeglicher weltlicher Amtsgewalt frei" *(ab omni inquietudine secularis districtionis iugo absolvimus,* Zeile 8), und das bedeutet: „Kein Bischof, Graf, Richter oder Vogt darf in Ausübung von Amts- oder Rechtsgeschäften das Stift oder seine Hintersassen belangen, irgendeine Dienstleistung fordern oder auf den Kirchengütern Gericht halten, insofern die Äbtissin dies nicht billigt." Ein Vorbehalt gilt nur den im eigentlichen Sinne geistlichen Funktionen (des im übrigen in das Immunitätsgebot eingeschlossenen Bischofs) *(ut nullus episcopus comes iudex aut advocatus in exequendis causis idem aut illius loci servos stringere vel aliquod servitium inde exigere aut placitum in memoratę aecclesię prediis agere aliquam potestatem habeant nisi quę divina sunt et quantum . . . abbatissę placeat,* Zeile 9–10). Das war – im nachhinein geurteilt – „eine sehr wesentliche, die Interessen des Reichs vielleicht gefährdende Neuerung" (Stengel), deren virulente Kraft sich freilich nur unter damals wohl unvorhersehbaren geschichtlichen Konstellationen sollte entfalten können. Daran hat Vilich, das seine Stellung als Reichsstift auf Dauer nicht hat behaupten können, keinen Anteil mehr gehabt.

Druck in MGH DO III 32 S. 431 f. – RI 2,3, Nr. 989 S. 469 f., vgl. Nr. 988 a. – MGH Poetae 5, S. 306 f. Nr. 47. – RI 2,5, Nr. 754 S. 300 f. – Papsturkunden, Nr. 326 S. 637 ff. – Stengel 1910, S. 195 f. und passim. – Wisplinghoff 1978, mit Abb. des DO III 32 auf S. 24 und einer Verwandtschaftstafel der bedeutenden Stiftsgründer S. 27. – Giersiepen 1988. – Zum Aufbau der Urkunde vgl. den Beitrag von Goetting über das Erscheinungsbild einer ottonischen Kaiserurkunde.

Düsseldorf, Nordrhein-Westfälisches Hauptstaatsarchiv, Stift Vilich, Urk. 2a: 987 Januar 18

H. J. S.

REISEWEGE

V–5 Wissenschaftliche Sammelhandschrift

Canterbury, Christ Church, 2. Hälfte 11. Jahrhundert

26 x 22 cm, 88 Blätter. – Pergament.

Diese Sammlung von fast ausschließlich weltlichem Material, hauptsächlich komputistische, astronomische und geographische Texte enthaltend, ist eines der am verschwenderischsten ausgestatteten nichtliturgischen Bücher, die aus dem Früh- und Hochmittelalter erhalten sind. Sie enthält im wesentlichen drei Illustrationszyklen: eine Reihe von Kalenderbildern, eine vollständig in Farbe angelegte Reihe von Darstellungen der Sternbilder, die Ciceros Übersetzung des Aratus illustrieren, und 37 Illustrationen der *Marvels of the East,* welche parallele Texte in Latein und Altenglisch begleiten. Der Band enthält auch eine wichtige frühe Weltkarte (fol. 56v), welche heute als Frontispiz dient für eine Abschrift der *Periegesis* von Priscian, obwohl sie sich nicht explizit auf diesen Text bezieht. Die Handschrift ist 1731 bei einem Brand schwer beschädigt worden; ihr innerer Aufbau ist seither gestört. Neuere Forschungen haben zu der Vermutung Anlaß gegeben, daß die Weltkarte sich ursprünglich nicht an dem Platz befunden hat, den sie heute einnimmt.

Diese Weltkarte, in der Regel ‚Cotton'- oder ‚Tiberius'-Karte genannt, ist eines der ältesten bekannten Beispiele und die einzige, die aus dem angelsächsischen England erhalten ist. Ihre Hauptquelle muß eine römische Weltkarte gewesen sein, aber sie enthält auch eine Anzahl von zeitgenössischen Hinzufügungen und Verbesserungen, insbesondere was die Darstellung der Britischen Inseln, in der linken unteren Ecke der Seite, anbelangt. Manche Ortsnamen dort sind in ihren altenglischen Formen angegeben. Die Angaben zu den übrigen Teilen Westeuropas sind ziemlich mager, wohingegen die besser bekannten Teile Asiens, insbesondere das Heilige Land, eine beträchtliche Menge von Details enthalten.

Herrscher- und Bischofslisten, in den chronologischen Teilen der Handschrift enthalten, weisen darauf hin, daß die Handschrift in Christ Church in

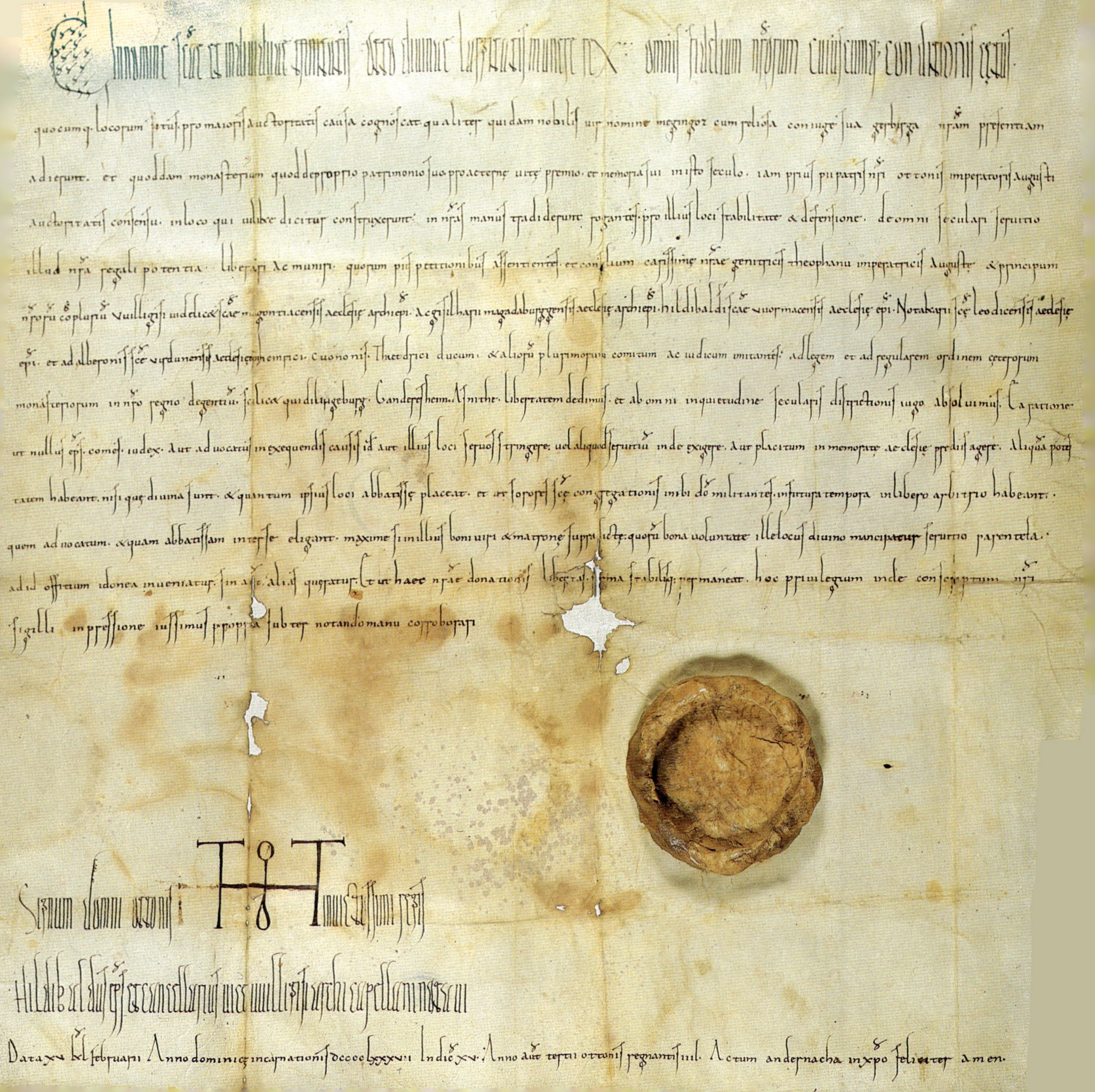

In nomine sanctae et individuae trinitatis. Otto divina favente clementia rex. Omnium fidelium nostrorum cuiuscumque conditionis sexus

quocumque locorum sitis pro maioris auctoritatis causa cognoscat qualiter quidam nobilis vir nomine Megingoz cum religiosa coniuge sua Gerbirga nostram presentiam

adierunt. et quoddam monasterium quod de proprio patrimonio suo pro aeternae vitae premio. et memoria sui in isto seculo. iam prius pii patris nostri Ottonis imperatoris Augusti

auctoritatis consensu. in loco qui Uilike dicitur construxerunt. in nostras manus tradiderunt rogantes pro illius loci stabilitate et defensione. de omni seculari servitio

illud nostra regali potentia liberari ac muniri. quorum piis petitionibus assentientes et consilium carissimae nostrae genitricis Theophanu imperatricis Augustae et principum

nostrorum complurium Uuilligisi videlicet sanctae Mogontiacensis aecclesiae archiepiscopi. Aegisilhari Magadaburgensis aecclesiae archiepiscopi. Hildibaldi sanctae Uuormacensis aecclesiae episcopi. Notakari sanctae Leodicensis aecclesiae

episcopi. et Adalberonis sanctae Virdunensis aecclesiae episcopi. Henrici. Cuononis. Theodrici ducum. et aliorum plurimorum comitum ac iudicum imitantes. ad legem et ad regularem ordinem ceterorum

monasteriorum in nostro regno degentium. scilicet Quidilingeburg. Gandersheim. Asnithe. libertatem dedimus. et ab omni inquietudine secularis districtionis iugo absolvimus. Ea ratione

ut nullus episcopus. comes. iudex. aut advocatus in exequendis causis id aut illius loci servos stringere. vel aliquod servitium inde exigere. aut placitum in memoratae aecclesiae prediis agere. aliquam potes-

tatem habeant. nisi quae divina sunt. et quantum ipsius loci abbatissae placeat. et ut sorores sanctae congregationis inibi deo militantes. in futura tempora in libero arbitrio habeant.

quem advocatum. et quam abbatissam inter se eligant. maxime si in illius boni viri et matronae supradictae quorum bona voluntate ille locus divino mancipatur servitio parentela.

ad id officium idonea inveniatur. sin autem. alias queratur. Et ut haec nostrae donationis libertas firma stabilisque permaneat. hoc privilegium inde conscriptum nostri

sigilli impressione iussimus propria subter notando manu corroborari.

Signum domni Ottonis (M.) gloriosissimi regis.

Hildibaldus episcopus et cancellarius vice Uuilligisi archicapellani notavi.

Data XV kal. februarii Anno dominicae incarnationis DCCCCLXXXVII Indictione XV. Anno autem tertii Ottonis regnantis IIII. Actum Andernacha in Christo feliciter amen.

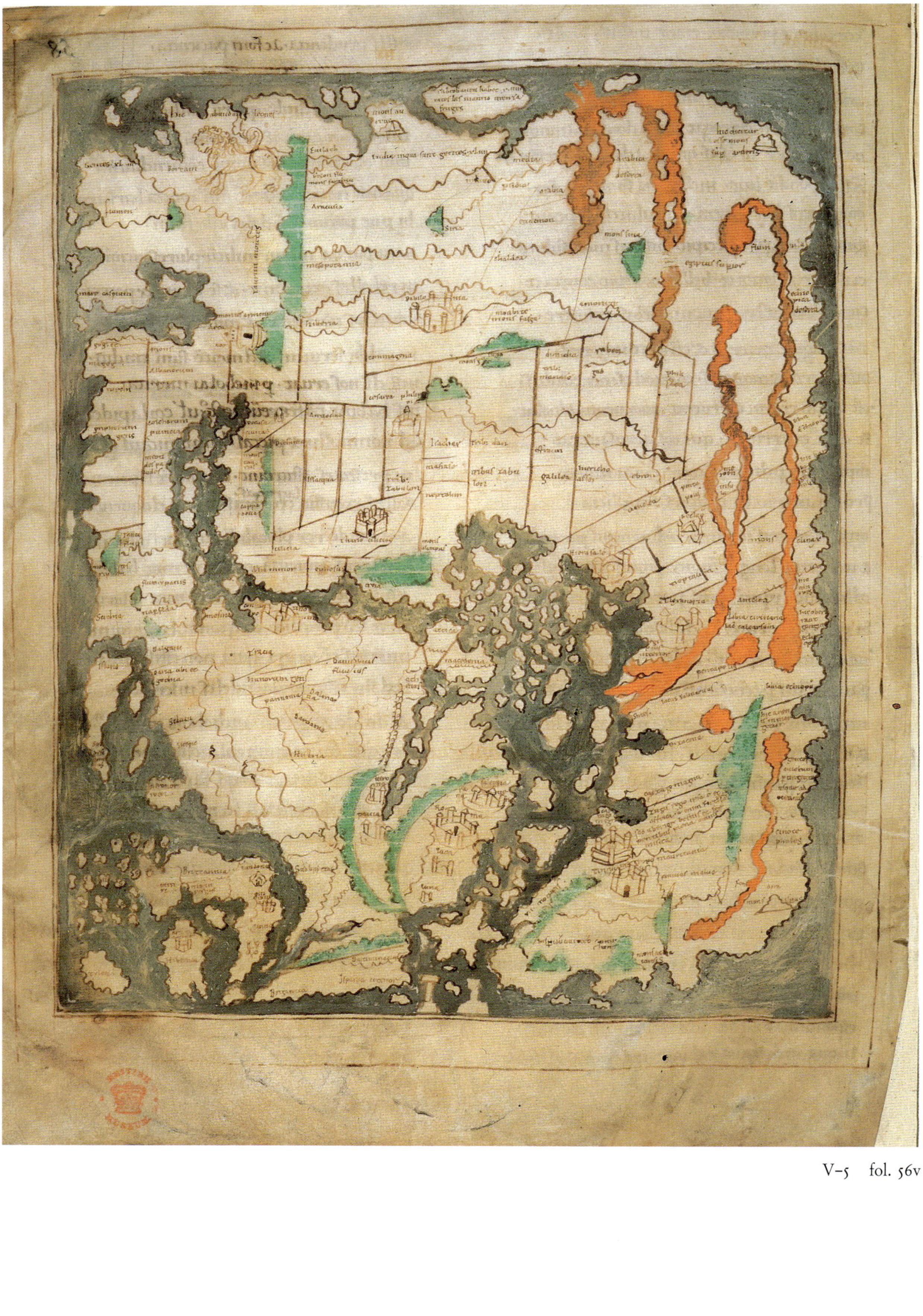

V–5 fol. 56v

Canterbury zusammengestellt wurde. Ein Teil ihres Inhaltes basiert zweifellos auf Material, das in der Zeit Sigerichs, zwischen 990 und 994 Erzbischof von Canterbury, gesammelt worden war. Darunter befindet sich auch ein Bericht über Sigerichs Programm anläßlich seines Rom-Aufenthaltes zur Erlangung des Palliums im Jahre 990 (fol. 23v–24r). Tatkräftig hatte er innert zwei Tagen alle Kirchen der Heiligen Stadt besucht und war von Papst Johannes XV. zu einem Gastmahl geladen worden. Die 80 Stationen seiner Heimreise, von Rom bis an die Kanalküste, werden aufgezählt, und die Zeit, die diesem Teil der Pilgerfahrt zugewiesen wird, läßt annehmen, daß er sich während nicht viel weniger als sechs Monaten auf Reisen befunden hat.

Kat. Köln 1975, Nr. A 36. – Temple 1976, Nr. 87 (mit umfassender Bibliographie der älteren Literatur). – Kat. New York 1980. – McGurk 1983. – Kat. London 1984, Nr. 164 (Janet Backhouse). – Harvey 1991, Taf. 19, S. 21 und öfter.

London, The British Library, Cotton MS Tiberius B. V, Teil 1

J. M. B.

V–6 Musterbuchfragmente aus Saint-Benoît-sur-Loire

Saint-Benoît-sur-Loire, Ende 10. Jahrhundert

a: 21 x 17,5 cm. b: 25,5 x 20,5 cm. – Pergament, Federzeichnung.

Das Interesse für antike Kultur, das in Saint-Benoît-sur-Loire während der Amtszeit der Äbte Abbo (988-1004) und Gauzlin (1004–1030) so ausgeprägt war, ist auch in den Zeichnungen sichtbar, mit welchen am Ende des 10. Jahrhunderts fünf leergebliebene Seiten einer karolingischen Psychomachie-Handschrift gefüllt worden sind und die sich heute in Paris (a: fol. 56v, 57v und 64v) und Rom (b: fol. 27r und 27v) befinden. Die Zeichnungen sind einem Künstler zu verdanken, der eine eingehende Kenntnis römischer Bauornamentik, aber auch der karolingischen Kunst besaß. So hat er zum Beispiel mit großer Genauigkeit eine Ranke ähnlich derjenigen an der Maison Carrée in Nîmes wiedergegeben, während eine andere gewisse Metzer Elfenbeine in Erinnerung ruft. Auch die Quellen, auf welche die Figurenzeichnungen zurückgehen, sind karolingisch. Während der Künstler sich für die beiden Figuren auf fol. 57v von den Zeichnungen der Psychomachie (deren leere Seiten er benutzt hat) inspirieren ließ, hat er für den segnenden Christus auf fol. 56v Vorlagen verschiedener Herkunft zu kombinieren versucht (touronische Buchmalereien oder Mosaiken wie dasjenige von Santa Cecilia in Trastevere in Rom). Die Tatsache, daß die auf karolingischen bzw. antiken Vorlagen beruhenden Motive auf je eigenen Blättern zusammengetragen wurden, zeugt von einem bemerkenswerten historischen Bewußtsein. Alles scheint darauf hinzuweisen, daß dieser Künstler, der – nach seinem Stil zu urteilen – vermutlich im Loire-Tal, zumindest in Mittel-Frankreich, ausgebildet worden ist und der - wie verschiedene Entlehnungen aus frühmittelalterlichen Handschriften, die sich dort befunden haben, zeigen - mit der Bibliothek von Saint-Benoît-sur-Loire vertraut war, auch weite Reisen, vielleicht bis nach Italien, gemacht hat, die es ihm erlaubten, sich Kenntnisse der antiken Kunst anzueignen. Ein Niederschlag dieser Reisen findet sich auch in der Zeichnung auf fol. 27r, die zwei Türme zeigt, von welchen der rechte, nach dem Beispiel vieler italienischer Kirchen, wiederverwendete antike Säulen und Kapitelle aufweist. Über die Bestimmung der Zeichnungen weiß man leider

V–6 fol. 27v

V-6 a fol. 64v

V-6 b fol. 27r

nichts Genaues, jedenfalls scheinen die Bildhauer in Saint-Benoît-sur-Loire sie nicht oft benutzt zu haben. Dies ist jedoch schwierig zu beurteilen, da es doch wahrscheinlich ist, daß die Mustersammlung ursprünglich umfangreicher war. Wie dem auch sei, die wenigen erhaltenen Zeichnungen überliefern einen Typus von Hilfsmittel, der nicht dazu bestimmt war, während mehr als einer oder zwei Generationen – also ungefähr dem Zeitraum, in dem sich der Geschmack ändert – gebraucht zu werden. Dementsprechend sind solche Gebrauchshandschriften und -zeichnungen heute fast alle verloren.

Scheller 1963, S. 49-52. – Bischoff 1971, S. 267–296. – Vergnolle 1984/1.

a: Paris, Bibliothèque Nationale, Ms. lat. 8318 – b: Città del Vaticano, Biblioteca Apostolica Vaticana, Reg. lat. 596

E. V.

HOLLAND UND FLANDERN

V–7 Buchdeckel mit Trinität

Tournai, um 900

21,4 x 12,7 cm. – Elfenbein, eingelassen in einen wohl erst nachmittelalterlichen Ledereinband (29 x 20 cm), der jedoch spätgotische Buchschließen aufweist. Am Nimbus Christi und am mittleren Bildstreifen Spuren von Vergoldung.

Durchbrochen geschnitzte Ranken mit gedrehten Ästen und gezackten, sich an den Spitzen leicht einrollenden Blättern umgeben im ebenfalls à jour gearbeiteten kreisförmigen Medaillon die Darstellung der Dreifaltigkeit: Christus erscheint als Büste mit segnend erhobener rechter Hand und hält mit der Linken vor der Brust eine mandorlaförmige Scheibe mit der Taube des Heiligen Geistes. Die Hand Gottes umgreift von oben her den Nimbus hinter dem Haupt des Sohnes. Auf einem vertikalen Elfenbeinstreifen erläutert ein Vers: *HIC VNITAS TERNIS MONSTRATVR SCEMATE SIGNIS* (Hier wird die Einheit [Gottes] bildhaft durch drei Bildfiguren angezeigt).

Die ungewöhnliche ikonographische Formulierung zeigt die Schwierigkeiten der Darstellung des Geheimnisses der göttlichen Dreifaltigkeit für einen frühmittelalterlichen Künstler. Die christliche Kunst des 1. Jahrtausends hat in der Regel nur Christus in Menschengestalt abgebildet, da nur er durch die Inkarnation sichtbare Gestalt angenommen hatte. Der Vater, der im Evangelium als vom Himmel ertönende Stimme beschrieben wird, wurde allenfalls durch eine im Wolkenrand sichtbar werdende Hand verbildlicht, deren bloßes Erscheinen das Wirken Gottes anschaulich zu machen vermochte. Doch gab es eine Tradition, auch sein unmittelbares Eingreifen deutlich anzuzeigen, wenn etwa die göttliche Hand über Christus oder dem christlichen Herrscher einen Siegeskranz hielt, wie das zum erstenmal in einem konstantinischen Kaiserbild begegnet und in karolingischer Zeit über dem Kreuz Christi etwa auf dem Braunschweiger Kästchen (Kat. Nr. VI–63) geschieht. Das Halten eines Nimbus hinter dem Haupt Jesu auf dem Elfenbein, für das es keine Parallele in der christlichen Kunst gibt, wird man aus dieser Bildtradition zu verstehen haben. Der Heilige Geist wurde traditionell als Taube verbildlicht, da er nach dem Bericht des Evangelisten Matthäus (3,16) bei der Taufe Christi in dieser Gestalt erschienen war.

Erst Jahrhunderte nach Entstehung des Elfenbeins, vor allem im 12. Jahrhundert, begegnet als Bild der Dreifaltigkeit die große Gestalt eines Thronenden, der Medaillons mit dem Lamm Gottes und der Taube in den ausgebreiteten Händen hält. Die Taube steht dabei für den Heiligen Geist, das Opferlamm für den Sohn. Der Thronende muß als Vater verstanden werden, auch wenn er in der Regel noch lange die Züge Christi tragen sollte, da Gott eben nur in Christi Gestalt sichtbar geworden war; man vergleiche nur den Schöpfergott auf der Hildesheimer Bronzetür Bischof Bernwards (Kat. Nr. VII–33). Dabei konnte man sich im übrigen auf das Wort Jesu aus dem Johannes-Evangelium (14,9) berufen: Wer mich sieht, sieht auch den Vater, ein Text, der gelegentlich als Hinweis auf die Wesensgleichheit von Vater und Sohn bei Christusdarstellungen erscheint. Die italo-byzantinische Kunst des 12. Jahrhunderts hat dann vereinzelt Christus mit der Taube im Arm abgebildet, wobei Jesus selbst als kleines Kind im Schoß des großen, alten und bärtigen Vaters sitzt. Doch begegnet die Darstellung des Vaters als eines alten Mannes nicht vor dieser Zeit. Die ungewöhnliche Formulierung des Elfenbeins mit ihrem kühnen Versuch, das unergründliche Geheimnis der Dreifaltigkeit Gottes in einer einzelnen Bildfigur zu ver-

V-7

gegenwärtigen, hat offenbar in der christlichen Kunst keine Nachfolge gefunden.

Die Ranken der Elfenbeinplatte mit charakteristisch scharfkantigen Blättern und gedrehten Ästen finden sich – zum Teil ebenfalls in durchbrochener Schnitzarbeit – auf dem Diptychon des Schatzes der Kathedrale von Tournai und ähnlich auf einem ehemals in den Berliner Museen befindlichen Elfenbeinkasten, der in spätkarolingischer Zeit ebendort entstanden sein dürfte. Die Figurenbildung ist bei der Christusbüste und bei den genannten Arbeiten letztlich der Tradition der jüngeren Metzer Schule verpflichtet, wenn das Gewand bei dem Trinitäts-Elfenbein auch nicht durch so dicht nebeneinander liegende Faltenlinien wie bei den übrigen Arbeiten aus Tournai gegliedert ist.

Die Evangelienhandschrift, deren Buchdeckel das Elfenbein schmückt, enthält neben Flechtwerk-Kanontafeln nur eine überaus primitive, leicht kolorierte Zeichnung der Maiestas Domini und mag ungefähr gleichzeitig im Gebiet des heutigen Belgien oder der Niederlande in einem provinziellen Skriptorium entstanden sein. Die oft vermutete Herkunft des Codex aus dem niederländischen Kloster Egmond ist nicht gesichert.

Goldschmidt, 1, Nr. 154. – Boeren 1979, S. 35.

Den Haag, Rijksmuseum Meermanno-Westreenianum, cod. 10 B 7 (olim hl. fol. 7)

R. Ka.

V-8 Das Evangeliar von Egmond

Reims, drittes Viertel des 9. Jahrhunderts; Nordwestfrankreich, um 900; Gent, um 975

23 x 21 cm, 231 Blätter. – Pergament mit ganzseitigen Miniaturen, Zierseiten und kolorierten Federzeichnungen.

Das Evangeliar, das der holländische Graf Dirk II. um 975 der Abtei Egmond stiftete, war damals schon etwa hundert Jahre alt. Geschrieben wurde das Buch, wie aus den Charakteristika seiner Schrift hervorgeht, in Reims im dritten Viertel des 9. Jahrhunderts. Nicht lange nach der Herstellung muß es in den westlichen Teil Nordfrankreichs gelangt sein, wo ihm eine reiche Ausschmückung hinzugefügt wurde. Diese besteht aus zwölf Kanontafeln, am Beginn der Handschrift, und aus jeweils einem Evangelistenporträt, einer Darstellung des Evangelistensymbols und zwei Zierseiten vor jedem der vier Evangelientexte. Die Illuminierung zeigt den Stil der sogenannten frankosächsischen Schule, einer spätkarolingischen Malerschule, die gewöhnlich in Nordwestfrankreich, unter anderem auch im Kloster Saint-Amand, lokalisiert wird.

Die Stiftung des Evangeliars hat Dirk in zwei Miniaturen festhalten lassen, die hinten im Codex eingeheftet wurden. Das linke Bild wird von einer lateinischen Überschrift erläutert, die übersetzt folgendermaßen lautet: „Dieses Buch schenkten Dirk und die ihm in Liebe verbundene Hildegard dem erhabenen Vater Adalbert, damit er ihrer gerecht gedenken möge in alle Ewigkeit." Die Darstellung zeigt Dirk und Hildegard, wie sie die geöffnete Handschrift auf dem Altar niederlegen. Um sie herum ist die Abteikirche dargestellt, in der für das Mittelalter üblichen Kombination von Außenansicht und Querschnitt. Die rechte Miniatur zeigt den heiligen Adalbert, den Patron des Klosters, als Vermittler zwischen Christus in der Mandorla über und den beiden betenden Eheleuten vor ihm. Neben der Miniatur steht die flehentliche Bitte des Heiligen: „Höchster Herr, ich bitte dich inständig, mit Wohlwollen die beiden zu behüten, die sich so sehr bemühen, dir stets würdig zu dienen."

Die Stiftung der Handschrift wird in den Chroniken der Abtei Egmond erwähnt. Es heißt dort, daß Dirk ein Kloster bauen ließ und es mit einem Evangelienbuch, „eingebunden in Gold und Edelsteinen", sowie mit einem goldenen Altarantependium beschenkte. Sowohl der kostbare Einband als auch das Antependium sind in den Unruhen der Reformationszeit verlorengegangen. Während die zwei Dedikationsminiaturen und damit auch der Einband des Evangeliars wahrscheinlich in Gent entstanden sind, wo Dirk die meiste Zeit residierte, ist anzunehmen, daß der Goldaltar in Trier bestellt wurde. Dirks zweiter Sohn, Egbert, war seit 977 Erzbischof von Trier und gründete dort eine berühmte Goldschmiedewerkstatt. Für den besonderen Auftrag des Antependiums hat das Grafenpaar sich denn vermutlich auch an seinen Sohn gewandt. Egbert, der wahrscheinlich in Egmond erzogen wurde, bedachte das Kloster ebenfalls mit vielen Geschenken. So stiftete er zwanzig Bücher für Chor und Bibliothek, einen vollständigen Satz liturgischer Gewänder und einen Silberschrein mit Reliquien. Von diesen Schenkungen haben sich nur noch zwei Handschriften erhalten.

Korteweg 1985. – Boeren 1988, Nr. 43 (mit älterer Literatur).

Den Haag, Koninklijke Bibliotheek, Ms. 76 F 1

A. S. K.

V-9 Sakramentar aus der Diözese Utrecht, Elfenbeinplatten vom Einband

Elfenbeine: Niedersachsen, 2. Viertel 11. Jahrhundert
Handschrift: Niederlothringen oder Sachsen, Ende des 10. Jahrhunderts

Elfenbeine: je 15,5 x 10,7 cm. – Elfenbein, jeweils aus zwei Stücken gearbeitet. Der äußere Rahmen mit einem kleinen Streifen des Grundes angesetzt. Der Kopf des heiligen Gregor wohl nicht mehr in ursprünglicher Gestalt erhalten. Die Elfenbeine sind einem Ledereinband des 19. Jahrhunderts eingefügt.
Handschrift: 18 x 12 cm, 131 Blätter. – Pergament mit Deckfarbenmalerei.

Beide Elfenbeinplatten sind von flachem, aber krautigem Blattwerk gerahmt. Auf der Vorderseite thront Christus auf einer Sphaira vor einer Glorie. Beide Kreisformen lassen ihre Herkunft von Lorbeerkränzen erkennen, aus denen sie vereinzelt in karolingischen Werken gebildet waren. Auf dem zugehörigen Elfenbein sieht man den heiligen Papst Gregor, der im Mittelalter allgemein als Verfasser des Sakramen-

V-8 fol. 214v

V–9 Maiestas

V–9 Hl. Gregor

tars verehrt wurde, das die bei der Messe vom Priester zu betenden Texte enthält. Der Heilige sitzt in bischöflichen Gewändern auf einem Thron und taucht die Feder in ein neben ihm stehendes Tintenfaß, um den Text in dem erst zur Hälfte beschriebenen Buch, das er für den Beschauer sichtbar vor der Brust hält, fortzusetzen. Der Heilige Geist hat sich in Gestalt einer Taube auf seiner Schulter niedergelassen und flüstert ihm ins Ohr, so sinnfällig die göttliche Inspiration des heiligen Werkes verdeutlichend.

Die Formgebung, besonders bei der Figur des Heiligen und seiner geistlichen Gewandung, erinnert an Elfenbeinarbeiten, die für Bischof Sigebert von Minden (1022–1036) wohl an seinem Bischofssitz geschaffen worden sind, besonders an einen Buchdeckel mit der Darstellung der vier Kirchenväter. Sie dürften den künstlerischen Ausgangspunkt auch für unseren Elfenbeinschnitzer gebildet haben, der in seiner flacheren und zierlicheren Gestaltung sich jedoch nicht unwesentlich von der kraftvollen, aber plumpen Plastizität der Mindener Werke absetzt. Charakteristisch wirkt vor allem die feinere Gesichtsbildung beim Haupt des Heiligen. Die Zurücknahme des Volumens und der ausgeprägte Schichtenfaltenstil lassen die spätere Entstehung, am ehesten im 2. Viertel des 11. Jahrhunderts, erkennen. Die auffallende Trittstellung der sitzenden Figuren erklärt sich als Erbe zeitgenössischer Evangelistenbilder, bei denen heftige Bewegung den ekstatischen Vorgang der göttlichen Inspiration ausdrücken sollte. In der im Laufe des 11. Jahrhunderts wirksam werdenden Tendenz zu symmetrischen Kompositionen ist auch die Christusdarstellung dieser Bewegung unterworfen worden, wobei der Gesamteindruck der Figuren jedoch beruhigt wurde und, der Flächenkunst der fortschreitenden Entwicklung entsprechend, den ursprünglich mit dem Motiv verbundenen Charakter geisterfüllter Erregtheit eingebüßt hat. In der zeitgenössischen Buchmalerei finden sich zahllose Entsprechungen für diesen künstlerischen Umbildungsprozeß bei den Evangelistendarstellungen.

R. KA.

Am Anfang des Sakramentars steht die gerahmte Initialzierseite (fol. 1r) mit den ersten Worten des Kanongebets *TE IGITUR CLEMENTISSIME PATER* (Dich, gütiger Vater) in goldenen Majuskeln auf Purpurgrund. Die *T*-Initiale nimmt die Höhe und die Breite des gerahmten Feldes ein. Ihr goldener Kontur ist an den Enden zu lockeren Knoten geflochten, ihr Buchstabenkörper mit dichtem Flechtwerk gefüllt. Sie ist kombiniert mit der einzigen figürlichen Darstellung dieser Handschrift, einer aus einem wolkengesäumten Himmelssegment herabragenden Hand Gottes, die sich segnend auf einen von einem nimbierten Priester emporgehaltenen Meßkelch senkt. Die Kreisform in der oberen Öffnung des Kelchs soll vielleicht eine Hostie darstellen. Der Celebrans, mit spitz zulaufendem Kinn-, Backen- und Oberlippenbart, trägt Pontifikalschuhe, als Untergewand eine Albe, darüber Dalmatik und Kasel. Die Dalmatik hat einen breiten Saumbesatz und zwei Längsstreifen (*clavi*). Obwohl der Celebrans einen Nimbus trägt, steht nicht mit letzter Sicherheit fest, daß hier ein bestimmter Heiliger dargestellt ist, da auch in anderen Sakramentaren (Tours, Bibliothèque municipale, ms. 184 [Tours, Ende 9. Jahrhundert]; St. Paul im Lavanttal, Cod. 20/1 [Reichenau, um 980] u. a.) nimbierte Priester vorkommen, die nicht ohne weiteres identifizierbar sind. Im Fall der angeführten Sakramentare aus Tours und von der Reichenau allerdings dürften wohl die betreffenden Klostergründer, der hl. Martin und der hl. Pirmin, gemeint sein. Das vorliegende Bild des in Berlin aufbewahrten Sakramentars entspricht mit der über dem Kelch erscheinenden Hand Gottes so genau dem der in anderen Handschriften (z. B. in Einsiedeln, Stiftsbibliothek, Cod. 261 (971) [Mitte 11. Jahrhundert], pag. 140) eindeutig wiedergegebenen Ulrichsmesse, daß hier mit einer Darstellung des im Jahre 993 kanonisierten hl. Ulrich zu rechnen ist. Das Bild des den Altardienst versehenden Priesters findet eine ikonographische Parallele in dem des hl. Bernward im Stifterbild seines Kostbaren Evangeliars (Kat. Nr. VIII-30).

Die Handschrift enthält Orationen (*Proprium de tempore* und *Proprium de sanctis*) sowie Benediktionen zu bestimmten Anlässen. Der Buchschmuck besteht, abgesehen von fol. 1r, aus Auszeichnungsschrift und Initialen in Gold und Rot, manche auf Purpurgrund.

Wegen der Nennung bestimmter Heiliger, darunter Willibrord, Radbod, Lebuinus, wurde vermutet, daß die Handschrift für eine Kirche in der Diözese Utrecht hergestellt wurde. Die Figurenbildung ist von der auf Sakramentare spezialisierten Fuldaer Malerschule beeinflußt, die auch die Gestaltung des Guntbald-Sakramentars (Kat. Nr. VIII-25) entscheidend geprägt hat.

U. K.

Rose, 2,2, S. 679–681 Nr. 691. – Goldschmidt, 2, Nr. 144. – Kat. Corvey 1966, 2, bei Kat. Nr. 208 (Ruth Meyer). – von Euw 1974. – Hoffmann 1986/1, S. 523. – Kat. Braunschweig 1988, S. 44–45 Nr. 16 (Gerard Achten).

Berlin, Staatsbibliothek zu Berlin – Preußischer Kulturbesitz, Ms. theol. lat. quart. 2

V–9 fol. 1r

ITALIEN

V–10 Buchdeckel

Oberitalien, 10. Jahrhundert

27,3 x 7,9 cm. – Elfenbein, auf Holz. Anstelle der ursprünglichen Unterlage aus vergoldeten Kupferplatten Pergament.

Dargestellt sind auf der Vorderseite die vier Evangelistensymbole in Tondi bzw. in Rauten, umgeben von Ranken, die in Palmetten münden; bei zweien anstelle der Blattspitzen Fischköpfe; die glatten Holzrahmen und die glatten Querleisten der Elfenbeinplatten waren ursprünglich mit Metalleisten in Kreuzform bedeckt, die wohl auch Steinbesatz hatten. Die beiden Elfenbeinplatten gehören ebenso wie die Bursa aus St. Peter, Salzburg, zu dem „langobardischen" Stil (vgl. Kat. Nr. V–11), dagegen besteht zum Elfenbein auf der Gegenseite, das den lehrenden Christus im Kreis der zwölf Apostel zeigt, nach Goldschmidt „keine stilistische Gemeinschaft"; Hermann Schnitzler weist dieses Köln und dem letzten Viertel des 10. Jahrhunderts zu.

Goldschmidt, 1, Nr. 174. – Goldschmidt, 2, Nr. 76. – Schnitzler 1956, S. 14, Nr. 4. – Fillitz 1958, S. 29 ff. – Steenbock 1965, S. 107, Nr. 30. – Fillitz 1987, S. 258 ff. – Fillitz/Pippal 1987, S. 70 ff., Nr. 4.

Köln, Museum für Angewandte Kunst, Inv. Nr. B 2

H. F.

V–11 Reliquienbursa

Östliches Oberitalien, 10. Jahrhundert

19,8 x 8 cm, H. 18,5 cm. – Elfenbein, vergoldete Kupferplatten, Holzkern.

V–10

V–11

Die Vorderseite der Bursa stellt ein Kreuz in einem Rahmen dar; auch in den kreisförmigen Medaillons finden sich vegetabil gestaltete Kreuze. Die dazwischen liegenden Felder sind mit Ranken gefüllt, in die Vögel und vierbeinige Tiere beißen. Die Rückseite und die seitlichen Felder sind mit Ornamentleisten geschmückt, die dazwischen liegenden Felder sind mit verschieden gestalteten Ornamentranken, Wellenbändern, vierteiligen Blättern unter gekreuzten Leisten, resp. mit Drachen gefüllt.

Die durchbrochen gearbeiteten Beinplatten liegen (bzw. lagen) über vergoldeten Kupferplatten; die Gravierungen zeigen noch Spuren ehemaliger Bemalung.

Der ungegenständliche Charakter der Komposition ist für den „langobardischen“ Stil charakteristisch, der in Italien und in den angrenzenden Alpengebieten vom 9. Jahrhundert an dominiert und bei steinernen Kirchenmöbeln genauso wie bei liturgischen Geräten vorkommt. Die Schrankenplatten im Dom von Aquileia lassen sich motivisch am besten der Bursa aus St. Peter vergleichen.

Deckel und Rückseite der Bursa lassen sich öffnen und bilden den Zugang zu den Reliquienfächern.

Die Reliquienbursa war alter Besitz der Erzabtei St. Peter, Salzburg, kam über die Privatsammlung Oskar Bondy, Wien, schließlich nach The Cloisters, New York.

V–12

Goldschmidt, 2, Nr. 182. – Fillitz 1958, S. 7 ff. – Fillitz 1987.

New York, The Metropolitan Museum of Art, The Cloisters Collection 1953 (Acc. No. 53.19.2)

H. F.

V–12 Schrankenplatte Kreisnetz mit Füllmotiven

Rom, 9./10. Jahrhundert

87,5 x 168 cm. – Marmor, Relief.

Die Vorderseite ist mit einem dreistreifigen, außen gesäumten und in sich geschlossenen Netz von insgesamt 18 Kreisen überzogen, die in drei Reihen zu je sechs Medaillons angeordnet und mit verschiedenen Motiven gefüllt sind. In der oberen Reihe von links nach rechts: ein Vogel, nach rechts gewandt, mit einer Frucht in der linken Kralle, an der er pickt; ein dreistreifiges Kreuz mit Eckvoluten an den Enden der gleichlangen Arme; eine sechsblättrige Blütenrosette; eine siebenstrahlige Sternrosette; ein Vogel, nach rechts gewandt, mit einer Schlange im Schnabel; ein Vogel, nach links gewandt, ebenfalls mit einer Schlange im Schnabel. In der mittleren Reihe: eine achtstrahlige Sternrosette; eine Traube; eine siebenstrahlige Sternrosette; ein Weinblatt; eine achtblättrige Blütenrosette; eine Traube. In der unteren Reihe: jeweils ein nach links gewandter Vogel mit einem Blatt im Schnabel bzw. in der Kralle. Die inneren Zwickel sind mit Dreiblättern gefüllt.

Reliefs dieser Art sind aus Rom und ganz Italien in großer Zahl überliefert. Sie dienten innerhalb der Kirchen zur Abschrankung des Presbyteriums (vgl. Kat. Nr. III-7) und der Sängerbühne (*schola cantorum*) gegenüber dem Gemeinderaum. Zur Zeit Bernwards dürften noch die meisten römischen Kirchen mit derartigen Schrankenanlagen ausgestattet gewesen sein. Vermutlich im 12. Jahrhundert ist der umlaufende Rand unserer Schrankenplatte bis unmittelbar an das Kreisnetz heran abgearbeitet worden. An der Rückseite hat man geometrische Eintiefungen ausgehoben, wohl um hier Inkrustationen aus verschiedenfarbigen Gesteinssorten einlegen zu können. Wahrscheinlich diente die Platte in dieser Ausschmückung als Front eines Altars oder eines Grabmals.

Aus Rom; 1909 von L. Pollak erworben, Fundort unbekannt.

Volbach 1930, S. 15–16. – Effenberger/Severin 1992, S. 209 Nr. 121 (Bibliographie).

Berlin, Staatliche Museen zu Berlin – Preußischer Kulturbesitz, Museum für Spätantike und Byzantinische Kunst, Inv. Nr. 6366

A. E.

V-13 Ziegelbruchstücke mit Stempel des Bischofs Crispinus I. (433–466) und des Bischofs Crispinus II. (521–542)

Pavia, 433–466 bzw. 521–542

22 x 22 cm; 40 x 61 cm; Tiefe je 2,5 cm. – Ziegel aus Ton, der vor dem ersten Brand kaum gereinigt wurde.

Die Ziegel stammen beide von einem Grab in Kastenform, das – im Inneren eines größeren, bemalten Grabes – bei Bauarbeiten im Hause Valerio in der Contrada S. Eufemia (heute via P. Azzario 4) gefunden wurde. Vielleicht wegen ihrer gemeinsamen Verwendung, sicher eine Zweit-, wenn nicht eine wiederholte Wiederverwendung, wurden beide Ziegel lange Zeit Bischof Crispinus II. zugeschrieben, wenngleich durch die Beischrift *iunior* auf einem der Ziegelstempel indirekt eine Bestätigung für die Existenz zweier Bischöfe dieses Namens in Pavia gegeben ist.

Das Ziegelbruchstück, das im wesentlichen im Bereich des Stempels erhalten ist, trägt in Kapitalbuchstaben in einem rechteckigen Stempelfeld die Inschrift *+ CRISPINVS EP(iscopu)S FE(cit);* das andere *+ CRISPINVS EP(iscopu)S IVN(ior) FE(cit).* Neben dem Einschub *iunior* unterscheiden sich die beiden Stempel durch Schriftart und Größe der Buchstaben, die 3,5 cm bzw. 2,5 cm hoch sind. Auch in der Konsistenz des Materials und der Farbe unterscheiden sich die beiden Stücke (Fiorilla 1986).

Die Zugehörigkeit des einen Ziegelbruchstückes zu Crispinus I., dem siebten Bischof von Pavia, scheint demnach gesichert. Von ihm wissen wir dank seiner Unterschrift bei der Mailänder Synode von 451 und dank dem kurzen hagiographischen Abschnitt, den Ennodius ihm, als dem Lehrer und Vorgänger von Epiphanius, in der *Vita beatissimi viri Epifani episcopi ticinensis ecclesiae* (fertiggestellt etwa 504: Cesa 1988) widmet. Begraben in San Martino in terra arsa, an dem Ort zwischen Po und Ticino, wo die Straßen aus Gallien zusammenlaufen, wurde er von Bischof Johannes III. (912–924) in die Winterkathedrale S. Maria (später del Popolo genannt) überführt, wobei ein Sarkophag aus griechischem Marmor aus dem 2. Jahrhundert n. Chr. mit einer Widmung an *Atilia Elpis* benutzt wurde, der heute in den archäologischen Sammlungen der städtischen Museen aufbewahrt wird (Maccabruni 1991, S. 73). Die Begräbnisstätte von Crispinus II., der 521 die Nachfolge des Ennodius angetreten hat, bleibt dagegen unsicher, da die – von vagen Nachrichten bezüglich der Entdekkung weiterer Ziegel mit dem Stempel Crispinus' im nahen Broletto genährte – Überlieferung, die ihn mit der Gründung einer im Norden an die Kathedrale S. Stefano angrenzenden Kirche SS. Cosma e Damiano (von den meisten Autoren mit S. Damiano, später S. Giuseppe identifiziert) verbindet, jeder Grundlage entbehrt.

Von einem Ziegel, auf dem die Namen des Bischofs Anastasius und seines Nachfolgers Damianus gemeinsam auftreten, ist die Inschrift in einer Quelle des 17. Jahrhunderts überliefert. Als Fundort wird die suburbane Kirche S. Vittore, eine Gründung von Ennodius, angegeben (Maccabruni 1991, S. 28).

Die Formulierung der Stempel, mit Namen und

V-13 Ziegel Crispinus' I.

V-13 Ziegel Crispinus' II.

Amtsbezeichnung, mit einem vorangestellten Kreuz und gefolgt von dem Verb *fecit,* scheint eine Auftraggeberschaft anzudeuten, die sich am ehesten auf den Bau oder die Restaurierung von Bauten in kirchlichem Eigentum bezieht. Dasselbe vermutet man auch von den frühmittelalterlichen Ziegelstempeln, die beispielsweise auch die Namen von Königen und Päpsten tragen können, wobei diejenigen der beiden Crispinus aber bis heute die ältesten Beispiele sind (Fiorilla 1986; Righini 1990, S. 114). In der Tat scheint es wenig wahrscheinlich, daß die Kirche von Pavia neben ihren Bauaufgaben Ziegelbrennereien betrieb, die aus kaiserlichem und königlichem Besitz in die direkte kirchliche Kontrolle übergegangen wären (Cracco Ruggini 1984, S. 309) – es sei denn, man erkläre sich vor solchem Hintergrund die Tatsache, daß sowohl für Ravenna wie für Pavia gestempelte Ziegel Theoderichs völlig fehlen, während solche an den von ihm in Rom restaurierten Gebäuden auftreten (Righini 1986, S. 389–398).

Es ist allerdings nicht auszuschließen, daß der Standort des Brennofens bischöflicher Besitz war. Die Örtlichkeit Campo Camino – so bezeugt 1198 und (dank den Plänen des Opicino de Canistris von etwa 1330) westlich außerhalb der Stadtmauer und in nächster Nähe des Ticino gut zu lokalisieren – wurde spätestens seit dem beginnenden 15. Jahrhundert kontinuierlich für die Ziegelproduktion genutzt. Der Name „Camino“ besitzt außerdem vermutlich indikativen Wert, wenn man in Betracht zieht, daß der Brennofen horizontalen Typs, dessen Kamin ebenso hoch wie die Brennkammer lang ist, als diejenige Anlage erscheint, die technisch am besten zum Ziegelbrennen geeignet ist (Cuomo di Caprio 1971/1972, S. 372 und 378). Mit Campo Camino verknüpft man seit alters her den Namen Crispinus: sei es wegen einer dortigen Kirche (S. Crispino de Camino, schon anfangs des 14. Jahrhunderts zerstört), sei es wegen kommunaler Wiesen, die, gemäß einer Renditenrechnung von 1408 (Archivio Storico Civico, archivio comunale, cartella 568), von einem seinerzeit von Bischof Crispinus getätigten Kauf und der darauffolgenden Schenkung an die Stadt herrühren.

Zu den Verdiensten Crispinus' I. zählen die Lokalgelehrten (Gualla 1505), vielleicht aufgrund dieser Umstände, den Bau der (römischen) Brücke über den Ticino und das Pflastern der Straßen. Sie greifen mit dem suggestiven Bild des Bischofs und Bauherrn die sehr viel komplexere Rolle auf, die damals dem Episkopat zukam, als der geistigen und weltlichen Führung der Allgemeinheit, als ihrem Zwischen-und Verbindungsglied zur politischen Autorität, die ihrerseits auf antik-römischen Wertvorstellungen und Organisationsformen basierte (zur Kirche von Pavia siehe Lanzani 1984, S. 358; Lanzani 1987, S. 408; Cesa 1988).

Pavia, gefunden 1881 in der Contrada S. Eufemia.

Panazza 1953, Nr. 7–8, S. 230–231. – Peroni 1975, Nr. 90, S. 23. – Fiorilla 1986, S. 6–9. – Hudson 1987, S. 309. – Vicini 1987, S. 321. – Righini 1989, S. 112.

Pavia, Civici Musei, Inv. Nr. B 44 und B 37

D. V.

*V–14

*V–14 Sog. Reliquiar der Hll. Giulitta und Quiricus

Ravenna, 5. Jahrhundert

20,5 x 51,5 x 38,5 cm. – Marmor, Relief.

Die Steinkiste ist an allen vier Seiten mit Reliefs verziert, die von einem umlaufenden, profilierten Rahmen eingefaßt werden. Der verlorene Deckel bestand aus Holz oder Elfenbein und war als Schiebedeckel ausgebildet. Diese originelle Form begegnet sonst nur in der Kleinkunst. Die eine Langseite zeigt die Anbetung der drei Magier. Diese Szene gehört zum ältesten Bildbestand der christlichen Kunst und begegnet bereits in der stadtrömischen Katakombenmalerei sowie auf Sarkophagen des 3. und 4. Jahrhunderts. Eine typische Fassung des Bildes zeigt auch ein Feld der Holztür von Santa Sabina (Kat. Nr. *V–16). Die drei Magier, bekleidet mit persischen Gewändern (kurze, geschürzte Reitertunika, Hose und „phrygische" Mütze), nahen in vehementer Schreithaltung von links und bieten auf Schalen ihre Geschenke dar. Maria sitzt, bekleidet mit Tunika und Palla, auf einem Korbsessel mit Fußbank (Suppedaneum) und hält auf ihren weit vorgestreckten Händen das Christuskind, das die Gaben des ersten Magiers ergreift. Die Magieranbetung konnte stets als Einzelbild verwendet werden und galt wie die Szene der Geburt Christi als Zeichen der Menschwerdung Gottes. In dieser Bedeutung kehrt die Anbetung der Magier, obgleich in umgekehrter Bewegungsrichtung, auch auf der Hildesheimer Bronzetür wieder - hier ebenfalls von der Geburt Christi getrennt. Auf der zweiten Langseite ist die Himmelfahrt Christi im „westlichen Typus" wiedergegeben, jedoch ist die Darstellung mit dem Ostergeschehen und der Auferstehungsankündigung gemäß Johannes 20,17 verbunden: Christus ersteigt einen Berg, die Hand Gottes hat sein rechtes Handgelenk umfaßt und zieht ihn zum Himmel empor. Er schultert einen Kreuzstab und blickt zu zwei knienden Frauen mit anbetend vorgestreckten Händen zurück, in denen wir gemäß Matthäus 28,1–10 die beiden Marien zu erkennen haben, denen der Auferstandene am Ostermorgen erschienen war. Die Mauer rechts mit Tor und Zinnen weist wohl auf Jerusalem als den Ort des Geschehens hin. Auf dem oberen rechten Feld der Hildesheimer Bronzetür begegnet zwar eine Darstellung des *Noli me tangere* gemäß dem Johannesevan-

*V–14 Himmelfahrt Christi

gelium, doch ist auch hier der beginnende Aufstieg zum Himmel angedeutet, weshalb der mittelbare Einfluß spätantiker Vorlagen nicht ausgeschlossen werden kann. Auf der einen Nebenseite ist die *traditio legis*, die Gesetzesübergabe an Petrus im Beisein des Apostels Paulus, dargestellt, wobei die Darstellung von dem in konstantinischer Zeit ausgebildeten Normaltypus abweicht, indem Christus jugendlich, langlockig und unbärtig wiedergegeben ist. Auf der anderen Nebenseite ist eine alttestamentliche Szene wiedergegeben: In der Mitte steht Daniel frontal und mit betend erhobenen Händen zwischen den beiden Löwen (Daniel 6,16-23). Wie die drei Magier wird auch er zumeist in persischer Tracht dargestellt. Rechts hinter einem Felsen erscheint die Halbfigur des Propheten Habakuk, der einen Teller mit Broten bringt. Gewöhnlich wird Habakuk in der frühchristlichen Kunst von einem Engel an den Haaren herbeigetragen, wie dies auf einem Feld der Holztür von Santa Sabina dargestellt ist (vgl. Kat. Nr. *V-16).

Im 16. Jahrhundert im Campanile von San Giovanni Evangelista zu Ravenna vermauert aufgefunden. Nach ravennatischer Tradition enthielt es Reliquien der Märtyrerin Giulitta und ihres Sohnes Quiricus, die der Bischof Germanus von Auxerre in der Zeit des weströmischen Kaisers Valentinian III. († 455) nach Ravenna gebracht haben soll.

Dütschke 1909, S. 63 Nr. 69 – Bartoccini 1930, S.21–33. – Kat. Athen 1964, S. 131–132 Nr. 2. – Schrade 1961, S. 211–214, Abb. 77. – Deichmann, 1, S. 75, Abb. 122–125. – Buschhausen 1971, S. 297–298 C 37, Taf. 20. – Jeremias 1980, S. 70, 131 Anm. 162, 141 Anm. 239, 142 Anm. 254, 149 Anm. 328. – RAC 13, 1985, Sp. 438 (Lieselotte Kötzsche).

Ravenna, Museo Arcivescovile, Sala lapidaria

A. E.

V-15 Zwei Fragmente der Holztür von Sant'Ambrogio Szenen aus dem Leben Davids

Mailand, Ende 4. oder Anfang 5. Jahrhundert

49 x 35 cm; 49 x 33 cm. – Zypressenholz, geschnitzt.

Die zweiflüglige Tür (Höhe ca. 4,20 m, Breite ca. 2,60 m) wurde 1750 gemäß Inschrift einer durchgreifenden Restaurierung unterzogen. Dabei sind die einzelnen Türfelder und die Rahmenleisten weitgehend überarbeitet oder gänzlich erneuert und mit einem bronzefarbenen Anstrich versehen worden. Reste vom ursprünglichen Bestand der Türflügel werden im Museum von Sant'Ambrogio aufbewahrt: zwei Fragmente vom oberen umlaufenden Rahmen mit jeweils dem ersten querrechteckigen Feld, auf dem Pfauen zu seiten eines Christogramms im Kranz dargestellt sind, sowie die beiden ausgestellten Tafelfragmente von den unteren, hochrechteckigen Füllungen. Sie lassen erahnen, in welch beklagenswertem Zustand sich die Tür im 18. Jahrhundert befunden haben muß. Beide Tafeln, deren Darstellungen inhaltlich auf das engste zusammengehören, sind durch eine Bodenlinie in zwei Zonen unterteilt. Das linke Fragment, dessen seitliche Ränder beschnitten sind, weshalb ein Viertel der Darstellungen fehlt, ist von oben nach unten zu lesen. Die obere Zone zeigt Samuel bei Isai und seinen sieben Söhnen (1. Samuel 6–10). In der Mitte steht Samuel, der nach Bethlehem gekommen war, um den von Gott erwählten König zu salben. Der Mann links neben ihm dürfte Isai sein. Ursprünglich war Platz für insgesamt neun Gestalten, doch blieben nur sechs erhalten, deren Köpfe zumeist gänzlich weggebrochen sind. Die untere Zone zeigt David bei seiner Herde. Textgrundlage der Szene ist einmal 1. Samuel 16,11: „Hierauf fragte Samuel den Isai: »Sind das die Knaben alle?« Jener erwiderte: »Es ist noch der jüngste übrig; der hütet eben das Kleinvieh.« Da sagte Samuel zu Isai: »Sende hin und laß ihn holen.«" Die Darstellung nimmt jedoch zugleich Bezug auf eine andere Textstelle (1. Samuel 17,34–37), wo David zu Saul spricht: „Dein Knecht hat seinem Vater das Kleinvieh gehütet; wenn da ein Löwe oder ein Bär kam und ein Stück aus der Herde wegtrug, so lief ich ihm nach und erschlug ihn und riß es ihm aus dem Rachen; leistete er mir aber Widerstand, so packte ich ihn bei der Mähne und schlug ihn tot; Löwen so gut wie Bären hat dein Knecht erschlagen . . ." Auf dem Fragment ist links neben dem Baum, außer den gelagerten Herdentieren, das Hinterteil eines davonspringenden Löwen zu erkennen, dem David nacheilt. Auf dem rechten Fragment sind die Darstellungen von unten nach oben zu lesen. In der unteren Zone sitzt David zwischen zwei Bäumen und hat die Füße auf den Rükken eines am Boden liegenden Löwen gestellt; von rechts nähert sich, zahm und unterwürfig, ein Bär. Die Aussage der zuvor zitierten Textstellen ist hier zu

V-15 Gesamtansicht

einem Bild des vollendeten Triumphes über Löwe und Bär verdichtet, doch bleibt die Darstellung in das erzählende Geschehen (1. Samuel 16,12–13) eingebunden: „Da sandte er (Isai) hin und ließ ihn holen. David aber war bräunlich, hatte schöne Augen und eine kräftige Gestalt. Da sagte der Herr: »Auf, salbe ihn, denn dieser ist es!« Da nahm Samuel das Ölhorn und salbte ihn inmitten seiner Brüder." In der unteren Zone tritt der Bote von links heran, um David zu holen. In der oberen Zone wird David von Samuel gesalbt. In der Mitte steht Samuel, links davon erscheint die kleiner gebildete und ein wenig gebückte Gestalt Davids, ganz links außen ist Isai zu erkennen; die übrigen sieben männlichen Figuren sind die Brüder Davids. Auf den beiden mittleren Querfeldern und den beiden oberen Tafeln waren weitere Szenen aus der Jugendgeschichte Davids bis hin zu seinem Sieg über Goliath wiedergegeben. Lange Zeit hat man den Davidzyklus der Tür auf den unmittelbaren theologischen Einfluß des hl. Ambrosius, Bischof von Mailand, zurückführen wollen. Da die von Ambrosius erbaute *Basilica Martyrum*, der Vorgängerbau der im 11. Jahrhundert an gleicher Stelle errichteten Kirche Sant'Ambrogio, zwischen 379 und 386 errichtet worden war, schien auch das Datum der Tür festzustehen. Kürzlich hat jedoch Ernst Dassmann mit guten Gründen die geistige Urheberschaft des hl. Ambrosius in Frage gestellt. Tatsächlich weist der Stil der Türreliefs, soweit dieser an den Fragmenten noch ablesbar ist, eher in das 5. Jahrhundert. Die Tür hatte schon zwischen dem 6. und dem 11. Jahrhundert mancherlei Veränderungen erfahren. Gleichwohl dürfte sie Bernward von Hildesheim während seines Aufenthalts in Mailand im Herbst 980 noch in relativ gutem Zustand gesehen haben. Von ihr und der Holztür der römischen Basilika Santa Sabina (Kat Nr. *V-16) wird er die entscheidende Anregung für die Anfertigung der – allerdings aus Bronze gegossenen – Tür des Hildesheimer Domes empfangen haben.

Goldschmidt 1902, Taf. 2. – Jeremias 1980, S. 111, Taf. 80. – Brandenburg 1987, S. 126–127, Abb. 147–148. – Kat. Mailand 1990, S. 129–133 Nr. 2a.28a, Abb. 2a.28a.1–2; Farbabb. S. 186 und 187 (Maria Antonia Reinhard Felice, mit Bibliographie). – Dassmann 1991, S. 132–133, 136–137.

Mailand, Museo della Basilica di Sant'Ambrogio

A. E.

*V-16 Holztür von Santa Sabina

Rom, um 430–440

530 x 312 cm (Türgewände). – Zypressenholz, geschnitzt, ursprünglich farbig gefaßt.

Die zweiflüglige Holztür im westlichen Hauptportal der Kirche Santa Sabina in Rom gilt, wie auch die Holztür von Sant'Ambrogio in Mailand (Kat. Nr. V-15), als Vorbild für die gegen 1015 vollendete Hildesheimer Bronzetür. Die Basilika der hl. Sabina liegt auf dem Aventin. Dort soll sich einer wenig glaubhaften Überlieferung zufolge auch der Palast Ottos III. befunden haben, doch ist es wahrscheinli-

V-15 linkes Fragment

V-15 rechtes Fragment

*V-16

cher, daß der Kaiser auf dem Palatin residierte. Als Bernward Anfang 1001 in Rom weilte, beherbergte ihn Otto in seinem Palast und wies ihm neben seiner eigenen Wohnung prächtige Gemächer an. Während seiner beiden Romaufenthalte hatte Bernward gewiß Gelegenheit, neben anderen Kirchen auch Santa Sabina und ihre monumentale Tür zu besichtigen. In Thangmars Lebensbeschreibung findet sich freilich kein Wort darüber. Zu dieser Zeit existierten in Rom noch etliche antike Bronzetüren, doch besaßen diese keinerlei figürlichen Reliefschmuck. Die bis heute in Italien erhaltenen Bronzetüren mit reliefverzierten Bildfeldern sind alle später entstanden; ob ältere (byzantinische) Türen an jenen Orten existierten, die Bernward 980–981 und 1001 durchreist hatte, ist unbekannt. Auch in Deutschland gab es bereits monumentale Bronzetüren: die ursprünglich fünf Türen aus der Zeit Karls des Großen im Aachener Münster sind aber ebenso ohne Reliefschmuck wie die Tür, die Erzbischof Willigis um 1000 für den Mainzer Dom anfertigen ließ. Gleichwohl wird Bernward diese Türen gesehen haben, als er sich 997 in Aachen oder 1007 und 1011 in Mainz aufhielt. Die Anregungen, die er von den frühchristlichen Holztüren in Mailand (vgl. Kat. Nr. V-15) und Rom empfangen haben dürfte, waren eher allgemeiner Art und beschränkten sich zunächst auf die Reliefverzierung der Türfelder mit alt- und neutestamentlichen Szenen.

Vertikal ist die Tür von Santa Sabina gemäß ihrer Konstruktion als Falttür in vier schmale Streifen unterteilt; in der Horizontalen wechseln querrechteckige mit hohen, schmalen Füllbrettern, jeweils eingerahmt von einem umlaufenden, mit Weinranken und Trauben verzierten Rundstab. Auf den reliefgeschmückten Türfüllungen sind überwiegend Episoden aus dem Alten und Neuen Testament dargestellt (u. a. Moseszyklus; Kindheit, Wundertaten und Passion Christi); daneben begegnen Szenen „repräsentativen" Inhalts, wie sie im 4. Jahrhundert – in Anlehnung an das kaiserliche Zeremoniell – ausgebildet worden waren, um Christus zu verherrlichen und in seiner himmlischen Glorie zu zeigen. Zu Bernwards Zeit boten sich die Türreliefs von Santa Sabina wohl noch in ihrer ursprünglichen Anordnung dar, zumal die Portikus vor der westlichen Eingangsseite im 10. Jahrhundert zugemauert worden war und die Tür somit vor schädlichen Einflüssen geschützt blieb. Ob damals alle Reliefs vollzählig vorhanden waren, ist jedoch unbekannt. Die älteste erhaltene Wiedergabe der Tür aus dem Jahre 1756 (T. M. Mamachi) zeigt, daß von den ursprünglich 28 mit bildlichen Darstellungen verzierten Feldern der Außenseite inzwischen zehn und von den ornamentalen Füllungen der Innenseite bereits neun verlorengegangen waren.

Wiegand 1900. – Wesenberg 1955/1, S. 65–66. – Jeremias 1980 (Bibliographie).

A. E.

V-17 Abschnitt XVIII

V-17 Exultetrolle

Benevent, 985-987

B. 27 cm; H. 32,9 cm (Ia), 21,5 cm (I), 65,1 cm (II), 32,1 cm (III), 32,1 cm (IV), 29,8 cm (V), 21,1 cm (VI), 62,5 cm (VIII), 61 cm (VIII), 33,5 cm (IX), 24,7 cm (X), 18,2 cm (XI), 9,7 cm (XII), 8,7 cm (XIII), 37,6 cm (XIV), 44,1 cm (XV), 46,7 cm (XVI), 34,8 cm (XVII), 36 cm (XVIII); B. 27,5 cm, H. 61 cm (XIX). – Malerei auf Pergament.

Die Exultetrolle besteht heute aus 20 Einzelblättern, die ursprünglich alle aneinandergenäht waren. Illustrationen und Texte stehen in enger Verbindung. Die Fragmente X und XII–XIV enthalten keine Illustrationen. Am Anfang steht das „Eingangsbild" (Fragment Ia) mit dem Bischof, der die Exultetrolle dem Diakon überreicht. Es folgen: das von den vier Evangelistensymbolen flankierte Lamm Gottes (I), die Engelschar (IIa) und die Höllenfahrt Christi (IIb), ferner die erste Szene der Osterliturgie – der Erzbischof zündet die Osterkerze an – (III), der Beginn des liturgischen Textes mit einem großen Zierbuchstaben E *(Exultet)* (IV), die Maiestas Christi und die *tellus* (die Erde) (V), die *ecclesia* (die Kirche) (VI), die Akklamation des Königs durch das Volk (VIIa), die zweite Szene der Osterliturgie: Aufforderung zur Fürbitte – vor der angezündeten Kerze stehender Diakon und Erzbischof mit Gefolge –, darauf Büste Christi im Himmelssegment (VIIb), die Zierbuchstabenligatur *VD (Vere dignum)* mit segnendem Christus (IX), die Bienen (X), die dritte Szene der Osterliturgie: Weihe der Kerze (XV), die Segnung des Erzbischofs durch die Hand Christi und die ihn flankierenden Apostel Petrus und Paulus (XVI), die Kommemoration des Klerus: von seinem Klerus flankierter Erzbischof (XVII), die Kommemoration des Herrschers: Krönung des Kaisers durch die Engel (XVIII), die Kommemoration der Krieger: das Heer (XIXa), das Stifterbild: vor dem heiligen Petrus mit der Exultetrolle kniender Presbyter mit dem rechteckigen Nimbus der Lebenden (XIXb).

Exultetrollen sind eine spezifisch süditalienische Schöpfung, die zur Osterliturgie diente. Ihre Texte wurden während der Osternacht gelesen und gesungen und waren mit entsprechenden Bildern reich dekoriert. Verantwortlich für das Bildprogramm dürfte der beneventanische Erzbischof Landulfus (957–982) gewesen sein. Seine Exultetrolle mag als Dokument seiner Ansprüche und als besonderes „Statussymbol" gelten, wie man aus der besonderen Rolle, die ihm während der Osterliturgie zugewiesen ist, entnehmen kann (Brenk). Wie diese Rolle zeigt, benutzte man für das Programm Bilder verschiedenen Inhalts: die Visualisierung der Liturgie, die historischen Ereignisse des Neuen Testaments (und auch des Alten Testaments – wie der Sündenfall – in anderen Rollen), symbolische Themen, alle eng den Texten verbunden. Seit dem 2. Viertel des 11. Jahrhunderts (Exultet von Bari) begann man, Texte und Bilder kopfüber zueinander anzuordnen. Man ermöglichte damit, daß die in der Kirche versammelten Gläubigen die zum Text gehörigen Illustrationen betrachten konnten, unmittelbar nachdem die entsprechende Stelle gelesen wurde. Die Exultetrolle von Benevent ist die älteste ihrer Art. Sie steht am Anfang einer Reihe von 28 ähnlichen Rollen, die alle – bis auf 2 – in Süditalien entstanden sind, und zwar vorwiegend in Kampanien (mit Benevent und Montecassino als Hauptzentren), aber auch in Apulien (besonders wichtig Bari). Die Entstehungsdaten dieser süditalienischen Rollen erstrecken sich bis in die 1. Hälfte des 13. Jahrhunderts. Das Datum der beneventanischen Rolle läßt sich durch die Namen zweier auf der Rückseite erwähnter beneventanischer Fürsten auf die Jahre 981–987 zweifellos eingrenzen, aus kunsthistorischen Gründen vielleicht sogar näher auf die Jahre 985–987 (Belting). Ihr Stifter war der Presbyter und Propst Johannes, der sie der Frauenabtei von St. Peter vor den Mauern Benevents schenkte (siehe Fragment XIXb). Die Rolle dürfte in einem Skriptorium von Benevent entstanden sein: als Vorlage ihrer Bilder diente wahrscheinlich eine verlorene Exultetrolle, die von dem beneventanischen Erzbischof Landulfus bestellt worden war. Zusammen mit der Vorlage wurde vielleicht auch das Bild des inzwischen verstorbenen Erzbischofs Landulfus überliefert, den man in dem Erzbischof der Szenen der Osterliturgie zu erkennen glaubt (Brenk). Die Anwesenheit zweier verschiedener physiognomischer „Typen" von Erzbischöfen mit dem Rechtecknimbus der Lebenden (der sog. Landulfus selbst und der Erzbischof des Eingangsbildes und der Szene XVII) ist irritierend, und man hat versucht, dies damit zu erklären, daß einerseits der Landulfustyp aus der Vorlage übernommen wurde, andererseits der Typus des regierenden Bischofs (Brenk). Im 12. Jahrhundert hat man die Rolle neu zusammengesetzt und die Bilder in der Gegenrichtung zu den Texten gedreht, wie üblich nach dem Beispiel von Bari.

Man weiß nicht, wann die vermutete Vorlage dieser Rolle verlorengegangen ist, aber es ist eine plausible Hypothese, daß so ein anspruchsvolles Stück, „Statussymbol" eines Erzbischofs, einem wichtigen Besucher wie Bernward gezeigt wurde. Wie heute auf uns, wird so ein Werk schon damals einen großen Eindruck gemacht haben.

Die Rolle wurde in der Frauenabtei St. Peter vor den Mauern, Benevent, bis zum Ende des 13. Jahrhunderts benutzt. 1294 wurde die Abtei aufgelöst. Im 18. Jahrhundert war die Rolle im Besitz des päpstlichen Statthalters in Benevent, des Kardinals Stefano Borgia († 1804). Von Seroux d'Agincourt erworben, gelangte die Rolle zuletzt in die Biblioteca Apostolica Vaticana, wo erst 1927 das bis dahin im Museo Borgiano aufbewahrte Eingangsfragment (Ia) mit der Rolle vereinigt wurde.

Avery 1935. – Belting 1968. – Cavallo 1973. – Douteil/Vongrey 1975. – Pace 1991. – Brenk 1992. – Kat. Köln 1992, Nr. 30, S. 158–161 (Beat Brenk).

Città del Vaticano, Biblioteca Apostolica Vaticana, Vat. lat. 9820 (Fragmente XVII und XVIII)

V. P.

V–18 Verblendung eines Pfeilers oder Wandbelag

Wahrscheinlich Campanien, 8.–9. Jahrhundert (?)

191,5 cm x 41 cm. – Marmor.

Die fragmentarische Erhaltung dieses einzigartigen Werkes läßt viele Fragen um seine Identifizierung offen. Auf der rechten Seite wurde dieses Stück sicher abgesägt, wie man es aus dem Ansatz des rechten Bogens gut erkennen kann. Dargestellt ist ein stark ins Ornamentale umgewandeltes architektonisches Motiv: eine schlanke, hohe Arkade, die aus einem auf zwei „Säulen" über „Kapitellen" ruhenden Bogen besteht. In dem von ihnen umrahmten Fragment ist ein Pflanzenkandelaber dargestellt. Auf dem Bogen sowie auf der linken Säule und auf der mit der Säule ohne Unterbrechung verbundenen unteren Leiste läuft ein Zopfgeflecht, ein Pflanzenkandelaber (anders gestaltet als der im mittleren Feld) füllt die Oberfläche der linken Säule. Eine ausdrückliche Rezeption antiker römischer Skulptur zeigt das

V–18

V–19

Motiv der symmetrisch abzweigenden Voluten mit Blütenfüllung, wobei die flache Behandlung, insbesondere der breitgedrückten Blätter, allerdings auf andere Vorlagen schließen läßt, und zwar auf iranische Textilien sassanidischer Zeit (Volbach), deren Kenntnis im mittelalterlichen Italien verbreitet war.

Eine genaue Datierung dieses Stückes ist schwierig, nicht nur wegen des Mangels an überzeugenden Vergleichsbeispielen, sondern auch wegen der absoluten Seltenheit dieser spezifischen Ornamentik. Die immer zum Vergleich angeführten campanischen Werke in Cimitile und Neapel sind grundsätzlich verschieden. Eine Datierung ins 8. Jahrhundert ist von den meisten Forschern (Volbach und anderen) angenommen worden, ist aber nicht zwingend. Wozu dieses Fragment gehörte, bleibt ebenfalls fraglich. Sicherlich befand es sich in einem christlichen Raum, worauf das kleine Kreuz im rechten Zwickel hinweist. Seine Höhe läßt kaum an eine Schranke einer *schola cantorum* denken; mit seiner vermutlichen Gesamtbreite (mindestens 70–75 cm) ist es für einen Türpfosten einer campanischen (süditalienischen) Kirche des frühen Mittelalters zu breit. Auch ein auf diese Art dekorierter Pfeiler wäre ein Unikum (man denke an die anders gestalteten campanischen Pfeiler heute in Frankfurt, Liebieghaus). Fraglich ist auch, ob das Fragment aus Neapel kommt. Der Berliner Katalog von 1930 (Volbach) nennt explizit nur sein Erwerbungsdatum „1912" und seine Herkunft „aus Süditalien".

Volbach 1930, S. 2–3. – Wessel 1957, S. 93–94. – Belting 1962, S. 142–143. – Effenberger/Severin 1992, S. 208.

Berlin, Staatliche Museen zu Berlin – Preußischer Kulturbesitz, Museum für Spätantike und Byzantinische Kunst, Inv. Nr. 6709

V. P.

V–19 Olifant

Unteritalien, 11. Jahrhundert

L. 50 cm, Durchmesser oben 10–11,5, unten 2,7–3 cm. – Elfenbein, geschnitzt.

Die Stoßzähne der Elefanten umschließen in ihrem unteren, proximalen Drittel eine spitz zulaufende Aushöhlung, die die Pulpa enthält, aus der heraus die Zahnbildung erfolgt. Aus diesem Bereich können keine Elfenbeinplatten gewonnen werden, aber Elfenbeinreifen zur Herstellung rundwandiger Gefäße und Schallinstrumente, Hörner. In dem um 1100 entstandenen Rolandslied wird ein solches

Horn erwähnt und als Olifant bezeichnet. Daher rührt der Name der erhaltenen, wohl als Signalinstrument bei der Jagd benutzten Hörner aus Elfenbein. Mit solchen Naturhörnern können die Töne der sogenannten Naturskala sowie durch teilweises Verschließen der Schallöffnung auch Halbtöne erzeugt werden, also Melodien und verschiedene Signale gespielt werden. Die ältesten erhaltenen dieser Hörner sind mit einem an arabische Teppich- und Stoffmuster erinnernden, flach geschnitzten Ornament mit verschiedenen Tieren in Medaillons geschmückt und werden von Ernst Kühnel fatimidischen, in Unteritalien ansässigen Elfenbeinschnitzern zugewiesen. Der Olifant des Berliner Museums für Islamische Kunst weist sieben Bänder von durch Schlingen miteinander verbundenen Medaillons auf. Durch zwei Rankenstreifen und einen glatten Bereich, der wohl zur Befestigung von Trageriemen diente, sind jeweils eine Reihe der Medaillons auf der Blas- und der Schallzone von der Hauptzone getrennt. Das Mundstück und der Rand des Schalltrichters sind nicht bearbeitet. Die dargestellten Tiere umfassen Hasen, Löwen, verschiedene Vögel, aber auch Phantasietiere wie Greif und Einhorn. Der Raum zwischen den Medaillons ist mit stilisierten Weintrauben gefüllt. Die meisten der Tiere überschreiten mit einem Bein die Begrenzung der Medaillons; auch die Weinranken wachsen teilweise in die Medaillons hinein. Die vollständige Füllung der Fläche, die netzartige Verknüpfung und versetzte Anordnung der Felder lassen sich auf orientalischen Stoffen wiederfinden; eine sehr verwandte Dekorationsform weist der Olifant im Statens Historiska Museum in Stockholm auf. Dieses Ornament und das kaum plastische Relief verweisen auf eine Herstellung durch fatimidische oder unter deren Einfluß stehende Handwerker. Solche Hörner sind aber nur in Europa nachzuweisen, und auch auf Jagddarstellungen tauchen sie nur in Europa auf. Vermutlich wurden sie für den europäischen Markt von in Unteritalien, beipielsweise in Amalfi, Salerno oder Bari, ansässigen Arabern gefertigt und als begehrtes Luxusgut in alle europäischen Länder verhandelt. Aufgrund ihres hohen Wertes und ihrer dem Chri-

V-20

stentum unverdächtigen Dekoration konnten sie als Stiftungen in Kirchenschätze gelangen. So ist schon im ältesten Schatzverzeichnis des Speyrer Domes von 1051 ein elfenbeinernes Horn erwähnt. 14 Jahre später wurden gar sechs solcher Hörner aus dem Kloster Limburg an der Haardt an den Dom zu Speyer abgegeben, aus dem dieser Olifant ursprünglich stammen soll.

1838 von Haller und Rathenau für die Königlich Preußische Kunstkammer aus der Sammlung des Domherrn von Wambold, Heidelberg, erworben. Stammt angeblich aus dem Speyrer Domschatz.

Kühnel 1971, S. 55 Nr. 60, Taf. 55–56 (mit älterer Literatur). – Kat. Berlin 1979, Nr. 22. – Kat. Berlin 1989, S. 539, Nr. 3/14, Abb. 224 S. 200 (Regine Marth).

Berlin, Staatliche Museen zu Berlin. – Preußischer Kulturbesitz, Museum für Islamische Kunst, Inv. Nr. K. 3106

Th. J.

V–20 Elfenbeinkasten

Unteritalien, 11. Jahrhundert

17,5 x 59,5 x 22,8 cm. – Elfenbein, geschnitzt, ursprünglich farbig gefaßt, auf Holzkern, Silber

Dem Olifanten (vgl. Kat. Nr. V–19) ist motivisch und stilistisch ein mit geschnitzten Elfenbeinplatten beschlagener Holzkasten mit Walmdach eng verwandt. Auf der Firstfläche, den Dachschrägen und den Wänden sind in ovalen und runden, sich teilweise überschneidenden Medaillons Tiere, Tierkämpfe und Jagdszenen dargestellt. Eingefaßt sind die Platten mit einem Rankenornament, das denen des Olifanten entspricht. Das Relief der Szenen ist zwar wesentlich tiefer ausgehoben, doch sind die Gestalten motivisch und in ihrer Flächigkeit gut mit denen des Horns zu vergleichen. Mit Beinen und Köpfen ragen die Tiere in die Zwischenräume hinein, die wiederum mit stilisierten Weintrauben, aber auch mit Enten gefüllt sind. Im Vergleich mit dem Olifanten wirkt die gesamte Ausführung jedoch luxuriöser: Die Gestalten sind bewegter und entsprechend der szenischen Darstellungen phantasievoller miteinander verknüpft, die Binnenzeichnung ist reicher und sorgfältiger ausgeführt. Trotz der qualitativen Unterschiede wird auch dieser Kasten in einer Werkstätte der in Unteritalien tätigen fatimidischen Elfenbeinschnitzer hergestellt worden sein. Auf der Vorderseite ist im Schmuck eine Aussparung für ein Schloß zu erkennen, auf der Rückseite sind ältere Scharniere durch solche des 18. Jahrhunderts ersetzt worden. Der aufklappbare und verschließbare Kasten muß zur Aufbewahrung kostbarer Gegenstände, wie Schmuck, gedient haben. Die Beliebtheit solcher Kästen ist dadurch belegt, daß noch fünf stilistisch und motivisch vergleichbare und vermutlich – wie der Olifant – derselben Werkstätte entstammende sich erhalten haben. Auf einem ist der Name eines Auftraggebers aus der Familie Mansone vermerkt, die zu den wichtigsten und mächtigsten Familien in Amalfi gehörte. Luxusgegenstände, die von den weltoffenen süditalienischen Händlern in Auftrag gegeben oder importiert wurden, gelangten in nördlicheren Gebieten aufgrund ihrer großen Kostbarkeit häufig als Stiftungen an Kirchen und Klöster, wo sie als Reliquiare benutzt wurden. Dieser Elfenbeinkasten soll aus dem Domschatz in Speyer stammen und ist vielleicht identisch mit einem 1065 dort erwähnten Reliquienkasten aus Elfenbein.

Vor 1838 befand sich der Kasten bereits in der Königlich Preußischen Kunstkammer.

Kühnel 1971, S. 63–64 Nr. 82, Taf. 82–84 (mit älterer Literatur). – Kat. Berlin 1989, S. 554 f., Nr. 4/20 (Almut von Gladiß).

Berlin, Staatliche Museen zu Berlin – Preußischer Kulturbesitz, Museum für Islamische Kunst, Inv. Nr. K. 3101

Th. J.

FRANKREICH

Saint-Denis um das Jahr 1000

Rund 9 km nördlich von Paris steht die Kirche des heiligen Dionysius, ein weitberühmtes Baudenkmal der frühgotischen Architektur. 1973 stellte sich der Stadt Saint-Denis mit dem Neubau des Stadtkerns eine äußerst verantwortungsvolle Aufgabe. Die Bauträgerschaft und der städtische archäologische

Rekonstruktion von Saint-Denis um das Jahr 1000. Zeichnung Jean-Louis Rebière

Dienst (Unité d'Archéologie de la Ville de Saint-Denis) einigten sich auf eine Rettungsgrabung, die bis 1992 andauerte. Die großflächige Grabung (10 ha) erbrachte entscheidende Zeugnisse der Stadtentwicklung; das vielfältige Fundmaterial dokumentiert auf tragfähige Weise die Lebensformen der Einwohner im Mittelalter.

Seit der Römerzeit war die östlich der Seine gelegene Ebene durch eine Fernstraße erschlossen, welche, in gerader Linie von Paris kommend, knapp an der Flußwindung vorbeiführte, einen Sumpf überquerte und anschließend in nordöstlicher Richtung nach Rouen abbog. Ungefähr 600 m östlich der Straße, unter und neben der heutigen Basilika, lag ein spätantik-merowingisches Gräberfeld, das nach neuesten Erkenntnissen ab dem 3. Jahrhundert kontinuierlich belegt wurde. Spuren der zugehörigen Siedlung konnten nur am Rande der Grabung erfaßt werden. Ausschlaggebend für deren Entwicklung war zweifellos das Heiligengrab. Wie die spätestens in der 2. Hälfte des 5. Jahrhunderts über der Grabstätte errichtete Kirche zur Königsgrabkirche wurde, geben die 1859 von Viollet-le-Duc begonnenen und seither mit Unterbrechungen laufenden Grabungen in der Basilika zu erkennen. Die historische Forschung fügt hinzu, daß sich spätestens seit dem Beginn des 7. Jahrhunderts am Ort eine monastische Gemeinschaft vermuten läßt. Charakteristische bauliche Zeugen aus dieser Zeit sind mehrere nördlich an den Friedhof angrenzende Kirchen: St. Bartholomäus (vielleicht die ehemalige Marienkirche), St. Peter, St. Paul und etwas später St. Johannes. Die ersten beiden ergrabenen Begräbniskirchen lagen hintereinander auf derselben Ost-West-Achse und waren auf der Südseite mit einem *porticus* (Säulengang) verbunden. Weitere, nur fragmentarisch erhal-

V-21

tene Fundamentreste von Annexbauten belegen eine Ausdehnung der Gesamtanlage von über 125 m. Ob sich der Raum nördlich der Basilika, einschließlich der Kirchen, mit dem *atrium* der frühmittelalterlichen Schriftquellen identifizieren läßt, bleibt noch zu klären. Zwei weitere merowingische Gräberfelder, bei den Kirchen Saint-Denis de l'Estrée und Saint-Marcel, beide unweit der alten Römerstraße, lassen auf weitere, dichtbeieinander liegende Siedlungen im Umkreis der Basilika schließen.

Im Jahre 775 wurde im Beisein Karls des Großen die neue Abteikirche geweiht, und noch vor 800 soll für ihn eine Pfalz in der Nähe des Klosters gebaut worden sein. Der bisher freigelegte Grundriß dieser Abteikirche und eine Baubeschreibung aus dem Jahre 799 erlauben uns, ihr Aussehen schematisch wiederherzustellen. Mit den stattlichen Ausmaßen von 245 Fuß (mehr als 80 m) Länge, 103 Fuß (nahezu 35 m) Breite und 140 Fuß (47 m) Gesamthöhe (Vierungsturm inbegriffen) übertraf der Neubau sämtliche umliegenden Bauten. Er zählte 90 Säulen, 101 Fenster und 7 Türen.

In die gleiche Zeit gehört ein im *atrium* erstellter palastähnlicher Bau von über 50 m Länge und mindestens 11 m Breite. Wieder zeichnet sich die südliche, auf den Friedhof blickende Seite durch einen *porticus* aus, an den sich im Osten ein Eckturm anschloß.

Während der Wirren der Normanneneinfälle nahm Karl der Kahle das inzwischen zur Reichsabtei erhobene Kloster in militärische Obhut und befahl 869 die Errichtung von Befestigungsanlagen aus

Holz und Stein. Sie sollten nicht nur das Kloster schützen, sondern auch dessen Garten, das Armenhaus und das Land seiner Bäckerei, das Gästehaus, die Schusterwerkstatt und ein der Beleuchtung der Kirche zugeordnetes Land. Archäologisch gesichert sind die zum Festungswerk gehörenden Wassergräben, die eine ovale Fläche von 12 ha umschlossen und von einem über 7 km langen Kanal gespeist wurden. Eines der vier Tore konnte ebenfalls ergraben werden. Die 6 m breite Straße führte auf einem aus Hausteinen und Holzbalken errichteten Deich über die Wassergräben und durch den zu vermutenden Wall hindurch zum Tor. Schwerpunkt der Grabung war die nördliche Hälfte dieses ausgedehnten *castellum.* Eine 20 m hinter dem Wall angelegte Ringstraße – die heutige rue Jean Jaurès – umschloß die hauptsächliche Zone mit Siedlungsspuren: Holzbauten, Grubenhäuser, Brunnen, Getreidesilos, die häufig als Abfallgruben wiederbenutzt wurden. Die Pfostenbauweise herrschte vor; charakteristisch waren die mit Gips verstrichenen Flechtwerkwände.

Saint-Denis zeichnete sich demnach um das Jahr 1000 vor allem durch einen befestigten Platz mit einem monumental ausgebauten Zentrum aus. Die eigentliche Klosteranlage, über deren bauliche Gestalt wir noch so gut wie nichts wissen, war für 150 Mönche berechnet. Da die ersten Kapetinger, die Nachfolger der Karolinger im entstehenden Frankreich, weiterhin am Ort Hoftage abhielten, läßt sich als Teil der Bevölkerung des *castellum,* neben den Dienstleuten des Klosters, auch königliches Gefolge vermuten.

Bischoff 1981. – Héron/Meyer 1991. – Jacobsen 1989. – Périn 1991. – Semmler 1989.

M. Wy.

V–21 Kanne mit kurzer Tülle und einem Bandhenkel

Ile de France, 10. Jahrhundert

24,2 x 11 cm (oberer Durchmesser). – Drehscheibenkeramik, rosafarbene Irdenware mit feinen Einschlüssen.

Die Kanne ist bis auf zwei zickzackgemusterte Bänder auf der oberen Hälfte einheitlich rot bemalt. Die untere rote Zone ist in vertikaler Richtung poliert, die obere in horizontaler Richtung. Von diesem Kannentyp mit seinem charakteristischen Dekor wurden in Saint-Denis und in der Ile de France mehrere Exemplare gefunden. Von der Qualität her gehört diese Ware zur Servicekeramik.

Saint-Denis, nördlich der Basilika, Brunnenaufschüttung.

Kat. Guiry-en-Vexin 1993, C 18, S. 119, Abb. 1 nach S. 144.

Ville de Saint-Denis, Unité d'Archéologie, Inv. Nr. 13.1260.4 (Musée d'Art et d'Histoire)

N. M.-R./S. A.

V–22

V–22 Kleine glasierte Pfanne

Ile de France, 10. Jahrhundert

4,5 x 17 cm (oberer Durchmesser). – Drehscheibenkeramik, Irdenware mit feinen Einschlüssen, beige-rosafarbener Mantelung und dunkelgrauem Kern.

Die Pfanne ist beinahe vollständig mit einer dickflüssigen, hellolivgrünen Glasur mit bräunlichen Punkten (Pyrit) überzogen. Diese früheste glasierte Ware in Saint-Denis ist für Siedlungsschichten der Zeit von Ende 9. bis Anfang 10. Jahrhundert nachgewiesen. Im Laufe des 10. Jahrhunderts wächst die Produktion von Keramik mit der charakteristischen hellolivgrünen Glasur an. Meist sind es Kannen, deren allgemeines Profil an Krüge erinnert, eine Form, die sich insbesondere seit dem 12. Jahrhundert entwickeln wird. Das Stück ist die einzige Pfanne des 10. Jahrhunderts, die für Saint-Denis und für die Ile de France bekannt ist. Diese im Siedlungsbereich entdeckte Servicekeramik spiegelt wohl am deutlich-

V–23

sten die gehobenen Wohnverhältnisse der Anwohner des Klosters und die Akzeptanz technischer Neuerungen am Ort wider.

Saint-Denis, nördlich der Basilika, Verfüllung einer Abfallgrube.

Kat. Paris 1988, Nr. 407, S. 336 (Nicole Meyer). – Meyer-Rodrigues 1992, S. 212–213, Abb. 3 auf S. 214. – Kat. Guiry-en-Vexin 1993, C 13, S. 119, Abb. 2 nach S. 144.

Ville de Saint-Denis, Unité d'Archéologie, Inv. Nr. 22.196.1 (Musée d'Art et d'Histoire)

N. M.-R./S. A.

V–23 Lampe

Ile de France, 11. Jahrhundert

12,6 x 6,5 cm (oberer Durchmesser). – Drehscheibenkeramik, Irdenware mit feinen Einschlüssen.

Die Lampe besteht aus einem stark verrußten Reservoir mit einer Schneppe (Ausbuchtung) zum Halten des Dochtes und einem massiven Fuß mit zwei deutlich herausgeformten Drehspuren. Eine Auffangschale unterhalb des Reservoirs diente wahrscheinlich zum Schutz der Hand vor herabtropfender Brennflüssigkeit während des Tragens. Die partielle Bemalung der Lampe erfolgte durch „Übergießen" mit orangeroter Farbe.

Saint-Denis, nördlich der Basilika, Verfüllung einer Abfallgrube.

Lefèvre/Meyer 1988.

Ville de Saint-Denis, Unité d'Archéologie, Inv. Nr. 11.1450.4 (Musée d'Art et d'Histoire)

N. M.-R./S. A.

V–24 Zwei kleine Gebäudemodelle (Kirchen oder Wohnhäuser?)

11./12. Jahrhundert

a: 7,1 x 4,5 cm, H. 6 cm. – Kalkstein, innen hohl.
b: 8,3 x 3,2 cm, H. 6 cm. – Kalkstein, innen teilweise hohl.

a: Das Gebäude zeichnet sich durch fünf leicht gekehlte Rundbogenfenster und eine weite, nur noch fragmentarisch erhaltene Öffnung aus. Ein über dem großen Fenster der Giebelwand eingeritztes Kreuz ist nur noch schwer zu erkennen. Das leicht gewölbte Satteldach trägt einen Zinnenfirst. Die Form der Öffnungen ist typisch für Steinbauten; vielleicht sollte das Modell eine Kirche darstellen.
b: Die meisten architektonischen Details dieses sehr stilisierten Gebäudes sind eingeritzt. Die beiden sich in einem Zinnenfirst treffenden Dachflächen gehen ohne Unterbrechung durch einen Knick in die Seitenwände des Gebäudes über. Die einzige Öffnung, eine Tür mit Rundbogen und Tympanon, befindet sich auf der Giebelseite. In der Mitte einer Seitenwand befindet sich ein Kreuz, dessen vier Arme jeweils in einem Punkt enden; weitere Punkte schmücken den um das Motiv herum frei gelassenen Raum. Zwei vertikale Bänder vervollständigen diese Verzierung: rechts ein Fries aus punktierten Rauten, links ein kreuzschraffiertes Gittermuster. Das gleiche unregelmäßige Gittermuster findet sich auf den bei-

V–24 b

V–24 a

den anderen Seiten des Gebäudes wieder. Zudem sei auf eine Querrille auf jeder Längsseite hingewiesen, die anscheinend die Traufe markieren soll.

Die beiden verkleinerten Modelle ähneln sich trotz ihrer unterschiedlichen Ausführung in vielen Punkten: sie gehören derselben Epoche an und haben fast die gleiche Größe, sie sind beide aus weichem Kalkstein und haben beide einen Zinnenfirst. Sie wurden in einige hundert Meter voneinander entfernten „Hausmüll"-Gruben gefunden, was belegen könnte, daß sie nicht zum selben Ensemble gehören. Die Funktion dieser nach unserem Wissen bisher einzigen Modelle von Wohn- oder Kirchengebäuden ist (noch) ungeklärt.

Saint-Denis, nördlich der Basilika, je aus der Verfüllung einer Abfallgrube.

Bourderon/de Peretti 1988, S. 103.

Ville de Saint-Denis, Unité d'Archéologie, a: Inv. Nr. 14.303.6, b: Inv. Nr. 23.719.1 (Musée d'Art et d'Histoire)

N. M.-R./S. A.

V–25 Kamm mit stilisiertem Pferdekopf

9./10. Jahrhundert

18 x 3,3 cm. – Geschnitzter Knochen, Bronze und Eisen.

Der einseitige Kamm ist an einem Ende mit einem stilisierten Pferdekopf verziert. Der Griff wird von zwei Platten gebildet, die ein (nur durch Oxydationsspuren nachgewiesenes) Bronzeplättchen umschlossen. Das glänzende Plättchen sollte wahrscheinlich die Durchbrucharbeit der Zierseite hervorheben: zwei Linien von je sieben grob herausgeschnittenen Kreuzen. Diese Technik ist im Mittelalter vor allem auf Beinkästchen sehr verbreitet (vgl. Kat. Köln 1985, 2, E 34, S. 241–242; E 60, S. 274 [Jörg-Holger Baumgarten] sowie Kat. Speyer 1992, Nr. 7/1–4, S. 348, 350-353 [Mechthild Schulze-Dörrlamm]). Das tierförmige Ende und die Zinkenreihe bestehen aus fünf Plättchen, die, aneinandergereiht, auf der Heftseite von zwei mit Eisen- und Bronzenieten zusammengenieteten Bügeln festgehalten

V–25

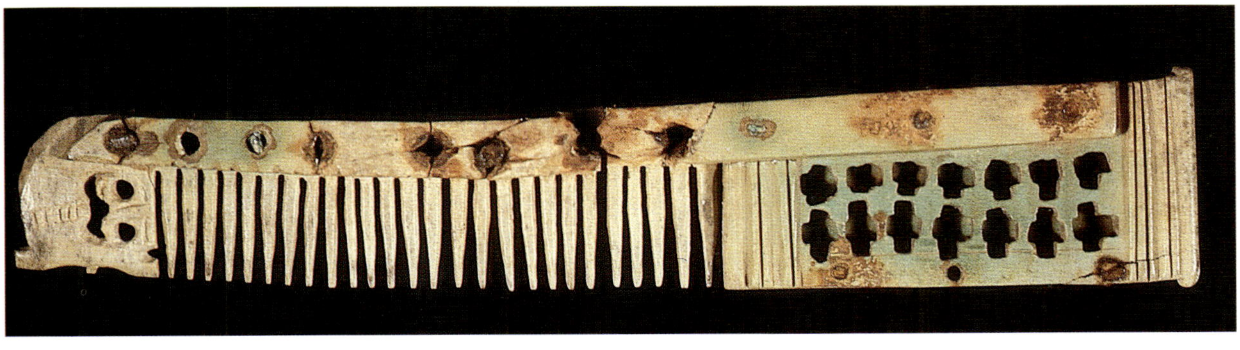

werden. Auf der Rückseite des Griffs wurde eine geritzte Inschrift willentlich verwischt. Dieser Typ von Kamm (mit stilisiertem Pferdekopf) ist selten; außer dem in Saint-Denis gefundenen Exemplar sei ein weiterer, mit Griff und Halbkreisaugendekor, erwähnt, der im 19. Jahrhundert in Bourges entdeckt und in die Zeit der Merowinger datiert wurde (Buhot de Kersers 1879).

Saint-Denis, nördlich der Basilika, Verfüllung einer Abfallgrube.

Meyer/Wyss 1985, S. 37. – Kat. Paris 1988, Nr. 102, S. 195 (Nicole Meyer).

Ville de Saint-Denis, Unité d'Archéologie, Inv. Nr. 16.1736.2 (Musée d'Art et d'Histoire)

N. M.-R./S. A.

V–26 Becherrand

11./12. Jahrhundert (?)

4,5 x 9,3 cm (Lippe). – Geblasenes Glas, Fadenauflagen.

Der einwärts geneigte obere Becherrand aus opakweißem Glas ist mit einer durchsichtigen violetten Fadenauflage verziert. Den Lippenrand unterstreicht ein Faden gleicher Art in drei Windungen. Um die Becherwölbung verläuft ein horizontales Band aus zwei geradlinigen Fadenauflagen, die eine dritte, wellenförmige, umschließen. Das einzige Objekt, das zur Zeit mit diesem außergewöhnlichen Glas verglichen werden könnte, stammt aus Ausgrabungen in Pavia (Nepoti 1978, S. 220-221, Abb. 57/16, S. 225). Es handelt sich dabei ebenfalls um einen oberen Rand aus opakweißem Glas, der mit fünf parallel und horizontal laufenden Fadenauflagen geschmückt ist und um 1100 datiert wird. Nepoti vermutet eine islamische Herkunft.

Saint-Denis, nördlich der Basilika. Verfüllung einer Abfallgrube.

Baumgartner/Krueger 1988, Nr. 29, S. 80–81. – Kat. Rouen 1989, Nr. 64, S. 147 (Nicole Meyer-Rodrigues).

Ville de Saint-Denis, Unité d'Archéologie, Inv. Nr. 14.956.16

N. M.-R./S. A.

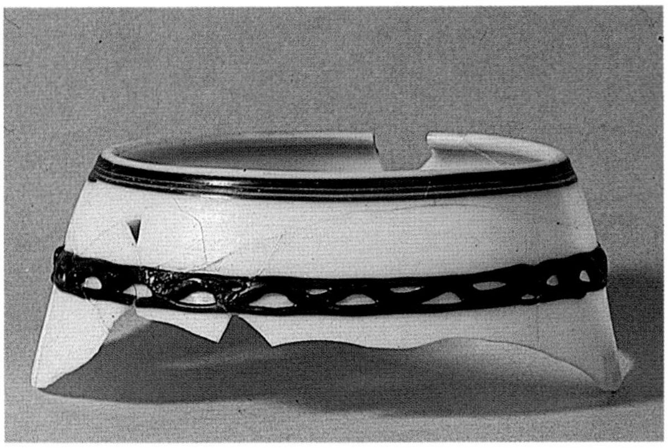

V–26

V–27 Schaftleuchter

Frühes 11. Jahrhundert

31,4 x 9 cm. – Bronze und Eisen.

Der Leuchter gelangte während der ersten Hälfte des 12. Jahrhunderts in die Verfüllung einer unmittelbar nördlich der Basilika gelegenen Abfallgrube. Das in 12 Stücke zerbrochene Objekt konnte dank einer äußerst sorgfältigen Restaurierungsarbeit von der dicken Korrosionsschicht befreit und seinem ursprünglichen Aussehen nähergebracht werden. Der Sockel, die Schaftelemente, der Lichtteller und der Dorn sind um eine eiserne Achse zusammengesetzt. Die leicht kuppelförmige Sockelplatte ist ganz mit einem durchbrochenen Motiv verziert. Drei schlichte Füße gehen am Sockelrand in die geschwungenen Hälse dreier einwärts gerichteter Tierköpfe mit weit geöffneten Rachen über. Für den Schaft wurden auf einen Verbindungsknauf drei verzierte Nodi im Wechsel mit zwei sechsflächigen Segmenten aufeinandergesetzt. Der Leuchter gehört in eine größere Gruppe vergleichbarer Arbeiten wie das Leuchterpaar in Kremsmünster (Kat. Nr. V–41), die Leuchterfüße aus Oberkirchen (Kat. Nr. V–42) und Würzburg sowie die Schaftleuchter aus Zürich und Krefeld (heute Bonn; vgl. von Falke/Meyer, 1935, S. 1–3 und Abb. A 2, 7, 8, 12 und 14).

Saint-Denis, nördlich der Basilika, Verfüllung einer Abfallgrube.

Meyer-Rodrigues (in Vorber.).

Ville de Saint-Denis, Unité d'Archéologie, Inv. Nr. 16.5072.1

N. M.-R./S. A.

V–27

V–28 Kapitell

Südwestfrankreich (?), dann Saint-Denis, 5.–7. Jahrhundert (?)

43 x 51 cm (Deckplatte quadratisch), 29 cm (unterer Durchmesser). – Pyrenäischer Marmor.

Mit Ausnahme einer abgebrochenen Ecke und der oberflächlichen Beschädigungen an den Blattspitzen und Kränzen ist das Kapitell gut erhalten. Zwei axiale Zapfenlöcher sind in der Mitte der quadratischen Deckplatte und der runden Unterseite zu sehen. In Anlehnung an den klassischen korinthischen Typus liegen auf dem Kapitell drei Kränze weicher Akanthusblätter übereinander. Der untere Kranz besteht aus vier kleinen, unter die Kapitellecken gesetzten gelappten Blättern mit kräftiger Rippe. Der zweite Kranz zählt acht größere Blätter, welche ebenfalls vom Kapitellhals emporwachsen. Die Blattrippen sind in der Art und Weise der Blätter des ersten Kranzes plastisch geformt, die Blattlappen sind hingegen gespitzt. Zwischen diesen größeren Blättern ragen die Hüllenkelche mit symmetrischen, gezahnten Kelchblättern empor, deren sich berührende Enden an der Kapitellecke die Eckvoluten und in der Kapitellmitte, über zwei kleinen, dreifach gelappten Blättern, einfache Schnecken bilden. Die Abakusblüte ist ein Akanthusblatt, das denen des unteren Kranzes ähnelt.

Die weiche Modellierung der Akanthusblätter mit plastischer Blattrippe findet sich auf einem weiteren Kapitell aus Saint-Denis (Cl. 12144 B) und etwa zehn meist aus Südwestfrankreich bekannten Vergleichsstücken wieder. Von diesen stehen jene in der Kirche von Torrebren (Dép. Gers) und in der Taufkapelle Saint-Jean in Poitiers den Kapitellen von Saint-Denis am nächsten. Dieser Typus von Pflanzenornament findet sich auch auf den meisten Sarkophagen Aquitaniens. Folglich handelt es sich insgesamt um Produkte derselben Werkstätten, die sich nachträglich in verschiedene Regionen verbreiteten. Crosbys Hypothese, Dagobert habe die Kapitelle von Poitiers nach Saint-Denis gebracht, braucht demzufolge nicht zugestimmt zu werden.

Die beachtliche Größe beider Kapitelle erlaubt uns, sie als Kapitelle aus Säulenreihen zwischen den einzelnen Schiffen einer Kirche zu identifizieren, vielleicht der unter Dagobert vergrößerten Basilika von Saint-Denis. Angeblich kamen dieses Kapitell, das nachfolgende und die vier weiteren im Musée

V–28

V–29

national du Moyen Age aufbewahrten Kapitelle zusammen mit Marmorsäulenfragmenten im letzten Jahrhundert im frühgotischen Westwerk zutage. Als anderer Fundort ist jedoch auch die in der Nähe gelegene Kirche Saint-Pierre in Erwägung zu ziehen, in der Abt Lebeuf 1738 Marmorkapitelle und -säulen gesehen hatte.

Saint-Denis, um 1137 im frühgotischen Westwerk vermauert.

Caillet 1985, S. 73, Nr. 22 (mit Bibliographie). – Kat. Rouen 1985, S. 193–194, Nr. 52 (Jean-Pierre Caillet). – Crosby 1987, S. 41–43.

Paris, Musée national du Moyen Age – Thermes de Cluny, Inv. Nr. Cl. 12114 A

D. S.

V–29 Kapitell

Südwestfrankreich (?), dann Saint-Denis, 5. Jahrhundert – 1. Hälfte 6. Jahrhundert (?)

26 x 30 cm (Deckplatte quadratisch), 18 cm (unterer Durchmesser). – Pyrenäischer Marmor.

Das Kapitell ist gut erhalten; eine abgebrochene Ecke ist wieder angeklebt. Die Deckplatte und die Unterseite besitzen beide ein Zapfenloch; eine breite Aussparung auf der Deckplatte ist wohl sekundär. Der Kapitellschmuck ist frei dem korinthischen Typus nachgebildet. Der einzige Akanthuskranz besteht aus vier großen Blättern, deren sechs gezahnte, in Kerbschnitt gearbeitete Blattlappen sich symmetrisch um einen starken, die Eckvoluten stützenden Stiel anordnen. Auf jeder Kapitellseite wachsen zwischen den Blättern lange Kelche mit paarigen Akanthusblättern hervor, deren Spitzen sich symmetrisch zur Mitte jeder Seite biegen. Der bis zur Ecke verlängerte Stiel bildet eine Volute, die eine vierblättrige, leicht gerippte Blüte einschließt. Der mit einer Kehle und einer schräggestellten Blattreihe versehene Abakus ist in der Mitte jeder Seite mit einer weiteren, mit jenen der Eckvoluten identischen Blüte geschmückt.

Typologisch gehört das Kapitell in die Reihe der „Palmenblätterkapitelle", von denen es in Südwestfrankreich zahlreiche Vergleichsstücke gibt (in den Dép. Gers, Haute-Garonne und Lot-et-Garonne). Ein Kapitell aus der Kirche Saint-Germain-des-Prés (heute im Musée Carnavalet) und ein weiteres, in der Krypta von Saint-Denis als Spolie wiederverwendetes und im 19. Jahrhundert überarbeitetes Stück gehören ebenfalls dazu. Beinahe identische Abakusblüten und Eckvoluten finden sich auf Kapitellen der Taufkapelle Saint-Jean in Poitiers und der Kirchen Saint-Brice und Saint-Just in Chartres bzw. Valcabrère wieder. Diese Analogien sprechen für einen gemeinsamen Ursprung all dieser Kapitelle in Südwestfrankreich. Von seinen bescheidenen Ausmaßen her läßt sich das Kapitell am ehesten als Krönung einer dekorativen Säule oder als Teil eines Baldachins oder Ziboriums interpretieren. Crosbys Hypothese, es handle sich um einen Teil des in Dagoberts Auftrag von Bischof Eligius geschmückten Grabmals des heiligen Dionysius, scheint überspitzt.

Saint-Denis, um 1137 im frühgotischen Westwerk vermauert.

Caillet 1985, S. 69, Nr. 18 (mit Bibliographie). – Crosby 1987, S. 41-43.

Paris, Musée national du Moyen Age – Thermes de Cluny, Inv. Nr. Cl. 12115

D. S.

V-30

V-30 Kapitell

Saint-Denis, 8. Jahrhundert

25 x 31 cm (Deckplatte quadratisch). – Kalkstein.

Das stark verwitterte Säulenkapitell wurde in einer im Laufe des 12. Jahrhunderts verfüllten Abfallgrube entdeckt; es zeigt noch deutliche Spuren der Schmutzschicht. Der Halsring fehlt. Vier Akanthusblätter mit mittlerem Taustab umkränzen den nach oben leicht ausschweifenden Korb. Zwischen dem Blattwerk wachsen flache Stengel empor, die sich beidseitig in die Voluten verzweigen. Die Deckplatte zeigt eine starke Einziehung mit einer mittleren Bosse. Der verhältnismäßig kleine Durchmesser des Kapitells (20 cm) läßt auf eine eher dekorative Säule schließen. Stilistisch ist der Kapitellschmuck am ehesten mit Bauplastik der karolingischen Basilika zu vergleichen.

Saint-Denis, nördlich der Basilika, Verfüllung einer Abfallgrube.

Unpubliziert.

Ville de Saint-Denis, Unité d'Archéologie, Inv. Nr. 16.5036.3

M. Wy.

V-31 Sog. Kelch Karls des Kahlen

Dom M. Félibien, Paris, 1706

Kupferstich auf Papier.

Der antike Kantharos aus dem alten Schatz der Abteikirche von Saint-Denis ist 1791 im Cabinet des Antiques deponiert worden; den Namen „coupe des Ptolémées" hat er erst nach dem 16. Jahrhundert erhalten. Die monolithische Sardonyx-Vase ist eine der schönsten überhaupt bekannten Gefäß-Kameen. Sie ist in sehr hohem Relief, einige Details gar vollplastisch gearbeitet und zeigt Szenen aus den Vorbereitungen für eine Zeremonie zu Ehren des Dionysos. Die Feinheit und Eleganz dieser Reliefs, auch die Form des Kantharos, erlauben es, in ihm ein Werk des 1. Jahrhunderts vor oder nach Chr. zu erkennen, vermutlich aus Alexandria.

Die mittelalterliche Fassung, die den Kantharos in einen Kelch umwandelte, wurde 1804, bei einem Diebstahl, eingeschmolzen. Sie ist durch Graphiken überliefert, vor allem diejenigen aus den – sich ergänzenden – Werken von Dom M. Félibien und von Tristan de Saint-Amant. Die beiden Kupferstiche zeigen auf dem Fuß und dem Nodus des Kelches einen Dekor aus Edelsteinen und Cloisonné-Elementen (Herzen und Rauten), welcher zwei weitere Werke aus dem Schatz von Saint-Denis in Erinnerung ruft: die Patene (Kat. Nr. V-32) und den „escrain" (Kat. Nr. V-33). Eine Inschrift auf dem Rand des Fußes

V–31 Kupferstich von Dom M. Félibien

(vielleicht eine Zutat oder eine Erneuerung durch Abt Suger im 12. Jahrhundert) nannte den Stifter: *Karolus tertius*, eine Bezeichnung, die in der Abtei nicht Karl III., den Einfältigen, oder Karl den Dikken, sondern Karl den Kahlen meinte. Es ist also dieser Herrscher, dem Saint-Denis das Ensemble aus Sardonyx-Kelch und Serpentin-Patene (Kat. Nr. V–32) verdankte. Die Wahl eines dionysischen Gefäßes zur Herstellung eines Kelches hat die modernen Historiker erstaunt, um so mehr, als der Kelch gelegentlich anläßlich der Krönung der Königin von Frankreich gebraucht wurde. Aber es ist nicht sicher, ob sich die Karolinger der heidnischen Bestimmung des Gefäßes bewußt gewesen sind oder ob ihnen der Kult des Dionysos nicht vielleicht sogar gerade passend erschienen ist für eine Abtei, deren heiliger Patron sich Dionysius nannte.

Tristan de Saint-Amant 1644, 2, S. 603. – de Montfaucon 1719, 1, 2, S. 256–259, Taf. 167. – de Caylus 1756, S. 354–360. – Visconti, 5, S. 20, Anm. h. – Rohault de Fleury, 4, S. 28, 99. – Babelon 1902, S. 53–54, 66–67. – Conway 1915, S. 119–120, 133, 143–144. – Colin 1947, S. 107. – Schramm/Mütherich 1962, Nr. 50. – Elbern 1964, S. 10. – Lasko 1972, S. 66, 271. – Bühler 1973, S. 45–47, Nr. 18. – de Montesquiou-Fezensac, 1 und 2, Nr. 69; 3, S. 56–57, Taf. 39–40. – Gaborit-Chopin 1980/1981, S. 7, 14–18. – Alcouffe 1984, S. 129–135. – Kat. Paris 1987, S. 38–41 (Danielle Gaborit-Chopin). – Kat. Paris 1991, Nr. 11, S. 83–87 (Daniel Alcouffe, Danielle Gaborit-Chopin; mit Bibliographie).

Paris, Bibliothèque Nationale, Cabinet des Estampes, Va 93, tome VII

D. G.-C.

V–32 Serpentin-Patene

1. Jahrhundert vor oder nach Chr. (Serpentin); Spätantike (?) (Fische); Hofwerkstätten Karls des Kahlen, 2. Hälfte des 9. Jahrhunderts (Fassung)

Durchmesser 17 cm. – Serpentin; Gold; Edelsteine, Perlen; farbiges Glas.

Die antike Serpentin-Patene mit Fischen in Gold-Inkrustation wird von einer karolingischen Goldschmiedefassung gerahmt. Ehemals im Schatz von Saint-Denis, gehörte sie dort zu einem antiken Sardonyx-Kantharos, welcher durch eine Goldmontierung zu einem Kelch umgearbeitet worden war (Kat. Nr. V–31): Die analoge Fassung machte die beiden Stücke zu einem Ensemble, trotz der unterschiedli-

Zu V–31 „coupe des Ptolémées“

chen Farbigkeit der Steine, aus welchen sie geschnitten sind. Der Kelch, seit dem 17. Jahrhundert wohl das berühmteste Stück im Schatz von Saint-Denis, wurde bereits 1791 an das Cabinet des Médailles gesandt. Die Patene dagegen wurde erst 1793 im Museum (dem späteren Musée du Louvre) deponiert.

Die Patene setzt sich aus zwei unterschiedlichen Teilen zusammen: Die leicht konkave Untertasse aus dunkelgrünem Serpentin besitzt auf ihrer Rückseite einen feinen ringförmigen Stehrand, der für Werke des 1. Jahrhunderts vor oder nach Chr. charakteristisch ist. Dagegen scheint der Dekor von goldinkrustierten Fischen (von denen seit dem 17. Jahrhundert zwei fehlen) jünger zu sein und könnte hinzugefügt worden sein, um der Serpentinuntertasse einen christlichen Charakter zu verleihen.

Der Goldrand ist mit Edelstein-Cabochons geschmückt, zwischen denen rote und grüne Cloisonné-Elemente in Herz- oder Blättchenform stehen. Der äußere Rand, der heute fast ganz leer ist, war ursprünglich durch eine Reihe von Granaten betont, die durch breite goldene Stege festgehalten wurden. Trotz des sehr schlichten Charakters der Cabochon-Fassungen erlauben es die Cloisonné-Elemente (die auch auf der Fassung des Kantharos vorhanden waren), das Stück mit anderen zur Zeit Karls des Kahlen, also in der zweiten Hälfte des 9. Jahrhunderts entstandenen Goldschmiedearbeiten in Verbindung zu bringen, insbesondere mit dem „escrain“ (Kat. Nr. V–33).

Rohault de Fleury, 4, S. 123–124. – Molinier 1902, S. 89. – Guibert 1910, S. 27–64. – Marquet de Vasselot 1914, Nr. 14. – Seligmann 1928, S. 141, 144, 160–165. – Peirce/Tyler, 1, S. 77, Taf. 117. – Kat. Paris 1962, Nr. 1. – Schramm/Mütherich 1962, Nr. 49 (mit Bibliographie). – Daltrop/Hausmann/Wegner 1966, S. 58, 117, Taf. 47 c–d. – Elbern 1965, S. 164. – Lasko 1972, S. 66–67. – Bielefeld 1972, S. 395–446. – de Montesquiou-Fezensac, 1 und 2, Nr. 69; 3, S. 56–57 (mit Bibliographie). – Vierck 1974. – Gaborit-Chopin 1980/1981, S. 8–14. – Kat. Paris 1987, S. 42–43 (Danielle Gaborit-Chopin). – Elbern 1988, S. 86. – Kat. Paris 1988, Nr. 24.

V–32

– Kat. Paris 1991, Nr. 12, S. 88-91 (Daniel Alcouffe, Danielle Gaborit-Chopin; mit Bibliographie).

Paris, Musée du Louvre, Inv. Nr. MR 415

D. G.-C.

V-33 „Escrain Karls des Großen"

Etienne-Eloi de Labarre, Paris, 1794

H. der Nachzeichnung 57,3 cm; B. 41,6 cm. – Aquarell auf Papier.

Der Schatz von Saint-Denis barg ein Objekt von gänzlich ungewöhnlicher Form, den „escrain Kalle" *(scrinium Karoli)*, der schon in Quellen des 10. Jahrhunderts beschrieben wird und den Abt Suger von Saint-Denis im 12. Jahrhundert bewundernd „crista" nannte. Sehr detaillierte Beschreibungen aus dem 16. und 17. Jahrhundert sowie das getreue Aquarell in halber Größe, das Labarre 1794 unmittelbar vor der Zerstörung anfertigte, überliefern bis heute das Aussehen dieses merkwürdigen Reliquiars, das schon Bernward von Hildesheim bewundert haben wird. Der Sockel umschloß Reliquien der Heiligen Georg, Theodor und Apollinarius. Darüber erhob sich ein völlig durchbrochen gearbeiteter Aufbau, gebildet durch drei übereinandergestellte Rundbogengeschosse aus vier, drei und einem Bogen, in welche jeweils drei kleine Arkaden eingestellt waren. Alle Stützen und Bögen waren mit Filigranmotiven, Perlen und großen Edelsteinen bedeckt. Unter den Bögen und Arkaden hingen Edelstein-Pendilien und in den vier großen Bögen im untersten Geschoß Votivkronen. Zwei große runde Schmuckstücke flankierten den obersten Bogen, den ein Beryll-Intaglio in Strahlenfassung krönte. Große Saphire in Fassungen aus Granatblättchen betonten die Verstrebungen. Abgesehen von der teilweisen Erneuerung des Sockels gegen 1400, hatte das Stück keine nennenswerten Restaurierungen erfahren.

Das sehr präzise Aquarell von Labarre erlaubt es, gewisse Goldschmiedetechniken zu identifizieren: goldene Blattwerkfassungen und Muldenfassungen für die Edelstein-Cabochons, lilienförmiges Filigran, kleine Herzen und Granatblättchen in Cloisonné. Diese Charakteristiken erlauben es, den „escrain" mit einer Anzahl von Werken des 9. Jahrhunderts in Verbindung zu bringen, insbesondere jenen, die in der Umgebung Karls des Kahlen entstanden sind. Sie bestätigen demnach das Zeugnis Sugers, der den „escrain Kalle" zu einem Geschenk Karls des Kahlen an die Abtei machte, der er als Laienabt vorstand. In der Tat ist das Stück erst im 16. Jahrhundert „escrain Karls des Großen" genannt worden.

Zu V-33 Bekrönung mit Euodos-Gemme

Es ist nur ein Fragment des „escrain" erhalten geblieben: das Schmuckstück, das ihn bekrönt hat (Paris, Bibliothèque Nationale, Cabinet des Médailles). Dessen Mitte bildet ein großartiger antiker Beryll-Intaglio mit einer Darstellung der Julia, der Tochter des Kaisers Titus, in griechisch signiert durch den Graveur Euodos (ΕΥΟΔΟϹ ΕΠΟΙΕΙ). Schon vor der Revolution sicherte die Berühmtheit dieses Intaglio seine Erhaltung: er wurde bereits 1791 nach Paris geschickt, in das Cabinet des Médailles et Antiques der Bibliothèque Nationale. Demnach fehlte er, als Labarre vor der Zerstörung des „escrain" das Aquarell fertigte, und deshalb entspricht er nur in etwa der dortigen Darstellung. Aber Zeugnisse aus der Zeit vor der Revolution und eine Skizze des Gelehrten Peiresc aus dem 17. Jahrhundert belegen die Zugehörigkeit zum „escrain" vor 1791 als dessen Bekrönung.

Der Intaglio ist von außerordentlicher Schönheit: Julia (65–91) ist im Profil nach rechts dargestellt; ihre komplizierte Frisur wird durch das Ehrendiadem, die Stephane, gehalten, die ihr zuerkannt worden war. Wenn man sich auf das Aussehen ihres Gesich-

V-33

V–34 fol. 59v

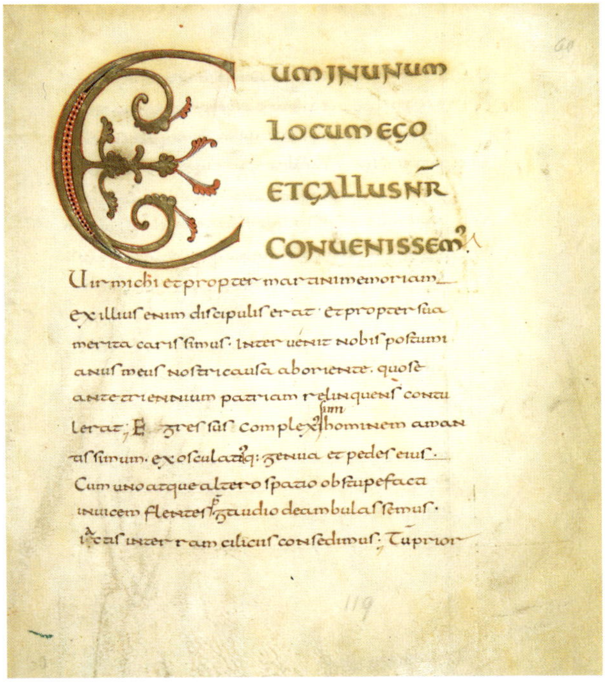

V–34 fol. 60r

tes verläßt, mag dieses Porträt gegen Ende ihres Lebens entstanden sein (gegen 90 nach Chr.).

Das wohlbekannte Interesse der Karolinger für antike Kunstwerke erklärt diese Wahl für die Bekrönung des „escrain". In einem Goldreifen à jour gefaßt, wird der Intaglio von neun Saphiren umgeben – in den obersten sind ein Delphin und eine griechische Inschrift geschnitten –, die ihrerseits à jour gefaßt und mit Granulationskügelchen an den Intaglio gelötet sind. Ursprünglich waren sieben der Saphire bekrönt von je einer großen Perle, gehalten von einer Fassung mit durchbrochenem Blattwerk, wie es an karolingischen Werken geläufig ist.

Marquet de Vasselot 1898. – Molinier 1898. – Babelon 1910, S. 47, Taf. 18. – Conway 1915, S. 104, 128–130. – Panofsky 1942, S. 21, 62–63, 190. – Hubert 1945/1947. – Hubert 1949. – Schramm/Mütherich 1962, Nr. 47, S. 132, 254 (mit Bibliographie). – Daltrop/Hausmann/Wegner 1966, S. 58, 117, Taf. 47 c–d. – Elbern 1965, S. 140. – Lasko 1972, S. 24–26. – de Montesquiou-Fezensac, 1 und 2, Nr. 4; 3, S. 25–27, Taf. 8 (mit Bibliographie). – Lasko 1975. – Elbern 1983, S. 49–50. – Gaborit-Chopin 1980/1981. – Elbern 1988, S. 92–94. – Kat. Paris 1991, Nr. 13, S. 92–99 (Danielle Gaborit-Chopin, Marie-Louise Vollenweider; mit Bibliographie).

Paris, Bibliothèque Nationale, Cabinet des Estampes, Recueil Le 38c

D. G.-C.

V–34 Gesta Sancti Martini

Tours, letztes Drittel des 9. Jahrhunderts

23,9 x 21,3 cm, 139 Blätter. – Pergament mit Deckfarben und Gold.

Die Handschrift enthält das „Leben des heiligen Martin" von Sulpicius Severus, ergänzt durch die von verschiedenen Dichtern verfaßten Epigramme an der ersten Cella des heiligen Martin und an der von Bischof Perpetuus neu errichteten Martinsbasilika in Tours (fol. 128r–134v), die Vita des heiligen Brictius von Trier, des Nachfolgers des heiligen Martin (fol. 134r), den *Hymnus paschalis* (fol. 137r) und ein Gedicht (Grabschrift) auf Sendebald, Grafen von Toul (fol. 137v). Der Buchschmuck besteht aus Incipitseiten, die entweder von breiten, mit Flechtwerk und Akanthus besetzten Rahmen (fol. 9v, 45v) oder von Säulenarkaden (fol. 59v, 133v) eingefaßt werden. Initialen unter Verwendung von Gold, Violett, Rot und Grün (fol. 2r, 4r, 7r, 10r, 36r, 39v, 44r, 46r, 134r). Manche Initialen sind mit gedrehten und eingerollten Blättern geschmückt. Die Handschrift belegt die reiche Ornamentik der karolingischen Malerschule von Tours, deren verschiedene Blatt- und Flechtwerkformen von einigen ottonischen Malerschulen aufgegriffen wurden.

Der heilige Bernward war ein großer Verehrer des heiligen Martin und suchte Tours im Jahre 1007 auf. Die Rezeption der touronischen Buchmalerei in Norddeutschland – und auch in Hildesheim – beginnt jedoch nicht erst in diesem Jahr.

Eine aus dem 11. Jahrhundert stammende Inschrift auf einem nachträglich eingefügten Vorsatzblatt (fol. 1v) bezeugt, daß die Handschrift von Bischof Dietrich von Metz (965–984) an das Kloster Saint Vincent in Metz geschenkt wurde. Dem entspricht der Eintrag: *Liber sancti Vi(n)ce(n)cii Mettensis* (fol. 138r, 138v). Über die Jesuiten von Claromont und die Sammlung Meerman gelangte diese Martinsvita in den Besitz von Sir Thomas Phillipps und aus diesem in die Königliche Bibliothek zu Berlin.

Rose 1892, Nr. 115, S. 237–241. – Köhler 1930, Textbd. S. 303–309, Nr. 56, S. 420; Tafelbd. Taf. 123a–f.

Berlin, Staatsbibliothek zu Berlin – Preußischer Kulturbesitz, Ms. Phill. 1877

U. K.

V–35 fol. 304r

V–35 Touronische Bibel in Köln

Tours, um 857–862

50 x 35 cm, 382 Blätter. – Tinte, Silber, Gold, Weiß, Hellrot, Braun, Gelb, Graugrün und Violett auf Pergament.

Die Handschrift ist zweispaltig in jeweils 51 Zeilen beschrieben. Sie enthält die Bücher des Alten und Neuen Testaments mit Vorreden, außerdem Kanontafeln (fol. 300v–302r) und eine Konkordanz der Paulinischen Briefe (fol. 350v–351r). Die Kanontafeln sind durch Arkaden gerahmt und gegliedert, die Rahmung der Konkordanz besteht aus Säulen und einem Horizontalbalken (Architrav) darüber. Gerahmte *Incipit*-Seiten zur Vorrede *Frater Ambrosius* (fol. 1v) und zum Matthäusevangelium (fol. 303v). Zahlreiche Initialen eines größeren und eines kleineren Typs finden sich zu Beginn der Vorrede *Frater Ambrosius* (F; fol. 2r), der Bücher Genesis (I; fol. 6v), Regum I (F; fol. 83r), Esther (I; fol. 146v), des Psalters (B; fol. 158v), der Proverbia (P; fol. 175r), des Propheten Jesaja (V; fol. 206r), der Vorrede *Plures fuisse* (P; fol. 299v), des Matthäus- (L; fol. 304r), des Markus- (I; fol. 313r), des Lukas- (Q; fol. 318v) und des Johannesevangeliums (I; fol. 327v). Ein Beispiel des kleineren Typs ist das N des Briefs von Hieronymus an Papst Damasus *Novum opus* (fol. 298v). Bei den größeren Initialen ist das silberne oder goldene Randband verflochten, Ziermotive, die dem Buchstabenkörper außen anhaften, sind nur sparsam verwendet. Bei den kleineren hingegen wurde auf die Verflechtung des Randbandes grundsätzlich verzichtet, dafür sind dort die außen am Buchstabenkörper haftenden Ziermotive (Stauden, Blattranken) voll entfaltet. Die Binnengliederung der Initialkörper beider Typen wird durch quergelegte Zopfbänder unterstützt. Die Handschrift gehört einer späteren Phase der karolingischen Malerschule von Tours an.

Die Handschriften dieser Schule waren für die ottonische Kunst von größter Bedeutung. Nicht zuletzt hatten für Bischof Bernward, der, als Ver-

V-35 fol. 301r

V–36

ehrer des hl. Martin, Tours persönlich besucht hat, die Hervorbringungen des Skriptoriums von Tours eine Vorbildfunktion. Der Text der Bernward-Bibel (Kat. Nr. VIII–29) geht auf eine touronische Vorlage zurück. Die Geschichte des ersten Menschenpaares auf der Bernwardtür im Hildesheimer Dom beruht auf der entsprechenden Genesis-Illustration einer touronischen Bibel. Aber auch die touronische Ornamentik ist auf die bernwardinische nicht ohne Einfluß geblieben.

Die touronische Bibel der Kölner Dombibliothek ist, wie aus einem Eintrag in Capitalis rustica auf fol. 1r hervorgeht, ein Geschenk des Kölner Erzbischofs Heriman I. (890–923) an den Kölner Dom und seither in dessen Besitz.

Köhler 1930, S. 291–361, 410–412, Taf. 115 g–i, 116, 117 i. – Bloch/Schnitzler, 2, S. 14.

Köln, Erzbischöfliche Diözesan- und Dombibliothek, Cod. Metr. Col. Nr. 1

U. K.

V–36 Schmuckfußboden im Chor der Abteikirche von Saint-Benoît-sur-Loire

Saint-Benoît-sur-Loire, nach 1026

Ausgestelltes Fragment: 75,5 x 90 cm. – Porphyr, verschiedene Marmorsorten.

„Ich habe eine Stadt aus Ziegelsteinen vorgefunden, ich werde eine solche aus Marmor hinterlassen." Indem er das berühmte Wort, das Sueton Augustus in den Mund gelegt hat, paraphrasiert, gebraucht Andreas von Fleury, der Biograph des Abtes Gauzlin (1004–1030), nicht einfach nur ein literarisches Klischee. Denn Gauzlin hat in der Tat, nachdem 1026 ein Brand das Kloster verwüstet und die Abteikirche beschädigt hatte, eine luxuriöse Restaurierung der letzteren in Angriff genommen. Zu den Verschönerungen zählte auch ein Fußboden in *opus sectile*, den der Abt, immer laut Andreas von Fleury, aus *Romania*, dem byzantinischen Reich, hatte kommen lassen. Die Porphyr- und Marmorplatten verschiedener Herkunft (Prokonnesos, Phrygien, Lakonien, Ägypten etc.) stammten aus antiken Gebäuden: zurechtgeschnittene Platten von Wandverkleidungen, Säulenschäften oder Gesimsen, angeordnet in Feldern mit großen runden, quadratischen oder dreieckigen Platten, ergänzt durch Kompositionen aus kleinteiligen Fischgrät-, Schachbrett- oder Sternmustern. Soweit möglich, scheinen die verschiedenen Farben (Grün, Purpur, Rosa, Grau, Weiß, Gelb, Lila) zur Schaffung von schillernden Kontrasten eingesetzt worden zu sein. Dieser sowohl durch seine Materialien als auch durch seinen für seine Zeit einzigartigen Charakter kostbare Fußboden wurde anläßlich des Neubaus der Chorpartie der Abteikirche zwischen 1067/80 und 1107 sorgfältig abgetragen und im neuen Sanktuarium wieder ausgelegt, wo er noch heute bewundert werden kann. Im 16. und 17. Jahrhundert bei Umbauten im Chorbereich restauriert und verändert, wurde er – nach den archäologischen Ausgrabungen 1958–59, die es auch erlaubten, seine Geschichte nachzuzeichnen – in der Gestalt des 11. Jahrhunderts rekonstruiert. Einige Fragmente wurden jedoch, der Anschaulichkeit halber, beiseite gelassen und im Lapidarium der Abteikirche deponiert. Auf der Rückseite des hier ausgestellten Teilstückes läßt sich die Vielfältigkeit des wiederverwendeten Materials bewundern, welches lediglich aneinanderpassend zurechtgeschnitten und nur auf der Oberfläche sorgfältig poliert worden ist.

Berland 1960. – Berland 1968. – Bautier 1969. – Kier 1970. – Vergnolle 1984/2, Nr. 13, S. 56–57.

Saint-Benoît-sur-Loire, Dépot lapidaire de l'abbaye Saint-Benoît de Fleury, Inv. Nr. 13

E. V.

V–37 Engelskopf von einem Kapitell der Westvorhalle der Abteikirche von Saint-Benoît de Fleury

Saint-Benoît-sur-Loire, frühes 11. Jahrhundert

26 x 19,3 cm. Tiefe 10,7 cm. – Stein.

Andreas von Fleury, der Biograph des Abtes Gauzlin (1004–1030), erzählt, daß letzterer im Westen der Abteikirche einen Turm habe errichten lassen

V–37

„derart, daß er ganz Gallien zum Vorbild dient". Aus anderen Quellen wissen wir jedoch, daß er ihn nicht zu seinen Lebzeiten hat vollenden können. Das Gebäude, welches teilweise erhalten ist (das oberste Geschoß ist im 16. Jahrhundert zerstört worden), veranschaulicht sowohl durch seine Ausmaße als auch durch seinen komplexen Aufbau und seinen reichen Schmuck die Ambitionen Gauzlins. Die Komposit-Pfeiler, welche die Vorhalle und die darüberliegende Kapelle in neun Joche von deutlich quadratischem Grundriß teilen, sind von Kapitellen bekrönt, die eines der größten Ensembles frühromanischer Skulptur bilden. In der Mehrzahl sind sie korinthisch oder von korinthischen Kapitellen abgeleitet und durch gallorömische Vorbilder inspiriert. Neben rein ornamentalen Werken findet man im Erdgeschoß des Vorhallenturmes auch eine bemerkenswerte Reihe von figürlichen Kapitellen, die vorzugsweise Szenen aus der Apokalypse oder der Kindheit Christi darstellen. Der hier gezeigte Engelskopf stammt von einem Kapitell mit der Geschichte des heiligen Martin. Wie der größte Teil des Skulpturenschmuckes im Erdgeschoß kann es einem Meister zugeschrieben werden, der uns seine Signatur hinterlassen hat: Unbertus. Dieser Künstler, der stark vom Vorbild der Antike geprägt ist – zum Bei-

V–38

spiel ist der Akanthus allgegenwärtig, auch in den figürlichen Kapitellen –, behandelt seine Figuren in einer Art und Weise, die an die zeitgenössische Federzeichnung erinnert: im Raum schwebende Körper, getragene und gemessene Gesten. Die Faltenzeichnung ist etwas unorganisiert (abgesehen von den Röhrenfalten, die den Gewandsaum bilden), die langen Gesichter wirken graviert und wenig modelliert und werden von summarisch angedeuteten Haarkappen bekrönt. Die Kunst des Unbertus, dessen historisierende Kapitelle die späteren Schöpfungen der romanischen Kunst vorwegnehmen, sollte keine unmittelbare Nachfolge finden. Die Renaissance des Korinthischen dagegen, die in Saint-Benoît-sur-Loire anbrach, fand noch während mehrerer Generationen in einem großen Teil Mittelfrankreichs ihren Widerhall.

Vita Gauzlini, S. 80–81. – Vergnolle 1985. – Vergnolle 1984/2, Nr. 14.

Saint-Benoît-sur-Loire, Dépot lapidaire de l'abbaye Saint-Benoît de Fleury, Inv. Nr. 14, anc. 78

E. V.

V–38 Epitaph-Fragment

Aus dem Kreuzgang der Abtei Saint-Eusèbe, Auxerre, 2. Hälfte 10. Jahrhundert

13,5 x 16,5 x 7,5 cm. – Kalkstein, mit modernen Gipsergänzungen.

Das Fragment bildete die obere linke Ecke eines Grabsteines: der erhabene Randstreifen ist mit stilisiertem Akanthus und (in der Ecke) mit der verstümmelten Figur eines bärtigen Mannes skulptiert, der nur mit einem Mantel bekleidet ist; die Inschrift *GEON* identifiziert ihn als einen der vier Paradiesflüsse, er sitzt rittlings auf einer Amphore, aus welcher Wasser fließt – das altehrwürdige Bildschema des antiken Aquarius. Die Überreste der ersten zwei Zeilen des Epitaphs lauten *ƋCCCCI* (für *L) OBIIT STE* (oder *O)* ... Die Gipsergänzungen der Buchstaben G, O und N und der Ziffern D und C sind vertrauenswürdig, da Quantin bereits 1850 die Inschriften vollständig wiedergibt. Es handelt sich demzufolge um die Grabplatte von jemandem (Stephanus?), der zwischen 950 und 1000 verstorben ist. Gefunden wurde das Fragment während Abbrucharbeiten im Kreuzgang von Saint-Eusèbe in Auxerre, einem im 7. Jahrhundert *extra muros* gegründeten Regularkanoniker-Stift, dem spätestens im 11. Jahrhundert ein Kanoniker der Domkirche als Abt vorstand. Die *Gesta Pontificum Autissiodorensium* vermerken, daß im Kreuzgang von Saint-Eusèbe mehrere der frühen Bischöfe und auch Domkanoniker bestattet wurden. Der Geon aus Auxerre gehört zu den ältesten erhaltenen Beispielen von Personifikationen der vier Paradiesflüsse in der europäischen Kunst. Er ist so offensichtlich von spätantiken oder karolingischen Vorbildern inspiriert, daß eine verlorene ältere Tradition dieser Ikonographie vorausgesetzt werden muß, die übrigens zu Bischof Bernwards besonderen Vorlieben gezählt haben muß, erscheint sie doch nicht nur auf der Basis seiner Bronzesäule (Kat. Nr. VIII-17), sondern auch auf der silbergegossenen Krümme (Kat. Nr. VII-30). Die Akanthus-Bordüre ist solchen auf Metzer Elfenbeinen des späten 9. bis frühen 10. Jahrhunderts vergleichbar, während die Inschrift in ihrer Klarheit und mit den großen, quadratischen Buchstabenformen und dem unzialen ƌ als Zahlzeichen ebenfalls typisch ist für spätkarolingische Epitaphe. Man hat allen Grund anzunehmen, daß der Epitaph nicht lange nach jenem Todesdatum, das darauf angegeben ist, gehauen wurde. Auxerre mit seiner Schule war im 9. Jahrhundert ein Zentrum karolingischer Kultur und klassischer Bildung, vergleichbar mit Reims, Saint-Denis oder Tours (vgl. Essay Parisse). Der Epitaph läßt darauf schließen, daß im spätkarolingischen/frühkapetingischen Burgund nach wie vor eine Grabplastik von einer Kultiviertheit existierte, die derjenigen der früheren Elfenbeine und Handschriften vergleichbar ist. Die Monumentalskulptur sollte in Burgund wie im übrigen Frankreich im 11. Jahrhundert ganz andere Ziele verfolgen, aber zur Zeit, als Bernward seine Reisen machte, konnte er nicht nur die großartigen karolingischen Monumente und Skulpturen *all'antica* sehen, sondern auch in jüngerer Zeit geschaffene Bildwerke wie den Geon von Auxerre.

Gefunden 1847 von Maximilien Quantin „au milieu des décombres de démolition" (mitten im Abbruchschutt) des Kreuzganges von Saint-Eusèbe, Auxerre.

Quantin 1850, S. 244. – Gesta Pontificum Autissiodorensium, S. 341, 342, 346, 349, 408. – Quantin 1868, Sp. 10. – Chérest 1869, S. 35, Nr. 49. – Deschamps 1929, S. 19. – Hubert 1938, S. 165, Taf. 40 d. – Louis 1952, S. 126, Abb. 73. – Vergnolle 1985, S. 155, Abb. 146 (S. 154).

Auxerre, Musée d'Art et d'Histoire, Inv. Nr. 847.2

N. S.

V-39

V-39 Krümme vom Bischofsstab des Reimser Erzbischofs Adalbero

Frankreich, vor 989

H. des Fragments: 8 cm. – Elfenbein.

Die fragmentarisch erhaltene Elfenbeinkrümme wurde im Grab des Reimser Erzbischofs Adalbero (969–989) gefunden. Adalbero, der Kanzler König Lothars und Ludwigs V. von Frankreich war, wurde 989 in seiner Bischofskirche begraben, an der er sich als Bauherr hervorgetan hatte. Das verwüstete Grab wurde im Zuge der umfangreichen Ausgrabungen gefunden, die Henri Deneux zwischen 1919 und 1930 in der kriegszerstörten Kathedrale durchführte. Die Grabstelle war mit einer steinernen Einfassung versehen, die sich wie eine Tumba etwa 8,5 cm über den Fußboden erhob. Die (einzig erhaltene) linke Langseite, die am unteren Ende die Halbfigur eines Geistlichen und darüber einen Rankenfries zeigt, ist eines der wenigen sicher datierbaren Zeugnisse für die Skulptur des 10. Jahrhunderts.

Das gleiche gilt für die kleine Elfenbeinkrümme, die sich unter den wenigen erhaltenen Bischofsstäben der Zeit durch ihre differenzierte Bearbeitung auszeichnet. Nodus und Krümme des zierlichen Pedums sind aus einem Stück gearbeitet. Ebenso wie die wesentlich größere Elfenbeinkrümme, die von der Silberfassung des Bernwardstabes umschlossen wird (Kat. Nr. VII-8), hat auch die Adalbero-Krümme einen rechteckigen Querschnitt, der allerdings durch vier zweigartige Knospentriebe an den Ecken überspielt wird. Zwischen diesen Rundstäben sind auf den Außenflächen drei kleine Figürchen zu sehen. Dasjenige auf der Rückseite scheint einen Gegenstand in der (zerstörten) Linken gehalten zu haben, den Deneux wohl für einen Schlüssel hielt, wenn er in dieser Figur einen Petrus zu erkennen glaubte. Die beiden anderen wenden sich nach vorn zum verlorenen Innenteil der Krümme, das wohl separat gearbeitet und dann angestückt war, wie eine Bohrung auf der schlichten Innenfläche erkennen läßt. Besonders kunstvoll ist der stark zerstörte Nodus gearbeitet, der in tief hinterschnittenen Medaillons Vögel und Greifen gezeigt haben dürfte. In ihrer lebendigen Bewegtheit haben sie vielleicht orientalische Seidenstoffe zum Vorbild.

Es ist nicht auszuschließen, daß die Krümme, ebenso wie die Grabeinfassung, in Reims entstanden ist. Soweit deren Abbildung bei Deneux erkennen läßt, besteht eine gewisse Ähnlichkeit zwischen den Ranken auf der rechten (abgebildeten) Seite des Krümmenfragments und denen der steinernen Grabeinfassung.

Daß Bernward diese Krümme im Besitz des Adalbero gesehen hat, ist nicht sehr wahrscheinlich. Als eines der wenigen erhaltenen Beispiele für die französische Kleinplastik seiner Zeit ist sie gleichwohl dazu angetan, im Umkreis Bernwards entstandene Arbeiten wie die Erkanbaldkrümme (Kat. Nr. VII-30) und die Silberleuchter (Kat. Nr. VIII-32) aus ihrer Vereinzelung zu lösen und in einen größeren Kontext zu stellen.

Deneux 1944, S. 14–15. – Echinger 1988, S. 151. – Gaborit-Chopin 1978, S. 95, S. 195–196 Nr. 89. – Zum Grab ferner: Hamann-Mac Lean 1983, S. 100. – Reinhardt 1963, S. 45–46.

Reims, Archevêché de Reims, Paroisse de la Cathédrale

M. B.

ENGLAND UND DER KONTINENT

V-40 Eadwi-Codex

Canterbury, um 1010–25; Hersfeld, 2. Viertel des 11. Jahrhunderts (nachträgliche Ergänzungen)

22,4 x 16,6 cm, 194 Blätter. – Pergament mit kolorierten Zeichnungen und Deckfarben.

Die Handschrift ist paginiert (338 Seiten) und foliiert. Sie enthält die vier Evangelien mit Vorreden und, auf fol. 183v–194r, ein *Capitulare evangeliorum*. Der Buchschmuck besteht aus einer 14seitigen vollständigen Folge von Kanontafeln (fol. 9v–16r), vier Evangelistenbildern (fol. 17v, 65v, 96v, 147v) und aus Zierschrift an hervorgehobenen Stellen. Das Bogenfeld der ersten Kanontafel zeigt eine Hand Gottes mit Meßzirkel und Waage (fol. 9v), das der zweiten das Schulterstück eines bärtigen Christus mit ausgebreiteten Händen (fol. 10r). Die Bogenfelder der übrigen Kanontafeln enthalten die teilweise stark überschnittenen Köpfe von Evangelistensymbolen, die Zwickel über den Arkaden mancher Kanontafeln groteske Köpfe von Vögeln und Vierbeinern. Die Evangelisten thronen in von floralen Motiven reich besetzten

V-40
fol. 96v

Rahmen, die Feder eintauchend (Matthäus), sie prüfend (Markus), schreibend (Lukas) oder, so Johannes, eine Schriftrolle mit dem Evangeliumsbeginn vorweisend. Johannes tritt mit seinem linken Fuß auf das Haupt des inschriftlich bezeichneten *ARRIUS*, auf dessen Schriftband die ketzerische These zu lesen ist: *ERAT TEMPUS QUANDO NON ERAT* (es gab eine Zeit, in der er [gemeint ist Gott] nicht war).

Auf fol. 183v, im Anschluß an das Johannesevangelium enthält die Handschrift ein Kolophon: *Pro scriptore precem ne tempnas fundere pater. Librum istum monachus scripsit EADUUIUS cognomento BASAN. Sit illi longa salus. Uale seruus d(e)i. N. et memor esto mei.* (Für den Schreiber mögest du es, Vater, nicht verschmähen, eine Fürbitte zu tun. Dieses Buch schrieb der Mönch Eadwi mit dem Beinamen Basan. Ihm sei langwährendes Heil. Lebe wohl, Diener Gottes N., und sei meiner eingedenk.) Eadwi Basan ist ein Mönch des Klosters Christ Church in Canterbury. Von ihm wurden unter anderem auch die Psalter London, British Library, Ms. Arundel 155, die Grimbald Gospels London, British Library, Ms. Add. 34890, das Perikopenbuch Florenz, Biblioteca Medicea Laurenziana, Cod. Plut. XVII. 20 und ein Teil des Psalters London, British Library, Ms. Harley 603 geschrieben. Mit dem Buchschmuck der genannten Handschriften, besonders mit dem Psalter Arundel 155, weist der Eadwi-Codex so viele Parallelen auf, daß man die Möglichkeit, daß diese Handschriften auch von derselben Hand illuminiert wurden und daß diese Hand mit der des Schreibers Eadwi Basan identisch ist, in Betracht ziehen muß. Da der Psalter Arundel 155, wie aus den Eintragungen in seinem Kalendar hervorgeht, zwischen 1012 und 1023 geschrieben wurde, ist für den ihm stilistisch sehr nahe stehenden Eadwi-Codex von einer Datierung zwischen etwa 1010 und 1025 auszugehen.

Die Handschrift muß früh auf den Kontinent, und zwar, wie Hartmut Hoffmann nachgewiesen hat, in das Kloster Hersfeld gekommen sein, wo sie im 2. Viertel des 11. Jahrhunderts folgende Zusätze erhielt: die Einleitungsstücke (Vorreden, *Argumentum* und *Breviarium* zum Matthäusevangelium) auf fol. 2r–9r, den Text und wahrscheinlich auch die Ziffern der Kanontafeln, die Seitentitel in den Evangelien (in Gold, meist auf Rasur) sowie das *Capitulare evangeliorum.*

Die künstlerische Ausstattung dieser nachgetragenen Teile unterscheidet sich prinzipiell von der des ursprünglichen Bestandes. Überschriften, die *Incipit* und *Explicit* der Vorreden, des *Argumentum* und des *Breviarium* (fol. 2r–9r) sind in Gold, Initialen in Rot mit goldenen Zierflecken oder in Gold mit rotem Rand, manche auf blassem, blauem und grünem Grund. Ebenfalls in Gold das *Incipit* und die ersten beiden Zeilen des *Capitulare evangeliorum* (fol. 183v). Die für insulare Handschriften typische mehrfarbige Textgestaltung in Blau, Grün und Rot findet sich hingegen am Beginn der vier Evangelien und an dem der Vorreden und der (als *Capitula* bezeichneten) *Breviaria* des Markus-, des Lukas- und des Johannesevangeliums. Sämtliche Initialen am Beginn der Evangelien in Gold, bei Matthäus mit einer Zierranke, die darauffolgenden Majuskeln bei Matthäus (fol. 18r) und Lukas (fol. 97r) blau, bei Markus (fol. 66r) und Johannes (fol. 148r) grün. Goldene Anfangsbuchstaben der einzelnen Verse in den Evangelien, rote, grüne und blaue gegen Ende des Johannesevangeliums. Zeile um Zeile in einer anderen Farbe, und zwar in Blau, Grün, Rot und Blau, ist auch der vierzeilige Kolophon des *EADUUIUS cognomento BASAN* (fol. 183v).

Verschiedene Beobachtungen sprechen dafür, daß die Texte und die Ziffern der Rubriken in den Kanontafeln erst nachträglich und von anderer Hand in die Schmuckarkaden eingefügt wurden. Nicht wenige stehen, gepreßt, in Feldern, die offenbar nicht ursprünglich für Texte und Ziffern dieser Größe vorgesehen waren. Auch stimmt die Reihenfolge der Köpfe der Evangelistensymbole nicht mit der der darunterliegenden Rubriken überein. So ist zum Beispiel auf fol. 11r (pag. 21) die Reihenfolge der Köpfe: Mensch, Stier, Löwe, auf fol. 11v (pag. 22): Löwe, Stier, Mensch, die der Rubriken aber auf diesen beiden Seiten: Matthäus, Markus, Lukas.

Die Handschrift bezeugt die – auch für die Buchmalerei und Metallkunst unter Bernward wichtigen – Kontakte deutscher Produktionszentren nach England.

Sie stammt aus dem St. Michaelskloster in Lüneburg und gehörte zum Bestand von dessen ‚Goldener Tafel'. Ihr ursprünglicher goldener Schmuckdekkel, mit einer Maiestas Domini im Mittelfeld, ist bei Johann Ludwig Levin Gebhardus (1755) abgebildet. Er wurde 1792 zum Einschmelzen verkauft. Nach 1792 gelangte die Handschrift in die Kapelle des Schlosses in Hannover, 1861 in das dort gegründete Welfen-Museum, nach dessen Auflösung in das Provinzial-Museum (heute Landesmuseum). Seit 1955

im Zuge eines Sammlungstausches als Dauerleihgabe im Kestner-Museum.

Gebhardus 1755, S. 13–17. – Stuttmann 1937, S. 39–47. – Temple 1976, S. 85–86 Nr. 67. – Hoffmann 1986/1, S. 188–189.

Hannover, Kestner-Museum, Inv. Nr. WM XXIa, 36

U. K.

V-41 Leuchter, sog. „Tassiloleuchter"

Englisch (?), Mitte (?) 10. Jahrhundert

H. 48,8 cm (inklusive Dorn), Durchmesser des Sockels 13,4 cm (breiteste Ausladung). – Kupfer, Silbereinlagen, Niello, Vergoldung, Eisen.

Der Leuchter bildet mit einem zweiten, gleichfalls in Kremsmünster befindlichen Stück ein Paar. Bei beiden Exemplaren wurden die Sockelfüße abgemeißelt und der -rand abgeschliffen. Die Leuchter vertreten einen ähnlichen Typus wie die Bernward-Leuchter (Kat. Nr. VIII–32): Der Sockel, der sich über den drei (verlorenen) Füßen erhob, hat die Form eines dreiseitigen Pyramidenstumpfes mit lappig geformtem Rand. Er trägt einen hohen, schlanken Schaft, der sich aus zwei Röhren und drei Nodi – einer zwischen den beiden Röhren, je ein weiterer an deren Enden – zusammensetzt. Der Lichtteller ist nach unten leicht gebaucht. Ein Eisendorn, der bis zum Sockel durchgeht, hält sämtliche Teile zusammen.

Die Oberfläche des Leuchters ist reich geschmückt: Auf dem glatten Sockel liegen in Abwärtsrichtung drei große, löwenähnliche Phantasietiere; sie wenden ihren Kopf, um zum Lichtteller aufzublicken. Zwischen ihnen finden drei kleine, ebenfalls löwenartige Tiere Platz; sie antworten den großen in kompositioneller Hinsicht durch ihr Liegen in Aufwärtsrichtung und das Wegwenden des Kopfes vom Leuchter. Unterhalb des oberen Sockelrandes sind zwischen den großen Tieren Tiermasken eingefügt. Schlitzartige Öffnungen im Pyramidenstumpf seitlich der großen Tiere bewirken, daß dessen Stärke dem Volumen der großen Tiere zugeschlagen wird, deren Körper also vollrund erscheinen. Der Sockel ist mitsamt den Tieren aus Kupfer gegossen und außen wie innen vergoldet. Einzelne Teile sind durch (teilweise verlorene) tauschierte Silberstreifen und -plättchen mit Nielloeinlagen betont (Rücken der großen Tiere, Oberschenkel sämtlicher Tiere, Augenwülste und Nasenrücken der großen Tiere und Masken, Nasenrücken der kleinen Tiere, Sockelrand).

Die Schaftstücke bestehen aus rechteckigen Kupferblechen, die zu Röhren gebogen und verlötet und aus deren Grundmaterial spiralförmig verlaufende Relieffriese mit ineinander verbissenen Tieren herausgeschnitten wurden; die Friese sind vergoldet. Ferner wurden die Röhren mit einem glatten Silberstreifen spiralförmig umwickelt, in diese ein Ornament aus Halbpalmetten eingepunzt, das ursprünglich nielliert war. Bei den – gegossenen und vergoldeten – Nodi bildet ein geperlter Ring den Abschluß nach oben und unten. Die Knaufoberfläche wird fast zur Gänze durch vier aus Ranken geformte Clipei bedeckt, die je ein laufendes katzenähnliches, durch Silberauflage gebildetes Tier umschließen, dessen Binnenzeichnung ursprünglich ebenfalls nielliert war. Der gleichfalls gegossene und vergoldete Lichtteller trägt an der Unterseite eine sechslappige Silberauflage mit Niello, sie wird von Spiralmotiven, die direkt in den Teller eingepunzt sind, gerahmt. Der Tellerrand zeigt – aus Silberauflage mit Niello – ein Zickzackmotiv mit halbkreisförmigen Ausweitungen in den Winkeln.

Die Klostertradition verbindet das Leuchterpaar mit dem aus dem Geschlecht der Agilolfinger stammenden Bayernherzog Tassilo III., der das Kloster Kremsmünster 777 gegründet hatte und 787 von König Karl (dem Großen) abgesetzt wurde. Einen sicheren terminus ante quem bildet das Schatzinventar Abt Sigmars von Niederaltaich, der anläßlich seines Amtsantrittes als Abt von Kremsmünster (1013) die dort befindlichen Schatzstücke (im Codex millenarius minor, fol. 70v) aufzeichnen ließ: Neben einem Kelch (= sog. „Tassilokelch") und zwei Plenarien (= sog. „Codex millenarius maior" und „Codex millenarius minor") nennt er *II candelabra auro et argento parata* (2 aus Gold und Silber angefertigte Leuchter), die mit den in Rede stehenden Stücken identifiziert werden können. Aufgrund motivischer wie stilistischer Übereinstimmungen der Leuchter mit einem Bronzekrüglein im British Museum, einer englischen Arbeit aus der Mitte des 10. Jahrhunderts (Kat. Nr. V–44), läßt sich die Entstehungszeit der Kremsmünsterer Leuchter auf das mittlere 10. Jahrhundert einengen, der -ort auf England festlegen. Damit wird, sei es bewußt oder zufällig, an die Gründungszeit des Klosters angeknüpft, denn der „Tassilokelch", den der Bayernherzog dem von ihm gegründeten Kloster zum Geschenk gemacht hatte, weist ja ebenfalls dezidiert insulare Züge auf; allerdings ist der Kelch das Produkt einer insularen Filiation auf dem Kontinent. Die Tatsache, daß sich aus dem 10. und 11. Jahrhundert auch noch andere auf England verweisende Stücke erhalten haben (Beschlag aus der Burgruine Altenburg bei Märtstetten, Kanton Thurgau [Schweizerisches Landesmuseum, Zürich]; Leuchter in Oberkirchen [Kat. Nr. V-42]), läßt es freilich als nicht ausgeschlossen erscheinen, daß auch die „Tassiloleuchter" das Werk einer englischen Filiation auf dem Kontinent sind.

Motivische und stilistische Abweichungen zwischen den einzelnen Teilen der Leuchter haben den Gedanken nahegelegt, die Einzelteile hätten ursprünglich nicht zusammengehört und wären erst später miteinander verbunden worden. Diese These scheint durch technische Divergenzen noch unterstützt zu werden: So ist die Silbertauschierung mit Niello ausschließlich auf dem Sockel verwendet, ansonsten ist das Silber aufgelegt und mit Niello (auf dessen ursprüngliches Vorhandensein auf den Schaftstücken und Knäufen weisen heute nur noch minimale Reste auf dem – hier nicht ausgestellten – Leuchter B hin) kombiniert. Dazu kommt, daß die Montage der Einzelteile ungewöhnlich ist (der Dorn ist an der Sockelinnenseite gespalten und dort mittels eines Keils in gröbster Weise fixiert; oberhalb des Lichttellers ist er mit einem Gewinde für eine rechteckige Schraubenmutter versehen). Andererseits spricht die Tatsache, daß sämtliche Einzelteile der Leuchter gleichermaßen formal auf England verweisen, für deren ursprüngliche Zusammengehörigkeit.

von Falke/Meyer 1935, S. 2, S. 97, Abb. 2. – von Jenny 1954, S. 285 ff. – Doberer/Neumüller 1977, 1, S. 510 ff., Abb. 324. – Fillitz/Pippal 1987, S. 65 ff., Taf. 2–4, Abb. 3.1, 3.3–3.5, S. 417. – Wibiral 1987, S. 142. – Pippal 1988.

Kremsmünster, Benediktinerstift, Schatzkammer

M. P.

V-42 Leuchterfuß

Westfalen (?), zweite Hälfte 10. bis frühes 11. Jahrhundert

H. 24 cm. – Messing, gegossen, silberplattiert, graviert, nielliert.

Der Kerzenhalter von Dreipaß-Grundform mit subtriangulären, geschweiften, dachförmigen Seiten ruht auf drei Füßen mit facettierten „Beinen" und hochgebogenen Tatzen. Die abgedachten Seiten münden oben in einen wulstgesäumten Knauf mit einem Horizontalband aus aufgelegtem, nur noch partiell erhaltenem nielliertem Silberstreifen. In diesem Knauf ist ein 13 cm langer, leicht facettierter Eisendorn eingelassen, der zur Halterung einer kräftigen Wachskerze vorgesehen war. Auf den drei Firsten des Leuchterkörpers hocken nach außen gewandt drei vollplastisch mitgegossene Vierfüßler, die zum Licht hin zurückblicken. Der durch die Hinterbeine um die Flanke herumgeschlagene Quastenschweif, die langzehigen Tatzen, die dichte Mähne und die herausgestreckte Zunge charakterisieren die Tiere als Löwen. Wie das Horizontalband des Nodus sind die birnenförmigen Felder auf ihren Schenkeln sowie die Palmetten- und Dreieckschilder jeweils zwischen den Tieren silberplattiert und mit ziselierten und niellierten Akanthus-Flechtranken und anderen vegetabilen Strichornamenten verziert.

Von Falke und von Jenny haben den Leuchterfuß

V-42

von Oberkirchen zu Recht in die unmittelbare Nähe der Tassiloleuchter (Kat. Nr. V–41) gestellt. Morphologie, Technik, Figurenstil und Ornamentik weisen sie ein und demselben künstlerischen Horizont zu. Nach der überzeugenden Zuweisung der Tassilo-Leuchter wie auch des westfälischen Leuchters zum Umfeld des südenglischen Winchester-Stils durch Fillitz, was sich unter anderem sehr schön am Meßkännchen in London (Kat. Nr. V–44) und am Rauchfaßdeckel von Canterbury (Kat. Nr. V–45) zeigen läßt, haben wir hiermit ein weiteres kontinentales Zeugnis enger südenglisch-ottonischer Kontaktnahme, deren künstlerischer und historischer Hintergrund allerdings noch nicht ausreichend beleuchtet ist.

von Falke/Meyer 1935, S. 3, 97, Nr. 3, Abb. 7. – von Jenny 1954, S. 298 f., passim, Abb. 116 d–e, 117.

Oberkirchen (Kr. Meschede, Westfalen), Kath. Pfarrgemeinde St. Gertrud

E. W.

V–43 Sax mit Lederscheide

Südenglisch, Ende 10. bis Anfang 11. Jahrhundert

Sax: L. 52,5 cm; Griff: L. 22 cm. – Eisen mit Horngriff, ehemals mit Goldkappe.
Scheide: 48,5 x 7,7 cm. – Beidseitig gepreßtes Leder, an der Schneidenseite mit filigran- und steinverzierten Gold-(oder Silber-)beschlägen zusammengenietet.

Einschneidiges Hiebmesser mit abgeknicktem Rükken und schwach konvexer Schneide, ovaler Horngriff mit heute verlorener Goldblechkappe. Die Scheide besteht aus einem zugeschnittenen und von außen vollständig mit Mustern bepreßten und umlegten Lederstück, das an der Schneidenseite mit Hilfe von schmalen Goldblechbeschlägen zusammengenietet wurde, welche mit Filigranauflagen und Steinen in filigrangesäumten Kastenfassungen verziert, aber nur noch zum Teil erhalten sind. Während der umgelegte Ortbeschlag bis auf die Kuppe flach und mit üppigen, stark eingerollten Ranken verziert ist, sind die länglichen Beschläge an der Schneide gewölbt mit je drei Fassungen als Basis für vegetabile Filigranmuster sowie durch Wülste von den flach-

V–43

rundlichen Nietplatten getrennt. Zahlreiche Nietlöcher im Leder der beschlaglosen Seite legen eine mehrfache Benietung nahe, wahrscheinlich auch einen Austausch der Beschläge. Die gepreßte Scheide ist durch glatte, geriefte, genoppte und gedrehte Wülste in verschiedene Felder für das Messerblatt, die Griffpartie und Randzonen gegliedert. Diese Felder sind reich mit verschiedenen Varianten von Akanthuspflanzen bedeckt, in denen Vögel und Vierfüßler sitzen und beißen. Dazu kommen en face-Tierköpfe, aus deren Maul reiches, verknotetes Blattwerk treibt, sowie Ranken und Flechtbandmotive. In Streifen zur Schneide hin wurde folgende Inschrift in angelsächsischer Schreibweise und Majuskeln des 11. Jahrhunderts (nach B. Bischoff) eingeschlagen: + BYRHTSIGE MEC FECID.

Einschneidige Messer (Saxe) mit abgeknicktem Rücken haben in Mittel-, Nord- und Westeuropa eine lange Tradition bis zurück in die jüngere Merowingerzeit und sind eine Standardbeigabe in spätsächsischen Gräberfeldern. Besonders große, aufwendig verzierte und mit kostbaren Scheiden versehene Exemplare sind vor allem aus dem England des 10. und frühen 11. Jahrhunderts bekannt. Bei ihnen dürfte es sich um Jagdmesser hochrangiger Persönlichkeiten gehandelt haben. Die Ornamentik der Aachener Scheide entspricht in allen ihren Details völlig der des südenglischen Winchester-Stils in seiner späten, opulenten Ausprägung des späten 10. und frühen 11. Jahrhunderts, was auch die angelsächsisch-lateinische Fertigerinschrift unterstreicht. In den Aachener Domschatz dürfte es am ehesten als persönliches Geschenk im Rahmen der diplomatisch-dynastischen Verbindungen zwischen den Ottonen und dem Hause Wessex Eingang gefunden haben.

Paulsen 1940. – Grimme 1972, Nr. 12, S. 18–19, Taf. 10.

Aachen, Domschatz, Inv. Grimme Nr. 12

E. W.

V–44 Liturgisches Kännchen

Südenglisch, 2. bis 3. Drittel des 10. Jahrhunderts

H. 7,2 cm; Gewicht 221,18 g. – Bronze, gegossen, feuervergoldet; ziseliert.

V–44

Kleines bauchiges Kännchen auf kegelstumpfförmigem Standring; der flache, leicht ausgestellte Rand ist abgesetzt. Die mitgegossene gebogene Tülle hat die Form eines Tierprotoms mit aufgesperrtem Maul, langer Mähne und eingravierten linsenförmigen Augen; die unterhalb der Schultern ansetzenden Spiralen mit nach unten abgehenden Schwingen weisen dieses Tier als kurzschnabligen Vogel respektive als Greifen mit gerieftem Halsgefieder aus. Unter den Flügelspitzen ist ein Doppeldreieck eingraviert. Der Griff ist als geringelte Schlange mit partiellem Fischgratmuster gestaltet, in die ein Tierkopf am oberen Rand beißt, der ursprünglich das Scharnier für den heute verlorenen Deckel bildete. Während in den Standring eine umlaufende Akanthusranke vor punktiertem Hintergrund einziseliert ist, bedecken die Wandung des Gefäßes zehn gleiche symmetrische Motive und neun intermittierende Masken sowie ein Einzelmotiv über dem Ausguß, die mitgegossen sind und reliefartig aus dem glatten Hintergrund herausragen. Diese Motive stellen jeweils zwei mit dem Rücken zueinander sitzende Vögel mit kräftigen Flügeln dar, die mit zurückgebeugten Köpfen auf die Endknollen einer Doppelranke zubeißen.

Aus den Schwänzen der Vögel wachsen seitlich herumgebogene und in Knollenvoluten endigende Pflanzentriebe, auf denen die Vögel selbst wiederum sitzen. Das Einzelmotiv zeigt einen Vogel im Profil auf einer Ranke mit einer knolligen Spiralendung, an der er pickt.

Mit dieser Ornamentik liegt das Kännchen ganz im Kanon der übrigen Metallarbeiten des südenglischen Winchester-Stils, weist aber auch große Übereinstimmungen zu seltenen kontinentalen Arbeiten des 10. Jahrhunderts auf: etwa dem Rohguß aus Mainz (Kat. Nr. V–48), einem Beschlagfragment aus Magdeburg mit weitgehend entsprechenden Vögeln und Pflanzen einschließlich der Punktpunzierung (Kat. Nr. V–49) oder den Tassiloleuchtern (Kat. Nr. V–41). Das Kännchen ist in die beiden letzten Drittel des 10. Jahrhunderts zu datieren. Bei dem liebevoll konzipierten und gearbeiteten, fast schon winzigen Objekt handelt es sich um ein liturgisches Gefäß, das ebenso beim Meßopfer wie auch beim Taufsakrament benutzt worden sein kann.

Seit 1857 in der Sammlung von Lord Londesborough.

Kat. London 1984, S. 89, Nr. 72, Farbtafel 22 (Catherine Haith). – Zur Ornamentanalyse: Wamers 1986, S. 29 f., Abb. 31–32.

London, The British Museum, Inv. Nr. MLA AF 3175

E. W.

V–45

V–45 Rauchfaßdeckel von Canterbury

Südenglisch, Mitte bis Ende 10. Jahrhundert

H. 11,8 cm; Gewicht 344,60 g. – Bronze, durchbrochen gegossen, niellierte Silberauflagen; teilweise abgetragen.

Rauchfaßdeckel in Form eines architektonischen Gebäudes quadratischen Grundrisses, vermutlich einen Kirchturm darstellend. Über einer leicht pyramidenförmig geschrägten Basis erhebt sich ein Rahmenwerk aus vier senkrechten Quadraten mit je einem kleinen dreischenkligen, ebenfalls senkrechten Dreieck darüber; zwischen den Dreiecken richten sich vier ungleichschenklige Rhomben in steiler Neigung zur Turmspitze, die aus einem kräftigen bikonischen Knauf mit kleinem Knopf besteht. Jeweils an den Schnittpunkten der geometrischen Flächen kragt ein großer, massiv gegossener Tier-/Vogelkopf respektive -schwanz wie ein Wasserspeier aus der Dachfläche heraus; an der Basis sind vier vorkragende kräftige Ösen zur Aufnahme der – heute verlorenen – dünnen Ketten mitgegossen worden, ebenso in den offenen Turmrahmen plastische Tierfiguren. In den unteren Quadraten erkennt man vier verschiedene Vogelpaare, einander zu- oder voneinander abgewandt, bisweilen mit vegetabilen Ranken bzw. Elementen; in dreien der Dreiecke stehen artistisch verdrehte Vierfüßler, zum Teil mit Ranken, in einem ein Vogel, in den Rhomben Vierfüßler im Profil. Ihr Kopf endet en face in der unteren Spitze, die Hinterbeine in den Vorsprüngen über den Giebel-Dreiecken. Über den Vierfüßlern, und teilweise mit diesen verflochten, steht je ein Vogel, dessen Kopf en face in der Spitze endet.

Das Rahmenwerk und prominente Ornamentpartien sind silberplattiert und nielliert; oberhalb der Basis befinden sich rechteckige Silberstreifen mit einem flächigen, hart gezeichneten Akanthusfries, wie er aus zahlreichen Manuskripten der Winchester-Schule bekannt ist. Eine besonders enge Parallele hierzu findet man auf fol. 4v und 6v des Pontifikales von Sherborne aus dem Ende des 10. Jahrhunderts, das in Canterbury hergestellt wurde. Somit liegt eine Produktion des Rauchfaßdeckels in Canterbury selbst in dieser Zeit nahe. Auch in der Pflanzen-Tierornamentik folgt der Deckel ganz dem Motiv- und Stilkanon der Winchester-Schule. Der plastische, durchbrochene Vollguß belegt eine komplexe Gußtechnik in Südengland, die hier vor dem 10. Jahrhundert noch nicht bekannt ist und vielleicht wie der Ornament- und Figurenstil wesentlich vom Kontinent beeinflußt wurde.

Canterbury, Bodenfund von ca. 1867 am Nordende der Palace Street.

Wilson 1964 Nr. 9, Taf. 12–14. – Kat. London 1984, S. 89, Nr. 73, Farbtafel 22 (Catherine Haith).

London, The British Museum, Inv. Nr. MLA 1927, 11–16,1

E. W.

V–46

V–46 Riemenende

Südenglisch, um 1000

L. 6,7 cm. – Bronze, gegossen, vergoldet; Durchbrechungen gebohrt, punzverziert.

U-förmiges, profiliertes Riemenende mit eingetieftem Riemenbett und rechteckigem, linear graviertem Deckblech am geraden Ende, durch vier Nieten mit gewölbten Köpfen gehalten.

Das in hohem Relief gegossene Ornament zeigt eine von der geraden Basis aus senkrecht wachsende gerade Ranke mit zwei symmetrischen Seitentrieben und einem verknoteten Kopftrieb, die jeweils in eingerollten Voluten endigen. In dieser Ranke sitzen entgegen ihrer Wuchsrichtung ein Vogel- und ein Vierfüßler-Paar. Die Quadrupeden beißen mit zurückgewandten Köpfen in die Triebe, während die zwei darunterhockenden Vögel den Tieren in die Hinterfüße beißen. Die Nachbehandlung und Punzverzierung ist detailreich und vorzüglich.

Dieser sehr sorgfältig gearbeitete Gürtelbeschlag gehört zu einer kleineren Gruppe U-förmiger Riemenzungen des entwickelten 10. und frühen 11. Jahrhunderts Englands, die morphologisch auf karolingische und ottonische Riemenenden zurückgehen. In ihrem durchbrochenen Dekor folgen sie dem Zierstil der sogenannten Winchester-Schule, der sich im Zuge der benediktinischen Reformbewegung ab dem zweiten Drittel des 10. Jahrhunderts in Südengland mit dem Zentrum Winchester ausbildete und der ebenfalls in kontinentalen Vorformen (vgl. Kat. Nr. V–48) wurzelt. Ikonographisch handelt es sich hierbei um sakral verstandene Lebensbaum-Darstellungen, wobei Vergleiche mit Handschriften die Vierbeiner als Löwen identifizieren konnten. Ornamentvergleiche (Wamers) mit der Eröffnungsseite des Lukas-Evangeliars aus Saint-Bertin aus der verwandten „Franko-sächsischen Schule" bestätigen eine Datierung „um 1000".

Winchester (Old Minster), England; Grabungsfund aus der Füllung von Grab 321 („Final phase 39").

Wilson 1969, S. 326–329. – Kat. London 1984, S. 96, Nr. 83 (Catherine Haith). – Hinton 1990, S. 494–500 Fig. 124. – Zur Ornamentanalyse: Wamers 1986, S. 24 ff., Abb. 20 und 35.

Winchester Museums Service, Winchester Research Unit, Dean and Chapter of Winchester Cathedral, CG 1396

E. W.

V-47

V-47 Riemenende

Südenglisch, um 1000

L. 5,6 cm. – Bronze, doppelseitig gegossen, Durchbrechungen zum Teil gebohrt, punzverziert; abgetragen.

U-förmiges, schwach profiliertes Riemenende mit beidseitig gegossener Reliefverzierung in Durchbruchtechnik. Schmale, mit Dreiecken gepunzte Riemenplatte. Der Dekor besteht aus einer kräftigen symmetrischen Ranke mit Seitentrieben, in der zwei adossierende Vögel sitzen, die sich an der Pflanze laben und deren Schwänze in vegetabilen Voluten endigen. Am unteren Ende wachsen aus einem dreiseitigen en face-Kopf Ranken hervor, die ebenfalls durch Schlaufen- und spiralige Volutenbildung gekennzeichnet sind.

Wie der andere Riemenbeschlag von Winchester (Kat. Nr. V-46) gehört dieses Exemplar in den Umkreis der „Winchester-Schule". Auch für dieses Stück ist eine enge stilistisch-motivische Parallelversion in der Eröffnungsseite des – wohl von Angelsachsen illuminierten – Lukas-Evangeliars aus dem nordfranzösischen Saint-Bertin festzustellen, wenn auch in der Vereinfachung, die der Metallguß erzwingt. Es ist somit ebenfalls „um 1000" zu datieren.

Winchester, England; Grabungsfund aus der Lower Brook Street (pre-House-XII, „Final phase 36").

Kat. London 1984, S. 96, Nr. 82 (Catherine Haith). – Hinton 1990, S. 494–500, Fig. 125. – Zur Ornamentanalyse: Wamers 1986, S. 24 ff., Abb. 23 und 36.

Winchester Museums Service, Winchester Research Unit, BS 6624

E. W.

V-48 Rohguß eines Zierstücks

Mainz, Mitte bis zweite Hälfte 10. Jahrhundert

10,59 x 1,87 x 0,51 cm; Stärke der Endzungen 0,12–0,15 cm. – Messing, massiv gegossen.

Langschmales Zierstück mit flachen Endzungen; keine Gußnachbearbeitung erkennbar: seitliche Gußgrate, unsaubere Ornamentik mit Gußunregelmäßigkeiten, pockige Oberflächen. Ebene Unterseite. Es handelt sich um einen Rohguß, der aus unbekannten Gründen nicht weiter bearbeitet wurde.

V-48

Das in tiefem Relief gegossene Zierfeld zeigt fünf nach außen stehende und nach innen zurückblikkende, einander zugewandte Vogelpaare. Sie nähren sich von Ranken, die aus den Schwänzen des jeweils oberen Paares erwachsen. Dies ist ein Motiv, das seine besten Entsprechungen in Bronzegüssen des englischen Winchester-Stils hat, etwa in Riemenenden und sakralen Werken wie Rauchfässern, Meßkännchen (vgl. Kat. Nr. V-44 und V-45) und anderem. Der Winchester-Stil entstand im Gefolge der benediktinischen Reformbewegung des 10. Jahrhunderts in Südengland, wo bedeutende Kunstwerke in der Buchmalerei und der Elfenbeinschnitzerei geschaffen wurden. Aber auch einfachere Objekte wie Gürtel- und Buchbeschläge aus Bronze und Messing wurden in diesem Stil verziert, oft in ornamentaler Durchbruchsarbeit wie etwa bei Riemenzungen aus Winchester selbst (vgl. Kat. Nr. V-46 und V-47). Die Herkunft dieses Stils aus spätkarolingisch-frühottonischer Ornamentik gilt als sicher; der Rohguß aus Mainz zeigt, daß mit einer viel engeren Beziehung auch im profanen Bereich zwischen dem Kontinent und Südengland in ottonischer Zeit zu rechnen ist, wofür es weitere verstreute Belege gibt: einen vergoldeten Bronzebeschlag aus Magdeburg sowie Riemenbeschläge aus Hattem in Gelderland, Karlburg in Unterfranken, und andere mehr. Daneben stehen bedeutende sakrale Kunstwerke wie etwa die Leuchter aus Kremsmünster (Kat. Nr. V-41) oder ein Buchkasten aus Kloster Seitz im heutigen Slowenien (Nürnberg, Germanisches Nationalmuseum, Inv. Nr. Z. R. 1936/1947). Diese künstlerischen Beziehungen sind vor dem Hintergrund der freundschaftlich-dynastischen Verbindungen zwischen den Ottonen und Wessex zu sehen, die sich auch in engen Wirtschaftskontakten äußerten: So etwa wird Mainz der Umschlagplatz für den Pfeffer gewesen sein, der regelmäßig von kontinentalen Kaufleuten in London abgesetzt wurde. Der so vielseitig interessierte und eng mit dem Kaiserhaus verbundene Bernward wird diese geistigen und wirtschaftlichen Kontakte mit großer Aufmerksamkeit verfolgt haben.

Mainz (Löhrstraße).

Wamers 1986, S. 22 ff. – Wamers 1993, Nr. 299. – Zu den Beziehungen zwischen den Ottonen und Wessex: Leyser 1983.

Frankfurt am Main, Museum für Vor- und Frühgeschichte, Inv. Nr. 85,86

E. W.

V-49

V-49 Beschlagfragment

Ottonisch, 10. Jahrhundert

5,4 x 5,4 cm. – Bronze, gegossen und getrieben/gepreßt, gepunzt, feuervergoldet.

Fragmentarischer Riemenverteiler in Form eines umgekehrten Y mit einer rechteckigen Öse im oberen geraden Ende, vermutlich vom Zaumzeug, Sattelzeug oder Schwertgehänge. Die Verzierung wurde von der Rückseite her eingepreßt oder -getrieben; die Vergoldung ist nur noch partiell, vor allem auf dem Hintergrund erhalten. Dargestellt sind zwei einander zugewandte langhalsige, kräftig gewachsene Vögel mit aufgesperrten Schnäbeln und gerieftem Hals in einer Pflanze mit zentralem, geripptem Stamm und volutenartigen Seitentrieben mit Endknollen, von denen sie sich nähren. Sie stehen auf dem Rücken zweier weiterer, heute nur teilweise erhaltener gleichartiger, aber kleinerer Vögel, welche auswärtsgewandt sind und nach rückwärts oben in die Schwänze der oberen Artgenossen beißen. Der ebene Hintergrund der Szenerie ist locker mit kleinen (gepunzten?) Punktmustern bedeckt.

Mit dem Magdeburger Beschlag liegt eine motivische und stilistische Parallelerscheinung zu den südenglischen Metallarbeiten der Winchester-Schule des entwickelten 10. oder frühen 11. Jahrhunderts vor. Besonders nahe steht ihm das kleine liturgische

Kännchen aus dem Britischen Museum, dessen als Vogel(?)protome gestalteter Ausguß dieselbe Schnabel- und Augenstellung sowie die gleiche Halsriefelung aufweist. Ferner kennen beide das Motiv des Dreiblatts an einer Knolle sowie einen gepunkteten Hintergrund. Der Beschlag wurde in Magdeburg in einer Abfallgrube mit Keramik des 10. Jahrhunderts angetroffen. Wenngleich er südenglischer Import sein könnte, dürfte er wegen weiterer kontinentaler Metallarbeiten und Handschriftenillustrationen eher ein kontinentales Produkt sein, das eine enge künstlerische Verbindung zwischen dem Kontinent und Südengland im 10. Jahrhundert belegt.

Magdeburg (Spiegelbrücke), aus einer Abfallgrube mit Keramik des 10. Jahrhunderts.

Nickel 1962, Abb. 4–5. – Nickel 1964, S. 66, Abb. 22a, Taf. 52c. – Wamers 1987, Fig. 8.3.

Magdeburg, Magdeburger Museen, Kulturhistorisches Museum, Spbr. 9–14/15; 12/53, 85; 117

E. W.

V–50 Riemenende (Buchschließe?)

10. Jahrhundert

L. 4,5 cm. – Bronze, durchbrochen gegossen, graviert.

Dünnes, profiliertes Riemenende mit drei kleinen Nietlöchern. Darstellung einer symmetrischen Pflanze mit Dreipaß-Knospenspitze, in der zwei Vierfüßler oder wahrscheinlicher Vögel sitzen. Innenzeichnung durch Strichgravur.

Trotz der groben Ausführung ist die ‚Verwandtschaft' dieses Stückes zu den südenglischen Metallarbeiten des sogenannten Winchester-Stils und zu den seltenen ottonischen Stücken des Kontinents offenkundig. Die durchbrochene Darstellung einer zentralen, symmetrischen Pflanze mit Dreipaßknoten, in der Vögel und Vierbeiner sitzen, ist ein Leitmotiv dieses Kunstkreises. Die wegen des Nietlochs in der Spitze vermutliche Buchschließe kommt aus einer karolingisch-ottonischen Wüstung, in der im 10. Jahrhundert auch Emailfibeln gefertigt wurden.

Karlburg, Ldkr. Main-Spessart, Unterfranken; Siedlungsfund von der karolingisch-ottonischen Villa.

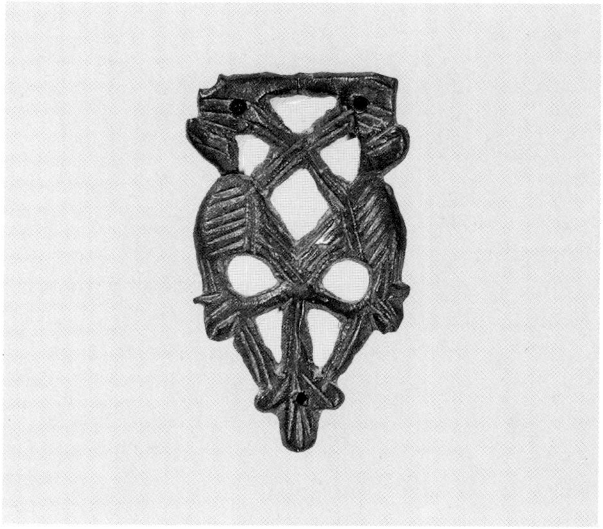

V–50

Wamser 1992, Abb. 25.23.

Karlstadt, Historischer Verein, Stadtgeschichtliches Museum, Inv. Nr. 0002

E. W.

FULDA

*V–51 Fuldaer Sakramentar in Göttingen

Fulda, um 975

34 x 27 cm, 256 Blätter. – Pergament mit Deckfarben, Gold und Silber.

Die Handschrift enthält den Text des *Sacramentarium Gregorianum* mit Zusätzen aus dem *Sacramentarium Gelasianum* in einer Fassung, die auch von anderen Fuldaer Sakramentaren wie der etwa gleichzeitigen Bilderhandschrift in Udine, Biblioteca Capitolare, Cod. 76v, der in Lucca, Biblioteca Governativa, Cod. 1275, und anderen bezeugt wird. Ein Kalendar steht am Schluß der Handschrift (fol. 251r– 256v). Deren Buchschmuck besteht aus dreißig Miniaturen, gerahmten Initial- und Schriftzierseiten und Initialen, manche auf von Säulen gerahmtem Purpurgrund und durch diese Rahmenarchitektur oder durch einfache Rahmen unmittelbar mit dem darüberliegenden Bild verbunden. Die beiden Fuldaer Sakramentare in Göttingen und Udine bergen die ältesten erhaltenen ottonischen Serien von Bildern zum Leben Jesu, jeweils, wie auch das Pfingstbild (fol. 82r), bei den betreffenden Festen. Außer diesen Leben-Jesu-Szenen hat das Sakramentar in Göttingen ein dreizoniges Titelbild: oben Abels Opfer, Isaaks Opferung, Melchisedek mit Brot und Wein, in der mittleren Zone Bilder der Päpste Gregorius (mit der Taube) und Gelasius, beide thronend und in Medaillonrahmen; diese Autoren des Sakramentars übergeben im unteren Bildstreifen das vollendete Werk zwei Mönchen, von denen sich einer zu Boden geworfen hat (fol. 1v). Ferner zum *Agnus Dei* das Lamm Gottes mit Ecclesia, die das Blut aus der Seitenwunde auffängt, und den vier Wesen (fol. 9r), zum Fest des heiligen Stephanus ein Bild der Steinigung des Protomärtyrers (fol. 14v), zu dem des Evangelisten Johannes: Johannes liest seine letzte Messe und steigt ins Grab (fol. 15v) und zu dem des heiligen Bonifatius: Bonifatius tauft und erleidet sein Martyrium (fol. 87r). Zu den Festen Petri und Pauli (fol. 93r), des heiligen Laurentius (fol. 98r) und des heiligen Andreas (fol. 116r) ist ebenfalls deren Märtyrertod dargestellt; zu Allerheiligen die Verehrung des Lammes, dessen Blut die Kirche auffängt, durch verschiedene Gruppen der himmlischen Kirche (fol. 111r); zum Martinsfest die Mantelspende und die Traumvision des heiligen Martin (fol. 113r). Das Bild zur *Missa de trinitate* ist ein stehender Christus in Mandorla, zwischen zwei ihm huldigenden Engeln (fol. 136r). Die letzten Miniaturen der Handschrift sind die *Visitatio infirmorum* (Krankenbesuch; fol. 185r), die *Confessio* (öffentliche Beichte; fol. 187r), die *Unctio infirmi* (Krankensalbung; fol. 192v), das *Scrutinium* zur Vorbereitung der Taufe (fol. 214r) und das Kalenderbild mit einer Personifikation des Jahres, umgeben von den vier Elementen, den Jahreszeiten und den Monaten (fol. 250v). Verschiedene Bildinitialen (fol. 29v, 94v: Petrus und Paulus, 95r: Benedikt). Die Bilder der Tierkreiszeichen und der von Medaillons gerahmten Büstenbilder des *Sol*, der Sonne, im Kalendar entsprechen denen des Fuldaer Sakramentars aus dem Domschatz von Verdun (Kat. Nr. V–54), sind aber von besserer Qualität. Das reich ausgestattete Sakramentar ist ein Hauptwerk der ottonischen Fuldaer Malerschule.

Das Sakramentar gehörte im 16. Jahrhundert dem lutherischen Theologen Matthias Flacius Illyricus (1520–75), gelangte um 1600 in die Bibliothek der Universität Helmstedt und nach deren Schließung im Jahre 1809 in die Universitätsbibliothek Göttingen. Der Helmstedter Einband aus dem 18. Jahrhundert ist erhalten.

V–51

Bauer 1977, 1, Nr. 61, S. XLIII. – Hoffmann 1986/1, S. 92, 133, 143, 146, 150, 152, 524. – Kat. Köln 1991, Nr. 18, Abb. 61–66, S. 82–85 (Helmut Rohlfing).

Göttingen, Niedersächsische Staats- und Universitätsbibliothek, 2° Cod. theol. 231

U. K.

V–52 Fuldaer Sakramentar der Kölner Dombibliothek

Fulda, 3. Drittel 10. Jahrhundert

27,6 x 22,9 cm, 179 Blätter. – Pergament mit Deckfarben und Gold; Zierschrift in Grün, Rot, Weiß und Tinte.

V–52

Die Handschrift enthält die Texte des *Sacramentarium Gregorianum* (fol. 25r–104v) samt verschiedenen Ergänzungen, darunter den Anhang Alkuins (fol. 105r–177r). Vorangestellt sind ein für Köln bestimmtes Kalendar (fol. 3r–8v), Litaneien und verwandte Texte (fol. 9r–15r oben). Es folgen Zusätze, einzelne Meßformulare von verschiedenen Händen (fol. 15r unten – 24v), ehe mit dem *Incipit* (fol. 25r) in abwechselnd grünen, roten und schwarzen Zeilen auf Purpurgrund das eigentliche Sakramentar beginnt. Die Präfation mit der *V*-Initiale (fol. 25v) und der Beginn des *Canon missae* mit der *T*-Initiale (fol. 26r), auf gegenüberliegenden Textzierseiten mit purpurfarbenem, von Säulen mit Architrav gerahmtem Grund, sind farblich und formal aufeinander abgestimmt. Beide Initialen sind golden, die Buchstabenkörper mit weißem Flechtwerk auf schwarzem Grund gefüllt. Der Architrav über der *T*-Initiale bildet in der Mitte eine Spitze mit Firstakroterion (Palmette). Die Schrift dieser Zierseiten ist weiß. Zahlreiche Goldinitialen mit Flechtwerk und Blattmotiven. Die Anfänge der Orationen zur Weihnachtsvigil (fol. 30r) und zu Ostern (fol. 63v) sind außerdem durch gerahmten Purpurgrund hervorgehoben, der letztere wird von zwei Säulen und einem oben halbkreisförmig ausbauchenden Architrav gerahmt. Weitere Goldinitialen zur ersten (fol. 30v), zweiten (fol. 31r) und dritten Weihnachtsmesse (fol. 31v), zu Epiphanias (fol. 35r) Mariä Lichtmeß (fol. 38r), Ostern (fol. 64v) und zum Tag des hl. Andreas (fol. 90v).

Das Sakramentar wurde, wie Hartmut Hoffmann dargelegt hat, in Fulda unter Beteiligung von Trierer Schreibern hergestellt, gelangte dann nach St. Maximin in Trier, wo es verschiedene Zusätze erhielt, später nach Köln, war aber, nach Ausweis des Kalendars, bereits ursprünglich für Köln bestimmt. Die ottonische Fuldaer Malerschule hat sich bereits in den siebziger Jahren des 10. Jahrhunderts auf Sakramentare spezialisiert und diese nach auswärts geliefert. Von der Buchkunst dieses produktiven Zentrums blieb auch das Hildesheimer Domskriptorium unter Bernward nicht unberührt. Die für die Fuldaer Malerschule typische Rahmung der Zierseiten wurde im Sakramentar Bernwards (Kat. Nr. VIII–25) fol. 2bv und in der Bernward-Bibel (Kat. Nr. VIII–29) fol. 1r aufgegriffen.

Baron 1930, S. 124–125. – Schnitzler 1957/3, S. 48 Anm. 47. – Bloch 1963. – Bauer 1977, 1, Nr. 57 S. XXXX (!). – Hoffmann 1986/1, S. 93, 152–158, 178, 452, 477, 486.

Köln, Erzbischöfliche Diözesan- und Dombibliothek, Cod. Metr. Col. Nr. 88

U. K.

V–53 Einzelblatt mit den Päpsten Gregorius und Gelasius

Fulda, letztes Viertel des 10. Jahrhunderts

28,2–28,7 x 21 cm, Einzelblatt. – Pergament mit Deckfarben, Gold und Silber.

Das Einzelblatt, das die Päpste Gregorius und Gelasius als Autoren des Sakramentars zeigt, hat ursprünglich als Titelminiatur eines Sakramentars gedient, während ein zweites, zugehöriges Einzelblatt – mit einer Personifikation des Jahres *(Annus)* und mit weiteren Personifikationen des Tages und der Nacht, der vier Jahreszeiten und der zwölf Monate – die letzte Miniatur dieser verlorengegangenen Handschrift gewesen sein dürfte. Vergleichbare Darstellungen enthalten das Fuldaer Sakramentar in Göttingen (Kat. Nr. * V–51) auf fol. 1v und 250v und, was das Gregor-Gelasius-Bild betrifft, das Fuldaer Sakramentar in Bamberg, Staatsbibliothek, Msc. Lit. 1, fol. 12v. Die Rückseiten beider Einzelblätter sind

V–53

leer. Gregorius trägt, zur Unterscheidung von Gelasius, eine Taube auf seiner Schulter. Außerdem sind beide Päpste inschriftlich bezeichnet: *S(AN)C(TU)S GELASIUS PAPA R(O)M(A)N(U)S* und *S(AN)C(TU)S GREGORIUS PAPA (RO)M(A)N(U)S.* Das Distichon über ihnen beschreibt sie als die Autoren des Sakramentars: *GREGORIUS FLATU SUPERI GELASIUS ATQUE / MISSAS CUM SENSU CONFICIUNT PARILI* (Gregorius und Gelasius haben durch göttlichen Hauch gleichen Sinnes die Meßformulare vollendet). Die Inschrift zwischen den beiden Päpsten ist in die Form einer Iota-Chi-Initialligatur (für *I[esus] Ch[ristus]*) gebracht: *ISTI SUNT DUO UIRI QUI ASISTU(N)T ANTE D(EU)M N(OSTRU)M MISERICOR(DIE)* (Diese hier sind zwei Männer, die vor unserem Gott, der ein Gott des Erbarmens ist, stehen). Gleichlautend finden sich diese Inschriften bei Gregor und Gelasius in dem Essener Sakramentar Düsseldorf, Universitätsbibliothek, Ms. D2 (3. Viertel des 10. Jahrhunderts), fol. 26v, das den beiden Fuldaer Einzelblättern zeitlich vorangeht. Wie dort sind die Päpste auch in Düsseldorf D2 stehend gegeben, während sie in den in Göttingen und in Bamberg aufbewahrten Fuldaer Sakramentaren sitzen. Auf dem Einzelblatt halten sie Schriftrollen mit den Anfängen von Meßgebeten. Auf der des Gelasius steht: *Concede q(uae)s(umus) omnipotens d(eu)s* (Gewähre, so bitten wir, allmächtiger Gott), womit an verschiedenen Festtagen die Gebete zu Beginn der Messe eingeleitet werden. Die Worte auf Gregors Schriftrolle sind wohl zum Anfang der *Oratio* in der Messe am Sonntag Sexagesima zu ergänzen: *D(eu)s qui conspicis quia ex nulla [nostra actione confidimus]* (Gott, der du siehst, daß wir aus keinem [unserer Werke Zuversicht gewinnen]).

Die beiden Einzelblätter dienten als Vorder- und Rückspiegel von Cod. theol. lat. fol. 92, einer Handschrift der Paulusbriefe mit Glossen, die um 1180 in Kloster Huysburg hergestellt wurde, und zwar war das *Annus*-Blatt in den Vorderdeckel, das Gregor-Gelasius-Blatt in den Rückdeckel geklebt.

Bauer 1977, 1, Nr. 51, S. XXXVI–XXXVII. – Hoffmann 1986/1, S. 143. – Kat. Köln 1991, Nr. 19, Abb. 67–68, S. 86–88 (Anton von Euw).

Berlin, Staatsbibliothek zu Berlin – Preußischer Kulturbesitz, Cod. theol. lat. fol. 192 Fragm.

U. K.

V–54 Sakramentar aus dem Domschatz von Verdun und Elfenbeinplatten mit Szenen aus dem Leben Jesu

Elfenbeine: Nordfrankreich, sog. Palastschule Karls des Kahlen, 3. Viertel 9. Jahrhundert
Handschrift: Fulda, um 1000

Elfenbeine: je 18,2 x 6,8 cm. – Elfenbein, eingelassen in einen mit gestanzten Silberstreifen des 14. Jahrhunderts beschlagenen Holzdeckel (25,5 x 18 cm); stellenweise stark berieben.
Handschrift: 25,5 x 18 cm, 222 Blätter (foliiert *1–113, 122–127*; erstes und letztes Blatt sowie ein Blatt nach fol. 64 nicht foliiert; hinter der 15. Lage fehlt ein Quaternio, das bei der Foliierung berücksichtigt wurde). – Pergament mit Deckfarbenmalerei.

Die beiden hochrechteckigen Elfenbeinplatten, die schon durch das Format ihre Herkunft aus der Tradition spätantiker Diptychen bekunden, vereinen Szenen aus der Jugend Christi mit solchen vom Beginn seines öffentlichen Wirkens: Verkündigung an Maria, Geburt, Anbetung der Magier, bethlehemitischer Kindermord, Taufe im Jordan und das erste Wunder des Herrn, die Verwandlung von Wasser in Wein bei der Hochzeit zu Kana. Dabei folgt die zweite Tafel in Bildauswahl und Reihenfolge einem in Rom entstandenen spätantiken Diptychon-Flügel der Zeit um 400 (Berlin, Skulpturengalerie). Kindermord und Hochzeit zu Kana stimmen weitgehend auch in der Bildformulierung überein, während für die Taufe eine andere Bildtradition gewählt ist: Statt des vom Felsen rechts herabstürzenden Wassers, in dem der knabenhaft kleine Christus steht, während Johannes von links seine Hand über ihn ausbreitet, erscheint hier der Jordan als Flußgott, der von links her aus einer Urne sein Wasser ausgießt, das die Beine des zwar noch jugendlichen, aber doch erwachsenen Christus umspült. Beide Bildtraditionen gehen auf antike Vorbilder zurück. Das spätantike Diptychon, dessen zweite Hälfte der Louvre in Paris besitzt, hat in der karolingischen Kunst vielfache Wirkung entfaltet. Recht genau ist es um 800 in der Hofschule Karls des Großen auf einem Elfenbein, heute in Oxford, kopiert worden. Es gehört auch zu den Vorbildern eines Buchdeckels der älteren Metzer Schule aus dem 2. Viertel des 9. Jahrhunderts (Paris, Bibliothèque Nationale, Ms. lat. 9393. Goldschmidt, 1, Nr. 72). Der Kindermord, wenngleich figurenreicher, kommt dort der Formulierung auf dem gezeigten Diptychonflügel noch näher, so daß wir annehmen dürfen, die altchristliche Bildtra-

V-54

V-54

dition sei dem spätkarolingischen Elfenbeinschnitzer durch ein älteres Metzer Vorbild vermittelt worden. Vor allem folgt die Anbetung der Magier diesem Metzer Buchdeckel: Die Gestalt der im Profil unter Vorhängen thronenden Maria, das große auf ihrem Schoß mit dem Rücken zur Mutter sitzende Kind, die von Säulen getragene, gestaffelte Architrav-Architektur bis hin zu Details wie den von Tüchern und Gewandstücken umhüllten Schalen mit den Gaben der Könige sind hier vorgebildet. Da auch die Geburt Christi und die Bildform der Taufe Christi in annähernd gleichzeitig entstandenen Werken der sog. jüngeren Metzer Schule in ähnlicher Form begegnen, wie das Kästchen in Braunschweig (Kat. Nr. VI-63) belegt, lagen offenbar in der Kunst Lotharingiens die wichtigsten Voraussetzungen der beiden Buchdeckel-Platten.

Stilgeschichtlich lassen ihre kompakten, von dichten Falten überzogenen Figuren einerseits an Metzer Arbeiten denken, andererseits verweisen die in lebhaftem Agieren voller Bewegungsdrang begriffenen expressiven Gestalten auf die sogenannte Liuthardgruppe, Elfenbeine, die überwiegend mit Handschriften aus dem Besitz Karls des Kahlen verbunden

V–54 fol. 12r

sind. Neben einem engeren Kernbereich – offenbar älteren Werken, die in malerisch bewegtem Relief mit Figuren voller Bewegungsdrang unmittelbar dem Stil Reimser Buchmalerei des 2. Viertels des 9. Jahrhunderts verpflichtet sind – steht eine weitere, offensichtlich jüngere kleine Gruppe von Elfenbeinschnitzereien. Bei ihnen läßt sich eine entschiedene Abflachung der Formen beobachten, die dargestellten Figuren bleiben vor allem stärker dem Grund verhaftet. Sie stammen, wenn auch von schwankender Qualität der Ausführung, im wesentlichen offenbar auch aus dem Umkreis Karls des Kahlen. Bekanntlich verbanden sich in seinen Hofwerkstätten die unterschiedlichsten Traditionen der karolingischen Kunst, wie das auch die für ihn geschaffenen illuminierten Handschriften der früher so genannten Schule von Corbie erweisen.

Kurt Weitzmann hat 1933 für die gezeigten Platten und einige besonders eng verwandte Arbeiten eine Entstehung in Fulda am Ende des 10. Jahrhunderts vorgeschlagen, wobei er auf die Ähnlichkeit der Figurenbildung in der Fuldaer Buchmalerei und auf Details wie die gestaffelten Architrave, die kantigen Säume etc. hinwies. Die Zuordnung hat lange Anerkennung gefunden, bis die 1968 aus ihrer barokken Umhüllung vorübergehend herausgenommene Cathedra Petri neue Einsichten in die schwierigen Filiationen spätkarolingischer Elfenbeinkunst ermöglichte. Der von Karl dem Kahlen offenbar um 870/75 nach Rom geschenkte, mit seinem Bild geschmückte Thron muß im wesentlichen von Metzer Elfenbeinkünstlern geschaffen worden sein, wobei gewisse Teile aber der Liuthardgruppe so nahe stehen, daß wir von einer engen Symbiose beider Schulen in den Hofwerkstätten Karls des Kahlen auszugehen haben. Einzelne Übereinstimmungen und Überschneidungen waren auch früher gelegentlich beobachtet worden. Metz, ursprünglich zum karolingischen Mittelreich und seit spätkarolingischer Zeit zum Ostreich, d. h. zum späteren Deutschland, gehörig, hatte Karl der Kahle nur kurzfristig 869/870 seinem Herrschaftsbereich einverleiben können. Doch war es ihm offenbar gelungen, Künstler von dort anzuwerben. Wo in Nordfrankreich seine Hofwerkstätten arbeiteten, wissen wir nicht.

Die Reliefs des Buchdeckels fügen sich der zweiten Gruppe von Elfenbeinschnitzereien aus dem Umkreis Karls des Kahlen ein, die Formengut der Liuthardgruppe und der Metzer Kunst in charakteristischer Weise vereinen: Die immer noch lebhaft agierenden Figuren voller Expression sind zum Reliefgrund zurückgenommen; dabei werden sie in ihrer plastischen Substanz flacher, in der Ausdehnung breiter. Sie gewinnen in der Konsistenz größere Festigkeit; einzelne Gewandränder und -säume treten kantig heraus, definieren in ihrer Schärfe das Erscheinungsbild der Gestalten stärker, als das bei dem malerischen Gewoge der älteren Liuthardgruppe der Fall war, aus deren Motivschatz diese Elemente jedoch stammen. In der Form noch durchweg karolingischen Stilcharakters, gehören die gezeigten Elfenbeinplatten mit verwandten Buchmalereien aus dem Umkreis Karls des Kahlen zu den wichtigsten Quellen der frühottonischen Buchmalerei in der Reichsabtei Fulda, also Werken wie den Miniaturen der Handschrift, die zwischen diesen Buchdeckeln geborgen ist. Weitzmanns Vergleiche haben sich bestätigt; nur wird man seiner Schlußfolgerung, es handle sich um ottonische, in Fulda am Ende des 10. Jahrhunderts entstandene Werke, nicht folgen können. Sie gehören zu ihren Voraussetzungen.

R. Ka.

Die Handschrift enthält verschiedene figürliche Darstellungen: einen thronenden Christus mit zwei

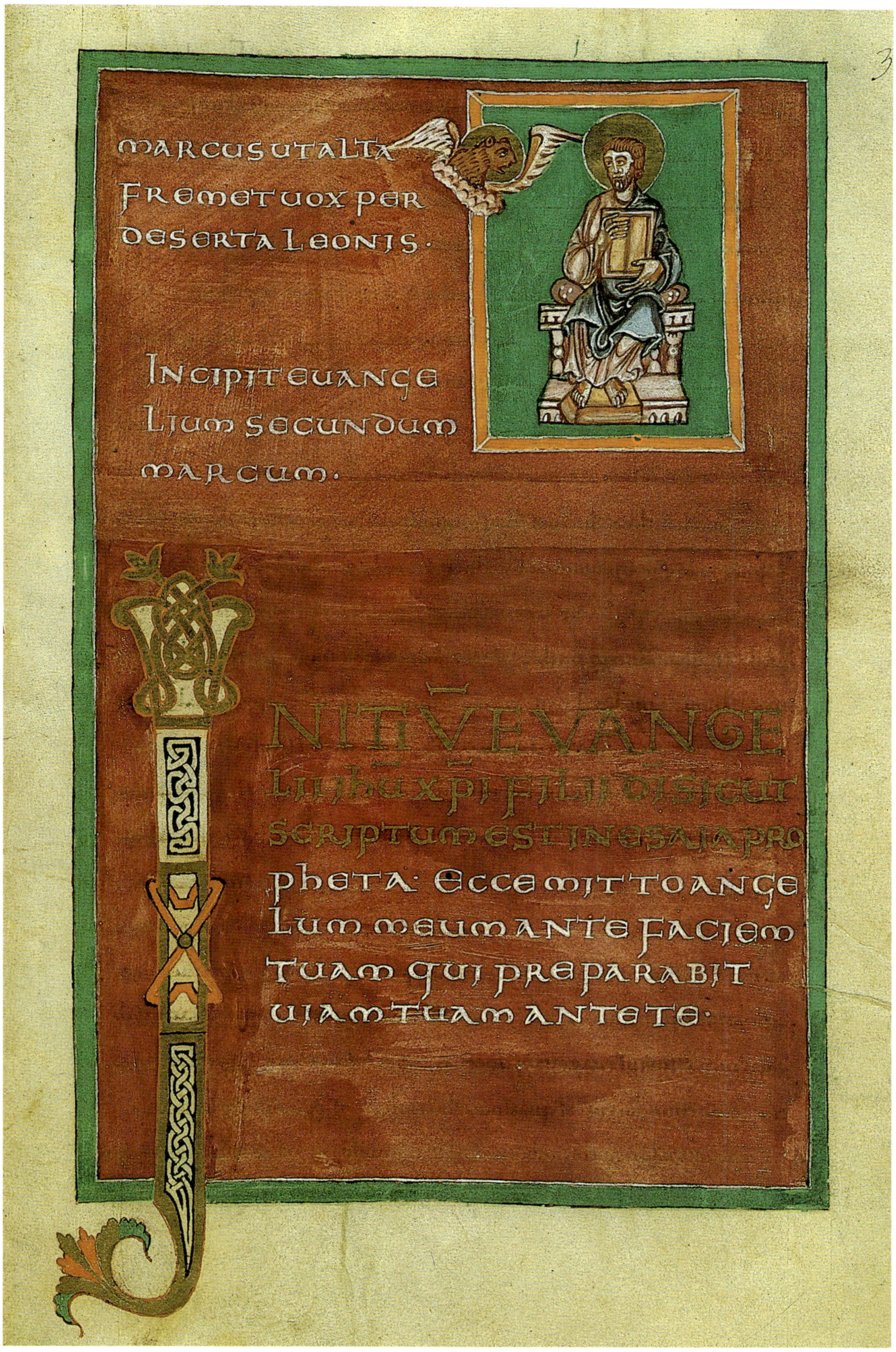

V-55
fol. 38r

Engelpaaren beim *Sanctus* (fol. 11v), eine Kreuzigung zu Beginn des *Canon missae* (fol. 12r) und, zum Pfingstsonntag, die Heilig-Geist-Taube in einem Himmelssegment, mit dem Kopf nach unten gerichtet, darunter links und rechts je ein Engel (fol. 105v), im Kalendar (fol. 219r–225v) bei jedem Monat ein Bild des Tierkreiszeichens und ein Medaillon mit einem Brustbild des *Sol* (Sonne). Die unziale *D*-Initiale zur Messe am Gründonnerstag besteht aus Schlangen, von denen eine in einen Vogelkopf ausläuft (fol. 70v). Die Initiale (unziales *D*) zum Fest der Beschneidung des Herrn hat einen menschlichen Kopf im Ablauf (fol. 26r). Gerahmte Schrift- und Initialzierseiten mit Purpurgrund (fol. 9v–13r). Viele Initialen, oft zusammen mit den folgenden Worten, ebenfalls auf Purpurgrund. Diese in Fulda hergestellte Handschrift steht insofern in engem Zusammenhang mit der Corveyer Buchmalerei, als sie nach Corveyer Vorlage für ein westfälisches Frauenkloster hergestellt wurde. Die der Zeichnung zum Pfingstsonntag zugrundeliegende Bildvorlage wurde auch in Corvey selbst für die Zeichnung in dem Evangeliar Kassel, Gesamthochschulbibliothek, Cod. theol. 60, fol. 3v benutzt. Aufgrund bestimmter Einträge im Kalendar datiert Gerd Bauer die Handschrift vor das Jahr 965, doch sind die diesbezüglichen Argumente nicht stichhaltig, da auch noch im 11. Jahrhundert Ereignisse, die im 10. Jahrhundert liegen (wie Sonnenfinsternisse und ähnliches) aus anderen Kalendarien nachgetragen worden sein konnten.

Die Handschrift gelangte schon im 11. Jahrhundert in den Dom zu Verdun, auf welchem Wege, ist unbekannt. 1790 kam sie in die Bibliotheca Palatina Karl Theodors von der Pfalz nach Mannheim und von dort in die Hofbibliothek München.

U. K.

Goldschmidt, 1, Nr. 67. – Lehmann 1919, S. 40–44. – Weitzmann 1933, S. 14–18. – Weitzmann 1971, S. 224, Anm. 22. – Kahsnitz 1970, S. 31, Nr. 19. – Mütherich 1971, S. 270–271. – Lasko 1972, S. 81, 112. – Bauer 1977, 1, S. 87–88, 91–92, 98–99, XXXVIII-IXL (Nr. 55); 2, Nr. X, S. 64–80. – Gaborit-Chopin 1978, S. 67 und Kat. 58. – Hoffmann 1986/1, S. 129. – Kat. Berlin 1992/2, S. 56 (Michael Peter).

München, Bayerische Staatsbibliothek, Clm 10077

V–55 Evangeliar aus Sankt Ludgeri in Werden

Fulda, letztes Drittel des 10 Jahrhunderts

21 x 13 cm, 121 Blätter. – Pergament mit Deckfarben.

Das Evangeliar enthält die vier Evangelien mit den Vorreden *Novum opus, Sciendum etiam, Plures fuisse*, den Prologen und *Argumenta* zu den einzelnen Evangelien und ein *Capitulare evangeliorum* (fol. 111ra–121ra), jedoch keine Kanontafeln. Das Evangelistenbild, vor jedem der vier Evangelien, ist mit dem Incipit und der Initiale zu einer gerahmten Zierseite mit Purpurgrund zusammengefaßt: fol. 9r, 38r, 58r, 87v, wobei die Evangelisten, in eigenem Rahmen, jeweils in der rechten oberen Ecke plaziert wurden. Alle ihrem Symbol zugewandt, thronen sie auf breiten Kastenthronen. Die Initialen mit Flechtwerk, teilweise mit Palmetten. Der Ablauf des *Q* am Beginn des Lukasevangeliums ist als Drache gebildet. Kleinere farbige Zierbuchstaben am Beginn der Vorreden. Wie für das Fuldaer Hauptwerk, den Codex Wittekindeus (Kat. Nr. II–14a), wurden auch für dieses Evangeliar von geringerem Anspruchsniveau karolingische Prachtcodices aus dem Umkreis der Hofschule Karls des Großen und der Hofschule Karls des Kahlen mehr oder weniger unmittelbar als Vorlagen benutzt. Wie andere frühottonische Fuldaer Handschriften (Kat. Nr. *V–51) belegt auch das Evangeliar aus Sankt Ludgeri in Werden, daß die Fuldaer Handschriftenproduktion bevorzugt in den westfälisch-niedersächsischen Raum geliefert wurde.

Ein Besitzeintrag des 16. Jahrhunderts auf fol. 2r bezeugt, daß die Handschrift im Ludgerikloster in Werden an der Ruhr aufbewahrt wurde: *Liber sancti ludgeri ep(iscop)i in werdena*. Von dort kam sie in die Bibliotheca Paulina in Münster und ist 1823 aus dieser von der Königlichen Bibliothek in Berlin erworben worden.

Rose, 2,1, Nr. 260, S. 34–35. – Kat. Berlin 1931, Nr. 17, S. 37–38 (Albert Boeckler). – Boeckler 1938, S. 20–21. – Kat. Berlin 1975, Nr. 33, Abb. S. 56, S. 41 (Tilo Brandis). – Bauer 1977, 1, Nr. 56, S. XXXIX-XL. – Hoffmann 1986/1, S. 144, 165.

Berlin, Staatsbibliothek zu Berlin – Preußischer Kulturbesitz, Cod. theol. lat. fol. 359

U. K.

V–56 Viten der Heiligen Kilian und Margareta

Fulda, letztes Viertel des 10. Jahrhunderts

20,6 x 15 cm, 38 Blätter. – Pergament mit Deckfarben und Gold.

Die Handschrift enthält die Viten der Heiligen Kilian und Margareta, außerdem am Ende einige Gebete. Der Buchschmuck besteht aus elf goldgerahmten

MARGARETA.
REGINA.
IN XP̄IN O MINE
INCIP̄ UIT A UEL
PASSI O SCIS
SIMAE UI RGIN

V-56 fol. IIv

Bildern auf Purpurgrund zur Kilians- und neun zur Margaretenvita, einer Titelminiatur und einer gerahmten Initialzierseite mit Purpurgrund zu Beginn jeder der beiden Viten (fol. 1r, 12r). Die Titelminiatur (fol. 11v) zeigt die Krönung der heiligen Margareta und der heiligen Regina durch Maria, darunter wahrscheinlich den Autor der Vita, Theotimos, vielleicht den Schreiber. Die Titelminiatur zur Kiliansvita ging verloren. Die Bilder der Kiliansvita zeigen Kilian und seine Gefährten auf dem Weg nach Würzburg, den dortigen Götzendienst, seine Beauftragung durch den Papst, seine Predigt, die Taufe Herzog Gozberts durch Kilian, seine und seiner Gefährten Hinrichtung auf Befehl der Gemahlin Gozberts, Geilana, die dann selbst von einem bösen Geist besessen, also wahnsinnig wird; schließlich wird Gozbert selbst ermordet, und sein Sohn Hetan wird vertrieben. Die Bilder der Margaretenvita stellen die Gefangennahme Margaretas durch den Präfekten Olibrius dar, ihre mehrfache Geißelung, ihren Kampf mit dem Drachen Rufo und dessen Bruder Beelzes, weitere Folterungen und ihre Enthauptung, bei der Engel ihre Seele in den Himmel tragen. Von einer anderen in Fulda hergestellten Vitensammlung, den Viten der heiligen Pinnosa und der Heiligen Cosmas und Damian, die in der Essener Domschatzkammer lag, sind nur zwei Kopien von Nachzeichnungen erhalten geblieben. Die Kilians- und Magaretenviten sind aus stilistischen Gründen etwas später zu datieren als das Fuldaer Sakramentar in Göttingen (Kat. Nr. * V–51).

Die Entstehung der Handschrift in Fulda ist aus paläographischen und kunsthistorischen Gründen gesichert. Vorbesitzer waren im Jahre 1765 J. F. Mollerus (Eintrag auf dem Vorsatzblatt rechts unten) und im Jahre 1808 H. Schaedtler (Eintrag auf dem Innenspiegel).

Prochno 1929, S. 83, Abb. 83*. – Bauer 1977, 1, Nr. 52, S. XXXVII. – Hoffmann 1986/1, S. 133, 146, 150–152, 178. – Hahn 1988. – Kat. Köln 1991, Nr. 17, Abb. 59–60, S. 79–81 (Gerd Bauer).

Hannover, Niedersächsische Landesbibliothek, Ms I 189

U. K.

VI

SAXONIA

Sachsen um 1000

Nach dem Zerfall des Karolingerreiches wurde Sachsen unter der Führung der Ottonen, die seit 919 sächsisches Herzogsamt und Königswürde miteinander vereinten, zu einer Kernlandschaft des Reiches, wovon die zahlreichen Königspfalzen im Harzraum Zeugnis ablegen. Das frühmittelalterliche Sachsen umfaßte das heutige Norddeutschland, dehnte sich aber bald nach 900 in das heutige Thüringen und Sachsen aus. Die Herrschaft der Ottonen erfaßte keineswegs alle diese Räume mit gleicher Intensität. Die Elbgrenze etwa überschritten sie auch als Könige nur selten und wenn, dann in kriegerischer Absicht.

Neben dem König übten auch die Bischöfe, Stifte, Klöster und der Adel Herrschaft aus. In deren Grundherrschaften war die Masse der noch überwiegend auf dem Land lebenden Bevölkerung eingebunden. Ein entwickeltes Städtewesen gab es noch nicht. Für die Herrschaftsstruktur waren die großen Adelsfamilien von größter Bedeutung. Aus ihrem Kreis waren die Liudolfinger-Ottonen hervorgegangen, und neben ihnen standen die nicht minder mächtigen Billunger, denen seit Otto dem Großen das Herzogsamt anvertraut war, Brunonen und Immedinger. Nicht immer deckten sich ihre Interessen mit denen des Herrschers und der Kirche. Dies bekam auch Bischof Bernward zu spüren, der selbst „dem adeligen Blut unseres Volkes“, wie es sein Biograph Thangmar ausdrückte, entstammte. Zeugnisse der Adelsherrschaft sind kaum erhalten. Nur indirekt läßt sich der Adel in der Ausstellung zeigen, nämlich durch seine großen geistlichen Stiftungen wie beispielsweise Quedlinburg und Gandersheim (beides Gründungen der Ottonen), Gernrode und Essen. Die Stifte, die in Sachsen in besonders großer Zahl anzutreffen sind, standen den adeligen Frauen offen – sie überlebten ihre kriegerischen Ehemänner und männlichen Verwandten vielfach um Jahrzehnte. Die Frauenstifte waren nicht nur Refugien für ein frommes Leben und sicherten den Verstorbenen der Stifterfamilien das ewige Gebetsgedächtnis, sondern sie waren in einer weithin analphabetischen Gesellschaft (neben den Bischofsstädten) Inseln des kulturellen Lebens, wie die Werke der Hrotsvith von Gandersheim zeigen. Vom kulturellen Reichtum der Stifte zeugen auch die kostbaren Handschriften und Kunstwerke, die zumeist für liturgische Zwecke gestiftet wurden. Was an Kunst der Ottonenzeit erhalten ist, stammt vornehmlich aus kirchlichem Besitz; sie ist ein Spiegel der kulturellen Bedeutung Sachsens in ottonischer Zeit.

Die Randlage zu den noch heidnischen, in lockeren Stammesverbänden organisierten westslavischen Stämmen Mittel- und Ostdeutschlands blieb auch im 10. und frühen 11. Jahrhundert für Sachsen bedeutsam. Die Ottonen versuchten zwar, die Slaven durch die Einsetzung von Markgrafen in ihren Siedlungsgebieten herrschaftlich zu unterwerfen und durch Bistumsgründungen kirchlich zu integrieren, doch gelang dies nur mit Rückschlägen. Der Lutizenaufstand 983 machte die bisherigen Erfolge fast ganz zunichte. Am Beispiel des gut dokumentierten slavischen Fürstensitzes Oldenburg lassen sich die Wandlungen und Brüche des deutsch-slavischen Verhältnisses gut aufzeigen. Dieses war neben dem Sprachunterschied vor allem von dem Gegensatz zwischen Christentum und Heidentum geprägt, doch gab es neben Handelsbeziehungen auch politische Bündnisse der Führungsschichten. Das Denken in nationalen Kategorien war dem Zeitalter fremd.

Die Gefährdung des Landes durch die Ungarn, denen das späte Karolingerreich weitgehend hilflos ausgesetzt gewesen war, hatte Otto der Große endgültig bannen können (955 Schlacht auf dem Lechfeld bei Augsburg). Der Rückgang der Wikingergefahr hing dagegen weniger mit spektakulären militärischen Erfolgen als mit Veränderungen in ihren Herkunftsgebieten zusammen. Gelegentlich bedrohten sie aber noch im späten 10. Jahrhundert das Landesinnere, wovon die beiden Burgenbauten Bernwards im Norden seines Bistums Zeugnis ablegen. Die Beziehungen Sachsens zum skandinavischen Raum, der sich im 10. Jahrhundert langsam der Christianisierung öffnete, waren aber weitgehend von friedlicher Koexistenz geprägt, wie am Beispiel des Handelsplatzes Haithabu-Schleswig gezeigt werden kann. Dieser frühmittelalterliche Fernhandelsort, schon jenseits der sächsischen Nordgrenze gelegen, war noch zur Zeit Bernwards ein nicht nur für Sachsen bedeutender Drehpunkt des mittel-, nord- und osteuropäischen Handels und ist deshalb mit zahlreichen Exponaten in dieser Abteilung vertreten. Derartige Handelsorte mit ihrer an Gewerbe und Handel orientierten Bevölkerung können als Frühformen des mittelalterlichen Städtewesens angesehen werden.

E. B.

Slawische Stammesreligion

Nordwestslawische Stammesgruppen lebten in unmittelbarer Nachbarschaft Sachsens. Fragt man nach Eigenheiten, die ihren Kulturraum kennzeichnen, so lassen sich Merkmale anführen, die durch archäologische Forschung beigebracht worden sind, nämlich Besonderheiten des Siedlungswesens, des Hausbaus und der Wohnausstattung. Vor allem wird man aber die spezifische Töpferware in ihrer variantenreichen Stilentwicklung hervorheben. Die Streuung der Fundstücke, die zugleich das Siedlungsgebiet bezeichnet, befindet sich in hoher Übereinstimmung mit der Verbreitung slawischer Orts- und Flurnamen. Das verweist uns auf die seinerzeit gesprochene altpolabische Sprache. Nach dem Selbstverständnis der Menschen war sie zweifellos das wesentlichste Kennzeichen ihrer Identität. Aber noch eine Eigentümlichkeit ist zu nennen, eine, die im Bewußtsein der Zeitgenossen hervorstach, derentwegen die Slawen schärfsten Anfeindungen ausgesetzt waren, die aber eben deswegen zum wichtigsten Integrationselement im Kampf um politische und kulturelle Eigenständigkeit wurde: die stammeseigene Religion. Ihr Wesen liegt nach archaischem, alteuropäischem Verständnis in der Vorstellung, daß für die Wohlfahrt des eigenen Volkes allein die eigene Gottheit zuständig sei.

I. G.

VI-1 Brettidol von Ralswiek

9. Jahrhundert

93 x 16 cm, Tiefe 2–3 cm. – Eichenholz mit geschnitzter Binnenzeichnung.

Der ungegliederte Körper ist durch die nahezu unbearbeitet gelassene Grundform eines Brettes vorgegeben. Durch Auskerbung desselben ist am oberen Ende ein rundlicher Kopf herausgearbeitet, während das untere Ende in einer Spitze ausläuft. Einkerbungen und eingeschnittene Linien bezeichnen spitzovale Augen, lange Nase, geschwungen herabhängenden Schnauzbart, Mund, Zähne und den langen, spitzen Kinnbart. Ob einige Einritzungen in

VI-1

Brusthöhe eventuell angewinkelte Arme darstellen sollen, ist nicht mehr sicher auszumachen.

Das Brettidol wurde in der Schiffseinfahrt Nr. 252 am Rande einer Mole des Seehandelsplatzes von Ralswiek bei Ausgrabungen in verworfener Lage angetroffen, im Block mit den umgebenden Torfresten und Sedimenten geborgen und im Labor freigelegt. Dank dieser Verfahrensweise war es möglich, die Feinheiten der Binnenzeichnungen zu erkennen und zu konservieren. Der Erhaltungszustand, namentlich der Spitze, schließt aus, daß die Skulptur längere Zeit frei im Erdreich aufgestellt war.

Einige Kleinidole vom Kultplatz der Ralswieker Siedlung und von anderen slawischen Fundstellen sind von gleicher Grundform, aber höchstens 20 cm groß. Beim Tempel von Groß Raden haben die 61 vergleichbaren Kopfplanken dagegen bis zu 280 cm Länge und dienten der Fassadengestaltung. Das Fundstück aus Ralswiek ist bislang das einzige Brettidol mit erkennbarer Binnenzeichnung. Damit ist abgesichert, daß derartige „Kopfplanken" tatsächlich Bildwerke gewesen sind und zum Teil wohl bärtige Männer darstellten. Eine auffällige Besonderheit ist noch zu vermerken: Kerbschnitte in der Mundöffnung deuten Zähne an. Das zeigt sich an keiner westslawischen Holzskulptur, kommt jedoch an skandinavischen Schnitzereien vor.

Ralswiek, Kr. Rügen, Mecklenburg-Vorpommern.

Herrmann 1980, S. 160, Abb. 3, Taf. 22 (Fundsituation); Taf. 23 (Idol unmittelbar nach seiner Auffindung). – Herrmann 1984, S. 130–133. – Herrmann 1985, S. 306, Abb. 149 a, Taf. 65 b (Joachim Herrmann).

Gegenwärtiger Standort: Berlin, Deutsches Archäologisches Institut, Arbeitsbereich Ur- und Frühgeschichte

J. H.

VI–2 Pokal von Groß Raden

10. Jahrhundert

H. 15 cm. – Keramik, Kammstichverzierung.

Topf mit kurzer, gewölbter Schulter und gekehlter, stark ausgezogener Randlippe. Die Schulter wird durch umlaufende, kammstichverzierte Rippen betont, ein Kammstich-Wellenband ergänzt die Dekoration. Es handelt sich um ein Gefäß der Kate-

VI–2

gorie „Qualitätskeramik", das durch Applikation eines hohl aufgebauten Fußes herausgehoben und als Pokal oder Kelch zu bezeichnen ist.

Dieser überaus seltene Typ ist in Groß Raden gleich mehrmals vertreten, das exzellenteste (hier gezeigte) Stück fand sich an der östlichen Pforte zum Heiligtum, ein kleineres, unverziertes Exemplar nahebei im Moor.

Im Hinblick auf Fundkontext und Seltenheit liegt es auf der Hand, seine Funktionsdeutung im Bereich der *vasa sacra*, näherhin der Trink- und Spendegefäße, zu suchen und dafür wiederum die zeitgenössischen Berichte über Tempel und Opferfeste heranzuziehen. So erwähnt Herbord für Stettin, daß zum Tempelhort auch „goldene und silberne Pokale (*crateres*)" gehören, die von den Edlen und Mächtigen bei Opfergelagen als Tafel- und Trinkgeschirr sowie für Weissagungen benutzt werden. Ähnliche Funktionen deutet Helmold von Bosau an, wenn er schreibt, daß bei slawischen Opfergelagen unter den Teilnehmern „eine Schüssel (*patera*) herumgeht, über der sie im Namen der Gottheit Weiheworte sprechen". In Arkona ist es dagegen das reichdekorierte Trinkhorn aus der Hand Svantevits, dessen Metfüllung dem Priester zur Weissagung dient und mit dessen Zutrunk er seine Zeremonie besiegelt, die darin besteht, daß er im Vortrag feierlicher Worte des Landes Wohlfahrt erfleht sowie Erntedank- und Jahresopfer weiht.

Groß Raden, Kr. Sternberg, Mecklenburg-Vorpommern.

Helmold von Bosau, I, Kap. 52. – Herbord, II, Kap. 32. – Saxo grammaticus, XIV, Kap. 39. – Schuldt 1981, S. 42, Taf. 66 a–d. – Schuldt 1985, S. 91, Abb. 91 a. – Brachmann 1964.

Lübstorf bei Schwerin, Schloß Wiligrad, Landesamt für Bodendenkmalpflege und Archäologisches Landesmuseum Mecklenburg-Vorpommern, Inv. Nr. G. R. VII. 1908

I. G.

VI–3 Miniatur-Brettidol aus Oldenburg

Ende 10. Jahrhundert

H. 5,1 cm. – Nadelholz, geschnitten.

Kienspan, aus dessen ungegliedertem Körper durch Auskerbung ein rautenförmiger Kopf und eine abgeschrägte Schulter herausgeschnitten sind, während das untere Ende in eine Spitze ausläuft.

Dieses „Kopfstäbchen" aus dem Innern eines Oldenburger Hauses ist einerseits kunstlos und von höchst einfacher Formgebung, doch andererseits von so charakteristischer Umrißgestalt, daß die ikonographische Zuweisung ohne Vorbehalte möglich ist. Es handelt sich um die Miniaturausgabe eines „Brettidols" Groß Radener Art, wobei mit Blick auf das Exemplar von Ralswiek und die Statuette von Schwedt deren Bildgehalt näherhin als „bärtiger Mann mit Fürstenhelm" zu bestimmen ist.

VI–3

Solche Kleinstfiguren sind verkürzte Ausgaben offizieller Kultbilder, vielleicht Votive, Amulette, „Taschengötter" privater Kultpraxis. Ihre religiöse Verbindlichkeit ist jedenfalls unabhängig von Format oder kunsthandwerklicher Qualität. Das bezeugen zeitgenössische Chronisten hinlänglich.

Oldenburg, Kr. Ostholstein, Burgwall Starigard, Schleswig-Holstein.

Gabriel 1988, S. 184, Abb. 31,4. – Gabriel 1991/1, S. 289, Abb. 6,4.

Schleswig, Archäologisches Landesmuseum der Christian-Albrechts-Universität, Inv. Nr. Old. 0816058

I. G.

VI–4 Taschen-Svantevit aus Wollin

Ende 9. Jahrhundert

H. 9,3 cm. – Eibenholz, geschnitzt.

Griffartig gestalteter Stab mit vier plastisch herausgearbeiteten Gesichtern. Der Stab hat rechteckigen Querschnitt und einen sauber gerundeten Abschluß. Auf den Breitseiten sind kantig abgewinkelte Flechtbänder, auf den Schmalseiten lanzettförmige Blattmuster eingeritzt. Vier Gesichter zeigen bei größter Schlichtheit das Wesentliche: Ein kantiger Haaransatz bildet zugleich die Augenbrauen, die gerade Nase ist freigestellt, der Absatz darunter wird vom Betrachter zwar spontan als Mund aufgefaßt, meint aber tatsächlich die Unterkante des Schnauzbartes, der dreieckige Kinnabschluß ist in Wirklichkeit der spitze Kinnbart.

Wolliner Schichten des 10.–11. Jahrhunderts lieferten außerdem drei fragmentierte, stabartige Kleinidole. Diese haben jeweils nur einen einzigen Kopf, besitzen aber den spitzen Fürstenhelm. Das weithin beste vierköpfige Vergleichsstück trägt einen „Russischen Fürstenhut", es ist aus Wacholderholz geschnitzt und kommt aus Svendborg auf Fünen.

Im Hinblick auf das hochberühmte Heiligtum von Arkona mit seinem vierköpfigen Kultbild ist es

VI-4

gerechtfertigt, die handliche Taschenversion aus dem nahen Wollin als *Svantevit* zu identifizieren, wenngleich anzumerken bleibt, daß der „Krafterfüllte" von Rügen zwar mit vier Gesichtern beschrieben wird, was umgekehrt aber keineswegs bedeutet, alle derartigen Bildwerke müßten mit Rügen zu tun haben. Mehrköpfigkeit ist lediglich Ausdruck für verschiedene Funktionsaspekte, Zuständigkeiten oder nach Zeit und Raum getrennte Herrschaftsbereiche eines Gottes von eigentlich umfassendem Wesen. Das ist vielen Epochen und Kulturkreisen vertraut und sogar christlicher Ikonographie nicht ganz unbekannt.

Wollin.

Filipowiak 1979, S. 249, Abb. 8. – Filipowiak/Gundlach 1992, S. 114 mit Abb. – Hensel 1986, S. 241 mit Farb-Abb. – Jansen 1990. – Lamm 1987. – Kat. Berlin 1992/1, S. 380, Nr. 580 (Henrik M. Jansen).

Szczecin, Muzeum Narodowe, Inv. Nr. Wolin 5193/73

I. G.

VI-5 Taschengott von Schwedt

10./11. Jahrhundert

H. 5,5 cm. – Bronze, gegossen (Rohguß).

Vollplastische Statuette in osteuropäisch-orientalischer Fürstengewandung mit Kaftan und spitzem Fürstenhut. Die Gestalt besitzt einen kräftigen, herabhängenden Schnauzbart, während Kinn und Kinnbart zu fehlen scheinen, was aber ein Gußfehler sein könnte. Die Arme sind in die Seite gestemmt, wobei die Ellenbogen spitz nach außen zeigen. Zwischen Körper und Armen befindet sich noch Bronzemasse, die nach dem Guß unversäubert stehenblieb.

Dieses Figürchen ist das bislang einzige bronzene Kleinidol im westslawischen Siedlungsraum überhaupt. Es stammt aus einem direkt über dem Oderstrom gelegenen Burgwall, wo man es sicherlich auch hergestellt hat; denn es ist ein Rohguß, vielleicht sogar ein fehlerhaftes Stück. Die Figur ist in ausgreifender Herrscherpose „stehend" konzipiert, kann jedoch nicht tatsächlich stehen. Als Amulett hat man sie aber mit sich herumtragen können. Einige Saga-Geschichten Skandinaviens geben Anlaß, deswegen treffend von „Taschengöttern" zu sprechen.

Das Bild des Götterfürsten entspricht in wesentlichen Zügen stets dem jeweils aktuellen Erscheinungsbild des Herrschers. Im Ostseeraum, mit anderen Worten im Einflußbereich skandinavischer Osteuropafahrer, war dafür aber weniger das abendländische als vielmehr das orientalische Vorbild bestimmend. Das Figürchen von Schwedt ist hierfür neben anderen Bildzeugnissen Skandinaviens ein beredtes Beispiel. Sein spitzer Hut mit den vertikalen Streifen hat wie die Zipfelmütze des bronzenen *Freyr* von Rällinge in Södermanland (Schweden) seine Parallelen in den reichen Männergräbern von Birka, wo derartige Mützen näher nachgewiesen sind. An ihnen spielt die Verwendung von Seide, Brettchenbändern mit Silberschuß und Posamentenborten aus Golddraht als vertikale Zierelemente eine große Rolle. Letztere sind oftmals passend zur Zierausstattung des Kaftan gewählt.

Schwedt/Oder, Brandenburg.

Herrmann/Donat, 3, S. 23, Nr. 60/1, Abb. 97 (Gudrun Witkowski). – Herrmann 1985, S. 300, Farbtaf. 60 b (Joachim Herr-

VI-5

mann). - Gabriel 1978, S. 372. - Gabriel 1991/1, S. 289, Abb. 6,5. - Baetke 1944, S. 17, Nr. 17-18. - Kat. Berlin 1992/1, S. 74-81, 260-261, Nr. 132-134; S. 276, Nr. 182 (Ingmar Jansson).

Berlin, Staatliche Museen zu Berlin - Preußischer Kulturbesitz, Museum für Vor- und Frühgeschichte, Inv. Nr. If. 8110

I. G.

VI-6 Kosmologisches Bildprogramm als Messerscheidenbeschlag

Ende 10. bis Anfang 11. Jahrhundert

H. 11,5 cm. - Bronze, gegossen und graviert.

Länglicher Beschlag mit reichem Bildschmuck. Göttergestalten, Menschen und Tiere sind an allen vier „Enden" so angebracht, daß - nach heutiger Sehgewohnheit - jede „Seite" für sich genommen „oben" sein könnte. Es ist deswegen erforderlich, das Bildprogramm von seinem inneren Aufbau her deutend nachzuvollziehen.

An der „oberen" Spitze des Beschlags steht eine zentrale Götterfigur im Kaftan, barhäuptig mit Kinn- und Schnauzbart, die Arme in die Hüften gestemmt. Ihr zur Seite, aber gleichzeitig auf zwei Ebenen, sieht man Menschen und Pferde. Die ausgewogene Komposition ist symmetrisch, ohne spiegelgleich zu sein. Das gilt für die Seiten im einzelnen wie für das Bildwerk im ganzen. Die Pferdchen vermitteln zwischen Menschen und Gottheit, dieser zugewandt, auf jene den Blick gerichtet, so daß beide Seiten der Komposition dem Gottesbild klar zugeordnet, aufgrund ihrer Kleinheit aber ebenso klar untergeordnet erscheinen. Das rechte Männchen im Kaftan erhebt anbetend die Hände, das linke ist unbekleidet, zeigt in die Hüften gestemmte Arme und hat als einzige Figur „hohle Augen". Das göttliche Gegenüber an der „unteren" Spitze des Beschlags erweist sich als ein weiteres Erscheinungsbild der Gottheit. Man sieht ihr bärtiges Haupt zwischen auswärts gewendeten Pferdeköpfen. Drei Zähne bezeichnen den göttlichen Mund als geöffnet, ihm entströmen „Krafthauch" und heiliges Wirken. Die Bildformel „Maske zwischen Pferdeköpfen" ist seit der frühen Antike in mancherlei Abstufungen für den Wagenlenker, also *Helios/Sol,* und nachher für den kaiserlichen Triumphator gebräuchlich, so daß man hier den Himmels- und Sonnengott *Svarog* zu erkennen hat. Parallelversionen von Brześć Kujawski und Schwedt belegen ergänzend, daß die Zentralgestalt auch mit den Herrschafts- und Heilszeichen Helm und Halsring erscheint, daß die Kompositionsachse als „leuchtende Spur des Himmelswagens" aufgefaßt werden darf und daß die mit Aureole erscheinenden Tiere „heilige Pferde" sind, vermutlich jene von der Überlieferung bezeugten himmlischen Rosse, die als Garanten göttlicher Gegenwart beim Heiligtum gehalten wurden.

Das Bildprogramm zitiert den geordneten Kosmos: Sonnengott Svarog waltet in überragender „Herrscherpose" als zentrale Göttergestalt über den Welten der Lebenden und der Toten, im Himmelswagen durcheilt er zugleich segenspendend den Kosmos.

Grabbeigaben aus Polen erweisen den gegossenen Oldenburger Beschlag als einen zusätzlich auf der Messerscheide befestigten Prunkbeschlag. Da bereits die normalen, mit dünnem Blech belegten Messer-

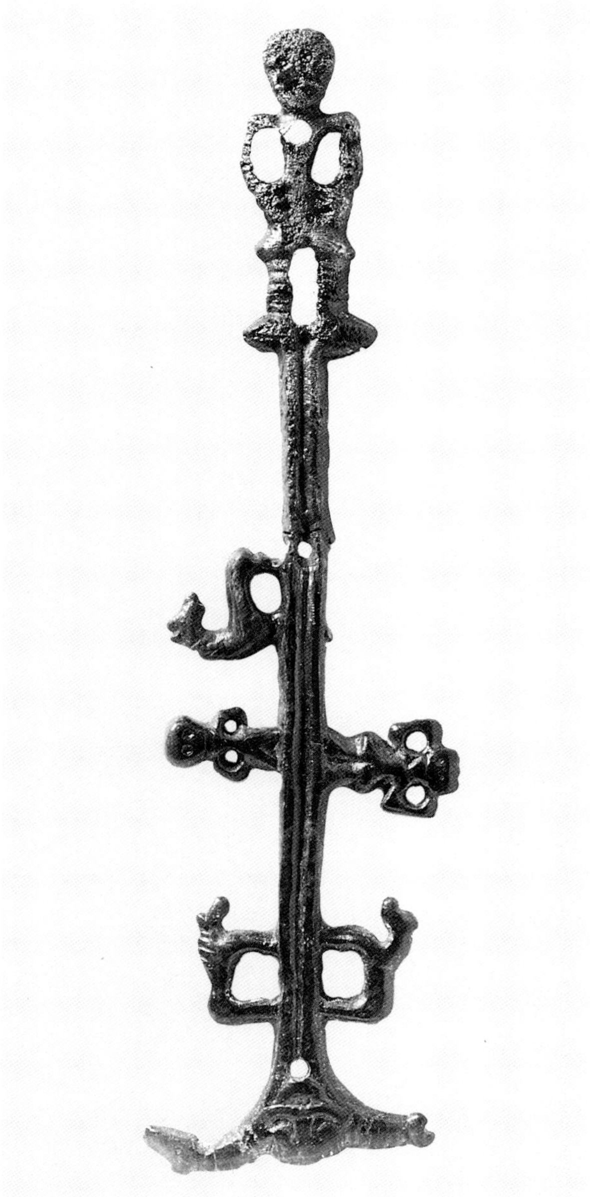

VI-6

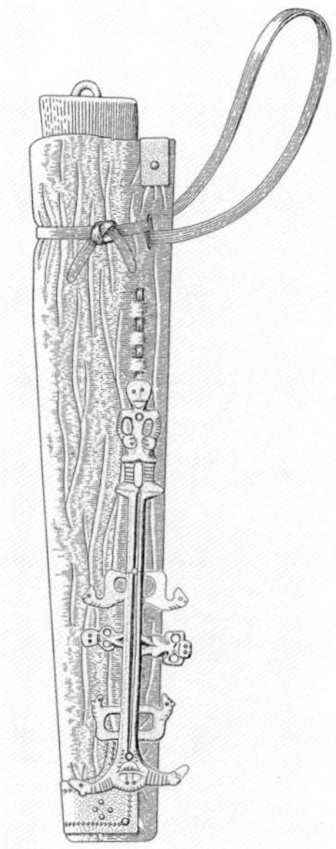

Zu VI-6 Rekonstruktion der Messerscheide

scheiden durchaus Statussymbole von hohem Rang waren, darf man vermutungsweise hinzufügen, daß die besonderen „Götterbildbeschläge" wohl eine Sonderstellung ihrer Träger beziehungsweise Trägerinnen bezeichnet haben werden. Jedenfalls waren diese der geheimnisvollen Kraft versichert, welche in der durch Darstellung vergegenwärtigten mythischen Göttertat oder in der geballten Zitation eines Weltenkosmos liegen konnte.

Für die Bewertung religiöser Zusammenhänge haben der Oldenburger Beschlag und seine Parallelversion aus Brześć Kujawski hervorragende Bedeutung, weil sie als die einzigen reicher gestalteten Bildzeugnisse des westslawischen Siedlungsgebietes Belegstücke kosmologischer Mythentradition sind, deren mündliche Überlieferung beim Eintritt in die christliche Welt alsbald verschüttet worden ist.

Oldenburg, Kr. Ostholstein, Burgwall Starigard, Schleswig-Holstein.

Gabriel 1988, S. 185–194, Abb. 33,1. – Gabriel 1991/1, S. 190–196, Abb. 8,1. – Hauck 1983. – Hauck 1987, S. 161–166.

Schleswig, Archäologisches Landesmuseum der Christian-Albrechts-Universität, Inv. Nr. Old. 1213337

I. G.

VI–7 Amulettanhänger mit Himmelswagen aus Alt Lübeck

Ende 11. Jahrhundert

4,9 x 5,0 cm. – Knochen.

Kammförmiger Amulettanhänger, der einen Dreilagenkamm imitiert, jedoch massiv aus einem einzigen Geweihstück geschnitzt ist. Auf der kreisaugenverzierten Griffplatte steht zwischen einwärts

VI–7

gewendeten Pferdeköpfen eine Gestalt mit erhobenen Händen, deren Kopf die Hängeöse bildet.

Die Bildformel „Adorant oder Wagenlenker zwischen Pferden" ist plastischer und vollständiger ausgeführt als auf dem Oldenburger „Götterbildbeschlag" (Kat. Nr. VI–6); dennoch bedarf es des vergleichenden Seitenblicks auf antike Vorlagen, die absichern, daß es sich um eine verkürzte Darstellung des Himmelswagens handelt.

Als Bildwerk, als Kamm wie als Amulettversion ist das Stück im äußersten Westen des Slawenlandes aber ein Fremdling. Die nächsten Vergleiche finden sich im Baltikum und in Nordrußland in der variantenreichen Palette des dortigen Amulettschmucks, der überwiegend aus Bronze gegossen ist. Neben näherhin kammartigen Formen gibt es vor allem Ausführungen, wo anstelle der Zinken allerlei Kettchen mit verdickten Endbommeln oder Klapperblechen erscheinen, ein Zusammenhang, der den Regen- und Gewitteraspekt beim Himmelswagen verdeutlicht.

Alt Lübeck, Schleswig-Holstein.

Neugebauer 1952, S. 113, Abb. 8. – Neugebauer 1964/1965, S. 190, 244, Taf. 32,1. – Gabriel 1988, S. 194. – Gabriel 1991/1, S. 295, Abb. 11.

Lübeck, Amt für Vor- und Frühgeschichte (Bodendenkmalpflege) der Hansestadt Lübeck, Inv. Nr. AL 51

I. G.

Kulturfaszination

Das slawische Siedlungsgebiet jenseits der unteren Elbe tritt im Jahre 789 ins Blickfeld fränkischer Geschichtsschreibung. Mehrmals ist ausdrücklich belegt, daß die zuvor erwählten slawischen Großfürsten in ihrer Würde als *dux* oder *rex* von den Kaisern bestätigt, das heißt feierlich investiert wurden, ein Vorgang, der üblicherweise mit dem Austausch fürstlicher Geschenke einherging. Die Faszination von imperialer Größe im allgemeinen und von fränkischer Hofkultur im besonderen konnte nicht ohne nachhaltige Wirkung bleiben. So überrascht es denn nicht, daß an archäologisch hinreichend erforschten Plätzen die Spuren davon wiedergefunden werden. Die Folgen der *imitatio imperii* gingen aber tiefer, nämlich bis in die Verfassungstruktur der Stämme. Schließlich wurde der Name Karls des Großen in den slawischen Sprachen sogar zum Begriff für „König".

Zur Zeit des Bischofs Bernward hielt man es in Sachsen für eine heilige Aufgabe, die vermeintliche Wildheit der Heiden, der gefürchteten Normannen und Slawen, zu zähmen. Man mochte zeitweilig darum streiten, ob die „Barbaren" überhaupt belehrbar und bekehrbar seien oder ob sie nicht besser ganz ausgetilgt werden sollten. Trotz dieser weithin undifferenziert ablehnenden Grundstimmung wissen die erzählenden Quellen in zahlreichen, auch namhaften Einzelbeispielen von Allianzen, Gastfreundschaften und ehelichen Verbindungen zu berichten. Ob die vielfältigen Erscheinungen kultureller Angleichung von den Zeitgenossen überhaupt bemerkt und dementsprechend gewürdigt werden konnten, muß man bezweifeln. Das sollte aber nicht davon abhalten, anhand einiger Beispiele der Wirkung von Kulturfaszination nachzuspüren.

I. G.

VI–8 Panzerreiter-Statuette von Lisów

10. Jahrhundert

2,7 x 3,5 cm. – Gepreßtes Silberblech mit Filigranauflage.

Hohl aufgebautes Blechfigürchen eines gepanzerten Reiters mit großem Rundschild und Lanze. Filigran-

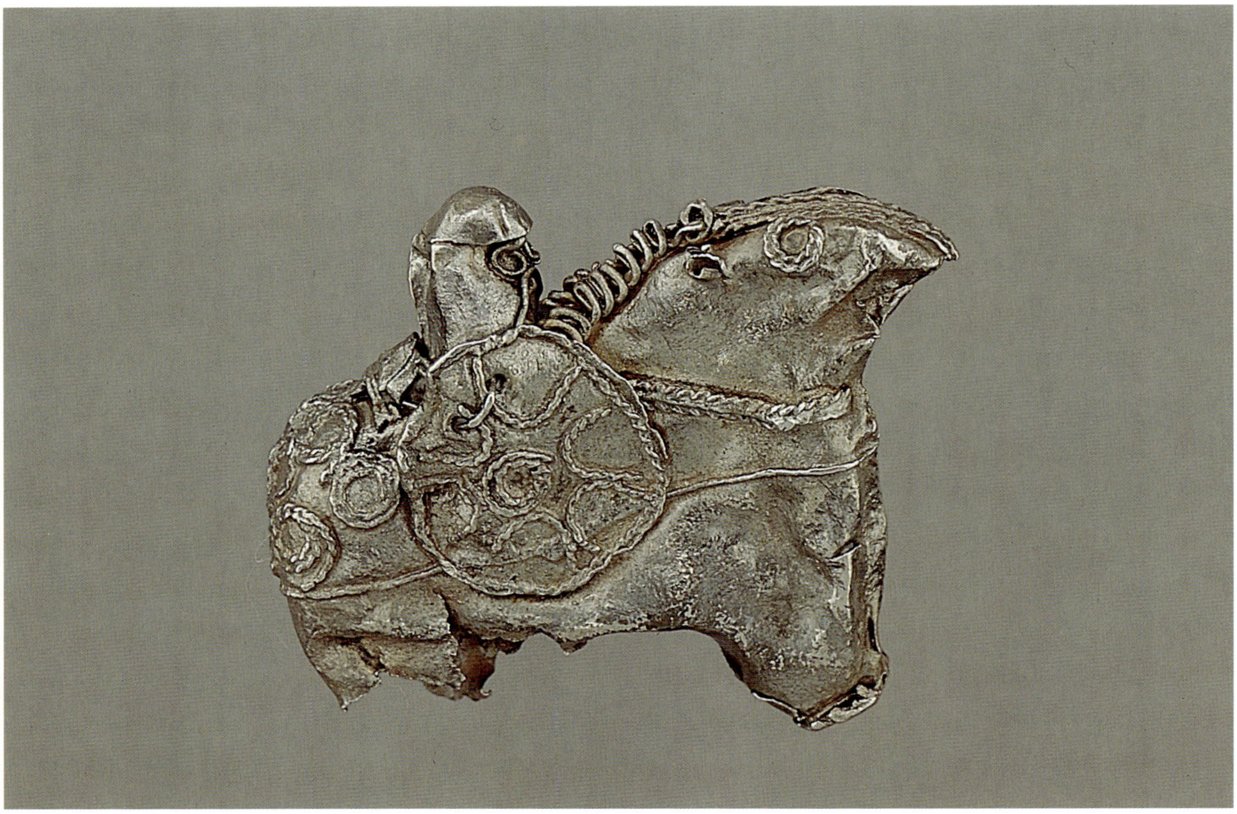

VI–8

auflagen deuten Schildzier, Zaum- und Sattelzeug sowie Augen und Nasenrücken an; Schlaufendraht bildet die Mähne.

Das Figürchen ist 1011/14 zusammen mit 10 kg Silber in einer zylindrischen Deckeldose aus Ton vergraben worden. Der Hort besteht aus zerkleinerten ost- und westslawischen Schmuckstücken, aus Barren und aus 7 kg Münzen arabischer, byzantinischer, deutscher, ost- und westmitteleuropäischer, skandinavischer sowie angelsächsischer Herkunft.

Die Statuette war ursprünglich Teil eines Schmuckstücks, und zwar sicherlich eines exklusiven Ohrgehänges, wie es aus Böhmen aus dem Grab der Fürstin von Stará Kouřim (Grab 106 B) bekannt ist. Sie trug zu Beginn des 10. Jahrhunderts Ohrringe, in die „Pferdchen" mit Aureole integriert sind, die wahrscheinlich das *Agnus Dei* zum Vorbild haben.

Der Panzerreiter von Lisów ist das idealtypische Götter- oder Helden-Bildnis, wie es seit der Antike in mancherlei Varianten tradiert wird. Der vergöttlichte Heros ist Vorbild, Sieghelfer, Heilsbringer und Garant glücklicher Jenseitsgewißheit, sei er nun Sigurd oder Odin, St. Georg, St. Mauritius oder Christus, oder sei er ein hervorragender Krieger auf dem Wege nach Asgard – wie es gotländische Bildsteine anschaulich machen – oder auf dem Weg ins Paradies. Daß es in der Tat bereits christliche Heilsvorstellungen sein mögen, die sich lediglich archaischer Ausdrucksmittel bedienen, zeigen zum Beispiel der Reiterstein von Hornhausen, ein Chorschrankenfragment des 7. Jahrhunderts, sowie ein Panzerreiter-Graffito mit kreuzsignierter Fahnenlanze des 10. Jahrhunderts vom Burgwall Libušín in Böhmen.

In welchem Umfang bei den Abodriten tatsächlich schwerbewaffnete Reiterkrieger ins Kampfgeschehen eingreifen konnten, ist archäologisch nicht gut auszumachen. Nach der historischen Überlieferung sollen in der Schlacht bei Lenzen 929 die Slawen – anders als die gegen sie kämpfenden Sachsen – „eine gewaltige Menge Fußvolk, aber keine überlegene Reiterei" gehabt haben. Zum Jahr 965 sagt der arabische Reisebericht des Ibrahim ibn Ja'qub, das Abodritenland sei „reich an Pferden, so daß solche von dort exportiert werden. Sie sind mit Waffen vollständig gerüstet, nämlich mit Panzern, Helmen und Schwertern". Etwas später, 982, soll ein Abodritenfürst mit 1000 Reitern am Italienzug Kaiser Ottos II.

teilgenommen haben. Also konnten die Abodriten gegen Ende des 10. Jahrhunderts größere berittene Heeresverbände aufstellen. Sie hatten damit offenbar auf einen entsprechenden Strukturwandel im deutschen Heer reagiert, der durch die Angriffe der Ungarn im frühen 10. Jahrhundert ausgelöst worden war.

Lisów, pow. Rzepin, woj. Gorzów, Polen (Leissow, Kr. Weststernberg).

Adam von Bremen, II, Kap. 42, Schol. 27 (39). – Ibrahim ibn Ja'qub: Jacob 1927, S. 11. – Widukind, I, Kap. 36. – Buchholz 1896, Taf. 3,47. – von Müller/von Müller-Muči 1987, S. 62–63, Taf. 35. – Benda 1966, Taf. 70–71. – Böhner 1976/1977, S. 101–109, Taf. 14–19, 24–28. – Gabriel 1988, S. 194. – Gabriel 1991/1, S. 296. – Gabriel 1991/2, S. 229–233. – Hauck 1980. – Klein-Pfeuffer 1993, S. 173–179. – Lindqvist 1941, S. 96–101, 132–139, Fig. 64, 85, 86, 94, 110, 112, 116, 134, 137, 139, 166, 175, bes. Fig. 108, 128, 141, 182. – Nylén/Lamm 1991, S. 65–71, 98–101. – Paulsen 1966, S. 98–195. – Váňa/Kabát 1971, S. 297, Abb. 72. – Váňa 1983, Abb. S. 166.

Berlin, Staatliche Museen zu Berlin – Preußischer Kulturbesitz, Museum für Vor- und Frühgeschichte, Inv. Nr. MM II 20309–470

I. G.

VI–9 Schwert von Scharstorf

9./10. Jahrhundert

L. 90,3 cm. – Eisen, Klinge damasziert.

Vollständig erhaltenes Schwert, das nahe der großen slawischen Inselburg des 9. Jahrhunderts aus dem Scharsee gefischt wurde. Sein einteiliger Knauf ist in der Seitenansicht halbkreisförmig, in Quer- und Längsschnitt annähernd rechteckig. Die Griffangel durchläuft eine gerade, flache Parierstange sowie den Knauf und ist an dessen Oberseite verhämmert. Beide Seiten der Klinge haben breite, sehr flache Kehlung und zeigen im Mittelteil zweibahnigen Winkeldamast. Während die damaszierte Klinge noch in das 8. Jahrhundert gehören könnte, weist der Griff aufgrund seiner kurzen Parierstange in die 2. Hälfte des 9. Jahrhunderts, wobei man stets mit längeren Umlaufzeiten zu rechnen hat. Es handelt sich um eine Standardwaffe der Wikingerzeit, wie sie auch im westslawischen Gebiet häufiger gefunden wurde, und zwar vorwiegend bei Furten und in anderen Gewässern.

VI–9

Selbst ein Standardschwert war als „Statussymbol“ selbstverständlich geeignet, den hohen gesellschaftlichen Rang seines Besitzers anzuzeigen. Namentlich bei repräsentativen Anlässen war es dazu bestimmt, herrscherlichen Machtanspruch sichtbar zu machen.

Ausdrucksformen der Kulturfaszination orientieren sich am höfischen Zeremoniell des Herrschers. Mit dem Blick auf die Buchmalerei der Jahrtausendwende findet man in den bekannten Thron- und Krönungsbildnissen (z. B. im Evangeliar Ottos III. und im Sakramentar Heinrichs II.) die Insignien als Zeichen christlich-mystischer Herleitung des Herrschertums präsentiert. Das jeweils gezeigte Schwert – Zeichen höchster weltlicher Macht – ist zwar noch nicht das „Mauritiusschwert“ der Reichskleinodien, sondern dessen Vorläufer, formal entspricht es indessen völlig dem ottonischen Standardtyp unseres Beispiels.

Scharstorf, Gem. Schellhorn, Kr. Plön, Schleswig-Holstein.

Meier 1990, S. 107, 133, Nr. 15, Taf. 25,1. – Geibig 1991. – Kat. Speyer 1992, S. 102–106 (Barbara Theune-Großkopf). – Schramm 1983, S. 205, Nr. 110, S. 215, Nr. 124.

Schleswig, Archäologisches Landesmuseum der Christian-Albrechts-Universität, Inv. Nr. KS.23626

I. G.

VI–10 Flügellanze von Demmin

10./11. Jahrhundert

L. 52,5 cm. – Eisen, geschmiedet.

Elegante, ungewöhnlich lange Flügellanzenspitze mit schlankem, kaum geschweiftem Blatt und langer, am Ansatz sechskantiger Tülle. In auffällig hoher Position sind dort die charakteristischen „Flügel“ angebracht. Das ist eine Variation der Formgebung, die seit dem Ende des 10. Jahrhunderts erscheint.

Zusammen mit den begehrten fränkischen Schwertern erreichten die ersten Flügellanzen bereits im 8. Jahrhundert den Norden, seltener slawisches Gebiet. In ottonischer Zeit sind derartige Lanzen verbreitet anzutreffen. Man hält sie deswegen für Standardwaffen. Gleichwohl ist die Zahl der bekannten Fundstücke auch jenseits der Elbe sehr begrenzt.

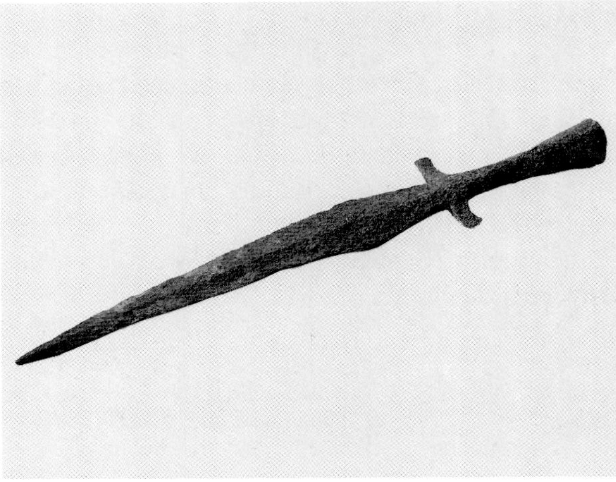

VI–10

Mit Blick auf zeitgenössische Buchmalerei wird eine wesentliche Funktion derartiger Waffen erkennbar: Sie erscheinen als Fahnenlanzen, deren Flügelfortsätze ganz offensichtlich pointiert zum Kreuzsignum, zum Siegeszeichen Christi, umgedeutet sind (z. B. in der Hand des hl. Wenzel in der Abschrift der Gumpoldslegende und im Vyšehrader Codex). Anscheinend hat die Heilige Lanze der Reichskleinodien – die „Mauritiuslanze“ mit einem eingearbeiteten Nagel vom Kreuz Christi – zur verbreiteten Übertragung der Symbolik in die Wirklichkeit angeregt; denn gerade in ottonischer Zeit ist die hohe Bedeutung, die ihr als Zeichen der Königsgewalt und als Garant himmlischen Schutzes zukam, unübersehbar. In diesem Zusammenhang von Wirkungs- und Rezeptionsgeschichte gehört Kaiser Ottos III. Schenkung einer Lanzenreplik mit Reliquienpartikel an Boleslaw Chrobry von Polen (Kat. Nr. *II–33), möglicherweise auch an den König von Ungarn und andere Herrscher. Nicht zuletzt mag die seit 1002 faßbare Sitte, königliche „Fahnenlehen“ mit einer bewimpelten Lanze zu übergeben, den Vorgang verstärkt gefördert haben.

Demmin, Kr. Mecklenburg-Vorpommern.

Diemer 1955, S. 192–194, Abb. 149, d. – Kat. Speyer 1992, S. 92–96 (Barbara Theune-Großkopf). – Bühler 1963. – Mašín 1977, S. 141–143, Farb-Taf. IV, Abb. 70–71. – Paulsen 1969. – Schramm, 2, S. 492–537. – Schramm/Mütherich 1962, S. 139, Nr. 62; S. 152, Nr. 98.

Demmin, Kreisheimatmuseum, Inv. Nr. 1087

I. G.

VI-11 Tierkopf zu einem Thronsitz von Behren-Lübchin

Ende 10. bis 1. Hälfte 11. Jahrhundert

12 x 18 cm, Dicke 3,7 cm. - Eichenholz, geschnitzt.

VI-11

Geschnitzter Tierkopf mit bogenförmig abgehendem Hals, beidseitig mit Rücksicht auf die vorgegebene Dimension des Brettes reliefartig gestaltet. Im aufgesperrten Rachen eine spitze Zunge sichtbar. Die volutenartig umgebogene Unterlippe geht in ein gerades Verbindungsstück über, das zur Oberlippe führt, wo man eine entsprechende Einbindung voraussetzen muß, die jedoch abgesplittert ist. Augen sind als runde Eindellung, Ohren überhaupt nicht angedeutet. - Das Schnitzwerk wurde beim Eingang zur slawischen Inselburg des späten 10. Jahrhunderts im Moor gefunden.

Für seine stilkundliche Bewertung ist das eigentümliche Element der „Lippenverklammerung" mit Tierkopfgestaltungen im Ringerikestil Skandinaviens und Englands zu vergleichen. Trotz hinreichender Ähnlichkeit mit der Vorlage ist feststellbar, daß deren verschnörkelt zurückgeschlagene Schnurrhaare, Unterlippenvolute und Eckzähne vom Holzschnitzer - anscheinend mißverstanden - in ein einziges Element zusammengelegt worden sind. Schließlich entbehrt das Auge der charakteristischen Tropfenform.

Für die Rekonstruktion der funktionalen Einbindung gibt es gute Ansatzpunkte: Die in Maserungsrichtung abgebrochene Halspartie zeigt an, daß der Kopf nur als Endstück eines horizontal angeordneten Lehnbrettes in Betracht kommt. Eine rechtwinklige Einarbeitung beim Unterkiefer griff anscheinend über das Ende des Hinterpfostens, in den das Brett eingenutet war. Unter den wenigen, in Skandinavien erhalten gebliebenen romanischen - oder später in deren Tradition geschnitzten - Herrscherstühlen sind indessen nur jene von Gol, Gåra und Heddal in Norwegen näher zu vergleichen, die ein Lehnbrett besitzen, das über die Hinterpfosten gesteckt ist und sich dort mit seitlich herausragenden Löwenköpfen fortsetzt.

Als zeitgenössisches Vorbild darf der Thron des Imperators gelten, wie ihn eine der berühmtesten Miniaturen des 10. Jahrhunderts anschaulich macht (heute in Chantilly, Musée Condé): Otto II. thront als jugendlicher Kaiser majestätisch auf einem kissenbelegten profilierten Steinsockel. Die zugehörige Rücklehne ist gegossen oder geschnitzt, jedoch mit grünem Tuch verhängt, so daß lediglich die seitlich herausragenden Löwenköpfe mit geöffnetem Rachen sichtbar sind.

Behren-Lübchin, Kr. Teterow, Mecklenburg-Vorpommern.

Schuldt 1959, S. 127–130, Abb. 70–71. - Schuldt 1965, S. 116, Taf. 85. - Berlekamp 1969. - Herrmann 1985, S. 299, Taf. 69,b (Joachim Herrmann). - Kat. Speyer 1992, S. 45, Raum 1, Nr. 4 B,79, mit Abb. (Antje Kluge-Pinsker). - Schramm, 3, S. 792–802. - Lindholm 1968, Abb. 105. - Appuhn 1978/1979, S. 36, Abb. 15. - Schramm/Mütherich 1962, S. 147, Nr. 82.

Lübstorf bei Schwerin, Schloß Wiligrad, Landesamt für Bodendenkmalpflege und Archäologisches Landesmuseum für Mecklenburg-Vorpommern, Inv. Nr. BL. III.370

I. G.

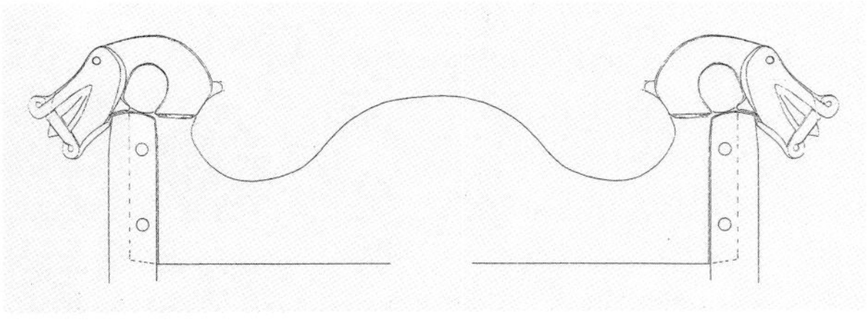

Zu VI-11 Rekonstruktionsversuch

Zerstörung des Oldenburger Bistums

Oldenburg in Holstein ist das alte Starigard in Wagrien. Es wird vom Chronisten als *civitas magna Slavorum, qui Waigri dicuntur,* bezeichnet. Oldenburg ist demnach die „große Landesburg der Wagrier", also des westlichsten Teilstammes der Abodriten. Der Ort ist Hauptsitz ihres Herrschers, zeitweilig sogar des Großfürsten aller Abodriten. Hier gibt es den Wochenmarkt und das Heiligtum des Landes. Gegen 972 wird der Platz zum Bischofssitz erhoben, was als weiteres Indiz seines Ranges zu werten ist. Doch schon im Jahre 983 zerstörte eine Brandkatastrophe die gesamte Bebauung. Im Sog des Feuersturms wurden dabei Getreidevorräte hochgewirbelt, die auf den Dachböden der Häuser und in größerer Menge anscheinend unter dem Kirchendach lagerten. Verkohlt sanken sie als 5 cm dicke Schicht zu Boden. Der Lehmverstrich von Flechtwänden verziegelte zu roten Klumpen, in denen Rutenabdrücke erkennbar blieben. Überall auf dem Burgwall kommen in der Zerstörungsschicht Getreidekörner vor, aber allein 30 m im Umkreis der Kirche fanden sich in dieser Schicht zahllose kleine, weiß gebrannte Knochensplitter mit Verzierungsresten, die alle vom geschnitzten Beinbelag eines Reliquienkästchens stammen (Kat. Nr. VI-17). Auch Pektoralkreuze, Fragmente von Buchbeschlägen und angeschmolzene Bruchstücke von bronzenen Läuteglocken (Kat. Nr. VI-20) kamen zutage.

I. G.

VI-12 Pektoralkreuz mit Würfelaugendekor

10. Jahrhundert

2,7 x 2,3 cm. – Messing, graviert.

Gleicharmiges Kreuz mit verbreiterten Armen, aus einer Messingblechplatte ausgeschnitten, Würfelaugendekor auf beiden Seiten, Hängeöse abgebrochen.

Pektoralkreuze dieses Typs sind sporadisch aus Schatzfunden des Ostseeraumes und aus einigen wenigen hochrangigen Frauengräbern – namentlich in Birka (Schweden) – bekannt, wo auch Beobachtungen zur Trageweise gemacht werden konnten. Sie sind teils gegossen, teils gleichfalls aus Blech geschnitten, alle sind aber mit Ringpunzen verziert und bestehen aus Silber.

Oldenburg, Kr. Ostholstein, Burgwall Starigard, Schleswig-Holstein.

Gabriel 1988, S. 149, Abb. 16,4. – Gabriel 1991/1, S. 281, Abb. 1,4. – Gräslund 1984.

Schleswig, Archäologisches Landesmuseum der Christian-Albrechts-Universität, Inv. Nr. Old. 1212079

I. G.

VI-13 Pektoralkreuz, Kruzifixus mit tiefhängendem Kopf

Ende 10. bis Anfang 11. Jahrhundert

3,4 x 2,3 cm. – Bronze, gegossen, gefeilt.

Das Christusbild ist extrem schematisiert. Gerade ausgestreckte Arme heben sich in ihrer Kontur nur minimal von den Kreuzbalken ab, gleiches gilt für Körper und Beine. Die Füße sind schwach verdickt angegeben. Eine kaum wahrnehmbare Verbreiterung der Körperkontur in Hüfthöhe ist wohl der letzte Andeutungsrest eines Lendentuches. Nur wenige Stellen sind nach dem Guß mit der Feile bearbeitet worden, so der kantige, dreiseitige Kopf und die Fingerkerben.

Bei aller Schematisierung sticht der eigentümlich gestaltete Kopf heraus, sein Volumen kontrastiert gegen ansonsten flaches Relief, seine Position ist auffällig tief – wie auf die Brust herabhängend – angegeben. Diese Besonderheiten führen zu zwei Parallelstücken: eines aus der Königspfalz Werla, ein anderes aus Haithabu. Das erstere hat sehr markant herausgefeilte Finger- und Beinkerben, das andere ist so stark überfeilt, daß allein der dreikantige Kopf übrigblieb.

Der tiefhängende dreiseitige Kopf ist ein heraushebendes Merkmal, durch das sich ikonographischer Anschluß an das goldene Reliquienkreuzchen Bischof Bernwards (vgl. Kat. Nr. VIII-34) gewinnen läßt, wobei mit Blick auf kunstvoll gemachte Kruzifixe – namentlich auch jene im Hildesheimer

VI-12 VI-14 VI-13

Umkreis – erkennbar wird, daß sie unter der Wirkung des neuen Christusbildes, des Kölner Gerokreuzes stehen, das den am Kreuz Gestorbenen herausstellt. Auch wenn das vorliegende Pektoralkreuz zur untersten Qualitätsstufe gerechnet werden muß, bleibt eben deswegen bemerkenswert, daß es letztlich doch Anschluß an ein Kunstwerk von hohem Rang hat, was die Fernwirkung des „neuesten Entwurfs" großer Kunstzentren auf bezeichnende Weise beleuchtet.

Oldenburg, Kr. Ostholstein, Burgwall Starigard, Schleswig-Holstein.

Gabriel 1988, S. 147–149, Abb. 16,6. – Gabriel 1991/1, S. 281, Abb. 1,6. – Elsner 1989, Abb. S. 83. – Haussherr 1963. – Haussherr 1965. – Kat. Braunschweig 1985, S. 51, Nr. 14b (Ralf Busch). – Kat. Hildesheim 1989, S. 24–25, Abb. 6–7 (Michael Brandt).

Schleswig, Archäologisches Landesmuseum der Christian-Albrechts-Universität, Inv. Nr. Old. 2503029

I. G.

VI-14 Pektoralkreuz mit Christus in der Ärmeltunika

2. Hälfte 10. Jahrhundert

2,3 x 1,8 cm. – Knochen, geschnitzt.

Kruzifix mit beträchtlicher Gebrauchsglätte. Am oberen Ende ein Bohrloch als Hängeöse. Das Bild des Gekreuzigten in höchst einfacher Formgebung mit gerade ausgestreckten Armen und hocherhobenem Haupt. Augen, Nase, Mund, Finger und Füße jeweils durch Kerben markiert. Weitere Linien über Brust und Armen sowie schräge Kerbenführung an den Körperseiten sind indessen ikonographisch bedeutsame Saum- und Faltenandeutungen, die klar erkennen lassen, daß Christus in der Ärmeltunika gemeint ist.

Das Pektoralkreuz fand sich im Grab eines knapp einjährigen Kindes, das während der ersten Zeit des Oldenburger Bistums innerhalb der Kirche in einer kleinen Truhe bestattet worden ist. Drei völlig gleichartige Kreuzchen kennt man als Bodenfunde aus Hamburg und von der Burg auf dem Kanstein zu Langelsheim im Kreis Gandersheim. Das Hamburger Stück ist sehr stark abgenutzt. Die zwei Langelsheimer Kreuze sind dagegen werkstattfrisch aus Walroßelfenbein gemacht, eines von ihnen ist in der unvollendeten Durchbohrung geplatzt. Das deutet auf Herstellung am Orte selbst. Vorarbeiten für Kämme sowie ein noch unbearbeiteter Pottwalzahn sind wohl gleichfalls der Werkstatt dieses Beinschnitzers zuweisbar.

Der Typus „Christus in der Ärmeltunika" war zwar schon in der frühbyzantinischen Kunst bekannt, wird hierzulande aber erst nach gewissen Umformungen in der ottonischen Zeit geläufig und hat im Zusammenhang mit der Vermittlung des Christentums nach Norden anscheinend nachhaltige Wirkung entfalten können, wenn man die erste monumentale Christusdarstellung auf dem großen Jellingstein in Betracht zieht, jenem Staatsdenkmal, auf dem sich König Harald Blauzahn anläßlich seiner

Taufe 965 rühmt, das Reich geeint und die Dänen zu Christen gemacht zu haben.

Oldenburg, Kr. Ostholstein, Burgwall Starigard, Schleswig-Holstein.

Gabriel 1988, S. 147, Abb. 16,5. - Gabriel 1991/1, S. 276, Abb. 25; S. 279–281, Abb. 1,5. - Gabriel 1992. - Fuglesang 1981, S. 87, Abb. 21. - Fuglesang 1986, S. 185, Abb. 5. - Griep 1969, Taf. 8. - Haussherr 1965. - Olsen 1990, S. 194, Nr. 79. - Kat. Hamburg 1987, S. 252–253, Nr. 106. - Kat. Berlin 1992/1, S. 153, Abb. 2 (Olaf Olsen); S. 279, Nr. 193 (Else Roesdahl).

Schleswig, Archäologisches Landesmuseum der Christian-Albrechts-Universität, Inv. Nr. Old. 0912042

I. G.

VI–15

VI–15 Kreuzfibel aus Oldenburg

11. Jahrhundert

3,4 x 3,2 cm, größte Dicke 0,9 cm. - Bronzeblech, gepreßt, Bodenplatte angelötet, Glaseinlagen.

Hohl aufgebaute kreuzförmige Fibel, Oberseite in kräftigem Relief aus Bronzeblech gepreßt und mit Bodenplatte verlötet. Im Zentrum und auf den gerundeten Enden der Kreuzarme sind fünf Glascabochons eingelassen, die heute grün verfärbt erscheinen.

Durch ihre Bauweise ist die Fibel den filigranverzierten Prunkspangen des 10./11. Jahrhunderts verbunden, die sich namentlich in Südskandinavien seit dem Übergang zum Christentum feststellen lassen und anscheinend engen Zusammenhang mit der Einwirkung bischöflicher Goldschmiedekunst auf die Hofkultur des Nordens haben.

Überhaupt ist das Erscheinen derartiger Fibeln im Norden - und ganz vereinzelt bei den Slawen - sowie schließlich deren Nachbildung und Umformung mit der Rezeption christlicher Kleiderordnung verbunden gewesen. Beides orientierte sich am Ornat des Kaiserhofes und war zunächst der Gesellschaftsspitze vorbehalten. In der Buchmalerei der Jahrtausendwende findet man in den bekannten Thron- und Krönungsbildnissen Heinrichs II. zu Anfang des 11. Jahrhunderts gleichartige Kreuzfibeln am Mantel des Kaisers bzw. der Trabanten, die seine herrscherlichen Waffen präsentieren.

Oldenburg, Kr. Ostholstein, Burgwall Starigard, Schleswig-Holstein.

Gabriel 1988, S. 140–143, Abb. 13,5. - Gabriel 1991/1, S. 200–202, Abb. 14,5. - Kat. Speyer 1992, S. 137, Raum 2, Nr. 2 A,28 mit Abb. (Mechthild Schulze-Dörrlamm). - Schramm 1983, S. 215, Nr. 124. - Vierck 1984, S. 400–419.

Schleswig, Archäologisches Landesmuseum der Christian-Albrechts-Universität, Inv. Nr. Old. 1213128

I. G.

VI–16 Goldener Fingerring von Warder

2. Hälfte 10. Jahrhundert

Außen-Durchmesser 2,3 cm, Innen-Durchmesser 1,6 cm. - Goldblechummantelung mit Filigran- und Granulationsauflage über Eisenkern.

Fingerring mit anschwellendem Kopf, darauf im Zentrum Kreuzkonfiguration aus fünf dicken Goldkügelchen mit Perldrahtumrandung, flankiert von gebündelten Perldrahtranken.

Es handelt sich um eine feine ottonische Goldschmiedearbeit, die im Slawenland ihresgleichen sucht. Deswegen überrascht es zunächst, ein derartiges Werk als Ummantelung eines Eisenkerns vorzufinden. Die Bauart wäre allerdings verborgen

VI–16

Warder, Gem. Rohlstorf, Kr. Segeberg, Schleswig-Holstein.

Helmold von Bosau, I, Kap, 14, 18. – Struve 1974, S. 41–44, Abb. 12–14. – Struve 1975, S. 102–104, Abb. 4. – Struve 1981, S. 84–88. – Struve 1991, S. 92–93. – Kempke 1981, S. 304, 291 Abb. 1. – Kat. Schleswig 1986, Nr. 131. – Nielsen 1987. – Kat. Speyer 1992, S. 444, Raum 14, Nr. 8,24 mit Taf. (Mechthild Schulze-Dörrlamm).

Schleswig, Archäologisches Landesmuseum der Christian-Albrechts-Universität, Inv. Nr. Warder 1970: 2074

I. G.

geblieben, allein physikalische Bedingungen der Bodenlagerung haben sie sichtbar werden lassen. Sie ist indessen von den messing- und kupferblechummantelten Gewichten zeitgenössischer Feinwaagen gut bekannt.

Der Goldring wurde unter der mehrschichtigen Basispacklage des Fußbodens einer Kirche (9,20 x 3,50 m) gefunden, und zwar im Zentrum der Chorrundung unterhalb des Platzes, der als Standort des Altars in Betracht kommt. Die recht gut abgesicherte Keramikstratigraphie der Fundstelle verweist den Ring in die 2. Hälfte des 10. Jahrhunderts. Als Erbauungszeit kommt aus historischen Gründen die erste Zeit des Oldenburger Bistums nach 974, als Zerstörung spätestens das Jahr 1018 in Betracht.

Der Fundort, die slawische Inselburg von Warder, ist mit „Nezenna“ identifiziert worden, einem Edelhof (*curtis nobilis*), der zur Ausstattung des Bischofs von Oldenburg gehörte. Nach dem verheerenden Lutizenaufstand von 983 gelang es Bischof Bernhard (Benno) (1014–1023) trotz aller Bemühungen nicht, an seinem Bischofssitz in Oldenburg Fuß zu fassen. Jedoch erhielt er von Herzog Bernhard seine Edelhöfe in Bosau und Nezenna zurück. Spätestens im Zusammenhang mit dem neuerlichen Lutizenangriff von 1018 war Bischof Benno aber jegliche Grundlage in seiner Diözese entzogen, „... der vergeblichen Anstrengungen müde, [begab er sich] zu dem heiligen Bischof Bernward von Hildesheim, weil er nicht fand, wo sein Fuß ruhen konnte, schilderte ihm seine Bedrängnis und suchte in der Trübsal bei ihm Trost“. Er war Mitwirkender bei der Weihe von St. Michael (1022) und liegt ebendort bestattet († 13. August 1023).

VI–17 Zerstörungsschicht des Oldenburger Bistums

972–983

Wandversturz (verziegelte Wandlehmbrocken und Holzkohle vom Rutengeflecht), verkohlte Getreidekörner, gebrannte Splitter vom beinernen Zierbelag eines Reliquienkästchens.

Es handelt sich um Funde aus der Zerstörungsschicht des Oldenburger Bischofssitzes, der 983, während der ersten großen, gegen Reich und Kirche gerichteten Aufstandsbewegung, die der Lutizenbund auch im Abodritenland auslöste, völlig niederbrannte.

Oldenburg. Kr. Ostholstein, Burgwall Starigard, Schleswig-Holstein.

Gabriel 1984, S. 72–75. – Gabriel 1988, S. 146–157. – Gabriel/Kempke 1991, S. 166–171. – Gabriel 1991/1, S. 279–289. – Kroll

VI–17

1991, S. 307–310 Abb. 1–2. – Willerding 1984. – Kat. Schleswig 1986, Nr. 110.

Schleswig, Archäologisches Landesmuseum der Christian-Albrechts-Universität

I. G.

VI–18 Reliquienkästchen I (Fragmente)

9./10. Jahrhundert

23 x 19 cm (Rekonstruktion der Schmalseite). – Knochen, geschnitzt.

Aus der Fundmasse von ca. 2800 kleinen und kleinsten Splittern ausgewählte Fragmente von gebrannten, ornamentierten Knochenleisten und -platten des Zierbelags, zusammengestellt als Rekonstruktionsentwurf der Schmalseitenansicht eines hausförmigen Reliquienkästchens mit Walmdach. Die Anordnungskonzeption der meisten hier vorkommenden Fragmenttypen läßt sich von erhaltenen Kästen dieser Art ableiten, die reich ausgestaltete Bildfelder mit vielfältig gestaffelten Ornamentleisten besitzen.

VI–18

Fragmente eines dreieckigen Giebelfeldes mit kreuzförmigen Durchbrüchen bilden das Kernstück der Rekonstruktion. Sie bestimmen das Kastenformat in Verbindung mit den hier vertretenen, verschiedenartig gemusterten Einrahmungsleisten. Diese zeigen Schrägkerben, Wellenbänder oder Zopfbänder mit unterschiedlich gemachter Kantenzier. Quer durchs Muster geführte Anschlüsse und Gehrungsschnitte belegen, daß es sich um ein eiliges „Massenerzeugnis" vielleicht erst des 10. Jahrhunderts handelt.

Unter den Überresten figürlich gestalteter Bildplatten gibt es neben isolierten Gesichtern, Händen und einem Fuß auch größere Figurenfragmente, teils mit Flügeln, teils mit einem Buch in der Hand. Trotz äußerst bruchstückhafter Überlieferung ist heilsgeschichtliche Thematik sicher. Die verdichtete Zusammenstellung der wenigen Bruchstücke in einem einzigen Bildfeld ist freilich allein schon deswegen bedenklich, weil der Kasten mindestens vier große Bildfelder besaß, die jeweils in wohl drei kleinere Felder unterteilt waren. Die hier verwendeten Stücke können zu einem Bildprogramm gestellt werden, das Christus als Weltenherrscher (*maiestas domini*) zeigt, Evangelisten und Engel mögen dazugehören. Der Figurenstil ist der Mitte des 9. Jahrhunderts zuzuweisen. Ob freilich ältere Bildplatten als Versatzstücke montiert worden sind oder ob der Reliquienkasten insgesamt in dieser Zeit entstand, muß unentschieden bleiben. Da aber eine Oldenburger Glocke dem karolingischen Typus angehört, mögen schließlich auch andere Stücke aus einem älteren Fundus zur Ausstattung des Oldenburger Bistums beigesteuert worden sein.

Oldenburg, Kr. Ostholstein, Burgwall Starigard, Schleswig-Holstein.

Gabriel 1988, S. 154–154, Abb. 18–19. – Gabriel 1991/1, S. 282–284, Abb. 2–3.

Schleswig, Archäologisches Landesmuseum der Christian-Albrechts-Universität, Inv. Nr. Old. 0816043, 0817068, 0817120, 0909007, 0909010, 0912021, 0913017, 0913047 (nur figürliche Teile)

I. G.

VI–19

VI–19 Reliquienkästchen 2 (Fragmente)

10./11. Jahrhundert

18 x 10 cm (Rekonstruktion der Schmalseite). – Knochen, geschnitzt.

Geometrisch ornamentierte Knochenleisten und -platten ohne Feuerspuren aus der Siedlungsschicht des 11. Jahrhunderts, zusammengestellt als Rekonstruktionsentwurf der Schmalseitenansicht eines hausförmigen Reliquienkästchens mit Walmdach. Das trapezförmige Giebelfeld zeigt eine kreuzförmige Konfiguration konzentrischer Ringe. Die Einrahmungsleisten tragen Zopfbänder. Im Hauptfeld erscheint eine große Rechteckplatte mit zentraler Kreuzdurchbrechung in medaillonförmiger Rahmung mit Würfelaugenfüllung und in gleicher Technik mit einem Christusmonogramm hinterlegt.

Das Durchbruchmuster der kreuzsignierten Hauptplatte gibt ein besonders gutes Beispiel für die beabsichtigte imaginäre Transparenz derartiger Reliquienkästen. Sie sollte die Einladung zur spirituellen Kommunikation mit den Heiligen beziehungsweise deren Reliquien sinnfällig stützen.

Ausgrabungen beim Schleswiger Bischofssitz haben in größerer Zahl Zeugnisse der handwerklichen Herstellung dieser Kästchen zutage gebracht, nämlich Vorarbeiten, Abfälle und verworfene Stücke, darunter auch einen dachförmigen Deckel, wie ihn das Oldenburger Kästchen gehabt haben dürfte.

Oldenburg, Kr. Ostholstein, Burgwall Starigard, Schleswig-Holstein.

Gabriel 1988, S. 156–157, Abb. 21. – Gabriel 1991/1, S. 284–286, Abb. 5. – Elbern 1972, S. 319–322. – Ulbricht 1984, S. 22, 37–38, 55–57, 71, Taf. 35–37, 82–84.

Schleswig, Archäologisches Landesmuseum der Christian-Albrechts-Universität, Inv. Nr. Old. 0809065, 0206013, 0812088, 0713123

I. G.

VI–20 Glockenfragmente und Klöppel

9–11. Jahrhundert

a: Glocke 1: Wandungsfragment 10 x 5 cm, 139 g. b: Glocke 2: 2 Wandungsfragmente 14 x 8 cm, 622 g und 3 x 10 cm, 93 g. c: Glocke 3: 3 geschmolzene Klumpen, L. 6–8 cm, 396 g. d: Glocke 4: Wandungsfragment 11 x 10 cm, 211 g. – Bronze, gegossen.
Klöppel zu Glocke 1: 21,4 cm. – Eisen, geschmiedet.

Angeschmolzene, nur 0,4–0,6 cm starke Wandungsstücke und Klumpen von möglicherweise vier verschiedenen bronzenen Läuteglocken sowie ein sauber geschmiedeter Eisenklöppel.

Ziemlich genau im Zentrum der zerstörten Oldenburger Kirche fanden sich in der verkohlten Getreideschicht drei nahe beieinanderliegende Glokkenwandungsfragmente, die auf Grund der Metallanalyse aber zu zwei verschiedenen Glocken gehören (Glocken 1 und 2). Einige Meter entfernt fand sich in umgelagerter Siedlungserde der eiserne Klöppel. Hans Drescher hat die Glocke unter Beachtung zeitgenössischer Maßgesetze rekonstruiert. Sie entspricht derjenigen von Canino bei Viterbo (Italien) aus dem 8./9. Jahrhundert und repräsentiert damit den ältesten Typ, für den „Eiform“ und „Schallöffnungen“ sowie ein scharf abgesetzter Schlagring charakteristisch sind. Die Oldenburger Glocke hatte 23,4 cm Randdurchmesser, 21,4 cm Körper- und 28,0 cm Gesamthöhe.

Drei gänzlich verschmolzene Klumpen sind durch Metallanalyse als „Glockenbronze“ ausgewiesen

VI–20

(Glocke 3). Sie lagen in einem 20 m entfernten Haus vom Ende des 10. Jahrhunderts, und zwar in einer Esse, wo man sie anscheinend weiterverarbeiten wollte.

Eine weitere angeschmolzene Glockenwandungsscherbe (Glocke 4) fand sich auf dem gebrannten Fußboden eines jüngeren Hauses. Es muß aber noch unentschieden bleiben, ob dieses Stück gleichfalls verlagert ist und der Wiederverwertung zugeführt werden sollte oder ob es womöglich aus der Zerstörung der erneuerten Oldenburger Kirche von 1066 herrührt.

Oldenburg, Kr. Ostholstein, Burgwall Starigard, Schleswig-Holstein.

Drescher 1984, S. 22, 55 Anm. 17. – Kat. Speyer 1992, S. 415, Raum 13, Nr. 1 (Hans Drescher). – Gabriel 1988, S. 151. – Gabriel 1991/1, S. 282.

Schleswig, Archäologisches Landesmuseum der Christian-Albrechts-Universität, a: Inv. Nr. Old. 0818113 – b: Inv. Nr. Old. 0909009 – c: Inv. Nr. Old. 0408029 – d: Inv. Nr. Old. 1209031 – Klöppel: Inv. Nr. Old. 0212073

I. G.

Haithabu

Haithabu nimmt in der Geschichte und Archäologie des Mittelalters einen hervorgehobenen Rang ein: Sowohl die schriftlichen Quellen wie auch die archäologischen Untersuchungen stellen den Ort als eines der wichtigsten Wirtschafts- und Verkehrszentren der Wikingerzeit in Nordeuropa dar. Seine internationale Bedeutung verdankt der Platz der verkehrsgeographisch wie handelspolitisch günstigen Lage zwischen den Verkehrssystemen der Nordsee und Ostsee auf der schmalsten Stelle am Fuß der jütischen Halbinsel. Am inneren Rand der rund 40 km ins Landesinnere reichenden Ostseeförde der Schlei gelegen, blieb eine Landbrücke von wenigen Kilometern zu den in die Nordsee entwässernden Flußsystemen der Eider und Treene in Richtung Westen zu überwinden. Die Landenge war auch von strategischer Bedeutung und ist vom frühen bis zum hohen Mittelalter von einem gestaffelten System von Befestigungswällen gesichert worden.

In Haithabu nahm das Abendland mit dem Norden, nahm der karolingische Wirtschaftsraum mit dem skandinavischen Verbindung auf. Diese Fernbeziehungen zeigen sich schon bei der Gründung des Ortes: Im Jahre 808 siedelte der dänische König Göttrik die Kaufleute aus dem slawischen Küstenhandelsplatz Rerik zwangsweise nach Haithabu um und lenkte damit die Warenströme zwischen Ostsee und Festland durch seinen Machtbereich. Das Interesse des karolingischen Reiches am Ostseehandel galt offenbar vornehmlich dem arabischen Silber, das in Form von geprägten Münzen in großen Mengen über die russischen Handelswege in den Ostseeraum gelangte. Vor der Öffnung der Silbergruben im Harz basierte die karolingische Münzgeldwirtschaft ganz offensichtlich auf eingeschmolzenen und umgeprägten arabischen Dirhem. Auch die skandinavische Hacksilberwährung beruhte auf einem Gewichtssystem, das aus dem Orient stammte. Die große Anzahl unterschiedlicher Gewichte und der Guß von Präzisionswaagen in der Siedlung legen es nahe, daß die Aufstellung von Gewichtsnormen und ihre Überwachung von Haithabu (und dem südschwedischen Handelszentrum Birka) aus vorgenommen wurden. Ob die in Haithabu bald nach 800 nach karolingischen Vorbildern aus Dorestad geprägten Münzen – die ersten des Ostseeraumes überhaupt – im Handel eingesetzt wurden oder eher Prestigeobjekte des königlichen Münzherrn waren, ist unsicher.

Offenbar in erster Linie Handelszwecken diente dagegen eine vereinfachte Version der Runenschrift, die vermutlich in Haithabu „erfunden" wurde. All das sind Indizien für den Beginn einer Phase gesellschaftlicher Differenzierung im Norden, in der die an der Herrschaft beteiligten Gruppen ihren Bedarf an Luxus- und Prestigegütern – kostbare Waffen, feine Stoffe, Schmuck, herrschaftliches Tischgeschirr zum Beispiel – nur aus den entwickelten Städten des Südens decken konnten.

Neben dem Charakter als Messeplatz im internationalen Fernhandelsverkehr ist der Ort mit seiner kaufkräftigen Verbraucherschicht auch Endpunkt eines weitreichenden Handels mit massenhaft benötigten Gebrauchsgütern, wie Specksteinen aus Norwegen für hitzebeständige Kochtöpfe und Basaltlava aus der Eifel für die wohl in jedem Haushalt vorhandene Handmühle. Brunnenschächte wurden gern mit Daubenfässern aus Tannenholz ausgekleidet, die vermutlich aus dem Schwarzwald stammten und als Behältnisse für Wein oder ganz allgemein als Transportcontainer nach Haithabu gelangten.

In einem regelmäßig wie ein Gitternetz ausgelegten Straßenplan standen die Häuser, zumeist giebelständig, auf eingehegten Parzellen. Baufluchten und Parzellengrößen blieben durch die Zeiten weitgehend konstant, während die Konstruktionstechnik und die Größe der ausschließlich in Holz errichteten Gebäude denkbar vielfältig war. Darin sind die ordnende Hand des königlichen Ortsherrn, vor Ort vertreten durch einen Wikgrafen, ebenso spürbar wie eine relativ mobile Bewohnerschaft, deren Lebensweise weitgehend an den Bedürfnissen von Handel und Handwerk ausgerichtet war. Das ausgedehnte Hafenufer mit weit in das Wasser reichenden Landebrücken auf der einen und Areale, die offenbar bevorzugt von Metallhandwerkern benutzt wurden, auf der anderen Seite zeigen die Schwerpunkte des städtischen Lebens beispielhaft an. Agrarische Nutzung von Gebäuden und Bodenflächen läßt sich jedenfalls nur sehr vereinzelt belegen. Die Versorgung mit dem täglichen Bedarf an Nahrungsmitteln mußte deshalb von außen erfolgen. Haithabu, mit rund 1000 Einwohnern auf einer Siedlungsfläche von 24 Hektar im 10. Jahrhundert die größte Ansiedlung in Skandinavien, entwickelte sich zunehmend auch zum Mittelpunkt einer agrarisch geprägten Region und gab seine Güter dorthin ab. Die Ausdehnung der auf dieses Zentrum bezogenen Region mag noch in dem im 12. Jahrhundert ausgebildeten Herzogtum Schleswig erkennbar werden. Immer sind dabei auch die militärischen Erfordernisse an den Befestigungswerken an der dänischen Südgrenze zu bedenken. Wenn Truppenteile im durchorganisierten dänischen Seekriegswesen auf Schiffen auch schnell herantransportiert werden konnten, waren mit Bau, Unterhalt und Besetzung des Danewerks doch Aufgaben verbunden, die nur von einer entwickelten Infrastruktur des ländlichen Hinterlandes von Haithabu geleistet werden konnten.

Ein Zentrum am Rande der Ökumene mit einer derartigen Anziehungs- und Ausstrahlungskraft war der gegebene Ansatzpunkt für die christliche Mission des Nordens. Dem Kaufmann folgte deshalb der Missionar auf dem Fuße. War mit der Eingliederung des sächsischen Stammes in das Fränkische Reich um 800 das Christentum als Staatsreligion, formal gesehen, auch bis an die dänische Grenze vorgedrungen, sollten bis zur Christianisierung Dänemarks doch noch einmal Jahrhunderte vergehen, in denen die Anhänger des alten und des neuen Glaubens überwiegend friedlich zusammenlebten. Übergangsformen wie die Primsigning verhinderten allzu scharfe Brüche. Träger der Mission war das eigens für diesen Zweck eingerichtete Erzbistum Hamburg-Bremen. Um das Jahr 850 konnte von dem überaus eifrigen und diplomatisch geschickten Erzbischof Ansgar mit Erlaubnis des Königs für die wachsende Christengemeinde insbesondere von Fernhändlern aus den sächsischen und friesischen Orten eine erste Kirche gebaut werden, die sogar eine Glocke erhielt. Von Haithabu aus reiste Ansgar mit den Kaufleuten auch in das zweite Handels- und Herrscherzentrum des Nordens, nach Birka in Südschweden, wo sich ebenfalls für eine Zeitlang eine Christengemeinde etablieren konnte. Eine Breitenwirkung für den neuen Glauben wurde allerdings erst mit der Konversion des Königs Harald, wohl im Jahr 965, erreicht. Am Ende des 10. Jahrhunderts sind zum Beispiel die Bestattungen in Haithabu ausnahmslos christlich orientiert. Die Grundlage einer Kirchenorganisation, das eigene Bistum, im Jahre 948 gleichzeitig mit Ribe und Aarhus eingerichtet, wurde am Ende des Jahrhunderts für bald 50 Jahre indes wieder vernichtet. Mit den sächsischen Truppen, die Haithabu und Süddänemark zehn Jahre lang beherrscht hatten, wurden im Jahr 983 auch die Bischöfe vertrieben. Dem gleichzeitigen Slawenaufstand mußte im übrigen auch der Bischof der bald nach Haithabu eingerichteten Diözese Oldenburg in Ostholstein weichen. Um die Jahrtausendwende sind beide im Hildesheimer Exil zu finden. Bischof

Ekkehard von Schleswig fungierte dort als anerkannter und treuer Gefolgsmann seines großen Vorbilds Bernward. Der dänische König öffnete sich dem geistlichen Einfluß aus dem Süden erst wieder nach dem formalen Verzicht des Deutschen Reiches auf die im 10. Jahrhundert eroberten Gebiete. Im Jahre 1026 zog der Kölner Kleriker Rodulf als neuer Bischof in Schleswig ein und begründete eine seitdem ungebrochene Kirchentradition an der inneren Schlei. Seine Bischofskirche baute er indes höchstwahrscheinlich schon nicht mehr im Halbkreiswall am Südufer, sondern auf der Moränenzunge am nördlichen Gegenufer, im Bereich der heutigen Altstadt von Schleswig.
Einzelheiten der Siedlungsverlagerung vom Süd- auf das Nordufer der Schlei sind noch nicht mit Sicherheit auszumachen. Das am besten begründete Modell rechnet mit einer schrittweisen funktionalen Differenzierung seit etwa der Jahrtausendwende, bei der vermutlich Königshof und Bischofssitz die Kaufmannssiedlung nach sich zogen. Mit dem Bau leistungsfähiger Landebrücken im Schleswiger Hafen dürfte dieser langgestreckte Prozeß in den achtziger Jahren des 11. Jahrhunderts zum Abschluß gelangt sein. Mit Königspfalz, Bischofskirche und Hafenufer, um nur die repräsentativen Struktur- und Funktionsmerkmale zu nennen, ist Schleswig für mehr als ein Jahrhundert noch einmal führend am materiellen und geistigen Austausch zwischen dem europäischen Festland und dem Ostseeraum beteiligt, bis unter gänzlich veränderten Voraussetzungen sich im 13. Jahrhundert das hansische Lübeck diese Rolle aneignete.

C. R.

VI–21 Glocke

Haithabu bei Schleswig, Mitte bis 2. Hälfte 10. Jahrhundert

H. 51,5 cm; Durchmesser 42,3–42,6 cm; Gewicht ohne Klöppel 24,3 kg. – Glockenbronze aus 75,33 % Kupfer, 17,37 % Zinn und 6,5 % Blei.

Die Glocke wurde 1978 bei Untersuchungen im „Haddebyer Noor" im Bereich der Hafenbefestigungen von Haithabu gefunden. Mitgeborgen wurde außer dem keulenförmigen, in das Hängeeisen ein-

VI–21

gehakten eisernen Klöppel ein in wesentlichen Teilen erhaltenes annähernd halbkreisförmiges Schwungholz aus Eiche. Die Außenseite des Glockenrandes ist mit flachen Rillen verziert. Am Außenrand der oberen Zierrillen auf der Schulter des Glockenkörpers sind nach dem Guß vier kreuzförmig angeordnete Winkel – wohl als Weihekreuz – eingemeißelt worden.

Die Glocke steht morphologisch am – bisher faßbaren – Anfang einer für das 11. und 12. Jahrhundert charakteristischen Glockenform mit gerader Wandung. Nach Profil und der sehr geringen Wandungsstärke hat sie ihre engste Parallele in der noch dem 8. Jahrhundert entstammenden Glocke aus Canino bei Viterbo in Italien. Die Haithabu-Glocke wurde aus Kupfer des Harzer Rammelsberges gefertigt.

Die Glocke stellt eines der bedeutendsten Zeugnisse der seit dem 9. Jahrhundert schubweise voranschreitenden Missionierung Nordeuropas dar, steht dabei aber in einer Reihe weiterer Funde von Glockenfragmenten wie auch von Zimbeln. Neben der Vita Anskarii oder dem Brief von Hrabanus Maurus aus Fulda an Bischof Gauzbert in Birka, in dem es um Übersendung einer Glocke und einer Zimbel geht, bezeugen zahlreiche Kleinfunde, wie Teile von Bischofsstäben, Tragaltären, Kreuzen und wohl auch die Fibeln mit christlichen Motiven (vgl. Kat. Nr. VI–28), das Vordringen christlicher Gemeinschaften und ihren Gottesdienst im Norden.

Haithabu (Hafen), Gem. Busdorf, Kr. Schleswig-Flensburg.

Drescher 1984. – Bund 1986. – Drescher 1992. – Kat. Berlin 1992/1, S. 280 Nr. 199, Abb. S. 153 (Ingrid Ulbricht).

Schleswig, Archäologisches Landesmuseum der Christian-Albrechts-Universität, Bearbeitungs-Nr. W 406

H. Dr./I. U.

VI–22 Gußform

Südskandinavisch, zweite Hälfte 10. Jahrhundert

L. 10,6 cm; B. 4,6 cm; H. 3,9 cm. – Speckstein, geschnitzt, fragmentarisch.

Längliche Gußform vierkantigen Querschnitts; an einem Ende angebrochen. In zwei Seiten sind Vertiefungen für den Guß von Anhängern in offener Form eingeschnitten: auf der einen in geringer Tiefe für zwei Kreuze unterschiedlicher Größe, in die andere für einen Thorshammer.

Eine vergleichbare, wenn auch qualitätvollere Gußform kommt aus Trendgården in Jütland. Nach der offiziellen Annahme des Christentums in Dänemark durch Harald Blauzahn gegen 965 wurden vom selben Handwerker wohl in einem Arbeitsgang Kreuz- und Thorshammer-Anhänger gefertigt – ob für verschiedengläubige Abnehmer, ist nicht ersichtlich. Kreuz und Thorshammer erscheinen so als austauschbare „Konfessions"-Zeichen einer Amulettsitte. Wenn dann noch einige Thorshämmer mit Kreuzsymbolen verziert wurden, offenbart sich das typologische Denken des Frühmittelalters: Im Zuge der Christianisierung deuteten die Missionare den alten heidnischen Gott Thor (etwa im Kampf mit der Midgardschlange) zur Vorzeit-*praefiguratio* des die Schlange überwindenden Christus um. Der Zauber- und Kriegsgott Odin/Wotan dagegen wurde in der christlichen Literatur stets als Vorzeit-Verkörperung des biblischen Teufels angesehen.

Haithabu, Gem. Busdorf, Kr. Schleswig-Flensburg.

Elsner 1989, S. 86 mit Abb.

Schleswig, Archäologisches Landesmuseum der Christian-Albrechts-Universität, Inv. Nr. 6582

E. W.

VI–22 Vorderseite

VI–22 Rückseite

VI–23

VI–23 Thorshammer-Anhänger

Südskandinavisch, 10. Jahrhundert

L. 6 cm. – Silber, gegossen, punzverziert; Silberdrahtring in Öse.

Silberanhänger in Form eines zweibahnigen Hammers mit Dreiecksspitze und keilförmigem, am Ende durchbohrtem Schaft, in dem ein Silberdrahtring steckt. Randbegleitende Kreispunzen, auf der Hammermitte zusätzlich zu einem Kreuz geformt.

Anhänger in Form eines Hammers, des Attributs des nordischen Gottes Thor (Donar), sind als Eisenexemplare, oft an eisernen Halsringen, im 9. und 10. Jahrhundert vorwiegend im ostskandinavischen Raum verbreitet. In Silber, wie das vorliegende Stück aus Haithabu, sind sie seit dem 10. Jahrhundert aus gut 50 meist Schatzfunden des gesamten Nordens bekannt. In Dänemark wurden sie etwa zur Jahrtausendwende von Kreuzanhängern abgelöst, während sie auf Gotland auch noch im gesamten 11. Jahrhundert vorkommen. Als Anhänger dienten die Thorshämmer als Amulette, bezogen auf den Gott Thor. Auf spätwikingerzeitlichen Bildsteinen ist mehrfach der Mythos von Thors Kampf mit der Mitgardschlange dargestellt, wobei Thor mit einem ganz ähnlichen zweibahnigen Hammer ausgerüstet ist. Die eisernen, vorwiegend ostskandinavischen Thorshammerringe des 9. und 10. Jahrhunderts, oft aus Brandgräbern, wird man mit originär heidnischen Vorstellungen verbinden wollen. Die späteren silbernen Anhänger dagegen werden meist als heidnische „Trotz“reaktion auf die Kreuzanhänger angesehen, die seit dem 10. Jahrhundert mit der Christianisierung im Norden beliebt werden. Doch manche dieser Thorshämmer, wie etwa das Stück aus Haithabu, sind zudem mit christlichen Kreuzen verziert oder gar als Hammer-Kreuz-Mischformen ausgebildet. Man hat dies mit der religiösen Umbruchszeit und einem damit einhergehenden Synkretismus erklärt bzw. damit, daß man beiden Göttern gleichzeitig dienen wollte (Gräslund 1983/1985). Dazu passen auch Gußformen, mit denen man gleichzeitig Kreuz- und Thorshammer-Anhänger für verschiedengläubige Abnehmer fertigen konnte (Kat. Nr. VI–22), im Grunde also Ausdruck einer religiösen Vielfalt und Toleranz in der jüngeren Wikingerzeit. Bei den christlich signierten Thorshämmern handelt es sich jedoch weniger um heimlichen Synkretismus als vielmehr um eine „Verchristlichung“ der Amulette und damit auch des Gottes Thor. Es liegt also näher, diese christliche Umdeutung, analog der Gesamttendenz der altisländischen Sagaliteratur (Weber 1981) und den spätwikingerzeitlichen Sigurd- und anderen Sagenillustrationen (Düwel 1986), als typologische Interpretation zu werten, die das gesamte frühchristliche und mittelalterliche Denken durchzieht: Thor als *praefiguratio* Christi, der Hammer als *praefiguratio* des Kreuzes.

Haithabu Grab 42, Gem. Busdorf, Kr. Schleswig-Flensburg.

Elsner 1989, S. 80, Abb. 1. – Zu Thorshämmern: Ström 1984, S. 127–140. – Gräslund 1992. – Gräslund 1983/1985. – Ferner: Düwel 1986. – Weber 1981.

Schleswig, Archäologisches Landesmuseum der Christian-Albrechts-Universität, Inv. Nr. Hb 67 N 17,3 O 209-35 II

E. W.

VI–24

VI–24 Thorshammer-Anhänger

Südskandinavisch/dänisch, Ende 10. Jahrhundert – um 1000

6,07 x 4,14 x 1,05 cm. – Gelöteter Silberblechkorpus mit Filigran- und Granulationsverzierung.

Anhänger in Form eines Thorshammers mit tonnenförmiger Öse, die als herabblickender Raubvogelkopf gestaltet ist. Korpus und Öse sind aus Silberblechen zusammengelötet, Front und Seiten bedecken flächig Filigran und Granulation, die Unterseite ist blank. Auf dem Hammerkopf mit geschweift ausgezogener Spitze ist eine symmetrische Wellenranke dargestellt, die einfache S-Ranke auf dem Griff ringelt sich unter (aus?) dem Raubvogelschnabel der Öse hervor. Die kegelförmigen Augen umrahmen geschweifte Brauen; hinter und seitlich der Stirn gibt es Flechtbandgeschlinge, die vielleicht als stilisierte Ohren gedeutet werden können. Der Hintergrund von Hammerkopf und -griff sowie die Vogelstirn sind dicht mit feinen Granalien bedeckt, die Seiten von Hammer und Öse mit kleinen Filigrankringeln.

Dieser Thorshammer gehört zu den schönsten Exemplaren der späten Wikingerzeit und ist ein Zeugnis dänischer Goldschmiedekunst zur Zeit des großen dänischen Nordseeimperiums. Die Öse ist ganz ähnlich wie die der Kreuzanhänger von Hiddensee gestaltet, und man darf den Thorshammer als Themavariation zu ihnen auffassen. Sollten sich die Geschlinge auf dem Kopf tatsächlich als Ohren identifizieren lassen (M. Brandt), würde es sich bei dem Raubvogelkopf um einen Greifenkopf handeln, was dann wohl auch für die Anhänger von Hiddensee zuträfe. Wie der Adler ist auch der Greif Symbol Christi. Die Ranken „signieren“ den Thorshammer aus Schonen ebenso christlich wie das Kreuz auf dem Haithabu- oder anderen Thorshämmern; schon in der byzantinischen Kunst des 6.–7. Jahrhunderts spielt die Kombination von Greif und Ranke eine bedeutende Rolle. Somit darf auch dieser Anhänger als eine skandinavisch-frühchristliche Variante der Kreuzanhänger angesehen werden, den Gott Thor und sein Attribut, den Hammer, als *praefiguratio*, als Vorläufer des neuen, siegreichen Gottes Christus kennzeichnend.

Fundort unbekannt, Schonen, Schweden.

Månadsblad 1895. – Strömberg 1961, 2, S. 90, Taf. 74,12. – Hårdh 1976, S. 77, Nr. 164, Taf. 55,10.

Stockholm, Statens Historiska Museum, Inv. Nr. 9822:810

E. W.

VI–25 Kreuzanhänger

Südskandinavisch, Ende 10. bis Anfang 11. Jahrhundert

L. 5,0 cm; B. 4,7 cm. – Gepreßtes Goldblech mit Filigran- und Granulationsauflage.

Anhänger in Form eines gleicharmigen Kreuzes aus zweilinigem Flechtband, dessen drei untere Arme wiederum mit Querarmen versehen und miteinander verbunden sind. Der obere Kreuzarm geht in eine große, tonnenförmige Trageöse über, die mit Filigran und Granulation als herabblickender Raubvogelkopf gestaltet ist. Auch das gepreßte Flechtband der Kreuzes ist durch Filigrandrähte verstärkt.

Der Anhänger gehört zu einem reichen goldenen Pektoralschmuck aus mindestens 10 weiteren Kreuz-

VI–25

VI–26

anhängern und ursprünglich mindestens 9 weiteren kleinen, etwa rechteckigen Pendilien mit Flechtbandknoten, die als Abstandhalter zu den Kreuzen dienten (4 davon sind erhalten). Kombiniert mit einem geflochtenen Goldhalsreif und einer großen Goldfiligranbuckelfibel, die mit einem symmetrischen Tiergeflecht und im Zentrum mit einem kleinen Cloisonnékreuz verziert ist, bildeten diese Anhänger eines Pektoralschmuckes ein aufwendiges skandinavisches Frauen-Schmuckensemble der späten Wikingerzeit, das als „königlich" bezeichnet werden kann. Über die Gründe seiner Deponierung auf der Insel Rügen, die damals, also wohl im ersten Viertel des 11. Jahrhunderts, zum dänischen Einflußbereich gehörte, kann nur spekuliert werden. Sicher indes ist der christlich-kontinentale Charakter des gesamten Ensembles wie auch der einzelnen Typen. Schling- und Flechtbandkreuze sind in der ottonischen Kunst, etwa auf Buckelfibeln, reich vertreten. Daß die tonnenförmigen Ösen, die auch von zeitgenössischem kontinentalem Münzschmuck bekannt sind, als Raubvogelköpfe ausgebildet sind, dürfte kaum auf „synkretistische" Vorstellungen zurückgehen. Vielmehr dürften die Raubvögel Adler als Allegorien Christi darstellen und somit gut zum Symbolwert der Kreuze passen.

Hiddensee auf Rügen, Mecklenburg-Vorpommern.

Paulsen 1936. – Kat. Speyer 1992, S. 171 ff., Nr. 1–3 mit Farbabb. (Mechthild Schulze-Dörrlamm). – Kat. Berlin 1992/1, S. 189, Nr. 265 (Joachim Herrmann).

Stralsund, Kulturhistorisches Museum der Hansestadt Stralsund, Inv. Nr. 1874:162

E. W.

VI–26 Filigranbuckelfibel

Südskandinavisch/dänisch, Ende 10. bis Anfang 11. Jahrhundert

Durchmesser 3,48 cm. – Gepreßtes Goldblech mit Goldfiligran und -granulation.

Die runde, schwach gewölbte Buckelfibel trägt im Drei-Ebenen-Relief einen kreuzförmigen Flechtbandknoten mit eingeflochtenem Ring. Der Knoten ist mit Glattdraht-gesäumtem Perldraht belegt, der Ring mit einem kräftigen gezwirnten Draht zwischen dünnen Feindrähten, die außen, zwischen den Kreuzzwickeln, zu geschweiften Dreiecken ausgezogen sind. Kreuzmitte und Dreiecke sind dicht mit feinen Granalien bedeckt, die übrigen, tiefgelegenen Freiflächen mit größeren Perlkreisgranalien. Der Rand besteht aus mehrfachen Filigrandrähten.

VI–27

VI–28

Das Musterblech dieser Fibel wurde auf einer Patrize vom Typ wie Kat. Nr. VI–28 aus dem Patrizenhort von Haithabu gepreßt, wegen der genau übereinstimmenden Größe vielleicht sogar auf ihr selbst. Die Fibel kommt aus einem spätwikingerzeitlichen Schatz mit Ringsilber, Altschmuck aus Gold und Silber und zwei älteren arabischen Münzen aus dem frühen 9. Jahrhundert. Er wurde vermutlich gegen Ende des 10. oder im frühen 11. Jahrhundert versteckt. Fibeln dieses Typs (benannt nach einem dänischen Schatzfund als „Terslev-Fibeln") sind zwar eindeutig skandinavische Produkte und Bestandteile der spätwikingerzeitlichen Frauentracht, gehen aber auf ottonische Formen zurück, wie sie etwa aus den Schatzfunden von Klein-Roscharden (Kat. Nr. VI–40) oder in Blei-Zinn-Ausführungen aus Mainz (Kat. Nr. IV–15 und IV–16) bekannt sind, und dokumentieren neben der Übernahme kontinentaler Schmuckformen auch den epochalen Wechsel von der letztlich prähistorischen Frauentracht des wikingerzeitlichen Nordens zu der des christlichen Abendlandes.

Lackalänga, Schonen, Schweden.

Hårdh 1976, S. 55, Nr. 85.1, Taf. 39.1.

Stockholm, Statens Historiska Museum, Inv. Nr. 431

E. W.

VI–27 Patrize für Pektoralkreuz

Südskandinavisch, spätes 10. bis frühes 11. Jahrhundert

L. 4,6 cm; B. 4,35 cm. – Bronze, gegossen.

Massiv gegossene Patrize, kreuzförmig, mit freier oberer Ösenhaste. Sie zeigt ein gleicharmiges Kreuz, dessen unterer Arm und seitliche Arme durch erhabenes zweiliniges Flechtband miteinander verbunden sind. Der obere Kreuzarm ist frei gestaltet mit einem Konus für die spätere Öse.

Solche Patrizen verwendete man zur serienmäßigen Herstellung von Preßblechschmuck zumeist aus Gold- oder Silberblech, das mit Hilfe von Lederkissen oder anderem über den Model gepreßt wurde. Anschließend wurde ein Rückblech untergelötet, gegebenenfalls auch eine Nadelhalterung aus Blech, und die Schauseite konnte mit Filigran und Granulation belegt werden. Mit diesem Model preßte man kreuzförmige Anhänger für Pektoralschmuck, wie sie in größerer Zahl aus dem Schatzfund von Hiddensee auf Rügen bekannt sind.

Die Patrize kommt, zusammen mit Kat. Nr. VI–28, aus einem Hort mit insgesamt 42 ähnlichen Patrizen, der aus dem Hafen von Haithabu geborgen wurde, vermutlich ursprünglich in einem organischen Behältnis aufbewahrt und dort verloren. Mit diesen Patrizensätzen konnten vier bis fünf Schmucktypen unterschiedlicher Größe und Ausgestaltung hergestellt werden, sicherlich der Bestand eines Feinschmieds für gehobenen Bedarf.

Haithabu, Gem. Busdorf, Kr. Schleswig-Flensburg.

Duczko 1985, S. 82, Abb. 104. – Kat. Speyer 1992, S. 177 ff., Nr. 4 mit Abb. (Mechthild Schulze-Dörrlamm). – Kat. Berlin 1992/1, S. 254, Nr. 105b (Ingmar Jansson).

Schleswig, Archäologisches Landesmuseum der Christian-Albrechts-Universität

E. W.

VI–28 Patrize für Scheibenfibel

Südskandinavisch, spätes 10. bis frühes 11. Jahrhundert

Durchmesser 3,5 cm. – Bronze, gegossen, am Rand eingerissen.

Massiv gegossene Patrize, rund und gewölbt, mit Flachreliefmuster aus einem kreuzförmigen Flechtbandknoten mit eingeflochtenem Ring. Besonders kräftig ist das gleicharmige Kreuz im Zentrum ausgestaltet. Das Flechtband ist leicht erhaben ausgeführt.

Auch diese Patrize diente (wie Kat. Nr. VI–27) zur Herstellung von Preßblechschmuck, in diesem Fall von runden Buckelfibeln oder Anhängern mit Flechtbandmustern, die nach einem dänischen Schatzfund Terslev-Fibeln genannt werden und von Südskandinavien bis Mittelschweden recht weit verbreitet waren. Wie beim Kreuzanhänger Kat. Nr. VI–27 handelt es sich um eine skandinavische Schmuckform der Jahrzehnte um 1000, die auf kontinental-ottonischen Schmuck zurückgeht.

Model für Terslev-Fibeln werden nur selten und sonst stets einzeln gefunden; jedenfalls darf man mit mehreren Modelsätzen und einer dezentralen Produktion kostbaren Filigranschmucks zur späten Wikingerzeit rechnen. Das heißt, die Aufnahme kontinentaler Schmuck- und Zierformen in Skandinavien als Ausdruck einer Europäisierung des Nordens geschah auf breiter Basis unter aktiver Beteiligung der Skandinavier selbst.

Haithabu, Gem. Busdorf, Kr. Schleswig-Flensburg.

VI–29

Duczko 1985, S. 82, Abb. 104. – Kat. Speyer 1992, S. 177 ff., Nr. 4 mit Abb. (Mechthild Schulze-Dörrlamm). – Kat. Berlin 1992/1, S. 254, Nr. 105b (Ingmar Jansson).

Schleswig, Archäologisches Landesmuseum der Christian-Albrechts-Universität

E. W.

VI–29 Patrize für Pektoralkreuz

Südskandinavisch, letztes Drittel 10. Jahrhundert

H. 3,3 cm; B. 2,7 cm. – Bronze, gegossen; fragmentarisch, partiell abgetragen.

Grob gearbeitete Patrize zur serienmäßigen Herstellung von Preßblechfigürchen, vermutlich für Filigran-Anhänger; abgesetzte Konturen. Dargestellt ist ein aufrecht stehender Mann mit rundlichem Kopf, Kopfbedeckung (Haar, Nimbus?), Schnauzbart, kurzem, ausgestelltem Kittelrock (mit Pektoralzier?) und waagerecht ausgestreckten Armen (am rechten Handgelenk ein Seil?). Die Beine sind kurz unterhalb des Rocks abgeschnitten oder abgebrochen.

Unverkennbar ist die große Ähnlichkeit zur monumentalen Kreuzigungsdarstellung auf Harald Blauzahns königlichem Bild- und Runenstein in Jel-

VI–30

VI–31

ling, auf dem er unter anderem seine Christianisierung Dänemarks verkündet. Auch dieser Christus ist schnauzbärtig, hat einen kurzen Rock und waagerecht ausgestreckte Arme. Seine Hände sind nicht genagelt, sondern in einer (Wein-)Ranke gefesselt, das heißt, hier ist der siegreich-triumphale, wiederauferstehende Christus dargestellt. Auch eine kleinere Anzahl spätwikingerzeitlicher Pektoralkruzifixe weist den an den Händen gebundenen, schnauzbärtigen Christus im Kittelrock auf (Graham-Campbell 1980, Nr. 530–531). Offensichtlich sind alle auf das ikonographische Schema des auch sonst vorbildhaften Jelling-Steins zurückzuführen. Für Haithabu, an der Nahtstelle zum Deutschen Reich, ist mit dieser Patrize die Fertigung solcher Anhänger in größerem Umfang belegt.

Haithabu, Gem. Busdorf, Kr. Schleswig-Flensburg.

Elsner 1989, S. 85, Abb. 2. – Graham-Campell 1980.

Schleswig, Archäologisches Landesmuseum der Christian-Albrechts-Universität, Inv. Nr. Hb 69 N 21,4 O 101,9 IV

E. W.

VI–30 Buckelfibel

Südskandinavisch, Mitte 9. bis 10. Jahrhundert

Durchmesser 2,8 cm. – Silberblech mit aufgelöteten Filigrankegeln, Perlen, Granalien und dreifachem Filigranrand; beschädigt.

Runde Fibel aus Silberblech mit hochgetriebenem Zentralbuckel; am Außenrand ein dreifacher tordierter Filigrandraht, der mit Silberdrahtklammern gehalten wird, am Buckelrand ein einfacher Draht. Die gesamte Schauseite ist mit Filigrankegeln (‚Bienenkörbchen‘) bedeckt, die eine Perle krönt: auf der Randzone elf und auf dem Buckel sechs. Die Zwischenräume sind mit kleinen und großen Granalien gefüllt.

Wegen der Nadelhalterung handelt es sich um einen skandinavischen Fibeltyp. Er ist in wenigen Exemplaren in Südskandinavien vertreten, gewöhnlich in Beifunden des 10. Jahrhunderts, Grab 42 aus Haithabu aber gehört wegen der anderen Beifunde eher in die Mitte bis zweite Hälfte des 9. Jahrhunderts. Unzweifelhaft geht der Fibeltyp auf karolingische Rosettenfibeln zurück, die – etwa im Schatzfund von Féchain – bis in das Ende des 9. Jahrhunderts getragen wurden. Silberfiligrankegel treten auf karolingischen gleicharmigen und anderen Fibeln etwa ab der Mitte des 9. Jahrhunderts auf; allerdings kommen Buckelfibeln auf dem Kontinent erst im

Laufe des 10. Jahrhunderts in Mode, so daß ein solcher Typ in einem skandinavischen Grab des 9. Jahrhunderts verwundert. Diese Fibeln demonstrieren die starke Übernahme kontinentaler Schmuckmoden und Feinschmiedetechniken im wikingerzeitlichen Norden.

Haithabu, Gem. Busdorf, Kr. Schleswig-Flensburg, Grab 42.

Capelle 1968, S. 84, 105, Kat. Nr. 66, Taf. 29.8.

Schleswig, Archäologisches Landesmuseum der Christian-Albrechts-Universität, Inv. Nr. KS 11916

E. W.

VI-31 Filigranscheibenfibel

Südskandinavisch/dänisch, zweite Hälfte 9. bis erste Hälfte 10. Jahrhundert

Durchmesser 2,6 cm. – Goldblechscheibe mit Filigran aus tordierten Golddrähten, von aufgelöteten kleinen Blechstreifen gebündelt. Leichte Beschädigungen. Untergelötete Nadelhalterung.

Die kleine flache Scheibenfibel zeigt eine kreuzförmige Gliederung aus vier adossierten Filigranpelten mit vegetabilen Endungen, Bündelungen und Knospen sowie einen zentralen Vierpaßknoten. Den Rand bildet ein kräftiger Perlstab. Während die Filigranmotive in karolingischen Arbeiten der zweiten Hälfte des 9. Jahrhunderts, wie etwa dem Buchdekkel Karls des Kahlen, zu Hause und flache Vierpeltenfibeln in Guß- und Emailtechnik im Austrasien derselben Zeit weit verbreitet sind, scheint doppelsträngiges Filigran doch eher skandinavische Fertigung nahezulegen (vgl. etwa Duczko 1985, Abb. 18 ff.). Die hochentwickelte spätwikingerzeitliche Filigrankunst ist, neben slawischen und insularen Einflüssen, in Formen und Motiven ganz wesentlich von der kontinentalen Kunst geprägt – sicherlich entscheidend durch die Europäisierung des Nordens im Zuge der Missionierung bedingt.

Haithabu, Gem. Busdorf, Kr. Schleswig-Flensburg.

Graham-Campbell 1980, S. 40 f., Nr. 140 mit Abb. S. 223.

Schleswig, Archäologisches Landesmuseum der Christian-Albrechts-Universität, Inv. Nr. Hb 1962

E. W.

VI-32 Messingbarren

Rheinisch (?), frühmittelalterlich

24,5 x 3,1 x 0,5 cm. – Messing.

Im offenen Herdguß wohl in gemeinsamer Form gegossen ist ein Satz von 25 Barren guten Messings mit 19–22% Zink (Mitteilung von Hans Drescher). Die Unterschiede in Größe und Gewicht erklären sich aus dem Gußverfahren. 12 Barren sind ausgestellt.

Bronze dieser Legierung wurde in Haithabu verschiedentlich, wenn auch nicht sehr häufig verwendet (mündliche Mitteilung von Hans Drescher). Da die Barren an einer Stelle im Hafen als Sammelfund angetroffen wurden, sind sie als Handelsware, und zwar als Rohmaterial, anzusehen.

Haithabu (Hafen), Gem. Busdorf, Kr. Schleswig-Flensburg.

Drescher (in Vorber.).

Schleswig, Archäologisches Landesmuseum der Christian-Albrechts-Universität

I. U.

VI-33 Wetzsteine

Wikingerzeitliches Exportgut aus Skandinavien (Norwegen)

a: 42,9 x 3,9 x 3,3 cm. – Stangenförmiger Wetzstein aus „hellem Schiefer" (silbergrauer, schiefriger, feinkörniger Muskovit-Quarzit).
b: 39,3 x 4,4 x 3 cm. – Stangenförmiger Wetzstein aus „hellem Schiefer".
c: 26,3 x 3,3 x 2,7 cm. – Rohstück für einen stangenförmigen Wetzstein aus „hellem Schiefer".
d: 13,9 x 3,7 x 3 cm. – Stangenförmiger Wetzstein aus Sandstein (?).
e: 7,4 x 1,6 x 0,6 cm. – Stangenförmiger Wetzstein aus „dunklem Schiefer" (dunkler, blaugrauer, sehr feinkörniger Muskovit-Quarz-Schiefer).

Bei den siedlungsarchäologischen Untersuchungen in Haithabu sind über 11 000 Wetz- und Schleifsteine

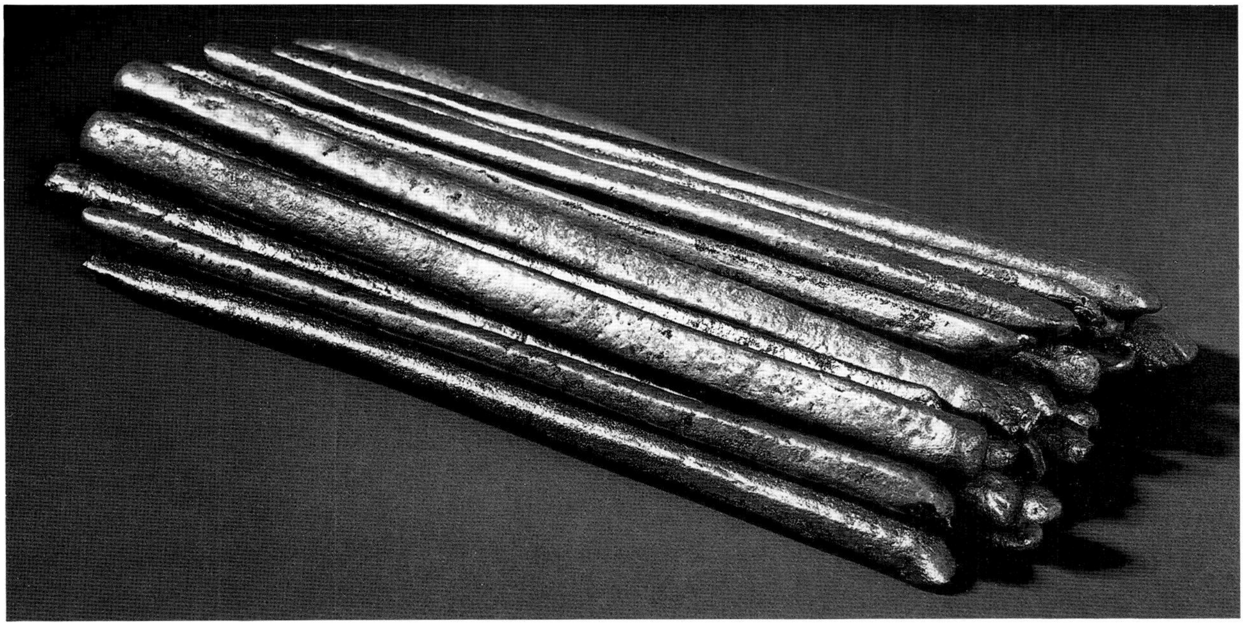

VI–32

VI–33

gefunden worden. Neun Zehntel der Wetzsteinfunde bestehen aus nicht-einheimischen Gesteinsarten, die mit Sicherheit importiert sein müssen. Es handelt sich überwiegend um zwei verschiedene Schieferarten, eine helle (a–c) und eine dunkle (e).

Schleifversuche haben zum einen die gute Brauchbarkeit der importierten Schiefer, zum anderen ihr unterschiedliches Schleif- und Abnutzungsverhalten gezeigt. Die hellen Schiefer sind danach als gröbere, schnell schleifende Steine, die dunklen Schiefer als wirkungsvolle „Abziehsteine" aufzufassen. Als Rohstücke in die Siedlung gebracht, wurden sie dort weiter zerteilt und für den Gebrauch fertiggestellt. Die Wetzsteine sind in der Siedlung hauptsächlich als Reststücke erhalten, die durch Verschleiß oder Bruch zu klein oder in anderer Weise unbrauchbar geworden sind. Vollständig erhaltene, unbenutzte oder noch voll funktionsfähige Wetzsteine kommen selten vor. Die hier ausgestellten großen stangenförmigen Wetzsteine aus hellem Schiefer (a, b) deuten darauf hin, wie groß auch die importierten Rohstücke gewesen sein mögen. Der vollständig erhaltene kleine Wetzstein aus dunklem Schiefer (e) mit einer Durchlochung für eine Aufhängevorrichtung gehört zu einer Gruppe von Wetzsteinen für den persönlichen Gebrauch. Sie treten oft zusammen mit Messern in Gräbern auf.

Laut geologischen Untersuchungen dürften die dunklen Schiefer verschiedenen Steinbrüchen der kaledonischen Formen des südlichen Westnorwegens entstammen. Die geologisch älteren, hellen Schiefer haben ihre besten Parallelen in der Eidsborggegend im Telemark, Norwegen. Daß man in der Wikingerzeit die Mühe nicht scheute, den Rohstoff für die Wetzsteine aus weiter Ferne herbeizuschaffen, zeigt, wie wichtig die Gesteine für die Herstellung und den Gebrauch metallener Geräte waren.

Bisher geologisch nicht untersucht ist der fünfte Wetzstein, der jedoch die Funktion dieser Steine so besonders anschaulich erkennen läßt. An ihm kann man auch kleine Schleiffurchen beobachten – sie sind vermutlich beim Anschleifen spitzer Gegenstände mit einem rundlichen Querschnitt, zum Beispiel Nadeln oder Angelhaken, entstanden.

Haithabu, Gem. Busdorf, Kr. Schleswig-Flensburg.

Resi 1990. – Askvik 1990. – Moore 1990.

Schleswig, Archäologisches Landesmuseum der Christian-Albrechts-Universität, Wetz- und Schleifsteine aus Haithabu, a: Nr. 11176, b: Nr. 327, c: Nr. 11002, d: Nr. 11041, e: Nr. 11030

H. G. R.

VI–34 Zwei Fesselschlösser

9. bis 1. Hälfte 11. Jahrhundert

a: 10,5 x 8,7 cm, Eisen (Nr. 185).
b: 15,5 x 6,0 cm, Eisen (Nr. 231).

a: Das zweigliedrige Fesselschloß besteht aus einer im Querschnitt runden, zylindrischen Hülse mit nach oben gebogener Öse. Hierein greift das Ösenende eines halbkreisförmigen Schließbügels. Das gegenüberliegende Bügelende ist abgeflacht und durchlocht und kann in die länglich-rechteckige Aussparung der Schloßhülse eingeführt werden.
b: Das eingliedrige Schloß besteht aus einer im Querschnitt runden, sich verjüngenden Hülse, die an ihrem schmalen Ende in einen langgezogenen, parallel zur Hülse verlaufenden Bügel übergeht. Das durchlochte Bügelende ist rechtwinklig zur Schloßhülse umgebogen.

Bei den zwei Schlössern handelt es sich um Teile von mehrgliedrigen Fesseln, die sich in eine jüngst vorgestellte Gliederung der osteuropäischen Eisenfesseln einfügen (Henning 1992). Das Schloß mit

VI–34

beweglichem Bügel ist Bestandteil einer Fußfessel, zu der außerdem ein massiver halbrunder Fesselbügel sowie verschiedene Kettenglieder gehört haben. Bei dem länglichen Schloß handelt es sich um das verschließbare Verbindungsstück einer Handfessel, an dem zwei gleichartige Fesselringe befestigt waren.

Eisenfesseln des 11. und 12. Jahrhunderts treten vor allem im südwestlichen Ostseeraum auf. Hier lassen sich zahlreiche Fundstücke anführen, die auffälligerweise von zentralen Plätzen (Burgen, Städte) stammen. Auf schriftliche Quellen gestützt (vgl. Henning 1992, S. 414 ff.), werden Fesseln mit Kriegsgefangenen und/oder Sklaven zumeist slawischer Herkunft in Verbindung gebracht, die vor allem in die islamischen Gebiete verhandelt wurden. Darüber hinaus waren ähnliche Fesseln auch im Strafvollzug gebräuchlich (Koschorreck 1977). Für das langschmale Schloß scheint die Ansprache als Teil einer Handfessel zutreffend, hingegen ist bei dem beweglichen Schloß auch an die Nutzung als Viehfessel zu denken. Derartige Fesseln wurden zum Beispiel um die Vorderbeine von Pferden geschlungen, um deren Bewegungsfreiheit einzuschränken (Siuts 1988). Somit war es möglich, nicht angebundene Tiere bequem wieder einzufangen.

Haithabu, Gem. Busdorf, Kr. Schleswig-Flensburg.

Henning 1992. – Koschorreck 1977, S. 92 ff., 106–107. – Siuts 1988, S. 122, Taf. 68.62.

Schleswig, Archäologisches Landesmuseum der Christian-Albrechts-Univerität, Inv. Nr. 185 und 231, Hafen

P. W.

VI–35

VI–35 Tierkopfnadel

10. Jahrhundert

16,2 cm. – Bronze.

Im Hafen von Haithabu wurde eine 162 mm lange bronzene Nadel gefunden, deren oberes Ende mit einem Drachenkopf verziert ist. Der nur 2,3 cm hohe, skulptierte Nadelkopf zeigt charakteristische Züge des sogenannten Mammenstils und läßt deutlich die Herkunft seiner Darstellungsweise aus der Schnitzkunst erkennen. Drachenköpfe schmückten an Vorder- und Achtersteven die Boote der Nordleute und sollten der Besatzung vermeintlich Schutz verleihen, zumindest durch Abschreckung potentieller Gegner, die denn auch angsterfüllt vom Anblick der Drachenschiffe der Wikinger berichten. Vermutlich haben Nadeln wie diese, zu der sich ein Vergleichsstück in Gorodišče bei Nowgorod findet, dort ihre Vorbilder. In Haithabu traf man auf einen in der Größe etwa vergleichbaren, fragmentarischen hölzernen Miniatursteven mit etwas schlichterem Drachenkopf. Drachenkopfornamente finden sich aber auch etwa an norwegischem Kirchengestühl, sind also nicht an heidnischen Zusammenhang gebunden. Die Funktion dieser Bronzenadeln, vermutlich zur Tracht gehörig, ist allerdings nicht richtig aufzuklären. Diskutiert wird deshalb auch die Ansprache als Schreibgriffel, wenngleich die dazu dann erforderlichen Wachstäfelchen unter den Funden bislang ausstehen.

Haithabu (Hafen), Gem. Busdorf, Kr. Schleswig-Flensburg.

Schietzel 1980, Abb. 9. – Schietzel/Crumlin-Pedersen 1980, Abb. S. 4. – Kat. Berlin 1992/2, S. 302 Nr. 284 (Evgenij N. Nosov, Ingmar Jansson).

Schleswig, Archäologisches Landesmuseum der Christian-Albrechts-Universität, HB 79 C 62

I. U.

VI–36 Schiffsmodell aus dem Hafen von Haithabu

Haithabu, 9.–11. Jahrhundert

59 cm. – Erlenholz (Alnus), geschnitzt.

VI–36

Bei den großflächigen Ausgrabungen im Hafen von Haithabu in den Jahren 1979 und 1980 wurde ein reiches Material aus dem Bereich von Seehandel und Seeverteidigung der Stadt gefunden. Darunter befindet sich auch dieses kleine Modell, von erfahrener Hand in Erlenholz geschnitzt. Das Modell spiegelt en miniature einen bestimmten Typus von Schiffen wider, die in der Wikingerzeit den Hafen von Haithabu anliefen: das lange, schlanke Kriegsschiff, vielleicht ein *skeid.* Das Wrack eines gutgebauten Schiffes ebendieses Typs wurde 1979 in Haithabu ausgegraben und wird derzeit im Wikinger Museum Haithabu wiederaufgebaut.

Haithabu (Hafen), Gem. Busdorf, Kr. Schleswig-Flensburg.

Unpubliziert.

Schleswig, Archäologisches Landesmuseum der Christian-Albrechts-Universität

O. C.-P.

VI–37 Gesichtsmaske

Haithabu, 10. Jahrhundert

14 x 19 cm. – Dünner, rötlicher Filzstoff, Oberfläche gerauht.

Bei Ausgrabungen 1979–1980 im Hafen von Haithabu zusammen mit einem zweiten Maskenfragment gefunden. Im Fundmaterial des ganzen skandinavischen Nordens einmalig. Die hier gezeigte, recht gut erhaltene Maske stellt ein kleines Tier dar. Die Wölbung von Stirn, Kiefern und Schnauze ist durch Walken und Pressen erzielt. Löcher für die Augen sind in dem für eine erwachsene Person normalen Abstand von ca. 6 cm geschnitten. Die Filzoberfläche ist langhaarig und zottig wie Tierfell. Die Maske, in altnordischer Sprache *grima* (vgl. Grimasse), war Teil einer Schutzgewandung, denn ‚haarigen' Gewändern wurden magisch beschützende und stärkende Eigenschaften zugeschrieben. Mythologischer Hintergrund sind die Hemden aus Bären- und Wolfshaut, die die Gefolgsleute des Heidengottes Odin - die *berserkir* (vgl. *ulfhednir)* – unverwundbar machten. Wie in der mittelalterlichen Kunst des Nordens mehrfach dargestellt, gehörten zum Odinkult gewisse rituelle Waffentänze, aufgeführt von Kriegern, die Tiermasken trugen. In der Wikingerzeit waren Tänze und Maskentracht immer noch wichtige Bestandteile einer alten Tradition. Sie stellen jetzt aber nur noch heidnische Reminiszenzen in einer zum Teil christianisierten Gesellschaft dar. Von der Kirche wurden sie als „teuflische" Gebräuche angesehen. Als Attribute des „abscheulichen" Ritus wurden die Maskentrachten ausgemustert und landeten schließlich als ausgediente Teerquasten und Dichtungsmaterial beim Kalfatern von Schiffen am Hafenboden.

VI–37

Falk 1919. – Hägg 1984. – Hägg 1985. – Holmqvist 1939. – Ström 1980.

Schleswig, Archäologisches Landesmuseum der Christian-Albrechts-Universität

I. H.

VI–38 Schatzfund von Lymose, Falster (Dänemark)

Verborgen nach 999

Der 1942 auf der dänischen Insel Falster gehobene Schatzfund enthielt – soweit er wissenschaftlich erfaßt werden konnte – 396 Münzen und 11 Stücke Hacksilber im Gesamtgewicht von 450 g. Von den 396 Münzen sind 381 deutschen Ursprungs (daneben 11 englische, 1 arabische, 1 byzantinische und 2 unbestimmte Münzen). Damit ist der Schatz eines der frühesten Zeugnisse des massenhaften Exports deutscher Münzen in den Ostseeraum, der im letzten Viertel des 10. Jahrhunderts einsetzt und unter allmählicher Abschwächung bis in den Anfang des 12. Jahrhunderts reicht. An diesem Export sind die sächsischen Münzstätten (Kat. Nr. VI–39) in großem Umfang beteiligt. Insbesondere die Otto-Adelheid-Pfennige gehören zu den dominierenden Bestandteilen in den meisten Funden, im Schatz von Lymose stellen sie allein 302 Exemplare. Daneben kamen 17 Magdeburger und 9 Dortmunder Münzen, 5 Münzen Herzog Bernhards I. und 2 Münzen Graf Heinrichs von Stade aus der Hildesheimer Münzstätte Mundburg (s. Kat. Nr. VII–10, e) vor.

Da von den 396 Münzen des Fundes immerhin 337 Exemplare (mehr als 85 Prozent) in Sachsen geprägt worden sind, kann man den Schatz vielleicht als das Vermögen eines im letzten Jahrzehnt des 10. Jahrhunderts hauptsächlich in Sachsen agierenden Wikingers ansehen, das er um die Jahrtausendwende in der Erde seiner dänischen Heimat verborgen hat.

Gezeigt wird hier nur eine Auswahl der Münzen (168 Ex.), einzeln hervorgehoben sind die Prägungen aus den sächsischen Münzstätten: Otto-Adelheid-Pfennige (1), Magdeburg (2), Dortmund (3), Lüneburg, Herzog Bernhard I. von Sachsen (4), Graf Heinrich von Stade (5).

Galster 1943.

Kopenhagen, Nationalmuseet, Den Kongl. Mønt-og Medaillesamling, Inv. Nr. FP 2048 und mehrere

B. K.

VI–38

VI–39 Sächsische Münzen um das Jahr 1000

Für die Bedeutung und Entwicklung Sachsens im Reich der Ottonen liefern die Münzen ein sehr augenfälliges Zeugnis. Vor den Ottonen gab es in Sachsen keine einzige Münzstätte, beim Tode Ottos III., 1002, dagegen mehr als ein Dutzend. Nimmt man die urkundlichen Zeugnisse über Verleihungen und Bestätigungen von Münzrechten hinzu, müßten es gar gut zwei Dutzend gewesen sein. Daß sich die Mehrzahl der urkundlich genannten Münzorte im Münzmaterial nicht fassen läßt, liegt daran, daß die meisten sächsischen Münzen der ottonischen Zeit keine Herkunftsbezeichnung tragen, so die völlig schriftlosen Sachsenpfennige (a–d) oder die nur den Namen Ottos und Adelheids nennenden Otto-Adelheid-Pfennige (e–j). Beide Münzsorten sind die klassischen sächsischen Münztypen der Zeit um die Jahrtausendwende. Sie sind in großen Mengen und einer Reihe von Münzstätten geprägt worden – die älteren Typen der Sachsenpfennige (a–b) in und um Magdeburg, die Otto-Adelheid-Pfennige in den Münzstätten des Harzgebietes.

Die ältesten sächsischen Münzen sind die in der Frühzeit Ottos I. (936–73) einsetzenden Sachsenpfennige, während die Otto-Adelheid-Pfennige erst in der Zeit Ottos III. (983–1002) beginnen und ab 983 bzw. ab 991 (Beginn der Vormundschaftsregierung der Altkaiserin Adelheid für ihren Enkel Otto III.) datiert werden. Sie verdanken ihre Entstehung den reichen Silbervorkommen des Rammelsberges bei Goslar und sind zu Tausenden über den Fernhandel mit Wikingern und Slaven nach Skandinavien, Rußland, dem Baltikum und Polen gelangt (vgl. Kat. Nr. VI–38). Außerhalb Sachsens entstandene Nachahmungen sprechen für die besondere Beliebtheit der Otto-Adelheid-Pfennige als Handelsmünze (k).

Ist die Münzstättenzuweisung für die Sachsenpfennige und Otto-Adelheid-Pfennige noch ein weitgehend ungelöstes Problem, so lassen sich andere Münzen durch ihre Umschriften eindeutig auf bestimmte Orte festlegen. In Niedersachsen/Ostfalen sind es Magdeburg, Halberstadt, Hildesheim, Quedlinburg, Mundburg, Lüneburg? und Stade (l–s; zu Hildesheim und Mundburg Kat. Nr. VII–10), in Westfalen Dortmund und Münster (t–v). Für alle Orte gilt gleichermaßen, daß der Beginn ihrer Münzprägung in die Zeit Ottos III. (983–1002) fällt, in der sich – nimmt man die ebenfalls unter Otto III. beginnenden Otto-Adelheid-Pfennige hinzu – in Sachsen ein für die damalige Zeit ganz erstaunlicher „Münzboom“ entwickelte, der bis um 1010/20 anhielt und in den nach der Jahrtausendwende unter Heinrich II. (1002–1024) auch Bremen und Corvey eintreten (w–x).

Alle Münzen sind Denare (Pfennige), größere Werte gab es nicht, als kleinerer Wert wurde gelegentlich der Obol (halber Pfennig) geprägt (j).

(Näheres siehe im Essay-Band)

Sachsenpfennige

a Schmalbalkentyp, ab 936, Magdeburg
Kirchengebäude (Säulenkirche), darin Kreuz. – Rückseite: Kreuz mit einer Kugel in jedem Winkel. Anstelle einer Umschrift nur Striche/Balken.
1,56 g, 22 mm. – Silber.
Dannenberg 1325.

b Schmalbalkentyp, ab 936, Magdeburg
Kirchengebäude, darin *OTTO*. – Rückseite: Kreuz mit einer Kugel in jedem Winkel. Anstelle einer Umschrift nur Striche/Balken.
1,42 g, 21 mm. – Silber.
Dannenberg 1327. – Kluge 49.

c Breitbalkentyp, 2. Hälfte 10. Jh., unbestimmte Münzstätte
Kirchengebäude (Säulenkirche). – Rückseite: Kreuz aus dreieckigen Schenkeln. Die Striche/Balken in der „Umschrift“ breiter und durch zwei Kreuze und eine Kugel getrennt.
1,70 g, 20 mm. – Silber.
Dannenberg 1329. – Kluge 50.

d Jüngerer Typ, 11. Jh., unbestimmte Münzstätte
Kreuz, in den Winkeln abwechselnd Kugel und Ringel mit Punkt. – Rückseite: Kreuz aus dreieckigen Schenkeln. Anstelle einer Umschrift nur Striche/Balken.
1,12 g, 15 mm. – Silber.
Dannenberg 1347. – Kluge 51.

VI–39 Sächsische Münzen um das Jahr 1000 – b Sachsenpfennig (älterer Typ) – c Sachsenpfennig um 1000 – e Otto-Adelheid-Pfennig (älterer Typ ab 983/991) – f Otto-Adelheid-Pfennig (Kopftyp, ab 995) – l Magdeburg – n Halberstadt – o Quedlinburg – q Herzog Bernhard I., Mundburg (Lüneburg?) – s Graf Heinrich I. von Stade – t Dortmund – v Münster – w Bremen

b

c

e

f

l

n

o

q

s

t

v

w

Otto-Adelheid-Pfennige, geprägt seit ca. 983/991. Unbestimmte Münzstätten (Harzgebiet, Goslar u.a.)

Ältere Typen (OTTO)

e Kreuz mit *O-T-O-T* in den Winkeln. *+DI GRA+ REX AMEN.* Rückseite: Kirchengebäude, darin Kreuz. *+AHTALHET.*

1,38 g, 20 mm. – Silber.
Dannenberg 1166. – Kluge 43. – Hatz 1961, Typ II.

f Kreuz mit *O-T-O-T* in den Winkeln. *+DI GRA+ REX.* – Rückseite: Kirchengebäude, darin Kreuz. *AMEN.*

1,19 g, 20 mm. – Silber.
Dannenberg 1171. – Kluge 45. – Dieser Münztyp wird in der älteren Literatur Gandersheim zugeschrieben: Meier 1902.

Jüngere Typen (ODDO)

g Kreuz mit *O-D-O-D* in den Winkeln. *+DI GRA REX.* – Rückseite: Kirchengebäude (sog. Holzkirche). *ATEHLHT.*

1,44 g, 20 mm. – Silber.
Dannenberg 1167. – Kluge 44. – Hatz 1961, Typ III.

h Kreuz mit *O-D-O-D* und Beizeichen in den Winkeln. *+DI GRA REX.* – Rückseite: Holzkirche mit Beizeichen an den Seiten. *ATEA(HLT).*

1,56 g, 19 mm. - Silber.
Dannenberg 1167d. – Hatz 1961, Typ IV.

i Kreuz mit *O-D-O D* in den Winkeln. *+DI GRA REX.* – Rückseite: Kopf nach links. *OTTO REX ADELDEIDA.*

1,43 g, 20 mm. – Silber.
Dannenberg 1164. – Kluge 46. – Hatz 1961, Typ I.

j Obol (Halbpfennig). Kreuz mit *O-D-O-D* in den Winkeln. *+DI GRA+ REX.* – Rückseite: Holzkirche. *(ATE)AHLT* (rückläufig).

0,64 g, 14 mm. – Silber.
Dannenberg 1169.

k Nachprägung zu den Otto-Adelheid-Pfennigen (slavisch?)

1,41 g, 20 mm. – Silber.

Magdeburg, anonyme Prägung (Zeit Erzbischof Giselhers, 981–1004)

l Kreuz mit *O-T-T-O* in den Winkeln. *+DI GRA REX.* – Rückseite: Kirchengebäude. *+MAGA-DEBVRG.*

1,70 g, 20 mm. – Silber.
Dannenberg 639. – Kluge 427.

Halberstadt, Bischof Arnulf (996–1023)

m Kopf nach links. *ARNOLFVS EPS.* – Rückseite: Holzkirche. *ATHEAHLT.*

1,52 g, 18 mm. – Silber.
Dannenberg 624.

n Kopf nach links. *ARNOLFVS EPS.* - Rückseite: Dreizeiliger Stadtname *STE/HALBER/+DI* (= Halberstedi).

1,32 g, 20 mm. – Silber.
Dannenberg 625. – Kluge 421.

Quedlinburg, anonyme Prägung ab 994 (Zeit der Äbtissinnen Mathilde, 966–999, und Adelheid, 999–1045)

o Kreuz mit *O-D-O-D* in den Winkeln. *+DI GRA+ REX.* – Rückseite: Holzkirche, beiderseits *T. SERVA-CIVS.*

1,47 g, 19 mm. – Silber.
Dannenberg 613. – Kluge 439.

Herzog Bernhard I. von Sachsen (973–1011). Münzstätten Lüneburg? und Mundburg, ab ca. 993/95

Die relativ zahlreichen Münzen des Sachsenherzogs Bernhard I. nennen keine Münzstätte und werden in der Numismatik meist nach Lüneburg als dem Hauptort der Billunger gelegt. Sie stehen stilistisch aber den von Bischof Bernward auf der Mundburg geschlagenen Münzen so nahe (vgl. Kat. Nr. VII–10), daß für Herzog und Bischof der gleiche Stempelschneider und – wie Stempelkopplungen zeigen – vermutlich auch die gleiche Münzstätte (das wäre Mundburg) gearbeitet haben muß (Näheres siehe im Essayband).

p Kopf nach links. *(BERNH)ARDVS (DVX).* – Rückseite: Kreuz mit *O-D-O-D* in den Winkeln. *+DI GRA+ REX.*

1,38 g, 19 mm. – Silber.
Dannenberg 1557. – Kluge 235.

q Kopf nach links. *BERNHARDVS DVX.* – Rückseite: Kreuz. *IN NOMINE DNI AM(EN).*

1,21 g, 20 mm. – Silber.
Dannenberg 585. – Kluge 236.

r Kreuz. *BERNHARDVS DVX.* – Rückseite: Kreuz. Entstelltes *IN NOMINE DNI.*

1,40 g, 19 mm. – Silber.
Dannenberg 587. – Kluge 237.

(Eine gesicherte Mundburger Münze Herzog Bernhards I.: Kat. Nr. VII–10, d)

Graf Heinrich der Gute von Stade (976–1016), ab ca. 993/95.
Münzstätte Stade

s Brustbild nach links, davor Szepter. *+HEINRICVS CM* (Comes). – Rückseite: Doppellinienkreuz mit *C-R-V-X* in den Winkeln. + *HROZA ME FECIT.*
1,23 g, 20 mm. – Silber.
Dannenberg 1607. – Kluge 301.

Nachahmung der Münzen König Ethelreds II. von England (978–1016), Crvx-Typ (991–997).

(Zu den Mundburger Münzen Graf Heinrichs vgl. Kat. Nr. VII–10)

Dortmund, Otto III. (983–1002)

t Kreuz mit Kugeln in den Winkeln. *+ODDO+ REX.* – Rückseite: Zweizeiliger Stadtname. *THERT/+/MANNI.*
1,32 g, 18 mm. – Silber.
Dannenberg 743. – Kluge 28. – Berghaus 1978, 2a.

u Stilisiertes Gesicht von vorn. (*THEROTMANNI*). – Rückseite: Kreuz mit Kugeln in den Winkeln. *ODDO IMPERATOR* (rückläufig).
1,35 g, 17 mm. – Silber.
Dannenberg 745. – Kluge 29. – Berghaus 1978, 9.

Münster, Otto III. (983–1002)

v Kreuz mit Kugeln in den Winkeln. *+ODDO+ REX.* – Rückseite: Zweizeiliger Stadtname. *MIMIGER/+/NEFORDA.*
1,51 g, 10 mm. – Silber.
Kluge 30.

Nur in einem Exemplar bekannt und bildlich den zahlreicheren Dortmunder Pfennigen (t) entsprechend.

Bremen, Heinrich II. (1002–1024)

w Kopf nach links. *+HEINRIC I-M* (Imperator). – Rückseite: dreizeiliger Stadtname *S/BREMA/A*
1,39 g, 17 mm. – Silber.
Dannenberg 722. – Kluge 415.

Corvey, Heinrich II. (1002–1024)

x Kopf nach links. *HEINRICVS REX.* – Rückseite: Kreuz mit Kugeln in den Winkeln. *+C(ORB) EIAS.*
1,69 g, 19 mm. – Silber.
Dannenberg 733. – Kluge 72.

Dannenberg. – Jammer 1952. – Kluge. – Hatz 1991.

a–u, w–x: Berlin, Staatliche Museen zu Berlin – Preußischer Kulturbesitz, Münzkabinett – v: Stockholm, Kungliga Myntkabinettet

B. K.

VI–40 Die Schatzfunde aus Klein-Roscharden

Ottonisch, vergraben nach 1005/1010 (Fund I) und nach 1000 (Fund II)

Schatz I: 1. Durchmesser 7,3 cm; 2. Durchmesser 6,0 cm; 3. Durchmesser 4,6 cm; 4. Durchmesser 3,5 cm; 5. Durchmesser 3,75 cm; 6. L. 2,7 cm; 7. Durchmesser 7,5 cm; 8. L. 1,82 cm; 9. Durchmesser 2,4 und 2,46 cm; 10. Durchmesser 2,37 cm; 11. Durchmesser 1,6 cm; 12. B. 0,99 cm, 1,1 cm, Gewicht 18,05 g, 13,48 g; 13. L. 6,5 cm, 3,83 cm, 5,07 cm, 5,57 cm, Gewicht 17,25 g, 14,96 g, 23,2 g, 13,82 g.
Schatz II: 1. Durchmesser 5,5 cm; 2. Durchmesser 3,8 cm; 3. Durchmesser 5 cm; 4. Durchmesser 4,2 cm.
Silber, getrieben, graviert, ziseliert, punziert, Filigran, Grubenschmelz; Gold; Ton; Almandin.

Schatz I: Der Schatz wurde 1883 in einem Tongefäß, das mit einem Stein verschlossen war, auf einem Acker gefunden.

1. Fragmentarische Silberbuckelfibel in Silberblechfassung mit breitem Rand aus tordierten Drähten zwischen zwei Perldrähten. In den Buckel sind vier verschlungene Ringe mit Dreiblattpalmetten in den Zwickeln ziseliert; der Hintergrund ist tremolierstichverziert.

2. Silberbuckelfibel in Blechfassung mit breitem Rand aus zwei Perl- und zwölf tordierten Drähten. In den Buckel ist ein Vierpaßknotenornament graviert; Konturtremolierstich.

3. Silberbuckelfibel in Silberblechfassung mit tordiertem und Perldrahtrand. Der Buckel ist mit einem doppelten Knotenornament ziseliert.

4. Silberbuckelfibel in Silberblechfassung mit Rand aus doppeltem Perlstab; beschädigt. Auf dem Buckel ein gleicharmiges Kreuz mit zentralem Vier-

VI–40 Schatzfund II, Nr. 2

paßblatt, in dessen Zwickel Ringpalmetten sitzen. Hintergrund aus blauem Grubenschmelz.

5. Silberbuckelfibel mit Filigran- und Granulationsornamentik, am Rand und auf der Unterseite leicht beschädigt. Gelöteter Blechkorpus mit untergelöteter Nadel- und Kettenhalterung aus gerieften Blechstreifen; vier kreuzradial geordnete Tierleiber in Flechtbandverschlingung; Filigranrand, Filigranspiralen auf der Unterseite. Spätwikingerzeitlicher Fibeltyp (Terslev-Fibel).

6. Ovaler Silberanhänger mit dreifachem Perlrand, mugeliger Almandineinlage und angelöteter Öse; Rückblech nur noch partiell erhalten.

7. Silberarmreif mit Haken-Ösen-Verschluß aus etwa 1,7 cm breitem Silberblech. Außen flächendekkende Gravierung: Ringkette mit einer Palmette in jedem zweiten Ring, der Hintergrund mit feinen Zickzack-Linien.

8. Fragment eines vergoldeten Silberanhängers mit Filigranverzierung; ursprünglich etwa dosenförmig mit Stein(?)einlage.

9. Zwei gleiche achtkantig facettierte Silberfingerringe mit zugespitzten Enden.

10. Schmaler Goldfingerring mit profiliertem Reif, der wohl vegetabile Ornamente darstellt; feine Dreieckspunzen. Tragespuren.

11. Schrötling aus flacher, runder, glatter Goldscheibe von 0,03 cm Stärke.

VI–40 Schatzfund I

VI-40 Schatzfund II, Nr. 3

VI-40 Schatzfund II, Nr. 4

12. Zwei Barren aus rund zusammengebogenen, dicken, etwa 1 cm breiten Silberblechen, der eine mit gerundeten Ecken, die Enden des anderen gerade abgeschnitten.

13. Vier stabförmige Silberbarren, zu den Enden hin sich verjüngend, davon einer mit einem abgeschlagenen Ende.

14. Sieben Scherben eines graubraunen Grapengefäßes mit gerade abgestrichener Randlippe.

Des weiteren gehörten zum Schatz I 71 deutsche und zwei englische Münzen, die seine Verbergung auf gegen 1005/1010 datieren (vgl. Berghaus 1951, S. 196 ff.). Der Schatzfund wird im Staatlichen Museum für Naturkunde und Vorgeschichte Oldenburg aufbewahrt.

Schatz II wurde 1886 15 m von Schatz I entfernt in einem – beschädigten – 9 cm hohen grauen Kugeltopf gefunden, der in der künstlichen Eintiefung eines Steinquaders lag, welcher selbst mit einem halben Mühlstein aus rheinischer Basaltlava bedeckt war. Zuunterst lagen die Münzen, darüber der Schmuck. Ein größerer Teil der Schmuckstücke ging später verloren, ein Buckelfibelpaar (II.2) gelangte an das Berliner Museum für Vor- und Frühgeschichte, eine dritte ist nur noch als Gipsabdruck im Westfälischen Landesmuseum Münster erhalten (II.1), und zwei Münzfibeln (II.3-4) werden mit den erhaltenen Münzen im Münzkabinett Berlin aufbewahrt.

1. Silberne Buckel-Plateaufibel, breiter Perlrand mit Silberblechfassung; in den Buckel vier kreuzförmig angeordnete Palmetten eingraviert. Heute nur noch in einem Gipsabguß erhalten.

2. Zwei gleiche Silberbuckelfibeln in Silberblechfassung mit breitem Rand aus elf tordierten und einem Perldraht. Buckel mit graviertem und linear emailliertem Vierpaß-Flechtbandknoten verziert, der mit seinen brezelförmigen Knoten einem Kreis einbeschrieben ist.

3. Münzplateaufibel, Silber. Breiter Filigranrand mit äußerem Perlstab und plateauförmiger Blechfassung, in der ein Brakteat Heinrichs I. (919-936) sitzt.

4. Münzplateaufibel, Silber. Breiter Filigranrand mit äußerem Perlstab und plateauförmiger Blechfassung, in der ein Brakteat mit stark stilisiertem Brustbild eines Königs mit den Buchstaben CX sitzt.

5. 694 Münzen, davon 685 deutsche, eine normannische, vier englische, eine böhmische und drei mittelöstliche (arabische), die die Niederlegung des Hortes auf nicht vor das Jahr 1000 (terminus post quem) datieren (vgl. Berghaus 1951, S. 198 ff.).

Verloren aus Schatz II sind zwei Paar Ohrringe mit S-Schleife, davon eines mit aufgezogenen Silberblechperlen (Gandert 1951, Taf. VI.1,3), ein großer Ohrring mit Drahtumwicklung (Gandert 1951, Taf. VI.2), ein Anhänger oder eine Schließe (Gandert 1951, Taf. VI.5), vier niellierte Silberbeschläge eines Gürtels, darunter eine profilierte Riemenzunge (Gandert 1951, Taf. VI.2), zwei rundliche „Buckel“ (Gandert 1951, Taf. VI.12), vielleicht Schalen einer

Klappwaage, 14 verschieden große Stabbarren aus Silber im Gesamtgewicht von 376,17 g, zwei bandförmige Stabbarren im Gesamtgewicht von 29 g, ein Ringbarren von 9,1 g sowie drei Stück Gußkuchen.

Die beiden in nur 15 m Entfernung voneinander angetroffenen Schatzfunde stammen sicherlich von einem Besitzer. Ob sie allerdings gleichzeitig versteckt wurden (Schulze-Dörrlamm), ist nicht entscheidbar. Während der – erhaltene – Schmuck von Schatz II neuwertig erscheint, weisen die meisten Fibeln und Anhänger von Schatz I Beschädigungen auf. Dazu gesellen sich bei beiden Horten eine ganze Anzahl von Silberbarren verschiedener Form, teilweise mit Spuren von Materialentnahme, zahlreiche Münzen verschiedener Provenienz sowie Stücke von Gußkuchen und vermutlich Teile einer Feinwaage (Schatz II). Es handelt sich hiermit also wohl kaum „um das Eigentum einer wohlhabenden, vermutlich adeligen Person oder Familie" (Schulze-Dörrlamm), sondern alles deutet darauf hin, daß wir es hier mit zwei Metalldepots eines Feinschmieds aus Altschmuck, Neuschmuck (?) und Silber in Form von Barren und Münzen zu tun haben, zu deren Bergung er aus unbekannten Gründen nicht mehr kam. Auch südskandinavischer Schmuck wie die Terslev-Fibel kam als Altmetall in seinen Besitz. Der Goldschrötling läßt vermuten, daß der Feinschmied zugleich Münzmeister war, wie es im Mittelalter gang und gäbe war.

Diese Horte sind von besonderem Interesse, weil sie einen guten Überblick über das Spektrum an hochwertigem Edelmetallschmuck aus der Zeit Bernwards bieten. Bezeichnend sind die vielen Varianten an ottonischem Flechtband, mit denen die Buckel verziert sind. Für die zahlreichen kleinen Mainzer Blei- und Zinnfibeln liegen hiermit nicht nur die ‚höfischen' Vorbilder vor, sondern auch feste Datierungsanhalte. Gegeneinander aufgewogen zeigt sich, daß man mit einer erheblichen Verbreitung dieser Fibeltypen rechnen muß und nicht von einer geographisch begrenzten Mode sprechen kann. Da es sich zum Teil um echte Altstücke handelt, die nur ihres Metallwertes wegen gehortet wurden, dürften sie bereits einige Zeit vor 1000/1010 angefertigt und getragen worden und um die Jahrtausendwende vielleicht schon etwas aus der Mode gekommen sein. Zudem zeigen sie, daß der Norden der Saxonia zu Bernwards Zeit weder künstlerisch noch ökonomisch am Rande des Reiches lag.

Klein-Roscharden, Gem. Lastrup, Niedersachsen.

Gandert 1951. – Berghaus 1951. – Kat. Speyer 1992, S. 110 ff., Nr. 32, mit Abb. und Farbtaf. (Mechthild Schulze-Dörrlamm). – Wamers 1993, Abb. 65.

Oldenburg, Staatliches Museum für Naturkunde und Vorgeschichte, Inv. Nr. 1382–1400 – Berlin, Staatliche Museen zu Berlin – Preußischer Kulturbesitz, Museum für Vor- und Frühgeschichte, Inv. Nr. IIa 23a-b – Berlin, Staatliche Museen zu Berlin – Preußischer Kulturbesitz, Münzkabinett, Inv. Nr. 203-204/1887

E. W.

VI-41 Fibel

Westdeutsch (?), 1. Hälfte 11. Jahrhundert (?)

Durchmesser 3,2 cm. – Gold, Glasflüsse.

Acht runde Breitfassungen, die auf Trommeln aus Filigranarkaden ruhen und je einen Glasfluß tragen, umstehen einen zentralen Buckel. Dessen vollkommen durchbrochen gearbeitete kegelstumpfförmige Wandung setzte sich aus zwei (verlorenen) Perlkränzen zusammen, zwischen denen ein Kranz freitragender Goldkügelchen liegt. Die Spitze des Buckels bildet ein blauer, von vier dreifingrigen Goldkrallen gehaltener Glasfluß. Die Glasflüsse auf den Randfassungen geben der Fibel eine klare Ausrichtung: Jene in den Hauptachsen sind größer, zwei davon rechteckig, alle vier durch Schlingenfassungen gehalten; zudem schließen sie sich farblich (grün, ein Glasfluß verloren) mit dem Glasfluß auf dem Buckelzenit zu einem Kreuz zusammen. Die Glasflüsse in den Diagonalen (nur einer erhalten, dieser weiß) sind indes kleiner und durch glatte Goldstreifen eingefaßt; zusätzlich waren sie durch je einen (verlorenen) Perlkranz gerahmt. Sämtliche Perlkränze sind heute nur noch aufgrund der erhaltenen Ösen nachweisbar. Jene auf dem Buckel stehen so eng, daß auf jede Perle eine Öse gefolgt sein muß.

In der Grundform erinnert die Fibel an die Buckelfibeln des Mainzer Kaiserinnenschmucks (jüngerer Teil; Kat. Nr. II-26). Möglicherweise war auch das Schleswiger Stück für eine Empfängerin aus dem Kaiserhaus bestimmt.

VI–41

Der freitragende Kranz aus Goldkügelchen und die dreifingrigen Krallenfassungen finden sich schon auf den Platten der Reichskrone und der Fibel in Minden (vgl. Kat. Nr. VI–42; die Krallen auf dem Schleswiger Stück sind allerdings weniger organisch durchgebildet); das Alternieren von Perle und Öse begegnet auf dem Reichskreuz. Der Fibeltypus und die Detailformen sprechen demnach für eine Entstehung im ausgehenden 10. Jahrhundert, eher aber schon in der 1. Hälfte des 11. Jahrhunderts. Hinsichtlich der Lokalisierung finden sich in der Literatur stark divergierende Vorschläge: neben dem Rheinland ist auch der mediterrane Raum (Italien, Byzanz) genannt worden.

1976 bei Ausgrabungen in Schleswig (Plessenstraße), nahe dem Schleiufer in stark gestörten Siedlungsschichten des 12./13. Jahrhunderts gefunden.

Westermann-Angerhausen 1977. – Westermann-Angerhausen 1983/1984, S. 36, Nr. 19. – Kat. Schleswig 1986, Nr. 134. – Schulze-Dörrlamm 1991/1, S. 55, Abb. 26. – Schulze-Dörrlamm 1991/2, S. 45, Abb. 26. – Westermann-Angerhausen 1991, S. 208, Abb. 16. – Kat. Speyer 1992, S. 275, Nr. 3, Abb. auf S. 274 (Mechthild Schulze-Dörrlamm).

Schleswig, Archäologisches Landesmuseum der Christian-Albrechts-Universität, Inv. Nr. Plessenstraße 1976 Sch III

M. P.

VI–42 Fibel

Westdeutsch (?), 2. Hälfte 10. Jahrhundert (?)

Durchmesser 3,1 cm, – Gold, Saphir.

Die – bodenlose – Fibel hat die Form eines Kegels, an dessen abgeflachter Spitze ein gemugelter Saphir sitzt. Er wird von vier dreifingrigen Goldkrallen gehalten. Die Wand des Kegelstumpfes setzt sich aus fünf glatten, durch Filigrandraht oben und unten eingefaßten Goldstreifen zusammen, die voneinander jeweils durch einen Kranz freitragender Goldkügelchen abgesetzt sind. Ein weiterer Kugelkranz trägt die Krallenfassung. Der unterste Goldstreifen bildet eine Trommel. Die folgenden vier Goldblechstreifen steigen schräg an und sind rinnenartig eingetieft. Sie hinterfingen, wie die erhaltenen Ösen belegen, (heute verlorene) Perlkränze.

Die organisch durchgebildeten dreifingrigen Krallen und die freitragenden Kugelkränze finden sich auch auf den Platten der Reichskrone, was an eine Entstehung der Mindener Fibel im westdeutschen Raum in der 2. Hälfte des 10. Jahrhunderts denken läßt.

1974 bei Ausgrabungen in Minden (Bäckerstraße) in einem in der 2. Hälfte des 12. Jahrhunderts angelegten und wieder zugeschütteten Entwässerungsgraben gefunden.

VI–42

Isenberg 1977, S. 441, Abb. 260–261. – Westermann-Angerhausen 1983/1984. – Westermann-Angerhausen 1987, S. 185 ff. – Schulze-Dörrlamm 1991/1, S. 55, Abb. 26. – Schulze-Dörrlamm 1991/2, S. 36, Abb. 18. – Schulze-Dörrlamm 1991/3 mit Abb. 9. – Westermann-Angerhausen 1991, S. 208ff., Abb. 17. – Kat. Speyer 1992, S. 273–275, Nr. 2, Abb. auf S. 273f. (Mechthild Schulze-Dörrlamm).

Minden, Mindener Museum für Geschichte, Landes- und Volkskunde, Inv. Nr. Mi/Ma 200

M. P.

VI–43

VI–43 Lunulaförmige Emailplaque, Fragment von einem Ohrring (?)

Lothringen (?), Ende 10. Jahrhundert (?)

L. 35 mm, Durchmesser an der breitesten Stelle 14 mm. – Goldblech, Cloisonné-Email.

Die Grundplatte besitzt die Form einer Mondsichel mit eingezogenen Spitzen. Ihre leicht gewölbte Vorderseite ist zur Gänze mit Cloisonné-Email überzogen: Die gesamte Fläche wird von einem glatten Streifen eingefaßt, den ein in der Mittelachse sitzender, seinerseits durch ein glattes Band gerahmter Clipeus an zwei Stellen überschneidet. Das Kreisfeld füllt ein getrepptes Diagonalkreuz; die das Medaillon flankierenden Flächen zeigen palmettenförmige Motive. Neben transluzidem grünem Email (Grund) sind opakes Blau und Weiß (Treppenkreuz, Ranken) sowie helles Rot (Zentrum des Kreuzes, knollenartige Punkte in den Rankenfeldern) verwendet worden.

Die Lunulaform findet sich seit der Antike bei Schmuckstücken, die um den Hals respektive auf der Brust getragen wurden, vor allem aber bei Ohrgehängen. Dem Hildesheimer Stück nahe stehen hinsichtlich der Motive und der Technik die byzantinisierenden Email-Lunulae des Mainzer Kaiserinnenschmucks (vgl. Kat. Nr. II–26). Wie diese war wohl auch das Hildesheimer Exemplar Teil eines – fürstlichen – Ohrschmucks. Motivische und technische Affinitäten zu Arbeiten der Trierer Egbert-Werkstatt haben an eine Entstehung der Hildesheimer Lunula gegen die Jahrtausendwende in Lothringen denken lassen; im Anschluß daran wurde aufgrund der engen Beziehungen Bernwards zum Kaiserhof erwogen, daß das Stück von einem Mitglied des Hofes an Bernward und damit nach Hildesheim gelangt sei. Allerdings ist eine Entstehung in nachbernwardinischer Zeit nicht völlig auszuschließen.

Bis 1971/72 war die Lunula am Godehard-Schrein (Hildesheim, Dom; 2. Viertel 12. Jahrhundert) montiert (im Zwickel rechts der die Figur des hl. Matthias rahmenden Arkade); anläßlich einer Restaurierung des Schreins wurde sie abgenommen. Wann die Emailplaque mit dem Godehard-Schrein in Zusammenhang gebracht wurde (schon im Hochmittelalter oder erst später, eventuell anläßlich der Restaurierung von 1767), ist unbekannt.

Schramm, 2, S. 545 Anm. 2, Taf. 62, 79b. – Schramm/Mütherich 1962, S. 58. – Kat. Corvey 1966, Nr. 264 (Karl Hermann Usener; zum Godehard-Schrein). – Steenbock 1983. – Schulze-Dörrlamm 1991/2, Tf. 2,2. – Kat. Speyer 1992, S. 277, Nr. 8, Abb. S. 274 (Mechthild Schulze-Dörrlamm).

Hildesheim, Dom- und Diözesanmuseum Hildesheim, Inv. Nr. D L 116

M. P.

Damenstiftskirche und Wipertikirche in Quedlinburg zur Zeit der ottonischen Herrscher

Weithin sichtbar überragt der Burgberg in Quedlinburg mit Kirche und Schloß die Häuser der Stadt als eindrucksvolles Denkmal einer vergangenen Zeit, in der hier Kaiser und Könige hofhielten und die Äbtissinnen eines berühmten reichsunmittelbaren Damenstifts residierten. Dagegen fällt die nur etwa 400 m entfernte, zweite bedeutende Stätte aus der Zeit der Ottonen kaum ins Auge, wo einst – im Bereich der heutigen Wipertikirche – die Gebäude des königlichen Hofes standen. Über diese aus liudolfingischem Familienbesitz stammende *curtis regia* konnte König Heinrich I. bereits verfügen, als er 919 seine Regierung antrat. Die befestigte Pfalz auf dem Berg ließ er erst später, nach dem Erlaß seiner Burgenordnung, anlegen und bestimmte die Pfalzkapelle zu seiner letzten Ruhestätte. Als der König 936 gestorben war, gründete seine Witwe, Königin Mathilde, auf dem Berg ein Damenstift. Die Kanoniker der Pfalzkapelle mußten nun auf den Königshof im Tal ziehen. Die neue Gründung besaß eine außergewöhnliche rechtliche Stellung. Sie unterstand unmittelbar dem Papst und dem Kaiser, der zugleich Schutzherr des Stifts war. Auch sollten die Äbtissinnen nur aus der königlichen Familie kommen. Zuerst übernahm die Königin selbst die Leitung des Stifts. Im Jahre 966 ließ sie ihre Enkelin Mathilde als erste Äbtissin einführen.

Um 960 waren die neuen Stiftsgebäude auf dem Burgberg zweifellos seit langem vollendet. Das Aussehen der ersten Stiftskirche, die man 936 an der Stelle der Pfalzkapelle zu bauen begonnen hatte, ist annähernd bekannt. Sie war ein etwa 60 m langer und 9,5 m breiter Saal, in dem Querbögen drei Abschnitte unterschiedlicher Funktion abteilten. In dem beiderseits von schmalen Nebenräumen begleiteten Sanktuarium, das etwa die Fläche des Ostabschnitts der heutigen Krypta einnahm, lag vor dem Hauptaltar das Grab des Königs. Zwei Stufen führten vom Sanktuarium zum Chor hinab – an der Stelle der heutigen Vierung –, wo das Gestühl der zum Stift gehörenden Geistlichen seinen Platz hatte. Im Norden und Süden schlossen niedrige Querarme mit Emporen für die Stiftsdamen an. Ihre geringe Ausladung, die später auch das hochromanische Querhaus übernahm, war dadurch bedingt, daß der Südarm auf dem Steilhang errichtet werden mußte.

Im Chor stehen noch heute – innerhalb der hochromanischen Krypta – Teile der Seitenwände des Saals, so daß sich deren ehemalige Gliederung erschließen läßt: Im Norden und Süden begrenzten flache, oben durch Bögen verbundene Lisenen je zwei hohe Wandfelder, die sich unter einer weiten Rundbogenarkade gegen das Untergeschoß des Querarms und darüber unter kleineren Arkaden gegen sein Emporengeschoß öffneten. Dicht unter der Flachdecke des Saals eingebaute Fenster dienten zu dessen Beleuchtung. Vielleicht waren die Innenwände des Sanktuariums und des Schiffs durch eine ähnliche Folge von großen Blendnischen gegliedert.

Vom Chor führten drei Stufen – ungewöhnlicherweise aufwärts – zum Schiff der Stiftskirche, das etwa den Platz des heutigen Mittelschiffs einnahm, aber nur bis zu dessen westlichem Stützenpaar reichte. Seine hart am Steilhang stehende Südwand war durch einen mächtigen, tonnengewölbten Unterbau abgestützt. Am Ostende des Schiffs befand sich der – in seiner Funktion bisher unbekannte – „Stufenraum", eine kleine rechteckige, einst sicher überwölbte Kammer mit zwei im Inneren ringsum laufenden, abwärts führenden Stufen. Westlich davon wird der dem heiligen Kreuz geweihte Laienaltar gestanden haben.

In den Jahren 962/64 gelangte das Stift in den Besitz eines bedeutenden Reliquienschatzes. Wohl vor allem zu dessen sicherer und würdiger Unterbringung ließ die Königin unter dem Hauptaltar die sogenannte *Confessio* einbauen, einen kleinen hufeisenförmigen Raum, der ringsum von Rundbogennischen mit reicher Stuckdekoration eingefaßt wird.

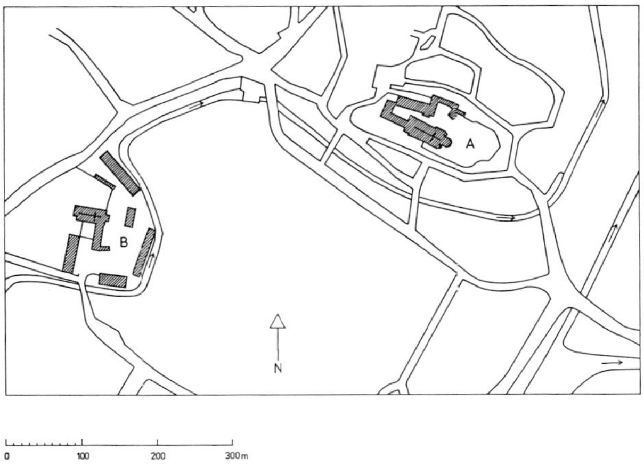

Quedlinburg. Lageplan der ottonischen Stätten
A Burgberg mit Stiftskirche und Schloß
B Wipertikirche mit ehemaligen Gutsgebäuden

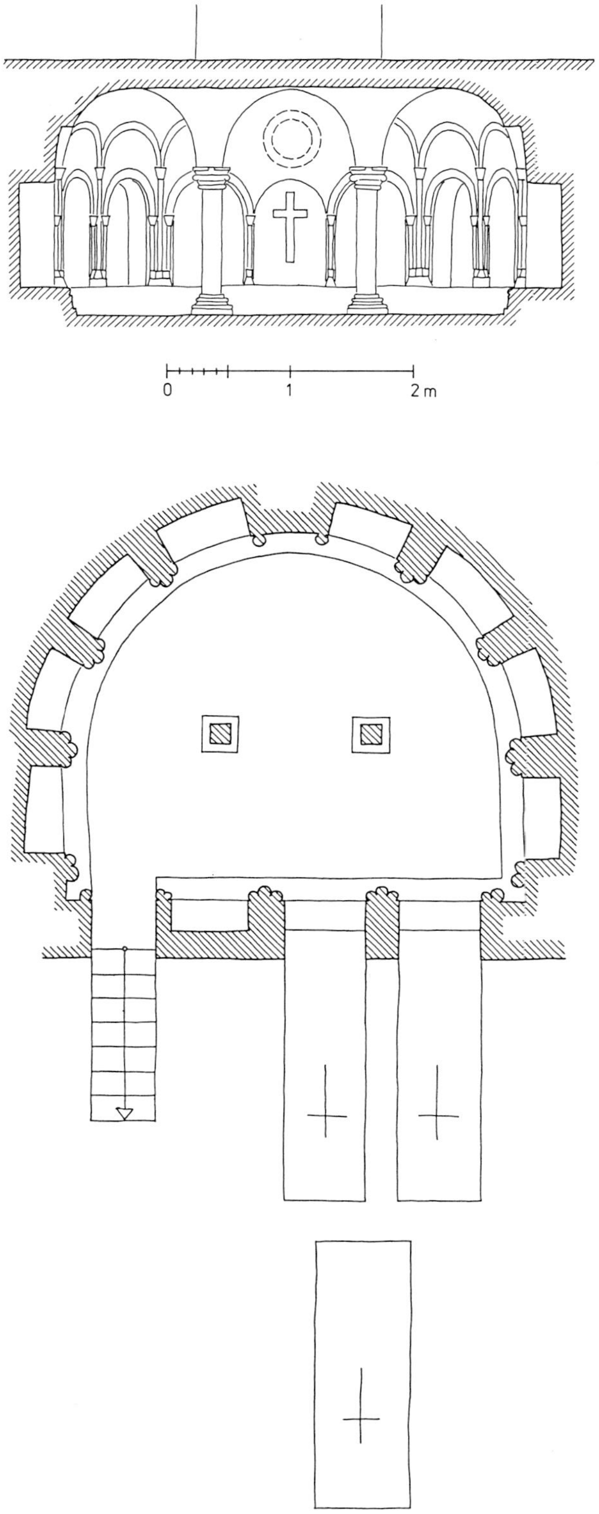

„Confessio". Rekonstruktionsversuch des ursprünglichen Zustands
Oben: Querschnitt Richtung Osten. Unten: Grundriß mit den Königsgräbern. In der Mittelnische der Westwand der Sarg König Heinrichs († 936), in der Südnische der der Königin Mathilde († 968), westlich der beiden der Sarg der Äbtissin Mathilde († 999)

Auch das – zu ergänzende – niedrige Gewölbe des Raums war mit ähnlicher Stuckzier versehen. Eine steile Treppe führte zu der Zugangsöffnung am Nordende der Westwand. Weiter südlich schlossen an diese der Sarg König Heinrichs und seit 968 auch der der Königin so an, daß deren Stirnwände in der mittleren und der südlichen Nische der Wand offen sichtbar blieben. Die königlichen Särge waren damit den Reliquien nahe, die wohl in kostbaren Behältnissen in den Nischen des Runds Aufstellung gefunden hatten. Die regelmäßigen Gottesdienste am Grabe des Königs fanden vermutlich im Sanktuarium westlich der *Confessio* statt, deren beengter Innenraum für liturgische Handlungen kaum geeignet war. Doch konnte die Königin, wie in ihrer Vita verlautet, über die Treppe zum Sarg ihres Gemahls hinabsteigen. 968 starb sie und wurde neben ihrem Gemahl beigesetzt.

Die ottonischen Herrscher haben die Pfalz Quedlinburg häufig besucht, vor allem um hier das Osterfest zu feiern. Auf dem Berg waren also neben dem Stiftsbereich auch die für den König und seinen Hofstaat notwendigen Räumlichkeiten vorhanden. Eine besondere Bedeutung erhielt die Pfalz, nachdem Kaiser Otto II. 983 unerwartet in Rom verschieden war; denn danach führten die Kaiserinnen Adelheid und Theophanu für den minderjährigen Otto III. zeitweise von hier aus die Regierung. 998/99 lenkte die

Stuckdekoration der Confessio

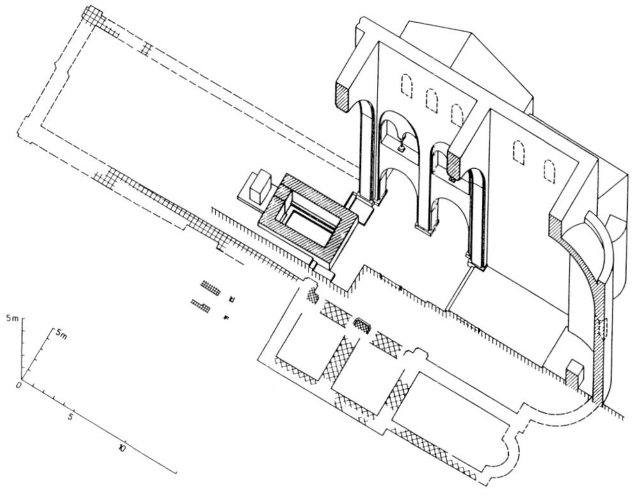

Isometrische Darstellung der Stiftskirche der Königin Mathilde auf dem Berg vor dem Einbau der Confessio. Rekonstruktionsversuch

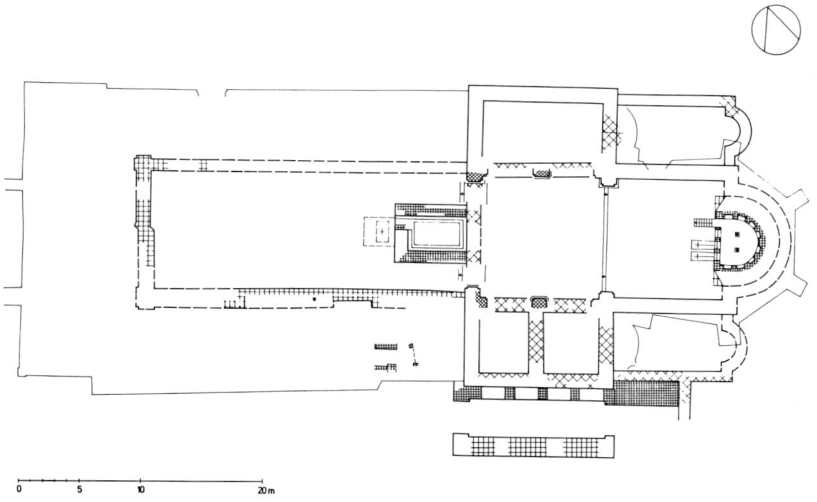

Grundriß der Stiftskirche der Königin Mathilde auf dem Berg, Zustand 968. Rekonstruktionsversuch

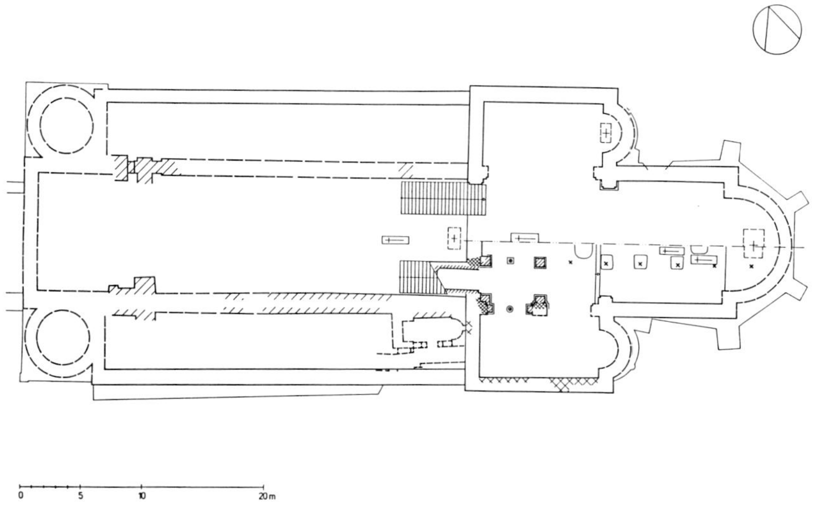

Grundriß der Stiftskirche von 1012 auf dem Berg. Rekonstruktionsversuch. In den Ostteilen ist unten das Kryptengeschoß, oben das obere Geschoß dargestellt.

Äbtissin Mathilde im Auftrag des in Italien weilenden Kaisers Otto III. in Quedlinburg als *matricia* sogar die Geschicke des Reichs.

Auf sie geht der Plan zurück, den relativ bescheidenen Bau der ersten Stiftskirche auf dem Berg zu einer „modernen" kreuzförmigen Basilika mit ausgedehnter Krypta auszubauen. 997 konnte als erster Abschnitt an der Stelle des einschiffigen Vorgängers ein dreischiffiges, basilikales Langhaus fertiggestellt und feierlich geweiht werden, das die Äbtissin, wie es heißt, „wegen der Menge des zusammenströmenden Volkes" hatte anfügen lassen. Sein Südseitenschiff überbaute den tonnengewölbten Stützbau am Südhang. Dort wurde damals neben einem neuen Treppenaufgang zur Kirche die Kapelle „St. Nicolai in vinculis" eingebaut. Den westlichen Abschluß könnte ein Westwerk mit Empore im Mittelturm

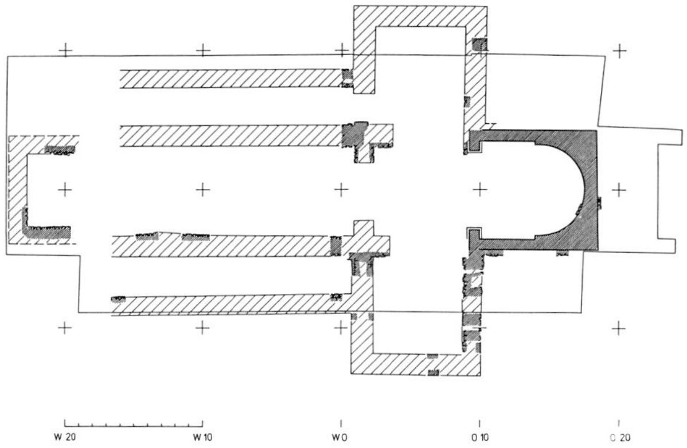

Grundriß der nach 936 entstandenen Stiftskirche der Kanoniker im Tal. Rekonstruktionsversuch

Grundriß der Stiftskirche der Kanoniker im Tal nach Einbau der Krypta. Rekonstruktionsversuch

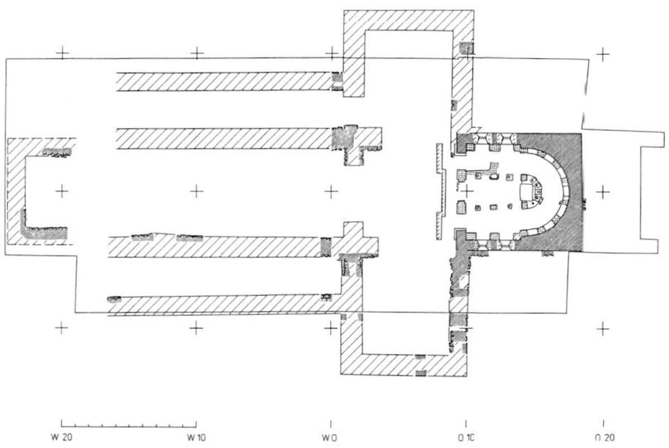

und seitlichen Treppenspindeln gebildet haben, wie es in dem benachbarten Gernrode nachgewiesen wurde. Vielleicht sind auch die beiden westlichen Joche der heutigen Krypta bereits damals eingefügt worden.

999 starb Äbtissin Mathilde und wurde „zu Häupten ihres Großvaters, König Heinrichs" beigesetzt. Ihre Nachfolgerin, Äbtissin Adelheid, Tochter Kaiser Ottos II., sorgte für eine zügige Weiterführung des Neubaus. In die Ostteile ließ sie eine Krypta von der Ausdehnung der heutigen hochromanischen einfügen. Um sie fertigzustellen, mußte die *Confessio* eingeebnet werden. Zuvor ist der Sarg König Heinrichs von seinem alten Platz entfernt und wahrscheinlich oben in der Vierung neu aufgestellt worden. Bald darauf wurde die Krypta in Benutzung genommen. Über ihr entstand das neue Sanktuarium mit dem Hauptaltar sowie westlich von ihm, an Stelle der alten Querarme, das Querhaus. 1021, ein Jahr vor dem Tode Bischof Bernwards von Hildesheim, konnte die neue Stiftskirche in Gegenwart Kaiser Heinrichs II. und seiner Gemahlin, Kaiserin Kunigunde, sowie der Bischöfe und Großen des ganzen Reiches feierlich geweiht werden.

Auf dem Königshof im Tal hatten die 936 vom Berg vertriebenen Kanoniker zunächst dessen Kapelle benutzt, bis die ersten Teile ihrer neuen Kirche, einer dreischiffigen kreuzförmigen Basilika, fertig waren. Ihr Sanktuarium, dessen Umfassungswände in etwa 3 m Höhe hinter den Wänden der Krypta erhalten sind, schloß außen gerade, innen aber mit einer eingezogenen Apsis. Das Querhaus lief nach römischer Art ungeteilt durch. Das dreischiffige Langhaus hatte basilikalen Querschnitt. Als Westabschluß der Kirche konnte vor dem Mittelschiff ein gegenüber diesem leicht eingezogener, in seiner Gestalt jedoch unbekannter Rechteckbau nachgewiesen werden. Unmittelbar neben der Kirche wird die Klausur des Kanonikerstifts gestanden haben. Aber über deren bauliche Anlage ist genausowenig bekannt wie über die des Königshofes, der zweifellos innerhalb der Schleife des Bode-Nebenarms, des sogenannten „Mühlgrabens", also auch in unmittelbarer Nähe der Kirche, gelegen hat.

Gegen Ende des 10. Jahrhunderts bestand auf dem Königshof offenbar eine Pfalz mit allen für die Unterbringung des Königs und seines Hofstaates notwendigen Gebäuden und der Kirche der Kanoniker als Pfalzkapelle. Als Kaiser Otto III. nämlich im Jahre 1000 zu Ostern Quedlinburg besuchte, blieb er zur Feier des Festes zunächst drei Tage lang bei seiner

Schwester, der Äbtissin Adelheid, auf dem Berg, zog dann aber mit seinem ganzen Gefolge in feierlicher Prozession auf den Hof im Tal und ging dort eine Woche lang seinen Regierungsgeschäften nach.

Wohl bald nach 1000 wurde in die Kirche des Kanonikerstifts - und der Pfalz - die erhaltene Krypta eingefügt, eine dreischiffige Anlage, in der die Seitenschiffe als Umgang um den Apsisschluß des Mittelschiffs herumgeführt sind. Alle drei Schiffe öffneten sich im Westen gegen den - lange verschwundenen - schmalen Vorraum der Krypta, der einst von beiden Querhausarmen zugänglich war. Die Stützenreihe zwischen den Schiffen trägt ungewöhnlicherweise keine Arkaden, sondern einen fortlaufenden Architrav, auf dem Tonnengewölbe ansetzen. Für das kleine Bauwerk wurden zahlreiche Spolien verwendet - Grabsteine, Säulen und Teile des Architravs. Das durch den Krypteneinbau in seiner Höhe erheblich reduzierte Sanktuarium benutzte man zunächst weiter, errichtete später jedoch an seiner Stelle ein neues, nunmehr quadratisches Sanktuarium.

Erwähnt sei wenigstens die dritte geistliche Gründung der Ottonen in Quedlinburg, die St. Marien-Kirche des 986 von Äbtissin Mathilde gestifteten und 1539 wieder aufgehobenen Nonnenklosters auf dem Münzenberg. Von der ehemaligen dreischiffigen Basilika mit querrechteckigem Westbau stehen noch bemerkenswerte Reste. Sie sind jedoch durch ihre Überbauung mit Wohnhäusern heute schwer zu erkennen.

Im Jahre 1070 vernichtete eine verheerende Brandkatastrophe die Stiftskirche und die Pfalzgebäude auf dem Berg. Wenig später begann der Neubau der in ihren wesentlichen Teilen bis zum heutigen Tage erhaltenen hochromanischen Kirche, die 1129 geweiht werden konnte. In der Bode-Schleife im Tal wurden das Querhaus und das Langhaus der Kanonikerkirche nach 1148 durch das heutige hochromanische Langhaus der Prämonstratenser ersetzt.

Ausgewählte Literatur: Bellmann 1963. - Bellmann/Leopold 1960. - Brinkmann, 1. - Dehio 1976, zu Quedlinburgs Stiftskirche und Wipertikirche S. 360-368. - Fleckenstein 1992. - Fuhrmann 1991, besonders S. 14-17. - Giesau/Schirwitz 1939/1940. - Jacobsen/Schaefer/Sennhauser 1991, S. 332-334. - Lehmann 1987. - Leopold 1986. - Leopold 1987. - Leopold 1993. - Leopold/Flemming 1988. - Lobbedey 1986, zu Quedlinburg S. 399-402. - Oswald/Schaefer/Sennhauser, S. 263-268. - Schubert 1990, zu Quedlinburg S. 41-78. - Schubert 1992. - Thietmar (dt.). - Voigtländer 1982. - Voigtländer 1989. - Wäscher 1959.

G. L.

Wipertikrypta

VI-44 Ionisierendes Kapitell aus der Stiftskirche

10./11. Jahrhundert

50 x 40 cm, H. 41 cm. - Sandstein.

Das Kapitell ist aus drei Zonen aufgebaut. Von ihnen bilden die zwei unteren den polsterartig halbrunden Kapitellkern, die obere den Volutenkörper. Die untere Zone besteht aus einem umgekehrt gesetzten Kegelstumpf mit leicht kehligem Profil. Er ist nach oben hin abgesetzt durch ein rund umlaufendes Plättchen und darüber ein ebenfalls noch kreisrund umlaufendes Tau. Die mittlere Zone zeigt einen mißverständlich stilisierten Eierstab mit mandelförmig gespitzten Gliedern. Die obere Zone bildet, wie gesagt, der Volutenkörper. Er besteht aus drei schmalen, faszienartig übereinander vortreppenden Bändern, aus denen an den Ecken rechtwinklig gegeneinanderstoßende kleine Voluten herauswach-

VI–44

VI–45

sen. Zuoberst ist die Deckplatte angearbeitet, bestehend aus Platte, steilem Karnies und Plättchen.

Das Kapitell ist stark bestoßen. Von der Deckplatte fehlt die gesamte vordere Ecke.

Gefunden wurde das Kapitell, wie auch die Kat. Nr. VI–45 und VI–46, bei den Grabungen in der Stiftskirche 1938–1942 durch Hermann Wäscher im Schutt der heutigen, aus dem 12. Jahrhundert stammenden Basilika. Bellmann und Lehmann (Voigtländer) datieren sie in das frühe 11. Jahrhundert und weisen sie dem 1021 geweihten Bau zu. Jacobsen schlägt statt dessen eine Datierung in das 10. Jahrhundert vor.

Giesau/Schirwitz 1939/1940, S. 105. – Wäscher 1959, Abb. 40. – Bellmann 1967, S. 53. – Jacobsen 1985, S. 28, 33. – Voigtländer 1989, S. 88 f. – Meyer (im Druck).

Quedlinburg, Städtische Museen Quedlinburg, Inv. Nr. V/88/K 3

W. J.

VI–45 Ionisierendes Kapitell aus der Stiftskirche

10./11. Jahrhundert

45 x 45 cm, H. 43 cm. – Sandstein.

Das Kapitell ist aus dem einfachen tektonischen Typus des Polsterkapitells entwickelt und lediglich durch Vorblendung von Voluten zum ionischen Kapitell umgebildet. Über kräftigem, angearbeitetem, allerdings stark beschlagenem Schaftring steigt der leicht konvexe Kapitellkörper mäßig steil zu einer angearbeiteten, kräftigen, unprofilierten Deckplatte empor. Über die beiden oberen Drittel des Polsterkörpers sind auf jede der vier Kapitellseiten je zwei Voluten gelegt. Sie bestehen aus großen, tellerförmigen Spiralen wülstig hervortretender Bänder, welche dem Kapitellkern unmotiviert vorgesetzt sind, sich an den Innenseiten jeweils berühren und an den Außenseiten rechtwinklig aneinanderstoßen.

Zur Herkunft und Datierung siehe Kat. Nr. VI–44.

Giesau/Schirwitz 1939/1940, S. 105. – Wäscher 1959, Abb. 40. – Bellmann 1967, S. 53. – Jacobsen 1985, S. 28, 33. – Voigtländer 1989, S. 88 f. – Meyer (im Druck).

Quedlinburg, Städtische Museen Quedlinburg, Inv. Nr. V/86/K 3

W. J.

VI–46 Blattkapitell aus der Stiftskirche

10. Jahrhundert

41 x 37 cm, H. 39 cm. – Sandstein.

VI–46

Das Kapitell ist aus dem einfachen tektonischen Typus des Knaufkapitells entwickelt. Der knaufförmige Körper ist durch einen Kranz von acht einfachen, lederzungigen Blättern besetzt. Die Blätter fallen nicht über, sondern stehen steif dem Kapitellkörper vor. Zwischen ihnen wachsen vom Blattansatz aus je zwei auseinanderfallende Helices hervor, welche das jeweilige Kranzblatt rahmend umfassen und unmittelbar den Abakus unterfahren, als würden sie ihn tragen. Der Abakus selbst ist in drei ungeschlachte Streifen gegliedert, welche an den Enden völlig mißverstanden in kleinen inneren Voluten auslaufen. Eine enorm starke, wenngleich nicht ausladende Deckplatte ist dem Kapitell oben angearbeitet. Sie erreicht fast die halbe Höhe des Kapitells.

Zur Herkunft und Datierung siehe Kat. Nr. VI–44.

Giesau/Schirwitz 1939/1940, S. 105. – Wäscher 1959, Abb. 40. – Bellmann 1967, S. 53. – Jacobsen 1985, S. 28, 33. – Voigtländer 1989, S. 88f. – Meyer (im Druck).

Quedlinburg, Städtische Museen Quedlinburg, Inv. Nr. V/87/K3

W. J.

VI–47 Servatius-Stab, sog. Äbtissinnenstab

Lothringen (?), Mitte 10. Jahrhundert

L. 132 cm. – Eschenholz, Gold getrieben, Goldfiligran, Silber getrieben und vergoldet, Eisen geschmiedet. Dreischüssiger, gemusterter Samit (nur in Resten erhalten).

Der schlanke, hakenförmig gebogene Holzstab war ursprünglich ganz von einem Seidenstoff umhüllt und mit Goldblech beschlagen, das von einem feinen Muster aus geperltem Filigran übersponnen wird. Während die Krümme gänzlich mit Gold verkleidet ist, ließen die Beschlagteile des langen, sich nach unten leicht verjüngenden Schaftes die purpurfarbene Seide sichtbar, die einen wirkungsvollen Farbkontrast zu den senkrechten Goldstreifen und den breiten Ringmanschetten bildete.

Mit ihren Bogenreihen erwecken diese Ringe den Eindruck von Fenstern, durch die man hindurchschauen kann. So ist der Stab wie eine Reliquie gefaßt, vergleichbar dem sog. Stab der heiligen Austreberthe in Montreuil-sur-Mer, der aus dem Beginn des 11. Jahrhunderts stammt (Kat. Paris 1965, S. 22 Nr. 47 und Taf. 44). Als jüngeres Beispiel kann in diesem Zusammenhang auch der Bernwardstab genannt werden, dessen überreich geschmückte Bekrönung jene schlichte Elfenbeinkrümme umschließt, die als Bischofskrümme des heiligen Bernward gilt (Kat. Nr. VII–8).

Mehrfach wird der Quedlinburger Stab in Schatzverzeichnissen des Stiftes als „Stab des heiligen Servatius" bezeichnet, und der Maastrichter Presbyter Jocundus weiß Ende des 11. Jahrhunderts in seiner „Translatio S. Servatii" zu berichten, daß König Heinrich I. für das Quedlinburger Servatiusstift in Maastricht Stola und Bischofsstab des Heiligen erwerben konnte. Auch Thietmar von Merseburg berichtet von einem goldenen Stab. Kaiser Otto III. habe ihn im Jahre 999 seiner Schwester, der Quedlinburger Äbtissin Adelheid, aus Italien gesandt. Die ebenso kostbare wie empfindliche Fassung des erhaltenen Stabes macht es aber wenig wahrscheinlich, daß es sich um ebendiesen Gegenstand handelt.

Auch aus kunstgeschichtlichen Gründen wird man im Stab des Quedlinburger Schatzes eher die mit Gold beschlagene Servatiusreliquie zu sehen haben, von der gerade die älteren Schatzverzeichnisse berichten. Nahezu die gleichen Filigranformen finden sich nämlich an Kelch und Patene des Bischofs

VI–47

Gauzelin (Kat. Nr. IV–44), die um die Mitte des 10. Jahrhunderts im westlichen Reichsgebiet entstanden, dort, wo auch der Servatius-Stab seine goldene Fassung erhalten haben dürfte.

Brinkmann, 1, S. 133 f. – Swarzenski 1954, S. 41. – Koldeweij 1985, S. 142–144. – Kroos 1985, S. 43. – Voigtländer 1989, S. 168 f., 171 f., 197 Nr. 384–398. – Kat. Berlin 1992/2, S. 59–60 Nr. 6 (Dietrich Kötzsche).

Quedlinburg, Ev. St. Servatii-Domgemeinde

M. B.

VI–48 Großer Bergkristall-Flakon mit Vögeln

Fatimidisch, 10. Jahrhundert (Kristall); Niedersachsen (Quedlinburg), Mitte 13. und 14. Jahrhundert

18 x 10,5 cm (H. Bergkristall ca. 17 cm). – Bergkristall, geschnitten, Silber getrieben, gestanzt, gegossen und ziseliert.

Zwei „papageienartige" Vögel lehnen sich mit dem Rücken gegen einen stilisierten Baumstamm. Im Gegensatz zu den mit Flachrelief geschmückten fatimidischen Bergkristallarbeiten sind die beiden Tiere, wie ebenfalls bekannte Flakons in Fischform, fast vollplastisch aus dem Bergkristallstück herausgearbeitet. Die sonst typischen gefiederten Voluten tauchen als Dekorationsmotiv nur am zentralen Baumstamm und an den Flügeln auf. Die Schwanzfedern der Vögel sind durch eine kreuzförmige Gravierung angedeutet, Beine und Krallen sind schraffiert und standen wohl ursprünglich mit dem Palmettenornament des nicht erhaltenen unteren Abschlusses des Gefäßes in Verbindung; auch der Schnabel eines der Vögel ist abgebrochen. In die Körper der Tiere und den durch einen Flaschenhals verlängerten Baumstamm sind gerade Röhren hineingebohrt, die ursprünglich zur Aufnahme von Parfüm oder Schminke dienten. Ein vergleichbarer, wohl etwas späterer Flakon mit einer solchen Vogelgruppe hat sich in der ehemaligen Prämonstratenser-Abtei Weissenau erhalten, ein weiterer befand sich in den 50er Jahren in Pariser Privatbesitz (vgl. Erdmann 1953, Kat. Berlin 1992/2 [Dietrich Kötzsche]). Unter den drei hier gezeigten fatimidischen Bergkristallen ist der Quedlinburger in der Formgebung der anspruchsvollste und läßt erahnen, von welcher Art und Qualität die Kairoer Produktion gewesen sein muß (vgl. Kat. Nr. VI–56). Dieses Objekt kann über die Beziehungen des ottonischen Herrscherhauses oder über die Handelsbeziehungen der Fatimiden zu italienischen Städten nach Deutschland gelangt sein. Auch im letzteren Fall ist es wahrscheinlich, daß es sich vorübergehend im Besitz des Hochadels oder der kaiserlichen Familie befunden hat. Das adelige Damenstift Quedlinburg, Grablege des 936 gestorbenen Heinrichs I., war eng mit dem Herrscherhaus verbunden. Otto I. ließ 962 Reliquien aus Rom dorthin überführen, seine Tochter Mathilde stand dem Stift von 966 bis 999 als Äbtissin vor. Die Schwester Ottos III., Adelheid, leitete die Kanonissengemeinschaft von 999 bis 1043. Da bereits im 2. Drittel des

VI–48

11. Jahrhunderts im ältesten Quedlinburger Schatzverzeichnis, im Otto-Adelheid-Evangeliar auf fol. 140r (vgl. Krause 1992, S. 22; Kat. Berlin 1992/2, S. 62–68 Nr. 8 [Dietrich Kötzsche, Hartmut Hoffmann]), fünf Kristalle erwähnt werden, ist eine Verknüpfung der Bergkristalle mit der kaiserlichen Familie zumindest nicht auszuschließen. Ob sie dagegen, wie Wentzel 1972 vorgeschlagen hat, über Byzanz und den Brautschatz der Theophanu in den Besitz der Kaisertöchter gelangten, kann wohl nicht bewiesen werden.

Die heute erhaltene silberne Fassung und die Umnutzung des Gegenstandes als Reliquiar stammen erst aus dem 13. und 14. Jahrhundert. Die Dekkel der seitlichen Röhren zeigen jeweils einen gestanzten Christuskopf des 13. Jahrhunderts; die schlichte Einfassung des Halses und das mit Rauten geschmückte Halteband dürften im 14. Jahrhundert entstanden sein (Kat. Berlin 1992/2 [Dietrich Kötzsche]). Mit der Aufhängung wurde das Reliquiar wohl an einem Band von einem Priester getragen, der an bestimmten Feiertagen oder während Prozessionen die prominenten Reliquien (von den Windeln und den Kleidern Jesu) zur Verehrung zeigte.

Lamm, S. 183, 209, Taf. 75,3. – Erdmann 1953. – Schramm/Mütherich 1962, Nr. 100, S. 312. – Bischoff 1967, Nr. 75. – Wentzel 1972/2, S. 45, Abb. 50c. – Kat. Berlin 1992/2, S. 72 und Nr. 10, S. 73–74 (Dietrich Kötzsche, mit älterer Literatur).

Quedlinburg, Ev. St. Servatii-Domgemeinde

Th. J.

VI–49 „Krug von der Hochzeit zu Kana“

Alexandria (?), 1. Jahrhundert n. Chr.

46,5 x 39,5 cm. – Alabaster („Onyx-Alabaster“).

Der zweihenklige Krug, dessen Deckel verloren ist, gehört zu einer Gruppe kaiserzeitlicher Alabasterurnen, die überlieferte antike Gefäßtypen wie Krater, Hydria oder Amphora in spielerischer Weise variieren. Neben kugeligen Formen begegnen solche von hohem, schlankem Umriß; die Zahl der Henkel schwankt zwischen zwei und drei, ihre Ausbildung wechselt zwischen Bügeln, die Schulter und Mündung verbinden, und seitlich angebrachten Griffen. Die anspruchsvolleren Alabastervasen dienten vornehmlich dem Totenkult und spiegeln den Gräberluxus der römischen Oberschicht wider. Ihren künstlerischen Ursprung hatten die Alabastergefäße vermutlich in Ägypten, wo die Verarbeitung dieses dem Marmor verwandten Gesteins auf eine lange Tradition zurückblicken konnte. Der Quedlinburger Krug ist einer der schönsten seiner Gattung. Er besitzt einen hohen, bauchigen Körper mit einfach profiliertem Fuß und deutlich abgesetzter Schulter; über dem kurzen Hals weitet sich die Mündung mit kräftig profilierter Lippe. Die Henkel (einer ist abgebrochen) bestehen aus zwei von der Gefäßwand ausgehenden Ranken, die im oberen Teil zunächst miteinander verschmolzen sind, sich dann aber wieder trennen und mit mohnkapselähnlichen Knäufen auf dem Lippenrand aufliegen. Geschickt hat der Künstler die onyxartige Schichtung der verwendeten Alabastersorte benutzt, um dem Krug ein kostbares, an Edelsteingefäße erinnerndes Aussehen zu verleihen.

Seit dem 16. Jahrhundert galt die Quedlinburger Alabasterurne als einer der Wasserkrüge der Hochzeit zu Kana in Galiläa. Einer Mitteilung von 1710 zufolge wurde der Krug am zweiten Sonntag nach Epiphanias mit Wein gefüllt auf den Altar der Servatiuskirche gestellt, um das Wunder der Hochzeit zu Kana (Johannes 2,1–11) sinnfällig zu machen. Eine erst im 18. Jahrhundert faßbare Überlieferung kompiliert die Kruglegende offenbar mit Berichten Thietmars von Merseburg, wo von reichen Schenkungen Ottos I. an die Magdeburger Kirche und von seinem Aufenthalt in Quedlinburg die Rede ist (Chronik II, 16, 17 und 31). Danach soll der Kaiser vier „Kana-Krüge“ aus Italien nach Magdeburg gesandt haben. Ein Krug sei in Magdeburg verblieben; von den drei übrigen habe er einen Ostern 973 nach Quedlinburg gestiftet und je einen nach Hildesheim und Köln (vgl. Kat. Nr. VIII–20 und IV–53) geschenkt. Den Hildesheimer Kana-Krug verbindet die Lokaltradition allerdings mit einer Schenkung Ottos III. an Bischof Bernward. Weitere Gefäße, die nach mittelalterlicher Überlieferung ebenfalls als Kana-Vasen galten, gelangten nach Bamberg und auf die Reichenau (Mittelzell); auch in Frankreich (z. B. Saint-Denis) und Italien (u. a. Venedig) rühmten sich zahlreiche Klöster und Kirchen, im Besitz einer Kana-Vase zu sein.

Voigtländer 1989, S. 198 Nr. 399–403 (Quellen). – Bayer 1991, S. 338–339, Abb. 4. – Kat. Berlin 1992/2, S. 38–39 Nr. 1 (Antje Krug und Dietrich Kötzsche, mit Bibliographie).

Quedlinburg, Ev. St. Servatii Domgemeinde

A. E.

VI–49

VI–50 fol. 12v

VI–50 fol. 13r

VI–50 Franko-sächsisches Evangeliar

Saint-Amand, um 860–870

32,5 x 24 cm, 193 Blätter (foliiert I, 1-192). – Pergament mit Deckfarben, Gold und Silber.

Die Handschrift enthält die vier Evangelien mit Vorreden und, am Ende, ein *Capitulare evangeliorum* (fol. 182r–191r). Zwischen dem *Breviarium* und dem Beginn des Matthäusevangeliums steht eine vollständige Reihe von zwölf Kanontafeln (fol. 6v–12r). Die Evangelienanfänge sind durch Incipit- (fol. 12v, 60v, 92v, 144v) und Initialzierseiten (fol. 13r, 61r, 93r, 145r) hervorgehoben. Die Rahmen der Zierseiten bestehen aus von Gold- und Silberstreifen eingefaßtem Flechtwerk. Die Kapitelle und Basen der Hasten der Initialen sind gleichmäßig mit Flechtwerk ausgebildet, manche in Tierköpfe auslaufend. Farben der Kanontafeln und der Zierseiten: Gold, Silber, Rot, Blau, Ocker und Grün. Im ganzen ist der Buchschmuck dem des Evangeliars aus Jouarre in Meaux, Grand Séminaire (jetzt wieder in der Benediktinerinnenabtei Jouarre), das A. Boutemy nach Saint-Amand lokalisiert hat, sehr ähnlich. Die umfangreiche Handschriftenproduktion der sogenannten franko-sächsischen Malerschule des 9. und 10. Jahrhunderts in Nordfrankreich hat die frühottonische Buchmalerei in Sachsen stark geprägt.

Das Evangeliar enthält am oberen Rand von fol. 1v den Besitzvermerk: *Istud corpus evangelicum pertinet dominabus urbis Quedelingburg ecclesie sancti Seruacii episcopi* (Dieses Evangeliar gehört den Damen der Kirche des heiligen Bischofs Servatius in der Stadt Quedlinburg). Es dürfte schon im 10. Jahrhundert in das Quedlinburger Damenstift gelangt sein. Im Katalog der Quedlinburger Stiftsbibliothek von T. Eckhard 1723 aufgeführt, gelangte es über das Quedlinburger Domgymnasium in die Universitäts- und Landesbibliothek Halle.

Eckhard 1723, S. 6, Nr. 7. – Boutemy 1949. – Rothe 1966, S. 189, 238–239, Taf. 13. – Fliege 1962, S. 59–61.

Halle (Saale), Universitäts- und Landesbibliothek Sachsen-Anhalt, Qu. Cod. 83

U. K.

VI–51 Evangeliar aus Quedlinburg

Corvey, Mitte 10. Jahrhundert

35 x 26 cm, 201 Blätter. – Pergament mit Buchschmuck in Deckfarben und Gold.

Das Evangeliar enthält die vier Evangelien mit Vorreden und Kapitelverzeichnissen. Der Buchschmuck besteht aus einer vollständigen Folge von 16 Kanontafeln mit Arkadenrahmung (fol. 4r–11v) und, vor jedem Evangelium, einer Schmucklage mit einer oder zwei Initiumseiten, der Initialseite und einer oder zwei Zierseiten mit der Fortsetzung des Evangelientextes (fol. 16v–18v, 64r–65v, 99r–100v, 157r–158v), diese Textzierseiten mit Goldschrift auf purpurfarbenem Grund. Eine Ausnahme bildet der blaue Grund der Initiumseite des Johannesevangeliums (fol. 157v). An Ornamentmotiven erscheinen Blattranken, Akanthusblätter, Flechtwerk, Wellenbänder, Schuppenformen, ein Tierkopf (fol. 16v) und eine Schlange (fol. 18v). Die Handschrift gehört zu einer Gruppe von Evangeliaren, die am Beginn der ottonischen Buchkunst in Sachsen stehen. Die Entstehung in Corvey ist paläographisch gesichert. Für die frühottonische Corveyer Malerschule ist die Rezeption frankosächsischer Ornamentmotive und solcher der karolingischen Schule von St. Gallen charakteristisch. Die in der Ausstellung aufgeschlagenen Seiten zeigen den Beginn des Johannesevangeliums (fol. 157v–158r).

Der Quedlinburger Oberhofprediger und Konsistorialrat Friedrich Eberhard Boysen schenkte die Handschrift im Jahre 1763 dem Prinzen Christian Ernst Stolberg zu Wernigerode. 1929 erwarb sie J. Rosenthal aus der dortigen Bibliothek für die Pierpont Morgan Library in New York.

Harrsen 1958, S. 12–14, Nr. 6, Taf. 15–17. – Mütherich 1963. – Bauer 1977, 2, S. 41–49, Nr. 8. – Schramm/Mütherich 1962, S. 142, Nr. 69; ^{2}1981, S. 482. – Hoffmann 1986/1, S. 104–105, 129.

New York, The Pierpont Morgan Library, M. 755

U. K.

VI–52 Bischof Altfrid von Hildesheim über die Gründung seines Stifts Essen

[870] September 27, Köln

48 x 56,3 cm. – Pergament.

Bischof Altfrid von Hildesheim beurkundet, daß er auf seinem Eigengut Essen (*in praediolo meo quod Astnide vocatur*) zu Ehren der heiligen Dreieinigkeit, der Gottesmutter Maria und der Heiligen Cosmas und Damian ein Kanonissenstift errichtet habe, wobei er sich auf Genehmigungsschreiben der Päpste Sergius II. (844–847) und Hadrian II. (867–872) beruft. Er läßt seine Stiftungsurkunde auf der Synode zu Köln anläßlich der Weihe des Doms vor den Erzbischöfen Liutbert von Mainz und Bertolf von Trier sowie weiteren sieben namentlich genannten Bischöfen verlesen, welche ihre Zustimmung erteilen.

VI–52 Bulle, Vorder- und Rückseite

VI–51 fol. 157v

VI–51 fol. 158r

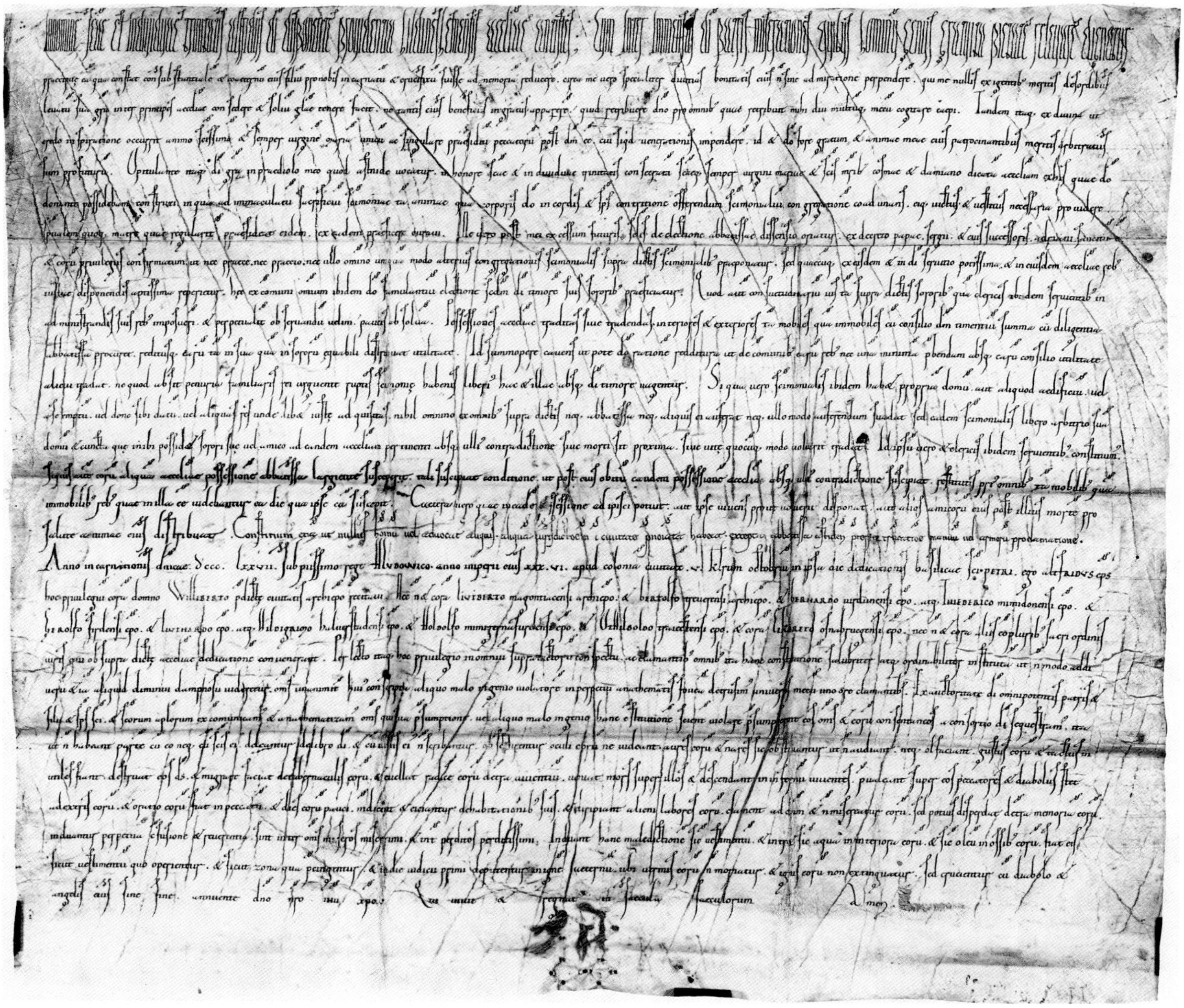

VI–52

Die Urkunde ist in der vorliegenden Form aufgrund einer echten Vorlage verfälscht worden und als solche nach dem Urteil von Erich Wisplinghoff (S. 125) um 1090 im Kölner Domkapitel entstanden.

Der Fälschung diente als Beglaubigung ein einzigartiges Bleisiegel bzw. ein zweimal gefaltetes rechteckiges Bleiplättchen im Format von 60 mal 34/36 mm – ursprünglich angehängt, jetzt lose beiliegend –, auf der beiderseitig Avers und Revers eines Bleibullenstempels Bischof Altfrids nebeneinander abgedrückt sind. Der Avers zeigt ein gleicharmiges Tatzenkreuz mit Punkten in den Winkeln, umgeben von der Umschrift +ALDFRIDUS + EPS in einem doppelten Perlenkranz, der Revers das Monogramm des Namens ALDFRIDUS, kreuzförmig angeordnet, während die Buchstaben EPIC frei in den Winkeln des Kreuzes stehen. Alles spricht dafür, daß das Bleiplättchen in dieser Form der gleichen Zeit angehört wie die gefälschte Urkunde, also dem ausgehenden 11. Jahrhundert, daß es sich aber doch, wie die Buchstabenformen zeigen, um einen Nachschnitt der originalen Bleibulle handeln muß, die an der echten Vorlage der Fälschung gehangen hatte. Da das Original aus irgendwelchen Gründen an dem gefälschten Pergament nicht angebracht werden konnte oder sollte, entschloß man sich damals, zur Beglaubigung der Fälschung den Bullenstempel Bischof Altfrids nachzuschneiden und Avers und Revers zweimal auf dem gefalteten Bleiplättchen abzudrücken. Bischof Altfrids Bleibulle ist die einzige ihrer Art unter den deutschen Bischofssiegeln. Ihre Vorbilder waren offenbar die päpstlichen Bleibullen seiner Zeit, von denen z. B. Bullen Papst Benedikts III. (855–58) das Namensmonogramm in kreuzförmiger Anordnung und solche Hadrians II. (867–872), der selbst das Stift Essen privilegiert hatte, und Papst Johannes' VIII. (872–882) das vom Papstnamen umgebene Tatzenkreuz zeigen.

Gedruckt UBHH 1, Nr. 15 S. 10–14 (mit den älteren Drucken). Regest bei Oediger 1954, S. 81 Nr. 238 (mit der bis 1952 erschienenen Literatur). Die Kölner Synode von 870 ebd. S. 80 Nr. 237. Wisplinghoff 1967, bes. S. 125. – Speziell zur Bleibesiegelung und ihrer Beurteilung: Goetting 1984, S. 113–114.

Düsseldorf, Nordrhein-Westfälisches Hauptstaatsarchiv, Urk. Stift Essen Nr. 1

H. G.

*VI-53 Das „ältere Mathilden-Kreuz"

Köln, zwischen 973 und 982

H. 44,5 cm, B. 29,5 cm. – Gold über Eichenholzkern, Goldfiligran, Zellenschmelze, Steine, Perlen, vergoldetes Kupfer (Verkleidung der Rückseite).

*VI-53

Im Felde der beiden Kreuzbalken der Gekreuzigte; unter dem Suppedaneum der besiegte Drache. Der Kreuznimbus ist mit Edelsteinen besetzt, die Fläche des Nimbus mit Goldfiligran reich geschmückt; die Perlenschnur, welche die Nimbus-Scheibe konturierte, ist verloren. Im oberen Schaftteil eine rechteckige Platte mit der Inschrift *IHC [=Iesus] NAZARENVS REX IVDEOR(um)* in drei Emailzeilen; am unteren Schaftende die Zellenschmelztafel mit dem Stifterpaar, Äbtissin Mathilde von Essen und ihr Bruder Herzog Otto; sie halten ein Vortragekreuz auf hoher Stange, mit dem ohne Zweifel das Goldkreuz selbst gemeint ist. Die Tatsache der Stiftung wird so auf dem gestifteten Gegenstand selbst bildlich festgehalten. Die Bildfläche der beiden Kreuzbalken wird von Steinen und Perlen, die dem Muster der „hieratischen Borte" folgend angeordnet sind, umrahmt. Besonders reich sind die Balkenschlüsse geformt; sie stimmen in der Form genau mit denen des Lotharkreuzes in der Schatzkammer des Aachener Münsters überein. Die Rückseite des Kreuzes zeigt graviert fünf Tondi mit dem Agnus Dei und den vier Evangelisten-Symbolen; dazwischen Ranken mit Palmetten und Halbpalmetten.

Die beiden Stifter sind Enkel Kaiser Ottos I. und seiner Gemahlin Edith von England, Kinder Herzog Liudolfs von Schwaben. Mathilde, geb. 948/49, wird 973 erstmals als Äbtissin von Essen genannt, sie starb 1011; ihr Bruder Otto, Herzog von Bayern und Schwaben, 954 geboren, starb 982. Damit ergibt sich eine Datierung des Kreuzes zwischen 973 und 982.

Das Goldkreuz mit der getriebenen Gestalt des Crucifixus stützt sich sicherlich auf einen karolingischen Typus, der wohl am schönsten im jüngeren Deckel des Lindauer Evangeliars (New York, Pierpont Morgan Library) erhalten ist. Die unter dem Kreuz sich windende Schlange (oder Drache) ist als Hinweis auf den Sieg Christi über den Tod bzw. die Erlösung der Menschheit von der Erbsünde, durch die ja der Tod kam, zu verstehen.

Die Goldschmiedearbeit des Kreuzes läßt sich vor allem aufgrund deutlicher Parallelen zum Lotharkreuz, Aachen, und der Vergleichbarkeit des Crucifixus mit Kölner Miniaturen nach Köln lokalisieren (etwa Hitda-Evangeliar, Darmstadt, Hessische Landes- und Hochschulbibliothek Cod. 1640, fol. 207v – Bloch/Schnitzler, 1, S. 168); der Crucifixus steht solchen Darstellungen näher als dem vergleichsweise zitierten monumentalen Gero-Crucifixus im Kölner

*VI–54

Dom oder der Gravierung auf der Rückseite des Lotharkreuzes; diese beiden sind stärker einer karolingischen Tradition verpflichtet, während der Typus des Mathilden-Kreuzes und der Miniaturen stärker von byzantinischen Vorbildern abzuleiten ist (vgl. dazu Haussherr 1963, S. 53, 123, 155).

Humann 1904, S. 115 ff. – Schnitzler 1957/1, S. 32, Nr. 43. – Lasko 1972, S. 99 f. – Kat. Köln 1985, 1, B 1, S. 150 (Ulrike Bergmann).

Essen, Domschatzkammer

H. F.

*VI–54 Zeremonialschwert mit Scheide

Deutsch, um 1000

Schwert: Gesamtlänge 97 cm, Scheide: L. 82 cm. – Gold, Goldfiligran, Filigrankegel, Zellenschmelzplättchen, Stein- und Perlenbesatz auf Knauf und Parierstange, Holzkern (Rotbuche?), Stahlklinge mit Goldtauschierung.

Am oberen und am unteren Ende der Scheide ist die beschädigte Goldverkleidung durch Platten aus vergoldetem Silber aus dem späten 15. Jahrhundert ergänzt. Auch auf dem Griff des Schwertes wurden fehlende Filigranpartien später durch gedrehten Golddraht ergänzt.

Auf dem unteren Ergänzungsstück sind die Heiligen Cosmas und Damian, die Essener Kirchenpatrone, dargestellt; dazu die Inschrift: *Gladius cum quo decollati fuerunt nostri patroni* (Das Schwert, mit dem unsere Patrone enthauptet wurden). Demnach wurde das Zeremonialschwert von einem unbekannten Zeitpunkt an als Reliquie verehrt.

Daß das schon um 1000 der Fall gewesen sein muß, geht daraus hervor, daß die Angel des Schwertes (der Stahlzapfen, über den der Griff montiert wird) nicht entsprechend durch eine Handhabe gebrauchsfähig gemacht wurde. Vielmehr wurde sie mit einer Goldplatte, die mit Filigranornamenten geschmückt ist, umkleidet, kann demnach kaum richtig angefaßt werden; ebenso wurde über den Eisenknauf eine goldene, mit Steinen und Perlen besetzte Haube gestülpt, die unten durch zwei Drahtstücke festgehalten wird. Auch die Parierstange ist gleichartig mit Goldplatten verkleidet, die mit vier Zellenschmelzplatten (drei erhalten), mit Steinen und Perlen (je ein Stück erhalten) besetzt wurden. Als Reliquie müssen demnach die Stahlteile

*VI–54 Detail

(Klinge mit Ansatzstück für den Griff, Parierstange [?] und Knauf) angesehen werden; sie gelten heute als karolingische Arbeit.

Die Scheide des Schwertes ist mit Goldplatten verkleidet, die in Treibarbeit Ranken mit Tieren zeigen, die in diese Ranken beißen.

Diese Ornamente haben ihre genauesten Vergleichsstücke in den Ornamentfeldern des Essener siebenarmigen Leuchters. Damit dürfte sich auch ihre Lokalisierung verbinden. Von Peter Bloch wurde für den Leuchter der weitere Umkreis von Hildesheim als Entstehungsort vorgeschlagen. Man könnte aber auch eine Werkstatt in Essen bzw. in Köln für diese beiden Arbeiten erwägen. Die Goldfassungen des Schwertes und die Goldumkleidung der hölzernen Scheide gehören werkstattmäßig nicht unbedingt zusammen: Die Verschiedenartigkeit der Behandlung der Goldplatten (Filigranschmuck und Steinbesatz gegenüber Treibarbeit der Ranken und möglicherweise Perlenkettchen als Besatz der Kanten) lassen das vermuten.

1950 erfolgte eine Restaurierung durch Goldschmied Albert Classen, Essen, bei der lockere Metallteile neu befestigt wurden; unterhalb des Mundes der Scheide wurde rechts eine ca. 15 cm lange Goldborte ergänzt.

Humann 1904, S. 96–114. – Schramm/Mütherich 1962, S. 149, Nr. 86. – Swarzenski 1954, Nr. 100, S. 45. – Bloch 1961, S. 109 f. – Fritz 1966, Nr. 171, S. 471 f. – Lasko 1972, S. 125. – Schulze-Dörrlamm 1991/1, S. 93 f.

Essen, Domschatzkammer

H. F.

VI–55 Reliquiar mit einem Nagel vom Kreuz Christi

Deutsch, Mitte 11. Jahrhundert, mit Ergänzungen des 14. Jahrhunderts

13 x 11,7 cm, Gesamthöhe 39,8 cm. – Gold, Goldfiligran, Steinbesatz, Perlen, Zellenschmelzplättchen, zwei Bergkristallplatten. Die Ergänzungen des 14. Jahrhunderts (Seitenflächen der Reliquientafel, Bekrönung, Hülse) aus vergoldetem Silber.

Das Reliquiar besteht aus zwei ursprünglich selbständigen Tafeln, die in ihren Breitenmaßen übereinstimmen. In der Höhe ist die nur mit Steinen geschmückte Tafel (Tafel B) jedenfalls gekürzt worden, was vor allem an den Längsstreifen deutlich zu erkennen ist. Beide Teile des Reliquiars dürften ungefähr zur selben Zeit und wohl auch in derselben Werkstätte entstanden sein, nämlich in derjenigen des von der Äbtissin Theophanu von Essen (1039–1056) in Auftrag gegebenen Reliquienkreuzes (Essen, Münsterschatz): Zellenschmelze derselben Serie, welche die eine Seite der Reliquientafel (Tafel A) schmücken (die großen, in der Mitte der Goldstreifen), finden sich auch auf dem Kreuz der Theophanu; mit diesem lassen sich ebenso Steinfassungen und Filigranornamente der anderen Seite der Reliquientafel (Tafel B) vergleichen.

VI–55 Tafel A

VI–55 Tafel B

Reliquientafeln ähnlicher Form, bei denen ebenso die Reliquien durch entsprechende Bergkristallfenster sichtbar sind, lassen sich vom 11. bis zum 13. Jahrhundert mehrfach nachweisen (Staurothek Kaiser Heinrichs II., München, Schatzkammer der Residenz; Reliquiar mit einer Kreuzpartikel in Zwiefalten; Tafelreliquiar, Halberstadt, Schatzkammer des Domes). Alle derartigen Reliquiare sind aber hinten durch Platten fest verschlossen, zeigen demnach nicht so wie das Essener Reliquiar den Reliquienbehälter wie durch ein Fenster von beiden Seiten (vgl. auch Frolow 1965, S. 107). Diese Montierung hängt wahrscheinlich mit den Umänderungen im 14. Jahrhundert zusammen. Es wäre demnach auch durchaus denkbar, daß einer der beiden Reliquiarteile ursprünglich einem anderen Zweck diente, etwa der Aufbewahrung einer Kreuzpartikel, für die Reliquiare dieser Form in der Regel üblich waren. Die Montierung des 14. Jahrhunderts, vor allem die Befestigung des Reliquiars auf einer Stange – eher als

Handhabe zu denken –, hängt wohl damit zusammen, daß das Reliquiar auch als Kußtafel („Pax") beim festlichen Gottesdienst benutzt wurde.

Die Emailtäfelchen der Tafel A gehören zu zwei verschiedenen Serien: die kleineren in den Ecken sind wohl abendländischer Herkunft und in das 9. Jahrhundert zu datieren, die größeren, leicht gebogenen Emailplatten lassen sich mit byzantinischen vergleichen, deren Datierung zwischen dem 9. und dem 10. Jahrhundert schwankt (vgl. die Armreife in Thessaloniki, Archäologisches Museum; Wessel 1967, S. 6, Nr. 14; nur Haseloff 1990, S. 31 ff. datiert die Armreife „nicht später als ins 7. bzw. 8. Jahrhundert").

Humann 1904, S. 267 ff. – Schnitzler 1957/1, S. 32, Nr. 41.

Essen, Domschatzkammer H. F.

VI–56 Ostensorium mit fatimidischem Kristall

Fatimidisch, 10. Jahrhundert (Kristall); westdeutsch, 13. Jahrhundert

22,2 x 7,3 cm (H. Bergkristall ca. 9 cm). – Bergkristall, geschnitten, Kupfer, vergoldet, getrieben, gegossen und ziseliert.

VI–56

Das Gefäß besteht aus einem monolithischen Bergkristall, der in Form einer flachgedrückten, unten spitz zulaufenden und oben mit Halsöffnung versehenen Flasche geschliffen ist. Eine 1,2 cm weite, geradwandige Öffnung ist zur Aufnahme von Parfümessenz oder Schminke in den wesentlich größeren Kristall hineingebohrt und dient in der Zweitverwendung zur Aufnahme der Reliquien. Auf beide Breitseiten sind symmetrische gefiederte Voluten in Form gegenständiger Ranken eingraviert. Die Schmalseiten werden jeweils von zwei S-förmigen Voluten, auf einer Seite von einem herzförmigen Blatt bekrönt, überlappt. Die Gravur ist mit einem größeren Kugelkopfzeiger ausgeführt, offenbar von einer routinierten, nicht das Detail, sondern die Gesamtwirkung anstrebenden Hand. Der Kristall ist, wie alle fatimidischen Kristalle, von einer außergewöhnlichen Klarheit, vermeintliche Wolken sind auf spätere Ausbrüche (im oberen Bereich) und auf eine unsachgemäße Ergänzung mit Glaspaste (im unteren Bereich der Rückseite) zurückzuführen. Auf der linken Schulter des Gefäßes befand sich ursprünglich ein Knauf oder ein Ring, der wohl zur Befestigung des Flakons an einer Schnur diente und entweder vor der späteren Fassung abbrach oder im Hinblick auf diese abgearbeitet wurde. In Grundform, Dekorationssystem und Bearbeitungsart sind zwei heute verschollene Flakons, ursprünglich in Quedlinburg (vgl. Kat. Berlin 1992/2, S. 123–124 Nr. 57 [Dietrich Kötzsche]) und etwas feiner gearbeitet im Kunsthistorischen Museum in Wien (vgl. Wentzel 1972/2, Abb. 55) dem Essener Flakon vergleichbar (weitere Beispiele vgl. Lamm, S. 208/9, Taf. 75,2).

Die drei Bergkristallflakons gehören zu einer Gruppe von ca. 170 Bergkristallarbeiten, die im 10. und 11. Jahrhundert in Ägypten entstanden. Nach der Eroberung Ägyptens durch die Dynastie der Fatimiden 969 und der Gründung Kairos erlebte dieses unabhängige Kalifat eine wirtschaftliche und kulturelle Hochblüte. Zu den in Kairo produzierten Luxusgütern gehörten Bergkristallgefäße, die sich in Technik und Formgebung an antike und irakische Vorbilder anschlossen. Vermutlich besaßen die ägyptischen Händler ein Monopol auf den Import des Rohmaterials aus Madagaskar und von den Inseln vor der Südwestküste Indiens, das sich durch eine besondere Reinheit auszeichnet. Die Produktion dieser Luxusgüter in Ägypten ist durch Berichte arabischer Reisender bezeugt, und das Ausmaß wird bei der Plünderung des Schatzes des Kalifen al Mustansir 1062 deutlich, in dem sich 36000 teilweise mehrere Kilo schwere Objekte befunden haben sollen. Von dem Reichtum ist in Ägypten nichts erhalten, da es an den Moscheen keine Schatzkammern gibt, die solche Gegenstände über Jahrhunderte hätten konservieren können. Eine Anzahl fatimidischer Bergkristallarbeiten fand jedoch ihren Weg nach Europa, wovon drei, in Florenz, Venedig und Nürnberg, zwei Kalifen und einen Würdenträger inschriftlich nennen und damit die Zusammenstellung dieser Gruppe erlaubten. Ob die Gegenstände über Byzanz und die familiären Verflechtungen des ottonischen Kaiserhauses mit Byzanz nach Westeuropa gelangten oder ob italienische Händler, z. B. sind seit dem Ende des 10. Jahrhunderts zahlreiche Händler aus Amalfi in Kairo nachweisbar, solche Luxusgegenstände direkt importierten, ist letztlich nicht zu entscheiden. Jedoch liegt es nahe, als Besitzer derartiger Dinge zunächst den Hochadel und das Herrscherhaus anzunehmen.

Das hochadelige Kanonissenstift Essen, das zunächst zum Herzogtum Sachsen gehörte, war den ottonischen Herrschern eng verbunden. Es war reichsunmittelbar; 947 bestätigte Otto I. das Recht auf die freie Wahl der Äbtissin. 971–1011 wurde das Stift von Mathilde, einer Enkelin Ottos I., regiert. Ihr Patenkind Mathilde, eine Tochter Ottos II. und Theophanus, wurde in Essen erzogen, und deren Tochter Theophanu war von 1039 bis 1056 Essener Äbtissin. Sophia, eine Schwester Ottos III., regierte das Stift von 1011 bis 1039, residierte aber im Stift Gandersheim, dem sie ebenfalls vorstand. Der Essener Schatz besteht zu wesentlichen Teilen aus Stiftungen dieser Kaisertöchter, und so ist es nicht auszuschließen, das auch der fatimidische Kristallflakon aus dem Besitz des Kaiserhauses stammt.

Jedoch wurde er erst im 13. Jahrhundert in seiner jetzigen Form zur Reliquienaufnahme eingefaßt. Ein einfacher Spinnenfuß und eine tütenförmige Fassung gewährleisten die Standfestigkeit des Gefäßes. Mit Scharnieren sind zwei Krabbenbänder zwischen Fuß und oberem Abschluß befestigt, die den Kristall halten. In einem abnehmbaren Kegeldach ist die Halsöffnung des Kristalls versteckt, ein ursprünglich bekrönendes Kreuz ist heute verloren. Eine Punzierung auf der Rückseite des Schaftes weist vielleicht auf eine spätere Inventarisierung oder Reparatur hin, auf letzteres ebenfalls ein ergänztes Stabilisierungsband auf der Rückseite und verschiedene Reparaturspuren. Die Fassung tritt völlig hinter der Wirkung des Bergkristalls zurück. Der materielle und der symbolische (Verweis auf Christus und den Himmel als Aufenthaltsort der Heiligen) Wert des Materials, die im Sinne eines christlichen Lebensbaumes umdeutbare Dekoration und die Fähigkeit, die Reliquie zu verschließen und doch zu zeigen, prädestinierten den ursprünglichen Parfümflakon zu einer Umnutzung als Reliquiar.

Lamm, S. 209/10, Taf. 75,5 (mit älterer Literatur). – Braun 1940, S. 105, Abb. 196. – Erdmann 1940, S. 144. – Küppers/Mikat 1966, S. 55f. – Wentzel 172/2, S. 46, Abb. 49. – Kat. Stuttgart 1984, Nr. 196. – Lafontaine-Dosogne 1991, S. 80, Abb. 12. – Kat. Speyer 1992, S. 346, Nr. 3 (Mechthild Schulze-Dörrlamm). – Kat. Darmstadt 1992, S. 147, Nr. 40 (Theo Jülich).

Essen, Domschatzkammer

Th. J.

VI-57 Inschrifttafel eines Gemmenkreuzes

Essen (?), um 970

14,5 x 54 cm. – Vergoldetes Kupfer.

Die Tafel, der einzige Rest des goldenen Kreuzes, das ursprünglich die heute im Chor der Essener Münsterkirche wieder aufgestellte antike Säule bekrönte, zeigt in Treibarbeit folgende Inschrift: + *ISTAM CRVCEM [I]DA ABBATISSA FIERI IVSSIT*

VI–57

(Äbtissin Ida hat dieses Kreuz machen lassen). Ein Anhaltspunkt für die Datierung des Kreuzes ist durch das Todesjahr der Äbtissin Ida (971) gegeben.

Dieses Kreuz, das zahlreiche Reliquien enthielt, wurde einer urkundlichen Nachricht zufolge im Jahre 1413 repariert, konnte aber wegen der Erneuerung des Gewölbes der Kirche erst 1454 wieder auf der Säule montiert werden. Offenbar aber war das auch der Anlaß zur Anfertigung eines wahrscheinlich kleineren Silberkreuzes als Ersatz der ottonischen *Crux gemmata* im späten 15. Jahrhundert (heute Essen, Schatzkammer; vgl. Pothmann 1988, S. 47). Nur als Frage: Wäre es möglich, daß das Fragment einer Evangelistendarstellung (getrieben, vergoldetes Kupfer – ebenfalls Essen, Schatzkammer) zum Kreuz der Äbtissin Ida gehörte?

Humann 1904, S. 286 ff. – Bloch 1961, S. 104, 119. – Für die beiden Fragmente einer Verkündigungsdarstellung und einer Himmelfahrt Christi vgl. Rensing 1962. – Schnitzler 1965/2.

Essen, Domschatzkammer

H. F.

VI–58 Vier Tafeln mit Passionsszenen

10. Jahrhundert

a (Abendmahl): 11,6 x 9,15 cm. b (Christus am Ölberg): 11,75 x 9,15 cm. c (Kreuzigung) und d (Frauen am Grabe): 11,9 x 9,1 cm. – Elfenbein.

Die vier im wesentlichen gleich großen Reliefs mit Abendmahl, Christus am Ölberg, Kreuzigung und Frauen am Grabe, also dem frühmittelalterlichen Bild der Auferstehung Christi, gehören trotz geringfügiger Abweichungen im Rahmensystem offenbar zur selben Serie. Falls die Folge ursprünglich nur aus diesen vier Tafeln bestand, könnte sie den Schmuck des Buchdeckels einer Evangelienhandschrift gebildet haben, der dann etwa 28–30 x 22–24 cm groß gewesen wäre, also den Maßen eines ottonischen Evangeliars entsprochen hätte. Zwei Tafeln gehören seit unbekannter Zeit dem Essener Münsterschatz an, dessen ältere Bestände durchweg aus ottonischer Zeit stammen, als das Stift unter den Äbtissinnen aus dem ottonischen Kaiserhaus seine höchste Blüte erlebte. Doch läßt sich für eine Lokalisierung daraus nichts herleiten, da das Stift gerade wegen seiner Bedeutung Geschenke auch von sehr fremdartigen Gegenständen erhalten haben könnte.

Innerhalb eines Rahmens, dessen dichtem Blattpalmettenstreifen zum Reliefgrund hin ein wie gedrechselt wirkender Perlstab vorgesetzt ist, wie wir ihn von Elfenbeinen der jüngeren Metzer Gruppe, die mit dem Evangeliar aus Gandersheim verbunden sind, her kennen (Kat. Nr. VI–64), ist die Relieffläche von den Figuren bis zum äußersten Rand dicht gefüllt. Die heiligen Gestalten sind denkbar flach und unkörperlich gebildet. Die Gewandfalten überziehen als parallele Furchen wie Ornamente ihre Körper. Auffallende Perlstäbe schmücken die Säume der Gewänder, die Nimben der Figuren, die dargestellten Gegenstände wie das Kreuz, den Abendmahlstisch, den Altar und die zickzackförmige Landschaftstrennung im Gethsemanerelief.

Im erhaltenen Bestand der mittelalterlichen Elfenbeine gibt es nichts auch nur entfernt Vergleichbares. Der Versuch Viktor H. Elberns, die Platten wegen ihrer stark ornamentalisierenden Tendenz, der streifigen Gewandbildung, der Vorliebe für Perlreihen und kerbschnittartige Ornamentik unter Hinweis auf das Bernward-Evangeliar (Kat. Nr. VIII–30) nach Hildesheim zu lokalisieren, vermag in dieser

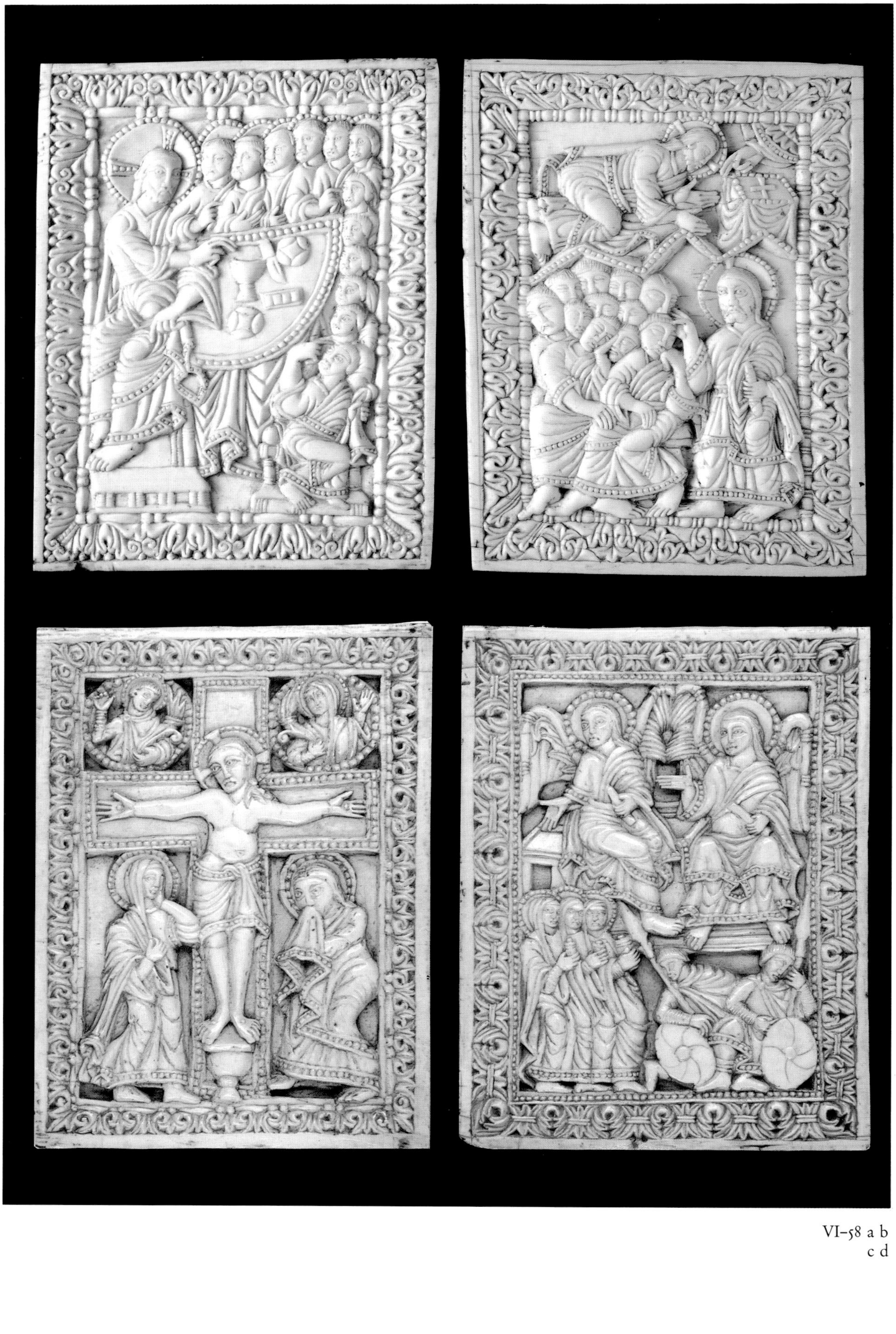

VI–58 a b
c d

Allgemeinheit nicht zu überzeugen, zumal die Bildkompositionen ikonographisch stark abweichen.

Die in der deutschen Kunst seltene Ölbergszene kennt in zwei Reichenauer Handschriften zwar den am Boden liegenden Christus, dem am Himmel die Hand Gottes und nicht der im Evangelium erwähnte Engel erscheint, sowie als zugehörige Szene Christus im Gespräch mit den eingeschlafenen Jüngern. In erstaunlicher Übereinstimmung - auch in den formalen Mitteln - erscheint das Thema im Stuttgart-Psalter gestaltet, einer provinziellen, in Nordfrankreich um 820/30 entstandenen karolingischen Handschrift. Die Aufnahme eines Altars in den Szenenzusammenhang scheint aber ohne Parallele zu sein. In dem genannten Psalter wird Christus ebenfalls bärtig dargestellt, was in ottonischer Zeit im Gegensatz zur karolingischen eher ungewöhnlich ist. Auch der Typ des Gekreuzigten mit großen offenen Augen, fleischigem Körper und kurzen Proportionen, hinter dem letztlich Formulierungen der Hofschule Karls des Großen stehen, könnte durch solche Quellen vermittelt worden sein. Der zu Füßen Christi stehende Kelch ist freilich in karolingischer Zeit selten, wird aber in ottonischer Kunst zu einem geläufigen Bestandteil der Kreuzigungsbilder. Ungewöhnlich sind der viertelkreisförmige Abendmahlstisch und die beiden Engel am Grabe Christi.

Während in karolingischer Zeit Elfenbeine vor allem in Hofwerkstätten und an wenigen herausragenden Bischofssitzen entstanden und auch die seltener werdenden ottonischen Arbeiten wegen ihres kostbaren Materials durchweg aus Kunstzentren zu stammen scheinen, in denen Auftraggeber und Ausführende ihre künstlerischen Ansprüche an antiker Formengestaltung und Menschendarstellung geschult hatten, so daß die meisten Elfenbeinarbeiten einer antikisch-klassizistischen Formensprache verpflichtet sind, haben wir es hier offenbar mit Erzeugnissen einer provinziellen Werkstatt zu tun, die vielleicht außerdem bei der Schaffung ihrer Kompositionen von spätkarolingischen Vorlagen ähnlichen Charakters abhängig war. Das würde die Verbindung von kraftvoller Formgebung und nicht zu übersehenden barbarischen Zügen erklären. Die in der Literatur seit langem beliebt gewordene Gegenüberstellung mit kerbschnittartigen Reliefskulpturen südfranzösischer Tympana aus den Pyrenäen - vor allem aus Saint-André en Sorède aus dem frühen 11. Jahrhundert - verdeutlicht diesen Charakter eindrucksvoller Primitivität, vermag aber reale künstlerische Zusammenhänge nicht aufzuweisen.

Humann 1904, S. 92-95. - Goldschmidt, 2, Nr. 87-90. - Jahrtausend, Tafelbd., Nr. 386. - Elbern 1964/2, S. 1080-1092. - Küppers/Mikat 1966, S. 70-72 - Grodecki 1973, S. 341 (Jean Taralon).

a und b: London, The British Museum, Inv. Nr. 1978,5-2,9 (a) und 1978,5-2,8 (b) - c und d: Essen, Domschatzkammer

R. Ka.

VI-59 Die Gandersheimer „Gründungsurkunde“

Ohne Datums- und Ortsangabe, unbesiegelt

39,5 x 50,5 cm. - Pergament.

Die sog. Ältere Gründungsurkunde des Reichsstifts Gandersheim ist zwar formal eine Fälschung. Gleichwohl ist sie von außerordentlichem Wert dadurch, daß sie zwei wichtige, heute verlorene Quellen aus der Mitte des 9. Jahrhunderts weitgehend wörtlich überliefert hat, und zwar erstens die mit Hilfe von Kaiserdiplomen für die Reichsabtei Corvey formulierte Traditionscarta des Stifters Herzog Liudolf von Ostsachsen († 866) über die Gründungsausstattung des Kanonissenstifts Gandersheim und zweitens, allerdings in stark überarbeiteter Fassung, das Beglaubigungsmandat Papst Sergius' II. (844-847) über die den künftigen Stiftsgründern Graf Liudolf und Oda auf Bitten König Ludwigs des Deutschen schon 845/46 in Rom übergebenen Reliquien der heiligen Päpste Anastasius I. und Innocentius I., die vorerst in dem vom Großvater und Vater des Grafen Liudolf gegründeten und von ihm selbst geleiteten Kloster (St. Bonifatius in Brunshausen) niedergelegt werden sollten. Mit der nachträglichen Anfertigung der derart kompilierten Stifterurkunde hat das Gandersheimer Kapitel in den vierziger Jahren des 11. Jahrhunderts die alte Verbindung Gandersheims mit der päpstlichen Kurie schon vor der eigentlichen Gründung im Jahre 852 nachzuweisen versucht.

Zuletzt untersucht von Goetting 1988 mit Transkription der Urkunde und Vergleich mit der sog. Jüngeren Gründungsurkunde, einer Fälschung aus dem Anfang des 13. Jahrhunderts, S. 368-371.

Wolfenbüttel, Niedersächsisches Staatsarchiv, 6 Urk. 1

H. G.

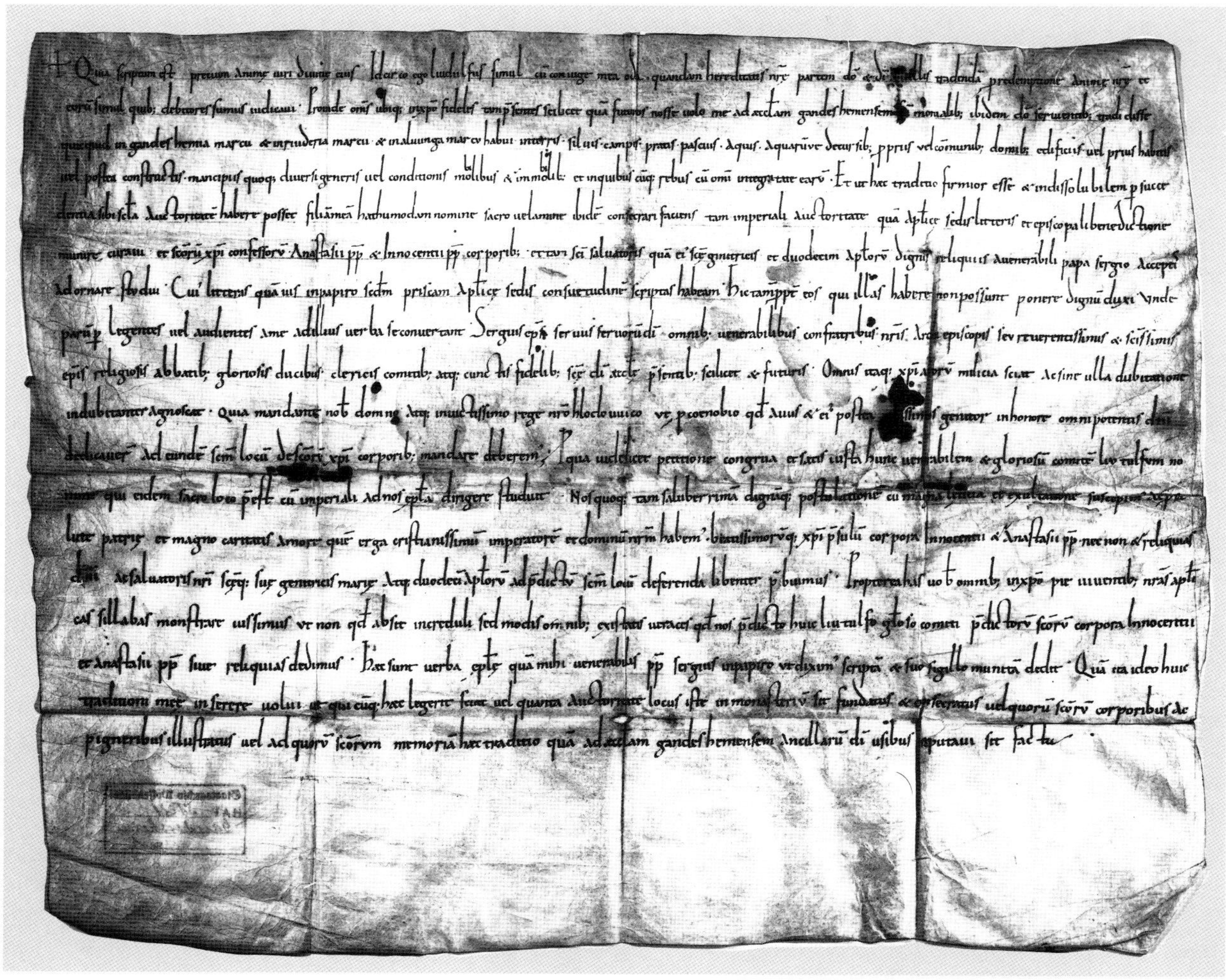

VI-59

VI-60 Privileg Papst Johannes' XIII. für das Reichsstift Gandersheim

968 Januar 1 (Rom)

38 x 49 cm. – Abschrift auf Pergament.

Papst Johannes XIII. nimmt auf Bitten der Kaiser Otto I. und Otto II. das Reichsstift Gandersheim in seinen Schutz, verbietet mit ausdrücklicher Erwähnung der Zehnten jegliche besitzrechtlichen Ansprüche auch von bischöflicher Seite und bestätigt die freie Wahl der Äbtissin aus dem Kapitel.

Dieses große päpstliche Schutzprivileg hatten die beiden Kaiser auf der Weihnachtssynode zu Rom am 1. Januar 968 von Papst Johannes XIII. (965–972) erwirkt, um die Reichsunmittelbarkeit des ältesten liudolfingischen Familienstifts und seinen Güter- und auch seinen Zehntbesitz vor Eingriffen aller Gewalten einschließlich des Diözesanbischofs zu sichern.

Das auf einer meterlangen Papyrusrolle in päpstlicher Kuriale geschriebene feierliche Privileg wurde im Verlauf des Gandersheimer Streites im Stift um das Jahr 1000 auf das dauerhaftere Pergament abgeschrieben und zur Beglaubigung – ein seltener Fall – mit einem Wachsabdruck der originalen Bleibulle des Papstes versehen. Auch der in griechischen Buchstaben geschriebene Name der Adressatin, der Gandersheimer Äbtissin Gerberga II., einer Nichte

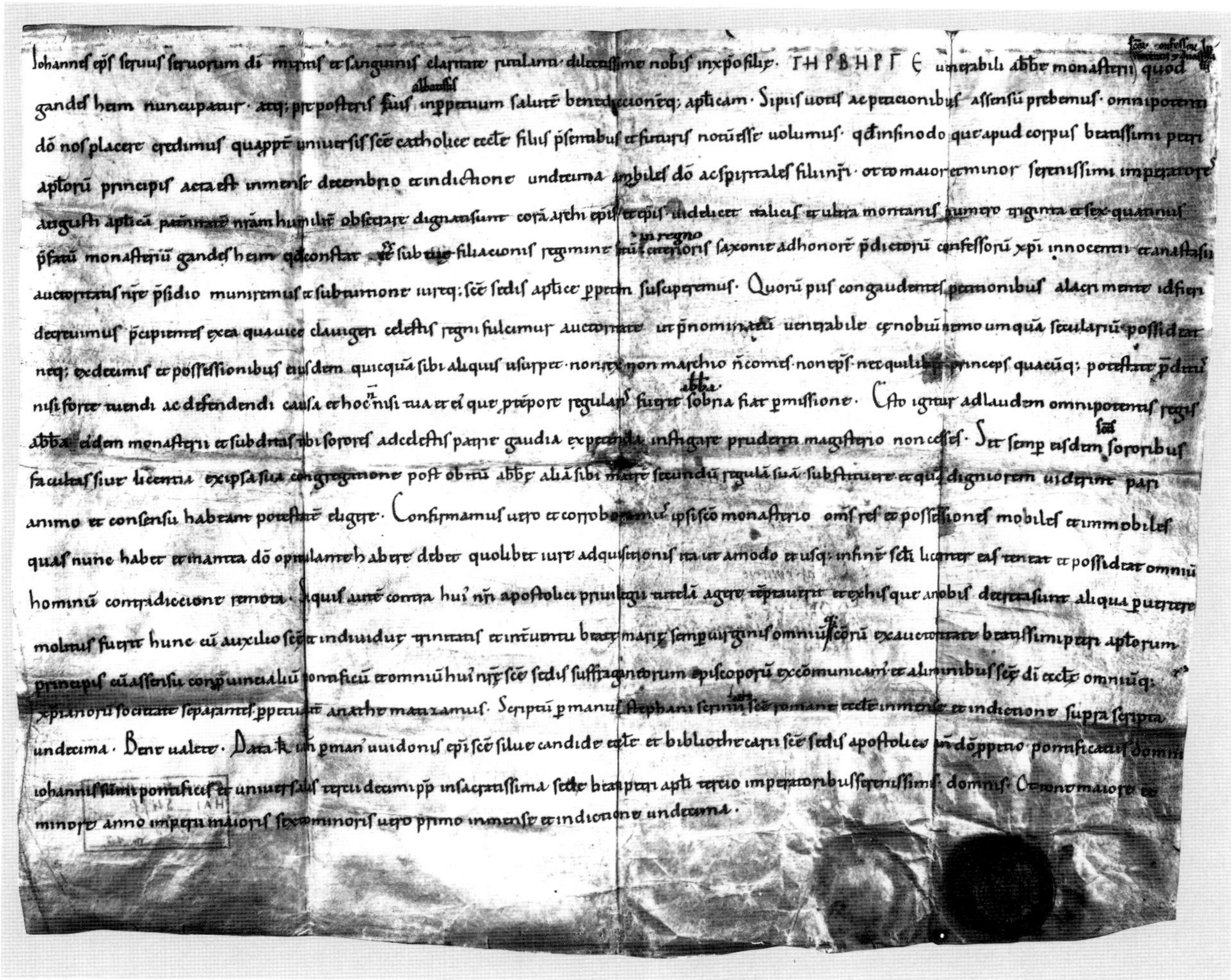

VI–60

Kaiser Ottos des Großen, muß so auf dem päpstlichen Papyrusoriginal gestanden haben. Dieses war noch zu Beginn des 13. Jahrhunderts, wenn auch beschädigt, erhalten, wurde von mehreren päpstlichen Kommissionen auf seine Echtheit geprüft und hat zu der Erringung der kirchenrechtlichen Exemtion Gandersheims in dem 1208 abgeschlossenen Kurienprozeß wesentlich beigetragen.

Zuletzt gedruckt von Harald Zimmermann in: Papsturkunden 1, Nr. 184 S. 300 ff. – Goetting 1953, S. 41. – Goetting 1973, S. 86–87.

Wolfenbüttel, Niedersächsisches Staatsarchiv, 6 Urk. 10

H. G.

VI–61 Marktprivileg König Ottos III. für Gandersheim

990 August 4, Gandersheim

49,5 x 64 cm – Pergament.

Das Diplom Ottos III. für das Reichsstift Gandersheim ist ein besonders schönes Beispiel der klassischen ottonischen Marktprivilegien. Es ist an zwei Empfänger gerichtet, erstens an die Äbtissin Gerberga II., die als Marktherrin eigene und fremde Kaufleute zum Markt zuzulassen und von ihnen den Marktzoll zu erheben berechtigt sein soll – dieses eine erweiterte Bestätigung der Verleihung des

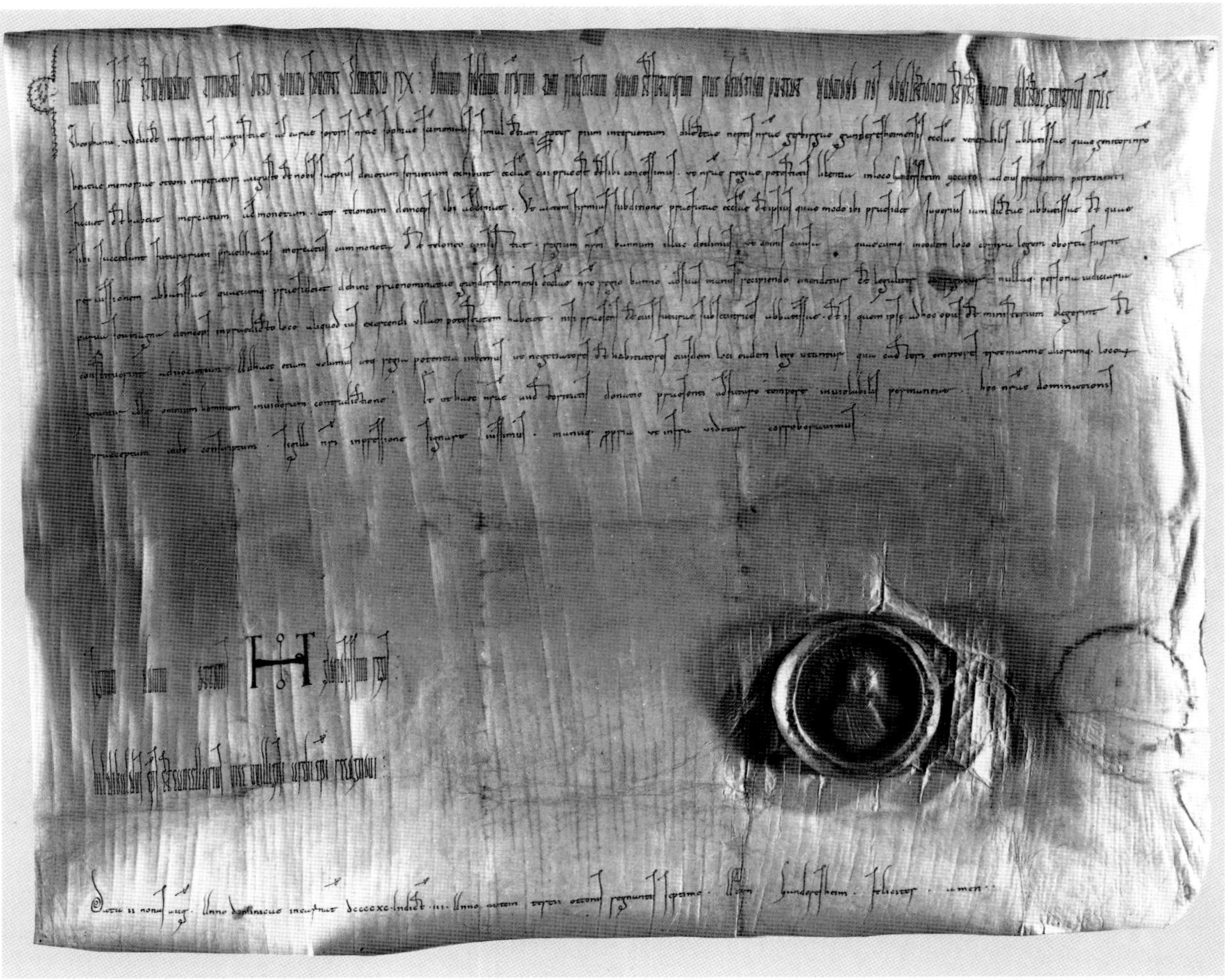

VI–61

Durchgangszolls von den vom Rhein zur Elbe reisenden Fernkaufleuten durch König Ludwig den Jüngeren aus dem Jahre 877 – und dazu das Recht bekommt, eigene Münzen zu schlagen. Darüber hinaus wurde der Markt ein besonderer Immunitätsbezirk dadurch, daß die Äbtissin den Königsbann erhielt. Dies bedeutete erhöhte Rechtssicherheit für die Kaufleute, indem der von der Äbtissin einzusetzende Marktrichter bei Verstößen gegen die Marktordnung ein höheres Strafmaß (60 Schillinge) verhängen konnte. Zweitens erhält der Personalverband der Kaufleute, der reisenden wie der schon in Gandersheim ansässigen (*negotiatores et habitatores eiusdem loci*), ein eigenes Kaufmannsrecht (*ius mercatorum*) nach dem Vorbild der Reichsstadt Dortmund, womit sie die Angelegenheiten ihrer Gilde selbst regeln konnten.

Interessant ist die spielerische Gestaltung des eigenhändigen sog. Vollziehungsstrichs, des Verbindungsstrichs der beiden Namenssilben OT-TO im Namensmonogramm des zehnjährigen Königs.

Goetting 1952, S. 49–50.

Wolfenbüttel, Niedersächsisches Staatsarchiv, 6 Urk. 18

H. G.

VI–62 Kästchen aus Bein mit Messingbeschlägen

Angelsächsisch, spätes 8. Jahrhundert

12,6 x 6,8 cm, H. 12,6 cm. – Fischbein (Wal) mit Messingbeschlägen.

Die aus Walknochen geschnitzten Wände und der Deckel des hausförmigen Schreinchens mit Satteldach sind in hohem Relief gearbeitet: eine eher zurückhaltende Feldereinteilung rahmt verschlungene Tier- und Vogelmotive, manche in Weinranken, andere aus einem dreifachen Dreipaßknoten hervorgehend. Die Metallstreifen von Deckel und Seiten sind mit einfachen gegossenen Flecht- und Sichelmustern geschmückt, die bisweilen in einem Tierkopf auslaufen. Sie sind zeitlich gleich anzusetzen wie die Beinschnitzereien. Die Bodenplatte dagegen ist eine spätere, nachmittelalterliche Ergänzung, mit welcher das Kästchen – anders als mit den originalen Montierungen – nicht vernietet ist. Auf ihrer Unterseite befindet sich eine Runeninschrift, die bisher nicht befriedigend entziffert werden konnte. Es ist möglich, daß es sich dabei um den Versuch handelt, eine unverstandene Inschrift auf der

VI–62

verlorenen originalen Fassung zu kopieren, ahmt doch auch die Verzierung der ergänzten Platte diejenige der erhaltenen Beschläge vergröbert nach.

Das Kästchen ist unter den erhaltenen Werken der angelsächsischen Beinschnitzerei des 8. Jahrhunderts eines der hervorragendsten. Seine lebhaften und erfindungsreichen Variationen zum Thema der verschlungenen Tier- und Weinrankenmotive zeugen von einem sicheren Umgang mit den künstlerischen und technischen Voraussetzungen. Aus stilistischen Gründen kann das Kästchen in das ausgehende 8. Jahrhundert datiert werden; Wesen wie diejenigen mit spitzen Flügeln und langen, verflochtenen Schwänzen oder die eidechsenartigen, aus der Vogelperspektive gesehenen Tiere gehören zu den geläufigen Motiven dieser Zeit, wie sie beispielsweise das Evangeliar in St. Petersburg (Alexander 1978, Nr. 39), die Witham-Nadeln (Kat. London 1991, Nr. 184), der Kreuzesschaft von Rothbury (ebenda, Abb. 13) oder der ähnlich geformte, großformatige Schrein in der Kathedrale von Peterborough, der sogenannte „Hedda-Stein" (Kat. London 1984, Abb. 93), aufweisen. Die Flechtwerk- und Tierkopf-Ranken der originalen Metallbeschläge gehören ebenfalls in diese Zeit und haben enge Parallelen in der Metallkunst (z. B. Bakka 1963, Abb. 6–8).

Seine Größe und die Hausform verbinden das Kästchen unmittelbar mit insularen metallgefaßten Schreinchen wie dem Monymusk-Reliquiar (Kat. London 1989, Nr. 129) oder dem *chrismale* von Mortain (Kat. London 1991, Nr. 137). Die Verwendung von „bewohnten" Weinranken im Dekor, die die Vorstellung von Christus als dem Weinstock, der seine Kirche nährt, evozieren, lassen für das Braunschweiger Kästchen ebenfalls einen religiösen Kontext vermuten, sei es als Reliquiar oder – wie das Mortain-Kästchen – als Hostienbehältnis.

Über die frühe Geschichte des Kästchens ist nichts bekannt, auch wenn es wahrscheinlich ist, daß es das Festland – und wohl auch das Kloster Gandersheim – bereits in angelsächsischer Zeit erreicht hat. Die Vermutung von Fink, daß es in Zusammenhang mit den engen Beziehungen zwischen dem angelsächsischen König Aethelstan (924–939) und dem sächsischen Hof nach Gandersheim geschenkt worden sein könnte, ist sehr einleuchtend (Fink 1957). Aethelstan war ein bedeutender Sammler und Stifter von Reliquien, Büchern und liturgischen Gegenständen aller Art; seiner selber ist zudem in Gandersheim im Rahmen der Kommemoration gedacht worden (Fink 1957; Keynes 1985, S. 143–148). Nach der Säkularisierung des Klosters ist das Kästchen 1815 in die herzoglichen Sammlungen in Braunschweig eingegangen.

Goldschmidt, 2, Nr. 185. – Fink 1957. – Bakka 1963. – Hedergott 1971, S. 4, Taf. 1–2. – Beckwith 1972, Nr. 2 S. 18–19, Abb. 10–13. – Alexander 1978. – Wilson 1984. – Keynes 1985. – Youngs 1989. – Kat. London 1991, S. 177–179 Nr. 138 (Leslie Webster, Ray Page).

Braunschweig, Herzog Anton Ulrich-Museum, Inv. Nr. MA 58

L. W.

VI–63 Braunschweiger Elfenbeinkästchen

Metz, 3. Viertel 9. Jahrhundert

15 x 22 x 11 cm, Elfenbein, z. T. über Holz; alte, aber nicht ursprüngliche Metallbeschläge. Mittelstück des Deckels und auf der Schrägfläche über der Kreuzigung Teile des Kranzes und des Sonnenwagens ergänzt; Boden mit der eingeritzten Jahreszahl 1345. Die Goldfüllung der Blüten und herzförmigen Vertiefungen auf den Randleisten bis auf geringe Reste verloren.

Auf den Seiten des Kästchens finden sich vier Szenen aus dem Leben Christi, auf den Schmalseiten links die Verkündigung an Maria durch den Erzengel Gabriel, wobei Maria unter einem Baldachin auf einem Thron sitzt und in einem Gebetbuch blättert, gegenüber die Geburt Christi mit der in apokryphen Legenden erwähnten ungläubigen Hebamme, deren Hand verdorrte, weil sie nicht an die Jungfräulichkeit Mariens glaubte. Die hintere Längsseite ist der Kreuzigung Christi vorbehalten, die nur begrenzt der Tradition der Metzer karolingischen Elfenbeinkunst folgt (vgl. Kat. Nr. VI–64). Freilich fängt auch hier die Ekklesia das aus der Seitenwunde des Herrn strömende Blut in einem Gefäß auf; die sonst sich vom Kreuze entfernende Synagoge fehlt jedoch. Hinter der Kirche steht Longinus mit der Lanze und redet auf die Gruppe der trauernden Frauen ein, als deren erste Maria anzusehen ist. Neben Stephaton mit Essigschwamm und Essiggefäß auf dem Boden steht der im frühen Mittelalter sonst kaum begegnende gute Hauptmann, der im Gekreuzigten den Heiland erkennt, was durch die hinweisende Gebärde seiner Hand ausgedrückt wird. Johannes trocknet wie die Frauen seine Tränen mit dem erhobenen Ärmel. Die

VI–63

Darstellung der Dachschräge ist Bestandteil des Kreuzigungsbildes: Die Hand Gottes hält, von Engeln begleitet, einen Siegeskranz über den toten Sohn. Sonne und Mond erscheinen nicht als einfache Büsten, sondern mit Pferde- und Ochsengespann. Es sind dies Formen, die in der Metzer Kunst sonst nicht, aber in den wenig älteren Elfenbeinwerken der karolingischen Liuthard-Gruppe begegnen, besonders auf der großen Elfenbeinplatte des Perikopenbuches Heinrichs II., die auch die Gruppe der Frauen und den trauernden Johannes in derselben Weise zeigt. Hauptbild ist offenbar die Taufe Christi. Links sitzt der Flußgott Jordan, der aus einem Gefäß das Wasser entströmen läßt, das die nackte Figur des vor einer Mandorla stehenden Christus umspült, wobei der Körper des Herrn in illusionistisch-spätantiker Weise durch das Wasser hindurchscheint. Johannes legt ihm die Hand auf das Haupt. Zwei Engel halten Trockentücher. Auf der Dachschräge stößt die Taube des Heiligen Geistes vom Himmel herab, im Schnabel zwei Ampullen mit Salböl haltend; Engel begleiten sie, teils wiederum mit Tüchern. Auch die Engel auf den Schmalseiten des Kastens sind dieser Szene zugeordnet. Aus der Betonung der Taufdarstellung hat man auf die ursprüngliche Zweckbestimmung des kostbaren Kästchens schließen wollen, das vielleicht dazu bestimmt war, die Salbfläschchen mit dem bei der Taufe und anschließenden Firmung verwandten heiligen Öl zu verwahren. Doch ist darüber nichts bekannt.

Die kostbare Verzierung der Randleisten mit eingelegter Goldfolie und vielleicht auch mit roten und grünen Pasten begegnet vereinzelt an Metzer Elfenbeinarbeiten, vor allem aber an anderen karolingischen Elfenbeinen, die für Karl den Kahlen gearbeitet wurden, nicht zuletzt auch an den Platten mit Herkulestaten von der Vorderfront der Cathedra Petri in St. Peter in Rom.

Der Kasten befand sich schon 1798 im Herzoglichen Museum in Braunschweig. Seine ursprüngliche

Herkunft aus dem Stift Gandersheim, wo immerhin in einem Schatzverzeichnis des 12. Jahrhunderts ein *scrinium auro et ebore ponendo* – also ein Schrein mit Gold- und Elfenbeininkrustationen – genannt wird, ist oft vermutet worden.

Goldschmidt, 1, Nr. 96. – Scherer 1931, Nr. 2. – Elbern 1966, S. 11–14. – Hedergott 1971, Kat. Nr. 3–4. – Melzak 1983, S. 43–45, 92, 120–127, 131–137, 155–157, 182, 194–196.

Braunschweig, Herzog Anton Ulrich-Museum, Inv. Nr. MA 59

R. KA.

VI-64 Elfenbein mit Kreuzigung Christi

Metz, 3. Viertel 9. Jahrhundert

23 x 11,7 cm. – Elfenbein, Fragment.

In einer Komposition, die auf karolingischen Metzer Elfenbeinreliefs mehrfach und in vereinfachter Form auf dem Braunschweiger Kästchen (Kat. Nr. VI-63) und am Heribert-Kamm in Köln erscheint, hängt Christus an einem übergroßen Kreuz, das fast die ganze Höhe des Bildfeldes einnimmt, während die anderen Figuren – wesentlich kleiner – in Reihen übereinander geordnet sind. Die Ekklesia fängt das aus der Seitenwunde des Herrn entströmende Blut links in einem Gefäß auf, während rechts die Synagoge – verstockt und ungläubig – vom Kreuze hinwegschreitet. Maria und Johannes stehen weiter außen auf derselben Bodenwelle, während Longinus, der mit der Lanze die Seite Christi geöffnet hat, und Stephaton mit dem Essigeimer in eine untere Ebene versetzt sind. Die kosmische Dimension des Todes des Herrn wird durch die Personifikationen von Sonne und Mond auf dem oberen Kreuzbalken und von Erde und Meer am unteren Rand angedeutet. Zwei Kinder und ein Füllhorn mit herauswachsenden Blättern veranschaulichen die Fruchtbarkeit der Erde, die Schlange, die sich um ihren rechten Arm wickelt, ihre chthonische Natur. Okeanos sitzt, ein Ruder in der Hand haltend, auf dem Rücken eines Meerungeheuers. In den beiden Grabbauten darüber erkennt man die Toten, die in der Todesstunde Jesu nach dem Bericht der Evangelien sich aus ihren Gräbern erhoben und in die Stadt Jerusalem kamen. Auf den ausgebrochenen Teilen der Platte

Zu VI-64 Gandersheimer Plenar, Einband.
Coburg, Kunstsammlungen der Veste Coburg, Ms. Nr. 1

müssen oben ein zweiter sich anbetend neigender Engel und am Fußende des Kreuzes, das bis zur unteren Bodenwelle reichte, die Schlange als Zeichen des durch den Kreuzestod überwundenen Bösen dargestellt gewesen sein.

Ikonographisch entspricht das Relief bis in Einzelheiten einer ebenfalls in London verwahrten Metzer Tafel, die im Mittelalter der Kathedrale von Verdun gehörte. In der Tendenz zu strengster symmetrischer Ordnung und möglichst rechtwinkeliger Anordnung aller Bildelemente gibt die ausgestellte Platte sich als eines der spätesten Werke der sog. jüngeren Metzer Elfenbeingruppe zu erkennen. Eine ganze Reihe stilistisch verwandter Arbeiten hat sich aus dem 3. Viertel des 9. Jahrhunderts erhalten, als deren Hauptwerk ein großer elfenbeingeschmückter Thron in St. Peter in Rom zu gelten hat, den Karl der Kahle um 870/875 dem Papst zum Geschenk gemacht haben muß.

Adolph Goldschmidt hat vermutet, die Kreuzigungstafel habe ursprünglich zum Einband eines in

VI-64

Metz zur Zeit Bischof Adventius' (858-875) geschaffenen Evangelienbuches gehört, das im 11. Jahrhundert im Besitz des Stiftes Gandersheim bezeugt ist (heute Coburg, Museum der Veste). Die Handschrift, deren Deckel ein ebenfalls Metzer Elfenbein gleicher Entstehungszeit mit der Himmelfahrt Christi ziert, weist im heutigen Rückdeckel eine Vertiefung auf, die genau mit den Maßen der Kreuzigungsplatte übereinstimmt. Beide Elfenbeine, die freilich unterschiedlich groß sind, sind in ihrer künstlerischen Form sowie ihrer schnitzerischen Ausführung außerordentlich ähnlich; sie unterscheiden sich von den meisten Metzer Arbeiten dadurch, daß zwischen dem reichen Akanthusblattwerk des Rahmens und dem Bildgrund noch ein Perlstab eingefügt ist. Gehörten sie wirklich beide zum Schmuck dieses Evangeliars, so dürfte die Kreuzigungstafel ursprünglich den Vorderdeckel, das Relief mit der Himmelfahrt bis zur Umgestaltung des Einbandes, der für das Jahr 1555 überliefert ist, den Rückdeckel geziert haben.

Goldschmidt, 1, Nr. 88. - Longhurst, 1, S. 67–68. - Fillitz 1962, S. 17. - Melzak 1983, S. 90–91, 181–190. - Caillet 1990, S. 317, 321.

London, Victoria & Albert Museum, Inv. Nr. 251–1867

R. Ka.

VI–65 Bergkristall-Flakon

Fatimidisch, 10. Jahrhundert

11,2 x 3,7 cm. - Bergkristall, geschnitten.

Der kleine Flakon ist vollrund gearbeitet und besitzt die für diese Gegenstände typische geradwandige Ausbohrung, die durch einen Hohlzylinder als Bohrkopf und nachfolgend kleinere Bohrer erzeugt werden kann. Die äußere Form imitiert dagegen die Form einer Flasche. Der Hals erweitert sich und wird am oberen Ende durch einen reliefierten Wulst, am unteren durch zwei kleinere begrenzt. Um den erweiterten Flaschenbauch ist ein Relief aus gefiederten, eingerollten Palmetten gelegt. Der Flaschenkörper läuft am unteren Ende spitz zu, so daß ein Stehen des Gegenstandes ohne zusätzlichen Ständer nicht möglich war. Auch eine Befestigung des Fläschchens an den oberen Wülsten durch Riemen ist denkbar. Beides ist bei antiken Flakons für Parfüm und Schminke, in deren Tradition das Gefäß steht, bezeugt. Die den oberen und unteren Rand des Gefäßbauches einst markierenden Wülste sind nachträglich abgearbeitet worden; bei in Form und Größe vergleichbaren Gegenständen, einem Flakon, der heute am Borghorster Heinrichskreuz montiert ist, einem weiteren im Kölner Schnütgen-Museum (vgl. Wentzel 1972/2, Abb. 51/52) und anderen (Zusammenstellung bei Lamm, 2, Tafel 68,7–16, und Erdmann 1940, Abb. 8/9, S. 135), sind solche Wülste noch vorhanden. Unter den in Ägypten im 10. und 11. Jahrhundert entstandenen Luxusgegenständen

VI–65

aus Bergkristall nehmen diese Flakons trotz ihres Reliefschmucks eine bescheidene Stellung ein. Das hohe Ansehen, das das Material Bergkristall wegen seiner allegorischen Implikation – Verweisfähigkeit auf Christus und den Ort des Himmels – genoß, und die Wertschätzung des künstlerischen Schmucks führten jedoch dazu, daß selbst diese profanen Gegenstände im Westen zur Reliquienaufnahme wie am Heinrichskreuz in Borghorst Verwendung fanden. Die abgearbeiteten Wülste des Gandersheimer Flakons weisen darauf hin, daß auch er einmal eine westliche Einfassung als Reliquiar besessen hat, die heute allerdings verloren ist. Vermutlich in Zusammenhang mit dieser Montierung wurde der ursprünglich polierte Fuß des Flakons überschliffen und erscheint heute matt. Im Innern befindet sich eine unbekannte Reliquie in einer vielleicht dem 13. oder 14. Jahrhundert entstammenden Seide sowie eine Authentik. Obwohl bereits im ältesten Gandersheimer Schatzverzeichnis vom Anfang des 12. Jahrhunderts eine *ampula cristallina* erwähnt ist, die vermutlich mit diesem Flakon identisch ist, ist nicht bekannt, wie das Objekt nach Gandersheim gelangte. Das hochadelige Kanonissenstift Gandersheim ist das älteste Familienstift der Liudolfinger und war seit 877 dem Reich unterstellt. Neben zahlreichen Privilegierungen und Schenkungen durch das sächsische Herrscherhaus gab es auch enge familiäre Beziehungen. Bis 1001 stand Gerberga II., eine Nichte Ottos I., dem Stift vor; ihre Nachfolgerin war Sophia (1001–1039, auch Äbtissin von Essen), eine Schwester Ottos III., der wiederum ihre Schwester Adelheid, in Personalunion auch Äbtissin von Quedlinburg und Gernrode, bis 1043 nachfolgte. Eine Herkunft des luxuriösen Gegenstandes aus dem Herrscherhaus ist zumindest nicht auszuschließen, da über die Kaiserin Theophanu ja Beziehungen zu Byzanz bestanden. Jedoch wurden solche fatimidischen Gegenstände auch direkt aus Kairo importiert. So sind schon im 10. Jahrhundert mehrere hundert Händler aus Amalfi in Kairo nachweisbar; später ließen sich auch Händler aus anderen italienischen Städten in Alexandria nieder.

Steinacker 1910, S. 167 f. – Braun 1940, S. 100. – Erdmann 1959, S. 201–202. – Bischoff 1967, Nr. 26. – Wentzel 1971, S. 22, Abb. 7f. – Goetting 1973, S. 44–48 (zur Geschichte des Schatzes). – Baumann/Gosebruch, S. 8, Abb. S. 36. – Kat. Berlin 1989, S. 545, Nr. 4/6 (Regine Marth).

Bad Gandersheim, Ev.-luth. Stiftskirchengemeinde

Th. J.

VI–66 Hrotsvit von Gandersheim: Lateinische Werke

Gandersheim, Ende 10. oder Anfang 11. Jahrhundert

24 x 16 cm, 150 Blätter. – Pergament.

Die Handschrift enthält, mit Ausnahme der Gründungsgeschichte des Stifts Gandersheim, Hrotsvits gesamtes literarisches Werk. Sie wurde von mehreren Händen vermutlich in Gandersheim gegen Ende des 10. oder zu Anfang des 11. Jahrhunderts geschrieben und an das Benediktinerkloster St. Emmeram in Regensburg gegeben. Von dort kam sie im Gefolge der Säkularisation zu Beginn des 19. Jahrhunderts nach München. Umstritten ist, ob die Handschrift identisch ist mit der bereits vor 993 in einem St. Emmeramer Bibliothekskatalog verzeichneten *Ars metrica de nativitate sanctae Mariae* (Hrotsvits metrisches Legendenbuch beginnt mit der *Historia nativi-*

tatis ... Dei genitricis), oder ob sie erst als Vermächtnis der 1001 verstorbenen Äbtissin Gerberg, die Hrotsvits Lehrerin gewesen und möglicherweise selber in St. Emmeram ausgebildet worden war, nach Regensburg geschenkt wurde. Der deutsche Humanist Konrad Celtis entdeckte die Handschrift 1493 in der Bibliothek von St. Emmeram und legte sie dem ersten Druck der Werke Hrotsvits (Nürnberg 1501) zugrunde. Sie trägt an vielen Stellen noch Spuren der Bearbeitung durch Celtis.

Hrotsvit (ca. 935 – nach 973), wahrscheinlich mit dem sächsischen Herrscherhaus verwandt, war in jungen Jahren in das Kanonissenstift Gandersheim eingetreten. Von Lehrerinnen und Mitschülerinnen unbemerkt begann sie ihr dichterisches Werk, das sie, nach einer Phase der Unsicherheit und des Zögerns, schließlich gestärkt durch geistigen Austausch mit Zeitgenossen, vollendete und mit einzelnen Widmungen an Angehörige des sächsischen Hauses (an Gerberg, die Nichte Ottos des Großen, als ihre Lehrerin bzw. Äbtissin sowie an Otto den Großen und Otto II.) veröffentlichte. Das auf uns gekommene Werk (zwei Papstviten sind verloren) besteht aus drei Teilen, einem Legendenbuch, dem kostbaren Buch der sechs Dramen, die den heidnischen Dramatiker Terenz ablösen sollten, und den beiden historischen Epen *Gesta Ottonis* (Geschichte Ottos des Großen) und *Primordia coenobii Gandeshemensis* (Gründungsgeschichte des Stifts Gandersheim), die nicht nur eine besondere Familiarität und Sympathie mit der Familie der Ottonen, sondern auch einen entschieden unstörbaren Glauben an die gnadenhafte Erwähltheit dieses Herrschergeschlechts verraten. In den *Gesta Ottonis* schildert Hrotsvit, ohne die Basis schriftlicher Quellen, wie sie in der Vorrede an Gerberg beklagt, die Ereignisse von der Zeit König Heinrichs I. bis zur Kaiserkrönung Ottos des Großen. In zwei Widmungen wendet sie sich an den Kaiser und seinen Sohn Otto II., der bereits als König (seit 961) an der Macht beteiligt war.

Die aufgeschlagenen Seiten fol. 132v–133r enthalten die Widmungsverse an Otto II. Sie zeigen Hrotsvit in typischer Demutshaltung vor dem jungen König, der die Autorin um die Vorlage des Epos gebeten hatte. Der weit ausgeführte Vergleich des jungen Otto mit dem weisen König Salomo (und, implizit, des Kaisers mit David) ist ein bemerkenswerter Beleg für das allgemein propagierte sakrale Verständnis des sächsischen Königtums.

Lateinischer Text: Hrotsvit, hier S. 203 f.
Nagel 1965. – Verfasserlexikon 4, Sp. 196–210 (Rädle). – Wilson 1988. – Kirsch 1989/90.

München, Bayerische Staatsbibliothek, Clm 14485

F. R.

VI–66

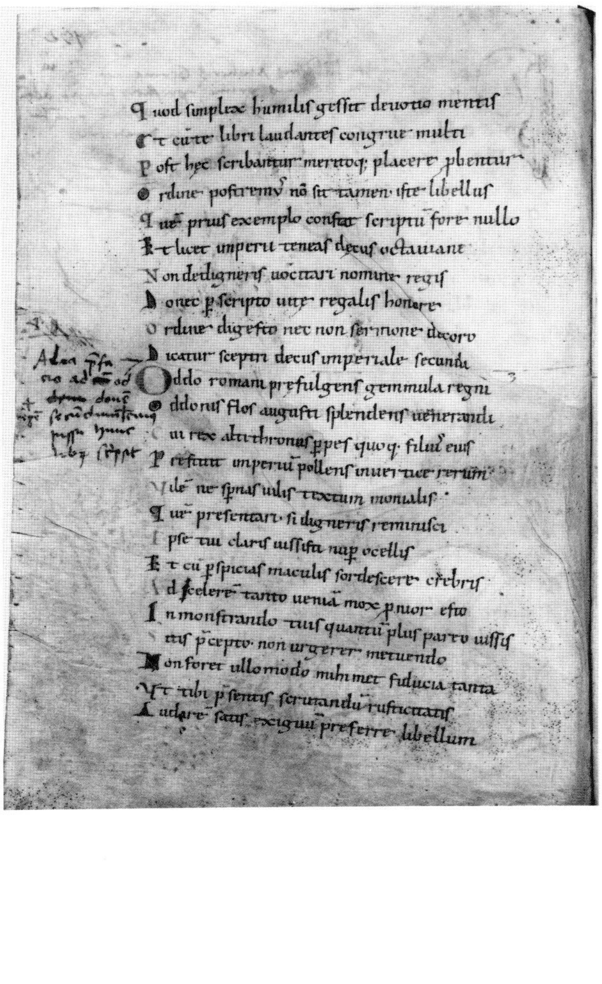

VI–67 Evangeliar mit Federzeichnungen

Corvey, Ende 10. Jahrhundert

32,5 x 22 cm, 166 Blätter (foliiert *1–160*). – Pergament mit Federzeichnungen in brauner Tinte und Deckfarbenmalerei.

Das Evangeliar enthält die vier Evangelien mit Vorreden. Zwischen den Vorreden zu den vier Evange-

VI–67 fol. 8v

lien und der Vorrede zum Matthäusevangelium befinden sich sechs ganzseitige Federzeichnungen und, auf fol. 10r–15v, eine vollständige Reihe von zwölf Kanontafeln in Deckfarbenmalerei. Die Bogenfelder der Kanontafeln sind mit den Evangelistensymbolen besetzt. An den Anfängen der Evangelien Evangelistenbilder (erhalten sind nur die von Matthäus und Markus fol. 22v, 58v) und Initialzierseiten (fol. 21av, 59av, 86av, 128v). Die Evangelistenbilder und die Zierseiten wurden sämtlich im 16. Jahrhundert übermalt. Ihre ursprüngliche Gestalt konnte rekonstruiert werden (Arenhövel). Die Reihe der Federzeichnungen umfaßt folgende Bildthemen: Verkündigung an Maria (fol. 8r), Heimsuchung (fol. 8v), Verkündigung an die Hirten (fol. 9r), Darstellung im Tempel (fol. 16r), Taufe Jesu (fol. 18r), Anbetung der Weisen (fol. 18v). Die Annahme einer Entstehung der Handschrift in Corvey wird durch paläographische Argumente gestützt. Die Federzeichnungen sind wahrscheinlich von demselben Zeichner, der die dem Evangeliar in Kassel, Hessische Landesbibliothek, Ms. theol. 2° 60 (Corvey, Ende 10. Jahrhundert) vorangestellten geschaffen hat. Er hinterließ damit die ältesten ottonischen Bildzeugnisse narrativer Leben-Jesu-Szenen in Sachsen.

Ein Papierblatt (fol. 1r) enthält Notizen aus dem 15. Jahrhundert, die sich auf Speyer beziehen. Der braunschweigische Kanzler Eberhard von Weihe kaufte die Handschrift 1596 in Worms (Eintrag fol. 158v). Zwischen 1627 und 1632 wurde sie von Herzog August dem Jüngeren zu Braunschweig-Lüneburg für seine Bibliothek erworben.

von Heinemann 2,2, S. 204–205, Nr. 2187. – Goldschmidt 1928, 1, S. 63–64, Taf. 85–86. – Kat. Corvey 1966, 2, S. 483–484, Nr. 172 (Hermann Usener). – Milde 1972, S. 46–47, Nr. 23–28. – Bauer 1977, 2, S. 114–123, Nr. 15. – Arenhövel 1980. – Kat. Köln 1991, S. 62–65, Nr. 11, Abb. 45–47 (Gerd Bauer).

Wolfenbüttel, Herzog August Bibliothek, Cod. Guelf. 16.1 Aug. 2°

U. K.

VI–68 Sakramentarfragment in Reichenauer Evangelistar

Corvey, Ende 10. Jahrhundert; Reichenau, um 970

Sakramentarfragment: 29,8 x 22,9 cm, Evangelistar: 30 x 22 cm, 211 Blätter. – Pergament mit Federzeichnung, Deckfarbenmalerei, Gold und Silber.

Das vorgebundene Sakramentarfragment umfaßt eine Lage aus einem Einzelblatt und zwei Doppelblättern. Die Kreuzigungsminiatur steht auf dem Verso des Einzelblattes (fol. 1v), das Gregorbild gegenüber (fol. 2r). Es folgen fünf Zierseiten, darunter der Beginn der Präfation *(VERE DIGNUM*; fol. 3r) und des *Canon missae (TE IGITUR*; fol. 4v). Das Kreuzigungsbild ist mit umfangreichen Inschriften versehen, auf dem oberen und dem unteren Rahmen: *+ ANNUAT HOC AGNUS MUNDI PRO PESTE PEREMPTUS.* (Diese Darstellung bedeutet das Lamm, das für das Verderben der Welt vernichtet wurde), links und rechts des gekreuzigten Christus: *IN CRUCE CHR(IST)E TUA CONFIGE NOCENTIA CUNCTA* (An dein Kreuz, Christus, hefte alle Schuld). Maria ist als *STELLA MARIS* (Meerstern) bezeichnet, Johannes als *UIRGO IOHANNES* (Der jungfräuliche Johannes). Auf dem Rahmen steht bei Maria: *FVLGIDA STELLA MARIS PRO CUNCTIS POSCE MISELLIS* (Leuchtender Meerstern, bitte für alle Elenden) und bei Johannes: *ET TU IUNGE PRECES CU(M) UIRGINE UIRGO IOHANNES* (Und du, jungfräulicher Johannes, verbinde deine Bitten mit denen der Jungfrau). Das Kreuz überragt oben, mit dem Kreuzestitulus, und unten den Rahmen der Miniatur. Es ist, mit deutlich erkennbaren Astansätzen, als Lebensbaum gestaltet. Um sein unteres Ende ringelt sich die durch Christi Kreuzestod besiegte Schlange. Der heilige Gregor thront auf einem Kastenthron. Die Taube des Heiligen Geistes nimmt von seiner Tonsur aus mit ihm Kontakt auf. Auf dem aufgeschlagenen Buch steht: *SCRIBIT GREGORIUS DICTAT QVAE SP(IRITU)S ALMUS* (Gregor schreibt, was der gütige Geist diktiert). Die Figuren stehen denen der Evangeliare in Wolfenbüttel (Kat. Nr. VI-67) und Kassel, Hessische Landesbibliothek, Ms. theol. fol. 60 sehr nahe. Sie können von demselben Zeichner stammen.

Das Evangelistar, dem diese Blätter vorgebunden wurden, gehört der Reichenauer Eburnantgruppe an. Es zeigt vielfältigen Buchschmuck, enthält im Rahmen der Incipitseite die vier Wesen (fol. 7v) und in der M-Initiale des Evangeliums zum Ostersonntag eine Hand Gottes (fol. 97r), aber keine Miniaturen.

Auf fol. 1r wurden sieben Zeilen im 11. Jahrhundert nachträglich mit einem Gebet beschrieben, in dem die Fürbitte des heiliqen Pelagius von Konstanz *(intercedente beato pelagio martire tuo)* erfleht wird. Das Sakramentar, dessen erhalten gebliebener Rest das vorliegende Fragment ist, dürfte also bereits im 11. Jahrhundert in der Diözese Konstanz gewesen

HOC AGNUS .
IN
CRU
CE
XPE
TU
A
CON
FICE
NOCEN
TIA
CUN
CTA
STEL
LA MA
RIS
UIRGO
IOHAN
NES
MUNDI PRO PE
STE PEREMPTUS .

VI–68 fol. 1v

VI-68 fol. 2r

sein. Damit stimmt überein, daß das Evangelistar auf der Reichenau hergestellt wurde. Wie die Handschrift nach Leipzig gelangte, ist unbekannt. Daß sie bereits im 18. Jahrhundert dort war, ergibt sich aus der Beschreibung des Elfenbeinreliefs mit der Halbfigur einer Hodegetria in ihrem Deckel bei Johann Heinrich Laich, *De diptychis veterum . . . diatribe*, Leipzig 1743, S. 39. 1957 kam sie aus der Leipziger Stadt- in die dortige Universitätsbibliothek.

Schmidt 1927. – Goldschmidt 1928, 1, S. 63, Taf. 84. – Kat. Corvey 1966, 2, S. 465, 483, Nr. 171, Abb. 163–164 (Hermann Usener). – Bauer 1977, 2, S. 108–113, Nr. 14.

Leipzig, Universitätsbibliothek, Rep. I 57

U. K.

VI–69 Corveyer Evangeliar aus der Kathedrale zu Reims

Corvey, Mitte 10. Jahrhundert

31,5 x 24 cm, 175 Blätter, davon 3 zu Beginn und 1 am Schluß nicht foliiert (Foliierung *1–179;* 8 Blätter [fol. 20–21, 62–63, 93–94, 137–138] wurden entfernt). – Pergament mit Gold, Silber und Deckfarben.

Die Handschrift enthält die vier Evangelien mit Vorreden, ein *Capitulare evangeliorum* (fol. 168v–179r) und, vor der Vorrede *Plures fuisse*, eine fünfzehnseitige, vollständige Folge von Kanontafeln (fol. 6v–13v). Vor jedem Evangelium waren ursprünglich eine Initial- und eine Textzierseite. Diese acht Zierseiten sind entfernt. Vier davon, nämlich die beiden Doppelblätter vor dem Lukas- und dem Johannesevangelium (ursprünglich fol. 93–94, 137–138) sind in Baltimore, Walters Art Gallery, W 751 erhalten geblieben. Die Kanontafeln mit aufwendiger Arkadenrahmung: goldene Stauden als Akrotermotive, Vögel auf den äußeren Rundbogen. Die Kanontafeln sind von denen des franko-sächsischen Evangeliars in Prag, Bibliothek des Metropolitankapitels, Cim. 2 (Saint-Vaast, spätes 9. Jahrhundert) abhängig. Diese spätkarolingische Handschrift hat auch den Corveyer Blättern in Leipzig und Helsinki (Kat. Nr. VI–73) als Vorlage gedient. Daß beide, karolingische Vorlage und ottonische „Kopie", erhalten geblieben sind, bedeutet für das frühe Mittelalter einen vergleichsweise seltenen Glücksfall. C. Nordenfalk hat diese Corveyer Evangeliare und Evangeliarfragmente bereits 1931 dem Evangeliar in Prag zugeordnet.

Zu VI–69 Baltimore, Walters Art Gallery, Ms. W 751, fol. 137v

Aus dem Eintrag des 18. Jahrhunderts *Codex Bibliothecae Ecclesiae B(eatae) Mariae Remensis* (fol. 179r) ergibt sich, daß die Handschrift aus der Bibliothek der Reimser Kathedrale stammt.

Nordenfalk 1931, S. 234. – Mütherich 1963, S. 33–34, Abb. X,4,5. – Kat. Corvey 1966, 2, S. 465, 477–478, Nr. 163 (Hermann Usener). – Bauer 1977, 2, S. 32–37, Nr. 7 A.

Reims, Bibliothèque Municipale, Ms. 10

U. K.

VI–70 Corveyer Evangeliar in Leipzig

Corvey, 1. Hälfte 10. Jahrhundert

27,7 x 22,3 cm, 225 Blätter. – Deckfarben, Gold und Silber auf Pergament.

Das Evangeliar enthält die vier Evangelien mit den Vorreden und ein *Capitulare evangeliorum* (fol.

CAN · I ·
IN QVO · IIII ·
MAT
MAR
LUC
IOH
VIII XI XI XI XI XIIII XXIII XXIII XXIII LXX XCVIII XCVIII XCVIII XCVIII XCVIII XCVIII CXXXIII CXLI CXLII CXLVII CLXVI CLXVI CCVIIII CCXI CCXX
II IIII IIII IIII IIII V XXVII XXVII XXVII XX XCVI XCVI XCVI XCVI XCVI XCVI XXXVII L LI LXIIII LXXXII LXXII CXVIIII CXXI CXXII
VII X X X X XIII XVII XXXVIIII XLV XXXVII CXVI CXVI CXVI CXVI CXVI CXVI LXXVII XVIIII XXI XCIIII XCIIII XCIIII CCXXXIIII CCXXXVIII CCXXXVIIII
X VI XII XIIII XXVIII XV XLVI XLVI XLVI XXXVIII CXX CXI XL CXLIIII CXXVIIII CXXXI CVIIII LVIIII XXXV XLVIIII LXXIIII XVII C XXI LXXXV

VI–69 fol. 6v

VI–70 fol. 110r

220r–223v). Es beginnt mit einer fünfzehnseitigen, vollständigen Folge von Kanontafeln (fol. 1v–8v). Die beiden jeweils einander gegenüberliegenden Kanontafeln sind genau aufeinander abgestimmt. Dabei kommen zwei verschiedene Typen von Arkadenrahmen zur Anwendung: einer mit breitem, flechtwerkgemustertem Bogen und purpurnem, blattgemustertem Tympanonfeld (fol. 1v/2r, 3v/4r, 5v/6r, 7v/8r), der andere mit grünem Grund über dünnem Bogen und silbernen und goldenen Blattranken in nicht grundiertem Tympanonfeld (fol. 2v/3r, 4v/5r, 6v/7r, 8v). Jedes Evangelium wird durch eine Incipit- (fol. 12v, 71v, 109v, 177v) und eine Initialzierseite (fol. 13r, 72r, 110r 178r) eingeleitet, auf die eine oder mehrere Zierseiten in silberner Unzialis, teilweise auf Purpurgrund, folgen (fol. 13v/14r, 72v, 110v, 178v–179v). Daran schließen jeweils noch ein oder zwei weitere, durch Unzialis in Tinte hervorgehobene, ungerahmte Schriftzierseiten (fol. 14v, 73r/73v, 111r, 180r/180v) an. Die Incipit- und die Initialzierseiten sind aufwendig gerahmt. Auf den Ecken ihrer Rahmen sitzen runde oder quadratische Zierfelder. Manche der folgenden Zierseiten haben schlichte rote oder blaue Rahmen. Die Ornamentik besteht im wesentlichen aus Flechtwerk, Ranken, gelegentlich (fol. 12v, 13r, 72r) aus Tierköpfen. Auf den Initialseiten dient das Flechtwerk auch dazu, die einzelnen Buchstaben miteinander zu verknüpfen. Der Buchschmuck ist teilweise von dem des frankosächsischen Evangeliars in Prag, Bibliothek des Metropolitankapitels, Cim. 2 (Saint-Vaast, spätes 9. Jahrhundert) abhängig, zeigt aber besonders in den oberen Feldern der Kanontafeln verschiedene frühottonische Besonderheiten.

Auf welchem Weg und wann die Handschrift nach Leipzig gelangte, ist nicht bekannt.

Bruck 1906, S. 1–4, Nr. 1, Abb. 1–3. – Rothe 1966, S. 239–240, Taf. 16. – Kat. Corvey 1966, 2, S. 465, 475, Nr. 161, Abb. 158b (Hermann Usener). – Bauer 1977, 2, S. 89–99, Nr. 12.

Leipzig, Universitätsbibliothek, Ms. 76

U. K.

VI–71 Evangeliar aus Helmstedt

Wesergebiet, wahrscheinlich Corvey, Ende 10. Jahrhundert

28 x 20 cm, 173 Blätter (nicht foliiert sind das erste Blatt und das nach fol. 4). – Deckfarben, Gold und Silber auf Pergament. Einband: 28,8 x 20,8 cm. – Vorderdeckel: Elfenbein und Hornplatten, vergoldete, gebuckelte Kupferstreifen; Rückdeckel: Vergoldetes Kupferblech mit Treibarbeit und Punzierung.

Das Evangeliar enthält die vier Evangelien mit den Prologen und ein *Capitulare evangeliorum* (fol. 158v–171r). Vorangestellt ist eine vollständige Reihe von zwölf Kanontafeln (fol. 1v–6r). Jedes Evangelium wird von drei Zierseiten eingeleitet: einer Initium-, einer Initial- und einer Schriftzierseite (fol. 17v–18v; 59v–60r, 61v; 86v–87r, 88v; 128v–129v). Auch vor dem Markus- und dem Lukasevangelium sind die drei Zierseiten als unmittelbar aufeinanderfolgend zu verstehen, denn fol. 60 und 61 sind zusammengeklebt, fol. 87 und 88 waren es ursprünglich. Das Q der QM-Initialligatur zu Beginn des Lukasevangeliums (fol. 87r) wird von einer Ouroborosschlange, das M von zwei Vögeln mit verschlungenen Hälsen gebildet. Der Stoffmuster-Purpurgrund der Initiumseite zu Beginn des Matthäusevangeliums (fol. 17v) zeigt sechs Medaillons mit je einem hundeähnlichen Tier. Der Buchschmuck weist Parallelen sowohl zur Corveyer wie auch zur Hildesheimer Buchmalerei auf. Besonders deutlich ist, stilistisch und paläographisch, der Zusammenhang mit dem Evangeliar New York, Pierpont Morgan Library, M. 755 (Kat. Nr. VI–51).

VI–71 Rückdeckel

VI-71 fol. 87r

Die Handschrift besitzt ihren originalen Einband. In den Vorderdeckel ist ein Elfenbein (wohl sächsisch, nach mittelbyzantinischer Vorlage), eine Kreuzigung Christi mit Maria und Johannes, Sol und Luna, eingelassen, das von Hornplatten gerahmt wird. Der Rückdeckel besteht aus vergoldetem Kupferblech. Die Blätter in den trapezförmigen Feldern des Rückdeckels sind dem der Staude in der rechten unteren Ecke der vierten Szene der Bernwardtür (Gottes Strafrede nach dem Sündenfall) ähnlich, weshalb Goldschmidt die Möglichkeit einer Herstellung des Deckels in der Werkstatt Bischof Bernwards von Hildesheim in Betracht gezogen hat.

Der in dem Schatzverzeichnis (fol. 171v) eingetragene Schatz ist vermutlich der des mit Hildesheim eng verbundenen Klosters Lamspringe. Nach Ausweis des Helmstedter Handschriftenkatalogs von 1644 war die Handschrift mit dem Einband damals in Helmstedt. Sie gelangte 1815 von dort nach Wolfenbüttel.

von Heinemann 1,1, S. 332–333, Nr. 461. – Goldschmidt 1926/2. – Harrsen 1958, S. 12–13, Nr. 6. – Jahrtausend, Tafelbd., S. 90, Taf. 418–421. – Kat. Hannover 1962, Nr. 53, Abb. 8. – Steenbock 1965, S. 128–129, Nr. 48, Abb. 66–67. – Kat. Corvey 1966, 2, S. 466, 487–488, Nr. 176 (Hermann Usener). – Milde 1972, S. 74–75, Nr. 37. – Bauer 1977, 2, S. 145–160, Nr. 18.

Wolfenbüttel, Herzog August Bibliothek, Cod. Guelf. 426 Helmst.

U. K.

VI–72 Evangeliar aus dem Bremer Domschatz

Sachsen, um 1000

24,2 x 19,2 cm, 213 Blätter. – Pergament mit Deckfarbenmalerei.

Die Handschrift enthält die vier Evangelien mit einer Auswahl der Vorreden. Vorangestellt ist eine vollständige achtseitige Reihe von Kanontafeln mit Arkadenrahmung ohne Evangelistensymbole (fol. 1v–5r). Vor jedem Evangelium ein Bild des Evangelisten mit der Taube des Heiligen Geistes (fol. 6r, 64r, 104r, 158r). Bei Matthäus, Markus und Johannes hält in der rechten oberen Bildecke die Hand Gottes einen goldenen Ring, von dem aus die Geisttaube auf den Evangelisten zufliegt. Das Evangelistensymbol erscheint beim Matthäus- (fol. 5v), Lukas- (fol. 104v) und Johannesevangelium (fol. 158v) als selbständige, ganzseitige Miniatur vor oder hinter dem Evangelistenbild, nur bei Markus (fol. 64r) in diesem selbst. Auf den drei selbständigen Miniaturen sind die Symbole durch einen Clipeusrahmen und durch Inschriften als Christussymbole ausgewiesen; bei Matthäus: *HOMO NASCENDO* (Ein Mensch durch seine Geburt), bei Lukas: *VITULUS IMMOLANDO* (Ein Stier, indem er sich opfert), bei Johannes: *AQVILA VOLANDO* (Ein Adler, indem er fliegt). Die Evangelien des Matthäus und des Markus werden durch gerahmte Initialzierseiten ausgezeichnet (fol. 6v, 64v), die beiden anderen Evangelien nur durch Initialen mit Flechtwerk (fol. 103v, 157v). Die letzteren sind vor den beiden Bildseiten des Evangelisten und seines Symbols plaziert. Im Hinblick auf die Zeichnung im Bernwardevangeliar (Kat. Nr. VIII–30), in der Matthäus und sein Symbol zu einer Figur zusammengezogen wurden, ist das Matthäussymbol (fol. 5v) bemerkenswert, denn hier liegt eine vergleichbare Kombination von Evangelist und Symbol vor, mit der sich zudem, wie durch den Figurentypus und durch den kreuzförmig verteilten Zierbesatz auf dem

VI–72 fol. 5v

VI–72 fol. 6r

Clipeusrahmen deutlich gemacht wird, eine Halbfigur Christi verbindet.

Das Evangeliar wurde 1649 oder spätestens 1650 zusammen mit dem Dagulfpsalter (Wien, Österreichische Nationalbibliothek, Cod. 1861) aus der Bremer Dombibliothek an den Regensburger Fürstbischof Franz Wilhelm von Wartenberg verkauft, dessen Exlibris auf die Innenseite des Vorderdeckels geklebt ist. Im Zusammenhang mit dem Kauf trug der kaiserliche Notar Johann Henseler auf fol. 1r eine Notiz ein, des Inhalts, der Codex sei vom heiligen Ansgar zu dessen Lebzeiten gebraucht und in der Bremer Kirche viele Jahrhunderte lang heiliggehalten worden. Später gelangte die Handschrift in die Bibliothek des Schottenklosters St. Jakob in Regensburg, nach wechselndem Privatbesitz in die Sammlung Bateman und bei deren Verkauf 1893 in die John Rylands Library.

Hirsching 1788, S. 655. – James 1921, S. 157–159. – Goldschmidt 1928, 1, S. 24; 2, S. 76–77, Taf. 98. – Bruch 1960. – Bruch 1961. – Bauer 1977, 1, S. XVII–XVIII, Nr. 30.

Manchester, John Rylands University Library of Manchester, Rylands Lat. 87

U. K.

VI–73 Einzelblätter eines Evangeliars in Helsinki und Leipzig

Corvey, ca. 4. Viertel 10. Jahrhundert

Einzelblatt in Helsinki: 40 x 24 cm. – Einzelblatt in Leipzig: 33,4 x 24,5 cm. – Pergament mit Deckfarbenmalerei und Gold.

Die beiden Blätter und der schmale, dem Blatt in Helsinki links beigefügte Pergamentstreifen sind die einzigen Überreste eines reich ornamentierten und illustrierten Prachtevangeliars, dessen Bilder sich unmittelbar an dem franko-sächsischen Evangeliar in Prag, Bibliothek des Metropolitankapitels, Cim. 2, fol. 23v, 126r orientieren. Dieses franko-sächsische Evangeliar war von großer Bedeutung für die Corveyer Buchmalerei und über diese auch für die Hildesheimer Buchmalerei unter Bischof Bernward. Auf dem Einzelblatt in Helsinki ist die Berufung des Matthäus dargestellt, der die Münzen von sich wirft, die er als Zöllner eingenommen hat, und dessen Schwert am Boden liegt. Wahrscheinlich war diese Bildseite ursprünglich eine Versoseite. Die andere Seite ist leer. Das Einzelblatt in Leipzig zeigt den Evangelisten Lukas unter seinem Symbol, dem

VI-73 Leipzig

VI-73 Helsinki

Stier. Seine Rückseite ist eine Zierseite mit der Inschrift: *INCIP(IT) EVANGELIV(M) SECVNDV(M) LVCAM.* Für diese Incipitseite wurde nicht die entsprechende des Prager Evangeliars fol. 126v als Vorlage benutzt, wohl aber versucht die ottonische Zierseite die spätkarolingische dadurch zu übertreffen, daß sie jeden Buchstaben mit zierlichen goldenen Blattranken umflicht und mit einem eigenen Kreisfeld hinterlegt. Auch in den beiden Miniaturen ist die Intention, die Vorlage zu übertreffen, spürbar. Dem dienen die strenge Symmetrie und die perfekte Durchmusterung der Hintergründe. Letztere führte zu einer stärkeren Flächigkeit und zur Reduktion der atmosphärischen Landschaft. Die drei Arkaden, unter deren mittlerer im Evangeliar des Prager Metropolitankapitels der Lukasstier erscheint, wurden auf dem ottonischen Lukasbild zur Vollgestalt eines Kirchengebäudes mit Mittelschiff (Obergaden), Seitenschiff und sechs Scheidbogen erweitert. Die Inschriften entsprechen genau denen der Prager Zimelie. Bei der Berufung des Matthäus steht oben im Halbkreis, der die beiden Engel umgibt: *HIC CHORUS ANGELICUS D(OMI)N(U)M REUERENT(ER) ADORAT* (Hier betet der Chor der Engel den Herrn ehrfürchtig an), und unten: *HIC A TELONEI MATHEUS SORTE UOCATUR* (Hier wird Matthäus vom Los des Zöllners weggerufen), bei Lukas: *LUCAS P(ER) VITULUM XP(IST)I FERT PONTIFICATU(M)* (Durch den Stier trägt und überbringt Lukas das Priesteramt Christi).

Das Fragment in Helsinki, 1953 von C. A. Nordman publiziert, hatte man beim Binden des *Catalogus testium veritatis* von Matthias Flacius Illyricus (Frankfurt 1672) als Schutz des Einbandes verwendet. Dieses Buch, in der Bibliothek des Nationalmuseums in Helsinki, stammt aus dem Besitz des Malers Thorsten Waenerberg. Auch das Einzelblatt in Leipzig ist von einem Buchdeckel abgelöst worden.

Bruck 1906, S. 5, Nr. 3. – Nordman 1953. – Rothe 1966, S. 190, 240, Taf. 17. – Kat. Corvey 1966, 2, S. 482, Nr. 160–170, Abb. 172–173 (Hermann Usener). – Bauer 1977, 1, S. 180–183, Nr. 21 A, B.

Helsinki, Suomen Kansallismuseo, Inv. Nr. 53131 – Leipzig, Universitätsbibliothek, Rep. I 57a

U. K.

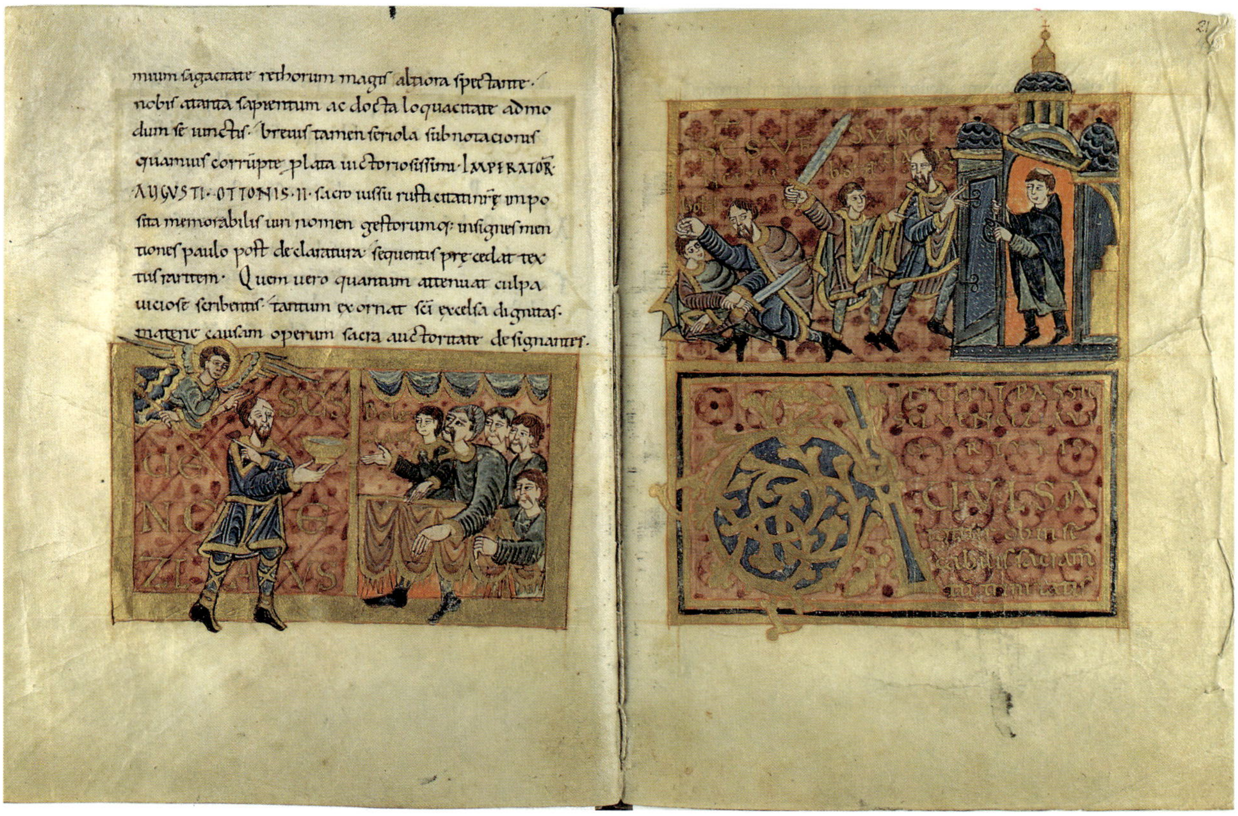

VI–74 fol. 20v/21r

VI–74 Gumpold von Mantua: Vita des heiligen Wenzel

Sachsen, um 1000 (vor 1006)

22,5 x 18 cm, 19 Blätter. – Pergament mit Deckfarbenmalerei und Gold.

Diese Vita des heiligen Wenzel, verfaßt von Gumpold von Mantua (gest. 985), besteht aus drei Lagen (fol. 18–37), die in einen Sammelcodex von insgesamt 109 Blättern eingebunden wurden. Die Wenzelsvita ist das älteste selbständige Stück dieser Handschrift, deren übrige Teile aus dem 12. bis 14. Jahrhundert stammen. Sie enthält, vor dem Prolog, ein ganzseitiges Widmungsbild: Der heilige Wenzel, dessen Fuß Herzogin Hemma oder Emma (gest. 1006), die Stifterin, ergriffen hat, um ihn zu küssen, wird von Christus mit dem böhmischen Herzogshelm gekrönt (fol. 18v). Es folgt eine gerahmte Initialzierseite mit einer goldenen Blattrankeninitiale (*S*) und mit Goldschrift (fol. 19r). Der Beginn der Vita selbst ist durch zwei Bildstreifen und ein gerahmtes Initial- und Schriftzierfeld hervorgehoben (fol. 20v, 21r). Sämtliche Miniaturen und Schriftzierseiten haben gemusterte Purpurgründe. Der erste der beiden Bildstreifen (fol. 20v) zeigt Wenzels Mahl in Altbunzlau: Wenzel *(S[an]C[tu]S UENCESLAVS)*, von einem Engel gesegnet und geleitet, reicht seinem jüngeren Bruder Boleslav I. *(Boleslaus)* und anderen Gästen ein Trinkgefäß dar. Im zweiten Bildstreifen (fol. 21r) wird dargestellt, wie Wenzel von diesem seinem Bruder am Morgen danach beim Gang zur Frühmesse ermordet wurde. Weitere kleinere Goldinitialen. Der reiche Buchschmuck dieser wenigen Seiten ist in dem hohen Rang der Stifterin begründet.

Die Datierung dieser Heiligenvita ist durch das Todesjahr der Stifterin, der Gemahlin Herzog Boleslavs II., auf „vor 1006" festgelegt. Im Hinblick auf sie lokalisierte die ältere Forschung die Handschrift nach Böhmen (Prag). Doch hat Gerd Bauer dargelegt, daß der Buchmaler zumindest seine Ausbildung im Raum Corvey – Hildesheim erfahren haben muß, ja, daß diese Wenzelsvita eher in Hildesheim oder in dessen Umkreis als in „einem sonst ungreifbaren böhmischen Skriptorium" hergestellt wurde. Dafür spricht, daß auch die anderen Teile der Handschrift

Hinweise auf ihre Entstehung in Hildesheim enthalten, so daß mit der Möglichkeit gerechnet werden muß, daß diese ottonische Wenzelsvita nicht nur von Prag aus in Hildesheim oder in dessen Umkreis in Auftrag gegeben wurde, sondern auch nie nach Böhmen gelangte und stets in Niedersachsen verblieben ist.

von Heinemann, 2,4, Nr. 3008, S. 158–160. – Prochno 1929, S. 102, Abb. 102*. – Milde 1972, Nr. 32–35, S. 64–71. – Bauer 1988.

Wolfenbüttel, Herzog August Bibliothek, Cod. Guelf. 11.2 Aug. 4°

U. K.

VI–75 Evangeliar aus Huysburg

Niedersachsen, 2. Hälfte 10. Jahrhundert

27,5 x 23,5 cm, 200 Blätter. (foliiert *1-196*, nicht foliiert sind die Blätter nach fol. 53, 90, 112 und 116). – Pergament mit kolorierter Federzeichnung.

Das Evangeliar enthält die Evangelien mit den Vorreden und ein *Capitulare evangeliorum* (fol. 187v–196v). Vorangestellt ist eine vollständige Reihe von 15 Kanontafeln (fol. 1v–8r), die Arkaden in Rot *(minium)*, mit Ergänzungen in Tinte. Die roten Arkaden wurden zum Teil wieder ausradiert. Zwei Evangelistenbilder (fol. 9r, 10r), eine gerahmte Initialzierseite (fol. 23r) und Initialen. Die Zierseite mit dem unvollendeten Rahmen, in den von anderer Hand ein mit Flechtwerk gefülltes *L* gesetzt wurde (fol. 9v), steht isoliert zwischen den beiden Evangelistenbildern. Ohne Zusammenhang mit dem Text des Evangeliars ist auch die *TE*-Initialligatur (fol. 1r), wohl eine Federprobe für den Beginn des Kanongebets, und das unziale *M* (fol. 10v). Beide Evangelistenbilder haben einen mit Blättern besetzten Rand. Das erste ist mit zum Teil dick aufgetragener Farbe in Gelb/Braun-, Grün- und Rottönen, bei unbemalt belassenem Grund, koloriert, der zweite Evangelist nur mit Tinte gezeichnet. Mit beiden kann der Evangelist Matthäus gemeint sein, doch muß dies nicht angenommen werden, da diese Bilder nicht unmittelbar vor dem Matthäusevangelium oder vor dem Prolog zu diesem, sondern zwischen den Kanontafeln und dem Prolog *Plures fuisse*, der sich auf alle vier Evangelien bezieht, stehen. Uneinheitlich ist der Beginn der einzelnen Evangelien gestaltet. Eine gerahmte Initialzierseite hat nur das Matthäusevangelium (fol. 23r). Das Markusevangelium beginnt mit einer Initialligatur (fol. 72r), Lukas mit schlichten Initialen in Rot *(minium)* (fol. 105v), am Beginn des Johannesevangeliums (fol. 150v) war eine *I*-Initiale in der Höhe des Schriftspiegels vorgesehen, die jedoch unausgeführt blieb. *P*-Initiale mit Flechtwerk und Vogelkopf am Beginn des Prologs *Plures fuisse* (fol. 11r). Die Handschrift ist, gerade auch in der Uneinheitlichkeit ihrer Konzeption, für die frühottonische Handschriftenproduktion in Niedersachsen charakteristisch.

VI–75 fol. 10r

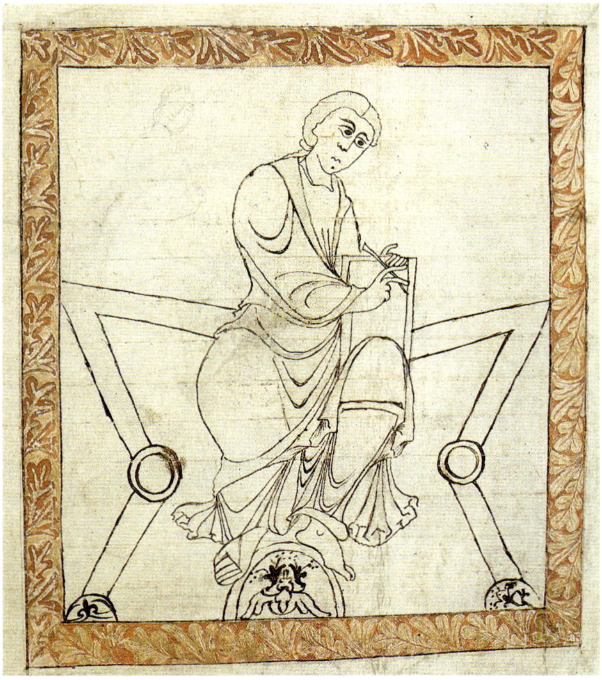

Aufgrund des aus dem 14. Jahrhundert stammenden Eintrags *Liber sancte marie in Huysborch* (fol. 1r) ist die Provenienz der Handschrift aus Kloster Huysburg bei Dingelstedt, Diözese Halberstadt, gesichert. Doch kann sie nicht dort entstanden sein, da dieses Kloster erst am 1. 11. 1084 von Bischof Burchard II. von Halberstadt gegründet wurde.

Kugler 1853, S. 62, Nr. 7. – Schmidt 1883, S. 73–74, Nr. 106. – Eckart 1905, S. 5, 8, 10. – Löffler 1927, S. 26, Taf. 46. – Bauer 1977, 1, Nr. 34, S. XXIII–XXIV.

Stuttgart, Württembergische Landesbibliothek, Cod. bibl. 4° 1

U. K.

*VI-76 Sakramentar in Halberstadt

Halberstadt, zwischen 974 und 980

21,2 x 16 cm, 207 Blätter. – Pergament mit kolorierter Federzeichnung.

Das Sakramentar enthält einen Kalender (fol. 3v–9r) und zwei Bilder: auf fol. 13r die gerahmte Miniatur des heiligen Gregor mit einem Schreiber und einem weiteren Gehilfen, der eine Buchrolle hält, und auf fol. 13v, ungerahmt, eine Kreuzigung mit Maria und Johannes unter dem Kreuz, davor, kniend, ein Stifter. Der sonstige Buchschmuck umfaßt Textzierseiten mit Purpurgrundierung, grüner Randung und Goldinitialen am Beginn der Präfation und des *Canon missae* (fol. 14v: V-Initiale des *Vere dignum* mit Blattranken, fol. 15r: T-Initiale des *Te igitur),* Initialen mit Flechtwerk, das in dünne Blattranken ausläuft, auf hellem lila Grund (fol. 20v), kleinere Zierbuchstaben in Grün und Violett. Die Initialen mit Drachen und Tierköpfen dürften erst nachträglich eingesetzt worden sein: R (fol. 113r), unziales D (fol. 132r). Das Sakramentar wurde früher, aufgrund eines Eintrags (fol. 73r) am Schluß der Kerzenweihe während der Osterliturgie *(Benedictio cerei in sabbato sancto),* der die Initialen der Namen von Heinrich III., seiner Gemahlin Agnes, Papst Gregor und Bischof Burchard I. von Halberstadt enthält, in die Jahre 1043–1047 datiert (Chroust). Doch stehen diese Angaben auf Rasur. Es handelt sich um Nachträge, die über die Entstehungszeit der Handschrift nichts aussagen. Diese läßt sich jedoch mit Hilfe verschiedener Einträge im Kalender ermitteln, in dem die Weihe der Halberstädter Krypta (5.11. 974) noch von der anlegenden Hand, die Ankunft der Stephanusreliquien in Halberstadt (9.5.980) jedoch bereits von einer anderen Hand notiert wurde (Hoffmann).

Das in Halberstadt hergestellte Sakramentar ist bis heute im Besitz des Halberstädter Domschatzes.

Schmidt 1881, S. 12–13. – Prochno 1929, S. 67, Abb. 67*. – Chroust Reihe 3, Lief. 18, Taf. 4. – Hoffmann/Pokorny 1991, S. 152–154.

Halberstadt, Domschatz, Inv. Nr. 469 (olim Hs. Nr. 153)

U. K.

*VI-76 fol. 13r

VI-77 Evangeliar aus Niederalteich

Hersfeld (?), 1. Hälfte 11. Jahrhundert

22,2 x 16,7 cm, 226 Blätter (die nicht foliierten und nicht ursprünglich zugehörigen Blätter am Anfang und am Ende nicht mitgezählt). – Pergament mit Deckfarben.

Die Handschrift enthält die vier Evangelien mit den Vorreden, ein *Capitulare evangeliorum* (fol. 212rb–221v) und ein Glossar (fol. 222ra–226va). Zwischen den beiden Prologen *Plures fuisse* und *Sciendum etiam*, die sich auf alle vier Evangelien beziehen (fol. 1v–3v), und dem Prolog zum Matthäusevangelium *Mattheus ex iudea* (fol. 12r–12v) ist eine Lage mit sechzehn Kanontafeln (fol. 4r–11v) eingeschoben; *Canon X in quo Iohannes proprie* fehlt. Vor dem Beginn der einzelnen Evangelien steht jeweils ein Evangelistenbild (fol. 15v, 66v, 110v, 174v), vor diesem je eine gerahmte, teppichartige Zierseite mit gemustertem Grund ohne Text (fol. 15r, 66r, 110r, 174r), eine weitere zusätzlich vor dem Markusevangelium (fol. 67r). Gerahmte Initialzierseiten am Beginn des Markus- (fol. 67v), des Lukas- (fol. 111v) und des Johannesevangeliums (fol. 175r); das *Q* des

VI–77 fol. 66v

Lukasbeginns wird sogar durch eine Doppelarkade hervorgehoben. Bescheiden ist demgegenüber die kleine Rankeninitiale (*L*) des Matthäusbeginns (fol. 16r). Nur vor der Teppichseite des Lukasevangeliums steht eine Incipitseite, in Zierschrift (Majuskeln) und ungerahmt (fol. 109v). Auf die Initialseite des Lukasbeginns folgt eine weitere in Zierschrift (fol. 112r). Die Arkaden der Kanontafeln werden von Knollenblätterranken durchflochten. Solche Kanontafeln im Geflechtstypus begegnen auch in anderen Evangeliaren Niedersachsens wie etwa im kleinen Evangeliar des Essener Münsterschatzes, in Handschriften in Leipzig (Kat. Nr. VI–70), New York (Kat. Nr. VI–51) und im Hezilo-Evangeliar in Hildesheim (Kat. Nr. VII–34). Eine in der ottonischen Buchmalerei seltene Besonderheit ist die Taube in den Evangelistenbildern, die auch in denen des Evangeliars in Manchester (Kat. Nr. VI–72) auf die Evangelisten zufliegt.

Der Einband der Handschrift wurde 1601 unter dem um die Niederalteicher Klosterbibliothek verdienten Abt Bernhard Hilz (1593–1619) renoviert (Metallschild auf dem Rückdeckel). Daß sie jedoch spätestens im 14. Jahrhundert in Niederalteich war, bezeugt der Eintrag *Altahae Inferioris* (fol. 3v). Die ikonographische Gemeinsamkeit mit den Evangelistenbildern des Evangeliars Manchester Lat. 87 (Kat. Nr. VI–72) hat bereits Georg Swarzenski erkannt. Beide Handschriften haben eine Verbindung nach Bremen. Im Clm 9475 weisen Vigil und Fest des heiligen Willehad, des ersten Bischofs von Bremen, und andere Einträge im *Capitulare evangeliorum* nach Bremen. Hartmut Hoffmann hat die Handschrift aufgrund der Nachträge auf. fol. 97v und 172r dem Skriptorium von Hersfeld zugeschrieben. Sie gelangte möglicherweise durch Godehard (996–1022) mit kurzer Unterbrechung [1001/02] Abt von Niederalteich, 1022–38 als Nachfolger Bernwards Bischof von Hildesheim) oder durch Heinrich den Löwen und dessen Beziehungen zum Bischof seiner bayerischen Hauptstadt Regensburg nach Niederalteich. Heinrich der Löwe hatte im Jahre 1155 alle Vermögenswerte des Bremer Bischofs Hartwig I. beschlagnahmt und könnte sich dabei das Evangeliar angeeignet haben (Vermutung von Bernhard Bruch). Im Zuge der Säkularisation kam es 1803 von Niederalteich in die Hofbibliothek München.

Swarzenski 1901, S. 16 Anm. 3, S. 86 Anm. *. – Bruch 1960, S. 294–296. – Bauer 1977, 1, S. 77, 81–82, XVIII; 2, S. 280 Anm. 279. – Hoffmann 1986/1, S. 198, 441.

München, Bayerische Staatsbibliothek, Clm 9475

U. K.

VI–78 Siegel Bischof Hildewards von Halberstadt

Niedersachsen, wohl 968

Durchmesser 5,5 cm. – Hellbraunes Wachs mit aufrecht stehendem Wachsrand, Siegel durchgedrückt. Oberfläche, besonders im Gesicht, berieben. Bei der Umschrift 4. und 5. Buchstabe undeutlich.

Umschrift, zwischen Begrenzungslinien: *HIL-[DI?]VVARDVS · EP(iscopu)S*

Die undatierte, in Buchschrift geschriebene Urkunde ist von dem Kleriker Wulfhard in eigener Sache ausgestellt und, da er – wie in dieser Zeit üblich – keinen eigenen Siegelstempel besaß, mit dem des Bischofs bekräftigt worden. Es handelt sich um eines der ganz wenigen deutschen Bischofssiegel des 10. Jahrhunderts. Freilich kennen wir auch von seinem Vorgänger, Bernhard von Halberstadt (932–968), bereits

– zwei verschiedene – Siegel (vgl. Goetting 1976). Selbst von den bedeutenden rheinischen Erzbischöfen sind nur wenige Siegel aus ottonischer Zeit erhalten; einige in der älteren Literatur beschriebene, etwa das Erzbischof Willigis' von Mainz und größtenteils auch das Erzbischof Heriberts von Köln, sind inzwischen auch noch zugrunde gegangen. Doch dürfen wir aufgrund älterer Überlieferung und bekannter Urkundentexte annehmen, daß es sich seit der Mitte des 10. Jahrhunderts bei den rheinischen Erzbischöfen einbürgerte, bischöfliche Urkunden zu besiegeln. Die Suffragane folgten, wenn zum Teil auch nur zögerlich. Es erscheint durchaus fraglich, ob darüber hinaus neben den Königen und Kaisern bereits am Ende des ersten Jahrtausends die meisten Bischöfe Siegelurkunden ausstellten und deshalb auch über Siegelstempel verfügten. Häufiger waren offenbar Siegelringe zum Versiegeln von Briefen (vgl. zum Beispiel Bernwards Siegel, Kat. Nr. *VII-9).

Das bedeutende Halberstädter Siegel zeigt Hildeward – wie bei Bischofssiegeln lange noch im 11. Jahrhundert üblich – als Büste mit einem in der Hand gehaltenen Bischofsstab. Die Mitra als bischöfliches Würdenzeichen begegnet auf Siegeln erst im fortgeschrittenen 12. Jahrhundert. Die mit eng gefälteltem Gewand bedeckte Büste reicht bis zum unteren Rand des Siegelrunds. Die Inschrift, ohne vorangestelltes Kreuz, umgibt Büste und Haupt nur seitlich und oben und nennt, wie es in der Frühzeit üblich war, nur Namen und Bischofstitel, aber nicht den Bischofssitz.

VI-78

Die Urkunde ist in der langen Regierungszeit des Bischofs (968–996) nicht datiert, das Siegel der einzig erhaltene Abdruck, so daß eine nähere Festlegung der Entstehungszeit des Typars aufgrund äußerer historischer Anhaltspunkte nicht möglich ist. Auch stilgeschichtliche Kriterien fehlen, da als Vergleichsbeispiele nur die Siegel der ottonischen Kaiser zur Verfügung stehen. Zwar zeigen auch sie eine frontale Büste, die bis zum unteren Rand der Siegelfläche reicht. Doch lassen sich nähere Übereinstimmungen nicht konstatieren. Deutlich wird nur, daß das Siegel Hildewards – ebenso wie das im Typ ähnliche, ungefähr gleichzeitige Bischof Notkers von Lüttich (Kat. Nr. IV-50) – jedenfalls das Kaisersiegel Ottos des Großen von 965 voraussetzt, bei dem zum ersten Mal der Siegelführer in Gestalt einer großen frontalen Büste erschien (Kat. Nr. II-2), während alle früheren sich auf Kopf- oder Büstendarstellungen im Profil oder wesentlich kleinere, frontale Büsten, oft ohne Arme, nach Art des ersten Kaisersiegels Ottos des Großen oder des gleichzeitigen Siegels seines Bruders, Erzbischof Brunos von Köln, aus dem Jahre 962 (Diederich 1991) beschränkten. Um solcher Selbstdarstellung willen hat Hildewald sich wohl einen Stempel aus Metall – Silber oder Messing – schneiden lassen, während viele Bischöfe seiner Zeit, darunter auch Bernward von Hildesheim, eine ältere, mehr oder weniger zufällig in ihren Besitz gelangte antike Gemme verwandten.

Chroust, Ser. III, Lieferung 18, Taf. 3a mit Erläuterungen. – Urkundenbuch Halberstadt, Nr. 55. – Kat. Berlin 1990, Nr. 3 mit Abb.

Magdeburg, Landeshauptarchiv Sachsen-Anhalt, Rep. U 5, Tit. IX, Nr. 1b: o. D. (968–996)

R. Ka.

VI-79 Consulardiptychon Flavius Constantius als Consul und Patricius

Rom oder Ravenna, um 417 oder 420

Jeweils 27,5 x 14,5 cm. – Elfenbein, geschnitzt.

Beide Tafeln hatten, worauf die Löcher an den heutigen Außenseiten des Rahmens hindeuten, einst Stangenscharniere und waren zu einem Diptychon

VI–79 Hauptseite

VI–79 Nebenseite

(griech. „zweiflüglig") verbunden. Diptychen sind in der Regel flache, an der Innenseite vertiefte und mit Wachs ausgestrichene Täfelchen, die man als Notizbücher benutzte. Die kostbar geschnitzten Elfenbeindiptychen der Spätantike hingegen wurden vom *consul ordinarius* anläßlich seines Amtsantritts an hochrangige Persönlichkeiten verschenkt. Trotz ihrer paganen Darstellungen sind Consulardiptychen in der Kirche weiterbenutzt worden, als Buchdeckelschmuck oder zur Aufnahme von Heiligenverzeichnissen.

Die Tafeln waren ursprünglich etwa 6 cm höher; im Mittelalter sind sie in den Vorder- und Rückdeckel eines Antiphonale des 12./13. Jahrhunderts eingelassen worden. Dabei hat man, um sie „passend" zu machen, jeweils den unteren Rahmen, bei einer Tafel auch die seitliche Rahmenleiste sowie vor allem den oberen Abschluß mit den Namens- und Titelinschriften des Consuls (vgl. Kat. Nr. VI–80) weggeschnitten (zwei Fragmente der Inschrift sind an der Rückseite befestigt). Bei geöffnetem Kodex und obenliegendem Bucheinband – wie in der Ausstellung präsentiert – bieten sich die Tafeln seitenvertauscht dar. Die richtige Anordnung gibt die Abbildung wieder. Nach weströmischem Brauch befand sich nämlich im aufgeklappten Zustand des Diptychons die Hauptseite (Rectoseite) links und die Nebenseite (Versoseite) rechts. Entsprechend waren die Inschriften auf den weggeschnittenen Teilen von links nach rechts zu lesen.

Richard Delbrueck verband das Diptychon mit Flavius Constantius. Dieser erhielt erstmals 414 die Würde eines Consuls und im selben Jahr den höchsten Ehrentitel eines *patricius*, verbunden mit dem

Amt des Reichsfeldherrn des Westens. 417 trat er sein zweites Consulat an und heiratete Galla Placidia, die Halbschwester des weströmischen Kaisers Honorius. 420 verlieh ihm Honorius ein drittes Mal das Consulat und erhob ihn 421 in den Rang eines Mitkaisers (Constantius III.). Doch nur für die Jahre 417 und 420 scheint die Verknüpfung der historischen Gegebenheiten und der ikonographischen Indizien schlüssig aufzugehen: Beide Hälften sind in drei Zonen untergliedert. Auf der Hauptseite erscheint im mittleren Bildfeld Constantius als Consul. Er trägt das mit ornamentalen und bildlichen Darstellungen prunkvoll verzierte Triumphalkostüm und hält in seiner Linken ein Szepter, das mit den Büsten der beiden in West- und Ostrom gleichzeitig regierenden Kaiser Honorius (395–423) und Theodosius II. (408–450) bekrönt ist. Mit der Rechten erhebt er die Mappa, die eigentliche Insignie des Consuls und zugleich ein Hinweis auf die Circusspiele, deren Ausrichtung zu seinen vornehmsten Aufgaben gehörte. Er wird flankiert von zwei Würdenträgern aus dem Senatorenstand, die mit ihrer rechten Hand auf ihn hinweisen, wobei derjenige zu seiner Linken ebenfalls eine Mappa hält. Das Mittelfeld der Nebenseite zeigt Constantius in der Würde eines *patricius*, wiederum flankiert von zwei ranghohen Begleitern unterschiedlichen Alters. Alle drei tragen das in der Spätantike übliche höfische „Dienstkostüm", bestehend aus einer knielangen Ärmeltunika mit Rangabzeichen auf der rechten Schulter, einem Mantel (Chlamys), der über der rechten Schulter mit einer Zwiebelknopffibel gespangt ist und das schräg eingesetzte Tablion aufweist, sowie aus Strümpfen und kurzen Stiefeln. Die obere Bildzone ist auf beiden Tafeln gleich. Unter einem von vier Säulen gebildeten Tribunal sitzen auf einer langen Thronbank mit perlengeschmückter Lehne und Suppedaneum (Fußbank) die Kaiser von West- und Ostrom. Der größere links ist der dienstältere, Honorius, der kleinere und jüngere rechts ist Theodosius II. Beide haben die Rechte im Sprechgestus vor der Brust angewinkelt und sind mit dem kaiserlichen Ornat bekleidet, der dem höfischen „Dienstkostüm" entsprach, jedoch überwiegend aus purpurfarbenen Seidenstoffen bestand. Auf dem Haupt tragen beide das kaiserliche Perlendiadem mit Stirnjuwel. Zur Rechten des Honorius thront die Göttin Roma, ausgestattet mit Nimbus, Helm, Lanze und Schwert mit Adlerkopfgriff, einen Globus in der erhobenen Rechten haltend, die rechte Brust vom Gewand entblößt. Zur Linken Theodosius' II. sitzt die Stadtgöttin von Konstantinopel, ausgezeichnet durch reiche Kleidung, Nimbus, Strahlenkranz, Juwelenkragen und Ährenbündel. Ihre rechte Hand hat sie schützend auf die Schulter des jüngeren Augustus gelegt. Die weibliche Gestalt hinter der Thronbank mit Tunika, Palla und Juwelenkragen ist vielleicht Galla Placidia, die Gattin des Constantius. Obwohl ihr Kopf fehlt, wird sie dennoch keine Haubenkrone getragen haben (vgl. Kat. VI-80), da sie 417 bzw. 420 noch nicht die Würde einer Augusta innehatte. Zwei germanische Leibwächter mit kurzer Tunika, Ovalschild, Speer und Torques am Hals flankieren das Thronbild. In der unteren Zone sind links gefangene und unterworfene, rechts hingegen befriedete Barbaren mit ihren Familien und Waffen dargestellt, womit auf die militärischen und politischen Erfolge hingewiesen werden sollte, die Flavius Constantius gegen aufständische Germanenstämme in Gallien und Spanien errungen hatte.

In künstlerischer und stilistischer Hinsicht ist das Diptychon in den Westen des Reiches zu verweisen, nach Rom oder Ravenna, wo die für kaiserliche Repräsentationszwecke tätigen Werkstätten anzunehmen sind.

Zu welchem Zeitpunkt das Consulardiptychon in den Domschatz von Halberstadt gelangt ist, bleibt unbekannt, doch spricht vieles dafür, daß dies bereits in ottonischer Zeit geschah, zumal die weströmische Entstehung eine Herkunft aus Italien nahelegt (vgl. Essay Effenberger).

Delbrueck 1929, S. 87–93 passim, Nr. 2, Taf. 2. – Delbrueck 1952, S. 177–179, Taf. 29. – Volbach 1976, S. 42 Nr. 35, Taf. 19. – Kat. Berlin 1977, S. 31–32 Nr. 8, Taf. 5 (Arne Effenberger). – Kat. Frankfurt 1983, S. 647–649 Nr. 229 (Dagmar Stutzinger). – Bühl 1991, S. 127–138, 261 Kat. Nr. 7 (Bibliographie).

Halberstadt, Domschatz, Inv. Nr. 45

A. E.

VI-80 Consulardiptychon des Justinus

Konstantinopel, um 540

Jeweils 33,5 x 13 cm. – Elfenbein, geschnitzt, Reste von Vergoldung.

Beide Tafeln sind im Mittelalter seitenvertauscht angeordnet und durch neue Scharniere verbunden

ET·MAR·PETR·THEODOR·VALENT·
RUST·BORAID·CERITI·IUST·
USNIC·DOM·ET·CONS·ORD·

VI–80

worden. Die Einlassungen für die ursprünglichen Scharniere sind an den heutigen Außenseiten des Rahmens erkennbar. Spätantike Diptychen von überdurchschnittlicher Höhe waren stets so montiert, daß die leichte Einziehung, die durch die Verjüngung des Elefantenstoßzahns bedingt ist, sich an der Scharnierseite befindet. Nach oströmischem Brauch war die rechte – also die heutige linke – Seite die Hauptseite, wo demzufolge auf der oben angebrachten *tabula ansata* die stark verkürzte Inschrift beginnt (vgl. dagegen die weströmische Anordnung bei Kat. Nr. VI–79). Sie lautet hier: *FL(avius) MAR (cianus?) PETR(us) THEODOR(us) VALENT(inus) RVST(icius?) BORAID(es) GERM(anus) IVST(inus)* und fährt auf der Nebenseite mit gelegentlicher Verschreibung fort: *V(ir) SNL(ustris) C(omes) DOM (esticorum) ET CONS(ul) ORD(inarius)*. Wir erfahren außer den zahlreichen Namen des Justinus, der ein Vetter Kaiser Justinians I. (527–563) war, daß er bereits das hohe Amt eines Befehlshabers der Palastgarde (*comes domesticorum*) innehatte und zur höchsten Rangklasse der *viri illustrissimi* gehörte, bevor er im Jahre 540 *consul ordinarius* wurde.

Die Darstellung ist auf beiden Tafeln fast gleich. Inmitten einer reichen, sich nach oben und unten symmetrisch entfaltenden Rankenkomposition erscheint jeweils ein kranzartiges Medaillon mit dem Brustbild des Consuls. Dieser ist mit dem prunkvollen Triumphalkostüm bekleidet. Er hält in der erhobenen Rechten die Mappa (vgl. Kat. Nr. VI–79) und in der Linken das Szepter mit der Büste Justinians im Blätterkelch als Bekrönung des Knaufs (vgl. Kat. Nr. VI–79). Oberhalb der Rankenkomposition sind drei Medaillons angebracht. Das mittlere zeigt ein Brustbildnis Christi, auf der Hauptseite mit Kreuznimbus, auf der Nebenseite im Habitus eines Philosophen. Die seitlichen Medaillons enthalten Porträts des Kaiserpaares Justinian I. (links) und Theodora (rechts). Justinian trägt ein mit Perlenreihen verziertes Diadem mit Stirnjuwel und seitlichen Pendilien; seine Chlamys ist mit einer Scheibenfibel über der rechten Schulter gespangt. Die Kaiserin trägt die Haubenkrone mit seitlichem Perlenbesatz und Pendilien sowie einen Juwelenkragen. Im unteren Teil schütten je zwei Knaben in kurzen Tuniken und wehenden Mäntelchen aus geschulterten Säcken Geld in bereitstehende Körbe zum Zeichen der Freigebigkeit des Consuls; eingestreute Siegespreise (silberne Blätter) und andere Geschenke (Diptychon, Kränze?) füllen die Zwischenräume aus.

Aus dem Domschatz zu Goslar, zu dessen ältestem Bestand es wie die Bonner Pyxis (Kat. Nr. VI–81) gehört haben wird. Die Konstantinopler Entstehung des Diptychons spricht keinesfalls gegen eine frühe Verbringung in den Westen, etwa als Geschenk an einen hochgestellten Empfänger in Ravenna oder Rom. Daher ist wie beim Halberstädter Diptychon (Kat. Nr. VI–79) eine Herkunft aus Italien und die Verbindung mit den Ottonen durchaus wahrscheinlich. – 1909 vom Antiquarium überwiesen, vormals in der 1874/75 aufgelösten Königlichen Kunstkammer.

Delbrueck 1929, S. 151–154 Nr. 34, Taf. 34. – Kat. Athen 1964, S. 149–150 Nr. 35, Abb. – Volbach 1976, S. 41 Nr. 33, Taf. 17. – Effenberger/Severin 1992, S. 138–138 Nr. 52 (Bibliographie).

Berlin, Staatliche Museen zu Berlin – Preußischer Kulturbesitz, Museum für Spätantike und Byzantinische Kunst, Inv. Nr. 6367

A. E.

VI–81 Pyxis Lazaruserweckung

Oströmisch, Ende 6./Anfang 7. Jahrhundert

12,7 x 8,7 cm. – Elfenbein, geschnitzt.

Die Pyxis weist wie das Berliner Exemplar (Kat. Nr. VI–82) einen ovalen Querschnitt auf; Deckel und Boden sind verloren. An der einen gestreckten Seite ist die (später erneuerte?) Halterung für das Deckelscharnier angebracht; auf der Gegenseite befindet sich unterhalb des Randes ein unverziertes quadratisches Feld, wo einst das Schloß befestigt war. Darunter ist ein kleiner überkuppelter Grabbau in den Grund eingeritzt. Links davon steht in einer durch den Felsenrand gekennzeichneten Höhle der tote Lazarus, in Leichentücher eingehüllt und mit Binden fest umwickelt. Von links naht Christus, jugendlich und mit dem Stabkreuz, die Rechte im Segensgestus vorgestreckt. Ihm folgen zwei bärtige Apostel. Die Reihe wird sodann durch ein in den Reliefgrund eingeritztes und geschlossenes Tor unterbrochen, das zusammen mit der geritzten Bogenreihe, die den Hintergrund der gesamten Komposition bildet, den himmlischen Ort des Geschehens andeuten soll. Links schließen sich fünf weitere Apostel an. Alle Gestalten sind in zwei Reihen versetzt angeordnet;

VI–81

die Apostel der vorderen Reihe halten in der Linken einen Codex und weisen mit der Rechten auf das Geschehen hin. Nur der letzte Apostel erhebt seine Rechte in einer Staunen ausdrückenden Gebärde. Nach dem Johannesevangelium (11,38–44) war Lazarus in einer Höhle beigesetzt und schon vier Tage tot. Jesus befahl Martha, der Schwester des Verstorbenen, den Stein wegzunehmen, der die Höhle verschloß, und rief Lazarus mit lauter Stimme an, der daraufhin lebendig hervortrat, „an den Beinen und Armen mit Binden umwickelt“, das Gesicht mit einem Schweißtuch bedeckt. Üblicherweise steht Lazarus unter einem kleinen Grabbau und wird von Christus mit dem Stab berührt, wohingegen Martha vor ihm kniet. Auf dem Bonner Gefäß und einigen ebenfalls recht späten Pyxiden ist das Thema der Lazaruserweckung abgewandelt worden, wobei die Qualität der Darstellung in künstlerischer Hinsicht eher unbeholfen und provinziell erscheint.

Angeblich aus Goslar. Diese Herkunftsangabe ist zwar nicht ganz sicher, doch scheint sich die Pyxis seit langem in Niedersachsen befunden zu haben. – 1864 aus der Sammlung des Buchhändlers Friedrich Hahn, Hannover, für das Museum erworben.

Hahn 1862, S. 35–37, Taf. III, 4. – Volbach 1976, S. 118 Nr. 194, Taf. 96. – Engemann/Rüger 1991, S. 299–304 Nr. 122, Abb. 223–227 (Friederike von Bargen, mit Bibliographie).

Bonn, Rheinisches Landesmuseum, Inv. Nr. A 739

A. E.

VI–82 Pyxis
Marienszenen

Oströmisch, Ende 5./Anfang 6. Jahrhundert

11,8 x 7,9 cm. – Elfenbein, geschnitzt.

Die Pyxis, deren Deckel verloren ist, weist einen ovalen Querschnitt auf, wobei das Relief an den gestreckten Partien flacher und im Bereich der stärkeren Krümmungen höher ausgebildet ist. Ein unverziertes quadratisches Feld unterhalb des Randes markiert die Stelle, wo das Schloß saß; darunter erscheint ein mit Kreispunkten verziertes Kreuz im Lorbeerkranz. Rechts davon beginnt die Folge von drei Marienszenen. – 1. Verkündigung. Maria, links, sitzt auf einem Klappschemel. In der erhobenen Linken hält sie den Rocken mit Purpurwolle, mit der Rechten dreht sie die Spindel, darunter der Wasserkrug. Ein verknoteter Vorhang hinter ihrem Rücken deutet ihr Gemach an. Von rechts naht der Verkündigungsengel, die Rechte im Sprechgestus vorgestreckt, in der Linken einen geschulterten Kreuzstab haltend. Die Darstellung folgt dem apokryphen Protoevangelium des Jakobus. Danach war Maria durch das Los auserwählt worden, die Purpur- und Scharlachfäden für den neuen Vorhang des Tempels zu spinnen. – 2. Reise nach Bethlehem. Maria sitzt hochschwanger seitlich auf einer nach rechts trabenden Eselin, begleitet vom greisen Joseph, der mit beiden Händen ihren rechten Fuß stützt, während

VI–82

sie ihren rechten Arm um seinen Nacken gelegt hat. Maria wendet den Kopf zurück und erhebt die linke Hand; ein Engel schreitet dem Zug voran. – 3. Geburt Christi. Die Szene vermischt den Lukasbericht (2,6–8) mit Schilderungen aus den apokryphen Kindheitsevangelien. In einer gemauerten Krippe liegt das in Windeln gewickelte Jesuskind, flankiert von Ochs und Esel, die je zur Hälfte von der Krippe verdeckt werden und ihre Köpfe umwenden: „Da erfüllt sich, was durch den Propheten Jesaja verkündet ist, der sagt: »Der Ochse kennt seinen Besitzer und der Esel die Krippe seines Herrn.« So beteten sogar die Tiere, Ochs und Esel, ihn ständig an, während sie ihn zwischen sich hatten" (Pseudo-Matthäus). Scheinbar in der Krippe liegend ist links der Stern von Bethlehem wiedergegeben. Rechts neben der Krippe ruht Maria auf einem großen Kissen und wendet den Kopf zu dem Engel um, der von rechts naht und ein Weihrauchgefäß sowie einen Kreuzstab hält. Vor der Krippe kniet Salome. Sie erhebt ihre rechte, von der linken gestützte Hand zum Christuskind empor. Weil sie an der Jungfräulichkeit Marias gezweifelt hatte, war ihre Hand verdorrt. Der Engel gebietet ihr: „Tritt herzu, faß das Kind an, so wird dir Heilung geschehen" (Protoevangelium des Jakobus).

Wohl aus dem Domschatz zu Minden, wo im Inventar von 1683 ein *elffenbeinen rundes Kästgen mit silbernen Beschlag* aufgeführt ist; seit 1811 in einer Mindener Privatsammlung. Wie die Bonner Pyxis aus Goslar dürfte sich das Stück seit langem in Niedersachsen befunden haben. – Seit etwa 1852 in der Sammlung des Buchhändlers Friedrich Hahn, Hannover; 1869 für die Königliche Kunstkammer erworben, nach deren Auflösung 1873/74 in den Besitz der Berliner Museen gelangt.

Hahn 1862, S. 15–23, Taf. II Nr. 2. – RAC 9, 1976, Sp. 208–209 (Lieselotte Kötzsche-Breitenbruch). – Volbach 1976, S. 110 Nr. 174, Taf. 88. – Kat. Frankfurt 1983, S. 694–696 Nr. 270, Abb. (Dagmar Stutzinger). – Effenberger/Severin 1992, S. 136–137 Nr. 50 (Bibliographie). – Krohm/Suckale 1992, S. 119–121 Nr. 3 (Petra Marx).

Berlin, Staatliche Museen zu Berlin – Preußischer Kulturbesitz, Museum für Spätantike und Byzantinische Kunst, Inv. Nr. 585

A. E.

VI–83 Der heilige Johannes diktiert Procheros das Evangelium

Lüttich (?), um 1000

14 x 13,7 cm. – Elfenbein. In der vordersten Ebene, vor allem bei der Figur des Schreibers, stark berieben. Eingelassen in einen Buchdeckel mit Resten von Goldschmiedebeschlägen des 13. und 14. Jahrhunderts (28 x 22 cm). Die zugehörige bilderlose karolingische Evangelienhandschrift gilt nach der Tradition als Geschenk Ludwigs des Frommen an Bischof Haymo von Halberstadt, der Buchdeckel als Stiftung des Thesaurars Albert von Aldenburg aus dem Jahre 1263.

Der auffallend jugendliche Evangelist Johannes sitzt auf einem Thron mit Kissen vor einer Landschaftskulisse, in der Mauerzüge mit Zinnenkränzen und einzelnen reich verzierten Türmen sichtbar werden. Mit der linken Hand hält er ein großes aufgeschlagenes Buch auf den Knien, mit der ausgestreckten Rechten diktiert er dem knabenhaft kleinen, links auf einem Schemel hockenden Schreiber das Evangelium. Zwischen beiden steht eine offene Buchkiste mit verschiedenen Buchrollen, dahinter liegt auf hohem Pult in einer trogartigen Vertiefung ebenfalls eine Rolle, deren aufgewickeltes Ende rückwärts herabfällt. In der Architektur- und Bergkulisse hat sich der Adler, das Symbol des Evangelisten Johannes, mit ausgebreiteten Schwingen und einer Rolle in den Klauen niedergelassen.

Die Überlieferung, daß Johannes sein Evangelium nicht mit eigener Hand geschrieben, sondern seinem jugendlichen Schreiber Procheros auf der wüsten Insel Patmos diktiert habe, geht auf griechische Legenden des 5. Jahrhunderts zurück und war im Osten, vor allem seit dem 10. Jahrhundert, weit verbreitet. Johannes wird hier stehend, oft zu der am Himmel erscheinenden Hand Gottes blickend, erst in seltenen späten Beispielen auch sitzend, immer aber nach byzantinischer Tradition und dem Text entsprechend als bärtiger Greis dargestellt. Procheros, der im Text als Kind bezeichnet wird, sitzt als kleine Gestalt meist auf dem nackten Felsengrund. Die ältesten Beispiele des 10. Jahrhunderts zeigen Goldgrund, später gibt es eine Felsenlandschaft, selten Architekturkulissen. Das Halberstädter Elfenbein bietet die einzige Darstellung dieser Art im Westen; auch die zugrundeliegenden griechischen Texte sind offenbar im Abendland sonst nicht bekanntgeworden. Entgegen östlicher Tradition ist Johannes als bartloser Jüngling wiedergegeben.

VI–83

Die Landschaftskulisse, in der hinter Rändern von Bergrücken Mauern und Architekturfragmente auftauchen, stammt aus der karolingischen Kunst. Zwar nicht bei Elfenbeinen, aber in Reimser Handschriften wie im Coelestiner-Evangeliar der Pariser Arsenalbibliothek umgibt sie in dieser Form stadtmauerartig die sitzenden und schreibenden Evangelisten, wobei die Berge und Architekturen in der zeitlich folgenden Reimser Buchmalerei zunehmend mit Wolkenbänken zu einer abstrakten, ihre Räumlichkeit zugunsten flächiger Ordnung einbüßenden Füllung des Hintergrundes verschmelzen. Es ist dies Teil eines Prozesses der ottonischen Bemühungen um Verfestigung und Klärung der antik-illusionistischen Elemente der übernommenen Vorbilder. Die karolingische Buchmalerei, vor allem die sogenannte Hofschule Karls des Großen, kennt auch die betont jugendlichen Evangelisten nach Art des heiligen Lukas mit großen festen Köpfen, glatten Gesichtern und darüberliegender dicker Haarkappe – ohne Zweifel ein Erbe spätantiker Mailänder und römischer Elfenbeine der Zeit um 400. So enthält die Komposition, liegen ihr auch östliche literarische Quellen zugrunde, kaum byzantinische Bildelemente.

Bei den unterschiedlichen Quellen, die der Elfenbeinschnitzer verarbeitet hat, bietet sich als Anhaltspunkt für eine versuchsweise Lokalisierung die Gestalt des sitzenden Johannes an. Seine feste und auffallend antikisch gebildete Figur findet in der Freiheit der ihr eingeräumten Bewegung, im räumlichen und plastischen Reichtum, in dem das Gewand mit seinen Faltensträngen sich über die Knie und Unterschenkel legt, im erhaltenen Bestand ottonischer Denkmäler am ehesten eine Entsprechung im thronenden Christus des Notker-Elfenbeins, also in Lütticher Werken der Jahrtausendwende (Kat. Nr. IV-51). In Lüttich waren gewiß auch karolingische Vorbilder leichter zugänglich als in Niedersachsen, wohin Tilmann Buddensieg das Relief zusammen mit der Berliner Darbringung und dem Osnabrücker Kamm (Kat. Nr. VI-84 und VI-85) lokalisieren möchte. Von ihrer strukturlos geschwollenen Plastizität unterscheidet sich die Johannesfigur durch das unvergleichliche Verständnis ihres Meisters für menschliche Körper – aus Knochen, Fleisch und Gewand – grundlegend. Daß diese Konstruktion in unmittelbarem Umgang mit spätantiken Werken gewonnen wurde, ist in hohem Maße wahrscheinlich. Kein mittelalterlicher Künstler hatte so leicht Zugang zu antiken Werken wie ein Elfenbeinschnitzer, der vielfach darauf angewiesen war, antike Elfenbeinplatten erneut zu beschnitzen.

Im Westfälischen Landesmuseum Münster befindet sich ein Elfenbeinrelief mit dem heiligen Lukas vor ähnlichen Architekturrudimenten, mit Stiersymbol über einem Wolkenband. Doch handelt es sich nicht um ein gleichzeitiges Werk, sondern offenbar um eine spätere Arbeit – möglicherweise des 12. Jahrhunderts –, durch die das ottonische Johannesrelief zu einer Evangelistenserie ergänzt werden sollte; die beiden übrigen Platten sind freilich nicht erhalten.

Goldschmidt, 2, Nr. 44. – Buddensieg 1965, S. 70, Anm. 7. – Buddensieg 1967, S. 105–107. – Lasko 1972, S. 107–108. – Flemming/Lehmann/Schubert 1990, S. 250 zu Nr. 115.

Halberstadt, Domschatz, Ms. 44

R. Ka.

VI-84 Darbringung im Tempel

Mittelrhein, Ende 10. Jahrhundert

9 x 19 cm. – Elfenbein.

Die ersichtlich von der Längsseite eines Kastens stammende Elfenbeinplatte zeigt innerhalb eines glatten ungeschmückten Rahmens die Darbringung Christi im Tempel, wie sie nach dem judaischen Gesetz für alle Erstgeborenen vorgeschrieben war, und die Personen, die nach dem Bericht des Evangelisten Lukas (2,22–40) dabei anwesend waren. In ikonographisch ungewöhnlicher Form reicht der greise Simeon das sitzende Jesuskind mit ehrfürchtig verhüllten Händen über den Altar hinweg der Gottesmutter zurück. Hinter Simeon steht die Prophetin Hanna, deren heftige Handbewegung auf ihre prophetische Erleuchtung hinweist. Sie faßt mit der Rechten einen Gewandzipfel; auf vielen älteren Verbildlichungen der Szene hält sie in ähnlicher Form eine Rolle. Joseph, am rechten Bildrand, trägt zwei Tauben in den Händen, das Opfer der Armen zur Reinigung der Wöchnerin (Lev. 12,8). In der Geschichte des Bildtyps sind verschiedene zeitliche Momente der Übergabe des Kindes durch Maria an Simeon zum Bildgegenstand gemacht worden. Oft hält die Gottesmutter das Kind, das Simeon mit ausgestreckten Armen erwartet. Jesus segnet den Propheten oder streckt die Arme nach ihm aus. In karolingisch-ottonischer Zeit halten oft beide das Kind

VI–84

über dem Altar; selten trägt Simeon das Kind allein im Arm. Der Altar bezeichnet nicht nur den Tempel als Ort des Geschehens, sondern weist auf die Eucharistie voraus, als deren Vorbild die Darbringung Christi, die ja eine Opferung des Erstgeborenen an Gott war, verstanden wurde. Der hier gewählte zeitlich folgende Moment der Rückgabe des Kindes durch Simeon ist in der zeitgenössischen Kunst sonst nicht als Thema des Bildes gewählt worden, zumal ihm auch keine besondere inhaltliche Bedeutung zukam.

Die Komposition erweist sich nicht zuletzt durch die sinnwidrige Geste, mit der das Kind seine Mutter statt Simeon segnet, als Umbildung eines Bildschemas, wie es in Trier um 980 im Codex Egberti überliefert ist: Maria reicht das Kind über den Altar dem Propheten, der es mit verhüllten Händen empfängt. Der künstlerische Zusammenhang der ungefähr gleichzeitig entstandenen Elfenbeinplatte mit der Komposition der Trierer Handschrift ist nicht zu bestreiten. Während Adolph Goldschmidt auch für das Elfenbein an Trier als Entstehungsort dachte und Carl Nordenfalk das Relief sogar dem bedeutendsten Trierer Buchmaler, dem sogenannten Meister des Registrum Gregorii, der am Codex Egberti als führender Maler beteiligt war, als eigenhändiges Werk glaubte zuschreiben zu können, hat Tilmann Buddensieg eine Lokalisierung nach Niedersachsen vorgeschlagen. Zwar kennt die niedersächsische Buchmalerei, vor allem die in Corvey entstandene Wesergruppe, eine Körperbildung aus großen, glatten, blank polierten Gewandflächen zwischen eingetieften dichtgedrängten Faltenlinien bei ähnlich instabilen Standmotiven. Doch bewirkt der fahrige spitze Zeichenstil dieser niedersächsischen Arbeiten zwar gewisse partielle Aufwölbungen, niemals aber die Illusion gerundeter schwellender Plastizität breiter und flacher Körper, wie sie im Umkreis des Gregor-Meisters auftreten. Entsprechungen, wie sie sich im Evangeliar aus Abdinghofen in Kassel beobachten lassen, bleiben sehr äußerlich und dürften kaum eine Lokalisierung des Elfenbeins nach Niedersachsen zu stützen vermögen. Überzeugender hat Carl Nordenfalk auf den Engel einer Verkündigung in Würzburg hingewiesen, ein Einzelblatt, das aus dem weiteren Einflußbereich des Trierer Meisters stammen muß, bisher aber nicht überzeugend lokalisiert werden konnte. Dort findet sich auch das labile Standmotiv. Darüber hinaus dürfte für die Figurenbildung die karolingische Tradition der Elfenbeinkunst einer Werkstätte prägend gewesen sein, die vor allem für Karl den Kahlen gearbeitet hat. Die Apostelserien zweier Kästchen im Schatz von Quedlinburg und im Bayerischen Nationalmuseum in München, das aus dem Dom in Bamberg stammt, zeigen das deutlich. Die engsten Übereinstimmungen bietet in der flachen, aber polsterartigen Plastizität, in der Art der Gesichtsbildung mit charakteristisch zwischen schmalen rahmenden Lidern eingeschnittenen mandelförmigen Augen mit kleinen gebohrten Pupillen eine Elfenbeinplatte im Kestner-Museum in Hannover, die den stehenden heiligen Nazarius darstellt. Sie soll nach älterer Tradition von einer Trierer Handschrift stammen, könnte aber auch aus der mittelrheinischen Abtei Lorsch kommen, die als Hauptzentrum der Verehrung dieses Heiligen anzusehen ist. In der wenig späteren Buchmalerei dieses Klosters ist der starke künstlerische Einfluß des GregorMeisters evident. Ist die Elfenbeinplatte nicht unmittelbar in Trier, sondern in einem solchen der Kunst des großen ottonischen Meisters nur mehr oder weniger verpflichteten Zentrum entstanden, so ließen sich dadurch auch die unübersehbaren Divergenzen zu seinen eigenen Werken, vor allem in der Unsicherheit der Standmotive, verstehen.

Die mittelalterliche Herkunft des Stückes ist nicht überliefert. Es wurde 1903 durch die Berliner Museen von den Freiherren von Fürstenberg, Schloß Stammheim, in Westfalen erworben; vgl. Kat. Nr. *IX-10.

Goldschmidt, 2, Nr. 41. – Volbach 1923, S. 23. – Boeckler 1938, S. 23 Anm. 95. – Nordenfalk 1950, S. 74. – Buddensieg 1967, S. 107. – Lasko 1972, S. 106.

Berlin, Staatliche Museen zu Berlin - Preußischer Kulturbesitz, Skulpturengalerie, Inv. Nr. 2848

R. Ka.

VI-85 Liturgischer Kamm

Niedersachsen (?), Ende 10. Jahrhundert

20,5 x 13,7 cm. – Elfenbein.

In dem flachen Halbkreisfeld, das allein künstlerisch ausgestaltet ist, thront in der Mitte der heilige Petrus, in der oberen Kehle bezeichnet: *SCS PETRVS*. Von der Seite nahen zwei Heilige, durch bischöfliche Gewänder und Pallium als Erzbischöfe gekennzeichnet, und überreichen dem Apostel jeweils ein Buch, das er mit ausgebreiteten Händen ergreift. Darüber werden – plastisch erhaben aus dem Grund geschnitzt – zwei niedrige Stäbe sichtbar, die links ein Kreuz und den Buchstaben S, rechts einen Balken (oder T) und ein R tragen. Die Stäbe sind mit den Büchern verbunden. Ob sie von Petrus oder den knienden Heiligen gehalten werden, ist dem Relief nicht eindeutig ablesbar. Im Gegensatz zu verschiedenen in der Literatur geäußerten Deutungen wird man mit Adolph Goldschmidt nur zwei Erklärungen für denkbar halten: Entweder handelt es sich um Schlüssel in den Händen des Apostels, deren Bärte wie seit dem 6. Jahrhundert oft die Buchstaben seines Namens enthalten. Oder wir haben darin die Anfangsbuchstaben der Namen der sonst nicht weiter identifizierbaren Heiligen zu sehen. Eine überzeugende Deutung der ungewöhnlichen Darstellung ist bisher nicht gelungen. Eine Buchdedikation, wobei an die Übergabe eines Buches durch zwei Stifter zu denken wäre, scheint auf einem liturgischen Kamm wenig sinnvoll. Die Übergabe von Büchern durch Petrus an zwei heilige Erzbischöfe nach Art des antiken Bildschemas der *Traditio legis* entbehrte jeder Parallele in den zeitgenössischen Darstellungen des Apostelfürsten. Zwar ist Petrus Patron des Domes in Osnabrück, Osnabrück war jedoch kein Erzbistum, und heilige Bischöfe gab es dort ebenfalls

VI-85

nicht. Freilich ist nicht einmal bekannt, wann der Gegenstand, der spätestens im 17. Jahrhundert dort als Kamm Karls des Großen verehrt wurde, in den Domschatz gelangt ist. In den erhaltenen Inventarverzeichnissen wird er zum erstenmal 1615 erwähnt.

Liturgische Kämme mit christlichen Darstellungen, auffallend oft mit den Namen bestimmter heiliger Bischöfe, gelegentlich auch von Herrschern in Verbindung gebracht, finden sich mehrfach in Kirchenschätzen. Sie dienten zum Ordnen der Haare beim Gottesdienst, etwa nach der Salbung bei der Bischofsweihe, beim Auf- und Absetzen der Mitra und bei Königen entsprechend bei Krönungen. Von allen Elfenbeinen, die Tilmann Buddensieg nach Niedersachsen lokalisieren wollte (vgl. Kat. Nr. VI–83 und VI–84), vermag seine These für den Osnabrücker Kamm am ehesten zu überzeugen. Die kleinen kompakten Figuren mit den dicht gedrängten Faltentälern der Gewänder finden dort gewisse Entsprechungen sowohl in der Fuldaer wie in der sächsischen Buchmalerei des ausgehenden 10. und frühen 11. Jahrhunderts.

Goldschmidt, 2, Nr. 43. – Witte 1925, S. 12–15. – Jahrtausend, Tafelbd., Nr. 296. – Swoboda 1963, S. 84–87. – Buddensieg 1965, S. 70, Anm. 7. – Buddensieg 1967, S. 105, 107. – Grodecki 1973, S. 307 (Jean Taralon). – Borchers 1974, S. 31–32, 174.

Osnabrück, Domschatz

R. Ka.

VI–86 Buchkasten mit Mitteltafel eines Triptychons Gottesmutter Hodegitria

Buchkasten: Deutsch, 11. Jahrhundert
Elfenbein: Konstantinopel, zweite Hälfte des 10. Jahrhunderts

27 x 21,5 x 7 cm, Elfenbein 14,9 x 11 cm. – Holz, Elfenbein geschnitzt, Seidengewebe.

Die Tafel ist wohl schon im 11. Jahrhundert in den Vorderdeckel eines hölzernen Buchkastens eingelassen worden, der wiederum zur Aufbewahrung eines (verlorenen?) Evangeliars gedient haben wird. Sie bildete ursprünglich die Mitte eines Triptychons: von den beiden Leisten, die mit jeweils zwei Dübeln auf dem oberen und unteren Rahmen befestigt und in die seitlich die Flügel eingehängt waren, ist die eine noch erhalten; sie wurde als Füllung zwischen den oberen Rahmen und die Vertiefung des Holzdeckels eingefügt (die untere Leiste scheint jüngeren Datums zu sein). Bei der Wiederverwendung und Umarbeitung des Reliefs sind die Inschriften + *S(an)C(t)A MARIA / MATER D(o)M(in)I* (hl. Maria Mutter Gottes) auf dem oberen und unteren sowie die Ranken auf den seitlichen Rahmen hinzugefügt worden. Die Darstellung der Gottesmutter folgt dem Typus der Hodegitria, doch ist diese als Dreiviertelfigur wiedergegeben. Von der gleichermaßen höfisch-vornehmen wie überaus lieblichen Gestalt der Hodegitria auf der Utrechter Tafel (Kat. Nr. II–18) unterscheidet sie sich durch die deutliche Betonung des Körpervolumens und die manierierte Üppigkeit der Gewänder, deren stofflicher Reichtum die Figur gänzlich zu verhüllen scheint, ferner durch die behäbige, matronenhafte Rundung des Gesichtes. Hierzu fügt sich auch die Bildung des Christuskindes, dessen Kopf höher und näher an das Haupt der Gottesmutter herangerückt ist, so daß sich ihre Nimben berühren. Die seltsam vergreisten Gesichtszüge des Emanuel sind geradezu ein stilistisches Markenzeichen für eine große Zahl halbfiguriger Gottesmutter-Ikonen der „Triptychon-Gruppe", der das Elfenbein zugewiesen werden kann.

Das Innere des Kastens, dessen Vorderdeckel, den Mulden und Nagelspuren zufolge, ursprünglich einen Beschlag aus Goldfiligran und Edelsteinen aufwies, ist mit Resten zweier Seidenstoffe ausgeschlagen. Der eine davon dürfte noch zur ursprünglichen Ausstattung des Buchkastens gehören. Es handelt sich um ein aus mehreren Fragmenten zusammengesetztes, purpurrotes Gewebe in der Technik des Pseudolampas (die praktisch nur im 11. und 12. Jahrhundert nachzuweisen ist) und mit einem Muster, das zum weiteren Umfeld der sogenannten Spitzovalmuster zählt (vgl. Kat Nr. IV–1). Seine Einzelformen finden Parallelen an Stoffen, die in die 1. Hälfte des 11. Jahrhunderts zu datieren sind, beispielsweise an der Willigiskasel in Mainz (Kat. Nr. IV–1) oder an der Kasel aus dem Grab Papst Clemens' II. († 1047) in Bamberg. Entsprechend ist auch die Seide an dem Buchkasten zu datieren. Ein genaues Gegenstück in Technik und Muster findet sich in Zweitverwendung in einem – allerdings jüngeren – Elfenbeinkästchen in München (Bayerisches Nationalmuseum, Inv. Nr. MA 3063).

Seit wann sich der Buchkasten und mit ihm das byzantinische Elfenbeinrelief und die beiden Seidenfragmente im Domschatz von Osnabrück befinden,

VI–86 Innenseite

VI–86

ist unbekannt. Eine Notiz aus dem Jahre 1703, die im Inneren des Kastens gefunden wurde, bezeugte lediglich, daß sich das Behältnis spätestens damals im Besitz des Domes befand. Die Verbindung des Elfenbeinreliefs und der Seidenfragmente spricht jedoch für eine sehr alte Provenienz, über die wir nur Vermutungen anstellen können. Vielleicht ist der Kasten durch Bischof Benno II. von Osnabrück (1068–1088), der eine Zeitlang Propst in Hildesheim war, von dorther mitgebracht worden.

Witte 1925, S. 16 Nr. 3, Taf. 2 (Bibliographie). – Goldschmidt/Weitzmann, 2, S. 64 Nr. 140, Taf. 50. – Wentzel 1972/1, S. 14–15, Abb. 9. – Zu den angeführten Seidenstoffen: Müller-Christensen 1960, S. 37–39, 57–60.

Osnabrück, Domschatz

A. E./R. S.

VI–87 Silberleuchter

Lothringen (?), Ende 11. Jahrhundert

H. 35 cm. – Bronze, gegossen, Silberplattierung, Gravierung.

Der hohe, dreiknäufige Schaftleuchter erhebt sich über einem Fuß, der sich aus drei Blättern zusammensetzt. Diese besitzen einen ausgeprägten Grat, sinken leicht konkav ein und zeigen florale Motive in Gravurtechnik. Die Trennlinie zwischen den Blättern wird durch ein weiteres Blatt abgedeckt, das sich am unteren Ende einrollt. Der Fuß saß ursprünglich auf drei Löwenpranken (von denen eine fehlt).

Die beiden Schaftstücke und der mittlere der drei Knäufe sind mit verschränkten Bändern überzogen. Der mittlere Knauf besitzt zwei glatte Ringe, mit denen sich der Nodus von den Schaftstücken absetzt. Der untere und der obere Knauf sind glatt und haben je einen glatten Trennring auf der Seite des Schaftes, während sie an den Fuß respektive den Lichtteller unvermittelt anschließen.

VI–87

Die Tropfschale ist kelchförmig, ihr steiler, glatter Rand mit kreisrunden Eintiefungen versehen. Gleichartig strukturierte Bänder teilen die Tropfschale in einzelne Segmente. Diese werden von hochstieligen Palmetten gefüllt.

Im Typus erinnert der Braunschweiger Leuchter an die Bernward- (Kat. Nr. VIII–32) und die sog. Tassilo-Leuchter (Kat. Nr. V–41); durch seine etwas gedrungenere Proportionierung steht er aber den Leuchtern in Zürich (Schweizerisches Landesmuseum) und Bonn (Rheinisches Landesmuseum) näher. Mit diesem verbindet das Braunschweiger Stück auch die Form der großen Blätter, die den Fuß bilden; beide Stücke dürften in Lothringen entstanden sein, das Braunschweiger etwas vor dem Bonner Exemplar.

Der Braunschweiger Leuchter soll aus dem Dom von Goslar stammen.

Meier 1921, S. 23, Nr. 320a. – von Falke/Meyer 1935, S. 3 f., S. 97, Nr. 12, Abb. 13. – Kat. Braunschweig 1948, Nr. 61. – Kat. Amsterdam 1949, Nr. 95. – Kat. Lüttich 1951, Nr. 75. – Kat. Rotterdam 1952, Nr. 50. – Hedergott 1971, Nr. 9, Abb. 9.

Braunschweig, Herzog Anton Ulrich-Museum, Inv. Nr. MA 320a

M. P.

VI–88 Kästchen aus Wunstorf

Niedersachsen, Mitte 10. Jahrhundert

18,2 x 12,5 x 7,2 cm. – Knochenplatten auf erneuerter Holzunterlage, zwei Bronzebeschläge, Schloß, zwei Silbermünzen.

Aus einer recht umfangreichen Gruppe mit eingepunzten und gravierten geometrischen, gelegentlich auch kreisförmigen Ornamenten und Öffnungen verzierter Kästchen, deren Entstehung zwischen dem 10. und 12. Jahrhundert vermutet wird, ragt das aus der Stiftskirche St. Kosmas und Damian in Wunstorf bei Hannover stammende Stück durch die Dichte seiner Dekoration und dadurch heraus, daß die beiden Kreise im Mittelfeld des Deckels zwei Sachsenpfennige Kaiser Ottos I. enthalten, die mit

VI–88

der Umschrift *ODDO* um ein mittleres Kreuz versehen sind. Der Kasten dürfte also, wenn die Münzen zum ursprünglichen Bestand gehören, was allgemein angenommen wird, in der Regierungszeit Ottos des Großen (936–973) entstanden sein.

Goldschmidt, 4, Nr. 303. – Stuttmann 1966, Kat. Nr. 102. – Elbern 1973, S. 93–94. – Elbern 1982, S. 164–165. – Kat. Nürnberg 1982, Nr. 214 (Hermann Maué). – Kat. Speyer 1992, S. 350–351, Nr. 1 (Mechthild Schulze-Dörrlamm).

Hannover, Kestner-Museum, Inv. Nr. WM XXI, 18

R. Ka.

VI–89 Reliquienbursa (Petrus-Reliquienschrein)

Westfalen, 2. Viertel 11. Jahrhundert (unter Einbeziehung älterer Goldschmiedearbeiten)

21,8 x 8,7 cm, H. 22,8 cm. – Goldblech, Golddraht, als Verkleidung der Unterseite eine Silberplatte, Steinbesatz, Zellenschmelz, Holzkern (nach 1945 erneuert).

Die mehrfach im Beschlagwerk veränderte Reliquienbursa zeigt auf den beiden Hauptseiten breite Rahmungen und tief eingelassene Bildfelder. Die Rahmung zeigt über Model geschlagene Rankenleisten mit byzantinisierenden Palmetten; von den getriebenen Goldplatten sind zwei auf einer der beiden Hauptseiten erhalten mit den Darstellungen des Pfingstwunders (die Taube des Heiligen Geistes, flankiert von den zwölf Aposteln) und der Kreuzigung des heiligen Petrus. Auf den Schmalseiten jeweils eine Halbfigur eines Heiligen mit Resten einer Umschrift. Die zweite Hauptseite (Vorderseite) zeigt im Giebelfeld Steinbesatz, davon dürfte der linke Aquamarin noch original sein; die rechteckige Wand ist dreigeteilt. Steine in Golddrahtfassungen schmücken heute die zwei hochrechteckigen Felder, in das runde Mittelfeld ist eine Goldplatte eingelassen, die in Zellenschmelz in kreuzförmiger Anordnung vier figurale Büsten zeigt, dazwischen jeweils zwei die Büsten flankierende Vögel. In der Mitte ein wohl jüngerer Stein, der einen älteren originalen ersetzt. In die Bodenplatte sind die Namen der Heiligen eingraviert, deren Reliquien in der Burse verwahrt waren. Verloren ist der Kamm der Bursa.

VI–89

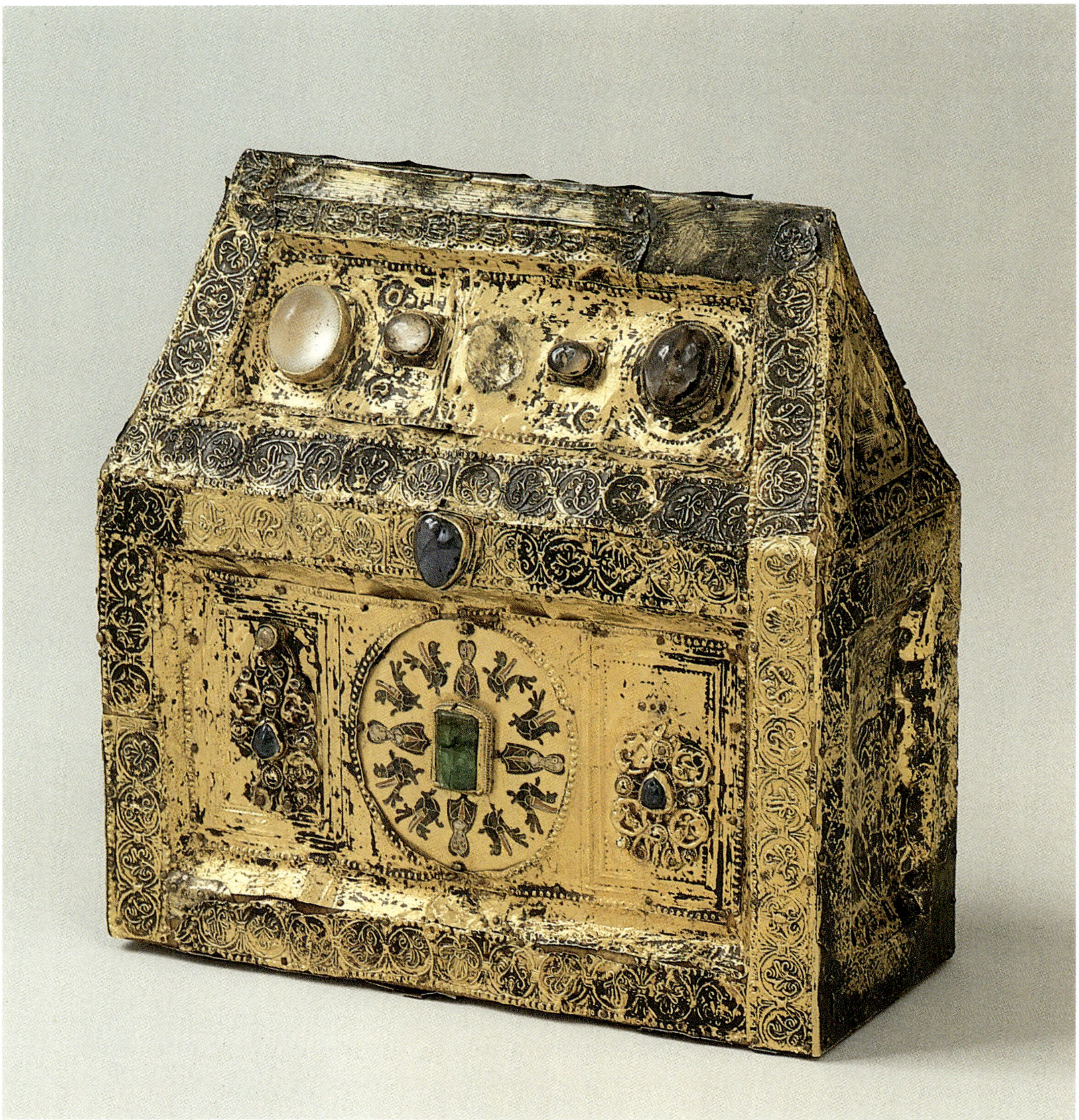

Ergänzungen und Veränderungen aus verschiedenen Zeiten, zuletzt anläßlich der durch den Brand des Domes 1945 bedingten Restaurierung.

Einer Tradition zufolge soll Bischof Rudolf von Schleswig die Bursa anläßlich seiner Teilnahme an der Weihe des Domes 1071 gestiftet haben. Daraus dürfte man aber, sofern diese Überlieferung einen wahren Kern hat, nur einen terminus ante quem für die Datierung ableiten: Die beiden Relieffelder werden hinsichtlich des Stiles der Figuren mit den Treibarbeiten des Buchdeckels vom Evangeliar der Äbtissin Theophanu (um 1039-56; Essen, Münsterschatz) verglichen. In diese Zeit gehört auch die Palmettenranke eher als in das 3. Viertel des 11. Jahrhunderts.

Die beiden Agraffen (?), welche die Vorderseite zieren, bringt Peter Lasko mit dem Buchdeckel aus der Kathedrale in Sion (Sitten), Schweiz, in Verbindung (London, Victoria & Albert Museum), der möglicherweise von König Rudolf II. von Burgund (gestorben 937) dahin gestiftet wurde (vgl. auch Steenbock 1965, S. 140 f., Nr. 55). Jedenfalls aber sind die beiden Schmuckstücke noch in das 10. Jahrhundert zu datieren.

Was die Anordnung der vier Büsten auf der Goldplatte betrifft, so kann als Parallele auf den Lindauer Buchdeckel (New York, Pierpont Morgan Library; Steenbock 1965, S. 94 ff., Nr. 21) verwiesen werden. Möglicherweise bildete die Scheibe das Zentrum eines Kreuzes wie auf dem Buchdeckel des Evangeliars des Bischofs Gauzelin (Nancy, Kathedralschatz).

Die Goldplatte dürfte in das späte 9. Jahrhundert oder (eher) in die 1. Hälfte des 10. Jahrhunderts zu datieren sein.

Ludorff 1902, S. 75. – Kat. Corvey 1966, 2, S. 565 f., Nr. 244. – Lasko 1972, S. 85. – Schulze-Dörrlamm 1991/1, S. 80 f.

Minden, Domschatz, Inv. Nr. DS 65

H. F.

Die Cyriacuskirche zu Gernrode

Die ehemalige Damenstiftskirche in Gernrode ist einer der am besten erhaltenen Sakralbauten aus der Zeit der ottonischen Herrscher. An kaum einem anderen kann man die Eigenart ottonischer Architektur so gut studieren wie an ihm.

Gernrode, St. Cyriacus. Ostansicht

Gründer des Damenstifts war der sächsische Markgraf Gero, der damit eine Grablege für seine Familie schaffen wollte. Als er kurz nacheinander seine beiden Söhne verloren hatte, ließ er 959 in seiner Burg Gernrode das Stift einrichten und seine junge, Witwe gewordene Schwiegertochter Hathui zur ersten Äbtissin bestimmen. Auf einer Romreise erwarb Gero 961 eine Armreliquie des heiligen Cyriacus. Der Glanz dieses Besitzes drängte die ursprünglichen Patrone des Stifts, Maria und Petrus, in ihrer Bedeutung für das Stift zurück. In der Nähe dieser Reliquie ließ sich Gero nach seinem Tode im Jahre 965 auch bestatten.

Der Bau der Stiftskirche wurde mit den Ostteilen begonnen, gewiß unmittelbar nach 959. Diese bestehen aus Apsis, Chorquadrat und Querschiff mit Nebenapsiden. An der Hauptapsis sind ihre Fensterlosigkeit, die zwei strebepfeilerartigen Lisenen und das Gesims, das eine Art Attika vom Hauptkörper trennt, ungewöhnlich. Die Vierung war ursprünglich durch vier Bögen ausgegrenzt. Diese lagen aber in unterschiedlicher Höhe, so daß man hier von einer Vorform der sogenannten ausgeschiedenen Vierung, einer Leitform der romanischen Architektur, sprechen kann. Aufgrund dieser Gestaltung darf man wohl vermuten, daß die Kirche einst einen Vierungsturm besaß oder erhalten sollte. Auffällig sind auch die Dreiergruppen der Fenster an Querschiff und Chor; denn später waren Zweiergruppen üblich. Unter Apsis und Chorarm liegt eine Krypta. Sie ist zwar als Hallenkrypta auf vier Stützen ausgebildet, aber die absatzlose Einbeziehung der Apsis in den Gesamtraum erinnert noch an das Motiv der Ringkrypta. In der Westwand der Krypta befindet sich eine Nische, in der gewiß die Cyriacusreliquie verwahrt wurde. Unweit westlich davon, in der Vierung oder etwas weiter nach Westen zu, ließ sich Markgraf Gero bestatten. Grab und Reliquie waren aufeinander bezogen.

Nach dem Ostteil wurde wahrscheinlich der Westbau errichtet. Er vertrat einen Typus, der danach vielfach an Damenstiftskirchen verwendet wurde: Ein kräftiger quadratischer Mittelturm, Empore und Glockengeschoß einschließend, wurde seitlich von je einem runden Treppenturm begleitet, an den sich östlich jeweils ein doppelgeschossiger Nebenraum anschloß. Dessen Obergeschoß vermittelte sowohl den Zugang zur Empore im Turm als auch zu den Längsemporen, die in Gernrode ungewöhnlicherweise über beiden Seitenschiffen angeordnet waren. Zwischen dem Westbau und den Ostteilen lag bei Baubeginn vermutlich ein – später abgerissenes – Gebäude, das eine direkte Fluchtung zwischen den beiden Bauteilen verhinderte. So könnte es sich erklären, daß diese eine deutliche Achsschwenkung und Achsverschiebung aufweisen, was zu einer doppelt verwinkelten Grundrißbildung beim Gesamtbau führte.

Die drei Schiffe der Kirche sind relativ kurz. Ein quadratischer Mittelpfeiler und je eine Säule rechts und links von ihm tragen mit vier Arkaden die Oberwand. Die Emporenöffnungen ruhen in der Mitte ebenfalls auf einem Pfeiler; seitlich sind die sechs Arkaden jeweils auf Säulchen durch Blendbögen zu drei Zweiergruppen zusammengefaßt. Auf diese Weise entspricht der Säule unten auf der Empore eine Öffnung. Die sieben Fenster des Obergadens befolgen wieder einen anderen Rhythmus. Der Aufbau der Mittelschiffwände erweist sich damit als ungemein reich und differenziert. Da für die praktische Nutzung der Empore bisher eigentlich keine Gründe auszumachen sind, könnte ihre Anordnung auf rein ästhetischen Erwägungen beruhen. Während die Säulchen auf der Empore meist tektonische, pyramidenstumpfähnliche Kapitelle tragen, besitzen die vier Erdgeschoßsäulen reiche, eigenwillig umgeformte korinthische Kapitelle; an einem von ihnen sind sogar figürliche Motive verwendet worden. Zu beachten ist, daß die Arkadenbögen „hinken", weil die Säulen höher hinaufreichen als die Pfeiler. Zudem sind jene von einer Art Pyramiden-Ansatz bekrönt, was beim Anfall der Arkaden mit Dreiecksformen aufgefangen wird. Die Arkadenbögen erscheinen daher gleichsam schwerelos. Labilität und Zartheit der Gestaltung in Verbindung mit der Vielfalt architektonischer Motive darf man wohl als charakteristisch „ottonisch" bezeichnen. – Die Kirche wird um die Jahrhundertwende fertiggestellt worden sein.

Die Vorstellung des ottonischen Baues wäre unvollständig ohne einen Hinweis darauf, daß bei seiner Errichtung in der südlichen Seitenschiffwand eine Arkosolnische ausgespart wurde, an der Engel aus Stuck Wache hielten. In der Nische befand sich demnach ein Heiliges Grab. Im 3. Viertel des 11. Jahrhunderts wurde statt der Nische ein mit einem Klostergewölbe überdeckter, etwa quadratischer Raum als Grabkammer in das Südseitenschiff eingebaut, zugänglich von einer östlich anschließenden, nicht überdeckten Vorkammer. Das Einmalige dieses Einbaus sind seine künstlerisch hervorragenden Stuckfiguren und der reiche Schmuck der Westwand. Innen versetzte man den Sarkophag von der Süd- an die Nordwand, und es wurden neue Stuckengel als Wächter dafür geschaffen. In der alten Nische gegenüber fand wohl die Gruppe der drei Frauen auf dem Weg zum Grab ihren Platz. In der westlichen Nische steht die Figur des Auferstandenen, dessen eindrucksvoller Kopf 1923 im Schutt des zerstörten Gewölbes gefunden wurde. Auch außen sind die Wände des Heiligen Grabes reich dekoriert. Der Stuck der Westwand erinnert in seiner Fülle an kostbare Elfenbeinkästen. In der Mitte steht eine Frauengestalt, die als trauernde Maria Magdalena vor dem Grabe gedeutet wird. An der Nordwand, zu seiten der Einblicksöffnung in die Grabkammer, ist Magdalenens Begegnung mit Christus im Garten dargestellt, über der Öffnung die Büste des Salvators. An der Vorkammerwand war der Lauf der Jünger zum Grabe zu sehen, doch wurde dieses Stuckrelief im 12. Jahrhundert beim Einbruch einer Tür in die Wand abgemeißelt. Alle Szenen der Stuckausstattung des Heiligen Grabes kommen in einem Osterspiel vor, das in einer Gernröder Handschrift aus dem frühen 16. Jahrhundert überliefert ist und das vielleicht bis ins 11. Jahrhundert zurückreicht. Die dem Jerusalemer Vorbild nahestehende Gestalt der Grabkammer, die Stuckausstattung und der gesicherte Zusammenhang mit der Osterliturgie verleihen dem Gernröder

Gernrode, St. Cyriacus. Mittelschiff, Blick nach Osten

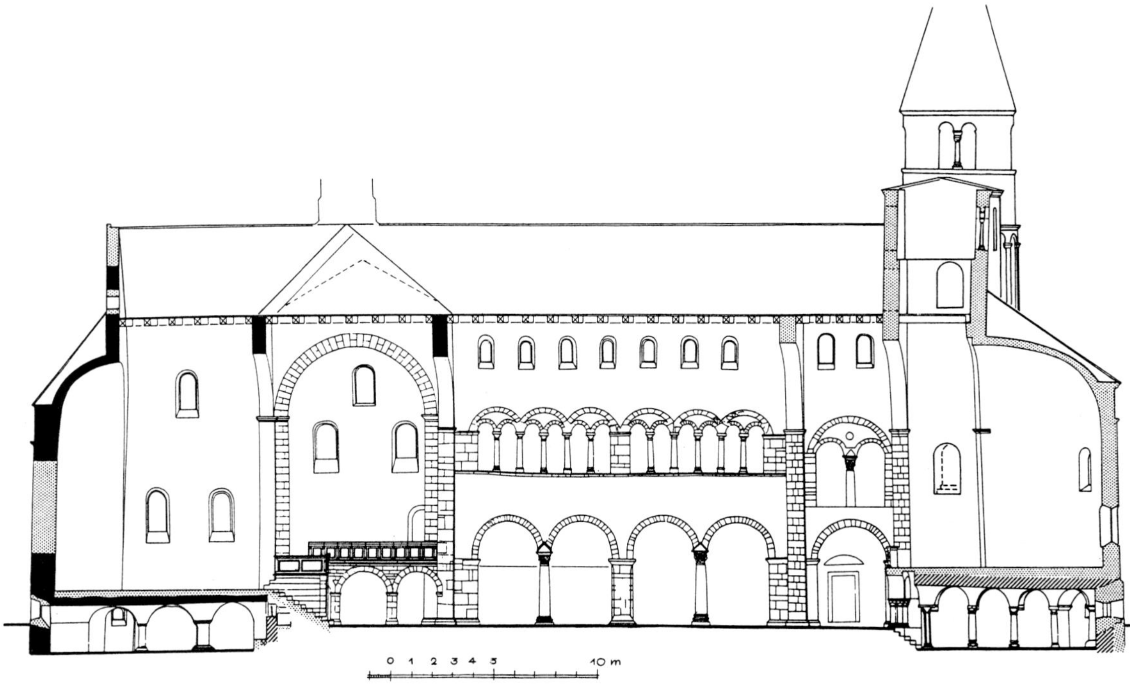

Gernrode, St. Cyriacus. Längsschnitt

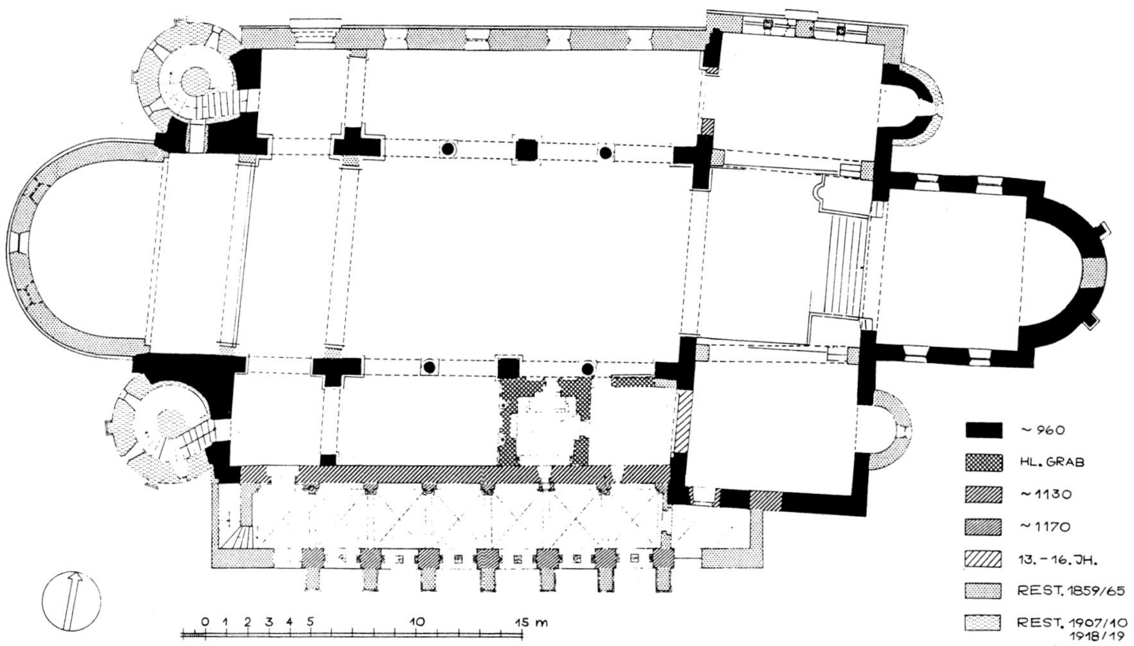

Gernrode, St. Cyriacus. Grundriß

Grab einen hohen künstlerischen wie religionsgeschichtlichen Rang.

Um 1130 wurde die Stiftskirche umgebaut. Im Westen wurde der Mittelturm zum Teil abgebrochen und ein apsidialer Westchor mit Krypta eingefügt. Die Emporenöffnungen wurden vermauert. In den Querschiffflügeln legte man Emporen an, deren südliche nun als Damenchor diente. Wo die Damen vorher ihren Sitz hatten, ist ungewiß, aber sicher nicht auf den Längsemporen. Eine tief eingreifende Barokkisierung konnte 1858/72 in Zusammenhang mit einer gründlichen Instandsetzung rückgängig gemacht werden. Ferdinand von Quast ließ damals den ottonischen Zustand – von dem Westbau abgesehen – wiederherstellen. Diese Restaurierung gilt zu Recht als ein glänzendes Beispiel „moderner“ Denkmalpflege schon kurz nach der Mitte des 19. Jahrhunderts. 1984/87 fand die bisher letzte Restaurierung statt, die störende Einbauten beseitigen und dem Inneren seine eindrucksvolle Schönheit zurückgeben konnte.

Schulze 1965. – Voigtländer 1982.

E. L.

VII

BENNOPOLITANAE ECCLESIAE INTHRONIZATUS

Bernward, Bischof von Hildesheim

Bald nach dem Tod Bischof Gerdags im Dezember 992 wurde Bernward vom königlichen Hof zu dessen Nachfolger ernannt, im Januar 993 von Erzbischof Willigis von Mainz zum Bischof geweiht und „in das Bistum Bennopolis eingesetzt“ (*inthronizatus Bennopolitanae ecclesiae*), wie er es rückblickend 1019 in der Gründungsurkunde des Michaelsklosters ausdrückte. „Bernwardstadt“, in diesem einzigartigen Namen, den Bernward nur hier verwandte, äußert sich der Stolz über die Verdienste um seine Kirche, seine Bischofsstadt. Umfassende Baumaßnahmen hatte er durchführen lassen: die Domburg, Keimzelle der Stadt, wurde auf das Doppelte vergrößert und von einer Steinmauer mit Türmen und Toranlagen umgeben, die in Sachsen ihresgleichen suchte. Diese Mauer vermochte aber schon nicht mehr das ganze Siedlungsareal zu schützen; denn nördlich der Domburg entwickelten sich neue Siedlungsschwerpunkte bei dem von Bernward gegründeten St. Michaelskloster und der wohl ebenfalls in seiner Amtszeit entstandenen St. Andreaskirche. Hier, in der Umgebung des Marktes, siedelten Kaufleute und Fernhändler. Die Bewohner Hildesheims waren noch ganz vom bischöflichen Stadtherrn abhängig. Ein Stadtrecht, das die Bewohner von der grundherrschaftlich organisierten Landbevölkerung unterschied, gab es um 1000 noch nicht. Schon deshalb wird man Hildesheim zu dieser Zeit noch nicht als Stadt, sondern als frühstädtische Siedlung ansehen müssen.

Von hier aus leitete Bernward eine bei seinem Amtsantritt schon fast zweihundert Jahre alte Diözese. Karl der Große hatte ursprünglich Elze als Bischofssitz ausersehen, doch entschied sich sein Nachfolger Ludwig der Fromme für Hildesheim, wo das Bistum 815 gegründet wurde. In Sachsen war Hildesheim ein Bistum durchschnittlicher Größe: Im Vergleich zu den Diözesen im schon länger christianisierten Westen und Süden Deutschlands war es klein. Noch kleiner war der Bereich, in dem der Bischof weltliche Herrschaft ausübte, seine Grundherrschaft, die in Gemengelage mit dem Besitz anderer Kirchen, des Königs und des Adels lag.

In Hildesheim gab es 993 nur eine geistliche Institution, das Domkapitel. Erst Bernward gründete 1010 das Benediktinerkloster St. Michael. Von den geistlichen Gemeinschaften außerhalb Hildesheims war das Reichsstift Gandersheim das wichtigste. Um dessen Diözesanzugehörigkeit (die Südgrenze zum Erzbistum Mainz war nie festgelegt worden) entspann sich ein erbitterter Streit mit Erzbischof Willigis, das beherrschende Ereignis der Amtszeit Bernwards. Obwohl der Konflikt selbst Kaiser und Papst beschäftigte, konnte er erst von Bernwards Nachfolger Godehard beigelegt werden. Weitere Kanonissenstifte bestanden in Lamspringe und in Ringelheim, das von Bernwards Schwester Judith geleitet und vom Bischof mit dem berühmten Kruzifix beschenkt wurde. Die Frauenstifte Steterburg und Heiningen wurden unter Beteiligung Bernwards gegründet. Der religiösen Versorgung der Bevölkerung dienten die Pfarrkirchen. Vorherrschend war das für Norddeutschland typische Großkirchspiel mit mehreren Dörfern und langen Kirchwegen: was dies für die Intensität des religiösen Lebens um 1000 bedeutete, ist leicht vorstellbar. Unverkennbar zerfiel das Bistum in zwei Teile: in der altbesiedelten Südhälfte lagen der Bischofssitz und die Klöster und Stifte, hier konzentrierten sich die Pfarreien. Die von Heide- und Moorgebieten geprägte Nordhälfte beiderseits der Aller blieb demgegenüber immer unterentwickelt. Bernward mußte diesen Raum noch um 1000 durch zwei Burgen gegen einfallende Wikinger und Slaven schützen.

Dieser keineswegs außergewöhnlichen Diözese stand mit Bernward eine die meisten Bischöfe seiner Zeit weit überragende Persönlichkeit vor. Er verstand es, seiner Bischofsstadt für einige Jahrzehnte höchsten Glanz zu verleihen, vor allem durch Bau- und Kunstwerke, die den Ruhm Hildesheims bis heute begründet haben. Das Michaelskloster muß zu den wichtigsten ottonischen Kirchenbauten gerechnet werden. Am Dom ließ Bernward weitreichende, bei seinem Tod 1022 aber noch nicht abgeschlossene Baumaßnahmen durchführen, die Platz für die große Bronzetür schaffen sollten. Die Kunstwerkstätten auf dem Domhof profitierten von den Anregungen und Beziehungen des weitgereisten Bischofs. Was hier geschaffen wurde, wird heute als „bernwardinische Kunst“ bezeichnet. Für das Skriptorium im Dom zog Bernward auch auswärtige Kräfte heran. Dem Domkapitel, dessen Schule schon länger zu den angesehensten im Reich gehörte, verdanken wir übrigens einen Großteil unserer Kenntisse über diese Zeit; denn hier wurden die Hildesheimer Annalen geführt, eine der wichtigsten Geschichtsquellen der Ottonenzeit, und hier wirkte Bernwards Lehrer Thangmar, der seinem Schüler mit der „Vita Bernwardi episcopi“ ein Denkmal setzte.

E. B.

VII–1 Annalista Saxo

Sachsen, Mitte 12. Jahrhundert

36 x 25 cm, 237 Blätter. – Pergament mit rubrizierten Spaltleisten- und Silhouetten-Initialen. – Kalbsledereinband mit Streicheisenverzierung.

Als Annalista Saxo bezeichnet man seit dem 18. Jahrhundert den anonymen Verfasser einer Reichschronik, die mit dem Jahr 741 einsetzt und bis 1139 überliefert ist. Der Chronist soll nach herrschender Forschungsmeinung mit Abt Arnold identisch sein, der die Klöster Berge bei Magdeburg (1119–1164) und Nienburg an der Saale (1134–1164) geleitet hat. Die Pariser Handschrift ist der einzige mittelalterliche Textzeuge und – nach den Korrekturen, Zusätzen und Bearbeitungsstufen zu urteilen – offenbar das Original des Werkes. Der Annalista Saxo hat erstaunlich viele Quellen für seine Chronik herangezogen, darunter auch solche, die heute verloren sind. Er hält sich meist eng an den Wortlaut seiner Vorlagen und fügt die einzelnen Exzerpte zu Jahresberichten zusammen. In diese reichsgeschichtliche Kompilation sind auch Hildesheimer Quellen eingeflossen, darunter die *Fundatio ecclesiae Hildensemensis.* Dieser Bericht über die Gründung des Bistums Hildesheim dürfte im späten 11. Jahrhundert (nach 1079) entstanden sein und ist selbständig nur noch in neuzeitlichen Handschriften überliefert. Der Annalista Saxo hat etwa zwei Drittel des Textes in fünf Jahresberichten (zu 815, 847, 852, 1044, 1079) rezipiert. Seine Chronik ist damit die älteste Überlieferung der *Fundatio.* Sie besitzt textkritischen Wert, da der Annalista eine bessere Handschrift als die heute erhaltenen benutzt hat.

Die Entlehnung beginnt im Jahresbericht zu 815 mit der Hildesheimer Gründungslegende aus dem ersten Kapitel der *Fundatio.* Auf fol. 23rb Z. 29 f. werden die Reliquien der heiligen Muttergottes Maria (*reliquie sancte Dei genitricis Marie*) erwähnt, die der Kapellan Ludwigs des Frommen an der Stelle der späteren Marienkapelle in Hildesheim an einen Baum oder Strauch gehängt hatte und die sich später nicht mehr von dem Zweig lösen ließen. Bemerkenswert ist, daß der Annalista Saxo die Gründungslegende selbständig in das Jahr 815 setzt. Weder die *Fundatio* noch die Hildesheimer Annalen und Bischofschronik überliefern ein genaues Gründungsdatum. Der Annalista Saxo stimmt jedoch in seiner Datierung mit der neueren Forschung überein, die den Gründungsakt mit der Paderborner Reichsversammlung von 815 in Verbindung bringt. Über eben diese Versammlung berichtet der Annalista kurz zuvor auf derselben Seite mit einem Exzerpt aus den Hildesheimer Annalen.

Annalista Saxo. – Fundatio. – Bertram 1897, S. 4–17 (mit deutscher Übersetzung). – Samaran/Marichal 1974, S. 259 mit Abb. XXIX. – Wattenbach/Schmale 1976, S. 12–22. – Verfasserlexikon 1, Sp. 462–464 (Franz-Josef Schmale). – Berges 1974, S. 86–110. – Goetting 1984, S. 27–28, 36, 292. – Eine quellenkritische Untersuchung und Neuedition der Chronik des Annalista Saxo ist in Vorbereitung.

Paris, Bibliothèque Nationale, Ms. lat. 11851

K. Na.

VII–2 Heiligtum Unserer Lieben Frau

Silberkapsel: karolingische Hofwerkstatt (?), frühes 9. Jahrhundert
Edelsteinbänder der Fassung: westdeutsch, 2. Jahrzehnt des 13. Jahrhunderts
Bodenplatte und Fuß: Hildesheim, Ende 14. Jahrhundert

Silberkapsel: H. 9,1 cm, B. 15,2 cm. Gesamte H. 28,6 cm. – Silber, gegossen, getrieben, graviert, ziseliert, nielliert, vergoldet, Steinbesatz.

Das Heiligtum Unserer Lieben Frau ist das Herzstück des Hildesheimer Domschatzes. Dies Reliquiar sei wegen der Verlegung der Kathedralkirche von Elze nach Hildesheim an diesem Ort seither hoch verehrt worden, heißt es in einer Authentik, die seit 1680 anläßlich einer Wiederherstellung des beraubten Reliquiars in der Silberkapsel eingeschlossen ist (Kratz 1840/1, S. 10). Damals war man also fest davon überzeugt, daß es sich um jenes wundertätige Marienreliquiar handelte, von dem der Chronist der Hildesheimer „Fundatio“ (Kat. Nr. VII–1) im Zusammenhang mit der Bistumsgründung durch Ludwig den Frommen berichtet. Auch im Mittelalter hat man das halbrunde Reliquiar offenbar schon für das in der Fundatio genannte Heiligtum gehalten, jedenfalls legen mehrere Kopien, die man damals in Auftrag gab (vgl. Kat. Nr. IX–12), ein beredtes Zeugnis ab von der besonderen Verehrung, die gerade diesem Reliquiar zuteil wurde. Alle diese Neuschöp-

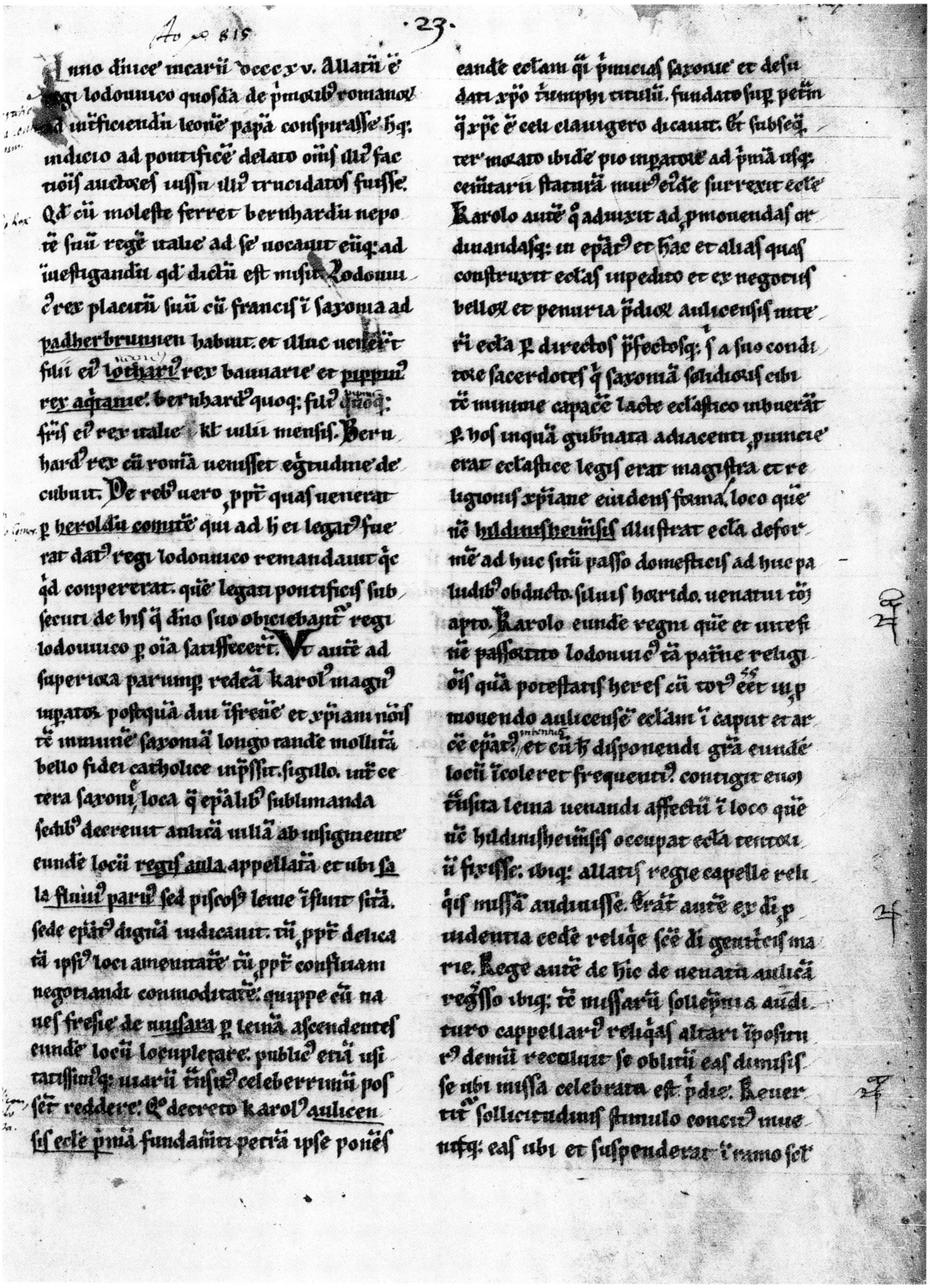

Ao 815 · 23 ·

Anno dominice incarnationis DCCCXV. allatum est regi Lodowico quosdam de primoribus Romanorum ad interficiendum Leonem papam conspirasse, hisque indicio ad pontificem delato omnes illius facinoris auctores iussu illius trucidatos fuisse. Quod cum moleste ferret, Bernhardum nepotem suum regem Italie ad se vocavit eumque ad investigandum quod dictum est misit. Lodowicus rex placitum suum cum Francis in Saxonia ad Padherbrunnen habuit, et illuc venerunt filii eius Lotharius rex Bawarie et Pippinus rex Aquitanie. Bernhardus quoque filius fratris eius rex Italie kalendas iulii mensis. Bernhardus rex cum Romam venisset, egritudine decubuit. De rebus vero propter quas venerat per Heroldum comitem qui ad hoc ei legatus fuerat datus regi Lodowico remandavit que quod comperierat. Quem legati pontificis subsecuti de his que domino suo obiciebantur regi Lodowico per omnia satisfecerunt. Ut autem ad superiora parumper redeam, Karolus magnus imperator postquam diu efferentem et christianam nominis terre inimicam Saxoniam longo tandem mollitam bello fidei catholice impressit sigillo, inter ceteras Saxonie loca que episcopalibus sublimanda sedibus decrevit aulicam villam ab insigniente eundem locum regis aula appellatam et ubi Sala fluvius parvus sed piscosus Leine influit sitam sede episcopatus dignam iudicavit, tum propter delicatam ipsius loci amenitatem tum propter consuetam negotiandi commoditatem, quippe cum naves Fresie de Unsara per Leinam ascendentes eundem locum locupletare, publice etiam usitatissimumque itinerum transitu celeberrimum possent reddere. Quo decreto Karolus Aulicensis ecclesie primam fundamenti petram ipse ponens eandem ecclesiam que primicias Saxonie et desudati Christo triumphi titulum fundato super petram que Christus est celi clavigero dicavit. Et subsequenter locato ibidem pro imperatore ad primam usque cementarii staturam muri eiusdem surrexit ecclesie. Karolo autem quamdiu vixit ad promovendas et ordinandas in episcopatus et hanc et alias quas construxit ecclesias impedito et ex negotiis bellorum et penuria predictorum aulicensis interim ecclesia per directos prefectosque a suo conditore sacerdotes qui Saxoniam sollicitius sibi tamen immunem capacem lacte ecclesiastico imbuerant. Per hos inquam gubernata adiacenti provincie erat ecclesiastice legis erat magistra et religionis christiane eiusdem forma. Loco quem nunc Hildinisheimensis illustrat ecclesia deformem adhuc situm passo domesticis adhuc paludibus obducto silvis horrido venatui tantum apto. Karolo eundem regni quem et vite finem passo Lodowicus tam patrie religionis quam potestatis heres cum totus esset in promovendo Aulicensem ecclesiam in caput et arcem episcopatus, et cum hic disponendi gratia eundem locum incoleret frequentius, contigit eum transita Leina venandi affectum in loco quem nunc Hildinisheimensis occupat ecclesia tentorium fixisse, ibique allatis regie capelle reliquiis missam audivisse. Erant autem ex dei providentia eedem reliquie sancte dei genitricis Marie. Rege autem de hinc de venatu aulicam regresso ibique tunc missarum sollempnia audituro capellarius reliquias altari imponi iussit; demum recoluit se oblitum eas dimisisse ubi missa celebrata est predie. Revertitur sollicitudinis stimulo concitus mittitque eas ubi et suspenderat in ramo sed fungen haben den gleichen Umriß wie die halbkreisförmige Reliquienkapsel aus Silber, deren Fassung so gearbeitet ist, daß man den eigentlichen Reliquienbehälter jederzeit herausnehmen kann. Vermutlich war es alter Brauch, daß die Bischöfe ihn bei feierlichen Umritten um den Hals gehängt trugen. Noch das Domschatzverzeichnis von 1438 erwähnt ein zum Reliquiar gehörendes „silbernes Band“, das an dem Reliquiar befestigt werde, wenn man damit umherreite.

Die silberne Reliquienkapsel ist sicher identisch mit der in einem Reliquienverzeichnis des Domes erwähnten *capsa argentea*, die dort zu Beginn des 13. Jahrhunderts im Zusammenhang mit den Altären in der Hildesheimer Domkrypta aufgeführt wird (MGH SS 30,2, S. 765). Von daher ist es nicht unwahrscheinlich, daß das Reliquiar von alters her in der Krypta seinen Platz hatte, in jenem Teil der Bischofskirche also, von dem der Chronist der Fundatio meinte, daß darin die Marienkapelle aufgegangen sei, die Ludwig der Fromme am Ort der wunderbaren Auffindung des Reliquiars hatte errichten lassen.

Die eigentümliche Grundform der silbernen Pyxis geht wohl auf ein spätantikes Vorbild zurück, in der Art etwa, wie es sich im Schatz der päpstlichen Hauskapelle am Lateran erhalten hat (Grisar 1908, S. 108–110, Abb. 52 f.). Während es sich aber dort um ein Gefäß mit gewölbtem Deckel handelt, ist das Hildesheimer Reliquiar in einem Stück gearbeitet und wird von einer (im 14. Jahrhundert erneuerten) Bodenplatte verschlossen. Ihre Inschrift bildet die Fortsetzung des Textes, der auf dem Kamm heute nur noch schwach zu erkennen ist: *[C]OR[PO]RA S(an)C(t)ORV[M IN PACE] SEPVLT[A] SV[NT]* (Die Leiber der Heiligen sind in Frieden begraben), heißt es dort nach Sir 44,14, einem Zitat, das aus der Liturgie der Heiligenfeste übernommen sein dürfte. Der eigentliche Hinweis auf den Reliquieninhalt wird ursprünglich auf der Bodenplatte angebracht gewesen sein (vgl. auch Kat. Nr. VII–5).

Man kann wohl davon ausgehen, daß die Kamminschrift aus der Entstehungszeit des Reliquiars stammt. Das ist insofern bedeutsam, als paläographische Eigenheiten, wie das spiegelverkehrt ausgeführte eckige S, aber auch das eckige C in dieser Form erst seit dem frühen 11. Jahrhundert geläufig werden. Allerdings lassen sich beide Formen in einer Inschrift des Diptychons mit Gregor und David im Domschatz von Monza nachweisen, die gleichzeitig mit der Überarbeitung dieses vormaligen Consulardiptychons (Volbach 1976, S. 45 Nr. 43, und Tafel 24) im 9. Jahrhundert entstanden sein wird. Den entscheidenden Anhaltspunkt für eine Frühdatierung des Heiligtums Unserer Lieben Frau bietet die Ornamentik auf den beiden Schauseiten. Beide Seiten bedeckt ein großer, symmetrisch ausgebildeter Pflanzenstamm (Lebensbaum?). Zeichnung und Ausführung der in den Tiefen vergoldeten und mit feinen Niellokonturen umgrenzten Ranken verbinden das Reliquiar mit einem im dänischen Ribe gefundenen Silbergefäß (Nationalmuseum Kopenhagen, Inv. Nr. 15/08) und einem silbernen Lanzenende (?) aus Kouřim in Böhmen (Archäologisches Institut Brünn), die beide als karolingische Arbeiten gelten und vermutlich noch im 8. Jahrhundert entstanden sind. Einer Datierung der Hildesheimer Pyxis in die Zeit der Bistumsgründung steht von daher jedenfalls nichts im Wege. So könnte dieses über die Jahrhunderte in hohen Ehren gehaltene Reliquiar also tatsächlich von Ludwig dem Frommen hierher gestiftet worden sein und wäre damit ein

VII–2

einzigartiges Zeugnis für eine Reliquienübertragung aus der kaiserlichen Hofkapelle.

Kratz 1840/1, S. 3–12. – Elbern 1969. – Elbern/Reuther 1969, S. 15–16 Nr. 1. – Berges/Rieckenberg 1983, S. 23–40 Nr. 1, S. 167–170 und Taf. 1–3. – Kat. Hildesheim 1989, S. 10–20 Nr. 1 (Michael Brandt). – Ich danke Frau Christine Wulf, Göttingen, für die Hinweise zur Kamminschrift.

Hildesheim, Dom- und Diözesanmuseum Hildesheim, Inv. Nr. DS 1

M. B.

VII–3 Collectio canonum et decretalium Dionysio-Hadriana mit althochdeutschen und lateinischen Glossen

Hildesheim (?), zur Zeit Bischof Reinberts (ca. 834–844) (Glossen wenig jünger)

28,5 x 17–17,5 cm (Schriftspiegel 21,5–23 x 12,3–13 cm), 196 Blätter. – Kalbs- und Schafspergament; karolingische Minuskel, Überschriften meist in Capitalis oder Unziale, mehrere Hände, 25–26 lange Zeilen; alles in schwarzer oder dunkelbrauner Tinte. Wohl Originaleinband: schweinslederüberzogene Holzdeckel mit Befestigungsspuren für Kette und Schließen (heute fehlend).

Die *Collectio Dionysio-Hadriana* war fraglos die beliebteste frühmittelalterliche Kirchenrechtssammlung der historischen Ordnung, zusammengestellt von Dionysius Exiguus zu Beginn des 6. Jahrhunderts und, leicht ergänzt, 774 von Papst Hadrian I. an Karl den Großen weitergegeben. Übersichtlich präsentiert sie Kanones alter griechischer und afrikanischer Konzile sowie päpstliche Dekretalen von Siricius bis Gregor II. In der Leipziger Handschrift fehlen zwar u. a. das Widmungsgedicht und einige kleinere Teile wie die Unterschriften des Konzils von Chalkedon, *quas scribere nolui* (die ich nicht abschreiben wollte; fol. 43v); dafür bietet sie fol. 7v–9v den *Tomus* Papst Damasus' I. über den Heiligen Geist, ein Werk, das sich nur selten mit unserer Sammlung verbindet.

Wie aus dem Kolophon am Ende der Handschrift hervorgeht (fol. 196v), wurde der leicht ornamentierte Gebrauchscodex für Bischof Reinbert von Hildesheim angefertigt: *ego adalhartus indignus presbiter scripsi reginberto episcopo hunc librum sicut potui*

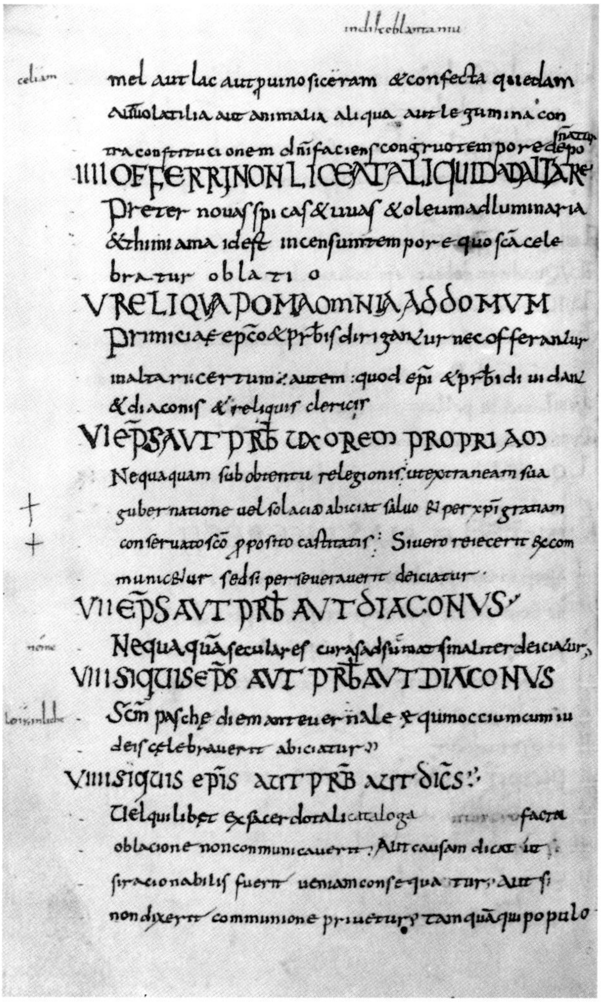

VII–3 fol. 3v

uoluntarię (ich, Adalhart, unwürdiger Presbyter, schrieb dieses Buch für Bischof Reginbert, so gut ich konnte, aus freien Stücken) – wobei Adalhart sicher nicht allein am Werk war. Von dem Schreiber, dessen Name auf der ersten Seite gleich zweimal genannt ist, beide Male in fehlerhaftem Latein (*UUanincgus sc*[*r*]*ipsit* [Waning schrieb es]), stammt nach Frank ein Teil der althochdeutschen Glossen; sie sind – nicht lange nach Entstehung der Handschrift eingetragen – als Unikate für die deutsche Sprachgeschichte von hohem Wert.

„Sicherlich gehörte . . . das Buch mit zur ältesten Ausstattung des Bistums" (Chroust), muß aber schon bald nach Paderborn gelangt sein; dessen „ehrwürdiger Bischof Biso (886–908) schenkte dieses Buch seinem liebsten Sohn (zu verstehen im Sinne von Schüler) Bischof Sigmund (von Halberstadt; ca. 894–923) in meinem, des Presbyters Meinward, Bei-

VII–4 fol. 18v

sein“ (*Biso uenerabilis antistes donauit hunc librum carissimo filio suo sigimundo episcopo me meinuuardo presbitero astante*; fol. 165v). Das weitere Schicksal des Codex liegt im dunkeln, bis er zu einem unbekannten Zeitpunkt in der Ratsbibliothek (der späteren Stadtbibliothek) Leipzig auftauchte. Seit 1962 wird er in der dortigen Universitätsbibliothek verwahrt.

Naumann 1838, S. 78, Nr. CCXXXIX. – Arndt/Tangl, 2, S. 30f. – Chroust, Ser. 2, Lieferung XIX, Taf. 6. – Frank 1974. – Goetting 1984, S. 55. – Kurzinformation zur *Collectio Dionysio-Hadriana*: LMA 3, Sp. 1089f.

Leipzig, Universitätsbibliothek, Rep. II. 6

H. M.

VII–4 Evangeliar

Frankreich, letztes Drittel des 9. Jahrhunderts

28 x 22 cm, 155 Blätter. – Pergament mit kolorierten Federzeichnungen.

Das Evangeliar enthält die vier Evangelien samt Prologen und Capitula, ein *Capitulare evangeliorum* (fol. 1r–13r) und, vor dem Prolog zum Matthäusevangelium, eine vollständige Folge von zehn Kanontafeln (fol. 17v–22r). Das Matthäusevangelium beginnt mit einer ungerahmten Initialseite (fol. 23r), deren Initialen *LI* (von *LIBER*) Flechtwerk und Blattmotive aufweisen. Diese Initialornamentik ist der der Malerschule von Tours (Kat. Nr. V–34 und V–35) sehr ähnlich und kaum unbeeinflußt von ihr entstanden. Schlichter, doch ebenfalls mit Flechtwerk, sind die Initialen an den drei anderen Evangelienanfängen (fol. 59v, 83v, 126r). Weitere Initialen am Beginn der Prologe. Das unziale *M* zu Beginn des *Argumentum Matthaei* besteht aus zwei gegenständigen Pfauen mit Kelch (fol. 22v), das *L* zu Beginn des *Argumentum Lucae* aus einem Mann mit einem Kreuzstab in der Linken, der mit nackten Beinen auf den Rücken eines Löwen tritt, den er am Schweif gepackt hält (fol. 83r). Diese figurierten Initialen stehen in der Tradition vorkarolingischer und karolingischer Initialen Nordfrankreichs. Das Motiv „Mann tötet Untier, auf dem er mit nackten Beinen steht“ kommt als *U*-Initiale in Cambrai, Bibliothèque municipale, ms. 470 (441) (Hiobkommentar des Philippus Presbyter; 1. Hälfte des 8. Jahrhunderts), fol. 2r, 69r vor. Die Kanontafeln sind von Arkaden gerahmt. Auf manchen ihrer Kapitelle sitzen Vierbeiner oder Vögel.

VII–4 fol. 83r

Die Handschrift, die, wie die Nachträge im *Capitulare evangeliorum* zeigen, schon im frühen 11. Jahrhundert in Hildesheim gewesen sein muß und die von manchen Forschern nach Niedersachsen lokalisiert wird, belegt die vorbildhafte Funktion nordfranzösischer Handschriften für die Hildesheimer Buchkunst unter Bernward.

Elbern/Reuther 1969, Nr. 68, S. 67–68. – Bauer 1977, 1, S. IV; 2, S. 277 Anm. 262. – Stähli 1984, S. 171–181.

Hildesheim, Dom- und Diözesanmuseum Hildesheim, Inv. Nr. DS 68

U. K.

VII–5 Bursenförmiges Reliquiar, sog. „keilförmiges Reliquiar“

Hildesheim (?), 2. Hälfte 10. Jahrhundert (Bursa); römische Kaiserzeit (geschnittener Stein); fatimidisch, vor 1000 (Karneol, Bergkristall); 2. Drittel 13. Jahrhundert (Medaillons der Rückseite); Hildesheim, Meister „M. I. K.“, 1597 (Relief der Vorderseite); spätere Ergänzungen

13,3 x 4,5 cm, H. 19,5 cm (ohne bekrönenden Kristall). – Eichenholz, getriebene Silber- und Kupferbleche, Vergoldung, Edelsteine (u. a. Karneol), Bergkristalle.

Das sog. „keilförmige Reliquiar“ gehört vom Typus her zu den Bursenreliquiaren, von denen sich aus dem Früh- und Hochmittelalter mehrere Exemplare erhalten haben. Die Steilheit des Hildesheimer Stükkes scheint für eine Entstehung noch im 9. oder 10. Jahrhundert zu sprechen, die Verwendung des fatimidischen Kristalls als Bekrönung und eines Karneols mit Kufi-Inschrift als Dekor der Bursenvorderseite, die vor 1000 datierbar sind, spricht für eine Entstehung des Stücks gegen die Jahrtausendwende.

Die Bursa war ursprünglich zur Gänze mit goldenen Kupferplatten bedeckt, von denen noch Reste auf der Rückseite sowie die Verkleidung der Bodenplatte erhalten sind. Auf dieser ist der Inhalt des Reliquiars in einer in die 2. Hälfte des 10. Jahrhunderts datierbaren Capitalis rustica verzeichnet:

Reliq(uie) S(anctae) Mariae, s[an]ct[orum] Cosme [et] Damiani, S(ancti) Cancii m(artyris), S[an]c[t]i Ansbetti epi[scopi], S(ancti) Pancratii m[a]r[tyris].

Reliquien der hl. Maria, der Hll. Cosmas und Damian, des hl. Martyrers Cantius, des hl. Bischofs Ansbertus, des hl. Martyrers Pancratius.

Reliquien der Heiligen Cosmas und Damian hat der Hildesheimer Dom wohl schon seit karolingischer Zeit besessen, die Cantius-Reliquien dürften in der 2. Hälfte des 10. Jahrhunderts (möglicherweise durch Bischof Bernward oder dessen Vorgänger Bischof Othwin, 954–984) erworben worden sein; in der 1. Hälfte des 11. Jahrhunderts zählten sie zu den vorzüglichsten Reliquien des Hildesheimer Domes.

Möglicherweise befand sich auf der Bursenvorderseite ursprünglich ein Steinbesatz in Kreuzform. Von diesem könnten einzelne Steine, u. a. ein kaiserzeitliches, eine stehende Demeter zeigendes Stück sowie der Karneol stammen. Sie wurden verwendet, als man (im 18. Jahrhundert?) auf der Vorderseite eine in Silber getriebene und teilweise vergoldete Darstellung der auf der Mondsichel stehenden und von Mandorla und Strahlenkranz hinterfangenen Maria mit Kind anbrachte – das mit *M. I. K.* monogrammierte und auf 1597 datierte Relief stammt von einer roten Kasel, die in einem Inventar des 17. Jahrhunderts beschrieben ist – und die Ecken der Bursa sowie die Mandorla und den Nimbus Mariae mit den

VII–5

genannten Steinen schmückte; der Besatz wurde mit jüngeren Steinen ergänzt.

Auf der Rückseite des Reliquienbehälters waren schon früher zwei ins 2. Drittel des 13. Jahrhunderts datierbare Medaillons aus Silberblech angebracht worden, die den jagenden hl. Eustachius zu Pferd (beschriftet: *S. Evstachius*) sowie einen Greifen darstellen, der einen Löwen schlägt; die Medaillons liegen auf einem Silberblech auf, das eine Lilie und zwei Rosetten zeigt.

Die Behauptung, die Bursa stamme aus der Gründungszeit des Hildesheimer Bistums (815), ist aus den genannten Gründen nicht haltbar. Wahrscheinlich ist vielmehr eine Entstehung in der Zeit Bernwards oder Bischof Othwins. In nachmittelalterlicher Zeit erhielt der Behälter die Bezeichnung *Hierotheca B. V. Mariae* (Behälter für heilige Dinge der hl. Jungfrau Maria); sie wurde in den sonntäglichen Prozessionen vom assistierenden Subdiakon mitgetragen.

Kratz 1840/1, 1. Teil, S. 16 f., Nr. 3; 2. Teil, Taf. 3, Fig. 1. – Herzig 1930, S. 75 f., Nr. 4. – Zeller 1911, S. 89. – Braun 1940, S. 200. – Braun 1943, S. 402 f. (zu den Cantius-Reliquien). – Alfs 1942, S. 25

f., Nr. 37. – Kat. Essen 1956, Nr. 557. – Elbern/Reuther 1969, Nr. 4. – Berges/Rieckenberg 1983, S. 40–45.

Hildesheim, Dom- und Diözesanmuseum Hildesheim, Inv. Nr. DS 4

M. P.

VII-6 Grabkelch mit Patene, Ring und Nodus eines Bischofsstabes aus dem mutmaßlichen Grab des Bischofs Osdag von Hildesheim (984/85–989)

Hildesheim (?), vor oder um 989

Kelch: H. 9 cm, Durchmesser der Cuppa ca. 6 cm. – Silber, Vergoldung.
Patene: Durchmesser 7 cm. – Silber, Gravur, Vergoldung.
Nodus: H. 2,7 cm, Durchmesser 4,5 cm. – Bein.
Ring: Durchmesser 2,8 cm. – Gold, Saphir.

Der Kelch besteht aus einem schmalen horizontalen Standring, über dem ein facettierter Fuß in Form eines stark eingezogenen Trichters aufsteigt. Der Nodus ist kugelförmig. Auf ihm liegt ein kordelförmig strukturierter und vergoldeter Ring auf, der die nach unten zu fast spitz zulaufende Cuppa trägt. Sie setzt über dem Knauf facettiert an und weitet sich zu einer kreisrunden Form. Das Innere der Cuppa ist vergoldet, was die Annahme nahelegt, daß der Kelch nicht schon ursprünglich als Grabkelch, sondern als Reisekelch diente, dann aber dem Verstorbenen mit ins Grab gegeben wurde.

Die zugehörige Patene zeigt im vertieften Mittelfeld – in einen Kreis eingeschrieben – die vom Kreuz hinterfangene Hand Gottes.

Weiterhin wurden im Grab Teile der bischöflichen Insignien gefunden, nämlich ein goldener Ring mit Saphir sowie ein Knauf aus Bein, der zu einem nicht mehr erhaltenen Bischofsstab gehörte.

Beim Grabkelch handelt es sich, sofern die von Bertram aufgrund einer alten Nachricht erschlossene Identifizierung der Grablege mit derjenigen des Bischofs Osdag († 989) zutreffen sollte, der Lehrer und Vorvorgänger Bernwards war, um den ältesten von insgesamt fünf Miniaturkelchen des 10. und 11. Jahrhunderts, die in Bischofsgräbern des Hildesheimer Domes gefunden wurden. Die Beigaben des Grabes kamen 1896 zutage.

VII-6

Bertram 1897, S. 39 ff., Taf. 1, Nr. 3–5. – Zeller 1911, S. 108. – Braun 1924, 1, S. 438, Taf. 77 – Braun 1932, S. 72, S. 143, Taf. 11.– Elbern 1963, S. 47 f., S. 69, Nr. 11, Abb. 58. Elbern/Reuther 1969, Nr. 28 (a), Abb. 23.

Hildesheim, Dom- und Diözesanmuseum Hildesheim, Inv. Nr. DS 28a

M. P.

VII–7 Mainzer Pontificale mit einem Ordo für die Bischofsweihe

Mainz, letztes Viertel des 10. oder Anfang des 11. Jahrhunderts

24 x 18 cm, 161 Blätter. – Pergament.

Über die Weihe Bernwards zum Bischof von Hildesheim sind wir nur in großen Zügen unterrichtet. Nachdem die Nachricht vom Tod seines Vorgängers Gerdag, der auf der Rückreise von Rom am 7. Dezember in Como starb, eingetroffen war, hat man sich am Hof anscheinend rasch auf Bernward als Nachfolger geeinigt. Am 15. Januar 993, wie üblich an einem Sonntag, hat ihn der zuständige Mainzer Erzbischof Willigis (975–1011) zum Bischof geweiht. Der Ort der Weihe ist unbekannt, und es ist auch nicht nachzuweisen, daß König Otto III. teilgenommen hätte. Dies ist gegenüber den zumeist anderslautenden Angaben in der Literatur festzuhalten. Ebenso bleibt unbekannt, in welchen zeitlichen Abständen voneinander die Wahl, die Designation und Investitur, schließlich Inthronisation, Salbung und Weihe stattgefunden haben. Bernward selbst hat schon bald nach 993 den Tag seiner Ordination als liturgisches und rechtliches Datum ausgezeichnet. Außer in anderen Handschriften ist auch im Kalendar des Stammheimer Missales aus dem letzten Viertel des 12. Jahrhunderts die Bischofsweihe noch als besonderes Fest des Hildesheimer Michaelsklosters eingetragen.

Vor der eigentlichen Weihe, aber während der feierlichen Messe, in der sie vollzogen wurde, hatte sich der Konsekrand dem Ritus einer Prüfung in Frage und Antwort zu unterziehen. Einen Ausschnitt daraus zeigt die aufgeschlagene Seite (fol. 20v); etwa von der Mitte des Blattes an gelesen, lauten die Fragen (in Rot: *Interrogatio)*, die jeweils mit „Ja“ *(Volo)* beantwortet werden, folgendermaßen:

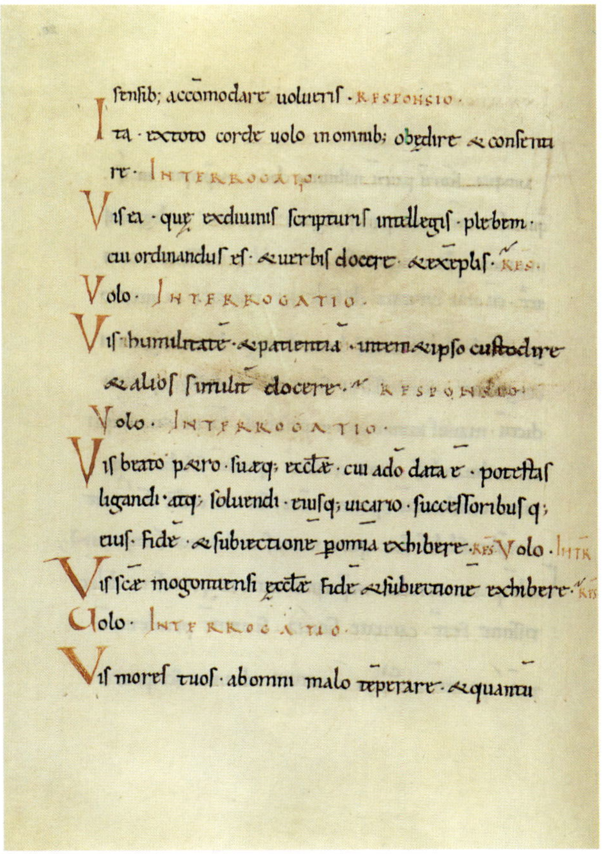

VII–7 fol. 20v

„Willst du Demut und Geduld bei dir selbst bewahren und sie andere lehren?“ *(Vis humilitatem et patientiam in temetipso custodire . . .)*; „Willst du dem heiligen Petrus und seiner Kirche, dem von Gott die Gewalt zu binden und zu lösen gegeben ist, dessen Vertreter und Nachfolgern in allem Glauben und Gehorsam bezeigen?“; „Willst du der heiligen Mainzer Kirche Glauben und Gehorsam erzeigen?“ *(Vis sanctae Mogontiensi ęcclesiae fidem et subiectionem exhibere?*, Zeile 3 von unten). Als Bernward von Willigis geweiht wurde, mögen beide nicht geahnt haben, daß es mit dem Gehorsam des Suffraganbischofs im Streit um das Stift Gandersheim bald vorbei sein würde. Dagegen hat in der gleichen Sache der Mainzer Erzbischof Aribo im Jahr 1022 versucht, Bernwards Nachfolger Godehard noch vor der Weihe seine Befehle zu erteilen, zu deren Ausführung sich der künftige Bischof durch das liturgische Versprechen verpflichtet hätte. Dies freilich vereitelte Kaiser Heinrich II. (vgl. den Beitrag Goetting über den Gandersheimer Streit).

Die Handschrift, die in der liturgiegeschichtlichen Forschung nicht berücksichtigt worden war, hat H.

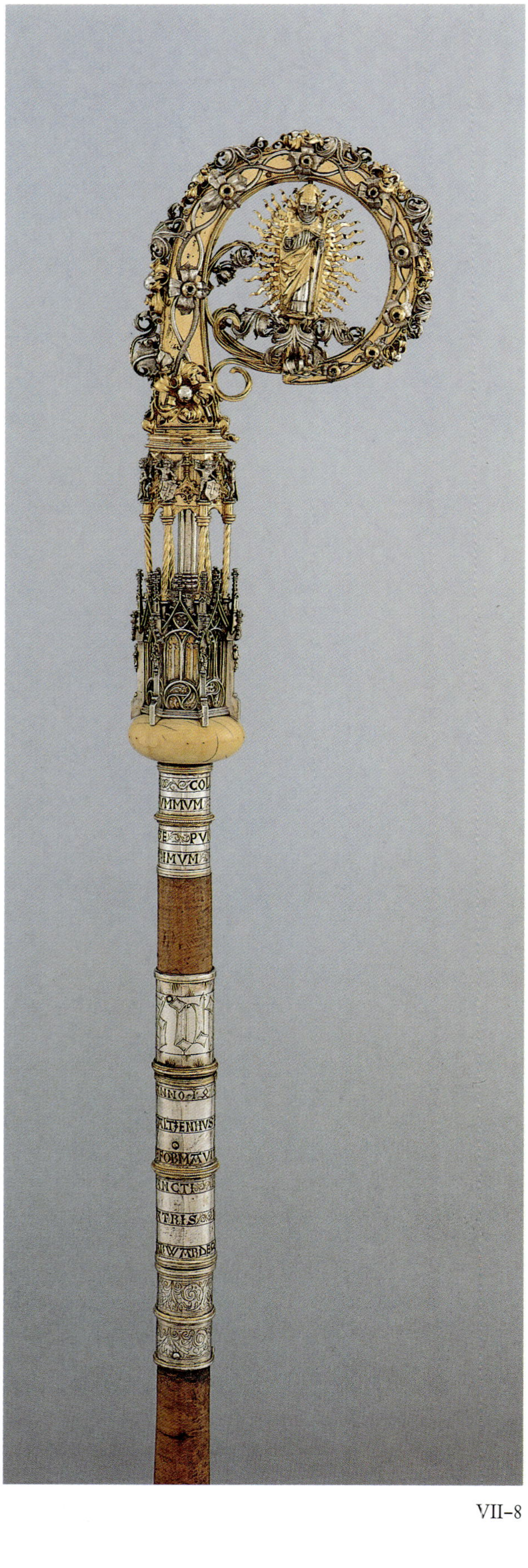

VII-8

Hoffmann nach eingehender paläographischer Untersuchung in wesentlichen Teilen einschließlich der hier ausgestellten Seite dem Mainzer Skriptorium unter Willigis zuweisen können. Wie sie sich zu dem bald nach der Mitte des 10. Jahrhunderts in Mainz entstandenen einflußreichen und weitverbreiteten Pontificale Romano-Germanicum verhält, bleibt noch zu klären.

Hoffmann 1986/1, S. 266–268. – Vogel/Elze 1963, S. 200 ff. – Engels 1987 grundlegend mit weiterer Literatur.

Wolfenbüttel, Herzog August Bibliothek, Cod. Guelf. 7.2 Aug. 4° (aufgeschlagen fol. 20 v)

H. J. S.

VII-8 Krümme des Bernwardstabes

Elfenbeinkrümme: um 993 (?), 1492 von Wilhelm Saltjenhusen mit neuer Fassung versehen

H. 32 cm, H. des Stabes 157 cm. – Elfenbein mit silberner und teilweise vergoldeter Fassung. Buchsbaumholz.

Im Auftrag der Benediktinerabtei St. Michael, wo der Bischofsstab ihres Gründers Bernward bis 1825 verwahrt wurde, fertigte der Hildesheimer Goldschmied Wilhelm Saltjenhusen 1492 die heutige silberne Fassung für die zerbrochene Elfenbeinkrümme. Letztere konnte anläßlich einer Restaurierung erstmals genauer untersucht werden. Es handelt sich um eine nur einfach gebogene Krümme – vielleicht etwa von der Form derjenigen des hl. Anno in Siegburg (zuletzt Kat. Speyer 1992, S. 331–332 [Mechthild Schulze-Dörrlamm]) –, die seitlich so stark beschnitten ist, daß der originale Querschnitt nur noch erahnt werden kann. Der Stab aus Buchsbaumholz ist ebenfalls erhalten.

Ein sechseckiger Schaft, gestaltet als spätgotische Turmkomposition mit Strebepfeilern, Wimpergen und Maßwerkfenstern, erhebt sich über dem runden Elfenbeinnodus. Darüber tragen gedrehte Stützen einen offenen Baldachin, auf dem Engel Schilder mit eingravierten Malteserkreuzen führen. Schleifenartig verlaufende Blütenranken und Blätter zieren die Hülle der frühmittelalterlichen Elfenbeinkrümme. In eine flammende Strahlenmandorla innerhalb der

VII–8 Elfenbeinkrümme

Krümme stellte Saltjenhusen Rücken an Rücken je eine Statuette des hl. Bernward in pontifikalem Gewand mit Kreuz und Stab sowie der gekrönten Muttergottes auf der Mondsichel mit dem Christkind in den Armen. Es hält ein Spruchband mit der Inschrift *ecce* (siehe, gemeint die Patrone des Bistums Hildesheim).

Das breite, von einem Ring unterteilte silberne Band unter dem Nodus trägt oben eine vierzeilige Inschrift in gotischen Majuskeln: *COLLIGE PER SVMMVM MEDIO REGE PVNGE PER IMVM* (Sammle mit dem, was oben, regiere durch die Mitte, stachle nach unten; vgl. die Inschrift auf dem Hirtenstab Bischof Ottos I. [Elbern/Reuther 1969, Nr. 69]). Darunter steht: *ihesus. Anno 1492 WILHELMVS SALTJENHUSEN aurifaber reformavit baculum sancti Barwardi patris nostri. Sancte Barwarde ora pro nobis* (Der Goldschmied Wilhelm Saltjenhusen hat den Stab unseres heiligen Vaters Bernward wiederhergestellt. Heiliger Bernward bitte für uns).

Kratz 1840/1, S. 85–88. – Mithoff 1875, S. 133. – Zeller 1911, S. 116, Fig. 82. – Kat. Hannover 1962, Abb. 5, S. 27 Nr. 20. – Elbern/Reuther 1969, Farbtaf. I und Abb 46, S. 20–21 Nr. 8 (Krümme), S. 73 Nr. 81 (Schaft). – Fritz 1982, Abb. 886, S. 309 f.

Hildesheim, Dom- und Diözesanmuseum Hildesheim, Inv. Nr. DS 8 (Krümme) und DS 81 (Schaft)

M. Wo.

*VII–9 Siegel Bischof Bernwards

Römische Gemme augusteischer Zeit, Fassung 4. Viertel 10. Jahrhundert

Abdruck einer ovalen Gemme, ca. 4,5 x 3,8 cm. – Wachs, schon vor 1896 in drei Teile zerbrochen. Im Zweiten Weltkrieg vernichtet.

Umschrift: *:*: HEC BER[NVV]ARDI · S(an)C(t)E MA[RI]E:*

Am sog. Testament Bischof Bernwards, das in das Jahr 996 datiert wird, befand sich bis zur Vernichtung der Urkunde im Zweiten Weltkrieg der einzige Abdruck von Bernwards Siegel. Der Bischof beurkundet darin, außerhalb der Stadt Hildesheim eine Kapelle zu Ehren Mariens, des heiligen Michael und aller himmlischen Mächte sowie des Heiligen Kreuzes errichtet zu haben, und stattet sie mit bestimmten Gütern zum Unterhalt der dort eingesetzten Kleriker aus. Ein Gipsabguß hat sich in den großen Abguß-Sammlungen der Archive und Museen bisher nicht finden lassen, so daß allein die schlechte Abbildung im Hildesheimer Urkundenbuch von 1896 das Aussehen des Siegels überliefert.

Bernward benutzte eine römische kaiserzeitliche Gemme mit dem Profilbild einer Medusa, die in einen Metallrand gefaßt war. In das Metall, das außen durch eine geflochtene Zierlinie begrenzt wird, war die Umschrift eingraviert. Sie nennt, wie es in der Zeit ungewöhnlich ist, seinen Namen im Genitiv, bezeichnet also auf diese Weise den Siegelführer wohl als Besitzer des Stempels, und fügt den Namen Mariens hinzu.

Das Siegel steht ganz in der Tradition antiker und frühmittelalterlicher Ringsiegel, die primär zum Versiegeln von Behältnissen und Briefen verwandt wurden. Erst mit der langsamen Ausbildung des mittelalterlichen Urkundenwesens wurden Siegel auch zum Untersiegeln von Urkunden verwandt. Die Bezeichnung eines Siegels als Ring – *sub anuli mei impressione* – sollte sich bei Siegelankündigungen in den Urkunden noch lange halten. Siegelurkunden in unserem an den Verhältnissen des hohen Mittelalters geschulten Verständnis stellten lange Zeit nur die Könige aus. Von vereinzelten Ausnahmen abgesehen, bildete sich der Brauch des Besiegelns verbriefter bischöflicher Rechtsgeschäfte in Deutschland zunächst bei den rheinischen Erzbischöfen, und zwar etwa seit der Mitte des 10. Jahrhunderts, heraus.

*VII-9

Sie führten, soweit seit den fünfziger Jahren vereinzelt erhaltene Abdrücke erkennen lassen, bereits Siegel mit ihrem eigenen Bildnis, und zwar in Form einer kleinen frontalen Büste. Andere Bischöfe folgten erst langsam, benutzten wie Bernward antike Gemmen, zuweilen auch ein Siegel mit dem Bildnis des Patrons ihrer Hauptkirche – bekannt ist das Paulussiegel in Münster – und zunehmend auch eigene Bildnis-Siegel. Von etwa 200 erhaltenen vor dem Jahre 1000 ausgestellten Urkunden deutscher Bischöfe sind nur etwa 20 als echte Siegelurkunden anzusehen, das heißt: sie sollten besiegelt werden, und solche Besiegelung war wesentlicher Teil der Beurkundung. Häufiger waren Verschlußsiegel. So stammt etwa der älteste Abdruck eines deutschen Bischofssiegels, Liuthards von Paderborn (862–888), von einem Reliquiengefäß. Im Jahre 863 hören wir von zwei unter einem Band versiegelten Briefen Erzbischof Gunthars von Köln an Erzbischof Hinkmar von Reims. Auch das Siegel Notkers von Lüttich von 980 – im Typ bereits ein reines Urkundensiegel (Kat. Nr. IV-50) – befindet sich typischerweise auf einem Brief, der allenfalls formal, aber nicht rechtlich als Urkunde zu qualifizieren ist. Das Schreiben des Bischofs begleitete die Übersendung eines Buches, der Vita des heiligen Landelin, an Abt Womar von St. Bavo in Gent. In dieser Tradition und weniger im Rahmen der hochmittelalterlichen Praxis der Urkundenbesiegelung werden wir es zu verstehen haben, wenn Bernward sein Gemmensiegel, das durchaus aus seiner vorbischöflichen Zeit stammen kann und trotz seiner Größe vielleicht als Ring ausgestaltet war, im Anschluß an den Wortlaut seines sog. Testamentes abdrückt. Bezeichnenderweise wird das Siegel im Text der Urkunde nicht angekündigt.

In die Tradition der Verschlußsiegel paßt vor allem das Siegelbild. In der Antike, in der Siegel fast ausschließlich zum Versiegeln gebraucht wurden, erfolgte die Wahl des Siegelbildes in der Regel völlig beliebig. Mit dem eigenen Bild zu siegeln wurde erst im Mittelalter üblich. Es hängt mit der Garantiefunktion des Siegels auf einer Urkunde zusammen, die eben mit dem eigenen Bildnis verifiziert und bekräftigt werden sollte. Dürfen wir annehmen, daß die karolingischen Könige, die für ihre Urkundensiegel eine antike Götter- oder Kaisergemme wählten, damit auch das fremde Bildnis als ihr eigenes adaptierten, so muß das bei Bernward keineswegs der Fall gewesen sein. Zu schwach entwickelt war noch die Tradition der bischöflichen Urkundensiegel. Das älteste Hildesheimer Bischofssiegel stammt bezeichnenderweise sonst erst von Bischof Hezilo (1054–1079). Als Briefsiegel konnte – wie oft – auch ein anderes, viel weniger anspruchsvolles Bild gewählt werden. Das kostbare und gewiß wegen seiner feinen und kleinteiligen Ausführung geschätzte Werk antiker Steinschneidekunst war dazu völlig ausreichend.

Wie Bernward das antike Medusenhaupt – das Bild eines abgeschlagenen weiblichen Hauptes mit Flügeln im Haar – gedeutet haben wird, wissen wir leider nicht genau. Ein großes Interesse an fremdartigen Kunstwerken ist uns durch seine Vita überliefert. Man wird aber die Schwierigkeiten, einen antiken Bildgegenstand richtig einzuschätzen, auch für einen an Kunst interessierten Geistlichen des 10. Jahrhunderts, dessen Bildung im wesentlichen literarischer Natur war, nicht gering einzuschätzen haben. Immerhin läßt die Umschrift daran denken, er habe ein Bild Mariens darin gesehen oder doch das Medusenhaupt entsprechend interpretiert. Es wäre kein ungewöhnliches und kein einmaliges Mißverständnis antiker Gemmen durch mittelalterliche Siegelführer.

UBHH 1, Nr. 38 und Taf. I. – Hiebaum 1931, Nr. 69. – Zaisberger 1966, S. 282–298 (hier auch zu den Anfängen der Bischofssiegel).

– Kittel 1970, S. 118–120 und 392. – Goetting 1984, S. 229. – Bautier 1984/1989, S. 60 (dort 59–61 zu den frühen deutschen Bischofssiegeln allgemein). – Vgl. auch den Beitrag von Antje Krug.

Ehemals Hannover, Niedersächsisches Hauptstaatsarchiv, Domstift Hildesheim, Nr. 6: o. D. (996)

R. Ka.

VII–10 Die Münzen Bischof Bernwards

Vor Bernward hat es eine Münzprägung im Bistum Hildesheim nicht gegeben. Die von ihm sowohl in der Metropole Hildesheim als auch auf der Mundburg geprägten Münzen belegen die hervorragende Stellung Bernwards in der spätottonischen Gesellschaft.

Im Zuge der Reichskirchenpolitik wurden durch die Ottonen an verschiedene Bischöfe Münzrechtsprivilegien erteilt, der Hildesheimer Stuhl ist dabei aber offenbar nicht bedacht worden. Jedenfalls ist ein solches Privileg nicht nachweisbar. Dennoch ist nicht daran zu zweifeln, daß Bernward seine Stellung als Vertrauter des Hofes unter Otto III. nutzte, um sich in den Besitz des Münzrechts zu bringen. Das muß praktisch schon mit Amtsantritt geschehen sein, denn sein erster Münztyp begegnet bereits in nach 994 bzw. 996 niedergelegten Münzfunden. Dieser Typ (a) ist noch anonym, d. h., er nennt weder Münzherrn noch Münzstätte und entspricht im Bild den Otto-Adelheid-Pfennigen. Nur die Rückseitenumschrift *SCA MARIA* anstelle des üblichen *ATHALHET/ATEAHLT* weist auf Hildesheim.

Der zweite Typ bringt bereits Namen und Bild des bischöflichen Münzherrn (b–c). Es ist zu dieser Zeit noch eine ganz ungewöhnliche Ausnahme, daß sich Bischöfe auf ihren Münzen namentlich nennen. In der Regel erscheint der Name des Königs auch auf den Bischofsmünzen der ottonischen Zeit. Ungewöhnlich ist auch, daß sich als Münzstätte die Mundburg, eine von Bernward errichtete Feste am Zusammenfluß von Aller und Oker an der Slawengrenze zu erkennen gibt, von der sich nichts (außer den Münzen!) erhalten hat. Rückseitenstempel der Mundburger Münzen Bernwards sind gleichzeitig für Münzen mit Namen Herzog Bernhards I. von Sachsen (973–1011) und Graf Heinrichs von Stade (976–1016) benutzt worden (d–e). Die Münzporträts Bischof Bernwards und Herzog Bernhards sehen sich zum Verwechseln ähnlich und sind zweifellos von der gleichen Hand gefertigt (siehe auch die Münzen Herzog Bernhards, Kat. Nr. VI–39).

Die Münzprägung auf der Mundburg muß fast gleichzeitig mit der Prägung der *SCA-MARIA*-Pfennige in Hildesheim begonnen worden sein, denn seit 996 begegnen Mundburger Münzen bereits in den Münzfunden. Offenbar sind beide Münzstätten parallel betrieben worden. Dabei muß auf der Mundburg, nach den verwendeten Stempelzahlen zu urteilen, erheblich umfangreicher geprägt worden sein als in Hildesheim selbst.

Im ersten Jahrzehnt des 11. Jahrhunderts tauchen neue Münzen Bernwards in den Funden auf, die von deutlich geringerem Durchmesser und anderem Stil sind (f–h). Sie nennen Hildesheim als Münzstätte und kommen in mehreren Typen vor, die offenbar bis zum Ende der Regierungszeit Bernwards geprägt worden sind, denn die Münzen seines Nachfolgers Godehard schließen sich ihnen stilistisch eng an. In dieser zweiten, ab etwa 1000/1005 zu datierenden Typengruppe kommen Mundburger Münzen nicht mehr vor, so daß anzunehmen ist, daß ab 1005 nur noch die Münzstätte in Hildesheim existierte.

Insgesamt sind bisher knapp 100 Exemplare der Münzen Bernwards in 58 Münzschatzfunden des 10. und 11. Jahrhunderts nachgewiesen. Am häufigsten kommt a (31 Exemplare in 25 Funden), am seltensten g (höchstens 5 Exemplare in 5 Funden) vor; i ist ein Unikum und stammt vermutlich aus dem russischen Schatzfund von Lodejnoe Pole.

Die Münzprägung Bernwards in Mundburg und Hildesheim und ihre Verbindung zu den gleichzeitigen Geprägen Herzog Bernhards I. von Sachsen und Graf Heinrichs von Stade sind im Essayband genauer untersucht.

I. Münzperiode, ca. 993–1000/1005 Münzstätten Hildesheim und Mundburg

Münzstätte Hildesheim

a Denar vom Typ der Otto-Adelheid-Pfennige. Kreuz mit *O-D-O-D* in den Winkeln. + *DI GRA+ REX*. – Rückseite: Kirchengebäude (sog. „Holzkirche"). *SCA MARIA*.

1,53 g, 20 mm. - Silber.
Dannenberg 706. – Kluge 417.

VII–10 Die Münzen Bischof Bernwards
I. Münzperiode 993–1000/1005: a Hildesheim – b–c Mundburg, Bernward – d Mundburg, Herzog Bernhard I. – e Mundburg, Graf Heinrich I. von Stade. II. Münzperiode, ca. 1000–1022: f Hildesheim

VII-10 Die Münzen Bischof Bernwards. II. Münzperiode, ca. 1000–1022: g–i Hildesheim

Münzstätte Mundburg

b Brustbild nach links. *+BERNWARD PS* (*Episcopus*). – Rückseite: Kreuz. *+MVNDBVRUC*
1,35 g, 19 mm. – Silber.
Dannenberg 719. – Kluge 419.

c Brustbild nach links. *+BERNWARD PS.* - Rückseite: Kreuz. Sinnlose Umschrift, entstellt aus *IN NOMINE DNI AMEN.*
1,16 g, 19 mm. – Silber.
Dannenberg 710a.

d Herzog Bernhard I. von Sachsen (973–1011). Brustbild nach links. *BER(NHAR)DVS DVX.* – Rückseite: Kreuz. *(+M) VNDBVRU(C).*
1,22 g, 20 mm. – Silber.
Dannenberg 1905. – Kluge 238.

e Graf Heinrich von Stade (976–1016). Segnende Hand (Dextera Dei) zwischen *A* und *W. HENRICVS COM.* - Rückseite: Kreuz. + *MVNDBVRUC.*
1,37 g, 19 mm. – Silber.
Dannenberg 1605. - Kluge 302.

II. Münzperiode, ca. 1000/05–1022

Münzstätte Hildesheim

f Brustbild nach links. *BERNWARD EPS.* - Rückseite: Kreuz, in zwei Winkeln jeweils eine Kugel. *HILDENESHEM.*
1,02 g, 18 mm. – Silber.
Dannenberg 710 und 710c.

g Brustbild nach links. (*BERNWARD EPS*). – Rückseite: Drei Kugeln in einer Linie. (*HILDENESHEM*).
1,18 g, 18 mm. – Silber.
Dannenberg 710b.

h Brustbild nach rechts. *BERNWARD EPS.* - Rückseite: Kreuz. *HILDENESHEM.*
1,32 g, 17 mm. – Silber.
Dannenberg 711.

i Bärtiges Brustbild nach rechts. *(BER)NNVAR(D EPS).* - Rückseite: Kreuz mit keilförmig verdickten Schenkeln, in den Winkeln und im Kreuzmittelpunkt jeweils eine Kugel. *(H)ILDSNES(HEM).*
1,19 g, 18 mm. – Silber.

Dannenberg. – Jammer 1952. – Kluge. – Meier 1938.

a–c, e–h: Staatliche Museen zu Berlin – Preußischer Kulturbesitz, Münzkabinett – d: Hamburg, Museum für Hamburgische Geschichte – i: Hildesheim, Roemer-Museum

B. K.

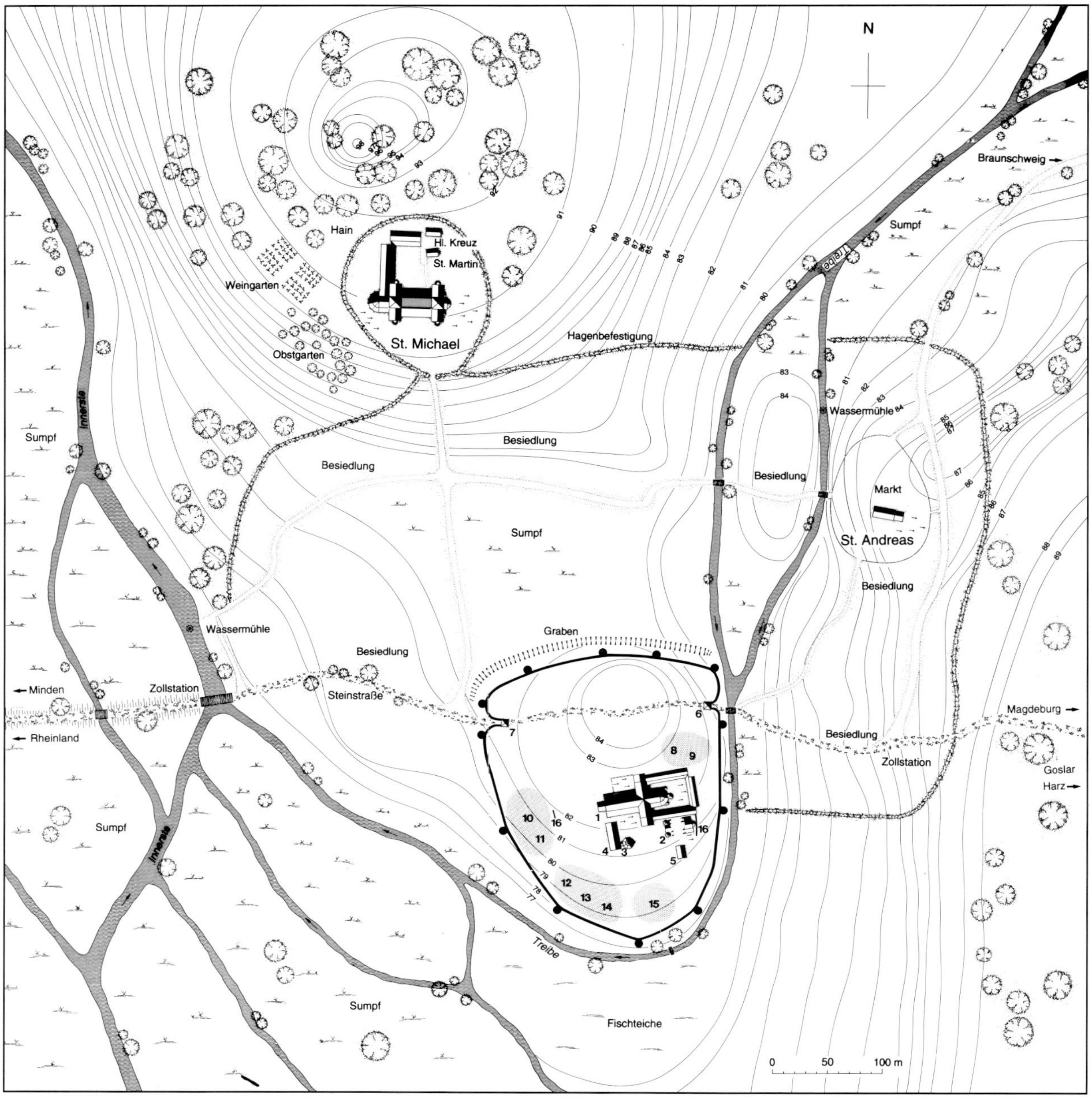

VII–11 Modellzeichnung „Hildesheim um 1000": 1 Dom – 2 Ruine St. Cäcilien – 3 St. Epiphanius – 4 Bischofssitz – 5 Steingebäude – 6 Tor St. Peter – 7 Tor St. Paul – 8 Spital – 9 Kräutergarten – 10 Töpferei – 11 Küchengarten – 12 Bäckerei – 13 Schmiede – 14 Werkstätte für grobe und feine Metallarbeiten – 15 Ziegelei – 16 alte Dommauer

VII–11 Hildesheim um 1022 – Modell

Idee und Projektleitung: Karl Bernhard Kruse; Entwurf: Maike Kozok
Ausführung: Barbara Steinmeyer, Hannover, und Matthias Kopp, Hannover, 1993

200 x 200 cm; Maßstab 1:500. – Holz, Gips, Gießharz u. a.

Mit dem für die Ausstellung angefertigten Modell soll eine Annäherung an das Hildesheim des 11. Jahrhunderts erreicht werden. Es stellt den Versuch dar, archivalische Überlieferungen und Ergebnisse von Ausgrabungen mit der Topographie um 1000 in Einklang zu bringen. Das Modell zeigt nicht nur die sakralen Großbauten, sondern ein Hildesheim, das bewohnt ist von bischöflichen Bediensteten, Mönchen und Klerikern sowie Handwerkern, Händlern und Kaufleuten. (Eine ausführliche Zusammenstellung des Materials zur Stadtgeschichte Hildesheims soll in einer zukünftigen Publikation folgen.)

Zwar geben die bisher unternommenen Grabungen zu karolingischen Mauerzügen (1968 und 1992), zum Dom (1948–53) und Domhof (1966) sowie zum Verlauf der bernwardinischen Mauer (1986–1988) Auskunft, dennoch kann nur durch Analogieschlüsse eine Zuordnung und Verteilung der Gebäude innerhalb der Domburg erreicht werden. Auch für die Bebauung der Besiedlung außerhalb der Domburg bleibt das Problem bestehen, nur durch Hinzunahme vergleichbarer archäologischer Befunde einen Eindruck über das Aussehen dieser frühen Stadt vermitteln zu können.

Als Grundlagen für die Ausarbeitung des Modells dienten neben den historischen Stadtplänen und Ansichten die aktuelle Stadtkarte sowie der Urkataster von 1875.

Vgl. den Essay von Maike Kozok und Karl Bernhard Kruse mit detaillierter Beschreibung und Literaturhinweisen.

Hildesheim, Roemer-Museum, Stadtgeschichtliche Sammlung

M. K.

VII–12 Sog. Bernwardmauer

Um 1000

Steinerne Domburgbefestigung, Länge ca. 850 m, Höhe ca. 6 m, Fundamentbreite 2,0–2,5 m, Mauerbreite ca. 1,50 m. Fundament eines vor der Mauer liegenden Rundturmes, Durchmesser ca. 7 m, Mauerstärke ca. 2 m.

An den Rand des Hildesheimer Domhügelfußes wurden in den gewachsenen Lehmboden große Sand- und Kalksteinquader gesetzt und mit fettem Kalkmörtel vermauert. Hinter der Mauer wurde die Erde wieder angeschüttet, so daß ein Weg in halber Mauerhöhe entstand. Im Osten war dieser aufgeschüttete Weg mit einer eigenen kleinen Steinmauer abgestützt. Im Mauerring sitzen noch heute zwei mehrfach umgebaute Zangentore, die beide ehemals im Obergeschoß eine Torkapelle besaßen, die den Apostelfürsten Petrus und Paulus geweiht waren. Durch die Tore führte die ehemalige Fernstraße über den Domhügel. Baubeginn war wohl

VII–12

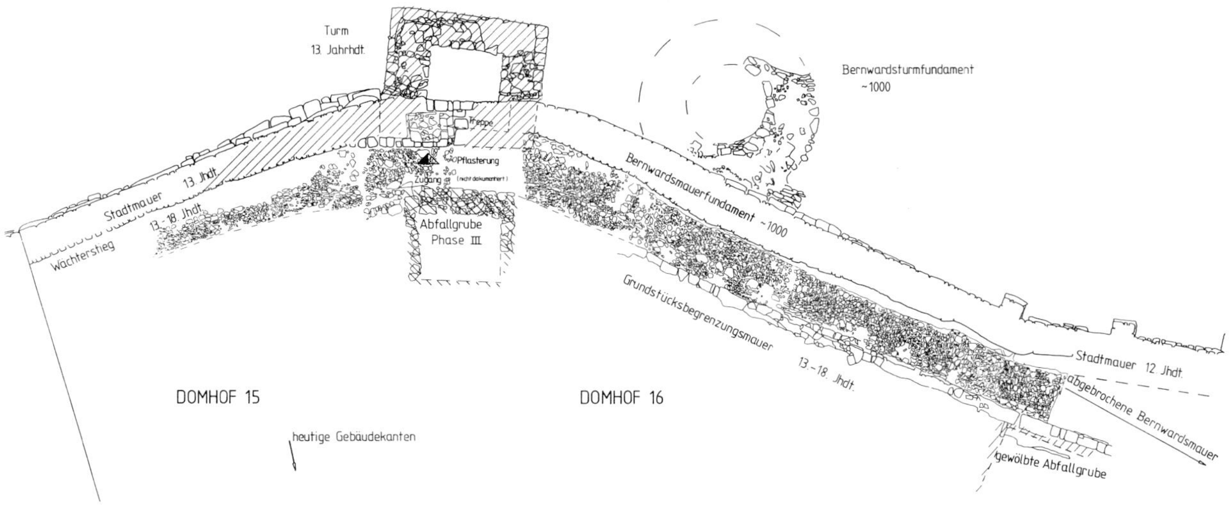

VII–12 Grundriß

kurz nach 993, für 1001 wird in der Bernward-Vita von einer intensiven Bautätigkeit an der Mauer berichtet.

Vita Bernwardi (dt./2). – Kruse 1990. – Kruse 1993.

K. B. K.

VII–13 Bernwardziegel

Hildesheim, um 1000

a: 12,5–14,5 x ca. 21 (Aufsicht) x 2,4–3,0 cm. – Dachziegelbruchstück. Stempelaufdruck *BERNWAR*... (3 x 11,2 cm).
b: 7,1 x 7,5 x 1,9 cm. – Dachziegelbruchstück. Stempelaufdruck *BER*...
c: 5,2 x 9,2 x 1,9 cm. – Dachziegelbruchstück. Stempelaufdruck ...*RD*...
d: 6,5 x 7,3 x 2,0–2,2 cm. – Dachziegelbruchstück. Stempelende ohne Buchstaben und zweiter Stempel mit Fragment eines *E* (*Episcopus?*).
e: 20 x 9,7 x 3 cm. – Dachziegelbruchstück. Stempelaufdruck ...*NWARD*, teilweise beschädigt. Eventuell weiter rechts oben der Anfang des zweiten Stempels.

Von den in Hildesheim während der Aufräumungsarbeiten und Grabungen im Dom, in St. Michael und Hl. Kreuz gefundenen und gestempelten Bernwardziegeln ist nur noch das Fragment a erhalten. Bei Grabungen der Kirchlichen Denkmalpflege auf dem Domhof sind immer wieder Fragmente von bernwardinischen Dachziegeln mit oder ohne Stempel- und Buchstabenaufdruck gefunden worden. Bisher sind über 50 Bruchstücke erkannt, 11 mit Stempel und Buchstaben. Aus den größeren Bruchstücken läßt sich ein bernwardinischer Dachziegel rekonstruieren, da alle vier Ecken und die Nase vorhanden sind.

Für die Herstellung der Ziegel wurde der aufbereitete Ziegelton in einen vermutlich ca. 30 x 45 cm (1 x 1,5 Fuß?) großen Holzrahmen, der auf dem gesandeten Erdboden des Ziegelhofes lag, gepreßt und mit der Handfläche glatt abgestrichen, eine Nase anmodelliert und der Stempel eingedrückt. Nachdem mit einem Messer der Ton vom Rahmen gelöst war, wurde der noch weiche, flache Ziegel herausgenommen und vermutlich freihändig gebogen. Nach der Austrocknung sind die Ziegel in einem Brennofen meist oxydierend hart gebrannt worden. Einige Fragmente sind so hohen Temperaturen ausgesetzt gewesen, daß der Ton versintert ist. Die meisten Bruchstücke haben jedoch unter der orangeroten

Zu VII–13 Rekonstruktion

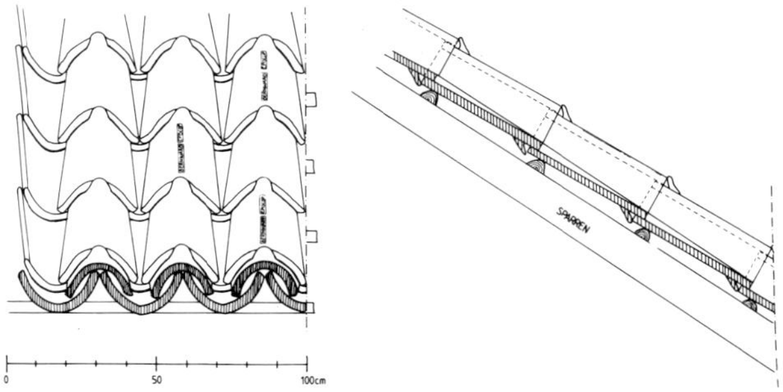

VII-13

Außenhaut noch einen dunkelgrauen, reduzierend gebrannten Kern. Der Ziegelton ist sehr gut durchmischt und weitgehend von Steinen befreit. In einigen Fundstücken sind größere Kalkbrocken enthalten, die mitgebrannt wurden. Dies hat bei der Berührung mit Wasser zum Löschen des gebrannten Kalkes geführt, wobei die Kalkknolle aufgeschäumt ist und den umgebenden Ton abgesprengt hat.

Bisher wurden nur Dachziegel gefunden, deren Oberfläche auf der Außenkrümmung glatt abgestrichen, evtl. gestempelt und mit einer Nase versehen ist. Die Unterseite auf der Innenkrümmung zeigt immer den gesandeten Abdruck des Ziegelhofes. Es gibt wenigsten zwei Ziegelgrößen mit unterschiedlicher Materialstärke. Die Mehrzahl der Bruchstücke hat eine Stärke von ca. 3 cm, so daß 1 x 1,5 Fuß als Mindestgröße zu rekonstruieren ist, um die Länge der Stempel, den Nasenansatz und die bekannten Längen zwischen den Rändern und Stempel bzw. Nase unterzubringen. Die kleineren Bruchstücke mit einer Materialstärke von ca. 2 cm lassen keine Rückschlüsse auf die Gesamtgröße zu, doch sind die Buchstaben im Stempel genauso groß wie bei den größeren Ziegeln.

Die bisher vorliegenden Bruchstücke lassen den Schluß zu, daß nur ein Dachziegelformstein hergestellt worden ist, der sowohl als „Nonne" wie auch als „Mönch" verlegt wurde. Da in der unteren Lage das breitere Ende oben liegen muß, damit das Wasser in den tiefer liegenden Ziegel fließen kann, kann die Nase nicht auf der Dachlatte liegen, sondern klemmt auf dem unteren Dachziegel. Bei den obenliegenden Deckziegeln liegt das breitere untere Ende mit dem Stempel über dem schmaleren Ende des tiefer liegenden und wird von seiner Nase festgeklemmt. In der Dachansicht überdecken die glatt abgestrichenen Deckziegel die rauhe Innenseite der Unterziegel fast völlig. Das große Gewicht der miteinander verklemmten Hohlpfannen sorgte bei einer relativ flachen Neigung für ein sturmsicheres Dach. Die Dachkonstruktion muß dementsprechend stabil gewesen sein.

Seit der Grabung auf dem Leunishof im Gymnasium Josephium wissen wir, daß es schon vor Bernward in Hildesheim Dachziegel gegeben hat. In den Abbruchschichten, die wahrscheinlich dem ersten Hildesheimer Dom zuzuordnen sind, den Kaiser Ludwig der Fromme nach 815 für Bischof Gunthar 815–834 hat bauen lassen, sind vier Bruchstücke von karolingischen Dachziegeln gefunden worden. Es handelt sich bei diesen Bruchstücken um flache Ziegel mit steil aufsteigendem seitlichem Steg, die nach römischen Vorbildern gefertigt sind (*tegula*). Die Materialstärke beträgt ca. 2 cm. Der Ziegelton ist mit grobem Sand und Kalkbröckchen gemagert. Die vier gefundenen Bruchstücke zeigen keinen Stempelaufdruck.

In der Bernward-Vita wird berichtet, daß Bernward „Ziegel zum Dachdecken verwendete, ohne daß es ihm jemand gezeigt hätte" (Vita Bernwardi 6, S. 760). Wahrscheinlich trifft diese Aussage genau zu, denn auf seiner Reise nach Norditalien und Rom wird Bernward wohl nur Ziegeldächer in der römischen Tradition mit großen Dachplatten, *tegula*, und schmalen Deckziegeln, *imbrex*, über den senkrechten Stegen gesehen haben, die eventuell mit Namensstempeln gekennzeichnet waren (Kat. Nr. V-13). In Hildesheim hat Bernward den römischen und karolingischen Deckziegel dann zur großen Hohlpfanne entwickelt, gestempelt und als „Mönch" und „Nonne" auf dem Dach verlegt.

a: Gefunden nach 1945 bei Aufräumungsarbeiten im Dom zu Hildesheim. b: Grabungsfund Hildesheim, Bernwardmauer, 1986 (HI 86/24/50.8) c: Grabungsfund Hildesheim, Antoniuskapelle, 1988. d: Grabungsfund Hildesheim, Leunishof im Gymnasium Josephinum, 1992 (Hi 18/53/140). e: Zufallsfund Hildesheim, An der Bernwardmauer, 1993 (Finder: Prof. Dr. med. P. Volk).

Kruse 1990, S. 70–81. – Berges/Rieckenberg 1983, S. 150 f., Taf. 31.

Hildesheim, Dom- und Diözesanmuseum Hildesheim, a: Inv. Nr. D 1988-1, b: Inv. Nr. 1986-10, c: Inv. Nr. 1988-10, d: Inv. Nr. 1992-20, e: Inv. Nr. 1993-9

K. B. K.

VII-14 Der Hildesheimer Dom um 1000 – Modell

Entwurf: Werner Jacobsen und Uwe Lobbedey
Ausführung: Hilbert Gestaltungstechnik, Nottuln, 1993

Maßstab 1:100. 71 x 32 cm, H. 20 cm. – Holz, Kunststoff, Plexiglas, lackiert.

Das Modell zeigt den Zustand des Hildesheimer Domes zur Zeit des Bischofs Bernward. Bernward hat den Dom nicht neu gebaut, sondern im wesentlichen in der Gestalt belassen, in der er ihn von seinen Vorgängern übernommen hatte. Dieser damalige Bau war von Bischof Altfrid 852–872 errichtet worden und gegen 964 anläßlich der Translation der Gebeine des hl. Epiphanius mit einer Westkrypta versehen worden. Zu ihr gehörte ein Westchor gleichen Grundrisses, der entweder ebenfalls um 964 errichtet wurde oder bereits Teil des Altfrid-Baues gewesen war. Bis jetzt ist völlig offen, ob die damalige Klausur seitlich des Domes oder wie heute axial im Osten lag.
Zur sorgfältigen Unterscheidung zwischen Befund und Ergänzung ist das Dom-Modell in zwei verschiedenen Materialien gebaut. Die in weißem Material ausgeführten Bereiche des Modells zeigen diejenigen Bauteile, welche bei den Bauuntersuchungen und Grabungen 1947–1953 noch vorhanden waren bzw. nachgewiesen werden konnten. Sie bestehen, abgesehen von den beim Wiederaufbau abgetragenen Partien, noch heute. Diese Teile geben den gesicherten Rahmen für die hier vorgeschlagene Ergänzung, die natürlich nur hypothetisch sein kann und daher in durchsichtigen Wänden und Dächern ausgeführt wurde.

Das Modell zeigt, wieviel Substanz des Altfrid-Baues bis in unser Jahrhundert erhalten geblieben ist. Allerdings sind hier schon die Zerstörungen von 1945 berücksichtigt. Bis dahin reichten die Bestandteile des Altfrid-Baues in den gesamten Ostteilen bis auf gleiche Höhe, nämlich bis auf Sohlbankhöhe der heutigen Hezilo-Fenster, mit Ausnahme der Querhausnordwand und der Abtreppungen an den Vierungspfeilern. Nicht berücksichtigt sind im Modell die partiellen Abtragungen brüchigen Altfrid-Mauerwerks im Zuge des Wiederaufbaues nach 1945. Nur an den Chorseiten sind die Wände zerklüftet, und zwar durch Abbruch der karolingischen

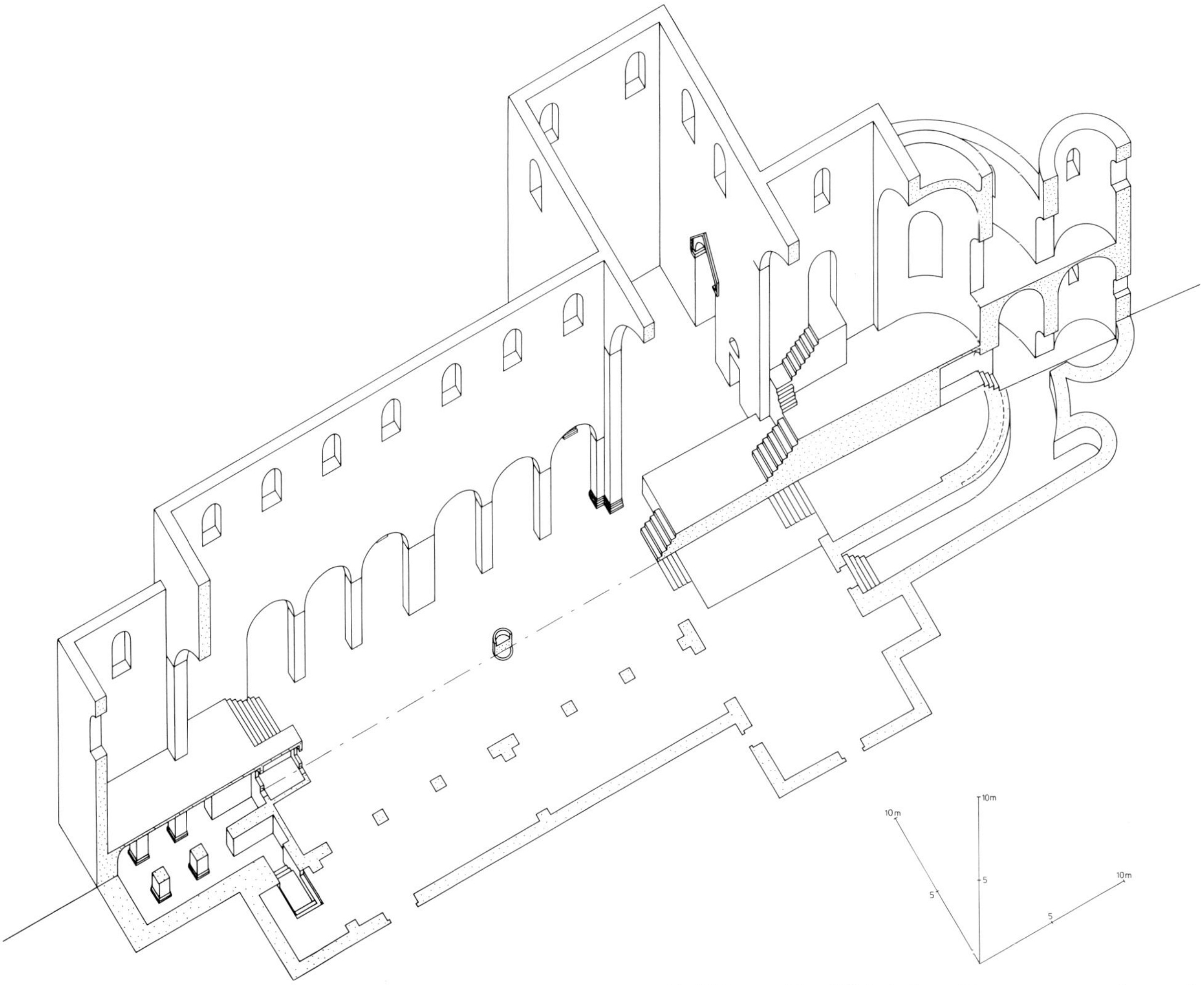

Zu VII-14 Der Hildesheimer Dom um 1000 – Isometrie

Umgangskrypta, nachträgliche Einbrüche sowie Anbau der romanischen Apsis.

Vom Altfrid-Langhaus gibt es bis auf die ergrabenen Fundamente keine erhaltenen Teile. Doch kennen wir durch die Fundamente die Breiten der drei Schiffe, die den heutigen entsprechen. Außerdem hat sich vom südlichen Seitenschiff der Dachanschlag gegen die Querhauswand erhalten, und das Mittelschiff war gewiß so hoch wie das Querhaus. Damit läßt sich das Langhaus in seiner räumlichen Ausdehnung und Höhe gut rekonstruieren. Die Anzahl der Mittelschiffsarkaden und die der Obergadenfenster wurden in der Rekonstruktion aufeinander abgestimmt und nach dem Vorbild entsprechender noch erhaltener Bauten bemessen. Berücksichtigt wurde dabei, daß von dem (allerdings nicht ausreichend gesicherten) Befund die Annahme eines längsrechteckigen mittleren Pfeilers nahegelegt wird.

Im Westen ist der nachträgliche Anbau eines Westchores und einer Krypta dargestellt. Nachgewiesen ist hier nur die Krypta in ihren unteren Bereichen einschließlich der Zugänge. Sie darf als gewölbte Hallenkrypta rekonstruiert werden. Da sie wahrscheinlich dazu bestimmt war, die erst 964 nach Hildesheim übertragenen Gebeine des hl. Epiphanius zu bergen, wird sie an ihrer Ostwand ein *Sepulcrum* gehabt haben, vermutlich durch eine Fenestella vom Mittelschiff aus einzusehen. Als Heiligenkrypta bekommt die Anlage damit auch erst in Zusammenhang mit dieser Übertragung ihren Sinn. Die innere Einrichtung mit Chortreppen und Schranken ist, soweit die Befunde Indizien gewähren, ergänzt. Die Dächer der Seitenschiffe sind mit einer Neigung von 41° rekonstruiert, entsprechend dem Befund an der Westwand des südlichen Querhausarmes, wo sich der Anschlag des einstigen

VII–15 Nördliches Portal

Daches des südlichen Seitenschiffes erhalten hat. Die Dächer von Westchor, Mittelschiff, Querhaus und östlichem Chorquadrum sind mit 45° rekonstruiert, da sie erfahrungsgemäß eine etwas stärkere Neigung als die Seitendächer hatten.

Bohland 1953. – Oswald/Schaefer/Sennhauser, S. 116–118. – Bühring 1967. – Reuther 1974. – Jacobsen/Schaefer/Sennhauser 1991, S. 181–183.

Hildesheim, Dom- und Diözesanmuseum Hildesheim W. J./U. L.

VII–15 Zwei figürliche Bogenfelder im Hildesheimer Dom

Um 872

Bogenfeld im Südquerhaus: H. 72 cm, B. 136 cm. Bogenfeld im Nordquerhaus: H. 70 cm, B. 136 cm. – Hochgebrannter, hart abgebundener Gips, schichtweise über rötlicher Vorzeichnung aufgetragen; umfangreiche Reste farbiger Fassung.

Von den wenigen Bauteilen des 872 geweihten Altfrid-Domes (vgl. Essay Jacobsen/Lobbedey und Kat. Nr. VII–14), die nach der Kriegszerstörung freigelegt und im heutigen Dom sichtbar geblieben sind, verdienen die beiden Zugänge an den Stirnseiten des Querhauses besondere Aufmerksamkeit. Bis 1945 waren die beiden Portale nicht nur hinter einer dikken Putzschicht verborgen, sondern auch durch einen Treppenaufgang verdeckt, über den man beiderseits der Vierungskrypta in den Hochchor und den oberen Kreuzgang gelangte. Ihrem äußeren Erscheinungsbild nach stammten die Aufgänge, die dann im Zuge der Bauforschungen in den 50er Jahren unseres Jahrhunderts vollständig abgebrochen wurden, zwar erst aus dem 17. oder 18. Jahrhundert, doch im Kern müssen sie wesentlich älter gewesen oder an die Stelle einer mittelalterlichen Treppenanlage getreten sein. Diese könnte im Zusammenhang mit dem Einbau der Vierungskrypta entstanden sein, spätestens aber bei Errichtung des Kreuzganges, dessen Obergeschoß durch die Aufgänge vom Dom her erschlossen wurde (vgl. Essayband, Abb. 121).

Ihre Funktion hatten die beiden alten Portale damals schon lange verloren, denn bereits Hezilo hatte im Zuge der Wiederherstellung des Altfrid-Domes die alte Krypta aufgegeben, in deren Untergeschoß man durch die Zugänge im Querhaus gelangte. Zusammen mit den nutzlosen Türöffnungen werden damals auch die Bogenfelder vermauert worden sein, deren Stuckverkleidung man dabei, soweit sie störend überstand, zerstörte und die Bruchstücke als Baumaterial nutzte. Nach eigenem Bekunden fand Joseph Bohland beim Freilegen noch „zahlreiche Profilreste" in der Bogenfeldvermauerung (Bohland 1953, S. 38).

Die alte Krypta wird man sich als den Ort vorzustellen haben, der dazu diente, die Reliquien des Dompatrone aufzunehmen. Den beiden Portalen, durch die man dorthin gelangte, kam von daher eine besondere Bedeutung zu. So sind sie durch ihre figürlichen Bogenfelder auch besonders ausgezeich-

VII-15 Südliches Bogenfeld

net. Die groben Steinlagen der Einfassung deuten darauf hin, daß diese, ebenso wie das innere Bogenfeld, mit Stuck verkleidet war. Eine gute Vorstellung von solchen Umrahmungen vermittelt heute noch die innere Eingangswand der kleinen Kirche S. Maria in Valle (Cividale) aus dem 8. Jahrhundert. Während das Bogenfeld über dem dortigen Eingang aber nur eine gemalte Darstellung zeigt, sind die beiden in Hildesheim als plastische „Tympana" ausgebildet. Zentrale Figur ist auf beiden Seiten der thronende Christus, kenntlich an dem erhalten gebliebenen Heiligenschein mit einbeschriebenem Kreuz, der bis in den Bogenscheitel aufragt und das antikische Rahmenprofil überschneidet. Vom Relief sind auf der Nordseite sonst nur die Umrisse und Teile der Vorzeichnung erhalten geblieben, die aber einen ähnlichen Bildaufbau wie auf der Südseite erschließen lassen. Hier sind die Figuren im unteren Drittel noch nahezu vollplastisch vorhanden und auch in den oberen Teilen besser zu rekonstruieren. So sieht man, daß Christus auf dem Globus des Weltalls thront. Flankiert wird er von zwei Personen, die sich ihm demutsvoll zuneigen. Die lang herabschleppenden Gewänder lassen vermuten, daß zwei Frauen dargestellt waren. Offenbar hatte der Thronende die Hände zu ihnen hin ausgebreitet. Diese Geste deutet vielleicht auf eine Heiligenkrönung hin, wie man sie neuerdings auch im unteren Umgang der annähernd zeitgenössischen Krypta von Saint-Germain in Auxerre nachgewiesen hat (Heber-Suffrin 1990). Vielleicht sind in beiden Fällen die Heiligen dargestellt, deren Reliquien in der Krypta verehrt werden konnten.

Einer stilistischen Beurteilung der Hildesheimer Stuckfragmente sind naturgemäß enge Grenzen gesetzt. Immerhin ist auf der Südseite aber noch gut zu erkennen, daß das Relief eine erstaunliche Tiefe hatte. Die Figuren müssen nahezu vollplastisch ausgebildet und stark hinterschnitten gewesen sein. Das verbindet sie mit der zeitgenössischen Elfenbeinschnitzerei der sog. Liuthard-Gruppe, wobei eine Einzelfigur wie die Maria auf der Tafel im British Museum (Goldschmidt, 1, Nr. 46 Taf. 12) eine verblüffende Ähnlichkeit mit dem rechten Torso des Bogenfeldes im Hildesheimer Südquerhaus zeigt. Im Altfrid-Dom hat es solche Stuckreliefs sicher noch an anderen Stellen gegeben, und diese Bildwerke werden den Figurenstil der bernwardinischen Plastik nicht unwesentlich beeinflußt haben. Die von Bernward für den Dom gestiftete Bronzetür ist dafür ein eindrucksvolles Beispiel.

Tschan, 2, S. 422 (Joseph Bohland). – Bohland 1953, S. 37–39. – Claussen 1957, S. 122.

Hildesheim, Hohe Domkirche
(in situ)

M. B.

VII–16 Ältestes Siegel des Domkapitels Hildesheim

Hildesheim, 2. Drittel 12. Jahrhundert, vor 1161

Fragmentiertes Exemplar: Durchmesser ursprünglich 9,5–10 cm. – Braunes Wachs, ohne Wachsrand. An braunen und gelben Seidenschnüren hängend. Im wesentlichen nur die drei Figuren, die seitlichen ohne Füße, erhalten; durch Feuchtigkeit an den Seiten stark geschädigt. Umschrift-Streifen bis auf die oberen Teile in modernem Wachs neutral ergänzt. An der Urkunde hängt auch ein Siegel Bischof Konrads von Hildesheim.

Umschrift, mit dem ersten Wort links vor dem Abdruck der Handhabe beginnend, ohne Abgrenzung zum Bildfeld: + *VIRGO MATER S' EPIPHANIVS S' GODEHARDVS* (ergänzt nach anderen Fragmenten und der Zeichnung bei Kratz).

Im Rund des auffallend großen Siegels sitzt die Gottesmutter auf einem kleinen lehnenlosen, mit Tüchern bedeckten Thron. Das relativ große Kind hält sie auf dem linken Oberschenkel. Ihre Knie sind weit geöffnet, die Füße auf dem gestuften Suppedaneum eng zusammengestellt, so daß sich die für viele Siegel des 11. und 12. Jahrhunderts charakteristische V-Stellung der Unterschenkel sitzender Personen ergibt. Das Jesuskind, das auch auf den wenigen anderen überkommenen Fragmenten besonders schlecht abgedrückt oder erhalten ist, sitzt im Profil, auch der Kopf folgt dieser Richtung. Die rechte Hand ist segnend erhoben. Hinter seinem Kopf erkennt man einen Nimbus, dessen Kreuz die Ränder des Heiligenscheins weit übergreift. Maria hält in der rechten Hand eine zierliche fünfblättrige, in zwei Etagen geordnete Blüte ohne Stiel zwischen Daumen und Zeigefinger empor, die übrigen Finger werden daneben in der Fläche ausgebreitet. Der Arm ist eng neben dem Körper erhoben, der Ellenbogen auf das Knie gestützt. Rechts und links stehen die beiden Bischöfe Epiphanius und Godehard in bischöflicher Gewandung mit Kasel, jedoch ohne Mitra, wie Maria mit einem schalenförmigen Nimbus ausgestattet, der bei Epiphanius noch die Spuren einer Muschelgliederung zeigt. Die Krummstäbe halten sie auf der Innenseite zur Gottesmutter hin. Epiphanius, dessen 964 erworbene Reliquien im Hildesheimer Dom verehrt wurden, war Nebenpatron der Hauptkirche des Bistums, Godehard, ebenfalls dort bestattet, seit seiner Heiligsprechung 1131 in eine ähnliche Position hineingewachsen. Kasel und Dalmatik der Bischöfe sind mit gemusterten Zierborten besetzt. Auch der große Schleier, den die Gottesmutter über ihr Haupt geschlungen hat, weist über der Stirn einen solchen fast kronenartig wirkenden plastisch gemusterten Zierstreifen auf.

Das Siegel, das in der Literatur in die Jahre um 1200 datiert worden ist, läßt sich weiter ins 12. Jahrhundert zurückverfolgen. Das älteste erhaltene Fragment hängt an einer Urkunde des Diplomatischen Apparats der Universität Göttingen, Nr. 61 aus den Jahren 1193–99 (UBHH 1, Nr. 500). Ein Abdruck von 1193 (UBHH 1, Nr. 498) war schon am Ende des 19. Jahrhunderts verloren. Die im Hildesheimer Urkundenbuch erwähnten Exemplare der Zeit um 1200, von 1201, 1202/3 etc. sind im letzten Kriege verbrannt, so daß heute überhaupt nur noch wenige Fragmente vorhanden sind. Der Stempel dieses ältesten bekannten Siegels des Hildesheimer Domkapitels war bis 1244 in Benutzung. Der letzte Beleg findet sich im Juli dieses Jahres (Hauptstaatsarchiv Hannover, Hild. Or. 2, Wöltingerode 19: 1244, Juli = UBHH 2, Nr. 711). Ab Januar 1245 war ein neues Typar in Benutzung (vgl. Kat. Nr. VII–17). In den veröffentlichten Hildesheimer Urkunden wird vor

Zu VII–16

1193 ein Siegel des Kapitels nur ein einziges Mal, und zwar 1161 (oder 1159), erwähnt. Damals urkundete Bischof Berno, daß Dompropst Reinold das Dom-Hospital auf seine Kosten neu erbaut habe. Die Urkunde war mit dem Siegel des Bischofs, des Kapitels und des Dompropstes besiegelt (UBHH 1, Nr. 323, Original nach freundlichen Hinweisen von Hans Jakob Schuffels im Stadtarchiv Hildesheim, Nr. 3206a erhalten, vom Siegel des Domkapitels jedoch nur unkenntliche Bruchstücke). Kurze Zeit zuvor, am 28. Mai 1158, hatte Bischof Bruno eine Urkunde, die eigentlich nur Angelegenheiten des Domkapitels betraf, allein besiegelt – dieses hatte drei Hufen Land gekauft –, so daß man bei aller gebotenen Vorsicht annehmen möchte, das Kapitel habe damals noch kein eigenes Siegel besessen (UBHH 1, Nr. 311). Die Emanzipation der Domkapitel von den Bischöfen, als deren wichtigstes Kriterium die rechtlich selbständige Handlungsfähigkeit und damit die Führung eines eigenen Siegels zu gelten hat, verlief in Deutschland überaus unterschiedlich. Verfügte etwa das Kölner Kapitel bereits um 1100 über einen eigenen Stempel, so geschah das in Straßburg erst am Ende des 12. Jahrhunderts. In Hildesheim gibt es keine ältere urkundliche Erwähnung eines Kapitelsiegels vor 1161, soweit wir – nach der Vernichtung der meisten Hildesheimer Urkunden im letzten Kriege – nach dem uns allein bekannten veröffentlichten Urkunden-Text schließen dürfen. Auch danach wird ein Siegel zum erstenmal wieder in den 90er Jahren erwähnt.

Das flache Relief des künstlerisch offenbar hochbedeutenden Siegels, die den Körpern ganz dicht aufliegenden Gewänder, die wie eingegraben wirkende Schichtung der sich konzentrisch wiederholenden Falten auf den Kaseln der beiden Bischöfe, die allgemeine Zartheit und Feinheit der Einzelformen lassen aus stilgeschichtlichen Erwägungen an ein früheres Entstehungsdatum für das Typar, und zwar in der ersten Hälfte des Jahrhunderts, denken. Freilich erschwert der mangelhafte Erhaltungszustand der heute noch vorhandenen Fragmente naturgemäß ein verbindliches Urteil. Auch die Umschrift, die nur die dargestellten Heiligen, nicht aber die siegelführende Institution, das heißt die Kirche von Hildesheim, nennt, wirkt altertümlich. Das frühestmögliche Entstehungsdatum ist auf jeden Fall die Heiligsprechung Godehards 1134. Die Sammlung aller Abdrücke, auch der in niedersächsischen Klosterarchiven etwa verstreuten Fragmente, wäre in höchstem Maße wünschenswert, um so die künstlerische Form dieses interessanten Werkes der niedersächsischen Goldschmiedekunst des 12. Jahrhunderts wenigstens rekonstruieren zu können.

VII-16

Kratz 1840/1, Taf. 1. – UBHH 1, Taf. IV. – UBHH 2, Nr. 575 (diese Urkunde).

Hannover, Niedersächsisches Hauptstaatsarchiv, Hild. Or. 2 Lamspringe, Nr. 23: 1240 September 6

R. Ka.

VII-17 Zweites Siegel des Domkapitels Hildesheim

Hildesheim, Ende 1244/Januar 1245

Fragmentiertes Exemplar, ehemaliger Durchmesser 9,5 cm. – Braunes Wachs an Pergamentpressel.

Umschrift zwischen Perlreihen: + *:SIGILLVM ⁑ HILDENS[EME]NSIS · ECLESIE:*

Vor gerautetem, mit Blüten verziertem Grund sitzt Maria auf einem Thron, von dessen Lehnenaufbau vor allem die kirchturmartigen gedrechselten vorderen Stützen zu sehen sind. Das Jesuskind auf dem linken Oberschenkel Mariens hält ein Buch in der linken Hand und hat die Rechte segnend vor der Brust der Mutter erhoben; den Kopf hat es in den Nacken gelegt, um zur Mutter aufzublicken. Mariens Blick geht jedoch nicht auf das Kind, sondern ist geradeaus gerichtet. In faltenreiche Gewänder gehüllt, einen kurzen Schleier über den Kopf gelegt, scheint die Gottesmutter mit der rechten Hand vor der Brust nach dem Kind zu greifen. Als kleinere Figuren, deutlich zurückgerückt, stehen seitlich die Bischöfe Godehard und Epiphanius in bischöflichen Gewändern, mit Krummstab, Mitra und Buch, ebenso wie Maria durch einen großen schalenförmigen Nimbus ausgezeichnet, während hinter dem Jesuskind ein Kreuznimbus zu erkennen ist. Die ausgestellten äußeren Füße der Bischöfe, ihre Häupter und Nimben ragen aus dem Bildfeld in den Schriftrand hinein, wobei über ihrem Haupt die Umschrift in charakteristischer, sonst ungewöhnlicher Form unterbrochen wird.

Die Entstehungszeit des Typars läßt sich aus den erhaltenen oder doch durch Wortlaut und Beschreibung bekannten Urkunden genau bestimmen. Der Stempel ist zum erstenmal am 25. Januar 1245 an einer Urkunde abgedrückt worden (UBHH 2, Nr. 729), der ältere hatte im Juli 1244 letztmals Verwendung gefunden (UBHH 2, Nr. 711). Aus der Zwischenzeit kennen wir keine vom Kapitel ausgestellte oder besiegelte Urkunde. Der neue Stempel muß also in der zweiten Jahreshälfte 1244 oder in den ersten Januartagen des folgenden Jahres angefertigt worden sein, wie man annehmen darf von einem in Hildesheim tätigen Goldschmied. Er folgt im Bild dem alten, modernisiert freilich durch Nennung des Ortsnamens die Umschrift und erneuert vor allem das stilistische Erscheinungsbild. Er blieb bis zum 15. Juli 1296 (UBHH 3, Nr. 1095) in Verwendung und wurde spätestens einen Monat darauf, am 15.

Zu VII-17

VII-17

August, durch einen neuen Stempel mit derselben Dreiergruppe und derselben Umschrift, aber in deutlich frühgotischen Formen ersetzt (UBHH 3, Nr. 1103; das Siegel an der verbrannten Urkunde vom 3. August 1296 = UBHH 3, Nr. 1100 ist nicht bekannt). Ob hinter dem zweimaligen Stempelwechsel im 13. Jahrhundert bestimmte politische und juristische Veränderungen standen oder ob wir ihn nur als Versuch der Modernisierung und Anpassung an den stilistischen Wandel der zeitgenössischen Kunst zu verstehen haben, wissen wir naturgemäß nicht.

In den voluminösen Falten des Gewandes mit weich eingedrückten Dellen, wesentliches Mittel zur Steigerung der majestätischen Erscheinung der thronenden Gottesmutter, stellt sich das Siegel als ein Werk des sogenannten Muldenfaltenstils in seiner reichsten und letzten Phase dar. Solch charakteristische Gewandbildung begegnet in der französischen Buchmalerei bereits um 1200, hat erheblichen Anteil an der Gestaltung französischer Monumentalskulpturen zu Beginn des Jahrhunderts, prägt die rheinische und maasländische Goldschmiedekunst um 1220/1230. In Trier entstanden offenbar auch in den späten 30er Jahren noch Arbeiten dieses Charakters. In Niedersachsen, wo der hartbrüchige Zackenstil das Bild der Gewandfiguren früh zu bestimmen begann (vgl. das Siegel von St. Michael, Kat. Nr. IX-3), dürfte das Hildesheimer Siegel der späteste, wenn in dem schwellenden Reichtum seiner Formen auch ein besonders eindrucksvoller Vertreter dieses Stiles gewesen sein.

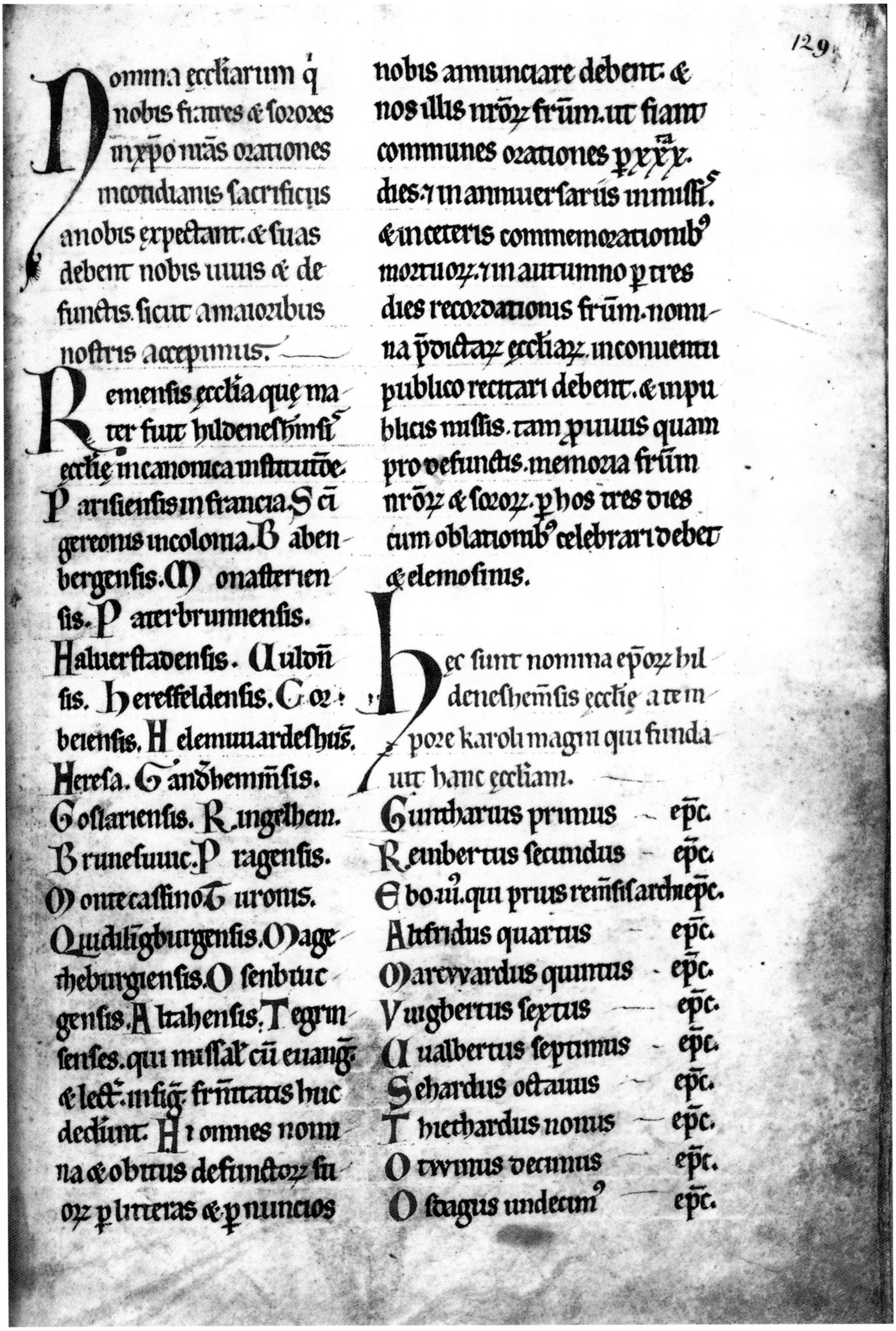

129

Nomina ecclesiarum que
nobis fratres & sorores
in Christo promittunt orationes
in cotidianis sacrificiis
a nobis expectant. & suas
debent nobis uiuis & de
functis. sicut a maioribus
nostris accepimus.

Remensis ecclesia que ma
ter fuit hildenesheimensis
ecclesie in canonica institutione.
Parisiensis in francia. Sancti
gereonis in colonia. Baben
bergensis. Monasterien
sis. Paterbrunnensis.
Haluerstadensis. Fulden
sis. Herefeldensis. Cor
beiensis. Helmuuardeshusensis.
Heresa. Gandesheimensis.
Goslariensis. Ringelhem.
Brunesuuic. Pragensis.
Montecassino. Turonis.
Quidilingburgensis. Mage
theburgiensis. Osenbruc
gensis. Altahensis. Tegrin
senses. qui missale cum euangelio
& lectionario in signum fraternitatis huic
dederunt. Hi omnes nomi
na & obitus defunctorum su
orum per litteras & per nuncios
nobis annunciare debent. &
nos illis nostrorum fratrum. ut fiant
communes orationes per xxx
dies. et in anniuersariis in missis.
& in ceteris commemorationibus
mortuorum. et in autumno per tres
dies recordationis fratrum. nomi
na predictarum ecclesiarum in conuentu
publico recitari debent. & in pu
blicis missis. tam pro uiuis quam
pro defunctis. memoria fratrum
nostrorum & sororum. per hos tres dies
cum oblationibus celebrari debet
& elemosinis.

Hec sunt nomina episcoporum hil
denesheimensis ecclesie a tem
pore karoli magni qui funda
uit hanc ecclesiam.

Guntharius primus — eps.
Reinbertus secundus — eps.
Ebo iii. qui prius remensis archieps.
Altfridus quartus — eps.
Marcwardus quintus — eps.
Wigbertus sextus — eps.
Walbertus septimus — eps.
Sehardus octauus — eps.
Thietardus nonus — eps.
Otwinus decimus — eps.
Osdagus undecimus — eps.

VII–18
fol. 29r

Vollständige Abdrücke des Typars finden sich an den Urkunden im Archiv Loccum von 1250, Juli 29 und im Niedersächsischen Hauptstaatsarchiv Hannover, Hild. Or 2 Lamspringe, Nr. 64: 1293 Mai 23.

Kratz 1840/1, Taf. 1 Nr. 2. – UBHH 2, S. 687 und Siegeltaf. II,6: nur das Siegel von 1296 (mit völlig falscher Datierung).

Hildesheim, Dom- und Diözesanmuseum Hildesheim, Inv. Nr. S 311

R. KA.

VII–18 Verbrüderungsliste des Hildesheimer Domkapitels, aufgenommen im Kapiteloffiziumsbuch

Hildesheim, Ende 12. Jahrhundert (1191?)

29 x 18 cm, 204 Blätter. - Pergament.

Das Kapiteloffiziumsbuch des Hildesheimer Domkapitels enthält die Texte, die während des *Officium capituli* (der Versammlung der Domherren nach der Prim) gelesen wurden. Dazu gehören ein Martyrolog-Nekrolog und die Aachener Regel für Kanoniker von 817, die von den Hildesheimer Domherren befolgt wurde. Zum Grundbestand der Handschrift gehören auch die historisch wertvolle Chronik der Bischöfe von Hildesheim, ein Verzeichnis von Einkünften des Domkapitels und Namenslisten von Hildesheimer Domgeistlichen, die zwischen 1078 und 1191 verstorben sind. Nekrolog, Namenslisten und Bischofschronik hatten alle ihre Funktion im liturgischen Totengedenken des Domkapitels. Im 13., 14. und 15. Jahrhundert wurde die Handschrift ständig erweitert, ohne jedoch ihre liturgische Benutzbarkeit zu verlieren. Die auf miteingebundenen Blättern und Lagen hinzugefügten Texte betreffen u. a. die Einkünfte des Domkapitels, die liturgischen Verpflichtungen der Domherren und die Tafelordnung der Hildesheimer Bischöfe. Zum Grundbestand der Handschrift gehört auch eine Verbrüderungsliste des Domkapitels; sie geht den Namenslisten der verstorbenen Domgeistlichen unmittelbar voran.

E. A. O.

Die Verbrüderungsliste des Domkapitels auf fol. 129r umfaßt in der genannten Reihenfolge 24 geistliche Gemeinschaften: Reims, Paris, St. Gereon in Köln, Bamberg, Münster, Paderborn, Halberstadt, Fulda, Hersfeld, Corvey, Helmarshausen, Heerse, Gandersheim, Goslar, Ringelheim, Braunschweig, Prag, Montecassino, Tours, Quedlinburg, Magdeburg, Osnabrück, Niederalteich, Tegernsee. Der geographische Rahmen der mit dem Domkapitel in Hildesheim verbrüderten Gemeinschaften besitzt eine europäische Dimension und reicht über Reims, Paris, Tours nach Montecassino und bis Prag. Ausdrücklich werden auch Frauen in die Verbrüderung eingeschlossen (z. B. Gandersheim).

Die Verbrüderungsliste wurde mit Sicherheit bereits in den Anfängen der Hildesheimer Kirche angelegt. Ihre aus dem Ende des 12. Jahrhunderts überlieferte Form geht auf verschiedene Redaktionsstufen zurück. Beispielhaft sei erwähnt, daß Reims als „Mutter" der Hildesheimer Kirche angesehen wird und daher an erster Stelle der Verbrüderungsliste genannt ist (zum Hintergrund vgl. Essay Goetting, Anfänge). Kontakte zu Paris und Tours lassen sich unter Bischof Bernward nachweisen (vgl. Essay Parisse). Die Beziehungen zu den beiden letztgenannten verbrüderten Gemeinschaften, den Klöstern Niederalteich und Tegernsee, gehen auf Bischof Godehard († 1038) zurück, der dort reformerisch als Abt tätig war.

Diese Verbrüderungsliste hatte den Charakter eines Vertrages, den die Gemeinschaften schlossen und der ihren Mitgliedern bestimmte geistliche und sozial-caritative Leistungen bot. Das Domkapitel von Hildesheim verpflichtete sich, der mit ihm verbundenen Brüder und Schwestern zu Lebzeiten und nach ihrem Tod in den täglichen geistlichen Verrichtungen zu gedenken. Die Namen der verstorbenen Mitglieder der jeweiligen Gemeinschaften sollten dem Domkapitel schriftlich und per Boten übermittelt werden. Jedem Verstorbenen wurde ein individuelles und unmittelbares 30-Tage-Gebetsgedächtnis zugesichert. Am jeweiligen Anniversargedächtnistag und zu bestimmten anderen Anlässen wurde ihrer erneut in Messen und durch spezielle Totengedächtnisleistungen gedacht. Im Herbst hielt das Domkapitel ein generelles 3-Tage-Gedächtnis für die verstorbenen Brüder und Schwestern der genannten Gemeinschaften ab, in dessen Verlauf die Namen der Gemeinschaften öffentlich verlesen und so die Memoria der lebenden und verstorbenen Mitglieder der verbrüderten Gemeinschaften u. a. kumulativ in

Messen und durch die Vergabe von Almosen gewährleistet wurde.

Die Verbrüderungsliste des Hildesheimer Domkapitels ist in der Tradition der frühmittelalterlichen Memorialzeugnisse zu sehen. Sie ist ein wichtiges Dokument für das Beziehungsnetz des Domkapitels und seines geistlichen Selbstverständnisses.

R. A.

Schmid/Wollasch 1984. – Schmid 1985

Wolfenbüttel, Herzog August Bibliothek, Cod. Guelf. 83.30 Aug. 2°

VII-19 Otloh von St. Emmeram, Liber visionum

St. Emmeram in Regensburg, 1062–1066

20,1 x 14,0 cm, 189 Blätter. – Pergament.

Otloh von St. Emmeram (ca. 1010–ca. 1070) ist einer der bekanntesten Schreibermönche des Mittelalters. In einem wechselvollen, von Konflikten überschatteten Leben hat er für sein eigenes Kloster, für persönliche Freunde, für Bischöfe und für ein Dutzend vorwiegend bayerischer Klöster liturgische und literarische Handschriften von höchster Qualität geschrieben. Mehr als zwanzig Manuskripte dieses herausragenden Kalligraphen haben sich erhalten. Als Autor theologischer, hagiographischer und autobiographischer Schriften bietet er einen einzigartigen Einblick in die Spiritualität einer monastischen Reformzeit (vgl. Essay Faust) und in seine persönlichen Probleme, denen er sich mehrfach durch Ortswechsel entzog.

In den Jahren 1062 bis 1066 hielt er sich als Gast in Fulda auf, wo er sich vom Druck der lähmenden Auseinandersetzung mit seinem Regensburger Abt wie befreit fühlte. Während dieser wohl glücklichsten Periode seines Lebens stellte er 23 eigene und fremde Visionsberichte zu einem Büchlein zusammen. Er handelt darin von seinen Jugendsünden, seiner Bekehrung und seinen Erfahrungen als Leiter der Klosterschule mit fast gleichaltrigen Schülern. Aus der Kirchengeschichte des Beda Venerabilis und aus einem Brief des Bonifatius entlehnte er auch andernorts häufiger überlieferte Visionen. Der größte Teil

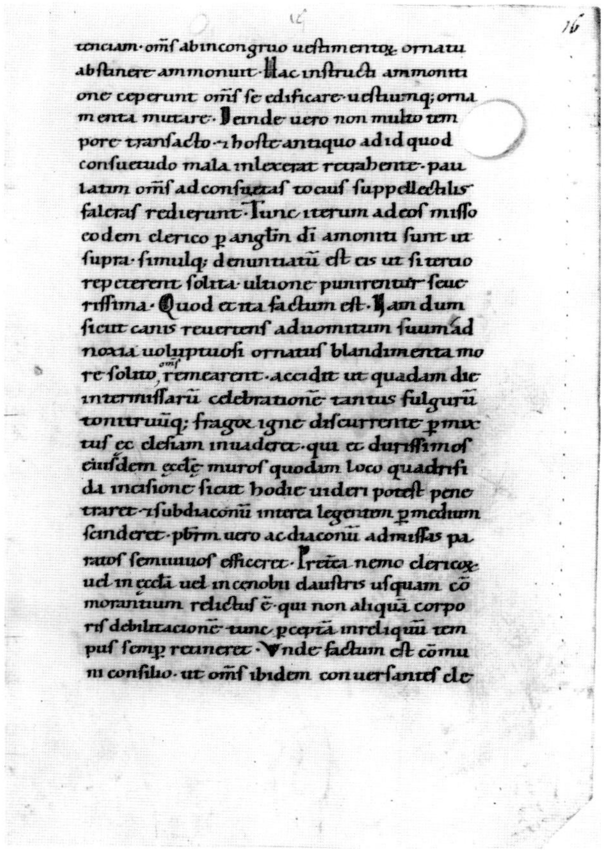
tenciam · omnis ab incongruo uestimentorum ornatu
abstinere ammonuit · Hac instructi ammoniti
one ceperunt omnes se edificare · uestiumque orna
menta mutare · Deinde uero non multo tem
pore transacto · et hoste antiquo ad id quod
consuetudo mala inlexerat retrahente · pau
latim omnes ad consuetas totius suppellectilis
faleras redierunt · Tunc iterum ad eos misso
eodem clerico per angelum dei amoniti sunt ut
supra · simulque denuntiatum est eis ut si tertio
repeterent solita ultione punirentur seue
rissima · Quod et ita factum est · Nam dum
sicut canis reuertens ad uomitum suum ad
noxia uoluptuosi ornatus blandimenta mo
re solito omnes remearent · accidit ut quadam die
inter missarum celebrationem tantus fulgurum
tonitruumque fragor igne discurrente permix
tus ecclesiam inuaderet · qui et durissimos
eiusdem ecclesie muros quodam loco quadrifi
da incisione sicut hodie uideri potest pene
traret · et subdiaconum interea legentem per medium
scinderet · presbiterum uero ac diaconum admissas pa
ratos semiuiuos efficeret · Preterea nemo clericorum
uel in ecclesia uel in cenobii claustris usquam com
morantium relictus est · qui non aliquam corpo
ris debilitacionem tunc perceptam in reliquum tem
pus semper retineret · Unde factum est commu
ni consilio · ut omnes ibidem conuersantes cle

VII-19 fol. 16r

seiner Aufzeichnungen umfaßt aber kurze Erzählungen, die er in den Klöstern erfuhr, die ihn für kürzere oder längere Zeit aufnahmen. Besonders interessiert war er an Berichten über das Fehlverhalten von Äbten und Bischöfen, über Verstöße gegen die Ordensdisziplin und über Übergriffe auf Klosterbesitz.

In der Klosterschule von Hersfeld, die unter Abt Arnolf (1012–1031) in höchstem Ansehen stand, lernte Otloh während seines Aufenthaltes gegen 1024 zwei Hildesheimer Kanoniker kennen, deren Bericht über einen Blitzschlag in Hildesheim aus dem Jahre 1016 ihn so faszinierte, daß er ihn noch vierzig Jahre nach seiner Begegnung mit den beiden Hildesheimern für so wichtig hielt, daß er ihn aufzeichnete. Es geht um den Kleiderluxus und um eine himmlische Warnung, der Bischof Bernward aufgrund der dreimaligen Vision seines Klerikers Folge leistete. Sein Verbot des übermäßigen Aufwandes wurde nur vorübergehend befolgt (vgl. Essay Schieffer). Otloh fügt an seinen Bericht über den als göttliche Warnung und Strafe empfundenen Blitzschlag eine allgemeine Mahnung an.

Otloh, S. 61–64.

München, Bayerische Staatsbibliothek, Clm 14673

P. G. S.

VII–20 Die Hildesheimer Annalen der Jahre 995 bis 999 in Autographen von Thangmar und Wolfhere

Hildesheim, Ende des 10. Jahrhunderts und jüngere Nachträge

22,0 x 15,3 cm, 69 Blätter. – Pergament.

Annalen sind nach Jahren geordnete, meist knapp gehaltene historische Aufzeichnungen, die im frühen und hohen Mittelalter zu den wichtigsten Quellen gehören, vornehmlich in solchen Gegenden, in denen die urkundliche Überlieferung noch schmal ist. In Deutschland zählen die Hildesheimer Annalen zu den interessantesten ihrer Art. Sie stellen im Anschluß an das *Breviarium* des Rufus Festus, einer Epitome der römischen Geschichte aus dem 4. Jahrhundert, annalistische Aufzeichnungen in einem Schema, das von der Schöpfung der Welt bis 1137 reicht, aus verschiedenen Vorlagen zusammen. Von einem gewissen eigenständigen Wert sind die Annalen jedoch erst vom 9. Jahrhundert an, besonders wertvoll für das 10. bis 12. Jahrhundert.

Aufgeschlagen sind die Berichte zum Jahr 995 auf der linken (fol. 35v) und zu den Jahren 996 bis 999 auf der rechten Seite (fol. 36r). Unter den Nachrichten des Jahres *995* sind hervorzuheben: ein Feldzug König Ottos III. gegen die slawischen Abodriten; die Legation des Erzbischofs von Piacenza, Johannes Philagathos, und des Bischofs von Würzburg nach Konstantinopel zur Brautwerbung für den König; eine Gesandtschaft des Papstes (Johannes XV.), die Otto III. zur Kaiserkrönung nach Rom einlädt; der Tod des bayerischen Herzogs Heinrich (des Zänkers, des Vaters Kaiser Heinrichs II.) beim Besuch seiner Schwester, der Äbtissin Gerberga, in Gandersheim.

Das Jahr *996* beginnt (fol. 36r oben in der ersten Zeile) mit dem Tod Papst Johannes' XV.; Otto III. läßt Brun, einen Deutschen, den Sohn Ottos, des Herzogs von Kärnten und Markgrafen von Verona, zum Papst erheben, als der er sich Gregor (V.) nennt (vgl. unten zum Jahr 999 und Kat. Nr. *III–2); der neue Papst krönt Otto III. zum Kaiser; das kaiserliche Gericht verurteilt Crescentius, den vorherigen Machthaber Roms, der aber auf Bitten des Papstes begnadigt wird; kaum hat der Kaiser Rom verlassen, vertreibt Crescentius den Papst schimpflich aus der Stadt.

997: Das päpstliche Konzil von Pavia bannt den Crescentius; der aus Konstantinopel zurückgekehrte Johannes Philagathos usurpiert auf Betreiben des Crescentius den Papstthron und wird von den Bischöfen Italiens, Deutschlands und „Frankreichs" exkommuniziert. „Auch der Kaiser brach nach Italien auf, um die »Kloake« der Römer zu reinigen, nachdem er die Herrschaft seiner Tante, der Äbtissin Mathilde von Quedlinburg, delegiert hatte, einer Frau, die weit über das, was man von ihrem Geschlecht erwartet, hinaus durch erstaunliche Klugheit hervorragte" *(Imperator quoque, ut Romanorum sentinam purgaret, Italiam perrexit summa rerum dominę Mahtildę, amite suę, Quidilingaburgensi abbatisse, delegata, in qua ultra sexum mira prudentia enituit,* fol. 36r, Zeile 7–4 von unten).

Am unteren und am seitlichen Rand folgen die knappen, sichtlich nachgetragenen Berichte zu den beiden folgenden Jahren. *998:* Johannes Philagathos, der Usurpator des Papstthrones, den der Kaiser seines Augenlichts berauben und dem er die Nase abschneiden läßt, wird abgesetzt, Crescentius enthauptet und mit zwölf Anhängern aufgehängt . . .

999 vermeldet (quer am rechten Rand, zum Teil abgeschnitten) drei Todesfälle: der Äbtissin Mathilde von Quedlinburg, der Schwester Kaiser Ottos II. (die Bernward an ihr Sterbelager rufen ließ); des Papstes Gregor V., dessen Nachfolger Silvester (II.)/Gerbert wird, und der Kaiserin Adelheid (der Witwe Kaiser Ottos des Großen).

Die Ereignisse, die teils lakonisch wie in Annalen üblich, teils etwas ausführlicher berichtet werden, sind im Einzelfall sogar nur in dieser Handschrift überliefert, manchmal aber in anderen Quellen auch eingehender oder präziser dargestellt worden. Eher selten sind sie auch die Quintessenz dessen, was man in Hildesheim über die Vorgänge dachte; deutlich tritt dies – freilich nicht ohne klassische Reminiszenz – einmal in dem oben zitierten Satz zutage, und da ist

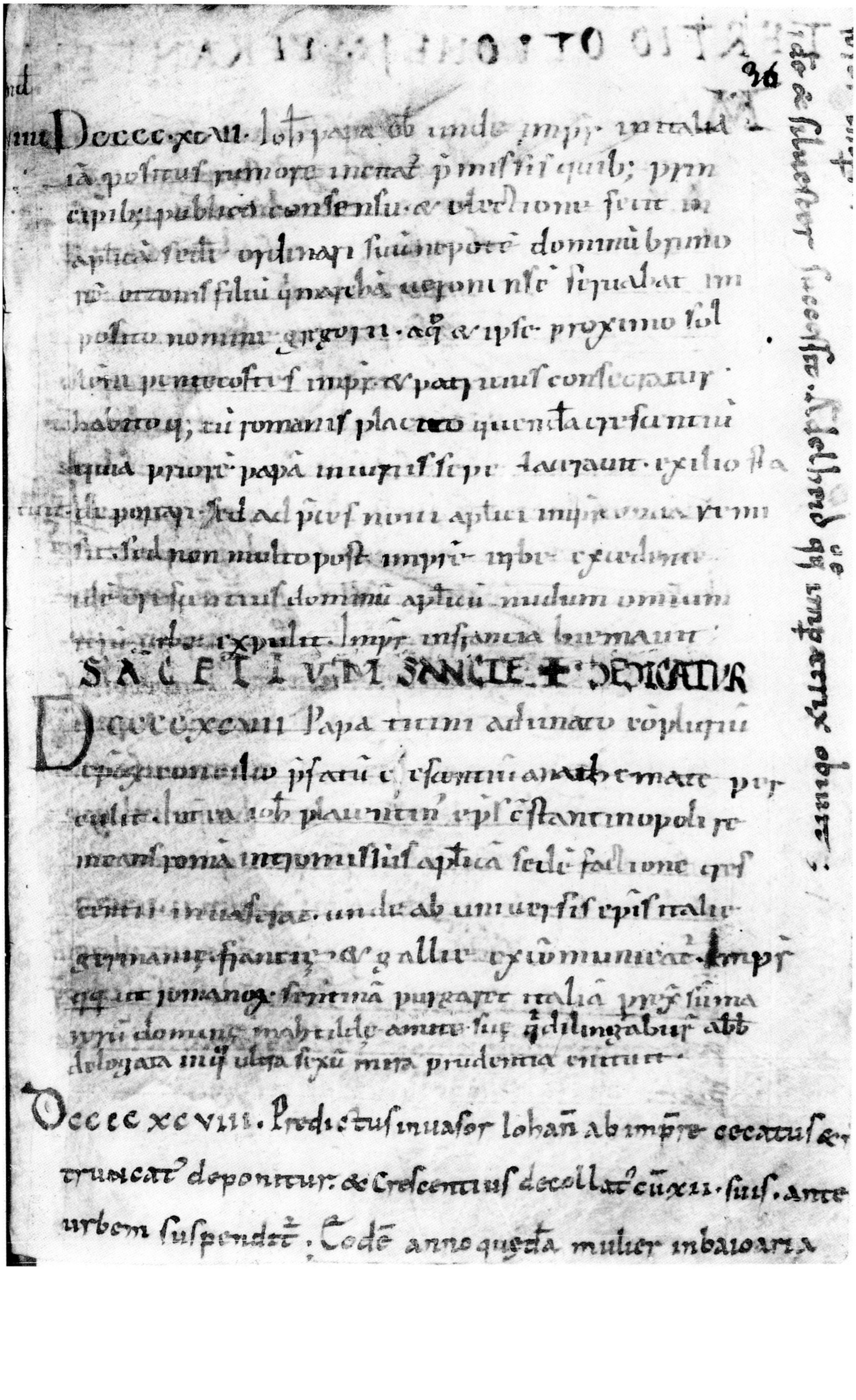
DCCCCXCVII. Ioh papa ob. unde impr in Italiam positus rumore incitat premissis quib; principib; publico consensu et electione fecit in aplica sede ordinari suum nepotem domnum brunonem Ottonis filium marchionis ... imposito nomine gregorii. a quo et ipse proximo sollemni pentecostes impr et patricius consecratur. habito q; cum romanis placito quem crescentium quia priorem papam iniuriis sepe ... exilio ... sed ad preces novi aplici ... Sed non multo post impre urbem excedente idem crescentius domnum aplicum nudum omnium rerum urbe expulit. impr instantia hermanni

SACRIFICIUM SANCTE + DEDICATUR

DCCCCXCVIII. Papa ticini adunato ... consilio ... crescentium anathematizavit ... Iohannem placentinum epm constantinopoli remeantem romam ... aplica sede ... crescentii invaserat. unde ab universis epis italie germanie francie et gallie excommunicatur. Impr ... romanorum ... purgaret italiam ... domnam mathildem amitam suam ... abbatissam ... prudentia ...

DCCCCXCVIII. Predictus invasor Iohannes ab impre cecatus et truncatus deponitur. et Crescentius decollatus cum XII suis ante urbem suspenditur. Eodem anno quedam mulier in baioaria

VII–20
fol. 36r

es nicht ohne Interesse, daß für die drastische und brutale „Säuberung" Roms durch Kaiser und Papst, an der Bernwards Bruder, Graf Tammo, in vorderster Front beteiligt war, dasselbe Wort *(purgare)* auch in der Dichtung Leos von Vercelli auftaucht (Kat. Nr. IV–62 und Beitrag Dormeier). Schon durch Tammo, unter dessen Führung ein Aufgebot Bischof Bernwards in Italien kämpfte (vgl. Kat. Nr. VII–28), wird man in Hildesheim mehr über die Vorgänge gewußt haben. So spiegeln die Annalen eher wider, was man – nicht ohne Blick auf das Muster und den Stil der voraufgehenden, die älteren Zeiten behandelnden Teile der Handschrift – in der Domschule für der Aufzeichnung wert hielt.

Denn der erste Teil der Handschrift, der am Ende des 10. Jahrhunderts entstanden ist und – von einigen späteren Nachträgen einmal abgesehen – bis zum Jahr 993 reicht, ist von etwa einem halben Dutzend Händen geschrieben worden, die sich in bunter Folge abwechseln, einander ergänzen und wohl auch gelegentlich aushelfen. Sie vermitteln eine Vorstellung davon, wie damals in Hildesheim geschrieben wurde, und sind, wenn sie in anderen Handschriften auftauchen (wie etwa die Hand von fol. 20v im Cod. Guelf. 32 Helmst. fol. 129v; Kat. Nr. VII–25) ein willkommenes Indiz für deren Provenienz. Die nicht eben kalligraphische Hand aber, die schon auf fol. 35r korrigiert hatte und nun rasch und die Luftlinien gelegentlich wie bei den Ansätzen der Oberlängen mitschreibend die Jahre 995 bis 997 fortsetzt, ist die des Domscholasters Thangmar, des Biographen Bischof Bernwards. Als Vorschreiber taucht er auch in der großen Rechtssammlung des Cod. Guelf. 32 Helmst. (fol. 18r oben, Kat. Nr. VII–25) und als Leser in den Marginalien des Cod. Guelf. 454 Helmst. (Kat. Nr. VII–27) auf, vielleicht in anderer Funktion (als Domdekan?) ist er auch im Cod. Guelf. 427 Helmst. (Kat. Nr. VII–21) anzutreffen.

Es mag sein, daß von den am unteren und rechten Rand der Seite nachgetragenen, zu einem Teil abgeschnittenen Berichten der Jahre 998 und 999 einiges auf Thangmar als Verfasser zurückgeht – geschrieben aber hat er sie nicht. Sie sind ein Autograph des Wolfhere, des als Geschichtsschreiber und Biograph Bischof Godehards nicht minder berühmten Hildesheimer Domkanonikers. Von seiner Hand ist ein beträchtlicher Teil des einzigen die *Vita Godehardi prior* enthaltenden Codex (Wien, Österreichische Nationalbibliothek, Cod. 612) geschrieben worden, den er als Autor auch korrigiert hat (vgl. zu seiner Schrift auch Kat. Nr. VII–29). Wolfhere ist freilich erst tätig geworden, als die folgenden, zumindest bis in das zweite Viertel des 11. Jahrhunderts reichenden Teile der Annalen bereits geschrieben waren. Diese, die *Annales Hildesheimenses minores,* sind als ein Auszug aus umfangreicheren, aber verlorenen und nur durch Ableitungen zu rekonstruierenden größeren Hildesheimer Jahrbüchern wiederum eine wichtige Quelle aus der Zeit der letzten Ottonen und der Salier.

Was diese Beobachtungen für den nach Schrift und Entstehung nur ungenügend untersuchten Codex und für die Stellung der Annalen in der Hildesheimer Geschichtsschreibung ergeben, kann hier ebensowenig untersucht werden wie die Fortsetzung der Annalen im 12. Jahrhundert und die palimpsestierten Blätter des Codex. Im Michaelskloster, in das die Handschrift im späteren 11. oder im 12. Jahrhundert gelangt sein muß, hat um 1500 ein gelehrter Mönch, der sich einer roten Kapitalis bediente, die ältere Schriftformen imitierte und statt des Wortes *crucis* ein Kreuz setzte, die Weihe der Kreuzkapelle bei Sankt Michael nachgetragen, von der die *Vita Bernwardi* berichtet.

Eine paläographische und textgeschichtliche Untersuchung ist in Vorbereitung. – Druck: Annales Hildesheimenses. – Catalogus Bibliothecae Regiae 1744, S. 204. – Bresslau 1877. – Schnorr von Carolsfeld 1911. – Manitius 1923, S.283 f. – Repertorium Fontium 2, 1967, S. 290 f. – Zur raschen Orientierung über die Ereignisse: RI 2,5. – Görich 1993, S. 86 ff., dessen Interpretationen durch eine verfehlte Datierung der Schrift und eine kaum verständliche Erläuterung der Textgeschichte beeinträchtigt wird.

Paris, Bibliothèque Nationale, Ms. lat. 6114 (aufgeschlagen fol. 35v–36r)

H. J. S.

VII–21 Einband eines Evangeliars

Rahmen: Hildesheim (?), um 1000
Evangelistenmedaillons: Niedersachsen um 1200

B. der Rahmenleisten: 2,5 cm. – Kupfer vergoldet, graviert, punziert. Medaillons: Silber gestanzt und vergoldet (die gleichen Darstellungen auf einem Tragaltar in Willebadessen, vgl. Kat. Corvey 1966, S. 587 f. Nr. 270).

Der Kodex, eine der wenigen Wolfenbütteler Bibliothekshandschriften, die noch einen mittelalterlichen Prunkeinband tragen, enthält den Text der vier

Evangelien. Von den ursprünglich geplanten Initialen ist nur die zum Beginn des Matthäusevangeliums ausgeführt. Ihre Rankenfüllung steht den Ranken auf dem Einbandrahmen nahe, der sicher aus der gleichen Zeit stammt.

Nachgetragen findet man auf dem ersten und letzten Blatt der Handschrift ein Verzeichnis von Reliquiaren, in dem unter anderem Adrianusreliquien genannt und besonders hervorgehoben sind. Heinemann, der Bearbeiter der Wolfenbütteler Handschriften, hat daraus geschlossen, daß der Kodex aus dem Kloster Lamspringe (bei Gandersheim) stammt, dessen Hauptpatron der Heilige ist. Bernhard Bischoff hat sich dieser Meinung angeschlossen, als er das Verzeichnis der Reliquiare edierte. Nach freundlicher Mitteilung von Hans Jakob Schuffels wird man jedoch damit zu rechnen haben, daß die Handschrift aus dem Hildesheimer Dom stammt und das im Verzeichnis genannte Reliquiar, „auf dessen Deckel das Gotteslamm eingraviert ist", mit dem ausgestellten Tragaltar (Kat. Nr. VII–22) identisch ist.

VII–21

Zu VII–21 Schatzverzeichnis fol. 2r

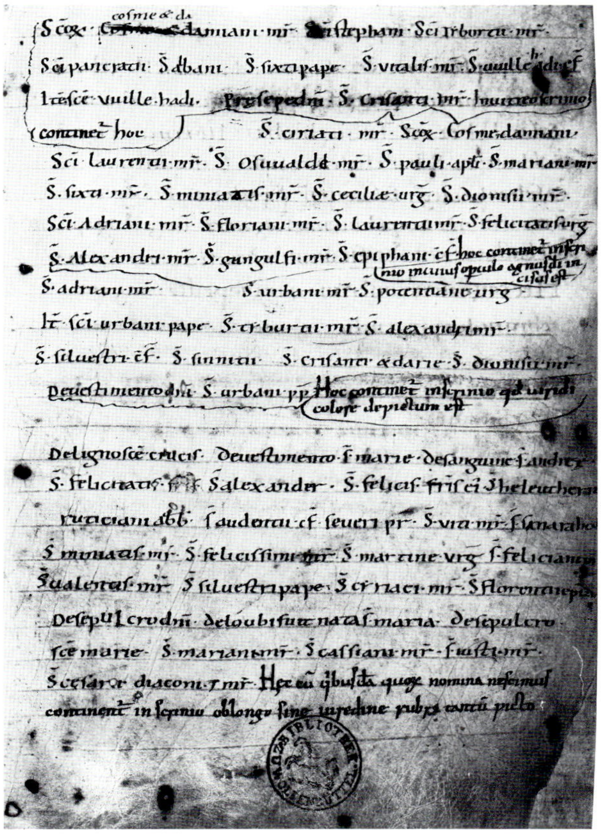

Die aufgefiederten Rankenfüllungen des Rahmens dürften letztlich auf byzantinische Vorbilder zurückgehen. Um die Mitte des 11. Jahrhunderts sind in Hildesheim unter Bischof Hezilo Goldschmiedearbeiten entstanden, die ganz ähnliche Rankenmuster zeigen (vgl. Arenhövel 1975). Sollte der Einband der um einige Jahrzehnte älteren Wolfenbütteler Handschrift ebenfalls aus einer Hildesheimer Werkstatt stammen – was durch die mutmaßliche Provenienz des Kodex nahegelegt wird –, so wäre damit ein wichtiges Bindeglied erhalten geblieben.

von Heinemann, 1,1, S. 333 f. Nr. 462. – Zum Verzeichnis der Reliquiare ferner: Bischoff 1967, Nr. 41 S. 48 f.

Wolfenbüttel, Herzog August Bibliothek, Cod. Guelf. 427 Helmst.

M. B.

VII–22 Kastenförmiger Tragaltar und Reliquienbehälter

Hildesheim, um 1000

26 x 15 cm; H. 10,5 cm. – Eiche (Deckel) und unbestimmte Holzart, Porphyr, aufgenagelte Silberbleche, Gravur, Niello, Vergoldung.

Das truhenförmige, mit einem planen Deckel verschlossene Kästchen diente als Tragaltar und als Reliquienbehälter. Auf die erste Funktion verweist die schmalrechteckige Porphyrplatte, die zentral in den Deckel eingelassen ist; auf die Verwendung als Reliquienbehälter lassen sowohl das Vorhandensein des aufklappbaren Deckels als auch die Proportion des Behälters schließen. Von solchen Kastenportatilen haben sich mehrere Exemplare erhalten; die in ihnen verwahrten Reliquien waren jederzeit zugänglich (das im Unterschied zum heutigen Usus, demzufolge die Heiligenreliquien im Altar fest verschlossen sein müssen).

VII–22

Das Hildesheimer Stück ist – sieht man vom Altarstein ab – zur Gänze mit niellierten und teilweise vergoldeten Silberplatten überzogen. Auf der Deckplatte bilden diese um den Stein einen Rahmen, der mit einer umlaufenden Ranke versehen ist. Ihre Schlingen umschließen die Hand Gottes (obere Schmalseite, Mitte), das Lamm Gottes mit dem Kreuzstab (untere Schmalseite, Mitte) sowie je vier nicht nimbierte Halbfiguren (an den Längsseiten) und die vier Evangelistensymbole (in den Ecken). Die Deckelkante zeigt ein Rautenmotiv.

An den Seitenflächen der Truhe sind – im Uhrzeigersinn – das Letzte Abendmahl (Langseite), zwei Heilige und eine männliche, in Proskynesis befindliche Gestalt, auf welche die Hand Gottes weist (Dedikation?, Schmalseite), die Fußwaschung (Langseite) und das Mahl in Emmaus (Schmalseite) dargestellt.

Die Szenen weisen eine Reihe ikonographischer Spezifika auf: Bei der Fußwaschung hält einer der zwei rechts von Christus stehenden Jünger ein Trokkentuch; beim Letzten Abendmahl ist Judas nicht sitzend wiedergegeben, sondern er tritt an Christus heran. Stilistisch lassen sich die figuralen Darstellungen mit der in Hildesheim unter Bischof Bernward entstandenen Buchmalerei vergleichen, was für eine Entstehung des Stücks in Hildesheim um die Jahrtausendwende spricht.

Das Innere des Reliquienfaches ist mit roter Seide ausgekleidet.

Das Kastenportatile wurde 1833 im Hochaltarstipes des Hildesheimer Domes gefunden, nach kurzer Untersuchung dort allerdings wieder eingeschlossen. Erst um 1856 wurde es in den Domschatz überführt.

Der Hochaltarstipes wurde 1945 mit großen Teilen des Hildesheimer Domes zerstört, eine detaillierte Dokumentation seiner Überreste unterblieb. Aus dem Protokoll von 1833 geht hervor, daß er an der Rückseite eine Tür aus Kupfer besaß, die ein großes Reliquienfach verschloß; in diesem wurden mehrere Reliquiare, unter anderem auch der in Rede stehende Tragaltar, verwahrt. Bei dem Stipes dürfte es sich um den 1061 durch Bischof Hezilo geweihten gehandelt haben. Wie aus einer Nachricht hervorgeht, hatte der Altar schon damals eine große Zahl von Reliquien beherbergt. Es erscheint möglich, daß das Kastenportatile bereits 1061 im Altar deponiert wurde und also zum Kernbestand des umfangreichen, in späterer Zeit noch erweiterten Reliquienschatzes gehörte.

VII–22

Herzig 1930, S. 87 f., Nr. 26. – Zeller 1911, S. 106. – Braun 1924, 1, S. 463, Taf. 99. – Swarzenski 1954, Fig. 74. – Kat. Essen 1956, Nr. 558. – Elbern 1964/2, S. 1084, Abb. 7. – Elbern/Reuther 1969, Nr. 26, Abb. 18a. – Brandt 1989, S. 69ff., Abb. 2.

Hildesheim, Dom- und Diözesanmuseum Hildesheim, Inv. Nr. DS 26

M. P.

VII–23 Reichenauer Lektionar und Kollektar

Reichenau, um 1010–30

22 x 16,8 cm, 97 Blätter. – Pergament mit Gold und Deckfarbenmalerei.

Die Handschrift umfaßt einen ersten Teil mit Lektionen und einen zweiten mit Orationen (Kollektengebeten), beide in der Reihenfolge des Kirchenjahres. Ihr Buchschmuck besteht aus Miniaturen, Initialzierseiten und Initialen. Im zweiten, dem Kollektarteil, zeichnen acht Miniaturen, je zwei einander gegenüberliegend, und eine Vorzeichnung fünf Feste aus, nämlich das Weihnachtsfest (Geburt Jesu [fol. 36v] und Verkündigung an die Hirten [fol. 37r]), den Gründonnerstag (Fußwaschung [nur Vorzeichnung in Rot; fol. 53r]), den Ostersonntag (Die Frauen am Grabe [fol. 56v] und Christus in der Vorhölle [fol. 57r]), die Himmelfahrt Mariens *(Assumptio Mariae)* (Tod Mariens [fol. 76v] und ihre Aufnahme in den Himmel [fol. 77r]) und Allerheiligen (Allerheiligenbild mit Lamm Gottes [fol. 83v] und Maiestas Domini [fol. 84r]). In diesem Maiestasbild krönt Christus die heiligen Männer und Frauen zu seinen Seiten, darunter Musizierende, in deren Mitte König David. Die beiden Miniaturen zur Himmelfahrt Mariens gehen auf einen Prototyp zurück, in dem sie in einem Bild vereinigt waren, das unten den Tod Mariens, darüber ihre Aufnahme in den Himmel zeigte. Die Auszeichnung dieses Festes kann im

VII–23 fol. 76v

VII–23 fol. 77r

Marienpatrozinium des Hildesheimer Doms begründet sein, für den diese Handschrift wahrscheinlich von Anfang an bestimmt war. Sechs gerahmte Initialzierseiten heben den Beginn des Lektionarteils (fol. 2r) und die Kollektengebete am Weihnachtsfest (fol. 37r), am Ostersonntag (fol. 57v), an Mariä Himmelfahrt (fol. 77v), am Michaelsfest (fol. 80v) und an Allerheiligen (fol. 85r) hervor. Eine weitere gerahmte Schriftzierseite zum Ostersonntag (fol. 58r). Außerdem dreizehn Goldrankeninitialen im Kollektarteil, die meisten in einer Größe, die der halben Höhe des Schriftspiegels entspricht. Eine Kreuzigungsminiatur auf einem Einzelblatt, das angeblich aus dieser Handschrift stammt (ehemals in der Sammlung Forrer), kann jedenfalls nicht zum ursprünglichen Bestand dieses Lektionars und Kollektars gehört haben, da die Entstehung dieser Miniatur aus stilistischen Gründen nicht vor dem 12. Jahrhundert denkbar ist. Manche ursprünglich leer gebliebene Blätter wurden im 14. und 15. Jahrhundert beschrieben.

Die Handschrift gehört zu einer Gruppe Reichenauer Handschriften, die unmittelbar auf die hochbedeutende Liuthargruppe (Ende des 10. Jahrhunderts, um 1000; vgl. Kat. Nr. II–36) folgt. Nachweislich stellte die ottonische Reichenauer Malerschule nicht wenige Handschriften für den Export her. Es ist nicht unwahrscheinlich, daß dieses Lektionar und Kollektar von Anfang an für den Hildesheimer Dom bestimmt war. Der Einfluß der Reichenauer ottonischen Malerschule auf die Hildesheimer Handschriftenproduktion unter Bernward ist freilich bereits durch ältere Handschriften wie das Guntbaldevangeliar (Hildesheim, Domschatz, DS 33; Kat. Nr. VIII–26) belegt.

Heimann 1890. – Vöge 1891, S. 138–139. – Forrer 1907, Textbd. S. 12; Tafelbd. Taf. XLI. – Kat. Hannover 1962, Nr. 55, S. 42 (Hans Reuther, Margildis Schlüter). – Bloch 1972, S. 51. – Stähli 1991, S. 129–147.

Hildesheim, Dombibliothek Hildesheim, Hs. 688

U. K.

VII–24 Reichenauer Evangelistar

Reichenau, 1. Viertel des 11. Jahrhunderts

27,8 x 18, cm, 109 Blätter. – Pergament mit Deckfarbenmalerei und Gold.

Dieses Evangelistar enthält 109 Perikopen aus den Evangelien, in der Reihenfolge des Kirchenjahres. Neun Miniaturen beziehen sich auf bestimmte Festtagsperikopen. Das Doppelbild einer Geburt Christi und einer Hirtenverkündigung (fol. 1v) gehört zur Weihnachtsperikope, das des Evangelisten Johannes (fol. 4v) zum Prolog des Johannesevangeliums, der am Fest Johannes des Evangelisten gelesen wird, die Anbetung der Heiligen Drei Könige (fol. 11v) zur Perikope an Epiphanias, die Frauen am Grabe (fol. 42v) zur Ostersonntagsperikope, die Himmelfahrt Christi (fol. 59r) und Pfingsten (fol. 61r) zu den Perikopen der betreffende Feste, die Verkündigung an Zacharias (fol. 66r) zu der am Fest der Geburt Johannes' des Täufers (24. 6.), die Befreiung Petri aus dem Gefängnis (fol. 69v) zu der am Fest des hl. Petrus (29. 6.) und der Tod Mariens, deren Seele von Christus den himmlischen Engeln übergeben wird (fol. 79v), zu der am Fest Mariä Himmelfahrt (15. 8.). Sechs Perikopen werden durch eine gerahmte Initialzierseite betont, so der Prolog des Johannesevangeliums (fol. 5r), die Perikope *Postquam consummati sunt dies octo* (Als die acht Tage vorüber waren; Lk 2,21) zum Oktavtag des Weihnachtsfestes (1. 1.; fol. 10r), die von der Taufe Jesu zu Epiphanias (fol. 12r), die von der Darstellung Jesu im Tempel (Lk 2,22–23) zu Mariä Lichtmeß (2. 2.; fol. 19r), die vom Einzug in Jerusalem zum Palmsonntag (fol. 41r) und schließlich die seiner Erscheinung vor den Frauen am Ostermorgen zum Ostersonntag (fol. 43r). Die *I*-Initiale der Palmsonntagsperikope (fol. 41r) zeigt einen Mann (Zachäus?), der die Haste des *I* hinaufklettert. Die übrigen Perikopen haben einfachere Goldinitialen. Die Handschrift gehört zur Reichenauer Liuthargruppe und steht, auch paläographisch, dem Evangeliar Ottos III. (München, Bayer. Staatsbibliothek, Clm 4453) nahe.

Herzog August der Jüngere zu Braunschweig-Lüneburg erwarb dieses Perikopenbuch zwischen 1655 und 1665. Seine Provenienz aus Hildesheim wird für möglich gehalten (O. von Heinemann). Dort könnte es im Mariendom in Gebrauch gewesen, ja sogar, wegen der Hervorhebung des Festes Mariä Himmelfahrt, wie das Reichenauer Lektionar und Kollektar der Hildesheimer Dombibliothek (Kat. Nr. VII–23) von Anfang an für diesen bestimmt gewesen sein.

Vöge 1891, Nr. IV, S. 136, 138. – von Heinemann, 2, 4, Nr. 2870, S. 79. – Lerche 1928. – Milde 1972, Nr. 13, 38–40, S. 26–27, 76–80. – Kat. Augsburg 1973, Nr. 168, S. 175–176 (Florentine Mütherich). – Hoffmann 1986/1, S. 333, 347.

VII-24 fol. 41r

Wolfenbüttel, Herzog August Bibliothek, Cod. Guelf. 84.5 Aug. 2°

U. K.

VII-25 Statut Bischof Bernwards über die Ordnung der Diözesansynoden vom 10. Oktober 1020

Hildesheim, drittes Jahrzehnt des 11. Jahrhunderts

37,8 x 28 cm, 195 Blätter. – Pergament.

Der mächtige Foliant, der kirchenrechtliche Texte und kirchengeschichtliche Dokumente von zum Teil einzigartiger Bedeutung enthält, ist eine der interessantesten Handschriften, die der Schreibschule und der Bibliothek des Hildesheimer Domes aus der Zeit der Wende vom 10. zum 11. Jahrhundert verdankt werden.

Den ältesten Teil, der noch im 10. Jahrhundert von zahlreichen Händen geschrieben wurde, bildet das Handbuch des Kirchenrechts und der bischöflichen Rechts- und Disziplinarpraxis, der *Liber de synodalibus causis* des Regino von Prüm. In der Zeit Bischof Bernwards und seines Nachfolgers, Bischof Godehards (1022–1038), sind zahleiche Texte hinzugefügt worden, die die weitgespannten Interessen beider Bischöfe verdeutlichen: an der Disziplin und der Bildung des Klerus; an den kirchenpolitischen Verwicklungen ihres Vorgängers Ebo, des abgesetzten Erzbischofs von Reims und dritten Hildesheimer Bischofs (vgl. den Beitrag von Goetting über die Anfänge des Bistums Hildesheim); an dem ausführlichen, sonst nur in der Briefsammlung Gerberts, des späteren Papstes Silvester II. (999–1003), überlieferten Protokoll der dramatischen Synode von St-Basle-de-Verzy bei Reims im Jahr 991, das zudem die von Bernward wohl noch in seiner Zeit als Hofkaplan geknüpften weitreichenden Verbindungen bezeugt; an der neuen systematischen Sammlung des Kirchenrechts durch den Bischof Burchard von Worms, von dessen damals im Erscheinen begriffenen Werk diese Handschrift eine der am frühesten überlieferten Exzerptreihen enthält (vgl. Kat. Nr. IV-59 und den Beitrag von R. Pokorny), und insgesamt vornehmlich an der synodalen Praxis, sei es auf Reichs-, Provinzial- oder Diözesansynoden.

Nicht nur Mitarbeiter Bischof Bernwards wie der später in der Kanzlei Kaiser Heinrichs II. tätige Notar G(unther)B haben den Codex benutzt (vgl. Kat. Nr. VII-29). Unter den Schreibern, deren Schrift (wiewohl sich fol. 131v darunter auch eine im Kloster Corvey geschulte Hand findet) den Codex sonst vielfach mit anderen Arbeiten des Hildesheimer Skriptoriums verknüpft (vgl. die erste Hand des Nachtrags zur Frankfurter Synode von 1027, fol. 195v Zeile 10 ff., mit der ersten Hand der Hildesheimer Denkschrift, Kat. Nr. VII-28), sind auch die Helfer und Biographen der beiden Bischöfe, nämlich Thangmar und Wolfhere, mit autographen Einträgen vertreten (vgl. Kat. Nr. VII-20): Thangmar als Vorschreiber (fol. 18r oben, abgebildet bei Hoffmann/Pokorny 1991, Taf. 23 und S. 117 mit Anm. 82) und Wolfhere (u. a. auf fol. 6v ab Zeile 8 auf Rasur). Im Gandersheimer Streit haben die Rechtstexte des Codex Argumente und Formulierungshilfe geboten, unter Bernward ebenso wie, was jüngst H. Hoffmann und R. Pokorny gezeigt haben, unter Bischof Godehard. Dieser hat bei synodalen Rechtsfällen anscheinend sogar selbst aus dem Codex vortragen lassen.

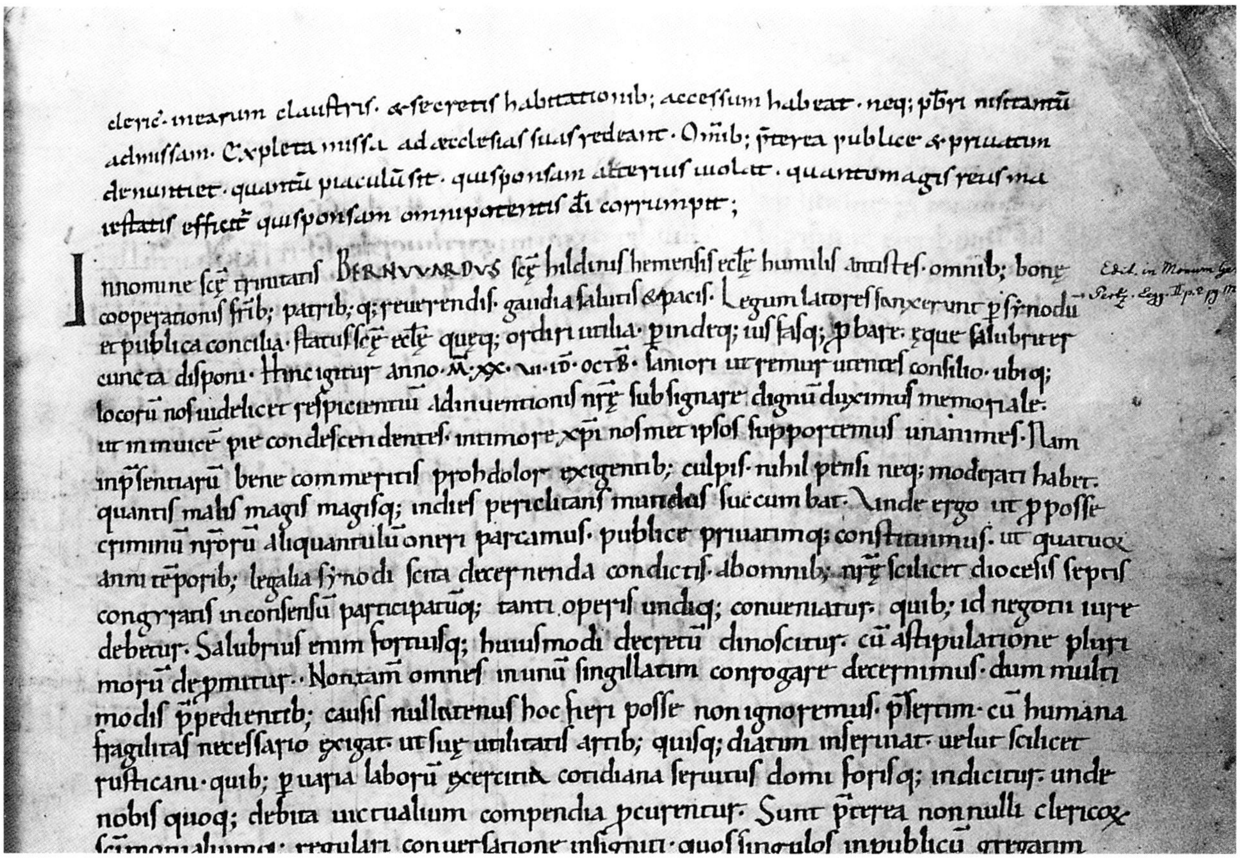

VII–25 fol. 19r

Aufgeschlagen ist das Blatt 19r. Dort wurde (ab Zeile 5) noch in den zwanziger Jahren des 11. Jahrhunderts, in denen die Schrift in Hildesheim, verglichen mit der vorher (Zeile 1–4) schreibenden älteren Hand, allmählich festere Züge annahm, das aus der Spätzeit Bischof Bernwards stammende Statut über die Synodalordnung eingefügt. Seiner mehr als komplizierten Sprache wegen ist es nicht einfach zu verstehen und zu übertragen. Bischof Bernward setzt in einer an die Domherren und an die Prälaten gerichteten (im Original von ihm unterschriebenen) Urkunde am 10. Oktober 1020 fest: Viermal im Jahr sollen an festgesetzten Tagen Diözesansynoden stattfinden, die rechtmäßige Synodalbeschlüsse zum Nutzen der Kirche, zur Wahrung von Recht und Gewohnheit und zur allgemeinen Ordnung zu fassen haben. Damit diese durch die Mitwirkung sehr vieler Teilnehmer größere Wirksamkeit erlangen, werden aus allen Teilen der Diözese diejenigen geladen, denen dies zukommt, nämlich die Domherren, die *patres* (wohl die Äbte und sonstigen Prälaten), der Klerus, der nicht unter einer Klosterregel lebt, und die (adligen) Laien.

Wenn die Unfreien von der Teilnahme dispensiert sind, dann hebt Bernward – ausdrücklich mit Rücksicht auf die Erfordernisse des menschlichen Lebens – diejenigen, die tüchtiger handwerklicher Tätigkeit obliegen, und auch die Bauern hervor, die ihre Dienstpflicht zu täglicher Arbeit für des Bischofs (wie aller anderen) notwendigen Lebensunterhalt zwingt. Nicht geladen werden Ordenskleriker und Sanktimonialen, um sie nicht zum Abweichen von ihrer Regel und zum Vagabundieren zu verleiten. Statt dessen trägt der Bischof ihnen auf, sich an den festgesetzten Tagen den heiligen Pflichten des Gebets und des Meßopfers zu widmen und in großen Fürbitten Gottes Mitwirkung an den Synodalbeschlüssen zu gegenwärtigem und künftigem Nutzen zu erflehen und für die gute Regierung des Reiches, für das Gedeihen und den Schutz der Hildesheimer Kirche vor dem Teufel und seinen Dienern, den Heiden und den schlechten Christen, zu beten.

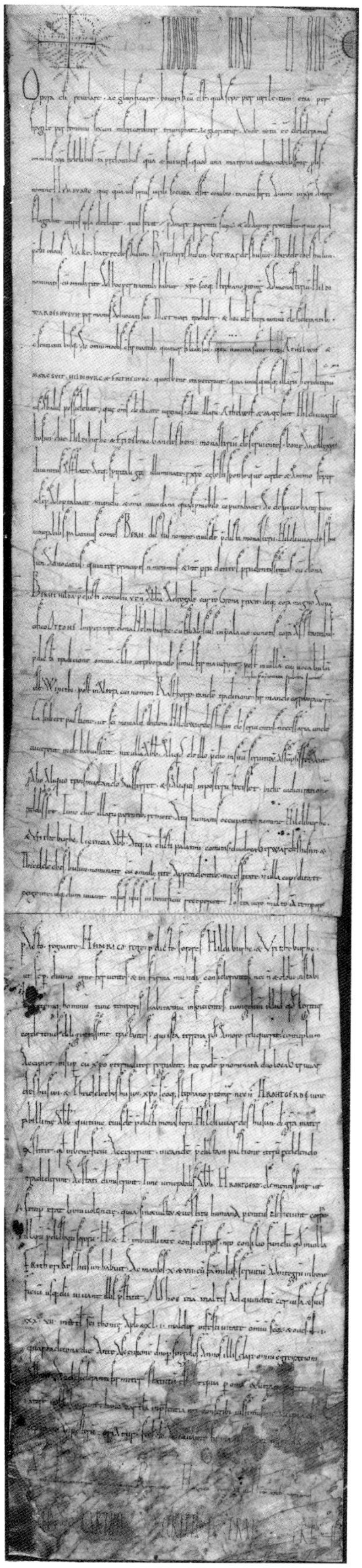
VII-26

Druck in: UBHH 1, Nr. 64 S. 60 f. – Chroust, Ser. II, Bd. 3, Lieferung 20, Taf. 4 (= Taf. 434 des Gesamtwerks). – Regino, Sendhandbuch. – von Heinemann, 1,1, S. 22–24. – Fuhrmann, S. 453 f., S. 1057. – Hoffmann/Pokorny 1991, S. 115–128 und passim. – Schuffels 1993, S. 10, S. 17 Anm. 37.

Wolfenbüttel, Herzog August Bibliothek, Cod. Guelf. 32 Helmst. (aufgeschlagen fol. 19r)

H. G./H. J. S.

VII-26 Chirograph Bischof Bernwards für das Kanonissenstift Hilwartshausen an der Weser

Ohne Ortsangabe, [1004] nach Juni 7

99,5 x 21,5–23,0 cm. – Pergament.

Die einzigartige Privaturkunde von 1004 stellt die linke Hälfte eines sogenannten Chirographs dar, einer geteilten Doppelurkunde. Bei dieser im angelsächsischen Bereich entstandenen und auf deutschem Boden sehr seltenen Urkundenform wurde der Text gleichlautend zweimal nebeneinander oder auch untereinander geschrieben. Das Pergament wurde sodann an einem zwischen den Texten angebrachten Wort oder einem sonstigen Kennzeichen (in unserem Fall einem prachtvollen Sonnenkreuz) auseinandergeschnitten, so daß jede Partei einen vollständigen Text mit einer Hälfte des Kennzeichens erhielt. Durch Aneinanderlegen der beiden Schnittflächen, so daß sich das Kennzeichen wieder zu einem Ganzen zusammenfügte, konnte die Echtheit der Urkunde jederzeit nachgewiesen werden.

Anlaß unserer Urkundenausfertigung war ein Tauschgeschäft zwischen der Mutterschwester Bischof Bernwards, der Äbtissin Hrotgard des Kanonissenstifts Hilwartshausen, mit den greisen Gandersheimer Kanonissen Hildiburg und Fritheburg, Töchtern einer Edlen Helmburg, welche das Stift Hilwartshausen bei seiner Gründung im Jahre 960 mit reichen Landschenkungen ausgestattet hatte. Rechtsgeschichtlich ist das Chirograph von besonderer Bedeutung, weil bei dieser Gelegenheit auch die hochinteressante Vorgeschichte der Güterverteilung unter Kaiser Otto dem Großen zwischen den vier Töchtern der Helmburg, von denen zwei in Hilwartshausen und zwei, wie gesagt, in Gandersheim als Kanonissen eingetreten waren, geschildert wird.

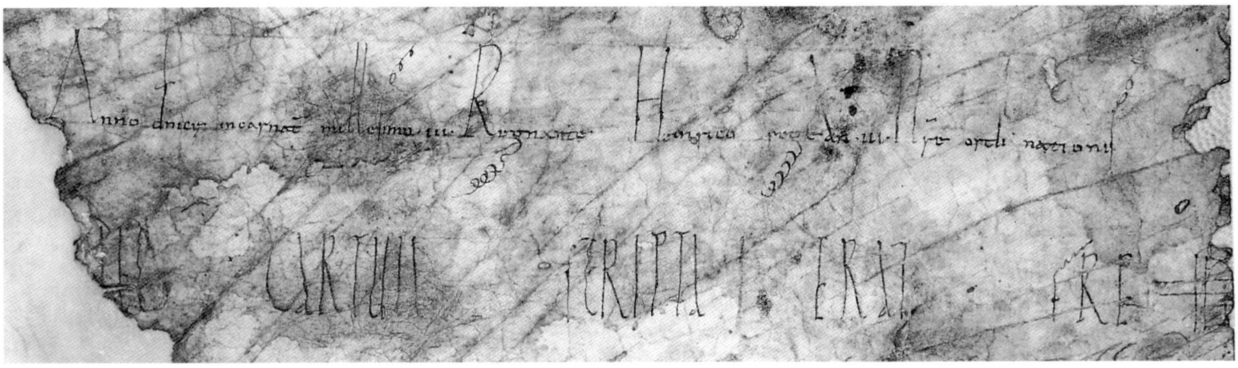

VII–26 Ausschnitt mit Datierungszeile

Für uns ist von Wichtigkeit, daß der gewählte Vermittler *(mediator)* des Rechtsgeschäfts von 1004, dessen Name und Ordinationsjahr dadurch, daß in unserem Falle ungewöhnlicherweise die Invokation wie vor allem das Eschatokoll mit der Datumzeile und dem Skriptumvermerk nicht, wie sonst üblich, zweimal, sondern nur einmal über die ganze Breite des Pergaments geschrieben und dadurch mit zerschnitten wurden, auf die uns nicht erhaltene rechte Hälfte des Chirographs zu stehen kamen, kein anderer als Bernward selbst gewesen sein muß, dem Kaiser Otto III. wenige Jahre zuvor das Bernwards Familie besonders verbundene Reichsstift Hilwartshausen geschenkt hatte.

Dafür spricht auch, daß die Datierung von der Hand jenes Hildesheimer Notars stammt, der auch das berühmte, zum Teil auf Eigendiktat des Kaisers beruhende DO III 390 von 1001 Januar 23 mundiert hatte. Er schrieb die ersten fünf Worte der Arenga des Chirographs vor, und daß dieses Zitat aus Tobias 12,7 auch im Prolog der *Vita Bernwardi* – als von Thangmar selbst gesprochen (MGH SS 4, S. 757 Zeile 38 f.) – und auch in der gleichzeitigen „Translatio Sancti Epiphanii" vorkommt, dürfte nicht weniger aufschlußreich sein.

Goetting 1979, darin S. 56–58 erstmaliger Abdruck nach dem Original. – Vgl. Goetting 1980.

Hannover, Niedersächsisches Hauptstaatsarchiv, Cal. Or. 100 Hilwartshausen, Nr. 8 a

H. G.

VII–27 Kirchenrechtliche Materialsammlung (233-Kapitel-Sammlung)

Hildesheim, Domskriptorium, Ende des 10. Jahrhunderts

27,2 x 19,0 cm, 125 Blätter (von ehemals laut Foliierung 165: Verlust von fünf Lagen; Verlust ferner zumindest eines Schlußblattes). – Pergament.

Der Codex ist der einzige Textzeuge einer ungeordnet wirkenden kanonistischen Kompilation, deren vorletztes Kapitel als „c. 233" gezählt ist, die aber weit mehr als nur 233 Kapitel umfaßt. Sie setzt fol. 22v ein; das überwiegend kanonistische Material zuvor ist in die Zählung nicht einbezogen. Die ersten hundert Kapitel sind nichts anderes als eine en bloc eingefügte und wohl kurz vor 900 entstandene Exzerptreihe aus den pseudoisidorischen Dekretalen: die Sammlung des Pseudo-Remedius. Danach folgen in recht ungegliederter Abfolge kleinere Auszugsreihen aus dem Sendhandbuch Reginos von Prüm und aus Augustins *De civitate dei*, untermischt mit weiteren Exzerptkapiteln aus dem Kirchenrecht, aus einem Fürstenspiegel des Sedulius Scotus und vor allem mit einzelnen päpstlichen Dekretalen und Konzilsakten des 9. und 10. Jahrhunderts im Gesamtwortlaut. Auf separaten Blättern ist am Ende eine ‚Capitulatio' (eine Art Inhaltsverzeichnis) beigegeben, die die Rubriken (= Inhaltskurzfassungen) oder ersatzweise die Inskriptionen (= Herkunftsangaben) der einzelnen Kapitel blockartig noch einmal zusammenstellt (heute unvollständig am Ende durch Blattverlust). Aufgenommen sind jeweils die Kapitel, die in der Sammlung selbst eine Kapitelnummer führen; die ungezählt folgenden Kapitel sind zumeist (aber nicht immer) fortgelassen. Der Gesamtbefund läßt sich am ehesten wohl so deuten, daß einer ursprünglich ungezählten kanonistischen Materialsammlung unter Einschluß der (gezählten) Sammlung des Pseudo-Remedius nachträglich ein Anschein von Systematik zunächst dadurch unterlegt worden ist, daß man die vorhandene Zählung des Pseudo-Remedius nach dessen Schlußkapitel 100 einfach weitergeführt hat. In einem Redaktionsexemplar könnten dann allerlei Zusatzkanones hinzugekommen sein, die in einer neuen Abschrift in die reguläre Kapitelabfolge eingefügt worden wären – ohne daß allerdings die ältere Zählung angepaßt wurde. (Daß diese bereits aus einem Vorgängerexemplar mitübernommen sein muß, läßt ein Einordnungsfehler der Zählung ‚159' in diesem Kapitel erkennen.) Das jüngste und vermutlich erst im vorliegenden Codex hinzugekommene Zusatzelement dürfte die abschließende Capitulatio sein.

Der Wert der Handschrift liegt in ihrer Bedeutung als Überlieferungsträger: Ohne sie würde die Forschung weder etwas über die 786 in Northumberland und in Mercia abgehaltenen Synoden wissen (der Bericht des päpstlichen Legaten Georg von Ostia [MGH Epp. 4, S. 19–29] ist als c. 148 eingereiht; zur Benutzung in Hildesheim vgl. Kat. Nr. VII–29), noch wären die beiden Dekretalen Papst Benedikts III. (855–858) zu Bußfragen bei Verwandtenmord an Salomo I. von Konstanz bzw. Ratold von Straßburg bekannt (aneinandergereiht in c. 14c; ed. von Pflugk-Hartung 1886, Nr. 3–4, S. 3 f.). Ohne Parallelüberlieferung ist auch ein Bischofskapitular des 10. Jahrhunderts zu Beginn des Codex (ed. Pokorny 1979). Die beiden Dekretalen Benedikts III. sind im Block eingereiht mit drei weiteren Schreiben zum Verwandtenmord: einem Brief Nikolaus I. (858–867) an die Kirche von Straßburg (c. 139, JE 2850; MGH Epp. 6, S. 658), einem Schreiben Hrabans von Mainz (847–856) an die gleiche Kirche (c. 141; MGH Epp. 5, S. 507 f.) und einem in letzterem Schreiben als Beilage angekündigten Briefgutachten des Paulinus von Aquileja († 802) an Haistulf (c. 142; MGH Epp. 4, S. 520–522). Diese drei Texte treten – ebenfalls als Block – sonst nur noch auf im Codex Clm 27246 der Bayerischen Staatsbibliothek München (Beschreibung MGH Conc. 6,1, S. 6–10); die dort (nahezu) singulär überlieferten Konzilsakten der Synoden von Hohenaltheim (916) und Koblenz (922) (MGH Conc. 6,1, S. 1–40, 57–74) hat der Kompilator der 233-Kapitel-Sammlung gleichfalls gekannt (Exzerpte in c. 158 bzw. c. 147, 212, 225). Jüngster enthaltener Text sind die Akten der Synode von Rom (964) unter Johannes XII. (955–964), auf der der von Otto I. eingesetzte Gegenpapst Leo VIII. (963–965) verurteilt wurde (c. 143, MGH Const. 1, S. 532–536; heute ebenfalls nur noch hier überliefert; zur Benutzung in Hildesheim durch Thangmar vgl. Hehl 1991, S. 260 Anm. 18). Gleichfalls aufgenommen ist eine singuläre Kurzfassung des Berichtes der Vita Stephans III.

VII–27 fol. 41r

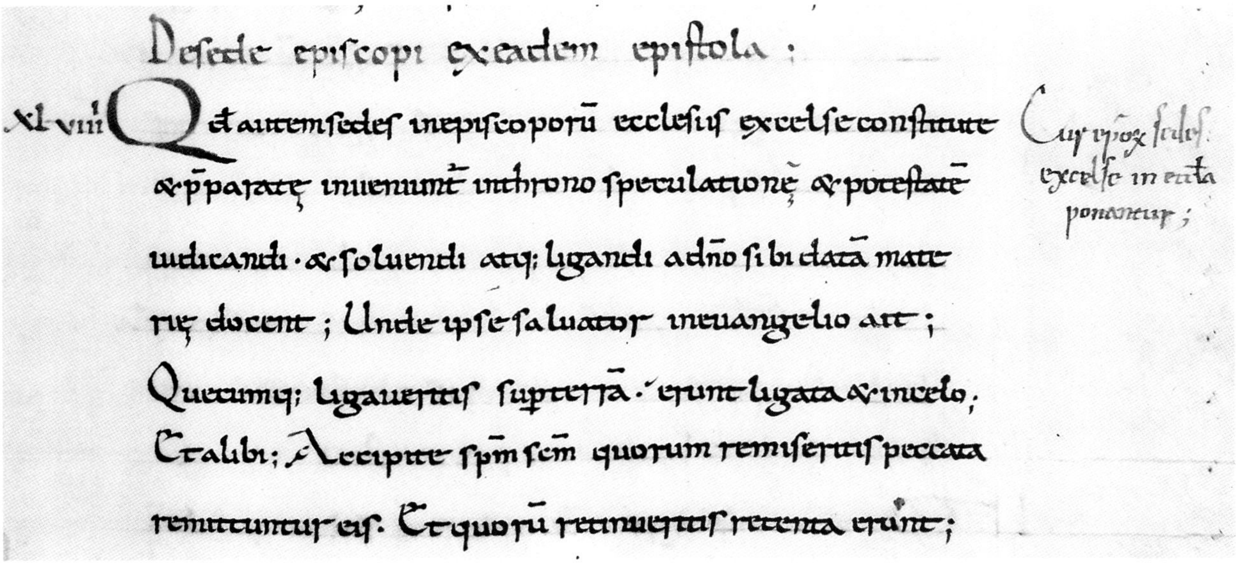
De sede episcopi ex eadem epistola ;
XLVIII Quod autem sedes in episcoporū ecclesiis excelse constitute
et preparate inueniuntur in throno speculationē et potestatē
iudicandi · et soluendi atq; ligandi a dno sibi datā mat-
terię docent ; Unde ipse saluator in euangelio ait ;
Quecumq; ligaueritis super terrā · erunt ligata et in celo ;
Et alibi ; Accipite spm scm quorum remiseritis peccata
remittuntur eis · Et quorū retinueritis retenta erunt ;

im *Liber pontificalis* über die Verurteilung Papst Konstantins II. (767–768) auf der römischen Synode des Jahres 769 mit gleicher Argumentation (c. 128; MGH Conc. 2,1, S. 78,17–79,18). – Wer all diese seltenen Texte gekannt und für sein Handexemplar hat kopieren lassen, muß ein ungewöhnlich informierter und belesener Kanonist gewesen sein; seine Materialsammlung steht im 10. Jahrhundert – mit Ausnahme vielleicht des Clm 27246 – ganz singulär da. Daß dieser Anonymus Zugang zu einer der bedeutendsten Bibliotheken des ottonischen Reiches gehabt haben muß, versteht sich von selbst. In der Literatur hat man ihn mehrfach versuchsweise mit dem ersten Erzbischof von Magdeburg, Adalbert (968–981), gleichgesetzt, der sich vor seiner Erhebung zeitweise in Mainz aufgehalten hatte.

Auf dem aufgeschlagenen Blatt (fol. 41r) beginnt das Kapitel XLVIIII der Sammlung unter der Überschrift „Über den Bischofsthron" (*De sede episcopi*): „Daß man aber die Sitze in den Bischofskirchen herausgehoben und eingerichtet findet wie Throne, lehrt, daß den Bischöfen die Aufsicht und die Gewalt zu urteilen und zu binden und zu lösen von Gott als Aufgabe gegeben worden ist. Daher sagt der Erlöser im Evangelium: Was immer ihr auf Erden löst, wird auch im Himmel gelöst sein, und: Empfanget den Heiligen Geist, denen ihr die Sünden erlaßt, denen werden sie erlassen ..." (*Quod autem sedes in episcoporum ecclesiis excelse constitute et praeparatę inveniuntur in throno* [*ut throni* so besser die Vorlage] *speculationęm* [nach Korrektur] *et potestatem iudicandi et solvendi atque ligandi a domino sibi datam materię* [*materiam* Vorlage] *docent. Unde ipse salvator in evangelio ait: Quecumque ligaveritis super terram, erunt ligata et in celo, et alibi: Accipite spiritum sanctum, quorum remiseritis peccata remittuntur eis, et quorum retinueritis retenta erunt* ...). Auf der Rückseite von fol. 41 fährt der Text fort: „Wir haben das angeführt, ... damit ihr einseht, daß ihr diese (von Gott verliehene) Gewalt eurer Bischöfe und in ihnen Gott zu verehren habt und sie wie eure eigene Seele lieben sollt."

Gleich zu Beginn des Kapitels hat am Rand ein aufmerksamer Leser vermerkt: „Warum die Bischofsthrone in den Kirchen hoch aufgestellt werden" (*Cur episcoporum sedes excelse in ecclesia ponantur*). Die Hand, die schon in den Hildesheimer Annalen (Kat. Nr. VII-20) und in der anderen Hildesheimer Kanoneshandschrift (Kat. Nr. VII-25) anzutreffen war, ist die Thangmars, des Scholasters und späteren Dekans des Hildesheimer Domes, der als Vertrauter und Helfer Bischof Bernwards auch dessen Biograph geworden ist. Er mag sich einer Episode entsonnen haben, die in der Hildesheimer Denkschrift zum Gandersheimer Streit (Kat. Nr. VII-28), und daraus übernommen in der *Vita Bernwardi*, geschildert wird: Noch unter einem der Vorgänger Bernwards beanspruchte der Mainzer Erzbischof Willigis auf einer Synode in Gandersheim „alle bischöfliche Gewalt" (*omnem ... episcopalem potestatem*) in dieser Kirche; um dem entgegenzutreten, ließ der Hildesheimer Bischof Osdag kurzerhand seinen Bischofsstuhl an den Hauptaltar stellen, um durch „diesen Schutz die Kirche und ihre Leitung für sich zu verteidigen", was, wie der Chronist bemerkt, zu dem „unerhörten und nie gesehenen" Schauspiel führte, daß „gleichzeitig zwei Bischöfe festlich in Pontifikalgewändern am Hauptaltar thronten" – was aber nach Kirchenrecht auch einem gefährlichen Präzedenzfall wirkungsvoll begegnete (vgl. *Vita Bernwardi*, Kap. 13, MGH SS 4, S. 764).

Die auf den Kanon über den Bischofsthron hin gearbeitete Darstellung in der Denkschrift ist nicht nur ein manifester Beweis für die literarische Benutzung der Handschrift, sondern auch ein Beispiel dafür, wie das Kirchenrecht die Argumentation in der Auseinandersetzung beeinflußt hat.

Daß der Codex in Hildesheim entstanden ist, beweist die Haupthand A, die auch die aufgeschlagene Seite (und insgesamt fol. 1r–60r, 80v–85v, 110r–165v) geschrieben hat (während einer Hand B, abgebildet in: von Heinemann, 1,1, 1884, nicht im Neudruck 1963, fol. 60v–79v, 86r–109v zuzuweisen sind, anders John in Collectio canonum, S. 53). A ist bis in die Einzelheiten des Einbiegens der letzten Schäfte von -m- und -n-, des weit geschwungenen unteren g-Bogens, der et-Ligatur, des Kürzungsstrichs, der ur-Kürzung, mancher Großbuchstaben und des ganzen, etwas gedrückten und breiten Stils einer der Haupthände des ältesten Teils der Hildesheimer Annalen (Kat. Nr. VII-20, von der Mitte des fol. 24v mit einer Unterbrechung auf fol. 30v bis fol. 35r Zeile 4 von unten) zum Verwechseln ähnlich und dem Schrifttyp nach auch mit der Schrift des Bernward-Evangeliars (Hildesheim, Domschatz 18, Kat. Nr. VIII-30) und einer Reihe weiterer Hildesheimer Handschriften und Fragmente verwandt. Während des Investiturstreits wurde der Codex durch den Hildesheimer Domscholaster Bernhard für seine 1076 entstandene Streitschrift über die (relative) Ungültigkeit der von Schismatikern gespendeten Sakramente benutzt (MGH Libelli de lite 2, S. 29–47). Später war er im Besitz der 1080 gegründeten Benediktinerabtei St. Maria in Huysburg nördlich von Halberstadt, die 1525 im Bauernkrieg ihre Bibliothek verlor (Besitzvermerk); Mitte des 16. Jahrhunderts ist er dann Eigentum des Flacius Illyricus gewesen (Besitzvermerk), der mehrere singuläre Texte des Codex durch die Magdeburger Centuriatoren erstmals drucken ließ (worauf vermutlich die Lagenverluste der Handschrift zurückgehen).

von Heineman 1,1, S. 356 f. – Sdralek 1891, S. 86–100 mit Abb. von fol. 126r auf Taf. II. – Fournier/Le Bras, 1, S. 300–305 (Beschreibung der kanonistischen Materialsammlung des Codex). – Collectio canonum, S. 52–58 und passim (Edition der in die 233-Kapitel-Sammlung en bloc eingefügten Sammlung des Pseudo-Remedius durch Herwig John; S. 52 f. die ältere Literatur). – MGH Conc. 6,1 S. 60 f. – Pokorny 1979 (S. 503 ff. die ältere Literatur). – Hehl 1991 (zur Handschrift S. 259 f.). – Hoffmann/Pokorny 1991, Reg. S. 327.

Wolfenbüttel, Herzog August Bibliothek, Cod. Guelf. 454 Helmst. (aufgeschlagen fol. 41r)

R. P./H. J. S.

VII–28 Hildesheimer „Denkschrift" zum Gandersheimer Streit

Hildesheim, zweites oder drittes Jahrzehnt des 11. Jahrhunderts

16 x 12,6 cm, 23 Blätter. – Pergament.

Das ausgestellte Doppelblatt ist einer schmalen Handschrift entnommen, die in eigenständiger Fassung den Bericht über den Streit enthielt, den die Hildesheimer Bischöfe mit den Mainzer Erzbischöfen um das Stift Gandersheim austrugen, und zwar vornehmlich über jenen ersten Teil der Auseinandersetzung, der sich unter Bischof Bernward bis zum Jahr 1007 abspielte (vgl. dazu den Beitrag von Goetting über den Gandersheimer Streit). Diesen Bericht, der im Original keine Überschrift trägt, nennt man wegen seines, besonders im ersten Teil stark argumentativen Charakters nicht zu Unrecht eine „Denkschrift". Gerade weil sie die Hildesheimer Auffassung so präzise darstellt, gibt sie durchweg auch den Standpunkt der Gegenseite zu erkennen.

Auf der linken Seite (fol. 9v) des Doppelblattes wird die Synode vom 28. November 1000 geschildert, die der Mainzer Erzbischof Willigis nach Gandersheim einberufen hatte, um seine Ansprüche auf dieses Stift durchzusetzen. Da sich damals Bischof Bernward längst auf den Weg nach Rom gemacht hatte, um dagegen an Papst Silvester II. zu appellieren und bei Kaiser Otto III. Hilfe zu suchen, erhoben die Hildesheimer verfahrensrechtliche Einwände: gegen die Zusammensetzung und Unvollständigkeit der Synode; gegen die Unzuständigkeit des Erzbischofs in einer Kirche, die ihm nicht gehöre; wegen der Abwesenheit Bernwards als des Diözesanbischofs, dessen Recht und Pflicht es sei, in Rom zu appellieren; und wegen der sich daraus ableitenden, nunmehr den Erzbischof bindenden Zuständigkeit des Papstes. Erzbischof Willigis, „in unglaublicher Wut" *(incredibili furore archiepiscopus succensus)* und „mit finsterer und drohender Miene", wendet das erste dieser Argumente gegen Bernwards Vertreter, den im Hildesheimer Exil lebenden Bischof Ekkehard *(uenerandus praesul Eggihardus* Zeile 4; vgl. auch Zeile 4 von unten), der die Gelegenheit benutzt, die Zerstörung seiner Bischofskirche und Diözese Schleswig durch die „barbarische Wildheit" der Slawen zu schildern *(termini episcopatus mei barbarica sunt feritate depopulati, ciuitas deserta, aecclesia desolata* Zeile 12–14; vgl. Beitrag Petke und Kat. Nr. VI–21 bis VI–37). Die in der Denkschrift von Hildesheimer Seite angedeuteten Argumente finden sich, was man bisher nicht beachtet hat, vollständig in der im Hildesheimer Skriptorium geschriebenen und von Bernwards ehemaligem Lehrer und damaligem Domdekan Thangmar ausweislich seiner Randnotizen eifrig benutzten kanonistischen Materialsammlung (Cod. Guelf. 454 Helmst., vgl. Kat. Nr. VII–27), und zwar in der darin enthaltenen Kanonessammlung des sog. Pseudo-Remedius (ed. John, Kap. 45, 57, 73), der u. a. aus den pseudoisidorischen Fälschungen schöpft, deren erklärtes Ziel es nicht zuletzt war, die Macht der Metropoliten, wie Willigis einer war, einzuschränken. (Zur Entstehung des Codex in Hildesheim vgl. die in MGH Concilia VI/1 S. 61 angegebene Literatur.)

Der Text auf der gegenüberliegenden Seite (fol. 16r) führt, da das ausgestellte Doppelblatt Anfang und Ende einer Lage bildet, zu einem anderen Schauplatz: Am Ende des Jahres 1001 hält ein Aufgebot Bischof Bernwards die Burg Paterno unfern Roms am Monte Soracte; im Auftrag Ottos III. überfallen und plündern die Krieger das Umland der Stadt und erschlagen die Bewohner *(incessanter irruptione et depraedatione et multorum sępe interne-*

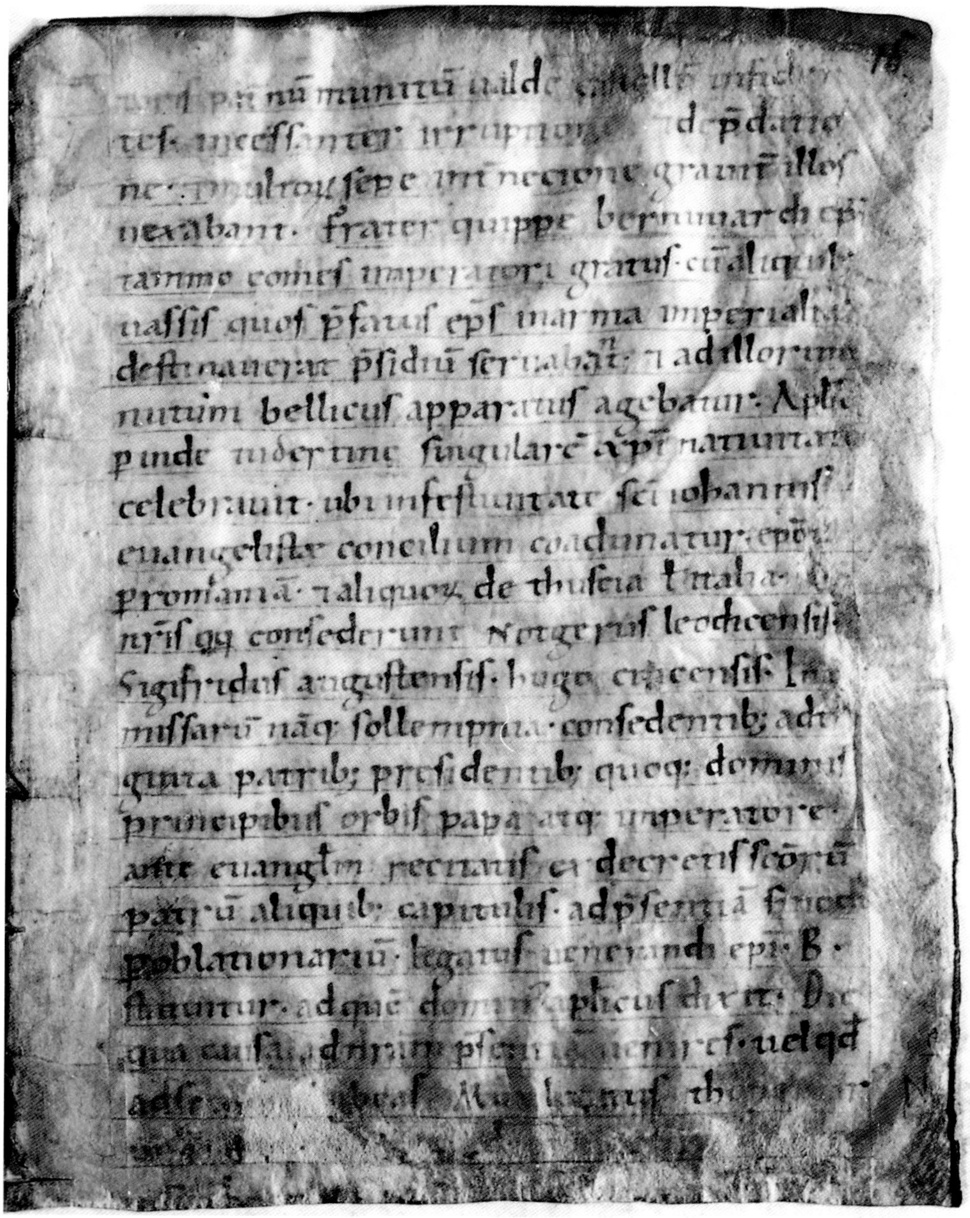

VII–28 fol. 16r

cione grauiter illos vexabant Zeile 2–4). Befehlshaber ist Bernwards Bruder, Graf Tammo, Freund und Truchseß des Kaisers *(Frater quippe Bernuuardi episcopi Tammo comes imperatori gratus* Zeile 4 ff.). Währenddessen führen Erzbischof Heribert von Köln (vgl. den Beitrag Schubert über den Reichsepiskopat und Kat. Nr. IV–58), Abt Erkanbald von Fulda (vgl. Kat. Nr. VII–30) und der Bischof Burchard von Worms (vgl. Beitrag Pokorny und Kat. Nr. IV–59) neue Truppen, darunter auch solche der Mainzer Kirche, heran, die Otto III. benötigt, um Rom erneut zu unterwerfen. Die durch Versorgungsschwierigkeiten im Anmarsch steckengebliebenen Bischöfe sollten an der Synode zu Weihnachten 1001 in Todi teilnehmen, die Papst und Kaiser, „die Herren Fürsten des Erdkreises", gemeinsam leiten *(presidentibus quoque dominis principibus orbis papa atque imperatore* Zeile 16 f.) – so hätte auch Leo von Vercelli formulieren können (vgl. Beitrag Dormeier und Kat. Nr. IV–62). Zur Verhandlung des Gandersheimer

Streites tritt dort als Gesandter Bischof Bernwards der Domdekan Thangmar auf (*Thongmarus* Zeile 3 von unten), dem wir den ereignisnahen Bericht über die Lage in Italien verdanken.

Leider haben im Zweiten Weltkrieg Feuer und Wasser den Codex so weitgehend zerstört, daß die beiden aufgeschlagenen Seiten dieser Handschrift zu den wenigen noch einigermaßen lesbaren gehören. Dies ist um so mehr zu bedauern, als G. H. Pertz, der Herausgeber der *Vita Bernwardi* im vorigen Jahrhundert, die besondere Bedeutung der Denkschrift für die Entstehung der Vita nicht erkannt und berücksichtigt hat.

Den ersten Teil der Denkschrift (bis fol. 19r), der möglicherweise in Abschnitten, jedenfalls nach 1002, vielleicht zwischen 1007 und 1013 verfaßt wurde, hat die auf den ausgestellten Seiten tätige Hildesheimer Hand (erkenntlich etwa an den übergroßen nach rechts ausgezogenen Schlingen des g, dem weit vorfallenden a, den breiten ct- und auch den or-Ligaturen sowie den kleinen Zierstrichen an den Schäften der Großbuchstaben) im zweiten oder dritten Jahrzehnt des 11. Jahrhunderts einigermaßen sorgfältig, wenn auch nicht völlig fehlerfrei ins Reine geschrieben. Den zweiten, von einem anderen Autoren verfaßten Teil der Denkschrift haben drei Hildesheimer Hände um 1025 geschrieben. Die erste gehört einem Vorschreiber (fol. 19v Zeile 1–3 Mitte), der auch die große Bibelhandschrift Bischof Bernwards für Sankt Michael durchkorrigiert hat (Kat. Nr. VIII–29). Die Entstehung der beiden so verschiedenen Zwecken dienenden Codices in dem Skriptorium des Hildesheimer Domes ist dadurch gesichert.

Rekonstruierende Edition der Denkschrift und Untersuchung zu Thangmars kanonistischen Studien in Vorbereitung. Der Sächsischen Landesbibliothek Dresden, insbesondere auch dem ehemaligen Leiter der Handschriften-Abteilung, Helmut Deckert, ist der Verf. für ebenso unerschrockene wie verständnisvolle und kenntnisreiche Unterstützung unter schwierigen Umständen sehr zu Dank verbunden.
Vita Bernwardi, S. 755f. (= Cod. 2). – Chroust, Ser. II, Lieferung IX, Taf. 8 (= Taf. 428 des Gesamtwerks) Abbildungen der vier Haupthände und ältere Literatur. – Goetting 1984, S. 167f. und passim. – Collectio canonum, ed. John. – RI 2,5, passim zu den italienischen Ereignissen. – Görich 1993, S. 92ff., besonders S. 493 Anm. 489 und passim; ohne Kenntnis der handschriftlichen Überlieferung bisweilen abwegig und für die Hildesheimer Quellen und für den Gandersheimer Streit wenig förderlich und manchmal fehlerhaft.

Dresden, Sächsische Landesbibliothek, Ms. J 206 (ausgestellt fol. 9v und 16r)

H. J. S.

VII–29 Urkunde König Heinrichs II. über die Beilegung des Gandersheimer Streites 1006/1007

Werla, [Februar/März] 1013

53 x 54 cm. – Pergament.

Es ist eine besondere Überraschung, daß die nach Form und Inhalt außergewöhnliche Urkunde in der Ausstellung gezeigt werden kann; dazu haben glückliche Umstände der Überlieferung geführt. Denn anders als die übrigen Hildesheimer Kaiser- und Bischofsurkunden des Staatsarchivs Hannover ist sie im Jahre 1943 nicht verbrannt. Und auch den Brand des Hildesheimer Domes im Jahr 1013 hat sie, wenngleich als Neuausfertigung, überstanden. Denn da Bischof Bernward das Original von 1007 vorsorglich hatte kopieren lassen – was, soweit wir wissen, damals noch längst nicht überall in Domkirchen üblich war –, konnte König Heinrich II. im Frühjahr 1013 eine erneuerte Fassung ausstellen lassen, die unter den Diplomen des Hochmittelalters eine herausragende Stellung einnimmt.

Der Text, der „wohl im Anschluss an synodale Verhandlungen entstanden" ist (Bresslau), schildert ausführlich, unter welchen Gesichtspunkten auf der Weihnachtssynode des Jahres 1006 in Pöhlde der Gandersheimer Streit entschieden wurde, wie Bischof Bernward sich mit dem Mainzer Erzbischof Willigis aussöhnte und dieser am 5. Januar 1007 bei der Neuweihe der Stiftskirche feierlich in aller Öffentlichkeit auf seine Ansprüche verzichtete (vgl. dazu den Beitrag von Goetting über den Gandersheimer Streit). König Heinrich II., dem an der Beilegung des Streites gelegen sein mußte und der die Gandersheimer Stiftskirche neu geweiht sehen wollte, in der sein Vater begraben lag, hat auf die Verhandlungen und deren Beurkundung maßgeblichen Einfluß genommen. So legt sich der König ausnahmsweise den von Kaiser Otto III. bereits gelegentlich verwendeten Titel „Knecht Jesu Christi" (*Servus Iesu Christi,* Zeile 1) bei und setzt – vielleicht aus Verehrung für die Patronin des Hildesheimer Domes und, wie man erwägen könnte, in Verbundenheit mit dem Domkapitel – noch „Sohn seiner (d. h. Jesu) Dienerin" (*filius ancillae suae,* Zeile 2) hinzu. Darauf hat Hartmut Hoffmann hingewiesen und hervorgehoben, daß Heinrich II. sich anschließend auf seinen Krönungseid beruft, den er einst dem Mainzer Erzbischof gegenüber geleistet hatte, nur um dann die Entscheidung doch zu Willigis' Ungunsten herbeizuführen, indem er den königlichen Willen zur Wahrung von Frieden und Eintracht betont. In gebührender Rücksicht auf die Rechtsauffassungen und die Interessen der Beteiligten, die deutlich akzentuiert hervortreten, gibt er sich beiden Kontrahenten gleichermaßen sehr freundschaftlich zugetan *(quia utrosque amantissimos habuimus,* Zeile 6), bindet die übrigen Bischöfe in das Urteil ein und nimmt, um den Kompromiß zu ermöglichen, zuletzt gar die Schuld für die lange Fortdauer des Streites auf sich: er, der König, habe aus „Verehrung und Gunst für den Erzbischof sich der Wahrheit entzogen" *(veritatem pro reverentia vel gratia archiepiscopi subterfugimus,* Zeile 10).

Daß man das nur schreiben konnte, wenn der König es so wollte und – wie er es mit seiner Unterfertigung getan hat – ausdrücklich billigte, hat Hoffmann eindringlich dargelegt und die ungewöhnliche persönliche Aufmerksamkeit hervorgehoben, die Heinrich II. dem Text hat zuteil werden lassen. Das souveräne Eingeständnis eigener Fehler, gepaart mit der Fähigkeit, den langwierigen Konflikt zu schlichten, haben das Ansehen des Königs wachsen lassen; der Ablauf der Vorgänge, der anhand der Urkunde und der Hildesheimer Denkschrift (Kat. Nr. VII–28) in allen Einzelheiten rekonstruiert werden kann, ist ein Exempel der Möglichkeiten und Regularien der Regierungskunst in ottonischer Zeit. Die Bedeutung der Sache verdeutlichen die vielen Zeugen, die durch ihr Kreuz, das sie zu der Unterschrift setzten, dem gefundenen Entscheid zustimmten: nach Willigis der Magdeburger Erzbischof Tagino, die Bischöfe von Paderborn, Augsburg, Minden, Halberstadt, Verden, Schleswig, Zeitz, Brandenburg und Cambrai; die Herzöge von Sachsen und Schwaben, Grafen aus Sachsen und Westfalen und Adlige aus der Diözese Hildesheim. Ursprünglich werden sie – wie in dem Originalprotokoll der Frankfurter Synode vom November 1007 (Kat. Nr. II–39) – unter dem Text gestanden haben.

Sonst stammt der Inhalt der Urkunde im wesentlichen aber aus dem Jahr 1007; im Jahr 1013 hat der König selbst – nicht zuletzt, weil einige der Beteiligten längst gestorben waren – die Übereinkunft bloß noch einmal bestätigt und dabei das bei einer Königsurkunde übliche Eschatokoll samt Siegel, Monogramm und dem Datum der Neuausfertigung hinzusetzen lassen (vgl. den Beitrag Goetting, Erscheinungsbild). Geschrieben hat diese Neuausfertigung mit einer unten zu behandelnden Ausnahme der königliche Notar G(unther) B; er ist sehr wahrscheinlich aber auch der Verfasser des Protokolltextes von 1007 gewesen, und dies zu einer Zeit, in der er am Hildesheimer Bischofshof als Kleriker Bischof Bernwards tätig war. Dies hat Harry Bresslau vermutet, dessen Scharfsinn und unübertroffener Kenntnis der Urkunden Heinrichs II. einst der Nachweis der Echtheit und die Klärung der Entstehungsgeschichte des Diploms gelungen sind.

Entgegen manchen Einwänden wird Bresslaus Vermutung glänzend bestätigt durch die folgenden kleinen Beobachtungen: Zwei ausgefallene und nicht unwesentliche Formulierungen der Urkunde können (und jedenfalls bisher ausschließlich dort) in zwei kanonistischen Handschriften nachgewiesen werden, die in Hildesheim geschrieben und zu Anfang des 11. Jahrhunderts in Gebrauch waren. Die in Diplomen bis zum Ende der Stauferzeit singulär preziösen Unterschriftsformeln von König und Erzbischof sind einem angelsächsischen Synodaltext des 8. Jahrhunderts entlehnt, der im Cod. Guelf. 454 Helmst. (Kat. Nr. VII–27 und die dort zitierte Abb. von fol. 126r) überliefert ist. Die oben erörterte prägnante Formulierung, der König habe sich der Wahrheit entzogen *(veritatem subterfugimus)*, steht in der anderen großen Hildesheimer Sammelhandschrift des Kirchenrechts (Cod. Guelf. 32 Helmst.; Kat. Nr. VII–25): Auf einem Blatt (fol. 18r), dessen Niederschrift Thangmar, der Lehrer und Biograph Bernwards, eigenhändig begonnen hatte, finden sich zwei (Synodal-)Ansprachen, die einem Papst Hadrian zugeschrieben werden, ohne daß man sie bisher hätte identifizieren können. Die zweite dieser Ansprachen richtet sich an die „Herrscher und Fürsten" und ermahnt sie zu Umsicht, Zucht und Gerechtigkeit, indem sie eben das nicht tun sollten, was Heinrich II. in unserer Urkunde eingesteht, nämlich gegen die „Wahrheit" zu handeln. Man könnte von der Phantasie verleitet werden, sich diese Ansprachen zur Eröffnung der Versammlung in Pöhlde an Weihnachten 1006 vorgelesen zu denken, so wie der Codex anderwärts tatsächlich von den Hildesheimer Bischöfen auf Synoden benutzt worden ist ... Aber zweifellos aus dieser Handschrift hat der Verfasser der Urkunde die Wendung entlehnt, und er mag die Kühnheit der Formulierung durch den liturgischen Kontext ein wenig gedeckt gesehen haben. Sie hat dem König, wie oben ausgeführt, gefallen, und seit dem März 1013 ist der Notar G(unther) B dann der wohl am meisten beschäftigte Notar Kaiser Heinrichs II. geworden – geradezu ein

VII–29

Musterfall der Praxis ottonischer Herrscher, sich die Helfer in Kanzlei, Hofkapelle und Regierung aus den Domkapiteln und von den Domschulen tüchtiger Reichsbischöfe zu holen (vgl. die Beiträge von Fleckenstein, Schieffer und Schubert, Reichsepiskopat).

Die Zeugenliste am linken Rand der Urkunde hat GB, darin vielleicht dem verlorenen Originalprotokoll folgend, in Buchschrift geschrieben, die übrigens einen Hersfelder Einschlag verrät. Dabei ist er von einer anderen Hand abgelöst worden, die die Bischöfe (Zeile 9 *Retharius* – Z. 20 der Liste) eingetragen hat. Ihre typisch Hildesheimer Schrift kehrt als zweite der beiden Haupthände in der großen Bibel Bernwards wieder (Kat. Nr. VIII–29); der mächtige Foliant, den Bernward später dem Michaelskloster geschenkt hat, ist demnach wohl im Skriptorium des Domes entstanden, und der tüchtige Schreiber ist also nicht nur für die Buchproduktion, sondern auch für die Urkundenausfertigung herangezogen worden.

Bernward selbst fehlt in der Liste der Unterschreibenden. Wenn man nicht annehmen will, daß er einfach vergessen wurde, mag der Grund darin zu sehen sein, daß er sich durch die Neuausfertigung nunmehr als Empfänger eines königlichen Privilegs betrachtete und sich nicht mehr unter die Zeugen eingereiht sehen wollte. Diese Erklärung würde sich auf die alten Rückvermerke stützen können, die bisher völlig unbeachtet geblieben sind. Der erste, bald nach 1014 geschrieben, lautet: „Kaiser (!) Heinrich für Bischof Bernward über das Stift Gandersheim" *(Heinricus imp(erator) Bernuuardo episcopo / de monasterio Gandershem* mit leichter Korrektur des Ortsnamens und nachfolgender alter Archivsignatur *DD*, die erst viel später gestrichen wurde); der Rückvermerk unterscheidet sich insofern nicht von den übrigen, die auf Herrscherprivilegien unter Bernward in Hildesheim angebracht wurden. Wolfhere, der Biograph Bischof Godehards, hat das dann auch zurechtgerückt, wenn er darunter setzte: „Über die Versöhnung der Bischöfe Willigis und Bernward" – *de reconciliatione episcoporum Willeg(isi) et B(ernuuardi).*

Denn Wolfhere hat miterlebt und beschrieben, wie die Urkunde, die Bernward so eindrucksvoll recht gab, nicht verhindern konnte, daß der Streit unter seinem Nachfolger Godehard (1022–1038) ärger noch als zuvor aufflammte. Unter dessen Pontifikat oder aus der Anfangszeit des nachfolgenden Bischofs dürfte eine stattliche Abschrift der Urkunde in ungewöhnlich kalligraphischer Buchschrift stammen (Hannover, Nds. Hauptstaatarchiv, Cal. Or. 31, Gandersheim Nr. 1), die von einem jedenfalls im Kloster Hersfeld geschulten Schreiber angefertigt worden ist und von der Schreibkunst des Hildesheimer Domskriptoriums im zweiten und dritten Viertel des 11. Jahrhunderts zeugt.

Druck: MGH DH II 255 und dazu Bresslaus Vorbemerkung S. 293 f. mit der älteren Literatur. – Kaiserurkunden in Abbildungen, Lieferung IX, Taf. 8 (= Nr. 118). – Schlögl 1978, Tab. 1, S. 210 ff. – Benz 1975, S. 105–117 und Exkurse 2 und 3. – Goetting 1984, S. 197–199, S. 203. – Hoffmann 1988, S. 402–404.

Hannover, Niedersächsisches Hauptstaatsarchiv, Cal. Or. 31 Mainz, Nr. 1

H. J. S.

VII–30 Krümme des Abtes Erkanbald

Hildesheim, um 997/vor 1011

H. 11,3 cm. – Silber, gegossen, vergoldet, ziseliert.

Unter den wenigen bekannten Kurvaturen des frühen Mittelalters ist die kleine Krümme als einzige aus Silber gegossen.

Im Gegensatz zu den silbernen Leuchtern und dem Silberkreuz aus St. Michael (Kat. Nr. VIII–31 und VIII–32) trägt sie freilich nicht den Namen Bernwards, dessen Heiligsprechung diese Kunstwerke in den Rang von Reliquien erhob und damit vor späterem Einschmelzen bewahrte. Offenbar hat man der Krümme schon im 14. Jahrhundert keine besondere Bedeutung mehr beigemessen, denn sonst wäre sie sicher nicht dem 1362 verstorbenen Hildesheimer Bischof Heinrich III. mit ins Grab gegeben worden. Doch gerade diesem Umstand verdanken wir ihre Erhaltung. Als nämlich 1788 ein neuer Plattenbelag im Dom verlegt wurde, stieß man auf das Grab und fand darin zusammen mit der Kuppa eines Grabkelches die Silberkrümme, die seither im Domschatz aufbewahrt wird.

Ebenso wie bei der Reimser Elfenbeinkrümme des Adalbero (Kat. Nr. IV–40) sind bei der Silberkrümme Nodus und Kurvatur in einem Stück gearbeitet, und in Hildesheim gehört sogar der Schaftring dazu. Über dieser massiven Basis ist der Knauf ganz in verschlungene Ranken aufgelöst, aus deren Tiefe sich vier kleine Figürchen nach vorn schieben. Sie gießen den Inhalt ihrer Krüge aus und schauen dabei nach oben wie die kleinen Flußgötter am Fuß der Bernwardsäule (Kat. Nr. VIII–17). So wie dort sind die vier Paradiesströme gemeint, aus deren Mitte hier der Baum der Erkenntnis aufwächst. An seinem Fuß sind Adam und Eva dargestellt, die von den verbotenen Früchten des Baumes essen. Über ihnen sehen wir den Stamm mit seiner Spitze nach vorn gebogen. Der Biegung folgend, tritt der richtende Gott vor Adam hin, während dieser nach hinten sinkt, ohne daß die geschlossene Krümme ihm einen Ausweg böte. Hier klingt bereits etwas von jener eindringlichen Gebärdensprache an, die auf der Bernwardtür zur vollen Entfaltung gebracht ist (Kat. Nr. VII–33).

Daß die Krümme in den Zusammenhang der bernwardinischen Plastik gehört, zeigt sich vor allem im Vergleich mit den kunstvollen Silbergüssen aus dem Kirchenschatz von St. Michael. Gegenüber Kreuz und Leuchtern erscheint die Krümme freilich

VII-30

VII–30

in der Ausführung unbeholfen. Das gilt sowohl für die Bearbeitung der Oberfläche wie für die Modellierung der Figuren, die längst nicht an die Feinheit des Leuchters mit den aufschauenden Drachenbezwingern oder an die des Gekreuzigten heranreicht. Vermutlich ist die Kurvatur aber auch um einige Jahre älter und vielleicht von einem noch nicht ganz so erfahrenen Meister geschaffen. Einen wichtigen Anhaltspunkt für die Datierung liefert der Name auf dem Schaftring. Durch lange Lagerung im Grab ist die Inschrift stark korrodiert. Deutlich lesen kann man heute nur noch: *+ ERK[...]BALD(VS) [...] B.* Rudolf Wesenberg hat jedoch mit guten Gründen die Auflösung *+ ERKANBALD(VS) ABB(AS)* vorgeschlagen und dafür auf den Fuldaer Abt gleichen Namens verwiesen, der – wie es in der Vita Bernwardi heißt – ein Blutsverwandter des Hildesheimer Bischofs gewesen sein soll.

Der Stab kann also sehr gut ein Geschenk Bernwards an Erkanbald gewesen sein, der von 997 bis 1011 dem Kloster Fulda vorstand und dann als Nachfolger von Willigis zum Mainzer Erzbischof ernannt wurde. Die Weihe hat Bernward selbst vorgenommen. Man kann sich gut vorstellen, daß der Hildesheimer Bischof sich bei dieser Gelegenheit von Erkanbald den Verzicht auf Gandersheim bestätigen ließ, den Willigis nach jahrelangen heftigen Auseinandersetzungen schließlich hatte akzeptieren müssen (vgl. den Beitrag von Hans Goetting, Bernward und der große Gandersheimer Streit). Zum Zeichen dafür, daß er alle seine Ansprüche aufgebe, hatte der Metropolit damals Bernward seinen Bischofsstab übergeben und zur neuerlichen Bekräftigung mag auch Erkanbald seinen Stab an Bernward zurückgegeben haben, der ihn dann im Dom hinterlegte.

Kratz 1840/1, S. 194. – Wesenberg 1955/1, S. 17–21, S. 165 Nr. 1. – Wesenberg 1957. – Schnitzler 1965, S. 14–15. – Elbern/Reuther 1969, S. 20 Nr. 7. – Lasko 1972, S. 111. – Berges/Rieckenberg 1983, S. 83–87, S. 175–178 Nr. 11. – Echinger 1988. – Schüßler 1988. – Auf den Zusammenhang mit Gandersheim hat mich freundlicherweise Hans Jakob Schuffels hingewiesen.

Hildesheim, Dom- und Diözesanmuseum Hildesheim, Inv. Nr. DS 7

M. B.

VII–31 Ringelheimer Kruzifix

Hildesheim, um 1000

H. mit Suppedaneum 262 cm, Spannweite der Arme 161 cm. – Corpus aus Lindenholz, mit dem Suppedaneum aus einem Stück geschnitzt; rückwärts in zwei Kammern mit dazwischenstehendem Steg ausgehöhlt. Beide Arme aus einem Stück Eichenholz, durch ein schmales Joch auf der Rückseite miteinander verbunden. Nur der linke Daumen alt, die übrigen Finger 1897 ergänzt. Im Rücken des Corpus Spuren einer ursprünglich vorhandenen älteren Befestigung von zwei einzeln geschnitzten und eingesetzten Armen. Starke Schäden durch Wurmfraß, besonders am Kopf und auf der Brust, Substanzverlust auch durch Verwitterung am Kopf, an der Oberkante des Zingulums und auf der Oberseite der Arme. Die ursprünglich bis auf die Schultern reichenden Haarlocken auf beiden Seiten verloren, wodurch vor allem auf Christi rechter Seite der Eindruck stark verändert ist. Zwei angeblich barocke Haarlocken 1949/51 durch den Restaurator Joseph Bohland entfernt. Großer klaffender Riß von der Drosselgrube unter dem Hals über den gesamten Oberkörper bis zum unteren Rand des Lendentuchs. Schon beim Schnitzen hat der Bildhauer reparieren müssen, als er beim Ausschneiden des Halses auf eine überwallte Gabelung im Stamm traf. Mit zwei großen schmiedeeisernen Nägeln hat er das Haupt Christi, das offenbar abzufallen drohte, wieder befestigt. Dadurch ist der Kopf heute stärker geneigt, als es ursprünglich vorgesehen war. Bei einem Sturz des Kruzifixes aus großer Höhe sind die Beine von den Kniekehlen bis zum vorderen Fußspann gesplittert und nachträglich mit eingesetzten Keilen notdüftig befestigt worden. Auch die breiten Risse in Körper und Lendentuch rühren von diesem Sturz her, bei dem offenbar die ganze Figur zerbrochen ist. Damals kam es auch zu Stauchungen im Bereich des Lendentuches. Wohl aus neuerer Zeit gewisse Glättungen der Oberfläche, namentlich im Gesicht und beim Schurz, deutlich ablesbar bei den Lendentuchfalten über dem linken Oberschenkel. Verschärfende Nachschnitte an den eingekerbten Bogenfalten des Lendentuches sowie an dessen Kanten, beim rechten Auge, wo das Oberlid verloren ist, bei den Jochbögen, auch bei den Barthaaren des Kinnbartes (original noch die Furchen im Schnurrbart). Das linke Auge ist jedoch (bis auf Ausbrüche durch Wurmfraß in der Pupille) gut erhalten. Auch die Begrenzung der Haarkalotte und der Höhenunterschied zum Gesicht entsprechen dem originalen Zustand. Die Oberfläche der Haare ist jedoch durch Verwitterung und Insektenfraß weitgehend zerstört, so daß keinerlei Haarsträhnen mehr erkennbar sind.

Fassung bis auf mikroskopisch kleine Spuren, besonders auf der Innenseite des Lendentuches, beseitigt. Insgesamt wurde die Holzoberfläche zweimal mechanisch von älteren Bemalungen befreit und mindestens ein drittes Mal abgelaugt. Bei der Entfernung mehrerer neuerer Farbschichten in den Jahren 1949–1951 durch Joseph Bohland war nach seiner Meinung nur „so wenig von der romanischen Malerei erhalten, daß auf die Wiederherstellung der Bemalung verzichtet wurde". Jüngste Untersuchungen haben Reste von zwei mittelalterlichen Fassungen aus der Zeit vor dem großen Sturz ergeben, von der die jüngere, über sehr dünner Grundierung liegende in der Farbwahl weitgehend der älteren folgt und wohl aus der gotischen Frühzeit des 13. Jahrhunderts stammen dürfte. Das Lendentuch war außen blau; der Farbauftrag bestand ursprünglich aus einem sehr reinen, natürlichen Ultramarin. Auch die zweite Fassung zeigt Lapislazuli, ungewöhnlicherweise über schwarzer Unterlage. Die Innenseite war rot. Vom Inkarnat haben sich am Hals als älteste Schichten zwei rosa Töne übereinander erhalten, am Haar gewisse Spuren von Braunviolett und Tiefschwarz. Das in der Literatur erwähnte rote „Wundmal" auf der rechten Brustseite scheint Bestandteil eines nicht sehr alten Anstriches zu sein, der sich nur deshalb in einer gewissen Flächenausdehnung erhalten hat, weil die braunrote Farbe wegen damals fehlender Grundierung in die Holzporen eindringen konnte. (Die technischen Angaben weitgehend nach Mitteilungen von Klaus Endemann, München.)

Die Datierung des monumentalen hölzernen Kruzifixes in die Zeit Bischof Bernwards ist durch einen Reliquienfund im Kopf der Figur gesichert, der bei der Restaurierung in den Jahren 1949–1951 zutage trat. Solche in Kopf oder Brust eingefügte Reliquien gibt es im frühen und hohen Mittelalter bei Kultbildern dieser Art nicht selten. Neben Knochensplittern in einem Leinen- und Seidenbeutel mit dem auf einem Pergamentstreifen geschriebenen Titulus *Cosme et Damiani* fand sich ein Lederbeutel mit zwei kleinen Steinen. Der zugehörige Pergamentstreifen identifiziert sie als Reliquien vom Grabe Christi: *De sepulchro domini.* Auf der Rückseite hat eine etwas spätere Hand *B* + *ep* vermerkt, was man nur als *Bernwardus episcopus* auflösen kann. Die Buchstaben stammen aus ottonischer Zeit, wenn nicht von der Hand Bernwards selbst (Schuffels). Er selbst hat also die älteren Grabesreliquien, wahrscheinlich zugleich die der Heiligen Cosmas und Damian – sie dürften aus dem Reliquienschatz des karolingischen Domes stammen, dessen Nebenpatrone die beiden Heiligen waren – und höchstwahrscheinlich auch den Kruzifixus, in den diese Reliquien damals eingebettet wurden, an das Kloster Ringelheim geschenkt. In Ringelheim am Harz war die Schwester Bernwards – Judith – Äbtissin. Das Kanonissenstift war von dem mächtigen Geschlecht der Immedinger, mit dem auch Bernward häufig in Verbindung gebracht worden ist, als Hauskloster gegründet worden. Eine Quelle aus der Zeit um 1500, die sich möglicherweise auf eine alte Inschrift stützte, nennt unter von Bernward in Auftrag gegebenen Kunstwerken auch ein Kreuz, das er aus Anlaß der Kirchweihe seiner Schwester Judith in Ringelheim geschenkt habe: *et unam aliam auro copertam mundissimo sorori sue Judith Ringelemensis quondam monasterie abbatisse pro encenio transmisit.* Erwähnt wird auch eine Madonnenfigur; eine der beiden Skulpturen war mit Goldblech beschlagen (freundliche Mitteilung von Hans Jakob Schuffels). Leider sind die Daten von Judiths Regierungszeit nicht überliefert. Der gelegentlich genannte Todestag am 13. Mai des Jahres 1000 ist völlig ungesichert. Doch muß das Kreuz zu Lebzeiten Bernwards, die sich von denen Judiths nicht wesentlich unterschieden haben dürften, nach Ringelheim gelangt sein. In späterer Zeit dürfte es einen Anlaß für eine solche Schenkung nicht mehr gegeben haben.

Die annähernd lebensgroße Gestalt des Heilands nimmt mit den fast waagerecht ausgebreiteten Armen eine mehr stehende als hängende Haltung ein. Bei den ursprünglichen, als Einzelstücke gearbeiteten Armen war der rechte geringfügig steiler als der linke, etwa in der Art der Armhaltung beim silbernen Bernward-Kruzifix (Kat. Nr. VIII–31), wie auch die linke Schulter leicht angehoben ist. Das Hängen war deutlicher. Für die Datierung der jetzigen Arme fehlen freilich alle Kriterien. Doch dürften sie aus vorgotischer Zeit stammen. Der Oberkörper ist unbewegt, die rechte Hüfte Christi unter dem Lendentuch fast unmerklich zur Seite gedrückt, die Knie zur Gegenseite eingeknickt. Beide Knie, vom

Lendentuch unbedeckt, lösen sich vom Kreuzbalken und sind nach vorn angehoben. Weicht das rechte nur wenig aus der Achse, so ist das linke deutlich zur Seite gestellt, so daß sich zwischen ihnen ein freier Raum ergibt und das linke Schienbein schräg zum Suppedaneum verläuft, wo die Füße auf dem schrägen Block, sich ebenfalls V-förmig öffnend, aufruhen. Das Suppedaneum schließt nach vorn in drei flachen Bögen und ist auf der Unterseite rechtwinklig zum Kreuz hin abgeschnitten.

Das Haupt des Herrn ist zu seiner rechten Seite und stärker noch nach vorne geneigt. Nach dem Verlust der bis auf die Schultern und gewiß auch auf die Brust fallenden Haarsträhnen wirkt der lange und schmale, in Augenhöhe im Umriß auffallend eingezogene Kopf vom Körper stärker isoliert als ursprünglich. Da die Haarkappe alle Binnenzeichnung verloren hat, erscheint die Kalotte geschlossener, das Haupt schwerer als ursprünglich. Das Haar war in der Mitte, jedenfalls über der Stirn gescheitelt und wich in zwei großen Kurven, die Stirn frei lassend, zu den Ohren zurück. Die Jochbögen haben offenbar am meisten von ihrer ursprünglichen Form verloren. In flachen Höhlen liegen schmale mandelförmige Augen. Sie sind geöffnet, wenn die Oberlider die Augen auch verschatten und der Blick des Herrn nach unten geht. Christus ist als Lebender dargestellt. Beherrschendes plastisches Motiv im Gesicht ist die stark gebogene Nase, von deren Flügeln tief eingegrabene Falten den Schnurrbart und die hängenden Mundwinkel von oben her in ihrem schmerzlichen Ausdruck verstärken. Die Nase war vermutlich auch ursprünglich von der Stirn durch eine Eintiefung abgesetzt, wenn dort auch gewisse neue Schnittspuren zu beobachten sind. Der Mund ist klein und wenig geöffnet, die Unterlippe steht freilich stärker vor. Die Haare des Schnurrbartes und weitgehend auch des Kinnbartes sind nur als Linien eingraviert, erheben sich nur wenig aus der Fläche und dem Umriß des Gesichtes, gewinnen im Gegensatz zu der dichten Haarkappe keine eigene Substanz. Nur die leichte Zweiteilung der Bartspitze bedingt eine eigene, das Kinn überdekkende Form. Die Modellierung des Thorax bezeichnet die Schlüsselbeinknochen, die Brustmuskeln, nur in schwacher Andeutung den Rippenrand, den sich auffallend vorwölbenden Bauch bei seitlichen Einzügen über den Hüftknochen. Doch sind die Übergänge weich und verfließend, ohne jeden Ansatz zu linearer oder plastischer Gegensätzlichkeit.

VII-31

Das Lendentuch wird oben zingulumartig mit drei großen durchgezogenen Schlaufen des Tuches gehalten, fällt seitlich in dichten, im Verhältnis zur Weichheit der Gesamtfigur fächerförmig geschärften Falten bis über die Kniekehlen herab. Es ist in der Mitte so weit hochgezogen, daß die Knie frei bleiben. Der Gegensatz zwischen dichtem Lineament der Seitenansicht und vergleichsweise flach und großflächig den Oberschenkeln aufliegendem Tuch auf der Vorderseite könnte nicht größer sein. Über dem rechten Schenkel bilden sich parabelartige Binnenlinien, die dem gerundeten und schwellenden Oberschenkel flach aufliegen und so zwar nicht graphisch, aber doch in denkbar minimaler Schichtung die gewölbte Fläche plastisch gliedern. Gerade in diesem, in der Oberfläche gut erhaltenen Bereich läßt sich noch heute der spezifische Charakter ottonischer Plastizität eindrucksvoll beobachten.

VII-31 ▷

Der Ringelheimer Kruzifix gehört, soweit wir wissen, zu den ältesten Großplastiken, die nach Jahrhunderten plastischer Abstinenz, die auf das Ende der antiken Skulptur gefolgt waren, im frühen Mittelalter wieder geschaffen worden sind. Ihm geht um Weniges der Kruzifix Erzbischof Geros (969–976) im Kölner Dom voraus. Gewiß werden weitere Werke verloren sein. Beim Gero-Kruzifix, der für uns den Beginn der deutschen Großplastik markiert, ist die Dramatik des Todes Christi am Kreuz, das Zusammenbrechen und Herabfallen des schlaff und welk gewordenen Fleisches zu höchster Expression gesteigert. Dem folgt in Hildesheim der kleine Silberkruzifix Bischof Bernwards (Kat. Nr. VIII–31). Der Ringelheimer – ohnehin mit offenen Augen als lebend charakterisiert – ist demgegenüber von maßvoller Verhaltenheit, von stiller und sanfter Monumentalität. Man hat auf den gekreuzigten Heiland des Adalbero-Elfenbeins (Kat. Nr. IV–40) verwiesen, der in der Bewegung des Körpers, in der nur wenig abweichenden Schürzung des Lendentuches, in der weichen, eher Übergänge als Begrenzung suchenden Modellierung des Leibes, in der verhaltenen Schwingung des Körpers dem Ringelheimer in der Tat erstaunlich nahekommt. Gewiß bilden Elfenbeinreliefs wesentliche Vorstufen der in ottonischer Zeit entstehenden mittelalterlichen Monumentalplastik. Im Vergleich mit dem silbernen Bernward-Kruzifix oder dem Bild des Gekreuzigten auf der Bronzetür erstaunt immer wieder, wie groß die Spannweite bernwardinischer Kunst war, wo nicht nur verschiedene tradierte Christustypen zu neuen eindrucksvollen Ausprägungen gestaltet, sondern offenbar auch von Künstlern denkbar unterschiedlichen Charakters Werke geschaffen wurden, die den weitgespannten künstlerischen Interessen und Ansprüchen des Bischofs gerecht zu werden vermochten.

Bohland 1951, S. 28–30. – Wesenberg 1953, S. 1–23. – Wesenberg 1955/1, S. 15–58, 170–171. – Kat. Hildesheim 1989, S. 85–106 Nr. 5 (Elisabeth Epe, Karl Bernhard Kruse, Peter Königfeld und Hans Jakob Schuffels). – Ruhnau 1989, S. 273–278.

Hildesheim, Dom- und Diözesanmuseum Hildesheim, Inv. Nr. L 1993–8

R. Ka.

VII–32 Große Goldene Madonna – *Imago maior beatae virginis Mariae*

Goldbeschlag, Holzkern, Zierborten:
Hildesheim (?), vor 1022 (?), um 1220/30

H. 56,6 cm (ohne Kopf), B. 25,5 cm (weiteste Ausladung des Thrones nach barocker Beschneidung der obersten Zarge), Tiefe 25,2 cm (tiefste Stelle von der Thronlehne bis zu den Knien des Kindes). – Weichholz (Weide oder Pappelholz?), Goldbleche, Silberbleche, Vergoldung, Nägel (aus Goldblech und aus Silberblech gedreht), Filigran, Edelsteine, Gemmen, Wachs, Leimgrundierung, Kreidegrund, Ölfarbe, Lüster, Firnis.

Die Figurengruppe, eine in strenger Frontalität thronende Maria mit dem gleichfalls frontal auf ihrem Schoß sitzenden Christuskind, ist stark fragmentiert: Vom Holzkern sind die Köpfe beider Figuren verloren, weiter die Arme des Kindes, die rechte Hand Mariae, Teile des Throns und ein Teil der Plinthe. Ursprünglich umfaßte Maria das Kind mit ihrer Linken, ohne es zu berühren, während sie in ihrer Rechten ein goldenes Kreuz hielt. Das Kind trug ebenfalls ein goldenes Kreuz, wahrscheinlich in seiner linken Hand. Das Gewand Mariae und Christi besteht zur Gänze aus Goldblechen und ist mit edelstein- und gemmenbesetzten Schmuckborten verziert. Diese Verzierungen waren offensichtlich schon von Anfang an geplant: Die Borten sind bereits am Holzkern angelegt. Möglicherweise trugen die Figuren zudem Kronen. Der Thron war mit vergoldeten Silberblechen, die fast gänzlich verloren sind, verkleidet. Andere Teile waren farbig gefaßt, nämlich die Gesichter und Hände beider Figuren sowie die Füße Christi (rosa Inkarnat), die Schuhe Mariae (rot) und die Bodenfläche (grün); davon existieren nur noch Spuren.

Die Schäden am Holzkern sind teils auf Vermorschung, teils auf Eingriffe im Barock (Anbringung einer neuen Thronummantelung 1664) zurückzuführen, andere stehen mit der Herstellungsweise des Holzkernes in Zusammenhang, bei der einige Teile (rechter Tunikaärmel Mariens, Arme des Kindes) bloß mechanisch am Hauptteil angebracht wurden, wohl um das Verkleiden der Gruppe mit Goldblechen zu erleichtern. Die Köpfe der beiden Figuren, die Hände Mariae und ein den Rücken der Madonna bildendes Verschlußbrett waren von Beginn an separat geschnitzt. Dieses läßt sich nach oben herausziehen, in eingeführtem Zustand dürfte es den Kopf

VII–32

VII-32 Einzelfassung

Mariae arretiert haben. Der Kopf der Christusfigur steckte in einem Zapfloch.

Im Inneren beider Figuren dürften ursprünglich Reliquien verwahrt worden sein. Darauf lassen bei der Marienfigur das mobile Verschlußbrett, bei der Christusfigur das Zapfloch, das sehr tief ist und sich unten zu einem Hohlraum weitet, schließen. Damit konvergiert die Beschreibung von Johann Michael Kratz aus dem Jahre 1840, wonach die Figuren „mit Heiligtümern angefüllt" waren.

Von der Größe und dem verwendeten Material – Holzkern mit Edelmetallhülle – her läßt sich die Figurengruppe am ehesten mit der Goldenen Madonna von Essen (Köln, um 980; Essen, Domschatz) und ferner der Statue der hl. Fides in Conques (9./10. Jahrhundert; Conques-en-Rouergue, Abteischatz) vergleichen.

An der Datierbarkeit des Hildesheimer Stücks in die Zeit Bernwards wird, obgleich keinerlei Quellen über die Entstehungszeit der Madonna Auskunft geben, nicht gezweifelt. Die ältesten auf uns gekommenen Schmuckborten der Figurengruppe – das sind der (vom Betrachter aus) linke Beschlag am Kopftuch Mariae, das halbmondförmige Halsgeschmeide der Madonna sowie zwei Fassungen, die an der barocken Verkleidung des Throns montiert waren und ursprünglich an den Thronpfosten gesessen haben könnten – stehen Stücken des sog. Gisela-Schmuckes (jüngerer Teil, 2. Viertel 11. Jahrhundert; Berlin, Staatliche Museen, Kunstgewerbemuseum) nahe. Manche Spezifika der Hildesheimer Verzierungen, nämlich die kapitellosen Filigranarkaden (Halsgeschmeide Mariae: Sockel der Filigrankuppeln; Besatzstücke vom Thron: Sockel der Fassungen) und die Palmettenkränze aus Filigrandraht (Besatzstücke vom Thron: Steinfassungen) kommen auch auf dem sog. Bernwardkreuz (Kat. Nr. VIII-34), dort auf der Schmuckplatte, die auf dem Schaft unterhalb der Vierung montiert ist, vor. Eine Besonderheit der beiden Fassungen vom Thron der Hildesheimer Madonna, nämlich die zwischen den steinhaltenden Lilienkranz (aus Filigrandraht) und die Sockelarkaden (ebenfalls aus Filigrandraht) eingefügte Spirale aus glattem Draht, hat ihre nächsten Parallelen in Fassungen von Fibeln aus Norddeutschland, Südschweden und Finnland, die aufgrund der Fundumstände in die 2. Hälfte des 11. Jahrhunderts respektive in das beginnende 12. Jahrhundert zu datieren sind (aus Alt-Lübeck, jetzt in Lübeck, Amt für Vor- und Frühgeschichte; aus Lund/Schonen, jetzt in Lund, Kulturhistoriska Museet; aus Masku/Humikkala, jetzt in Helsinki, Nationalmuseum). Obgleich also manche Zierbeschlagmotive schon an Späteres denken lassen, wird man an der Datierung der Goldschmiedearbeit in die Zeit Bernwards festhalten können.

Einige Zierstreifen des 11. Jahrhunderts dürften später einem Kirchenraub zum Opfer gefallen sein. Ein aus dem 2. Jahrzehnt des 13. Jahrhunderts stammender Eintrag im Gedenkbuch des Hildesheimer Domkapitels spricht von einem schweren Einbruch in den Dom, bei dem Diebe u. a. Teile der Verkleidung der Goldenen Madonna heruntergerissen hätten. Mit diesem Bericht läßt sich der stilistische Befund gut vereinbaren, denn die Filigranstreifen an den Ärmeln der Tunika Mariae und die (vom Betrachter aus) rechte Borte am Kopftuch der Gottesmutter sind um 1220/30 anzusetzen. Dabei passen die Ärmelborten motivisch und stilistisch in diese Zeit, während die Borte vom Kopftuch zwar stilistisch auf 1220/30 verweist, sich aber motivisch an die aus dem 11. Jahrhundert stammende linke Kopftuch-

VII-32 Einzelfassung

borte und den Halsschmuck angleicht – ein frühes Beispiel für eine einfühlsame Restaurierung!

Im Laufe des Mittelalters wurde die Figurengruppe zudem reich mit Votivgaben behängt, andere wurden fest an dem Gnadenbild montiert: z. B. ein großer Adlerfürspan auf der Brust des Kindes (Anfang des 13. Jahrhunderts?) sowie eine Agraffe auf der Brust Mariae (3. Viertel des 13. Jahrhunderts). Noch im 13. Jahrhundert erfolgte zudem eine größere Reparatur der Figurengruppe (Eintrag im Domnekrolog und Spuren am Werk selbst). Um 1400 (?) kamen ein großer Kristall zwischen den Beinen Mariae, vier weitere große Bergkristalle an der Thronvorderseite und vier Ziernägel, die hinter dem Kind in die Marienfigur eingeschlagen wurden, hinzu. Über das Aussehen des Gnadenbildes im 15. Jahrhundert gibt das Domschatzverzeichnis von 1438 Auskunft, das von über 100 Ringen, Ketten und sonstigen Schmuckstücken spricht.

1645 erhielt Maria eine – neue? – Krone sowie eine neue rechte Hand, mit der sie fortan ein Zepter hielt. 1664 wurden die originalen Köpfe durch moderne mit natürlichen Haaren ersetzt; der Hocker wurde zu einem Cherubimthron umgewandelt, auf diesen wurden die alten Steinfassungen appliziert. 1890 (?) folgte der Austausch der barocken Köpfe gegen neu geschnitzte und vergoldete. 1954/55 wurden alle späteren geschnitzten Teile und – aus konservatorischen Gründen – auch die Metallhülle abgenommen. Ab 1972 folgten umfassende Konservierungs- und Restaurierungsmaßnahmen, die 1992 mit der Wiederanbringung der Zierborten abgeschlossen werden konnten.

Kratz 1840/1, S. 170–177. – Braun 1922, S. 21. – Wesenberg 1955/1, S. 59–62, S. 171 f. – Elbern/Reuther 1969, S. 73 f. – Forsyth 1972, S. 121–24, 128 ff. et passim. – Brandt 1988/2, S. 195–210. – Kat. Hildesheim 1989, Nr. 2, Abb. 11.; Nr. 4, S. 37–84 (Klaus Endemann, Michael Brandt). – Schulze-Dörrlamm 1991/1, S. 46, 48, 58, Taf. S. 41, Nr. 46, Taf. S. 105, Nr. 26, Abb. 20, 32; Vergleichswerke: Abb. 31, 33. – Kat. Speyer 1992, Vergleichswerke: S. 438, (Raum 14, 10), Farbtaf. S. 439, S. 151 (Raum 2, Vitrine 3, B 21), S. 152 (Raum 2, Vitrine 3, B 23).

Hildesheim, Dom- und Diözesanmuseum Hildesheim, Inv. Nr. DS 82

M. P.

VII–33 Bronzetüren im Dom

Hildesheim, vollendet 1015

4,72 x 1,12 bzw. 1,14 m (je Flügel). – Bronze, jeweils in einem Stück gegossen und in großem Umfang durch Ziselierung nachbearbeitet.

Über die Entstehung dieses bedeutendsten Werkes der bernwardinischen Kunst gibt die auf der mittleren Querleiste des Rahmens eingegrabene Inschrift gewissen Aufschluß: *An(no) Dom(inice) inc(arnationis) MXV B(ernwardus) ep(iscopus) dive mem(orie) has valvas fusiles in facie(m) angelici te(m)pli ob monim(en)t(um) sui fec(it) suspendi.* – Im Jahre nach der Menschwerdung des Herrn 1015 ließ Bischof Bernward göttlichen Angedenkens diese gegossenen Türflügel an der Fassade des Engeltempels zu seinem Gedächtnis aufhängen.

Die Inschrift ist, wie üblich, nicht mitgegossen, sondern nachträglich eingemeißelt worden. Die Formulierung *divae memoriae* zeigt an, daß dies erst nach dem Tode Bernwards im Jahre 1022 geschehen sein kann. Unter dem Engeltempel, an dessen Fassade Bernward die Tür angebracht habe, hat man lange Zeit die Kirche St. Michael verstanden, obwohl sie der Jungfrau Maria und dem heiligen Michael und nicht generell den Engeln geweiht war und auch niemals als Engelkirche bezeichnet worden ist. Die Bauuntersuchungen an der Klosterkirche haben ergeben, daß es dort weder im Westen noch im Osten eine Türöffnung gegeben haben kann, in der die beiden inhaltlich und kompositionell aufs engste aufeinander bezogenen Türflügel nebeneinander hätten eingesetzt werden können. Es ist deshalb wahrscheinlicher, daß die Türen von Anfang an für das Westwerk des Domes bestimmt waren, das wie oft dem heiligen Michael und allen Engeln geweiht gewesen sein dürfte. Von einem älteren Westbau, der mit der Wiederherstellung des Domes nach dem Brand von 1013, also aus Bernwards Zeiten, in Verbindung gebracht wird, konnten gewisse Fundamentreste ergraben werden. Zwischen risalitartigen Vorsprüngen ließ sich für seine anzunehmende Westöffnung eine Breite von 2,25 m beobachten, in die die Flügel der Bronzetür ursprünglich ohne Schwierigkeiten hätten eingesetzt werden können. Aus der Vita von Bernwards Nachfolger Godehard (1022–1038) wissen wir, daß er einen neuen Westbau mit großer, flacher, nischenartiger Öffnung errichtete, der im 13. Jahre seines Pontifikates, also 1035, fertiggestellt war. Als damals die bronzenen Türflügel ihren endgültigen Aufstellungsort fanden, hat man offenbar die Inschrift angebracht, die die außerordentliche Leistung ihrer Herstellung durch Bernward für die Nachwelt festhalten sollte. Zwar ist von Godehard bekannt, daß er sich gelegentlich über Bernwards Intentionen bedenkenlos hinwegsetzte und auch dessen Klostergründung St. Michael zu unterdrücken suchte, sich zeitweilig auch Güter dieser Abtei aneignete. Aber ein Bekenntnis zu seinem Vorgänger stellt die aus paläographischen Gründen jedenfalls bald nach Bernwards Tod angebrachte Inschrift in jedem Falle dar – ob die Türen nun damals aus St. Michael in den Dom verbracht oder nur im Bereich des Westwerks versetzt wurden.

Die Bernward-Tür ist die älteste figürlich geschmückte Bronzetür des Mittelalters und zeigt wahrscheinlich einen der frühesten nach dem Ende der Antike nördlich der Alpen geschaffenen großen, plastischen Bildzyklen überhaupt. Die zeitgenössische Kunst kannte im wesentlichen kleine Elfenbein- und Goldschmiedereliefs sowie vereinzelte Großplastiken aus Stuck, aus Holz oder auch aus Stein. Über zyklische Darstellungen plastischer Art wissen wir nichts. Darüber hinaus handelt es sich um eines der kühnsten Werke des mittelalterlichen Erzgusses. In einem Stück gegossene Bronzetüren gibt es aus der Zeit Karls des Großen am Aachener Dom, jedoch ohne figürlichen Schmuck. Als Erzbischof Willigis (975–1011) um 1009 durch den Künstler Berenger eine gleichfalls unfigürliche Bronzetür für den Mainzer Dom gießen ließ – auch sie ist erhalten –, ließ er voller Stolz eine Inschrift einmeißeln, daß er nach dem Tode des großen Kaisers Karl der erste gewesen sei, der wieder Türflügel in Metall habe machen lassen. Sowohl die Aachener wie die Mainzer Türen dürften Bernward bekannt gewesen sein, möglicherweise auch die spätantiken Holztüren in S. Ambrogio in Mailand aus dem 4. Jahrhundert (Kat. Nr. V-15) und in Sta. Sabina auf dem Aventin in Rom (Kat. Nr. *V-16) aus den Jahren um 430 mit geschnitzten figürlichen Bildfeldern, wobei auf der römischen Tür sogar Ereignisse aus dem Alten und Neuen Testament antithetisch gegenübergestellt waren, wenn auch völlig anderer Thematik und anderen Charakters als in Hildesheim.

Obwohl die Hildesheimer Türflügel in einem Stück gegossen sind, nehmen sie das System von Rahmen und Füllung auf, wie es für zusammengesetzte Holz- oder Metalltüren typisch ist. Innerhalb einer schmalen Einfassung sind jeweils acht Felder mit leichter Profilierung zurückgestuft, wobei die mittlere Querleiste mit der Inschrift die Tür der Höhe nach in zwei Hälften teilt. Nur die Felder am unteren Rand und oberhalb der mittleren Querleiste weisen die zarte Profilierung auf allen vier Seiten auf, die übrigen nur oben und seitlich, so daß die Figuren ansonsten unmittelbar auf der unteren Abschlußleiste der Felder stehen, ja mit ihren Füßen gelegentlich darüber hinausragen, was insbesondere bei den alttestamentlichen Darstellungen zu beobachten ist. Nach antiker Tradition sind in Griffhöhe zwei gewaltige Löwenköpfe mit Zugringen im Maul zum Schließen der Tür angebracht – und zwar ohne Rücksicht auf das Rahmensystem oder die bildlichen Darstellungen. Auch sie sind mit der Tür zusammen gegossen worden.

Der linke Flügel zeigt Szenen aus dem Alten Testament, oben beginnend mit der Erschaffung des Menschen, unten endend mit dem Brudermord Kains an Abel. Der Geschichte der menschlichen Sünde und Schuld werden auf dem rechten Flügel die Ereignisse der Erlösung von der Verkündigung an Maria bis zu Ostern und Himmelfahrt gegenübergestellt, und zwar von unten nach oben fortschreitend. Inhaltliche und kompositionelle Entsprechungen zwischen Altem und Neuem Testament sind deutlich, wenn auch nicht im Sinne voll ausgebildeter Typologie, wie sie die Bildprogramme des 12. Jahrhunderts prägen sollte. Neben dem Sündenfall steht die Erlösung durch den Kreuzestod Christi im dritten Feld von oben. Andere Zuordnungen sind äußerlicher begründet: Dem Verhör der sündig gewordenen Stammeltern durch Gott entspricht die Szene „Christus vor Pilatus". Der ihren erstgeborenen Sohn nährenden Eva als Beispiel mühevollen Erdenlebens nach dem Sündenfall auf der linken Tür wird rechts die Gottesmutter mit dem Jesuskind auf dem Schoß aus der Anbetung der Könige entgegengesetzt, hier freilich in der Parallelisierung von Eva und Maria auch von theologischer Bedeutung.

Die Bilder der Genesis stammen, wie seit langem bekannt ist, aus einer ganzen oder in Teilen bis in die Spätantike zurückreichenden Bildfolge, die nach Hildesheim durch eine karolingische Handschrift der Schule von Tours tradiert worden ist. Vier solcher Bibelhandschriften, die auf einem Titelbild in Streifenkompositionen die wichtigsten Ereignisse aus der Urgeschichte der Menschheit zeigen, haben sich bis heute erhalten: eine in Bamberg, aus den Jahren 834–843, die in ottonischer Zeit in der kaiserlichen Bibliothek Ottos III. und Heinrichs II. lag, eine

VII–33

wenig jüngere aus Grandval, heute in London, die für Karl den Kahlen 845/846 geschaffene sog. Viviansbibel, die seit dem späten 9. Jahrhundert der Kathedrale von Metz gehörte, und eine vierte, zwar nicht in Tours, aber ebenfalls in Nordfrankreich für Karl den Kahlen geschaffene Bibel aus der Zeit um 870, heute in S. Paolo fuori le mura in Rom. Auch in Hildesheim muß man zur Zeit Bischof Bernwards eine solche touronische Bibel besessen haben, aus der der Text der Bernward-Bibel (Kat. Nr. VIII-29) abgeschrieben worden ist und von der einige Textblätter erhalten sind. Sie dürfte in der Spätzeit Abt Fridugisus' (807–834) in Tours entstanden sein und deshalb im Charakter ihres Bildschmuckes weitgehend der Bamberger Handschrift entsprochen haben. Doch sind die Bildzyklen dieser karolingischen Bibeln trotz großer Ähnlichkeit in der Auswahl der Szenen und der Ausgestaltung der einzelnen Ereignisse nicht völlig identisch. Folgen bei ihnen die Figuren in drei oder vier Streifen in dichter Reihung eng zusammengedrängt, so haben die Entwerfer der Hildesheimer Tür jeweils ein einzelnes Ereignis zu einer großen weiträumigen und sorgfältig ausgewogenen Bildkomposition umgestaltet.

Die Deutung der obersten Szene ist umstritten. Der Schöpfergott, wohl als Gottvater zu verstehen, mit Kreuznimbus und gelegentlich einem Buch im Arm, also mit den Attributen Christi ausgestattet, beugt sich zu einer leblos mit gekreuzten Beinen am Boden liegenden Gestalt herab, die er an der Schulter packt. Es ist die Erschaffung Adams – die Bildung seines Leibes aus Erde oder seine Beseelung mit dem göttlichen Odem – gemeint. Rechts steht dieselbe Gestalt lebend mit staunend oder verehrend erhobenen Armen. Die karolingischen Bildquellen kennen die Erschaffung Adams in dieser Form und als zweite Szene den vor seinem Schöpfergott stehenden Menschen, anschließend – in sehr ähnlicher Bildform – die Erschaffung Evas: Gott beugt sich über den in Schlaf versetzten, auf dem Boden liegenden Adam und zieht in drastischer Form aus seinem Leib eine Rippe, aus der er den Körper Evas aufbauen wird. Doch ist von der Rippe Adams in der Hand Gottes hier nichts zu sehen, so daß offensichtlich die Erschaffung des Mannes gemeint ist. Daß die Gestalt Gottes vor der rechts aufrecht stehenden Figur anders als in den karolingischen Bibeln nicht wiederholt wird, so daß der Eindruck entstehen konnte, die rechte Person – gewiß Adam und nicht etwa Eva – sehe ihrer eigenen Erschaffung zu, wie der am Himmel links erscheinende Engel die Szene verehrend betrachtet, ist für die künstlerischen Ambitionen der Entwerfer der Türbilder bezeichnend. Um der geschlossenen einheitlichen Bildkomposition willen wurde im Extremfall sogar die Lesbarkeit hintangestellt, jedenfalls die Szenenfolge verkürzt, so daß auch die Erschaffung Evas entfallen konnte.

In einer der großartigsten Bildprägungen der ganzen Tür führt im Feld darunter Gott in übergroßer Gestalt Eva ihrem Mann Adam zu. Beide strecken die Arme erwartungsvoll gegeneinander aus, so daß der leere Raum des Bildzentrums von besonderer Spannung erfüllt wird. In ihrer Plastizität zurückgenommen, rahmen zwei Paradiesbäume die Szene mit Ästen und Blattbüscheln, überaus fein bewegt und nicht selten die Bewegung der Figuren aufnehmend und fortführend. Das wird besonders deutlich beim Sündenfall darunter, wo die schlängelnde Führung der Äste die innere Unruhe, das Hin und Zurück der Stammeltern bei ihrem sündhaften Tun aufzunehmen scheint. Im rechten Baum erkennt man die Schlange mit einem Apfel im Maul. Eva, zwar noch vor ihr stehend, wie ihre Beinstellung beweist, wendet sich mit dem Oberkörper zu Adam zurück. In jeder Hand hält sie einen Apfel, reicht einen zu ihrem Gatten, der ebenfalls bereits einen Apfel hält, seinen anderen Arm aber zu Eva ausstreckt, um ein weiteres Exemplar der verbotenen Frucht in Empfang zu nehmen; man hat insgesamt sieben Äpfel auf der Tafel gezählt. Im Gegensatz zu Evas Geschäftigkeit wird in Adams sich versteifender Haltung unnachahmlich sein Zögern gegenüber der Verführung zur verbotenen Tat anschaulich gemacht. Wie die Äpfel von einem zum anderen gehen, bewegen sich auch die Äste der Bäume. Außer der Schlange im rechten Baum, deren der Teufel sich bei der Verführung der Menschen bedient, beobachtet im Baum hinter dem Rücken Adams der böse Geist selbst in Gestalt eines Drachen das Geschehen, in der Bildtradition der Szene ein sonst nicht bekanntes Motiv.

Welche Bedeutung der leeren Bildfläche in Komposition und Bildaussage eingeräumt wird, zeigt die nächste Szene von Verhör und Verurteilung. Der linke Bildrand ist zwar außen durch eine ornamentale Ranke gefüllt. Dann aber stürzt sich bedrohlich die mächtige Gestalt Gottes schräg nach vorn, mit ihrem plastischen Volumen tritt sie weit aus dem Reliefgrund. Die Linke weist mit überlangem Zeigefinger über den freien Raum hinweg auf die sich ängstlich rechts unter einem Baum zusammenkrümmenden sündigen Menschen. Mit der Linken hält

Adam ein Blattbüschel vor seine Scham, mit der Rechten weist er auf Eva, die noch tiefer gebeugt ihrerseits die Beschuldigungen auf den Drachen zu ihren Füßen abzuleiten sucht. Was die Bibel über die Weitergabe dieser Schuldzuweisungen schreibt, wird im Rhythmus von Haltung und Bewegung der Figuren Thema des Bildes. Ein gewaltiger Engel mit ausgebreiteten Flügeln vertreibt im nächsten Bildfeld mit frei aus dem Reliefgrund hervorragendem, heute weitgehend abgebrochenem Schwert die Sündigen aus dem Paradies. Während Adam gleichsam apathisch die Tür öffnet, um den Garten zu verlassen, wendet sich in einer Mischung von Trauer, Angst und letzter Hoffnung Eva noch einmal zurück – eine psychologische Vertiefung, zu der es in den karolingischen Vorlagen keine Ansätze gab, selbst wenn in einer der Bibeln eine Rückwendung des Kopfes Evas angedeutet war. Spätestens bei diesem Bild wird ablesbar, wie sehr auch die Pflanzen, deren Blattspitzen sich welk zu Boden wenden, der Intensivierung und Ausdeutung des szenischen Gehalts nutzbar gemacht werden.

Es folgen die Mühen des Erdenlebens nach der Vertreibung aus dem Paradies. Adam bearbeitet, von einem am Himmel erscheinenden Engel belehrt, mit einer Hacke den Boden. Seine von älteren Autoren vielgetadelte Haltung mit dem erhobenen linken Bein, die doch seiner Arbeit so wenig entspreche, erklärt sich leicht als Übernahme aus karolingischer Tradition, wo Adam in einer Landschaft mit ansteigendem Terrain stand. Die Eliminierung solch räumlicher Elemente, die Zurücknahme auf eine silhouettenhafte Figur, wie es für die ottonische im Gegensatz zur karolingischen Kunst bezeichnend ist, hat ihn der natürlichen Fußstütze beraubt. An die Stelle der reich sich entfaltenden Bäume des Paradieses auf den anderen Feldern ist ein kleiner, in sich geschlossener, abweisender Strauch getreten. Rechts sitzt Eva mit ihrem Kind an der Brust unter einem zwischen Bäumen ausgespannten Sonnensegel über merkwürdig ornamental gebildetem Hügel. Die Anlehnung an älteste Madonnendarstellungen (vgl. Kat. Nr. IV–41) und die Gegenüberstellung von Eva und thronender Maria im nebenstehenden Bildfeld der neutestamentlichen Tür ist offensichtlich gewollt. Es folgt das Opfer Kains und Abels. Abel hält ein Lamm zu der im Feuerkreis am Himmel erscheinenden Hand Gottes empor, Kain mit stürmisch aufgewirbeltem Mantel eine Ährengarbe. Die Richtung der Hand des Herrn und die sich ihr öffnende Pflanze vor Abel, der zusammenschrumpfende, sich schließende Strauch vor Kain deuten an, wessen Gabe angenommen und wessen verworfen wird. Mit dem Brudermord endet die Folge aus dem Alten Testament. Kain hat mit hochgewehtem Gewand seine Keule aufgehoben, um auf den bereits zu Boden gestürzten Abel einzuschlagen. Links steht er in eng zusammengenommenem Gewand noch einmal mit gesenkter Keule unter dem Strafgericht der über ihm erscheinenden Hand des Herrn. Aller dramatischer Ausdruck ist in die Figuren gelegt, die zu den eindrucksvollsten der Folge gehören. Es ist das einzige Feld des linken Türflügels, bei dem auf Begleitung der Handlung durch Pflanzen verzichtet wird. Die Geschichte von Kain und Abel ist in den uns allein erhaltenen vier karolingischen Handschriften nicht enthalten; der Genesis-Zyklus schließt mit der Darstellung des Erdenlebens. Doch gibt die Bamberger Handschrift mit einer kleinen, in die Komposition des Erdenlebens eingefügten Szene des Begräbnisses Abels einen Hinweis, daß der vollständige Zyklus ursprünglich auch diese Ereignisse mit umfaßt haben dürfte.

Anders als der Folge der Genesis-Szenen liegt den neutestamentlichen Darstellungen auf dem rechten Türflügel offenbar kein einheitlicher, ähnlich lange durch die Jahrhunderte tradierter Bildzyklus zugrunde. Jedenfalls ist es bisher nicht gelungen, eine direkte Vorlage aufzuspüren. Die acht dargestellten Ereignisse stammen aus der Kindheitsgeschichte Jesu und der Passion. Damit nimmt die Auswahl in ottonischer Zeit eine Sonderstellung ein. Allenthalben stehen sonst das öffentliche Wirken, vor allem die Wundertaten, im Vordergrund, die Christi Allmacht über die Kräfte der Natur dokumentieren. Dieses charakteristische Interesse am historischen Leben des Herrn wird in den Miniaturenzyklen der Reichenauer und der übrigen ottonischen Buchmalerei ebenso wie in den Fresken des Inselklosters und in Hildesheim auch auf der Bernwardsäule (Kat. Nr. VIII–17) sichtbar.

Die Konzentration auf ein einziges Ereignis ist hier wie bei dem alttestamentlichen Türflügel bestimmend. Selbst die Geburt Christi wird entgegen ottonischer Übung nicht mit der Verkündigung an die Hirten verbunden. Anders als auf dem linken Flügel sind die Bildfelder stärker gefüllt. Die leere Fläche als eines der wichtigsten Kompositionselemente verliert an Bedeutung. Die Figuren sind zahlreicher und durchweg größer. Mehr Figuren als links, gelegentlich ganze Gruppen, treten plastisch aus dem Grund heraus. Dabei stehen sie nicht mehr auf den unteren Rahmenleisten, sondern auf flachen Bodenwellen

AN DOM INC M·X·V·B·ERDIV MEM·HAS VALVAS FVSILES
INFACIĒ ANGELICĪ TĒPLI·OB MONIMTS VI FEĈ SVSPEN DI

VII–33

oder auf kleinen eigenen Hügeln, die sich unter den einzelnen Gestalten aufwerfen. Die Felder werden durch Hintergrundarchitektur gefüllt, besonders auffallend in den drei unteren Rechtecken, wo auf diese Weise eine fast ornamentale Musterung der Grundfläche entsteht.
Bis auf die Komposition des oberen Bildfeldes finden sich alle anderen Ereignisse in mehr oder weniger ähnlicher Form in der ottonischen Kunst vielfach abgebildet. Im einzelnen begegnen jedoch nicht wenige ungewöhnliche ikonographische Elemente. Im Bild der Verkündigung weist die hinter Maria offenstehende Tür auf den Symbolgehalt des mit dem Jawort der Jungfrau beginnenden Erlösungswerkes Gottes, durch das die Pforten des Paradieses wieder geöffnet wurden, die seit Adams Sünde verschlossen waren. Auch in den Versen des Bernward-Evangeliars (Kat. Nr. VIII-30) wird dieser Gedanke angesprochen, der altes Traditionsgut der christlichen Theologie war und Grundlage der Gegenüberstellung von Eva und Maria als einer die verderbenbringende Tat der alten auslöschenden, neuen Eva. Maria hält einen Palmzweig in der Hand; das ist ungewöhnlich, findet sich im Bild der Verkündigung niemals und auch sonst bei Marienbildern nur auf dem Rückdeckel des Bernward-Evangeliars und in wenigen englischen Handschriften der Zeit. Das Attribut, sonst eher das der Märtyrer, muß als Jungfräulichkeitssymbol verstanden werden, wobei die Wortähnlichkeit von *virgo* und *virga* auslösendes Element für solche Deutung gewesen sein dürfte. Die Jungfrau hat sich von ihrem Sitz erhoben, um dem Erzengel entgegenzugehen. Ihr leerer Thron begegnet in der ottonischen Kunst gelegentlich, das Faldistorium unmittelbar vor der offenen Tür in auffallender Parallele im Heimsuchungsbild des Bernward-Evangeliars (Kat. Nr. VIII-30).

Bei der Geburt Christi fällt das große rechteckige Bett der liegenden Gottesmutter als Hauptmotiv auf, das der ottonischen Kunst sonst fremd ist – Maria liegt meist auf weichen, auf dem Boden ausgebreiteten Polstern – und eher für die Geburtsbilder der zeitgenössischen englischen Kunst charakterisch erscheint. Joseph sitzt im bekannten Gestus brütenden Nachdenkens auf einem eigenen Thron. Das Jesuskind, ebenso in einem rechteckigen Bett, ist weit abgerückt, wie seit altchristlicher Zeit oft mit den Köpfen von Ochs und Esel verbunden, die unmittelbar über der Krippe aus einer Maueröffnung herausschauen. Hinter Maria steht Salome, die Hebamme, die an Marias Jungfräulichkeit gezweifelt hatte und deren Hand deshalb verdorrt war. Man erkennt ihre ostentativ vorgewiesene, offenbar steif gewordene Hand. Das Motiv, das auf altchristliche Legenden zurückging, war in der byzantinischen Kunst verbreitet, im Westen wegen seines apokryphen Charakters aber in ottonischer Zeit schon fast völlig aus der Bildüberlieferung ausgeschieden und in der englischen Kunst bezeichnenderweise in eine Magd umgebildet worden, die etwa die Kissen unter Marias Haupt aufschüttelt. Alle Bildelemente, auch die ungewöhnlichen, deren Herkunft man aus der zeitgenössischen englischen Kunst abzuleiten versucht ist, finden sich jedoch im Geburtsbild des Braunschweiger Kästchens, das der jüngeren Metzer Gruppe angehört und sich im Mittelalter möglicherweise im niedersächsischen Stift Gandersheim befunden hat (Kat. Nr. VI-63). Die spätkarolingische Elfenbeinkunst von Metz gehört, wie seit langem bekannt ist, zum Quellbereich englischer Kunst um die Jahrtausendwende, hat aber ihren Einfluß offenbar auch in Hildesheim ausgeübt. Die Weisen aus dem Morgenland tragen Kronen, wie sie am Ende des 10. Jahrhunderts in der christlichen Kunst zum erstenmal dargestellt worden waren. Ihre Köpfe und ihre Gaben – in geschlossenen Büchsen, die den üblichen Salbbehältern in den Händen der Frauen am Grabe entsprechen – stoßen fast senkrecht aus dem Grund nach vorne vor, wie denn auch die Gestalt der thronenden Gottesmutter mit dem Kind sich fast wie eine Vollfigur vom Reliefgrund löst. Die Darstellung im Tempel entspricht dem üblichen ottonischen Bildschema (vgl. bei Kat. Nr. VI-84). Nur wird das Kind nicht über den Altar gehalten; er wird links im geöffneten Tempel hinter den gerafften Vorhängen sichtbar. Auf die Prophetin Hanna mußte wohl deshalb verzichtet werden.

Oberhalb des mittleren Querbalkens mit der Inschrift beginnen die Passionsereignisse. Christus wird Pilatus vorgeführt, der ungewöhnlicherweise mit einer Krone geschmückt ist. Ein drachenartiger Teufel flüstert ihm ins Ohr; sein ungerechtes Urteil wird so auf den unmittelbaren Einfluß Satans zurückgeführt. Der Herr wird von zwei Häschern am Arm gehalten; es wirkt wie eine eigene Szene, und in der Tat war es in der Vorlage auch eine eigene Darstellung. In der dichten Szenenfolge eines Elfenbeinreliefs der älteren Metzer Schule (Paris, Bibliothèque Nationale, Ms. lat. 9388) folgt die Gruppe in dieser Form auf den Judaskuß; sie läßt sich in der christlichen Bildtradition als Wegführung Christi bis ins 6. Jahrhundert zurückverfolgen. Auch der thronende Pilatus dürfte auf dieses oder ein eng verwandtes Elfenbein zurückgehen. Den Stirnreif oder Kranz im Haar des römischen Beamten hat der ottonische Meister offenbar in die ihm eher vertraute Krone umgebildet. Das Metzer Relief ist um die Jahrtausendwende in Metz noch einmal kopiert worden (Kat. Nr. IV-42). Die winzigen Figuren dieser Tafel sind jedoch so stark abgekürzt, daß es als Quelle der Hildesheimer Tür wohl weniger als die unmittelbare karolingische Vorlage in Frage kommt. Die Kreuzigung vereinigt den bereits toten Christus, mit geschlossenen Augen an einem Astkreuz hängend, das in alter christlicher Vorstellung die vom Kreuz ausgehende lebenbringende Funktion verdeutlicht, mit den trauernden Maria und Johannes, beide durch die Bücher in ihren Armen als heilige, dem Evangelium verbundene Figuren gedeutet, wie auch der alttestamentliche Gott im Verhör der sündigen Stammeltern und sogar Maria im Geburtsbild ein solches traditionelles Attribut in den Händen halten. Longinus, der die Seite Christi mit der Lanze öffnet, und Stephaton mit dem merkwürdig abstrakt gebildeten Essigschwamm sind, wie seit den ältesten Kreuzigungsbildern üblich, als antithetische Entsprechung zu einer einheitlichen Komposition zusammengeordnet.

Auf den Besuch der Frauen am Grabe, die das Grab leer und einen Engel davorsitzend finden, folgt im obersten Feld das *Noli me tangere*, ein weiteres Ereignis aus der Folge der Erscheinungen am Ostermorgen, die die Auferstehung des Herrn, die selbst erst mehr als ein Jahrhundert später Gegenstand bildlicher Darstellung werden sollte, im biblischen Bericht umgeben und in der mittelalterlichen Kunst als Bild des Osterereignisses dienen können. Magdalena ist auf die Knie gefallen und streckt die Hand nach Christus aus, der sich ihr zu entziehen sucht. Die gewaltige Gestalt des Herrn mit einem in der linken erhobenen Hand gehaltenen Kreuzstab, in großartiger Torsion des Leibes begriffen, erinnert unmittelbar an karolingische Himmelfahrtsdarstellungen, vor allem der Liuthard-Gruppe (Elfenbein in Weimar), auf denen der Herr im Begriffe ist, sich in ähnlicher Bewegung zum Himmel emporzuschwingen. Zwar weist die Architektur auf das Geschehen am Grabe des Auferstandenen, zu dem Maria Magdalena am Morgen gekommen ist. Die Vögel in den Pflanzen, die durch Trauben als fruchtbringende Rebstöcke gekennzeichnet sind, sollen gewiß nicht nur andeuten, daß die Szene im Garten Gethsemane spielt, sondern verweisen auf das Paradies, in altchristlicher Weise auf das Heil, das vom Grabe Christi ausgeht. Eine spätantike Darstellung, bei der Auferstehung und Himmelfahrt miteinander verbunden waren und das Grab Christi – wie auf einem römischen Elfenbein der Zeit um 400 im Bayerischen Nationalmuseum in München – durch Vegetation und Vögel als fruchtbringend und heilspendenden Charakters gekennzeichnet war, dürfte zum Quellbereich der ungewöhnlichen Darstellung gehören. Daß die bernwardinischen Bildschöpfungen bis auf Werke der christlichen Spätantike zurückgreifen, läßt sich auch im sogenannten Kostbaren Evangeliar (Kat. Nr. VIII-30) erkennen. Elfenbeinreliefs – der Antike und aus karolingischer Zeit, hier vor allem Arbeiten der älteren und jüngeren Metzer Schule des 9. Jahrhunderts – scheinen nach unserem jetzigen Kenntnisstand die Hauptquellen der neutestamentlichen Bilder auf dem rechten Flügel der Bronzetür gewesen zu sein.

Die großartigen Verbildlichungen der zentralen Ereignisse der Heilsgeschichte haben in ihrer Strenge und Eindringlichkeit, die alle zufälligen Details abgestreift haben, seit langem höchste Bewunderung gefunden. Der Reliefstil gewährt den Figuren keine in die Tiefe eines illusionären Raumes zurückweichende Räumlichkeit, wie sie antiken und neueren Reliefs eigen ist, sondern definiert sie einerseits als Silhouetten, deren Plastizität sich auf planem Grund schwach aufwölbt, bildet sie andererseits aber in ungemein eindrucksvoller Form fast als Vollplastiken, die in den Raum vor dem Relief vorstoßen. Rudolf Wesenberg hat diese ungewöhnliche Gestaltungsweise dahingehend beschrieben, Vollplastiken seien gleichsam schräg in die plane Ebene der Bronzetafeln gesteckt worden. In höherem Maße als bei mittelalterlichen Kunstwerken sonst wissen wir, wie kühn und unerhört in der Entstehungszeit die erstmalige Schaffung einer mit Bildern geschmückten Tür, die plastische Ausgestaltung eines monumentalen Bildzyklus und nicht zuletzt die gewaltige technische Leistung des Erzgusses der fast fünf Meter hohen Türflügel gewesen sein muß.

Über die Organisation der Werkstatt, die dieses Werk hervorgebracht hat, können wir nicht einmal Vermutungen anstellen. Keine zeitgenössische Quelle – mit Ausnahme der nachträglich angebrachten Inschrift – erwähnt die Herstellung der Tür. Das stilistische Erscheinungsbild ist einheitlich, mögen sich auch Unterschiede in der Kompositionstechnik, in der Auffassung der Figuren, in ihrem Verhältnis zum Grund, im Guß und vor allem in der nach dem

Guß wie stets bei solchen Bronzegüssen notwendigen, umfangreichen Ziselierungsarbeit konstatieren lassen. Versuche, verschiedene Meisterhände zu scheiden, erscheinen verfehlt – was nicht heißen muß, daß nicht mehrere Personen an dem Werk beteiligt gewesen sein können. Einerseits setzt eine Aufteilung nach stilkritischen Gesichtspunkten eine der Zeit nicht gerecht werdende Vorstellung von sich und ihren persönlichen Charakter im Werk verwirklichenden und offenbarenden Künstlerindividualitäten voraus. Andererseits orientiert ein solcher Versuch sich notwendig, wie die Literatur zeigt, sehr schnell an technischen Details, die technische und nicht nur künstlerische Gründe haben können. Der Guß ist unterschiedlich gelungen; die Spuren lassen sich allenthalben, besonders auffallend etwa bei Verkündigung und Geburt, aber auch im Grund des zweiten Feldes links mit dem Opfer Kains und Abels ablesen. Die Figuren sind in ganz unterschiedlichem Maße nach dem Guß überarbeitet worden, was ihr künstlerisches Erscheinungsbild entscheidend beeinflußt. Die inhaltlich wichtigen Figuren – die Gestalten Gottes oder Christi – sind oft mehr und detaillierter als andere mit dem Meißel, Stichel und weiteren Ziselierungswerkzeugen in ihrer aus dem Guß stammenden Form verändert worden. Schon für die Herstellung der Wachsformen, aber auch für die anschließende Ziselierung dürften in hohem Maße unterschiedliche Vorlagen maßgebend gewesen sein, die besonders bei dem neutestamentlichen Flügel nicht immer schlackenlos vereinheitlicht werden konnten. Wir wissen nicht einmal, ob der oder die Künstler, die die Wachsmodelle geschaffen haben, mit den Personen identisch waren, die den Guß besorgt haben. Die Probleme des Gusses waren überwiegend technischer Natur. Künstlerische Arbeit im engeren, modernen Verständnis war an den Wachsmodellen und bei der nachträglichen Bearbeitung der als Rohform aus dem Guß hervorgegangenen Reliefs zu leisten. Die Ziselierungsarbeiten können andere Personen als die Entwerfer vorgenommen haben – etwa solche, die vielleicht ein anderes Relief in Wachs gearbeitet hatten; mehrere Hände können Figuren im selben Relief entworfen, aber auch ziseliert haben. Ob Joseph mit den Tauben in der Hand auf dem Feld der Darbringung wirklich von einer anderen Hand als die feiner und detaillierter ausgearbeiteten Hauptfiguren der Szene stammt oder ob diese nur, da sie wichtiger waren, weiter bearbeitet wurden, entzieht sich völlig unserem Beurteilungsvermögen. Daß so viele Hände am Werk waren, wie die Literatur mehrfach angenommen hat – man hat sechs bis sieben selbständige Meister unterscheiden wollen –, ist schon aus praktischen Gründen unwahrscheinlich. Die eindringliche Wirkung, die von der Tür als Ganzer, ihrer Bildfolge und den einzelnen Gestalten ausgeht und oft beschrieben worden ist, zeigt jedenfalls überzeugend, welch außerordentliche Künstler Bernward, dessen künstlerische Interessen literarisch überliefert sind, im Zenit seines Mäzenatentums an sich zu binden verstanden hat.

Dibelius 1907, passim. – Goldschmidt 1926/1, S. 14–25. – von Einem 1938, S. 3–19. – Wesenberg 1955/1, S. 65–115, 172–181. – Schrade 1961, S. 211–214. – Götz 1971, S. 102–116. – Adamski 1977, passim. – Kessler 1977, S. 14–35. – Bauer 1980, S. 9–35. – Nowak 1981, S. 7–17. – Berges/Rieckenberg 1983, S. 109–116. – Mende 1983, S. 28–33, 135–136. – Tronzo 1983, S. 357–366. – Drescher 1988, S. 71–75. – Kaspersen 1988, S. 79–103. – von der Nahmer 1988, S. 51–70. – Gallistl 1990/1, passim. – Gallistl 1990/2, S. 145–181. – Jacobsen/Schaefer/Sennhauser 1991, S. 183 (zum Baubefund im Westwerk des Domes).

Hildesheim, Hohe Domkirche
(in situ)

R. Ka.

VII–34 Evangeliar

Hildesheim, 2. Viertel des 11. Jahrhunderts

30 x 23 cm, 214 Blätter. – Pergament mit Deckfarben, Gold und Silber.

Das Evangeliar enthält die vier Evangelien samt den Vorreden, eine vollständige Reihe von 16 Kanontafeln (fol. 8v–15r) und ein *Capitulare evangeliorum* (fol. 204r–214r). Vor jedem Evangelium steht ein Autorenbild des betreffenden Evangelisten (fol. 16v, 66v, 108v, 163v), diesem gegenüber die gerahmte Initialseite (fol. 17r, 67r, 109r, 164r). Beim Beginn des Matthäus-, des Lukas- und des Johannesevangeliums folgt auf diese jeweils eine weitere ungerahmte Schriftseite in farbiger Capitalis und Unzialis (fol. 17v, 109v, 164v). Die Kanontafeln sind ohne Evangelistensymbole. Sie schließen oben mit rankendurchflochtenen goldenen und silbernen Bögen oder Dreiecksgiebeln ab. Die Evangelisten thronen vor in Streifen gegliederten und mit Wellenbändern und anderen Ornamenten gemusterten Hintergründen. Über den Häuptern der Evangelisten erscheint jeweils ein großer Clipeus mit einer Halbfigur ihres Symbols, das einen geöffneten Codex mit dem *Incipit* des betreffenden Evangeliums hält. Bei Johannes überschneidet dieser Clipeus einen von Säulen getra-

VII–34 fol. 163v

VII-34 fol. 164r

genen Dreiecksgiebel, unter dem dieser Evangelist erscheint und durch den er, wie auch durch den an dem Clipeus befestigten, geteilten Vorhang, hervorgehoben wird. Die Clipeusrahmen tragen die Inschriften nach dem *Carmen Paschale* des Sedulius, die auch auf den Evangelistenbildern der karolingischen Schule von Tours erscheinen, bei Matthäus: + *HOC MATHEUS AGENS HOMINEM GENERALIT(ER) IMPLET* (Durch diese seine Tat [gemeint ist: durch sein Evangelium] wird Matthäus der Menschheit [Jesu] vollkommen gerecht), bei Markus: + *MARCUS UT ALTA FREMIT UOX P(ER) DESERTA LEONIS* (Markus brüllt wie die laute Stimme eines Löwen durch die Wüste), bei Lukas: + *IURE* [verderbt aus *IURA*] *SACERDOTII LUCAS TENET ORE IUUENCI* (Durch die Gestalt und das Verhalten eines Stiers besitzt Lukas die Rechte des Opferpriestertums), bei Johannes: + *MORE UOLANS AQUILAE UERBO PETIT ALTA IOHANN(ES)* (Johannes, der wie ein Adler fliegt, strebt mit dem Wort nach den Sternen). Die großen Clipei über den Evangelisten stehen in der Tradition der frankosächsischen Malerschule (Paris, Bibliothèque Nationale, Ms. lat. 257; New York, Pierpont Morgan Library, M. 862; Köln, Schnütgen-Museum, Inv. Nr. G 531). Außer dem Evangeliar der Bibliothek des Prager Metropolitankapitels, Cim. 2 (Saint-Amand, 2. Hälfte 9. Jh.), muß ein weiteres Evangeliar dieser Schule, das Evangelistenbilder jenes Typs besaß, direkt oder indirekt in Hildesheim rezipiert worden sein. Die Kanontafeln hingegen stehen in der Tradition des von der karolingischen Schule von Metz (Paris, Bibliothèque Nationale, Ms. lat. 9383) vertretenen Typs.

Im Unterschied zu den unter Bernward hergestellten Evangeliaren Hildesheim, Domschatz, DS 18 und DS 33 weist das Hezilo-Evangeliar am Ende keinen eigenhändigen Eintrag Bernwards auf und enthält auch keine Hinweise anderer Art auf Bischof Bernward. Josten hatte es in die Zeit des Bischofs Hezilo (1054–79) datiert. Goldschmidt rückte es in die erste Hälfte des 11. Jahrhunderts. Boeckler erkannte, daß es einerseits nachbernwardinisch, andererseits zu früh ist, als daß es mit Bischof Hezilo in Zusammenhang gebracht werden könnte, und datierte es in das 2. Viertel des 11. Jahrhunderts. Der Versuch von Bauer, das zeitliche Verhältnis des Bernward- (Kat. Nr. VIII-30) und des Hezilo-Evangeliars mit dem Argument umzukehren, die Motive im Bernward- seien aus denen des Hezilo-Evangeliars entwickelt worden und umgekehrt sei die Beziehung nicht denkbar, ist nicht überzeugend. Die Übereinstimmungen der Evangelistenbilder dieser beiden Handschriften können ohne weiteres so erkärt werden, daß das Bernward-Evangeliar neben einer – nicht erhalten gebliebenen – frankosächsischen Handschrift dem Hezilo-Evangeliar als Vorlage diente. Die altertümliche Form der Flügel ohne spitz zulaufende Enden, die im Bernward-Evangeliar, auf dem Corveyer Lukasbild in Leipzig (Kat. Nr. VI-73) und auf dem Deckel des Bernwardsarkophags übereinstimmend vorkommt, wurde im Hezilo-Evangeliar vermieden. Nicht zuletzt verlangt der strenge Aufbau seiner Initialzierseiten die Annahme eines zeitlichen Abstands zum Bernward-Evangeliar.

Josten 1909, S. 88. – Goldschmidt 1928, S. 80. – Boeckler 1930, S. 52. – Bauer 1977, 1. S. 259–260, 329–330; 2. Nr. XXII, S.184–194. – Stähli 1984, S. 99–115. – Bauer 1988, S. 211–213. – Kat. Köln 1991, Nr. 8, S. 52–53 (Gerd Bauer). – Kahsnitz 1993, S. 34–37.

Hildesheim, Dom- und Diözeanmuseum Hildesheim, Inv. Nr. DS 34

U. K.

VII–35 Kleines Evangeliar des Berliner Kupferstichkabinetts

Sachsen (Hildesheim?), Mitte des 11. Jahrhunderts

16,4 x 11,6 cm, 137 Blätter. – Pergament mit Deckfarben.

Die Handschrift enthält die vier Evangelien mit Vorreden. Zum Buchschmuck gehören eine 16seitige vollständige Folge von Kanontafeln (fol. 5r–12v), Bilder der Evangelisten Markus (fol. 50v), Lukas (fol. 77v) und Johannes (fol. 115v) – das des Matthäus wurde herausgeschnitten –, eine *L*-Initiale, um die sich ein Drache schlingt, und Auszeichnungsschrift in Weiß auf rostbraunem Grund am Beginn des Matthäusevangeliums (fol. 17r) sowie weitere Initialen mit figürlichen Motiven am Beginn der anderen Evangelien: *I* mit einem auf der Haste sitzenden Nackten und, unten, einem Hund, der sich in sein Bein beißt (fol. 51r), am Beginn des Markus-, *Q* an dem des Lukas- (fol. 78r) und *I* an dem des Johannesevangeliums (fol. 116r), die beiden letzteren mit einem Drachen. Die Evangelisten sitzen vor Hintergründen, die in der Art von Textilien, mit Medaillons, darin Vierbeiner, Bäumchen oder Rosetten, gemustert sind. Vor dem Bild des Lukas steht das einer Kreuzigung mit Maria und Johannes, Sol, Luna und – am Fuß des Kreuzbalkens – dem Lukasstier (fol. 77r); vor dem Bild des Johannes das einer Maiestas Domini (fol. 113v) und eine kreuzförmig geteilte Zierseite mit vier Rosetten (fol. 114r); fol. 114v/115r sind leer. Verschiedene Gemeinsamkeiten mit Hildesheimer Handschriften, unter anderem die Vorliebe für gemusterte Hintergründe, und ikonographische Parallelen zwischen dem vorliegenden und dem Bernward-Evangeliar, etwa in der Maiestas Domini die Scheibe mit dem Lamm Gottes in Christi rechter, das lange Buch in seiner linken Hand, die Mandorla in Form einer Acht (vgl. Bernward-Evangeliar fol. 174r), im Kreuzigungsbild der Lukasstier am Fuß des Kreuzes (vgl. ebd. fol. 118v), haben manche Forscher veranlaßt, für das vorlie-

VII–35 fol. 113v

VII–35 fol. 114r

gende Evangeliar Hildesheimer Ursprung in Betracht zu ziehen.

Die Kanontafeln, manche mit Vögeln (fol. 6v/7r), andere mit Ranken, darin nackte Mädchen (fol. 8v/9r), als Akroterschmuck, dürften von einer anderen, schwächeren Hand stammen als die Miniaturen.

Ein zum Teil ausradierter Eintrag auf fol. 1r bezeugt, daß ein Erzdiakon des Birgittenordens im Jahre 1500 die Handschrift verschenkte: *Frater . . . Archidiaconus ordinis s(an)c(t)ae brigidae dedit hunc libru(m) . . . Anno do(min)i MCCCCC.* In der älteren Literatur wird die Handschrift unter der Signatur ‚Kupferstichkabinett Nr. 7' geführt. Ungesichert ist die Angabe bei Beissel (1906): „Aus Bremen soll auch die Handschrift Nr. 7 des Kupferstichkabinetts zu Berlin erworben sein."

Swarzenski 1901, S. 17 Anm. 13. – Beissel 1906, S. 292 Anm. 2. – Bange 1922. – Habicht 1930, S. 6–7. – Wescher 1931, S. 1–2. – Kat. Berlin 1975, S. 49 Nr. 43, Abb. S. 62 (Hanns Swarzenski). – Hoffmann 1986/1, S. 189 Anm. 1.

Berlin, Staatliche Museen zu Berlin – Preußischer Kulturbesitz, Kupferstichkabinett, Hs. 78 A 1

U. K.

VII–36

VII–36 Sogenannter Abtstab des heiligen Godehard

Krümme: Hildesheim (?), 1. Viertel 11. Jahrhundert (um 1022?)
Pannisellus: deutsch (Kopfstück) und islamisch (Rest der Fahne), 11. Jahrhundert

Krümme: H. 8 cm, Stab: L. 142,5 cm. – Elfenbein, Holz. Pannisellus: Kopfstück H. 10 cm, B. 8,5 cm. – Leinen mit Flachstickerei in weißer und blauer Seide und Goldfaden. Fahne: Dünnes, weißes Seidengewebe mit Leinenstreifen.

Zusammen mit der Kasel, dem Zingulum und einem Pontifikalschuh wird im Benediktinerkloster Niederalteich auch der Stab des heiligen Godehard als Reliquie verwahrt. Godehard, den Kaiser Heinrich II. 1022 zum Nachfolger Bernwards als Bischof von Hildesheim bestimmt hatte, war seit 997 Abt in Niederalteich gewesen. Seine Grabstätte fand Godehard († 1038) im Hildesheimer Dom, und die nach seiner Heiligsprechung erhobenen Gebeine ruhen hier in einem Reliquienschrein, der heute über dem Begräbnisort in der Vierungskrypta des Domes aufgestellt ist. Einzelheiten über die Alteicher Reliquien sind erst aus der Zeit nach dem großen Klosterbrand von 1681 überliefert und für die Frage nach der Herkunft dieser Stücke nur von geringem Aussagewert. So soll zum Beispiel die heilige Kunigunde den Pannisellus des Godehardstabes, der wie alle anderen Reliquien der Abtzeit Godehards zugeschrieben wird, mit eigener Hand gearbeitet haben. Sichere Provenienzangaben sind nach dem Verlust der mittelalterlichen Quellen nicht mehr möglich, doch kann man sich gut vorstellen, daß zumindest ein Teil der Alteicher Reliquien aus Hildesheim stammte. Dabei ist auch an den Stab zu denken, der in den Alteicher Verzeichnissen immer an erster Stelle genannt wird, denn als Hirtenstab des Heiligen kam ihm eine besondere Bedeutung zu.

Der oben um den hölzernen Schaft gelegte Ring aus vergoldetem Silber trägt die mit Niello ausgelegte

Inschrift: *GOTEHARDO HOC FECIT* (Dem Godehard machte dies). Über dem Nodus aus Walroßzahn ist ein zweiter Ring angebracht mit der Aufschrift *S(an)C(t)E · GODEHARDE*, die den Stab als Reliquie des heiligen Godehard kenntlich macht. Wie die Buchstabenform zeigt, ist diese Inschrift wesentlich jünger als die zuerst genannte, heute unvollständige. Auch in der Ausführung weicht der obere Ring von dem unteren ab, der gleichzeitig mit dem Stab entstanden sein dürfte. Die obere Inschrift, die ja erst nach der Heiligsprechung Godehards im 12. Jahrhundert entstanden sein kann, ist offensichtlich nachträglich hinzugekommen, wie schon ihre unorganische Verbindung mit Stab und Krümme zeigt. Ursprünglich könnte an dieser Stelle ein Gegenstück zu dem unteren Schaftring gesessen haben, zu dem es ja eine ergänzende Inschrift mit der Namensnennung desjenigen gegeben haben muß, dem Godehard den Stab verdankte. Aus jüngerer Zeit scheint auch der Nodus zu stammen, dessen Schaftansätze für Stamm und Krümme zu groß sind.

Diese hat die Form eines knorrigen Rebzweiges, an dessen gegabeltem Ende zwei Weintrauben hängen. Eine Hand, die unten aus dem Stamm auswächst, biegt den Zweig zur Krümme, in der die beiden Trauben die Füllung bilden. Robert Suckale hat auf die formale Nähe dieser Pflanzenstilisierung zu den Hildesheimer Bernwardleuchtern (Kat. Nr. VIII-32) hingewiesen und sie deshalb ebenfalls einer Hildesheimer Werkstatt zugeschrieben. Auch auf die Erkanbaldkrümme (Kat. Nr. VII-30) wäre in diesem Zusammenhang zu verweisen, zumal wenn man in Rechnung stellt, daß die Alteicher Krümme heute stark abgerieben ist und ursprünglich einen ebenso unregelmäßigen Umriß gehabt haben dürfte. Sollte es zutreffen, daß die untere Inschrift auf dem Stab aus dem 11. Jahrhundert stammt, wäre dies ein zusätzlicher Beleg für die Frühdatierung der Elfenbeinschnitzerei.

VII-36

Gröber 1927, S. 236 ff., Fig. 195, Taf. 26. – Müller-Christensen 1955, S. 16 Nr. 15. – Fellenberg gen. Reinhold 1970. – Kat. München 1972, S. 313 Nr. 60 (Robert Suckale). – Kat. Landshut 1980, S. 195 Nr. 296 (Achim Hubel).

Niederalteich, Klosterkirche

M. B.

VIII

NOVA DEI ECCLESIA

Die Gründung von St. Michael

Das Benediktinerkloster St. Michael ist Bernwards bedeutendstes Werk. Über die Gründung des Klosters hat der Bischof in einer außergewöhnlichen Urkunde 1019 Rechenschaft abgelegt; ausgehend von den Verdiensten der Propheten des Alten Testaments reflektierte er darüber, „durch welches Bauwerk von Verdiensten" (*meritorum architectura*) er sich „den Himmel verdienen könne". Schon als Bernward 993 Bischof von Hildesheim wurde, war es seine feste Absicht gewesen, seinem Namen ein „glückliches Andenken zu bereiten", indem er Kirchen baute, Gottesdienste in ihnen stiftete und dem Herrn seinen gesamten Besitz übertrug. So begann er, in Hildesheim „ein neues Gotteshaus" (*nova dei ecclesia*), das Kloster St. Michael, auf einem Hügel nördlich der alten Domburg zu errichten. Die Klostergründung knüpfte an einen älteren Kirchenbau an – die Kreuzkapelle, die Bernward 996 zur Aufnahme einer kostbaren Reliquie vom Kreuz Christi bestimmt hatte.

Die Grundsteinlegung der Klosterkirche, ein feierlicher liturgischer Akt, fand 1010 statt. In den folgenden Jahren konnten einzelne Bauabschnitte, etwa die Krypta unter dem Westchor, geweiht werden. Schon vor der Vollendung des Baus, die der zeitlebens kränkelnde Bischof nicht mehr erleben sollte, waren Benediktinermönche in das Kloster eingezogen. Als Bernward seinen Tod kommen spürte, ließ er sich zu ihnen bringen, nahm (ein besonderer Demutsgestus) das Mönchsgewand und erwartete in der Martinskapelle des Klosters seinen Tod. Am 20. November 1022 ist Bischof Bernward dort gestorben.

Dem Kloster hatte in den letzten Monaten seine besondere Sorge gegolten. Am 29. September 1022 wurde die Kirche – obschon noch unvollendet – geweiht, dann der Konvent mit Gütern und Rechten ausgestattet, ein Abt als dessen Vorsteher eingesetzt (Propst Goderam von St. Pantaleon in Köln), schließlich die Grabstätte des Bischofs vorbereitet. Daß Bernward hierbei eigene Hand angelegt hätte, ist spätere Legende. Die Ausstattung des Klosters war beträchtlich – Bernward hatte nicht gezögert, sein gesamtes Erbgut herzuschenken: 18 große Wirtschaftshöfe mit 406 Bauernhöfen, 13 Eigenkirchen, 10 Mühlen und das erforderliche Gesinde. Diese Ausstattung ermöglichte dem Benediktinerkonvent eine nach menschlichem Ermessen ewige Existenz, die erst 1803 durch die erzwungene Säkularisation des Klosters endete.

Noch bedeutender als die Güterausstattung, die freilich als materielle Lebensgrundlage der Mönche unabdingbar war, erscheint bis heute die künstlerische Ausstattung des Michaelsklosters. Das meiste, was an illuminierten Handschriften und kostbaren Silbergüssen aus bernwardinischer Zeit erhalten ist, stammt aus diesem Kloster und geht ebenso wie die Seidenkasel und die Christussäule auf Bernwards Schenkung zurück. Die monumentale und einzigartige Bronzesäule, die in Rom empfangene Anregungen aufnimmt, wurde in der Ostvierung der Klosterkirche aufgestellt und kündete mit ihrem Bilderfries von den Wundertaten Christi. Das großartigste Denkmal hat sich Bernward aber mit der Klosterkirche selbst gesetzt.

Mit dieser Stiftung hatte sich Bernward fürwahr ein – wie er es 1019 ausgedrückt hatte – „glückliches Andenken" bereitet. Bei den Mönchen von St. Michael, die sich im Westchor über seinem Grab zum Chorgebet versammelten, konnte er des ewigen Gebetsgedächtnisses sicher sein.

E. B.

VIII-1 Privileg Papst Benedikts VIII. für Bischof Bernward, das Bistum Hildesheim und das Kloster Sankt Michael

[Rom, 1014–1022]

113,5 x 38,5 cm. – Lichtdruck in der Größe des 1943 verbrannten Papyrusoriginals.

Das Privileg Papst Benedikts VIII. (1012–1024) war, bis es 1943 im Staatsarchiv Hannover verbrannte, neben einer spanischen die einzige auf Papyrus überlieferte Urkunde dieses Papstes, von dem es ohnehin nur wenige Originale gibt, und die letzte vollständig erhaltene Papsturkunde auf Papyrus überhaupt. Diesem Beschreibstoff und dessen feierlichen Großformaten (vgl. Kat. Nr. III-1) entsprach die in Rom entstandene päpstliche Sonderschrift, die Kuriale, die auch von römischen Stadtnotaren verwendet wurde, mit ihren gestreckten, den Längsfasern des Papyrus angepaßten Ober- und Unterlängen und ihren weiten Rundungen in besonderer Weise.

Papst Benedikt VIII. wiederholt in diesem feierlichen Privileg auf Bitten Bischof Bernwards (vgl. Zeile 4: *Bernardum*) die von diesem auf Anregung Kaiser Ottos III. von seinem Vorgänger Papst Silvester II. im Januar 1000 erwirkte, heute verlorene Bestätigung der Immunitätsdiplome der Kaiser Ludwig und Arnulf sowie der übrigen Herrscher für das Bistum Hildesheim. Er verbietet ferner mit Zustimmung und auf den Rat (*cum consensu atque consultu*) Kaiser Heinrichs II. und des römischen Senats kraft apostolischer Autorität jegliche Verletzung der von alters her festgelegten Grenzen der Diözese Hildesheim in Ostfalen (*per Astfalas*). Vor allem aber wünscht er, daß die neue von dem „von Gott geliebten“ (*deo dilectus*) Bischof Bernward außerhalb der Domburg auf Eigengut errichtete St. Michaelskirche nicht belästigt werde, damit die Mönche in Frieden zum Wohl der Kirche Gott loben könnten. Der Papst unterschreibt eigenhändig mit einem Kreuz und nach dem Muster antiker Kaiserunterzeichnungen mit *BENE VALETE*. Scriptum- und Datumzeilen sind nicht ausgefüllt; geschrieben wurde die Urkunde aber von derselben Hand wie der Kontext des (Pergament-)Privilegs für Fulda von 1024 (vgl. Kat. Nr. *VIII-2). Die bisher angenommene Datierung in den Spätsommer 1022 ist keineswegs gesichert. Die damit verbundenen Probleme werden in

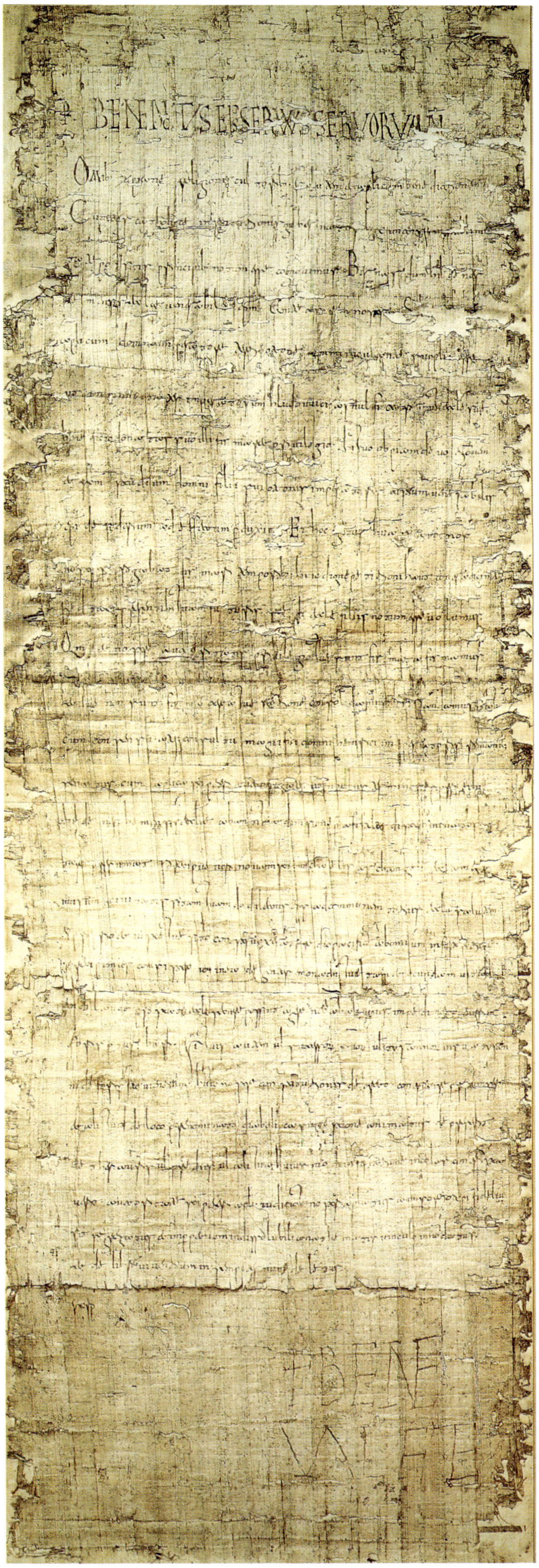

VIII-1

anderem Zusammenhang erörtert werden. Die Bleibulle ist nach der Aufhebung des Michaelsklosters im 19. Jahrhundert verlorengegangen (vgl. die folgende Kat. Nr. *VIII-2).

Nach dem Verlust des Originals und einer Einzelkopie des 12. Jahrhunderts ist die älteste heute erhaltene, aber bisher unbeachtete Überlieferung die Abschrift vom Ende des 12. Jahrhunderts in dem Urkundenanhang des Hannoverschen Codex der Vita Bernwardi; möglicherweise in dieser Form hat sie der Kurie bei der Heiligsprechung Bernwards 1192/1193 vorgelegen (vgl. Kat. Nr. I-1).

Vollständiges Faksimile mit Transkription in den Diplomata papyracea, Tafel 15. - Teilfaksimiles (Anfang und Unterschrift) bei Brackmann 1914, Tafel 1 und (Mitte) bei Arndt/Tangl, Heft 3, Tafel 80. - Gedruckt zuletzt in Papsturkunden 2, Nr. 539 S. 1024 (mit unzureichendem Kopfregest). - RI 2,5, Nr. 1250 S. 491 f., Nr. 1253 S. 493.

Göttingen, Diplomatischer Apparat der Universität. Kehr'sche Faksimiles

H. G./H. J. S.

*VIII-2 Nachzeichnung der verlorenen Bleibulle Papst Benedikts VIII. an dessen Privileg für Bischof Bernward, das Bistum Hildesheim und das Kloster Sankt Michael (vgl. Kat. Nr. VIII-1)

Hildesheim, St. Michael, 3. Viertel des 18. Jahrhunderts

20 x 16,8 cm. - Papier.

Die Bleibulle des Papyrusprivilegs Papst Benedikts VIII. muß – was bisher unbekannt war – im 18. Jahrhundert noch vorhanden gewesen sein. Als im Jahr 1760 der Pater Augustinus Schübeler († 1791), Profeßmönch des Michaelsklosters, das Privileg aufmerksam abschrieb und vermerkte: „Ich habe das Original auf Baumrinde [!] eingesehen" (*Vidi originale, est in cortice arboris conscriptum*), hat er die Bleibulle des Papstes, wie sie im Original heute nur noch ganz selten erhalten ist, abgezeichnet und ihr Aussehen überliefert. Vorderseite: Ein von einem Kreuz und dem Papstnamen im Genitiv *BENEDICTI* kreisförmig umgebenes Kleeblattkreuz – Schübeler „wie eine Rose" (*in medio quasi rosa*); Rückseite: oben ein Christogramm, darunter fünf kreuzförmig angeordnete Punkte, die umgeben sind von dem Titel im Genitiv *PAPAE*. Die Punkte und das zweite A waren auf dem Hildesheimer Exemplar offensichtlich verdrückt, wie die drei – soweit bekannt einzigen – heute noch erhaltenen Bullen lehren; von diesen wird die des Privilegs für Fulda von 1024 zum Vergleich abgebildet.

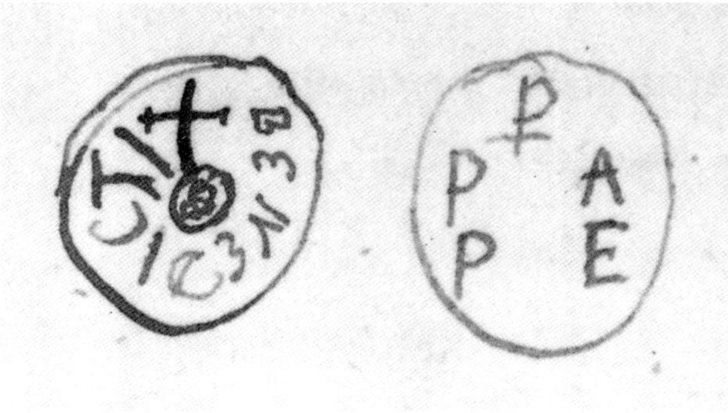

*VIII-2

Auf die bisher unbekannte Hs. Schübelers werden die Verf. in anderem Zusammenhang zurückkommen. – Die hier abgebildete Bleibulle Benedikts VIII. an dem Privileg für Fulda im Staatsarchiv Marburg, Urk. Stiftsarchiv Fulda 1024 Febr. 8 = Papsturkunden 2, Nr. 546 S. 1037. – Kat. München 1979, S. 107 Abb. 1–2 zu S. 34 f. Nr. 16 des Privilegs für Kaiser Heinrich II. – Serafini 1910, Tafel LXXXVIII. – Für die Bleibullen wenig hilfreich Papsturkunden 2, passim und die Vorbemerkungen zu Nr. 477 S. 904, Nr. 483 S. 916, Nr. 542 S. 1028 f.

Hildesheim, Dombibliothek, Cod. 124/2, S. 141

H. G./H. J. S.

Zu *VIII-2 Marburg, Hessisches Staatsarchiv, Urk. Stiftsarchiv Fulda 1024 Febr. 8

Zu VIII–3 Rekonstruktionszeichnung

VIII–3 Klosterkirche St. Michael Rekonstruktionsmodell

Entwurf: Johannes Cramer, Werner Jacobsen, Dethard von Winterfeld
Ausführung: Hilbert Gestaltungstechnik, Nottuln, 1993

Maßstab 1:100. 76 x 40 cm, H. 34 cm. – Holz, Kunststoff, Plexiglas, lackiert.

Das Modell der Michaeliskirche zeigt den Bau in der Form, die Bernward um das Jahr 1000 erdacht und entworfen hat, wie er auch zu Lebzeiten Bernwards noch in Teilen errichtet, 1022 geweiht und unter Bischof Godehard bis 1033 in allen wesentlichen Teilen fertiggestellt worden sein dürfte. Gezeigt wird hier der (Ideal-)Zustand des Bernwardbaues, der um 1050 annähernd so vorzufinden gewesen sein mag. Im ausgestellten Modell wird unterschieden zwischen dem erhaltenen ottonischen Baubestand des Ursprungsbaus, welcher weiß dargestellt wird, und Bauteilen, die in späterer Zeit abgetragen worden sind, welche in durchsichtigem Material gezeigt werden. Diese Veränderungen sind gleichermaßen veranlaßt durch Reduzierungen, wesentlich während der Zeit nach 1542 bis 1850, wie auch durch spätere Rekonstruktion, besonders 1907 und nach 1945.

Der Bau zeichnet sich aus durch die große Klarheit und Einfachheit im Entwurfskonzept, das ausgehend vom Vierungsquadrat im niedersächsischen Stützenwechsel eine fast gleichgewichtige Anlage mit doppeltem Querhaus und doppelter Choranlage zeigt. Im Westen ist die Grablege Bernwards dem Bau vorgelegt, so daß sich eine eindeutige Ausrichtung des Raumes ergibt. Auffallend sind neben der für unseren Bereich ungewöhnlichen Orientierung der Kirche nach Westen die dem stadtrömischen Kirchenbau entlehnten Engelsemporen der Querhäuser, welche durch die achteckigen Treppentürme an den Querhausarmen erschlossen werden.

Der ottonische Baubestand ist zusammenhängend erhalten im Bereich der Krypta, des nordwestlichen Querhauses, in den Arkadenwänden und den Obergaden des Kirchenschiffs sowie in den Umfassungswänden des östlichen Querhauses.

Wesentliche Veränderungen des ottonischen Baubestandes ergaben sich zuerst aus den Umbauten des 12. und 13. Jahrhunderts; die Säulen des Langhauses wurden mit zwei Ausnahmen in der nördlichen Arkadenreihe schmuckreicher ersetzt. Der westliche Chorabschluß wurde abgetragen und gleichermaßen durch eine stark differenzierte Architektur modernisiert. Die westliche Vierung wurde umgebaut und mit heute noch auf der Nordseite erhaltenen Chorschranken aus dem Kirchenraum ausgegrenzt; in Chor und Vierung wurden zusätzlich Gewölbe eingebaut. In diesem Zustand verblieb die Kirche längere Zeit.

Seit der Teilung der Kirche in der Folge der Reformation 1542 in einen katholischen und einen evangelischen Bereich führten Streitigkeiten über die Baulast im Zusammenhang mit der Umfunktionierung der eigentlichen Klosterkirche zu einer evangelischen Pfarrkirche, die dem katholischen Konvent versperrt blieb, zu stetigem Verfall und immer weiteren Reduzierungen des alten Bestandes. Der südöstliche Treppenturm fiel 1532 teilweise ein; die Ostseite mit den drei Apsiden wurde nach 1650 zusammen mit dem östlichen Vierungsturm Zug um Zug abgebrochen und flach geschlossen; der westliche Vierungsturm zerstörte bei seinem Einsturz im Jahre 1662 neben späteren Einbauten auch ottonischen Baubestand; das südwestliche Querhaus wurde abgetragen.

Während des 18. Jahrhunderts wurden der Westchor aufgestockt und die Kryptafenster ebenso wie die Fenster der Obergaden erweitert.

Seit der Mitte des 19. Jahrhunderts wurde die Rückgewinnung des romanischen Kirchenbaues in mehreren Teilabschnitten versucht. Der Erneuerung der nördlichen Seitenschiffwand folgte 1893 die Wiederherstellung der Krypta und in den Jahren 1907–1910 die Rekonstruktion des südwestlichen Querhauses. Nach den schweren Zerstörungen des Zweiten Weltkriegs wurde die heutige Baugestalt auf der Grundlage umfangreicher Untersuchungen der Ruine bis 1960 geschaffen.

Die Angaben im Modell zum ottonischen Baubestand ergeben sich aus dem bekannten Forschungsstand und weitergehenden Untersuchungen. Die Rekonstruktion des Verlorenen bleibt in Teilbereichen spekulativ, etwa hinsichtlich der Höhe der Treppentürme, der Befensterung und der Wandgliederung, da hierzu einzig Bauzeichnungen, Pläne und Modelle des 17. und 18. Jahrhunderts (vgl. Kat. Nr. VIII-4 bis VIII-6 herangezogen werden konnten, welche in ihrer Aussage teils zweifelhaft bleiben.

Tschan. – Beseler/Roggenkamp 1954. – Oswald/Schaefer/Sennhauser, S. 119–121. – Jacobsen/Schaefer/Sennhauser 1991, S. 183 f.

Hildesheim, Dom- und Diözesanmuseum Hildesheim J. C./W. J./D. v. W.

VIII-4 b

VIII-4 Bauzeichnungen der Klosterkirche St. Michael

Hildesheim, 1662

a: 40 x 50 cm (Außenansicht vor dem Abbruch). b: 35 x 50 cm (Außenansicht nach dem Abbruch). – Kolorierte Federzeichnung auf Karton.

Die nach der Einführung der Reformation in Hildesheim 1542 gegen den Willen des Benediktinerkonvents erfolgte Teilung der Michaelskirche in einen katholischen Bereich (Krypta, Westchor und nordwestlicher Querhausarm) sowie einen evangelischen Kirchenraum (Schiff und Ostquerhaus samt Chor) führte zusammen mit den wirtschaftlichen Unsicherheiten der Zeit zum Ausbleiben des erforderlichen Bauunterhaltes; das Kloster, dem der Großteil seiner Güter und Einkünfte verblieben war, konnte zwar zum Unterhalt zweier Prediger in der nunmehr evangelischen Pfarrkirche, nicht aber zur Übernahme der Baulast des Kirchengebäudes gezwungen werden. Wegen des noch heute problematischen Baugrunds stellten sich fortgesetzt Schäden am Bau ein, denen die Bauherren durch teilweise unkoordinierten Abbruch der schadhaften Teile zu begegnen suchten. Beide Vierungstürme und das südwestliche Querhaus wurden auf Anordnung der Stadtgemeinde *ebenmäßig in grundt gebrochen.* Über die Rechtmäßigkeit dieser Maßnahmen entstand zwischen den beiden Besitzern ein langandauernder Streit, welcher sich in umfangreichen, erst ansatzweise ausgewerteten Prozeßakten niederschlug. Die Initiative ging von dem unermüdlich um die Wahrung der Rechte seines Klosters bemühten Abt

VIII–4 a

Johannes Jacke (1614–1668) aus, der auf die Rückgabe der Klosterkirche hoffte und daher ihre fortschreitende Zerstörung nicht hinnehmen konnte. Diesem Streit, in welchem der Konvent den Zustand der Kirche vor den Teilabbrüchen und in seinem so entstandenen Zustand nach 1662 darstellte, verdanken wir mehrere Sätze kolorierter Zeichnungen mit ausführlichen beigeschriebenen Erläuterungen (auf der Grundlage der ausgestellen Pläne wurden mehrfach Nachzeichnungen für weitere Prozeßakten angefertigt), welche über die Funktion, Ausstattung und Bauweise der einzelnen Kirchenbereiche detailliert Auskunft geben. In den isometrisch konstruierten, in Teilbereichen perspektivisch aufgefaßten Zeichnungen wird der streitige Zustand durch ausklappbare Deckblätter dargestellt. Die Blätter werden durch ein Holzmodell ergänzt (vgl. Kat. Nr. VIII–5).

Die Zeichnungen geben den bernwardinischen Baubestand mit seinen spätmittelalterlichen Veränderungen des südlichen Seitenschiffs in den großen Zügen zutreffend wieder. Das ursprüngliche Baukonzept hatte sich demzufolge bis in das 17. Jahrhundert hinein mit nur unwesentlichen Veränderungen erhalten. Befensterung und Wandgliederung entsprechen in den heute noch überprüfbaren Bereichen dem Baubestand, ohne daß freilich jede Einzelheit exakt gezeichnet sein müßte. So erscheint beispielsweise das östliche Chorjoch deutlich zu tief. Im Bereich der spätmittelalterlichen Maßwerkfenster des südlichen Seitenschiffs wird deutlich, daß dem unbekannten Zeichner an einer detailgetreuen Dar-

VIII–5 Südseite

stellung im Sinne einer heutigen Baubestandszeichnung nicht gelegen war. Gleichwohl genügten die Zeichnungen den Ansprüchen für die prozessuale Beweisführung des 17. Jahrhunderts. Alle Bemühungen des Konventes um die Rückgabe der Klosterkirche scheiterten jedoch. Durch die Säkularisation wurde das Kloster 1803 völlig aufgehoben.

Beseler/Roggenkamp 1954, S. 180 mit Abb. 94–95.

a: Hildesheim, Dom- und Diözesanmuseum Hildesheim, Inv. Nr. 1978–13 – b: Hannover, Niedersächsisches Hauptstaatsarchiv, Karten 23 g/20 pm

E. B./J. C.

VIII–5 Holzmodell der Klosterkirche St. Michael

Hildesheim, 1662–1673

84 x 40 x 46 cm. – Eiche.

Das Modell ist als Ergänzung der gleichzeitigen Bauzeichnungen (vgl. Kat. Nr. VIII–4) für einen langwierigen Prozeß in den Jahren 1662 bis 1673 angefertigt worden, den Abt Johannes Jacke (1614–1668) gegen die Hildesheimer Stadtgemeinde anstrengte. Es wurden mindestens zwei Exemplare hergestellt: eines als „Beilage" der städtischen, ein weiteres für die klösterlichen Prozeßakten. Dieses gelangte durch die Säkularisation 1803 mit dem Klosterarchiv in das spätere Hauptstaatsarchiv Hannover, wo es 1943 verbrannt ist. Da aber beide Modelle im Auftrag des Klosters angefertigt wurden, werden sie genau übereingestimmt haben; dafür sprechen im übrigen auch die noch heute in Parallelüberlieferung vorliegenden Bauzeichnungen.

Der aus massivem Holz gearbeitete, in Teilbereichen stark verwurmte und auch beschädigte Baukörper stellt die mittelalterliche Kirche mit ihren wesentlichen Elementen zutreffend, jedoch in den Proportionen verzerrt dar. Die Fenster sind in das Holz eingetieft und dunkler gegen die übrigen Flächen abgesetzt. Die Treppentürme an den Querhäusern sind angefügt, Dächer und Dachflächen sind teilweise

VIII-5 Westchor

rezent ausgebessert. Das gesamte Modell ist einheitlich in dunkler rötlicher Lasur gefaßt. Abweichend vom ursprünglichen tatsächlichen Baubestand finden sich im Kryptenumgang Rundfenster; die Befensterung der beiden Chöre wie auch der Treppentürme ist offenkundig vereinfacht; die zehn Fenster des Obergadens sind wirklichkeitsentsprechend angegeben. Die östlichen Seitenapsiden, welche in allen historischen Abbildungen halbrund dargestellt werden, erscheinen hier polygonal gebrochen.

Insgesamt wird deutlich, daß es dem Auftraggeber des Modells weniger auf eine wahrhaftige und naturgetreue Abbildung der Kirche (hierfür wurden die erwähnten Zeichnungen angefertigt), als vielmehr auf eine Erläuterung der grundsätzlichen Elemente und Charakteristika des Bauwerkes ankam.

Tschan, 3, Abb. 245. – Beseler/Roggenkamp 1954, S. 180 mit Abb. 93.

Hildesheim, Roemer-Museum, Stadtgeschichtliche Sammlung im Knochenhaueramtshaus, Inv. Nr. G 389 (in situ)

E. B./J. C.

VIII-6 Planzeichnungen der Klosterkirche St. Michael

Hildesheim, 1738 (Kopien von 1917)

a: 44,2 x 65 cm (Grundriß). b: 32,8 x 47,6 cm (Schnitt durch das Nordseitenschiff). – Papier, Federzeichnung.

Die Streitigkeiten zwischen dem Benediktinerkonvent St. Michael und der evangelischen Stadtgemeinde um die Klosterkirche St. Michael (vgl. Kat. Nr. VIII-4) dauerten auch im 18. Jahrhundert an. Wieder waren Eingriffe des Stadtrates in Baubestand und Ausstattung der Auslöser; dieser ließ 1737 die von Bischof Bernward gestiftete Bronzesäule (zu ihrem Schicksal vgl. Kat. Nr. VIII-17) niederlegen, um auf der Ratswaage ihr Metallgewicht schätzen zu lassen. Energisch schritten dagegen Abt Benedikt Lühmann (1706–1746) und sein Konvent ein und ließen als Beweismaterial unter anderem mehrere Pläne anfertigen (bei den ausgestellten Plänen handelt es sich um 1917 angefertigte Kopien der zur Zeit nicht auffindbaren Originale, die nach der Säkularisation 1803 vom Königreich Preußen übernommen wurden).

Die Säule hatte bis zu diesem Zeitpunkt offensichtlich ihren angestammten Platz in der östlichen Vierung hinter dem Kreuzaltar behalten (*aa* im Grundriß). Als Grundlage für die Auseinandersetzungen, die von weiteren Eingriffen in die Bausubstanz der Klosterkirche begleitet waren, wurde der Baubestand durch Ansicht von Süden, Längsschnitt, Grundriß und Schnitt durch das nördliche Seitenschiff mit ausführlichen Erläuterungen dokumentiert (ausgestellt sind die beiden letztgenannten Planzeichnungen). Der Plansatz ist zwar in Details nicht immer exakt, aber doch in der grundsätzlichen Aussage zutreffend. Die Nordwand des nördlichen Seitenschiffes entsprach seinerzeit noch dem ursprünglichen Bestand. Die Engelsemporen des nordöstlichen Querhausarmes waren schon damals verändert, die Mittelsäule aus der Achse verschoben. Alle Dächer sind erneuert.

Beseler/Roggenkamp 1954, S. 25.

Hildesheim, Stadtarchiv, a: Best. 100/89 Nr. 559a Num 1, b: Best. 100/89 Nr. 559a Num 2

E. B./J. C.

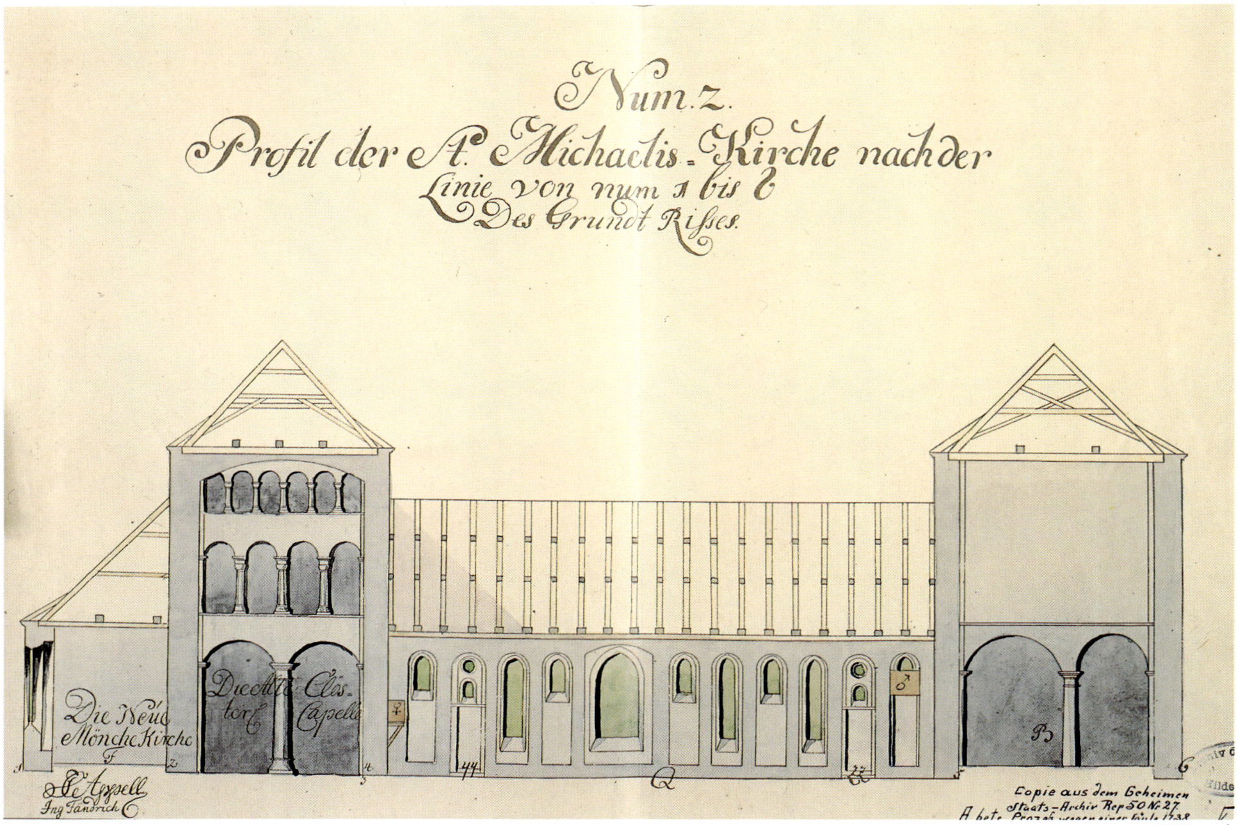

VIII–6 b

VIII–6 a

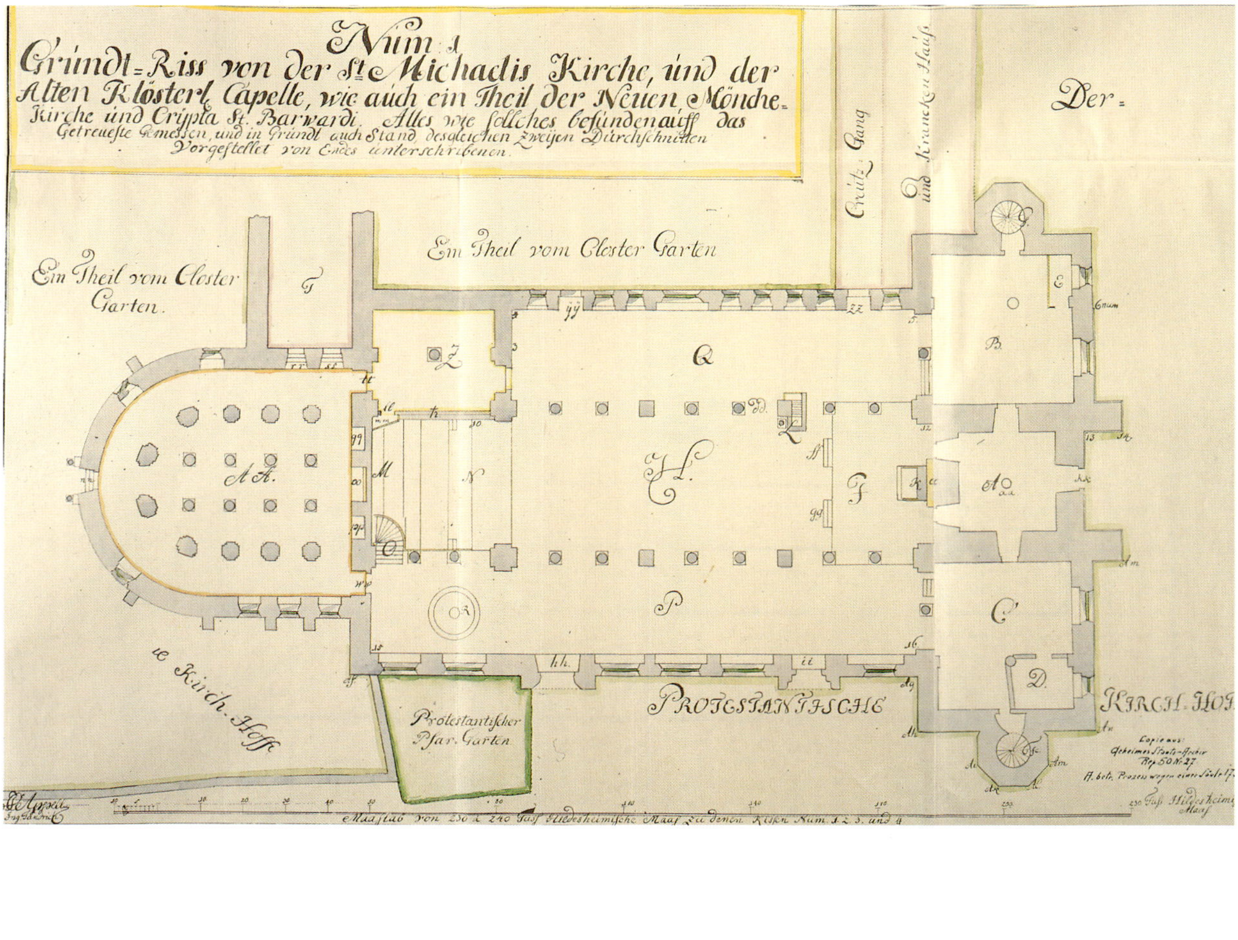

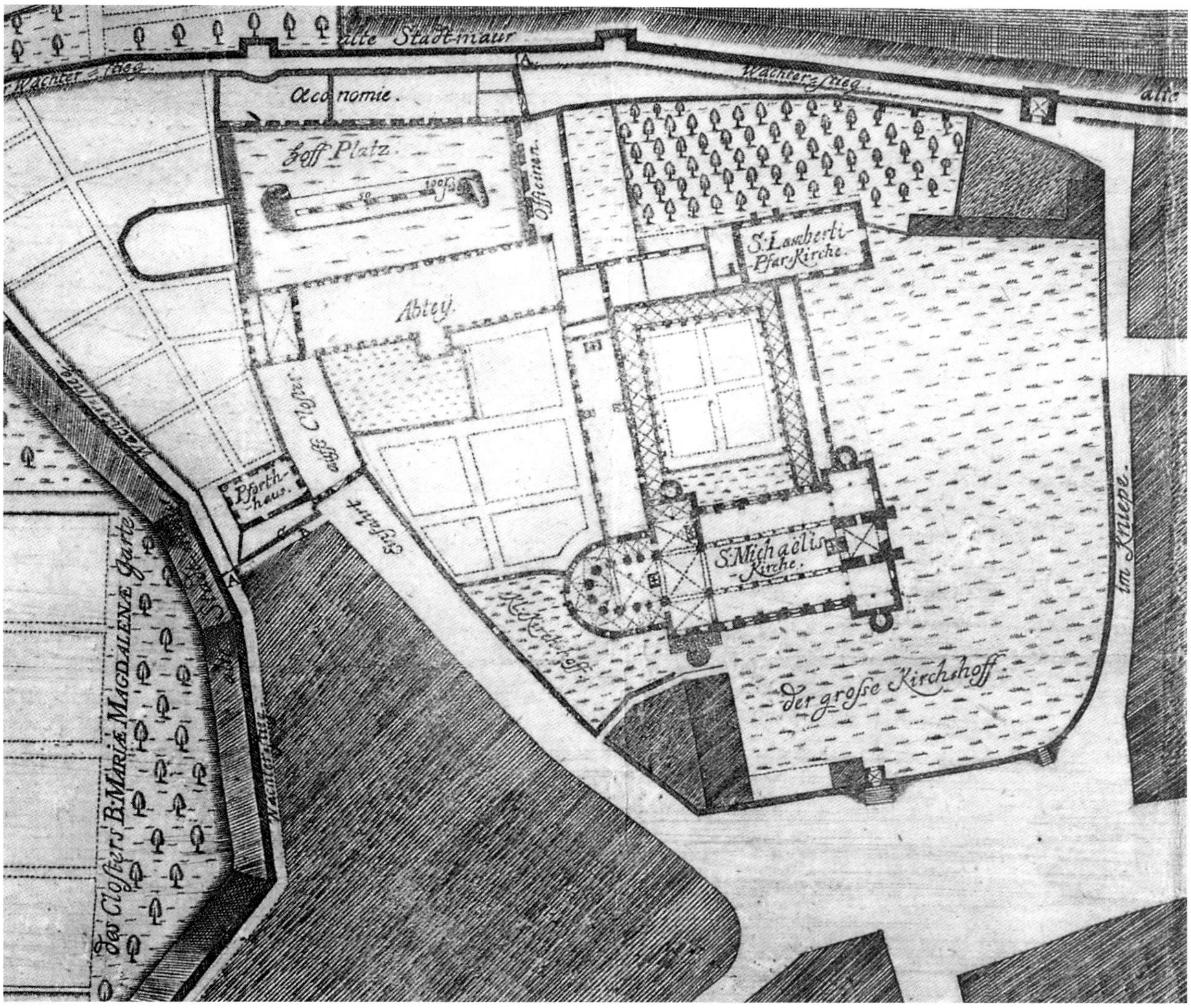

VIII–7 Ausschnitt

VIII–7 Grundriß und Umgebungsplan des Klosters St. Michael

Hildesheim, 1729

55,5 x 62 cm (der Plan 49 x 32 cm). – Kupferstich auf Papier.

Die Auseinandersetzungen zwischen der Hildesheimer Stadtgemeinde und dem Michaelskloster um die Abgrenzung der beiderseitigen Rechte reichen bis in das späte Mittelalter zurück. Durch die Einführung der Reformation in der Stadt 1542 wurde dieses Verhältnis noch zusätzlich erschwert, da der katholisch gebliebene Benediktinerkonvent seiner Klosterkirche und eines beträchtlichen Teils der Konventsgebäude beraubt und auch in seinen weltlichen Herrschaftsrechten im Stadtgebiet immer weiter eingeschränkt wurde. Mehrfach versuchten die Mönche, ihre bis auf die Gründung durch Bischof Bernward zurückreichenden Rechte wiederzuerlangen, zuletzt in mehreren seit dem frühen 18. Jahrhundert anhängigen Prozessen. In diese Zusammenhänge gehört der ausgestellte Plan, ein – so die vereinfachte bzw. verdeutschte Beischrift in der linken Kartusche – „Grundriß der Straßen in der Altstadt Hildesheim, worüber dem Stift und Kloster St. Michael das Unter- und Obergericht nebst dem Wortzins seit der Gründung und laut dreier besiegelter Urkunden rechtlich gebührt und zukommt. – Dieser Plan wurde vom ehrwürdigsten und hochangesehenen Herrn Benedikt (Lühmann), dem 43. Abt (1706–1736), der Nachwelt im Jahre 1729 zugeeignet.“ Der als gerichtliches Beweisstück gedachte Plan, dessen Künstler unbekannt ist, gibt den Rechtsstandpunkt des Klosters wieder und umschreibt den Bereich der Hildesheimer Altstadt, in welchem es das Nieder- und das Vogtei- oder Hochgericht sowie den Wortzins, eine grundherrliche Abgabe von den Grundstücken, beanspruchte. Diesen Rechtsanspruch sollen die drei niederdeutschen Urkunden vom 21. Dezember 1345, 10. April 1459 und 23. März 1476 untermauern, die dem Kloster die 1729 immer noch beanspruchten Rechte bestätigten und deshalb auf dem Planblatt in hochdeutscher Übersetzung abgedruckt wurden. Die Urkunde von 1476 bestätigt den Rechtsinhalt der beiden älteren Urkunden, doch handelt es sich bei diesen um Fälschungen des 15. Jahrhunderts, die der seit der Klostergründung eingetretenen Stadtentwicklung in der Umgebung des Klosters Rechnung tragen: aus den zur Gründungsausstattung gehörenden 26 Hausstellen („Wurten") war mittlerweile ein geschlossenes Stadtviertel geworden, so daß sich der Rückgriff auf die ältesten, übrigens auch verfälschten Besitzbestätigungen nicht empfahl. Sicherlich handelt es sich bei den erwähnten Urkunden aber nur um feststellende Fälschungen, welche die Mönche als Beweismittel für althergebrachte, aber nie verbriefte Rechte anfertigten. Die ganze Frage bedürfte neuerlicher, eindringlicher Untersuchung, die aber durch den Verlust aller Originalurkunden des Klosters 1943 in Hannover erheblich erschwert ist.

Von dieser Frage einmal abgesehen, ist die topographische und baugeschichtliche Aussagekraft des Planes, bei dem es sich um die zuverlässigste Wiedergabe des Klosterterrains aus der Zeit vor der Säkularisation handelt, von größtem Wert. Unschwer sind der spätmittelalterliche ummauerte Klosterbezirk mit Pfortenhaus, Abtei- und Ökonomiegebäude sowie die bernwardinische Klosterkirche mit den schweren nachmittelalterlichen Einbauten zur Sicherung des östlichen Vierungsturmes erkennbar. Zwischen der Michaels- und der Lambertikirche – Bernwards Kreuzkapelle – erstreckte sich der im 13. Jahrhundert erneuerte, in den Grundzügen aber sicherlich wesentlich ältere Kreuzgang. Nur dieser Plan gibt den genauen Grundriß der dreiflügeligen, durch zwei Zugänge mit der Klosterkirche verbundenen Anlage – einen Südflügel hat es wohl nie gegeben – wieder. Doch auch hier sind nachreformatorische Veränderungen sichtbar: Parallel zum Westflügel des Kreuzgangs, welcher den letzten Krieg überdauert hat, erstreckt sich nun anstelle des alten Kapitelsaales die sogenannte „kleine Michaelis-Pfarrkirche" (deutlich sichtbar die Altarmensa im Norden), die mit der den Mönchen ebenfalls verbliebenen Bernwardskrypta verbunden war. Seit 1657 hatte man diese neue Kirche für das Chorgebet der Mönche und katholische Gemeindegottesdienste errichtet, da die Krypta zu klein geworden war. Eine Ansicht des Klosters aus der Vogelschau von 1727 (vgl. Bertram, 3, S. 140 ff. mit Abb.) bestätigt und ergänzt den Plan in willkommener Weise.

Die drei auf dem Plan abgedruckten Urkunden nach den Originalen ediert in: UBSH 1, S. 554 f., Nr. 951; 7, S. 217 f. Nr. 361 und S. 556 Nr. 855 (Regest). – Beseler/Roggenkamp 1954, S. 67–71 (zum Kreuzgang) und S. 180 mit Abb. 99 (zum Plan). – Bertram, 3, S. 138–142.

Hildesheim, Stadtarchiv, Best. 950 Nr. 6a

E. B.

VIII–8 Vitruv-Handschrift

Grenzzone zwischen Ost- und Westfranken (Köln?), um 800

29,8 x 24,3 cm, 162 Blätter. – Pergament, 25–26 Zeilen pro Seite; karolingische Minuskel; moderner Einband (1977).

Vitruvius war unter Caesar und Augustus mit der Herstellung von Kriegsmaschinen beschäftigt und arbeitete beim Bau der römischen Wasserleitung mit. Seine Schrift *De architectura*, das einzige aus der Antike erhaltene Werk über Architektur, behandelt in zehn Büchern die Baukunst im weitesten Sinn; sie schließt auch den Bau von Uhren und Maschinen ein.

Vitruvs Werk war am Hof Karls des Großen bekannt. Dort war eine heute verlorene Handschrift in angelsächsischer Minuskel vorhanden, die Alkuin gekannt hat. Auf sie gehen alle erhaltenen Handschriften zurück. Eine Abschrift dieses Archetypus und zugleich der älteste Vitruv-Codex ist der Harleianus; er könnte der Hofbibliothek Karls des Großen angehört haben und wurde möglicherweise von Einhard benutzt. Der Schreiber war kein guter Kenner der lateinischen Sprache.

Nach dem Schluß des Vitruv-Textes (fol. 162v) folgt, von einer anderen Hand des 9. Jahrhunderts geschrieben, ein Rezept über Metallguß (Vitruv,

VIII-8 fol. 145v

Nr. 1). Nach fol. 162 wurden einige Blätter herausgeschnitten, die sich heute in Oxford befinden (Bodleian Library, Rawlinson D 893, fol. 135–136). Sie enthalten, teilweise in der Schrift des Schreibers von Nr. 1, zehn weitere technische Rezepte (Vitruv, Nr. 2–11), die der Sammlung der *Mappae Clavicula* angehören.

Die Vitruv-Handschrift befand sich Anfang des 11. Jahrhunderts im Besitz von Goderamnus († 1030), Propst von St. Pantaleon in Köln und danach erster Abt von St. Michael in Hildesheim; auf fol. 145v steht der Vermerk: *Godera(m)n(us) p(ro)posit(us)* (sic) in derselben Hand, die auch die Zusätze an den Rändern von fol. 27r, 98v, 144v und 159r schrieb. Spätere Eigentümer waren: Johann Georg Graevius (1632–1703), Kurfürst Johann Wilhelm (1658–1716), Giovanni Giacomo Zamboni († 1753), Edward Harley (Erwerb 1724).

Es ist möglich, daß sich Bernward bei der Planung seiner Bauten auch an Vitruvs Schrift orientierte und daß die technischen Rezepte in der Handschrift für die Herstellung von Bronzegüssen und anderen Metallarbeiten berücksichtigt wurden.

Bischoff 1971 (1981), vor allem S. 281 f. und S. 285–289. – Bischoff 1942. – Jones 1932, S. 65 ff. – Mappae Clavicula, in Sarton 1927, S. 533 f. – Vitruv, S. XX. – Ancient Manuscripts, S. 72.

London, The British Library, Harley MS 2767

M. F.

VIII-9 Liber mathematicalis

Entstehungsort unbekannt (Nordfrankreich?), 9. Jahrhundert, mit jüngeren Interlineargglossen und Marginalien

32 x 23 cm, 1 Blatt + 114 Seiten + 1 Blatt. – Pergament, 25 Zeilen pro Seite; karolingische Minuskel; Überschriften und Kapitelzahlen in Rot, Text und Zeichnungen in Braun; Holzdeckeleinband mit Lederbezug aus neuerer Zeit.

Der *Liber mathematicalis* ist kein Werk Bernwards, sondern eine Kopie der *Institutio arithmetica* des Boethius (um 480–524/525). Diese Schrift, die auf der *Introductio arithmeticae* des Nikomachos von Gerasa (2. Jh. n. Chr.) beruht, faßt die pythagoreische Zahlentheorie zusammen und unterrichtet über die Einteilung der natürlichen Zahlen, über die „figurierten Zahlen" und die verschiedenen Arten von Proportionen. Die Schrift gehört zu den verbreitetsten mathematischen Texten des Mittelalters: über 200 Handschriften sind erhalten, von denen etwa 50 vor 1000 geschrieben wurden.

Die Handschrift ist unvollständig: Von den ursprünglich 12 Quaternionen (+ 2 Blättern), die am unteren Rand der letzten Seite mit römischen Zahlen numeriert wurden, sind die 1. und 3.–6. Lage nicht mehr vorhanden; ferner sind das Blatt nach p. 20 und die untere Hälfte des Blattes p. 49–50 abgeschnitten. Dadurch fehlen das Vorwort der *Arithmetik* und der Anfang des Inhaltsverzeichnisses (Boethius S. 3,1–6,5), der größte Teil von Buch I, Kap. 10–32 und Buch II, Kap. 1–3 (S. 22,5–84,5) sowie Teile von II 4 und II 28 (S. 87,17–89,11; 118,4–13; 119,4–14).

Ein Doppel- und ein Einzelblatt, die der 6. Lage angehörten, wurden später als Einband benutzt und

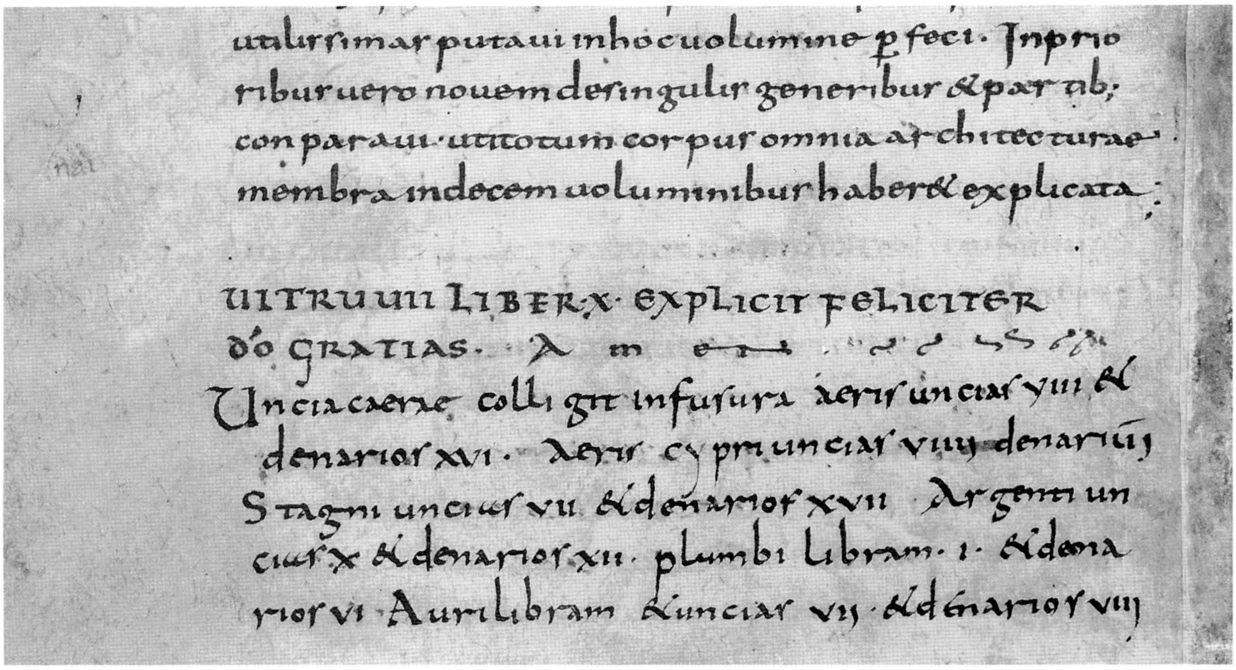
utilissimas putaui inhoc uolumine p̄feci. Inprio
ribus uero nouem desingulis generibus & partib;
conparaui. uti totum corpus omnia architecturae
membra indecem uoluminibus haberet explicata;

UITRUUII LIBER X. EXPLICIT FELICITER
DO GRATIAS. A m e n

Uncia caerae colligit infusura aeris uncias VIII &
denarios XVI. Aeris cypri uncias VIIII denarios
Stagni uncias VII & denarios XVII Argenti un
cias X & denarios XII. plumbi libram. I. & dena
rios VI Auri libram & uncias VII & denarios VIII

VIII–8 fol. 162v

VIII–9 fol. 45r

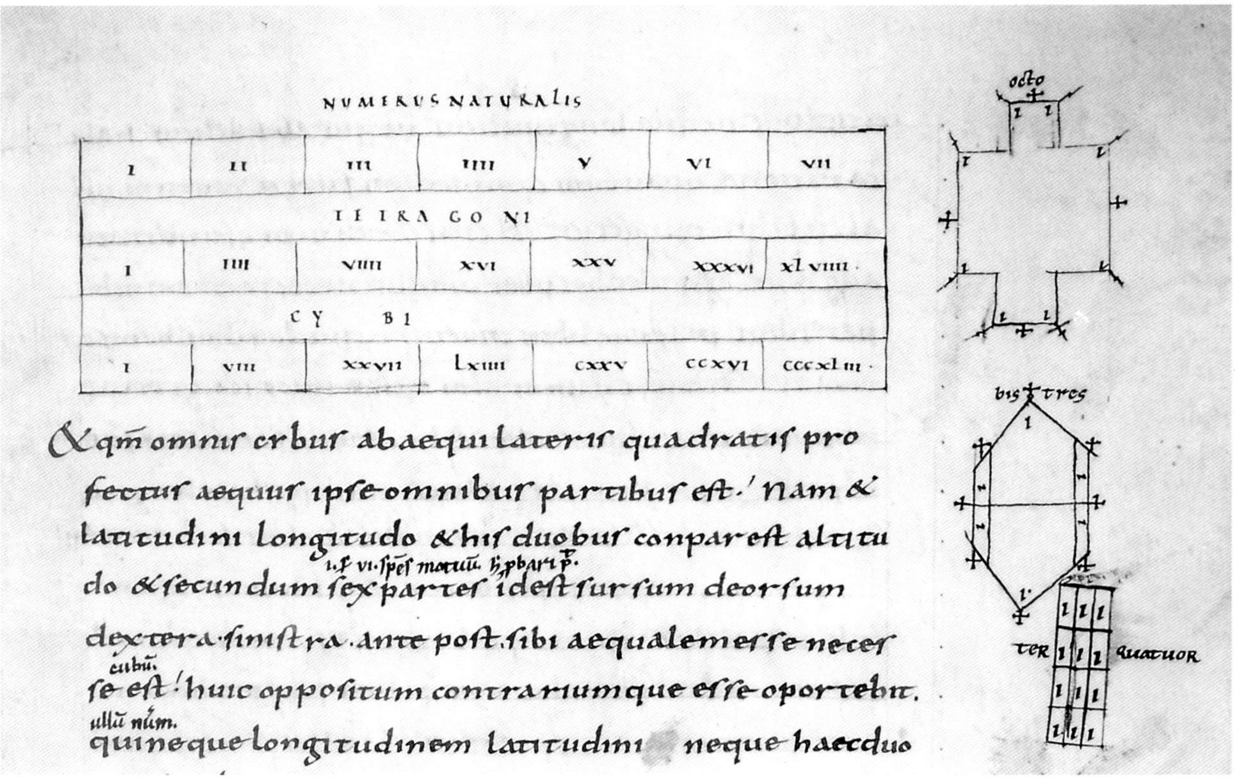
NUMERUS NATURALIS

I	II	III	IIII	V	VI	VII
TETRAGONI						
I	IIII	VIIII	XVI	XXV	XXXVI	XLVIIII
CYBI						
I	VIII	XXVII	LXIIII	CXXV	CCXVI	CCCXLIII

& qm̄ omnis cubus abaequi lateris quadratis pro
fectus aequus ipse omnibus partibus est. Nam &
latitudini longitudo & his duobus conpar est altitu
do & secundum sex partes (u.s̄ vi. spēs motuū. h.ē. p̄barī) idest sursum deorsum
dextera. sinistra. ante post. sibi aequalem esse neces
se est (cubū) huic oppositum contrariumque esse oportebit.
(ullū nūm.) quineque longitudinem latitudini neque haec duo

befinden sich heute in der Fragmentsammlung der Dombibliothek. Sie enthalten Teile aus den Kapiteln I 32, II 2 und dem Inhaltsverzeichnis von Buch II (A, fol. 1r/v: S. 70,24–72,9; fol. 2r/v: S. 81,3–82,21; B, fol. 1r/v: S. 74,20–77,3).

Die bisher vertretene Ansicht, der *Liber mathematicalis* sei eine Handschrift, die Bernward als Bischof von Hildesheim in Auftrag gegeben habe, ist nicht haltbar, weil der Codex lange vor Bernwards Zeit geschrieben wurde. Sprachliche Indizien deuten darauf hin, daß er oder seine Vorlage aus Norditalien kam, jedoch ist das Skriptorium unsicher. Die Handschrift enthält Randnotizen, die sicher erst in nachbernwardinischer Zeit geschrieben wurden. Seit wann sich die Handschrift in Hildesheim befindet, ist unbekannt; es ist denkbar, aber nicht zu belegen, daß Bernwards Lehrer Thangmar der Schenker war. Der Codex kam nach der Säkularisation aus dem Hildesheimer Michaelskloster in den Domschatz.

Bernward war mit der *Arithmetik* des Boethius vertraut; vielleicht lernte er sie durch Thangmar kennen. Die Vermutung, Bernward habe dieses Werk beim Unterricht Ottos III. verwendet, ist nicht beweisbar.

Möglicherweise hat Bernward die Kirche St. Michael nach der Proportionenlehre, die in der *Arithmetik* des Boethius dargestellt wird, bauen lassen: die Hauptachse ist mit Hilfe der Maßzahlen 20, 35, 56, 84 gegliedert; diese gehören zur Reihe der Pyramidalzahlen, der körperlichen Erweiterung der figurierten Zahlen, in diesem Fall der Dreieckszahlen (Roggenkamp 1954, S. 144–147; von Naredi-Rainer 1984, S. 69–74). Die Pyramidalzahlen werden im *Liber mathematicalis* auf p. 37–41 behandelt (Boethius II 23).

Goetting 1984, S. 175, Anm. 52. – von Naredi-Rainer 1984. – Stähli 1984, S. 71–73. – Elbern/Reuther 1969, S. 43 f. – Roggenkamp 1954. – Düker 1875. – Boethius.

Hildesheim, Dom- und Diözesanmuseum Hildesheim, Inv. Nr. DS 31

M. F.

VIII–10 Grundsteine von St. Michael

Hildesheim, St. Michael, 1010

75 x 99 cm. – Sandstein mit einer eingehauenen Inschrift.

Der erhaltene Stein (A) und das Fragment eines zweiten (B), nur noch in einer Zeichnung überlieferten Steins wurden 1908 bei Arbeiten am südwestlichen Querbau von St. Michaelis gefunden. Stein A befand sich an der südöstlichen Fundamentecke des Treppenturms, er trägt die Inschrift: *S(ANCTVS) BENIAMIN S(ANCTVS) MATHEVS A(POSTOLVS) B(ERNVVARDVS) + EP(ISCOPVS) M X* (Der heilige Benjamin, der heilige Apostel Matthäus. Bischof Bernward 1010). Das Fragment B, das aus dem südwestlichen Fundament stammt, läßt zuverlässig nur noch die Buchstaben *IAS* erkennen, davor hat wahrscheinlich ein *M* gestanden. Dieser Befund ist wohl zu *[IEREM]IAS* zu ergänzen. Die Fundorte der beiden Steine sprechen dafür, daß es sich um Grundsteine der Michaeliskirche handelt. Mit Hilfe des auf Stein A überlieferten Datums kann der Beginn des Kirchenbaus auf das Jahr 1010 festgesetzt werden. Die ebenfalls in dieser Inschrift genannten Namen Benjamin und Matthäus legen die Vermutung nahe, daß die Grundsteinlegung an die biblisch-exegetische Tradition der Grundsteine anknüpft. Mögliche Vorbilder sieht Berges in den zwölf Grundsteinen des himmlischen Jerusalem (Apk 21,14) oder den zwölf Steinen, die Josua nach dem Durchzug durch den Jordan von den zwölf Stämmen Israels setzen läßt (Jos 4,9). Die zwölf Steine der Stämme Israels bilden in der Auslegung des Hieronymus zu dieser Stelle die Fundamente, auf denen die zwölf Apostel stehen. Apostel und Propheten werden in der Exegese als „geistliche Grundsteine“ sowohl des geistigen Gebäudes der Kirche wie auch des einzelnen Kirchenbaus verstanden. So heißt es z. B. bei Hrabanus Maurus (PL, 109, Sp. 138 f.): *lapides (. . .) qui in fundamentum templi ad portandum aedificium omne ponebantur, proprie sunt prophetae et apostoli* (die

VIII–10

Steine, die in das Fundament des Tempels gelegt werden, um das gesamte Gebäude zu tragen, sind im eigentlichen Sinne die Propheten und Apostel). Daß Bernward selbst in einer feierlichen liturgischen Zeremonie die Grundsteine gelegt hat, kann man, da direkte Zeugnisse fehlen, nur vermuten. Zeitgenössische Berichte von Grundsteinlegungen, wie sie sich z. B. in der Chronik des Thietmar von Merseburg zum Jahr 1015 (MGH SS 10, S. 176) und in den Pegauer Annalen zum Jahr 1092 (MGH SS 16, S. 244) finden, zeigen jedoch, daß die Konsekranten oder Stifter dort persönlich mehrere Grundsteine gesetzt haben. Es muß offenbleiben, ob es in St. Michaelis weitere Grundsteine, vielleicht sogar zwölf mit einer kompletten Reihe der Stämme Israels und der Apostel, gegeben hat. Das Fragment (B) mit den Buchstaben *IAS* setzt, wenn die Ergänzung *[IEREM]IAS* zulässig ist, jedenfalls keine der mit Matthäus und Benjamin begonnenen Zwölferreihen fort.

Mohrmann 1908, S. 64, 71. – Berges/Rieckenberg 1983, S. 50–54, 172. – Binding 1988. – Reudenbach 1980.

Hildesheim, Ev.-luth. Kirchengemeinde St. Michaelis (Stein A; eingemauert in der Südwand des südwestlichen Querhausarmes). Fragment B bis zum Zweiten Weltkrieg im Andreasmuseum, seither verschollen.

C. W.

VIII–11 Weiheinschrift der Krypta von St. Michael

Hildesheim, 1015

Buchstabenhöhe (gemessen an der abgebildeten Pause): 5,4–5,6 cm. – Inschrift in drei oder vier Zeilen zwischen Linien eingeritzt und mit rotbrauner Farbe ausgemalt.

Die um 1940 von dem Hildesheimer Kirchenmaler Wildt im Maßstab 1:1 angefertigten Pausen überliefern die Reste einer Inschrift, die sich im Apsisumgang der Bernwardkrypta gegenüber der Westtür links und rechts neben dem Durchlaß in den eigentlichen Innenraum der Krypta befunden hat. Die Reste der Inschrift und eines darüber angebrachten mehrfarbigen Ornamentfrieses wurden 1939 bei Renovierungsarbeiten entdeckt. Im Zuge der Wiederherstel-

VIII–11

lung der Bernwardkrypta nach dem Zweiten Weltkrieg wurden Teile des Ornamentfrieses abgenommen, über den Verbleib der durch Kriegseinwirkungen teilweise zerstörten Inschriften ist nichts bekannt. Der in den Pausen und einigen Photographien überlieferte Befund bot Wilhelm Berges die ersten Anhaltspunkte dafür, daß die Inschrift die Weihe der Bernwardkrypta im Jahr 1015 zum Gegenstand hatte. In einem zweiten Schritt wertete Berges die historischen Quellen zur Dedikation der Krypta aus und versuchte mit Hilfe der Hildesheimer Annalen und der Vita Bernwardi eine „approximative Rekonstruktion" der Inschrift. Er legitimierte dieses Verfahren mit dem Hinweis auf deutliche textliche Übereinstimmungen zwischen der Nachricht über die Weihe in der Vita Bernwardi, den Annales Hildeshemenses und den Fragmenten der Inschrift. Seine Rekonstruktion ergibt folgenden Text (Großbuchstaben kennzeichnen den in Pausen und Photos überlieferten Befund):

+ anno dominice incarnationIS MXv ordinationis beRNVVARDI VENErabilis presvlis hild(eshemensis) anno xxIII INDICT(IONE) XIII iii k(alendas) oct(obris) in honore d(omi)ni beate genitRICIS ET

archangeli michaelis et totivs militie cELEstis hec cripta a bernvvardo ep(iscop)o dedicata est ... (Im Jahr der Menschwerdung des Herrn 1015, im 23. Jahr nach der Ordination des ehrwürdigen Bernward, Bischofs von Hildesheim, in der 13. Indiktion am dritten Tag vor den Kalenden des Oktober [29. September] wurde zu Ehren des Herrn, der heiligen Gottesgebärerin, des Erzengels Michael und der ganzen himmlischen Heerschar diese Krypta von Bischof Bernward geweiht ...) In der letzten Zeile der Inschrift könnten, Berges zufolge, die Namen der Weiheassistenten Dietrich von Münster und Ekkehard von Schleswig gestanden haben.

Berges/Rieckenberg 1983, S. 54–62, 172 f.

Hannover, Niedersächsisches Landesverwaltungsamt, Institut für Denkmalpflege, Planarchiv: Hildesheim, Michaeliskirche Schlüssel Nr. 0254.21.10. Alte Archivsignatur 6601 (Kirchenmaler Wildt)

C. W.

VIII–12

VIII–12

VIII–12 Klosterkirche St. Michael Putzfragmente mit farbiger Fassung der Bauzeit

Um 1015

Je 48 x 88 cm. – Zwei Holzleistenrahmen über Sperrholzgrundplatte mit in Mörtel eingebetteten Teilen des ottonischen Putzes.

Die beiden Rahmen zeigen unregelmäßig geformte Fragmente des ottonischen Wandputzes mit farbiger Fassung aus der Krypta; sie wurden dort während früherer Erneuerungsmaßnahmen abgenommen. Ein vergleichbares, gut erhaltenes Feld von 58 x 85 cm ist im südlichen Kryptenumgang noch in situ erhalten. Alle Teile sind einem etwa 45 cm hohen, stark farbigen Fries zuzuordnen, welcher den Umgang der Krypta ungefähr in Kämpferhöhe umzog.

Zu VIII–12 Malereifeld in situ

Die sehr harte und stark versinterte Putzoberfläche ist leicht gewellt, vielfach gerissen und beschädigt. Unter einem oberen horizontalen Band von ca. 8,5 cm Höhe in ockerfarbiger und roter Teilung folgt ein Muster aus annähernd quadratischen Flächen von 9,5 x 9,5 cm Kantenlänge, welche durch ca. 3 mm breite Striche voneinander getrennt sind. Der untere Abschluß ist gleichartig zu rekonstruieren. Die Felderteilung ist am Lineal in den noch feuchten Putz in hurtiger Arbeitsweise mit frei auslaufenden Enden und Überschneidungen leicht eingeritzt.

Die farbige Fassung ist in Secco-Technik ausgeführt. Auf den Putz ist mit der Bürste eine dicke Schlämme aufgetragen. Die Quadrate werden mit roter Farbe voneinander getrennt. Die Flächen der Quadrate sind in schachbrettartiger Anordnung mit horizontal oder wechselweise vertikal verlaufenden Halbkreisbögen, welche sich in der Feldmitte fast berühren, untergliedert und unterschiedlich gefaßt.

Die hellen Flächen sind mit ockerfarbigen Bögen in horizontaler Orientierung gegliedert. Die Flächen sind teils hellgelblich, teils unfarbig (vielleicht Verlust der ursprünglichen Farbigkeit). Die dunklen Flächen haben eine vertikale Teilung und rote bzw. ockerfarbige Ausfärbung. Teilweise finden sich Höhungen in Schwarz und dunklerem Rot, die insgesamt eine räumliche Wirkung des Frieses erzeugen sollten, wie sie für die Wandmalerei des ausgehenden Jahrtausends charakteristisch ist.

Unterhalb des Frieses wird man eine flächige, sicherlich auch figürliche, gleichfalls stark farbige Bemalung der Wände erwarten müssen; hiervon ist ebensowenig überliefert wie von der farbigen Ausgestaltung des Kirchenraumes. Auch dort wird man sich großflächige Darstellungen in kräftiger Farbigkeit vorstellen müssen.

Beseler 1954, S. 32–33. – Hecht 1979.

Hildesheim, Ev.-luth. Kirchengemeinde St. Michaelis

J. C.

VIII–13 Würfelkapitell

um 1015

75 x 75 cm, H. 58 cm. – Sandstein.

Das Würfelkapitell gilt allgemein als charakteristische Form der romanischen Architektur in Deutschland, Oberitalien und England. Für diese Epoche ist es der Ausgangspunkt für reichere Formen, doch es ist zugleich der Endpunkt einer langen Entwicklung, die schon mit Vereinfachungsbestrebungen im 5. Jahrhundert einsetzt und entsprechende Vorläufer, vor allem in der karolingischen Architektur, besitzt. Es ist zwar nicht sicher, daß es in seiner reinen stereometrischen Form in St. Michael erfunden wurde, doch es ist sein erstes historisch gesichertes Auftreten. Es ist die damit gültige Form der Überleitung von der runden Säule zum quadratischen Kämpfer. Der Theorie nach handelt es sich um eine Halbkugel mit einem abgeschnittenen Segment als Säulenauflager, der ein Würfel so einbeschrieben wird, daß die Schnittflächen mit der Halbkugel Halbkreise ergeben. Diese sind in der Regel durch

VIII–13

Zu VIII–13 Hildesheim, St. Michael. Bernwardinische Säulen

eine zusätzliche Auflage gestelzt, so daß der sonst zu flache Umriß wiederum der Würfelform über die Halbkugel hinaus angenähert wird. Da es viel zu kompliziert war, eine reine Halbkugel zu erzeugen, handelt es sich in der Regel tatsächlich um einen Würfel mit nach unten gerundeten Kanten und seitlich eingearbeiteten Halbkreisen. Die Hildesheimer Kapitelle, von denen sich ja nur wenige und dazu noch schwer beschädigte erhalten haben, zeigen eine relativ rauhe Oberfläche, keinen Halsring an der Säule und keine Absetzung des oberen Teils als Deckplatte des Kapitells. Typisch für die frühe Erscheinung ist das nur ganz zarte Absetzen der halbkreisförmigen Schilde. Auffällig dagegen ist die gratartige Fixierung der Diagonalen auf dem gerundeten Kapitellkörper, was fast wie der Randschlag eines Quaders wirkt. Diese der Halbkugel aufgelegten Grate sollten bis in die Spätromanik hinein an vielen Stellen reiche Nachfolge erfahren.

Besonders auffällig ist es, daß die äußerste Reduktion in Form des Würfelkapitells kombiniert wird mit einem antiken Kämpferaufsatz, in dem wohl Reliquien eingeschlossen waren. Diese Kämpferaufsätze haben ihren Ursprung in den Verkröpfungen antiker Gebälke über vorgestellten Säulen. Zusammen mit diesen erscheinen sie dann isoliert bei Bogenstellungen über Säulen in frühchristlichen Basiliken, möglicherweise als Erinnerung daran, daß ursprünglich die griechische Säule nur einen geraden Steinbalken in Form des Architravs tragen sollte. Auf den Kämpferblöcken sitzen in Hildesheim weit auskragende Kämpferplatten mit ganz zart abgestuften, sehr flachen, antikisierenden Karniesprofilen. An diesem Punkt war man offenbar zunächst noch nicht zur Reduktion bereit. Nur an vereinzelten Stellen erscheint die dem Würfelkapitell entsprechende simple Form von Platte und Schräge. Sattelkämpfer in Kombination mit verschliffenen Kapitellformen sind dagegen in den Engelsemporen anzutreffen (Kat. Nr. VIII-14).

Beseler 1954, S. 72-74.

Hildesheim, Ev.-luth. Kirchengemeinde St. Michaelis

D. v. W.

VIII-14

VIII-14 Kapitell von den Engelsemporen

Ottonisch

52 x 33,5 cm, H. 21 cm. – Sandstein, brandgerötet mit Fassungsspuren.

Das Kapitell übernimmt gleichzeitig die Funktion eines Sattelkämpfers und ist daher rechteckig.

Der einfache, im Prinzip konische Kapitellkörper ist oben oval verzogen und besitzt an den Kanten prismatische Ecksporen, die ein Abbrechen der überstehenden Deckplatte verhindern. Er nimmt damit eine Form vorweg, die sonst erst Ende des 11. Jahrhunderts bei Säulenbasen zu finden ist.

Hildesheim, Ev.-luth. Kirchengemeinde St. Michaelis

D. v. W.

VIII-15

VIII-15 Rundbogen eines Fensters

Ottonisch

32 x 52 cm, T. 24 cm. – Sandstein.

Anders als im Hochsteinverband des Obergadens der Michaeliskirche sind die Rundbögen der Fenster in den quaderverblendeten Teilen der Querschiffarme monolith gearbeitet. Das ausgestellte Fragment stammt möglicherweise aus dem Verband des beim Wiederaufbau nach 1945 teilweise abgetragenen nordöstlichen Querarmes.

Hildesheim, Ev.-luth. Kirchengemeinde St. Michaelis

M. B.

VIII-16 Inschriften zu den Reliquien der Mittelschiffsäulen von Sankt Michael in Abschrift

Hildesheim, Sankt Michael, erstes Viertel des 16. Jahrhunderts

19,5 x 15 cm. – Papier.

Im Mittelschiff von Sankt Michael trugen zwölf Säulen im System des „daktylischen Stützenwechsels" (von Winterfeld) die Wände des Hochschiffs. Sie sind im 12. Jahrhundert – sicherlich vor 1186 – und, jedenfalls den schriftlichen Quellen zufolge, wohl wegen altersbedingter Schäden und statischer Bedenken ausgewechselt worden. Nur das alte bernwardinische Säulenpaar in der nördlichen Arkade des ersten Mittelschiffjoches von Osten ist davon nicht betroffen. Es trägt die vielbewunderten Würfelkapitelle in ihrer rein „stereometrischen Form", die aus der „Durchdringung von Würfel und Halbkugel" gebildet sind und in Sankt Michael „sogleich in ... vollendetster Form" erscheinen (Binding). Auf der dem Mittelschiff zugewandten Seite der Kämpferblöcke, die zwischen Kapitell und der weit ausladenden Kämpferplatte angeordnet sind, stehen noch heute eingemeißelte Inschriften. Sie benennen die Reliquien, die Bernward einst in den Kapitellen, näherhin vielleicht in den Blöcken selbst, hat bergen lassen.

Die Inschriften der übrigen Säulen müßten nach der Auswechslung als verloren gelten, wenn nicht die hier erstmals bekanntgemachte Handschrift aus dem Anfang des 16. Jahrhunderts auf überraschende Weise weiterhelfen würde. Die aufgeschlagene Doppelseite (fol. 116v/117r) bietet eine bisher unbekannte Textüberlieferung. Geschrieben hat sie der Mönch Henning Rose aus dem Hildesheimer Michaelskloster. Er hat inzwischen eine gewisse Berühmtheit erlangt, nicht zuletzt ob seiner Verdienste um die älteren Hildesheimer Inschriften. So verdanken wir ihm, um nur einiges inzwischen Bekanntgewordene anzudeuten, die ursprüngliche Ordnung der Verse auf dem großen Radleuchter Bischof Hezilos im Hildesheimer Dom, den Nachweis der Stiftung des kleinen Radleuchters im Dom durch Bischof Thietmar, bernwardinische Glockeninschriften, Reliquieninschriften des Hildesheimer Domes und verlorene Widmungen Bernwards in Handschriften. In den aufgezählten Fällen haben sich seine Mitteilungen als überaus zuverlässig und hilfreich erwiesen. (Dies bedeutet nicht, daß man der Vollständigkeit halber die Schattenseiten gewisser Fälschungen um Bernward und Benno von Meißen, die hier beiseite bleiben können, gänzlich unterschlagen dürfte.)

Henning Rose gibt in dem vorliegenden Verzeichnis die Verteilung der Reliquien auf die einzelnen Säulen so exakt an, daß er den Inschriftentext in schwarzer Tinte von den Ortsangaben, die er als Rubriken in roter Tinte hinzufügt, unterscheidet; er muß die Inschriften also aus eigener Anschauung gekannt und aufgezeichnet haben. Da er bei den beiden erhaltenen alten Säulen in einem Fall nachweislich nicht die bernwardinische Formulierung verwendet (er bezeichnet Audentius nicht als Confessor, sondern als Märtyrer), hat er offensichtlich nicht auf die vereinzelte alte Inschrift, sondern auf irgendeine an allen Säulen angebrachte vollständig erneuerte Reihe geachtet. Wo und in welcher Form die ihm vor Augen stehenden Inschriften angebracht waren, ist nicht sicher. Doch gibt der Text einen Hinweis: Rose lokalisiert in der Überschrift die Reliquien ausdrücklich nicht im Kämpferblock oder im Kapitell selbst, sondern „oben in den Rundsäulen, unterhalb nämlich der ‚Epistyle' und der Kapitelle". Das legt nahe, daß es im oberen Bereich jeder der Säulen eine jedenfalls nicht gemeißelte, aber vielleicht gemalte Inschrift gegeben haben könnte, die, nach dem Umbau angebracht, die alten Namen der Reliquien tradierte. Daß diese die Reliquien- und Bilderstürmerei der Reformation in Sankt Michael

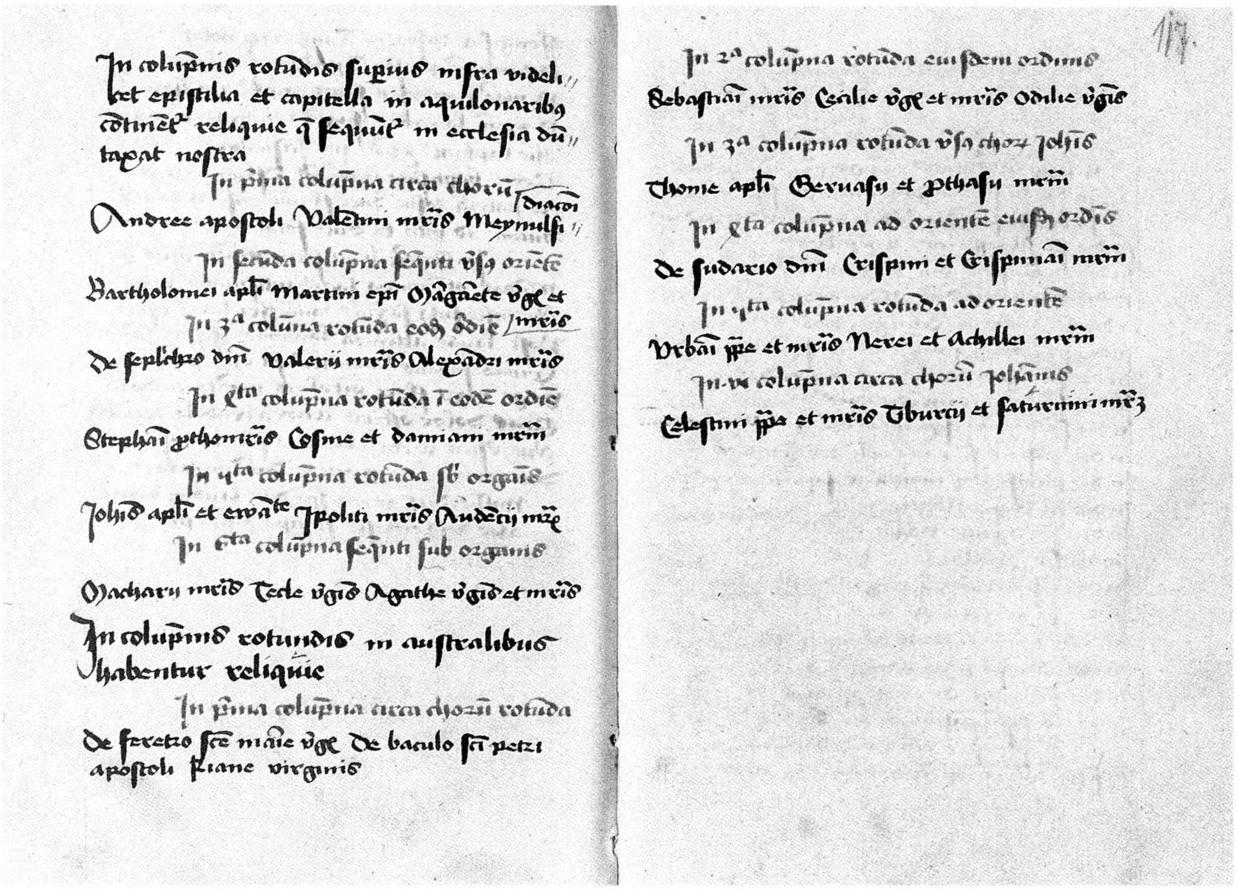

VIII–16 fol. 116v/117r

nicht überdauert haben, bedarf keines Nachweises. In Wirklichkeit dürften im 12. Jahrhundert die Reliquien aber nicht in die Säulen, sondern, was Rose freilich nicht wissen konnte, in die neuen Kapitelle übertragen worden sein (wo sie in einem Fall nach Beseler/Roggenkamp 1954, S. 102 Anm. 226 im Jahr 1951 auch gefunden wurden).

Im einzelnen verteilten sich in der nördlichen Arkadenreihe von dem im 15. Jahrhundert längst in den Westen verlegten Hauptchor aus gesehen (vgl. Kat. Nr. IX–15) die Reliquien wie folgt: „In der ersten Säule ... des Apostels Andreas, des Märtyrers Valentinus, des Diakons Meinulf"; weiter jeweils in der Dreierordnung: Bartholomaeus, Martin, Margarete; vom Grab des Herrn, Valerius, Alexander; Stephan, Cosmas und Damian; Johannes, Hippolyt, Audentius; Macharius, Thekla, Agatha. In der südlichen Arkadenreihe in gleicher Folge von West nach Ost: „von der Bahre Mariens, von dem Stab des Apostels Petrus", Piana (verlesen aus ursprünglich Christiana?); Sebastian, Caecilia, Odilia; Thomas, Gervasius und Prothasius; vom Schweißtuch des Herrn, Crispinus und Crispinianus; Urban, Nereus und Achilleus; Coelestin, Tiburtius und Saturninus.

In columpnis rotundis superius, infra videlicet epistilia et capitella, in aquilonaribus continentur reliquie, que sequuntur, in ecclesia dumtaxat nostra. In prima columpna circa chorum: Andree apostoli, Valentini martyris, Meynulfi diaconi. In secunda columpna sequenti versus orientem: Bartholomei apostoli, Martini episcopi, Margarete virginis et martyris. In tertia columna rotunda eodem ordine: De sepulchro domini, Valerii martyris, Alexandri martyris. In quarta columpna rotunda in eodem ordine: Stephani prothomartyris, Cosme et Damiani martyrum. In quinta columpna rotunda sub organis: Iohannis apostoli et ewangeliste, Ipoliti martyris, Audencii martyris. In sexta columpna sequenti sub organis: Macharii martyris, Tecle virginis, Agathe virginis et martyris.

In columpnis rotundis in australibus habentur reliquie. In prima columpna circa chorum rotunda: De feretro sancte Marie virginis, de baculo sancti Petri apo-

stoli, Piane (!) virginis. In secunda columpna rotunda eiusdem ordinis: Sebastiani martyris, Cecilie virginis et martyris, Odilie virginis. In tertia columpna rotunda versus chorum Iohannis: Thome apostoli, Gervasii et Prothasii martyrum. In quarta columpna ad orientem eiusdem ordinis: De sudario domini, Crispini et Crispiniani martyrum. In quinta columpna rotunda ad orientem: Urbani pape et martyris, Nerei et Achillei martyrum. In sexta columpna circa chorum Iohannis: Celestini pape et martyris, Tiburcii et Saturnini martyrum.

Ungewöhnlich, wenn auch wegen der Vermauerung im Bau selten nachgewiesen, ist die Übung, Reliquien in Säulen zu bergen, keineswegs. Berühmte Beispiele sind der Magdeburger Dom Ottos des Großen (Thietmar, II, 17 S. 58) und die Abteikirche von Montecassino (Chronica monasterii Casinensis, III,29 S. 401 Zeile 5 ff.). Aus den Langhaussäulen von Sankt Godehard in Hildesheim hat der letzte Krieg sogar kleine Reliquiare zutage gefördert (Engfer 1965 und Keller 1975, Abb. 1).

Zu den einzelnen Heiligen, ihren Kultzentren und zur Kultverbreitung kann in diesem Zusammenhang nicht Stellung genommen werden. Immerhin kristallisieren sich Schwerpunkte in Rom, in Oberitalien und in Frankreich heraus, gewiß hat auch der alte Reliquienschatz des Hildesheimer Domes nicht wenig beigesteuert, wie etwa Cecilia, Tiburtius, Cosmas und Damian, Iohannes und Stephan. Dennoch: wo und von wem Bernward die auswärtigen Reliquien erhalten hat, wird, wenn nicht Quellennachrichten wie im Fall der touronischen Martinsreliquien zu Hilfe kommen, schwer zu entscheiden sein. Ob etwa die Reliquien der heiligen Odilia aus dem Elsaß geholt wurden, ob sie aus dem Quedlinburger Schatz, in dem sie gleichzeitig nachgewiesen sind, stammen oder dorthin erst aus Hildesheim gelangt sind, das alles wird sich kaum klären lassen, selbst wenn künftig die älteren Translationen und die Hildesheimer Reliquien des hohen Mittelalters einmal vollständig untersucht sein werden.

Immerhin sprengt keine der genannten Reliquien den zeitlichen Rahmen, den Bernwards Leben vorgibt. Die einheitliche Anordnung, wie sie nun durch diesen ausgestellten Neufund im Langhaus von Sankt Michael zutage tritt, wird man insgesamt auf Bernward selbst zurückführen dürfen. Folglich war das Langhaus der Klosterkirche, wie auch nicht anders zu erwarten stand, im Jahr 1022, als der Stifter starb, mindestens in der Höhe der Arkadenzone fertiggestellt. Da im Jahr 1015 insgesamt 66 Reliquien bei der Weihe der Krypta niedergelegt wurden, mußten dem Hildesheimer Bischof die Kirche und sein Grab von den Fundamenten bis in die Kapitelle fest im Schutz der Heiligen gegründet erscheinen. Darin wird ein nicht unwesentlicher Teil der großangelegten und durchdachten Memorienstiftung deutlich.

Ungedruckt. – Beseler/Roggenkamp 1954, S. 72–75, Abb. 16 und S. 102 Anm. 226. – Engfer 1965. – Keller 1975. – Binding 1980, S. 93. – Berges/Rieckenberg 1983, S. 62–64 und Nachtrag S. 173. – Binding 1987, S. 40–42. – Binding 1988, S. 36. – Vgl. im übrigen die Beiträge von A. Angenendt sowie von J. Cramer/W. Jacobsen/D. von Winterfeld im Essayband.

Hildesheim, Dombibliothek, Hs. 123b (aufgeschlagen fol. 116v/117r)

H. J. S.

VIII-17 Bernwardsäule

Hildesheim, um 1020

H. 3,79 m, Durchmesser 58 cm; H. der Reliefzone 45 cm, des umlaufenden Spiralbandes 6 cm. – Bronze, gegossen. Die Plinthe, Basis und ein niedriger Streifen der Säule bestehen aus einem Stück. Der Säulenschaft ist als weiteres Stück für sich gegossen. Einzelne Beschädigungen, vor allem bei den Paradiesflüssen auf der unteren Basis.

Nach der Chronik von St. Michael, die uns freilich erst in einer aus verschiedenen Quellen in nachmittelalterlicher Zeit zusammengestellten Fassung bekannt ist, hat Bischof Bernward die Bronzesäule hinter dem Kreuzaltar aufstellen lassen. Eine zeitgenössische Erwähnung gibt es nicht. Ob sie bereits bei der vorgezogenen Weihe der Kirche am 29. September 1022, die Bernward in Vorausahnung seines nahenden Todes (gest. 20. Nov. 1022) selbst vornahm, oder erst bei der endgültigen Schlußweihe 1033 vollendet an Ort und Stelle stand, läßt sich nicht entscheiden. Der Kreuzaltar befand sich am östlichen Ende des Langhauses vor der östlichen Vierung. Nach Ausweis eines älteren Grundrisses der Kirche, der im Prozeß des katholischen Michaelsklosters gegen die evangelische Kirchengemeinde von St. Michael und den Magistrat der Stadt im Jahre 1738 vorgelegt wurde, stand die Säule mitten in der Vierung. (vgl. Kat. Nr. VIII-6). Im Osten des Chores befand sich der Johannesaltar. Der die Säule bekrönende Bronze-Kruzifix wurde während der Reformationswirren von 1544 heruntergestürzt und zum Guß einer Kanone verwandt, was für seine beträchtliche Größe spricht. Nach Abbruch des Ostchores im Jahre 1650 und des dadurch verursachten Teileinsturzes der Vierung wurde auch das Kapitell eingeschmolzen, das Material diente zum Glockenguß. 1737 wurde die Säule auf Betreiben der Stadt niedergelegt. Der beabsichtigte Verkauf als Altmetall konnte jedoch durch kaiserliches Dekret verhindert werden. Die Säule mußte nach St. Michael zurückgebracht werden, wurde dort jedoch nicht wieder aufgerichtet, sondern erst nach Aufhebung des Klosters und der evangelischen Michaeliskirche 1810 zum Dom gebracht, zunächst im Domhof und 1895 im südlichen Querschiff des Domes aufgestellt. Das heutige Kapitell stammt von 1870. Davor gab es im 18. Jahrhundert ein hölzernes. Wieweit das jetzige mit dem ursprünglichen, 1650 eingeschmolzenen Bronzekapitell übereinstimmt, ist nicht bekannt.

Die Säule steht in der Tradition antiker Ehrensäulen mit dem Standbild des Kaisers oder einzelner als Heroen besonders verehrter Personen. Seit der christlichen Spätantike wurden, vor allem in Konstantinopel, Säulen errichtet, die statt dessen das Zeichen Christi, das Kreuz, trugen. Belege gibt es auch aus dem westlichen Mittelalter. So steht noch heute eine freilich glatte, ungeschmückte Marmorsäule im Münster zu Essen, die ein vergoldetes Kreuz aus ottonischer Zeit trug (Kat. Nr. VI-57). Zu vergleichen ist auch die Darstellung der mit Weinlaub berankten Säule unter dem Kruzifix auf dem Metzer Adalbero-Elfenbein (Kat. Nr. IV-40). Die Bernwardsäule knüpft mit ihrem in Spiralwindungen umlaufenden Band szenischer Darstellungen darüber hinaus an römische Triumphsäulen an. Die im Jahre 137 n. Chr. für Kaiser Trajan und 187 für Kaiser Marc Aurel in Rom errichteten Säulen sind die bedeutendsten Vertreter dieser profanen Ehrendenkmäler, auf denen in ähnlich bandartig fortlaufenden Darstellungen die siegreichen Feldzüge der Kaiser vorgeführt wurden. Quellen des 11. Jahrhunderts belegen Interesse und Verständnis für diese Monumente. Mit Sicherheit dürfte Bernward bei seinem Rombesuch im Januar des Jahres 1001 diese hoch aufragenden Säulen gesehen und damals die Anregung zur Errichtung einer entsprechenden christlichen Siegessäule mit den großen Taten des Heilands empfangen haben.

Über die Basis gießen vier Paradiesflüsse, von denen freilich nur einer vollständig erhalten ist, aus ihren Urnen Wasser, das, vom Paradies ausgehend, die Welt in die vier Himmelsrichtungen durchfließt

VIII-17

und Leben bringende Fruchtbarkeit spendet. In dem sich spiralförmig um die Säule windenden Bildstreifen sind von der Taufe Christi im Jordan bis zum Einzug in Jerusalem 24 Szenen aus dem öffentlichen Wirken des Herrn dargestellt, und zwar vorwiegend Wundertaten: Totenerweckungen, Krankenheilungen, das Weinwunder bei der Hochzeit zu Kana, die Errettung Petri aus dem Wasser, die wunderbare Brotvermehrung, aber auch andere sein Heilswirken sichernde und seine Göttlichkeit dokumentierende Handlungen aus dem Zeitabschnitt zwischen Jugend und Passion: so im Anschluß an die Taufe die Versuchung durch den Teufel, die Berufung der ersten Jünger Petrus, Andreas, Jakobus und Johannes aus ihren Fischerbooten heraus, die große Rede Christi an die Apostel über ihre Aufgaben und die sie erwartenden Schwierigkeiten nach Mt 10,1–42, die Verklärung, seine Gespräche mit der Samariterin am Brunnen, der Ehebrecherin, den jüdischen Schriftgelehrten bis zum Gastmahl zu Bethanien. Eingefügt sind wie in viele ottonische Zyklen des Lebens Christi, wie sie die illuminierten Evangelienhandschriften enthalten, die Ereignisse um den Tod Johannes' des Täufers und das Gleichnis vom reichen Prasser und armen Lazarus, das wir ähnlich wie ein historisches Ereignis behandelt finden, obwohl es doch nur eine von Christus erzählte lehrhafte Geschichte ist. Bekundet die ottonische Kunst in den Werken der Buch- und Wandmalerei generell ein großes Interesse am historischen Leben Jesu, besonders an den Wundertaten, so gibt es doch keine genau entsprechende Szenenfolge. Kriterien für die Auswahl haben sich bisher nicht benennen lassen. Die Szenen sind nicht einem einzelnen Evangelium entnommen und folgen auch nicht einer sich aus dem Neuen Testament ergebenden fiktiven chronologischen Folge des Lebens Christi. Nur in Einzelfällen läßt sich erkennen, wie ein Ereignis ein zeitlich folgendes nach sich gezogen hat. So geht dem genannten Gleichnis die Rede Christi an die Pharisäer voraus, in deren Verlauf das Gleichnis erzählt wird; die Anfangs- und Endszenen folgen mehr oder weniger kontinuierlich einem Kapitel der Evangelien. Wahrscheinlich liegt jedoch nicht ein chronologischer, sondern ein liturgisch geordneter Zyklus zugrunde, der bestimmte Ereignisse in der Folge der Lesungen im Laufe des Kirchenjahres enthielt und in einer zeitgenössischen illustrierten liturgischen Handschrift zur Verfügung stand.

Die Mehrzahl der Bilder sind der ottonischen Kunst geläufig. Einzelne, wie die Aussendung der Jünger nach Mt 10,1–42, seine Rede vor den Pharisäern (?) nach Lk 16,14–18, begegnen vor dem späten Mittelalter sonst nicht. Eine Untersuchung der Bildquellen gibt es bisher freilich nicht. Die Taufe Christi mit dem knabenhaft jungen Jesus muß auf ein altchristliches Vorbild zurückgehen, die Hochzeit zu Kana folgt einem hochmittelalterlichen Muster. Bei der Heilung der Blutflüssigen findet sich eine große Anzahl von Personen, die nur als Rest der im Evangelium vor und nach der Begegnung mit der kranken Frau erzählten Geschichte von der Wiedererweckung der Tochter des Jairus verstanden werden kann, ein deutliches Zeichen, daß man aus kontinuierlichen Bildzyklen nach Art buchmalerischer Folgen ausgewählt hat. Von den vier Szenen, die auch im Bernward-Evangeliar (Kat. Nr. VIII-30) erscheinen, folgen Taufe Christi, Berufung der Apostel und Erweckung des Lazarus anderen Bildtraditionen.

Das künstlerische Erscheinungsbild, sowohl die Relieftechnik wie die Formung der einzelnen Gruppen und Figuren, unterscheidet sich nicht unwesentlich von den 1015 fertiggestellten Bronzetüren. Die Körper lösen sich nicht von der Fläche, sondern bleiben reliefhaft auf dem Grund, werden nicht partiell zu Vollplastiken, wenn das Volumen der Köpfe und Hände gegenüber den Leibern auch zunimmt. Die Bildstreifen sind gleichmäßiger gefüllt. Große leere Räume, in die hinein die Gestalten agieren, spielen als Kompositionsmittel keine Rolle.

Die Modellierung ist kantiger und härter. Die Körper erheben sich nicht in schwellender Rundung, sondern wirken wie mit dem Meißel ausgehauen. Das gilt für die Faltenlinien der Gewänder, die wie eingegrabene Furchen erscheinen, in hohem Maße aber auch für die Gesichter. Die Hauptlinien der Nase, die Augenbögen teilen oder begrenzen als scharfe Kanten das Antlitz, das kaum als Teil eines plastischen Kontinuums begriffen wird. So finden sich zwischen den eingehauenen Konturen nicht selten konkave Flächen, wo man eigentlich sich aufwölbende Formen erwarten würde. In viel höherem Maße als bei der Tür sind die Figuren durch Linien bestimmt.

Erhebliche Differenzen der Gestaltung innerhalb der Säulenreliefs sind nicht zu verkennen. So sind die Köpfe der Apostel in der Aussendung besonders grob zugehauen, ihre Körper fast substanzlos, während der sitzende Herodes mit Herodias auf den Knien, Jesus und die Apostel beim Gastmahl in Bethanien aus übereinanderliegenden Gewandschichten und sich darunter und dazwischen wöl-

benden Körpergliedern aufgebaut werden. Andere Figuren – Christus und die Samariterin, Christus und die Blutflüssige, die zugehörige Gruppe des Vorstehers Jairus und seine Begleitung – lassen ihre Herkunft von den geschichteten, freieren Figuren der Tür wie dem Gottvater aus der Erschaffung Adams, der Zuführung Evas und den Heiligen Drei Königen erkennen. Stellt man das generelle Nachlassen echter Plastizität bei der Säule in Rechnung und sieht man von vereinzelten Wölbungen zwischen den eingegrabenen Faltenlinien ab, so läßt sich etwa die Figur Christi, der auf der Tür Pilatus vorgeführt wird, durchaus als Vorstufe vieler Christusgestalten der Säule verstehen. Trotz allenthalben zu beobachtender Vergröberung gibt es immer noch eindrucksvolle und reich bewegte Gestalten, wie den Heiland, der bei der Versuchung dem Teufel auszuweichen sucht oder der sich im Gespräch mit Jairus zur Blutflüssigen zurückwendet, die seinen Gewandsaum berührt hat. Mit noch weniger Berechtigung als bei der Tür scheint es bei der Säule sinnvoll, die Arbeit verschiedener Künstler gegeneinander abgrenzen zu wollen. Daß sie Figurenschemata, einzelne Motive, die in den Reliefs der Tür, besonders auf den unteren Feldern, angelegt waren, den Furchenstil des Pilatus oder der nährenden Eva übernommen und weitergeführt haben, kann nicht zweifelhaft sein.

Offensichtlich stammten die Kräfte, die die Wachsvorlagen der Säule modelliert haben, zu einem erheblichen Teil aus der Werkstatt der Tür. Gewiß schließen sie vor allem an deren weniger differenzierte Teile an, war der künstlerische Anspruch an die Komposition, an die Durchgestaltung der einzelnen Figuren bescheidener geworden, hatte das Verständnis für Plastizität abgenommen. Ob das geringere Ausmaß der Überarbeitung der aus dem Guß hervorgegangenen Rohform künstlerische Absicht war oder durch äußere Umstände bedingt wurde – die Notwendigkeit etwa, die Säule zu einem bestimmten Zeitpunkt aufzustellen, oder den Tod des Auftraggebers –, wissen wir nicht. Die rauhere Form, die die Spuren der handwerklichen Arbeit am Wachsmodell stehenläßt, mag dem Geschmack des 20. Jahrhunderts als vermeintlich urtümlich entgegenkommen. Ob die Zeitgenossen Bischof Bernwards ebenso gedacht haben, kann mit Fug bezweifelt werden. Daß die Reliefs der Säule im Durchschnitt so viel gröber als die meisten Felder der Tür wirken, ist in hohem Maße durch diesen eingeschränkten Aufwand an Ziselierungsarbeit bedingt. Manch formlos verlaufende Gewandlinie hätte sich noch präzisieren, hart und kantig zugehauene Gesichter hätten sich runden, differenzieren lassen. Der größere Atem der Komposition und eine wirkliche Plastizität wären freilich auch durch Überarbeitung nicht herzustellen gewesen.

War der Gedanke Bischof Bernwards, zu Ehren Christi in seiner Gründung St. Michael nach antikem Vorbild eine Triumphsäule mit den glorreichen Taten des Herrn zu errichten, vielleicht noch kühner und großartiger als der Entschluß zur Schaffung der gewaltigen Erztüren des Domes, so standen ihm offenbar die führenden Meister, die den künstlerischen Rang der Tür verantwortet hatten, nicht mehr zur Verfügung, war er aus Gründen, über die wir nichts wissen können, genötigt, mit schwächeren Kräften, die aus der Werkstatt der Tür hervorgegangen waren, weiterzuarbeiten.

Dibelius 1906, S. 195–211. – Haftmann 1939/1, S. 151–158. – Hespe 1949, passim. – Tschan, 2, S. 271–350. – Wesenberg 1955/1, S. 117–150, 181–182. – Gallistl 1990/3, S. 27–46. – Adamski 1990, passim. – Conrad 1992, S. 29–32.

Hildesheim, Hohe Domkirche R. Ka.

VIII-17 Paradiesfluß auf der Basis

VIII-18 Säulenschaft aus St. Michael

Konstantinopel, erste Hälfte 6. Jahrhundert

204 x 31 cm. – Marmor von der Insel Prokonnesos.

VIII-18

Die Säule stand ehemals vor dem Kreuzaltar von St. Michael. Nach einer alten Überlieferung soll Bischof Benno von Oldenburg, der bei der Weihe der Michaelskirche 1022 zugegen war, die Säule Bernward geschenkt haben; der Legende zufolge stammte sie aus einem heidnischen, von Otto I. zerstörten Heiligtum und habe ursprünglich das Standbild des „Abgotts" Prone getragen. Die jüngere Hildesheimer Historiographie machte sie zum Geschenk Kaiser Ottos III. an Bischof Bernward. Auf der ältesten erhaltenen Abbildung des Säulenschaftes (Johann Ludwig Brandes, Gloriosa Antiquitas Hildesina, Hildesheim nach 1724) wird sie gar mit Otto I. in Verbindung gebracht. Sicher verbürgt ist lediglich, daß die Säule während der Reformation (12. November 1543) von Hildesheimer Bürgern umgestürzt, von den Mönchen des Michaelisklosters aber heimlich beiseite geschafft und im Kreuzgang geborgen wurde. Zu Beginn des 19. Jahrhunderts befand sie sich noch in der Krypta von St. Michael. Später erhielt sie ihren Platz in der Magdalenenkirche und wurde der „Irmensäule" des Domes angeglichen, indem sie einen Lichterkranz und eine Muttergottesstatue als Bekrönung erhielt.

Obgleich die Berichte über die Herkunft der Säule in das Reich der Legende gehören, spiegeln sie dennoch mögliche historische Ereignisse wider. So wissen wir, daß Otto I. von einem seiner Italienzüge wohl aus Ravenna oder Rom „kostbaren Marmor" – Säulen, Kapitelle und andere Bauteile – nach Magdeburg schickte, um sie dort in seinen Dombau einfügen zu lassen (Thietmar, II, 17). Er folgte darin dem Beispiel Karls des Großen, der in der Aachener Pfalzkapelle ebenfalls zahlreiche Spolien von römischen und ravennatischen Bauwerken wiederverwendet hatte (vgl. Essay Effenberger). Auch bei den Magdeburger Spolien, die im gotischen Dom teilweise erhalten geblieben sind, handelt es sich überwiegend um spätantike Bauglieder. Der Säulenschaft von St. Michael besteht aus einer charakteristischen Marmorsorte, bei der dichte, grauschwarz geflammte Strukturen von scharf umgrenzten, großkristallinen, hellgrauen bis weißlichen Flächen durchsetzt sind. Diese dekorativ reizvolle Spielart des auf der Insel Prokonnesos im Marmarameer vor Konstantinopel gewonnenen Marmors wurde in Ravenna vornehmlich an Bauten der Zeit Kaiser Justinians I. (527–563) verwendet. Zwei Säulenschäfte aus demselben Material scheinen sich auch in der obersten nordwestlichen Arkade der Aachener Pfalzkapelle erhalten zu haben. Daher liegt die Vermutung nahe, daß Bernward den Säulenschaft tatsächlich von Otto III. erhalten hatte, was durchaus an einem Ort in Deutschland geschehen sein kann, wo nachweislich spätantike Spolien lagerten (Magdeburg, Aachen). Damit wird einmal mehr deutlich, welch hoher

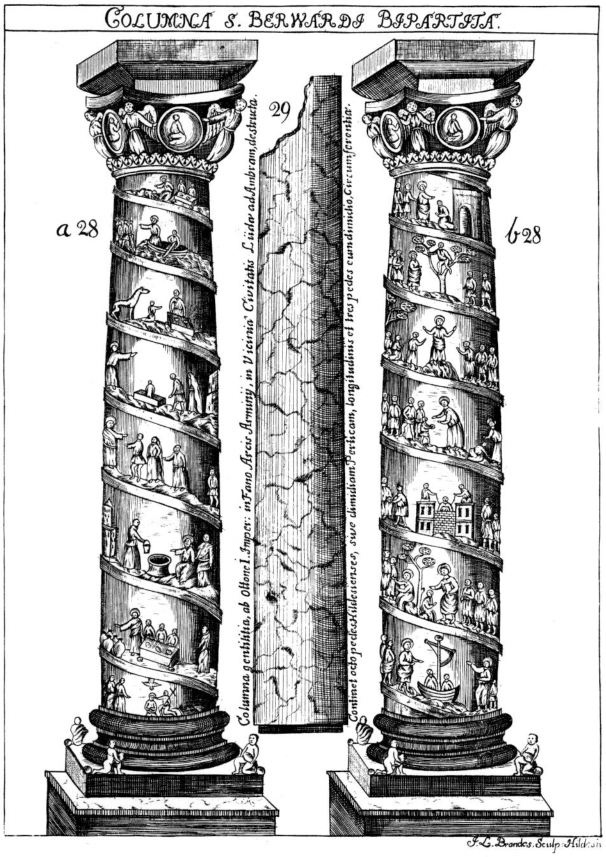

Zu VIII–18 J. L. Brandes, Gloriosa Antiquitas Hildesina, nach 1724

Wertschätzung sich „Reliquien“ dieser Art nördlich der Alpen erfreuten, mit denen sichtbar an ein großes, aber vergangenes Zeitalter angeknüpft werden konnte. Wenn der Überlieferung zu glauben ist, dann erhob sich unter der östlichen Vierung der Michaelskirche die bronzene Christussäule (vgl. Kat. Nr. VIII–17), während der spätantike Säulenschaft vor dem Kreuzaltar stand: beide Säulenmonumente bildeten also ein beziehungsreiches Ensemble.

Kratz 1840/1, S. 61, 62, 94–95. – Zeller 1911, S. 220, 259. – Berges/Rieckenberg 1983, S. 138–139. – Zur Kupferstichserie von J. L. Brandes: Kat. Hildesheim 1991, S. 219–222 Nr. 91; Abb. S. 221 (Blatt 10 Nr. 29; Elisabeth Epe).

Hildesheim, vor der Kath. Pfarrkirche St. Magdalenen

A. E.

VIII–19 Evangeliar mit Einband, sog. „Kleines Bernwardevangeliar“

Codex: Nordostfrankreich, letztes Drittel 9. Jahrhundert; Niedersachsen (?), Ende 10. Jahrhundert (Zeichnungen der Evangelisten und deren Symbole)

Einband: Vorderdeckel, Elfenbeinrelief: Byzanz, sog. „Nikephorosgruppe“, 3. Viertel 10. Jahrhundert. Rahmen: Hildesheim (?), 2. Hälfte 12. Jahrhundert. Rückdeckel: Hildesheim, 1. Viertel 11. Jahrhundert

Codex: 22 x 16,7 cm, 187 Blätter. – Pergament, mit Deckfarben, Gold und Silber; am Rand Federzeichnungen.
Einband: 22,5 x 17 cm. – Eichenholz; Vorderseite: Elfenbein, gemugelte und geschliffene Bergkristalle, Miniaturen auf Pergament, Hornblättchen; Rückdeckel: Kupfer, Braunfirnis, Vergoldung; Buchrücken: helles Leder, ehemals mit dunkelrotem Stoff bezogen; Schließen abgerissen.

Die Handschrift enthält den Text der vier Evangelien samt Prologen, ein *Capitulare evangeliorum* (fol. 179r–187r) und eine vollständige Reihe von zwölf Kanontafeln (fol. 6v–12r). Die Evangelienanfänge sind durch jeweils einander gegenüberliegende, ungerahmte Incipit- und Initialzierseiten hervorgehoben. Die großen Majuskeln der Incipitseiten (fol. 12v, 58v, 90v, 143v) sind von Zeile zu Zeile wechselnd in Tinte und *minium* (Rot) geschrieben. Von den Initialzierseiten (fol. 13r, 59r, 91r, 144r) wurden die am Beginn des Matthäus- (fol. 13r) und des Johannesevangeliums (fol. 144r) besonders aufwendig, mit großen Initialligaturen *LI* und *IN*, gestaltet. Abgesehen von dem vergleichsweise schmucklosen *Q* des Lukasbeginns (fol. 91r), sind die Buchstabenkörper der Initialen an den Evangelienanfängen mit Flechtwerk gefüllt, an ihren Enden münden sie in ausladendes Bandgeflecht. Die Kanontafeln wurden, wie auch die Initialen der Evangelienanfänge und die Anfangsbuchstaben der Prologe, gelb, grün und rot koloriert. Die Dreiecksgiebel der Kanontafeln fol. 11v/12r sind als sich kreuzende Vogelschnäbel gegeben.

Jeweils auf den unteren Rand der Initialzierseiten am Evangeliumsbeginn wurden, möglicherweise in Norddeutschland gegen Ende des 10. Jahrhunderts, die betreffenden Evangelisten mit ihren Symbolen gezeichnet, im rechten Winkel zur Schrift. Doch sind diese beschnittenen und abgeriebenen Federzeichnungen so schlecht erhalten, daß ihre stilistische Bestimmung Schwierigkeiten bereitet. Daß aber die Handschrift sich bereits seit dem frühen 11. Jahrhun-

VIII–19 Vorderdeckel

VIII-19 fol. 144r

dert in Hildesheim befand, hat Gerd Bauer aufgrund verschiedener Ergänzungen zum *Capitulare evangeliorum* wahrscheinlich gemacht.

U. K.

Der Codex wurde im 1. Viertel des 11. Jahrhunderts im Auftrag Bischof Bernwards mit einem neuen Einband versehen. Von diesem sind der Rückdeckel mit dem – von einem rechteckigen, mit Ranken gefüllten Rahmen umgebenen – Monogramm Bernwards *Bernwardus ep(iscopu)s* (Bischof Bernward) in Braunfirnistechnik sowie das in die Vorderseite eingelassene byzantinische Elfenbeinrelief erhalten.

Das Elfenbeinrelief zeigt die Kreuzigung Christi mit Maria und dem heiligen Johannes als Assistenzfiguren; der Kreuzstamm wächst über dem Kopf der Terra (?) auf. Eine Arkade mit durchbrochen gearbeitetem Baldachin rahmt die Szene. Aufgrund des Stils ist das Relief der sog. Nikephorosgruppe zuzuzählen und ins 3. Viertel des 10. Jahrhunderts datierbar. Das legt die Annahme nahe, daß Bernward das Importstück aus Byzanz erworben hat, als er am Hof Ottos III. weilte, also noch vor seiner Erhebung zum Bischof von Hildesheim. Mit dem Rückdeckel sind in technischer Hinsicht die Braunfirnisplatten am Ambo Heinrichs II. (1. Viertel 11. Jahrhundert; Aachen, Münster) vergleichbar.

Vermutlich hat Bernward den spätkarolingischen Codex seiner Lieblingsstiftung zum Geschenk gemacht. Im frühen 11. Jahrhundert lag er in St. Michael, wie der Nachtrag des Festes *De sancta cruce* im Capitulare (fol. 179r-187r) belegt. Die Neubindung des Codex könnte anläßlich der Weihe der Michaelskirche (1022) durchgeführt worden sein.

In der 2. Hälfte des 12. Jahrhunderts wurde der Einband restauriert, wobei man den alten Rückdeckel und das byzantinische Elfenbeinrelief weiterverwendete. Dieses ist nun durch einen einfachen glatten Rahmen eingefaßt, der innen und außen einen erhabenen Steg besitzt und mit (abwechselnd rot und blau hinterlegten) Bergkristallen geschmückt ist. Ihre Fassungen sitzen auf glatten, vergoldeten Kupferblechen. Zwischen diesen befinden sich durch Hornplättchen geschütze Miniaturen, die die Evangelistensymbole (ober- resp. unterhalb der Kreuzigungsplatte) sowie angeblich die Erzengel Michael und Gabriel und die Hll. Bernward, Benedikt, Stephanus und Laurentius (seitlich des Reliefs) zeigen. Die Tatsache, daß Bernward als *Sanctus* bezeichnet ist, läßt auf die Herstellung des neuen Einbandes frühestens nach 1150 schließen, nachdem eine Provinzialsynode dem Konvent von St. Michael gestattet hatte, Bernward am Grabe zu verehren. Dafür spricht auch, soweit erkennbar, der Stil der Miniaturen.

Der neue Rahmen nimmt vom Programm her – durch die Darstellung Bernwards – auf den Auftraggeber des älteren Einbandes und zugleich – durch die Wiedergabe Michaels und Benedikts – auf Bernwards Stiftung St. Michael Bezug.

Im Vorderdeckel befindet sich ein Besitzeintrag des Michaelisklosters durch Abt Johann VI. Jacke (1614-1668) sowie ein Vermerk von dessen Hand, wonach dieser die Handschrift vergraben habe (1634, im Zuge des Dreißigjährigen Kriegs); das führte zu Schäden durch Bodenfeuchtigkeit.

M. P.

Kratz 1840/1, 1. Teil, S. 123 ff., 2. Teil, Taf. 5, Fig. 3. – Kat. Hildesheim 1856, S. 9, Nr. 5. – Lotz, 1, S. 298. – Beissel 1895, S. 20 ff. –

Beissel 1891, S. 51 ff. – Beissel 1906, S. 284 f. – Haseloff 1905, S. 88. – Herzig 1930, S. 80, Nr. 13. – Zeller 1907, S. 62, Abb. 51. – Zeller 1911, S. 94. – Goldschmidt/Weitzmann, 2, Nr. 106. – Nordenfalk 1931, S. 236. – Klauser 1935, S. XLVI, Nr. 114. – Tschan, 2, S. 25–27; 3, S. 6 ff., Taf. 6–16, 101–103. – Kat. Hannover 1962, Nr. 1. – Elbern 1964/2, S. 1092. – Steenbock 1965, Nr. 65. – Buddensieg 1967, S. 104 f., Anm. 67, Abb. 23. – Elbern/Reuther 1969, Nr. 13, Abb. 8–9, Farbtaf. 2. – Lasko 1972, S. 123, 126. – Bauer 1977, 1, Nr. 2, S. IV, 47, 76, 337. – Berges/Rieckenberg 1983, S. 149 f., Taf. 30. – Stähli 1984, S. 1–15.

Hildesheim, Dom- und Diözesanmuseum Hildesheim, Inv. Nr. DS 13

VIII–20 Fragment eines „Kana-Kruges"

Ägypten, römische Kaiserzeit

21 x 16 cm. – Roter ägyptischer Porphyrit; Silberfassung von 1662.

Erhalten ist nur ein Fragment der Wandung einer Porphyrvase von ursprünglich beträchtlichem Durchmesser. Vollständige Porphyrkrüge vergleichbarer Form werden in Venedig und Saint-Denis aufbewahrt. Das Material wurde während der römischen Kaiserzeit bis weit in die Spätantike in den berühmten Steinbrüchen am *Mons Porphyrites* in Ägypten gebrochen und zu Säulenschäften (vgl. Kat. Nr. VIII–18), Statuen, Wannen und dekorativen Gegenständen – vor allem Gefäßen – verarbeitet. Die ältere Hildesheimer Überlieferung verband den Krug mit einer Schenkung Ottos III. an Bischof Bernward und wollte ihn sogar mit jenem Onyxgefäß identifizieren, das der Kaiser im Januar 1002 – kurz vor seinem Tode – Bernwards Gesandten Thangmar als Geschenk für seinen geliebten Lehrer mit auf den Weg gegeben hatte (Vita Bernwardi, Kap. 36). Zwar galt das Gefäß auch in Hildesheim als einer der Krüge der Hochzeit zu Kana, doch wurde es nicht benutzt, um die Wandlung von Wasser in Wein sinnfällig zu machen, wie dies für das Quedlinburger Exemplar bezeugt ist (Kat Nr. VI–49). Vielmehr war der Krug in der von Bernward gestifteten Lichtkrone von St. Michael aufgehängt, gewissermaßen als authentische Reliquie aus dem Heiligen Land inmitten des „Himmlischen Jerusalem", als dessen symbolisches Abbild die Lichtkrone galt.

Am 30. Mai 1662 ließen fahrlässige Zimmerleute den Leuchter herabstürzen, wobei auch der Krug zerschellte. Die Bruchstücke wurden hernach „an würdevolle Männer" verteilt. Noch Mitte des 19. Jahrhunderts befanden sich etliche davon in einer Hildesheimer Privatsammlung. Das Fragment im Domschatz erhielt 1662 eine Silberfassung, deren Form den Umriß eines Gefäßes nachahmt. Die gravierte lateinische Inschrift auf der Schulterleiste lautet übersetzt: „Dieses Stück des Wasserkruges von Kana in Galiläa, den – als ein vorzügliches Geschenk Kaiser Ottos III. – der heilige Bernward, Bischof von Hildesheim, in der Krone der von ihm gegründeten Kirche des hl. Michael im Jahre 1020 aufhängen ließ, mit welcher zusammen er aber im Jahre 1662 auf die Erde herabstürzte und leider zerbrach, hat zu Ehren dieses Kruges an diesem Altar aufhängen lassen Nikolaus Eberhardt von Schnettlage, Kanoniker dieses Domes. – Dem Darbringer wird Christus als Gast teuer sein." Auf den seitlichen Streifen sind zwei abgewandelte Zitate aus Josua 4,21 und 25 angebracht.

VIII–20

Kratz 1840/1, S. 98–103 Nr. 14. – de Mély 1903, S. 161–162, Abb. 13. – Zeller 1911, S. 80, 90. – Delbrueck 1932, S. 196–197, Taf. 98. – Elbern/Reuther 1969, S. 18 Nr. 5. – Wentzel 1972/1, S. 15–16, Abb. 15. – Brandt 1988/1, S. 33, 37–38. – Villa Albani 1989, S. 207 Anm. 4 (C. Gasparri).

Hildesheim, Dom- und Diözesanmuseum Hildesheim, Inv. Nr. DS 5

A. E.

VIII-21 Mitteltafel eines Triptychons (?) Kreuzabnahme

Konstantinopel, 11. Jahrhundert

12,9 x 10,2 cm. – Elfenbein, geschnitzt.

VIII-21

Die Darstellung variiert in mancherlei Hinsicht das auf byzantinischen Elfenbeinreliefs häufig anzutreffende Bildthema der Kreuzabnahme, indem die Hauptfiguren seitenverkehrt angeordnet sind (vgl. Essay Effenberger, Abb. 41): Joseph von Arimathia steht links auf einer Trittleiter und umfängt den herabgleitenden Leib des toten Christus, dessen Arme bereits vom Kreuz gelöst sind, während die Füße noch auf dem Querholz (Suppedaneum) stehen. Ein bärtiger Mann in kurzer, gegürteter Tunika – wohl Nikodemus (Johannes 19,39) – ist im Begriff, mit einer Zange den Nagel aus dem linken Fuß des Gekreuzigten herauszuziehen. Rechts steht auf einem hohen Schemel Maria. Sie hat die rechte Hand schmerzerfüllt an die Brust gedrückt und die vom Mantel verhüllte Linke leicht vorgestreckt, als wollte sie den toten Sohn auffangen. Links, auf einem Felsvorsprung, steht der Evangelist Johannes in trauernder Gebärde. Zwei anbetende Engel zu seiten der Kreuzarme vervollständigen die Szene. Die beiden gleichartigen Dübellöcher am oberen Rahmen (der untere ist beschnitten, der rechte ist angestückt, wobei auch Teile der Figuren ergänzt worden sind) stammen vielleicht von einer vorgeblendeten Leiste, in die seitlich Flügel eingehängt waren, so daß die Tafel ursprünglich die Mitte eines Triptychons gebildet haben könnte. Es ist jedoch auch möglich, daß sie – mit weiteren Passionsdarstellungen verbunden – von einem ornamentierten Elfenbeinrahmen umschlossen war, die Löcher also von der nachträglichen Befestigung auf einem Buchdeckel herrühren.

Zu unbekannter Zeit ist das Relief mit einer eingeritzten und farbig ausgefüllten Inschrift versehen worden, die auf dem Außenrand umläuft und auf der oberen Rahmenleiste endet: sie lautet: *Bernwardus Hildenesemensis / Episcopus. Anno Domini Millesimo VI. / Pontificis Ordinationis Anno / XXII. Explicui ad Diem Sancti Michaelis / archangeli. in nomine Domini* (Ich Bernward, Bischof von Hildesheim, habe es im Jahre 1006, im 22. Jahr [meines] Amtsantritts ausgeführt, am Tage des hl. Erzengels Michael, im Namen des Herrn). Die Jahresangabe ist falsch, denn das 22. Jahr seines Pontifikats war, da Bernward am 15. Januar 993 zum Bischof geweiht wurde, 1014/15 und nicht 1006. Vielleicht ist die Jahreszahl, wie Wilhelm Berges vermutet hat, verderbt und müßte XIIII statt XXII lauten, womit man in der Tat in das Jahr 1006 käme. Vieles spricht jedoch dafür, daß die Inschrift eine neuzeitliche Fälschung ist, die spätmittelalterliche Buchschrift nachahmt. Auch die Herkunftsbestimmung des Reliefs bereitet gewisse Schwierigkeiten. Ein Verzeichnis des Domschatzes von 1438 (Hildesheim, Dombibliothek, Hs. 272, fol. 14v) erwähnt ein „Plenar“, auf dessen Einband sich ein Elfenbeinrelief mit Kreuzabnahme befand. Ist unser Elfenbein mit dem dort beschriebenen identisch, dann müßte es später abgelöst und mit der Inschrift versehen worden sein. Die Rückführung auf Bernward wäre somit eine gelehrte Fiktion, angeregt vielleicht durch die byzantinischen Reliefs auf den Vorderdeckeln des „Kleinen Bernward-Evangeliars" (vgl. Kat. Nr. VIII-19) und vor allem des „Kostbaren Evangeliars" (vgl. Kat. Nr. VIII-30); das Deesisrelief auf dem Buchdeckel der letztgenannten Handschrift ist durch eine Fürbittinschrift unmittelbar mit Bernward verbunden. Andererseits erwähnt eine vielleicht auf Franz Engelke zurückgehende Notiz (Hildesheim, Bistumsarchiv, C 375) unser Relief mit der ausdrücklichen Herkunftsangabe „aus dem Michaeliskloster" und gibt an, daß es früher den Einband eines Manuskriptes geschmückt habe. Aus beiden Nachrichten lassen sich nur vorläufige Schlüsse ziehen: Die verlorene Handschrift, deren Vorderdeckel mit der Elfenbeintafel geziert war, könnte durchaus zum ältesten Besitz von St. Michael gehört haben. Das Buch hätte später (vielleicht in der Reformation) seinen Einband verloren, doch blieb das Elfenbeinrelief erhalten und wurde nachträglich mit der an Bernward erinnernden Inschrift versehen; es könnte durchaus bis zur Säkularisation in St. Michael verblieben sein, bevor es in den Besitz eines Hildesheimer Glasers gelangte. Da kaum anzunehmen ist, daß das im Domschatzverzeichnis von 1438 erwähnte Plenar später nach St. Michael verbracht worden wäre und demnach mit der zuvor genannten Handschrift identisch gewesen sein müßte, könnte es in Hildesheim zwei Elfenbeinreliefs mit Kreuzabnahme gegeben haben, von denen dasjenige des Domschatzes nach 1438 verlorengegangen ist. Um 1000 befanden sich noch weitere byzantinische Elfenbeinreliefs in Hildesheim, unter denen sich auch gleichartige Stücke nachweisen lassen (vgl. Essay Effenberger). Daher dürfte selbst das verlorene zweite Exemplar mit Kreuzabnahme auf bernwardinischen Besitz zurückgeführt werden. Die Datierung der erhaltenen Tafel, die der „Rahmen-Gruppe" angehört, würde einer Verbindung mit Bernward nicht widersprechen.

Zeller 1911, S. 112. – Goldschmidt/Weitzmann, 2, S. 19, 78 Nr. 219, Taf. 70. – Elbern/Reuther 1969, S. 23–24 Nr. 11. – Berges/Rieckenberg 1983, S. 45–47 Nr. 3; S. 170. – (Dr. Christine Wulf und Prof. Dr. Hans Goetting [beide Göttingen] ist für die förderliche Diskussion der Inschriftenfälschung sehr zu danken.)

Hildesheim, Dom- und Diözesanmuseum Hildesheim, Inv. Nr. DS 11

A. E./H. J. S.

*VIII–22 Mitteltafel eines Triptychons Entschlafen der Gottesmutter (Koimesis)

Konstantinopel, Ende des 10. Jahrhunderts

19,3 x 13,1 (13,8 x 11,5) cm. – Elfenbein, geschnitzt.

Die Darstellung folgt einem bestimmten Typus des Koimesis-Bildes. Hierbei liegt die verstorbene Gottesmutter, in ihre gewöhnlichen Gewänder gehüllt und mit über der Brust zusammengelegten Armen, auf einem hohen Bett (Kline), über das eine tief herabfallende Decke gebreitet ist. Der Umriß der Kline folgt dabei dem Kontur der Liegenden, deren Haupt von einem großen Nimbus umgeben ist. Vor dem Bett steht ein Schemel. Am Kopfende verharrt, leicht vorgebeugt, Petrus und schwenkt ein Thuribulum, ein Weihrauchfaß. Mit seiner vom Mantelzipfel verhüllten Linken trocknet er die Tränen von seiner abgewandten Wange. Hinter ihm werden die gestaffelten Köpfe von sechs weiteren männlichen Gestalten sichtbar, wobei nur die drei letzten Nimben haben. Unmittelbar hinter der Bahre neigt der greise Johannes sein Haupt zu Maria hernieder. Zu Füßen der Entschlafenen steht, tief vornübergebeugt, Paulus und berührt mit dem vorgestreckten linken Arm ihren Fuß. Hinter ihm erscheinen ebenfalls sechs

*VIII–22

männliche Gestalten. Nach den verschiedenen außerbiblischen Berichten waren beim Tode der Gottesmutter neben den zwölf Aposteln noch weitere Personen gegenwärtig, die wir auf dem Relief jedoch nicht unterscheiden können. In der Bildmitte – hinter der Bahre – steht Christus und hält die Seele Marias im Arm, die als Wickelleiche gebildet ist. Bei der hier dargestellten Variante des Koimesis-Bildes erscheint die Seele Marias zweimal: Aus der linken oberen Ecke schwebt ein Engel mit ausgebreiteten und vom Gewand verhüllten Armen vom Himmel herab, um die Seele Marias in Empfang zu nehmen. Rechts oben trägt ein zweiter Engel die Seele der Gottesmutter zum Himmel empor. Der Himmel ist als ein mit Sternen gefülltes Segment gebildet. Das Relief gehört stilistisch der „Triptychon-Gruppe" an; Spuren der ursprünglichen Montage zu einem Triptychon sind jedoch nicht mehr sichtbar, da der Rahmen beschnitten ist. Eine Bildbeischrift (H KOIMHCIC, Entschlafen) fehlt hier, könnte jedoch aufgemalt gewesen sein.

Aus Hildesheim, vermutlich aus St. Michael. Mitte des 19. Jahrhunderts wurde die Platte mit der Sammlung des Hildesheimer Advokaten Franz Engelke verkauft, damals war das Relief noch in einen neuzeitlichen Rahmen gefaßt. Danach befand sie sich angeblich in der Sammlung Ricard/Frankfurt a.M.; wohl erst nach 1874 in der Sammlung Basilewsky/Paris; die Platte „mit ihrer Umrahmung war ehemals eingelassen in ein großes gotisches Triptychon, das sich zusammensetzte aus echten und falschen Stücken" (Goldschmidt/Weitzmann). 1885 wurde sie mit der Sammlung Basilewsky für die Eremitage erworben und aus der Umrahmung entfernt.

Goldschmidt/Weitzmann, 2, S. 70 Nr. 175, Taf. 59. – Kat. Moskau 1977, 2, S. 100–101 Nr. 588, Abb. – Brandt 1988/1, S. 30 Nr. 13, Abb. 26–27.

St. Petersburg, Staatliche Eremitage, ω 27

A. E.

VIII-23 Fragment von der Mitteltafel eines Triptychons Höllenfahrt Christi (Anastasis)

Konstantinopel, frühes 11. Jahrhundert

15,7 x 8,9 cm. – Elfenbein, geschnitzt.

VIII-23

Die erhaltenen Partien sind aus ihrem Zusammenhang herausgeschnitten, der Reliefgrund wurde nachträglich ausgesägt. Dennoch ist es möglich, die ursprüngliche Komposition anhand vergleichbarer Darstellungen der Höllenfahrt Christi zu rekonstruieren. Danach war die Tafel annähernd quadratisch. Vom umlaufenden Rahmen ist noch ein Stück des unteren Randes und der linken Ecke erhalten. Über den zertrümmerten Höllenpforten liegt der niedergeworfene, an Händen und Füßen gefesselte und mit einem Schurz bekleidete Satan, über den Christus in vehementer Bewegung hinwegschreitet. Er hat Adam am rechten Handgelenk ergriffen und führt ihn aus seinem gemauerten Grab heraus. Hinter Adam steht Eva und hebt bittflehend ihre vom Gewand verhüllten Arme zu Christus empor. Die beiden bärtigen Männer in der linken oberen Ecke sind weitere Gerechte des Alten Bundes, die durch Christus aus der Hölle befreit werden. Auf dem fehlenden rechten Drittel der Tafel wird sich im unteren

Teil das gemauerte Grab wiederholt haben. Zu den hier vorauszusetzenden Figuren gehörten die beiden alttestamentlichen Könige Salomon und David, die wohl ähnlich gestaffelt waren wie die Voreltern Adam und Eva. Die Höllenfahrt Christi trägt gewöhnlich die Bildbeischrift H ANACTACIC (die Auferstehung): mit dem Triumph über die Hölle und der Befreiung der Voreltern sowie der Gerechten des Alten Bundes nahm die in der Auferstehung Christi verbürgte Erlösung der gesamten Menschheit ihren sichtbaren Anfang. Die älteste erhaltene Darstellung der Anastasis findet sich in der von Johannes VII. (705–707), dem einzigen Papst griechischer Abkunft (vgl. Kat. Nr. III-10), ausgeschmückten Kirche Santa Maria Antiqua zu Rom. In der byzantinischen Kunst wurde die Höllenfahrt bald zum kanonischen Osterfestbild. Das Relief gehört stilistisch der „Rahmen-Gruppe" an und kann in das frühe 11. Jahrhundert datiert werden. Es ist daher gut möglich, daß es den Vorderdeckel einer bernwardinischen Handschrift geschmückt hat.

Aus Hildesheim, vermutlich aus St. Michael; Mitte des 19. Jahrhunderts mit der Sammlung des Hildesheimer Advokaten Franz Engelke verkauft; angeblich 1891 in Venedig für die Berliner Museen erworben.

Volbach 1923, S. 12–13 Nr. 1792, Taf. 8. – Goldschmidt/Weitzmann, 2, S. 77 Nr. 217, Taf. 70. – Brandt 1988/1, S. 30–31 Nr. 14, Abb. 28–29.

Berlin, Staatliche Museen zu Berlin – Preußischer Kulturbesitz, Museum für Spätantike und Byzantinische Kunst, Inv. Nr. 1792

A. E.

*VIII-24 Elfenbein-Diptychon mit der Einführung der Kirchenmusik

Lotharingien, 2. Hälfte 10. Jahrhundert

24 x 8 cm (je Flügel), Elfenbein. – 1945 verbrannt bis auf geringe Reste: Kopf des großen stehenden Klerikers (aus Gips), kleines Stück der Turm- und Mauerarchitektur vom oberen Rand links aus der linken Tafel; aus der Rom-Tafel Seitenwand des hausartigen Buchschreins und darüber sich erhebender Rundturm, Hälfte des Buches und Schulter des sitzenden Gesanglehrers.

Die Darstellung geht auf eine Schilderung des Johannes Diakonus über die Gründung einer Sängerschule in Rom und den Musikunterricht durch Papst Gregor den Großen (590–604) in der Vita des Papstes aus den Jahren 873–875 zurück. Die Deutung der Elfenbeintafeln wird Peter Bloch und Hermann Schnitzler verdankt. Zu den Zeiten des Johannes habe man in den vom Papst errichteten Sängerbauten neben St. Peter und am Lateran in Rom noch das Bett sehen können, von dem aus der Kirchenvater die Sängerknaben unterrichtet habe, außerdem eine als Reliquie verehrte Geißel, die er ihnen bei Unachtsamkeit angedroht habe. Auch das von Gregor zusammengestellte authentische Antiphonar, also das Gesangbuch der kirchlichen Liturgie, werde dort verwahrt. In den späteren Jahrhunderten sei der Kirchengesang mehr und mehr verfallen, so daß schließlich Karl der Große sich genötigt gesehen habe, zwei Kleriker zu Papst Hadrian nach Rom zu senden, um von dort verläßliche Vorlagen zu erhalten. Auf diese Weise habe Karl die Metropole Metz zur alten Süßigkeit des Kirchengesanges zurückgeführt und durch sie ganz Gallien reformiert.

Unter dem Bild der Stadt Rom sehen wir auf der rechten Tafel einen Diakon aus einem hausartigen Bücherschrein eine Rolle entnehmen, daneben unter dem Monogramm mit den Buchstaben *MVSICA* einen sitzenden Mann die Doppelflöte spielen, assistiert oder inspiriert durch die Personifikation der Musik, deren Namen die zeitgenössische Theorie von Musa ableitete. Darunter unterrichtet ein sitzender Kleriker eine Reihe Knaben im Gesang, hinter denen wiederum die Muse der Musik erscheint. Der vorn offenbar schlafend liegende Sängerknabe dürfte eine mißverstandene Umbildung nach der Figur des von seinem Bette aus den Gesangsunterricht erteilenden Papstes Gregor sein. Neben der halbrunden Abtreppungslinie, die allein von dem päpstlichen Bett übriggeblieben ist, geißelt ein Kleriker einen unfolgsamen oder unaufmerksamen Schüler; zwei weitere warten auf ihre Strafe. Bloch und Schnitzler haben überzeugend hinter dieser offenbar mißverstandenen Kopie eine ältere Vorlage aus der Zeit Karls des Großen – ein Elfenbein aus der Hofschule – vermutet, das vielleicht schon Johannes Diakonus zu seiner seltsamen Geschichte angeregt habe.

Auf der linken Tafel ist die Ankunft des authentischen Antiphonars im karolingischen Reich dargestellt. Ein großer stehender Geistlicher übergibt dem ersten der freudig bewegt heraneilenden Kleriker eine halb geöffnete Buchrolle, die dann durch die Schreiber rechts und im unteren Bildstreifen alsbald für ganz Gallien vervielfältigt wird.

*VIII-24

Die Inschrift *SCS MARTINUS EP(iscopu)S* gibt kaum den Namen des darunterstehenden Klerikers an, sondern dürfte sich wie auf der anderen Tafel auf die Darstellung darüber beziehen. Nirgends wird dem hl. Martin von Tours eine besondere Rolle bei der Verbreitung der Kirchenmusik zugeschrieben. Der eingeritzte Name kann nur bedeuten, daß die Ankunft und Vervielfältigung des Antiphonars aus Rom in einem Martinskloster erfolgte – in Metz, in Trier, wo immerhin in spätkarolingischer Zeit Regino von Prüm als Musiktheoretiker tätig war, oder anderenorts in Lothringen. Die mauer- und türmereiche Architektur dürfte dann diese Stadt darstellen, der im Tor sitzende Mann mit Stab am ehesten einen Türhüter. Das Roma-Monogramm im Giebel über dem Tor ist offensichtlich nicht ursprünglich.

Stilgeschichtlich setzen die Figuren, insbesondere die Köpfe, Formen der jüngeren Metzer Gruppe aus dem 3. Viertel des 9. Jahrhunderts voraus, wo auch die Vorliebe für die detaillierte Darstellung von Mauerwerk, Dachziegeln und kannelierten Säulen anzutreffen ist. Die größere Festigkeit der Figuren, die Steigerung ihres Volumens, der Verzicht auf ein räumliches Kontinuum, andererseits eine Füllung des Reliefs durch plastisch sich kontinuierlich, aber nur schwach aufwölbende Körperformen weisen auf eine spätere Entstehungszeit, die bereits von ottonischen Formprinzipien bestimmt war. Hermann Fillitz hat in diesem Zusammenhang auf die Wiener Gregor-Platte (Kat. Nr. IV–38) hingewiesen, auf der ein Kirchenvater mit drei seine Schriften vervielfältigenden Schreibern gezeigt wird. Ohne Zweifel hat ein solches Bildschema bei der Entstehung der ehemals Berliner Tafel eine Rolle gespielt. Doch muß es nicht das in Wien erhaltene Relief sein, das sich nicht nur durch seine unvergleichlich höhere künstlerische Qualität – der Komposition wie der schnitzerischen Ausführung –, sondern auch durch seine konsequente Klärung des Verhältnisses der Figuren zum Raum und zur Fläche wie seine entwickeltere Komposition im Sinne ottonischer Stiltendenzen absetzt. Das Diptychon mit der Kirchenmusik dürfte kaum in unmittelbarer Auseinandersetzung mit der Wiener Gregor-Platte, sondern andernorts unter Benutzung des geläufigen Bildtyps – Autor mit Schreibern – in einem sich herausbildenden ottonischen Stil-Milieu geschaffen worden sein. Der Prozeß der Klärung des Verhältnisses von Figur und Bildfläche ist deutlich weniger weit getrieben als bei der Wiener Platte. Eine Entstehung zeitlich vor diesem Werk erscheint durchaus denkbar. Bestimmend ist vor allem der provinzielle Charakter der Arbeit.

Die beiden Elfenbeinplatten, die noch Spuren einer ursprünglichen Benutzung als Diptychon erkennen ließen, die Adolph Goldschmidt jedoch als möglicherweise vorkarolingisch angesehen hat, mögen nach ihrer Beschnitzung in frühottonischer Epoche eine Zeitlang als Vorder- und Rückdeckel eines Antiphonars gedient haben, wozu das steile Format vieler mittelalterlicher Antiphonarhandschriften passen würde. Bis zur Erwerbung durch die Berliner Museen im Jahre 1904 waren sie nebeneinander in die Innenseite des sog. Stammheimer Missales eingefügt, einer Hildesheimer Handschrift von etwa 1160, die aus St. Michael stammt (Kat. Nr. *IX–10). Wenn diese ungewöhnliche Einfügung in einen Innendeckel auch kaum im Mittelalter erfolgt sein dürfte, könnten die beiden Elfenbeinplatten ebenso wie die Handschrift doch aus dem alten Schatz von St. Michael in Hildesheim stammen.

Goldschmidt, 1, Nr. 153. – Volbach 1923, S. 21–22. – Fillitz 1962, S. 7–10. – Bloch/Schnitzler, 2, S. 149–150. – Nordenfalk 1975, S. 48–49. – Sanderson 1982, S. 45–61. – Sanderson 1983, S. 71–76. – Exner 1989, S. 195–198. – Surmann 1990, S. 145–183.

Berlin, Staatliche Museen zu Berlin – Preußischer Kulturbesitz, Skulpturensammlung, Inv. Nr. 2788 und 2789 (heute nur noch Fragmente)

R. Ka.

VIII–25 Guntbald-Sakramentar

Hildesheim, zwischen 1014 und 1022

30,5 x 20 cm, 245 Blätter. – Pergament mit Deckfarbenmalerei, Gold und Silber.

Der Buchschmuck dieses Sakramentars besteht aus Rankeninitialen in Gold und Silber, manche mit Tierköpfen, gelegentlich von purpurfarbenem Außengrund umgeben (fol. 9r), sieben gerahmten Initialzierseiten und einer weiteren gerahmten Schriftzierseite (fol. 3r). Durch Initialzierseiten sind der Beginn der Präfation *U(ERE) D(IGNUM) ET IVST(UM) EST EQVV(M)* (fol. 2bv), des *Canon missae TE IGITUR CLEM(EN)TISSIME PAT(ER)* (fol. 3v) und die *Orationes* am Tage des Weihnachtsfestes (fol. 13r), der Osternacht (fol. 85r), des Ostersonntags (fol. 87r), des Pfingstsonntags (fol. 100r)

VIII–25 fol. 2bv

ET SALUTARE · NOS TIBI SEM
PER · ET UBIQ' GRATIAS AGE
RE DNE SANCTAE PATER · OM
NIPOTENS AETERNE DS · PER
XPM DNM NRM · PER QUEM
MAIESTATEM TUAM LAUDANT
ANGLI · ADORANT DOMINATION · TRE
MUNT POTESTATES · CAELI CAELORQ
UIRTUTES · AC BEATA SERAPHI · SOCIA
EXULTATIONE CONCELEBRANT · CUM
QUIB; ET NRAS UOCES · UT ADMITTI
IUBEAS DEPRECAMUR · SUPPLICI ·
CONFESSIONE DICENTES · SCS ·

und der Himmelfahrt Mariä (fol. 141r) hervorgehoben. Das *UD* des Präfationsbeginns (fol. 2av) ist außerdem zwischen Säulen gestellt. Das *T* der Initialligatur am Anfang des Kanongebets ist, als Kreuz Christi verstanden, mit dem Bild des Gekreuzigten, zu dessen Seiten Maria und Johannes stehen, verbunden (fol. 3v). Die Initialzierseiten dieses Sakramentars sind besonders sorgfältig und delikat gestaltet. Mit ihnen wird im Guntbald-Sakramentar gegenüber dem Kostbaren Evangeliar Bischof Bernwards eine Steigerung an künstlerischer Qualität erreicht.

Die Datierung kann aufgrund der Nennung der Namen von Kaiser Heinrich II. (zum Kaiser gekrönt 1014) und von Bernward (gest. 1022) in der *Benedictio cerei* (fol. 78v) eingegrenzt werden. Die genauere Datierung auf das Jahr 1014 durch den Eintrag auf fol. 234v: *Anno dominicae incarnat(ionis) MXIIII sub Bernvvardo pontifice Guntbold(us) diac(onus) hui(us) libri scriptor claruit* (Im Jahr der Geburt des Herrn 1014 unter Bischof Bernward zeichnete sich der Diakon Guntbold als Schreiber dieses Buches aus) ist mit der Unsicherheit behaftet, daß dieser Eintrag von einer etwas späteren Hand stammt als der Text des Sakramentars selbst. Eine Notiz auf fol. 2v besagt, daß die Handschrift als Geschenk Bernwards nach St. Michael gelangte. Sie enthält auf fol. 2r ein Reliquienverzeichnis von St. Michael. Da jedoch das Fest des heiligen Michael in ihr nicht besonders ausgezeichnet ist, wird angenommen, daß dieses Sakramentar ursprünglich für den Hildesheimer Dom bestimmt war.

Kat. Hannover 1962, Nr. 3, S. 20–21 (Hans Reuther). – Elbern/Reuther 1969, Nr. 19, S. 32. – Bauer 1977, 2, Nr. XXV, S. 224–235. – Stähli 1984, S. 51–69. – Hoffmann 1986/1, S. 285–289 (Hans Jakob Schuffels).

Hildesheim, Dom- und Diözesanmuseum Hildesheim, Inv. Nr. DS 19

U. K.

VIII–26 Guntbald-Evangeliar

Hildesheim, 1011

29 x 23 cm, 272 Blätter. – Pergament mit Deckfarben, Gold und Silber.

Das Evangeliar enthält den Text der vier Evangelien mit Vorreden, ein *Capitulare evangeliorum* (fol. 256r–269r) sowie eine vollständige Reihe von fünfzehn Kanontafeln (fol. 8v–15v). Diese sind ohne Evangelistensymbole, auf den Arkaden sitzen je zwei Vögel. Durch weiteren Buchschmuck ist der Beginn der einzelnen Evangelien ausgezeichnet. Auf das Bild des betreffenden Evangelisten (fol. 20v, 87v, 132v, 204v) folgen die Initialzierseite des Evangeliums (fol. 22r, 88r, 133r, 205r) und zwei weitere Schriftzierseiten (fol. 22v/23r, 88v/90r, 133v/134r, 205v/206r). Zwischen dem Matthäusbild und dem *LIBER GENERATIONIS* des Matthäusbeginns steht, ganzseitig, eine *Maiestas Domini* (fol. 21v). Christus ist samt seinem Thron von einem Kreisrahmen umgeben, auf dem in Medaillons die vier Wesen angebracht sind. Zwischen diesen sind insgesamt vier anbetende oder huldigende Engel in den Rahmen eingelassen. Der Binnengrund des Kreisrahmens ist in der Art einer Mandorla gestaltet, so daß die „Mandorla“ Christus und seinen Thron hinterfängt. Die Komposition des inmitten eines mit den vier Wesen und mit Engeln bestückten Kreisrahmens thronenden Christus geht zurück auf die Maiestas Domini des Lorscher Evangeliars der Hofschule Karls des Großen (um 810; Alba Julia, Batthyáneum, Codex Aureus, pag. 36), deren ornamentaler Reichtum im Guntbald-Evangeliar stark reduziert wurde. Ebenfalls auf das Lorscher Evangeliar gehen die Maiestas Domini im Gerocodex (Darmstadt, Hess. Landes- und Hochschulbibliothek, Cod. 1948) und der Thronende Christus im Petershausener Sakramentar (Heidelberg, Universitätsbibliothek, Cod. Sal. IX b) zurück, beides Handschriften der Reichenauer Anno-Eburnant-Gruppe (kurz nach 970), in denen jedoch der Kreisrahmen auch von den Engeln, im Petershausener Sakramentar sogar sowohl von den Engeln wie auch von den vier Wesen befreit wurde. Wegen dieser Vereinfachung kann die Maiestas des Guntbald-Evangeliars nicht unmittelbar auf die des Gerocodex oder des Petershausener Sakramentars zurückgeführt werden, ihr dürfte eine verlorengegangene Reichenauer Vorlage zugrunde liegen. Auch hinter den Evangelistenbildern werden zu Recht Reichenauer Vorlagen vermutet.

Diese von Guntbald geschriebene Handschrift wurde von Bernward durch folgenden eigenhändigen Eintrag auf fol. 270r für das Michaelskloster bestimmt: *Hunc ego Bernuuardus codice(m) conscribere feci. / Atq(ue) meas ut cernis opes sup(er)addere iubens. / Dilecto d(omi)ni dederam sancto Michaheli. / Sit anathema d(e)i quisquis sibi de(m)pserit* [korrigiert aus *de(m)pseret*] *illum* (Diesen Codex habe

VIII–26 fol. 21v

VIII–26 fol. 22v

ich, Bernward, schreiben lassen, und ich habe ihn mit dem Befehl, meine Schätze hinzuzufügen, wie du siehst, dem vom Herrn Geliebten, dem heiligen Michael, übergeben. Gottes Fluch treffe jeden der ihn [den Codex] ihm wegnimmt). Der Eintrag stimmt mit dem im Kostbaren Evangeliar Bernwards fol. 231v überein. Im Guntbald-Evangeliar folgt, von Guntbalds Hand, ein Eintrag mit der Jahresangabe 1011. Am 10. 6. 1825 wurde die Handschrift dem Domschatz übereignet (Notiz auf fol. 269v).

Josten 1909. – Elbern/Reuther 1969, Nr. 33, S. 44–46. – Bauer 1977, 2, Nr. XXIV, S. 44–46. – Stähli 1984, S. 75–98. – Hoffmann 1986/1, S. 289 (Hans Jakob Schuffels).

Hildesheim, Dom- und Diözeanmuseum Hildesheim, Inv. Nr. DS 33

U. K.

VIII–27 Guntbald-Evangelistar

Hildesheim, um 1010–1020

25,6 x 20,6 cm, 200 Blätter. – Pergament mit Rot, Grün, Blau, Braun, Silber und Gold.

Der Buchschmuck dieses Perikopenbuches beschränkt sich, abgesehen von vielen kleinen Initialen in Silber und Gold, auf eine ganz in Rot geschriebene, ungerahmte Titelseite (fol. 1v) und, dieser gegenüber, eine gerahmte Initialzierseite mit dem Beginn der Perikope zur Weihnachtsvigil (fol. 2r): *CV(M) ESSET DESPONSATA MATER IH(ES)V MARIA IOSEPH:* (Zur Zeit, als Maria, die Mutter Jesu, mit Joseph verlobt war; Mt 1,18). Der Rahmen dieser Schriftzierseite ist sorgfältig gezeichnet: Zwischen einer goldenen (außen) und einer silbernen (innen) Leiste sind Reihen von zwei verschiedenen Blattformen abwechselnd mit Gold- und Silbertinte gezeichnet. Der Binnengrund des *C* ist innen blau und außen grün, der des *V* umgekehrt innen grün und außen blau. Der auf diese Initialen folgende Text steht in Goldmajuskeln vor einem dunklen Grund, aus dem Ranken mit einem Paar gegenständiger Vögel ausgespart sind.

Hans Jakob Schuffels hat festgestellt, daß dieses Perikopenbuch fast vollständig von dem Diakon Guntbald geschrieben wurde, dem auch das Guntbald-Sakramentar (Kat. Nr. VIII–25) und das Guntbald-Evangeliar (Kat. Nr. VIII–26) sowie ein Psalter in Privatbesitz (Kat. Nr. VIII–28) verdankt werden. Da im vorliegenden Perikopenbuch einige Zeilen von einer Halberstädter Hand geschrieben wurden, ist unwahrscheinlich, daß Guntbald es noch in seiner Regensburger Zeit herstellte. Gerd Bauer machte auf verschiedene Übereinstimmungen des Buchschmucks mit dem der von Guntbald in Hildesheim geschriebenen Handschriften aufmerksam. Die beiden gegenständigen Vögel, aus deren Schnabel eine Ranke hervorkommt, erscheinen auch im Guntbald-Sakramentar (Kat. Nr. VIII–25) fol. 3r, dort allerdings in Medaillonrahmen. Als dem einzigen Perikopenbuch unter den Bernwardhandschriften kommt dem Guntbald-Evangelistar eine hohe Bedeutung zu.

Die Handschrift wurde am 29. 10. 1873 von Kirchner in Neumarkt (Oberpfalz) für das Germanische Nationalmuseum erworben. Der Weg, auf dem sie in Kirchners Hände gelangte, kann nicht mehr rekonstruiert werden.

VIII–27 fol. 2r

Bredt 1903, Nr. 2, S. 9–10. – Hoffmann 1986/1, S. 286–288 (Hans Jakob Schuffels), 297. – Bauer 1988, S. 213–216).

Nürnberg, Germanisches Nationalmuseum, Hs. 29770

U. K.

VIII–28 Sogenannter Bernwardpsalter

Hildesheim, 2. Jahrzehnt des 11. Jahrhunderts

25,5 x 21,6 cm, 141 Blätter. – Pergament (und Papier).

Der mit zugehörigen Cantica, Gebeten, Litanei, Fürbitten und Homilien ausgestattete Psalter gehört zu den kostbaren liturgischen Handschriften, die Bischof Bernward dem Benediktinerkloster Sankt Michael geschenkt hat. Dem noch immer großzügig wirkenden Format der Blätter (obschon diese an den Rändern beschnitten sind) entspricht die stattliche Schrift. Es ist die Hand des in Regensburg geschulten Kalligraphen Guntbald, den Bernward zumindest zeitweilig an seinen Hof gebunden und mit der Herstellung des Sakramentars (Domschatz 19, Kat. Nr. VIII–25) und des Evangeliars (Domschatz 33, Kat. Nr. VIII–26) beauftragt hat, die beide für Sankt Michael bestimmt waren. Wie in den etwa gleichzeitigen Regensburger Prachthandschriften wirkt der schrägovale Stil (B. Bischoff) Guntbalds am eindrucksvollsten, wenn der Zeilenabstand und die Schriftgröße eine gewisse Monumentalität der Buchstaben zulassen. Die ständig wechselnden Impulse, die von den regelmäßig gegenläufigen Schreibrichtungen einzelner Buchstaben ausgehen, ordnen sich dann im Gesamtbild einer Seite gleichsam in große Schwingungen ein. Eben diese optische Wirkung zeichnet das Sakramentar (Zeilenabstand 1,3–1,4 cm, ca. 33 Buchstaben in der 14,5 cm breiten Zeile) und den Psalter (1,0 cm Abstand, vergleichbare Zeilenfüllung) als Guntbalds bedeutendste Leistungen aus. Zu den genannten Handschriften gesellt sich als vierte Guntbald-Handschrift ein Evangelistar (heute Nürnberg, Germanisches Nationalmuseum, Hs. 29770, Kat. Nr. VIII–27), das ihn in einen Zusammenhang mit dem Halberstädter Skriptorium bringt.

Der Bernwardpsalter ist mit den vorgenannten drei anderen Codices wie durch die Schrift, so auch durch die Buchmalerei derart eng verbunden, daß man in Guntbald nicht nur den Schreiber, sondern auch den Buchmaler vermuten kann. Im einzelnen ist der Beweis dafür an anderer Stelle versucht worden (Hoffmann 1986/1, S. 287). Hier sei nur auf die vierzehn erhaltenen Initialen des Psalters hingewiesen. Sie entsprechen dem Grundmuster Guntbalds: die goldenen Buchstaben werden von roten Linien konturiert und mit silbernen oder farbigen Ranken gefüllt, die in drei- oder vierpaßartig angeordneten Kügelchen oder in – bisweilen leicht verbogenen – Pfeilspitzen enden; diese Ranken überschneiden oder spalten dabei auch die Bögen und Schäfte der von Klammern gehaltenen Initialen oder bilden selbst deren Ausläufer. Innen kann der Grund hellblau, hellpurpur und sattgrün gefüllt sein oder frei bleiben; manchmal wird dieses Grundmuster erweitert, etwa durch einen dunkelpurpurnen, den Buchstabenformen angepaßten Hintergrund (wie im Sakramentar) oder durch – bisweilen mauerwerkartiges – Flechtwerk in den größeren Initialen (Domschatz 19, fol. 100r; Domschatz 33, fol. 133r).

Im einzelnen sind dazu zu vergleichen: die beiden A-Formen (Nürnberg, fol. 6r mit Domschatz 19, fol. 15r und Nürnberg, fol. 16r mit Domschatz 19, fol. 149r); die C-Initialen (Nürnberg, fol. 2r mit Domschatz 19, fol. 96v und Psalter, fol. 110v); das Rund-d (Nürnberg, fol. 7v mit Domschatz 19, fol. 69r, auch 12r, 122v und Psalter, fol. 60v); D (Nürnberg, fol. 30v mit Domschatz 19, fol. 14r und Psalter, fol. 15v, 51r); I (Nürnberg, fol. 21r mit Domschatz 33, fol. 256r); N (Nürnberg, fol. 11r mit Domschatz 33, fol. 256r und Psalter, fol. 43r); P (Nürnberg, fol. 3v mit Domschatz 33, fol. 256r); die V-Initialen (Nürnberg, fol. 2r mit Domschatz 19, fol. 76r und Psalter, fol. 105v; Nürnberg, fol. 99v mit Psalter, fol. 131r).

Allgemein werden im Psalter bei den Initialen und den vergrößerten Anfangszeilen in Capitalis grüne und blaue Farben dem Silber vorgezogen. Sehr zu bedauern ist der Verlust von mindestens drei Zierseiten, den die mehrfach gestörte Lagenordnung anzeigt: das in der ersten Pergamentlage zwischen fol. 4 und 5 fehlende Blatt wird recto eine vermutlich illuminierte Titelseite, verso den Text des Psalters bis 2,8 enthalten haben; nach dem 50. Psalm ist fol. 37v eine nachträglich beschriebene Lücke gelassen worden, weil auf dem folgenden, herausgeschnittenen Blatt der 51. Psalm mit einer Zierseite begann; ebenso muß es sich nach fol. 73v mit Psalm 101 verhalten haben.

Die spätmittelalterliche Tradition des Michaelsklosters hat den Psalter als Autograph Bernwards

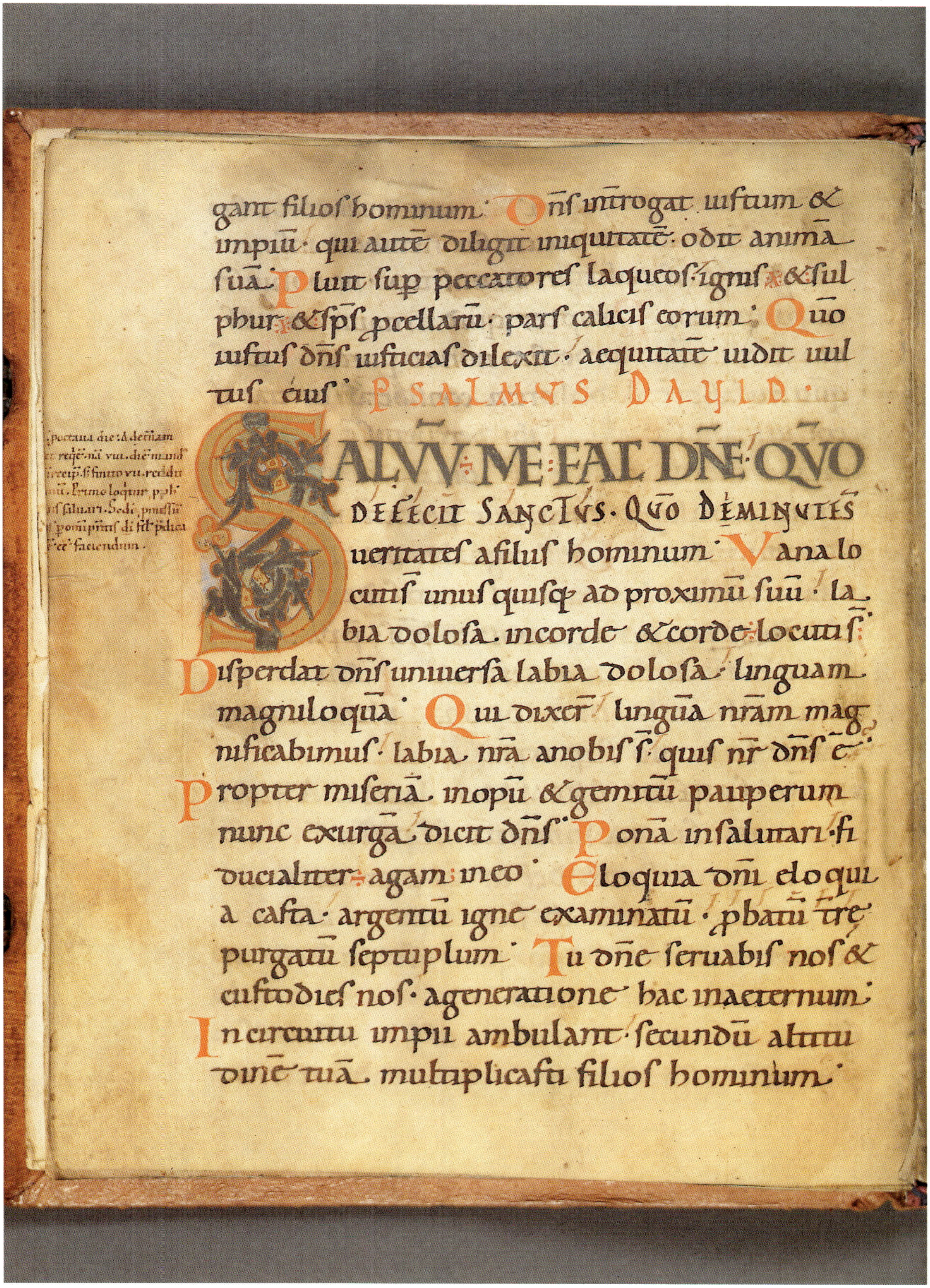
gant filios hominum. Dns interrogat iustum &
impiu qui autem diligit iniquitatem odit anima
sua. Pluit sup peccatores laqueos ignis & sul
phur & sps pcellaru pars calicis eorum. Quo
iustus dns iusticias dilexit aequitatem uidit uul
tus eius. PSALMUS DAVID.
SALVUM ME FAC DNE QUO
DEFECIT SANCTUS. QUO DEMINUTE S
ueritates a filiis hominum. Vana lo
cuti s unus quisq ad proximu suu. la
bia dolosa in corde & corde locuti s.
Disperdat dns uniuersa labia dolosa linguam
magniloqua. Qui dixer lingua nram mag
nificabimus labia nra a nobis s quis nr dns e.
Propter miseria inopu & gemitu pauperum
nunc exurga dicit dns. Pona in salutari fi
ducialiter agam in eo. Eloquia dni eloqui
a casta argentu igne examinatu pbatu terre
purgatu septuplum. Tu dne seruabis nos &
custodies nos a generatione hac in aeternum.
In circuitu impii ambulant secundu altitu
dine tua multiplicasti filios hominum.

ausgeben wollen. Dies hat sich auch in Nachträgen (fol. 4r Zeile 1 die beiden letzten Wörter der um 1500 manipulierten Überschrift und fol. 140v und 141r) niedergeschlagen. In Wirklichkeit ist in den von verschiedenen Händen hinzugefügten Glossen, Korrekturen oder Nachträgen des Psalters Bernwards Schrift nicht zu finden. Doch hat die Mystifikation ihr Gutes gehabt: der Codex wurde im Kloster in Ehren gehalten, im 17. Jahrhundert unter ausdrücklichem Hinweis auf den autographen Charakter sorgsam restauriert und neu gebunden (Vermerk fol. 3v von der Hand des Abtes Johannes Jacke von Sankt Michael). Unter den kleineren Nachträgen des 12. und 13. Jahrhunderts ist ein ungedrucktes Teilverzeichnis von Schätzen und Reliquien des Michaelsklosters (fol. 141r) hervorzuheben, das in anderem Zusammenhang näher zu erläutern sein wird.

Hoffmann 1986/1, S. 285–287, S. 297 f., S. 278 f. mit der älteren Literatur (Hans Jakob Schuffels). – Bauer 1988, S. 216.

Privatbesitz

H. J. S.

VIII–29 Bernward-Bibel

Hildesheim, Anfang des 11. Jahrhunderts

45,5 x 34,5 cm, 486 Blätter. – Pergament mit Deckfarben, Gold und Silber.

Die Handschrift enthält die Bücher des Alten und Neuen Testaments mit Prologen sowie eine vollständige Reihe von vier Kanontafeln (fol. 395r–396v). Goldrankeninitialen, manche mit gerahmtem purpurfarbenem Außengrund, die meisten mit Flechtwerk. Vor dem Prolog des Hieronymus zum Pentateuch befindet sich ein annähernd quadratisches Zierfeld mit einem Adler zwischen Rosetten (fol. 4v). Der Handschrift vorangestellt ist eine arkadengerahmte Miniatur, die bislang noch nicht überzeugend gedeutet wurde (fol. 1r). Es ist die einzige Miniatur dieser Bibel. In der Mitte des Bildes steht beherrschend ein goldenes Steckkreuz, das auf seiner Mitte ein größeres, in den vier Balkenenden aber jeweils ein kleineres Goldmedaillon aufweist. Diese Kreuzform entspricht dem „bernwardinischen Urbild" eines Kreuzes, auf das Hermann Schnitzler verschiedene Hildesheimer Kreuze zurückgeführt hat. Das Steckkreuz ist offenbar am Rand eines Altares befestigt, eine Position, die durch zahlreiche Darstellungen, etwa im Stuttgarter Bilderpsalter (Stuttgart, Württ. Landesbibliothek, Cod. bibl. 2° 23, fol. 130v), im Antiphonar aus Prüm (Paris, Bibliothèque Nationale, Ms. lat. 9448, fol. 28r, 52v) und im Psalter aus St. Denis (Ebd., Ms. lat. 103, fol. 87v), belegt ist. Vom Altar selbst ist die Altarverkleidung *(pallium altaris)* deutlich wiedergegeben. Auch für dieses Velum zum Verhängen des Altars gibt es zahlreiche Bildparallelen, eine besonders treffende in Manchester, John Rylands Library, Ms. 7, fol. 130r. Dargestellt ist somit der Innenraum einer Kirche und in diesem eine Dedikationsszene: Die Bernward-Bibel – erkennbar auch an der Inschrift: *In principio creav(it) d(eu)s celu(m) et T(er)ram* (Am Anfang schuf Gott Himmel und Erde) – wird überreicht. Der sie übergibt, tonsuriert, mit Dalmatik und Kasel bekleidet, kann kein anderer sein als Bischof Bernward. Seine Rechte weist ihn als einen des Schreibens Kundigen, seine Linke aber als Dedikator aus. Der Stifter oder Veranlasser eines Werks wird häufig, wie hier, mit einem runden Nimbus wiedergegeben (H. Hoffmann). Beissel sah in dieser Figur Moses, Nordenfalk hat diese Deutung zu Recht in Zweifel gezogen, doch konnte sein eigener Vorschlag, hier sei Hieronymus gemeint, ebensowenig überzeugen, da auch diese Deutung nicht dem Umstand gerecht wird, daß die hier dargestellte Figur den Codex dediziert. Bernward reicht seine Bibel der heiligen Maria dar, die mit ihrer erhobenen Linken eine Verbindung nach oben, zur Hand Gottes, schafft. Die Michaelskirche in Hildesheim war „Gott, dem heiligen Kreuz, der allzeit reinen Jungfrau Maria und dem heiligen Erzengel Michael" geweiht (Vita Bernwardi, Cap. 51). Es gibt keinen Grund, die heilige Maria dieses Dedikationsbildes als Ecclesia oder als „Maria-Ecclesia" zu bezeichnen, wie dies seit Beissel üblich geworden ist. Der Bernward-Bibel kommt eine sehr hohe Bedeutung zu als der einzigen ottonischen Vollbibel, die aus dem langen Zeitraum des 10. Jahrhunderts und den ersten beiden Dritteln des 11. erhalten geblieben ist.

Sie war im Besitz des Hildesheimer Michaelsklosters, in dessen Chronik sie erwähnt wird. Nachdem sie im Dreißigjährigen Krieg abgegeben werden mußte, wurde sie 1649 durch Abt Johann VI. Jacke zurückgekauft. Im Spiegel des Vorderdeckels befindet sich ein Besitzeintrag des Grafen Christoph von Kesselstadt (1757–1814).

VIII–29 fol. 1r

VIII–29 fol. 4v

Beissel 1895, S. 24–25. – Schnitzler 1957/2. – Nordenfalk 1971. – Stähli 1984, S. 147–166. – Hoffmann 1986/1, S. 288, 526–527.

Hildesheim, Dom- und Diözesanmuseum Hildesheim, Inv. Nr. DS 61

U. K.

VIII–30 Sog. Kostbares Evangeliar

Hildesheim, um 1015 und um 1194

Einband: H. 28 cm, B. je 20 cm. – Eichenholz, auf dem Rückdekkel mit dunkelblauem gemustertem Seidengewebe überzogen, unterfüttert von einem Leinenstoff, Elfenbein, Silberbeschläge, zum Teil vergoldet und nielliert, Filigran mit Steinbesatz. Handschrift: 28 x 20 cm, 232 Blätter. – Pergament mit Deckfarbenmalerei, Gold und Silber; eine Federzeichnung in Rot.

Die von Bernward wohl dem 1015 in der Krypta von St. Michael konsekrierten Marienaltar gestiftete Evangelienhandschrift verdankt die Bezeichnung als Kostbares Evangeliar nicht zuletzt ihrem Prachteinband. Zwar ist er im 12. Jahrhundert stark überarbeitet worden – wie übrigens auch der Einband des sog. kleinen Bernwardevangeliars (Kat. Nr. VIII–19) –, doch wiederum gehen die wesentlichen Teile noch auf Bernward selbst zurück. Nicht von ungefähr zeigt ihn das Widmungsbild mit einem goldbeschlagenen Kodex in der Hand, und der Stiftereintrag auf der vorletzten Seite der Handschrift spricht ausdrücklich von den *opes*, mit denen Bernward seinen Kodex hat ausstatten lassen.

Die kostbarste dieser Gaben ist sicher das von einem breiten Schmuckrahmen eingefaßte Elfenbeintäfelchen auf dem Vorderdeckel. *SIS PIA QVESO TVO BERNVVARDO TRINA POTESTAS* (Ich bitte dich, dreifache Macht, sei deinem Bernward gnädig), lautet die Inschrift; eine Bitte also, die Bernward mit seiner Stiftung verbindet und die er nicht nur an Christus selbst richtet, sondern auch an Maria und Johannes den Täufer, die sich fürbittend an den Erlöser in ihrer Mitte wenden. Das Relief, eine byzantinische Arbeit, war ursprünglich Mittelteil einer triptychonartigen Tragikone (vgl. zum Beispiel auch Kat. Nr. II–45 oder VI–86). Bemerkenswert ist in diesem Zusammenhang, daß in der Inschrift Bernwards noch die Intention anklingt, die sich ursprünglich mit der Ikone verband, die man in Byzanz als „Deesis“ bezeichnete, was etwa mit „Fürbittebild“ zu umschreiben wäre.

Der Rückdeckel des Prachteinbandes ist als Gegenstück zur byzantinischen Ikone gestaltet, und wieder wird das Bild von einer Stifterinschrift eingefaßt: *HOC OPV(s) EXIMIV(m) BERNVVARDI P(rae)SVLIS ARTE FACTV(m) CERNE D(eu)S MATER ET ALMA TVA* (Dieses herausragende Werk, geschaffen durch die Kunst des Bischofs Bernward, sieh es an, Gott, und du, deine gütige Mutter), heißt es dort auf den Prunkeinband bezogen.

Die Adressaten der Stiftung sind die gleichen, wie im Widmungsbild der Handschrift, und so wird auch auf dem Einband die Gottesmutter mit dem Christuskind dargestellt. Derartige Ausschnittarbeiten findet man zur Zeit Bernwards vor allem im Umkreis Heinrichs II. (vgl. Kat. Nr. II–44 und Essay Fillitz). Es ist gut möglich, daß der Hildesheimer Bischof sich hier von Vorbildern aus dem Kreis der betreffenden kaiserlichen „Hofwerkstatt“ hat anregen lassen. Die Mariendarstellung selbst dagegen hat offensichtlich eine byzantinische Marienikone zum Vorbild (vgl. Kat. Nr. II–18), das jedoch im Sinne einer eigenständigen Bildaussage modifiziert wird (Brandt 1993, S. 57).

Die ausgeschnittene Figur ist erkennbar für ein größeres Bildfeld gearbeitet worden. Auch an den beschnittenen Silberstreifen des Rahmens erkennt

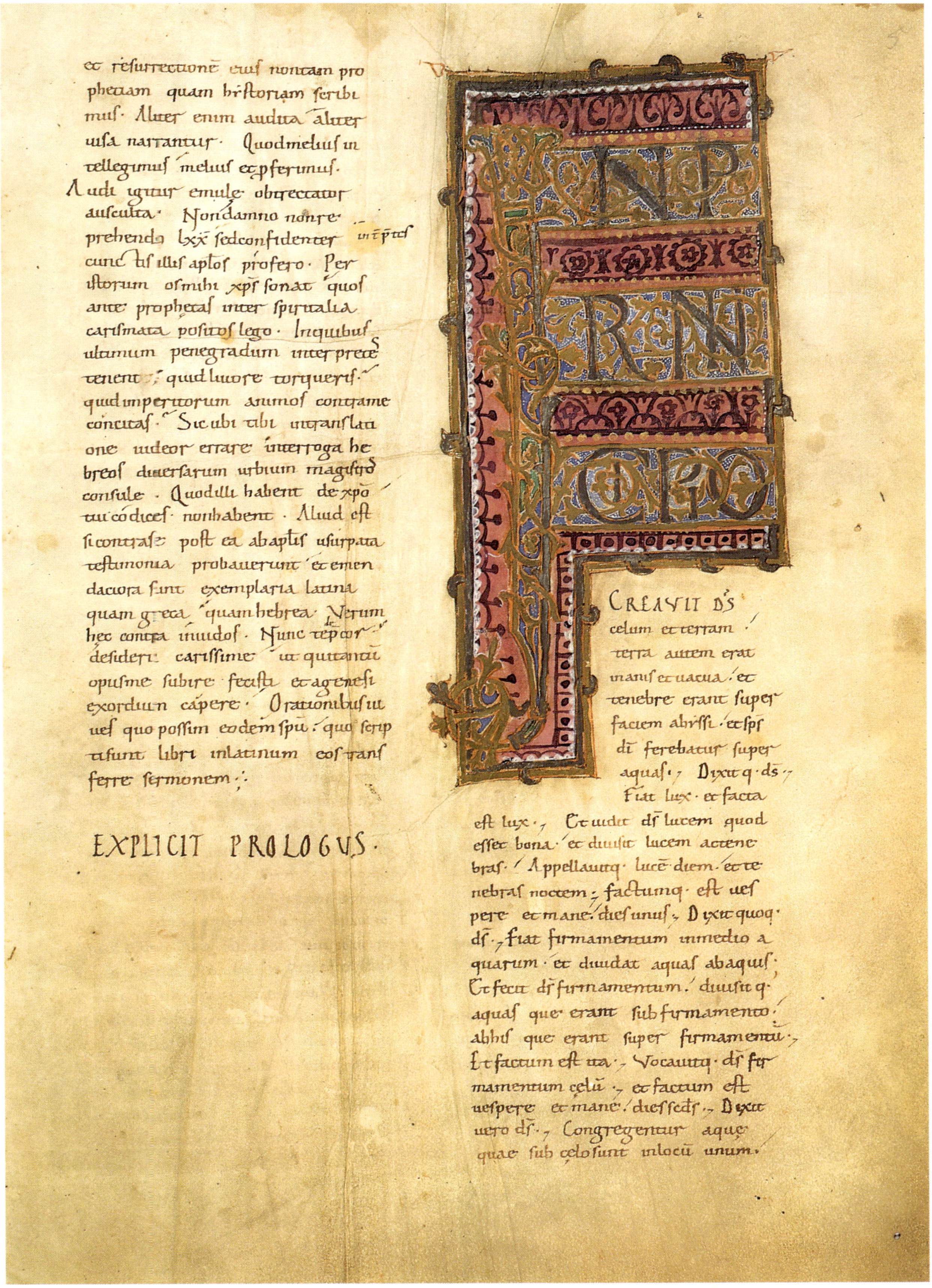

et resurrectione eius non tam pro
phetiam quam historiam scribi
mus. Alter enim audita alter
uisa narrantur. Quod melius in
tellegimus melius et proferimus.
Audi igitur emule obtrectator
ausculta. Non damno non re
prehendo LXX sed confidenter
cunctis illis aptos profero. Per
istorum os mihi xps sonat quos
ante prophetas inter spiritualia
carismata positos lego. In quibus
ultimum pene gradum interpretes
tenent. Quid liuore torqueris?
quid imperitorum animos contra me
concitas? Sicubi tibi in translati
one uideor errare interroga he
breos diuersarum urbium magistros
consule. Quod illi habent de xpo
tui codices non habent. Aliud est
si contra se post ea ab aptis usurpata
testimonia probauerunt et emen
datiora sunt exemplaria latina
quam greca quam hebrea. Verum
hec contra inuidos. Nunc te precor
desideri carissime ut qui tantum
opus me subire fecisti et a genesi
exordium capere, orationibus iu
ues quo possim eodem spu quo scrip
ti sunt libri in latinum eos trans
ferre sermonem.

EXPLICIT PROLOGUS.

IN PRIN CIPIO

CREAVIT DS
celum et terram.
terra autem erat
inanis et uacua. et
tenebre erant super
faciem abyssi. et sps
di ferebatur super
aquas. Dixitque ds.
Fiat lux. et facta
est lux. Et uidit ds lucem quod
esset bona. et diuisit lucem a tene
bras. Appellauitque lucem diem. et te
nebras noctem. factumque est ues
pere et mane. dies unus. Dixit quoque
ds. Fiat firmamentum in medio a
quarum. et diuidat aquas ab aquis.
Et fecit ds firmamentum. diuisitque
aquas que erant sub firmamento.
ab his que erant super firmamentum.
Et factum est ita. Vocauitque ds fir
mamentum celum. et factum est
uespere et mane. dies secundus. Dixit
uero ds. Congregentur aque
quae sub celo sunt in locum unum.

VIII–29 fol. 5r

VIII-30 Rückdeckel

VIII–30 Vorderdeckel

man, daß der heutige Holzdeckel nicht der alte sein kann. Ursprünglich scheinen die Beschläge vielmehr für einen Buchkasten bestimmt gewesen zu sein. Wann und in welchem Zusammenhang die Umarbeitung erfolgte, läßt sich am besten an den Filigranbeschlägen des Vorderdeckels ablesen, die die von Bernward gestiftete Reliefikone einfassen. Die Machart der Filigrandrähte und der Steinfassungen ist nämlich die gleiche wie am Armreliquiar und am Kopfreliquiar des heiligen Bernward (Kat. Nr. IX-22 und IX-23), die anläßlich der feierlichen Translation vom August 1194 in Auftrag gegeben sein dürften. Mit der Heiligsprechung Bernwards war auch das Kostbare Evangeliar zu einer Bernwardreliquie geworden, enthielt es doch den eigenhändigen Stiftereintrag und sogar ein zeitgenössisches Abbild des neuen Heiligen. So scheint man sich damals entschlossen zu haben, dieser Handschrift eine neue, noch prunkvollere Fassung zu geben als die, die Bernward selbst gestiftet hatte.

M. B.

Das reich ausgestattete Evangeliar enthält den Text der vier Evangelien, verschiedene Vorreden und ein *Capitulare evangeliorum* (fol. 218v–231r), keine Kanontafeln. Der Buchschmuck besteht aus einem auf zwei gegenüberliegenden Seiten verteilten Dedikationsbild (fol. 16v/17r), außerdem, vor jedem Evangelium, aus drei oder vier Bildseiten, die jeweils mit dem Bild des betreffenden Evangelisten abschließen (fol. 18r–19r, 75r–76r, 111r–118r, 174r–178v). Gerahmte Initialzierseiten zu Beginn der einzelnen Evangelien (fol. 19v, 77r, 119r, 179r); bei Matthäus, der Initialseite gegenüber, eine weitere gerahmte Schriftzierseite (fol. 20r). Die *Incipit*seiten der einzelnen Evangelien sind ungerahmt, in großen Majuskeln, abwechselnd in Tinte und *minium* (Rot) geschrieben (fol. 17v, 76v, 117v, 178v).

Die Seite vor dem *Incipit* des Matthäusevangeliums trägt, ganzseitig, eine Federzeichnung in Rot, das Symbol des Evangelisten Matthäus, den Menschen (fol. 15r). Hätte sie nicht die kurzen Flügelchen neben dem Nimbus, man müßte diese frontal thronende, die Feder eintauchende (die Feder fehlt zwar, doch ist die auf das Tintenhorn ausgerichtete Gebärde eindeutig) Figur für den Evangelisten selbst halten. In der Tat kann davon ausgegangen werden, daß der Evangelist und sein Symbol hier zu einer einzigen Figur kombiniert wurden, ein Autorenbild also, das einer anderen Konzeption folgt als die Evangelistenbilder dieser Handschrift, und zwar einer sehr seltenen. Obwohl die ottonischen Buchmalereien Miniaturen einzelner Evangelistensymbole kennt – so etwa, ganzseitig, in Clipeusrahmen, in Manchester, John Rylands Library, Lat. 87 (Kat. Nr. VI-51), und auch, jeweils mit der Initiale des Evangeliums verbunden, in Lat. 7 (Prüm, 1026–69) derselben Bibliothek –, kommt doch im 10. und 11. Jahrhundert keine der Zeichnung im Bernward-Evangeliar vergleichbare, ganzfigurige Verbindung von Evangelist und Evangelistensymbol vor. Die nächsten Parallelen sind die stehenden Figuren eines Matthäus-Evangelisten und -Symbols im *Liber Viventium Fabariensis,* Sankt Gallen, Stiftsarchiv, Cod. Fab. 1 (Pfäfers, um 820–30), pag. 4, dort ebenfalls mit kurzen Flügelchen, und, mit langen, spitzen Flügeln, im *Book of Cerne,* Cambridge, University Library, MS Ll.1.10 (1. Hälfte 9. Jh.).

Wie in verschiedenen anderen ottonischen Prachthandschriften, etwa im Liutharcodex (Kat. Nr. II-36) und im Poussay-Evangelistar (Paris, Bibliothèque Nationale, Ms. lat. 10514), ist das Dedikationsbild auf zwei gegenüberliegende Seiten verteilt (fol. 16v, 17r). Auf der linken, der Versoseite, steht dabei derjenige, der das Buch darreicht, auf der rechten, der Rectoseite, thront der Empfänger. Bernward aber steht vor einem Altar, und es ist unklar, ob er im Begriff ist, das kostbare Evangelienbuch mit seinem gemmenverzierten Einband auf diesem zu deponieren oder es, am Altar vorbei, in Mariens rechte, ausgestreckte Hand zu geben. Wahrscheinlich ist, wegen der Inschriften, das letztere. Maria thront in frontaler Haltung, den Christusknaben auf ihrem Schoß. Zwei Engel halten die Krone, die ihr aufs Haupt gesetzt ist. In den Rahmen des Marienbildes sind zwei Medaillons einbezogen, zur Rechten Mariens: *MARIA,* zu ihrer Linken: *EVA.* Dem entspricht die geöffnete Tür, in die ein Stabkreuz gestellt ist, zu ihrer Rechten und die geschlossene zu ihrer Linken mit der links und rechts entsprechend aufgeteilten Beischrift: *PORTA PAPADISI (= PARADISI) PRIMEVA(M) CLAVSA PER AEVAM: / NVNC EST PER S(AN)C(T)AM CVNCTIS PATEFACTA MARIA(M):* (Die Tür des Paradieses, durch die erste Eva verschlossen, ist jetzt durch die heilige Maria allen geöffnet). Auf dem oberen und den unteren Rahmen steht: + *HOC SERMONE D(EU)M CONCEPIT ET EDIDIT ILLU(M) / VIRGO D(E)I GENETRIX GABRIHELIS CREDVLA DICTIS* (Die Jungfrau, die Gottesgebärerin, die den Worten Gabriels glaubte, hat durch diese Reden Gott empfangen, und sie hat ihn geboren). Auf den drei kleinen Bögen über der Dreiergruppe wird Maria gegrüßt: *AVE STELLA MARIS KARISMATE LVCIDA P(RO)LIS / AVE SPIRITVI S(AN)C(T)O TEMPLV(M) RESERATV(M) / AVE PORTA D(E)I POST PARTV(M) CLAVSA P(ER) EVV(M)* (Gegrüßet seist du, Meerstern, leuchtend durch die Sohnesliebe. Gegrüßet seist du, dem Heiligen Geist geöffneter Tempel. Gegrüßet seist du, Pforte Gottes, nach der Geburt auf ewig verschlossen). Die Inschrift auf dem großen Bogen darüber bezieht sich auf die Dedikation des Evangeliars durch Bernward: *+: OFFERT CHR(IST)E TIBI S(AN)C(T)AEQ(UE) TVAE GENETRICI:* (Er bringt es dir, Christus, und deiner heiligen Mutter dar). Der goldene Rahmen des linken Bildes trägt die Inschrift: *:HOC EVANGELICV(M) DEVOTA M(EN)TE LIBELLUM: VIRGINITATIS AMOR P(RAE)STAT TIBI S(AN)C(T)A MARIA :+: / :PRAESVL BERNVVARD(US) VIX SOLO NOMINE DIGNUS ORNATVS TANTI VESTITV PONTIFICALI:* (Dieses Evangelienbuch gibt dir, der du die Jungfräulichkeit liebst, heilige Maria, demütigen Sinnes Bischof Bernward, der, kaum des Namens würdig, mit so reicher bischöflicher Tracht geschmückt ist).

In den Bildern vor den einzelnen Evangelien sind der Evangeliumsbeginn, eine bestimmte Heilstat Christi, der Evangelist und das Evangelistensymbol einander zugeordnet. Die Verbindung der vier Heilstaten Inkarnation, Auferstehung, Kreuzigung und Himmelfahrt mit den vier Wesen Mensch, Löwe, Stier und Adler wurde von Gregor dem Großen *(Homiliarium ad Ezechielem I, Homilia IV)*, Alkuin *(Commentaria in Apocalypsin III)* und anderen vertreten. Sie hat die Ikonographie des ottonischen Evangelistenbildes und die Zusammenstellung der diesem zugeordneten Bilderserien nachhaltig geprägt. Das Bernward-Evangeliar ist dafür ein bedeutendes Beispiel. Die drei Bildseiten zu Beginn des Matthäusevangeliums zeigen Christus in der als Altar gestalteten Krippe mit Ochs und Esel, darüber den Stern und den Chor der Engel, darunter die drei Weisen mit ihren Gaben (fol. 18r), die Berufung des Matthäus und Jesu Mahl bei diesem (fol. 18v), schließlich den Evangelisten Matthäus samt seinem Symbol, dem Menschen (fol. 19r), also, abgesehen von den zentralen Szenen der Matthäusvita, nämlich der Berufung dieses Evangelisten, und dem Evangelistenbild selbst, ausschließlich die Inkarnationsthematik. Der Markusbeginn ist ausgestattet mit der Bußpredigt Johannes' des Täufers in der Wüste und, darunter, der Berufung des Petrus und

VIII-30 fol. 15r

seines Brudes Andreas, des Jakobus und seines Bruders Johannes (fol. 75r), gefolgt vom *Noli me tangere* und dem Auftrag des Petrus an Markus, das Evangelium zu schreiben (fol. 75v), abgeschlossen vom Evangelistenbild und seinem Symbol, dem Löwen (fol. 76r). Wieder geht es hier, außer um die Frage der Legitimation des Markusevangeliums im Sinne seiner Apostolizität (Herleitung von Christus über Petrus zu Markus), ausschließlich um den im Sinne des Löwensymbols (lautes Rufen in der Wüste) und der diesem zugeordneten Auferstehung Christi *(Noli me tangere)* verstandenen Markusbeginn. Dem Lukasevangelium voraus gehen, jeweils auf der oberen und der unteren Bildhälfte, die Bilder der Verkündigung an Zacharias und des stummen Zacharias vor dem Volk (fol. 111r), der Heimsuchung und der Namengebung Johannes' des Täufers (fol. 111v), des Abendmahls, der Szene „Judas empfängt den Verräterlohn" (fol. 118r), des Evangelisten mit seinem Symbol, dem Stier, und, darüber, der diesem zugeordneten Kreuzigung (fol. 118v). Die Bilder am Anfang und am Ende dieser Reihe, sofern sie dem Evangelistenbild vorangestellt ist, die Verkündigung an Zacharias und die Kreuzigung, sind im Sinne Gregors des Großen und Alkuins durch den Begriff *sacrificium* (Opfer) untereinander und mit dem Beginn des Lukasevangeliums verbunden. Die Verkündigung an Zacharias wurde um Szenen, die von Zacharias und seiner Frau Elisabeth handeln,

VIII–30 fol. 16v

VIII–30 fol. 17r

ergänzt; zur Kreuzigung aber gehört, ebenfalls im Sinne der genannten Autoren, die gesamte Passion. Den *Capitula* des Johannesevangeliums sind vier Bildseiten vorangestellt: der im Himmel thronende Logos und seine Herabkunft auf die Erde im Sinne des Johannesprologs (fol. 174r), die Taufe Jesu, darunter die Auferweckung des Lazarus, die Christus in einer betend einem Himmelssegment, das heißt seinem Vater (Joh. 11,41–42), zugewandten Haltung zeigt (fol. 174v), Jesu Einzug in Jerusalem, darunter der erhöhte Christus an einem von sprießender Flora umgebenen Kreuz und das leere Grab (fol. 175r), dann das Bild des Evangelisten mit seinem Symbol, dem Adler (fol. 178v). Ähnlich wie beim Lukasevangelium wurden mit dem ersten und letzten Bild dieser Reihe der Beginn des Johannesevangeliums und die Himmelfahrt aufeinander bezogen. Die Auswahl und die Gestaltung der Bildszenen dazwischen, sämtlich dem Johannesevangelium entnommen, erfolgte unter dem Gesichtspunkt der Erhöhungsthematik. Das Bild des Markus wurde dem Auferstehungs-, das des Johannes dem Himmelfahrtsthema angepaßt. Markus nämlich richtet sich auf. Seine Beine sind in einer Bewegung nach oben, die sogar sein Fußschemel mitvollzieht. Mit der Linken hat er das Buch vom Pult genommen, mit der Rechten hält er die Feder empor. Johannes aber folgt nicht nur mit dem Blick dem über ihm im Himmel entschwindenden Christus, er ahmt auch mit seinen Beinen dessen aufwärts gerichtete Bewegung nach. Die Konzeption dieser den einzelnen Evangelien vorangestellten Bilderreihen hat keine Nachfolge gefunden. Vorläufer lassen sich nur für einzelne ihrer Elemente, so etwa für die Szenen der Verkündigung an Zacharias und für die Beauftragung des Evangelisten, nachweisen (vgl. etwa fol. 75v unten mit Prag, Bibliothek des Metropolitankapitels, Cim. 2, fol. 82v). Die Ornamentik ist von der der Schule von Corvey und deren Umgebung (Wesergruppe; Kat. Nr. VI–71) und von der spätkarolingischen frankosächsischen Schule, die ihrereits auch die Wesergruppe stark geprägt hat, abhängig.

Die Handschrift enthält auf fol. 231v einen eigenhändigen Eintrag Bernwards, der bezeugt, daß er selbst die Handschrift in Auftrag gegeben und der Michaeliskirche gestiftet hat (vgl. auch Kat. Nr. VIII–26). Da das Dedikationsbild, das Bernward bei der Übergabe der Handschrift an Maria zeigt, keinerlei Hinweise auf den heiligen Michael enthält, wird angenommen, daß die Handschrift nicht für den Altar der 1022 geweihten Klosterkirche selbst, sondern für den Marienaltar ihrer 1015 geweihten Krypta bestimmt war.

U. K.

Kratz 1840/1, S. 117–123. – Beissel 1891. – Josten 1909. – Alfs 1942, S. 4–5, Nr. 1–2. – Goldschmidt/Weitzmann, 2, S. 66 Nr. 151. – Tschan, 2, S. 35–54. – Steenbock 1965, S. 158–160 Nr. 66. – Elbern/Reuther 1969, S. 29–31, Nr. 18. – Bauer 1977 Nr. XXIII S. 195–210. – Berges/Rieckenberg 1983, S. 47–49 Nr. 4, S. 170–172. – Stähli 1984, S. 17–50. – Brandt (und Schorta) 1993, S. 56–63.

Hildesheim, Dom- und Diözesanmuseum Hildesheim, Inv. Nr. DS 18

VIII–31 Silbernes Bernwardkreuz

Hildesheim, nach 1007 / vor 1022
Fuß mit Nodus: 14. Jahrhundert

H. (mit Fuß) 31 cm, B. (der Kreuzarme) 14 cm, H. (der Kreuzarme) 21 cm. – Silber, gegossen, vergoldet, ziseliert, graviert. Fuß: H. 10 cm. – Silber, getrieben, graviert.
Restaurierung 1825, nach der Übergabe an den Domschatz; dabei wurde das Kreuz vermutlich stark überpoliert und der Einsteckdorn (im Fuß) überarbeitet.

Das silberne Kreuz ist trotz seiner geringen Größe von erstaunlicher Monumentalität. Im Gegensatz zu vielen anderen kleinplastischen Darstellungen der Zeit, die den Kreuzestod Christi eingebunden in ein szenisches Geschehen zeigen (vgl. zum Beispiel Kat. Nr. IV–40 bis IV–42), wird hier allein der Gekreuzigte dargestellt. So kennt man es auch von Prunkkreuzen wie dem Otto-Mathilden-Kreuz im Essener Münsterschatz (Kat. Nr. VI–53), doch in Hildesheim sind die Kreuzbalken ganz schlicht gehalten. So konzentriert sich alles auf den toten Christus. Nur das kostbare Material, die sparsam eingesetzte Vergoldung und ursprünglich wohl auch ein Kreuznimbus geben zu erkennen, daß der am Kreuz Gestorbene Christus ist, der den Tod überwunden hat. Auf seinen Heilstod verweist auch das apokalyptische Lamm auf der Rückseite im Schnittpunkt der Kreuzbalken. Diese selbst sind in drei Streifen unterteilt, auf denen die Reliquien bezeichnet stehen, die in der Höhlung des Corpus vorn geborgen sind. Schon an der unterschiedlichen Buchstabenform kann man erkennen, daß ursprünglich nur der schmale Mittelstreifen beschrieben war, der in die Stifterinschrift einmündet. Im Umriß erinnert er an die Fassung einer byzantinischen Kreuzreliquie (vgl. Essay

VIII-31

VIII–31 Rückseite

Effenberger, Abb. 36). Ein Teil vom Kreuzholz ist denn auch auf dem unteren Längsbalken als vornehmste Reliquie genannt, dazu Reliquien der heiligen Märtyrer Laurentius (oben), Stephanus (links) und Dionysius (rechts). Ganz oben, auf der Rückseite des Kreuztitulus, nennt sich der Auftraggeber selbst mit einer Inschrift, die den Eindruck erweckt, er selbst habe das Kreuz gemacht: *BERNVVARDVS PRESVL FECIT HOC* (Bischof Bernward machte dies).

Das meisterhaft gearbeitete Kreuz steht in stilistischer Hinsicht dem einen der beiden Silberleuchter am nächsten, bei dem die Figuren nach oben schauen (Kat. Nr. VIII-32, rechter Leuchter). Hier begegnet die gleiche differenzierte Modellierung, die selbst einzelne Fingerglieder noch erkennen läßt. Die Feinheit im Detail erinnert sicher nicht von ungefähr an Elfenbeinschnitzereien, mit denen die Hildesheimer Silbergüsse immer wieder in Verbindung gebracht werden. Daß die unmittelbaren Vorbilder aus den westlichen Reichsgebieten, vor allem aus dem Raum des alten Erzbistums Trier gestammt haben dürften, hat Erwin Panofsky (1924, S. 73) mit seinem Hinweis auf die Metzer Adalbero-Tafel (Kat. Nr. IV-40) schlagend deutlich gemacht.

Für die Frage nach dem Alter des Kreuzes ist von Bedeutung, daß Dionysiusreliquien genannt werden, denn solche bekam Bernward, wie Thangmar berichtet, 1007 von König Robert in Frankreich geschenkt. Das muß nicht bedeuten, daß das Silberkreuz unmittelbar nach Bernwards Rückkehr aus Frankreich entstanden ist. Da es sich um eine Stiftung für St. Michael handelt, wo der silberne Kruzifix bis zur Säkularisation nachgewiesen werden kann, wird er wohl erst nach der Grundsteinlegung der Klosterkirche gearbeitet worden sein, in einer Zeit also, in der zum Beispiel auch für die Klosterkirche bestimmte liturgische Handschriften wie das Guntbald-Sakramentar (Kat. Nr. VIII-25) geschaffen wurden.

Die nachträglichen Reliquieninschriften auf der Rückseite hat man vielleicht anläßlich der Heiligsprechung Bernwards hinzugefügt, durch die das Kreuz selbst zu einer Reliquie geworden war. Dies war wohl auch der Grund dafür, daß man gegen Ende des 12. Jahrhunderts für ein Prunkkreuz den bernwardinischen Christus-Korpus nachbilden ließ (Kat. Hildesheim 1988, S. 98-101 Nr. 32 [Michael Brandt]).

Kirchenschatz von St. Michael; nach der Säkularisation im Besitz des ehemaligen Konventualen Tegethof, aus dessen Nachlaß das Kreuz 1825 dem Domschatz übergeben wurde.

Goldschmidt 1915, S. 375 - Panofsky 1924, S. 73-74. - Jantzen 1947, S. 153 - Tschan, 2, S. 98-106. - Wesenberg 1955/1, S. 29-35, 166-169 Nr. 3. - Elbern/Reuther 1969, S. 19-20 Nr. 6. - Berges/Rieckenberg 1983, Nr. 10 S. 78-83, 175. - Bloch 1992, S. 240 Nr. VI A 1.

Hildesheim, Dom- und Diözesanmuseum Hildesheim, Inv. Nr. DS 6

M. B.

VIII-32 Bernwardleucher

Hildesheim, 2. Jahrzehnt 11. Jahrhundert (vor 1022)

Leuchter I (mit Figuren, die nach oben schauen): H. 42 cm. Leuchter II (mit Figuren, die zur Seite schauen): H. 41 cm. - Silber, gegossen, vergoldet, punziert, nielliert, Eisenkern. Fußteil, Schaftstücke, Knäufe und Oberteil (ohne Dorn) sind jeweils einzeln gegossen.

Die beiden Leuchter, von denen die 1540 gedruckte niederdeutsche Bernwardvita zu berichten weiß, sie seien im Grabe Bernwards gefunden worden, sind eine der kostbarsten Hinterlassenschaften aus der Gründungszeit des Michaelisklosters. Wenn die Klostertradition in späteren Jahrhunderten glauben machen wollte, daß man sie 1194 bei der Erhebung der Gebeine entdeckt habe, so sollte damit sicher der Reliquiencharakter der kunstvollen Silbergüsse unterstrichen werden, deren Inschrift Bernward als Auftraggeber nennt. Wie sehr man die Leuchter in Ehren hielt, zeigt auch der Umstand, daß sie - mit brennenden Kerzen - an hohen Festtagen zusammen mit dem „hilligedom des hilligen vaders" (dem Bernwardschrein?) auf den Hochaltar gestellt wurden (Dath leventh des hilligen vaders Bernwardi, fol. D II r).

Neben den Tassiloleuchtern im Klosterschatz von Kremsmünster (Kat. Nr. V-41) sind die Bernwardleuchter das älteste erhaltene Leuchterpaar des Mittelalters. Die Grundform ist in beiden Fällen die gleiche: Über einem dreiseitigen, von Klauenfüßen getragenen Sockel (in Kremsmünster sind die Füße abgesägt) erhebt sich ein schlanker, durch drei Knäufe gegliederter Schaft mit nicht sehr weit ausladender Tropfschale. Schon aus der Antike sind solche Leuchter bekannt, deren Sockel aus Phantasiegeschöpfen gebildet wurden (von Falke/Meyer

1935, Taf. 2), wie sie übrigens noch im 12. Jahrhundert begegnen. Man muß also mit Zwischengliedern rechnen, die verloren sind, und neben den Bernwardleuchtern sicher auch mit anderen, ebenso kunstvoll modellierten Leuchterpaaren. Daß gerade das aus Hildesheim erhalten blieb, verdanken wir wohl vor allem der Heiligsprechung Bernwards, dessen Name auf beiden Leuchtern geschrieben steht. Die niellierte Inschrift, die – auf beiden Leuchtern gleichlautend – Lichtteller und Sockel umzieht, hat folgenden Wortlaut: *+ BERNVVARDVS PRESVL · CANDELABRVM HOC · // + PVERVM SVVM PRIMO HVIVS ARTIS FLORE NON AVRO NON ARGENTO ET TAMEN VT CERNIS CONFLARE IVBEBAT* (Bischof Bernward befahl seinem Knecht, diesen Leuchter in der ersten Blüte dieser Kunst nicht aus Gold, nicht aus Silber und doch wie du siehst zu gießen). Der rätselhafte Hinweis auf das Material hat immer wieder zu Spekulationen Anlaß gegeben. Eine überzeugende Erklärung findet m. E. Rudolf Wesenberg, der die Inschrift auf den technischen Befund bezieht: Zwar sind die Leuchter aus Silber gegossen, teilweise aber auch vergoldet und mit dem schwarzen Niello ausgelegt. Diese kontrastierende Farbigkeit reicht weit in die Antike zurück und ist auch für Silberarbeiten des frühen Mittelalters charakteristisch (vgl. etwa Kat. Nr. III-11 und III-12). In Hildesheim muß diese Technik, wie überhaupt der Silberguß, aber neu und ungewöhnlich gewesen sein, eben „in erster Blüte“ gestanden haben, wie es die Inschrift berichtet. Der Stolz auf das gelungene Werk, der darin anklingt, erinnert an eine andere zeitgenössische Inschrift, die der Mainzer Willigis-Tür, wo von Willigis rühmend gesagt wird, er sei nach Karl dem Großen der erste gewesen, der Türflügel aus Metall habe gießen lassen (vgl. Essay Drescher).

Beim ersten Hinschauen sehen die Leuchter einander so ähnlich, daß man meinen möchte, beiden liege ein einziges Modell zugrunde, doch wer die Leuchter genauer betrachtet, sieht, daß sie als Gegensatzpaar gearbeitet sind. Auf Leuchter I blikken die Drachenbezwinger am Sockel nach oben, und auch die am Stamm emporkletternden Männlein schauen auf zum Licht der brennenden Kerze – dem Sinnbild Christi –, von dem die Sockelreiter und die Kletternden auf dem anderen Leuchter sich demonstrativ abwenden. Sie zerren dabei an den Blättern des gewundenen Stammes, als wollten sie diese abbrechen, und einer von beiden hat sogar ein Beil in der Hand. Gegensätzlich verhält sich auch das Löwenpaar, das unter den Kletternden zu sehen ist. Während die Tiere auf Leuchter I sich von den Früchten des Stammes nähren, in dem man ein Abbild des Lebensbaumes sehen kann, blicken die auf dem anderen Leuchter daran vorbei, als bedeute es ihnen nichts.

Das Motiv des gewundenen, von Tieren und kletternden Männlein bevölkerten Stammes erinnert an die großen, spiralig gewundenen Rankensäulen vor der Confessio der alten Peterskirche in Rom. Schon im 9. Jahrhundert muß es Nachzeichnungen dieser Säulen gegeben haben, auf die die Abbildungen in den Kanontafeln zweier karolingischer Handschriften zurückgehen (Paris, Bibliothèque Nationale, Ms. lat. 8850, fol. 7v und London, British Library, Harley Ms. 2788, fol. 11v). Solche Vorlagen sind offenbar auch auf der Reichenau verarbeitet worden, wie das wohl zu Beginn des 11. Jahrhunderts entstandene Evangeliar Clm 4454 aus dem Bamberger Domschatz zeigt (München, Bayerische Staatsbibliothek, fol. 16v–17r). Offensichtlich verarbeitet der Entwurf für die Bernwardleuchter solch eine Miniatur. Auch in Einzelheiten scheinen Handschriften aus diesem Umkreis vorbildlich gewesen zu sein. So lassen sich z. B. die gefleckten Raubkatzen, die in den Lichtteller beißen, mit den aufgerichteten Raubtieren vergleichen, die auf einer Zierseite des Reichenauer Sakramentars in Florenz dargestellt sind (Biblioteca Nazionale, Cod. Magliabecch. XXXVI, 13, fol. 1v), die ineinander verschlungenen und in sich selbst verbissenen Drachen am Leuchterfuß andererseits mit dem Gewirr verknoteter Tierleiber, die den Rahmen der beiden Widmungsseiten des Trierer Egbertcodex füllen (Trier, Stadtbibliothek, Ms. 24, fol. 1v–2r). Nicht zuletzt findet man das Motiv der Blattmasken (am obersten Knauf der beiden Leuchter) in Trier und auf der Reichenau vorgebildet (vgl. Bd. 1, Abb. 7).

Auf die Trierer Kunst der Egbertzeit hat Rudolf Wesenberg auch in stilistischer Hinsicht verwiesen und dabei insbesondere an die Arbeiten des sog. deutschen Schnitzers (vgl. Kat. Nr. IV-35 und IV-36) gedacht. Tatsächlich zeigen die als Rückenfiguren dargestellten Klettermännchen von Leuchter I einen Grad an Beweglichkeit und eine Freiheit im Verhältnis von Gewand und Körper, die dem Vorbild des großen Trierers nahekommt. Auch die nackten Drachenreiter erinnern in der Individualität ihrer

Gesichter und in ihrer eindringlichen Körperlichkeit an die Figurenbildung des namenlosen Trierer Meisters. Der zweite Hildesheimer Leuchter erweist sich in dieser Hinsicht als deutlich schwächere Arbeit und stammt sicher von anderer Hand.

Angesichts der aufgezeigten Stilbezüge stellt sich die Frage, ob nicht auch die handwerklichen Voraussetzungen für die in der Leuchterinschrift gerühmte neue Kunst des Silbergusses dem westlichen Reichsgebiet zu verdanken sind. Zwar ist hier aus der Zeit um 1000 kein solches Gußwerk erhalten geblieben, doch die vergoldeten apokalyptischen Leuchter, die Anfang des 11. Jahrhunderts in einer Trierer Miniatur abgebildet werden und die im Typus den Bernwardleuchtern nahestehen, machen nicht den Eindruck, als handele es sich um reine Phantasieprodukte (Berlin, Staatsbibliothek zu Berlin – PK, Ms. theol. lat. fol. 283 – aus St. Maximin). In diesem Zusammenhang ist ferner an eine Reihe technisch ausgefeilter Metallgüsse zu erinnern, die im 9. Jahrhundert im Raume zwischen Metz und Aachen entstanden sein dürften (vgl. Kat. Nr. IV–45 bis IV–49). Sie geben uns eine Vorstellung von dem hohen handwerklichen Können der Werkstätten in dieser alten Kunstlandschaft, der man darum auch für die Zeit Bernwards den Vorrang einräumen möchte.

Die Leuchter kamen nach der Aufhebung des Michaelisklosters mit Teilen des Kirchenschatzes nach St. Magdalenen und befinden sich seit 1960 als Dauerleihgabe im Hildesheimer Domschatz.

Algermissen 1960/2. – Berges/Rieckenberg 1983, Nr. 8 S. 64–71, 173 f. – Bloch 1956, S. 109. – Didron 1861. – Elbern/Reuther 1969, S. 22 f. Nr. 9. – von Falke/Meyer 1935, S. 2, S. 97 Nr. 1. – Goldschmidt 1895, S. 73–75. – Kratz 1840/1, S. 31–34. – Mayr-Harting 1991, 1, S. 21. – Peroni 1981, S. 572–574. – Tschan, 2, S. 129–138. – Wesenberg 1955/1, S. 21–28, S. 165 f. Nr. 2, Abb. 123–138. – Für freundliche Hinweise zur Leuchterinschrift danke ich Regula Schorta, Bern, und Christine Wulf, Göttingen.

Hildesheim, Dom- und Diözesanmuseum Hildesheim, Inv. Nr. DS L 9

M. B.

VIII–33 Bernwardkasel

Vorderer Orient (Byzanz?), um 1000

H. 156,5 cm, größte B. 215 cm. – Goldgelbes Seidengewebe (Pseudolampas mit Grund in leinwandartiger Bindung und Muster in Köper 1/2 S. Kette: 1:2, Z-Drehung, beige, 14–16 Binde- und 28–32 Hauptkettfäden/cm. Grund- und Lancierschuß: ohne erkennbare Drehung, goldgelb, 21–24 Passées/cm). Innenbesatz aus dunkelblau-braunem Seidengewebe (Samit in Köper 1/2 S), Halsausschnitt mit zwei verschiedenen Brettchenborten (rot bzw. beige) mit Goldmusterung besetzt.

Der Überlieferung gemäß soll die Kasel 1194 bei der Erhebung der Gebeine Bischof Bernwards in dessen Sarkophag gefunden worden sein. Sie weist aber keine Spuren einer Verwendung als Grabgewand auf, und in der Tat beruht die schriftliche Tradition auf einer Interpolation – pointiert ausgedrückt: einer Fälschung – des ausgehenden 15. Jahrhunderts (Hans Jakob Schuffels, in: Kat. Hildesheim 1989, S. 131–133). Ältere Nachrichten über eine Bernwardkasel und deren Verehrung gibt es (abgesehen von den sicher von einem anderen Gewebe stammenden Seidenfragmenten Kat. Nr. IX–21 und ihrer Pergamentauthentik) nicht.

Gerade die Tatsache aber, daß man den überlieferten Bericht von der Erhebung der Gebeine Bernwards im Spätmittelalter mit der Nachricht über das unversehrt gefundene Gewand bereichert hat, belegt die damals offenbar feste Überzeugung, daß es sich bei dem in St. Michael verwahrten Meßgewand nur um eine Kasel Bernwards handeln könne. Damit hatte man vermutlich nicht unrecht, läßt sich das Gewand doch in die Zeit der Jahrtausendwende datieren.

Der goldgelbe Oberstoff der Glockenkasel zeigt in wie vertieft wirkender, matter Zeichnung große Medaillons mit Vögeln, die sich zu seiten eines Baumes gegenüberstehen. Der runde Körper der Tiere ist reich gegliedert, sie haben schwere Füße, zwei spitz abstehende Schwungfedern und einen kleinen Federschopf. Den ganzen Hintergrund füllt das Laubwerk des Baumes, an dessen Stamm auch zweimal zwei kleine Trauben hängen. Die Medaillonrahmen, die sie verbindenden Scheiben und die Zwickel sind dicht mit stark stilisiertem Pflanzenwerk gefüllt.

Wie fast alle mittelalterlichen Seidenmuster ist auch dasjenige der Bernwardkasel nicht nur hier überliefert: die bisweilen Jahrhunderte andauernde Produktion einmal gefundener Mustertypen ist einer der Gründe, warum Seidengewebe oft so schwierig einzuordnen sind. In diesem Fall gibt es allerdings eine Musterparallele aus der beinahe unmittelbaren Umgebung Bernwards, nämlich die Reste der Grabgewandung Bischof Meinwerks von Paderborn († 1036), die 1924 aus dem Zinnkasten mit dessen Überresten geborgen wurden. Auch die bereits 1376

VIII–33

VIII-33 Detail

dem Grab entnommene, heute verschollene Meinwerkkasel soll dasselbe Muster aufgewiesen haben. Wie die Seide der Bernwardkasel ist auch diejenige aus dem Meinwerkgrab in der Technik des Pseudolampas gewebt, einer Gewebebindung, die etwa Ende des 10. Jahrhunderts entstanden ist und nur bis ins 12. Jahrhundert gepflegt wurde. Sie ist charakteristischer Ausdruck für das Experimentieren mit neuen Webtechniken, was um 1000 und im 11. Jahrhundert verschiedentlich zu beobachten ist. Eine bisher einzigartige Spielart dieser Technik, möglicherweise eine Frühform, weist das dritte Gewebe mit gleichem Muster wie die Bernwardkasel auf, das als Reliquienhülle im Grab der hl. Ludmila († 920) in der Prager St. Georgskirche gefunden wurde und das möglicherweise von einer liturgischen Dalmatik stammt.

Vergleichsstücke noch aus der ersten Hälfte des 11. Jahrhunderts finden sich auch für das Sechseckmuster der sehr schlecht erhaltenen, ursprünglich dunkelblau-schwarz gemusterten Seide, die den Innenbesatz der Bernwardkasel bildet. Wie bei frühmittelalterlichen Kaseln üblich, verstärkte sie nur Halsauschnitt und Saumkante; letztere kam als Kontrast wirkungsvoll zur Geltung, wenn das Gewand getragen und die Stoffülle über den Armen gerafft wurde. Auf eine eher frühe Datierung hinzuweisen scheint schließlich auch die Tatsache, daß das Gewand, abgesehen von der Einfassung des Halsausschnittes, keinerlei Bortenbesatz aufweist. Zwar ist die Art der Verzierung der Glockenkasel in jüngerer Zeit nicht systematisch untersucht worden (vgl. nach wie vor Braun 1907, S. 209–215), doch sind mehrere andere so gut wie schmucklose Gewänder ebenfalls in die Frühzeit des 11. Jahrhunderts zu datieren (beispielsweise die Willigiskasel Kat. Nr. IV-1 oder die Kasel Papst Clemens' II. in Bamberg [Müller-Christensen 1960, S. 38–39]).

Zusammenfassend deutet also vieles darauf hin, daß es sich bei dem Gewand tatsächlich um eine Kasel aus der Zeit Bernwards handelt. Diese mag Teil der reichen Stiftungen des Bischofs für seine Klostergründung gewesen sein. Bernward seinerseits mag die Kasel ebenfalls geschenkt bekommen haben, haben Gewänder und Seidenstoffe doch unter den vom Herrscherhaus verschenkten Luxusgütern von alters her einen wesentlichen Teil ausgemacht. So wissen wir beispielsweise – um nur eine von vielen Schriftquellen zu zitieren –, daß Thietmar von Merseburg anläßlich seiner Priesterweihe am 21. Dezember 1004 von König Heinrich II. eine sehr schöne Kasel *(casulam optimam)* erhalten hat (Thietmar [dt.], S. 292).

1986 sind mehrere Fragmente der Bernwardkasel wieder zutage gekommen, die wohl anläßlich einer Umarbeitung im 19. Jahrhundert abgeschnitten worden sind (Kat. Hildesheim 1989, S. 125–131). Besonderes Interesse verdient dabei die solcherart wiederaufgefundene Nackenpartie des Gewandes, auf die irgendwann – recht grob – der Rest einer kostbaren Goldstickerei wohl des 11. Jahrhunderts angebracht worden war. Heute ist davon nur noch ein winziger Rest erhalten. Es mag sich dabei um eine Reliquie, vielleicht eine Bernwardreliquie, gehandelt haben, die möglicherweise dem Gewand gesteigerte Authentizität verleihen sollte. Identisch mit dem Gewebe Kat. Nr. IX-21 ist aber auch diese Seide nicht.

Aus St. Michael. Nach der Aufhebung der Abtei 1803 verblieb das Gewand im Besitz des letzten Abtes, Wilhelm Rören. Nach seinem Tod gelangte es an ehemalige Konventualen, zuerst an den „geistlichen Rath" Tegethoff, dann an Ferdinand Becker, und schließlich 1875 an den Hildesheimer Domschatz.

VIII-34 ▷

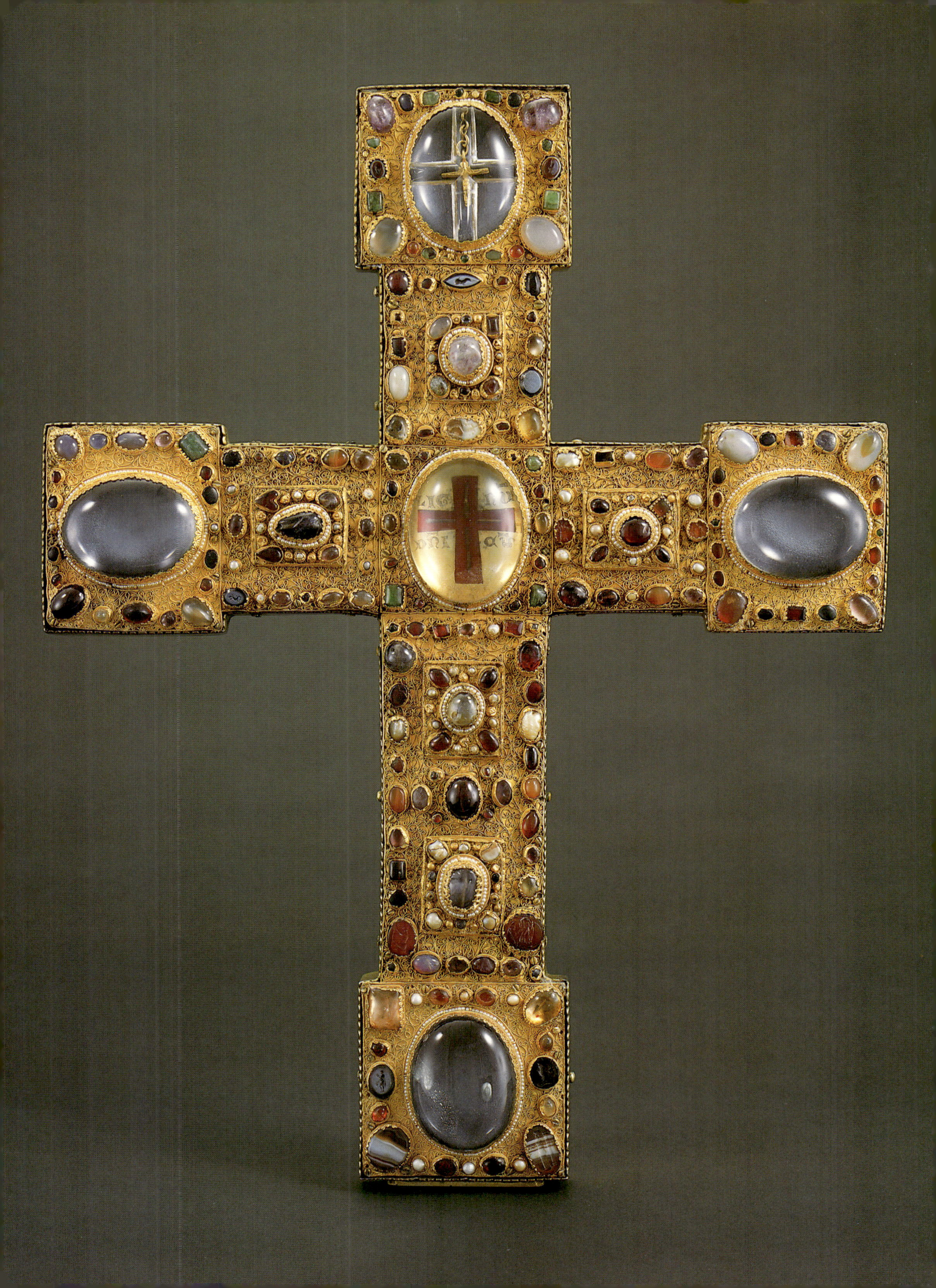

Elbern/Reuther 1969, S. 74–75 Nr. 83. – Schmedding 1979. – Schmedding 1981. – Schmedding 1982. – Kat. Hildesheim 1989, S. 125–134 (Regula Schorta, Hans Jakob Schuffels). – Zu den Vergleichsbeispielen: Kat. Paderborn 1986, S. 62 Nr. 1 (Manfred Balzer). – Bažantová 1983, S. 513–515, Abb. 4. – Eine abweichende Datierung schlägt vor: von Wilckens 1989, S. 28.

Hildesheim, Dom- und Diözesanmuseum Hildesheim, Inv. Nr. DS 83

R. S.

VIII–34 Vortragekreuz, sog. Bernwardkreuz

Kleines Goldkreuz: Hildesheim, vor 1022 (?). Schmuckplatten auf den Kreuzbalken: Hildesheim(?), vor 1022 (?). Restliche Kreuzvorder- und Kreuzrückseite: Hildesheim, um 1150

H. 48 cm (ohne Dorn), B. 37 cm, Tiefe 2,5 cm. – Eichenholz, Gold, Silber, Vergoldung, Filigran, Edelsteine (12 antike Intagli). Holzkern und Kantenverkleidung 1787 erneuert, moderne Restaurierungen.

Das Kreuz folgt im Typus dem lateinischen Krükkenkreuz, seine verbreiterten Balkenenden sind annähernd quadratisch. Die Kreuzvorderseite ist als *crux gemmata* gestaltet, also durch den reichen Besatz mit Edelsteinen und Perlen als Siegeszeichen des auferstandenen Christus definiert. Die gravierte Rückseite zeigt den gekreuzigten Christus mit Kreuznimbus (ohne Tabula ansata und Suppedaneum) und (in kreisrunden Feldern) die vier Evangelistensymbole in den vergrößerten Balkenenden.

Auf der Vorderseite sind die Vierung und die Endplatten mit großen ovalen Bergkristallen geschmückt, jene an den Enden auf das Zentrum ausgerichtet. Unter dem Kristall am oberen Schaftende befindet sich ein kleiner Crucifixus aus Gold. Der Kristall auf der Vierung deckt eine kreuzförmig angeordnete Partikel vom Kreuz Christi ab; sie ist durch ein Pergamentstück mit der Aufschrift *Lignu(m) D(omi)nicu(m)* (Holz des Herrn) hinterlegt. Ursprünglich waren auch unter den übrigen Bergkristallen Reliquien deponiert; sie wurden 1733 entfernt.

Die Bergkristalle werden durch Palmettenfassungen, die durch einen Kranz kleiner Perlen eingefaßt sind, gehalten. Eine Reihe von im Quadrat angeordneten Edelsteinen rahmt den Kristall, wobei die Ecken jeweils durch einen größeren Stein betont sind.

Auf die Kreuzbalken ist jeweils eine kleine rechteckige Schmuckplatte aufgesetzt, am unteren Teil des Längsbalkens sind zwei solche Platten montiert. Sie tragen einen großen Stein im Zentrum, der wie die großen Kristalle von einem Perlenkranz umzogen ist. Auch hier wird das Zentrum durch eine Reihe von Steinen und Perlen gerahmt.

Die kleinen Schmuckplatten werden ihrerseits von Edelsteinreihen umzogen; eine ebensolche Steinleiste trennt die beiden Schmuckplatten am unteren Kreuzbalken voneinander. Alle freien Grundflächen sind von Filigranornamenten übersponnen.

Das Kreuz ist aus stilistischen Gründen und aufgrund der Fassungen ins 2. Viertel des 12. Jahrhunderts zu datieren: Die Gravierungen der Rückseite lassen sich zur Nachfolge des Rogerus von Helmarshausen in eine lose Relation setzen, der Typus des streng frontalen Gekreuzigten mit den ausgeprägten Hüften findet sich vergleichbar auf einer Hildesheimer Miniatur vom 2. Viertel des 12. Jahrhunderts (Evangeliar; Dublin, Sammlung Hunt). Die Ausrichtung der Bergkristalle auf das Zentrum, ferner die Art, wie diese glatt auf die Grundfläche gesetzt sind, und deren Fassungen mit einem glatten Palmettenkranz erinnern an die Hildesheimer Scheibenkreuze (um 1130/40; Hildesheim, Dom- und Diözesanmuseum). In das Kreuz sind allerdings einige ältere Teile integriert: Das kleine Kreuz unter dem Kristall am oberen Ende des Längsbalkens gehört wohl noch dem 11. Jahrhundert an, es wird in der Regel in die Zeit Bernwards datiert.

Um Spolien aus dem 11. Jahrhundert handelt es sich mit Sicherheit bei den fünf auf die Balken aufgesetzten Schmuckplatten. Diese sind allerdings nicht vollkommen einheitlich: Bei der Platte unterhalb der Kreuzvierung wird der Zentralstein von einem Lilienkranz aus Filigrandraht gehalten, während die vier anderen Steine in einem Palmettenkranz aus Blech sitzen, wie das auch bei den großen Kristallen der Fall ist. Zudem schließt der Perlkranz bei der Schmuckplatte unterhalb der Vierung direkt an den Stein an, während er bei den vier anderen Schmuckplatten in einer von zwei Filigrandrähten begrenzten Eintiefung liegt, was wiederum den Fassungen der großen Kristalle nahesteht. Gemeinam ist indes allen fünf Schmuckplatten, daß der Zentralstein durch einen Kranz aus kapitellosen Filigranarkaden hochgehoben wird, während die großen

Kristalle direkt auf der Grundfläche aufliegen. Sowohl die kapitellosen Filigranarkaden als auch der Lilienkranz aus Filigrandraht begegnet vergleichbar auf den beiden Schmuckplatten vom Thron der Großen Madonna (vgl. Kat. Nr. VII-32), wo allerdings zwischen Sockel und Fassung statt des Perlkranzes eine Spirale aus glattem Draht eingeschoben ist. Andererseits bestehen Affinitäten zum Kreuz Bischof Hezilos (1054–1079; Hildesheim, Kath. Pfarrkirche Heilig Kreuz, als Leihgabe im Dom- und Diözesanmuseum Hildesheim). Dennoch wird man an der Datierung der Schmuckplatten in die Zeit Bernwards festhalten können. Es liegt nahe, anzunehmen, daß diese Schmuckplatten und die Kreuzpartikel sowie die übrigen Reliquien von einem – verlorenen – Kreuzreliquiar stammen und möglicherweise in Zusammenhang mit der dem Konvent von St. Michael 1150 erteilten Erlaubnis, Bernward innerhalb des Klosters wie einen Heiligen zu verehren, in das neue Kreuz einbezogen wurden. Wann das kleine Goldkruzifix mit der rekonstruierbaren *Crux gemmata* in Verbindung gebracht wurde, ist ungewiß. In der Entstehungszeit des neuen Kreuzes mag es bereits als Reliquie Bernwards gegolten haben.

Die Inschrift unter dem Mittelkristall des Bernwardkreuzes verweist aus paläographischen Gründen auf das Ende des 12. oder den Beginn des 13. Jahrhunderts; sie mag also später hinzugekommen sein, vielleicht in der Zeit der Heiligsprechung Bischof Bernwards (1193).

Das Bernwardkreuz, das sich bis 1810 in St. Michael befand (darauf in der kath. Pfarrkirche St. Magdalenen), wird in der jetzigen Form seit Jahrhunderten mit jener *theca* identifiziert, die Bernward laut Vita Bernwardi eigenhändig „aus reinem Gold und besetzt mit Edelsteinen" angefertigt hat, um darin die Kreuzpartikel, die er von Kaiser Otto III. geschenkt bekommen hatte, zu verwahren. Diese *theca* übergab Bernward der Kreuzkapelle, die im Norden der Hildesheimer Domburg errichtet worden war und die er am 10. September 996 weihte, sie dabei dem „lebenspendenden Kreuz" widmend (Vita Bernwardi, Kap. 7 f., Kap. 10). Eine Reihe von Darstellungen aus dem 15. Jahrhundert zeigt den mittlerweile heiliggesprochenen Bischof Bernward mit dem erhaltenen Kreuz in Händen; die Bezeichnung „Bernwardkreuz" geht ebenfalls auf die Identifikation der *theca* mit dem Kreuz aus St. Magdalenen zurück.

Die Frage, ob die Kreuzpartikel unter dem zentralen Kristall mit der kaiserlichen Schenkung identisch respektive ein Teil der Schenkung ist, muß offenbleiben. Ebenso jene, ob die fünf Schmuckplatten auf den Kreuzbalken von der *theca* Bernwards stammen.

VIII-34 Kleines Goldkreuz

Bei der Restaurierung von 1733 wurde ein Großteil der bis dahin unter den Bergkristallen liegendenReliquien entfernt und an deren Stelle Pergamentstreifen deponiert, die über diese Maßnahme Auskunft geben. Ein Bruch des Kreuzes unterhalb des Querbalkens machte 1787 eine weitere Restaurierung notwendig. Dabei wurden der Holzkern erneuert und die Pergamentstreifen unter den Bergkristallen gefunden. Bei einer 1962 durchgeführten Restaurierung wurden u. a. zahlreiche Steine ergänzt.

Kratz 1840/1, S. 26–31. – Beissel 1895, S. 15. – Bertram 1897, Nr. 5. – Zeller 1911, S. 259. – Braun 1922, S. 6, Nr. 23. – Alfs 1942, Nr. 39–50. – Tschan, 2, S. 85–95. – Swarzenski 1954, Taf. 34. – Schnitzler 1957/1. – Elbern 1964/1, S. 1036. – Kat. Hannover 1962, Nr. 25. – Elbern/Reuther 1969, S. 84 f., Abb. 1. – Gosebruch 1979. – Zink 1980, S. 9. – Jülich 1986/87, S. 181–185, Abb. 23–25. – Kat. Hildesheim 1989, Nr. 2, S. 21–30 (Michael Brandt). – Lasko 1992, S. 85 f., Abb. 8.

Hildesheim, Dom- und Diözesanmuseum Hildesheim, Inv. Nr. DS L 109

M. P.

VIII-35

VIII-35 Sarkophag Bischof Bernwards

Hildesheim, um 1022

Kasten 217,5 x 62 x 40 cm; Deckel H. 22 cm. – Sandstein.

Nach der Vita Bernwardi hat Bernward selbst seine Grabanlage vorbereiten und die Grabinschrift schreiben lassen. Der nur roh behauene Kasten war offensichtlich ursprünglich im Boden versenkt. Der satteldachartige Deckel, der allein durch Reliefschmuck und Inschriften ausgezeichnet ist, dürfte aus dem Boden herausgeragt haben. Auf den Dachschrägen sind neun Engelsbüsten als Vertreter der neun Chöre der Engel zwischen jeweils sieben Flammen dargestellt. Sie beziehen sich auf die Flammen, die nach der Geheimen Offenbarung vor dem Thron des Allerhöchsten und des Lammes brennen (Apk 1,12). Engel und Flammen bezeichnen den Ort der Anschauung Gottes, die dem verstorbenen Bischof zuteil werden soll. Der Sarkophag gilt unbestritten als Werk ottonischer Zeit, das wohl kurz vor oder nach dem Tode Bernwards nach seinen Angaben in Hildesheim gearbeitet worden ist.

Wesenberg 1955/1, S. 159–160, 182–183, Abb. 120, 314–318. – Im einzelnen vgl. den Beitrag von Rainer Kahsnitz.

Hildesheim, St. Michael (Krypta)
(in situ)

R. Ka.

IX

SANCTUS

Der Heilige

Bernward hatte das Benediktinerkloster St. Michael als seine monumentale Gedächtnisstiftung errichtet. Der ständigen Fürbitte des Konventes, in dessen Mitte er begraben lag, konnte er gewiß sein. Die Mönche von St. Michael waren es schließlich auch, die im 12. Jahrhundert die Heiligsprechung ihres Stifters betrieben. Seit dem 10. Jahrhundert hatte sich an der römischen Kurie ein formalisiertes Kanonisationsverfahren herausgebildet. Der hierfür erforderliche Aufwand und die damit verbundenen Kosten ließen die Benediktiner anfangs zögern. Eine Mainzer Provinzialsynode gestattete ihnen aber die Verehrung Bernwards innerhalb des Klosters. Damit mochte den Interessen des Konvents Genüge getan sein, doch war zugleich gewiß, daß unter diesen Voraussetzungen eine weitere Verbreitung der Bernwardverehrung nicht möglich war, bedurfte diese doch in der westlich-lateinischen Kirche der vorherigen Prüfung durch die römische Kurie.

Der Anstoß zur offiziellen Heiligsprechung kam von außen. 1192 hielt sich der Kurienkardinal Cinthius einige Wochen lang im Hildesheimer Michaelskloster auf. Nicht weniger als vom blühenden monastischen Leben der Gegenwart, von dem die noch erhaltenen Kirchenschätze und Handschriften Zeugnis ablegen, war er vom bernwardinischen Klosterbau, den man wenige Jahre zuvor grundlegend erneuert hatte, und der reichen wirtschaftlichen Ausstattung beeindruckt; er ließ sich vom Leben und den Wundertaten des verehrten Gründers erzählen und ermunterte Abt und Konvent, die Heiligsprechung Bernwards in Rom zu betreiben. Trotz der schwierigen politischen Verhältnisse – Kaiser Heinrich VI. hatte im Streit mit dem Papst alle Alpenübergänge sperren lassen – gelang es Abt Theodorich II. und Kardinal Cinthius unter Gefahr für Leib und Leben Ende 1192, Rom zu erreichen. In ihrem Reisegepäck befand sich jene Handschrift der Vita Bernwardi episcopi, die am Anfang dieser Ausstellung gezeigt wird. Aus diesem Buch ließen sich Papst Coelestin III. und das Kardinalskollegium über das vorbildliche Leben Bernwards und die Wunder an seinem Grabe vorlesen. Von ihnen wurde Bernward 170 Jahre nach seinem Tod, am 19. Dezember 1192, in die Gemeinschaft der Heiligen aufgenommen. Am 8. Januar 1193 wurde die rechtsverbindliche Kanonisationsurkunde ausgestellt, die Abt Theoderich mit nach Hildesheim brachte. Dort öffnete man im folgenden Jahr das Grab Bernwards, um die sterblichen Überreste, die nunmehr als Reliquien galten, in feierlicher Prozession durch die Bischofsstadt zu geleiten. Einige Reliquien (der rechte Arm und der Kopf) wurden dem Domkapitel übergeben, die restlichen Reliquien kehrten wieder in das Michaelskloster zurück. Fortan stand der Verbreitung des Bernwardkultes nichts mehr im Wege.

Bernward war der erste aus dem niedersächsischen Raum stammende Heilige, in der Reihe der Hildesheimer Bischöfe aber – nach dem zwar seit dem 11. Jahrhundert im Bistum verehrten, doch nie offiziell kanonisierten Altfrid und dem 1131 zur Ehre der Altäre erhobenen Godehard – schon der dritte, der kanonisiert bzw. als Heiliger verehrt wurde. Der Bernwardkult erreichte aber nie die Bedeutung des allerorten in Mitteleuropa anzutreffenden Godehardkultes. Die Verehrung Bernwards konzentrierte sich auf die Diözese Hildesheim und strahlte von hier auf die benachbarten nord- und mitteldeutschen Bistümer und den südlichen Ostseeraum aus. Ausgangspunkte des Kultes waren der Dom und vor allem das Michaelskloster. Attribut des Heiligen wurde das charakteristische Kreuz, das man für ein eigenhändiges Werk Bernwards hielt und das deshalb im Michaelskloster besondere Verehrung genoß. Mit der Reformation, die im gesamten norddeutschen Raum Eingang fand und viele Spuren der einstigen Heiligenverehrung getilgt hat, beschränkte sich die Bernwardverehrung fast ganz auf sein Grabkloster. Hier hüteten die Mönche auch den reichen Bestand bernwardinischer Kunstwerke; denn sie galten seit der Heiligsprechung als Reliquien und wurden damit für die Nachwelt gesichert. So wurde die Kultgeschichte Bernwards zur seit dem 16. Jahrhundert zunehmend schmaler werdenden Traditionsbrücke, die Bernwards Leben über alle Gefährdungen der Vergangenheit und schließlich sogar die Säkularisation (1803) mit der Gegenwart verbindet. Ohne die Heiligsprechung und die jahrhundertelange Verehrung gäbe es heute in Hildesheim kaum eine so reiche historiographische und künstlerische Überlieferung aus bernwardinischer Zeit.

E. B.

IX-1 Consuetudines monachorum

Hildesheim, Mitte oder 3. Viertel des 11. Jahrhunderts

18,5 x 13,8 cm, 28 Blätter. – Pergament.

Das Grundgesetz, dem das Leben der Mönche im 11. Jahrhundert unterlag, war die Benediktinerregel *(regula sancti Benedicti)*. Doch da dieser relativ kurze Text über vieles, was nicht der Willkür des einzelnen überlassen werden sollte, keine Aussage macht, wurden in den Klöstern im Lauf der Zeit weitere Vorschriften erlassen, die nun freilich von Mönchsgemeinschaft zu Mönchsgemeinschaft verschieden sein oder abgeändert werden konnten; man nannte sie *Consuetudines*, auf deutsch „Gewohnheiten". Die in dem Wolfenbüttler Codex enthaltenen Consuetudines (fol. 1v–12v) behandeln zu einem großen Teil Fragen der Liturgie und machen damit deutlich, daß diese in dem Leben der Mönche eine überragende Bedeutung hatte. Darüber hinaus werden andere Tätigkeiten geregelt wie z. B. die Bücherverteilung am Montag der 2. Fastenwoche: „Dann sollen die Brüder aufstehen und die Bücher, die sie im Vorjahr aus der Bibliothek empfangen hatten, zurückgeben. Wenn aber einer aus Nachlässigkeit es versäumt hat, sein Buch zu lesen, soll er um Verzeihung bitten. Dann soll der Bibliothekar die Bücherliste des Vorjahrs verlesen, die Bücher, die er den einzelnen gegeben hatte, unter Namensnennung sich aushändigen lassen und sie wieder zur Lektüre (jeweils) anderen

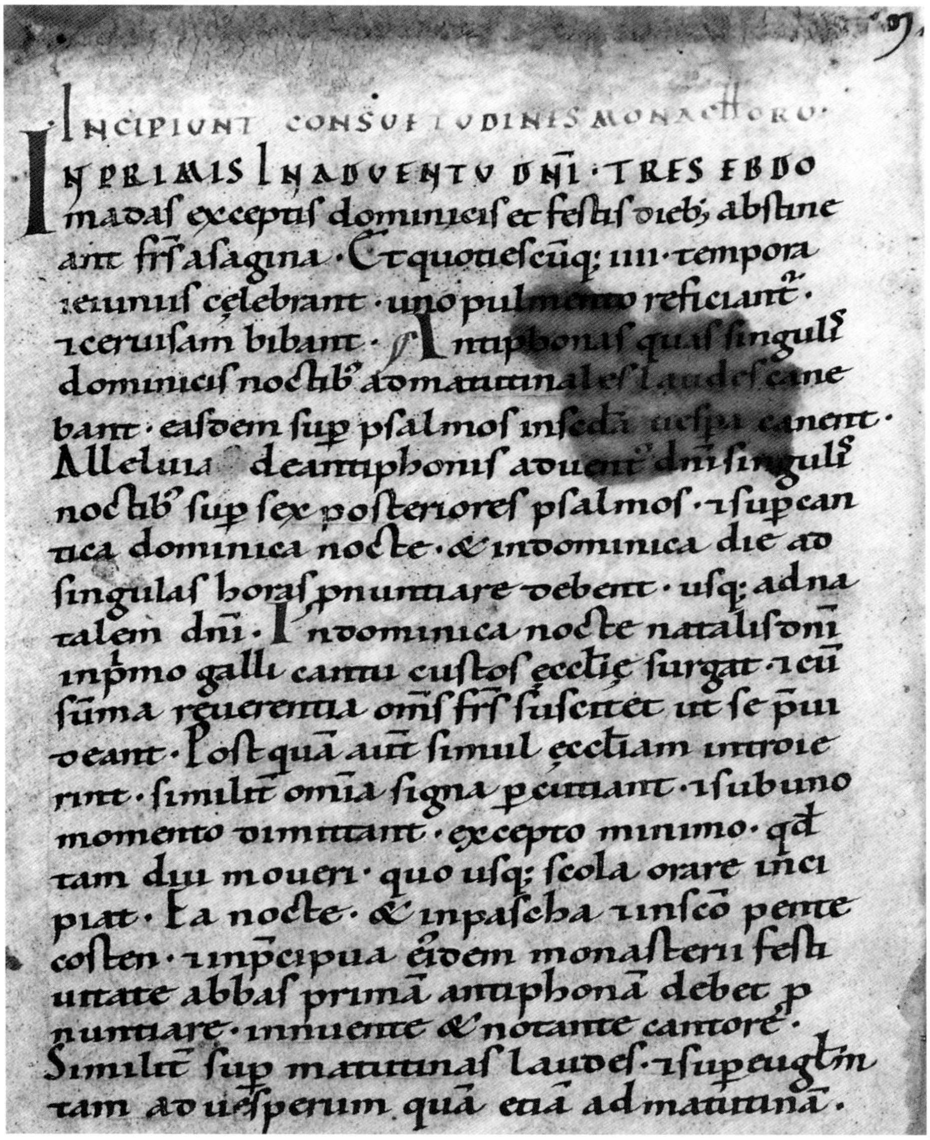
INCIPIUNT CONSUETUDINES MONACHORU
IN PRIMIS IN ADVENTU DNI · TRES EBDO
madas exceptis dominicis et festis dieb; abstine
ant frs a sagina · Et quotiescumq; iiii · tempora
ieiunii celebrant · uno pulmento reficiant ·
& ceruisam bibant · Antiphonas quas singulis
dominicis noctib' ad matutinales laudes cane
bant · easdem sup psalmos in seda uespa canent ·
Alleluia de antiphonis aduent dni singulis
noctib' sup sex posteriores psalmos · & sup can
tica dominica nocte · & in dominica die ad
singulas horas pnuntiare debent · usq; ad na
talem dni · In dominica nocte natalis dni
in pmo galli cantu custos eccle surgat · & cu
sūma reuerentia omis frs suscitet ut se pui
deant · Postquā aut simul ecclam introie
rint · simult omia signa pcutiant · & sub uno
momento dimittant · excepto minimo · qd
tam diu moueri · quo usq; scola orare inci
piat · Ea nocte · & in pascha · & in sco pente
costen · & in pcipua eidem monasterii festi
uitate abbas primā antiphonā debet p
nuntiare · innuente & notante cantore ·
Similit sup matutinas laudes · & sup euglm
tam ad uesperum quā etiā ad matutinā ·

IX-1 fol. 1v

Brüdern übergeben." Das ist gewissermaßen eine Ausführungsbestimmung zu Kap. 48 der Regula S. Benedicti, wo es sehr viel knapper heißt, daß die Mönche zu Beginn der Fastenzeit ein Buch erhalten und dies (im Lauf des Jahres) lesen sollen. Weitere Vorschriften der Consuetudines betreffen die Wäsche und den Wechsel der Beinkleider, die Küchenarbeit, den Aderlaß usw.

Die Wolfenbüttler Handschrift berührt sich zum Teil wörtlich mit zwei anderen Consuetudinestexten: dem Einsiedler Codex 235 aus dem 10. Jahrhundert und einem Abschnitt in der Sammelhandschrift 1238/602 (fol. 189r–206v) der Stadtbibliothek Trier, den man sich – freilich mit ganz unzulänglicher Begründung – um die Jahrtausendwende in Fulda entstanden denkt. Die Gemeinsamkeiten in den drei Texten weisen darauf hin, daß sie alle in den Umkreis der sog. Gorzer Reform gehören, die im 10. und im frühen 11. Jahrhundert dem deutschen Mönchtum Maßstäbe gesetzt hat.

Die Wolfenbüttler Consuetudines werden drei Händen verdankt, die man dem Skriptorium von St. Michael zuweisen darf. Die beste von ihnen, die ungewöhnlich schön schreibt (fol. 1v, 3r Z. 1–7 usw.), ist auch in dem Vat. Pal. lat. 296 (fol. 91r Z. 2 – fol. 104v) nachzuweisen, der aus dem Hildesheimer Dom stammt; sie nimmt unter den an diesem Codex beteiligten Händen paläographisch gesehen eine Sonderstellung ein, was vermutlich damit zu erklären ist, daß es sich um einen Mönch von St. Michael handelt, der aufgrund irgendeines Zufalls ins Domskriptorium geraten ist.

Da der Wolfenbüttler Codex erst um die Mitte oder im 3. Viertel des 11. Jahrhunderts entstanden ist, muß ungewiß bleiben, ob die darin enthaltenen Consuetudines schon unter Bernward in St. Michael gegolten haben oder erst unter Godehard dort eingeführt worden sind (vgl. Essay Faust).

Am oberen Rand von fol. 1v ist eine Zeile ausradiert, in der man einen spätmittelalterlichen Besitzvermerk vermuten kann. Am Schluß ist ein unziales m stehen geblieben, vielleicht der Rest von *Hildeneshem.* Im 16. Jahrhundert war der Codex im Besitz des Flacius Illyricus.

von Heinemann 1,3, S. 32 Nr. 1152. – Corpus consuetudinum monasticarum 7,1, S. 188–191 (mit Tafel 15 = fol. 8r); 7,3, S. 323–362. – Huglo/Meyer 1986, S. 218 f.

Wolfenbüttel, Herzog August Bibliothek, Cod. Guelf. 1050 Helmst.

H. H.

IX–2 Profeßurkunden des Benediktinerklosters Sankt Michael in Hildesheim

Hildesheim, Sankt Michael, 11. bis Anfang des 13. Jahrhunderts

Pergament.

Aus dem von Bernward gegründeten Benediktinerkloster Sankt Michael ist eine im deutschsprachigen Raum anscheinend einmalige Reihe von 159 Profeßurkunden überliefert. Obschon nicht vollständig, dokumentiert sie von der Zeit des ersten Abtes aus den zwanziger Jahren des 11. Jahrhunderts bis wenige Monate vor der Aufhebung zu Beginn des 19. Jahrhunderts die geschichtliche Kontinuität des Klosterkonvents, der sich in den die Profeß ablegenden Mönchen gleichsam unmerklich, aber ununterbrochen erneuerte. Was war (und ist) die Profeß eines Mönchs und wozu die Profeßurkunde?

In der Regel Benedikts (Regula Benedicti 58, 17–18) wird die Profeßfeier geschildert. Sie erfolgt öffentlich im Oratorium (Gebetsraum) des Klosters in Gegenwart aller Mönche. Zur rechtlichen Gültigkeit sind ein mündliches Versprechen (*promissio*) und eine schriftliche Erklärung (*petitio*) erforderlich, die vom Professen unterzeichnete Urkunde. In ihr bekräftigt der junge Mönch sein Versprechen und bittet um die endgültige Aufnahme in die klösterliche Gemeinschaft. Die Urkunde wird auf den Altar gelegt und dann im Archiv aufbewahrt. Der Tag der Profeß entscheidet für den Mönch seine Rangfolge unter den Brüdern. Zur Zeit Benedikts dachte man noch nicht an „förmliche Gelübde", sondern versprach (*promittere*), sich dem „Dienst Gottes" zur Verfügung stellen zu wollen.

Mit drei Begriffen ist der Inhalt des Versprechens angegeben: Beständigkeit (*stabilitas*), klösterlicher Lebenswandel (*conversatio morum*) und Gehorsam (*oboedientia*). Beständigkeit ist erforderlich, weil es sich um eine lebenslängliche Verpflichtung handelt, deren Bruch als Abfall betrachtet wird. Das Wort Ortsbeständigkeit (*stabilitas loci*) kommt in der Regula Benedicti jedoch nicht vor. Der Sinn des Wortes „Gehorsam" ist eindeutig. Nicht so leicht ist die Bedeutung von *conversatio morum* zu verstehen. B. Steidle erklärt diese Regelstelle, die sich zum Beispiel so auch bei Ambrosius findet, mit Hilfe des Genitivus epexegeticus und übersetzt sie als „klö-

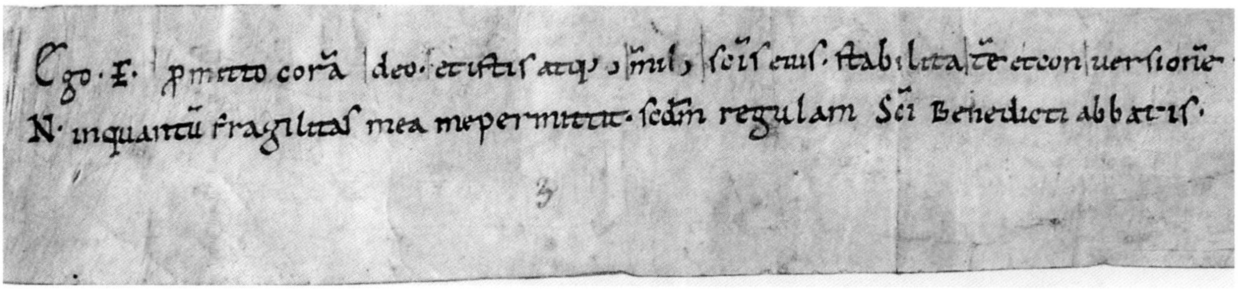
Ego · F · pmitto corā deo · et istis atq; omnib; scis eius · stabilitatē et conuersione · N · inquantū fragilitas mea me permittit · sedm regulam Sci Benedicti abbatis ·

IX–2.1

Ego garman pmitto coram do & istis atq omnibus scis eius stabilitatē & conuersionem morū meorum & obedientiā abbati meo ADEL BERHTO · inquantū fragilitas mea me pmittit. sedm regulam sci benedicti abbatis

IX–2.2

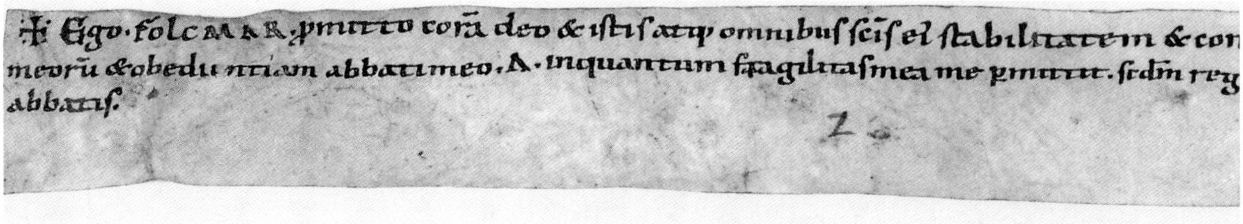
Ego · folcmar pmitto corā deo & istis atq omnibus scis ei stabilitatem & con morū & obedientiam abbati meo · A · inquantum fragilitas mea me pmittit. sedm reg abbatis.

IX–2.3

Ego Diemo pmitto corā do. & istis atq; omnib; scis ei. stabilitatē & cũsionē morū meorū & obedientiā abbati. M. inquantū fragilitas mea me pmittit sedm regulā Sci Benedicti abbatis.

IX–2.4

sterlichen Tugend-Wandel, wie ihn die Regula und der Wille des Abtes konkret bestimmen und festlegen“. Seit dem 8. Jahrhundert drang in viele Regelhandschriften die leichter verständliche Formel „Bekehrung der Sitten“ (*conversio morum*) ein. Trotz des in der Regel eindeutig überlieferten dreifachen Versprechens war im 8. und 9. Jahrhundert die Gewohnheit verbreitet, nur Beständigkeit und Gehorsam zu geloben (St. Gallen). In der 2. Hälfte des 9. Jahrhunderts gewann die ursprüngliche Dreiheit wieder Allgemeingeltung. Die älteste überlieferte Profeßformel findet sich im irrtümlich Paulus Diaconus zugeschriebenen Regelkommentar: *Promitto de stabilitate mea et conversione morum meorum saecularium et obedientia coram deo et sanctis eius.*

Die Profeß wird vor Gott und seinen Heiligen abgelegt. Sie ist mehr als ein Versprechen an den Abt und die Gemeinschaft der Mönche. Die Aufbewahrung der Urkunde dient der rechtlichen Absicherung des Abtes und seiner Nachfolger, falls bei einem Austritt Klagen und etwaige Ansprüche angemeldet werden.

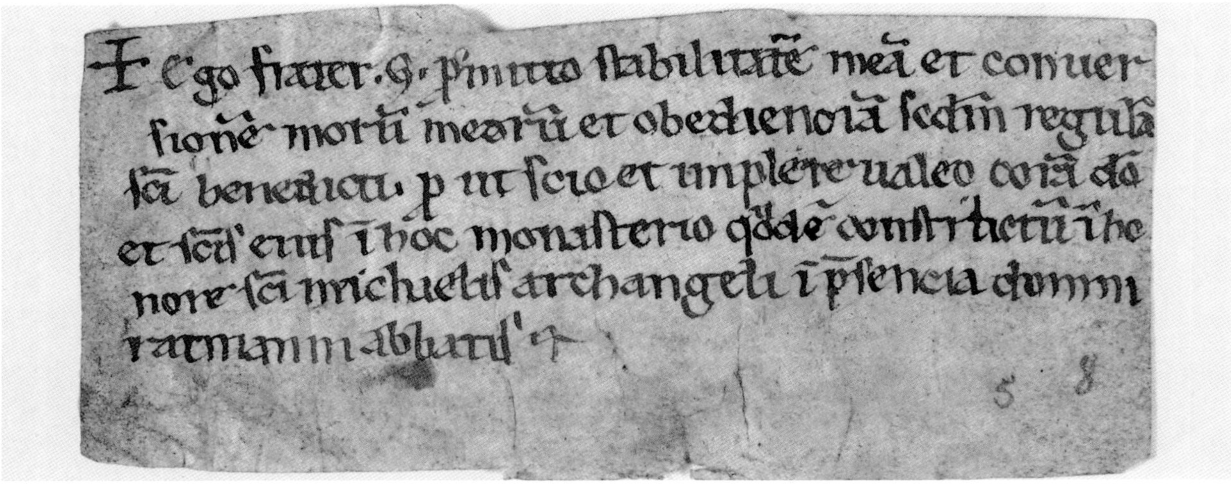

IX–2.5

IX–2.6

Ausgestellt werden nur die sechs ältesten der erhaltenen Profeßurkunden. Sie sind auf Pergament geschrieben und tragen zum Teil abweichende ältere Numerierungen. Die Amtsdaten der genannten Äbte lassen sich zuweilen nicht genau bestimmen; bis zu einer hier nicht zu leistenden Untersuchung der völlig verwirrten chronikalischen Überlieferung und umfangreicher Fälschungen sei auf die einstweilen maßgebende, strikt an den Urkunden orientierte Abtsliste von U. Faust (s. v. Hildesheim, Sankt Michael, in: Faust 1979, S. 241) verwiesen.

Nr. 1 (früher 6; 3, aus 5 verbessert)
3,7 x 25,2 cm. – Pergament.
(Druck : UBHH 1, Nr. 85 S. 85 mit abweichender Datierung)

„Ich E. verspreche vor Gott und vor diesen und allen seinen Heiligen meinem Abt N. die Beständigkeit des Aufenthalts, den Wandel meiner Sitten (im Sinne des oben erläuterten „klösterlichen Lebenswandels“) und Gehorsam gemäß der Regel des heiligen Abtes Benedikt, soweit meine Schwachheit dies erlaubt.“ (*Ego E. promitto coram deo et istis atque omnibus sanctis eius stabilitatem et conversionem morum meorum et obedienciam abbati meo N. in quantum fragilitas mea me permittit secundum regulam sancti Benedicti abbatis.*)

Dieses Exemplar, dessen Profeßformel auf den folgenden Urkunden zunächst unverändert wiederholt wird, ist wohl im zweiten oder dritten Jahrzehnt des 11. Jahrhunderts geschrieben worden und somit eindeutig das älteste in Sankt Michael erhaltene. Doch gibt es einige Rätsel auf: Einen Abt, dessen Name mit einem *N* beginnt, hat es im Hochmittelalter nicht gegeben. Der erste, von Bernward wohl im November 1022 eingesetzte Abt Goderam ist 1030 gestorben. Man könnte daher an eine Profeß denken, die in der Zeit nach der Gründung des Klosters, bald nach 1010, und noch vor der Einsetzung Goderams stattgefunden hätte, so daß in der Urkunde der Abt vorläufig anonym geblieben wäre. Nicht vorhanden ist das sonst eigenhändig unterzeichnete Kreuz. Ganz unklar ist auch, welchem Zweck die parallel über die Breitseite verteilten, paarweise angeordneten kleinen Einschnitte dienten.

Nr. 2 (früher 4): Profeßmönch Garman; Abt Adalbert

3,4–4,0 x 14,3 cm. – Pergament.
(Druck: UBHH 1, Nr. 76 S. 77)

Nr. 3 (früher 2; 5): Profeßmönch Folcmar; Abt Adalbert

2,5 x 20,1 cm. – Pergament.
(Druck: UBHH 1, Nr. 77 S. 77)

Beide Urkunden, die von den Professen auch eigenhändig mit einem Kreuz unterzeichnet worden sind, gehören in die Zeit des Abtes Adalbert, den Bischof Godehard von Hildesheim (1022–1038) im Jahr 1030 aus Hersfeld holte. Die Formen der Schrift entsprechen den in Hildesheim im zweiten Viertel des 11. Jahrhunderts anzutreffenden Typen: die kleine, aber sich verfestigende Schrift Folcmars hat, ohne identisch zu sein, Ähnlichkeiten mit der letzten der Haupthände in der Hildesheimer Denkschrift (Kat. Nr. VII–28), und die Schrift des Garman ist auf dem Weg zu der stattlichen Hildesheimer Kalligraphie des zweiten und dritten Viertels des 11. Jahrhunderts.

Nr. 4 (früher 4 korrigiert; 7): Profeßmönch Diemo; Abt M(eginward)

3,0 x 14,5 cm. – Pergament.
(Druck: UBHH 1, Nr. 142 S. 136)

Meginward, der zuvor als Abt der Reichenau resigniert hatte, war im letzten Drittel des 11. Jahrhunderts, urkundlich zuletzt 1093 belegt, Abt von Sankt Michael. Daß es zwei Äbte dieses Namens gegeben hätte, wie Karl Schmid (in: Geuenich/Neumüllers-Klauser/Schmid 1983, S. 36 ff., besonders S. 37 Anm. 57) bei der Interpretation des Meginward-Eintrags auf der Altarplatte von Reichenau-Niederzell erwägt, ist ausgeschlossen, vielmehr ist die angeführte einschlägige Quellenstelle im Nekrolog von Sankt Michael (Kat. Nr. IX–5) verfälscht.

Nr. 5 (früher 8): Profeßmönch G.; Abt Ratmann

6,3 x 14,4 cm. – Pergament.
(Druck: UBHH 1, Nr. 378 S. 361 f.)

Die in der Urkunde möglicherweise unter dem Einfluß der Hirsauer Reform (vgl. den Beitrag von Faust) leicht veränderte Formel hebt die Anwesenheit des Abtes bei der Profeß hervor (*in presencia domni Ratmanni abbatis*); diese Änderung ist bis zur Aufhebung des Klosters gültig geblieben. Ratmann war Abt 1176/78 – 1180 (vgl. Kat. Nr. IX–15). Daß der Profeßmönch die Urkunde selbst geschrieben hat, läßt schon die wenig schöne Schrift erkennen. Denn wäre der Text im Skriptorium des Klosters vorgefertigt worden, hätte man gewiß auf die Kalligraphen zurückgegriffen, die in der zweiten Hälfte des 12. Jahrhunderts die Buchkunst des Klosters bestimmt haben (vgl. Kat. Nr. I–1).

Nr. 6: Profeßmönch Godefridus; Abt Hugold

3,5 x 18,8 cm. – Pergament.
(Druck: UBHH 1, Nr. 608 S. 582)

Hugold wurde Abt, als Theoderich II., der die Kanonisation Bernwards so tatkräftig betrieben hatte, unter Bischof Hartbert 1204/05 sein Amt resigniert hatte (vgl. den Beitrag über die Erhebung Bernwards zum Heiligen). Später erhielt er die Abtei Corvey.

Die Professen, die in diesen aus den beiden ersten Jahrhunderten des Klosters stammenden Urkunden genannt werden, sind weder in der sonstigen, allerdings spärlichen urkundlichen Überlieferung noch in dem spätmittelalterlichen Nekrolog von Sankt Michael nachzuweisen (Kat. Nr. IX–5). Dagegen werden die durchweg eigenhändigen spätmittelalterlichen und neuzeitlichen Profeßurkunden vielfach durch Nekrologien, Profeßlisten und Weiheprotokolle wie durch Urkunden, Amtsbücher und die chronikalische Überlieferung ergänzt, die den weiteren Werdegang des Mönchs und seine Tätigkeit bisweilen zu einem anschaulichen Bild zusammenfügen.

Einer der letzten Konventualen des Klosters, der 1841 verstorbene P. Ferdinand Becker, hat die wertvolle Sammlung, die er bei der Säkularisation gerettet hatte, dem Hildesheimer Privatgelehrten und Bibliothekar Johann Michael Kratz geschenkt, durch den sie schließlich der Dombibliothek überantwortet wurde.

Herwegen 1912. – Butler 1929. – Schmitz, 1, 1947. – Frank 1951. – RAC, 3, 1957, S. 422–424 (M. Rothenhäusler). – Steidle 1959. – Holzherr 1982. – Benediktusregel. – Machilek 1992 mit weiterführender Literatur.

Hildesheim, Dombibliothek, Hs. 308

U. F./H. J. S.

IX-3 Zweites Siegel von St. Michael in Hildesheim

Hildesheim, vor 1236

Zwei Fragmente: ursprünglich rund, Durchmesser 6,5–7 cm. – Braunes Wachs an Pergamentpressel; an der Urkunde auch Rest des Abtsiegels. Erhalten nur etwa ein Drittel mit dem oberen Teil der Figur und ein Teil der Umschrift, beim zweiten Fragment nur der Engel mit einem Teil des Drachen zu seinen Füßen, Rest in neutralem Wachs ergänzt.

Umschrift zwischen äußeren Begrenzungslinien: + *SIGIL... N. HILDENSEM*

Das Michaeliskloster in Hildesheim siegelte am 25. April 1093 mit einem Siegel, das nach Auskunft des Hildesheimer Urkundenbuches den heiligen Michael als Engel mit Flügeln zeigte und die Umschrift *SCS MICHAHELIS ARCH...* aufwies. Das Siegel wird als rund und gut erhalten bezeichnet (UBHH 1, Nr. 151). Die Urkunde ist im Zweiten Weltkrieg verbrannt, über sein Aussehen ist sonst nichts überliefert.

Das Siegel des 13. Jahrhunderts – es war wenigstens das zweite, das die Abtei führte; doch mögen andere, ebenfalls verlorene Siegel im 12. Jahrhundert vorausgegangen sein – ist zum erstenmal durch die beiden hier ausgestellten Fragmente von 1236 überliefert. Das Typar kann aus stilgeschichtlichen Gründen nicht wesentlich früher entstanden sein. Ein Klostersiegel von St. Michael wird sonst zwischen 1093 und 1236 nur ein einziges Mal in den Jahren 1141–44 erwähnt (UBHH 1, Nr. 226); doch will das angesichts der Gepflogenheiten einer einfachen Klosterkanzlei nicht viel bedeuten, die keineswegs mit derselben Sorgfalt wie königliche oder bischöfliche Kanzleien die Siegel zuvor im Text der Urkunde anzukündigen pflegt. Es begegnet nach 1236 in einem zwar größeren, aber bis zur Unkenntlichkeit abgeriebenen Fragment noch einmal 1259 (Hannover, Niedersächsisches Hauptstaatsarchiv, Cal. Or. Wülfinghausen, Nr. 32; Urkundenbuch Wülfinghausen, Nr. 39). Es zeigt immerhin, daß der Engel beide Flügel weit ausgebreitet hatte. – Zum späteren Siegel der Abtei vgl. die folgende Kat. Nr. IX-4.

IX-3 Cal. Or. 100 Hilwartshausen, Nr. 32

IX-3 Cal. Or. 100 Hilwartshausen, Nr. 29

Das bisher niemals veröffentlichte und anscheinend nur noch als Fragment überkommene Siegel ist ein großartiges Werk der niedersächsischen Goldschmiedekunst aus der Anfangszeit des scharfbrüchigen Zackenstils. Es zeigt im offenbar ursprünglich runden Feld den stehenden Erzengel auf dem Leib des am Boden liegenden Drachen. Mit der hoch erhobenen Linken stößt er dem sich aufbäumenden Untier die Lanze in das erhobene Maul, in der rechten Hand schwingt er ein Schwert. Die ausgebreiteten Flügel füllen das Bildfeld fast ganz, auf der linken Seite des Engels mit geraden Schwungfedern, rechts in der Richtung des Schwertes schräg, wobei der Raum darunter durch Michaels aufgebauschtes Gewand und den sich ringelnden, aufgerichteten Schwanz des Drachen gefüllt wird.

Neben dem Reichtum der Gewandwiedergabe, bei der sich Fülle und Weichheit des Stoffes, wie sie der vorausgehende Muldenfaltenstil liebte, mit den kantigen Brechungen des Zackenstiles harmonisch verbinden, beeindruckt vor allem die wie selbstverständlich erscheinende Wiedergabe der heftigen körperlichen Aktion, die Ponderation der bewegten Gestalt und ihre Ausbreitung in der Fläche. Michael steht in betonter Ausfallstellung über dem Drachen, das rechte Bein weit nach außen gestellt, das linke im Knie angehoben. Sein Haupt mit den seitlich herabfallenden Haaren tritt in einer Dreivierteldrehung weit aus dem schalenförmigen Nimbus hervor. Der Verlagerung des Körpergewichts nach seiner rechten Seite, der auch Arm- und fein differenzierte Flügelhaltung folgen, bieten rechts der senkrechte Lanzenschaft und der ihn hinterfangende Flügel Halt. Solch körperlich reiche Bewegung und plastische Massenkomposition begegnen in der statischen Welt der Siegelbilder nur selten. Es bleibt zu hoffen, daß es trotz der Vernichtung fast aller Hildesheimer Urkunden im letzten Krieg gelingen möge, an abgelegener Stelle noch einen vollständigen Abdruck dieses Typars aufzufinden.

Unpubliziert. – UBHH 2, Nr. 453 (diese Urkunde).

Hannover, Niedersächsisches Hauptstaatsarchiv, Cal. Or. 100 Hilwartshausen, Nr. 29: 1236 Mai 22 und Cal. Or. 100 Hilwartshausen, Nr. 32: ohne Datum (zu 1236 Mai 22 gehörig)

R. KA.

IX–4 Drittes Siegel von St. Michael in Hildesheim

Hildesheim, vor 1300

Durchmesser 7,2 cm. – Dunkelbraunes Wachs, an Pergamentpressel hängend, mit schmalem Wachsrand. An der Urkunde auch Siegel des Abtes Heinrich.

Umschrift zwischen Begrenzungslinien: + *SIGILLV(m)* · *ECCL(es)IE* · *SCI* · *MICHAEL'* · *ARCHANGEL'(i)* · *IN* · *HILDENSEM* ·

Der spätestens seit 1300 in Gebrauch befindliche, kaum früher entstandene Siegelstempel der Abtei stellt nach dem älteren mit der großartig ponderierten Gestalt des Erzengels mit seinen relativ steifen Figuren künstlerisch einen Rückschritt dar, ist aber

IX–4

im Zusammenhang der Ausstellung insofern von Interesse, als dem auf dem Drachen stehenden Kirchenpatron die Figur des heiligen Bernward gegenübergestellt wird, der in ehrfurchtsvoll verhüllten Händen das Modell der von ihm gestifteten Kirche dem Engel überreicht. Bernward trägt pontifikale Gewänder mit Mitra und Stab, ist aber nicht als Heiliger gekennzeichnet, obwohl seine Kanonisation lange zurücklag. Nur Michael ist mit einem Nimbus ausgezeichnet. Bernward erscheint zwar als Stifter, aber in gleicher Größe und mit ähnlichem Gewicht wie der Klosterpatron. Für das Selbstverständnis der Abtei scheint es von Interesse, daß sie sich jetzt nicht mehr allein im Bild des siegreichen Erzengels, ihres angestammten Patrons, sondern zugleich in dem ihres berühmten Klostergründers repräsentiert sehen wollte. Es handelt sich um einen der seltenen Fälle, in denen die Gründe für den Wechsel des Siegelstempels offen zutage liegen.

Kratz 1840/2, Taf. 12 Nr. 1. – UBHH 2, S. 691 und Siegeltaf. VI, Nr. 27 (jeweils mit irrigen Angaben zur Benutzung des Stempels). – UBHH 3, Nr. 1250 = Urkundenbuch Marienrode, Nr. 120 (diese Urkunde).

Hannover, Niedersächsisches Hauptstaatsarchiv, Cal. Or. 100 Kloster Marienrode, Nr. 92: 1300 Februar 28

R. KA.

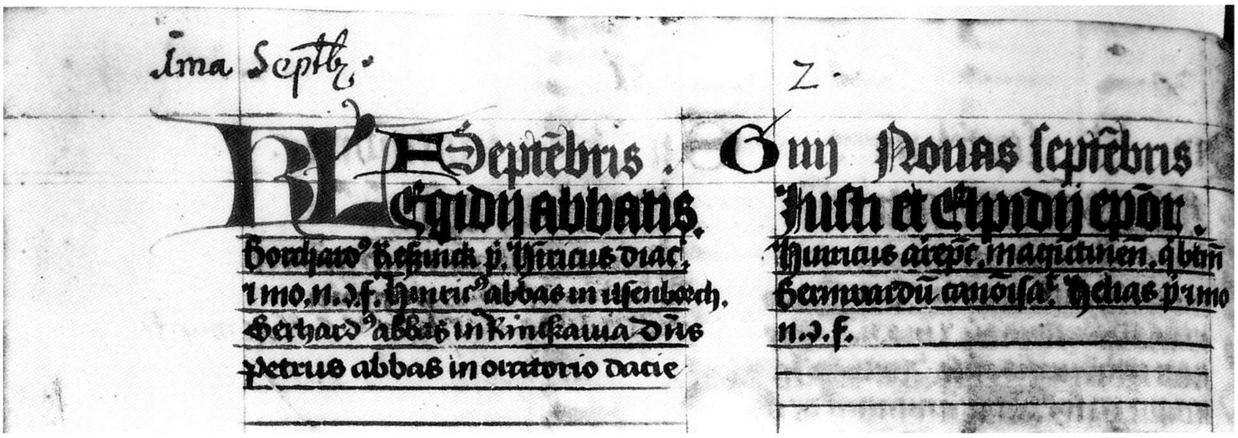

IX–5 fol. 175v

IX–5 Nekrolog des Benediktinerklosters Sankt Michael in Hildesheim

1496 im Kloster Sankt Michael angelegt, mit jüngeren Nachträgen des 16.–19. Jahrhunderts

24,5 x 17,5 cm; fol. 114r–205v. – Pergament.

Mittelalterliche Nekrologien (Totenbücher) geistlicher Institutionen sind monoton und ehrwürdig zugleich: dies, weil sie die Menschen dem Vergessen entreißen, die in vielen Jahrhunderten den Bestand bedeutender Kirchen und Klöster gesichert haben, jenes, wenn man über die Namen der Toten nicht mehr zu den Personen vordringt oder sie nicht mehr in den materiellen, rechtlichen und liturgischen Zusammenhang rücken kann, der das mittelalterliche Gedächtniswesen bestimmt hat. Für die bisweilen triste Langeweile, die die endlosen Namenslisten dann hervorrufen, gibt es freilich ganz verschiedene Gründe: Manchmal ist es das neuerdings da und dort in Mode gekommene Verfahren, die Nekrologien aus der lebendigen Anschaulichkeit der handschriftlichen Überlieferung herauszureißen und sie nicht mehr wie Texte zu lesen und zu drucken, sondern sie für den Datenabgleich computergerecht zerhackt nur noch als Rohmaterial wissenschaftlicher Kommentare zu präsentieren; manchmal aber sind die Nekrologien schon im Mittelalter selbst überarbeitet und, um älteren Bestand gekürzt, neu abgeschrieben worden. Dies ist beim Nekrolog des Hildesheimer Michaelsklosters der Fall, dessen ältestes vollständig erhaltenes Exemplar erst aus dem Jahre 1496 stammt.

Man sieht an den aufgeschlagenen Seiten, daß das Pergament früher einmal beschrieben, radiert und dann neu verwendet wurde, daß es sich also um ein Palimpsest handelt, und an anderen Stellen sind sogar die Spuren eines, allerdings nicht einmal viel älteren Nekrologs zu erkennen. Die vorliegende Fassung wurde durch die Bursfelder Kongregation erzwungen. Diesem Reformverband, der zahlreiche Benediktinerklöster zusammenschloß, gehörte das Michaelskloster seit der Mitte des 15. Jahrhunderts an (vgl. Beitrag Faust). Die Bursfelder, die die Existenz der angeschlossenen Klöster auch durch ökonomischen Sachverstand zu sichern suchten, ordneten das Memorialwesen, das einen erheblichen materiellen Aufwand erforderte, ziemlich rigide, und so sind die im 15. und 16. Jahrhundert unter ihrem Einfluß und unter ihrer Aufsicht entstandenen Nekrologien von einer nüchternen Gleichförmigkeit, von der das Nekrolog des Hildesheimer Michaelsklosters (wie übrigens auch das des Godehardiklosters in Hildesheim) eine vorzügliche Anschauung liefert. Dabei ist von den vielfältigen älteren Verbindungen des Klosters und von den ausführlich geschilderten Stiftungen nicht mehr viel übriggeblieben, dafür aber in Erwartung einer langen und bedeutenden Geschichte viel Raum für künftige Einträge gelassen worden, der dann nicht mehr ausgefüllt wurde, obwohl der Codex bis zur Aufhebung des Klosters im Gebrauch blieb, wie die datierten Nachträge des 17. und 18. Jahrhunderts auf fol. 176r zeigen.

Aus Bernwards Verwandtschaft sind nur zwei

Personen eingetragen, und zwar zum 13. März seine Schwester Judith *(Judith abbatissa in Ringelem, soror beati Bernwardi episcopi;* vgl. Kat. Nr. VII–31) und zum 25. Dezember seine Mutterschwester Hrotgard *(Rothegardis abbatissa Hildwardensis ecclesie, matertera sancti Bernwardi episcopi)*, letztere vielleicht nur wegen ihrer ausführlichen Würdigung im 42. Kapitel der *Vita Bernwardi* (MGH SS 4, S. 776).

Auf besonders interessanten älteren Bestand des Nekrologs geht der Eintrag zum 2. September zurück (fol. 175vb unter dem Datum und den Tagesheiligen des Festkalenders): „Heinrich, Erzbischof von Mainz, der den heiligen Bernward kanonisiert hat." *(Hinricus archiepiscopus Maguntinensis, qui beatum Bernwardum canonisavit).* In der Tat hatte Erzbischof Heinrich von Mainz im Jahr 1150 die lokale Verehrung Bernwards als eines Heiligen gestattet (UBHH 1, Nr. 265 und 266, S. 245f.; vgl. Kat. Nr. I–1), und ein Zeugnis des im Kloster aufblühenden Kultes ist der Ratmann-Codex aus dem Jahr 1159 (vgl. Kat. Nr. IX–9). Die Formulierung des Eintrags spiegelt die Verhältnisse und die Rechtsanschauungen der Mitte des 12. Jahrhunderts wider, und er ist weder 1192/1193, als Bernward vom Papst kanonisiert wurde, geändert worden noch zu irgendeinem späteren Zeitpunkt, als längst das Recht der Heiligsprechung ausschließlich den Päpsten vorbehalten war. Während der Papst und die übrigen an der Kanonisation beteiligten Personen (vgl. den Beitrag über die Erhebung Bernwards zum Heiligen) den erwähnten redaktionellen Kürzungen zum Opfer gefallen sein dürften, ist für den Mainzer Erzbischof, der 1153 abgesetzt wurde und fern seiner Metropole in Einbeck bei Göttingen begraben liegt, in Hildesheim bis zur Aufhebung des Michaelsklosters gebetet worden.

Dem Nekrolog sind im Codex ein Martyrolog und die Regula Benedicti mit einem Titelbild (fol. 60v und fol. 61r mit einer in Blau gehaltenen, weiß gehöhten großen A-Initiale auf Goldgrund in grün-rotem Rahmen sowie mit datiertem Explicit fol. 112v) vorangestellt, die für den liturgischen Gebrauch eingerichtet wurden.

Mooyer 1842/1843.

Kommentierte Edition in Vorbereitung.

Hildesheim, Stadtarchiv Hildesheim, Hs. M. 191a (aufgeschlagen fol. 175v–176r)

K.-H. B./H. G./H. J. S.

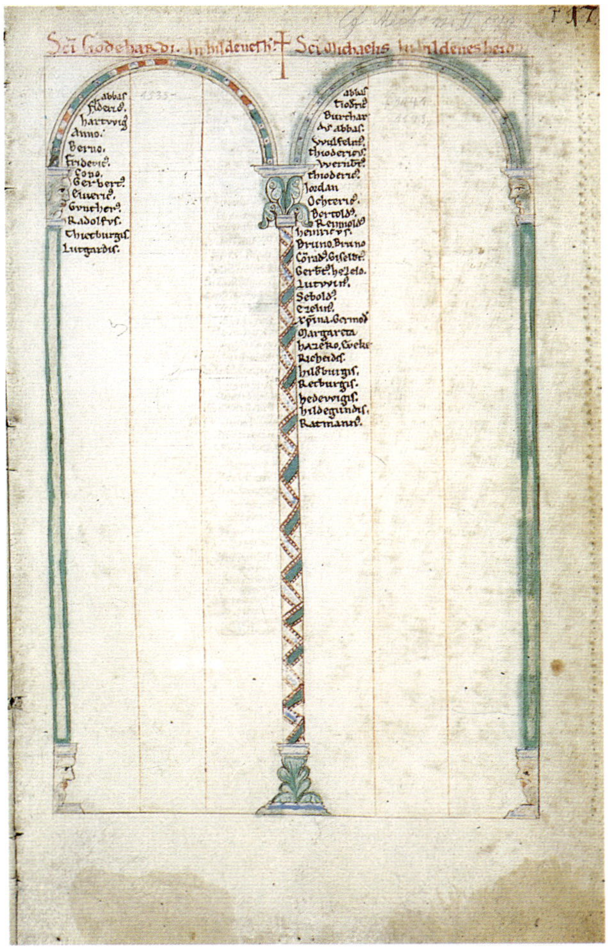

IX–6 S. 17

IX–6 Liber vitae von Rastede

Rastede, um 1160

27 x 17 cm, 32 Seiten, ursprünglich selbständiger Faszikel, heute Teil I (S. 5–36) eines Sammelbandes, des sogenannten Codex Rastedensis (mit Klosterchronik, Güterverzeichnis, Urkundenkopien und Miracula). – Pergament, figürliche Darstellungen in den Doppelarkaden, illuminierte Kapitelle, Säulen und Säulenfüße.

In dem um 1091 erstmals als Benediktinerkloster bezeugten Rastede wurde um die Mitte des 12. Jahrhunderts ein „Liber vitae" angelegt, der die Namen der Bremer Erzbischöfe, der eigenen Mönche, Konversen und Laienschwestern, der Klosterstifter und ihrer Verwandtschaft, der Mitglieder von 21 verbrüderten Konventen im niederdeutschen Raum (u. a. Harsefeld, Bremen, Stade, Ramelsloh, Wildeshausen, Wunstorf, Lüneburg, Ülzen) und im nördlichen Harzvorland (Hildesheim, Ilsenburg, Huysburg,

Braunschweig, Königslutter) und der Wohltäter von Rastede aufnehmen sollte. Allerdings blieben wie beim Corveyer „Liber vitae" (Kat. Nr. IX–7) die meisten Seiten leer oder wurden erst in späteren Jahrhunderten genutzt. Zu den ältesten Namenverzeichnissen im Rasteder Codex gehören jene aus den Hildesheimer Klöstern St. Michael und St. Godehard, die auf einer Seite (S. 17) Platz fanden. In beiden Fällen handelt es sich um Listen verstorbener Äbte, Mönche und Sorores, die der mutmaßliche Auftraggeber des „Liber vitae", Abt Donatian, vormals Mönch in St. Godehard, aus Hildesheim nach 1163 eingeholt hat. Der Konvent von St. Michael ist vertreten mit zwei Äbten, Dietrich I. († 1149) und Burchard († nach 1163), 18 Mönchen *(Wulfelmus* bis *Ezelinus)* und zehn Sorores *(Christina* bis *Hildegundis),* die etwa seit 1145 gestorben waren. Hinter dem letzten Namen der Liste, *Ratmannus,* verbirgt sich der Priestermönch und Stifter des berühmten Hildesheimer „Ratmann-Missales" von 1159 (Kat. Nr. IX–9), der in jenem Prachtcodex eine Memorialurkunde und Konventsverbrüderungsliste seines Klosters hat aufzeichnen lassen. Ratmann darf daher auch als Verfasser der im Rasteder „Liber vitae" niedergeschriebenen Totenliste von St. Michael gelten.

Lübbing 1935. – Zur Namenliste von St. Michael in Hildesheim vgl. Freise (im Druck), Kap. VI e.

Oldenburg, Niedersächsisches Staatsarchiv, Best. 23–1 Ab. Nr. 1

E. F.

IX–7 Liber vitae (und Pontificale) von Corvey

Helmarshausen und Corvey, 1152–1158

28,5 x 23 cm, 96 (und 284) Seiten. – Pergament, mit ganzseitiger Widmungsminiatur (S. 11), Federzeichnungen, Arkadenmalerei und illuminierten Heiligen-Medaillons in den Arkadenbögen (S. 12–89) und ganzseitiger Titel-Miniatur des Pontificale (hll. Bischöfe Servatius und Nicolaus, S. 97).

Zu den bedeutendsten Zeugnissen hochmittelalterlicher „Gedenküberlieferung" zählt das durch Abt Wibald von Stablo und seinen Corveyer Propst Adalbert initiierte „Buch des Lebens", das von berühmten Schreiber- und Malermönchen aus dem nahen Kloster Helmarshausen ausgeführt wurde – als Dokument der erneuerten Gebetsfraternität Corveys mit geistlichen Gemeinschaften (Benediktiner/ -innen-Abteien, Domkapitel, Kollegiat- und Kanonissenstifte) vor allem in Sachsen, Thüringen und Hessen, in Köln, Mainz und am oberen Main. Nach dem Vorbild antiker Diptycha, in bewußter Nachahmung der „Verbrüderungsbücher" des Frühmittelalters sollten unter den Doppelarkaden jeweils einer Seite, die einer jeden verbrüderten Kommunität zugeordnet war, die dort eingeschriebenen Namen der Verstorbenen und Lebenden für den himmlischen „Liber vitae" bewahrt bleiben. Innerhalb der Hierarchie der so berücksichtigten Gemeinschaften ist das Bistum Hildesheim im letzten Drittel plaziert (S. 70–75), vertreten durch das Domkapitel, die Männerkonvente von St. Michael und St. Godehard sowie die Frauenkonvente von Lamspringe und Gandersheim. Halbporträts der Patrone in den Medaillons (S. 71: der Erzengel Michael; S. 72: hl. Bischof Godehard), ihr Titel in der Rahmenarchitektur (S. 71: *Sanctus Michahel Archangelus)* und der Name der ihnen unterstehenden Gemeinschaft (S. 71: *Nomina monachorum Hildenesheim)* weisen den zugehörigen Platz aus, an dem die eingeforderten Namen einzuschreiben wären. Das Corveyer Verbrüderungsprojekt von 1152, mit dem die Einheit von Kirche und Reich gestärkt werden sollte, blieb in seinen Ansätzen stecken – die weitaus meisten Blätter des „Liber vitae" wurden nicht gefüllt, so auch zunächst nicht jene Seite, die für St. Michael zu Hildesheim reserviert war, obwohl enge Memorialkontakte zwischen Corvey und Hildesheim vor allem nach 1120 bezeugt sind, begünstigt durch die Hirsauer Prägung des Michaelsklosters. Erst als dort der Corveyer Mönch Hugold 1204 zum Abt erhoben wurde, sorgte er – wahrscheinlich bald nach dem Tode seines resignierten Amtsvorgängers Dietrich II., nach 1205 – für die Übersendung einer Liste der verstorbenen Äbte (linke Kolumne: *Goderammus - Thidericus abbates)* und einiger verstorbener Mönche von St. Michael (links *Nomina fratrum: Fritheriсus – Urbanus)* wie auch einer aktuellen Konventsliste (rechte Kolumne; radiert *Nomina vivorum,* danach *Hugoldus abbas – Machtildis).* Die Äbte des Michaelsklosters sind vollständig und in der richtigen Reihenfolge kommemoriert – lediglich am Anfang der Liste ist der dritte Abt Sigebert († 1084) unmittelbar hinter dem Gründerabt Goderam († 1030) eingeschoben, vielleicht wegen seiner reformerischen Verdienste. Dagegen sind aus der großen Anzahl der Toten des 11. und 12. Jahrhunderts lediglich 23 Namen ausgewählt, sämtlich Verstorbene seit

SANCTVS MICHAHEL ARCHANGELVS
NOMINA MONACHORV HILDENESHEI
Goderam. Abb. pm. Sibt. Albt. Megenward. Conrad. Conrad. Thideric. Burchard. franco. Richard. Ratman. Thidericus. abbes. frithericus. Tanco. heyneric. Meinhard. heinric. heinric. Gitelbt. fridelo. Jordan. Helyas. Berhard. Nicolaus. Tideric. Ludolf. Heytholf. Wenemar. Rochard. Conrad. Ernest. lodewic. thideric. Urban.
hugold. abbas. heinric. Conrad. Cono. Bertold. herman. Johs. Johs. Johs. Marquard. Luitbt. Bernolf. Jacob. Gerbodo. Regembodo. Johs. Heynricus. Thetmar. Conrad. Conrad. Gerhard. Godeschalc. Thideric. Burchard. Godefrid. Sifrid. heinric. Bruno. Johs. Thideric. Burchard. Johs. Rudolf. Widekinn. heinric. Ysaac. heinric.
Elisabeth. Sophia. Sophia. Elisabeth. Juthrud. Machtildis.

ca. 1160, in der Reihenfolge ihres Todestages im Kalenderjahr. Der Hugold-Konvent von 1205 umfaßte 36 mönchische Mitglieder – an ihrer Spitze erscheinen nach dem Abt der Prior *Heinricus,* der Dekan *Conradus,* der Propst *Cono* und der Cellerar *Bertholdus.* Außerdem sind am Ende der Liste sechs Laienschwestern erwähnt, gemäß dem Mandat Papst Innocenz' III. von 1200, das die Zahl der weiblichen Konventsmitglieder *(Sorores)* begrenzt hat.

Liber Vitae. – Hoffmann 1992, S. 34 f. – Zu den Namenlisten von St. Michael in Hildesheim vgl. Freise (im Druck), Kap. VI e.

Münster, Nordrhein-Westfälisches Staatsarchiv, Msc. I Nr. 133

E. F.

IX-8 Grabplatte Bischof Bernwards

Hildesheim, um 1150

277,5 x 123 cm. – Sandstein.

Nach der Vita Bernwardi ist die Grabplatte mit ihrer Inschrift, einem Zitat aus dem Buche Hiob 19,25–27, das in besonderer Weise die Gewißheit christlicher Erlösungshoffnung dokumentiert, ebenso wie der Sarkophag (Kat. Nr. VIII-35), nach Bernwards Angaben und zu seinen Lebzeiten gearbeitet worden. Die uns bekannte Fassung der Vita stammt freilich erst aus der Zeit um 1200 und dürfte den Zustand der Grabanlage zu diesem Zeitpunkt spiegeln. Die großen stilistischen Unterschiede zwischen der Steinmetzarbeit der Grabplatte und der des Sarkophages sprechen für eine unterschiedliche Entstehungszeit, die Art der Komposition, insbesondere die strenge Verspannung des großen Kreuzmotives mit dem Rahmen für ihre Herstellung im 12. Jahrhundert. Das Jahr 1150, in dem die kirchliche Verehrung Bernwards durch Erzbischof Heinrich von Mainz gestattet und ein Altar am Grabe des Bischofs in der Krypta von St. Michael errichtet wurde, bietet sich als Entstehungsdatum an. Ob die Grabplatte damals freischwebend über dem Sarkophag auf Stützen aufgestellt wurde, der Sarkophag weiter in den Boden versenkt oder durch eine niedrige Tumba ummantelt wurde, deren Deckplatte dann die Grabplatte bilden konnte, ist nicht bekannt.

IX-8

Wesenberg 1955/1, S. 161–162, 183, Abb. 319. – Lasko 1987, passim. – Im einzelnen vgl. den Beitrag von Rainer Kahsnitz.

Hildesheim, St. Michael (Krypta) (in situ)

R. Ka.

IX-9 Ratmann-Sakramentar

Hildesheim, St. Michael, 1159

34,5 x 24 cm, 202 Blätter. – Pergament mit Deckfarbenmalereien. Einband: über dem feinen roten Leder des Vorderdeckels durchbrochene, gravierte Kupferplatten, im Zentrum Christus als Sieger nach Psalm 90, der Löwe und Drache – Bilder für Teufel und Sünde – niedertritt, sozusagen das göttliche Ur- und Vorbild für den Drachentöter Michael. Stilistisch nähert sich die Figur Kölner Werken wie den Propheten am Eilbertus-Tragaltar des Welfenschatzes (Michael Brandt). Der mit Blattranken verzierte Rahmen enthält zum Teil stark beschädigte Miniaturen unter Bergkristallen (Evangelistensymbole), auch Inschriften (Besitzvermerk und Segenswunsch für den Stifter Ratmann, siehe unten). Es scheint, daß beim Neuschreiben der Handschrift – 1400 – auch der Einband restauriert wurde, sichtbar besonders bei dem Matthäusengel. Der Rückdeckel hat einen undekorierten Überzug aus braunem Leder.

IX-9 Vorderdeckel

Die Handschrift enthält jetzt noch drei ganzseitige Miniaturen mit der Maiestas Domini, den Patronen Michael und Bernward, außerdem eine größere Zahl von Bildinitialen. Sie bezeichnen Hochfeste und enthalten zahlreiche ungewöhnliche Themen, z. B. die aus Texten des Hohen Liedes entwickelte Himmelfahrt Mariae oder, zu Mariae Geburt, die Eltern der Jungfrau. Charakteristisch sind ruhig agierende Gestalten in schweren, doch farbig fein durchmodellierten Gewändern, mit unbewegten, großäugigen und vollwangigen Gesichtern, auch bei dramatischen Aktionen, wie Michael im Drachenkampf. Meist werden sie von kräftigen Randleisten eingefaßt, in den Initialen, aber auch bei den breitgerahmten Vollbildern. Die geordnete und gemessene künstlerische Sprache hat Vorstufen in rheinischen Denkmälern, Parallelen im Corveyer Fraternitätsbuch (Kat. Nr. IX-7), Ausstrahlungen unter anderem nach Lamspringe und Hamersleben. Verbindungen nach Köln wären durch das Stammkloster St. Pantaleon auch wohl noch im 12. Jahrhundert erklärbar. Doch würde ich nicht so weit gehen wie Aliza Cohen-Mushlin, die vermutete, eine Kölner Miniatorengruppe habe sich nach Hildesheim (eine weitere nach dem Chorherrenstift Frankenthal in der Pfalz) begeben; es scheinen doch eine Menge Zwischenstufen nach dem Lektionar des Erzbischofs Friedrich von Köln, um 1130 (Joachim M. Plotzek), bis zu den Hildesheimer Monumenten zu fehlen. Über Auftrag, Datum und Zweckbestimmung gibt eine urkundenähnliche Notiz Aufschluß (fol. 1r). Abt Franco bezeugt, der Konventuale Ratmann habe das Buch 1159 für sein Kloster, die Kirche der Heiligen Michael und Bernward geschrieben, mit dem Wunsch, es möge beim Gottesdienst am Hauptaltar zu seinem Seelenheil und Gedenken benutzt werden. Aus dem Wortlaut ist nicht zu erschließen, ob Ratmann nur als Schreiber oder auch als Maler tätig war; es ist auch denkbar, daß er schreiben ließ, d. h. für die Kosten aufkam. – 1400 schrieb der Mönch Hermann Alveldie die offensichtlich veralteten Meßtexte neu, mit Schonung der Miniaturen und der meisten Initialen. Das zeigt, wie hoch man noch damals die Handschrift schätzte, wohl nicht nur wegen ihrer kostbaren Ausstattung, sondern wegen ihrer Bilder der himmlischen Patrone und der Konventsbrüder von 1159.

Auf fol. 111v findet sich die früheste uns erhaltene Darstellung des hl. Bernward, dessen lokale Verehrung 1150 gestattet worden war, im Vergleich zu den beiden anderen „Porträts" aus derselben Werkstatt im Stammheim-Missale und in der Vita (Kat. Nr. *IX-10 und I-1) zurückhaltend und allgemein. Obwohl dem ersten Patron St. Michael schon ein Bild gewidmet ist (fol. 193r), steht er auch hier neben dem neuen Heiligen zur Rechten, d. h. auf der Ehrenseite. Ihm wendet sich der klein zu seinen Füßen kniende Mönch Ratmann zu, um die Hand-

IX-9 fol. 111v

IX–9 fol. 193r

schrift darzubringen. Der Erzengel mit dem herrscherlichen Reichsapfel trägt liturgische Untergewänder, Albe und Dalmatik, gleicht darin dem heiligen Bischof; ausgehend von Mal 2,7 wurden oft hohe Geistliche als Engel apostrophiert, denn wie Engel bringen sie Gottes Botschaft zu den Menschen. Michael wendet sich mit Hand und Spruchband mahnend an seinen heiligen Gefährten und, wie der Plural erweist, auch an den/die Menschen: *Timete d(omin)um et date claritatem illi,* fürchtet den Herrn, d. h. Gott, und gebt ihm Glanz/Ruhm, ähnlich Apk 14,7, dort *date illi honorem.* Bei der Wiedergabe Bernwards hat man sich nicht an das im Kloster ja bekannte Widmungsbild im Bernward-Evangeliar gehalten (vgl. Kat Nr. VIII–30), sondern ihn wie einen ehrwürdigen Prälaten der eigenen Zeit wiedergegeben, bärtig und mit Mitra. Jedes persönliche Attribut fehlt noch, nur Name und Context sichern die Identifizierung. Beide Patrone stehen in einem Architekturgehäuse, das Formen von Kirchenbauten und Befestigungsmauern vereint, in ihrem Kloster also, zu dem auch die zum Teil später beschrifteten Mönchsbilder in den Seitenrahmen gehören.

Haseloff 1897, S. 330 f. und öfter. – Kat. München 1950, Nr. 265 (Albert Boeckler). – Kat. Köln 1977, Nr. J 41 (Joachim M. Plotzek). – Cohen-Mushlin 1983, S. 211 und öfter. – Stähli 1984, S. 117 ff. – Kat. Braunschweig 1985, 2, Nr. 1024 a, b (Frauke Steenbock, Renate Kroos). – Brandt 1987, S. 11 ff. – Menke 1987, passim.

Hildesheim, Dom- und Diözesanmuseum Hildesheim, Inv. Nr. DS 37

R. Kr.

*IX–10 Stammheim-Missale

Hildesheim, St. Michael, um 1170/80

28,5 x 19 cm, 184 Blätter. – Pergament mit Deckfarbenmalereien. Einband: gepreßtes weißes Schweinsleder auf Holz, 16/17. Jahrhundert, ehemals – unbekannt seit wann – innen im Vorderdeckel ein Elfenbeinrelief des 9. Jahrhunderts (Goldschmidt 1, Nr. 153, Kat. Nr. *VIII–24).

Das Missale ist reicher ausgestattet als das nächstverwandte Ratmann-Sakramentar (Kat. Nr. IX–9): Kalender mit Tierkreiszeichen und Personifikationen der Monate, zwölf Vollbilder aus dem Leben Jesu, außerdem Zierseiten mit figürlichen Zutaten und zahlreiche Initialen, teils mit weiteren Szenen, teils mit Spiralranken, in denen sich Tiere und Drôleriewesen tummeln. Als Stifter wird ein urkundlich nicht sicher faßbarer Priestermönch Heinrich von Midel benannt und dargestellt. Kalender und Lesungen beweisen, daß die Handschrift in und für St. Michael hergestellt wurde.

Stilistische Vorstufe ist das Ratmann-Sakramentar von 1159. Nicht akzeptabel ist die Datierung auf 1160 durch Anne Karen Menke, erschlossen aus dem am 27. März eingetragenen Osterfest. Denn schon die Kirchenväter schrieben, der Tag der Menschwerdung Jesu, die Verkündigung an Maria, als Fest am 25. März begangen, sei zugleich der Tag der Erlösung durch den Kreuzestod. Daraus folgt die Auferstehung am dritten Tag, also am 27. März (und in entsprechenden Zeitabständen auch Himmelfahrt und Pfingsten). Den sehr häufig in Kalendarien zu findenden Pseudo-Ostertermin darf man also für Datierungen nicht heranziehen, wie seit vielen Jahrzehnten bekannt (Hermann Grotefend). Einige Indizien legen es nahe, das Stammheim-Missale vom Ratmann-Sakramentar abzurücken. Auch wenn man die noch ein wenig höhere Qualität des Missale einerseits, die schlechtere Erhaltung des Sakramentars andererseits in Rechnung stellt, scheinen die Gestalten des Missale schmiegsamer, bewegter, organischer. Besonders deutlich wird das bei den lebhaften Menschenfigürchen und schlanken Tieren im Kalender. Man vergleiche etwa die beiden Maiestas-Darstellungen oder David mit Augustus (Ratmann fol. 9r, Stammheim fol. 7r), auch zwei Drachen (Ratmann fol. 55r, Stammheim fol. 148v). Schließlich haben die großen Initialen des Stammheim-Missale viele Drôleriemotive, die im Sakramentar fehlen, also Tierkämpfe, groteske nackte Menschen, Fabelwesen; so als ob Reflexe englischer Handschriften aus dem mittleren 12. Jahrhundert wirksam geworden wären. Es empfiehlt sich deshalb, das Missale erst um 1170/80 anzusetzen; die weniger qualitätvolle Vita-Handschrift (Hannover, Kat. Nr. I-1) dürfte nach ihrem Fleuronné sicher nicht früher entstanden sein.

Ebenso wie Figurenstil und Farbmodellierung verraten auch ikonographische Parallelen – z. B. bei Mariae Himmelfahrt oder den Kardinaltugenden – die Werkstattgemeinschaft von Ratmann-Sakramentar und Stammheim-Missale. Das komplizierte Rahmenwerk dient hier aber auch dazu, Themen des Alten Testaments denjenigen des Neuen Testaments typologisch zuzuordnen, dazu kommen Motive aus dem Physiologus (Phönix, Jungfrau mit Einhorn) und zahlreiche Propheten. Viele Inschriften aus Bibel und Liturgie (Antiphonen, Hymnen, Introitus) erläutern ein weit ausgreifendes heilsgeschichtliches Programm, das seit 1902 (Stephan Beissel) die Handschrift berühmt machte als gleichwertiges Pendant zu den komplizierten Typologien besonders der mosanen Kunst. Drei Titelblätter nach dem Kalender zeigen die Welterschaffung mit der Vertreibung aus dem Paradies und dem ersten Mord, die göttliche Weisheit des Heilsplans und den Beginn der Erlösung durch die Verkündigung an Maria, die als Zweite Eva die Schlange zertritt. Im Gedanken- und Assoziationsreichtum kommen nur wenige Handschriften der Zeit dem Stammheim-Missale gleich. Seine Bilderfindungen setzen ausgebreitete theologische Kenntnisse voraus, auch Interesse für Naturwissenschaften: Im Kalender finden sich Angaben der Tages- und Nachtstunden sowie hebräische, griechische und ägyptische Monatsnamen nach Beda. Der Codex läßt so auf einen hohen Bildungsstand des Konvents auch in der zweiten Hälfte des 12. Jahrhunderts schließen. Noch gegen 1250 wurde der ungewöhnlich dekorierte Kalender kopiert (Wolfenbüttel, Cod. Guelf. 13 Aug. 2°).

Der Patron ist zu seinem Fest am 20. November auf fol. 156r dargestellt. Im Gegensatz zum früheren Ratmann-Sakramentar (Kat. Nr. IX-9) steht er hier allein über dem sich zum Fußkuß anschickenden Heinrich von Midel. Die Aktion erweist göttliche Erwählung, denn ein vom Himmel herabschwebender Engel reicht Bernward ein Kreuz. Wie es gemeint ist, sagt der Text des Spruchbands: *hoc c(on)tra signu(m) nullu(m) stet p(er)ic(u)l(u)m* (diesem Zeichen – also dem Kreuz – widersteht keine Gefahr) aus einem nicht sehr verbreiteten Kreuzhymnus des 1042 verstorbenen Bischofs Heribert von Eichstätt (Analecta hymnica 50, Nr. 223). Dazu kommt ein anderer, nur im Bild ausgedrückter Inhalt: Annahme des Kreuzes, um Christus nachzufolgen, wie wenig später im Evangeliar Heinrichs des Löwen dargestellt. Beide Gedanken – das Kreuz als Siegeszeichen und die Annahme des Kreuzes als Pflicht des Christen – sind zentral und klar formuliert, nicht dagegen die Legende vom Bernwardkreuz (Hans Jakob Schuffels); es wäre zu fragen, ob sich die Legende aus dieser Miniatur entwickelte. Bernward bittet für das Wohlergehen seiner Stiftung: *Benedic, d(omi)ne, domum istam,* Herr, segne dieses (Gottes-)Haus. Er antwortet so dem Flehen Heinrichs, *Memor esto c(on)gregationis t(ue),* gedenke deiner Vereinigung, d. h. deiner Klosterinsassen; mit dieser Antiphon wird auch der hl. Anno auf seinem Schrein in Siegburg gemahnt. Bei lebhafteren Gebärden entsprechen Typ und Ornat des Heiligen dem Ratmann-Sakramentar, auch die Architektur, hier durch eine Anweisung für den Maler zu identifizieren, er soll darstellen *Bernuuardum in templo*, Bernward in – seiner – Kirche, auch die Bilder von Konventsangehörigen mit dem Priester und Mönch Gevehardus beim Zelebrieren der Messe (oben, der Text *Dominus vobiscum*, der Herr sei mit euch). – Nochmals gesteigert wird der Rang des Heiligen im Initial der Vita Bernwardi (Kat. Nr. I-1) ausgedrückt. Dort reichen zwei Engel Bernward Bischofsstab und Evangelienbuch, gleichsam eine himmlische Ordination ausführend, zwei halten mit verhüllten Händen den ovalen Buchstaben wie sonst die Mandorla um Christus.

Grotefend 1891, S. 140, 165. – Beissel 1902. – Kat. Köln 1968 Nr. D 54 (Anton von Euw). – Menke 1987, passim. – Schuffels 1993, S. 15

Privatbesitz

R. Kr.

*IX–10
fol. 156r

IX–11 Reliquiar des hl. Kaisers Heinrich II.

Hildesheim, um 1170

H. 23,4 cm. – Holzkern, Bronze gegossen und vergoldet; Silberblech gestanzt; Grubenschmelz; Bergkristall.

Getragen von drei Löwenfüßen, bildet ein flach gewölbtes Kugelsegment – mit den Brustbildern der Heiligen *Gereon, Mavritivs, Evstachivs* und *Sebastianvs* in Medaillons – den Ständer für ein vierpaßförmiges Reliquiar. Vier rundliche Bergkristalle im Scheitel der Pässe, oben durch einen Blattknauf, seitlich von Pinienzapfen gehalten, binden die Darstellungen der Tafel in die Form eines griechischen Kreuzes ein. Auf der einen Seite thront Christus als *Rex Regu(m)* (König der Könige) auf Regenbogen und Erdkreis. Unter seiner segnend ausgestreckten Rechten erscheint König *Osvvaldvs.* Von links nähern sich die Könige *Sigismvndvs* und *Evgevs.* Nur zwei Figuren begleiten auf der anderen Seite den auf einem Kastenthron sitzenden Herrscher mit Reichsapfel und Szepter, der durch einen grünen Heiligenschein ausgezeichnet ist. Entsprechend der auf dem Rand umlaufenden Inschrift, die den Inhalt des Reliquiars aufzählt, erkennt man in ihm den 1146 kanonisierten hl. Kaiser Heinrich (II.). Seine Gemahlin *Cvnigvndis,* ihm zur Rechten noch ohne Nimbus, wird erst im Jahre 1200 heiliggesprochen. Ihr gegenüber bietet *Weland(vs) m(onachvs),* in kniefälliger Pose in den rechten Bogen gekrümmt, die vierpaßförmige, grüne Reliquientafel dem Heiligen dar.

Lange Zeit hat man, Georg Swarzenski folgend, die Goldschmiedearbeit, deren Figuren in graviertem Metall vor farbigem Emailgrund erscheinen, dem Kunstkreis Heinrichs des Löwen zugeschrieben. Mit der begründeten Annahme jedoch, daß es sich bei dem in Kukulle dargestellten Stifter um den gleichnamigen Mönch des Hildesheimer Michaelisklosters handelt (Brandt 1987), wird die Entstehung der nach ihm so genannten „Welandus-Gruppe" in der Bischofsstadt plausibel. Das Reliquiar ist ein frühes Zeugnis für die kultische Verehrung Heinrichs II., um die man im Michaeliskloster besonders bemüht gewesen sein dürfte, da schon Bernward seiner Gründung die Sorge um das Seelenheil dieses ottonischen Kaisers aufgetragen hatte.

Hildesheim, St. Michael; ebenda, Slg. Franz Engelke; 1851 für die Sammlungen des Louvre erworben.

Kat. Stuttgart 1977, 1, S. 445 f., Nr. 575 (Dietrich Kötzsche). – Kat. Braunschweig 1985, 2, S. 1209 f., Nr. 1049 (Michael Brandt). – Brandt 1987, S. 57–60. – Brandt 1988/1, S. 21–23.

Paris, Musée du Louvre, Inv. Nr. OA 49

B. B.-N.

IX–12 Halbkreisförmiges Reliquiar

Hildesheim, um 1170

a: 9 x 15 cm; b: 9 x 15,3 cm. – Kupfer vergoldet, Grubenschmelz; ehemals auf einem Holzkern montiert.

Ursprünglich bildeten die beiden halbkreisförmigen Beschlagplatten Vorder- (Paris) und Rückseite (Brüssel) eines Reliquienbehälters, dessen Inhalt – darunter Partikel von Kreuz und Grab Christi – jeweils auf der unteren Randleiste aufgeführt ist. Das Gefäß stand auf vier Füßen und war entlang der gewölbten Kante mit reichem Edelsteinschmuck besetzt. – Die Hauptseite zeigt vor tiefblauem, goldgesprenkeltem Grund auf einer grünen Bodenwelle eine mehrfigurige, durch Inschriften erläuterte Kreuzigungsszene. Neben dem grünen Kreuz, an dem Christus mit über der linken Hüfte geknotetem Lendentuch hängt – *obit hic* (dieser stirbt) –, stehen Maria – *hec parit* (diese gebiert) – und Ecclesia mit dem Kelch – *hec credit* (diese glaubt) – sowie die blinde Synagoge – *fugit hec* (diese flieht) – und der Jünger Johannes – *hic obedit* (dieser gehorcht). Sonne und Mond beweinen Christi Opfertod. Am Fuß des Kreuzes hat sich ein Mönch, wohl der Stifter, bittend auf die Knie geworfen. Auf der Rückseite verbinden Ranken zwei größere zentrale Medaillons mit je fünf kleineren, die als weibliche Büsten gegebene Tugendpersonifikationen umschließen. Übertragen auf die Heiligen, deren Reliquien in dem Gefäß geborgen waren, greift die Umschrift auf die Metapher eines fruchttragenden Baumes zurück: *Hi frvctvs ex te, si radix manserit in te* (Solche Früchte wirst du hervorbringen, wenn die Wurzel in dir bleibt).

Die Kreuzigungsszene ist in engstem Zusammenhang mit einer Reihe von Hildesheimer Emailarbeiten zu sehen, die nicht nur im Technischen, sondern auch in der Figurenauffassung und in ikonographischen Details einen Werkstattzusammenhang nahelegen. Durch seine ungewöhnliche Form läßt sich das Reliquiar ebenfalls mit Hildesheim in Verbin-

HEC PARIT · HEC CREDIT · OBIIT · HIC FUGIT · HEC · HIC · OBEDIT
DNI · DE SEPULCHRO · DNI ·
DE CR ILLIS · VESTIB·

IX–12 a

HI · FRUCTUS · EX TE · SI · RADIX · MANSERIT ·
PRUDENTIA
TEMPERANTIA
HUMILITAS CUSTOS VIRTUTUM
CASTITAS
CONCORDIA
OBEDIENTIA
PATIENTIA
FORTITUDO
FIDES
MAIOR HORUM KARITAS
SPES
IUSTICIA
MATHI · MATHIE MARCI · STEPHANI · LAURENTII · BONIFATII ·
3141

IX–12 b

dung bringen, wo die *Lipsanotheca Mariana* des Domschatzes aus der Zeit der Bistumsgründung (Kat. Nr. VII–2) das verehrte Urbild für diesen und andere halbkreisförmige Reliquienbehälter abgibt.

Hildesheim, St. Michael; ebenda, Slg. Franz Engelke; Paris, Slg. Frédéric Spitzer (bereits zwei getrennte Platten), 1893 versteigert.

Brandt 1987, S. 34–37. – Brandt 1988/1, S. 18–21.

a: Paris, Musée national du Moyen Age – Thermes de Cluny, Inv. Nr. Cl. 13068 – b: Brüssel, Musées Royaux d'Art et d'Histoire, Inv. Nr. 3141

B. B.-N.

IX–13 Altarkreuz auf Drachenfuß

Niedersachsen (Hildesheim?), 2. Hälfte 12. Jahrhundert

Gesamt-H. 29 cm, Kreuz: 19,5 x 12,7 cm, Kruzifixus: 10,6 x 11 cm, Fuß: 5,0 x 10,1–10,6 cm. – Bronze gegossen, graviert, ziseliert, vergoldet; Bergkristall.

Aus drei kräftigen Klauenfüßen aufwachsend, bilden einfache Ranken, in denen sich schlanke Drachen winden, einen pyramidalen Ständer, dessen Ecken von kleinen Fabeltieren besetzt sind. Ein modernes zylindrisches Zwischenstück verbindet diesen ursprünglich vielleicht als Leuchterfuß konzipierten Ständer mit dem glatten, von einem Löwenkopf gehaltenen Kreuz, dessen Kanten ein schmaler Steg einfaßt. Im relativ hoch ausgezogenen oberen Kreuzbalken sitzt ein großer Bergkristall. Der Gekreuzigte steht – mit offenen Augen als Lebender dargestellt – wenig bewegt, mit fast waagerecht ausgebreiteten Armen auf einem konsolenartigen Suppedaneum. Rippen und Bauch sind kräftig modelliert. Der Lendenschurz bildet über beiden Schenkeln je eine ornamental verzierte flache Tütenfalte. Aus dem ohne Knoten gerade abschließenden Cingulum sind über den Hüften breite Überhänge herausgezogen. Die gravierte Rückseite zeigt in den Balkenenden die vier anthropomorphen Evangelistensymbole mit aufgeschlagenen Codices, im zentralen Medaillon den *Agnus Dei*. Eine Inschrift in gotischen Minuskeln zählt die Reliquien auf, die ursprünglich im Kruzifixus verborgen waren, darunter auch eine Reliquie des heiligen Bernward.

Die Verwandtschaft dieses Kreuzes mit jenem auf der Provisur-Pyxis (Kat. Nr. IX–14) ist – trotz mancher abweichender Details etwa in der Ausbildung des Lendentuches – vor allem beim Vergleich der Rückseiten augenscheinlich. Analog einer Maiestas Domini sind die Evangelistensymbole um das Lamm Gottes angeordnet. Das apokalyptische Symbol Christi ist auf das Bild des gekreuzigten Herrn bezogen, der in der Eucharistiefeier, während der das Kreuz auf dem Altar steht, selbst gegenwärtig ist.

Ehemals Hildesheim, St. Michael.

Elbern/Reuther 1969, S. 79, Nr. 92, Abb. 45. – Springer 1981, S. 162–164, Nr. 37 (Lit.), Abb. K 280–K 284. – Bloch 1992, S. 167 f., 169, Nr. III B 3 mit Abb.

Hildesheim, Dom- und Diözesanmuseum Hildesheim, Inv. Nr. DS 92

B. B.-N.

IX–13

IX–14

IX–14 Kreuz auf Provisur-Pyxis

Niedersachsen (Hildesheim?), um 1160

Gesamt-H. 36,8 cm, Kreuz (ohne Dorn): 19,8 x 13,8 cm, Kreuzfuß: 10,5 x 10 cm, Fuß mit Nodus: 17 x 15,7 x 14,9 cm. – Gelbguß graviert, ziseliert, vergoldet.

Vier Klauenfüße tragen den an ein Kirchengebäude erinnernden Kreuzständer. Dem fast quadratischen Zentralbau sind zu den Seiten halbkreisförmige Apsiden, nach vorn bzw. hinten querrechteckige Annexräume angefügt. Der durch Scharniere an der Rückwand befestigte Deckel nimmt mit den hinter einem Zinnenkranz ansteigenden, gravierten Dachschrägen, den beiden Apsiskalotten und den separaten Walmdächern die architektonische Gliederung auf. Er wird von einer nach allen Seiten offenen Laterne in einem zweiten Zinnenkranz gekrönt. Ein konischer Zwischenring sowie ein aus Rankenpalmetten durchbrochen gearbeiteter Nodus leiten zu dem aus einem Löwenmaul aufragenden Krückenkreuz über. Dessen Kontur mit den erweiterten Balkenenden und der quadratischen Vierung betont ein schmaler Steg. Die Augen geöffnet, den Kopf leicht geneigt, steht der Gekreuzigte auf einem breiten Suppedaneum. Die Arme sind ein wenig nach oben gehoben, so daß die Hände über Schulterhöhe ans Kreuz genagelt wurden. Das Lendentuch, gehalten von einem breiten Cingulum mit seitlichen Überhängen und V-förmigem Mittelknoten, schmiegt sich in plastisch aufgelegten Falten den Schenkeln an, zwischen denen es sich zu einer Tütenfalte zusammenschiebt. Die einfache Gravierung der Rückseite zeigt das Lamm Gottes im Vierungsmedaillon, umgeben von den Evangelistensymbolen in den Balkenenden. Herzblattähnliche Ranken füllen die Kreuzarme.

Kreuz und Ständer dürften von Anfang an als Ensemble gearbeitet sein. Stilistisch und formal schließen sie sich anderen Hildesheimer Goldschmiedewerken der 2. Hälfte des 12. Jahrhunderts (vgl. Kat. Nr. IX–13) an. In den Kammern des Kreuzfußes ließen sich kostbare Gefäße mit den heiligen Ölen, konsekrierten Hostien und möglicherweise auch Reliquien für den Versehgang des Priesters bergen. Das kleine Kirchengebäude symbolisiert so nicht nur das Himmlische Jerusalem, über dem das apokalyptische Lamm erscheint, sondern auch das Heilige Grab, das wiederum mit dem Kruzifixus korrespondiert.

Angeblich aus Kloster Escherde, wohin es wohl aus Hildesheim, St. Michael, gelangte; von Bischof Wedekin dem Domschatz übereignet.

Elbern/Reuther 1969, S. 28 f., Nr. 17, Abb. 12 f. – Springer 1981, S. 148–152, Nr. 28, Abb. K 244–K 253. – Brandt 1987, S. 39 f., 113 Anm. 63. – Kat. Hildesheim 1991, S. 76–78, Nr. 3 (Peter Bloch). – Bloch 1992, S. 127, 130, Nr. I L 5 mit Abb.

Hildesheim, Dom- und Diözesanmuseum Hildesheim, Inv. Nr. DS 17

B. B.-N.

IX–15 Jüngere Hildesheimer Briefsammlung

Ende des 12. Jahrhunderts, aus der Bibliothek des ehemaligen Zisterzienserklosters Altzelle

40 x 30 cm, 93 Briefe. – Pergament.

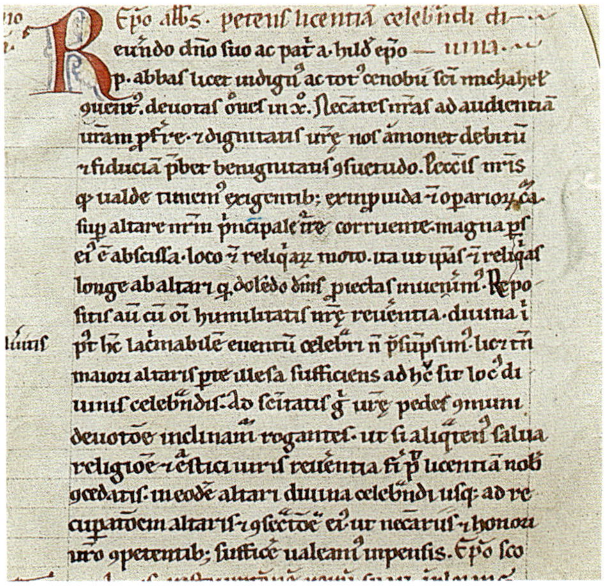

IX–15 fol. 139r

Die Baugeschichte der Michaelskirche betrifft der Brief, der in der rechten Kolumne von fol. 139r der ausgestellten Handschrift unter der Überschrift beginnt: *Episcopo abbas petens licentiam celebrandi divina* („Der Abt an den Bischof; bittet um die Erlaubnis, Gottesdienst feiern zu dürfen"). Eine andere Schreiberhand fährt mit der Adresse fort, in der „P., unwürdiger Abt, und der ganze Konvent des Klosters Sankt Michael ergebene Gebete in Christus ihrem verehrungswürdigen Herrn und Vater A(delog), dem Bischof von Hildesheim", entbieten.

Abt und Konvent berichten dem Bischof Adelog (1170/1171–1190): durch die Unvorsichtigkeit von Bauarbeitern sei ein Turm auf den Hauptaltar der Klosterkirche gestürzt, ein Teil des Altars sei abgebrochen, mit ihm das Sepulchrum (d. h. die Nische, in der die Reliquien untergebracht waren), und die Reliquien selbst seien weit vom Altar verstreut worden *(. . . ex inprovida etiam operariorum cura super altare nostrum principale turre corruente magna pars eius est abscissa loco etiam reliquiarum moto, ita ut ipsas etiam reliquias longe ab altari . . . proiectas invenerimus).* Nachdem diese Reliquien zurückgelegt worden seien, habe man nicht gewagt, Gottesdienst zu halten, obwohl ein ziemlich großer Teil des Altars unversehrt geblieben sei und genügend Platz dazu biete *(Repositis autem* [scilicet reliquiis] *. . . divina ibi post hunc lacrimabilem eventum celebrari non presumpsimus, licet tamen maiori altaris parte illesa sufficiens adhuc sit locus divinis celebrandis;* Schreiberkorrekturen nicht berücksichtigt). Sie bitten den Bischof, falls dies unbeschadet der religiösen Ordnung und des Kirchenrechts unter Einschränkung möglich sei, um die Erlaubnis, bis zum Wiederaufbau und bis zur (Neu-)Weihe des Altars dort Gottesdienst halten zu dürfen *(. . . rogantes, ut, si aliquatenus salva religione et ecclesiastici iuris reverentia fieri potest, licentiam nobis concedatis in eodem altari divina celebrandi usque ad recuperationem altaris et consecrationem eius . . .).*

Da der Brief nur als Abschrift und einzig in dieser Handschrift überliefert ist, erhebt sich die Frage nach seiner Echtheit. Die Antwort darauf hängt davon ab, wie die Sammlung im ganzen zu beurteilen ist. Diese erweist sich bei unvoreingenommener Lektüre als nach Sprachform, Syntax und Stil dermaßen einheitlich und geschlossen, daß die 93 Briefe, die sie enthält, kaum von den über die Länder Europas verstreuten, nach Rang und Bildung ganz verschiedenen Absendern stammen können, die sie selbst vorgeben, sondern ein und denselben Verfasser haben müssen. Es dürfte sich also um Musterbriefe handeln. Da ein beträchtlicher Teil von ihnen auf Hildesheimer Zusammenhänge der 80er und 90er Jahre verweist, hat man den Entstehungsort wohl zu Recht dort angenommen. Dies ist um so wichtiger, als die Briefe, auch wenn sie nicht echt sind, doch mit aktuellen und zum Teil tatsächlich gesicherten Vorgängen befaßt sind und den geschilderten Fakten deswegen großer Wert beizulegen sein wird, weil diese dem Verfasser sowie den Lesern und Benutzern unmittelbar in der Wirklichkeit vor Augen gestanden haben mögen. Dies ist freilich jeweils anhand anderweitig gesicherter Quellen nachzuweisen. Im Falle des oben bezeichneten Briefes bietet sich der (anscheinend eine Inschrift wiedergebende) Bericht über die Erneuerung und Weihe der Michaelskirche am 29. September 1186 an, der in zeitgenössischer Überlieferung erhalten ist (in dem großen Codex der *Vita Bernwardi*, Kat. Nr. I–1, gedruckt in: UBHH 1, Nr. 441 S. 429 f.). Er nennt als Gründe der Renovierung von Sankt Michael Brand, altersbedingten Teileinsturz und auch in Teilen zerstörte Altäre *(. . . ipsa ecclesia incendio confragata ac vetustate plurima ex parte collapsa atque etiam in ipsis altaribus particulatim diruta . . .).*

Berücksichtigt man, daß beide Texte zu unterschiedlichen Zwecken abgefaßt und der Inhalt entsprechend ausgewählt wurde – der Brief also, wenn es um den Gottesdienst am Hauptaltar ging, den durch die Inschrift bezeugten Brand und das ganze Ausmaß der Zerstörung gar nicht zu erwähnen brauchte, die Inschrift nicht auf den Pfusch am Bau rekurrieren mußte, nachdem er glücklich behoben war –, dann ergänzen und bestätigen sich die Nachrichten vorzüglich zu einem ziemlich geschlossenen Bild: Bauleute haben (vielleicht als sie alters- oder brandbedingte Schäden beheben wollten) einen Turm zum Einsturz gebracht, der den Hauptaltar und weitere Altäre teilweise zertrümmerte, Reliquien zerstreute, den Gottesdienst unterbrach und eine Neuweihe erforderlich machte. Die Renovierungsarbeiten müssen sich so lange hingezogen haben, daß das Kloster den Bischof um Erlaubnis zur provisorischen Fortführung des Gottesdienstes am Hochaltar bitten mußte.

Zu den Ursachen und den Umständen der Schäden, deren Folgen im Jahr 1186 behoben waren, ergibt sich das Folgende: Ein Brand ist zwar durch die Inschrift wohl bezeugt, ein Datum aber nicht. (Die seit dem 19. Jahrhundert in der Literatur kolportierte Jahresangabe 1162 entfällt und beruht wohl auf einem Mißverständnis.) Nicht an welcher Stelle, sondern nur wie sie gearbeitet haben, wird von den Bauleuten berichtet, die den Turm zum Einsturz gebracht haben: man könnte vielleicht die Arbeiten in Erwägung ziehen, bei denen in der zweiten Hälfte des 12. Jahrhunderts die ursprünglichen Stützen des Langhauses zum größten Teil ausgewechselt wurden. Der Einsturz des Turmes ließe sich durch den Abtnamen des Briefes näher datieren. Freilich gab es in Sankt Michael bis zum Ende des 12. Jahrhunderts keinen Abt, zu dessen Name die Initiale P. passen würde. Im Jahr 1186 amtierte (seit 1180) Abt Theoderich II. (vgl. den Beitrag über die Erhebung Bernwards zum Heiligen). Doch da das *P.* der Handschrift eher aus *R* verlesen worden sein könnte als aus *T*, wäre der Abt Ratmann vorzuziehen, der urkundlich von 1176/1178 bis 1180 nachzuweisen ist. (Daß er mit dem Stifter, nicht mit dem Schreiber oder Maler, des nach ihm benannten Codex aus dem Jahr 1159 – vgl. Kat. Nr. IX-9 – identisch sei, könnte man erwägen, aber nicht beweisen.)

Der Bericht über die Neuweihe von 1186 hebt, was sich nach dem in dem Brief berichteten Schaden von selbst versteht, die feierliche Niederlegung der Reliquien „im Hauptaltar und in den übrigen Altären" besonders hervor. Es ist aber bisher übersehen worden, daß die auf den Bericht folgende Aufzählung verschiedener Altäre und ihrer Reliquien nicht später nachgetragen worden (so UBHH 1, S. 431 in der Nachbemerkung), sondern in einem Zug von der gleichen Hand, wenngleich in etwas kleineren Buchstaben, geschrieben worden ist. Wir haben in ihnen also diejenigen Altäre zu sehen, die, von dem Turmeinsturz betroffen, nun neu geweiht und mit Reliquien versehen wurden: den Johannesaltar in der östlichen Hauptapsis, den Kreuzaltar am Beginn des Mittelschiffs und den Caecilienaltar, der mit höchster Wahrscheinlichkeit im südlichen Ostquerhaus stand. Da diese Altäre gleichsam einen Halbkreis bilden, in dessen Mitte der Hauptaltar steht, hat dieser im Bereich der östlichen Vierung gestanden und ist durch den Einsturz des östlichen Vierungsturmes demoliert worden.

Die doppelchörige Anlage von Sankt Michael war demnach ursprünglich durch den Hauptaltar im Osten und durch das Stiftergrab im Westen bestimmt. Diese ja auch sonst anzutreffende Konstellation ist erst im späteren Mittelalter geändert worden. Nach der päpstlichen Heiligsprechung Bernwards 1192/1193 und der Translation des Heiligen im Jahr 1194, aber, wie ungedruckte Quellen zumindest indirekt zu erkennen geben, wohl im 13. Jahrhundert ist der Hauptaltar in den Westen der Klosterkirche und in die Nähe des Heiligengrabes verlegt worden.

Wer die Briefsammlung verfaßt und redigiert hat und in welchem Skriptorium und von wem die Leipziger Handschrift, die aus der mittelalterlichen Bibliothek des Zisterzienserklosters Altzelle stammt, geschrieben wurde, ist trotz aller möglichen Vermutungen in der Literatur noch nicht geklärt.

Stehle 1878. – de Kegel (im Druck); darin Nachweis älterer Drucke und der neueren Literatur.

Leipzig, Universitätsbibliothek, Ms. 350 (aufgeschlagen fol. 139r)

H. J. S.

IX–16 Hildesheim, St. Michael Seligpreisungen

Hildesheim, vor 1186

H. der Figuren ca. 150 cm. – Gipsmörtel. Die Stukkaturen in den Arkaden und der (zerstörte) Rankenfries unter der Decke aus einer angetragenen Stuckmörtelfläche herausgeschnitten. Die weiblichen Figuren in den Arkadenzwickeln vor Ort schichtweise modelliert, die Köpfe vermutlich in vorgefertigter Form gegossen (technische Angaben: Peter Turek).

Acht nimbierte, schlanke Frauengestalten in langen Ärmelgewändern sind in den Arkadenzwickeln des südlichen Seitenschiffs der Michaeliskirche über den Kämpferplatten der Säulen und Pfeiler angebracht. Die flachen Relieffiguren, deren Köpfe fast vollplastisch vor die Wand treten, halten mit beiden Händen Spruchbänder vor den Körper ausgebreitet, auf denen Johann Michael Kratz noch im 19. Jahrhundert die Seligpreisungen der Bergpredigt (Mt 5, 3–10) entziffern konnte. Frontalität und Starre charakterisieren die mit überlangen Beinen eigentümlich proportionierten Figuren. (Die Krone auf dem Haupt der vorletzten Figur im Osten ist neuzeitlich.) Die rigide stilistische Ausformung läßt sich nicht aus älterer Hildesheimer Kunst – etwa den Darstellungen am Godehard- und Epiphaniusschrein oder der Sitzmadonna im Diözesanmuseum (Inv. Nr. 1989/1) ableiten. Erich Meyer sah dagegen bereits die künstlerische Nähe zu Arbeiten der Magdeburger Bronzewerkstatt aus der Mitte des 12. Jahrhunderts (Grabmal für Erzbischof Friedrich [† 1152], Nowgoroder Bronzetür), deren ähnlich scharf umrissene plastische Volumina die Hildesheimer Seligpreisungen in vergröberter Form tradieren.

Die daraus abzuleitende Entstehungszeit der Bildwerke in der nicht zu frühen zweiten Hälfte des 12. Jahrhunderts findet Bestätigung in der Baugeschichte der Kirche. Dabei ist nicht mit Sicherheit zu entscheiden, ob es ein nach vager Überlieferung auf 1162 datierter Kirchenbrand war, der die umfassende Erneuerung des Bernwardbaues nötig machte. Vielleicht muß man den auslösenden Faktor eher in der 1150 auf einer Erfurter Provinzialsynode erfolgten Genehmigung zur kultischen Verehrung Bernwards an seinem Grabe sehen, die für den Konvent von St. Michael einer Heiligsprechung gleichkam. Im Zuge der aufwendigen Baumaßnahme, die mit einer Neuweihe durch Bischof Adelog 1186 ihren Abschluß fand, wurden fast alle Säulen des Langhauses ersetzt und mit neuen Kapitellen versehen, die reichen vegetabilen und figürlichen Schmuck tragen. Formal und stilistisch reihen sie sich in die für Niedersachsen im 12. Jahrhundert bedeutende Nachfolge der Kapitellskulptur von Königslutter ein, bei insgesamt spröderer und knapperer Ausformung der Details. Weniger eng sind die Verbindungen zu den ebenfalls auf Königslutter zurückgehenden, wohl bis um 1172 geschaffenen Kapitellen der Godehardikirche.

Durch die Anbringung der Seligpreisungen erhält die von Bernward gegründete Kirche einen zusätzlichen symbolischen Aussagewert. Hatte der otto-

IX–16 Hildesheim, St. Michael, südliches Seitenschiff. Arkadenwand mit Seligpreisungen

nische Bau durch den Einschluß von Reliquien in die Kapitelle über den „Gegenstand" Architektur hinausweisende Dimensionen anschaulich zu machen versucht, so wird dieses Programm – vielleicht in Anlehnung an ältere Ausstattung – jetzt komplettiert. Die in Hildesheim offensichtliche optische Zusammengehörigkeit der Figuren mit den Stützen der südlichen Arkadenreihe läßt eine inhaltliche Verbindung zwischen Bauteilen und Personifikationen aufscheinen, wie sie die Architekturallegorese des Mittelalters verschiedentlich beschrieben hat: Besonders häufig werden dabei Apostel und Pfeiler des Kirchengebäudes in einen aussagekräftigen Zusammenhang gestellt (vgl. Reudenbach 1980). In Hildesheim selbst waren ähnliche Gedanken früher bereits dargestellt worden. Die verlorenen Wandmalereien des Domes zeigten u. a. den Tempel der Weisheit, auf dessen Säulen sieben oder acht Tugenden, vielleicht auch mit Hinweis auf die Gaben des Hl. Geistes, saßen. Für die gezielte Auslegung speziell der Seligpreisungen auf das Kirchengebäude scheint es nur eine schriftliche Quelle zu geben: Der Mönch Brun Candidus aus Fulda deutet im 9. Jahrhundert die acht Säulen der dortigen Michaelskapelle auf die Prophezeiungen der Bergpredigt (MGH SS 15,1, S. 231 Z. 2 ff.).

Mit den neuen Kapitellen, den Stuckierungen der Arkadenbögen sowie der Wandfläche zum südlichen Seitenschiff mit den Seligpreisungen und einem 1945 weitgehend kriegszerstörten Rankenfries unter der Decke sind nur Teile der nach dem Brand des 12. Jahrhunderts geschaffenen Ausstattung von St. Michael erhalten. Im östlichen Bereich des Mittelschiffs konnten z. B. Stuckfragmente geborgen werden, die auf umfangreiche plastische Dekoration – vielleicht eine Schrankenanlage – an dieser Stelle schließen lassen. Weitere Stücke haben sich nach der Zerstörung im südlichen Seitenschiff gefunden. Unter anderem kam bei der Abdeckung der Mauerkrone der Außenwand 1946 das Relief eines bärtigen Kopfes zum Vorschein, der vielleicht auf einen Zyklus großer Figuren gegenüber den Seligpreisungen verweist. Dort wäre – wenn man sich bei der Stuckierung an den Zwischenräumen der Fenster orientierte – Platz für elf oder zwölf Apostel gewesen ist. Der Kopf ist, obgleich von höherer Qualität, stilistisch eng mit den Seligpreisungen verwandt, so daß eine einheitliche Ausstattung anzunehmen ist. Diese Situation wurde wohl schon beim Einbrechen der gotischen Fenster im 15. Jahrhundert zerstört oder nachhaltig verändert. So hat das der Stadt zugewandte südliche Seitenschiff bei der Renovierung des 12. Jahrhunderts einen geschlossenen Skulpturenzyklus erhalten, der diesen Bauteil zu einem Raum mit eigenem Gewicht aufwertete. Es ist nicht auszuschließen, daß das nördliche Seitenschiff in ähnlicher Weise ausgestattet war.

Beseler 1954, S. 55 ff. – Grzimek 1975, S. 57. – Habicht 1917, S. 25 ff. – Meyer 1924, S. 59 ff. – Sommer 1966, S. 30 f.

Hildesheim, St. Michael
(in situ)

K. Ni.

Zu IX-16 Bärtiger Kopf, gefunden 1946

IX-17 Bernwardbüste

Hildesheim, vor 1186

H. 84 cm. – Sandstein.

Die Bernwardbüste war seit 1747 in die damals aufgestockte Außenwand des westlichen Chorpolygons von St. Michael eingemauert. Über der neuen oberen Fensterreihe brachte man damals an der mittleren Polygonseite eine Bauinschrift an, und über den beiden anschließenden Fensterachsen im Süden die *Venite concives*-Inschrift (Kat. Nr. I–2) sowie nach Norden zu die Büste, die in eine Wandnische eingelassen wurde (vgl. Beseler/Roggenkamp 1954, Abb.

9 und 58). Es ist von daher naheliegend, daß die ältere Inschrift (Kat. Nr. I–2) mitsamt der Bernwardbüste schon vor der Baumaßnahme des 18. Jahrhunderts außen am Westchor angebracht war. Wo genau die letztere ursprünglich gesessen hat, überliefert das erhaltene Holzmodell der Kirche aus dem 17. Jahrhundert (Kat. Nr. VIII–5), das das Relief als Bekrönung über dem Scheitelpunkt der Westapsis zeigt. Offensichtlich war nur die unbearbeitete Rückseite in die Giebelwand eingelassen. Darüber wird man sich die *Venite concives*-Tafel zu denken haben. Die stark verwitterte Skulptur läßt nur noch schemenhaft erkennen, daß der mit Mitra und Meßgewand im pontifikalen Ornat gezeigte Bernward die Rechte zum Segen erhoben hält. Mit der Linken umfaßt er ein Kreuz. Damit ist auf die von Bernward gestiftete Kreuzpartikel verwiesen (vgl. Kat. Nr. VIII–34), den kostbarsten Besitz von St. Michael, von dessen Wunderkraft schon früh die Bernwardvita berichtet.

Der Tenor dieser Reliefdarstellung ist ein wesentlich anderer als der der *Venite concives*-Inschrift, der sie doch wohl zugeordnet war. Was dort zum Ausdruck kommt, ist die Bitte um ein Gebetsgedenken für den verstorbenen Stifter von Kirche und Kloster. Das steinerne Bildwerk dagegen zeigt ihn wie einen Schutzpatron. Entstanden ist es sicher im Zusammenhang mit den großen Umbaumaßnahmen, die 1186 mit der Neuweihe der Klosterkirche ihren Abschluß fanden und zu denen den ersten Anstoß mit großer Wahrscheinlichkeit die Erfurter Provinzialsynode von 1150 gab mit der Erlaubnis zur kultischen Verehrung Bernwards an seinem Grabe (vgl. Essay Schuffels: Die Erhebung Bernwards zum Heiligen).

Im Zuge der Bauarbeiten war ein Großteil der alten bernwardinischen Mittelschiffstützen ausgewechselt worden. Aus einem der Säulenschäfte hat man die Büste gearbeitet, deren halbrunde Rückseite sogar noch einen Teil des Halsringes zeigt. Auch stilistisch fügt sich das Relief – soweit der verwitterte Zustand ein solches Urteil erlaubt – in die Zeit des Umbaus. Am besten vergleichbar ist in diesem Zusammenhang ein Kopffragment aus Stuck (Ueffing 1974, S. 44, Abb. 12), das zur reichen Neuausstattung der Kirche gehörte, von der nur noch die Mittelschiffkapitelle und die Stuckverkleidung im Bereich des südlichen Seitenschiffes in situ erhalten sind.

Beim Abbruch der Bauteile von 1747 wurde die Büste nach 1945 ausgebaut. Sie ist heute im südöstlichen Querhaus aufgestellt.

IX–17

Beseler/Roggenkamp 1954, S. 46. – Habicht 1917, S. 48. – Grzimek 1975, Abb. 14–15. – Niehr 1992, S. 102, 270f. Nr. 67, S. 475, Abb. 120–121.

Hildesheim, St. Michael
(in situ)

M. B.

IX–18 Urkunde Papst Coelestins III. über die Heiligsprechung Bischof Bernwards – Rom, Sankt Peter, 8. Januar 1193

Abschrift aus Sankt Michael in Hildesheim vom Ende des 12. Jahrhunderts

ca. 28 x 20 cm. – Pergament.

Das mit einer Bleibulle zur Beglaubigung versehene Original der Kanonisationsurkunde Papst Coele-

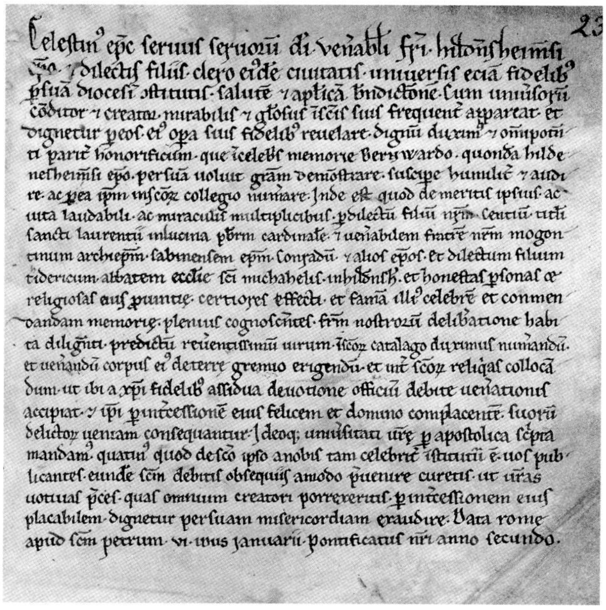

IX–18

stins III. (1191–1198) vom 8. Januar 1193, die sich an den Bischof von Hildesheim, den Klerus der Stadt und alle Gläubigen der Hildesheimer Diözese wendet, sowie eine gleichlautende Ausfertigung vom 21. Januar an den Konvent des Michaelsklosters sind im letzten Krieg verbrannt. Den Wortlaut bewahrt die vorliegende Abschrift. Sie ist die älteste erhaltene Kopie und noch am Ende des 12. Jahrhunderts von einem Mönch in Sankt Michael geschrieben worden.

„Da Gott, der Schöpfer des Universums, immer wunderbar und glorreich in seinen Heiligen erscheint und durch sie seine Werke den Gläubigen offenbart, haben wir (der Papst) es für würdig und für Gottes Allmacht ehrenvoll gefunden, demütig zu hören und entgegenzunehmen, was Gottes Gnade in Bernward, dem einstigen Hildesheimer Bischof gefeierten Andenkens, offenbaren wollte, und deswegen Bernward in der Gemeinschaft der Heiligen aufzuführen.“ *(Cum universorum conditor et creator mirabilis et gloriosus in sanctis suis frequenter appareat et dignetur per eos [recte: illos] eius opera suis fidelibus revelare, dignum duximus et omnipotenti pariter honorificum, que in celebris memorie Bernwardo quondam Hildenesheimensi episcopo per suam voluit gratiam demonstrare, suscipere humiliter et audire ac per ea ipsum in sanctorum collegio numerare.)*

Nur scheinbar bildet dieser Satz die in mittelalterlichen Urkunden für gewöhnlich zu überlesende allgemeine und bloß formelhafte Einleitung. In Wirklichkeit wird Gottes vorgängiges Wirken als Ursache und offenbarer Grund des anschließend in rechtsförmlicher Sprache geschilderten kanonischen Verfahrens hingestellt, das unter Leitung des Papstes die Heiligsprechung schließlich verkündet. Die mittelalterliche Vorstellung der göttlichen Ordnung des Seins und der Welt macht sich, wenn man so will, bis in die Einzelheiten einer urkundlichen Beglaubigung geltend.

Weiter teilt der Papst mit: er habe sich durch den Kardinal Cinthius von San Lorenzo in Lucina, durch den Erzbischof von Mainz und Kardinalbischof von Sabina Konrad (von Wittelsbach), weitere Bischöfe, den Abt Theoderich (II.) von Sankt Michael in Hildesheim und durch andere hohe Geistliche Sachsens über Bernwards Verdienste, sein lobenswertes Leben und die zahlreichen Wunder unterrichten lassen; in Kenntnis seines der Erinnerung würdigen, gefeierten Ruhms *(famam ipsius celebrem et commendandam memorie plenius cognoscentes)* habe er nach Beratung mit den Kardinälen beschlossen, Bernward unter die Heiligen aufzunehmen sowie seinen Leib aus dem Grab erheben und zu den Reliquien der Heiligen versetzen zu lassen, damit er von den Gläubigen verehrt werde und diese auf seine Fürsprache hin Verzeihung ihrer Sünden von Gott erhielten. Der Papst befiehlt den Adressaten, die Kanonisation zu verkünden und seine Beschlüsse durchzuführen.

Kanonisiert worden war Bischof Bernward bereits wenige Wochen zuvor, am 19. Dezember 1192; durch die Urkunde ließ Papst Coelestin III. dies in rechtsverbindlicher Schriftform bekanntmachen und erteilte Anweisungen zur liturgischen Verehrung und Erhebung der Gebeine. Der Weitergabe der Reliquien und der Ausbreitung des Kults in der ganzen Kirche stand nun nichts mehr im Wege.

Der Mönch, der durch seine Mitarbeit an dem großen Codex der *Vita Bernwardi* (Kat. Nr. I–1) die Heiligsprechung vorzubereiten geholfen hatte, ist der Aufforderung des Papstes, die Kanonisation bekanntzumachen, auf sinnreiche Weise gefolgt: Er hat das Pergamentblatt mit der Abschrift der Urkunde in das einst von Bischof Bernward dem Michaelskloster geschenkte, reich illuminierte Evangeliar (Hildesheim, Domschatz 18, Kat. Nr. VIII–30) einbinden lassen – gleichsam als Antwort auf das großartige Bild, das Bernward als Bischof und Stifter (ebd., fol. 16v) zeigt.

Druck: UBHH 1, Nr. 489 S. 465 f. – Weiterführende Literatur in dem Beitrag über die Erhebung Bernwards zum Heiligen.

Hildesheim, Dom- und Diözesanmuseum Hildesheim, Inv. Nr. DS 18, fol. 232r

H. J. S.

IX–19 Urkunde Bischof Bernos von Hildesheim für das Michaelskloster über die Einkünfte aus Spenden am Grab des heiligen Bernward

(Hildesheim), ohne Datum (nach dem Frühjahr/Sommer 1193, vor dem 16. August 1194)

28,5 x 18 cm. – Pergament.

Erfolgreich, aber lebensgefährlich und unter hohen Verlusten an Geld und Gut war die Reise verlaufen, die Abt Theoderich (II.) von Sankt Michael nach Rom unternommen hatte, um die Heiligsprechung Bischof Bernwards durch Papst Coelestin III. (1191–1198) zu erreichen. Um den Schaden ausgleichen zu helfen, überließ Bischof Berno von Hildesheim (1190–1194) unter Zustimmung des Domkapitels dem Michaelskloster mit der vorliegenden Urkunde auf Dauer den ihm als Bischof zustehenden Teil der nicht unbeträchtlichen Einkünfte aus Spenden, die von den Gläubigen am Grab des Heiligen dargebracht wurden. Ausdrücklich hebt er dabei hervor, daß er vom Papst zu dem Verzicht aufgefordert worden sei, und in der Tat hatte Abt Theoderich in Rom vorsorglich ein entsprechendes Mandat Coelestins III. erwirkt (UBHH 1, Nr. 490 S. 466). Die Domherren, die als Zeugen genannt werden, führt der Dompropst Hartbert an, der wenige Jahre später selbst zum Bischof aufsteigen sollte (1199–1216); auf den Dekan folgt der Cellerar Bruno, dessen einzigartiges Grabmal an der Südseite der Ostapsis des Hildesheimer Domes noch heute erhalten ist. Die undatierte Urkunde muß nach der Rückkehr des Abtes Theoderich aus Rom, aber vor der feierlichen Translation Bernwards am 16. August 1194 entstanden sein. Sie wurde unter äußerster Ausnutzung des Pergaments vom Empfänger vorgefertigt und von Bischof Berno durch sein angehängtes Siegel bestätigt.

Druck: UBHH 1, Nr. 506 S. 481 f. – Den Hintergrund der Ereignisse schildert der Beitrag über die Erhebung Bernwards zum Heiligen.

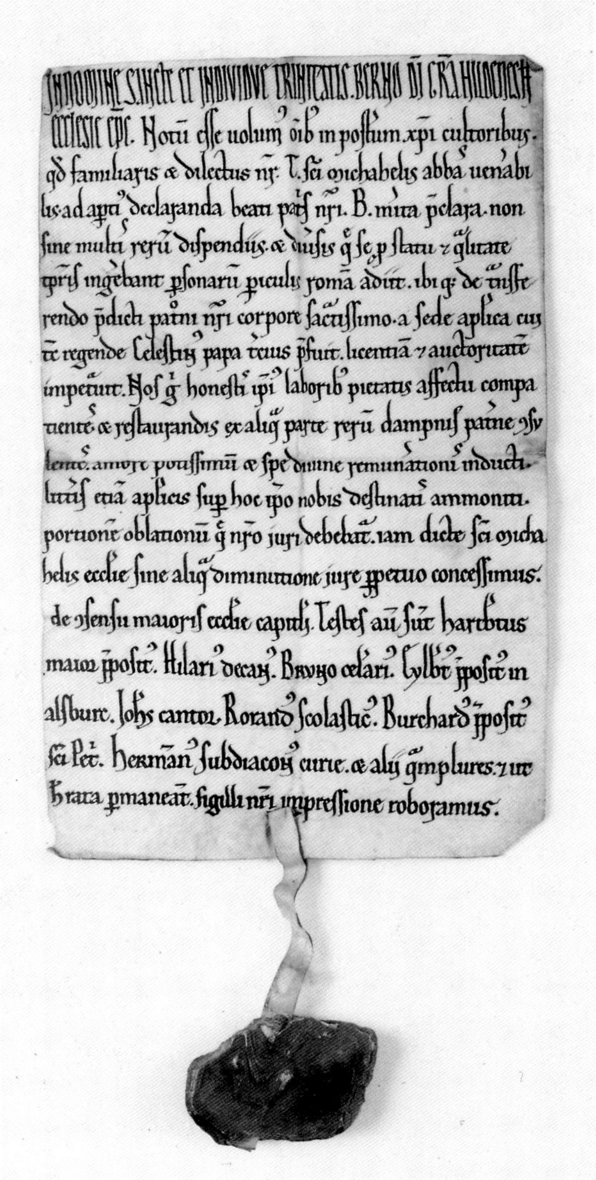

IX–19

Hildesheim, Dombibliothek, Sign. A VII 18

H. J. S.

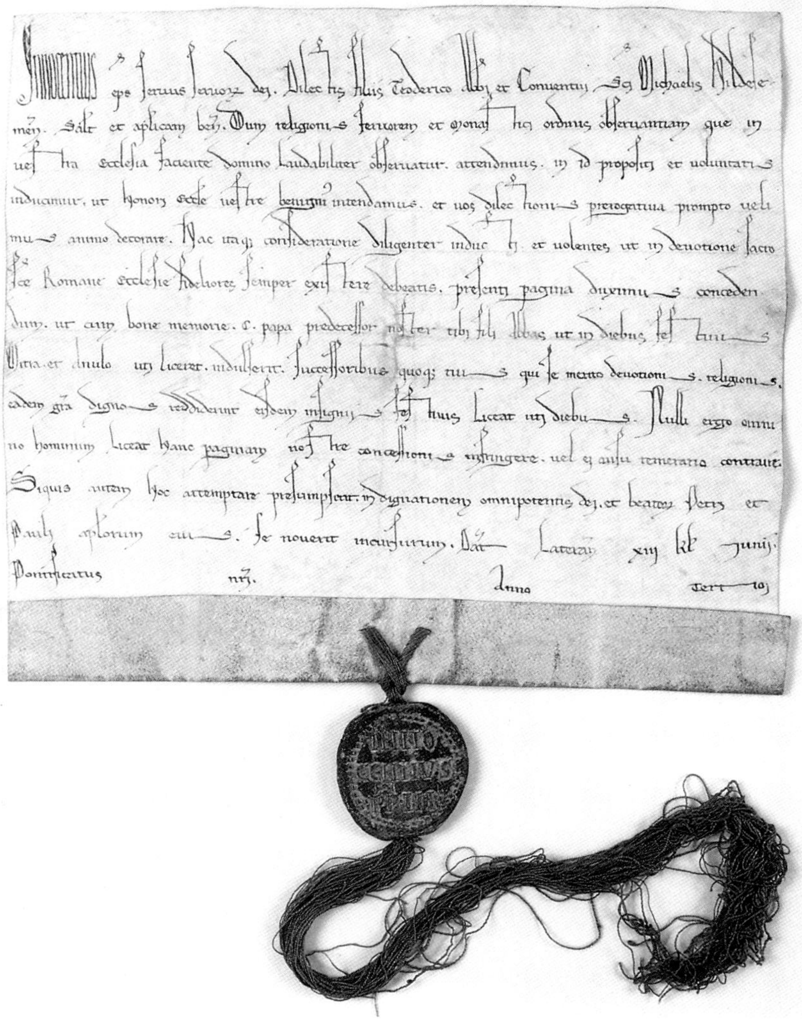

IX–20

IX–20 Urkunde Papst Innocenz' III. für die Äbte von Sankt Michael in Hildesheim

Rom, Lateran, 20. Mai 1200

21 x 24 cm. – Pergament.

Nach dem Verlust der meisten mittelalterlichen Originalurkunden des Klosters ist die vorliegende die älteste und eine der wenigen überhaupt erhaltenen Papsturkunden für Sankt Michael in Hildesheim.

Papst Innocenz III. (1198–1216) gewährt den Nachfolgern des amtierenden Abtes für die Zukunft das Recht, an Festtagen Mitra und Ring tragen zu dürfen. Mit diesen bischöflichen Insignien hatte bereits, wie der Papst ausdrücklich hervorhebt, sein Vorgänger Coelestin III. (1191–1198) den Abt Theoderich II. von Sankt Michael für dessen Person ausgezeichnet, nachdem dieser sich im Jahre 1192 unter Gefahr für Leib und Leben an die Kurie durchgeschlagen hatte, um die Kanonisation Bischof Bernwards zu erreichen (vgl. den Beitrag über die Erhebung Bernwards zum Heiligen). Dessen mag sich Innocenz III. durchaus noch erinnert haben, ist er doch selbst, der einst in Rom als Kardinaldiakon von SS. Sergio e Bacco und enger Mitarbeiter Coelestins III. von den Ereignissen genaue Kenntnis hatte, noch als Papst mit Kritik an den harten Übergriffen der staufischen Gefolgsleute hervorgetreten, die auch der Hildesheimer Abt damals zu spüren bekommen hatte. Das Recht an den Pontifikalien haben die Äbte von Sankt Michael eifrig gehütet und bis zur Aufhebung des Klosters wahren können.

In Ausstattung, Schrift, Formeln und Sprache den strengen Regeln der Kurie folgend, gibt sich die Urkunde als päpstlicher Gnadenerweis *(littera gratiae)* auch dadurch zu erkennen, daß sie einfacher ausgestattet ist als die feierlichen Privilegien; einziges Beglaubigungsmittel ist die an rot-gelben Seidenfäden *(cum serico)* angehängte Bleibulle, die Namen und Titel samt Ordnungszahl des Papstes auf der einen, die stilisierten Bilder der Apostel Petrus und Paulus mit Beischrift auf der anderen Seite trägt.

Druck in: UBHH 1, Nr. 554 S. 534. – Schwarz 1988, Nr. 2 S. 3. – Schwarz 1993, Nr. 13 S. 4. – Frenz 1986, S. 20f., S. 35f., S. 43. – Maleczek 1984, S. 101–104, S. 368. – Art. „Pontifikalien", in: LThK 8, Sp. 614f. (Philipp Hofmeister). – Goetting 1984, S. 500.

Hildesheim, Dombibliothek, Sign. A VII 21

H. J. S.

IX-21 Seidenfragmente, angeblich von einer Bernwardkasel

Byzanz, um 1000

Vier Fragmente, die größten 4 x 17,5 cm bzw. 8,5 x 5,5 cm. – Rotes Seidengewebe mit Muster in zwei Blautönen, gelb-blaue Randborte (Samit in Köper 1/2 S. Kette: 1:2, Z-Drehung, Bindekette beigebraun, Hauptkette dunkles Graubraun, 13–16 Binde- und 26–32 Hauptkettfäden/cm. Schuß: ohne erkennbare Drehung, I karminrot, II dunkelblau, III mittelblau (in der Borte I dunkelblau, II gelb), 48–54 Passées/cm).

Gemäß einer beiliegenden Pergamentcedula stammen die Fragmente von der Kasel des heiligen Bernward *(De casula Sci Bernwardi)*. Ganz offensichtlich handelt es sich aber nicht um Teile desjenigen Gewandes, das in St. Michael erhalten geblieben ist (Kat. Nr. VIII-33); die Seide hier gehört weder zu dessen Oberstoff noch zu dessen inneren Besätzen. Dennoch sind die Fragmente, aufgrund ihrer Textur und der wenigen erkennbaren Reste des Musters, in die Zeit Bernwards zu datieren – es scheint sich sogar um ein ausgesprochen kostbares Gewebe gehandelt zu haben. Legt man die Teile richtig aneinander – drei davon passen nahtlos zusammen –, so ergeben sich auf den 29 cm Breite zwar Indizien für eine Symmetrieachse, die Rapportmaße müssen aber dennoch sehr beträchtlich, mindestens 50 cm, gewesen sein. Damit und auch angesichts der Tatsache, daß das Muster sich frei auf der Fläche entfaltet hat, darf man die Seidenreste in die Nähe der Imperialseiden (Kat. Nr. II-19 und II-20) rücken. In die gleiche Richtung deutet auch der Randstreifen mit Punktscheiben, der Anfang oder Ende des Webstückes markiert hat. Ähnliches findet sich beispielsweise an dem großen Elefantenstoff aus dem Schrein Karls des Großen in Aachen oder an der Löwenseide aus dem Annoschrein in Siegburg (für beide vgl. Kat. Nr. *II-19).

Die Pergamentcedula (die auch schon als Fälschung des 19. Jahrhunderts angesprochen worden ist), dürfte aus der Frühzeit des 13. Jahrhunderts stammen. Damit wäre sie der früheste Beleg für die Tradition einer Bernwardkasel. Der Befund am Gewebe, beispielsweise die eindeutigen Fraßspuren von Insekten oder die Verhärtung des Gewebes, würde sogar einer Herkunft aus Bernwards Grab nicht widersprechen.

Aus der Sammlung Culemann.

Grönwoldt 1964, S. 24, 134 Nr. 8. – von Wilckens 1990, S. 435.

Hannover, Kestner-Museum, Inv. Nr. 3866

R. S.

IX-21

IX–22 Armreliquiar des hl. Bernward

Hildesheim, um 1194

H. 53,5 cm. – Holzkern, Silber getrieben, vergoldet, Filigran mit Steinbesatz. 1993 restauriert von Ria Röthinger, Köln (Holzkern), und Uwe Schuchardt, Hildesheim (Beschläge).

Das Reliquiar hat die Form eines zum Segen erhobenen Armes und gibt damit einen Hinweis auf die Reliquie, zu deren Aufnahme es geschaffen wurde. Der Inhalt ist verloren, und auch die Bodenplatte, mit der die entsprechende Höhlung des Holzkernes einmal verschlossen war, ist nicht mehr vorhanden. Hier wird man sich eine Inschrift zu denken haben, auf der der Reliquieninhalt einmal verzeichnet war.

Das Armreliquiar stammt aus dem Kirchenschatz von St. Michael und gelangte von dort nach Aufhebung des Klosters mit Teilen des alten Inventars in den Besitz der katholischen Pfarrgemeinde, die nach St. Magdalenen übersiedelte, einer ebenfalls säkularisierten Klosterkirche. In einem Schatzverzeichnis des Michaelisklosters, das der Rat der Stadt Hildesheim 1542 aufstellen ließ, sind insgesamt fünf Armreliquiare erfaßt, doch nur von zweien heißt es, sie seien vergoldet. Eines davon wird als Arm des heiligen Vinzentius bezeichnet, und ein entsprechend beschriftetes Armreliquiar ist zusammen mit dem hier besprochenen von St. Michael nach St. Magdalenen überführt worden (Kat. Hildesheim 1991, S. 139–140 Nr. 40 [Michael Brandt]). Das andere Reliquiar, das seine alte Inschrift verloren hat, wird demzufolge jenes sein, das im Schatzverzeichnis aufgeführt ist als „eyn arm Sante Bernwardus verguldet".

Das Armreliquiar ist offensichtlich in der gleichen Werkstatt entstanden wie das Kopfreliquiar (Kat. Nr. IX–23) und die Zierbeschläge am umgestalteten Prunkeinband des Kostbaren Evangeliars (Kat. Nr. VIII–30), deren Filigranplatten alle die gleiche Machart zeigen. Wahrscheinlich war die feierliche Erhebung der Gebeine des heiligen Bernward im Jahre 1194 der Anlaß, zu dem diese drei Arbeiten in Auftrag gegeben wurden.

Seit 1978 ist das Armreliquiar dem Dom- und Diözesanmuseum Hildesheim von der katholischen Pfarrgemeinde St. Magdalenen als Dauerleihgabe überlassen.

IX–22

Zeller 1911, S. 261. – Kat. Hildesheim 1991, S. 138 f. Nr. 39 (Michael Brandt).

Hildesheim, Dom- und Diözesanmuseum Hildesheim, Inv. Nr. L 1978–2

M. B.

IX–23 Kopfreliquiar des heiligen Bernward

Hildesheim, um 1194, restauriert 1780

H. 55 cm, B. 35 cm. – Silber, vergoldet, getrieben, Filigran mit Steinbesatz.

Das Reliquiar ist in Form einer Büste gearbeitet. Schon durch seine äußere Gestalt gibt es dem Betrachter damit einen Hinweis auf die Reliquie, die es umschließt, das Haupt des heiligen Bernward.

Seit 1780 ist die mittelalterliche Reliquienbüste mit der heutigen Mitra gekrönt, die im Zuge einer durchgreifenden Restaurierungsmaßnahme entstand, in deren Verlauf auch die Haarkalotte überarbeitet und sämtliche Steinfassungen erneuert wurden. Wenn das Hildesheimer Domkapitel gerade das in seinem Besitz befindliche Kopfreliquiar des heiligen Bernward derart grundlegend wiederherstellen ließ, so hängt das sicher mit der besonderen Verehrung zusammen, die man der Reliquie entgegenbrachte, die alljährlich am Festtag des heiligen Bernward in feierlicher Prozession umhergetragen wurde.

Von einer älteren Mitra erfahren wir durch ein Domschatzverzeichnis von 1438, in dem sie beschrieben wird als „vorguldede cronen, getziret alumme myt manigerleye edelen stenen". Sie hat sicher noch zum mittelalterlichen Originalbestand gehört und dürfte mit den gleichen breiten Schmuckstreifen besetzt gewesen sein, wie man sie heute noch am Halsausschnitt der Reliquienbüste sehen kann. Diese Zierbeschläge sind den Filigranstreifen auf dem Armreliquiar des heiligen Bernward (Kat. Nr. IX–22) und auf dem Vorderdeckel des Kostbaren Evangeliars (Kat. Nr. VIII–30) so ähnlich, daß man sie derselben Werkstatt zuschreiben möchte. Vermutlich handelt es sich um einen zusammenhängenden Auftrag, zu dem die feierliche Erhebung der Gebeine des Heiligen am 16. August 1194 den Anstoß gab. Bei dieser Gelegenheit verstand es das Domkapitel nicht nur, den rechten Arm, sondern sogar die Schädelreliquie für den Reliquienschatz des Domes zugesprochen zu bekommen (vgl. Essay Schuffels, Die Erhebung Bernwards zum Heiligen). Man wird nicht lange gezögert haben, sowohl den in St. Michael verbliebenen Reliquien (vgl. Kat. Nr. IX–22) wie den neuen Heiligtümern des Domes eine ihnen gemäße kostbare Fassung zu geben.

IX–23

Kratz 1840/1, S. 153–157. – Zeller 1911, S. 109. – Bertram 1913, S. 17 Nr. 43. – Elbern/Reuther 1969, S. 23 Nr. 10. – Brandt 1993, S. 59–60.

Hildesheim, Dom- und Diözesanmuseum Hildesheim, Inv. Nr. DS 10

M. B.

IX–24 Hildesheim, St. Michael Nördliche Westchorschranke

Hildesheim, nach 1193

Schranke: 776 x 310 cm; Figuren außen: H. ca. 125–130 cm; Engelchen: H. 30 cm. – Gipsmörtel. Wand aus gegossenen Blöcken gebildet und in Teilen nachgearbeitet. Friese aus einem angetragenen Band frei herausgeschabt; figürliche Elemente gegossen, mit angetragener Stuckmasse auf die Wand appliziert und nachmodelliert. Ursprüngliche Farbfassung in Blau, Rot, Grün, Gold, Schwarz und Weiß partiell zu rekonstruieren (technische Angaben: Peter Turek).

Von den Abschrankungen des westlichen Hochchors der Michaeliskirche hat sich nur die Wand zwischen Vierung und nördlichem Querhaus erhalten. Es handelt sich um eine auf der Außenseite durch Arkaden und Schirmkuppeln in sieben Abschnitte gegliederte Mauer über dreiteiliger Bogenstellung mit bekrönender Säulchengalerie und einem Durchgang im Westen. Unter den Arkaden stehen große Figuren. Heilige rahmen die Muttergottes mit Kind im Zentrum. Nächst ihr Petrus und Paulus; in der Mitte auf jeder Seite die Apostel Jakobus d. Ä. und Johannes; ganz außen der Ordensgründer Benedikt und Bischof Bernward mit dem Modell der Kirche. Die Identifikation läßt sich zum Teil von den Darstellungstypen herleiten; außerdem notierte Johann Michael Kratz im 19. Jahrhundert noch lesbare Inschriften, die Namen und Sprüche überlieferten. Während sich die Leiber der Figuren in starkem Relief aus der Wand vorwölben, sind ihre Köpfe fast vollplastisch gebildet. Zum Chor hin läuft ein Fries mit Fabelwesen oberhalb der Rückwand des ursprünglichen Chorgestühls vom östlichen Vierungspfeiler bis zum Pfosten des Durchgangs. Engelfigürchen mit Schriftenbändern oder Kugeln in den Händen sitzen in den Zwickeln der Säulchengalerie.

IX-24 Chorseite

Die Nordschranke hatte ein Pendant auf der Stadtseite der Kirche. Dieses wurde 1662 beim Abbruch des baufälligen Vierungsturmes zerstört. Nach alten Beschreibungen entsprach der Aufbau dem der nördlichen Schranke. Man darf vermuten, daß hier Christus mit weiteren Aposteln und Heiligen dargestellt war, wobei eine deutlich geringere „Wertigkeit“ gegenüber der Nordschranke auffällt. Die nur wenigen heute noch erhaltenen Reste ließen sich vor dem Krieg durch weitere Fundstücke zu einer Säulchengalerie ergänzen (von Troschke 1955, Abb. 2). Beim ursprünglich zugehörigen Lettner sind wir in weit größerem Maße auf Spekulationen angewiesen. 1556 wurde die „Lettnermauer, die von schönen steinernen Pfeilern untersetzt und mit Bildern aus Stuck (Gips) u. a. Ornamenten von hohem Altertumswert verziert war“ (Bertram, 2, S. 226), von Bilderstürmern zerstört. Ein in den Aufbau integrierter „stattlicher Erker“ ist vielleicht als Ambo, eventuell auf Säulen, wie z. B. in Wechselburg, oder aber frei vorkragend, wie etwa in der Goslarer Neuwerkkirche, zu rekonstruieren. Das Bildprogramm läßt sich aus den wenigen ans Licht gekommenen Fragmenten nur allgemein bestimmen. Wahrscheinlich gab es mehrere Szenen für die Kindheitsgeschichte Jesu und die Passion. Über Anbringung und Kombination bleibt zu spekulieren. Im Gegensatz zu anderen Lettnern war die Hildesheimer Bilderwand nicht auf einen Kreuzaltar bezogen – dieser befand sich im Osten des Mittelschiffs –, sondern wie etwa die Gröninger Empore als westlicher Abschluß der Kirche konzipiert. Der stilistische Habitus aller Reliefs und der Ornamentik ist deutlich verschieden von den kurz zuvor entstandenen Bildwerken im südlichen Seitenschiff (Kat. Nr. IX-16). Eine weiche und schönlinige Modellierung der z. T. großzügig drapierten Gewandstoffe und eine gekonnte plastische Formung der Körper, dazu die sorgsame Charakterisierung der Gesichter und ein sicheres Gefühl für Bewegung und Aktion der Figuren verleihen den großenteils aus stereotypen Versatzstücken gebildeten Reliefs eine lebendige Frische, wie sie um 1200 in der niedersächsischen Buchmalerei ähnlich zu finden ist. Auch die komplizierte Staffelung des Bildaufbaus bei den Lettnerreliefs beweist das hohe Können der Werkstatt. Ein oftmals behaupteter enger Zusammenhang mit den Chorschrankenplastiken der Halberstädter Liebfrauen-

IX-24 Außenseite

kirche reduziert sich auf teilweise identische oder ähnliche Figurenformeln und eine allgemeine zeittypische Stilhöhe.

Lettner und Schranken gehören zu den Baumaßnahmen, die unmittelbar nach der Kanonisierung Bernwards 1193 in „seiner" Kirche einsetzen. Mit der Erweiterung des erhöhten Westchores und der Krypta – der Ruhestätte des Gründers – bis in die Vierung hinein ergab sich die Notwendigkeit neuer Abschrankungen des darüberliegenden Mönchschores zu den Querhäusern sowie zum Langhaus hin. Bernward selbst erscheint nun *in effigie* an der Nordschranke als Stifter in Gemeinschaft mit dem Ordensgründer, den wichtigsten Aposteln und Maria. Die Aufnahme in eine solche Gemeinschaft zeigt den Rang, den man Bernward hier zubilligt. Links vom Zentrum blieb ihm zwar lediglich ein Platz auf der untergeordneten Seite übrig; dafür aber steht sein Bild unmittelbar neben dem Durchgang in den Chor, den die Mönche mehrmals täglich zu passieren hatten. So wird die enge Bindung zwischen der Kommunität und ihrem Gründer auch optisch präsent.

Die ehedem auf dem Spruchband des Heiligen den Klosterinsassen präsentierte Aufforderung *VENITE EXULTEMUS DOMINO* läßt diesen immer noch lebendigen Kontakt weiter deutlich werden und baut ihn zu einer Art Gespräch zwischen dem Stifter und allen ihm folgenden Generationen aus. Eine solche Konstellation war keineswegs unüblich. Das Bild Bernwards unter dem mit Architekturelementen verzierten Arkadenbogen hat einen Hildesheimer Vorläufer im „Stammheimer Missale" (Kat. Nr. *IX-10). In dieser im Kloster entstandenen Handschrift war der Heilige vor der päpstlichen Kanonisierung bereits ähnlich *in templo* dargestellt worden, von einem verehrenden Mönch um Gedenken an seine Stiftung – St. Michael – angefleht, für die der Bischof den Segen Gottes erbittet (fol. 156r; vgl. Schuffels 1993, S. 15 mit Abb. 8). Stellvertretend für diese Stiftung selbst erscheint in abbreviaturhaftem Schema die Michaeliskirche nicht nur in der Hand ihres Gründers, sondern auch im vorletzten Zwickel der Arkadenreihe zwischen den Schirmkuppeln. Die Ansicht von Westen mit dem Eingang in die Krypta gibt wieder einen Hinweis auf den nach der Kanonisierung Bernwards in seiner Bedeutung noch gesteigerten Bauteil des Gotteshauses.

Gosebruch 1975, S. 11–26. – Greischel 1914, S. 23 ff. – Kirchner-Doberer 1946, S. 45 ff. – Niehr 1992, S. 58 ff., 65, 67 f., 74 f., 271–278; Nr. 68 und 69. – Sauerländer 1978. – Schulz-Mons 1979. – von Troschke 1955. – Ueffing 1975.

Hildesheim, St. Michael
(in situ) K. Ni.

IX–25

IX–25 Sogenanntes Kleines Bernwardkreuz

Hildesheim, um 1170/80

39,1 x 32 cm. – Holzkern, Kupfer vergoldet, Vorderseite: Filigran, Steinbesatz, Bergkristalle; Rückseite: graviert. Restaurierungen 1787 (?), 1970er Jahre.

Mit den annähernd quadratisch verbreiterten Balkenenden und der kreisrunden Vierung nimmt das Krückenkreuz im Umriß eine aus Helmarshausener Arbeiten bekannte und in Sachsen bis ins 13. Jahrhundert gültige Grundform auf (vgl. Bernwardkreuz aus Heiningen, Kat. Braunschweig 1985, 2, S. 1200/1202, Nr. 1043). Wie bei den Scheibenkreuzen im Hildesheimer Domschatz (DS 27) (ebd., S. 1198–1200, Nr. 1041) und beim Großen Bernwardkreuz (Kat. Nr. VIII–34) werden die zentriert gesetzten Bergkristalle von sorgsam angeordneten Edelsteinen gerahmt. Größere Steine betonen die Ecken der Endplatten bzw. beim Vierungsmedaillon die Kreuzachsen und Diagonalen. Das in lockerem Muster gewundene Filigran, welches auch die entlang der Kanten aufgereihten Steine begleitet, entspricht jenem zweier Hildesheimer Bucheinbände, die um 1170/80 datiert werden können (Kat. Hildesheim 1988, S. 88–95, Nr. 29, 30). Bemerkenswert ist ein in den oberen Balken geritztes kleines Krückenkreuz, unter dem sich im Holzkern ein verschnürtes Reliquienpäckchen eingelassen findet. Die qualitätvolle Gravierung der Rückseite knüpft wiederum an ältere niedersächsische Beispiele an. Allerdings verraten die mit dem Zirkel konstruierten Ranken, denen teils symmetrische, teils unregelmäßige Palmetten aus gefiederten Blättchen entwachsen, die Kenntnis moderner, wohl westlicher (Initial-)Ornamentik.

Durch die als *crux gemmata* gestaltete Vorderseite verweist das Prozessionskreuz auf die triumphale Wiederkehr des Gottessohnes im Zeichen seines Sieges. Zugleich läßt sich der Edelsteinschmuck auf Christus selbst (Bergkristall) und auf das in der Offenbarung des Johannes beschriebene Himmlische Jerusalem deuten. Dagegen erinnert die vegetabile Ranke der Rückseite an die lebenspendende Kraft des Kreuzes Christi, das als *arbor vitae* Erlösung verheißt. – Obwohl keine Kopie des Großen Bernwardkreuzes in strengem Sinne, greift das kleine Kreuz in Form und Gestaltung jene Elemente auf, die dann in spätmittelalterlichen Darstellungen das Attribut des Heiligen kennzeichnen. Von daher erklärt sich seine heutige Benennung.

Hildesheim, St. Michael.

Brandt 1987, S. 32 f. – Kat. Hildesheim 1991, S. 136–138, Nr. 38 (Michael Brandt). – Kat. Darmstadt 1992, S. 149, Nr. 43 (Theo Jülich).

Hildesheim, Dom- und Diözesanmuseum Hildesheim, Inv. Nr. L 1989/6

B. B.-N.

*IX-26 Pyxis mit Apostelfiguren

Wohl Köln, 2. Hälfte 12. Jahrhundert

H. 26 cm, Durchmesser 13,5 cm. – Bein, geschnitzt; Holz, gedrechselt, innen rot bemalt, außen vergoldet; unter dem Boden Braunfirnisplatte mit Rosettenmusterung. Durch Brandeinwirkung 1945 bis auf wenige Fragmente der Knochenschnitzerei zerstört.

Mit ihren schablonenhaft gearbeiteten Knochenreliefs ist die Pyxis ein typisches Erzeugnis jener wohl in Köln ansässigen Werkstätten, die solche Arbeiten etwa von den letzten Jahrzehnten des 12. Jahrhunderts an bis ins 13. Jahrhundert in großer Stückzahl geschaffen haben. Offenbar war ein nicht geringer Teil dieser Schnitzereien für den Fernhandel bestimmt. Eine ganz ähnliche Pyxis wie die hier abgebildete, die aus Hildesheim stammt, hat sich z. B. in St. Emmeram in Regensburg erhalten, wo sie als Ziborium des hl. Wolfgang gilt (Goldschmidt, 3, S. 24–25 Nr. 68). Auch die Hildesheimer Pyxis wird mit einem Heiligen in Verbindung gebracht. Die vergoldete Silberspitze aus gotischer Zeit (?) trug eine Kristallkugel mit einer Inschrift, deren Wortlaut an den der Bernwardpatene (Kat. Nr. IX–28) erinnert: *Bernwardus ep. hil. fec* – Bischof Bernward von Hildesheim hat [es] gemacht.

Vermutlich stammt die Pyxis – ursprünglich wohl als Ziborium zur Aufbewahrung der Hostien gedacht – aus dem Michaeliskloster. Dafür spricht auch die Herkunft aus der Hildesheimer Sammlung Engelke, zu der mehrere Stücke aus dem Kirchenschatz gehörten, darunter Kat. Nr. IX–11 und IX–12. Später Sammlung Essingh, Köln; 1858 in Bonn für die Berliner Kunstkammer erworben, von dort in das Kaiser-Friedrich-Museum.

Goldschmidt, 3, S. 24–25 Nr. 69. – Brandt 1988/1, S. 28–30.

Ehemals Berlin, Kaiser-Friedrich-Museum, Inv. Nr. J 602; die Fragmente jetzt Berlin, Staatliche Museen zu Berlin – Preußischer Kulturbesitz, Skulpturensammlung, Inv. Nr. 602

M. B.

*IX–26

IX-27 Vita Bennonis

Hildesheim, um 1500

18,5 x 13 cm, 9 Blätter. – Papier. Titel (fol. 1r): *Vita divi Bennonis episcopi ecclesie Misnensis.* Inhalt: fol. 2r/v *Isti sunt, qui habent confraternitatem cum monasterio nostro*; fol. 3r Annalistische Notizen; fol. 3v *Isti sunt calices*; fol. 4v–9r *in nomine domini amen* [Vita Bennonis]; fol. 9v Notizen quer zur Handschrift (wohl Rest von zerschnittener Handschrift).

E. B.

Die unscheinbare Handschrift, die nur neun Blätter umfaßt, enthält neben verschiedenen geschichtlichen Notizen eine *Vita Bennonis.* Dabei handelt es sich um eine Fälschung, die wahrscheinlich in unmittelbarem Zusammenhang mit den von Meißen ausgehenden

Bestrebungen steht, die Heiligsprechung Bennos zu erwirken. Vom gleichen Schreiber stammen die Notizen, die auf das Michaeliskloster als Herkunftsort verweisen. Darunter findet sich auch die hier gezeigte Liste von Kelchen. Der Schreiber hält die aufgezählten Stücke für eigenhändige Arbeiten Bernwards.

Schon in der Vita Bernwardi ist von drei kostbaren Kelchen des Bischofs die Rede. Diese Nachricht hat offenbar dazu geführt, daß man später eine Reihe besonders kostbarer Kelche mit Bernward in Verbindung brachte. In einer niederdeutschen Lebensbeschreibung Bernwards von 1419 (überliefert in einer jüngeren Abschrift: Hildesheim, Dombibliothek, Hs. 123) werden bereits sechs aufgeführt (p. 23). Der Schreiber der Münchner Handschrift weiß sogar von zwölf Kelchen zu berichten. Der größte Teil davon gehört zum Kirchenschatz von St. Michael. Wie aus der Liste hervorgeht, waren zum Zeitpunkt der Niederschrift einige bereits versetzt, darunter der kostbarste, der – wie der Schreiber berichtet – für 12 Mark puren Silbers an das Godehardikloster in Hildesheim ging (Kat. Nr. IX–29). Zum gleichen Betrag wurde ein Kelch nach Braunschweig an die Martinikirche verpfändet, zu dem vermutlich die später in den Welfenschatz gelangte Patene gehört (Kat. Nr. IX–28).

Über den Verbleib der übrigen Kelche, die vermutlich ebensowenig aus der Bernwardzeit stammten wie die beiden zuvor genannten, ist nichts bekannt. Allenfalls mag der Schreiber mit einem der beiden Bernwardkelche, die er im Dom nachweist, den sogenannten Bernwardkelch des 14. Jahrhunderts gemeint haben (Kat. Nr. IX–30).

Lehmann 1912. – Berges/Rieckenberg 1983, S. 71–75.

München, Bayerische Staatsbibliothek, Clm 27045

M. B.

IX–27 fol. 3v

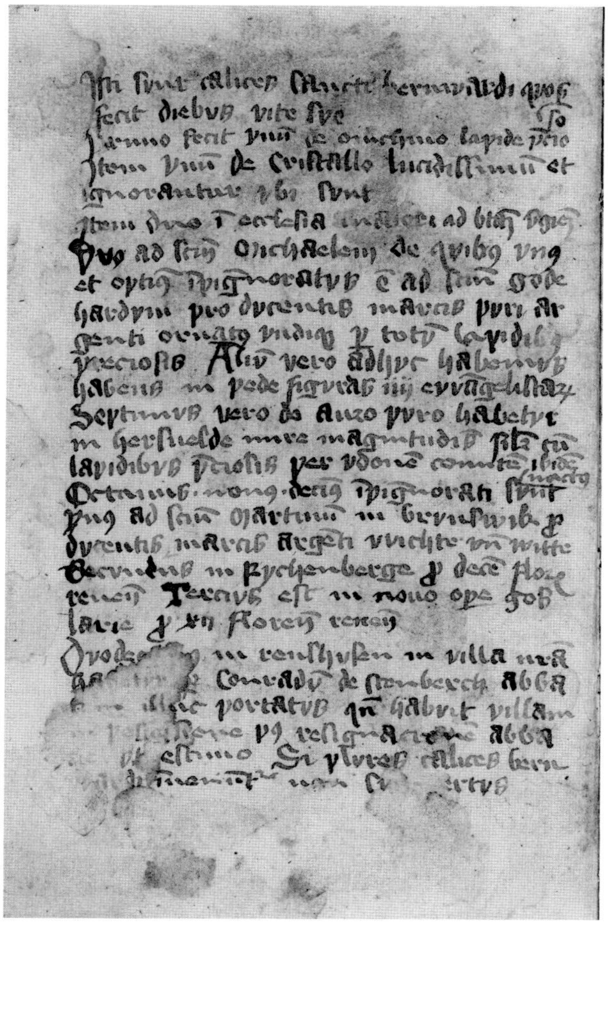

IX-28 Ostensorium mit der sogenannten Patene des hl. Bernward

Niedersachsen (Hildesheim?), 2. Hälfte 14. Jahrhundert – Patene: Hildesheim, um 1180–1190

Gesamt-H. 34,8 cm. Patene: Durchmesser 13,4 cm. – Silber, getrieben, graviert, nielliert und teilweise vergoldet.

Das Schaugefäß gehört zu den eigenartigsten Reliquiaren, die wir aus dem Mittelalter kennen, denn anstelle einer Körperreliquie oder eines Gewandstreifens umschließt es eine romanische Patene, deren Vorderseite reich verziert ist. Im Zentrum sieht man den thronenden Christus, der seine Wundmale vorweist. Ihn umgeben im äußeren Achtpaß Personifikationen der Kardinaltugenden und Evangelistensymbole. Die feine Gravierung der teilvergoldeten Silberpatene, das flächenfüllende spiralige Rankenwerk, das den Hintergrund der Evangelistensymbole bildet, die Form der Buchstaben und die flüssige Figurenzeichnung verbinden diese Goldschmiedearbeiten aufs engste mit dem Oswaldreliquiar im Hildesheimer Domschatz. Mit großer Wahrscheinlichkeit ist dieser Reliquienbehälter, bei dem es sich wohl um eine repräsentative Stiftung

IX–28

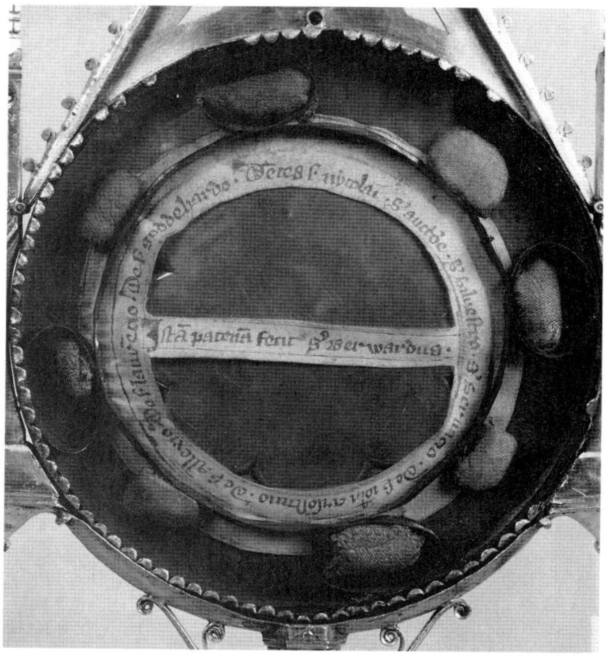

IX–28 Rückseite

Heinrichs des Löwen und seiner Gemahlin Mathilde an den Hildesheimer Dom handelt, im Auftrag des Herzogpaares von einer Hildesheimer Werkstatt geschaffen worden. Dieser Werkstatt wird man auch die sogenannte Bernwardpatene zuschreiben können. Mutmaßlich gehörte sie zu einem entsprechend verzierten Prunkkelch, der in den 80er Jahren des 12. Jahrhunderts entstanden sein dürfte.

Dieser Kelch ist m. E. identisch mit einem Bernwardkelch, den die 1419 in Hildesheim verfaßte niederdeutsche Bernwardvita (vgl. Kat. Nr. IX–27) mit folgenden Worten beschreibt: „den [Kelch] makede he mit belden unde figuren des lidendes Cristi unde midden in der patenen, midden in dem cirkel, steyth gescreven: «Berwardus het meck gemaket»". Wahrscheinlich ist es derselbe Kelch, von dem dann in der Handschrift der Benno-Vita (Kat. Nr. IX–27) berichtet wird, das Michaeliskloster habe ihn der Martinikirche in Braunschweig verpfändet. Von dort dürfte die Patene kurze Zeit später in den Schatz des Blasiusstiftes gelangt sein, wo sie erstmalig 1482 im ältesten Verzeichnis des Schatzes erwähnt wird.

Braunschweig, Stiftskirche St. Blasius (Welfenschatz); seit 1671 Hannover, Schloßkirche; 1862 im Welfenmuseum Hannover; seit 1867 im Privatbesitz des Hauses Braunschweig-Lüneburg; 1930 vom Cleveland Museum of Art erworben.

von Falke/Schmidt/Swarzenski 1930, S. 78, 91, 156, Nr. 32. – Swarzenski 1932, passim. – Sommer 1957, passim. – Lasko 1972, S. 207–208, 215. – Kat. Stuttgart 1977, 1. S. 447–448 Nr. 577 (Dietrich Kötzsche). – Berges/Rieckenberg 1983, S. 71–78 Nr. 9. – de Winter 1985, S. 84–87.

Cleveland (Ohio), The Cleveland Museum of Art. Purchase from the J. H. Wade Fund with Additional Gift from Mrs. R. Henry Norweb, Acc. No. 30.505

M. B.

IX–29 Sogenannter Bernhardkelch

Hildesheim, 1. Drittel 13. Jahrhundert

Kelch: H. 17,5 cm. Patene: Durchmesser 17,5 cm. – Silber, getrieben, graviert, ziseliert, vergoldet, Filigran mit Steinbesatz.

Der sogenannte Bernhardkelch gehört mit seinem reichen Schmuck an Treibarbeiten auf Kuppa und Fuß, den Gravierungen auf der Patene, vor allem aber mit dem aufwendig à jour gearbeiteten Schnekkenfiligran, in dem große Edelsteine sitzen, zu den prunkvollsten Altargeräten der späten Romanik.

Wegen seiner Zugehörigkeit zum Kirchenschatz der ehemaligen Klosterkirche St. Godehard in Hildesheim hat die Lokalforschung in ihm ein Geschenk des Hildesheimer Bischofs Bernhard (reg. 1130–1153) gesehen, der 1133 das Kloster gegründet hat. Tatsächlich stammt der Kelch aber aus einem ganz anderen Zusammenhang. Den entscheidenden Hinweis auf die ursprünglichen Provenienz verdanken wir der Auflistung von Bernwardkelchen, die ein Mönch aus St. Michael verfaßt haben dürfte (Kat. Nr. IX–27). Dort ist nämlich von einem kostbaren Kelch die Rede, den das Michaeliskloster nach St. Godehard verpfändet habe. Von ihm heißt es näherhin, er sei auf allen Seiten mit Edelsteinen verziert – eine Tatsache, die offenbar ungewöhnlich genug war, um eigens erwähnt zu werden: (*unus et optimus impignoratus est ad S. Godehardum pro ducentis marcis puri argenti, ornatus undique per totum lapidibus preciosis*).

Vor diesem Hintergrund wird auch die unverkennbare Ähnlichkeit der Patene des Bernhardkelches mit der sogenannten Bernwardpatene (Kat. Nr. IX–28) verständlich, die ja einmal am gleichen Ort aufbewahrt worden sein dürfte. Schon Wilhelm Berges hat nachdrücklich darauf hingewiesen, daß durch Achtpaß, Inschrift und Text eine Übereinstim-

IX–29

mung gegeben ist, die ein Verhältnis von Vor- und Nachbild zwingend nahelegt. Gründlich mißverstanden hat der Nachahmer dabei den Zusammenhang zwischen Bild und Inschrift auf dem älteren Vorbild, denn während er den Wortlaut beibehält, der dem triumphierenden Erlöser der Bernwardpatene in den Mund gelegt ist (Seht hier, ihr Menschen, so habe ich euch durch meinen Tod erlöst.), stellt er den Thronenden nun ohne Wundmale dar, die Rechte zum Segensgestus erhoben und in der Linken die Weltkugel haltend.

Meyer 1932, S. 166. – Kat. Stuttgart 1977, 1, S. 453–454 Nr. 582 (Dietrich Kötzsche). – Berges/Rieckenberg 1983, S. 71–78 Nr. 9. – Kat. Hildesheim 1988, S. 105–107 Nr. 34 (Michael Brandt).

Hildesheim, Basilika St. Godehard

M. B.

IX–30 Sogenannter Kelch des hl. Bernward mit Patene

Hildesheim (?), Ende 14. Jahrhundert

H. 22,5 cm, Patene Durchmesser 18,8 cm. – Gold und Silber, getrieben, gegossen, graviert; Citrin, Sardonyx, Topas und Granat.

Zu den zahlreichen Kunstwerken, die Bischof Bernward geschaffen haben soll, zählt sein Lehrer und Biograph Thangmar drei Prachtkelche. In späteren Bernwardviten, z. B. der des Abtes Theoderich († 1205) steigt die Zahl sogar auf sechs.

Der erste Nachweis einer Verbindung des vorliegenden kostbaren Kelches mit Bernward findet sich in den nach 1724 entstandenen Kupferstichen der „Gloriosa Antiquitas Hildesina“ von Johann Ludwig Brandes (Kat. Hildesheim 1991, Nr. 91). Schon vorher wurde dem Kelch aber eine große Bedeutung beigemessen, denn während der schwedischen Besetzung Hildesheims im Dreißigjährigen Krieg (1632) wurde er für 600 Taler verpfändet und später duch den Domherrn Nikolaus Eberhard von Schnettlage ausgelöst.

IX-30

Der flache, trichterartig aufsteigende Fuß zeigt gravierte Medaillons mit Szenen aus dem Leben Christi: Verkündigung, Anbetung der Könige, Darstellung im Tempel, Kreuzigung, Auferstehung, Himmelfahrt, Pfingsten. Dazwischen befinden sich vier Sardonyx-Kameen aus der römischen Kaiserzeit und zwei hellenistische Topas- bzw. Granat-Intagli. Die Wandung der Kuppa stellt durchgehend das Abendmahl mit Christus und den zwölf Aposteln unter Vielpaßarkaden dar. Vorbildlich hierfür sind die Dekorationen spätromanischer Kelche, wie der in St. Mauritius zu Hildesheim-Moritzberg (Kat. Stuttgart 1977, Nr. 581). Die Schriftleiste unter dem Fries enthält den Text: *Rex sedet in cena turba cinctus duodena. Se tenet in manibus se cibat ipse cibus* (Von den Zwölfen umringt sitzt bei dem Mahle der König, hält in den Händen sich selbst, sich speist er, selber die Speise). Als Knauf dient ein großer, zwölfseitig geschliffener, topasfarbiger Citrin in einem Unterfang aus sechs Goldplättchen mit gravierten Bildern heiliger Frauen. Die dazugehörige Patene stellt das apokalyptische Lamm Gottes sowie Rauchfässer schwingende Engel und Medaillons mit den Evangelistensymbolen dar. Sie trägt am Rand die Inschrift *Victima quae vicit septem signacula solvit ut comedas pascha scandes cenacula celsa* (Obsiegt hat das Opferlamm, das die sieben Siegel gelöst hat; um das Osterlamm zu genießen, steige hinauf zum Abendmahlssaale).

Während der sog. Bernwardkelch zu den Hauptbeispielen einer historisierenden Richtung in der Goldschmiedekunst um 1400 gezählt wird, stehen die Gravuren stilistisch im Kreis um die damals im westfälisch-niedersächsischen Raum hochaktuelle Kunst Conrads von Soest und weisen vorwärts auf die um 1415/1420 in Hildesheim tätigen, unter Conrads Einfluß stehenden Meister des Göttinger Barfüßeraltares und Meister des Hildesheimer Lambertialtares hin. Aus der gleichen Hildesheimer Goldschmiedewerkstatt dürfte der Kelch des Bischofs Gerhard vom Berge (1365–1398) stammen, der ihn – wohl aus dem Lösegeld der in der Schlacht zu Dinklar 1367 gefangenen Ritter angefertigt – dem 1388 von ihm gegründeten Hildesheimer Kartäuserkloster schenkte (Dom- und Diözesanmuseum Hildesheim, Inv. Nr. DS 42). Gerhard ist wohl auch Auftraggeber des sog. Bernwardkelches gewesen, denn die Anzahl seiner Edelsteine stimmt überein mit der eines von ihm dem Dom gestifteten Kelches, der im Domschatzverzeichnis von 1409 beschrieben wird: *Item calicem magnum aureum ornatum cum quindecim lapidibus preciosis et aurea patena quem dedit dominus Gherardus episcopus.*

Doebner 1902, S. 117. – Elbern/Reuther 1969, S. 25–27 Nr. 14, Abb. 10–11. – Fritz 1982, S. 183, Farbabb. X (Kelch) und Abb. 491 (Patene). – Berges/Rieckenberg 1983, S. 71–78 Nr. 9, Taf. 12 Abb. 1–2. – Kat. Braunschweig 1985, 2, S. 1307 Nr. 1128 (Karl Bernd Heppe). – Jülich 1991, S. 248–250, Abb. 1.

Hildesheim, Dom- und Diözesanmuseum Hildesheim, Inv. Nr. DS 14
(ausgestellt in der Domschatzkammer)

M. Wo.

IX-31 Hl. Bernward von Hildesheim, von einer Zisterzienserin verehrt

Wienhausen, 2. Hälfte 15. Jahrhundert

10 x 7,3 cm. – Papier mit kolorierter Federzeichnung.

Die Darstellung Bischof Bernwards und einer ihn verehrenden Zisterziensernonne gehört dem bedeutenden Fund sakraler und weltlicher Gegenstände an, der 1953 unter dem Fußboden im Nonnenchor des Zisterzienserinnenklosters in Wienhausen bei Celle entdeckt worden ist. Der mit roter Tunica und blauem Mantel bekleidete Heilige hält das Pedum mit der rechten Hand und sein hier schematisch wiedergegebenes Kreuz als Attribut in der Linken. Die kniende Zisterzienserin betet den Rosenkranz. Es handelt sich um ein sogenanntes Kleines Andachtsbild, das oft als Gebetbucheinlage verwendet wurde. Als Folge wachsender Volksfrömmigkeit seit dem 14. Jahrhundert dienten solche gezeichneten und später auch gedruckten Blätter als Hilfe zu stiller Privatandacht. Die schlichte Zeichnung aus Kloster Wienhausen, die wohl ebendort als Arbeit einer Zisterziensernonne entstanden ist, ist somit ein eindringliches Zeugnis einer persönlichen Verehrung des Hildesheimer Bischofs.

Die Geschichte von Ort und Kloster Wienhausen ist eng mit Hildesheim und seinen Bischöfen verbunden. Godehard (1022–1038) heilte bei einem Besuch seines Wirtschaftshofs in „Huginhusen" (Wienhausen) einen schwerkranken Jüngling. Unter Azelin (1044–1054) wurde Wienhausen zu einem kirchlichen und wirtschaftlichen Zentrum, während Konrad II. (1221–1247) die Stiftung des Zisterzienserinnenklosters durch Agnes von Meißen († 1248?), die zweite Gemahlin Heinrichs des Jüngeren, Herzog von Sachsen und Pfalzgraf bei Rhein († 1227), bestätigte. Bischof Bernward zählt zu den Patronen der Wienhäuser St. Annen-Kapelle, die 1433 von Äbtissin Katharina von Hoya gestiftet wurde. Der Klosterchronik zufolge stiftete Katharina auch *das Bild St. Bernwardi vor 10 ß.* Von Conradus und Margareta Eyken, deren Memorie 1516 angeordnet wird, erhielten die Zisterzienserinnen in Wienhausen eine Figur des heiligen Bernward, die im Chor stand, sowie ein Buch über dessen Leben.

Appuhn/von Heusinger 1965, S. 197 Nr. 28, Abb. 153. – Appuhn 1986/1, S. 14–17 sowie S. LXIV. – Appuhn 1986.

Wienhausen, Kloster Wienhausen

M. Wo.

IX–31

IX–32 Münzen des Bistums und der Stadt Hildesheim mit Darstellung des heiligen Bernward

Die Verehrung des heiligen Bernward in Hildesheim hat auch Ausdruck auf Münzen gefunden. Bischof und Stadt haben im 15. und 16. Jahrhundert das Bild des Heiligen auf einige Groschenmünzen gesetzt. Am Anfang steht eine von Bischof Magnus (1424–1452) zwischen 1424 und 1428 ins Werk gesetzte Prägung von kleinen Groschen (Körtlingen) im Wert von 3 schweren (Braunschweiger) oder 6 leichten Pfennigen, die im Geldverkehr in Niedersachsen recht beliebt und lange im Umlauf waren (a). Ihnen schlossen sich ab etwa 1469 von der Stadt Hildesheim ausgegebene Groschen im gleichen Wert an, die bis 1495 geprägt worden sind (b). Schließlich ist dann noch einmal 1522 von der Stadt ein großer Bernwardgroschen (Zwölftel Gulden) zu 12 Pfennigen ausgebracht worden (c). Während die kleinen Bernwardgroschen des 15. Jahrhunderts relativ häufig vorkommen, ist der große Bernwardgroschen

a

b

c

IX-32

von 1522 eine Seltenheit unter den Hildesheimer Münzen. Allen Bernwardgroschen gemeinsam ist die Darstellung des Heiligen im Hüftbild von vorn, angetan mit dem Bischofsornat, in den Händen Kreuz und Krummstab haltend.

Cappe 1855. – Buck/von Bahrfeldt 1937.

Bischof Magnus (1424–1452)

a Kleiner Bernwardgroschen (Körtling)
Rautenschild. *+MAGNUS EPIS hILDENSMNS.* – Rückseite: Der heilige Bernward (Hüftbild) im Bischofsornat, in der Rechten einen Kreuzstab, in der Linken den Krummstab haltend. *MON NOA hILDENSEMENS.*

1,29 g, 22 mm. - Silber.
Cappe 1855, Taf. II, 21.

Stadt Hildesheim

b Kleiner Bernwardgroschen (Körtling) 1494
Stadtwappen. *+MO NOV hILDESE XCIIII.* – Rückseite: Der heilige Bernward (Hüftbild) im Bischofsornat mit Kreuz in der Rechten und Bischofsstab in der Linken. *SAC BERWARDV P* (*Sanctus Bernwardus Episcopus*).

1,35 g, 22 mm. – Silber.
Buck/von Bahrfeldt 1937, Nr. 14.

c Großer Bernwardgroschen (Zwölftel Gulden) 1522
Stadtwappen auf einem gleichschenkligen befußten Kreuz. + *MONE NOVA hILDESEM 1522.* – Rückseite: Der heilige Bernward (Hüftbild) im Bischofsornat mit Kreuz in der Rechten und Bischofsstab in der Linken. *O SCT BARWADORA P NOB* (*O Sanctus Bernward ora pro nobis*, Heiliger Bernward bitte für uns).

2,96 g, 22 mm. – Silber.
Buck/von Bahrfeldt 1937, Nr. 21.

Berlin, Staatliche Museen zu Berlin - Preußischer Kulturbesitz, Münzkabinett

B. K.

IX-33 Gotisches Domsiegel

Entwurf von Wilhelm Saltjenhusen, Hildesheim, 1480

Durchmesser 5,6 cm. – Silberpetschaft.

Umrahmt von einer mächtigen spätgotischen Architektur, vereint das Domsiegel die am Ende des Mittelalters wichtigsten Patrone der Hildesheimer Kathedralkirche. In der Mitte thront die gekrönte

IX-33

Muttergottes mit dem stehenden Christkind auf dem Knie. Sie wird flankiert vom hl. Bernward, der Kreuz und Stab führt, und von seinem Nachfolger auf dem Hildesheimer Bischofsthron, dem hl. Godehard, der Stab und Buch trägt. Alle Figuren ruhen auf ornamentierten Basen, so daß der Eindruck entsteht, sie würden als Plastiken aufgefaßt. Sie befinden sich unter turmartigen Baldachinen mit reicher Maßwerkgliederung und Fialenzier. Die am Rand verlaufende Inschrift wird zum Teil von den architektonischen Elementen unterbrochen: *SIGILLVM HILDESEMENSIS ECCLESIE AD CAVSAS.* Eine Inschrift in gotischer Schrift auf der Rückseite lautet: *MCCCC° LXXX° (= 1480) Johannes Therewin Decanus me fieri fecit.*

Der Entwurf für das Siegel stammt von dem Hildesheimer Goldschmied Wilhelm Saltjenhusen, der 1492 die Krümme des Bernwardstabes (Kat. Nr. VII-8) wiederhergestellt hat.

Elbern/Reuther 1969, S. 75 Nr. 84.

Hildesheim, Dom- und Diözesanmuseum Hildesheim, Inv. Nr. DS 84

M. Wo.

IX-34 Sogenanntes Steinbergisches Turmreliquiar

Hildesheim, Ende 14. Jahrhundert

H. (gesamt) 92 cm, H. (Sockel) 15 cm, Länge einer Sechseckseite (unterer Sockelrand) 23,5 cm. – Eichenholz mit aufgenageltem, teils vergoldetem und getriebenem Silberblech, Bergkristall.

Das gotische Reliquiar ist Allen Patronen der Hildesheimer Kathedralkirche geweiht, zu denen Bischof Bernward und sein Nachfolger Godehard zählen. Inschrift und Wappen zufolge handelt es sich um die Stiftung des Hildesheimer Domkellners Lippold von Steinberg (1325–1415): *lippold(us) nat(us) de steynberck dignificatus / hic cellerariatu juncto canonicatu / huic pro christo me contulit ecclesie / membra patronorum sunt in me clausa pior(um) / nate dei donabis ei donum requiei* (Lippold, ein geborener von Steinberg, dahier mit der Würde des mit einer Domherrenpfründe verbundenen Cellerar-Amtes bekleidet, hat mich dieser Kirche um Christi Willen geschenkt; in mir befinden sich der heiligen Patrone Gliedmaßen eingeschlossen. Sohn Gottes, verleihe ihm das Geschenk der Ruhe!). Das Domschatzverzeichnis von 1409 erwähnt bereits das Turmreliquiar (*item turrim deauratam patronorum*), das aus der Kapelle Aller Dompatrone in dem von Lippold von Steinberg 1412 errichteten Nordparadies stammt.

Das Reliquiar setzt sich zusammen aus einem hohen, separaten Sockel, über den sich ein sechseckiger Zentralbau mit Kuppelabschluß und Bergkristallkapsel erhebt. Diese enthält Partikel vom Kreuz Christi, die der Stifter in jungen Jahren auf einer Pilgerfahrt ins Heilige Land erworben hat. In den je

IX-34

sechs Arkadennischen der drei abgetreppten Geschosse befindet sich jeweils eine Figur der Dompatrone. In den unteren zwei Etagen werden sie von zwei, in der oberen von einem knienden Betenden begleitet: Das erste Geschoß zeigt die Muttergottes mit Kind, die Apostelfürsten Petrus und Paulus, die Arztheiligen Cosmas und Damian sowie Karl den Großen, unter dem die ersten christlichen Kirchen in Sachsen erbaut wurden. Im zweiten Geschoß werden drei heilige Märtyrer sowie drei heilige Bischöfe präsentiert: Epiphanius von Pavia (438–497), dessen Leib im Jahre 962 von Bischof Othwin geraubt und 963 im Hildesheimer Dom bestattet wurde, sowie Bernward und Godehard. Sechs weitere Märtyrerinnen und Märtyrer sind auf dem dritten Geschoß dargestellt.

Die ungewöhnliche, auf die Architektur der Romanik zurückgehende Form des Reliquiars erklärt sich aus dem Vergleich mit dem 1721 wegen Baufälligkeit ersetzten, unter Bischof Bruno (1153–1161) gebauten Vierungsturm des Hildesheimer Doms. Diesen – die Kuppel der Grabeskirche in Jerusalem nachahmenden – Turm ließ Bischof Gerhard von dem Berge (1365–1398) nach dem gewonnenen Gefecht von Dinklar 1367 aus dem Lösegeld der Gefangenen mit goldenen Platten eindecken. Den Sieg und die darauffolgende, sicher aufsehenerregende Turmvergoldung erlebte auch der aus einem Hildesheimer Rittergeschlecht stammende, 1351 zum Domkellner berufene Lippold von Steinberg. Mit der Wahl des Turms zum Vorbild für sein Reliquiar der Dompatrone ehrte der Stifter in besonders subtiler Weise jene Beschützer der Hildesheimer Domkirche.

Elbern/Reuther 1969, S. 47–49 Nr. 35, Abb. 27. – Boeke 1979, Fig. 1. – Fritz 1982, S. 254 f., Abb. 488.

Hildesheim, Dom- und Diözesanmuseum Hildesheim, Inv. Nr. DS 35
(ausgestellt in der Domschatzkammer)

M. Wo.

Zu IX-35 Hildesheim, Dom, westliches Nordportal

IX-35

IX–35 Hll. Bernward und Epiphanius

Hildesheim, Ende 14. Jahrhundert

H. mit Sockel: 123 cm. – Sandstein.

Die einzige, heute noch erhaltene mittelalterliche Darstellung Bischof Bernwards im Bereich der von ihm zu Lebzeiten reich ausgestatteten Hildesheimer Domkirche bildet einen Teil der plastischen Verzierung des zum Großen Domhof hin gerichteten Nordwestportals. In einer gotischen Nische rechts vom Portal tritt Bernward mit Pedum und seinem Kreuz auf. Gerade noch erkennbar ist ein Rest des zerstörten Engels, der, einer mittelalterlichen Bildtradition entsprechend, Bernward den oberen Balkenabschluß des ihm zugeschriebenen Kreuzes bringt (siehe Essay Wolfson). Bernward zur Seite erscheint, etwas im Hintergrund, der hl. Epiphanius von Pavia (438–497), der ein Spruchband mit der Inschrift *B(ea)ta * que * credidisti * virgo * maria* trägt. Anders als Bernward, der hier wirkte, ist Epiphanius erst posthum mit Hildesheim und seiner Kathedralkirche verbunden worden, denn seine sterblichen Überreste sind aus Pavia von Bischof Othwin (954–984) durch ein *laudabile, pium furtum* (einen lobenswerten, frommen Diebstahl) entwendet und 963 hier beigesetzt worden. Der kostbare, um 1140 entstandene Schrein des Heiligen befindet sich heute unter dem Hochaltar. In der entsprechenden Nische links vom Portal erscheint Bernwards Nachfolger auf dem Hildesheimer Bischofsthron, der hl. Godehard (1022–1038), mit einem Modell der nach ihm benannten Benediktinerabteikirche. Die drei Bischöfe sind flankiert von Baldachinpfeilern mit Skulpturen der Jungfrau Maria und des Verkündigungsengels. Somit stellt die figürliche Ausstattung des Portals die wichtigsten Patrone des Domes dar. Der 1192 kanonisierte Bernward löste im späten Mittelalter den früher zu den Hauptpatronen des Domes zählenden Epiphanius zunehmend ab, so wie es in den Positionen, die die beiden Heiligen in ihrer Nische einnehmen, anklingt.

Zeller 1911, S. 49. – Habicht 1917, S. 108–109, Abb. 44. – Elbern/Engfer/Reuther 1974, S. 23 (Hans Reuther).

Hildesheim, Hohe Domkirche, Nordwestportal (in situ)

M. Wo.

IX–36 Hl. Bernward

Hildesheim, um 1400

H. 182 cm. – Sandstein, Reste von Goldgrund (wohl neuzeitlich) an Kreuz, Bischofsstab und Mitra. Unterer Teil des Stabes sowie einige Finger ergänzt. Rückseite unbearbeitet.

Der ursprüngliche Standort der wohl als Portal- oder Säulenfigur konzipierten Darstellung des hl. Bern-

IX–36

ward ist unbekannt. Erst Zeller (1911) erwähnt das Vorhandensein der Figur in der der Bernwardkrypta angrenzenden Sakristei, wohin sie aus St. Michael selbst oder aus einem säkularisierten Hildesheimer Kirchenraum gebracht wurde. Dennoch ist die beinahe lebensgroße Plastik eine der bedeutendsten Darstellungen des Bischofs aus dem späten Mittelalter am Ort seines Wirkens. Das seltene Beispiel Hildesheimer Monumentalplastik des sog. „Weichen Stiles" zählt zu den frühesten Werken, die Bernward mit dem ihm durch Tradition zugeschriebenen Reliquienkreuz (Kat. Nr. VIII-34, vgl. Essay Wolfson) zeigen. Insgesamt fünf erhabene Ovale weisen auf die Bergkristalle hin, die das Original zieren. Das Kreuz ist wahrscheinlich – wie der Rest der Figur – gefaßt gewesen, womit sein Aussehen dem des Bernwardkreuzes noch näher angeglichen gewesen wäre. Die betonte Stoffülle des Gewandes und die zarten, jugendhaften Züge des großen runden Gesichtes verweisen die Figur in die Nachfolge thüringischer Plastik der zweiten Hälfte des 14. Jahrhunderts.

Habicht 1917, S. 97f., Taf. 16.

Hildesheim, St. Michael, Sakristei der Bernwardkrypta
(ausgestellt im Dom)

M. Wo.

IX-37 Schrein des hl. Bernward

Philipp Jakob VI. Drentwett, Augsburg, 1750

Sockelplatte 100 x 51 cm. Figuren H. 48–50 cm, Bernward L. 63 cm. – Silber, getrieben, gegossen, ziseliert, punziert, teilweise ver-

IX-37

goldet. Glassteine. Innere Sockelplatte Eichenholz. – Beschauzeichen Augsburg mit Jahresbuchstaben I = 1749–1751. Meistermarke IPD im Dreipaß, Seling 1980, Nr. 2094 = Philipp Jakob VI. Drentwett, geb. 1686, Meister 1717, gestorben 1754.

Der Schrein, der im Aufbau an ein barockes *castrum doloris* erinnert, zeigt den hl. Bernward als aufgebahrten Toten, angetan mit seinen bischöflichen Insignien und liturgischen Gewändern auf einem Paradebett liegend. Das Totenlager umstehen als Begleitfiguren die Erzengel Michael, Gabriel und Raphael sowie die Heiligen Benedikt, Benno und Scholastica. An den Längsseiten des Schreins sind Inschriftenkartuschen angebracht, die Auskunft über den Reliquieninhalt geben und als Auftraggeber Abt Ludwig und den Konvent von St. Michael nennen (vgl. den Beitrag von Johann Michael Fritz).

Bis 1812 in der kleinen (katholischen) St. Michaelskirche in Hildesheim.

Kratz 1840/1, S. 44–49. – Lüntzel 1858, 1, S. 193. – UBSH, 2, Nr. 1007. – Zeller 1911, S. 198, 262f., Fig. 198. – Kat. Brühl 1961, Nr. 527–529. – Kat. Hannover 1962, S. 33–34 Nr. 33–34, Abb. 40a und b (Hans Reuther). – Faust 1979, S. 240.

Hildesheim, Kath. Pfarrkirche St. Magdalenen (in situ)

J. M. F.

IX–38 Ausschnitt: hl. Bernward

IX–38

IX–39

Kartusche auf der unteren Rahmung Abt Ludwig von St. Michael genannt (vgl. den Beitrag von Johann Michael Fritz).

Aus der kleinen (katholischen) St. Michaelskirche in Hildesheim.

Zeller 1911, S. 263, Taf. 42, Fig. 199. – Bertram 1913, S. 17 Nr. 45, Taf. 31. – Faust 1979, S. 240f. – Kat. Hannover 1962, S. 34 Nr. 35, Taf. 41 (Hans Reuther).

Hildesheim, Kath. Pfarrkirche St. Magdalenen (in situ)

J. M. F.

IX–38 Altarvorsatz

Ignatius Caspar Bertholt, Augsburg, 1771

97 x 202 cm. – Silber, getrieben, ziseliert, punziert, graviert, teilweise vergoldet. Weinroter Samt auf hölzerner Platte mit Eisengriffen. – Beschauzeichen Augsburg mit Jahresbuchstaben T = 1769–1771. Meistermarke ICB in etwa herzförmigem Schild, Seling 2405 = Ignatius Caspar Bertholt, Meister 1750, gestorben 1794.

Der prachtvolle Altarvorsatz zeigt in getriebenem Silberblech auf rotem Samthintergrund in der Mitte die Gottesmutter und in den vier seitlichen Medaillons, als weitere Patrone des Michaelisklosters, den Erzengel Michael sowie die Heiligen Bernward, Benno und Benedikt. Als Auftraggeber wird in einer

IX–39 Hostienmonstranz

Franz Ignaz Maurer, Augsburg, 1768

H. 80 cm. – Silber, getrieben, gegossen, ziseliert, graviert, vergoldet. Verschiedenfarbige Glassteine. – Beschauzeichen Augsburg mit Jahresbuchstaben S = 1767–69. Meistermarke FIM im Dreipaß, Seling 2496 = Franz Ignaz Maurer, Meister 1764, gestorben 1771.

Auch die aufwendige Hostienmonstranz gehört, wie das auf der Rückseite des Fußes eingearbeitete Wappen zeigt, zu den von Abt Ludwig für die kleine Michaeliskirche in Auftrag gegebenen Silberschmiedearbeiten (vgl. den Beitrag von Johann Michael Fritz).

Zeller 1911, S. 264. – Faust 1979, S. 241.

Hildesheim, Dom- und Diözesanmuseum Hildesheim, Inv. Nr. L 1978/7
(ausgestellt in der Domschatzkammer)

J. M. F.

IX–40 Gründliche Nachricht von dem Leben und Tode: von der Heiligsprechung und Erhebung: von den Wunderwerken und von der Verehrung des Heiligen Bernwards dreyzehnten Bischofes zu Hildesheim, aus glaubwürdigen Geschicht-

schreibern und bewährten Handschriften zusammen gezogen ... im Jahre 1767.

Hildesheim, gedruckt von C. W. Schlegel

16,7 x 10 cm, 247 Seiten. – Papier.

Der Titel ist ein Programm, wie es, blättert man in alten Bibliothekskatalogen, nicht selten bei Büchern der zweiten Hälfte des 18. Jahrhunderts anzutreffen ist. Der Geist der Aufklärung durchzieht das alte Michaelskloster und bestimmt Gedanken und Sprache vom ersten Satz der Vorrede an. Er bekämpft das Vorurteil von dem „saeculum obscurum“, dem zehnten Jahrhundert als dem dunklen der Kirchengeschichte. Der Leser wird *durch die Wahrheit überführet, daß der H. Bernward ... den Ausgang besagten Zeitlaufs ... mit einem hellen Lichte wahrer Heiligkeit aufgekläret habe.* Um ihm einen *deutlichen Begriff zu machen*, hat man sich den *Tangmar zum Führer erwählet*, weil er glaubwürdiger Augenzeuge gewesen sei. Der Text der Bernwardvita ist aus *alten bewährten Handschriften* genommen, dem allerdings die *nothwendige Erläuterung darzu gesetzet* wird. Denn: *Der Zweck unsrer Bemühung ist allein die Ehre Gottes; die Vermehrung der Andacht gegen den H. Bernward; und dem Nutze aller Menschen.*

Das Werk haben die Mönche von Sankt Michael verfaßt und ihrem Abt Ludwig Hatteisen, dem Stifter des silbernen Bernwardsarkophages, gewidmet (vgl. Kat. Nr. IX–37). Maßgebend für die ausführliche und sorgfältig gegliederte Schilderung von Bernwards Leben und Heiligsprechung ist kein Druck gewesen, sondern (nach Mitteilung von H. J. Schuffels) eine alte hagiographische Sammelhandschrift, deren grelle spätmittelalterliche Wunder aber sichtlich ausgeblendet wurden. Für den Kommentar haben die Mönche die gelehrte Literatur der Zeit studiert und im Klosterarchiv nach alten Originalurkunden gesucht. Des Frater Augustinus' Schübeler fleißige Kopien der alten Diplome aus Klosterbesitz zeigen die Methode.

Da die *gründliche Nachricht* außerhalb Hildesheims in Bibliotheken anscheinend so gut wie nicht mehr aufzutreiben ist, sollten die wenigen am Ort noch vorhandenen Stücke sorgfältig verwahrt werden, gehört das Werk doch zum Erfreulichsten überhaupt, was die erbauliche Literatur über Bernward, und zwar bis in unsere Tage, hervorgebracht hat.

IX–40 Titelblatt

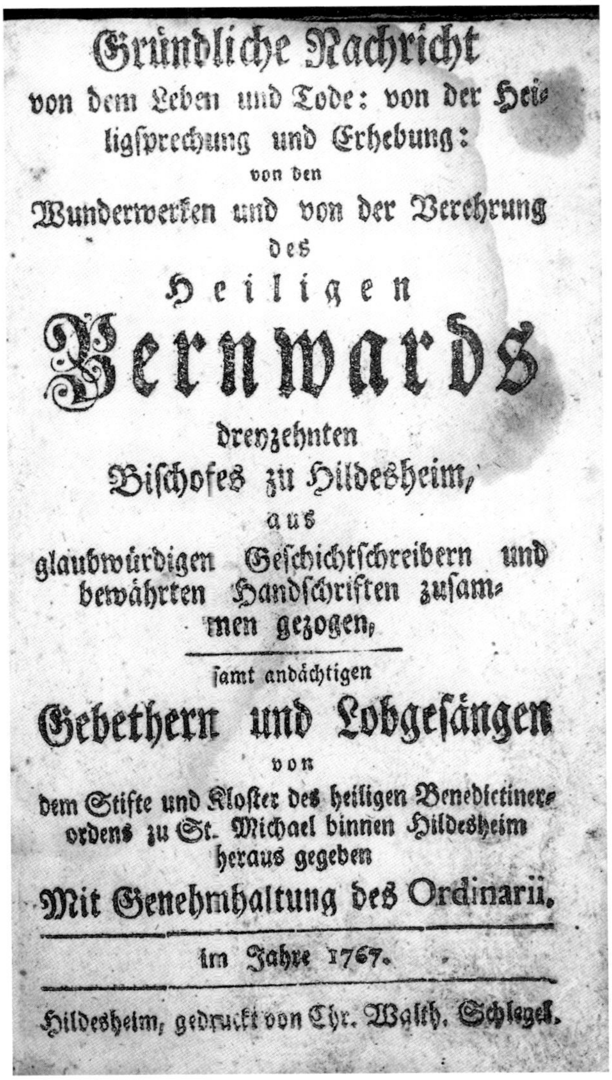
Gründliche Nachricht
von dem Leben und Tode: von der Heiligsprechung und Erhebung:
von den
Wunderwerken und von der Verehrung
des
Heiligen
Bernwards
dreyzehnten
Bischofes zu Hildesheim,
aus
glaubwürdigen Geschichtschreibern und bewährten Handschriften zusammen gezogen,
samt andächtigen
Gebethern und Lobgesängen
von
dem Stifte und Kloster des heiligen Benedictinerordens zu St. Michael binnen Hildesheim
heraus gegeben
Mit Genehmhaltung des Ordinarii,
im Jahre 1767.
Hildesheim, gedruckt von Chr. Walth. Schlegel.

Hildesheim, Dombibliothek, Sign. 1 Be 3
(ausgestellt in der Domschatzkammer)

K.-H. B.

IX–41 Immaculata-Altar

Paul Egell, Mannheim, 1729–1731

Maria: H. 173 cm; Anna: H. 159 cm; Joachim: H. 157 cm. – Lindenholz, gefaßt.
Relief: 48 x 69,6 cm (oben), 86 cm (unten). – Alabaster.

Die drei Statuen der Maria und ihrer Eltern Anna und Joachim sowie ein Alabasterrelief mit einer Darstellung des hl. Bernward sind die einzigen erhaltenen Altarskulpturen des Mannheimer Hofbildhauers Paul Egell, der zu den besten Bildhauern des 18. Jahrhunderts zählt. Vorkriegsaufnahmen dokumentieren die ursprüngliche Anordnung der Figuren und des Reliefs sowie die verlorengegangenen Teile des Altars.

Der Altar wurde für die erste Kapelle des südlichen Seitenschiffes im Hildesheimer Dom gestiftet, die der Unbefleckten Empfängnis Mariens und dem hl. Bernward geweiht war. Das Werk nahm die gesamte östliche Wand der Kapelle ein. Die Altarmensa war auf beiden Seiten um ein schräggestelltes Postament erweitert, auf dem Joachim und Anna standen. Ein Sockel hob die Gestalt der Maria deutlich über ihre Eltern hinaus, etwa einen halben Meter mehr als in der heutigen Anordnung. Das Altarblatt hinter ihr mit dem kunstvoll verzierten, vergoldeten Rahmen und bekrönender Wappenkartusche diente als zusätzliches Mittel der Überhöhung. Obwohl die Figuren selbst noch erhalten sind, haben sie durch den Verlust dieser kunstvollen Inszenierung viel von der Eindeutigkeit ihrer Aussage eingebüßt.

Zu IX-41 Hildesheim, Dom. Immaculata-Altar (vor 1945)

Das Relief zierte ursprünglich den Sockel der Marienstatue. Dieser Funktion schuldet es seine leichte Wölbung und die schwungvoll sich nach oben verjüngende Form, die als formales Grundelement des Altars auch in der Figur der Maria und dem sie hinterfangenden Altarblatt wiederkehrt. Das in meisterhaften Abstufungen gearbeitete Relief zeigt den Stifter des Altars, Ernst Friedrich Freiherr von Twickel, der kniend und vom Betrachter abgewendet den hl. Bernward um seine Fürsprache bittet. Bernward mit zahlreichem Gefolge und der Stifter in Begleitung eines Engels bilden den Mittelpunkt des Geschehens, das vor einer italienisch anmutenden Palastarchitektur angesiedelt ist. Sehr auffallend ist in der linken unteren Ecke die Gruppe von Armen und Kranken, die durch die Haltung ihrer Köpfe den Blick des Betrachters ins Zentrum lenken. Dem im Vordergrund liegenden, ganz vollplastisch gearbeiteten Mann, der von der neben ihm stehenden Frau dem Heiligen geradezu präsentiert wird, und den beiden dahinter erscheinenden Gestalten gilt nämlich die Fürsprache des Freiherrn von Twickel bei Bernward. Auf der rechten Seite sieht man, von dem gerafften Vorhang halb verdeckt, einen schmiedenden Engel, ein Hinweis auf Bernwards vermeintliche Tätigkeit als Goldschmied und auf seine Rolle als Schutzpatron der Goldschmiede.

Daß der Freiherr von Twickel den hl. Bernward um Hilfe für die Armen und Kranken bittet, ist in der Bernward-Ikonographie ohne Vorbild. Bernward wird üblicherweise als heiliger Bischof mit dem Bernwardkreuz oder dem Modell der Michaeliskirche als Attribut dargestellt. (Vgl. den Essay von Michael Wolfson.) Offensichtlich kam es dem Stifter des Altars darauf an, eine persönliche Beziehung zu Bernward herzustellen, den er vielleicht in weitestem Sinne als einen seiner Vorgänger sah.

Der Auftraggeber Ernst Friedrich Freiherr von Twickel war nämlich Weihbischof, Dompropst und Statthalter des Erzbischofs und Kurfürsten Clemens August von Köln. Er stiftete den Altar aus eigenen Mitteln und wurde nach seinem Tod zu Füßen desselben beigesetzt. Für den ausführenden Künstler Paul Egell war dies der erste große Auftrag außerhalb von Mannheim. Wie aus dem Vertrag zwischen Egell und von Twickel hervorgeht, sollte der Künstler den

Zu IX-41 Relief: hl. Bernward

Altar nach dem *newesten und besten gusto* gestalten. Das bedeutete offensichtlich eine Orientierung an Bernini, wie sie in der Engelsfigur zu Füßen der Immaculata deutlich wird. Dafür spricht auch die Fassung der Figuren, die sich bemüht, den Eindruck von römischen Bronzen nachzuahmen. Dennoch sind die Egellschen Figuren ganz eigenständige Meisterwerke von einer Leichtigkeit, die dem römischen Barock völlig fremd ist.

Kratz, Verzeichnis. - Zeller 1911, S. 57. - Bleibaum 1924, S. 182–193. - Lankheit 1960, S. 221–230. - Lankheit 1988, S. 82–90, 290.

Hildesheim, Hohe Domkirche
(in situ) E. E.

Notizen

Notizen